한국외교문서
제6차 한일회담 I

한일회담
자료총서 7

한국외교문서
제6차 한일회담 Ⅰ

동북아역사재단 편

• 이 책은 2020년도 동북아역사재단 기획연구와 용역연구 수행 결과물임(NAHF-2020-기획연구-10), (NAHF-2023-용역-2).

발간사

한일관계에서 한일협정만큼 민감하고 논쟁적인 주제는 없을 것입니다. 한일 양국은 1951년 10월 국교정상화를 위한 회담을 시작하였습니다. 이후 회담은 13년 8개월에 걸쳐 중단과 재개를 되풀이하였고, 1965년 6월 한일 양국은 협정에 조인하였습니다. 한일회담은 해방 후 한일관계뿐만 아니라 한국현대사의 기본 틀을 만드는 과정이었습니다. 한일 양국이 최근 첨예하게 대립하는 근본 원인도 한일회담에 있다고 할 수 있습니다. 2018년 10월 30일 일제 강제동원 피해자 손해배상소송 판결과 2021년 1월 9일 일본군'위안부' 피해자 손해배상소송 판결은 1965년 한일협정이 지나간 과거가 아닌 현재진행형의 문제라는 사실을 확인시켰습니다.

한국 정부와 법원은 1910년 강제병합조약은 원천 무효이고 반인도적 범죄에 대한 배상 문제는 1965년 한일청구권협정으로 해결되지 않았다고 주장합니다. 하지만 일본 정부와 법원은 강제병합조약은 합법이고 청구권협정으로 모든 배상 문제가 해결되었다고 주장합니다. 한일협정에 대한 평가와 해석을 둘러싸고 이처럼 첨예하게 대립하는 근본 원인은 무엇일까요? 한일협정 해석을 둘러싼 갈등은 해결할 수 있는 것일까요?

이 문제들에 대한 해답을 찾기 위해서는 한일협정 조문 해석뿐만 아니라 협정이 어떤 과정을 거쳐 체결되었는지, 당시 양국 정부가 어떠한 역사인식과 전략을 토대로 협상하였는지를 한일회담 당시 관련 일차 자료에 근거하여 파악할 필요가 있습니다.

한일회담 외교문서가 공개된 것은 강제동원 피해자들이 2002년 한국 정부를 상대로 문서공개요구소송을 한 것이 계기였습니다. 강제동원 피해자들은 일본에서 제소한 소송에서 일본 법원이 1965년 청구권협정으로 모든 배상은 해결되었다는 판결을 내리자, 청구권협정에서 강제동원 피해자 문제가 어떻게 다루어졌는지 공개하라며 한국 정부를 상대로 소송을 하였습니다. 이후 2004년 강제동원 피해자들이 승소하였고, 한국 정부는 2005년 약 3만 5,000장의 문서를 공개하였습니다. 일본에서도 시민단체인 '일한회담문서 전면공개를 요구하는 모임'이 문서 공개를 요구하자, 일본 정부는 2008~2015년까지 약 9만 장의 문서를 공개하였습니다.

동북아역사재단은 한일 양국에서 한일회담 외교문서가 공개된 이후 국민대학교 일본학연구소와 협력하여 방대한 분량의 외교문서를 체계적으로 정리하는 작업을 해왔습니다. 그 첫 작업으로 한국외교문서를 체계적으로 분류·해제한 『한일회담 외교문서 해제집』 5권을 2008년에 발간하였습니다. 이후에는 소송을 통해 추가로 공개된 문서를 포함한 일본외교문서 약 9만 장을 체계적으로 분류하여 그 결과물을 『한일회담 일본외교문서 상세목록』(2021) 5권으로 발간하였습니다. 한국외교문서 원본은 동북아역사재단 〈동북아역사넷〉에 올렸으며, 일본외교문서 원본도 올리는 중입니다. 그 외 미국 국무성 문서도 국사편찬위원회의 협력을 받아 〈동북아역사넷〉에 올렸습니다.

이렇게 외교문서의 원문을 제공하는 작업은 한일회담의 전모를 밝히는 데 크게 기여하고 있지만, 외교문서를 찾아보는 일반 대중과 연구자, 정책 입안자들이 필기체로 된 방대한 문서에서 필요한 자료를 찾아내는 것은 쉬운 일은 아닙니다. 이에 우리 재단은 국민과 학계, 관계 기관에서 한일회담 관련 자료를 폭넓게 활용할 수 있도록 한일회담 관련 핵심 문서를 자료총서로 발간하는 작업을 하고 있습니다. 이 자료총서가 한일회담의 전모를 파악하고 핵심 쟁점이 어떻게 논의되었는지를 이해하고 한일회담에 대한 객관적인 이해를 토대로 한국과 일본이 현재 직면한 문제를 해결하는 데에 기여할 수 있기를 기대합니다. 나아가 앞으로 진행될 북일 국교정상화 관련 대응에도 도움이 될 수 있을 것입니다.

한일회담 자료총서 발간 작업은 연구자들과 활동가들의 열정적인 노력이 있었기에 시작할 수 있었습니다. 외교문서가 공개될 수 있도록 노력하신 많은 분들과 방대한 분량의 외교문서를 한 장 한 장 검토해 주신 분들께 감사를 드립니다.

2023년 12월
동북아역사재단 이사장
이영호

책머리에

한국과 일본이 8월 15일을 각각 '광복절'과 '종전기념일'로 부르고 있는 것에서 상징적으로 드러나듯이 일본의 식민지배에 대한 인식 차이는 오늘날도 여전하다. 인식의 차이는 인식의 영역에만 머무르지 않는다. 비근한 예로, 근년 벌어지고 있는 강제동원과 일본군'위안부' 피해자 소송 판결을 둘러싼 한일 간의 외교적 갈등은 1910년 한국병합과 35년간의 식민지배에 대한 불법·합법론 및 합당·부당론적 인식과 평가에 기반을 둔 법적 논쟁이기도 하다. 한일협정의 교섭 과정이나 체결과 연관된 문제들은 여전히 오늘의 한일 관계를 규정하는 중요한 요인이 되고 있다. 따라서 한일회담의 핵심을 이루는 자료와 기록을 면밀히 검토하는 일은 한일협정에서 기인하는 갈등과 마찰을 풀어가는 데 매우 중요한 단서가 될 수 있다.

1965년 6월 22일 한국과 일본은 1951년 10월부터 시작한 약 14년에 걸친 마라톤 교섭을 마무리하고 국교를 정상화했다. 이 교섭은 해방 후 한국이 모든 외교적 역량을 쏟아부었음에도 외교사상 유래를 찾을 수 없을 정도로 힘겨운 싸움이었다. 하지만 한일협정을 체결한 지 56년이 지난 오늘날에도 이를 둘러싼 논란은 여전히 뜨겁다. 냉전하에서 경제 논리를 내세워 과거사 문제를 봉인한 굴욕적인 협정이라는 평가는 협정 체결 당시부터 제기되었다. 최근에는 한일 간 과거사 문제를 둘러싼 갈등은 한일협정에서 이 문제를 제대로 처리하지 못한 것에 기인하기 때문에 협정을 폐기하고 다시 맺어야 한다는 주장마저 제기되고 있다. 현재의 시점에서 과거의 교섭을 보면 부족하고 미흡한 게 많을 수밖에 없다. 한일회담과 한일협정을 객관적으로 평가하기 위해서는 당시 한국 정부가 어떤 국내외적 상황 속에서 교섭을 추진했는지를, 기록에 근거하여 실증적으로 파악할 필요가 있다.

2005년 8월 한국 정부는 한일협정과 관련된 외교문서를 전면 공개했다. 2002년 강제동원 피해자 99명이 제기한 문서공개요구소송에서 원고가 승소함에 따라 3만 5,245쪽에 이르는 외교문서를 공개한 것이다. 한국 정부가 공개한 문서에는 정부가 협상을 앞두고 내부적으로 정책을 검토한 자료, 조약 및 협약 초안, 양국의 회담 회의록 등 중요 자료가 대거 포함되어 있다. 하지만 문서의 분량이 워낙 방대하고 가독성이 떨어지는 필사본도 있어 접근하기 어려운 문제가 있다.

   이 자료집은 연구자나 일반인들이 자료와 기록에 근거하여 한일회담의 전체상과 주요 쟁점을 상세하고도 구체적으로 살펴볼 수 있도록 발간되었다. 이 자료집의 발간은 세 가지 의미를 지닌다. 첫째, 한일회담은 현대 한국외교사의 대표적인 협상 사례로서 관련 문서와 기록이 비교적 풍부하게 남아있다. 이 자료들은 한국외교사 연구의 질적 수준을 높이고 연구의 지평을 확대하는 데 크게 기여할 수 있을 것이다. 둘째, 강제동원, 일본군'위안부' 문제 등에서 보듯이 어떤 의미에서 한일회담은 여전히 종결되지 않았다고 할 수 있다. 따라서 한일 과거사 현안을 면밀하게 파악하고 해석하기 위한 토대로서 한일회담 관련 자료는 여전히 의미가 크다. 더 나아가 이 자료집은 대일 외교정책의 수립과 합리적 추진이라는 실천적 차원에서도 중요한 참고자료가 될 수 있을 것이다. 셋째, 이 자료집은 향후 북일 관계의 향방을 전망하고 예측하는 데도 중요한 길라잡이가 될 수 있을 것이다. 북일 관계는 현재 미수교 상태에 놓여있다. 국교를 정상화하기 위한 북일협상은 1990년대 이래 여러 차례 진행되었으나 중단과 결렬을 거듭하였고 현재는 완전히 중단된 상태이다. 그러나 언젠가는 북일 국교정상화 협상이 재개될 것으로 예상된다. 장차 한일 관계와 북일 관계 및 남북한 관계가 서로 영향을 주고받는 역동적인 국제관계로 진화할 가능성을 배제할 수 없다.

   이 자료집의 발간은 동북아역사재단과 국민대학교 일본학연구소의 공동 노력으로 이루어졌다. 자료집 발간은 관련 연구를 하는 많은 연구자들의 엄청난 열정과 노력 덕분에 가능했다. 이 자리를 빌려 이 자료집 편찬 작업에 참여한 모든 분께 진심으로 감사의 말씀을 전하고 싶다. 특히 유의상 대사님은 교정이 허락되는 마지막 순간까지 원문 하나하나를 철저히 검토하며 대조하였다. 유의상 대사님은 한일청구권협정을 주제로 박사학위 논문을 집필하고 대일 외교 일선에서 일하신 경험이 있어 외교문서의 어려운 행간을 읽어내는 데 많은 도움과 노력을 주었다. 작은 사항 하나하나 세세하게 챙기며 검토를 거듭해 주었기 때문에 자료집의 완성도가 높아졌다. 마지막으로 흔쾌히 이 자료집의 발간을 허락해 주신 이영호 동북아역사재단 이사장님께도 감사의 말씀을 전한다.

2023년 12월

조윤수 씀

차 례

발간사 —————————————————————————————— 5
책머리에 ————————————————————————————— 7
일러두기 ———————————————————————————— 28
해제 ——————————————————————————————— 29

제6차 한일회담 I (1961. 10. 20~1964. 11. 5)

예비교섭 : V. 1 7~8월, 1961 ———————————————————— 44

1. 한일회담 결과 보고 문서 ——————————————————— 45
2. 한일회담에 대한 정부의 기본 방침 작성과 관련한 품의 문서 ———— 53
    2-1. 한일회담에 대한 정부의 기본 방침 문서 ————————————— 54
3. 한일회담 제반 현안 문제에 대한 정부 방침(안) 품의 문서 ————— 55
    3-1. 한일회담에 있어서의 현안에 대한 정부 방침(안) ———————— 56
4. 제6차 한일회담 관련 기본 정책 훈령 내부 재가 문서 ——————— 70
5. 혁명 정부의 한일회담에 대한 기본 방침 ————————————— 71
7. 오히라 일본 외상의 후지 TV 대담 내용 요약 전 ————————— 76
8. 문 참사관의 일본 외무성 우야마 참사관 면담 결과 보고 전문 ——— 77
9. 주일 공사의 이세키 아시아국장 면담 결과 보고 전문 ——————— 80
14. 외무부 차관의 주한 미국, 영국, 프랑스 대사 등 면담 결과 통보 전문 — 83
18. 한일 관계에 관한 종합 보고 전문 ———————————————— 85
    18-1. 전문 누락 내용 추가 보고 전문 ——————————————— 88
19. 주요 공관에 한일 간 국교 조정 문제에 관한 외교 활동을 지시하는 공문 — 89

21. 문 참사관의 일본 외무성 우야마 참사관 면담 결과 보고 전문 ——— 93
22. 한일회담에 관한 주미 대사의 보고 공문 ——— 95
23. 한일 간 국교 조정 문제에 관한 외교 활동 지시를 각국 주재 대사에게 송부하는 공문 ——— 98
　　23-1. 주미, 주영 및 주불 대사에게 보내는 한일 간 국교 조정 문제에 관한 외교 활동 지시 공문 ——— 98
　　23-2. 외무차관의 주한 미국, 영국, 프랑스 대사 면담 결과 통보 전문 ——— 98
　　23-3. 친선사절단의 일본 외무성 사무차관 면담 결과 보고 내용이 담긴 문서 ——— 99
　　23-4. 주한 일본대표부 설치를 희망하는 일본 측 각서(국문 번역문) ——— 101
　　23-5. 일본 측이 주한 대표부 설치를 원하는 이유가 담긴 문서 ——— 104
　　23-6. 한국이 일본의 주한 대표부 설치를 반대하는 이유가 담긴 문서 ——— 105
　　23-7. 재일한인 북송 문제 관련 우야마 참사관 면담 결과 보고 전문 ——— 106
　　23-8. 이세키 아시아국장 면담 결과 보고 전문 ——— 106
　　23-9. 한일 관계에 대한 주일 한국대표부의 종합 보고 전문 ——— 106
24. 주일 대표부 보고에 대한 평가 전문 ——— 107
25. 박정희 의장 성명 관련 일 외무성 우야마 참사관 면담 결과 보고 전문 ——— 108
26. 박정희 의장의 성명에 대한 일본 신문 기사 보고 전문 ——— 110
32. 송요찬 외무부 장관의 기자회견 관련 현지 반응 파악 지시 전문 ——— 113
29. 송요찬 외무장관 기자회견 내용 보도 관련 보고 전문 ——— 115
30. 주일 대표부의 한일 관계에 대한 종합 보고 전문 ——— 117
31. 송요찬 외무장관 기자회견 전문 송부 공문 ——— 119
　　31-1. 송요찬 외무장관 기자회견 전문(영문) ——— 120
34. 송요찬 외무장관 기자회견 관련 일본 언론 보도 내용 중 오류 통보 전문 ——— 125
35. 우야마 참사관과의 한일회담 재개 관련 협의 내용 보고 전문 ——— 126
36. 마에다 북동아과장 방한 인상에 관한 보도 내용 보고 전문 ——— 128
37. 한일회담 재개 교섭 관련 보고 전문 ——— 131
38. 한일회담 재개 관련 주일 대표부의 입장 보고 전문 ——— 133
40. 일본 정부의 대한국 태도에 관한 내용이 담긴 문서 ——— 136
41. 한일회담 진행 방법이 담긴 문서 ——— 137
43. 한일회담 재개 교섭 관련 보고 전문 ——— 138
44. 박정희 최고회의 의장 특사 방일 관련 언론 보도 보고 전문 ——— 139
45. 한일회담 재개 교섭에 관한 보고 전문 ——— 142
47. 라이샤워 주일 미 대사 면담 결과 보고 전문 ——— 145

54. 한일회담 재개 대비 관계자 회의 개최 관련 품의 문서 ——— 147

예비교섭, V. 2 9~10월, 1961 ——— 150

1. 한일 문제 해결을 위한 사전 교섭을 위한 특사 파견 교섭 지시 전문 ——— 151
2. 특사 파견 관련 주일 대표부 보고 전문 ——— 152
3. 특사 파견 관련 일본 측과의 교섭 결과 보고 전문 ——— 153
4. 특사 파견 관련 외무부와 주일 대표부 간 전화 통화 기록 ——— 155
11. 특사 파견 관련 지시 전문 ——— 156
12. 특사 파견 관련 주일 대표부 보고 전문 ——— 158
13. 특사 파견 관련 전화 보고 기록 ——— 160
14. 특사 파견 관련 주일 대표부 보고 전문 ——— 162
15. 특사 파견 관련 주일 대표부 보고 전문 ——— 164
16. 특사 파견 관련 본부 통지 전문 ——— 165
17. 특사 파견 관련 주일 대표부 보고 전문 ——— 167
18. 특사 파견 관련 주일 대표부 보고 전문 ——— 169
19. 김유택 경제기획원장 방일 관련 일본 언론 보도 보고 전문 ——— 172
22. 김유택 원장 방일 관련 전화 통화 기록 ——— 174
23. 김유택 원장 방일 관련 일본 측과의 협의 결과 보고 전문 ——— 175
27. 김유택 원장 방일 관련 주일 대표부 보고 전문 ——— 177
29. 김유택 원장 방일 관련 주일 대표부 보고 전문 ——— 179
30. 김유택 원장 방일 관련 일본 언론 보도 보고 전문 ——— 180
31. 김유택 원장 방일 관련 주일 대표부 보고 전문 ——— 181
32. 김유택 원장 일본 도착 보고 전문 ——— 183
34. 김유택 원장 방일 관련 주일 대표부 보고 전문 ——— 184
35. 김유택 원장의 이시이 미쓰지로 면담 결과 보고 전문 ——— 185
37. 김유택 원장 방일 관련 주일 대표부 보고 전문 ——— 187
38. 김유택 원장의 후지야마 아이이치로 경제기획청장 면담 결과 보고 전문 ——— 188
39. 김유택 원장의 자민당 일한문제간담회 회원 면담 결과 보고 전문 ——— 189
40. 김유택 원장 방일 일정표 송부 공문 ——— 191

40-1. 김유택 원장 방일 일정 —————————————————————— 192
43. 김유택 원장의 이케다 총리와의 회담 결과 보고 전문 ——————————— 194
45. 김유택 원장 방일 일정 추가 보고 전문 ——————————————————— 196
46. 김유택 원장의 고사카 외상과의 회담 결과 보고 전문 ——————————— 197
47. 김유택 원장-고사카 외상 회담에 관한 일본 언론 보도 보고 전문 ———— 199
49. 김유택 원장의 운수대신 면담 결과 보고 전문 ———————————————— 201
50. 김유택 원장의 대장대신과의 회담 결과 보고 전문 ————————————— 202
51. 김유택 원장 방일 일정 추가 보고 전문 ——————————————————— 204
57. 김유택 원장의 고노 농림대신과의 회담 결과 보고 전문 —————————— 205
59. 김유택 원장의 면담 관련 보고 전문 ————————————————————— 207
60. 김유택 원장 방일 기간 연장 관련 본부 지시 전문 ————————————— 208
62. 김유택 원장의 라이샤워 주일 미국 대사와의 회담 결과 보고 전문 ——— 209
63. 김유택 원장의 사토 통산대신과의 회담 결과 보고 전문 —————————— 211
64. 김유택 원장의 요시다 시게루 전 총리 등과의 회담 결과 보고 전문 ——— 212
65. 김유택 원장의 미키 과학기술원청 장관 등과의 회담 결과 보고 전문 —— 214
66. 주일 공사의 이세키 아시아국장과의 회담 결과 보고 전문 ————————— 215
68. 김유택 원장의 자민당 3역과의 회담 결과 보고 전문 ———————————— 217
69. 김유택 원장의 일본 경제계 인사 면담 결과 보고 전문 —————————— 219
72. 김유택 원장의 고사카 외상과의 2차 회담 결과 보고 전문 ————————— 220
73. 김유택 원장의 귀국 일정 보고 전문 ————————————————————— 222
74. 김유택 원장의 방일 결과에 대한 일본 언론 보도 보고 전문 ——————— 223
77. 김유택 원장의 방일 결과에 대한 일본 언론 보도 보고 전문 ——————— 226
78. 이세키 아시아국장 방한 시 회담 내용에 관한 김용식 주영 대사의 보고 — 228
79. 송요찬 내각 수반의 기자에 대한 발언 관련 본부 지시 전문 ——————— 231
80. 라이샤워 주일 미국 대사와의 면담 결과 보고 전문 ———————————— 232
81. 한일 각 현안 문제 해결을 위한 우리의(한국 측) 최종 양보안이 담긴 문서 —— 233
82. 일본사회당의 한일회담 재개에 대한 동향 보고 전문 ——————————— 237
84. 한일회담에 관한 생각이 기재된 문서 ———————————————————— 238
85. 한일회담 관련 일본 언론 보도 보고 전문 —————————————————— 240
86. 대일 재산 청구권 금액에 관한 일본 언론 보도 보고 전문 ————————— 244
87. 한일회담 재개 시기 관련 일본 언론 보도 보고 전문 ———————————— 245
88. 제6차 한일회담 진행 방법에 관한 내부 재가 문서 ————————————— 246

88-1. 제6차 한일회담의 진행 방법에 관한 행정 연구서 ——— 247
90. 기시 전 총리의 워싱턴 방문에 따른 관련 정보 수집 지시 전문 ——— 251
91. 한일회담 관련 일본 언론 보도 보고 전문 ——— 252
92. 한일회담 재개 관련 훈령 공문 ——— 256
95. 이세키 아시아국장과의 비공식 회합 결과 보고 전문 ——— 258
98. 한일회담 재개 교섭 관련 보고 전문 ——— 261
99. 한일회담 재개 교섭 결과 보고 전문 ——— 262
101. 일본 경제 관계 관리 방한 요청을 보고하는 전문 ——— 264
102. 한일회담 일본 측 수석대표 관련 일본 입장 보고 전문 ——— 266
103. 한일회담 수석대표 문제 관련 이세키 아시아국장과의 협의 내용 보고 전문 ——— 267
104. 한일회담 대표단 명단 통보 요청 전문 ——— 268
105. 한일회담 일본 측 수석대표 관련 교섭 내용 보고 전문 ——— 269
106. 일본 측에 대한 한일회담 연기 통보 지시 전문 ——— 271
107. 스기 일본 측 수석대표 내정자의 기자회견 내용 언론 보도 보고 전문 ——— 272
108. 일본 측 수석대표 선정에 대한 한국 반응을 보도하는 기사 보고 전문 ——— 273
109. 한일회담 연기 통보에 대한 일본 측 반응 보고 전문 ——— 275
110. 일본 측의 한일회담 수석대표 각의 결정 사실 보고 전문 ——— 276
111. 한일회담 연기 관련 한국 외무부 대변인 발표에 관한 일본 언론 보도
    보고 전문 ——— 277
113. 한일회담 연기 관련 이세키 국장과의 면담 결과 보고 전문 ——— 280
117. 기시 전 총리 면담 결과 보고 전문 ——— 281
118. 라이샤워 주일 미국 대사와의 환담 내용 보고 전문 ——— 283
120. 한일회담 재개 관련 이세키 국장과의 회합 결과 보고 전문 ——— 284
121. 한일회담 재개 관련 일본 측 통지 내용 보고 및 건의 전문 ——— 286
122. 한일회담 재개 발표 관련 지시 전문 ——— 287
123. 한일회담 수석대표 발표 관련 최고회의 외교국방위원장의 재가를 위한
    전화 통화 기록 ——— 288
124. 한일회담 재개 발표 관련 이세키 국장과의 협의 결과 보고 전문 ——— 289
125. 한일회담 재개 최종 합의 보고 전문 ——— 290
126. 한일회담 재개 발표 내용 통보 전문 ——— 291
127. 제6차 한일회담 수석대표의 일본 측 수석대표 및 고사카 외상 예방 결과
    보고 전문 ——— 292

대표단 임면 관계, 1961~1964 ——— 294

6. 제6차 한일회담 대표단 관련 주일 대표부 건의 전문 ——— 295
7. 제6차 한일회담 대표단 구성 관련 본부 전문 ——— 296
11. 제6차 한일회담 대표단 명단 통보 전문 ——— 297
12. 제6차 한일회담 대표단 관련 주일 대표부 전문 ——— 300
13. 제6차 한일회담 대표단 데이터 통보 ——— 301
16. 제6차 한일회담 한국 측 수석대표 교체 관련 언론 보도 보고 전문 ——— 303
17. 제6차 한일회담 재개 합의 발표 관련 지시 전문 ——— 304
21. 제6차 한일회담 대표단 구성 관련 내부 재가 문서 ——— 305
22. 제6차 한일회담 한국대표단 명단 통보 전문 ——— 308
23. 제6차 한일회담 한국대표단 명단 언론 발표문 ——— 311
24. 제6차 한일회담 양측 대표단 명단 교환 보고 전문 ——— 313
26. 제6차 한일회담 일본 측 대표단 명단 보고 전문 ——— 314
27. 제6차 한일회담 일본 측 대표 명단 송부 공문 ——— 319
    27-1. 제6차 한일회담 일본 측 대표 명단 ——— 320
33. 제6차 한일회담 어업 및 평화선위원회 수석위원 임명 건의 공문 ——— 325
35. 제6차 한일회담 어업 및 평화선위원회 수석위원 임명 통보 전문 ——— 326
36. 제6차 한일회담 한국대표단 명단 ——— 327
37. 제6차 한일회담 대표단원 일부 직위 변경 건의 공문 ——— 329
40. 제6차 한일회담 한국대표단 명단(1962. 12. 10 현재) ——— 330
43. 제1~6차 한일회담 대표 명단 ——— 333
58. 제6차 한일회담 한국대표단 명단(1963. 3. 22 현재) ——— 336
62. 제6차 한일회담 일본대표단 명단(1963. 4. 30 현재) ——— 339
70. 제7차 한일회담 일본대표단 명단(1964. 12. 1 현재) ——— 341
91. 제6차 한일회담 대표단 개편 내부 재가 문서 ——— 343
92. 제6차 한일회담 본회담에 임하는 한국 정부의 입장 발표문 ——— 345
114. 제6차 한일회담 법적지위위원회 교포 대표 참가 문제 관련 대표부 견해를
    묻는 전문 ——— 346
115. 제6차 한일회담 법적지위위원회 교포 대표 참여 문제에 관한 대표부 답신 전문 ——— 347
116. 제6차 한일회담 법적지위위원회 교포 대표 참가 관련 본부 전문 ——— 349
117. 제6차 한일회담 법적지위위원회 교포 대표 참가 관련 대표부 회신 전문 ——— 350

118. 제6차 한일회담 법적지위위원회 교포 대표 참가 관련 본부 전문 ─── 352
119. 제6차 한일회담 법적지위위원회 교포 대표 참가 관련 대표부 회신 공문 ─── 353

본회의 회의록 및 종합 보고, 1961~1962. 2 ─── 354

1. 제6차 한일회담 우리 측 수석대표 개회 인사말 재가 문서 ─── 355
   1-1. 제6차 한일회담 우리 측 수석대표 개회 인사말 ─── 356
2. 제6차 한일회담 한국 측 수석대표의 하네다공항 도착 성명문 ─── 358
3. 제6차 한일회담 일본 측 수석대표의 개회 인사 보고 전문 ─── 361
4. 제6차 한일회담 한국 수석대표의 이케다 총리 예방 결과 보고 전문 ─── 363
5. 제6차 한일회담 스기 일본 측 수석대표의 한국대표단 예방 관련 전문 보고 ─── 365
6. 제6차 한일회담 제1차 전체회의(본회의) 개최 결과 보고 전문 ─── 366
7. 제6차 한일회담 전체회의(본회의) 개최 전 비공식 회합 결과 보고 전문 ─── 368
8. 제6차 한일회담 제1차 전체회의(본회의) 회의록(영문) ─── 370
   8-1. 제6차 한일회담 제1차 전체회의(본회의) 보도 자료 ─── 374
   8-2. 제6차 한일회담 제1차 전체회의(본회의) 한국 측 수석대표 인사말 ─── 375
   8-3. 제6차 한일회담 제1차 전체회의(본회의) 일본 측 수석대표 인사말 ─── 376
9. 제6차 한일회담 한국 수석대표의 라이샤워 주일 미국 대사 면담 결과 보고 전문 ─── 378
10. 제6차 한일회담 제2차 본회의 결과 보고 전문 ─── 381
11. 제6차 한일회담 제2차 본회의 회의록(영문) ─── 383
   11-1. 제6차 한일회담 제2차 본회의 보도 자료 ─── 388
   11-2. 제6차 한일회담 양측 대표단 명단 ─── 390
12. 제6차 한일회담 제3차 본회의 일본 측 스기 수석대표 스피치 보고 전문 ─── 404
13. 제6차 한일회담 제3차 본회의 회의록 보고 전문 ─── 406
14. 제6차 한일회담 제4차 본회의 한국 수석대표 인사말 송부 공문 ─── 410
   14-2. 제6차 한일회담 제4차 본회의 한국 수석대표 인사말 재가 공문 ─── 411
   14-3. 제6차 한일회담 제4차 본회의 한국 수석대표 인사말 ─── 412
15. 제6차 한일회담 제4차 본회의 일본 측 스기 수석대표 인사말 보고 전문 ─── 413
17. 제6차 한일회담 제4차 본회의 순서와 관련한 협의 결과 보고 전문 ─── 415

18. 제6차 한일회담 제4차 본회의에 앞선 양측 협의 내용 보고 전문 ——— 417
19. 제6차 한일회담 본부 지시 전문 ——— 419
20. 제6차 한일회담 제4차 본회의 관련 훈령 전문 ——— 420
21. 제6차 한일회담 제4차 본회의 결과 보고 전문 ——— 421
23. 제6차 한일회담 제4차 본회의 회의록 ——— 422
    23-1. 제6차 한일회담 제4차 본회의 일본 측 스기 수석대표 인사말 ——— 424
    23-2. 제6차 한일회담 제4차 본회의 한국 측 배의환 수석대표 인사말 ——— 425
    23-3. 제6차 한일회담 제4차 본회의 보도 자료 ——— 426
24. 제6차 한일회담 진행 방법에 관한 내부 재가 문서 ——— 428
25. 제6차 한일회담 한국 측 내부 회의 요록 ——— 436
26. 제6차 한일회담 진행 방법 수정 내용 ——— 438
27. 제6차 한일회담 타개에 대비한 계획안 건의 공문 ——— 441
28. 제6차 한일회담 타개에 대비한 계획안 건의에 대한 본부 회신 전문 ——— 443
29. 제6차 한일회담 수석대표의 버거 주한 미 대사 면담 결과 보고 전문 ——— 444
30. 박 의장-이케다 총리 회담 중 관련 내용에 관한 해명 건의 전문 ——— 445
31. 제6차 한일회담 수석대표의 일본 자민당 중의원 만찬 간담 결과 보고 전문 ——— 446
32. 제6차 한일회담 한국 수석대표의 고사카 외상 방문 결과 보고 전문 ——— 450
33. 제6차 한일회담 한국 수석대표의 이시이 의원 만찬 간담 결과 보고 전문 ——— 451
34. 제6차 한일회담 진행 방침에 관한 지시 공문 ——— 454
35. 이세키 국장과의 한일회담 문제 등 협의 결과 보고 전문 ——— 456
36. 이세키 국장과의 협의 결과에 대한 본부 지시 전문 ——— 458
37. 이세키 국장과의 협의 결과 보고 전문 ——— 460
38. 제6차 한일회담 양국 수석대표 간 회동 결과 보고 전문 ——— 462
39. 제6차 한일회담 진행과 관련한 보고 전문 ——— 465
40. 최영택 참사관의 기시 전 수상 방문 결과 보고 전문 ——— 466
45. 이세키 국장과의 면담 결과 보고 전문 ——— 467
46. 제6차 한일회담 진행과 관련한 보고 전문 ——— 468
47. 기시 전 수상 방한과 관련한 지시 공문 ——— 469
48. 기시 전 일본 수상 방한 문제 검토 의견서 ——— 471
49. 오노 반보쿠 등 일본 국회의원 초청 만찬 간담 결과 보고 전문 ——— 474
50. 제6차 한일회담 한국 수석대표의 이케다 수상 방문 결과 보고 공문 ——— 475
52. 제6차 한일회담 한국 수석대표의 요시다 전 수상 면담 결과 보고 전문 ——— 478

53. 기시 전 수상 방한 관련 이세키 국장과의 오찬 협의 결과 보고 공문 ——— 479
54. 한일회담 휴회 후의 일본 정세와 기시 방한에 관한 주일 대표부 보고 공문 ——— 481
57. 제6차 한일회담 후반기 회담 개최에 관한 훈령 내부 재가 문서 ——— 485
    57-1. 제6차 한일회담 후반기 회담 개최에 관한 훈령 시행 공문 ——— 487
59. 제6차 한일회담 진행에 관한 훈령 공문 ——— 492
60. 제6차 한일회담 각 분과위원회 운영 방안에 관한 건의 공문 ——— 494
61. 제6차 한일회담 후반기 회담 운영 방안 내부 재가 문서 ——— 497
    61-1. 제6차 한일회담 후반기 회담 운영 방안에 관한 공문 ——— 498
62. 제6차 한일회담 진행을 위한 행정 지원 관련 지시 전문 ——— 499
63. 제6차 한일회담 진행 방안에 관한 중앙정보부 건의서 송부 공문 ——— 500
    63-1. 제6차 한일회담 진행 방안에 관한 건의서 ——— 501
64. 제6차 한일회담 회담 진행에 관한 현황 보고 공문 ——— 514
65. 김종필 중앙정보부장 방일 관련 일본 언론 보도 보고 전문(박정희 의장 방일 관계 사전 조정) ——— 516
66. 김종필 중앙정보부장 방일 관련 일본 언론 보도 보고 전문 ——— 517
67. 김종필 중앙정보부장 방일 관련 일본 언론 보도 보고 전문 ——— 519
69. 박 의장-이케다 회담 회의록 ——— 520
70. 제6차 한일회담 진행 방법에 대한 건의 ——— 522
    70-1. 제6차 한일회담 진행 방법에 관한 행정 건의서 ——— 523
71. 제6차 한일회담 한국 수석대표의 주일 미국 대사관 직원과의 면담 결과 보고 전문 ——— 526
72. 제6차 한일회담 양국 수석대표 오찬 회동 결과 보고 전문 ——— 528
73. 제6차 한일회담 한국 수석대표의 주일 미국 대사 면담 결과 보고 전문 ——— 530
74. 박정희 의장에 대한 브리핑 관련 유의사항 통보 전문 ——— 533
75. 박정희 의장에 대한 박-이케다 회담 반향 및 건의사항 보고 결과 보고 전문 ——— 534
76. 제6차 한일회담에 관한 종합 보고서(제1호) ——— 540
    76-1. 제6차 한일회담 대표단의 공보 활동 상황 보고서 ——— 544
    76-2. 제6차 한일회담 대표단의 공보 활동 계획서 ——— 545
77. 제6차 한일회담에 관한 종합 보고서(제2호) ——— 546
    77-1. 제6차 한일회담 대표단의 공보 활동 보고서 ——— 551
78. 제6차 한일회담에 관한 종합 보고서(제3호) ——— 553
    78-1. 제6차 한일회담 대표단의 공보 활동 보고서 ——— 557

79. 제6차 한일회담에 관한 종합 보고서(제4호) —————————————— 558
80. 제6차 한일회담에 관한 종합 보고서(제5호) —————————————— 563
81. 제6차 한일회담에 관한 종합 보고서(제6호) —————————————— 570
82. 제6차 한일회담에 관한 종합 보고서(제7호) —————————————— 574
83. 제6차 한일회담에 관한 종합 보고서(제8호) —————————————— 578
84. 제6차 한일회담에 관한 종합 보고서(제9호) —————————————— 583
85. 제6차 한일회담에 관한 종합 보고서(제10호) ————————————— 586
86. 제6차 한일회담에 관한 종합 보고서(제11호) ————————————— 590

스기 미치스께 일본 특사 방한, 1961. 11. 2~4 —————————————— 594

1. 이세키 아시아국장과의 면담 결과 보고 전문 ——————————————— 595
2. 스기 일본 측 수석대표 방한 관련 한국대표단 건의 전문 ———————— 596
3. 방한한 스기 수석대표와의 회담 요록 ——————————————————— 598
4. 스기 수석대표를 위한 만찬회에서의 장관 인사말 ———————————— 600
6. 스기 수석대표 환영 만찬 석상 외무부 장관 환영사 ——————————— 602
    이케다 수상이 박정희 의장에게 보내는 방일 초청 서한 ———————— 603
    이케다 수상이 박정희 의장에게 보내는 방일 초청 서한(영문) ————— 605
    이케다 수상의 방일 초청 서한에 대한 박정희 의장의 수락 답서 재가 공문 —— 607
    이케다 수상의 방일 초청 서한에 대한 박정희 의장의 수락 답신 ———— 608
    이케다 수상의 방일 초청 서한에 대한 박정희 의장의 수락 답신(영문) —— 610
7. 스기 수석대표 방한에 관한 일본 언론 보도 보고 전문 ————————— 612
8. 스기 수석대표 방한에 관한 일본 언론 보도 보고 전문 ————————— 613
9. 이케다 수상의 박정희 의장 초청에 대한 박 의장의 초청 수락 성명서 ——— 615

박정희 국가재건최고회의 의장 일본 방문, 1961. 11. 11~12 ──────── 618

  2. 박정희 의장 약력서 송부 요청 전문 ──────────────── 619
  4. 박정희 의장 약력서 송부 공문 ──────────────────── 620
      4-2. 박정희 국가재건최고회의 의장 약력서 ──────────── 621
  6. 박정희 의장 방일 관련 일본 측 수석대표와의 협의 결과 보고 전문 ──── 623
  9. 박정희 의장 일본 방문 관련 대외 발표 시기 등에 관한 대표부 전문 ──── 625
  10. 박정희 의장 일본 방문 시 일본에서의 출발 성명서 ─────────── 626
  11. 이케다 수상 주최 만찬 시 박정희 의장 연설문 ──────────── 627
  12. 박정희 의장의 재일교포들에 대한 메시지 ──────────────── 629
  13. 박정희 의장 일본 도착 성명서 ──────────────────── 630
  14. 박정희 의장 일본 출발 성명서 ──────────────────── 633
  15. 박정희 의장 방일 관련 대표부 보고(일정) 전문 ──────────── 634
  16. 박정희 의장 방일 관련 주일 대표부 보고(경호/의전) 전문 ──────── 636
  17. 박정희 의장 방일 시 도착 및 출발 성명서 송부 전문 ──────────── 637
  21. 박정희 의장 체일 중 면담 대상 일본 인사 약력 기재 문서 ──────── 641
  24. 박정희 의장 일본 방문 일행 명단 ──────────────────── 645
  25. 박정희 의장 일본 방문 잠정 일정 ──────────────────── 646
  27. 박정희 의장 만찬 연설문 ──────────────────────── 648
  28. 제6차 한일회담 경과 보고 ──────────────────────── 650
  29. 스기 일본 수석대표의 방한 및 그 이후의 일본 정계 동향 보고서 ──── 653
  30. 청구권에 관한 일본 측 태도가 기재된 문서 ────────────── 655
  31. 한일 고위 회담 개최 관련 행정 연구서 상달 공문 ──────────── 657
      31-1. 한일 고위 회담 개최 관련 행정 연구서 ──────────── 658
  32. 박 의장 방일에 관한 주일 대표부 보고 요약 및 이에 관한 외무부 의견 ── 661
  59. 박정희 의장 방일 시 일본 측 환대에 대한 감사 인사 전달 결과 보고 전문 ── 664
  60. 박정희 의장의 이케다 수상 앞 친서 전달에 관한 내부 결재 문서 ──── 665
      60-1. 박정희 의장의 이케다 수상 앞 감사 친서 ──────────── 666
      60-2. 박정희 의장의 이케다 수상 앞 친서(영문) ──────────── 667
  61. 박정희 의장 친서 전달에 대한 일본 측 반응 보고 전문 ──────── 668
  62. 박정희 의장의 방일 중 면담 인사에 대한 감사의 뜻 전달 지시 전문 ──── 669
  63. 박정희 의장 방일 시 면담 인사들에 대한 감사 인사 전달 결과 보고 공문 ── 670

63-1. 박정희 의장 방일 시 면담 인사에 대한 이동환 공사 명의 감사 서한 ——— 671
63-2. 박정희 의장 방일 시 면담 인사에 대한 이동환 공사의 사의 표명
대상자 명단 ——— 673
64. 박정희 의장의 서한에 대한 이케다 수상의 답신 친서 수령 보고 전문 ——— 675
64-1. 박정희 의장의 서한에 대한 이케다 수상의 답신 친서(일어본) ——— 677
66. 박정희 의장-이케다 수상 회담 요록 송부 공문 ——— 679
66-1. 박정희 의장 - 이케다 회담 회의록 ——— 680
66-2. 박정희 의장과 이케다 수상의 회담 ——— 682
67. 박정희 의장 방일 활동 관련 보고 전문 ——— 684
69. 최고회의 의장 방일에 관한 종합 보고 송부 공문 ——— 686
69-1. 최고회의 의장 방일에 관한 종합 보고서 ——— 687
69-1-1. 일본 도착 성명서 ——— 693
69-1-2. 11월 11일 '이케다' 수상 주최 만찬회에서 '이케다' 수상이 행힌 인사 ——— 695
69-1-3. 11월 11일 '이케다' 수상의 만찬 인사에 대한 박 의장 답사 ——— 696
69-1-4. 11월 12일 내외신 기자회견 내용 ——— 697
69-1-5. 11월 12일 박 의장 주최 만찬회 석상에서 박 의장 각하가 행하신 인사 ——— 700
65-1-6. 11월 18일 박 의장 각하 초대 만찬회 석상에서의 박 의장 각하의 인사에
대한 '이케다' 수상의 답사 ——— 701
69-1-7. 출발 성명(영문) ——— 702
69-1-8. 재일교포에 대한 의장 인사문 ——— 703
69-1-9. 박정희 의장 방일을 통보하는 주일 대표부의 여타 주일 공관 앞
구상서 ——— 704
69-1-10. 박정희 의장의 방일 항공기 하네다 도착 관련 협조 요청 구상서 ——— 705
69-1-11. 최고회의 의장 각하 방일 준비 계획서 ——— 706

청구권위원회 회의록 1∼11차, 1961. 10. 27∼1962. 3. 6 ——— 716

3. 제6차 한일회담 일반청구권소위원회 제1차 회의록 ——— 717
4. 제6차 한일회담 일반청구권 청구 금액 제시 관련 본부 견해 요청 전문 ——— 720

5. 제6차 한일회담 청구권 청구 금액 관련 본부 입장 회신 공문 ──────── 721
8. 제6차 한일회담 일반청구권소위원회 제2차 회의록 ──────────── 724
9. 제6차 한일회담 일반청구권위원회에 대한 훈령 공문 ──────────── 730
12. 제6차 한일회담 일반청구권소위원회 제3차 회의록 ──────────── 731
15. 제6차 한일회담 일반청구권소위원회 제4차 회의록 ──────────── 740
18. 제6차 한일회담 일반청구권소위원회 체신부 관계 전문가위원회 제1차 회의록 ── 749
21. 제6차 한일회담 일반청구권소위원회 체신부 관계 전문가위원회 제2차 회의록 ── 754
24. 제6차 한일회담 일반청구권소위원회 제5차 회의록 ──────────── 757
25. 제6차 한일회담 일반청구권소위원회 체신부 관계 전문가위원회 제3차 회의
    관련 보고 전문 ─────────────────────────── 765
28. 제6차 한일회담 일반청구권소위원회 체신부 관계 전문가위원회 제3차 회의록 ── 766
31. 제6차 한일회담 일반청구권소위원회 제6차 회의록 ──────────── 770
    31-1. 제6차 한일회담 일반청구권소위원회 제6차 회의 시 일본 측 발언 요지 ── 777
32. 체신부 청구권 우편저금 문제 관련 보고 전문 ─────────────── 782
33. 체신부 청구권 우편저금 문제에 관한 PR 여부에 대한 훈령 전문 ──────── 783
36. 제6차 한일회담 청구권소위원회 체신부 관계 전문가위원회 제4차 회의록 ─── 784
    36-1. 제6차 한일회담 청구권소위원회 체신부 관계 전문가위원회 제4차 회의 시
        일본 측 제출 자료 ────────────────────── 790
39. 제6차 한일회담 일반청구권소위원회 제7차 회의록 ──────────── 792
    39-1. 제6차 한일회담 일반청구권소위원회 제7차 회의 시 김 수석위원
        발언 요지문 ──────────────────────── 806
    39-2. 제6차 한일회담 일반청구권소위원회 제7차 회의 시 일본 측 수석위원의
        발언 요지문 ──────────────────────── 808
40. 대일 청구 요강 6항 변경에 대한 청훈 전문 ─────────────── 814
41. 대일 청구 요강 6항 변경에 관한 훈령 전문 ─────────────── 815
44. 제6차 한일회담 일반청구권소위원회 제8차 회의록 ──────────── 816
    44-1. 제6차 한일회담 일반청구권소위원회 제8차 회의 시 김 수석위원
        발언 요지문 ──────────────────────── 829
45. 1962년 1월 15일 자 외정(아) 제24호 훈령에 대한 질의 전문 ────────── 830
46. 대표단 질의에 대한 답신 전문 ───────────────────── 831
47. 제6차 한일회담 일반청구권소위원회 위원 간 비공식 접촉 결과 보고 전문 ──── 832
50. 제6차 한일회담 일반청구권소위원회 제9차 회의록 ──────────── 834

51. 필리핀인의 미국 은급(연금) 수령 관련 정보 조사 요청 전문 ———— 838
52. 필리핀인의 미국 은급 수령 관련 사실 조사 지시 전문 ———— 839
56. 필리핀인의 미국 은급 수령 관련 관계 자료 송부 공문 ———— 840
　　56-1. 필리핀인의 연금 수령 관련 주미 대사관의 보고 공문 ———— 841
57. 필리핀 국민이 받는 미국의 은급에 관한 정보 보고 공문 ———— 843
　　57-1. 필리핀인에 대한 미국 은급 지급 현황표 ———— 845
58. 제6차 한일회담 청구권위원회 제2차 비공식 회의 결과 보고 전문 ———— 847
60. 일반청구권에 관한 조회 전문 ———— 849
61. 대표단 조회에 대한 회신 전문 ———— 850
62. 청구권에 관한 일 측 자료 송부 공문 ———— 851
64. 대일 재산청구권에 관한 자료 조사 의뢰 공문 ———— 853
65. 일본은행권 및 구 조선은행 재일 재산 관계 자료 송부 공문 ———— 855
　　65-1. 조선은행 청산위원회의 일본은행권 및 구 조선은행 재일 재산
　　　　 관계 자료 ———— 856
67. 일본은행권에 관한 조회 요청 공문 ———— 858
69. 제6차 한일회담 일반청구권소위원회 제10차 회의록 ———— 859
73. 제6차 한일회담 일반청구권소위원회 피징용자 등 관계 전문위원회 제1차
　　회의록 ———— 864
　　73-1. 제6차 한일회담 일반청구권소위원회 피징용자 등 관계 전문위원회
　　　　 제1차 회의 시 일 측 제출 자료 ———— 869
75. 청구권 제7항 및 8항에 대한 훈령 전문 ———— 873
78. 제6차 한일회담 일반청구권소위원회 피징용자 등 관계 전문위원회 제2차
　　회의록 ———— 874
　　78-1. 제6차 한일회담 일반청구권소위원회 피징용자 등 관계 전문위원회 제2차
　　　　 회의 시 한국 측 제출 자료 ———— 881
81. 제6차 한일회담 일반청구권소위원회 전문위원회 제3차 회의록 ———— 882
　　81-1. 제6차 한일회담 일반청구권소위원회 전문위원회 제3차 회의 시 양측
　　　　 제출 자료 ———— 886
84. 제6차 한일회담 일반청구권위원회 전문위원회의 제4차 회의록 ———— 889
87. 제6차 한일회담 일반청구권소위원회 제11차 회의록 ———— 896
　　87-1. 제6차 한일회담 일반청구권소위원회 제11차 회의 시 일본 측
　　　　 발언 요지문 ———— 901

차례　23

선박소위원회 회의록, 1961~1962 ——————————————————— 906

   1. 제6차 한일회담 선박소위원회 수석위원 간 비공식 회의 결과 보고 전문 ——— 907
   2. 제6차 한일회담 선박소위원회 제7차 회의 결과 보고 전문 ——————— 909
   3. 선박에 관한 사실 조회 건의 전문 ———————————————— 910
   4. 제6차 한일회담 선박소위원회 제8차 회의 결과 보고 전문 ——————— 911
   5. 제6차 한일회담 선박소위원회 제9차 회의 결과 보고 ————————— 912

반환 청구 선박 명부, 1962 ————————————————————— 914

   3. 제6차 한일회담 시 일 측에 제시한 선박 명부 ———————————— 915

문화재소위원회, 1962~1964 ———————————————————— 930

   2. 제6차 한일회담 문화재소위원회 제1차 회의 의사록 ————————— 931
   3. 제6차 한일회담 문화재소위원회 제2차 회의록 ——————————— 934
   5. 제6차 한일회담 문화재소위원회 제3차 회의록 ——————————— 940
   8. 제6차 한일회담 문화재소위원회 제4차 회의록 ——————————— 946
   12. 제6차 한일회담 문화재소위원회 제5차 회의록 —————————— 951
   13. 제6차 한일회담 문화재소위원회 양측 수석위원 간 비공식 접촉 결과 보고 전문 — 957
   16. 제6차 한일회담 문화재소위원회 회의 관련 서류 송부 요청 전문 ———— 959
   17. 제6차 한일회담 문화재소위원회 관련 서류 송부 재가 문서 ————— 960
   18. 제6차 한일회담 문화재소위원회 관련 서류 송부 통보 전문 ————— 961
      18-1. 제6차 한일회담 문화재소위원회 제5차 회의 시 일본 측 수석위원
           발언 요지문 ———————————————————— 962
   21. 제6차 한일회담 문화재소위원회 제6차 공식 회의록 ———————— 965
   25. 제6차 한일회담 문화재소위원회 제7차 공식 회의록 ———————— 969
   27. 제6차 한일회담 문화재소위원회 대일 반환 청구 문화재 목록 송부 공문 ——— 972

27-1. 제6차 한일회담 문화재소위원회 반환 청구 한국 문화재 목록 —————— 974
22. 제6차 한일회담 문화재소위원회 교섭 현황 및 전망 보고 전문 —————— 978
23. 제6차 한일회담 문화재소위원회 일본 측 수석위원 접촉 시도 관련 보고 전문 — 979
29. 제6차 한일회담 문화재소위원회 제1회 전문가 회의 회의록 —————— 981
32. 제6차 한일회담 문화재소위원회 전문가 회의 제2차 회의 요록 —————— 984
35. 제6차 한일회담 문화재소위원회 전문가 회의 제3차 회의 회의록 —————— 987
29. 제6차 한일회담 문화재소위원회 제4차 전문가 회의 결과 보고 전문 —————— 992
38. 제6차 한일회담 문화재소위원회 제5회 전문가 회의 회의록 —————— 994
41. 제6차 한일회담 문화재소위원회 제6회 전문가 회의 회의록 —————— 996
42. 문화재 문제에 관한 양측 입장 —————— 999
44. 한일 쌍방의 문화재 문제 관련 주장이 담긴 일본 측 문서 —————— 1004

재일한인의 법적 지위 관계 회의, 1961. 10~1964. 3 —————— 1010

1. 제6차 한일회담 재일한인 법적지위위원회 제1차 회의 결과 보고 전문 —————— 1011
2. 제6차 한일회담 재일한인 법적지위위원회 민단 대표 참가 문제 관련 보고 전문 — 1013
3. 제6차 한일회담 재일한인 법적지위위원회 제2차 회의 결과 보고 전문 —————— 1014
4. 제6차 한일회담 재일한인 법적지위위원회 제1차 비공식 회의 결과 보고 전문 — 1015
5. 제6차 한일회담 재일한인 법적지위위원회 제2차 비공식 회의 결과 보고 전문 — 1017
6. 제6차 한일회담 재일한인 법적지위위원회 제3차 비공식 회의 결과 보고 전문 — 1019
7. 제6차 한일회담 재일한인 법적지위위원회 제4차 비공식 회의 결과 보고 전문 — 1021
8. 제6차 한일회담 재일한인 법적지위위원회 제1차 전문가 회의 결과 보고 전문 — 1023
9. 제6차 한일회담 재일한인 법적지위위원회 제2차 전문가 회의 결과 보고 전문 — 1024
10. 제6차 한일회담 재일한인 법적지위위원회 제5차 비공식 회의 결과 보고 전문 - 1025
11. 제6차 한일회담 재일한인 법적지위위원회 제3차 공식 회의 결과 보고 전문 —— 1027
12. 6차 한일회담 재일한인 법적지위위원회 양국 수석대표 간 회동 관련
    보고 전문 —————— 1028
13. 제6차 한일회담 재일한인 법적지위위원회 제6차 비공식 회의 결과 보고 전문 — 1030
14. 제6차 한일회담 재일한인 법적지위위원회 제7차 비공식 회의 결과 보고 전문 — 1031
15. 제6차 한일회담 재일한인 법적지위위원회 제3차 전문가 회의 결과 보고 전문 — 1033

16. 제6차 한일회담 재일한인 법적지위위원회 제8차 비공식 회의 결과 보고 전문 ——— 1035
17. 제6차 한일회담 재일한인 법적지위위원회 제4차 전문가 회의 결과 보고 전문 ——— 1037
18. 제6차 한일회담 재일한인 법적지위위원회 제4차 공식 회의 결과 보고 전문 ——— 1039

예비회담 : 어업 및 평화선위원회 회의록 및 기본 정책, 1961. 10~1962. 3. 5 ——— 1040

  3. 제6차 한일회담 어업 및 평화선위원회 제1차 회의록 ——— 1041
  6. 제6차 한일회담 어업 및 평화선위원회 제2차 회의록 ——— 1045
  8. 제6차 한일회담 어업 및 평화선위원회 제3차 회의록 ——— 1050
 11. 제6차 한일회담 어업 및 평화선위원회 제4차 회의록 ——— 1054
 14. 제6차 한일회담 어업 및 평화선위원회 제5차 회의록 ——— 1059
 15. 평화선 문제에 관한 수석대표 건의 전문 ——— 1065
 18. 제6차 한일회담 어업 및 평화선위원회 제6차 회의록 ——— 1067
 21. 제6차 한일회담 어업 및 평화선위원회 제7차 회의록 ——— 1074
 24. 제6차 한일회담 어업 및 평화선위원회 제8차 회의록 ——— 1079
    24-1. 제6차 한일회담 어업 및 평화선위원회 제8차 회의 시 일본 측 견해 요록 ——— 1083
    24-2. 제6차 한일회담 어업 및 평화선위원회 제8차 회의 시 한국 측 견해 요록 ——— 1087
 25. 제6차 한일회담 어업 및 평화선위원회 진행 방안 협의 결과 보고 전문 ——— 1089
    25-1. 평화선 철폐 및 어업협정 체결을 요구하는 일본 측 문서 ——— 1091
 28. 제6차 한일회담 어업 및 평화선위원회 제9차 회의록 ——— 1093
 31. 제6차 한일회담 어업 및 평화선위원회 제10차 회의록 ——— 1096
 34. 제6차 한일회담 어업 및 평화선위원회 제11차 회의록 ——— 1101
 37. 제6차 한일회담 어업 및 평화선위원회 제12차 회의록 ——— 1108
 40. 제6차 한일회담 어업 및 평화선위원회 제13차 회의록 ——— 1115
 41. 제6차 한일회담 어업 및 평화선위원회 청훈 전문 ——— 1126
 45. 제6차 한일회담 어업 및 평화선위원회 제14차 회의록 ——— 1127
    47. 제6차 한일회담 어업 및 평화선위원회 제14차 회의 시 한국 측 설명 자료 ——— 1129

46. 제6차 한일회담 어업 및 평화선위원회 관련 지시 전문 ———————— 1135
50. 제6차 한일회담 어업 및 평화선위원회 제15차 회의록 ———————— 1136
　　50-1. 제6차 한일회담 어업 및 평화선위원회 제15차 회의 시 한국 측
　　　　　설명 자료 ———————————————————————— 1138
51. 제6차 한일회담 어업 및 평화선위원회 제16차 회의 결과 보고 전문 ——— 1145
52. 어업 관련 전문도 ———————————————————————— 1147
63. 평화선 문제에 관한 한국 정부의 기본 정책 관련 문서 ———————— 1150
64. 한일회담 평화선 및 어업 문제에 대한 의견 등이 담긴 문서 —————— 1153
65. 평화선 문제 및 한일 간 경제 협력에 관한 실무자 연석회의 보고서 ——— 1159
69. 한일회담 체결 시 수산국 해양 자원과 소관 원조 요청사항 문서 ———— 1162
70. 한일회담이 성공될 경우 원양 어업과의 수원(受援) 태세 문서 ————— 1164
71. 평화선 문제에 관한 한국 정부의 기본 정책 관련 문서 ———————— 1165
　　71-1. 평화선 문제에 관한 한국 정부의 기본 정책 관련 문서 ————— 1166

일러두기

이 자료집의 원문과 구성 원칙은 다음과 같다.
- 원문은 2005년 외교부에서 공개한 한일회담 외교문서이며, 동북아역사넷(contents.nahf.or.kr) 및 외교부 외교사료관, 국회도서관, 국가기록원에서 확인할 수 있다.
- 이 자료집은 공개된 문서 중 사료 가치가 크지 않은 일부 문서를 제외하고 대부분의 문서를 수록하였다.
- 이 자료집에 수록된 문서의 문서명에 '전문', '공문', '내부 재가 문서', '훈령안', '보고서' 등을 첨기하여 문서의 종류를 구분할 수 있도록 하였다.
- 원문과 비교할 수 있도록 본문 왼쪽에 마이크로필름 프레임 번호를 제시하였다.
- 내용은 원문대로 표기하는 것을 원칙으로 하였다.
- 원문에는 없지만 편집 과정에서 추가한 내용은 [ ]로 처리하였다.
- 원문 상태가 좋지 않아 판독이 어려운 일부 단어는 □로 표기하였다.
- 이 자료집에 수록된 일본어 및 영어 사료는 감수자가 번역한 한글 번역본을 함께 수록하였다.

가독성을 고려하여 다음과 같이 수정하였다.
- 띄어쓰기와 맞춤법은 국립국어원 표준어 규정에 맞추었다.
- 원문의 명백한 오기 및 현대어 문법에 맞지 않는 단어는 일부 바로잡았다.
- 한자는 한글로 표기하되, 필요한 경우 원문을 병기하였다.
- 한자식 고어 일부와 고유명사는 현대어로 수정하였다.
- 「 」와 「 」는 서명, 신문·잡지명, 문서, 조약, 법령, 안을 제외하고 큰따옴표, 작은따옴표로 수정하였다.
- 문서의 제목과 번호, 날짜 위치는 문서의 유형에 따라 임의로 왼쪽, 오른쪽, 또는 중앙으로 편집하여 정렬하였다.

외래어 표기는 다음과 같은 규정을 적용하였다.
- 일본어 고유명사(인명, 지명 등)는 일본어 독음으로 표기하고 [ ]에 원문을 병기하였다.
- 고유명사와 보통명사가 결합된 일본어는 고유명사만 일본어 독음으로 표기하였다.
- 인명, 지명, 국명 중 주요한 것은 국립국어원 외래어 규정에 맞춰 표기하였다.

해제

제6차 한일회담

유의상 광운대학교 겸임교수

1. 박정희의 '군사정변'과 한일회담의 재개

1961년 5월 16일 '군사정변'으로 정권을 잡은 박정희 장군은 정권의 정당성 확보를 위해서라도 경제 재건을 통해 국민들의 먹고사는 문제를 해결하는 것이 급선무였다. 하지만 경제 개발을 위해 절실했던 외자 도입은 원활하지 못했다. 어느 나라도 아직 정전 상태에 놓여 있는 한국에 선뜻 돈을 빌려주려 하지 않았기 때문이다. 결국 박정희는 일본과 조속히 국교 정상화를 함으로써 일본으로부터 '청구권 자금'과 기술을 도입하는 것이 중요하다는 판단을 하게 되었으며, 이에 따라 한일회담의 재개에 강한 열의를 보였다. 그러나 일본의 이케다 총리는 장래가 불투명한 한국의 군사 정권에 대해 어느 정도 거리를 두고 있었다. 이케다 총리가 한국 측의 회담 재개 요구에 응하는 방향으로 마음을 바꾼 것은 1961년 6월 20일부터 23일 사이 미국을 방문해 케네디 미국 대통령과 회담을 하고 난 이후이다. 1960년부터 시작된 베트남전쟁으로 아시아 지역 정세에 큰 관심을 갖고 있던 미국은 한국이 붕괴될 경우 한반도가 공산화될 수도 있다는 점을 우려하고 있었다. 이와 함께 한국에 제공하는 경제 원조 일부를 일본에 부담시키고자 하는 생각으로 일본을 향해 박정희 정권을 인정하고 조기에 국교 정상화를 하도록 촉구하였다.[1] 한일 양국은 '5.16 군사정변'이 발생한 지 약 3개월이 지난 시점인 8월 24일에야 비로소 한일회담을 9월 중순경 재개하기로 합의가 이루어졌다.[2]

---

1 『日本外交文書(일본외교문서)』 1793, '總理 訪美(韓國問題)の件〈총리 방미(한국 문제)의 건〉[주미 일본 대사의 이케다 총리-케네디 대통령 회담 내용 중 한국 문제에 관한 보고], 1961. 6. 20'.
2 유의상, 『13년 8개월의 대일 협상』, 역사공간, 2016, 76, 77쪽.

제6차 한일회담을 앞둔 한국 정부는 앞서 제5차 회담에서의 경험을 통해 실무 교섭만으로는 한국 측이 역점을 두고 있는 청구권 문제의 타결이 어렵다는 점을 인식하고 있었다. 이에 회담 개시에 앞서 이승만 정부에서 주일 대사로 재직하며 일본 정계 지도자들과 두터운 인맥을 쌓았던 김유택 경제기획원 원장을 1961년 8월 30일부터 9월 9일까지 일본에 특사로 파견하여 회담 재개를 위한 사전 정지(整地) 작업을 시도하였다. 김유택은 이케다 총리는 물론, 고사카 외상 및 일본 정계 주요 인사들과 일련의 회담을 갖고 청구권 문제와 어업 및 평화선 문제에 관하여 협의하였다. 그러나 김유택의 방일 성과는 일본 측의 준비가 제대로 갖추어지지 않았던 탓에 한국의 기대에 미치지 못하였다. 김유택은 일본이 청구권 문제에 대해 만족스러운 반응을 보인다면 한국은 평화선에 관해 신축성 있는 태도를 보일 수 있다는 설명과 함께, 한국이 기대하는 청구권 액수로 8억 불을 제시하였다. 이에 대해 일본 측은 순수한 청구권 액수로 5,000만 불을 지불하고 한국의 5개년 경제 개발 계획 내용을 본 후 무상 원조 형식으로 추가 지원을 할 용의가 있다는 입장을 표명함으로써 한국 측을 실망시켰다.[3]

김유택의 방일이 성과를 거두지 못함에 따라 한국은 교섭 전략을 수정하지 않으면 안 되었다. 제6차 회담 수석대표 임명을 둘러싼 일본과의 입장 차도 노정되면서 회담은 당초 합의되었던 9월 20일에 재개되지 못하고 연기되었다. 한국은 기시 전(前) 총리가 일본 측 수석대표로 임명될 것을 기대하고 이에 상응하는 허정 전 내각 수반을 수석대표로 내정하였다. 그러나 이케다 총리는 재계 인사인 스기 미치스케(杉道助) 일본무역진흥회 회장을 임명했다. 청구권 문제를 경제 협력 방식으로 풀어나가겠다는 의지가 담긴 인사였다. 결국 한국도 경제계 인사인 배의환 전 한국은행 총재를 회담 수석대표로 임명하였다. 배의환 수석대표 임명은 일본이 재계 인사인 스기를 임명한 데 대한 불가피한 대응 조치였지만, 한편으로는 미연방 정부의 고위직 관리 경험이 있고 남한의 미군정청 재무부장보를 역임한 배의환을 통해 미국과의 원활한 소통을 도모하자는 뜻도 내포되어 있었다고 보아야 할 것이다.[4] 양측 수석대표가 임명되면서 제6차 한일회담은 1961년 10월 20일부터 시작되었다.

---

3 유의상, 앞의 책, 77, 78쪽.
4 유의상, 『대일외교의 명분과 실리』, 역사공간, 2016, 313쪽.

2. 박정희 국가재건최고회의 의장의 방일

　제6차 회담 시작 후 며칠 지나지 않은 10월 24일부터 닷새간 박정희 정권의 2인자인 김종필 중앙정보부장이 도쿄를 방문하였다. 김유택의 방일이 한국 측의 기대를 벗어남에 따라 박정희는 최측근이었던 김종필이 청구권 문제 타결에 직접 관여하도록 한 것이다. 김종필은 자신의 육사 동기생이며 중앙정보부 국장이었던 최영택을 주일 대표부에 참사관으로 파견하여 대일 교섭 실무를 책임지게 하는 동시에, 일본 정계의 막후 실력자였던 고다마 요시오(児玉誉士夫)[5] 등을 통해 일본 정치권 내에 친한 세력을 구축하는 노력을 기울이도록 하였다. 이와 함께 본인도 일본을 방문하여 청구권 문제 타결을 위한 분위기 조성에 직접 나섰다. 김종필은 주일 대사도 모르게 이케다 총리, 고사카 외상 등을 만나 박정희의 일본 방문을 성사시켰다.

　박정희는 케네디 대통령의 초청으로 미국을 방문하는 길에 1961년 11월 12일 도쿄에 들러 이케다 총리와 정상회담을 갖고 한일회담의 조기 타결을 위한 돌파구를 모색하였다. 박정희는 이케다에게 한국은 법적 근거가 있는 청구권만을 주장한다는 논리를 내세워 일본이 적절한 청구권 금액을 제시해 줄 것을 요청하였다. 이에 대해 이케다는 청구권만으로는 금액이 적어질 것이므로 장기 저리의 경제 원조를 고려하고자 한다고 대응하였다. 정상회담을 청구권 교섭 타결을 위한 중요한 계기로 삼고자 했던 한국으로서는 이러한 일본 측 반응이 실망스러웠다. 하지만 박정희의 방일은 일본 정치 지도자들에게 좋은 인상을 남김으로써 이들이 갖고 있던 한국의 군사 정권에 대한 불신을 해소하고, 한일회담 타결을 위해 일본 정치권이 협조적으로 나서도록 하는 성과를 거두었다.[6]

　박정희의 방일 이후 다소 탄력이 붙은 청구권소위원회 회의에서 한국은 가급적 일본과 내실 없는 법리 논쟁을 피하면서 청구권 8개 항목에 대한 토의를 마치고, 일본에

5　고다마 요시오는 한국의 선린상고를 졸업하였으며, 전후 A급 전범 용의자로 체포되었다가 미국에 대한 협조를 약속하고 풀려나 미 CIA 공작원 노릇을 한 인물이다. 일 정·재계 흑막 해결사 등으로 불리기도 했다[有馬哲夫(아리마 데쓰오), 『児玉誉士夫 巨魁の昭和史(고다마 요시오, 거괴의 쇼와사)』, 文藝春秋社(문예춘추사), 2013]. 야쓰기 가즈오(矢次一夫)와 더불어 한일 교섭의 막후에서 일정한 역할을 하였다[노다니엘 저(김철훈 역), 『독도 밀약』, 한울, 2011, 129-134쪽].

6　유의상, 『대일외교의 명분과 실리』, 335쪽.

총 15억 불 정도의 청구권 금액과 그 내역을 최종적으로 제시하였다. 그리고 실무 협상만으로는 타결이 어렵다는 판단하에, 김종필의 두 번째 일본 방문(1962년 2월 19일~24일) 등을 통해 일본 측이 고위급 정치회담 개최에 응할 것을 촉구하였다. 일본 측이 정치회담 개최를 수용함에 따라 1962년 3월 12일부터 17일까지 최덕신 외무장관과 고사카 외상 간에 제1차 정치회담이 개최되었다. 총 다섯 차례 개최된 회담은 양국이 제시하는 청구권 금액에 커다란 차이(한국은 7억 불, 일본은 청구권 변제 7,000만 불과 일반 차관 2억 불 제시)가 있다는 것만을 확인한 채 또다시 아무런 성과도 거두지 못하고 끝났다. 이 회담에서 고사카는 청구권 문제 이외에 독도와 주한 일본대표부 설치 문제를 제기하고 한국의 청구권은 38도선 이남으로 국한되어야 한다는 주장도 펼침으로써 최덕신을 분노케 하였다.[7]

3. 청구권 문제에 관한 '김종필–오히라 합의'

제1차 정치회담이 성과 없이 끝난 후 양국이 숨 고르기를 하는 가운데, 일본의 국내 정치 일정(1962년 7월 1일 참의원 선거, 7월 14일 자민당 총재 선거, 개각 등)이 겹치면서 한일회담은 수개월간의 소강 국면을 거치게 되었다. 그러나 이 소강 국면은 양국이 현안 타결을 위해 보다 현실적인 방안을 마련하는 기회가 되었다. 7월 18일 개각에서 외상에 취임한 오히라 마사요시(大平正芳)는 한일회담에 적극적인 태도를 보이면서 외무성이 실질적인 타결책을 마련하도록 하였다. 일본이 마련한 안은 상당액을 한국에 무상으로 제공할 수밖에 없다는 이해를 기초로 하면서, 9월 말 또는 10월 초에 한국과 제2차 정치회담을 개최하여 청구권 문제에 합의하고 이를 토대로 어업, 재일한인 법적 지위, 선박, 문화재 등에 관한 협의도 가속화해 나간다는 것이었다. 한국 측도 그간의 교섭을 통해 일본과 합의된 점과 대립된 점을 구분하여 이를 일본과 확인하고, 8월 말 또는 9월 초부터 고위급 예비 절충 회의를 거쳐 여기서 이루어진 양해를 토대로 정치회담을 개최하는 방안을 수립하였다. 기본 방향이 일치한 양국은 7월 말부터 배의

---

7 배의환, 『보릿고개는 넘었지만–배의환 회고록』, 코리아 헤럴드/내외경제신문, 1991, 160, 161쪽.

환-스기 수석대표 간 비공식 회의와 최영택 참사관-이세키 국장 간 실무 협의를 통해 제2차 정치회담의 준비 차원에서 청구권 금액과 명목을 조정하기 위한 예비 절충 회의를 개최하기로 합의하였다.[8]

양국은 열 차례에 걸친 배의환-스기 간 예비 절충 회의를 통해 상대방이 생각하고 있는 청구권 금액이 대략 어느 정도인지 파악하게 되었다. 한국은 그간 일본으로부터 받게 될 자금의 명목이 청구권이 아니면 안 된다는 주장을 견지해 왔으나 이를 양보하여 청구권 변제와 무상 원조를 합해 3억 불 정도로 하고 여기에 차관을 2억 불(또는 3억 불) 정도 받는 것으로 하여 합계 5~6억 불 정도를 산정하였다. 일본도 대략 비슷한 금액을 염두에 두면서 다만 명목과 관련해서는 청구권이 아닌, 국교 정상화를 기념하거나 경제 발전에 기여하기 위하여 한국에 자금을 제공한다는 입장을 세웠다. 양국은 상대방 의중에 있는 금액을 파악하게 되자 김종필 부장과 오히라 외상이 만나 청구권 금액에 관해 최종적인 타결을 짓는 것으로 의견을 모았다. 김종필은 1962년 10월 20일과 11월 12일 두 차례 일본을 방문, 오히라와 회담을 가졌다. 11월 12일에 개최된 회담에서 3시간여에 걸친 담판 끝에 청구권 액수와 공여 방식에 관해 합의를 도출해 냈다. 이 합의가 바로 '김종필-오히라 합의'이다. 이 합의 내용을 일본어로 기록한 것을 '김종필-오히라 메모'라고 부른다.

김종필-오히라 합의 내용[9]

1. 무상을 Korea 측은 3.5억 불(오픈 어카운트[10] 포함), Japan 측은 2.5억 불

---

8 유의상, 『13년 8개월의 대일 협상』, 81, 82쪽.
9 이 합의 내용은 『한국외교문서』 796에 수록되어 있는 '김종필-오히라 메모'의 내용을 필자가 번역한 것이다.
10 한국의 대일 부채, 즉 O.A.(Open Account)는 청산 계정 또는 청산 감정(勘定)이라고 한다. 1950년 6월 한국은 연합군 최고사령부의 점령하에 있던 일본과 무역협정 및 금융협정을 체결하였는데, 협정 체결 후 한일 양국 간의 무역 결제는 일본은행에 설치된 '한일 청산 계정'을 통해 이루어지게 되었다. 6.25 전쟁 발발 후 전쟁 특수 등으로 인해 일본으로부터의 수입이 급증하면서 한국의 대일 부채는 1961년 말 당시 4,573만 불에 이르렀다. 양국은 청구권협정(제2의정서)을 통해 일본이 한국에 제공하는 무상 청구권 자금에서 O.A. 변제를 위해 매년 일정액을 공제하는 것으로 최종 합의하였다.

(오픈 어카운트 불포함), 이것을 양자가 3억 불(오픈 어카운트 포함)을 10년 기간, 단 조상(繰上)[11] 조건으로 양 정상에게 건의한다.

2. 유상을(해외 경제 협력 기금) Korea 측은 2.5억 불(이자는 3% 이하, 7년 거치, 20~30년), Japan 측은 1억 불(이자는 3.5%, 5년 거치, 20년), 이것을 양자가 2억 불, 10년 기간, 이자는 3.5%, 단 조상(繰上) 가능 조건(6~10년), 거치 7년, 20년으로 양 정상에게 건의한다.

3. 수출입 은행의 것에 대해서: Korea 측은 별개의 취급을 희망, Japan 측은 1억 불 이상 프로젝트에 의해 신장(申張) 가능.

이것을 양자가 합의하여 국교 정상화 이전이라도 바로 협력할 수 있도록 추진[12]할 것을 양국 정상에게 건의한다.

1962년 11월 24일에서 11월 30일간에 양측의 의견을 교환한다.

양국 정상의 승인을 전제로 이루어진 '김-오히라 합의'에 대해 박정희는 합의 내용을 곧바로 승인하였다. 그러나 오히라가 금액을 너무 많이 제시한 데 대해 다소 불만을 갖고 있던 이케다는 한 달 뒤에서야 금리, 상환 기한, 한국의 대일 부채(O.A.: Open Account)의 처리 등에 관해 재고하라는 지시 후 이를 승인하였다.[13] 이로 인해 '김-오히라 합의'에 대한 수정 작업이 진행되었으나 양국은 쉽게 합의에 도달하지 못했다.

'김-오히라 합의'는 그 자체로 한일회담을 최종 타결 지은 것은 아니다. 하지만 10년 넘게 한일회담의 최대 쟁점이 되어온 청구권 금액에 합의를 이룸으로써 한일 국교 정상화를 위한 단초를 마련하였다는 점에서 외교사적인 의미를 찾을 수 있다. 이

---

11 '조기(早期)'의 일본식 표현.
12 『한국외교문서』에 수록된(원본은 외교사료관 보관) '김종필-오히라 메모'에는 이 부분이 '건의'로 기재되어 있다. 아마도 메모 원본을 정서하는 과정에서 오기한 것으로 추정되며, 이로 인해 외교사료관 소재 '김종필-오히라 메모'는 원본이 아닌 것으로 판단된다.
13 浅野豊美 外 編(아사노 도요미 외 편), 『日韓國交正常化交涉の記録(일한국교정상화 교섭의 기록)』, 現代史料出版(현대사료출판), 2011, 323쪽.

합의는 한일회담의 조기 타결을 희망하던 박정희의 강한 의지와 그의 지원하에 이루어진 한국대표단의 체계적인 대일 실무 교섭, 그리고 김종필의 개인 역량이 한데 어우러져 이루어 낸 결과라고 할 수 있다. 일본의 경우에는 식민지 지배에 대한 배상은 절대로 할 수 없다는 인식이 뿌리 깊게 자리 잡고 있었으나, 동아시아에서 한일 양국의 안보 협력과 한국에 대한 경협 분담 등을 희망하는 미국의 압력으로 한국과의 국교 정상화를 위해서는 어떠한 방식으로든 '보상'을 할 수밖에 없다는 판단이 이러한 결론에 도달하게 하였다고 보아야 할 것이다. 오히라 외상의 결단, 기시 전 총리 등 일본 정계 내의 '친한파' 인사들의 협조 등도 '김-오히라 합의'에 뒷받침이 되었다. 그러나 한국 국내에서는 이 합의가 '흑막 거래의 산물' 또는 '평화선 및 어업 문제의 양보의 대가' 등으로 매도당하면서 강한 반대에 부딪히고 말았다. 김종필은 국내의 격렬한 반대와 미국의 압력에 의해 결국 이후에 진행된 한일회담에서 손을 떼게 되었다.[14]

4. 한일회담 타결의 지연

한일 간에 가장 첨예하게 대립해 왔던 청구권 문제가 '김-오히라 합의'를 계기로 고비를 넘김에 따라 이후 국교 정상화를 위한 나머지 교섭은 순조로이 진행되어 나갈 것으로 예상되었다. 그러나 회담이 완전히 마무리되기까지는 그 후에도 2년 반 정도의 시일이 더 소요되었다.

회담 타결이 지연된 가장 큰 요인은 일본 측이 중시했던 어업 문제에 관한 양국의 입장 차가 컸기 때문이다. 일본 측은 한국이 12해리 전관수역을 수용할 것을 계속 압박하였으며, 한국 측은 우월한 어업 능력을 보유한 일본 어선이 한국 연안에서 어업하는 것을 견제하기 위한 규제 방안과 일본으로부터 대규모 어업 협력을 확보하기 위한 교섭에 주로 힘을 쏟았다. 양측은 입장 차를 좁히기 위해 어업 전문가 간 회의와 고위 어업 회담(6자 회담), 1963년 7월 25일과 30일 도쿄에서 개최된 '김용식-오히라 외상

---

14 유의상, 『13년 8개월의 대일 협상』, 86, 87쪽.

회담'[15]을 거쳐 마지막으로 1964년 3월 10일부터 12차례에 걸쳐 양국 어업 관련 장관 간의 회담을 개최하기에 이르렀다. 그러나 이 어업 각료회담에서도 양국은 전관수역 문제와 어업 규제, 어업 협력 문제 등에 관한 입장 차를 해소하지 못하고 결국 최종 타결을 뒤로 미룰 수밖에 없었다. 어업 문제, 특히 12해리 전관수역을 한국이 수용하지 않자 일본 측은 청구권 문제의 미해결 사안(O.A. 지불 문제, 정부 차관 상환 기간)은 물론, 문화재 및 선박 문제에 대해서도 소극적인 교섭 태도를 보였다.

어업 각료회담 개최와 함께 양국은 1964년 3월 12일 제6차 회담 본회의와 현안별 소위원회를 재개하였으나 별다른 성과를 거두지 못하였다. 1964년 11월까지 수석대표 간 비공식 회의를 통해 어업, 청구권 미해결 사안 등에 관한 협의가 계속 이어졌지만, 이 회의에서도 합의점을 찾지 못한 채 결국 양국은 제7차 회담으로 최종 타결을 미루게 되었다.

한일회담 타결이 지연된 또 다른 이유는 1963년부터 1965년 초반까지 한국 국내 정국이 '김-오히라 합의'를 둘러싼 극심한 반대로 혼란에 휩싸였기 때문이다. 이 합의에 대한 국내에서의 반대는, '군사정변'으로 정권을 잡은 박정희, 김종필에 대한 정치적 차원의 반대, 반일 감정에 기초하여 일본으로부터 '징벌적' 성격의 식민지 지배 피해 배상을 기대하던 국민들의 실망감, 일본으로부터의 자본 도입이 한국 경제의 일본 종속으로 이어질지도 모른다는 우려 등이 혼재되어 일어난 현상이라고 할 수 있다.

---

15 이 회담은 한일회담의 흐름상 제6차 회담의 제2차 정치회담이 되어야 하며, 한국 외교 문서상에도 그렇게 되어 있다. 그러나 어업 문제 위주로 토의가 이루어진 회담 결과를 볼 때 양국 간 교섭 과정에 있어서 그리 큰 비중을 차지하지는 못한 것으로 여겨진다.

5. 제6차 한일회담 회의 개최 현황

1961년 10월 20일에 개최되어 1964년 11월 5일까지 이어진 제6차 한일회담의 회의 개최 현황을 정리해 보면 아래 표와 같다.

개최 시기	회의 종류	비고
1961. 10. 20~ 1962. 1. 16	본회의	4회 개최 ※1961. 11. 12 박정희-이케다 회담
1961. 10. 26~ 1962. 3. 6	청구권소위원회	비공식 회의 다수 개최
1961. 11. 24~ 12. 13	체신 관계 전문위원회	4회 개최
1962. 2. 14~ 2. 27	피징용자 관계 전문위원회	4회 개최
1961. 10. 26~ 1962. 3. 6	어업 및 평화선위원회	16회 개최
1961. 10. 31~ 1962. 2. 28	문화재소위원회	공식 회의 7회 개최 문화재 전문가 회의 별도 개최
1961. 10. 30~ 1962. 3. 9	선박소위원회	공식 회의 9회 개최 실무자 간 회의, 비공식 회의 다수 개최
1961. 10. 27~ 1962. 3. 7	재일한인 법적지위소위원회	공식 회의 4회 개최 비공식 회의 8회 개최 전문가 회의 4회 개최
1962. 3. 12~17	제1차 정치회담	최덕신-고사카 회담 5회 개최
1962. 10. 20	제1차 김종필-오히라 회담	
1962. 11. 12	제2차 김종필-오히라 회담	
1962. 10. 25~ 1963. 12. 12	제2차 정치회담 예비 절충 회의	60회 개최
1964. 2. 13~ 4. 9	청구권 경제 협력 전문가 회의	9회 개최

개최 시기	회의 종류	비고
1962. 10. 5~ 1964. 3. 10	재일한인 법적지위소위원회	65회 개최
1962. 10. 6~ 1964. 1. 10	어업 및 평화선소위원회	42회 개최
1963. 6. 6~ 1964. 1. 28	김-와다 전문가 회의	32회 개최
1964. 2. 4~ 3. 7	어업 6자 회담	9회 개최
1963. 7. 25~ 7. 30	김용식-오히라 외상회담	제2차 정치회담
1964. 3. 10~ 4. 6	어업 각료회담(농상회담)	12회 개최
1964. 3. 16~ 5. 1	어업 전문가 회의	10회 개최
1964. 3. 25~ 3. 31	어업 협력 전문가 회의	2회 개최
1964. 3. 12	속개 제6차 한일회담 본회의	1회 개최
1964. 4. 17~ 5. 11	기본관계위원회	2회 개최
1964. 3. 21	문화재소위원회	1회 개최
1964. 4. 22~ 5. 14	재일한인 법적지위위원회	3회 개최
1964. 3. 26~ 10. 1	수석대표 비공식 회의	스기-배 수석대표 간 19회 개최
1964. 10. 29~ 11. 5		스기-김동조 수석대표 간 2회 개최

6. 『한일회담 자료총서』 제7권 수록 내용

이 자료집은 다음 파일에 편철되어 있는 외교 문서 가운데 사료 가치가 큰 자료들을 선별하여 수록하였다.

① 제6차 한일회담 예비교섭, 1961. 전 2권 V. 1 7-8월(파일 번호 720)

② 제6차 한일회담 예비교섭, 1961. 전 2권 V. 2 9-10월(파일 번호 721)

③ 제6차 한일회담: 대표단 임면 관계, 1961-64(파일 번호 722)

④ 제6차 한일회담: 본회의 회의록 및 종합 보고, 1961-62. 2(파일 번호 726)

⑤ 스기 미치스케(杉道助) 일본 특사(제6차 한일회담 수석대표) 방한, 1961. 11. 2-4(파일 번호 855)

⑥ 박정희 국가재건최고회의 의장 일본 방문, 1961. 11. 11-12(파일 번호 786)

⑦ 제6차 한일회담: 청구권위원회 회의록, 제1-11차, 1961. 10. 27-62. 3. 6(파일 번호 750)

⑧ 제6차 한일회담: 선박소위원회 회의록, 1961-62(파일 번호 727)

⑨ 제6차 한일회담 예비회담: 반환 청구 선박 명부, 1962(파일 번호 728)

⑩ 제6차 한일회담: 문화재소위원회, 1962-64[실제는 1962년까지의 기록만 수록되어 있음] (파일 번호 723)

⑪ 제6차 한일회담: 재일한인의 법적 지위 관계 회의, 1961. 10-64. 3[예비 절충 회의 하에서의 회의 기록은 『제6차 한일회담 II』에 수록](파일 번호 724)

⑫ 제6차 한일회담 예비회담: 어업 및 평화선위원회 회의록 및 기본 정책, 1961. 10-62. 3. 5(파일 번호 729)

【참고문헌】

노다니엘 저(김철훈 역), 『독도 밀약』, 한울, 2011.
배의환, 『보릿고개는 넘었지만-배의환 회고록』, 코리아 헤럴드/내외경제신문, 1991.
유의상, 『대일 외교의 명분과 실리』, 역사공간, 2016.
유의상, 『13년 8개월의 대일 협상』 역사공간, 2016.
有馬哲夫, 『児玉誉士夫 巨魁の昭和史』, 文藝春秋社, 2013.
浅野豊美 外 編, 『日韓國交正常化問題資料 基礎資料編 第6券 日韓國交正常化交渉の記錄』, 現代史料出版, 2011.

제6차 한일회담 I
(1961. 10. 20~1964. 11. 5)

예비교섭 : V.1 7~8월, 1961

분류번호 : 723.1 JA 예 1961 V.1
등록번호 : 720
생산과 : 아주과
생산연도 : 1961
필름번호 : C1-0005
파일번호 : 03
프레임번호 : 0001~0226

1961년 5월 16일 군사정변 이후 한일회담 재개를 위한 일본 측과 교섭이 개시되기까지 차기 한일회담을 위한 과거 회담 내용의 정리, 차기 회담에서의 기본 방침, 일본의 주한 일본대표부 설치 희망과 관련한 양측 입장, 한국 군사 정권에 대한 일본 측 입장, 마에다 일본 외무성 북동아과장의 방한 시찰 관련 내용 등이 담긴 문서가 수록되어 있다.

1. 한일회담 결과 보고 문서

1748

단기 4294년 6월   일

한일회담 결과 보고

재일한인 법적지위위원회
어업 및 평화선위원회
한국청구권위원회
일반청구권소위원회
선박소위원회
문화재소위원회

외무부 정무국
아주과

1749 **재일한인 법적지위위원회 관계**

1. 영주권 부여 범위

(1) 태평양전쟁 종전 당시부터 계속하여 일본에 거주한 한인에 대하여 전부 영주권을 부여하는 데에 양측이 합의하였다.

(2) 전기 한인의 자손에 대하여는 한국 측은:

이들에게도 영주권을 부여할 것을 주장한 데 대하여 일본 측은 샌프란시스코 평화조약 발효 당시까지 출생한 자는 영주권을 주고 그 후 출생한 자에 대하여는, 미성년자인 시는 부모와 동거하도록 인도적인 조치를 취하겠으며, 성년이 되면 영주 부여 신청을 받아 영주권을 부여하도록 특별 고려하겠다고 제안하였다.

2. 영주권의 부여 절차

한국 측이 신청-심사-발급의 순서로 영주권이 부여될 것이라고 상정하고 있는 데 대하여, 일본 측은 좀 더 간편하게 포괄적인 방법을 고려하고 있다고 하였으므로, 우리 측은 구체적으로 어떠한 방법을 생각하고 있는지 알려주면 토의하여 보겠다고 하였다.

3. 영주권 신청 시에 제출하는 서류

한국 측은 종래부터 영주권의 신청 시에는, 한국 정부가 발급하는 '등록증명서'가 첨부되어야 함을 주장하여 왔는바, 이에 대하여 일본 측은 등록증명서를 '국적증명서'로 대치 제안하여 왔으므로, 원래 대한민국 국적이라고 명확히 규정받기를 기피하는 일부 재일한인들도 영주권 부여의 혜택을 받을 수 있도록 '당해 한인이 영주권을 부여받을 자에 해당한다는 사실을 증명하는 문서'의 뜻으로 등록증명서라고 제안하였던 한국 측은 '국적증명서'의 첨부에 반대하였다.

4. 영주권의 신청 기간

한국 측은 이미 1958년 10월에 제출하였던 제안에서 영주권 신청 기간을 협정 발효일부터 "2년"으로 한다고 한 바 있으나, 금차 회의에서 재일한인이 많음에 비추어 "5년"으로 하자고 변경 제안하였던바, 일본 측은 이에 정식으로 동의하였다.

5. 퇴거 강제 문제

한국 측은 영주권을 부여받은 재일한인은 그 특수성으로 보아 퇴거 강제의 대상이 될 수 없다고 주장한 데 대하여, 일본 측은 그 특수성을 고려하여 호의적으로 취급할 것이나, 자국의 입국 관리령 중 퇴거 강제에 관한 규정의 적용에서 전적으로 제외될 수는 없다는 의견을 표명하였다.

6. 재일한인의 처우 및 영주 귀국 한인의 재산 반출

한국 측은 재일한인이 일본에 건너가 살게 된 역사적 배경을 지적하여 그들이 일반 외국인과는 달리 일본인과 동등한 대우를 받아야할 것과 본국에 영주를 위하여 귀국고자 할 때에는 그들의 재산 전부를 아무 제한 없이 반출 또는 송금할 수 있게 할 것을 주장한 데 대하여, 일본 측은 영주권자는 교육, 사회 보장 등에 있어서 상당한 고려를 하여 대우할 것이며 재산 반출도 원칙적으로 합의하나 그 방법에 있어서 수출 금지품, 일반 상품의 반출은 금할 것이며, 외화의 송금은 일본국 법령과 외환 사정 등을 고려하여 점차적으로 송금하도록 하겠다고 제안하였다.

7. 국적에 관한 규정 삽입 문제

한국 측은 협정문 내에 재일한인이 대한민국 국민임을 확인하는 조항을 삽입할 것을 주장한 데 대하여, 일본 측은 대한민국 국민을 대한민국 국민이라고 확인함이 무의미하므로 그러한 조항을 둘 필요가 없다고 반대하였다.

8. 영주 귀국자의 송금

일본 측은 일시 송금액을 5,000불까지 인정하고 그 이상의 액은 점차적으로 송금 절차를 밟도록 하겠다고 하였으나, 한국 측은 10,000불까지 일시 송금이 인정되어야 하며, 잔액에 대하여는 예전의 'Convertible account'를 통하여 수시로 송금케 하자고 주장하였다.

9. 빈곤 귀국자에 대한 보조금

한국 측은 재일한인 빈곤자로서 귀국하려는 자에 대하여는 그들이 한국에서 재정착할 수 있도록 매 세대당 2,000불씩 지급도록 요구한 데 대하여 일본 측은 잘 고려하여 보겠다고 하였다.

어업 및 평화선위원회 관계

1. 제1차 회담 이래 4차 회담까지 본 위원회에서는 평화선에 대한 법 이론과 현격한 차이를 가진 상호 간의 어업협정 제안을 둘러싸고 갑론을박하여 왔었는데, 금차 회담에 있어서는, 양측은 협정 체결 여부의 문제에 관한 구체적인 토의를 보류하고 우선 어업 '자원론'의 토의에 들어갈 것에 합의하였다. 동 합의 이후 양측은 우리 측이 제시

한 다음의 7개 항목순으로 토의를 진행하였는바, 그 대략적인 내용은 다음과 같다.

(1) 대상 수역의 한계에 관하여

아 측은 북위 25도 이북의 동지나해, 황해, 동해 및 일본 태평양 측 수역이라는 표현을 쓰자고 제안하였으나, 일본 측은 토의를 좀 더 진행시킨 후에 결정하자고 반대 제의를 하였으므로 표현 방식은 나중에 고려하기로 하였다.

(2) 수여 대상 어족에 관하여(부어, 저어별)

일본 측은 부어, 저어별로 구분하여 토의하자고 하고, 부어의 종류를 3개에 한하고, 저어는 일괄 토의를 주장한 데 대하여 우리 측은 부어의 종류를 5개, 저어도 중요한 것인 12개의 어종은 구분 토의하자고 반대 제안하였는바, 양측은 합의를 보지 못하고 상호 토의 대상이 상이하다는 점만 인정하였음.

(3) 주요 어족의 자원량 표시 방법에 관하여

일본 측은 이 문제가 관계자 토의 평가 방법 등 과학적인 경로가 필요하므로 전문가로 구성되는 과학소위원회에 회부하는 것이 좋다고 하였으나, 우리 측은 과학소위원회 토의로 들어가기 전, 가능한 정도까지는 우선 개괄적인 토의가 필요하다고 하고, 자원량 표시 방법으로서 3개의 방법 중 단위 어구에 의하여 일정한 시간에 어획한 평균 어획량의 크기로써 표시하는 방법을 택할 것을 주장하였음.

(4) 주요 어구별 어획 감도에 관하여

합의된 바 없고 다시 토의하기로 함.

(5) 주요 어업의 종류와 어기별 어장에 관하여

일본 측은

(가) 기선 저인망 어업

(나) 트롤 어업

(다) 선망 어업(건착망 어업)

(라) 고등어 일본조 어업의 4개 어업 종류를 토의 대상으로 함이 좋다고 제의한 데 대하여, 우리 측은 일본 측이 제의한 어업 종류 외에 (가) 타뢰망 어업, (나) 유망 어업, (다) 연승 어업, (라) 안강망 어업 등 4개 어업도 같이 토의되어야 할 것을 제안하였던바, 일본 측은 전기 (가), (나), (다)는 토의 대상으로 정할 것에 동의하였으나, (라)는 동의하지 않았으므로 이는 미합의라는 점을 확인한 후 다음 토의에 들어갔음. 어기별

어장에 관하여는 개론적인 자료를 쌍방이 준비한 후 이야기하기로 하였음.

(6) 주요 어족의 산란장, 시기, 월동 수역에 관하여

개괄적인 자료를 쌍방이 준비한 후 다시 이야기하기로 합의하였음.

(7) 주요 어종별 회항 요인

토의가 없었음.

한국청구권위원회 일반청구권소위원회 관계

1. 금차 회담에 있어서 일본 측은 비로소 우리 측이 제1차 회담 시에 제출한 바 있는, 대일 청구 8개 항목의 실질적 토의, 즉 항목별 토의에 들어갈 것에 합의하였다. 이래 8개 항목 중 실질적인 항목이라고 볼 수 있는 제1항 내지 제6항까지 대충적인 상호 간의 의견의 제시가 있었으나, 양측이 합의 확정시킨 점은 거의 없었다.

2. 한국의 대일 청구권 전반에 걸친 법률적 해석 문제로서, 양측의 의견이 크게 상충된 점은 다음과 같다.

(1) 샌프란시스코 평화조약 제4조 및 이에 관련된 미 국무성 각서의 해석 문제

아 측은 당초 한국이 대일 청구를 제출할 때에 평화조약 제4조 B항에 의하여 일본의 대한 청구권이 없어졌다는 사실을 충분히 고려하여 막대한 각종 청구권 중에서 극히 중요한 것 내지 사법상의 채무 변제의 성질을 가진 것만을 택하여 8개 항목으로 추려 제출한 것인데 이는 평화조약 제4조 해석에 대한 1957년 12월 31일 자 미 국무성 각서의 정신과 부합하는 것이며 일본 측도 1957년 12월 31일 자 한일 간 합의의사록에서 이러한 사실을 양승하였다고 주장하고 있는 데 대하여, 일본 측은 일본의 대한 청구권 포기로써 한국의 대일 청구권이 어느 정도 충족되었다 하는 문제는 한국이 일방적으로 결정할 문제가 아니고 미 국무성 각서에 설명된 바와 같이 한일 양국이 협의하여 정할 문제라고 하면서, 한국 측이 제출한 8개 항목의 청구권 중 한국이 재한 일본 재산을 취득함으로써 그 어느 정도가 소멸 또는 충족되었는지의 문제를 이 회담에서 토의하여야 한다고 주장하였다.

(2) 미군정 법령 제33호에 의한 재한 일본 재산의 귀속 일자 문제

우리 측은 1945년 8월 9일 현재의 재한 일본 재산은 태평양 미 육군 사령부 포고령 제1호, 동 제3호와 미 군정 법령 제2호에 의하여 동결되었고, 미 군정 법령 제33호에 의하여 미 군정청에 귀속되었으며 다시 한미협정에 의하여 한국에 이양되었으므로 1945년 8월 9일 이후에 일본이 반출해 간 재한 일본 재산을 반환하라고 요구하고 있는 데 대하여, 일본 측은 전기 태평양 사령부 포고 제1호, 제3호와 미군정 법령 제2호는 당해 재산의 권리, 권원 이전에 관하여 하등의 법률적 효과가 없으며, 군정 법령 제33호의 1945년 8월 9일 이후의 일본 재산을 미군정청에 귀속시킨다는 문제에 있어서 8월 9일은 동 재산의 일본성을 인정하는 일자로만 사용된 것이고, 귀속된 일자는 동 법령 공표일인 12월 6일 현재라고 주장하였다.

문화재위원회

1. 합의사항

(1) 전문가 회의를 1주 1회 이상 개최함.

(2) 일 측은 106점의 한국 문화재 목록을 제출하고 이를 반환함(일 측은 이를 증여 혹은 기증이라고 주장함).

(3) 일본 측은 일본 국유의 문화재는 돌려보내겠다고 함(아 측은 이를 반환하는 것이라고 하였으며 일 측은 증여 혹은 기증하는 것이라고 고집함).

2. 미합의사항

(1) 아 측은 1905년 이래 일본 측이 한국에서 반출해 간 다음 7개 항목에 해당하는 한국 문화재의 반환을 요구하였으나, 일본 측은 불응하였다.

(가) 일본 정부에서 '중요문화재' 또는 '중요미술품'으로 지정한 문화재

(나) 소위 조선총독부 또는 조선고적연구소에 의하여 반출된 문화재

(다) 소위 총독 또는 통감에 의하여 반출된 문화재

(라) 경남·북 소재 분묘, 기타 유적에서 출토된 문화재

(마) 고려시대의 분묘, 기타 유적에서 출토된 문화재

(바) 서화, 전적 및 지도 원판

　　(사) 일본인 개인의 소장 한국 문화재

(2) 일본 측은 제4차 회담 시에 일 측이 제출한 문화재 목록 489점의 반환에 확약을 회피함.

(3) 아 측이 요구한 완전한 문화재 목록의 제출을 일 측은 불응하는 태도를 취함.

(4) 아 측이 일본 국유 문화재 중 국립대학 소장의 한국 문화재 반환을 요구한 데 대하여 일 측은 불응함.

(5) 일본인 개인 사유의 한국 문화재 반환 요구에 일 측은 불응함.

선박위원회

1. 합의사항

(1) 4개 의제의 채택

　　(가) 한국 치적 선박의 반환 문제(한국 측 제의)

　　(나) 한국 수역 소재 선박의 반환 문제(한국 측 제의)

　　(다) 한국에 대여한 5척 선박의 일본 반환 문제(일본 측 제의)

　　(라) 한국에 억류당한 어선의 일본 반환(일본 측 제의)

(2) 회담 기간 중 양측에서 해당 선박으로서 제출한 선박 명부 및 해당 선으로서 확인한 선박 명부는 계속하여 유효함.

　제출분

　　ㄱ. 의제 (가) 해당 아 측 제출 명부 310척(49,185.15톤)

　　ㄴ. 의제 (가) 해당 일 측 제출 명부 18척(5,810톤)

　　ㄷ. 의제 (나) 해당 아 측 제출 명부 47척(76,638.85톤)

　확인분

　　ㄱ. 의제 (가) 해당 일 측 확인 26척(5,981톤)

　　ㄴ. 일 측 추정적 확인 48척

(3) 해당 선으로서 명부에 누락된 선박 명부는 수시로 추가 명부로서 제출할 수 있음.

(4) 반환 선박 청구에 대한 법적 근거 논의는 각 의제에 긍하여 우선 제출된 선박

명부에 의한 해당 선 여부와 사실 및 증거 대조가 끝날 때까지 보류함.

(5) 의제 (나)에 대한 토의는 제1차 회의 시 한국 측이 제출한 명부와 자료에 따라 일본 측은 사실을 조사함.

(6) 나포 일본 어선(의제 (라))의 반환 문제는 양국 측 고위층의 결정에 맡긴다.

2. 미합의사항

(1) 스카핀(SCAPIN) 제2186호, 군정 법령 제33호에 관한 해석에 대하여, 일본 측은 이의를 제출하고 그것에 따라 선박 반환의 의무가 없다고 하였음.

(2) 일본 측이 반환할 대상 선박의 결정, 즉 한적선의 완전한 명부 및 각 선박속구, 선용품 목록의 제출을 일본 측은 거부하고 있음.

(3) 한국에 대여한 5척 선박(의제 (다))의 반환 요구에 대하여 아 측은 그 5척이 한적 선박이라고 주장하고 일 측 요구를 거부하고 있음.

(4) 해당 선박의 인도 척수 및 인도 시의 수속에 관한 토의를 아 측이 요구한 데 대하여 일 측은 불응하고 있음.

2. 한일회담에 대한 정부의 기본 방침 작성과 관련한 품의 문서

1759   다음과 같은 공문을 발송, 시행함이 어떠하오리까

장관[서명]   차관[인장]   특별보좌관[서명]   정무국장[인장]   아주과장[인장]
기안자[서명]

단기 4294년 7월 8일 기안

품의안

외무부

건명: 한일회담에 대한 정부의 기본 방침 작성의 건

머리의 건, 앞으로 재개될 한일회담에 있어서 우리 정부가 취할 기본 방침을 다음과 같이 결정함이 어떠하올지 품의하나이다.

기

별첨: 한일회담에 대한 정부의 기본 방침

이상

별첨

2-1. 한일회담에 대한 정부의 기본 방침 문서

1763　**한일회담에 대한 정부의 기본 방침**

   1. 재일한인의 법적 지위

     1) 영주권 부여(자손 포함), 퇴거 강제 불인정

     2) 대한민국 국민임을 인정

     3) 귀국자의 재산 반출 자유

     4) 송금은 외자 도입 형식 자유

     5) 재일한인에 대해 내국민과 동등 대우

1764　2. 어업 및 평화선

     1) 어업 자원 보호 및 국방상의 목적으로 유지

     2) 만한(滿限) 미도달 어업 자원에 관하여는 어업협정 체결로써 해결

     3) 어업협정은 다음 사항을 포함

        (1) 관할 구역

        (2) 규제 구역

        (3) 공동 조업 구역

1765　3. 한국청구권

     1) 청구권과 경제 협조는 별도

     2) 청구권 문제는 사법(私法)상의 변제 원칙에 기하되 정치적 해결도 고려

     3) 일반청구권 청구액은 최고 19억 불, 최저 5억 불

     4) 선박은 신조선으로 최고 13만 톤, 최저 3만 톤

     5) 문화재는 일본 국유는 전적으로 반환, 사유는 반환을 추진

3. 한일회담 제반 현안 문제에 대한 정부 방침(안) 품의 문서

1766   장관   보좌관[서명]   차관[서명]   정무국장[인장]   아주과장[인장]

단기 4294년 7월 12일 기안

건명: 한일회담에 있어서의 한일 간 제반 현안 문제에 대한 정부 방침(안)에 관한 건

품의

　머리의 건 앞으로 재개되는 한일회담에 있어서의 제반 한일 간 현안 문제에 대한 정부 방침(안)을 별첨한 바와 같이 결정하고 이를 최고회의에 상신함이 어떠하올지 이에 고재[결재]를 바라나이다.

별첨: 1. 재일한인 법적 지위 및 처우 문제에 대한 정부 방침(안)
　　　2. 평화선 및 어업 문제에 대한 정부 방침(안)
　　　3. 대일 일반 재산 청구권 문제에 대한 정부 방침(안)
　　　4. 선박 문제에 대한 정부 방침(안)
　　　5. 문화재 문제에 대한 정부 방침(안)

이상

별첨

3-1. 한일회담에 있어서의 현안에 대한 정부 방침(안)

1. 법적지위위원회

1) 합의사항에 관하여는 차기 본회의에서도 계속하여 유효한 것으로 한다.
합의사항은 다음과 같다.
ㄱ. 영주권 대상자는 종전 이전부터 계속하여 일본에 거주하는 자로 한다.
ㄴ. 재산권 등의 처우 문제 중 교육 문제에 관하여는 영주권자가 공립의 학교에 입학할 수 있도록 조치를 취한다.
ㄷ. 생활보호법은 재일한인에게도 적용한다(단, 적용 기간에 관하여는 미합의).
ㄹ. 영주 귀국자의 재산 반출은 원칙적으로 인정한다(단, 그 내용 및 방법에 관하여는 의견 불일치).

2) 미합의사항과 기본 정책
(1) 영주권 부여
  ㄱ. 영주권 부여 범위 중 그 자손에 대한 것
  제1안 종전 이전부터 계속하여 일본에 거주한 자의 자손 및 배우자에게 대하여 영주권을 부여한다.
  제2안 본 협정 발효 시까지에 출생한 자와 그의 배우자에게는 무조건으로 영주권을 부여하고 그 후의 출생자는 성년에 달할 때까지 퇴거 강제치 않으며, 성년 후에는 국적 선택권 또는 귀화권을 인정한다.
  제3안 본 협정 발효 시까지 출생한 자에게는 영주권을 부여하고 그 후 출생한 자의 영주권 문제는 일정한 기간 후(20년~성년 도달 후)에 재검토하기로 한다.
  ㄴ. 영주권 부여 방법
  제1안 종전 이전부터 거주하는 자, 그의 배우자 및 자손에게는 무조건으로(신청서 제출 없이 또는 특별한 증명 없이 일본의 외국인등록증에 의하여) 영주권을 부여한다.

제2안 대한민국 대표부가 발급하는 해당 증명을 첨부하는 자에게 영주권을 부여한다(단, 이 경우에 있어서는 일본이 관계 증명서를 제출치 않는 자에게는 자동 부여는 행하지 않는다는 명문을 삽입해야 하며 또는 관계 증명서는 국적을 표시하는 것이 아님을 명시해야 함).

(2) 집단 귀화

영주권 부여 문제에 관한 대안으로서 해당 한인에게 집단 귀화권을 인정케 하고 계속하여 대한민국 국적을 갖기를 희망하는 자에게는 증명서 첨삭에 따라 영주권을 부여토록 한다.

(3) 퇴거 강제 문제

제1안 폭력 또는 혁명으로써 정부를 전복하려고 기도한 자(단, 확인 제시 필요)

제2안 중범자(10년 이상) – 단, 증거 제시 필요

제3안 일본의 사회 질서를 문란케 하여 5년 이상 실형을 받은 자(단, 사전 협의 필요)

(4) 재산권 및 직업권

제1안 재산권 및 직업권(단, 참정권 제외)에 관하여 일본 국민과 동일한 대우를 행한다.

제2안 본 협정 발효 당시 재일한인이 향유하고 있던 제 권리에 관하여 일본 국민과 동일한 대우를 부여한다.(재산 상속과 관련.)

(5) 재산 반출

제1안 영주 귀국 재일한인의 재산은 원칙적으로 인정하되 마약 등과 같은 금수품 및 객관적으로 상거래의 목적으로 사용되는 것이라고 인정되는 물품에 관하여는 이를 금지 내지 통제 또는 과세할 수가 있다.

산업용 기계로서의 개인 재산의 반출은 한국 정부의 확인증이 있는 것은 이를 제한하지 않는다.

제2안 산업용 기계를 삭제한 제1안 내용

제3안 상품으로 인정되는 물품 및 금수품은 이를 불허 또는 이를 통제한다(일본 안).

(6) 송금 문제

제1안 영주 귀국자의 일시 송금은 최대한 만 불까지 허용한다.

잔여 금액은 이를 환체 계정상에 예금케 하고 수시로 송금 가능케 한다.

제2안 일시 송금은 만 불까지로 하되 잔여 금액은 외자 도입의 형식으로써 한국으로 송금케 한다.

제3안 만 불까지 인정하고 그 조건은 일본 측 안에 따르기로 한다.

(7) 빈곤자 귀국자 보조금

제1안 일본 정부는 영주 귀국 한인 중 일본 생활보호법 해당자에게 대하여는 매 세대당 2천 불씩을 보조한다.

제2안 여비를 포함하여 1천 불씩을 매 세대당 지급한다.

(8) 생활보호법 문제

제1안 생활보호법의 대상이 되는 그 재일한인은 그가 해당되는 한 언제나 생활 보조금을 받을 수 있다.

제2안 생활보호법은 본 협정 발효 후 10년간 재일한인에게 적용된다.

제3안 일본 안인 '당분간'을 수락. 단, 그 당분간은 5년으로 양해한다.

(9) 영주권 신청 기간

영주권을 관계 재일한인에게 하등의 수속 없이 무조건으로 부여할 경우에는 영주권 신청 기간이 필요 없으나 '영주권 부여 방법' 제2안을 제시할 경우에는

제1안 영주권 신청 기간은 5년으로 한다.

제2안 영주권 신청 기간은 3년으로 한다.

2. 평화선 및 어업위원회

1) 기본 정책

제1안

평화선은 국방 및 어업상의 목적으로 유지하고 평화선 내에서 만한(滿限)에 도달치 않은 어종에 관하여 일본의 어로 활동을 인정한다.

만한 도달이 판명되면 어업 자원의 보존 조치는 대한민국 정부가 행한다.

1781 　　　제2안

　　　　평화선은 국방상 및 어업 보존상의 목적으로 유지하고 어업협정을 평화선 내외 수역에서 체결함.

　　　　　　(ㄱ) 단, 한국 연안으로부터 40리 이외의 수역 또는

　　　　　　(ㄴ) 20리 이외의 수역을 대상으로 함.

　　　제3안

1782 　　　평화선은 국방상 및 어업 보존상의 목적으로 유지하고 어업협정은 한국 연안으로부터 12리 외에서 하고, 영해의 폭원 측정은 직선 기선 방식에 의한다.

　　2) 협정 체결의 시기

　　제1안 자원론의 토의가 완결된 후

　　제2안 잠정협정을 우선 체결하고 그 후 자원의 공동 조사를 시행한다.

　　3) 어업협정의 내용

1783 　　　제1안

　　　　자원론을 계속하여 자원의 만한 여하를 결정케 한다.

　　　　만한 미달 수역

　　　　만한 미도달 수역을 협정 수역으로 정한다

　　　　조업 허가 수역

　　　　협정 수역은 이를 규제 구역과 공동 조업 구역으로 구분한다.

1784 　　　규제 구역 내에서는 조업 일 어선 수, 어획량, 어획 어장, 어기 및 어구의 제한을 규정한다.

　　　　공동 조업 구역에 있어서는 어기와 어획고를 규정한다.

　　　　조업 허가 방법

　　　　대한민국 해무청이 발급하는 '조업 허가증'을 소지한 선박에 한하여 평화선 내의 어로 활동을 인정한다.

1785 　　　조업 허가증은 대표부를 통하여 일본 외무성(수산청)으로 송부한다.

　　　　관할권 및 처벌

대한민국 정부가 정하는 어업 규칙에 위반하는 일본 어선의 나포 및 재판권은 대한민국 정부가 보유.

규정 위반선에 대하여는 어부의 체형, 벌금형을, 어선의 몰수 및 조업 중지 처분을 행할 수 있다.

조업 대상 어족

자원론의 결과 만한에 도달치 않은 어업 자원으로 판명된 것.

제2안

(1) 기본 원칙

평화선은 국방상 및 어업 보존의 목적으로 유지한다.

(2) 협정 수역의 설정

협정 수역은 이를 관할 구역, 규제 구역 및 공동 조업 구역으로 구분한다.

① 관할 구역

관할 구역의 설정은 다음의 세 가지 방안을 고려, 추진한다.

ㄱ. 자원이 만한 이하에 도달하였다고 인정되는 수역 및 아국의 수산업의 발전상 절대로 필요한 어장 또는

ㄴ. 한국 연안으로부터 40리 이내의 수역, 또는

ㄷ. 한국 연안으로부터 20리 이내의 수역

② 규제 구역(별명: 제한 구역)

규제 구역은 어업 자원이 만한에 도달한 수역 및 아국 수산업이 일본 어선과의 자유로운 경쟁에 있어서 불리한 입장에 놓일 어종 및 어법에 관하여 설정함.

③ 공동 조업 구역

어업 자원이 만한에 도달치 않은 수역에서는 공동 조업 구역을 설정한다.

(3) 어업 규제 방법

① 규제 구역(제한 구역) 및 공동 조업 구역에서는 조업 어선 수, 어획 최고량, 어획어의 길이, 어기 및 어구 등에 관하여 규정 내로 제한한다.

② 동 구역 내에서 조업하는 특정 어선의 최고 어획 허용량을 규정.

③ 규제 구역 내에서 조업하는 상대방 어선에 대하여 필요할 경우에는 감시원을 승선시킨다.

④ 어업공동위원회에서 제한 어획량을 기재한 조업 허가증을 발급하여 배분한다.

⑤ 조업 허가증 발급의 비례는 전문가 회의에서 결정한다.

(4) 관할권 문제

① 규제 구역(제한 구역) 및 공동 조업 구역에서의 범칙선은 발견국 관헌이 나포, 조사한 후 어선 소속국에 인도하여 재판케 함.

② 처벌의 결과에 따라 공동어업위원회는 동선의 조업 중지를 명할 수가 있다.

③ 처벌의 공평을 기하기 위하여 협정문 중에 범칙 어선 저벌 기준을 정한다.

④ 처벌국은 처벌의 결과를 상대방 정부에 공동어업위원회를 통하여 통고한다.

(5) 규제 대상 어업

① 규제 구역 내에서의 어업은 기선 저인망 어업, 트롤망 어업, 건착망 어업, 고등어 일본조 어업에 관하여 규정한다.

② 규제 구역 중 평화선 내 수역에서의 유망 어업, 타뢰망 어업, 연승망 어업, 안강망 어업, 기타 어업은 대한민국 어민에게만 개방된다.

(6) 공동어업위원회

① 한일 간에 공동어업위원회를 설치한다.

② 공동어업위원회의 임무와 기능

ㄱ. 협정 수역 내에서의 어업 자원의 조사

ㄴ. 해산 자원의 보존 방법 강구의 권고

ㄷ. 기술적인 권고

ㄹ. 일본의 규제 및 공동 조업 구역 내에서의 연간 어획고 결정

ㅁ. 아국의 연간 어획 계획량 발표

ㅂ. 의사 규칙의 결정권

ㅅ. 기타 위임받은 사항의 결정

ㅊ. 범칙선의 처벌 결과 심사

ㅌ. 기타 사항에 관하여는 일반 국제 예에 따름

③ 공동어업위원회의 결정 및 권고

한일 양측 대표위원의 합의에 의함. 합의 미달 시에는 종전 내용 준수.

제3안 (평화선은 존속한다.)

(1) 규제 구역 및 공동 조업 구역은 한국 연안으로부터 12리 내외의 수역에서 설정.

(2) 어업 규제 방법은 제2안과 동양.

(3) 규제 대상 어업

    기선 저인망 어업

    트롤 어업

    고등어 일본조 어업

    건착망 어업

    유망 어업

    타뢰망 어업

    연승망 어업

    안강망 어업

상기 어업 이외의 것은 평화선 내의 수역인 경우에는 대한민국 어민에게만 개방된다.

(4) 공동어업위원회 규정은 제2안과 동일.

(5) 관할권 문제는 관할 수역에 관한 것 이외는 제2안과 동일.

3. 일반재산 청구권위원회

각 안에 대한 개괄적인 설명

(제1안) 우리의 대일 청구권은 군정 법령 제2호, 제33호, 한미 간 재산 및 재정에 관한 최초 협정, 대일평화조약 제4조 b항 등 근거하에 청구하는 것이다. 따라서 배상적인 성격의 것은 포함되어 있지 않고 주로 사법상의 채무 변제적인 성격을 가진 청구권으로 되어 있다.

(제2안) 우리 측의 8개 항목 청구와 관련하여 미 국무성은 1957년 12월 31일 한국의 대일 청구가 일본의 재한 재산의 귀속으로 말미암아 어느 정도 소멸되어 있는가를 양국의 특별협의에서 토의하여야 할 것이라는 각서를 내놓고 동 각서는 양측에 의하여 수락되었는바 이 점을 고려하여 제2안에서는 법률적인 근거 및 숫자상의 증거 자료가 미약한 것은 청구안 중에서 삭제하기로 한다.

(제3안) 최종적인 단계에 있어서는 객관적인 타당성 있는 청구권을 종합하고 정치적인 고려를 가미하여 일정한 절대 청구 액수를 획정하여 끝까지 고수한다.

제1항 지금과 지은

	제1안	제2안	제3안
(가) 지금	2억 5천만 그램	양보(1)	포기
(나) 지은	9천만 그램		
(ㄱ) 조은(朝銀) 지거(持去)분	7천만 그램	양보(2)	포기
(ㄴ) 북지준비은행 담보분	2천만 그램	2천만 그램	포기(3)
소계 지금	2억 5천만 그램		
지은	9천만 그램	지은 2천만 그램	0

제2항 조선총독부의 대일 채권

	제1안	제2안	제3안
(가) 체신부 관계 채권	20억 8천만 엔	18억 4천만 엔	
(ㄱ) 초과금	15억	15억	
(ㄴ) 국채 및 저축채권	1억 4천만 엔	6천만 엔(1)	
(ㄷ) 생명보험 및 우편연금	3억 1천만 엔	1억 6천만 엔(2)	
(ㄹ) 해외위체, 저금, 채무	7천만 엔	7천만 엔	7억 엔(7)
(ㅁ) 포고령 3호에 의한 수취 계정	5천만 엔	5천만 엔	
(ㅂ) 저축 이자	1천만 엔	포기(3)	
(나) 8.9 이후 일본인 인출 금원	26억 7천만 엔	포기(4)	포기
(다) 일본 국고 계정상 채권	9억 엔	포기(5)	포기
(라) 조총[조선총독부]의 재일 재산	1천만 엔	포기(6)	포기
계	56억 6천만 엔	18억 4천만 엔	7억 엔

제3항 8.9 이후 이체 송금된 금원

	제1안	제2안	제3안
(가) 조은 지거 금원	2억 3천만 엔	양보(1)	양보
(나) 재한 일계 은행 송금 금원	6억 6천만 엔	6억 6천만 엔	3억 엔(2)
계	8억 9천만 엔	6억 6천만 엔	3억 엔

제4항 한국 내 본사 법인의 재일 재산

	제1안	제2안	제3안
(가) 폐쇄 기관의 재일 재산	64억 7천만 엔	30억 엔(1)	양보(2)
(나) □□법인의 재일 재산	2억 엔		
계	66억 7천만 엔	30억 엔	무

1806

제5항 기타 각종 청구권

	제1안	제2안	제3안
(가) 각종 유가증권	72억 엔	70억 엔(1)	
(나) 일본계 통화	15억 엔	15억 엔(2)	
(다) 피징용 한인 미수금	2억 3천만 엔	1억 5천만 엔(3)	
(라) 전쟁으로 인한 피해 보상	(4억 불)	2억 5천만 불(4)	
(ㄱ) 피징용자	3억 불	-	50억 엔 &1억 불(8)
(ㄴ) 군인 및 군속	1억 불	-	
(마) 은급 청구	3억 엔	3억 엔(5)	
(바) 한국인의 대일본 법인 청구	4억 7천만 엔	포기(6)	
(사) 청산 법인에 대한 청구	2천만 엔	2천만 엔(7)	
계	97억 2천만 엔 &4억 불	89억 7천만 엔 &2억 5천만 불	

1807

	제1안	제2안	제3안
총계	229억 4천만 엔	144억 7천만 엔	60억 엔
	4억 불	2억 5천만 불	1억 불
	지금 2억 5천만 그램	지은 2천만 그램	
	지은 9천만 그램		
(15:1 환산)	19억 3천만 불	12억 1천만 불	5억 불

1808

4. 선박위원회

제1안

우리의 대일 선박 청구에 관하여서는 SCAPIN 제2168호, 군정 법령 제33호, 「한미

간 재정 및 재산에 관한 최초 협정」 및 샌프란시스코 대일평화조약 제4조 (b)항의 규정 등에 의거한 일련의 법적 이론에 따라서 1945년 8월 9일 현재 한국에 치적하였던 선박 및 한국 수역에 소재하였던 선박을 반환하도록 일본 측에 요구한다.

1809

의제 (A) (한국 치적선의 반환)

회의 초기에 있어서는 한일회담에 대한 우리의 일관성을 표시하기 위하여서 과거 회담에 있어서 우리 측이 명단을 제출하고 논의하여 오던 310척(총톤수 49,185.15톤)의 전 선박을 대상으로 하여 회의를 진행하도록 한다.

1810 한국 치적 선박의 반환에 관하여 SCAPIN 제2168호 2항은 1945년 8월 9일 현재의 상태와 위치에서 그대로 반환하라고 되어있는 바, 과거 우리 측이 제출한 전기 310척

1811 의 선박 중에는 SCAPIN 제2168호가 발급된 당시에는 이미 침몰 또는 폐선된 것도 있을 것으로 추정되며, 또한 동 선박들이 확실히 일본에 소재하였다는 사실을 입증할 만한 거증 자료도 거의 없는 형편임에 비추어 회의 진행 도중 동 310척 중 어느 정도 신빙성이 있는 선박 155척(31,972.69톤)의 명단을 정비하여 최종적인 종합 명단으로서 제출하도록 한다.

1812 의제 (B) (한국 수역 소재 선박의 반환)

과거 회담에 있어서 우리 측이 제출한 명단의 선박 47척(총톤수 76,638.95톤)을 대상으로 하여 회의를 진행토록 한다.

의제 (C) (대여 선박 5척의 반환)

일본이 대여하였다는 5척의 선박은 1945년 8월 9일 현재 한국에 치적한 선박이므로 의제 (A)에 해당되는 선박으로서 반환된 것이므로 회의의 대상도 안 된다.

1813

의제 (D) (나포 일본 선박의 반환)

평화선 침범으로 나포된 선박은 한국 어업 자원보호법 위반으로 한국 정부에 몰수되어 귀속된 것이므로 반환할 수 없다. 또한 이 문제는 양국의 고위층에서 별도 해결케 한다.

1814 제2안

과거 회담에 있어서 일본 측은 의제 (A)에 대하여서는 어느 정도의 성의를 보이고 있으나 의제 (B)에 대하여서는 논의하는 것 자체에 대하여서도 응하지 않으려는 태도

이므로 의제 (B) 해당 선박의 총톤수를 대폭으로 삭감하여 의제 (A) 및 (B)의 청구 총톤수를 5만 톤 정도의 기준에서 요구함으로써 일본 측으로 하여금 응할 수 있는 용의를 갖게 하여 문제를 정치적으로 해결하도록 한다.

의제 (A)

제1안에 있어서 새로이 제출한 명단의 선박 155척 31,972.69톤을 청구한다.

의제 (B)

일본 측이 의제 (A)의 해당 선박 155척의 한국 치적선의 반환을 수락한다는 조건으로 의제 (B)에 해당하는 선박의 총톤수를 2만 톤으로 삭감한다.

의제 (C)

제1안과 같음.

의제 (D)

제1안과 같음.

제3안

일본 측이 우리의 대일 청구 선박 문제에 관한 법적 근거를 인정하려고 하지 않고, 어느 정도의 선박을 한국 측에 반환하되 어디까지나 반환 의무가 아닌 방식, 즉 경제 협조에 의한 기증의 방식을 취하려는 태도로 나올 경우 실제로 대일 선박 청구에 관한 우리의 법적 근거의 해석 및 증거 제시에 있어서 사실상 곤란한 점이 없는 바 아니며 또한 실제로 일본 측이 어느 정도 성의를 표시하고 있는 의제 (A)에 해당하는 선박을 반환한다고 그 반환 방법에 있어서 한적선을 1951년 9월 11일 현재의 상태와 위치에서 반환하기로 되어있으므로 관계 선박을 반환받는다 하더라도 1945년 8월 9일 이후 1951년 9월 11일까지 6년간이란 세월이 경과하였으므로 그 선박은 노후, 파괴 내지 침몰된 것이 대부분일 것이므로 아 측으로서는 현실적으로 하등의 이익이 없다. 따라서 법 이론을 보류하고 신조 선박 또는 실제로 운영할 수 있는 선박을 경제 협조의 형식으로 받아들이도록 한다.

의제 (A)

법적 근거를 쌍방이 불문에 부치고 155척의 총톤수 31,972.69톤에 상당되는 신조 선박 내지 현재 운영 가능한 선박을 경제 협조의 형식으로써 한국 측에 인도한다.

의제 (B)

일본 측이 의제 (A)의 조건을 수락하는 경우 한국 측은 동 의제 (B)의 청구를 포기한다.

의제 (C)

대여 선박 5척은 한국 치적선으로서 이미 반환된 것으로 간주하며, 이 5척은 전기 의제 (A)의 31,972.69톤 속에 포함되는 것은 아니다.

의제 (D)

동 나포 선박에 대하여서는 일본 정부는 한국에 대한 경제 원조로서 이미 증여한 것으로 하며 이는 의제 (A)의 반환 선박 중에 포함하지 않는 것이다.

5. 문화재 반환 문제

(제1안)

(1) 1905년 이래 일본이 한국으로부터 불법 또는 부당한 방법으로 반출해 간 문화재는 한국에 반환한다.

(2) 양국은 즉시 전문가를 임명하여 반환되어야 할 문화재의 구체적인 목록을 작성케 한다.

(3) 전문가는 위임된 후 3개월 이내에 반환 문화재 목록을 작성하며, 목록 작성 후 1개월 이내에 반환을 완료한다.

(4) 반환의 방식은 '반환'으로 한다.

(제2안)

(1) 1905년 이래 일본이 한국으로부터 불법 또는 부당한 방법으로 반출해 간 문화재 중 아래 문화재는 한국에 반환한다.

① 일본 국유물

② 일본 사유 문화재 중 일본의 국보 또는 중요미술품으로 지정된 문화재

(2) 제1안과 동일

(3) 제1안과 동일

(4) 반환의 방법은 '인도'로 한다.

(5) 반환되지 아니한 문화재는 '한국 문화재'로서 특수 진열하여 한일 양국의 전문가가 동등하게 활용한다.

(제3안)

(1) 1905년 이래 일본이 한국으로부터 불법 또는 부당한 방법으로 반출해 간 문화재 중 아래 문화재는 한국에 반환한다.

① 일본 국유 문화재 중 한국이 꼭 필요한 문화재 약 1,000점(양국 전문가가 결정)

② 일본 사유 문화재 중 일본의 국보 또는 중요미술품으로 지정된 문화재 80점

(2), (3), (4), (5) 제2안과 동일

4. 제6차 한일회담 관련 기본 정책 훈령 내부 재가 문서

1826 다음과 같은 공문을 발송, 시행함이 어떠하오리까

장관   특별보좌관[서명]   차관[인장]   주무국장[인장]   아주과장[서명]

단기 4294년 7월 31일 기안
단기 4294년 7월 31일
(발신번호)WJ-07277
　　　　311300

　　　　　　　　　　　　　　　　　　　　　　　　　　　　외무부 장관

주일 공사 귀하

건명: 신임 주일 공사에게 당면 문제에 대한 정부 기본 정책 훈령의 건

연: 4294년 7월 26일 자, 외정(아) 제115호 공문

머리의 건에 관하여, 상기 연호 공문으로 지시한 훈령 제2항(2)를 아래와 같이 정정 훈령합니다.

　　　　　　　　　　　　　　　기

2. 한일회담에 대한 방침
(2) 회담 재개의 시일
　이에 관하여, 우리 정부로서는 일본 측이 원하는 시기에 언제든지 회담을 재개할 용의가 있음을 밝히고, 그 시기에 관하여는 어디까지나 일본 측이 '이니셔티브'를 취하도록 하고 결코 아 측이 회담 재개를 서두르고 있다는 인상을 주지 않도록 특히 유의할 것.

　이상

5. 혁명 정부의 한일회담에 대한 기본 방침[1]

1827   1. 혁명 정부에 대한 일본 지지 획득 활동

일본 정부는 이미 한국의 혁명 정부를 지지한다는 공식적인 견해를 표명한 바 있으나, 최근의 주일 공사대리 보고에 의하면 아직도 일본 정계 일부에서는 한국 사태에 대하여 정관론 또는 관망적인 태도를 취하자는 생각을 가지고 있다 하오니, 귀하는 우리의 혁명 정부가 이미 제1단계의 혁명 과업을 완수하여 완전히 안정을 회복하고 제2단계에 들어갔음을 이해시키고, 일본이 우리 혁명 정부를 전적으로 신임 지지하도록 계속 노력할 것.

2. 한일회담에 대한 방침
(1) 일본 측의 의향 타진

한일회담은 조속한 재개를 희망하는 바이나 우선 일본 측의 의향을 정확히 타진함이 필요한즉 그에 대한 접촉을 하여 본국에 보고할 것.

(2) 회담 재개의 시일

정부로서는 오는 9월 초순에 한일회담을 재개하기를 원하고 있음.

(3) 회담 재개의 장소

일본 도쿄에서 개최함을 방침으로 하고 있음.

(4) 각 현안 문제에 대한 정부 기본 방침(단, 본 문제에 관하여는 직접 일본 측에 내용을 밝히지는 마시고 필요할 시 참고로만 하여주시압)

각 현안 문제에 대한 정부 기본 방침은 다음과 같음.

(ㄱ) 재일한인 법적 지위 문제

1828   1) 종전(終戰) 당시부터 계속하여 일본에 거주한 재일한인은 물론, 그 자손에 대하여도 영주권을 부여할 것이며, 그들이 폭력으로 일본 정부를 전복하려고 하지

---

[1] 1961년 7월 26일 자 공문으로 주일 공사에게 보낸 지침.

않는 한, 퇴거 강제의 대상이 되지 않도록 할 것.

2) 재일한인은 대한민국 국민임을 협정상 인정할 것.

3) 영주 귀국자는 금제품이나 명확히 상거래를 목적으로 한 물품을 제외하고는 그들의 재산 전부를 무과세로 자유로이 반출할 수 있게 할 것.

4) 영주 귀국자는 귀국 시에 1만 불까지는 일시 송금할 수 있게 하고, 잔여의 재산은 그 후 외자 도입 형식으로 자유로이 가지고 올 수 있게 할 것.

5) 재일한인에 대하여 생활 보상 문제, 기타 교육, 경제, 사회 등 제 분야에 있어서, 내국민과 동등한 대우를 할 것.

(ㄴ) 어업 및 평화선 문제

한국 정부는 어업 자원의 보호와 국방상의 목적으로 평화선을 계속 유지할 것임. 그러나 자원론의 토의를 계속한 결과 만한에 도달하지 못한 것이 밝혀진 어종에 대하여는 평화선 내에서 일본 어선이 어로 작업을 할 수 있게 하며, 또 만한에 도달한 어종에 대하여는 자원의 보호 조치를 취하도록 하는 문제를 일본과 회담에서 협의하여 어업협정을 체결할 생각임.

그러므로 그러한 협정이 성립될 때까지는 일본 어선이 평화선을 침범하지 않도록 자숙할 것을 일본 정부에 요청할 것이며, 그러함에도 불구하고 평화선을 침범하는 일 어선은 계속 나포할 것임.

한일회담을 재개하고 양국 간의 난문제인 이 어업 문제를 양국에 다 같이 이익을 가져오는 합리적인 방법으로 해결하려는 이때에, 일본 어선이 평화선을 침범함으로써 양국의 감정을 악화시키고 나아가서는 문제의 해결을 방해하는 결과를 가져오지 않도록 일본 정부에 요청할 것.

(ㄷ) 청구권 문제

1) 청구권과 경제 협조 문제는 별도로 고려하여야 함.

2) 한국 측이 주장하고 있는 대일 청구권은 그 전부가 사법상의 변제 또는 반환의 성질을 가진 것이므로, 이 문제는 원칙적으로 정치적 흥정에 의하여 해결하여서는 아니 됨.

3) 청구권에는 일반청구권, 선박 및 문화재의 3개 문제가 있는바, 일반청구권은 한국 측이 제출한 8개 항목에 기하여 해결하도록 할 것이며,

4) 선박은 한국 치적선 및 한국 수역선을 반환받도록 할 것이고,

5) 문화재는 일본 국유는 전적으로 반환되도록 교섭하고 사유는 반환 추진할 것.

3. 재일교포의 북송 문제

한일회담 재개를 앞두고 양국은 우호적인 분위기의 조성이 필요한즉 한인 북송의 계속 추진은 이 원칙에 부합지 않음을 강조하고 일본 측이 북송협정을 재차 연장함이 없도록 교섭할 것. 일본과 북한 괴뢰 측의 협정은 11월에 만기가 되고 이것을 연장하자면 동 협정의 규정에 의하여 그 3개월 전에 교섭을 시작하여야 할 필요가 있어서 최근 일본 정부는 이 문제를 검토 중에 있음. 이에 관하여는 도쿄에 있는 각종 외국 통신망을 이용하여 협정 연장 반대에 대한 우리의 입장을 지지하도록 공작할 것.

4. 일본의 주한 대표부 설치 문제

일본 정부는 한국에 대표부를 설치할 것을 원하고 있으나, 우리 정부로서는 이를 불허할 방침이니, 귀하는 다음 제 점을 들어서 일본 정부의 여사한 요청을 거절할 것.

ㄱ. 머지않아 한일회담이 재개될 것이며, 동 회담의 결과에 의하여 양국의 국교가 정상화되면 사절 교환이 있을 것이므로, 그전에 대표부를 설치할 필요가 없다고 생각되며,

ㄴ. 국교 정상화 전에 한국에 일본의 대표부를 설치하면 일반에게 한일회담이 지연되리라는 느낌을 주게 될 것이며, 한국민들은 일본의 한국에 대한 의도를 의심할 우려가 있다.

ㄷ. 우리나라 국민감정이 현안 문제 해결 전에 일본의 주한 대표부 설치를 환영하지 않으므로 이를 설치하면 한일회담에 악영향을 줄 우려가 있다.

ㄹ. 국교 정상화 전이라도 일본 정부 인사들의 한국 방문을 개별적으로 고려할 용의가 있으므로 일본대표부를 설치하지 않더라도 사실상 한국 내 실정을 직접 파악할 수 있는 기회가 있을 수 있다.

5. 일본 외무성 북동아과장 '마에다'의 입국 문제

일본 외무성 북동아과장 '마에다'의 한국 방문을 허가할 방침인데 우리 정부로서는

적당한 일정표를 작성하여 행동케 함이 편리하다고 인정되므로 일본 외무성의 그에 대한 복안 또는 희망이 무엇인지 타진, 보고할 것.

6. 경제 협력 문제

일본은 한국에 대한 경제 협력 문제를 누차 제기한 바 있으나, 이 문제는 청구권 문제와 관련시켜 고려할 수 없으며, 또 원칙적으로 국교 정상화 후에 행하여져야 한다는 것이 우리 정부의 기본 방침임. 그러나 국교 정상화 전이라도 양국 실무자 간의 접촉을 통한 제반 사전 협의 진행은 무방할 것임.

7. 재일교포 지도 보호 문제

현재 60여 만에 달하는 재일교포는 정치적으로, 경제적으로 또는 사회적으로 중대한 문제임에 비추어 그네들이 대한민국을 지지하는 방향으로 대동단결하게끔 계속 노력할 것이되 이 목적을 위하여 현지의 조직 활동 중인 대한민국 거류민단의 세포와 조직을 활용할 것. 정부로서는 재일교포의 보호를 위하여 장차 가능한 한도에서 최선을 다할 작정임. 특히 재정 면의 원조가 효과를 올릴 수 있도록 고려 중임.

8. 주일 미국 대사와의 협조

일본 주재 미국 대사와의 긴밀한 협조 관계를 유지하는 것은 우리의 대일 정책을 수행함에 있어서 중대한 의의가 있는 것이며, 특히 재개될 한일회담에 대하여 주일 미 대사가 줄 수 있는 각종 영향에 비추어 현지에서는 그분과의 우호적인 협조 관계를 적극 개발할 것.

현재 일본에 주재하는 미국 대사 '라이샤워' 씨는 일본 사정에 정통한 이외에 한국에 대한 인식도 깊으며, 한일 국교 정상화를 주장하는 이해 있는 분임.

9. 재일 외국 언론 기관과의 접촉

도쿄는 오늘날 극동에 있어서의 국제 보도의 중심지이므로 외국에 대한 한국의 선전에 있어서는 도쿄 주재 각국 외국 통신 신문 기자들의 이해와 협조가 필요하니 그들에 대한 우호적이며 협조적인 관계를 충분히 조성할 것. 이러한 견지에서 주일 대표부에 공보관을 특별히 배속하는 것임.

10. 국련에 대한 정부 방침

혁명 정부는 국제연합의 헌장을 준수하고 그 권위와 권한을 인정할 것을 이미 밝힌 바 있거니와, 당면 문제로서, 오는 9월에 개최될 제16차 총회에 있어서는 한국 문제가 상정되지 않거나 또는 상정되더라도 사실상 내용적인 토의를 회피하기를 우리는 희망하고 있으니 이 점을 염두에 두고 제15차 총회에서와 같이 일본대표단이 우리의 입장을 지지하게끔 노력할 것. 단 일본 측은 한일회담 문제에 관련하여 일종의 교환 조건을 얻고자 응수할 우려가 있으니 이 점 각별히 유의할 것.

7. 오히라 일본 외상의 후지 TV 대담 내용 요약 전

1844　오히라(大平) 외상의 '후지텔레비전' 대담(7/27)

　1. 합리적인 조기 정당화를 바란다.
　2. 큰 문제로 생각지 말고 '평명한 심정'으로 해나가면 될 것이다.
　3. 재산 청구권 문제의 해결에도 '평명한 심정'이 근저에 있어야 할 것이다.
　4. 대(對)한국뿐 아니라 일본 국민에 대하여도 상당히 이해가 가는 형식으로 되지 않으면 퍽 어려운 문제라고 생각한다.

8. 문 참사관의 일본 외무성 우야마 참사관 면담 결과 보고 전문

번호: JW-07260

일시: 281855 [1961. 7. 28]

수신인: 외무부 장관 귀하

금일 28일 하오 당부 문 참사관은 외무성 '우야마' 참사관(아세아국)을 방문하고 재일한인 북송 문제 등 한일 관계에 관하여 면담하였사온바 그 내용을 아래와 같이 보고하오니 검토하시기 바람.

1. 한국 군사 혁명 후 한국 측과 일본과의 우호 관계의 수립을 위하여 여러 가지로 성의 표시를 한 바가 있는데 일본 측은 특히 최근에 재일한인의 북송 문제 등을 비롯하여 여러 가지 점에서 이에 대응하는 성의 표시가 없으며, 한일 간의 공기가 최근 냉랭해지고 있는 듯한 인상을 갖게 되는 것은 매우 유감이라고 말하고 일본 측의 한국에 대한 기본적인 태도에 관하여 타진하여 보았음.

'우야마'는 이에 대하여, 한국 친선사절단이 방일하였을 때까지는 일본에서 '대한 적극 방침'을 취할 태세와 분위기가 조성되고 있었던 것이 사실인데 그 후에 소위 장도영 중장 등의 음모 사건의 발표로 말미암아 한국의 군사 정권이 아직 완전히는 안정되지 않았다는 인상을 받게 되어 신중론이 다시 대두하게 되었고 일본 정부로는 대한 적극 방침을 추진하기 위하여서는 국민이나 정당에 대하여 납득이 가게 설명을 할 필요가 있는 관계상 한국의 실태를 정확히 파악하고 있다는 사실이 객관적으로 시인되어야 하므로 대표부 설치 문제, 마에다 북동아과장의 방한 계획이 나오게 되었다고 설명하고(이상 발언한 내용은 당지 신문 등에서 관측 기사로 보도된 사실은 있으나 외무성 당국자가 명확하게 언명한 일은 지금까지 없었음) 현재 일본의 분위기가 대한 적극책을 과감하게 추진할 수 있는 것이 못 되는 것이 사실이므로 불원 양측 교섭에 의하여 한일회담이 재개되더라도 현재와 같은 분위기가 계속된다면 회담을 하여도 큰 성과를 바라기는 곤란할 것 같다고 말하고, 그 이유로서 일본의 국내 공기가 정부로 하여금 강한 입장을 취하게 할 것이며 따라서 기본 방침이 대대적인 양보를 하지 않는 한 회담의 조기 타결이 어려울 것이라고 말하였음. 이에 대하여 아 측은 한국 국민은 현재 이것이 마지막 기회라는 각오하에 군사 혁명의 목적을 조속히 완수하기 위하여 거족적으로 군사 정부를 지지하고 협력하고 있으며 이러한 국민의 뒷받침에 의하여 정부는 안정되고 과감하게 혁명 과업을 추진하고 있으니 일본 측이 한국 정부가 아직도 불안정하지 않다 하는 의심을 가지고 있다면 그것은 순전히 기우이니 일본 측이 현재와 같은 양국 간의 정체된 분위기를 지양할 계기가 될 수 있게 성의 표시가 있어야 하겠다고 강조하였음. 이에 대하여 '우야마'는 여하튼 한일 간의 현재와 같은 정체된 분위기를 조속히 지양하여야 하겠는바, 그러기 위하여서는 정부가 정당이나 국민에게 설명할 수 있는 어떠한 계기가 필요하다고 말하였음.

2. 북송 문제에 관하여 아 측이 금일 28일에 출항하는 북송선 편에 불과 400여 명이 북송된다는 사실을 지적하고, 작년도에는 적어도 외무성은 이 문제에 대하여 상당한 성의 표시를 한 사실이 있는데 금년도에는 이북 괴뢰로부터 연장 제의도 있기 전에 일본 측이 오히려 연장을 서두르고 있으니, 매우 유감스럽다고 말하였던바, 우야마는 작년도에는 일본 측이 그러한 태도를 취하였으므로 오히려 좌익 계열을 자극시키게 되어, 북한 측이 필요 이상으로 강한 태도로 나오게 되어 연장 교섭에 지장이 많았으므로 금년도에는 방법을 바꾸어 좌익 계열을 자극시키지 않고, 일본 정부가 원하는 방향으로 북한 측과 교섭하기 위하여 서두르는 것이라고 말하였음. 아 측은 어떻게 하였던지 금년도에는 연장을 하지 말 것을 거듭 요구하였으나 우야마는 이에 확답을 피하였음.

3. 당부의 관측
(1) 한일회담 재개 문제: 이상의 우야마의 언명, 최근의 일본 측의 태도 등을 보아 일 측은 적어도 현 시기에 있어서는 회담 재개 자체에 별로 열의가 없는 것 같으며, 우리 측이 회담 재개를 요구하면 이를 거절하지 않을 정도로 나올 것 같음.
(2) 현재와 같은 일본 측의 태도는 우리 측이 정관 태도를 취하고 시기를 기다리더

라도 금일 28일의 미국 '러스크' 국무장관의 분명한 태도 표시 등으로 말미암아 결국은 그 태도를 바꿀 것으로 예상되나, 어떠한 계기가 없으면 당분간 현재의 태도를 지속할 가능성이 있음.

(3) '마에다' 과장의 방한, '이동환' 공사의 부임 등이 전항에 언급된 계기를 마련할 가능성이 있다고 생각하는바 특히 '마에다'의 방한이 실현되어 한국 정부의 안정성을 직접 관찰 보고케 한다면, 일본 정부의 태도 변경의 시간을 단축시킬 가능성이 있다고 생각됨. 또한 '마에다'의 방한 실현 자체가 전기한 계기가 될 가능성도 있음.

주일 공사대리

9. 주일 공사의 이세키 아시아국장 면담 결과 보고 전문

번호: JW-0833

일시: 021830[1961. 8. 2]

수신인: 외무부 장관 귀하

금일 2일 하오 2시 반 예정대로 본인은 외무성 '이세키' 아세아국장을 방문하고 약 1시간 10분 면담하였는바(우리 측 문 참사관, 일본 측 마에다 북동아과장 동석) 그 내용을 아래와 같이 보고함.

1. 북송협정 연장 문제: 먼저 우리 측에서 북송협정 연장 문제에 관하여 '일본 측이 한일 간에 좋은 분위기를 조성하여야 할 이 시기에 돌연히 본인이 당지에 부임한 직후를 택하여 협정을 1년간이나 연장한 것은 매우 유감스럽다'고 말하고 구두 항의를 하고, 북송협정의 연장과 동시에 발표된 '시마즈' 일적 사장의 담화에 언급하여 일본 측이 최단 시일 내에 북송을 중지하도록 요구하였음. 이에 대하여 '이세키'는 '시마즈'의 담화는 일본 정부의 지시에 의하여 발표된 것이라고 말하고 그 담화가 나오게 된 이유를 JW-0813호로 보고한 바와 같이 설명하고, 일본 정부로서도 언제까지나 북송을 계속할 의사는 없고 가능한 한 북송을 스피드 업하여 조속히 완료할 생각으로 스피드 업의 방법을 구체적으로 관계 당국에서 연구하고 있으며 아직 북송 희망자 수를 정확히 파악하지 못하고 있으므로 언제까지에는 꼭 북송을 완료하겠다고 말할 수는 없으나, 지금 분명히 말할 수 있는 것은 북송협정의 유효 기간 내라도 희망자 수를 감안하여 적당한 시기에 북송을 중단할 것이며 중단할 때에는 북한 괴뢰 측과 협의함이 없이 일방적으로 결정하겠다는 것이라고 말하고 1년간 연장을 한 데에 대하여 한국 측이 매우 유감으로 생각하는 사정은 알 수 있으나 일본 측으로서는 상기한 바와 같은 의도로 1년간 연장에 의한 것이며 이 문제에 관하여 성의가 없는 것은 아니라고 말하였음.

(현재 추산으로는 앞으로 이미 등록한 자 약 1만 5천 명을 포함하여 약 3만 명의 북송 희망자가 있는 것 같다고 하며, 스피드 업의 구체적 방법으로는 예컨대 승선을 연기하는 자는 한두 번만은 허락하고 그 후에도 승선치 않을 경우에는 북송 자격을 박탈할 것을 고려하고 있다고 함.)

1849 2. 일 어선의 평화선 침범 문제: 이 문제에 관하여도 우리 측이 "한일 간에 좋은 분위기를 조성하여야 할 이 시기에 특히 최근에 침범 어선이 격증하고 있는 것은 매우 유감이다"라고 말하고 일 어선이 침범치 않도록 조치를 취할 것을 요구하였음.

이에 대하여 '이세키'는 지금 시기가 바로 어기이므로 침범 어선이 많아진 것이고 그 이외의 이유가 있는 것은 아니라고 말하면서 일본 정부 당국으로서는 업자에게 자숙할 것을 지도는 하고 있으나 그 이상의 강력한 조치를 취할 수는 없으므로 침범하게 되는 것이라 하였음. 이에 대하여 우리 측은 지금과 같이 침범해 오면 나포하지 않을 수 없으며 그렇게 되면 자연히 한일 간의 분위기가 악화할 것이니 아무쪼록 침범을 삼가토록 조치할 것을 거듭 요구함. 이에 대하여 '이세키'는 특히 아국 경비정의 발포를 언급하면서 절대로 인명 손상 같은 것이 없도록 주의하여 달라고 말함. 이에 대하여 우리 측은 지금까지도 조준 사격을 한 사실은 없으며 다만 일 어선이 도주하므로 이를 제지하기 위하여 위협사격을 한 일은 있을 것이라고 말하였음.

3. 주한 일본대표부 설치 문제: 본건에 관하여서는 우리 측이 정부의 방침에 따라 그 설치가 부적당함을 설명하였음. 이에 대하여 '이세키'는 서울에 대표부를 설치하고자 한 것은 한국의 사정을 정확히 직접 일본 정부가 파악할 방법이 없으므로 한 것이며, 일본 측에서는 한국 측 사정이 곤란하다면 반드시 대표부라는 명칭을 고집하는 것도 아니고 전술한 목적만 달할 수 있으면 되는 것이니 일본 측의 담당관이 한국에 출장하고 싶을 때에는 언제든지 한국 측이 이를 허가한다는 보장을 주면 만족할 것이라고 말하였음. 이에 대하여 우리 측은 불원 '마에다' 과장이 방한케 되었으니 그때에 충분히 한국 실정을 직접 파악할 기회가 있을 것이 아니냐고 말하고 군사 혁명 이후의 한국의 실정을 설명하여 주었음.

4. 경제 협력 문제: '이세키'는 일본은 미국, 독일, 이탈리아 등과 같이 한국의 경제

안정 및 부흥을 위하여 경제 협력을 행할 것은 심중히 생각하고 있다고 말하면서 한국 측의 이에 대한 입장을 타진하고자 하므로 한국으로서는 국교 정상화 이전에 구체적으로 경제 협력을 받아들이기는 곤란하다고 말하였음. 이 문제에 관하여는 오늘은 많은 토의는 하지 않았음.

5. 한일회담 재개 문제: 우리 측이 한일회담의 재개를 조금씩 서두르고 있다는 인상을 주지 않기 위하여 오늘은 이에 대한 언급은 일절 피하고 상기한 바와 같은 북송 문제, 평화선 침범 문제 등을 언급하면서 이 시기에는 한일 간의 좋은 분위기 조성에 노력하여야 할 것이라고 강조함에 그치고 한일회담 재개 교섭에 앞서 일본 측이 성의 표시를 하여야 할 것을 촉구하였음.

주일 공사

14. 외무부 차관의 주한 미국, 영국, 프랑스 대사 등 면담 결과 통보 전문

번호: WD-0814 WL-0811 WF-0803

일시: 031540[1961. 8. 3]

수신인: 주미, 주영, 주불 대사

한일 국교 조정 문제 및 재일교포 북송 문제에 관한 건

1. 박 외무부 차관은 7월 29일에 주한 미국 대사를, 그리고 8월 2일에 주한 영국 대사, 프랑스 대사 및 미국 공사를 각각 초치하고, 한일 간 국교 개선에 한국 측 태도(조속 해결 방침을 말함)를 설명하고 그들의 협조를 요청한 바 있는데, 각국 대사는 각기 이 문제를 본국 정부에 보고하여 충분한 측면적 지원을 제공하도록 조치할 것을 언명한 바 있사오니 귀하도 이 뜻을 양지하여 주재국 정부 및 귀지 주재 우방 사절들과의 접촉에 활용하시고 본국 정부의 참고가 될 만한 정보가 있을 때에는 지체 없이 이를 보고하시기 바랍니다. 동 문제에 대한 추후의 진전에 대하여는 참고로 계속 귀하에게 통보할 방침입니다.

2. 지난 7월 31일 일본은 일본적십자사와 북한괴뢰적십자사와의 전보 교환으로써 주일 교포 북송협정을 다시 1년간 연장하는 데 합의하였으니 참고하시고 북송 문제에 대하여서도 우리 정부의 입장이 지지를 받도록 활동하십시오(이 문제도 각 대사와의 회담 시 언급되었음).

한국 정부가 주일 교포 북송에 계속 반대하는 이유는 이미 잘 아실 줄 생각하나 참고로 다시 한 번 알립니다(이 북송 문제도 각 대사와 회담 시 언급되었음).

(1) 한일회담 재개를 앞두고 양국은 우호적인 분위기 조성에 노력하여야 하는바,

일본의 이러한 처사는 그러한 분위기 조성에 악영향을 줌.

(2) 자유 진영 국가의 하나인 일본이 자국 내에 거주하는 외국인을 공산 지역에 계속 송환한다는 것은 일본 자체의 국제적 지위에 불리할 것임.

(3) 북한 괴뢰는 이 문제를 가지고 일본과 한국 사이를 이간하려고 하는데, 양국은 이 함정에 빠져서는 안 될 것임.

(4) 일본은 인도적이라는 미명하에 재일교포를 북송하고 있으나, 북송되어 가는 사람의 대부분은 원래 이남 각 도에서 도일한 자들이니 북한으로 보내는 것은 송환이 아니고 추방이라고 할 수 있음.

(5) 북송 희망자의 등록과 절차에 일정한 기한이 없이 계속 한국 교포를 공산 지역에 강제 송환한다는 것은 역사적 유사한 예가 없는 일일 뿐만 아니라 자유와 민주주의 원칙에 위배되는 처사임.

장관

18. 한일 관계에 관한 종합 보고 전문

번호: JW-0881

일시: 071815[1961. 8. 7]

수신인: 외무부 장관 귀하

한일 관계에 대한 종합 보고의 건

　최근의 일본 측의 태도 등에 관하여 그간 수시로 보고한 바 있사온바 (특히 JW-07260 및 JW-0833 및 한일대정 제275호 참조), 거 7월 28일의 '러스크' 국무장관의 성명, 최근의 국제 정세와 관련한 방공 보루로서의 북동아에 있어서 한국의 중요한 위치 등등으로 인하여 조만간 일본은 그 태도를 전환하여 '대한 적극 태도'를 취하게 될 것으로 예상되나 상금 적어도 표면상으로는 적극 태도를 보류하고 있는 형편에 있음.
　(단 당지의 신문 등을 통하여 최근 서서히 대한 적극론이 대두되고 있는바 이는 대한 적극 태도로의 전환을 위한 사전 준비로 보임.)
　현재와 같은 일본 측의 소극적 태도는 우리 측의 태도 여하에도 불구하고 적어도 당분간 (마에다 북동아과장의 귀임 시까지) 계속될 것으로 보이는바 일본 측의 태도 전환이 있을 때까지 당부로서는 다음과 같은 방침을 추진 위계이며 또한 본부에서도 다음과 같은 방향으로 노력할 것을 건의하오니 검토하시고 필요한 지시 있으시기 바람.

　1. 상기한 바와 같이 우리 측 태도 여하에도 불구하고 일본 측은 적어도 당분간 소극적 태도를 지속할 것이므로 우리 측만이 조급히 서두르고 있다는 인상은 대외적으로 주지 않기 위하여 적어도 표면상으로는 우리 측도 신중 내지 정관 태도를 취함.

　2. 표면상으로는 1항과 같은 태도를 취하는 일방, 당부는 일본 정부 측 정당 요인

들과 접촉을 계속하여 한국은 군사 혁명 후 일관하여 대일본 적극 방침을 천명하여 온 사실을 지적하고 일본 측이 명확한 태도 표명을 할 것을 촉구함. 예컨대 7월 28일의 '러스크' 성명과 같은 성명을 일본 측이 발표하는 형식으로 그 태도를 전환함으로써 회담 재개 교섭의 계기를 만들게 하도록 일본 측에 암시 촉구하든가 혹은 일본 측이 회담 재개 교섭에의 이니셔티브를 취함으로써 회담 재개 교섭의 계기를 만들도록 암시 촉구함(본 항에 관하여서는 당부 문 참사관이 금일 7일 오전 '우야마' 참사관과 면담하였을 시에 '한국은 군사 혁명 후 일관하여 대일 적극 방침을 천명한 바 있는데 일본 측이 이에 대응하는 성의 표시가 전무하다'고 지적하고, 일본 측이 이 시기에 스스로 '러스크' 성명과 같이 혹은 기타의 방법으로 그 태도 표명을 함으로써 한일 간의 좋은 분위기 조성을 노력할 것을 암시 촉구한바 매우 긍정적인 반응을 보였음).

3. 현재 일본, 한국이 적어도 표면상으로는 소극적인 태도를 취하고 있는 터이므로 양자의 접근을 위하여 주선하는 역할을 할 제삼자가 있으면 편리할 것인바 이 역할은 미국에게 기대하는 수밖에 없다고 생각하므로 전기 절 2항에 언급한 바와 같은 방향으로 일본이 움직이도록 미국이 그 영향력을 행사하도록 노력함. 이 노력은 당지 미국 대사관을 통하여 당부에서도 할 것이나 서울과 워싱턴에서도 적극 추진하여 주시기 바람(금일 7일 하오 본인이 취임 인사차 당지 '라이샤워' 미 대사를 방문하였을 시에 최근의 한일 관계를 설명하고 한국 측에 대한 미국의 협력을 요구한바 '라이샤워'는 일본 측으로 하여금 "러스크" 성명과 같은 성명을 발표케 하는 것이 좋은 방법일 것이라고 말하고 그러한 방향으로 자기도 노력하겠다고 말하였음).

4. 최근에 격증한 일본 어선의 평화선 침범에 대하여 가능한 한 우리의 경비를 강화하여 침범을 못 하도록 최선을 다하여 평화선을 수호함으로써 일본 측에 은연한 압력을 가함(이 시기에 나포 사건이 발생하면 일본을 자극시키는 정도가 과할 가능성이 없지 않으므로 가능한 한 침범을 하지 못하도록 경비 강화를 기하는 것이 좋을 것 같으며 부득이 나포하는 경우에도 가능한 한 발표를 피할 것이며 인체나 선체에 대한 조준 사격은 절대로 피하도록 하여야 할 것임).

5. 이상과 같은 우리의 방침에 따라 대외적 선전을 강화하여 우리 측에 국제적 동정

이 모이도록 최선을 다함(당부에서는 이 공보관의 부임을 계기로 하여 일층 선전을 강화할 위계이나 본부와 다른 재외공관에서도 적극 추진하시기 바람).

6. 주한 일본대표부 설치 문제에 대한 일본 측 입장은 JW-0833호로 보고한 바와 같이 희망성을 가지고 있는 것이 사실이나 이 문제에 대한 일본 측의 태도는 과거에 비하여 상당히 강한 태도를 상금 견지하고 있으며 어떠한 타협안에 한국이 응할 것을 희구하고 있는 것으로 보이는바, 우리 측으로서는 우선 과거의 입장을 견지하는 동시에 '마에다' 북동아과장의 방한이 일본 측의 태도 전환의 계기가 되도록 최선을 다함.

본건에 대한 일본 측의 앞으로의 태도를 주시하면서 필요할 시에는 '일본 정부의 담당관인 마에다 과장과 같이 한국을 방문하고자 할 때에는 한국 정부는 이를 호의적으로 고려한다'는 정도의 언질을 줌으로써 일본 측의 체면을 세워줄 것을 고려함.

주일 공사

별첨

18-1. 전문 누락 내용 추가 보고 전문

번호: JW-0887

일시: 081200[1961. 8. 8]

수신인: 외무부 장관 귀하

연: JW-0881호

한일 관계에 관한 종합 보고의 건

연호 전문 보고 말미에 하기 제7항이 누락되었으니 첨가하시기 바람.

기

7. 재일한인의 북송을 강하게 반대하는 동시에 언제까지에는 북송을 중지할 것인지 명시할 것을 일본 측에 대하여 계속 촉구함으로써 일본 측이 심리적 부담을 느끼도록 함(본 항과 관련하여 JW-0813호로 청훈한 데에 대한 회시 있기를 바람).

주일 공사

19. 주요 공관에 한일 간 국교 조정 문제에 관한 외교 활동을 지시하는 공문

1866   다음과 같은 공문을 발송, 시행함이 어떠하오니까

장관   차관[인장]   특별보좌관[서명]   정무국장[인장]   아주과장[인장]   기안자[서명]

단기 4294년 8월 8일 기안
단기 4294년 8월 11일 발송, 시행
외정(아) 제152호

주미 대사
주영 대사
주불 대사 귀하

외무부 장관

건명: 한일 간 국교 조정 문제에 관한 외교 활동 지시의 건

연: 8월 3일 자 WD-0814, WL-0811, WF-0803호 전문

상기 연호 전문으로 지시하여 온 머리의 건에 관련하여, 5.16 혁명 이후의 한일 관계 및 그 자료를 다음과 같이 알리오니, 전기 연호 공문으로 지시한 외교 활동에 있어서 참고로 하시기 바랍니다.

기

1. 5.16 군사 혁명 후, 한일 문제에 관하여, 외무부 장관은 조속한 시일 내에 한일회

담을 재개하고 양국 간에 개재된 제 현안 문제를 해결한 후 국교를 정상화하려는 혁명 정부의 방침을 밝힌 바 있는데, 일본 정부도 우리 정부의 이와 같은 태도를 환영한다는 의사를 정식으로 표명하였다.

2. 7월 5일 일본을 방문한 최덕신 친선사절단장과 일본 외무성 정무차관[사무차관의 오기로 보임.]과의 회담에서도 한일 양국은 조속히 회담을 재개하여 국교를 수립하여야 한다는 점을 상호 확인하였다.

3. 정부는 7월 15일 이동환 주일 공사를 새로 임명하고, 이 공사가 부임하는 대로 한일회담 재개 문제를 일본 정부와 협의케 할 뜻을 밝혔다.

4. 그런데 장도영 일파에 의한 혁명 정부 전복 음모 사건이 발표된 후, 일본의 정계 일부에서는 한국에 대한 관망적인 태도 내지 정관론이 대두하게 되어 일본 정부는 한일회담을 재개하기 전에 현 군사 정부의 안정성을 확인하려는 태도를 보이었다.

5. 7월 12일 일본 외무성은 한국의 정치 및 경제 사정의 현황을 시찰 파악할 목적으로 동 외무성 북동아세아 과장을 한국에 파견할 계획을 우리 정부에 통지하여 왔는데 (동 북동아과장은 8월 7~15일간에 한국을 방문 중임), 일본의 이 조치는 전항에서 언급한 바와 같이, 한일회담 재개 문제를 논의하기 전에 한국의 군사 정부의 안정성을 직접 타진하려는 처사인 것으로 생각된다.

6. 일방, 일본 정부는 일본의 주한 대표부 설치를 허가하여 줄 것을 7월 21일 정식으로 한국 정부에 요청하여 왔으며, 일본 각 신문은 한국이 이것을 허가하지 않는 한 일본 정부는 한일회담 재개 제안을 거부할 것이라는 일본 외무성의 의사를 보도하였다. 일본의 주한 대표부 설치 문제에 대한 한국 정부의 입장은 이미 일본 측이 알고 있음에도 불구하고, 한일회담 재개를 앞두고 이 문제를 크게 논의한다는 것은 일본이 주한 대표부 설치를 구실로 하여 한일회담의 재개를 지연 내지 회피하려는 것이라고 생각할 수 있다.

7. 일본 정부는 또한 한국 전 국민의 반대에도 불구하고 7월 30일 재일한인의 북송 협정을 다시 1년간 연장할 것을 북한 괴뢰 측과 합의하였다.

일본의 이러한 처사는 한일회담 재개의 전제인 우호적인 분위기 조성에 위배되는 행동임은 두말할 것도 없다.

8. 7월 31일에 부임한 이동환 공사는 8월 2일 일본 외무성 아세아국장 '이세키'와 첫 회담을 갖고, 한일 간에 우호적인 분위기를 조성하기 위하여 일본 정부는 한국 교포의 북송을 빨리 끝마쳐야 할 것이며 또한 일본 어선들은 평화선을 침범하지 않도록 자중해야 한다고 주장하고, 머지않아 한일회담을 열고 그 결과 국교가 정상화되면 상호 사절 교환이 있을 것인데, 그 전에 일본이 대표부 설치 문제를 제기한다는 것은 한국민으로 하여금 한일 관계 개선에 대한 일본 측의 진의를 의심케 한다고 하고, 일본의 주한 대표부 설치 요구를 정식으로 거절하였다. 이 공사는 금주 말에 다시 이세키 국장과 회담할 예정이다.

9. 8월 6일 일본 신문은 한일 문제에 대한 일본 외무성의 예견을 다음과 같이 보도하였다. 즉 오는 8.15에 발표될 예정인 박정희 의장의 민정에의 정권 이양 문제에 관한 성명이 만족할 만한 것이고, 또 지금 방한 중인 일본 외무성 북동아과장의 한국 시찰 보고로써 한국 군사 정부의 안정성을 확인할 수 있을 경우에는 쌍방의 이해가 깊어질 것이 기대되며, 8월 중에 한국 측으로부터 정식으로 한일회담 재개 요청이 있으면 일본은 이것을 받아들여 9월에는 한일회담이 재개될 것이라는 것이다.

10. 5.16 이후의 한일 관계에 관련된 참고 자료를 다음과 같이 별첨한다.
  1) 7월 5일 최덕신 단장과 일본 외무성 정무차관[사무차관의 오기]과의 회담에 관한 보고서
  2) 7월 21일 자 일본의 주한 대표부 설치 요구 각서
  3) 일본이 주한 대표부 설치를 요구하는 이유
  4) 한국이 일본의 주한 대표부 설치를 반대하는 이유
  5) 한국이 재일교포 북송을 반대하는 이유(8월 3일 자 신문 WD-0814, WL-0811,

WF-0803호를 참조)
6) 신임 이동환 공사에게 훈령한, 한일 문제에 관한 정부 기본 방침(7월 2일 자 외정(아) 제115호 공문 참조)
7) 7월 28일 문철순 참사관과 일본 외무성 '우야마' 참사관과의 면담 내용 보고서
8) 8월 2일 이 공사와 일본 외무성 아세아 국장 '이세키'와의 회담 내용 보고서
9) 주일 공사의 한일 관계에 대한 종합 보고

이상

21. 문 참사관의 일본 외무성 우야마 참사관 면담 결과 보고 전문

번호: JW-08108

일시: 091810[1961. 8. 9]

수신인: 외무부 장관 귀하

금일 9일 하오 당부 문 참사관은 한국인의 일본 입국 절차 문제(별도 보고함)를 협의하기 위하여 외무성 아세아국 '우야마' 참사관을 방문하였는바 그 기회에 하기와 같은 사항에 관하여 이야기하였기에 보고하오니 검토하시기 바람.

1. '우야마'는 한일 간의 밀무역 방지 및 대공산주의 사찰에 관하여 긴밀히 협력하고 싶다고 말하므로, 문 참사관은 긴밀히 협력하는 것은 좋은 일이라고 생각한다고 말하고, 일본 측에 어떠한 구체적 계획이 있느냐고 반문한바 아직 구체적으로 계획을 세운 것은 없고 현재 일본 측으로서는 구체안을 연구하고 있다고 말함. 이 문제는 피차 연구하자는 정도로 끝났음(본 항에 관하여는 작일 본인이 '라이샤워' 미 대사와 만났을 시에 '라이샤워'도 비슷한 발언을 한 사실이 있으며 금일의 '우야마'의 발언은 이와 관련되는 것으로 보임).

2. 한일 관계 일반에 관하여: 문 참사관이 일본 측이 어떠한 형식으로 그 태도를 명확히 표명함으로써 성의 표시를 할 것을 촉구한바 우야마는 외무성은 어떠한 계기를 포착하여 일본 정부의 태도를 명확히 표명할 것을 신중히 연구 중에 있다고 말하면서 거 7월 28일 러스크 국무장관의 성명과 유사한 것을 발표할 것을 시사하였음. 그 발표 시기에 관하여서는 아국 정부에서 8.15 전까지 발표하게 될 것이라 널리 보도된 중대 성명이 나오는 것을 계기로 삼게 될 것이라는 것을 완곡하게 표시하면서 될 수 있

으면 아국 정부의 전기 성명서의 작성이 완성되면 정식 발표 전이라도 그 ADVANCE COPY를 얻었으면 좋겠다고 부탁하였음.

주일 공사

22. 한일회담에 관한 주미 대사의 보고 공문

주미대 제 94-887호

단기 4294년 8월 10일

대한민국 주미국 대사

외무부 장관 귀하

건명: 한일회담에 관한 건

대: WD-814

외정아: 제115

8월 9일 임 참사관은 장 1등서기관과 함께 국무성 한국과 과장서리 '맨하트' 씨 및 일본과 과장 '스웨인' 씨를 오찬에 초청하여 한일회담에 관한 의견을 교환한바 그 요지를 아래와 같이 보고합니다.

1. "일본 측으로서는 가까운 장래에 정권을 이양하게 될 정권 이양 시까지 해결할 수 있는 권능에 대하여 다소 불안한 감을 가질 수 있지 않겠느냐?"라는 질문에 대하여 일본 정부로서는 국회의 반응 및 사이비 여론에 우왕좌왕하지 않고 진정한 국가적 이익만을 추구하며 이 문제에 대처할 수 있는 현 군사 정부의 수립을 한일 문제 해결을 위한 절호의 기회로 알아야 할 것이며 현 정부로서는 진지한 태도로써 한일 문제 해결에 임하고 있음을 강조하였고,

2. 한일회담의 조속한 재개를 위하여서는 정식 외교 '채널'보다 비공식적 고위층 접촉으로 현안의 난제들을 해결하기 위해서 쌍방이 대체적으로 어떠한 복안을 가지고

있는가를 서로 암시해 두는 것이 도움이 될 것이며 회담이 재개되더라도 주요한 문제들을 비공식 회담에서 해결할 회의 석상에서는 비공식 회담에서 합의한 바를 형식화 한다는 방법을 취하는 것이 좋을 것이라는 것을 '맨하트' 씨는 수차 되풀이하였음. 이 문제에 관하여서는 현재 주일 공사가 회담 재개를 위한 정부 입장을 충분히 일본 측에 이해시키고 있을 것으로 안다고 한바 국무성이 간접적으로 입수한 정보에 의하면 이 공사와 '이세키' 회담에서 한국이 한일회담을 조속한 시일 내보다는 서서히 재개할 것 같은 인상을 받고 있다고 하였음.

3. '맨하트' 씨는 청구권 문제와 평화선 문제를 한일 문제 해결을 위한 2대 난제라고 규정하고 이 두 문제를 별개의 문제로 분리 취급하지 않고 동시에 취급하는 것이 동 문제에 있어서의 양국의 대립된 주장을 융화 첩중하여 상호 양보에 의한 해결에 도달 하는 데 도움이 될 것이라고 강조하였음.

4. 청구권 문제에 있어서는 한국 측이 원하는 총청구액이(비공식적으로 표명된 것이 라고 강조) 2억 5천만 불 선까지 인하된 것으로 전해지고 있으나 이 문제에 있어서 장 차 어떠한 액수에서 합의에 도달하더라도 일본 측으로서는 전액을 일시불 내지 현물 지불의 형식을 취하는 것보다는 총액 중 상당한 부문을 경제 협조 형식을 취할 것을 고집할 것으로 본다고 하였음. 이 점에 관하여서는 원칙적으로 일본의 대한 경제 협조 문제와 청구권 문제는 분리되어 별개 문제로 취급되어야 할 성질이며 또한 그렇게 하 는 것이 문제 해결을 용이하게 하는 것이라고 강조하였음.

5. 평화선 문제에 관하여서는 평화선의 설치 및 유지에 반대하는 미 국무성 입장을 되풀이하고 특히 어업협정이 체결된 후의 평화선 존재 및 유지에는 찬동할 수 없으며 '스웨인' 씨는 일단 어업협정이 체결되면 concept of peace line은 완전히 말소되어 야 하며 국방 및 안전 보장상의 견지로서는 ADIZ 개념과 비슷한 해상방위선을 설치 하는 방도가 있을 것이라고 시사하였음.

6. 교포 북송 문제에 관하여서는 한일회담의 재개를 위하여 한국 측에서 최선을 다

하고 있는 이 마당에서 일본이 북송협정을 연기하는 행동은 회담 재개에 대한 일본 측 성의를 의심하지 않을 수 없는 처사라고 지적한바 이 점에 대하여서는 우리의 입장에 동조하는 점이 있는 태도 표시를 하는 동시에 한국 측으로서는 교포 북송 중단을 실현시키는 데 치중하는 것보다는 재일 민단(民團)을 통한 교포의 교도 보호 사업을 강화함으로써 북송을 좌절시키는 것이 보다 더 현실적인 방안이라고 시사하였음.

7. 법적 지위 문제에 관하여서는 재일교포들이 '마이너리티'로서의 social discrimination을 받고 있는 사실은 인정할 수 있으나 legal discrimination이 없는 한 문제의 제기 내지 해결이 곤란하며 한국이 교포의 한국 국적을 시인하면서 완전한 내국인 대우를 위한 법적 조치를 주장하면 일본과 제3국 간의 여사한 협정 내용과 배치됨으로 초래될 난점을 지적하였음. 이에 대하여 우리는 재일교포가 주일 제3국인과는 판이한 지위에 있다는 것을 역사적 사실에 입각하며 설명 강조하였음.

8. 한일 문제를 전체적으로 볼 때 양국의 주장에 너무나 큰 차이가 있으며 이 차이가 현저하게 줄어들어 쌍방 주장에 타협의 가능성이 보이기 전에는 국무성으로서는 적극적인 조정 역할에 나서기 어려운 입장이며 또한 국무성으로서는 한일 문제 해결의 열쇠는 청구권 및 평화선 문제에 있다고 보고 있으며 이 두 문제에 대한 양국의 최종적 방안을 구체적으로 알기 전에는 조정 역할을 시도하기 곤란한 입장이라고 함.

(이상)

23. 한일 간 국교 조정 문제에 관한 외교 활동 지시를 각국 주재 대사에게 송부하는 공문

1881

외정(아) 제154호

단기 4294년 8월 10일

외무부 장관

각국 주재 대사 귀하(주미, 주영, 주불 대사 제외)

한일 간 국교 조정 문제에 관한 외교 활동 지시의 건

    머리의 건에 관하여, 별첨 사본과 같이 주미, 주영 및 주불 대사에게 지시한 바 있사오니 귀하도 이 뜻을 양지하여 주재국 정부 및 귀지 주재 우방 사절들과의 접촉에 활용하시고 본국 정부의 참고가 될 만한 정보가 있을 때에는 지체 없이 이를 보고하시기 바랍니다.

별첨

1882~1885

23-1. 주미, 주영 및 주불 대사에게 보내는 한일 간 국교 조정 문제에 관한 외교 활동 지시 공문

[19번 문서와 동일하므로 생략]

1886~1887

23-2. 외무차관의 주한 미국, 영국, 프랑스 대사 면담 결과 통보 전문

[14번 문서와 동일하므로 생략]

23-3. 친선사절단의 일본 외무성 사무차관 면담 결과 보고 내용이 담긴 문서

(참고 자료 1)

외무부 장관 귀하

7월 5일 친선사절단(동남아반)의 활동은 다음과 같음.

'다케우치' 외무차관(사무차관)과 면담
1. '고사카' 외상이 외유 중이므로 '다케우치' 차관을 만남.

2. 회담 시간: 오전 10:30~11:30

3. 동석인: 일 측: '이세키' 아세아국장
           '마에다' 동북아과장
       아 측: 친선사절단원 전원
           박창준 참사관
           김정태 2등서기관

4. 회담 요약

<u>최 대사의 발언</u>
1) 한일 간의 친선과 국교 정상화를 바란다.
2) 한일 양국이 협력하여 국제 공산주의자의 침투를 막아야겠다.
3) 이번 한국에서 일어난 군사 혁명은 군국주의가 목적이 아니라 진정한 민주주의를 확립하는 데 목적이 있고 전 국민이 이를 지지하고 있다.
4) 한일회담을 성공시키기 위해서 일본 측의 성의를 보여달라. 예로 ㄱ)북송을 중지하라. ㄴ)평화선을 침범치 말라.
5) 재일교포를 잘 보호해 달라.

1889   다케우치 차관의 발언

1) 한국 사정을 몰라 많이 근심하였는데 이제 설명을 듣고 안심했다. 안정과 민주주의가 목적이라니 다행이다.
2) 한일 간의 친선과 국교 정상화를 정말로 갈망한다.
3) 북송 문제는 일본 측 견해로는 인도적인 입장에서 했다.
4) 평화선에 대한 것은 쌍방이 국교 회담 전까지 자숙하면 좋겠다.
5) 교포 보호에 대하여는 최선을 하겠다.
6) '이케다' 수상이 바빠서 상세한 이야기를 못 할 것이므로 오늘 이야기한 것을 내가 후에 상세히 전달하겠다(이어 외상에게 보내는 선물을 전달하였음).

(최 사절단장은 이 이외에 '이세키'[이케다의 오기] 수상, '니시무라' 방위청 장관, '시나' 통산성 대신, 기타 자민당 간부들과 면담하였음.)

23-4. 주한 일본대표부 설치를 희망하는 일본 측 각서(국문 번역문)

(참고 자료 2)

외무부 장관 귀하

금일 22일 오전에 외무성 이세키 아세아국장으로부터 수교받은 주한 일본대표부 설치에 관한 각서의 국문 번역문을 하기와 같이 송부함.

기

소화(昭和) 36년(1961) 7월 21일

각서

1. 쇼와 27년(1952년) 4월 28일, 일본국과 대한민국 간에 교환되었던 공문에는 "대한민국 정부는 재한 일본 정부 대표부에 대하여 상호주의에 의하여 재일 한국대표부에 부여되는 것과 동일한 지위와 특권을 인정"하는 것으로 양해한다는 취지를 규정하고 있었으나, 당시는 조선 동란 중이었고 한국 정부도 부산으로 이전하고 있어서 재한 주일 대표부의 설치는 사실상 곤란한 상태에 있었으므로, 일본 측은 한국 측의 희망에 따라 적당한 제 조건이 구비될 때까지 당분간 재한 일본대표부는 설치하지 않을 것에 동의하였다.

2. 그 후 휴전이 성립하고 한국 정부도 서울로 복귀하였으므로 '오카자키' 외무대신은 쇼와 28년 10월 22일 자 서한으로써, 김용식 한국대표부 대표에 대하여 동년 11월 말까지는 서울과 부산에 대표부와 동 분실의 설치를 인정하여 주도록 요청하였다. 이에 대하여 김용식 대표는 동년 11월 25일 자 '오카자키' 외무대신에 대한 서한으로써 한국 정부는 당시의 일한 관계를 둘러싼 제 정세에 비추어 보아, 한국에는 일본대표부를 설치하기 위한 적당한 제 조건이 아직 구비되지 않았다고 생각한다는

요지의 회답을 하였음.

3. 이에 뒤이어, '오카자키' 외무대신은 쇼와 28년 12월 1일 자 김용식 대표에 대한 서한으로써 재차 종래의 경위를 상술하고 한국 정부가 본건을 재고한 후, 속히 동의 한다는 요지를 확인하시도록 요청하였으나 이에 대해서는 한국 정부로부터 아무런 회답을 받지 못하고 말았다.

4. 그 후에도 일본 정부는 기회 있을 때마다 한국 정부에 대하여 재한 일본대표부 설치를 즉시로 인정해 달라는 요지의 요청을 되풀이하였으나, 한국 정부의 동의를 얻지 못한 채로 시일만이 경과하였다.

5. 지난 쇼와 35년 4월 한국에 있어서의 정국의 전환에 따라, 일한 관계도 신단계에 들어가서, 동년 9월 '고사카' 외무대신은 한국을 방문하여 한국 정부의 요로 자와 격의 없는 의견을 교환하였으나 9월 6일의 '고사카' 외무대신, 정일형 외무부 장관 회담 때 고사카 외상으로부터, 한국 측이 주일 대표부를 가지고 있는 데 반하여 일본 측은 이에 대응하는 기관을 가지고 있지 않으므로 이 기회에 대표부 설치에 관한 한국 측의 동의를 얻고자 하며, 특히 일한 회담 재개까지의 상호 연락을 위하여 그리고 또 금후의 경제 교류 등에 관련하여 다수 내방이 예상되는 일본인의 편의를 도모하기 위하여, 나아가서는 국교 정상화 후의 일본 대사관 설립 준비를 위해서도 꼭 대표부를 설치하고 싶다는 희망을 표명하였다. 이에 대하여 정 장관은 현재 일본대표부를 인정하는 것은 한국 국민 일반에 일한 국교 정상화가 장기를 요할 것이라는 인상을 주지 않을 수 없을 것이며, 한국 측으로서는 금차의 일한회담은 조속히 타결될 것으로 기대하고 있으므로 그 후에 대사의 교환을 한꺼번에 하는 것이 일한 양국을 위해서 현명할 것이라고 회답하였다.

6. 그러나 고사카 외무대신의 방한 이래 1년이 다 되어가는데도 불구하고 국교 정상화는 실현되지 않고 따라서 재한 일본대표부도 미설치 상태에 있다. 일본국 정부로서는 금후 한국 측과 제반 교섭을 하는 데 있어 한국 국내의 정치경제 정세를 충분히

파악하여야 할 필요성을 통감하고 있으며, 그런 의미에서 한국 정부가 차제에 재한 일본대표부의 설치에 관하여 즉시로 동의하여 주도록 강경히 요망하는 바이다. 이러한 대표부는 일한 국교 정상화가 조속히 실현되는 경우에는 재한 일본국 대사관 설치의 준비를 위해서도 필요하며 또한 어떠한 이유로 국교 정상화가 지연될 경우에는 재일 한국대표부도 같은 임무를 가진 정부 기관으로서의 존재 의의를 가진다고 생각되는 바이다. 지난 7월 5일 최덕신 한국 친선사절단장과의 회담 시에 '다케우치' 외무사무차관이 제안하였던 것도 이와 똑같은 취지에서였다.

7. 일본국 정부는 한국 정부에 대하여, 상기 일본 측 요청에 대한 한국 정부의 정식 회답을 이동환 씨의 착임과 동시에 보내주시기를 희망하는 바이다.

주일 공사대리

23-5. 일본 측이 주한 대표부 설치를 원하는 이유가 담긴 문서

1894 (참고 자료 3)

일본 측이 주한 대표부 설치를 원하는 이유

1. 표면상의 이유
1) 한국 내의 경제 정치 실정의 파악
2) 대사관 설치 준비(국교 정상화가 조속히 실현될 시)
3) 한국의 주일 대표부와 같은 임무(국교 정상화가 늦어질 경우)

2. 이면상의 이유
1) 외교 관계의 수립 없이 설치가 가능하므로 한일 간의 현안 문제를 해결하기 전이라도 한국이 응하면 즉시 설치할 수 있다.
2) 대사관의 설치는 정식 외교 관계의 수립이며 대한민국 정부만을 한반도의 유일한 합법적인 정부로 인정하는 결과가 되나 대표부의 설치는 대외적으로 북한 괴뢰를 자극하지 않고 국내적으로는 일본 사회당 및 공산당, 조총련 등의 정치 공격을 받지 않는다.
3) 대표부의 설치는 실질적으로 대사관을 설치한 것과 같은 효과를 거둘 수 있다.

23-6. 한국이 일본의 주한 대표부 설치를 반대하는 이유가 담긴 문서

1895 (참고 자료 4)

한국이 일본의 주한 대표부 설치를 반대하는 이유

1. 머지않아 한일회담이 재개될 것이며, 동 회담의 결과에 의하여 양국의 국교가 정상화되면 사절 교환이 있을 것이므로 그 전에 대표부를 설치할 필요가 없다. 그리고 현재의 한일 관계는 호혜 원칙을 자동적으로 적용할 수 있을 정도의 정상 상태에 아직 놓여있지 않다.

2. 국교를 정상화하기 전에 한국에 일본의 대표부를 설치하면 일반에게 한일회담이 지연되리라는 느낌을 주게 될 것이며, 한국민들은 일본의 한국에 대한 의도를 의심할 것이다.

3. 우리나라 국민감정이 현안 문제 해결 전에 일본의 주한 대표부 설치를 환영하지 않으므로 이를 설치하면 한일회담에 악영향을 줄 우려가 있다.

4. 국교 정상화 전이라도 일본 정부 인사들의 한국 방문을 개별적으로 고려할 용의가 있으므로, 일본대표부를 설치하지 않더라도 사실상 한국 내의 실정을 직접 파악(일본은 주한 대표부 설치의 목적을 한국의 실정 파악에 있다고 한다)할 수 있다.

5. 한국의 주일 대표부는 60만 재일교포의 보호가 그 가장 중요한 임무이지만 이에 반하여 한국에는 일본인이 거의 거주하고 있지 않으므로 교포 보호를 위해서도 주한 대표부 설치의 필요가 없다.

23-7. 재일한인 북송 문제 관련 우야마 참사관 면담 결과 보고 전문

(참고 자료 7)

[8번 문서와 동일하므로 생략]

23-8. 이세키 아시아국장 면담 결과 보고 전문

(참고 자료 8)

[9번 문서와 동일하므로 생략]

23-9. 한일 관계에 대한 주일 한국대표부의 종합 보고 전문

(참고 자료 9)

[18번 문서와 동일하므로 생략]

24. 주일 대표부 보고에 대한 평가 전문

번호: WJ-08131

일자: 120840 [1961. 8. 12]

수신인: 주일 공사

1. JW-0881(61. 8. 7)호 전문으로 보내신 '한일 관계에 대한 종합 보고'는 정부의 대일 기본 정책과 부합하는 것으로서 잘된 것으로 생각되며, 본부에서도 그와 동일한 방향으로 이 문제를 추진하고 있음.

2. 한일 문제에 관하여 우방 제국에 우리의 입장을 설명하고 그들의 측면적인 지원을 얻도록 외교 활동을 전개할 것을 이미 재외 각 공관장에게 지시한 바 있으니 양지하시기 바람.

3. 귀 보고 제3항에 언급한 귀부에서 일본 정부 측 정당 요인들과 접촉을 계속하여 한국의 적극 방침을 설명하겠다고 하였는데 이에 대하여 구체적으로 계획을 보고하여 주시기 바람.

장관

25. 박정희 의장 성명 관련 일 외무성 우야마 참사관 면담 결과 보고 전문

번호: JW-08150

일시: 121510[1961. 8. 12]

수신인: 외무부 장관 귀하

건명: 8월 12일 자 박 의장 성명에 관한 건

금일 12일 하오 1시 15분에 당부 최, 문 양 참사관은 외무성 아세아국 참사관 '우야마'의 초치로 외무성을 방문하여 표기 건에 관하여 면담하였는바 그 내용을 아래와 같이 보고함.

1. 우야마는 외무성은 금일 12시 10분에 정보문화국장 명의로 박 의장 성명에 대한 정부의 공식 태도를 밝혔다고 말하고, 그 성명문 사본을 수교함.

2. 성명문을 일독한 후 아 측이 성명문이 너무 소극적이라는 것을 지적한바 우야마는 다음과 같이 그 발표 경위를 설명함. 외무성은 박 의장의 성명이 금일 발표될 것을 예상하고 그 성명의 내용에 따라 일본 측이 발표할 몇 가지 성명서를 구상하고 있었는데 민정으로의 이양 시기가 약 2년 후에 실현될 것으로 박 의장의 성명이 발표되었으며, 이 사실은 일본의 특히 언론인들에게 너무 장기적이라는 인상을 주었을 가능성이 있으므로 정부가 너무나 적극적인 성명을 발표하면 오히려 좋지 않은 반응이 나올 가능성이 있으므로 비교적 소극적인 성명을 발표하게 되었음.

3. 우야마는 이상과 같이 설명한 후 박 의장의 성명이 발표된 직후에 예측한 바와

같이 기자들이 특히 민정 이양의 시기에 대한 외무성 당국자의 견해를 질문하므로 한국 측의 사정을 고려하여 다음과 같이 답변하였다고 함. 한국에 군사 혁명이 발생한 것에는 여러 가지 원인이 있는데 현 군사 정부로서는 혁명 과업의 완수를 위하여 최선을 다할 것이나 역시 구악을 일소하고 국가 재건의 토대를 닦기 위하여는 상당한 기간이 필요할 것이며, 너무 조급히 민정으로 이양을 하면 혁명 목적을 수행할 수 없을 뿐 아니라 오히려 혁명에 역행하는 결과가 될 것이므로 한국 정부로서는 민정으로의 이양 시기를 단축하여 발표하는 것이 국제적 여론에 좋을 것이라는 것을 충분히 알았겠지마는 그렇게 발표한 것으로 생각함.

4. 한일회담의 재개 문제에 관하여는 기자들로부터 질문을 받았다고 하는데 이 문제에 관하여는 다음과 같이 답변하였다고 함(이 문제에 관하여는 '이세키' 아세아국장이 답변하였다고 함). 한일회담의 재개 문제에 대한 일본 측의 입장은 전이나 지금이나 다를 것이 없는바 금년 봄에 제5차 한일회담 예비회담을 진행하고 있었는데 한국에 군사 혁명이 발생하여 한국 측 사정에 의하여 회담이 중단된 채로 있는 터이므로 한국 측이 재개를 제의하여 온다면 물론 이에 응할 것이며 현재 회담이 중단되어 있는 것은 이상과 같이 한국 측 사정에 의한 것이므로 회담 재개 제의는 한국 측이 하여 와야 할 것으로 생각함.

5. 아 측은 '우야마'에 대하여 금일의 정보문화국장의 성명서에는 앞으로의 한일 관계에 대한 적극적인 의사 표시가 없음을 지적하고 좀 더 적극적인 의사 표시가 있기를 희망한다고 말하였는바 '우야마'는 앞으로 그렇게 할 기회가 있을 것이라고 말하였음.

주일 공사

26. 박정희 의장의 성명에 대한 일본 신문 기사 보고 전문

번호: JW-08151

일시: 121810[1961. 8. 12]

수신인: 외무부 장관 귀하

건명: 8월 12일 자 박 의장 성명에 관한 신문 기사 송부의 건

금일 12일 자 당지 각 신문 석간은 민정 이관에 관한 박 의장의 성명 전문 등을 보도하는 서울 특파원 기사, 외무성 정보문화국장 담화문, 그리고 이에 관한 외무성 측 비공식 견해를 전하는 기사 등을 일면 상단에 게재하고 있사온바 아래에 '마이니치' 및 '닛케이' 신문에 게재된 기사(외무성 측 비공식 견해에 관한) 전문을 송부함.

기

1. 마이니치신문:

외무성은 한국의 민정 이관에 관한 박 성명을 표면적으로 환영하고 별항과 같은 정보문화국장 담화를 발표하였으나, 그 내용에는 반드시 전면적으로 만족하고 있지 않은 표정이 엿보인다. 그러나 (1) 일한회담은 상대방 측으로부터 제의가 있으면 이에 응한다는 종래의 방침을 변경하는 재료로는 되지 않는다. (2) 이 성명으로 한국 혁명 정부의 안정성의 정도는 높아질 것으로 생각된다는 생각을 동 성 당국은 명백히 하고 있다.

외무성은 이 성명 발표에 관한 예고가 어느 정도 화려하였으므로, 금후의 한일교섭을 진행시키는 데에 관한 중요한 판단 재료가 될 것으로 보고 이를 주목하여 왔다.

처음에는 성명 내용에 따라서는 외상 담화를 발표하고, 지난달 27일의 러스크 국무 장관의 한국 정권 적극 지지의 언명과 같은 의미를 가지게 하여도 좋다는 생각이었으나, 이것이 정보문화국장 담화로 '격하'된 것은 기대하였던 것보다는 만족할 수 없는 점이 많다고 보고 있다는 사실이 나타난 것이라고 말할 수 있을 것이다.

동 성이 특히 지적하고 있는 점은 민정 이관 달성에 2년간의 예고 기간을 두고 있는 점으로서, 만일 이것이 1년 단축되어 '내년 여름 실시'를 약속하였더라면 '백 점 만점'의 성명이었을 것이라는 생각을 하고 있는 듯하다.

이 2년간에는 아직도 몇 가지의 불확정 요소가 예견되므로, 사태 추이에 따라서는 예고대로 실시될 것인지를 의구시하는 경향도 있다. 그러나 다른 군사 혁명과 비교하면, 튀르키예, 파키스탄 등은 민정 이관까지 2~3년의 기간을 필요로 하고 있으며 가장 짧았던 버마[미얀마]의 경우에 있어서도 1년 반의 군정이 시행되고 있다.

또 한국이 민정 복귀를 달성한 때에 다시 전과 같은 '비능률 정치', '부패 정치'로 되돌아가지 않기 위하여서도, 지금 정권이 충분히 조치를 취하여 둘 필요가 있다는 판단에서 2년간의 준비 기간을 두었다는 것은 어느 정도 이해할 수 있다고 동 성 측에서는 보고 있다.

민정 실시까지의 기간은, 한국 정부가 가장 많이 검토하였고, 그 부내에서 논의를 거듭한 것으로 관측되는바, 이 난관을 성명 발표로 극복한 이상, 한국 정권의 안정성은 중대할 것이라는 견해가 강하다.

또 전부터 조기 민정 이관을 기대하고 있었던 한국민은 물론, 미국을 위시하여 국련 한국부흥통일위원회에 참가하고 있는 각국의 지지가 있을 것으로 예견된다.

나아가서 이 성명은 한일 관계의 금후에 대하여 영향을 미치는 것은 아니겠지만, 적어도 한일회담 재개에 대한 의욕을 상실케 하는 재료로는 되지 않는다고 동 성은 보고 있으며, 16일 한국 시찰로부터 귀국하는 '마에다' 북동아과장의 보고를 기다려 회담 재개의 준비에 착수할 것으로 될 것이다.

2. 닛케이신문:

외무성은 12일 발표된 민정 이관에 관한 한국의 '박 의장 성명'에 대하여 동일, 정보문화국장 담화로 정식으로 환영의 뜻을 명백히 하는 동시에, 이로 인하여 한일회담 재개의 제의가 있으면 일본 측으로서는 회담 재개에 응할 수 있는 조건이 어느 정도 구비되었다는 판단을 굳게 하고 있다.

그러나 외무성의 일부에는 미국 정부의 민정 이관에 관한 강한 희망 표명이 있었다든가, 또는 9월 국련 총회를 앞에 두고 한국 정부가 국제적으로 고립화하는 것을 피하기 위하여, 경우에 따라서는 '내년 중에는 민정 이관'이라는 과감한 선을 표명할 것이라고 기대하고 있었던 사정도 있어, 2년 후의 민정 이관은 혁명 사업 달성이라는 불가피한 사정이 있었기는 하지만, 다소 기대에 어긋났다고 보는 면도 있다.

다만 군사 정권 최대의 과제라고 보여지고 있었던 민정 복귀의 계획을 당초의 계획대로 8월 15일 이전에 발표한 데에 대하여는, 한국의 군사 정권이 그만큼 통제력과 안정도를 높인 증거라고 보고 있으며, 외무성에서는 이로써 군사 정권이 최대의 난관을 돌파하였다는 견해를 취하고 있다.

따라서 이번의 박 의장 성명이 한일회담에 미치는 영향에 관하여도 "기정방침대로 한국 측으로부터 회담 재개의 제의가 있으면 이에 응한다는 점에 있어서는 변동이 없다"라는 방침을 명백히 하고 있으며, 군사 정권과 국교 정상화의 교섭을 재개하는 방침은 변동되지 않는다고 한다.

한일교섭 재개를 위한 예비교섭은 지난 2일부터 이세키 아세아국장과 이동환 주일공사 사이에서 시작되고 있는데, 이로써 회담 재개를 위한 기초적인 조건은 구비된 셈이므로 외무성 측에서는 예정대로 9월 본회담 재개의 예측을 세우고 있는 모양이다.

주일 공사

32. 송요찬 외무부 장관의 기자회견 관련
현지 반응 파악 지시 전문[2]

번호: TM-0610

일시: 131240[1961. 8. 13]

수신인: (주미 대사, 주일 공사 우선)
각 재외공관장 귀하

한일 국교 개선 문제에 관하여 정부는 그의 태도를 차제에 공식석으로 표명함이 유리할 것으로 인정하여 8월 14일에 송 수반은 외무부 장관의 자격으로 오전 10시에 신문 기자회견을 가지고 다음과 같이 성명하기로 예정되어 있으니 참고하시고 그에 대한 현지 반향을 지체 없이 보고하시압.

정부는 한·일 회담 재개에 있어서 주도권을 가지고 앞으로 적극적으로 추진하자는 방침을 가지고 있음을 첨기함.

(문1) 혁명 정부에서는 한일 국교 개선에 대해 깊은 관심이 있는 것으로 인정되는데 그에 관한 정부의 견해를 공식적으로 천명해 주십시오.

(답1) 혁명 정부는 한일 간의 국교 개선에 대해 깊은 관심을 갖고 있음을 이미 천명한 바 있거니와 한국과 일본은 인방으로서 역사적으로나 지리적으로 밀접한 관계를 가지고 있을 뿐만 아니라 다 같이 개인의 자유를 존중하는 민주주의 국가로서 발전하기를 희구하는 국가이므로 극동에 있어서의 반자유 침략 세력에 대항하는 태세를 더욱 공고히 하여야 할 입장에 처해있다고 보아야 할 것이다.

혁명 정부는 한일 간의 모든 현안 문제가 하루속히 해결되고 양국 간의 국교가 정상화되어 평화롭고 우호적인 상호 협조가 가능한 기반이 이룩됨으로써 극동 전역의 평

---

[2] 내용상 편집자가 문서의 정렬 순서를 바꾸었다.

화와 안전을 유지한다는 우리의 공동 목표에 기여하게 되기를 희망하는 바이다.

그러나 한일 간의 조속한 국교 정상화는 당사국인 한일 양국의 일치된 공동 노력으로써만 성취될 수 있는 것이므로 일본은 한일 간의 특수성에 비추어 과거보다 더욱 성의 있는 태도를 취할 것이 요망되는 바이다.

우리 정부로서는 한일회담 재개에 대비할 만반의 준비를 갖추고 있으므로 한일 양국이 합의만 되면 회담은 언제나 재개될 수 있을 것이다.

외무부 장관

29. 송요찬 외무장관 기자회견 내용 보도 관련 보고 전문

번호: JW-08152

일시: 141445[1961. 8. 14]

수신인: 외무부 장관 귀하

8월 14일 오전 10시에 가졌던 기자회견에서 송 수반이 외무부 장관 자격으로 한일 국교 개선 문제에 관하여 말씀하신 내용을 일본의 '교도'통신은 다음과 같이 보고하였는바 그 내용이 정확한 것인가의 여부를 알려주시압.

'교도'통신의 보도 내용

송요찬 한국 수상은 14일 아침, 특히 한일 문제에 관하여 기자회견을 갖고, 회담 장소는 도쿄를 희망하며, 현안 문제는 일괄 해결할 것이며, 일본 정부 요인 및 민간인의 방한은 제한하지 않는다는 등의 제 점을 명백히 하고 다음과 같이 말하였다.

1. 한일 양국은 지리적 및 역사적으로 인접하고 있으며, 양국이 다 같이 반공 국가이다.
2. 조속한 국교 정상화를 희망하고 있다.
   회담 재개의 시기는 '이동환' 공사가 교섭하여 결정한다.
   회담지는 도쿄를 희망한다.
3. 주한 일본대표부 설치 문제는 국교 정상화 후에 자연 해결한다.
   개별적 해결을 피하고 일괄적으로 해결할 작정이다.
4. '마에다' 과장의 한국 방문은 한국 사정을 시찰키 위함이다.
   일본의 정부 요인 및 민간인의 입국을 제한할 생각은 없다.
   오히려 방한하여 사정을 정확히 파악하여 주기를 희망한다.
5. 재일한국인의 북송에 대하여 반대함은 말할 필요도 없다. 일본이 공산주의에 대하여 더 깊이 이해해 주기를 희망한다.

6. 평화선을 침범하지 않는 것이 일본에 대해서도 유리하다.
7. 일본의 대한 경제 협력은 국교 정상화 후의 문제이다. 정상화 전에는 어떠한 원조도 받지 않는다.
8. 재산 청구권은 원래 중요한 문제이다. 청구액은 결정되어 있으나 지금 말할 수는 없다.

주일 공사

30. 주일 대표부의 한일 관계에 대한 종합 보고 전문

번호: JW-08170

일시: 141840[1961. 8. 14]

수신인: 외무부 장관 귀하

대: WJ-08131, 연: JW-0881

한일 관계에 대한 종합 보고의 건

1. 대호 전문 제3항의 지시에 관하여 다음과 같이 회보함.

1) 그간 본인은 취임 인사를 겸하여 특히 아국과 관계가 깊은 국무대신급을 예방하여 연호 전문으로 보고한 바와 같은 선에 따라 설득에 노력하였음. 이에 관하여는 그간 수시로 보고한 바 있는바 지금까지 만나 본 국무대신은 다음과 같음. 외무, 통상, 농림, 법무의 각 대신 및 방위청, 경제기획청 각 장관(대장 및 노동대신과 '오히라' 관방장관은 불원 만나 볼 예정임).

2) 당부 관계 참사관, 서기관은 그간 외무성 아세아국 관계관과 동일한 목적으로 접촉을 계속하였음.

3) 앞으로 시간이 허락되는 대로 특히 한국 '로비'로 알려져 있는 '기시 노부스케', '이시이 미쓰지로', '후나다 주' 등 정계 요인 및 '노다 우이치' 등 지난 5월에 방한한바 있는 중의원 의원, 기타 자민당 내 '일한문제간담회' 회원 등을 위주로 접촉할 기회를 가질 예정임.

2. 앞으로의 방침: 거 12일의 박 의장의 중요 성명이 있은 후의 일본 측의 동태는 JW-08158호로 보고한 바와 같은바 금일 14일의 송 수반의 기자회견에 대한 당지의 반

응도 고려하여 앞으로의 우리 측의 태도를 결정하여야 할 것으로 생각하며 상기 JW-08058호로 보고한 바와 같이 적어도 일본 측의 공식 태도는 상금 만족할 만한 것이 못 되므로 우선은 연호 전문(JW-0881)으로 보고한 바와 같은 방침을 견지하는 것이 좋을 것 같으며, 금일의 송 수반의 기자회견 '마에다' 과장의 귀임 등에 따르는 앞으로 수일간의 일본 측의 태도를 주시하여 이에 적응하는 방침을 세우는 것이 좋을 것으로 생각됨.

3. 경제 협력 문제: 그간 본인이 일본 정부 요인들과 접촉하여 본 인상으로는 과거 민주당 시대에 상당수의 일본 경제인이 방한하여 상당한 정도로 한국의 경제를 시찰 연구한 결과 특히 광산 등에 대하여 지대한 관심을 가지고 있는 것으로 감지되었으므로 본인은 일본으로부터의 경제 협력은 현안 문제가 해결된 연후에야 받아들일 것이며, 독일, 이탈리아 등으로부터는 곧 경제 협력을 받아들이기 위한 조치를 취하고 있다는 점을 강조함으로써 이 문제에 대하여 일본 측이 더욱 조급하게 생각하도록 유도하고 있음. 앞으로 당지 경제계 및 재계의 유력 인사와 접촉하여 더욱 상기한 방향으로 유도함으로써 일본 정부 당국이 현안 문제의 조속한 해결을 서둘도록 경제계와 재계의 압력을 받도록 노력할 방침임.

4. 문화 선전 문제: 당지에 착임 후 본인이 본 관측으로는 당지 국민들은 과거에 일본 군국주의 경험을 가지고 있는 만큼 한국의 군사 정부를 과거의 그들의 경험과 관련시켜 생각하는 경향이 없지 않으므로 한국의 군사 정부가 과거의 일본 군국주의와는 전연 그 성격이 다르다는 점을 인식하도록 특히 노력할 필요가 있음을 느꼈으므로 이 점에 특히 유의하여 문화 선전 활동을 할 위계이며 본국에서도 특히 이 점에 유의하여 주시기 바람(거 12일 밤에 당지 대한부인회 주최로 개최된 8.15 전야제에서 상영한 대한뉴스 관람에 있어서 관중은 특히 (1) 군인 지도자와 농민들과의 회식 장면 (2) 군인 지도자들의 이양 장면 (3) 공장의 생산 광경에 대하여 박수를 보냈음을 참고 첨언함).

5. 마에다 북동아과장의 귀임을 계기로 일본 정부가 더욱 적극적인 의사 표시를 하도록 본국에서 적의 유도하여 주시기 바람.

주일 공사

31. 송요찬 외무장관 기자회견 전문 송부 공문

1924   다음과 같은 공문을 발송, 시행함이 어떠하오리까

정무국장 [아주과장대리 서명]   아주과장[서명]   기안자[인장]

단기 4294년 8월 14일 발송, 시행
외정(아) 제4996호
단기 4294년 8월 14일

외무부 장관

각 재외공관장 귀하

건명: 한일 관계에 관한, 송 외무부 장관의 신문 기자회견 전문 송부의 건

머리의 건, 한·일 관계에 관한, 송 외무부 장관의 신문 기자회견 전문을 송부하오니 공관 활동에 참고하시기 바랍니다.

별첨: 신문 기자회견 전문 1부

별첨

31-1. 송요찬 외무장관 기자회견 전문(영문)

THE FULL TEXT OF FOREIGN MINISTER, GENERAL YO CHAN SONG'S ANSWERS GIVEN AT THE PRESS CONFERENCE ON 14TH AUGUST CONCERNING KOREA -JAPAN RELATIONS

Q. 1. Sir, we understand that the Revolutionary Government of Korea has a deep interest in the improvement of Korea-Japan relations. Would you please clarify the latest government position on that?

A. 1. The Revolutionary Government has already expressed its positive interest in the improvement of relationship between the two countries. In view of the fact that Korea and Japan, as neighbouring countries, have had close relationship in terms of geography and history, and also from the viewpoint of a common desire of our two countries to prosper respectively as democratic nations which respect the principle of individual freedom, we believe that both Korea and Japan have a common interest in further consolidating their postures against the well-known aggressive forces attempting to undermine freedom in the Far East.

The Government of the Republic of Korea desires a speedy settlement of all outstanding problems and an early normalization of the relations between Korea and Japan so that a sound foundation is laid down upon which a relation of friendly and mutual cooperation may soon be built. I sincerely hope that in this way both Korea and Japan will be able to make effective contributions to their common end of maintaining peace and security in the Far East.

It should be emphasized, however, that the above-mentioned normalization can only be realized through the joint efforts of the two nations concerned, therefore, we hope that Japan, taking full account of the various causes which brought Korea and Japan into such a peculiar relations as existing today, would take more understanding and positive attitude than before in its future dealings with this country.

Since this Government is now ready for the resumption of the Korea-Japan bilateral talks which had to be temporarily suspended, the talks may be resumed at any time which is suitable to both governments.

Q. 2. When does the Korean Government wish to resume the Korea-Japan talks?

A. 2. It is the desire of the Korean Government to resume the talks as soon as possible. The specific date of the resumption will depend on negotiations between Minister Lee who has recently assumed his post and the Japanese Government.

Q. 3. Could you tell us where the Talks will be held?

A. 3. It would seem mutually convenient to continue to meet in Tokyo where the talks had always been held in the past.

Q. 4. What do you think about the establishment of an interim Japanese Mission here in Korea?

A. 4. When the relations between Korea and Japan are normalized, exchange of official representatives will take place, thus putting an end to this problem automatically.

Q. 5. What is the attitude of the Korean Government toward the settlement of various pending issues of the talks?

A. 5. It will, no doubt, become clear when the talks are resumed. One thing I'd like to point out is that the Korean Government wishes to settle all the pending issues in a friendly atmosphere. Accordingly, we will approach the forthcoming talks in that spirit.

Q. 6. Is it the main purpose of the current visit of the Japanese Foreign Office Official Maeda to Korea to discuss the resumption of Korea-Japan talks, the establishing of a Japanese Mission in Korea, etc.?

A. 6. I was informed that his visit was to survey general situation in Korea after the May 16 military revolution.

Q. 7. Would you continue to permit request by Japanese Government officials to visit Korea in future?

A. 7. The Government will give such requests fair considerations, when they are made.

Q. 8. Could you comment on the Japanese Government's recent Agreement with the north Korean regime to extend for another year the Calcutta Agreement concerning the sending of the Korean residents in Japan to the Communist north?

A. 8. It is not necessary to reiterate the position of our Government and people to this problem. I only wish Japanese leaders would realize what Communism really is.

Q. 9. Will Japanese fishing boats violating the Peace Line be continuously captured?

A. 9. As we have repeatedly pointed out in the past, it is advisable for Japanese fishing boats to stay away from the Peace Line until the pending issues are settled.

Q. 10. What is your view on proposed Japanese Economic Cooperation with Korea?

A. 10. On this question we have already made it clear that the normalization of the Korea-Japan relations must precede any such economic cooperation.

번역 8월 14일 한일관계 관련 기자회견에서 발표된 송요찬 외교부 장관 답변 전문

Q. 1. 수반님, 대한민국 혁명 정부가 한일 관계 개선에 깊은 관심을 가지고 있는 것

으로 알고 있습니다. 이에 대한 최근 정부의 입장을 밝혀주시겠습니까?

A. 1. 혁명 정부는 이미 양국 관계 개선에 대해 긍정적인 관심을 표명한 바 있습니다. 한국과 일본은 이웃 국가로서 지리적, 역사적으로 밀접한 관계를 유지해 왔으며, 개인의 자유 원칙을 존중하는 민주주의 국가로서 각각 번영하고자 하는 양국의 공통된 열망이라는 관점에서 볼 때, 극동 지역의 자유를 훼손하려는 침략 세력에 대한 대응 태세를 더욱 공고히 하는 것이 한국과 일본 모두에 공통의 이익이 있다고 생각합니다.

대한민국 정부는 모든 미해결 문제가 조속히 해결되고 한-일 관계가 조기에 정상화되어 우호적 상호 협력 관계가 조속히 구축될 수 있는 건전한 토대가 마련되기를 희망합니다. 이렇게 함으로써 한국과 일본이 극동의 평화와 안전 유지라는 공동의 목적에 효과적으로 기여할 수 있게 되기를 진심으로 바랍니다.

다만 위에서 언급한 관계 정상화는 양국의 공동 노력을 통해서만 실현될 수 있다는 점을 강조하면서, 일본이 한일 관계를 오늘날과 같은 특수한 관계에 이르게 한 여러 가지 원인을 충분히 감안하여 향후 대일 관계에 있어 이전보다 더 많은 이해와 전향적인 자세를 취하기를 희망합니다.

우리 정부는 잠정 중단되었던 한일회담을 재개할 준비가 되어있는 만큼, 양국 정부에 적합한 시점에 언제든지 회담을 재개할 수 있을 것입니다.

Q. 2. 한국 정부는 언제 한일회담 재개를 희망하고 있습니까?

A. 2. 가급적 빠른 시일 내에 회담을 재개하는 것이 한국 정부의 바람입니다. 구체적인 재개 시기는 최근 부임한 이동환 공사와 일본 정부 간 협의에 따라 달라질 수 있습니다.

Q. 3. 회담이 어디서 열릴 예정인가요?

A. 3. 과거에 회담이 항상 열렸던 도쿄에서 계속 만나는 것이 서로 편리할 것 같습니다.

Q. 4. 한국에 임시 일본대표부를 설치하는 것에 대해 어떻게 생각하십니까?

A. 4. 한일 관계가 정상화되면 공식 대표의 교환이 이루어질 것이므로 이 문제는 자동적으로 종식될 것입니다.

Q. 5. 회담의 여러 현안 해결을 위한 한국 정부의 태도는 무엇입니까?

A. 5. 회담이 재개되면 분명해질 것입니다. 한 가지 말씀드리고 싶은 것은 한국 정부는 모든 현안들이 우호적인 분위기 속에서 해결되기를 바란다는 점입니다. 따라서 앞으로의 회담도 그런 정신으로 접근해 나갈 것입니다.

Q. 6. 이번 마에다 일본 외무성 관리의 방한은 한일회담 재개, 주한 일본 공관 설치 등을 논의하기 위한 것이 주요 목적인가요?

A. 6. 5.16 군사 혁명 이후 한국의 전반적인 정세를 파악하기 위한 방문이라고 들었습니다.

Q. 7. 앞으로도 일본 정부 관계자의 한국 방문 요청을 계속 허용할 예정인가요?

A. 7. 정부는 그러한 요청이 있을 경우 공정한 고려를 할 것입니다.

Q. 8. 최근 일본 정부가 북한 정권과 재일한인의 공산권 북송에 관한 캘커타 협정을 1년 더 연장하기로 합의한 것에 대해 한 말씀해 주시겠습니까?

A. 8. 이 문제에 대한 우리 정부와 국민의 입장을 다시 말씀드릴 필요는 없습니다. 다만 일본 지도자들이 공산주의가 무엇인지 깨닫기를 바랄 뿐입니다.

Q. 9. 평화선을 침범하는 일본 어선은 계속 나포할 것입니까?

A. 9. 과거에도 여러 차례 지적한 바와 같이 일본 어선들은 현안 문제가 해결될 때까지 평화선 인근에서 조업하지 않는 것이 현명합니다.

Q. 10. 일본의 한국과의 경제 협력 제안에 대해 어떻게 생각하십니까?

A. 10. 이 질문에 대해 우리는 이미 한일 관계 정상화가 경제 협력에 선행되어야 한다는 점을 분명히 했습니다.

34. 송요찬 외무장관 기자회견 관련
일본 언론 보도 내용 중 오류 통보 전문

1940   수신인: 주일 공사

　　JW-08162: 대호로 문의하신 '교도'통신의 보도 내용에 관하여는 금주 파우치 편으로 기자회견 전문을 송부할 예정이오나, 우선 동 통신의 보도 내용 중 사실과 다소 어긋나는 몇 가지 점에 대하여 아래와 같이 알려드리는 바임.

　　1. 한, 일 간의 제 현안 문제는 개별적인 해결을 피하고 일괄적으로 해결될 생각이라는 보도 내용에 대하여, 본인은 '우호적인 분위기 가운데서 한일 간의 제 현안 문제를 해결하기 원한다'고 말하였으며,

　　2. 일본의 정부 요인 및 민간인의 입국을 제한할 생각은 없다는 보도에 대하여, 본인은 '일본 정부 관리의 방한 요청에 대해서는 앞으로도 호의적인 고려를 부여하겠다'고 말하였음.

　　상기 2개 점 이외의 기타 보도 내용은 대개 사실과 일치하고 있으나, 자세한 점은 추후 송부될 기자회견 전문을 참조하시기 바랍니다.

　　(정아)

장관

35. 우야마 참사관과의 한일회담 재개 관련 협의 내용 보고 전문

번호: JW-06195

일시: 161840[1961. 8. 16]

수신인: 외무부 장관 귀하

한일회담 재개에 관한 건

금일 16일 하오 3시 30분 당부 최, 문 양 참사관은 외무성 아세아국 우야마 참사관을 방문하고 한일회담 재개에 대한 일본 측의 의사를 타진하였는바 그 내용을 아래와 같이 보고함.

1. 회담 재개의 제의를 꼭 한국 측이 먼저 하여야만 하는 것같이 일본 측이 말하고 있는 것은 반드시 이치에 맞는 것이 아니라고 생각하며 한국 측이 먼저 할 수 없다는 것은 아니지만 어느 쪽이 먼저 하여도 좋은 문제라고 생각한다고 아 측이 말하였던바 우야마는 일본 측으로서는 반드시 한국 측이 먼저 하여 와야 한다고 생각하는 것은 아니지만 다만 여론의 반발을 두려워하여 그렇게 말하여 온 것이며, 앞으로 어느 쪽이 먼저 제의하여 온 형식을 취하지 않고 양측이 같은 의사를 가지고 합의를 본 형식을 취하여도 좋다고 생각한다고 말하였음.

2. 아 측은 회담 재개의 준비를 완료하고 있는 터이므로 일본 측의 준비만 되었다면 언제 하여도 좋다고 생각한다고 말하였던바 우야마는 일본 측도 준비는 다 되어 있다고 말하며 일본 국회가 오는 9월 말경에 소집하게 될 것이니 그 이전에 재개를 하여 기정사실화하여 두는 것이 좋을 것이라고 말하였음.

3. 우야마는 회담 재개에 앞서 회담을 어떠한 형식으로 재개 진행할 것인가에 관하여 사전 교섭이 있어야 할 것이라고 말하므로 아 측은 회담 재개에 앞서는 준비적 교섭은 이 공사가 당지에 부임하기 전에 그 권한을 위임받고 왔으므로 이 공사가 교섭을 담당하게 될 것이라 말하였음. 우야마는 특히 지난 5월에 이세키 아세아국장이 방한하였을 시에 당시의 외무차관 김용식과 양해를 본 사항에 관하여 많은 관심을 표명하며 이러한 양해사항을 앞으로의 회담 진행에 있어서 어떻게 할 것인가를 사전 교섭하여야 할 것이라고 말하였음(김용식, 이세키 간의 회담에 대한 상세한 기록이 있으면 송부하여 주시기 바람).

4. 아 측은 금일 마에다 과장이 귀임하게 되는데 일본 측은 회담 재개를 위한 보다 좋은 분위기를 조성하기 위하여 이 기회를 충분히 이용하여 줄 것을 강조하였는바 우야마는 마에다의 귀국 보고가 자연히 그러한 방향으로 작용할 것이라고 밀하였음.

주일 공사

36. 마에다 북동아과장 방한 인상에 관한 보도 내용 보고 전문

번호: JW-08196

일시: 171340[1961. 8. 17]

외무부 장관 귀하

마에다 과장 방한 인상에 관한 보도 내용 보고의 건

작 16일 당지로 돌아온 마에다 과장은 동일 저녁에 외무성에서 보도 관계자에게 방한 인상을 말하였다고 하며, 당지 각 라디오 방송국 및 17일 자 조간신문은 전부 이를 취재하고 있사온바 아래에 당부가 청취한 'NHK' 방송 뉴스와 17일 자 '아사히신문' 조간에 게재된 기사를 송부 보고함. (정아)

1. 방송 뉴스

한국 정세는 예상 이상으로 안정하고 있으며, 군사 정권 당국은 학자 및 재계의 협력을 얻어 착실히 국가 재건 정책을 추진하고 있다. 또 한국에서는 한일회담을 신속히 처리하고 일본으로부터의 원조를 얻어 국가를 재건하여야 한다는 의견이 대단히 강해졌으므로 회담이 재개되었으면 생각하였던 것보다 속히 타결되지 않을까 생각된다.

여하튼 간에 일본 정부 직원이 한국을 방문하고 직접 정세를 볼 수 있었던 것은 대단히 유익하였으며, 나로서는 이번과 같은 시찰원을 가끔 한국에 파견하도록 건의할 셈입니다(이 뉴스는 작 16일 저녁 11시 뉴스 방송 시간부터 시작하여 오늘 아침에 이르기까지 수회에 걸쳐 방송되었음).

2. 아사히신문

한국의 정치, 사회 정세 시찰차 7일부터 한국을 방문하고 있었던 외무성 '마에다' 북동아과장은 16일 오후 6시 25분 서북항공[NWA] 편으로 귀국, 외무성에서 방한 인상을 다음과 같이 말하였다.

(1) 한국 정부 당국은 이번 방한에 대하여 대단히 호의적이었으며, 각종의 편의를 보아주었다. 회견을 희망한 인사는 대체로 전부 만날 수 있었으며 금후 기회 있는 대로 외무성의 관계관을 파견하는 데에 대하여도 한국 정부는 양승하였다.

(2) 군사 정권의 추진력이 되고 있는 사람들은 한국 건설을 위하여 대단히 열의를 보이고 있는 한편 국민의 군사 정권에 대한 지지는 아직 열광적이라고는 말할 수 없다. 국민은 아직 군사 정권에 대하여 어느 정도의 '두려움'을 가지고 있는 모양으로 군사 정권의 진행 방향을 정관하고 있는 인상이다. 따라서 국민과 군사 정권의 지도자 간에는 아직 간격이 있음을 부인할 수 없다.

(3) 한국인의 생활은 일본에서 상상하고 있었던 것보다 명랑하고 복장도 화려하다. 작년 9월, 고사카 외상을 수행하였을 때와 비교하여 그간 혁명이 있었으므로 국민 생활의 기준이 변경되었다고는 생각할 수 없다.

한국 사람에게 물어보니 혁명 직후에는 엄격하였으나, 6월 중순경부터는 규제도 완화되어 최근에는 신문도 군사 정권에 대한 핀잔을 하는 것 정도는 허용되고 있다. 전 신민당 위원장 김도연 씨는 민정 이관을 속히 하여야 한다는 성명을 발표하였는데 이 정도의 자유는 있는 것 같고, 군사 정권의 조기 퇴진을 요망한 논문도 인쇄가 허용되어 사람들이 읽고 있다.

(4) 한국의 각층 사람들은 한일 국교 정상화에 강한 열의를 보이고 있으며, 한국이 사는 길은 일본과의 제휴 이외에는 없다고 거의 일치된 말을 하고 있다. 반일 감정은 전혀 없다고 하여도 좋을 것이다. 이러한 의미에서 '일한 국교 정상화를 서두르고 한국을 경제적으로 원조하는 것이 급무이다'라는 인상을 받았다. 다만 일한 관계의 타개는 '무드'(기분)만으로는 어려우므로 회담을 재개하기 전에 여러 현안 문제에 대한 쌍방의 생각을 좀 더 조정할 필요가 있다. 이 점, 한국 정부의 일한 관계 당국자에게도 말하여 두었다.

(5) 12일 발표된 민정 이관 계획은 민정 이관까지 2년간의 시기를 설정한 점에 있

어서, 국민에 의하여 환호의 소리와 더불어 맺어진 것은 아니다. 그러나 부패의 시대가 길었던 만큼 이를 근절하기 위하여는 1년 이하로는 안 된다는 점도 느껴지고 있는 것 같다.

주일 공사

37. 한일회담 재개 교섭 관련 보고 전문

번호: JW-08214

일시: 181205[1961. 8. 18]

수신인: 외무부 장관 귀하

건명: 한일회담 재개 교섭에 관한 건

대: WJ-08151호, 연: JW-08195호

1. 대호 전문 지시에 관하여는 연호 전문 제2항으로 보고한 바와 같이, 일본 측도 오는 9월 하순경에 국회가 소집되기 전에 재개하는 것이 좋을 것이라는 의견을 가지고 있는 것 같으므로, 마에다 과장 귀국 후의 일본 측의 동향을 고려하며, 내주 초경에 지시를 시행 위계임.

2. 지시 시행에 있어서는, 연호 전문 제1항으로 보고한 바와 같이 일본 측은 반드시 한국 측이 먼저 제안하여 와야 한다는 입장을 고집하고 있지는 않은 것 같으므로, 어느 쪽이 먼저 제의하여 온 형식을 취하지 않고, 양측이 같은 의사를 가지고 합의를 본 형식을 취할 위계임. 단, 일본 측이 한국 측에서 먼저 제안한 형식을 취하지 않으면 입장상 곤란하다고 계속 우기는 경우에는, 이 문제에 대하여 우리 측이 융통성 있는 태도를 취할 위계임.

3. 연호 전문 제3항으로 보고한 바와 같이 일본 측은 회담 재개에 앞서 구체적인 회담 진행 방식에 대한 상당한 정도의 사전 양해가 있어야 한다고 주장할 가능성이 농후하므로 이에 대한 검토와 지시 있으시기 바람(그간 당부와 외무성과의 접촉, 당지의 신문

보도, 마에다 귀국 후의 담화 등으로 미루어 보아, 일본 측은 조급히 회담을 재개하여도 충분히 사전 양해가 없으면 조속한 타결을 기할 수 없을 것이니 상당한 정도의 사전 양해가 선행되어야 한다는 태도를 취하고 있음.) (본 항에 관하여서는 당부로서의 구상을 곧 후신할 위계임).

주일 공사

38. 한일회담 재개 관련 주일 대표부의 입장 보고 전문

번호: JW-08226

일시: 191345 [1961. 8. 19]

수신인: 외무부 장관 귀하

한일회담 재개 교섭에 관한 건

연 JW-08214호

한일회담 재개 교섭에 있어서 문제가 될 수 있다고 생각되는 아래의 제 사항에 관하여 우리 측이 취할 입장을 아래와 같이 구신하오니 검토하시고 필요한 지시 있으시기 바람.

1. 재개 일자 확정 문제: 우리 측이 재개 일자에 관하여 제의하면 일본 측은 회담의 순조로운 진행을 위하여 상당한 예비교섭이 필요하므로 예비교섭의 진전 상황을 보면서 적당한 일자를 택하는 것이 좋을 것이라고 나올 가능성도 없지는 않은바, 이러한 경우에는 "막연히 예비교섭을 하지 말고 언제까지에는 예비교섭을 끝낸다는 목표를 세우고 하는 것이 능률적일 것이다"라고 주장하고 재개 일자를 미리 정하도록 교섭함. 재개 일자는 일본 측의 의견을 들어 9월 초순 혹은 중순 중의 적당한 일자를 택하되 가급적 초순이 되도록 노력함.

2. 회담의 차원 및 과거 회담의 경과 인계 문제: 금번 재개될 회담은 '제6차 회담으로 하되 원칙적인 위원회의 구성, 진행에 있어서의 과거 회담의 성과를 인계하여 재개하는 것으로 교섭함.'

3. 회담 재개의 형식 문제: 제5차 회담은 예비회담과 본회담으로 구분하여 진행되었는데 이번 회담은 불필요한 시간 낭비를 피하기 위하여 그러한 구분 없이 제6차 한일회담으로 시작하도록 교섭함.

단, 회담 시작에 앞서 미리 합의하여야 할 사항은 대표부와 외무성 간의 예비교섭을 통하여 해결토록 함.

4. 대표단 구성 문제: 특히 수석대표는 정치적 역량이 있고 정부에 대한 영향력이 강한 인사를 양측이 임명하도록 교섭함.

5. 기본관계위원회: 일본 측이 기본관계위원회를 다른 위원회와 병행하여 진행시키기를 원하는 경우에는 이에 응하기로 함.

6. 일반청구권과 어업 문제에 대한 사전 양해: 본 항에 관하여 일본 측은 종래 주장대로 (1) 두 문제를 국교 정상화까지 SHELVE하든지 (2) 그렇지 않으면 회담 재개에 앞서 그 진행 방법에 대한 충분한 사전 양해를 하여야 하겠다고 주장할 가능성이 있는 바 이에 대하여 우리 측은 다음과 같은 입장을 취하고자 함.

(가) 국교 정상화까지 SHELVE하자는 것은 이를 거부함.

(나) 이 두 문제는 회담을 통하여 해결하여야 할 문제이니 그 진행 방법도 회담을 통하여 해결할 것을 주장하되, 제5차 회담 예비회담에서 어느 정도 토의가 진행된 바 있으니 상기 제2항의 원칙에 따라 이미 진행된 분을 인계하는 형식(즉 어업 문제는 자원론을 계속할 것이며 일반청구권 문제는 8개 항목의 토의를 계속함)을 취할 것을 주장함.

(다) 이 두 문제에 대하여서는 일본 측은 상기 이상의 사전 양해를 요구할 가능성이 있는바 끝끝내 그러한 입장을 고집할 경우에는 어업 문제는 회담을 통하여 어로협정을 체결함으로써 일반청구권 문제를 비롯한 기타 문제와 동시에 해결하도록 하기로 함. 이 경우에 있어서도 제5차 예비회담 시에 어느 정도 진행을 본 바 있는 자원론의 토의를 우선 계속할 것을 주장하는 동시에 특히 일반청구권 문제에 대한 일본 측의 성의를 촉구하도록 함(본건에 관하여는 일본 측이 지난 5월의 이세키-김용식 회담(JW-08195호 참조)의 내용을 인용할 가능성이 농후하니 동 회담 기록을 검토하시는 동시에 이에

대한 상세를 당부에 통보하여 주시기 바람).

7. 주한 일본대표부 설치 문제: 일본 측은 주한 일본대표부 설치는 이를 단념하고 다만 일본 공무원이 방한하고자 할 때 한국 측은 언제든지 이를 받아들인다는 보장을 하여줄 것을 회담 재개에 앞서 요구할 가능성이 있는바 이 문제에 대하여서는 '일본 측이 공무원을 방한케 하고자 할 때에는 한국 측은 이를 호의적으로 취급한다'는 우리의 태도를 공식적으로 밝힘으로써 타협하도록 함.

8. 재일한인 북송 문제: 북송을 조속히 중지할 것과 언제까지에는 이를 중지할 것인지 그 시기를 명시할 것을 계속 요구하며 일본 측으로부터 최단 시일 내에 중지한다는 언질을 받도록 노력함(대표부 설치 문제와 북송 문제는 회담 재개 문제와 직접적으로 관련을 시켜서는 안 되나, 회담 재개에 앞서 상기한 정도의 양해를 서로 하여두는 것은 무방할 것으로 생각함).

9. 경제 협력 문제: 이 문제는 우선은 직접적으로나 간접적으로나 회담과 관련을 시키지 않도록 함.

(정아)

주일 공사

40. 일본 정부의 대한국 태도에 관한 내용이 담긴 문서[3]

1952 일정(日政)의 대한(對韓) 태도

    1. 러스크 성명에 관련하여 행한 대한 논평
       ㄱ. 환영 태도 명백히 함
       ㄴ. 양국 관계 개선에 좋은 영향
       ㄷ. 경제 개혁 등 제 정책 지지 획득이 원인

    2. 8.12 성명에 대한 반응
       ㄱ. 외무성(정보문화국장 담화)
         1. 민정 복귀 정책 발표를 환영
         2. 국내 정세 안정 및 제 계획 추진 기대

1953
       ㄴ. 오히라(大平) 관방장관
         1. 타 자유 우방과 동일 보조
         2. 미국의 태도에 따름
         3. 한국과 관계 있는 제국(諸國)과 협조(아니면 불리)
         4. 관망 태도 불가(조기 해결을 기(期)함)
       ㄷ. 신문 논조
         1. 민정 이양의 구체 계획 환경
         2. 경제 제일주의 찬성
         3. 단원제 주목
         4. 한(韓) 질서 확립 위한 전진으로 증명

1954
         5. '2년'은 '필요한 기간'

---

3 작성일자, 용도 등 불명.

41. 한일회담 진행 방법이 담긴 문서[4]

1955   한일회담의 진행 방안

1. 과거 회담의 진행 상황
   회담 진행 정체의 주요 원인
   (가) 아 측 구체적 해결 방안의 결여
   (나) 해결 기준에 관한 사전 양해 전무

2. 제5차 회담의 진행 방안
   (가) 아 측 구체적 해결 방안의 수립
   (나) 일본 측과의 사전 협의
   (다) 정식 회담의 개시와 대표단의 파견

---

[4] 작성일자, 용도 등 불명.

43. 한일회담 재개 교섭 관련 보고 전문

번호: JW-08280

일시: 231800[1961. 8. 23]

수신인: 외무부 장관 귀하

건명: 한일회담 재개 교섭에 관한 건

연: JW-08239

연호 전문으로 작 22일 또는 금일 23일에 회담 재개 교섭을 시작할 위계임을 보고한 바 있사오나, 작 22일 제83 이기코[아이코의 오기] 마루의 나포 사건이 발생하였고 금일 23일 자 당지 각 신문 조간은 금일 중에 일본 측이 문서로 정식 항의하게 될 것이라고 보도하였으므로 금일까지 재개 교섭을 보류하고 있었는바 이상 시일을 천연할 수 없다고 생각되므로 오는 24일 '이세키' 국장을 방문하여 재개 교섭을 시작할 위계임을 보고함.

추이: 이기코[아이코] 마루에 대한 일 측의 문서 항의는 신문 보도와는 달리 금일 없었삽기에 참고로 첨언함.

(정아)

주일 공사

44. 박정희 최고회의 의장 특사 방일 관련 언론 보도 보고 전문

1959   번호: JW-08290

일시: 241600[1961. 8. 24]

수신인: 외무부 장관 귀하

아래와 여한 신문 기사를 참고로 보고함.

기

8월 23일 자 도쿄신문

　재계에서는 혁명 후 한국과의 경제 협력에 관심을 갖고 있던 차, 한국의 박정희 최고회의 의장의 특사로서 내한한 윤하준 씨는 '우에무라' 경단련 부회장, '아다치' 일상회두 등 재계 수뇌와 만나 한국 경제개발에 대하여 회합을 가졌다. 이 석상에서 윤 씨는 전력, 철강 같은 기간산업의 개발에 일본 측의 협력을 요청하고 '일본의 기계, 자재와 한국의 잉여 노동력과 결합시켜 생산물을 일본에 수출하고 싶다'고 말하였다. 이에 대하여 재계 측은 "될 수 있는 대로 협력하고 싶다"라고 답변하였다.

　이 회담은 '야쓰기 가즈오'의 알선에 의한 것이라고 하며 한국 측에서는 이미 한국전업으로부터 '미쓰이'물산을 통하여 HIDACHI SEISAKU, UBE KOSAN, KYOWA HAKKO 등 회사에 대하여 상담을 하고 있다 함.

8월 24일 자 도쿄신문

　정정: 23일부 석간 '한국 특사 재계 수뇌와 간담'의 기사 중 "박정희 최고회의 의장 특사"라고 되어 있는 것을 취소한다.

1960   8월 23일 자 마이니치신문

재계 활발히 움직임.

일한 경제 관계의 타개

경제단체연합회 부회장 등 재계 수뇌는 한국하고의 경제 타개를 위하여 활발하게 움직이기 시작하였으며 지난 18일에는 이 한국 공사와 재계 유력자가 간담을 하였고 21일에는 전주 일본에 온 윤하준 씨 외 2인과 '아다치' 일본상공회의소 회두들이 한국의 경제 부흥에 대하여 의견을 교환하였다. 재계는 한국 경제의 부진이 동국의 정치 정세 불안을 자아내고 있다고 보고 경제 재건에 깊은 관심을 가지고, 5월에 도미한 '사토' 경제사절단이 미 정부에 대하여 아국 재계가 생각하는 바를 미 정부에 설명하는 일방 한국 재계하고도 적극적으로 접촉하여 왔으나 혁명 때문에 제자리걸음을 하게 되었다. 현재까지는 재계 수뇌의 움직임은 혁명 후의 한국 실정을 타진하는 범위를 넘지 못하고 있으나 박 최고회의 의장의 특명을 띠고 일본에 왔다는 윤 씨들과의 간담석상 한국 경제 재건에 대하여 상당히 깊이 파고 들어가면서 의견을 교환한 것 같음.

재계 측에 의하면 윤 씨 등은 경제 재건의 기초로서 우선 전력, 철강 등 기간산업의 부흥을 하고, 농촌 안정을 위하여 미곡의 증산을 하고 싶다는 구상을 말하였다.

이에 대하여 경제계 수뇌는

1. 한국 경제의 재건을 위하여서는 한국의 잉여 노동력을 활용하는 것이 효과적이므로 아국에서 자재, 기술 등을 받아들여 제품을 일본에 수출하는 가공 무역의 체제를 갖추는 것이 좋지 않은가,

2. 쌀은 최근 남아돌아가고 있으므로 그 증산은 자급을 한도로 하여 낙농의 방향을 취하여야 된다,

1961   3. 해외에서 우수한 ECONOMIST를 초청하라 등의 조언을 한 것 같다. 이 회합에 출석한 재계인은 "한국의 정치 정세는 일단 안정의 방향으로 움직이고 있으나 문제는 경제 안정에 달려있다. 일한 양국의 국교 정상화는 아직 곡절이 예상되나 한국에는 일본의 경제 협력을 요구하는 기운이 높아져 가고 있다"라고 보고 있으며 아국 재계로서는 한국 경제 재건에 협력하여야 한다고 하고 있음. 이미 무역 상사 중 전기 메카에서는 발전기 플랜트 등이 상당한 움직임이 있으므로 금후의 움직임이 주목됨.

8월 24일 자 마이니치신문

23일부 조간 제4면의 일한 경제의 타개의 기사 중 "박 최고회의 의장 특명을 띠고 일본에 왔다는 윤 씨"라고 보도된 것은 "자민당 부간사장 TANAKA TATSUO 씨의 초대로 일본에 온 윤 씨"라고 정정합니다. (이상)

주일 공사

45. 한일회담 재개 교섭에 관한 보고 전문

1962   번호: JW-08296

일시: 241900[1961. 8. 24]

수신인: 외무부 장관 귀하

건명: 한일회담 재개 교섭에 관한 건

연: JW-08280호

금일 24일 하오 5시 10분 본인은 문 참사관을 대동하고, 외무성의 '이세키' 아세아 국장을 방문하고 한일회담 재개 문제에 관하여 약 30분간 면담하였는바, 그 내용을 아래와 같이 보고함.

1. "한국 측으로서는 조속히 한일회담을 재개하기를 원하는데, 일본 측 사정은 어떠한가?"라고 말하였던바, 이세키는 일본 측으로서는 가급적 속히 회담을 재개하기를 원한다고 전제한 다음, 오는 9월 20일경이 적당할 것 같다고 말하였음. 한국 측으로서는 더 빨리 재개하여도 좋다고 말하였던바, 일본 측 사정을 다음과 같이 설명하였음.

"외무성으로서는 회담을 조속히 재개할 방침을 세운 바 있으나, 아직 관계 성과 충분히 의견 교환을 하지 못하였으며, 오는 수요일(8월 30일)에 관계 각 성의 연석회의가 있을 예정이나, 회담에 있어서는 특히 일반청구권 및 어업 문제가 중요한데 전번 예비회담 당시에 이 두 문제에 관하여 일본 측의 주사를 맡아본 대장성 이재국장 및 수산청 차장이 그동안 각각 경질되었으므로, 특히 두 문제에 대하여서는 관계 성과 충분히 타합할 필요가 있으며 또 새로 임명된 사람들이 충분히 공부할 필요도 있으므로 시간이 필요하다. 일본 측으로서도 국회가 재개되기 전에 회담을 재개하여 기정사실을 만들어 두는 것이 좋다고 생각하는바, 지금 형편으로는 오는 10월 초순경에 소집될 것 같으므로 9월 20일경에 회담을 하여도 좋다고 생각한다"(외무대신, 대장대신 등이 해외 출장하는 관계로 국회가 예정보다 늦게 소집될 것이라 함)(회담 재개의 제의는 어느 쪽이 먼저 하는 것으로 하지 않고, 양측의 의사가 일치하여 합의되는 것으로 하기로 하였음).

2. 회담 재개에 앞서, 양측이 협의하여야 할 사항에 관하여서는 상기 관계 각성과의 연석회의가 있은 후에 일본 측의 구체적 방침이 확정될 것이지만, 우선 이세키는 다음과 같은 의견을 피력하였음.

(가). 회담 장소는 '도쿄'에서 하는 데에 이의가 없다.

(나). 회담 재개 형식은 제6차 한일회담으로 재개하되 예비회담, 본회담의 구별 없이 시작하고, 제5차 회담 예비회담의 성과는 그대로 인계하여 토의를 계속하는 것이 좋겠다.

(다). 따라서 어업 문제는 전번에 중단되었던 자원론을 계속하는 것으로부터, 그리고 일반청구권은 8개 항목의 청구의 토의를 계속하는 것으로부터 시작하는 것이 좋겠다.

이상과 같은 이세키의 발언에 대하여 우리 측도 대체로 같은 의견이라는 뜻을 말하여 두었음.

3. 대표단의 구성 문제에 관하여 우리 측의 의견을 물으므로, 한국 측으로서는 수석대표는 정치력이 있는 인물을 임명하는 것이 좋을 것이라고 생각하고 있으니, 일본 측으로서도 그러한 인물의 임명을 고려하여 달라고 말하였음.

일본 측도 아직 수석대표의 인선을 하지 않고 있다고 함.

4. 일본 측은 회담 재개에 앞서 주한 일본대표부 설치 문제에 관하여 어느 정도 양해를 얻어두고 싶다고 말하면서, 일본 측으로서는 대표부의 설치는 단념하였지만 마에다 과장의 경우와 같이 일본 측의 관계관을 한국에 파견하고자 할 때에는 이를 받아들여 달라고 말하였음.

이에 대하여 아 측은 그러한 경우에 꼭 받아들인다는 보장을 한다는 것은 곤란한 일이지만 한국 측으로서는 이를 호의적으로 고려할 용의는 있다고 말하였음(일본 측은 이다음에는 경제 담당관을 파견할 것을 고려하고 있다고 이세키는 말하였음).

5. 재일한인의 북송 문제에 관하여 아 측이 이를 속히 중지할 수 없느냐고 말하였던 바, 이를 가급적 속히 중지한다는 정도로는 일본 측이 언명할 수 없다고 말하였음.

6. 다음 회합 일자는 일본 측이 오는 8월 30일에 관계 각 성의 연석회의를 가진 후에 우리 측에 연락하여 정하기로 하였음.

7. 금일 회합한 기회에 이세키는 일본 측은 제1급 민간 경제인으로 구성된 경제시찰단을 한국에 파견할 것을 고려하고 있으니 한국 정부의 의향이 어떠한지 본국 정부에 그 뜻을 전달하여 달라고 부탁하였음(아직 파견 일자 등 구체적으로 결정한 바는 없으나 회담이 재개된 직후에 파견하는 것을 고려하고 있다고 함).

8. 상기 제7항 및 회담 재개 교섭에 필요한 제 사항에 대한 지시 있으시기 바람.

(정아)

주일 공사

47. 라이샤워 주일 미 대사 면담 결과 보고 전문

1968   번호: □-08308

일시: 251720[1961. 8. 25]

외무부 장관 귀하

본인은 금일 8월 25일 하오 2시부터 2시 30분까지 주일 미국 대사 '라이샤워' 씨를 예방 요담하였던바 그 내용은

1. 일본 정부로서는 과거 어느 때보다도 금번 개최될 한일회담에 임함에 있어 성의와 성심성을 보여줄 것으로 믿고 있음.

2. 일본 정부 고위층은 공산 침략이 직접, 간접으로 대한민국에 대하여 증가하면 할수록 일본 방위에 중대한 영향을 미칠 것임을 우려함이 가장 우선적이고 긴급을 요할 것이며, 경제 관계에 관하여는 적극 성장을 기도하는 이외에는 타의가 없다고 함.

3. 일본과 한국과의 경제적 연계로 인하여 한국에 대한 미국 경제 원조 정책의 변경을 초래할 우려는 없는가 하는 질문에 대하여, 물론 미국 국회 일부 인사는 고려할지는 모르나 미국 행정부는 여사한 점에 변경은 없을 것이며 한국의 자립 경제 확립에 계속 지원을 아끼지 않을 것으로 믿는다고 말하였음.

4. 일본 정부 및 정당 수뇌부는 아국 현 정부를 안정된 정부라고 생각하고 있는 율[비율]이 많으나 일반 국민은 군사 정부를 과거 일본의 군국주의 국가와 동일시하는 편이 많다고 말하였음.

5. 현재 일본은 좌익의 역량이 작년에 비하여 가장 약화된 시기이므로 금번의 한일회담을 성공시킴에 좋은 기회라고 믿으나 국회 내에서는 큰 파란이 예상된다고 하였음.

6. 한국은 장래 일본과 해산물, 과실 등의 수출은 물론, 일본의 투자로 염가의 노동력으로써 생산물을 다시 일본에 수출하는 방책이 유리할 것이나 미곡은 금년 한국의 풍작을 충족시킬 백미 수입은 고려하지 않을 것으로 생각되며, 일부에서는 필요한 것으로 안다고 말하였으며 현재 한국이 지하자원 개발에 중점을 둔다고 하나 탄광은 전 세계가 하강하고 중유를 사용함은 잘 인식하고 경제 계획을 함이 좋을 것으로 사료된다고 말하며,

7. 일본의 중공업 성장도 20년에 불성공하여 다시 20년을 요하여 겨우 성장한 경제 역사에 비추어 이는 한국 경제 계획을 수립함에 참고로 함이 좋을 것이며,

8. 자본과 기술과 시장의 고려를 잘하여 5개년 계획을 성공시킬 것을 희망한다고 하였음.

9. 금번 회담의 중요성에 관하여 꼭 성공토록 노력하자고 말하면서 여가가 있는 대로 한국을 방문하겠다고 말하였음.

본직의 의견: 미국 대사는 최선을 다하겠다고 언명하였음에 감하여 외무부 장관 명의로 일차 '라이샤워' 대사의 방한을 희망한다고 하는 초청장을 송부함이 좋을 것으로 사료되며 '버거' 대사의 방일은 주로 한일회담에 관한 세부 타합차 방문할 것이므로 '버거' 대사로 하여금 '라이샤워' 대사에게 일본보다도 아국과 적극적으로 협력함을 재확인토록 요청하여 주심을 상신하나이다.

주일 대표부 경유 주미 대사

54. 한일회담 재개 대비 관계자 회의 개최 관련 품의 문서

1982   다음과 같은 공문을 발송, 시행함이 어떠하오리까

정무국장[인장]   아주과장[서명]   기안자[인장]

단기 4294년 8월 30일 기안

품의안

외무부

건명: 한일회담 재개 준비 관계자 회의 개최에 관한 건

머리의 건, 제6차 한일회담의 개최를 위한 사전 준비로서 일본과의 협의를 위하여 우리 교섭 대표가 일본에 파견되었는바, 동 교섭이 종료되는 대로 정식 회담이 개최될 것임에 비추어 이에 대비하여 회담 개최 전 국내적인 총정리를 위하여 아래와 같이 회담 관계자 회의를 개최함이 어떠하올지 고재[결재]를 앙청하나이다.

아래

다음의 2단계로 관계자 회의를 개최하도록 함.

1. 회담 대표 전원의 연석회의
   가. 참석 범위: 거반 선정된 대표 단원 전원 및 외무부 관계자
   나. 개최 일시: 단기 4294년 9월 5일(화요일) 2시
   다. 개최 장소: 외무부 장관실

라. 토의사항: 각 현안 문제에 관한 외무부 안(제1안의 정도에서) 및 회담 개최를 둘러싼 최근의 양측의 움직임에 대한 설명을 행함.

2. 각 위원회별 관계자 회의

전기 대표단 전원의 연석회의 후 각 위원회별로 수시로 관계자 회의를 가진 후 동 결과 보고서를 9월 15일까지 제출토록 함.

이상

예비교섭 : V.2 9~10월, 1961

분류번호 : 723.1 JA 예 1961 V.2
등록번호 : 721
생산과 : 아주과
생산연도 : 1961
필름번호 : C1-0005
파일번호 : 04
프레임번호 : 0001~0261

제6차 한일회담 재개에 앞서 일본에 특사로 파견한 김유택 경제기획원장의 방일 관련 일정 주선 등과 관련된 문서, 방일 시 일본 측 인사와의 회담 내용이 기록된 문서, 관련 언론 기사 등이 수록되어 있으며, 후반부에는 한일회담 재개 일자와 관련한 일본 측과의 교섭 내용이 담긴 문서들이 수록되어 있다. 일본 측이 한일회담 수석대표에 한국 측의 기대와 달리 (한국 측은 기시와 같은 정계 주요 인사의 임명을 요구한 바 있다) 재계 인사인 스기 미치스케 일본무역진흥회 이사장을 임명하자 한국 측은 당초 합의되었던 1961년 10월 10일 회담 재개 일정을 일방적으로 연기하였으며, 결국 스기 수석대표와 같은 경제계 인사인 배의환 한국은행 총재를 수석대표로 임명하고 10월 20일 회담을 재개하는 데 최종 합의하였다.

1. 한일 문제 해결을 위한 사전 교섭을 위한 특사 파견 교섭 지시 전문

1988 번호: WJ-08241

일지: 251320[1961. 8. 25]

수신인: 주일 공사

건명: 한일 문제 해결을 위한 사전 교섭에 관한 건

머리의 건 앞으로 재개되는 한일회담을 성공적으로 해결하기 위하여, 정부는 한일 간 제반 현안 문제에 대하여 양국이 합의에 도달할 수 있는 기준을 일본 정부 및 자민당 최고의 지도자와 사전 교섭함이 편리할 것으로 인정하여 전 주일 대사를 역임하여 한일 문제에 정통한 경제기획원 원장 김유택을 파견하고자 하는바, 동 파견 목적의 비밀성에 비추어, 일본 자민당의 한일문제간담회의 초청에 의한 방일 형식으로 파견하는 것이 좋으리라고 사료되오니, 일본 외무성의 양해하에 그들의 협조를 얻어서 동 간담회의 간부들에게 가급적 조속한 시일 내에 정부의 비공식 특사로서 초청하도록 교섭하시기 바라오며, 동 교섭 상황의 경위와 결과 등에 관하여 즉시 보고하시기 바랍니다.

추이: 1. 전기 교섭에 있어서 곤란한 점이 있으면 자민당의 부간사장인 '다나카 다쓰오'를 통하는 것이 좋을 것으로 사료됨.

2. JW-08288호 전문으로 보고하신 '윤하준'의 건에 관하여서는 동인이 최고회의 의장의 특사로 파견되었다는 일본 국내 보도에 대하여는 별도로 동 기사 내용을 정정할 필요는 없으나, 앞으로도 계속하여 여사한 내용의 기사가 보도될 경우에는 정정 발표하시기 바람.

외무부 장관

2. 특사 파견 관련 주일 대표부 보고 전문

1990 번호: JW-08328

일시: 261440[1961. 8. 26]

수신인: 외무부 장관 귀하

대: WJ-08241

대호 전문 건 전화 지시를 금일 26일 하오에 받았음. 곧 시행토록 최선을 다하겠으나 주말인 관계로 오는 월요일까지 접촉이 가능하지 않을 것 같음.

오는 월요일에 자민당의 일한문제간담회 좌장 '이시이 미쓰지로'와 대체로 면담할 예정으로 있음. 그때에 본건을 시행하는 동시 외무성과도 곧 접촉하겠음.

주일 공사

3. 특사 파견 관련 일본 측과의 교섭 결과 보고 전문

번호: JW-08329

일시: 261740[1961. 8. 26]

수신인: 외무부 장관 귀하

한일 문제 해결 사전 교섭의 건

대: WJ-08241호, 연: JW-08328호

금일 26일 하오의 전화 지시에 따라 본인은 금일 하오 4시에 문 참사관을 대동하고 외무성의 이세키 아세아국장을 방문, 협의하였는바 그 내용을 아래와 같이 보고함.

1. 김유택 원장의 방일 계획에 관하여 대호 전문 지시대로 방일의 목적, 형식 등에 관하여 설명한 후 외무성의 협력을 요청한바 이세키 국장은 본 계획에 대하여 찬의를 표하면서 다음과 같이 말하였음.

1) 본 계획의 성질에 비추어 적어도 외무대신까지의 양승을 받아야 할 것으로 생각하는바 외무대신이 현재 휴양지에 가서 월요일(28일) 하오에 돌아올 예정이므로 돌아오는 대로 곧 보고를 하고 자민당과도 접촉을 하겠다.

2) 자민당 내 '일한문제간담회'가 당내의 공식 조직인지 혹은 비공식 조직인지 그 성격을 자기[내]도 분명히 모르나 만일 공식 조직인 경우에는 간담회의 명의로 초청을 하려면 당의 정식 결의가 있어야 할지도 모르니 다소 절차가 필요할 가능성이 있다. 그렇지 않은 경우에는 별 절차 없이 초청할 수 있을 것으로 생각하며 경우에 따라서는 간담회 좌장인 '이시이 미쓰지로'의 개인 초청 형식으로 하는 것도 한 방법이 아닌가 생각한다. 여하튼 이러한 문제에 관하여서는 당의 의견도 있을 것이니 당과 협의하여

보겠다.

이에 대하여 본인은 '이시이 미쓰지로'가 순전히 개인 자격으로 초청한다면 좀 곤란하지만 간담회의 좌장 자격으로 초청한다면 무방하다고 생각한다고 말하고, 실은 오는 월요일에 본인이 이시이와 만날 예정으로 있으므로 본인도 직접 협의를 하여보겠다고 말한바 이세키는 그것이 좋을 것이라고 말하며 외무성으로서도 이시이와 곧 접촉하겠다고 말하였음.

2. 한일회담 재개 일자에 관하여 금일 하오 전화 지시대로 오는 9월 20일경에 회담을 재개하는 것에 대하여 우리 측도 대체로 이의가 없으니 잠정적으로 9월 20일경에 재개하는 것으로 하여두되 재개 일자에 관한 정식 발표는 당분간 이를 보류하자고 말하였던바 이세키는 이를 양승하였음.

3. 금일 이세키가 말한 바에 의하면 오는 수요일(30일)에 있을 예정이던 관계 각 성 간의 연석회의는 사정에 의하여 오는 화요일(29일)에 하기로 하였다 하옵기에 첨언함.

주일 공사

4. 특사 파견 관련 외무부와 주일 대표부 간 전화 통화 기록

1993   전화전

1. 발화자: 외무부 아주과장 엄영달
   수화자: 주일 대표부 2등서기관 서경석

2. 발화 일시: 단기 4294년 8월 26일 오후 1시 40분부터 약 10분간

3. 통화 내용:

가. 엄 과장은 주일 공사와 직접 통화하려고 하였으나 주일 공사 및 문 참사관이 출타 중이므로 서 서기관과 통화하였음.

나. 최고회의 의장, 내각 수반, 최고회의 외교국방위원장 및 김유택 경제기획원장이 열석한 회합에서 결정된 바를 지시에 의하여 아래와 같이 전달함.

ㄱ. 이미 전문으로 지시한 바 있는 김유택 원장의 한일 문제에 관한 사전 협의를 위한 일본 파견 문제에 관하여 일본 정부와 협의하여 일본의 한일문제간담회에서 조속히 초청장을 발부하도록 노력할 것. 가급적 8월 30일경에는 여기에서 출발할 수 있도록 모든 조치를 취할 것.

ㄴ. 한일회담의 개최 일자에 관하여 오는 30일에 발표하라는 내용은 발표를 보류하고 일본 측과는 오는 9월 20일경 개최한다는 것으로 잠정적인 '언더스탠딩'만 하여둘 것.

ㄷ. 이상은 즉시 이 공사에 전달하여 지시한 바를 조속히 시행하도록 할 것.

11. 특사 파견 관련 지시 전문

2001   번호: WJ-08278

일시: 281810[1961. 8. 28]

수신인: 주일 공사

대: JW-08331호

한일회담 사전 협의를 위한 김유택 원장의 일본 파견에 관련하여 아래와 같이 지시함.

1. 김 원장의 초청 방식은 부차적인 발제이므로 귀하가 말한 '이시이'의 개인 초청이라도 무방함.

2. 오는 30일 공표 예정이던 한일회담의 개최 일자에 관하여는 김유택 특사의 회담 결과를 참작할 수 있도록 공식 발표는 보류하고 일본 측과 오는 9월 20일경 개최한다는 것으로 잠정적인 '언더스탠딩'을 하여둘 것(차 항은 26일 전화로 지시한 것을 반복한 것이며 이에 관한 회보는 받았음).

3. 김 원장이 교섭함에 있어서 신임장(친서)의 필요성 여부에 관하여 일본 측의 견해를 타진한 후 그 결과를 즉시 회보하시기 바람.

4. 김 원장은 약 15일간 체재 예정이며, 체재 기간 중 주 교섭 대상자는 '이케다' 수상, '고사카' 외상, '사토' 통산상으로 예정하고 있으며 그 외 사전 교섭의 원활한 진행을 도모하기 위하여 기타 정부 관계자('후지야마', '고노', '미키', '오히라', '후지에타', '가와시마' 등), 정당 관계자('기시', '오노', '이시이', '다나카 가쿠에이', '노다 우이치', '후나다

주', '마에오 시게사부로', '아카기 무네노리' 등) 및 경제계 인사('아다치' 상공회의소 회두, '우에무라' 일본경제협의회 부회장, '이시사카' 일본전기공업협회 회장 등) 등과 수시로 면담하여 측면적인 협조를 얻도록 예상하고 있음.

단, 수상 및 외상 이외의 정계 요인과의 면담 여부는 현지에 있는 귀하의 견해를 참작하여 조처할 문제이므로 이에 관하여 귀하의 의견을 즉시 보고할 것.

5. 김 원장은 가능하면 명일이라도 출발시킬 예정이므로 전기 초청 및 일본 입국 허가 구득 절차를 화급히 추진하시기 바람.

6. 김 원장 방일에 관한 발표 내용에 관하여는 추후 지시할 것이며 일본 측은 일방적인 발표를 하지 말도록 할 것.

이상

장관

12. 특사 파견 관련 주일 대표부 보고 전문

번호: JW-08352

일시: 281830[1961. 8. 28]

수신인: 외무부 장관 귀하

한일 문제 해결을 위한 사전 교섭의 건

연: JW-08331호

김 원장의 방일 건에 관하여 다음과 같이 보고함.

1. 본인과 이시이 미쓰지로와의 면담은 상대방의 사정으로 오는 29일 오전 9시에 하기로 결정하였으며,

2. 외무성 당국자로부터 다음 사항을 확인하였음.
 1) 외무성은 금일 28일부터 본건에 관하여 제반 조치를 취하기 시작하였음.
 2) 김 원장의 입국 사증은 가급적 오는 29일까지는 발급할 수 있도록 초청 관계 등 준비를 추진하고 있음.
 3) 김 원장은 CREDENTIAL는 필요 없다고 생각함.

3. 연호 전보로 요청한 바와 같이 김 원장의 체일 기간, 체일 중의 일정, 면담할 상대방 등에 관하여 일본 측에게 일임할 생각이 아니라면 곧 우리 측의 예정이나 희망을 송부하시기 바람. 우리 측의 예정이나 희망을 일본 측에 말하여 협의하여 일정을 작성하는 것이 원칙이라고 생각함.

4. 신문 기자회견 문제 등에 관하여서도 고려 있으시기를 위선 첨언함.

김 원장과 일본 측 요인과의 면담 내용은 원칙적으로 비밀에 부쳐야 할 것이나 너무 발표를 안 하면 오히려 좋지 않은 부작용이 날 가능성이 있으므로 일본 측과 발표사항을 사전 협의하고 적절히 발표하는 것이 좋을 것으로 생각됨.

주일 공사

13. 특사 파견 관련 전화 보고 기록

2005　주일 대표부 문철순 참사관과의 전화 내용

　　수신인: 외무차관 박동진

　　8월 28일 오후 9시 10분경 주일 대표부 문 참사관으로부터 전화 연락이 있어 다음과 같은 내용의 통화가 있었음.

　　1. 문 참사관은 일본 외무성 아세아국 우야마 참사관의 요청으로 일본 외무성을 방문 요담한 후 그 결과를 보고한다고 하였음.

　　2. 김유택 기획원장의 도일에 관하여 일본 측은 '일·한문제간담회' 회장 이시이 미쓰지로 씨가 개인적으로 초청하는 형식을 취할 것이라고 하며 김 원장이 8월 30일 수요일이라도 도쿄에 도착할 수 있다면 좋겠다고 하기에 김 원장은 동일 NWA 편으로 도일한다고 답하였음. 문 참사관은 김 원장 도착 시에는 이시이 씨 자신이 공항에 출영할 것이라고 말함.

　　3. 우야마 참사관은 일본 외상하고도 협의한 결과에 의하여 말하는 것이라고 하였음.

　　4. 김 원장에 대한 신임장 필요 여부에 관한 박 차관 문의에 대하여 필요 없다고 생각한다고 문 참사관은 말하였음.

　　5. 김 원장의 체류 기간에 관하여 우야마 참사관은 2주일은 너무 길다고 말하였다고 하기에 박 차관은 한국 측으로서는 회담이 원만하게 진전된다면 구태여 2주일 체류할 필요는 없다고 말하였음.

6. 일본 정계 요인과의 면담 문제도 여행 목적 달성에 필요한 범위 내에서 행할 문제이므로 주일 대표부의 견해를 참작하여 현지에서 결정할 수 있다고 외무차관은 말하였음.

7. 김 원장 방일에 관한 성명서에 관하여는 8월 29일 자세히 전문으로 지시할 것이니 그대로 조치하라고 말하였음.

8. 김 원장과 일 정부 대표와의 회담 내용은 원칙적으로 공표하지 않을 것을 일본 측에 미리 통지해 두도록 지시하였음.

14. 특사 파견 관련 주일 대표부 보고 전문

번호: JW-08353

일시: 291000[1961. 8. 29]

수신인: 외무부 장관 귀하

한일 문제 해결을 위한 사전 교섭의 건

대: WJ-08278, 연: JW-08352

당부 문 참사관은 외무성 아세아국 참사관 우야마의 초치로 작 28일 밤 9시경에 외무성을 방문하였는바 그 면담 내용을 아래와 같이 보고함(보고서는 작 28일 밤에 전화로 대강 보고한 바 있음).

1. 우야마는 이시이 미쓰지로와 면담하고 외무성에 돌아온 길이라고 말하며 이시이가 자기 명의로 김 원장을 초청하는 것을 쾌히 승낙하였다고 말하고 이시이가 오는 30일 김 원장을 친히 하네다에 출영하겠다고 말하고 있으니 꼭 30일에 도일할 것인지 확인하여 달라고 부탁하였음.

이에 대하여 문 참사관은 본부(박 차관)와 전화 연락 후 김 원장이 오는 30일 서북항공[NWA] 편으로 도일한다는 사실을 확인하여 주었음. 본 건에 관하여서는 이케다 수상에게도 이미 보고되었고 이케다도 양승하고 있다고 함.

2. 이시이의 초청 형식에 관하여서는 우야마는 이시이의 개인 자격 혹은 '일한문제 간담회'의 좌장 자격 어느 편이라도 한국 측에게 편리한 대로 발표하여 달라고 말하였음.

3. 김 원장의 입국 사증 관계는 염려할 것이 없으니 30일 서북항공 편으로 꼭 출발토록 하여주시기 바람.

4. 체일 기간 15일은 너무 길다고 생각한다는 우야마의 의견이 있었으므로 15일은 최장으로 잡은 것이고 당지에 와서 형편에 따라 수일간으로 단축시킬 수도 있다고 말하였음(본부와의 전화 연락에 의함).

5. 만나 볼 상대방에 관하여서도 우야마는 상대자(대호 전보에 기재된 사람들)가 너무 많다고 생각한다고 말하며 중점적으로 만나는 것이 효과적일 것이라고 말하므로 이것은 김 원장의 일정을 작성하는 데에 참고로 말하여 달라는 뜻이고 반드시 그렇게 하여 달라는 뜻은 아니라고 설명하여 주었음.

6. 우야마는 김 원장이 30일에 당지에 도착하고 그 익일(31일 아침)은 김 원장이 우선 초청자인 이시이를 방문하여 여러 가지를 협의하는 것이 좋겠다고 말함.

7. 발표에 있어서는 김 원장이 이시이의 초청으로 도일하였다는 것은 밝히고 그 외의 것은 서로 협의하여 발표하자고 우야마는 말하였음.

8. 그 외 상세한 것은 금일 29일 다시 만나서 의논하기로 하였음.

9. 김 원장의 신임장은 필요 없음.

주일 공사

15. 특사 파견 관련 주일 대표부 보고 전문

2009   번호: JW-08354

일시: 291010[1961. 8. 29]

수신인: 외무부 장관 귀하

한일 문제 해결을 위한 사전 교섭의 건

연: JW-08353

금일 29일 상오 9시 예정대로 본인은 이시이 미쓰지로와 면담하였는바 이시이는 김 원장과 과거에 수차 만나 본 일이 있다고 하며 매우 반가운 표정으로 오는 30일에는 하네다에 출영을 나가겠다고 말하였음.
　자기가 초청하는 형식으로 도일하는 것에 대하여도 쾌락하였음.
　본건에 관하여 상세한 것은 금일 외무성과 다시 협의하기로 하였음.

주일 공사

16. 특사 파견 관련 본부 통지 전문

번호: WJ-08281

일시: 291050[1961. 8. 29]

수신인: 주일 공사

김유택 기획원장 도일 문제에 관하여 다음과 같이 통지함.

1. 8월 28일 밤 귀 대표부 문 참사관은 전화로 외무부 차관에게 보고하기를 일본 외무성과 합의가 되어 일한문제간담회의 회장 '이시이 미쓰지로' 씨가 초청하는 형식을 취하여 김 원장의 방일을 환영한다고 하였기에 김 원장은 8월 30일(수요일) NWA 편으로 도쿄에 도착할 것을 회답하였음.

2. 또한 외무차관은 김 원장의 체일 기간은 필요하다면 2주일 정도가 될 것이라고 말하고 일본 측과의 회담이 예정대로 순조롭게 진전만 된다면 장기 체류는 필요 없음을 명백히 하였음.

3. 엄 아주과장은 김 원장과 동행할 것임.

4. 김 원장의 방일은 비공식적으로, 일본 측은 공식적인 환영(연회 같은 것)을 할 필요가 없음. 단 비공식적이고 소규모적인 만찬 또는 오찬 회합 등은 무방할 것임.

5. 일본 정계 요인과의 면담 문제에 관하여는 이것도 김 원장의 여행 목적 달성에 필요할 때 행할 것이므로 김 원장 도쿄 도착 후에 주일 대표부와 협의하여 결정할 것임을 시사하였음.

6. 김 원장에 대한 신임장은 필요 없다고 하였으므로 정부로서는 이를 특별히 발급지 않음.

7. 김 원장과 일본 정부 대표와의 협의 내용은 원칙적으로 공포할 필요가 없을 것이며, 공포할 필요가 있을 시는 그 내용에 관하여 일본 측과 사전에 협의 결정함을 요함.

8. 김 원장 방일에 관하여 정부로서는 다음과 같은 간단한 성명서를 내각 수반실 공보관 명의로 8월 30일 오후 1시에 발표 예정이니 내용을 참작하시고 일본 외무성 및 '이시이 미쓰지로' 씨에게도 사전 통지하여 김 원장 방일 목적 및 초청 형식 등에 관하여 양국이 일치된 발표를 하도록 조처하실 것(외무부에서 발표하는 것을 고의로 회피하였음).

내각 수반실 공보관 발표(8월 30일 오후 1시 발표)

경제기획원 김유택 원장은 일본국 도쿄에 소재하는 일한문제간담회의 회장 '이시이 미쓰지로' 씨의 초청을 받아 8월 30일부터 약 1주일 예정으로 도쿄를 방문하게 되었다.

김 원장은 체일 중 일본국 정계 및 실업계 유지들과 한일 양국의 경제, 기타 문제에 관하여 비공식적으로 의견을 교환하게 될 것이다.

장관

17. 특사 파견 관련 주일 대표부 보고 전문

번호: JW-08359

일시: 291310 [1961. 8. 29]

수신인: 이창희 특별보좌관 귀하

1. 최 및 문 참사관이 금일 10시 15분부터 약 1시간 외무성 아세아국 우야마 참사관과 비공식 요담을 행하고 그 결과를 다음과 같이 보고함.

　가. 28일 아침 최 참사관이 우야마 참사관과 비공식 요담 당시 이시이 미쓰지로의 초청 형식을 조속히 성립시킬 것을 요청한 바에 의하여 28일 저녁에 우야마 참사관과 마에다 과장이 이시이를 방문하여 요담한 결과 뜻대로 해결되었으며 따라서 직후 28일 저녁 문 참사관과 협조되었으며 29일 아침 9시에 이 공사는 이시이를 방문하여 그 사실을 확인하였음.

　나. 김유택 씨를 이시이가 직접 하네다공항까지 출영차 나가게 됨.

　다. 체류 기간 중의 계획을 대략 다음과 같이 협의하였음.

　　ㄱ. 8월 30일 18시경 서북항공[NWA] 편으로 하네다 도착.

　　ㄴ. 8월 31일 10시부터 오전 중 이시이와 간담, 그 후 자민당 관계 인물과 접촉.

　　ㄷ. 9월 1일 고사카 외상 및 이세키 국장과 요담 후 이케다 수상과 요담.

　　ㄹ. 9월 2일 통산상, 농림상, 대장상 등 정부 요인과 요담.

　　ㅁ. 9월 3일 일요일은 별 계획이 없음.

　　ㅂ. 9월 4일 경제계 요인과 면담 후 이시이와 요담.

　　ㅅ. 9월 5일 아침 귀국.

　　ㅇ. 만일 시간이 좀 필요하다면 1, 2일 정도 연장할 예정이며 구체적인 계획은 명일 다시 협의하기로 하였음.

　라. 외무부의 지시는 기간을 약 15일간을 잡았는데 일본 측 관계관도 그렇거니와

우리도 생각하기에는 너무나 시일이 긴 것 같고 최대 약 5일간이 적합한 것 같습니다. 즉 혁명 과업을 수행 중인 중요 지위의 김유택 씨가 국내와 현직을 장기간 이탈한다는 것은 정치적 제스처로 생각할 문제로 사료됩니다.

마. 김유택 씨 체일 간 부수적 계획으로서 자민당, 외무성, 일본 경제계에서 파티를 개최하고 김유택 씨도 파티를 개최하게 될 것으로 협의하였음.

바. 김유택 씨가 도착 즉시 신문 기자 인터뷰하게 되는 것이 기정사실이기에 관련된 준비를 하였습니다.

사. 일본 측에서는 이시이가 김유택 씨를 초청하여서 방일하게 되었고 또한 여행 목적은 간단한, 한일회담에 대한 의견 교환을 하러 온다고 할 정도로 30일 조간신문에 내게 된다는 사실이 되었습니다. 그래서 우리 측도 여기에 보조를 맞추어서 보도 관계 조치를 하여야 하겠습니다.

아. 우야마가 요청하기를 김유택 씨가 체일 중 한일회담 분위기를 조성하고 일본 국민에 좋은 여론을 환기시키기 위해서 지난번에 우리가 나포한 어선 및 어부에 대한 석방 조치를 정치적 제스처로 선처해 줄 것을 요망하였음.

2. 오늘 아침 조간 요미우리신문에 우리가 공작 중인 북송을 저지당해서 입원 중인 박성환 기사가 보도되었습니다. 이 사실은 우리가 박종근 변호사가 28일 소장을 도쿄 지방 재판소에 제소하고 난 후 신문사에 교섭하여 자료를 제공하여 발표시킨 것임. 따라서 한국인 기자를 대표부에 초청하여 기사를 보도하게끔 이규현 공보관을 시켜서 발표하였습니다.

3. 오늘 11시 45분에 이은 왕 부인이 대표부를 방문, 이 공사가 일전에 병 방문한 데 대한 답례로서 인사를 하고 돌아갔는데 동행자는 김을한 및 엄주명이며 그때 한국인 기자들이 있었으므로 그 정도의 인터뷰가 있었습니다. 그리고 이은 왕 부인이 박 의장에게 보내는 서한을 갖고 왔는데 현물은 다음 파우치 편에 보내겠음.

그리고 28일에 이세키 국장이 일본 정부를 대표하여 이은 왕 병 방문을 하였음.

최영택 참사관

18. 특사 파견 관련 주일 대표부 보고 전문

2015   번호: JW-08361

일시: 291320[1961. 8. 29]

수신인: 외무부 장관 귀하

한일 문제 해결을 위한 사전 교섭의 건

연: JW-08353, 대: WJ-08281호

금일 29일 상오 10시에 당부 문, 최 양 참사관은 외무성을 방문하고 아세아국 우야마 참사관, 마에다 북동아과장과 김 원장의 체일 중의 일정 등에 관하여 협의하였는바 그 내용을 아래와 같이 보고함.

1. 체일 중의 일정은 대체로 다음과 같이 하는 것이 좋겠다고 잠정적으로 합의함.

8월 30일 수요일 하오 6시 20분 하네다 도착.

8월 31일 목요일 오전 10시 이시이 미쓰지로를 방문, 약 2시간 면담. 하오 자민당 내 일한문제간담회원, 당 3역 등을 포함한 자민당 유력자와 회합.

9월 1일 금요일, 총리, 외무대신 및 대장, 농림, 통산 등 관계 대신과 면담.

9월 2일 토요일 계속하여 관계 대신들과 면담.

9월 4일 월요일, 아다치, 이시자카, 우에무라 등 경제계 유력자와 면담. 이시이 미쓰지로와 면담.

9월 5일 화요일 귀국.

이상의 일정은 적어도 형식상은 이시이의 초청으로 도일한다는 사실을 고려한 것임.

단 이상의 일정 및 귀국 일자 등은 당지에서 형편에 따라 변경함. 우선 이상과 같은 예정하에 외무성은 금일 중으로 구체적인 일정을 작성하도록 노력하겠다고 말하였음.

2. 또한 일본 측은 다음과 같이 리셉션 혹은 만찬을 할 것을 고려하고 있음.
(아직 구체적으로 결정한 것은 아님.)
1) 이시이 초대의 리셉션
2) 고사카 외상 초대의 비공식 만찬
3) 경제계 초대 리셉션
4) 김 원장 초대 리셉션(이에 관하여서는 우리 측의 준비를 곧 시작하여야 할 것으로 생각함)

3. 본건 발표 관계에 관하여서는 일본 측은 형식상 이시이의 초청으로 방일하는 것이므로 원칙적으로 이시이가 발표하도록 하고 정부는 특별한 발표는 안 할 것이지만 수상 및 외상 등과의 면담 후의 발표는 부득이 정부가 행하게 될 것이라고 함.

발표의 일반 원칙에 대하여서는 이시이의 초청으로 방일한다는 것은 밝히고 그 이외의 사항은 원칙적으로 합의하여 발표하는 것에 이의 없다고 함. 그러나 한일회담이 불원(오는 9월 20일경) 재개될 것이라는 사실이 널리 알려져 있는 사실에 비추어 너무 비밀에만 부치면은 세상이 믿지 않을 뿐 아니라 좋지 않은 관측을 하게 될 가능성이 있으므로 한일회담을 앞두고 일본 유력 인사들과 회담의 성공적인 타결을 위하여 의견 교환을 할 겸 방일한 것이라는 정도로(단 예비교섭 아니하는 구체적인 용어는 피함)는 발표하는 것이 좋지 않은가 하는 의견을 일본 측은 가지고 있음. 또한 김 원장의 방일 사실은 내일이면 세상이 다 알게 되는 것이니 금일 29일 하오에는 발표하여 두는 것이 좋지 않은가 하는 의견을 가지고 있음. 이상의 일본 측 의견도 이유 있는 의견이라고 생각되오니 본건 곧 지시 있기 바람. 또한 내일 김 원장이 하네다에 도착하면 신문 기자들이 인터뷰를 신입[신청]할 가능성이 충분히 있으니 이 점 유의하시기 바람.

4. 우야마는 특히 다음 한일회담 시의 수석대표 문제에 관하여 김 원장이 구체적 의견을 가지고 오기를 희망하였음. 또한 우리나라의 '외자도입법'에 관하여도 많은 관심

을 표명하였음(외자도입법에 관하여는 과거 수차에 걸쳐 일본 자본이 도입될 수 있도록 조치하여 줄 것을 말한 바 있음). 또한 전번 나포된 '아이코 마루'에 관하여서도 선처를 요망하였으므로 이 문제는 한일 간의 분위기를 최고도로 좋게 할 필요가 있을 때 가장 효과적인 방법으로 처리할 수 있지 않은가 생각한다고 말한바 그것이 좋을 것이라는 의견이었음.

5. 김 원장의 입국 사증은 금일 29일 A-61-2384로 발급되었음.

6. 오는 30일 오전 9시 반에 다시 회합하여 좀 더 구체적인 일정 등에 관하여 협의하기로 하였음.

7. 대호 전문은 금일의 외무성과의 협의가 있은 후에 해독하였는바 대호 전문 제8항은 상기 제3항을 참조하시고 재지시 있으시기 바람.

주일 공사

19. 김유택 경제기획원장 방일 관련 일본 언론 보도 보고 전문

번호: JW-08366

일시: 291800[1961. 8. 29]

수신인: 외무부 장관 귀하

금일 29일 자 당지 '요미우리' 신문 석간은 서울 주재 특파원 '시마모토'의 보도라 하여, 일한회담 재개를 오는 9월 하순에 앞둔 한국 정부는 부총리 격의 '김유택' 경제기획원장과 외무부 '엄영달' 아주과장을 내일 일본에 파견키로 되었다고 제1면 '톱'으로 크게 취급 보도하였는바, 이에 참고로 동 기사를 다음과 같이 번역 보고함.

기

일한회담의 재개를 9월 하순에 앞둔 한국은 부총리 격의 경제기획원장 '김유택' 씨와 외무부 아주과장 '엄영달' 씨를 일본에 파견키로 하였다. 당지의 유력지 '한국일보'에 의하면, 양 씨는 30일 '노스 웨스트'기로 출발 예정으로 있으며, 일한 관계의 조기 해결을 위하여 일본 정부 당국자와 회담 재개 전에 구체적 타협을 진행하는 외에 '이케다' 수상과도 회견하여 제 현안 해결을 위한 예비적 정치 절충을 행하는 것으로 보고 있다.

일한회담은 지난 51년 이래 거의 10년을 경과하였으며, 그간 결렬과 재개를 반복하여 왔으나, 양국은 금번의 제6차 회담 재개를 당하여 이를 최종 회담으로 하고 일괄 해결하려는 태도를 취하고 있으며 이를 위하여는 정치적 해결이 필요한 것으로 되어 있다.

금번 한국이 양 씨를 일본에 파견키로 한 것은 한국 측의 보통 아닌 결의를 말하고 있는 것으로 특히 주목을 끌고 있다.

'김유택' 씨는 59년 12월부터 주일 대사, 또한 일한회담 수석대표를 겸무한 바 있는

'베테랑'으로, 현재 부총리 격으로 혁명 정부의 내각 특히 경제 관계 4부의 실권을 조정하고 있는 실력자이다. '엄' 씨는 아주과장으로, 일한 문제의 직접 담당자이다. 한국에서는 일한회담을 될 수 있는 한 조속히 재개하고 곧 국교를 정상화하여 경제 협력을 받아들이겠다는 기운이 높아지고 있다.

'한국의 김유택' 경제기획원장의 일본 방문에 관하여 외무성에서는 동씨가 한국의 각료 중 최우위의 지위에 있고 '쿠데타' 이래 최초의 거물의 내방이라고 환영할 태도를 취하고 있으며, 한국 측의 일한회담 조기 타개로의 열의의 표시로 보고 교섭이 예상 이상으로 빨리 정치적으로 타결될 가능성이 강하게 되었다고 관측하고 있다.

'김' 씨의 일본 방문은 30일부터 1주 내 이상의 기간이 될 것으로 보이며, 그간 '이케다' 수상, '사토' 통산상, '고사카' 외상을 비롯하여 자민당 일한문제간담회 회장 '이시이 고지로[미쓰지로의 오기]' 씨 및 동 회의 의원, 재계의 유력자와도 회담하고 한국의 대일 재산 청구권 문제와 '이' 라인의 어업 문제 등 일한 교섭의 근본 문제에 관하여 솔직한 의견 교환이 행하여질 것으로 보이며, 외무성에서는 동씨의 일본 방문으로써 교섭의 대체적인 윤곽이 살아날 것으로 예상하고 있다.

또한 동씨와의 회담에서 일한회담의 수석대표를 어느 '레벨'로 할 것인가도 결정된 모양이며, 그 회담의 결과에 따라 외무성에서는 금주 중으로라도 인선을 끝마칠 것으로 되어있으며 만일, '김유택' 씨급의 거물이 한국 측 수석대표로 된다면 일본 측도 고참 대사나, 대신급의 인물을, 그렇지 않으면 현역 대사 중에서 인선할 것으로 되어있음.

주일 공사

22. 김유택 원장 방일 관련 전화 통화 기록

2024   전화전

1. 발화자: 외무부 박동진 사무차관
   수화자: 주일 대표부 문철순 참사관

2. 통화 일시: 단기 4294년 8월 29일 오후 10분부터

3. 통화 내용:
박 차관은 1) 김 원장의 도일에 관한 발표는 금일(29일) 오후 5시(서울 시간)에 행하도록 할 것이며, 2) 김 원장 도일에 관한 내용 발표에 관하여는 구체적인 발표는 하지 말고 장래 형편에 따라 발표가 필요하면 쌍방이 협의하여 하도록 하라는 지시를 하였음.

이상

23. 김유택 원장 방일 관련 일본 측과의 협의 결과 보고 전문

2025   번호: JW-08368

일시: 291850[1961. 8. 29]

수신인 : 외무부 장관 귀하

한일 문제 해결을 위한 사전 교섭의 건

연: JW-08361

1. 금일 29일 하오 4시 반의 본부(차관)의 전화 지시에 의하여 금일 29일 하오 5시에 본부 전보 WJ-08281호 제8항 말미의 기재 내용을 내각 수반 공보관이 발표한다는 것을 외무성 통하여 '이시이 미쓰지로'에게 전달하였으며 우선 당분간은 일본 측도 그러한 정도의 내용만을 발표할 것을 부탁한바 일본 측도 이를 양승하였음.

2. 연이나 금일 29일 당지 요미우리신문 석간은 별도 평문 전보(JW-08366)로 보고하는 바와 같이 일 면 톱에 김 원장이 엄 아주과장과 함께 한일회담을 앞두고 정치 절충을 하기 위하여 도일한다는 서울 주재 특파원 시마모토의 보도를 크게 보도하고 있으며(요미우리에 의하면 한국일보가 그러한 사실을 보도하였다고 함. 요미우리 이외의 다른 신문에는 보도되지 않았음), 겸하여 일본 외무성도 김 원장의 방일을 환영하고 있는 뜻이 보였음. 발표에 있어서 김 원장의 방일을 한일회담과 결부시키지 않겠다는 것을 우리 측이 일본 측에게 희망하였던 사실인 만큼 동 기사가 서울로부터 보도된 것은 적절하지 않았다고 생각됨. 김 원장의 방일이 한일회담과 연결되어 이미 크게 보도되었으므로 금일까지는 상기 제1항과 같이 발표를 하였지만 오는 30일부터(특히 하네다 도착 직후의 기자회견 시)는 상기한 점을 고려하여 좀 더 적극적인 발표 의도를 취하는 것이

어떤지 신중 검토하시고 곧 지시 있으시기 바람.

3. 금일 29일 하오 6시경 외무성 우야마 차관[참사관의 오기]으로부터 우선 다음 일정이 결정되었다는 통보를 받았음.

8월 31일 목요일, 10시: 이시이 방문.
14시: 자민당 사무소에서 일한문제간담회 회원들과 회합.
19시: 아카사카 '가즈오'(요정)에서 이시이 초청 연회.

9월 1일 금요일, 11:30시: 이케다 수상 방문.
14:30시: 외무대신 방문.
18:00시: 아카사카 '신하세카와'에서 외상 초청 연회.

4. 우야마의 연락에 의하면 이시이는 전 수상 요시다 시게루(현재 하코네에서 휴양 중이라고 함)와도 면담하는 것이 좋을 것이라는 의견이라고 하므로 오는 일요일(9월 3일)을 이용하여 면담하는 것을 교섭하고자 함.

5. 오는 30일 09:30시에 외무성에서 다시 회합 협의하기로 결정함.

주일 공사

27. 김유택 원장 방일 관련 주일 대표부 보고 전문

번호: JW-08377

일시: 301300[1961. 8. 30]

수신인: 외무부 장관 귀하

한일 문제 해결을 위한 사전 교섭의 건

연: JW-08361

　금일 30일 오전 9시 반에 당부 문, 최 양 참사관은 예정대로 외무성을 방문하고 '우야마' 참사관, '마에다' 북동아과장과 작일에 계속하여 김 원장 체일 중의 일정 등에 관하여 협의하였는바 그 내용을 아래와 같이 보고함.

　1. 현재까지 일정이 확정된 것은 연호 전문 제3항으로 보고한 내용과 같음(다만 '고사카' 외상은 9월 1일 하오 2시 반부터 약 1시간 반 만나기로 되었음). 금일도 계속하여 외무성은 오늘의 협의 내용을 참작하여 제반 일정을 확정하도록 노력할 것임.

　2. 금일 김 원장이 '하네다'에 도착하면 상당수의 기자들이 모일 것이며, 따라서 기자회견이 있을 것임.

　3. '요시다 시게루'와의 면담은 연호 전문 제4항으로 보고한 바와 같이 오는 일요일(9월 3일)을 이용하여 만나도록 교섭하였는바, '요시다'의 사정이 어떠한지 아직 정확히 알 수 없다고 함. '오노 반보쿠'도 현재 '하코네' 휴양 중이라고 하므로, 형편에 따라서 '하코네'에서 혹은 '도쿄'에서 만나도록 알선하겠다고 함.

　4. 국무대신은 우리나라와 특히 관계가 있는 대장, 통상, 농림, 법무, 운수의 각 대

신, 경제기획원장, 방위청 장관, 과학기술원장 등과 면담토록 알선하겠다고 함. '오히라' 관방장관은 총리와 면담할 시에 같이 만나게 될 것이라고 함.

5. 경제인 관계는 '아다치', '이시사카', '우에무라' 등 5, 6명과 간담할 기회를 마련하겠다고 함.

6. '후나다 주'는 8월 30일(목요일) 하오 2시부터 있을 예정인 일한문제간담회 회원들과의 간담회 석상에서 자연히 만나게 되나, 특히 개별 회견을 원한다면 그렇게 알선하겠다고 함.

7. 이상과 같이 만나 볼 상대인이 많으므로 당초에 예상한 바와 같이 오는 화요일(9월 5일) 귀국하는 것은 무리이므로, 금일 회합에 있어서는 잠정적으로 오는 목요일(9월 7일) 귀국한다는 예정으로 우선 일정을 작성하여 보기로 하였음.

8. 오는 목요일에 귀국한다는 예정으로 오는 수요일(9월 6일) 저녁에 우리 측이 그동안 면담한 인사 전원, 각 대신, 우리나라와 특히 관련이 있는 각 성의 차관급, 과거 한일회담 시의 일본 측 대표 1급 경제인, 유력 언론인 등 약 100명 정도를 초대하여 리셉션을 할 것을 고려 중에 있음(일본 측도 그러한 리셉션을 하는 것이 옳을 것이라는 의견을 가지고 있음).

9. 금일 30일부터 당지 각 신문 조간은 별도 평문 전보(JW-08375호)로 보고하는 바와 같이 김 원장의 방일을 한일회담 재개와 관련시켜 크게 보도하고 있음.

추가: 1). 9월 1일 저녁에 있을 '고사카' 외상 초대연에는 '이시이', '오노 반보쿠' 자민당 당 3역 '아다치', '우에무라', '이세키' 국장 등도 참석시킬 예정이라 함.
2). 당지 조총련에서는 아직 특별한 움직임은 없으나 금일 아침에 긴급회의를 소집하여 반대 공작을 전개할 가능성도 있으므로 경찰 당국에서 특히 경계하고 있다는 외무성 당국자의 이야기가 있었기에 첨언함.

주일 공사

29. 김유택 원장 방일 관련 주일 대표부 보고 전문

번호: JW-08390

일시: 301720[1961. 8. 30]

수신인: 외무부 장관 귀하

한일 문제 해결을 위한 사전 교섭의 건

연 JW-08377

금일 하오 5시경까지 김 원장 방일 중의 일정에 관하여 추가 결정된 것을 다음과 같이 보고함.

9월 1일(금요일) 16시 30분: 운수대신 방문,

9월 2일(토요일) 10시 30분: 대장대신 방문,

9월 4일(월요일) 10시: '요시다 시게루'를 '하코네'에 방문('요시다' 방문 건은 김 원장 도착 후 의논하여 확정 위계임),

9월 5일(화요일) 하오(시간 미정): 법무대신 방문,

9월 6일(수요일) 오전 중: 자민당 당 3역과 간담(미확정),

동일 14시부터 16시까지: '아다치', '우에마루' 등 경제인과 회합.

주일 공사

30. 김유택 원장 방일 관련 일본 언론 보도 보고 전문

번호: JW-08393

일시: 301745[1961. 8. 30]

수신인: 외무부 장관 귀하

금일 30일 자 당지 각 신문 석간은 금일 자 서울발 'AP' 보도라 하여 한국의 어업 문제 당국자는 금일 기자회견에서 '김유택' 경제기획원장의 방일에 관하여 다음과 같이 언급하였다고 보도하였삽기에 이를 보고하오며 아울러 이에 관한 '아사히'신문 서울 특파원의 기사도 전송함.

기

"한국의 어업 문제 당국자는 30일 기자회견에서 '김유택' 경제기획원장은 30일 일한어업협정 초안을 휴대하고 방일한다고 말하였으며, 한국은 동 초안에 의하여 다음의 3점을 일본 측에 제안할 것이라고 말하였다.

1. 한국 어민의 이익에 중대한 영향을 가져오는 협정은 체결치 않는다.
2. 일본은 '이승만' 어업 라인을 승인한다.
3. 일한 양국 정부 합병의 어업회사를 창설한다."

(아사히신문 보도) "한국의 이종순 해무청장은 30일 오전의 기자회견에서 동일 오후 방일하는 '김유택' 경제기획원장은 새로운 어업협정 초안을 휴대하고 일본 측과 교섭할 예정이라고 언명하였다. 협정의 내용은 평화선을 국방상의 견지에서 앞으로도 존속시킬 것이나, 일한 어업합병회사와 같은 것을 설치하는 것 등이 포함되어 있다고 한다. 또한 '이' 해무청장은 이 협정이 한국 어민에게 손해를 끼치는 것은 아니라고 말하였으며, 제6차 회담에 개최되면 수산계의 대표도 파견될 것이라고 말하였다."

주일 공사

31. 김유택 원장 방일 관련 주일 대표부 보고 전문

번호: JW-08394

일시: 301930[1961. 8. 30]

수신인: 외무부 장관 귀하

김 원장 방일의 건

1. 김 원장은 18:10시 당지에 도착하였는바, 일 측에서 '이시이 미쓰지로', '기타자와 나오키치', '도고 나이토구치'(이상 자민당 중의원 의원), 아세아국 '우야마' 참사관, '마에다' 북동아과장이 출영하였음.

2. 공항 'VIP ROOM'에서 약 20분간 기자회견을 하였는바 중요한 내용은 아래와 같음.

먼저 김 원장이 자기의 방문은 '이시이' 초청에 의한 비공식적인 것이라고 설명한 후, 요지 아래와 같은 문답이 있었음.

문: 방일 자격은?

답: 나는 주일 대사를 한 바도 있고, 또 한·일간에는 여러 가지 문제가 있으므로 자격을 논할 것 없이 정치, 경제 문제에 관하여 격의 없는 의견 교환을 하러 온 것이다.

문: 외신은 한국 정부가 회담이 9월 20일경에 재개된다는 것을 부인한 것같이 전하고 있는데 어떤가?

답: 이 공사는 공식 대표이므로 동인이 말한 건에 틀림없다.

문: 구체적 제안은 가지고 왔는가?

답: 구체적 제안을 가지고 온 것은 아니나 흉금을 털어놓고 의견을 교환하여 장래할 회담에 도움이 되게 하라는 것이다.

문: 어업협정안을 가지고 왔다고 해무청장이 언명하였다는데?

답: 전체적으로 한일 문제에 도움이 될 것에 관하여 의견 교환을 하려고 하는 것이다. 어업 문제가 개별적으로 나올는지도 모르나, 전체적으로 말하면 회담을 위하여 좋은 소지를 만들려고 온 것이다.

문: 경제 협력에 관하여 구체안을 가지고 왔는가?

답: 경제 협력 문제는 중요하지만 한일 현안 문제의 해결과 국교 정상화가 있은 후에나 경제 협력 문제가 논의되어야 할 것이다.

문: 구체적인 회담 진행 방법도 타합하는가?

답: 그러한 외교적인 기술 문제는 내가 관여할 바가 아니다. 전반적인 문제 해결에 관하여 이야기하고자 한다.

문: 한국이 회담을 서두르고 있다는 인상인데 문제 타결의 시기를 언제로 예상하고 있는가?

답: 쌍방이 합의하여 문제가 해결되는 만큼 언제라고 말하기 곤란하지 않은가? 쌍방이 성의를 다하여 조속 타결되기 바란다.

문: 경제 각료와 회담할 것을 희망하고 있다는데 어떤 점에 관하여 이야기하겠는가?

답: 개별적인 문제를 여기서 지적하기는 곤란하다. 양국 장래에 도움이 될 광범한 문제에 관하여 이야기하겠다.

문: 회담 수석대표가 결정되었는가?

답: 결정된 것이 없다고 알고 있다.

문: 이번 방일은 돌연한 것인가, 또는 무슨 일이 있었기 때문인가?

답: 돌연한 것은 아니고 전부터 오려고 하던 것인데 이번에 틈이 생겨서 왔다.

주일 공사

32. 김유택 원장 일본 도착 보고 전문

번호: JW-08396

일시: 301955 [1961. 8. 30]

수신인: 이창희 특별보좌관 귀하

1. 김유택 원장 및 엄영달 과장 무사히 도착.
    이시이 미쓰지로, 우야마 참사관 등 기타 일본 인사들이 영접하였음.
2. 신문 기자 인터뷰는 무사히 끝냈음.
3. 김유택 원장은 제국호텔 1697호에 투숙.
4. AP통신에 의하면 해무청장이 평화선 문제와 어업협정 문제에 대하여 구체적으로 발언한 바 있었음. 따라서 김 원장이 기자 인터뷰 시에 기자로부터 그 질문을 받았으므로 예기하지 않았던 질문으로 말미암아 답변에 곤란성을 초래했음. 차 문제에 대하여 발언함에 대하여 조치를 바람.

최영택 참사관

34. 김유택 원장 방일 관련 주일 대표부 보고 전문

번호: JW-08397

일시: 311010[1961. 8. 31]

수신인: 외무부 장관 귀하

한일 문제 해결을 위한 사전 교섭의 건

연: JW-08310

금일 31일 오전 10시경까지 김 원장 방일 중의 일정에 관하여 추가 결정된 것을 다음과 같이 보고함.
    8월 31일(목요일)17시: '후지야마' 경제기획청 장관 방문(대체로 결정).
    9월 4일(월요일) 10시: '요시다 시게루'와 '하코네'에서 면담 결정.
    동일   15:30시: '후지에타' 방위청 장관 방문.
    9월 6일(수요일) 10:30분: 자민당 당 3역('마에오' 간사장, '아카기' 총무회장, '다나카' 정조회장)과 회합 결정.

추기: '요시다 시게루'와의 면담은 오는 9월 3일(일요일) 하오에 '하코네'에 가서 일박 후 익일 오전 10시에 면담할 예정임.

주일 공사

35. 김유택 원장의 이시이 미쓰지로 면담 결과 보고 전문

NO. JW-08400

DATE. 311315[1961. 8. 31]

TO: 외무부 장관 귀하

금일 8월 31일 이동환 공사와 엄 아주과장을 대동하고 오전 10시부터 11시 40분까지 '이시이 미쓰지로'를 자택으로 방문하고 면담한 결과를 다음과 같이 보고하나이다.

1. "일한문제간담회 결성의 동기에 관하여 일본 정계에서는 한일회담이 과거 10년간에 걸쳐 진행되었었으나 그것이 주로 실무자 간의 교섭이었으므로 성공되지 못하였다고 생각하고 이 문제를 정치적인 레벨에서 검토하여 정부에게 강력한 건의를 행하고 정부로 하여금 하루속히 동 문제 해결에 노력하도록 하는 목적으로 결성된 것으로서 동 간담회에는 전 수상 '기시 노부스케'를 비롯하여 각파의 대표의 대부분이 참가하고 있을 뿐만 아니라 '이케다' 수상의 전폭적인 지지를 받고 있으므로 동 회의 역할은 대단히 중요한 바가 있다"라고 '이시이'는 말하였음.

2. 재산 청구권과 평화선 문제에 관하여

본인은 말하기를 이 두 가지 문제는 양국 간에 제 현안 문제 중에서도 가장 중요한 것으로서 앞으로 한일회담이 재개되기 전에 양국 간의 문제 해결을 위한 기준에 관하여 뚜렷한 사전 합의가 없으면 또다시 과거와 같은 지연이 되풀이될 것으로 한국 정부는 생각하고, 본인이 방일하게 되었는바 본인의 체재 중 전기 원칙에 관하여 귀 정부 및 정계의 지도자들과 의견 교환을 하여볼 계획으로 있으므로 이 점을 잘 양지하여 일본 측으로서도 노력하여 주었으면 하고 생각한다는 뜻의 말을 하였던바, '이시이'는 다음과 같이 대답하였다. "김 원장의 말에 전적으로 동의하는 바이다. 재산 청구권 문제에 관하여는 경제 협력과 관련시켜 해결하는 방법과, 전연 별개의 문제로서 이것을 해결하는 방법 등이 있을 것이나 그러한 것은 앞으로의 구체적인 교섭에서 결정될 것으로 생각하는데 여하간 현재 일본 정부 및 정계 지도자들이 다 같이 열의를 가지고 동 문제 해결에 임할 태세를 갖추고 있으므로 앞으로의 전망이 좋을 것으로 기대된다. 또한 경제 협력 문제에 관하여는 양국 간에 국교가 정상화되면 당연히 이 문제가 일어날 것이므로 우리들이 그 전에 하여야 할 것은 근본적인 문제의 해결이라고 생각한다.

평화선 문제에 관하여는 첫째로 양국의 이익을 도모하고 어족을 보존하기 위하여 어획 방법 등을 합리적으로 규제하는 기초적인 원칙에서 이 문제를 해결하여야 할 것이다. 이에 관련하여 생각나는 것은 과거 한일회담에서 본인은 조선총독부 시대의 소위 어업 금지 구역이 평화선 문제 해결에서 고려되어야 한다는 의견을 외무성 당국에 말한 바 있다."

3. 정부 지도자들과의 교섭 방법에 관하여:

본인은 앞으로 '이케다' 수상이나 '고사카' 외상과 2, 3회 정도 회담할 필요가 있으리라고 생각되는데 중간 역할을 하여줄 적당한 사람이 있으면 추천하여 주기를 바란다고 말하였던바, '이시이'는 '기타자와 나오키치'가 적당하다고 추천하며, '기타자와'는 현재 일한문제간담회의 간사이며 외무성 출신으로서 동 간담회 결성 전에는 한국문제소위원회 위원장으로서 한일 문제 해결에 대단한 열성을 가지고 있을 뿐만 아니라 '요시다 시게루'의 심복 부하로서 '이케다'나 '사토'에게도 대단히 호평을 받고 있고 이 사람은 '후나다 주'보다도 더욱 적극적으로 협력하여 줄 것으로 믿는다고 하며 앞으로 김 원장이 직접 '이케다'와 '고사카'하고 교섭하는 데 있어서 자기의 힘이 필요하다면 협력을 아끼지 않겠다고 말하였다.

김유택/주일 대표부

37. 김유택 원장 방일 관련 주일 대표부 보고 전문

번호: JW-08109

일시: 311810[1961. 8. 31]

수신인: 외무부 장관 귀하

연: JW-08397호

한일 문제 해결을 위한 사전 교섭의 건

금일 31일 하오 6시경까지 김 원장 방일 중의 일정에 관하여 추가 결정된 것을 다음과 같이 보고함.

기

8월 31일 목요일 17:00시: 후지야마 경제기획청 장관 방문(면담 내용은 별도 보고).

9월 3일 일요일 16:00시: 하코네에서 자민당 부총재 '오노 반보쿠' 씨와 면담(요시다 시게루 씨와 면담하기 위하여 동일 하코네로 향발하므로 그 기회에 만나는 것임).

9월 4일 월요일 16:30시: '고노' 농림대신 방문.

주일 공사

38. 김유택 원장의 후지야마 아이이치로 경제기획청장 면담 결과 보고 전문

NO. JW-08410

DATE. 311810[1961. 8. 31]

To. 외무부 장관 귀하

　금일 하오 4시 이동환 공사 및 엄 아주과장을 대동하고 경제기획청장 '후지야마 아이이치로'를 방문하여 약 20분간 면담하였으며 본인은 동 면담을 통하여 '후지야마'에게 '현하 국제 정세하에 있어 양국 간의 조속한 국교 정상화가 요망되는데 이를 위하여는 제 현안 문제의 해결을 실무자에게만 맡겨두다가는 여전히 아무런 성과가 없을 것이므로 이제 사전에 정치적인 타협이 필요하다고 생각되어 본인이 귀국을 방문하게 되었으므로 이를 위하여 당신이 측면에서 노력하여 주기 바란다"라고 말하였던 바 '후지야마'도 적극 협력할 것을 약속하였으며 "현 '고사카' 외무대신이 열성을 가지고 한일 문제를 해결키 위하여 노력하고 있으므로 반드시 좋은 성과가 있으리라고 믿는다"라고 말을 하였음.

　　　　　　　　　　　　　　　　　　　　　　　주일 대표부 경유 김유택

39. 김유택 원장의 자민당 일한문제간담회 회원 면담 결과 보고 전문

NO. JW-08411

DATE. 311840[1961. 8. 31]

To. 외무부 장관 귀하

금일 8월 31일 오후 3시부터 3시 50분까지 일본 중의원 상임위원장실에서 자민당 일한문제간담회원(이시이 미쓰지로, 기타자와 나오키치, 가야 오키노리, 후나다 주, 다나가 에이이치 등 약 20명)과 간담하였는바 그 내용을 아래와 같이 보고함.

1. 이시이의 간단한 소개 인사가 있은 후 본인은 현재의 국제 정세 및 한일 양국의 이해관계로 보아 한일 관계의 조기 타결이 시급한 바 있으므로 대국적인 견지에서 문제의 타결을 위한 일반적인 의견 교환을 하고 싶다고 인사하였음.

2. 일 측 참석자는 대체로 양국이 처해있는 국제 정세가 준열한 바 있으며, 한국의 번영이 일본의 안위에 직결된다는 인식하에 한국과 적극 협조하겠다는 의사를 표시하였는바, '양국 간의 협조가 대단히 시급한 것이므로 우선 국교 정상화를 먼저 하고 그 후에 현안 문제를 해결함이 현실에 적합하지 않는가'라는 의견을 표시하였음(기무라 도쿠타로, 후나다 주, 가야 오키노리, 노무라 기치사부로 등 발언자의 대부분이 이러한 의견을 표시하였음).

3. 이에 대하여 본인은 종시 일관하여 현안 해결 전에 국교를 정상화한다는 것은 적합하지 않으며 우리는 현안 문제의 해결과 국교의 정상화가 동시에 이루어지기를 바란다고 주장하는 동시에 지금까지 10년간 이야기하여 온 현안 문제이니 지금은 결단

을 내릴 시기라는 점을 강조하였음.

4. 국교 정상화 선행 여부 문제에 관한 논의가 진행되고 양측의 의견이 전부 피력되었을 무렵에, '기타자와 나오키치'는 국교 정상화는 하루라도 속히 하는 것이 좋은데 시기적으로 지금이 가장 좋다고 전제한 후 양국 현안 문제 중 가장 중요한 것은 평화선 문제와 청구권 문제라고 지적하면서 "평화선 문제 해결을 위하여 어업협정의 체결 등 구체적인 해결 방안을 한국 측이 생각하고 있는가?"라고 질문하였음.

5. '기타자와'의 물음에 대하여 본인은 일본은 청구권 문제에서 양보하여야 하며 한국은 평화선 문제에서 양보하여야 하는데 한국은 평화선 문제에 관하여 어업협정의 체결을 고려하고 있다고 말하였는바, 이러한 말을 듣자 '기타자와'는 물론, 대부분의 참석자가 문제를 해결할 수 있는 단계에 왔으며 지금은 양국 정치가가 모종의 조치를 취하여야 할 필요가 있음을 인정하였고 이로써 실질적인 이야기를 끝마치게 되었음.

6. 간담을 끝마침에 있어서 '이시이'는 본인이 일정 당국과 교섭함에 있어서 자기들이 도울 만한 일이 있으면 이야기하여 달라고 말하였고, 본인은 그들의 측면 지원이 있기를 바랐음.

7. 이상 간담회의 분위기는 종시 우호적인 분위기 속에서 진행되었음.

김유택/주일 대표부

40. 김유택 원장 방일 일정표 송부 공문

2051 한일대(정) 제 397호
단기 4294년 8월 31일

주일 공사[관인]

외무부 장관 귀하

긴명: 김유택 원장 체일 일정표 송부의 건

머리의 건에 관하여는 수시로 전보로 보고하였사온바 금일 8월 31일 오후 6시 현재로 확정된 일정은 별첨 표와 같사옵기에 보고하나이다.

별첨: 김 원장 일정표

이상

별첨

40-1. 김유택 원장 방일 일정

2052 8월 31일(목요일) 일정

    오전 10:00   '이시이 미쓰지로' 씨와 면담(이시이 씨 댁에서)

    오후 2:00   자민당 외교조사회 일한문제간담회 의원과 간담(중의원 2층 상임 위원장실)

    5:00   경제기획청 장관(후지야마 아이이치로) 방문(경제기획청)

    7:00   이시이 씨 초대 연회(일한문제간담회 회원 등 참가)(아카사카 가즈 오에서)

2053 9월 1일(금요일) 일정

    오전 11:30   이케다 총리 방문(총리 관저)(오히라 관방장관 입회)

    오후 2:30~4:00 고사카 외상 방문(외무성)

    4:30   운수대신(사이토 노보루) 방문(운수성)

    6:30   고사카 외상 초대연(아카사카 신하세가와에서)(이시이, 오노, 자민당 3역, 아다치, 우에무라, 이세키, 우야마, 이 공사 등 참석)

    (같은 시간에 '마에다' 과장이 엄 과장을 대접함)

2054 9월 2일(토요일) 일정

    오전 10:30   대장대신(미즈타 미키오) 방문(대장성)

    오후

2055 9월 3일(일요일) 일정

    오후   하코네 향발

                 (고와키 호텔 유숙)

    4:00   오노 반보쿠(귀빈관)

2056 9월 4일(월요일) 일정
        오전 10:00   전 총리 요시다 시게루 방문
            12:00   도쿄 향발
        오후 3:30   방위청 장관(후지에마 신스케) 방문(방위청)
            4:30   고노(河野) 농림대신 방문

2057 9월 5일(화요일) 일정
        오전
        오후   법무대신(우에키 고시로) 방문(법무성)

2058 9월 8일(수요일) 일정
        오전 10:30   자민당 3역과 회담(자민당 본부, 총재실)
                      당 3역: 마에오 시게사부로 간사장
                              아카기 무네노리 총무회장
                              다나카 가쿠에이 정무조사회장
        오후 2:00~4:00 아다치 상공회의소 회두, 우에무라 경제단체연합회 부회장 등
                      경제인과 간담

43. 김유택 원장의 이케다 총리와의 회담 결과 보고 전문

NO. JW-0906

DATE. 011740 [1961. 9. 1]

To. 외무부 장관 귀하

일본 수상 '이케다'와의 회담에 관한 보고

금일 9월 1일 오전 11:30시 이동환 공사 및 엄 아주과장을 대동하고 일본 수상 '이케다'를 방문하여 약 20분간 회담하였는바 그 내용을 다음과 같이 보고하나이다.

본인은 '이케다' 수상에 대하여 "과거 경험에 비추어 앞으로의 회담 재개에 앞서 양국 간에 정치적인 사전 타협이 필요하다고 생각되며 그를 위하여는 재래 곤란한 문제로 되어오던 청구권 문제와 평화선 문제에 관하여 상호 간에 만족할 만한 양해가 있어야 하겠다고 생각한다"라고 말하였던바, '이케다' 수상은 "역사적으로나 현하 국제 정세하에서는 일한 양국 간의 관계가 친밀하여야 한다고 생각하므로 앞으로 양국이 흉금을 털어놓고 의견 교환을 할 필요가 있으며 시일이 지연되면 지연될수록 양국이 다 같이 불리할 것이다. 나로서도 이 문제의 조속 해결을 정부에 지시하겠다"라고 대답하였다.

이어 본인은 그런 목적을 위하여 조속히 현안 문제를 해결하고 국교를 정상화하여야 하며 그 기초 위에서 경제 협력을 한다는 입장을 우리 정부는 취하고 있다고 말하고 나서 본인이 체류 중에 문제 해결을 위한 결정을 볼 수가 있었으면 하고 생각한다고 부언하자, '이케다' 수상은 본인의 체류 중 그러한 결정이 반드시 있어야 한다고 동의하고 나서 현재 국민과 정부 및 자민당이 모두 이 문제의 해결의 필요성을 절실히 인식하고 있다고 말하고 구체적인 문제점에 관하여는 외무대신과 만나서 교섭해 주면 좋겠다는 의견을 표명하고 앞으로 교섭 진행상 필요하면 '오히라' 관방장관이든 자기

자신이든 언제라도 만나서 이야기할 생각이 있으므로 연락하여 달라고 결론지었음.

추기: 일본 측 참석자-'이케다' 수상, '오히라' 관방장관, '이세키' 아세아국장

주일 대표부 경유 김유택

45. 김유택 원장 방일 일정 추가 보고 전문

번호: JW 8908

일시: 011800[1961. 9. 1]

수신인: 외무부 장관 귀하

한일 문제 해결을 위한 사전 교섭의 건

연: JW-08397

금일 1일 김 원장 방일 중의 일정에 관하여 추가 결정된 것을 다음과 같이 보고함.

9월 5일 화요일 14:20시: '사토' 통산대신 방문.
　　　　　　　　15:30시: '미키' 과학기술청 장관 방문.
　　　　　　　　16:30시: '우에키' 법무대신 방문.

주일 공사

46. 김유택 원장의 고사카 외상과의 회담 결과 보고 전문

NO. JW-0910

DATE. 011830[1961. 9. 1]

To. 외무부 장관 귀하

'고사카' 외상과의 회담 내용 보고에 관한 건

금일 9월 1일(금요일) 하오 2시 30분, 일본 외상 '고사카'를 방문하고 약 1시간 30분간 회담하였는바 그 내용을 다음과 같이 보고하나이다.

1. 회담자 아 측: 김유택, 이동환, 엄영달
 일 측: 고사카 외상, 이세키 아세아국장, 마에다 북동아과장.

2. 회담 내용
ㄱ. 본인은 우선 방일 목적을 간단히 설명한 다음 본인이 체류하는 동안에 문제 해결에 관한 기본적인 합의를 보고 싶다고 말하자, 일본 외상도 기본 원칙 합의의 필요성을 강조하였음.
ㄴ. 국교 정상화 문제에 관하여 본인은 현안 문제를 조속히 해결하고 국교 정상화를 하자는 입장을 표명하였던 바 이를 양승하였음.
ㄷ. 재산 청구권에 관하여는 본인은 본인에게 대한 외무부 장관 훈령 '신시대 I-6' 중 '청구권 문제'에서 언급하신 바 있는 금액을 암시하면서 일본의 태도 표명을 요청하였던바, 일 측은 구체적인 액수에 관하여는 검토해 온 일이 없다고 전제한 다음 일 측으로서는 국회에 대하여 설명할 수 있는 근거에 입각한 금액이 아닌 한 지불이 곤란하며 청구권으로 일 측이 생각하고 있는 액수는 '극히 소액에 불과하다'고 대답하고

전기 암시 금액에 대하여 '그것은 도저히 불가능하다'는 표정을 지었음. 그 후 '고사카'는 "청구권 중에는 '특별 원조'(무상 원조를 의미)도 포함되어 있는가?"라고 반문했으므로 원칙적으로 그러하나 그 내용에 관하여는 앞으로 회담에서 결정할 수 있을 것이라고 말하였음.

이와 관련하여 '고사카'는 일본 측으로서는 국교 정상화 이전에라도 한국에 대하여 필요한 경제 원조를 행할 용의가 있으니 한국 측은 '가벼운 마음'으로 받아달라고 말하였음.

ㄹ. 평화선 문제에 관하여는 '고사카'는 일 측으로서는 앞으로 한일 양국 어민의 이익과 어업 자원 보호 면을 고려하여 자주 규제를 원칙으로 할 것을 생각하고 있다고 말하고 이러기 위하여서는 평화선의 철폐가 전제되어야 한다고 생각한다고 말하였음.

이에 대하여 평화선은 앞으로 계속 유지하되 어업 자원에 따라 일본 어민의 조업을 허락할 수도 있고 또 일본과 어업협정을 통하여 자주적 규제를 하는 방법도 고려될 수 있는데 그것은 모두 일본 측이 청구권에 대하여 성의를 어느 정도 표시하느냐에 따라 결정될 것임을 암암리에 표명하였음(이 문제에 관하여는 주로 훈령 중 '평화선에 관한 문제'에서 언급된 2안을 주로 하되 명확한 '마일' 수는 표시를 보류하였음).

ㅁ. 재회담에 관하여: 본인은 귀국 이전에 다시 만나서 일본 측의 구체적인 입장을 알기 위하여 다시 가능한 한에 있어 비밀리에 만날 것을 제의하였던바 '고사카'는 찬의를 표명하였음. 재회담 일자는 추후 결정하기로 하였음.

주일 대표부 경유 김유택

47. 김유택 원장-고사카 외상 회담에 관한 일본 언론 보도 보고 전문

번호: JW-0912

일시: 021220 [1961. 9. 2]

수신인: 외무부 장관 귀하

금일 9월 2일 지 당지 각 신문 조간은 작일 방일 중의 김 경제기획원장과 '고사카' 외상과의 회담에 관하여 보도하였는바 그중 '아사히' 신문은 다음과 같이 보도하고 있사옵기에 이를 번역 보고함.

기

방일 중의 김유택 한국 기획원장은 1일 하오 2시 30분경 외무성으로 '고사카' 외상을 방문하고 '쿠데타' 후의 한국 정세를 설명함과 동시 일한 관계의 정상화 등에 관하여 약 1시간에 걸쳐 의견을 교환하였다. 석상에서 김 원장은 일한회담을 조속히 타결하고 싶다는 한국 정부의 태도를 표명하였으나 일한 경제 협력에 관해서는 국교 정상화가 실현된 후에 있어야 한다는 기정방침을 재차 천명하였다.

김 원장의 방일은 원래 일본 정부의 한국 군사 정권에 대한 태도를 타진하는 데에 목적이 있다 하므로 '고사카' 외상과의 회담을 상당히 중시하고 있는 것으로 보이나, 1일의 회담에서는 일단 쌍방의 기본적인 의견을 교환하였으며 서로 뱃속을 들여다보는 데에 시간을 보낸 것으로 보고 있어 앞으로 때에 따라서는 재차 외상과 회담하게 될 가능성도 있다 한다. 1일의 회담에서는 먼저 김 씨가 한국 정세에 관해서 설명하고 한국의 정치 정세가 안정의 방향으로 향하고 있음을 강조하였으며, 일한 관계의 정상화, 경제 협력 등에 관해서 김 씨는

'1. 일한회담은 대국적 견지에서 조속히 타결하고 싶다. 사무적 단계로서는 타결키

어렵다.

 2. 일한회담에서는 한국청구권과 이 라인 문제가 중심이 될 것이나, 일본 측이 청구권 문제에서 대국적인 견지로 분발하여 준다면, 한국 국민의 대일 감정도 해소되어 이 라인 문제는 용이하게 해결될 것으로 생각한다.

 3. 이러한 입장에서 회담에 임하기 위하여 한국 측은 일한회담 수석대표를 정치적 발언권이 있는 거물로 기용할 용의가 있다.

 4. 일한회담에서 양국 간의 제 현안을 전면적으로 해결하고 국교 정상화를 할 것이며, 일한 경제 협력은 국교 정상화 실현 후에 있어야 할 것이다.'

등의 의견을 말하였다.

이에 대하여 '고사카' 외상은

 1. 일한회담에서의 제 현안 문제의 해결은 확실히 정치적 절충이 필요하나, 동시에 사무적 단계의 교섭에 의하여 문제를 충분히 검토할 필요도 있는 것으로 생각한다. 그러나 회담을 호양 정신으로 조속히 타결한다는 데 대하여는 동감이다.

 2. 한국 측은 일한 경제 협력을 국교 정상화 후에 있을 것을 원하고 있으나 한국의 경제 및 민생의 안정에 공헌되는 것이 있다면, 국교 정상화 이전이라도 경제 협력에 착수하여도 좋다는 생각도 있다.

(이에 대하여 김 씨는 국교 정상화에 의한 상쾌한 기분으로 하는 것이 좋을 것이라는 견해를 되풀이하였다.)

한편 본건에 관한 요미우리신문 보도 중에는 다음과 같은 기사가 있었삽기에 아울러 보고함.

외무성 측 소식통에 의하면 "일본 측이 청구권 문제를 대국적 견지에서 해결책을 제시한다면 한국 국민의 이 라인에 대한 생각도 크게 완화될 것이다. 한국 측은 회담 수석대표로 정치적 거물을 임명할 예정이니 일본 측도 될 수 있는 한 실력자를 임명하여 주기를 바란다"고 김 원장이 말한 것으로 미루어, 한국 측의 일한회담에 임하는 기본적 태도는 일본 측의 청구권 문제에 관한 대폭적 양보(한국 측은 최저 7억 불의 지불을 요구한다 함)로 정치적으로 해결하려고 함이 일단 명백히 된 것으로 보고 있다.

주일 공사

49. 김유택 원장의 운수대신 면담 결과 보고 전문

NO. JW-0920

DATE. 021430 [1961. 9. 2]

To. 외무부 장관 귀하

운수대신과의 면담에 관한 건

　본인은 작 9월 1일 하오 4시 이동환 공사와 함께 운수대신 '사이토'를 방문하고 약 20분간 한일 간의 현안 문제를 대국적인 견지에서 해결하여야겠다는 요지의 발언을 쌍방에서 하였음.

주일 대표부 경유 김유택

50. 김유택 원장의 대장대신과의 회담 결과 보고 전문

NO. JW-0921

DATE. 021430 [1961. 9. 2]

To. 외무부 장관 귀하

'미즈타' 대장대신과의 회담 결과 내용 보고의 건

　금일 9월 2일(토요일) 본인은 이동환 공사와 엄 아주과장을 대동하고 '미즈타' 일본 대장대신을 방문하고 요지 다음과 같은 의견의 교환을 하였음.

　1. 종래의 경험에 비추어 보아 한일 간의 제 문제의 해결은 사무가에게만 일임하여 조속한 타결이 불가능할 것이므로, 이제 양국 정부가 대국적인 견지에서 정치적인 판단을 내릴 때가 왔다고 말하였던바, '미즈타' 대장대신도 역시 한일 간의 제 문제를 개별적으로 해결하려고 하면 반드시 여러 가지로 곤란한 문제가 발생하게 되므로 앞으로는 총괄적인 해결 원칙을 강구하여야 한다는 자신의 의견을 표명하였음.

　2. '미즈타' 대신은 청구권 문제가 양국 간의 현안 문제 중에서 가장 중요한 것임을 시인하면서 동 문제 해결에 있어서는 1957년 12월 31일 자 미국 정부의 '평화조약 4조 B항에 대한 해석 각서'가 고려되어야 하며 그렇게 함으로써 일정 당국이 사회당과 같은 야당의 공격을 막아낼 수가 있다고 말하였음. 이에 대하여 본인은 지금은 그와 같은 법 이론적인 문제를 초월해서 대국적인 견지에서 결정을 지을 단계라고 지적하고 한일 문제의 원만한 해결을 위한 동 대신의 적극적인 태도를 요청하였음.

　3. 과거 한일회담을 통하여 볼 때 일본 외무성은 항상 "대장성이 반대한다" 또는 "대

장성이 응하지 않을 것이다"라는 등의 말을 자주 하는데 앞으로 한일 문제 해결에 있어 대장성 측에서 잘 협조하여 주기 바란다는 말을 하자, '미즈타' 대신은 대장성에 관한 문제는 비교적 용이한 것이지만 농림성의 입장이 오히려 강경할 염려가 많으니 앞으로 동 성을 납득시키는 데 노력하여 달라는 대답을 하였음.

주일 대표부 경유 김유택

51. 김유택 원장 방일 일정 추가 보고 전문

번호: JW9924

일시: 021740[1961. 9. 2]

수신인: 외무부 장관 귀하

한일 문제 해결을 위한 사전 교섭의 건

연: JW-08397호

 금일 9월 2일 김 원장 방일 중의 일정에 관하여 추가 결정된 것을 다음과 같이 보고함.
 9월 5일 화요일 09:30 라이샤워 미국 대사 방문

 추이: 김 원장은 요시다 시게루 및 '오노 반보쿠'와 면담하기 위하여 명일 3일 하코네로 출발하는바 동지에서 '이시이 미쓰지로'와 상봉하여 오전 중에 골프를 하기로 되어있사옵기에 첨언함.

주일 공사

57. 김유택 원장의 고노 농림대신과의 회담 결과 보고 전문

NO. JW-0936

DATE. 041845 [1961. 9. 4]

To. 외무부 장관 귀하

일본 농림대신 '고노'와의 회담 보고의 건

금일 9월 4일 오후 4시 30분 이동환 공사 및 엄 아주과장을 대동하고 '고노' 농림대신을 방문하고 약 30분간 회담하였는바 그 내용을 다음과 같이 보고하나이다.

1. 본인은 방일의 목적을 설명한 다음 앞으로 대국적인 견지에서 양국의 현안 문제의 해결을 도모하도록 쌍방이 노력하여야 할 것이라고 전제한 다음 앞으로 농림대신이 외무성 당국에 좋은 영향력을 발휘하여 조속한 시일 내에 양국의 관계가 정상화되도록 편달하여 주기를 바란다는 말을 하였던바,

2. 동 대신은 지금은 양국의 관계를 원만히 할 좋은 기회임을 자신도 충분히 인식하고 있으므로 적극 협력할 것이며 평화선 문제에 있어서도 일본이 한국 연안에까지 침입하여 탐획을 한다는 것은 사실상 좋지 못한 일이며 한국 측이 불유쾌하게 생각하는 것도 당연한 일이므로 일본 측도 이런 점을 고려하고 양국의 이해관계를 원만히 조정토록 노력하여야 될 것이라고 하였음.

3. 청구권 문제에 관하여도 한일 양국은 방위 면에서 공동 운명체라고 생각하므로 일본 측으로서는 한국에 대하여 적극 협력하여야 할 것이며 또한 '청구권으로서는 한 푼도 지불 못 하지만 경제 협력이라는 명목으로는 줄 수 있을 것이라 하는 따위의 작

은 문제를 가지고 고집할 것이 아니라고' 생각하며 한국 측도 역시 이 문제를 너그럽게 처리해야 한다고 믿는데 하여간 양국이 원만한 교섭을 통하여 해결토록 힘쓰자고 '고노'는 말하였음.

4. 한일회담 수석대표에 관하여는 외교관 아닌 지도자를 임명하여 정치적으로 해결토록 노력하는 것이 좋은 방법이라고 '고사카' 대신에 권유한 바 있다고 '고노'는 부언하였음.

주일 대표부 경유 김유택

59. 김유택 원장의 면담 관련 보고 전문

2093   번호: JW-0937

일시: 041845[1961. 9. 4]

수신인: 외무부 장관 귀하

'요시다 시게루', '오노 반보쿠' 및 후지에타 방위청 장관과의 면담에 관한 보고

9월 3일 및 9월 4일 양일에 걸쳐 전기 2명과 '하코네'에서, 또 '후지에타'는 도쿄에서 회담하였는바, 그 내용에 관하여는 내일 9월 5일에 보고드릴 위계임.

추가: 금일(9월 4일) 오후 5시 이후 '이세키' 아세아국장(이 공사)과 '후지사와 나오키치' 의원을 만나기로 되어 있음.

주일 대표부 경유 김유택

60. 김유택 원장 방일 기간 연장 관련 본부 지시 전문

암호번호: WJ-0918

발신시간: 041120 [1961. 9. 4]

수신인: 주일 대표부 경유 김유택 특사
발신인: 외무부 장관

그간 제출한 보고서를 통하여 현지에서 많은 수고를 하시는 것을 치하합니다. 귀국 일자는 아직 미정인 듯 하오나 임무 달성을 위하여서는 여정을 여유 있게 잡는 것이 좋을 듯하오니 그렇게 조절하시기 바랍니다.

(이상)

62. 김유택 원장의 라이샤워 주일 미국 대사와의 회담 결과 보고 전문

NO. JW-0960

DATE. 051810[1961. 9. 5]

To. 외무부 장관 귀하

'라이샤워' 대사와의 회담의 건

9월 5일(화요일) 이동환 공사와 엄 아주과장을 대동하고 주일 미 대사 '라이샤워' 씨를 방문하고 요지 다음과 같은 내용의 의견 교환이 있었음.

1. '라이샤워' 대사: 현하 국제 정세하에 있어서 한일 양국이 조속히 우호적인 관계를 수립하는 것이 요망되는데 자기[내] 생각으로서는 과거의 제 문제의 청산이라는 점에 너무 집착하는 것보다는 양국이 '새로운 건설적인 관계'를 이룩하면 전기의 제 문제는 자동적으로 해결될 것이다. 양국의 관계의 조정은 빠를수록 좋고 금년 내의 해결은 내년 여름의 해결보다 훨씬 유리하다고 생각한다.

2. 이에 대하여 본인은 우리도 그 점은 충분히 인식하고 있으므로 양국 관계의 조기 조정에 힘쓰고 있으며, 그 목적을 위하여 본인이 방일하게 된 것이다. 그런데 이와 같은 목적을 위하여는 무엇보다도 양국이 제 현안 문제를 조속히 해결하고 '깨끗한 기분'으로 양국의 관계를 수립하고, 그 위에 서서 경제 협력 관계도 추진하여 나갔으면 하는 입장을 한국 정부는 취하고 있다고 말하였음. 본인은 "오늘까지 여러 정부 및 정당의 지도자들과 만나서 의견 교환을 하여보았는데 아직 일본 측은 준비가 되어있지 않은 모양이다"라고 부언하였던바

3. '라이샤워'대사는 앞으로 가급적이면 '고사카' 외상과 직접 만나서 흉금을 털어놓고 말하는 것이 가장 효과적일 것이라고 자신의 의견을 표명하고 있는바, 그 이유로서는 '고사카' 외상이 '이케다' 수상과 가깝고 정치적으로도 상당한 영향을 가지고 있기 때문이라고 말하였음.

주일 대표부 경유 김유택

63. 김유택 원장의 사토 통산대신과의 회담 결과 보고 전문

NO. JW-0961

DATE. 051810 [1961. 9. 5]

To. 외무부 장관 귀하

'사토' 통산대신과의 회담에 관한 보고

1. 국교 정상화 문제에 관하여

'사토' 통산대신은 현하 국제 정세하에 있어서 양국 관계의 조정이 필요하다고 생각하는데, 양국 간의 현안 문제를 해결하고 국교 정상화를 하는 것이 요망되기는 하지만 일본의 국내 정치상으로 곤란한 문제가 있으므로 우선 국교를 정상화하고 연후에 청구권과 같은 현안 문제를 해결토록 쌍방이 노력하는 것이 좋은 일이 아닌가 생각한다고 말하기에 본인은 제 현안 문제를 조속히 해결하고 나서 국교 정상화를 하고 그러한 기초 위에서 경제 협력 관계도 추진하여 나가자고 아 측의 입장을 재천명하였음.

2. 재산 청구권 문제

'사토' 씨는 이 문제에 관하여 말하기를 본인이 '고사카' 외상과 만나서 구체적인 문제에 걸쳐서까지 충분히 논의를 한 것으로 알고 있는데 한국 측이 제시한 청구 금액이 너무나 막대한 감이 있으며 또한 이 문제에 관한 일본 측의 정책이 수립되어 있지 않으므로 본인의 체류 기간 중에 어떤 구체적인 답변이 나오기는 곤란할 것으로 생각된다고 말하였음.

주일 대표부 경유 김유택

64. 김유택 원장의 요시다 시게루 전 총리 등과의 회담 결과 보고 전문

NO. JW-0962

DATE. 051810[1961. 9. 5]

To. 외무부 장관 귀하

'요시다 시게루', '오노 반보쿠' 및 '후지에타' 방위청 장관과의 회담에 관한 보고

1. '요시다 시게루'와의 회담

동 회담을 통하여 '요시다' 씨는 과거 자기가 이승만 씨와의 CLARK 대장 초대 회의 석상에서 좋지 못한 감정을 갖게 되어 그것이 원인이 되어 자기의 집권 당시 한일 간의 문제를 해결치 못하였던 것을 유감으로 생각하고 또한 후회한다고 말하였으며, 현하 국제 정세하 양국 관계의 친밀화가 크게 요망되는 바이므로 '이케다' 수상 및 정부 지도자나 자민당 간부들에게도 이 목적을 위하여 적극 노력하도록 말하여 두겠다고 첨언하였음.

또한 한일회담에 관하여는 양국의 수석대표는 외무 관리보다 정치적 영향력이 있는 사람으로써 임명하고 '대소 고소'한 입장에서 정치적으로 타결을 구하도록 하는 것이 좋겠다고 말하였음.

2. '오노 반보쿠'와의 회담

'오노' 씨는 한일 관계의 조속한 타결을 위하여 적극 노력을 약속하고 당내의 의견 조정에도 최선을 다하겠다고 말하였음.

3. '후지에타' 방위청 장관과의 회담

동 회담에서 '후지에타' 씨는 한국 국군과 38선을 시찰하기 위하여 자위대원을 한국으로 파견하였으면 하고 생각한다고 말하기에, 본인은 장래에 그러한 시기도 올 것이라고 답변하였음.

주일 대표부 경유 김유택

65. 김유택 원장의 미키 과학기술원청 장관 등과의 회담 결과 보고 전문

NO. JW-0963

DATE. 051810[1961. 9. 5]

To. 외무부 장관 귀하

'미키' 과학기술원청 장관 및 '우에키' 법무대신과의 회담 보고

9월 5일 전기 양 씨를 방문하고 각각 약 20분간 본인의 방일 목적에 관하여 설명하고 앞으로의 한일 관계를 조정하기 위한 의견을 간단히 교환하였음.

주일 대표부 경유 김유택

66. 주일 공사의 이세키 아시아국장과의 회담 결과 보고 전문

NO. JW-0967

DATE. 061330 [1961. 9. 6]

To: 외무부 장관 귀하

한일회담을 위한 사전 교섭에 관한 보고

9월 4일 오후 5시 30분 일본 외무성 이세키 아세아국장의 요청에 의하여 본인은 김유택 경제기획원장의 방일 문제와 관련하여 회담하였는바 그 내용을 다음과 같이 보고함.

1. 청구권에 관한 한국 측의 제안

가. 9월 1일 김 원장이 고사카 외상과의 회담에서 한국 측의 재산 청구액을 8억 불로서 제시한 데 대하여 이세키 국장은 '의외로운' 그리고 '돌연한' 제안이었는데 그 이유는 첫째로 동 청구 금액이 너무나 막대하다는 것, 둘째로 그러한 구체적인 제안이 있으리라고는 처음부터 기대치 않았다고 말하기에 본인은 과거 10여 년간을 두고 회담을 하여왔으므로 어떤 결정적인 시기에는 그와 같은 구체적인 안이 있을 것임을 기대할 수 있는 것인데 김 원장이 오신 것이 바로 그 시기였으므로 그러한 제안이 있었던 것이며 또한 금액에 관하여도 본인이 취임 시 본국에서 들은 바에 의하면 그것보다도 훨씬 많은 액에 달하고 있었던 것을 고려할 때 상기 청구 금액은 충분한 근거가 있는 합리적인 것이라고 생각한다고 말하였음.

나. 이에 관련하여 이세키 국장은 말하기를 자기가 장 정권 당시 서울을 방문하였을 때 한국 정부의 당국자(그 이름을 밝히지는 않았음)로부터 청구권이 5억 불가량 될 것

이라는 말을 들었으므로 귀국하여 상사에게 또는 정당 지도자들에게 한국의 청구권의 요구는 5억 불 선에서부터 출발할 것이라고 보고한 바 있는데 금번의 숫자는 그것과 너무 차이가 있다고 말하므로 본인은 당시 정부 당국자로부터 10억 불 선이라는 말을 들은 바 있었다고 대답하였음.

다. 전기 청구 금액에 대한 일본 측의 입장 표명 시기:

이 문제에 관하여 이세키 국장은 말하기를 일본 측으로서는 9월 말부터 10월에 걸쳐 일본 국회가 열리고 11월 중 미일 경제위원회가 있고 그후 이케다 수상이 동남아를 시찰하고 11월 말에 귀국할 것이므로 아마 11월 말이나 12월 초쯤에 어느 정도로 표시될 것이라고 말하였음.

라. 한일회담 개최에 관하여:

이세키는 예정대로 한일회담을 9월 내지 10월 쯤에 개최하고 쌍방이 청구권 문제에 관하여 구체적인 대책 토의를 향하게 하고 11월 말쯤까지는 청구권 내용을 명확히 파악게 한 다음 그 후에 이르러 정치적인 해결의 발판을 만들게 하는 것이 좋다고 생각하며 만약 회담이 열리지 않게 되면 지금까지 고조된 양국 간의 분위기가 저하가 될 염려가 있다고 말하였음.

마. 회담 수석대표 임명에 관하여:

이 문제에 관하여는 일본의 정치인들은 외무 관리보다 정계의 실력자를 임명하는 것이 좋다는 의견이나 이세키 국장은 실무자 중에서 임명하는 것이 좋다는 의견을 말하고 그 이유로서는 정치인이 임명되면 반드시 그의 반대파가 있어 오히려 당내 보조의 통일을 기하기가 곤란해지는 반면 실무자의 그것은 정치적인 편견을 배제하는 데 도움이 된다고 설명하였음.

주일 공사

68. 김유택 원장의 자민당 3역과의 회담 결과 보고 전문

NO. JW-0976

DATE. 061800 [1961. 9. 6]

To. 외무부 장관 귀하

자민당 3역과의 회담 결과 보고

금일 9월 6일(수요일) 오전 10시 30분 자민당 3역을 방문하고 대략 다음과 같은 내용의 의견을 교환하였음을 보고함.

1. 참석자: 한국 측: 김유택, 이동환, 엄영달
   일본 측: 마에오 시게사부로, 아카기 무네노리, 다나카 가쿠에이,
   기타 의원 2명

2. 회담 내용
   가. 아카기 무네노리: 한국 측 입장대로 제 현안 문제를 해결하고 국교를 정상화하는 것이 좋을 것이라고 생각한다. 청구권 문제에 관하여는 쌍방이 국민에게 설명할 수 있게 하기 위하여 배상적인 성격을 가진 청구권만을 종시 일관하여 주장할 것이 아니라 내용적으로는 청구권의 변제라 하더라도 외양적으로는 경제 협력이라는 명목으로써 이 문제를 해결한다면 양측이 다 같이 자기 국민에게 설명하기 좋을 것이다.

   나. 다나카 가쿠에이: 한일 양국은 군사적으로나 정치적으로나 공동 운명체인 만큼 하루속히 유대 강화를 위하여 필요한 조치를 취하여야 할 것이다.
   양측의 현안 문제 해결에 있어서도 쌍방의 거리가 너무나 떨어져 있는데 이것을 접근시키기 위하여 상호 노력하여야 한다.

청구권에 있어서도 양측이 구체적인 제안을 하고 우선 정치적 노력하에 총체액을 결정하여 놓고 나서 청구권이냐 경제 협력이냐 하는 구체적인 문제를 추후에 해결토록 하는 것이 좋은 방법이다. 하여튼 쌍방이 자기 입장만을 고수치 말고 대국적인 견지에서 문제 해결에 힘써야 할 것이다.

다. 본인의 발언 내용: 국교 정상화 문제에 관하여는 현안 문제 해결 후에 행할 것이라는 아 측의 종래의 입장을 재천명하고, 청구권 문제에 관련하여서는 아카기 총무회장이 청구권을 배상권과 혼동하고 있으므로 아 측 청구권은 순전히 사법상의 채무 변제에 속하는 것임을 설명하였으며 아 측이 거반 구체적인 청구 금액을 일본 측에 제시한 바 있으나 일본 정부는 아직 그 태도 결정의 준비가 되어있지 않고 있다는 점을 지적한 다음 실무적인 면을 떠나서 정치적인 해결을 하여주기 바란다는 발언을 하였음.

주일 대표부 경유 김유택

69. 김유택 원장의 일본 경제계 인사 면담 결과 보고 전문

NO. JW-0977

DATE. 061800[1961. 9. 6]

To. 외무부 장관 귀하

일본 경제계 인사와의 면담 내용 보고

금일 9월 6일 오후 2시부터 3시 30분까지 일본상공회의소에서 '우에무라' 경제단체 연합회 부회장 및 '아다치' 상공회의소 회두를 비롯한 5명의 저명인사를 방문하고 일본 재계인들의 경제 협력 관계 및 한일회담 타개책 등에 관한 의견을 청취하였음을 보고함.

주일 대표부 경유 김유택

72. 김유택 원장의 고사카 외상과의 2차 회담 결과 보고 전문

NO. JW-0986

DATE. 071830[1961. 9. 7]

To. 외무부 장관 귀하

'고사카' 외상과의 회담 보고

9월 7일(목요일) 이동환 공사를 대동하고 일본 '고사카' 외상을 방문하고 회담한 결과를 다음과 같이 보고함.

1. '고사카' 외상은 자신이 외무대신이라는 직책상, 그리고 개인적인 면에서라도 한일 문제를 원만히 타결하기 위하여 최선을 다하겠다고 전제한 다음, 본인의 방일은 일본 각계 인사로 하여금 양국 간의 문제 해결을 위한 열의를 앙양시키는 데 큰 도움이 되었다고 말하였음.

2. 청구권 문제에 관하여는 일본으로서는 대국회 관계 특히 사회당에 대하여 설명하기 위하여서라도 납득이 갈 수 있는 방법으로 해결하고 싶으며 순 청구권에 대한 변제로서 5,000만 불을 지불하기로 하고 그 이외로서는 한국의 5개년 계획의 내용을 보고 무상 원조의 형식으로 지불하고 싶은데 하여간 우선 청구권과 무상 원조에 관한 총체적인 액수를 일단 합의해 놓고 각기의 '퍼센티지'는 별도로 결정하였으면 하고 생각한다고 말하였는바 그 총액에 관하여는 구체적인 언급이 없었음.

3. 이에 대하여 본인은 우리의 입장이 일본의 그것과 전연 상이함을 지적한 다음, 우리 측은 청구권에 중점을 두고 일 측은 무상 원조에 중점을 두고 있으니 조정이 곤

란하다고 말하였음.

4. 그리고 청구권을 중심으로 정치적인 타결을 보지 못하면 앞으로 사무적인 절충이 필요할 것이라고 말하였는바, 이는 우리 측이 사무적인 검토를 하여도 자신이 있다는 것임.

5. 일본 측은 청구권에 관한 양측의 입장이 너무나 거리가 멀기 때문에 그의 조정 내지 대책을 위하여 앞으로 회담 개시 전이라도 사무적인 절충이 필요하다고 생각되니 한국 측의 실무자를 2, 3명 보내주었으면 좋겠다고 말하였음.

주일 대표부 경유 김유택

73. 김유택 원장의 귀국 일정 보고 전문

2118   번호: JW-0990

일시: 081110[1961. 9. 8]

수신인: 외무부 장관 귀하

김유택 경제기획원장과 엄영달 아주과장은 금일 8일(토요일) 서북항공기[NWA] 편으로 귀국함을 통지함.

주일 공사

74. 김유택 원장의 방일 결과에 대한 일본 언론 보도 보고 전문

번호: JW-0994

일시: 081455 [1961. 9. 8]

수신인: 외무부 장관 귀하

금일 8일 자, 당지 '요미우리' 신문 조간은 김유택 경제기획원장의 방일에 관하여 다음과 같이 보도하였사옵기에 참고로 이를 번역 보고함.

기

1. 일한회담 재개를 위하여 지난 30일에 방일한 한국 경제기획원장 김유택 씨는 7일 고사카 외상과의 회담을 최후로 일본 측 정, 재계 수뇌들과의 회담을 마쳤으나 이들 회담을 통하여 당초 예상되었던 정도로 양국 간의 정치적 협상의 진전이 없었고 금월 하순에 예정되고 있는 제6차 전면회담 재개를 앞두고 벌써부터 일한교섭 난항의 가능성이 강하여졌다. 김 씨의 방일은 자민당 일한문제간담회의 초청에 의한 것이나 김 씨가 한국의 부총리이고 군사 정권에서는 문관 중의 최대 실력자라는 점에서 동 씨와 일본 측 경제계 수뇌의 예비적 협의로써 금월 하순의 일한회담 재개 전 단계에서 상당 정도 구체적인 절충이 진전될 것으로 일반은 예상하였었다.

김 씨는 이케다 수상을 비롯하여 고사카 외상, 고노 농림, 미즈타 대장, 사토 통산, 후지에타 방위 등 중요 각료 및 요시다 전 수상, 오노 부총재를 비롯한 당 삼역, '아다치' 일상 회두, '우에무라' 경단련 부회장 등 재계의 수뇌진과 회담하였을 때, 일한회담은 사무적 교섭보다는 정치적 절충으로 일기에 해결해야 할 것이며, 모든 현안에 앞서서 한국의 대일 재산 청구권을 해결할 것이 선결임을 강조하였다. 이에 대하여 일본 측, 특히 고사카 외상은 대일 청구권에 관하여서는 정치 절충에 들어가기 전에 사무적 교섭을 진행할 필요가 있음을 강조하고 한국 측의 일기 해결 방침에 난색을 보였으며, 또한 자민당 3역들도 청구권의 현재보다는 경제 협력에 중점을 두고 싶다는 태도를 보이고 7일의 '고사카-김' 회담의 결과 정치적 절충과 사무 절충을 병행시키겠다는 결론에 달하였다.

이러한 일본 측의 태도는 '김' 씨를 극히 실망시킨 것 같으며, 서울 전보에 의하면 한국 정부 부내에는 한일회담 재개를 반대하는 공기가 나오고 있다고 하며, 김 씨 자신도 재계인과의 회담 석상에서 일본 정부에 대한 불만을 종종 표시하였다고 한다. 정부 측은 이 일한회담에 관하여 한국 측보다도 오히려 국내의 반향을 중시하고 특히 금월 하순 소집 예정의 국회 심의의 난항을 두려워하여 쉽사리 타협할 수 없다는 경계의 태도를 보이고 있으며 또한 특히 대장성에서는 한국의 대일 청구권에 대한 금액의 변제액에 대하여 강한 난색을 표시하고 있다. 청구권의 변제액에 관하여 일부에서는 한국 측은 5억 불 내지 7억 불의 요구안을 제시하는 것이 아닌가 하는 예상도 있으며, 일본 측은 이것을 극력 억제하려고 하고 있으므로(대장성에서는 1억 불 정도도 무리라고 보고 있음) 제5차 회담에서 논의된 한국의 8항목의 요구에 대한 법 이론회를 계속하고 이론적 입장에서 그 거액의 요구를 거절하여 경제 협력의 형태로 실질적 대한 원조를 실시하겠다고 생각하고 있으며 가능하면 청구권 문제의 해결이 교섭 중에 있더라도 대한 경제 원조의 문제부터 합의를 보고 연내에라도 실현하겠다는 생각이나, 한국 측은 청구권 문제가 해결될 때까지는 경제 협력, 기타 일체의 현안에 관한 협상에 응하지 않겠다는 태도를 취하고 있다. 또한 한국 측은 일한회담의 수석대표를 교섭의 정치적 처리의 능력이 있는 각료급의 거물로 할 것을 희망하고 있으나, 일본 정부 측은 국회의원 중에서 수석대표를 임명하는 것은 국회의 승인을 필요로 하므로 임시 국회에서의 혼란의 요인이 될 우려가 있다고 하여 피할 방침으로 있으며 한국 측이 기대하는 거물 수석대표의 실현은 희박하게 되었다. 이와 같이 김 씨의 방일은 양국의 접근을 실현하기보다는 반대로 양국의 대립점을 명백히 하는 형태가 되었으며, 벌써부터 일한 제6차 전면회담의 진도는 낙관을 불허하게 되었다. 또한 김 씨는 11일 오전 9시 30분 '노스웨스트'기로 귀국할 예정이다.

2. 방일 중 한국 경제기획원장 김유택 씨는 7일 하오 2시 30분 외무성으로 고사카 외상을 방문하고 일한회담의 재개에 관하여 최종적인 협의를 하였다. 이 회담에

서 한국 측은 현재 현안의 제 문제에 관하여 정치적 교섭을 행한 후 실무적 교섭으로 들어가야 한다고 주장하였으나 결국 정치 절충과 사무 절충을 병행해서 진행하기로 되었다. 또한 회담 일자 결정에 관하여서는 일본 측은 9월 20일 이후에는 어느 때나 좋다는 의향을 말하였으나 한국 측은 김 씨가 귀국 후 회답을 하겠다고 하여 결론은 나오지 않았다.

주일 공사

77. 김유택 원장의 방일 결과에 대한 일본 언론 보도 보고 전문

번호: JW-09115

일시: 111155 [1961. 9. 11]

수신인: 외무부 장관 귀하

금일 11일 자 당지 '아사히'신문 조간은 금번의 '김유택' 경제기획원장의 방일 결과에 관하여 다음과 같이 보도하였삽기에 참고로 이를 번역 보고함.

기

일한 관계 타개에 관하여 일본 측을 타진하고자 방일한 한국의 '김' 경제기획원장은 정부, 자민당, 재계 수뇌들을 역방하고 9일 귀국하였는바, 외무성 소식통은 금번의 '김' 씨의 방일은 일한 양국 정부가 당초에 기대한 것만큼 성과를 올리지 못한 것으로 판단하고 있다. 이것은 일한 관계 타개의 '열쇠'라고도 할 수 있는 한국청구권 문제에 있어서 일본 측의 '뱃속'이 전연 결정되어 있지 않으며, 한편 김 씨 측에서도 일한 관계 타개를 위한 하등의 구체적 제안이 없었기 때문이라고 말하고 있다. 이 결과 정부, 자민당에서는 일한 관계를 조속히 타결키 위하여는 우선 청구권에 있어서 어느 정도를 한국 측에 지불하여야 할 것인지에 관해서 본격적인 토의를 서두를 필요가 있다는 생각이 강해지고 있다.

일본 측은 부총리 격의 김 씨가 일한회담 재개를 앞두고 박 국가 재건최고회의 의장의 특명을 띠고 방일하는 데에 대하여 상당한 기대를 걸고 있었으며, 일한 양국 관계 타개를 촉진하는 구체적인 제안 내지는 현재까지보다는 탄력적인 태도를 보여주는 것으로 예상하고 있었다. 그러나 김 씨는 '고사카' 외상과의 회담에서 청구권에 있어서 일본 측이 분발할 것을 촉구하고, 대국적인 견지에서 일한회담을 조속히 타결할 것을 강조하였을 뿐 이전보다 이렇다 할 진전된 태도를 보여주지 않았다.

특히 청구권 문제에 있어서 한국 측은 상당히 거대한 액을 생각하고 있음을 언외로 비추었을 뿐, 한국 측의 생각을 솔직하게 제시하고 일본 측을 타진한다든지 하지 않았으며, 또한 일본으로부터 경제 협력을 받아들이는 문제에 관해서도 경제 협력은 어디까지나 국교 회복 후라는 종래의 선을 반복하였을 뿐이었다.

한국 측으로는 김 씨의 방일 제1목적이 청구권에 관해서 일본 측이 어느 정도를 지불할 용의가 있을 것인지를 파악하는 데에 있었던 것 같다. 즉 한국 정부는 김 씨에 의하여 파악되는 일본 측의 '뱃속'을 토대로 재개 후의 일한회담에서는 청구권 문제의 정치 절충을 중심으로 한 번에 일한 국교 정상화로 이끌어 갈 생각이었던 것 같다. 일본 측으로서는 현재까지 청구권의 액에 관해서 본격적 토의는 전연 하고 있지 않으므로 김 씨에 대하여 구체적인 일본 측의 '뱃속'을 제시할 용의는 전연 없었던 것으로, '이케다' 수상, '고시카' 외상은 김 씨에 대하여 청구권 문제는 일한 간의 사무 절충을 좀 더 검토할 필요가 있음을 역설하였다.

이와 같이 김 씨의 방일은 일한회담 재개 촉진에 그다지 효과는 없었던 것 같으나, 외무성 소식통은 금번의 김 씨 방일의 수확으로서 경제 협력은 국교 정상화 후라는 한국 정부의 종래의 방침이 재인식되었다는 것과, 일한 관계를 타개하기 위하여는 청구권 문제가 '열쇠'가 된다는 것이 일층 명확히 되었다는 것을 들고 있다.

청구권에 관해서는 '기시' 내각 시대에 1억 불 정도를 생각한 적도 있었다 하며, 일부에서는 양보할 수 있는 최종 선으로서 2억 불이라는 숫자가 전해지고 있다.

주일 공사

78. 이세키 아시아국장 방한 시 회담 내용에 관한 김용식 주영 대사의 보고

주영대 제1041호

단기 4294년 9월 8일

주영 대사

외무부 장관 귀하

건명: 일본 외무성 아세아국장 이세키 씨 방한 시 회담 내용에 관한 건

대 WL-0908호

머리의 건, 대호 전문 지시에 관하여 아래와 같이 보고하나이다.

기

일본 국회의원단이 지난 5월 초 방한 시 수행한 일본 외무성 아세아국장 이세키 씨가 외무부에 내방하여 사무차관실에서 본인과 약 1시간 동안 동씨의 요청으로 인하여 회담을 하였는데 그 요지는 다음과 같음.

이 회담은 쌍방이 공식적인 교섭의 형식을 취하지 않고 피차간 의견 교환의 형식으로서 외교상 Explorary Talking의 형식을 취하였음.

이세키 씨는 금번 내한한 국회의원단은 일본 자유민주당 내 각파 대표자들로써 구성되어 있으며 한일 문제 해결 전에 한국 측과 의견 교환을 하고 한국 국내 실정을 보기 위한 것이며 특히 자기는 이케다 수상으로부터 한국 정부의 견해를 타진하고 또 의견 교환을 하고 오라는 명령으로 왔다고 하며 현재 도쿄에서 진행 중인 한일예비교섭은 별다른 진전을 보지 못하고 있으나 금년 초부터 자민당 기시 일파로부터 한일 문제를 해결하여야 한다는 논의가 대두되어 이를 이케다 수상에게 반영시킨 결과로서 금번 자민당으로서는 당내 여론이 한일 간 문제를 조속히 해결할 것을 고려 중에 있다. 이와 같은 당내 여론이 일어나게 된 것은 북한 공산 측으로부터의 선전 공세가 강화되어 가고 또한 한국 국내 경제가 안정되었다는 감을 아니 줌으로써 일본으로서도 조속히 한일 관계를 조정하여 한일 우호 관계를 수립함이 현재 국제 환경으로 보아 일본을 위하여도 도움이 된다는 설이 농후하여졌으므로 당내 여론이 한일 문제 해결을 위한 분위기가 조성되었다고 보며 외무성도 적극적으로 해결책을 모색하기 위함이라고 말하고 일본 측의 희망으로서는 첫째, 한국에 주한 대표부를 설치하고 싶은데 이러한 경우에 있어서 일본 측은 한국이 원한다면 차관 등도 고려할 수가 있다고 말하였음.

　이에 대하여 본인은 누차 일본 측이 대표부를 두고 싶다고 말하고 있으나 국교 정상화 선에 대표부를 둔다는 것은 수락할 수 없으므로 이에 대한 방침은 종전과 같으니 현안 해결에 일본 측이 성의 있게 대하여 주기 바라며 한국 측 수석대표 유진오 씨와 계속 회담을 하여 하루빨리 진행 중인 예비회담을 원만히 진행시키도록 하는 것이 좋겠다, 될 수 있으면 5월 말까지는 예비교섭을 끝마치면 좋겠다고 말하였음. 이세키 씨는 이에 대하여 국교 정상화 후(대사관 교환 후)에 모든 문제의 해결을 하는 것이 어떠냐? 이러한 경우에 일본은 경제 협력, 차관 등을 고려할 수 있는데 이에 대하여 어떻게 생각하느냐고 한 데 대하여 본인은 현안 해결 후가 아니면 대사관을 교환하더라도 원만한 우호 관계를 유지함이 곤란하므로 종전과 같이 한일 양국은 현안 해결에 노력하고 조속한 해결을 본 후에 대사 교환이 좋을 것으로 생각한다고 말하고 특히 일본 측이 재산 청구 문제에 성의를 보이라고 한 데 대하여, 이세키 씨는 일본 측은 한국 측에 대하여 지불할 재산 청구권 처리에 있어서 일본 국회에서 예산 편성상 곤란이 예상되므로 어업 문제가 해결된다면 일본으로서는 무상 원조(GRANT)의 형식으로 국회에서 예산을 편성하여 재산권 문제를 해결하고 싶다. 따라서 한국 측도 어업 문제 해결에 성의 있는 태도를 보이기를 바란다고 하였음. 이에 대하여 본인은 재산 청구권 문제는 누차 한국 측이 주장한 바와 같이 법적으로 청구권을 행사하는 것이며 일본 측은 의미를 가지는 것이므로 일본 측의 성의 있는 태도를 바란다고 하였음. 이세키 씨는 "재산 청구액으로서 어느 정도 생각하고 있는 것인가?"라고 묻기에 본인은 예비회담이 진전되고 있으므로 재산 청구권 문제는 쌍방이 충분한 의견 교환을 하고 있는 중이며 금액에 관하여서는 실제 이를 토의할 시기에 의견 교환하는 것이 좋을 것이다. 그러나 일본 측은 "어느 정도의 금액을 책정하였는가?"라고 질문하였으나 이세키 씨는 자기가 한국으로 오기 전에 '하코네'에서 이케다 수상과 여기에 대하여 의논하였으나 자기도 무어라고 말할 수 없다, 어업 문제에 관하여 한국 측이 성의 있게 대하여 주면 다른 문제도 그렇게 어렵지 않다고 본다, 이에 대하여 본인은 지금 어업 문제는 자원론을 토의하고 있다고 보는데 솔직히 말하여 일본 측은 어업 문제에 관하여 한국 측 주장, 특히 어종이 줄어가고 있다는 사실을 충분히 인식하여 주기 바라며, 또 한국 주장에 대하여 충분히 성의를 가지고 들어주기 바란다고 말하였음. 이세키 씨는 자기로서는 어업 전문가가 아니므로 이 문제는 어업 전문가에게 더 토의를 시킬 필요가 있다고 생각되므로 이 문제만 떼서 예비회담 후에라도 계속 시키는 것이 어떠냐고 하기에 본인은 한일회담에 어업회담과 같은 인상을 줄 수 없으니 종전과 같이 어업 문제도 본회의에서 한 의제로서 취급함이 좋다고 본다고 말하였음.

그 후 이세키 씨는 국적 문제와 문화재 문제에 관하여는 별로 어렵지 않다는 의향을 표시하고 본회담을 서울서 개최하는 것이 어떠냐고 묻기에 본인으로서는 예비회담이 끝난 후 쌍방 대표자끼리 회담 장소에 관하여 정부에 건의하여 결정하도록 하는 것이 좋으나 본회담 장소는 계속하여 도쿄에서 개최하는 것이 좋다고 생각한다. 이에 대하여 이세키 씨는 일본 정부도 반드시 서울을 주장하는 것이 아니다. 본회의 개최 일자에 대하여 어떻게 생각하느냐고 묻기에 본인으로서는 하기(여름)에 계속하는 것보다 가을에 개최하는 것이 좋겠다고 대답하였음. 이세키 씨는 9월이 어떠냐고 묻기에 9월도 무방하다고 생각되나 이에 대하여는 유진오 박사와 의논하여 주기 바란다고 말하였음. 이세키 씨는 회담 개최에 있어서 종전처럼 막연히 결정하지 말고 될 수 있으면 본회담 개최 전에 절충 회담 형식으로 쌍방 정부 대표가 각 문제를 한번 토의하여 토대를 확실히 하는 것도 한 방법이라고 생각된다고 하기에 본인은 그러한 생각은 방법론으로서 고려하여 볼 수 있는 것이나 예비회담이 원만한 분위기 속에 5월 중으로 끝마쳤으면 좋겠다, 따라서 국적, 문화재, 기타 난문제에 있어서도 유 박사와 충분히 의논하여 좋은 결과가 있기를 바라며, 이케다 수상, 고사카 외상에게도 최대한의 성의를 표시하도록 말하여 주기를 바란다고 말하였음.

이상

79. 송요찬 내각 수반의 기자에 대한 발언 관련 본부 지시 전문

번호: WJ-09101

일시: 111600[1961. 9. 11]

수신인: 주일 공사 귀하

9월 11일 서울서 발간된 석간호에 송 내각 수반이 10일 기자에게 말하기를
  1) 한국은 일본으로부터 무상 원조를 받지 않을 것이며 또 받을 수도 없다.
  2) 한일회담을 초조히 서두를 필요는 없다고 보도된 바 있는데 이것이 일본 신문에 전재되어 혹 물의를 일으킬 시는 그 신문 보도는 정확지 못한 것이며 대일 청구권 해결과 경제 협조를 혼동해서 안 된다는 뜻의 발언이 오보되었다는 정도로 해명하십시오.

비고: 그 발언은 공항에서 기자들과 만나 잠시 환담하는 중에 나온 것이므로 공적으로 취급될 것이 못 됨.

외무부 장관

80. 라이샤워 주일 미국 대사와의 면담 결과 보고 전문

번호: JW-09123

일시: 111720 [1961. 9. 11]

수신인: 외무부 장관 귀하

9월 11일 본인이 주일 미 대사 라이샤워와 면담한 바를 아래와 같이 보고함.

1. 일본이 한일회담을 진실로 해결할 의사가 있는지를 타진하였던바 주일 미 대사는 이케다 수상 및 고사카 외상과 회견한 인상으로서는 일본은 한일 문제를 진실로 해결할 의사를 가진 것으로 보이며
2, 3개월 내에 완결하도록 노력하겠다고 고사카 외상이 말하였다 함.

2. 주일 미 대사의 의견으로서는 우선 일본하고 교섭을 시작하여 구체적인 제의를 하는 것이 옳을 것 같으며 일본은 한국을 아세아서 가장 중요한 국가로 생각하고 있다고 말하였음.

주일 공사

81. 한일 각 현안 문제 해결을 위한 우리의(한국 측) 최종 양보안이 담긴 문서[5]

2143　한일 각 현안 문제 해결을 위한 우리의 최종 양보안

[번호 없음]　한일 국교 정상화의 중요성과 시급성에 감하여 한일 간 과거 관계에 연유한 제 현안 문제를 조속히 해결하여야 할 것이며 이를 위하여는 한국과 일본이 각 현안 문제에 궁(亘)하여 상호 양보를 함으로써 원만한 타협을 보아야만 하겠습니다. 과거 10년여 간에 걸쳐 툰인 문제 해결을 위한 의견의 차이를 좁히고자 꾸준한 노력을 하여왔고 특히 혁명 정부 수립 후에는 분위기 조성을 위하여 그리고 중요 현안 문제에 있어서 한국 정부는 하기 어려운 양보를 거듭하고 신축성 있는 입장에서 모든 현안 문제를 정치적 방법으로써 일거에 해결하고자 노력을 경주하여 왔으나 아직도 일본 측은 양국 국교 정상화의 의의와 현안 문제 해결에 대한 사고방식에 있어서 우리가 생각하는 바하고 상당한 거리가 있는 것이 아닌가 의심치 않을 수 없을 정도로 교섭의 진척을 보이

2144　지 않고 있습니다. 이와 같은 현실하에서 우리는 한국 측이 각 현안 문제에 있어서 양보할 수 있는 최종 선을 다음과 같이 재검토하고 이것을 일본 측의 성의를 촉구하는 최종적 기준으로 삼고자 합니다.

1. 한국의 대일 청구권 문제

[번호 없음]　한국의 대일 청구권은 그 근거가 양국 및 양국민의 과거 관계 청산에 연유하는 것으로 형평의 원리에 입각하여 원만히 해결되어야 할 성질의 것일 뿐 아니라 샌프란시스코 평화조약에도 한국의 대일 청구권이 명문으로 규정되어 있으므로 법적 근거와 조리와 형평의 원칙에 따라 합리적 해결에 의한 변제를 주장하는 것은 한국 측으로서 당연한 일입니다. 그런데 일본 측은 이번 교섭에 있어서 청구권의 개념을 벗어나서 경제

---

[5] 1961년 9월 11일 외무부 장관이 박정희 의장에게 보고한 내용.

협력의 개념으로써 이 문제를 해결하자는 것입니다. 우리 측은 일본 측과 타협하기 위하여 순 변제액을 보강하기 위하여 string이 전혀 붙지 않은 무상조(無償條) 지불을 고려하기로 하였고 한 걸음 더 나아가 순 변제액과 무상조 지불액에 대한 개별적 액수 표시를 함이 없는, 그것을 합친 단일 액수로서 우리의 최저 양보액에 도달되는 경우에는 이것을 고려하기로 한 것입니다. 다만 우리의 최종안은 조리상으로나 법률적으로나 그 근거가 분명한 청구권을 경제 협력의 이름으로써 해결할 수는 없다는 점은 명백한 것이며 청구권 해결의 테두리 안에서는 최대의 신축성을 가지고 타협을 도모할 것입니다.

다음에 그 액수에 관해서는 법적 근거와 조리에 감하여 우리의 청구권 액수는 막대한 숫자에 달하는 것이지만 국교 정상화를 위한 대국적 견지, 일본의 지불 능력, 일본인의 과거 재한 재산의 귀속, 앞으로 기대하는 양국 간의 차관 등 경제 협력 등등을 고려하여 최소한도로까지 줄이어 3, 5억 액 이상이면 해결하기로 결심하는 것입니다.

이 이외에도 합의된 액수의 지불 연한, 지불 방편, 방법 등 문제가 있으나 이것에 관해서는 위의 두 가지 문제가 합의됨에 따라 합리적인 해결을 볼 수 있을 것으로 믿기에 여기서는 언급지 아니합니다.

2. 평화선 및 어업 문제

1) 한일 양국이 공동 이익 관계를 가지는 수역에 있어서의 어로 규제를 위하여서는 평화선에 관련 없이 양국 간에 어업협정을 체결함으로써 사실상 우리 측의 배타적 어업 수역의 범위에 관해서 양보할 용의를 가지고 있습니다. 일본 측으로서는 평화조약에 규정된 어업협정 체결 의무에 감하여 일본이 제3국과 체결한 어업협정의 선례, 연안국이 인접 해양에 대한 특수 권익을 인정하는 국제 경향 및 한일 양국 간의 어업의 특수성 등등을 고려하여 대국적으로 양보하여야 할 것입니다.

이러한 근본 양해에 입각하여 어업협정을 위한 제 원칙에 관하여 우선 합의를 보도록 하고 가능하면 국교 정상화와 동시에 협정을 체결하도록 노력할 것이로되, 협정안 심의에 따르는 기술적 및 전문적인 토의로 인하여 상당한 시간을 요하게 될 것이 사실이므로 구체적인 협정은 국교 정상화 후에 계속하여 토의 체결하도록 하는 것이 현실적이고 건설적이라고 봅니다.

2) 어업상 목적을 위한 평화선이 이와 같은 협정 체결로써 사실상 없어지게 되더라도 국방상 목적을 위한 평화선은 그대로 존치될 것이지만, 이는 현실적으로는 반공을 위한 선이므로 사실상 국교 정상화 후에는 반공의 책무 이외에는 한일 양국 간의 관계에 있어서는 아무 영향이 없게 될 것입니다.

3. 재일한인의 법적 지위 문제

이것은 제2차대전 종전 이전서부터 일본에서 계속 거주하여 오고 있는 한인 교포 및 그 자손들의 지위 및 처우에 관한 문제입니다. 그들이 일본에 정착하게 된 특수한 배경에 감하여 2차대전 종전 이후에 일본에 입국한 한인이나 혹은 기타 외국인보다는 특별한 지위와 처우를 주어야 한다는 것이며 원칙적으로 일본 측도 이에 동의하고 있어 제 현안 문제 중에서 교섭이 가장 진척된 것입니다.

아직도 구체적으로 합의에 도달되지 못한 몇 가지 문제점이 있는데, 한 가지 중요한 것은 이 협정의 대상은 제2차대전 종전 이전부터 일본에 거주하여 오고 있는 한교 전체이어야 하며 결코 사상 또는 기타의 이유에 의해서 그 일부가 협정 대상으로부터 배제되는 일이 있어서는 안 될 것입니다. 이 문제에 대해서 합의를 본다면 여타 문제의 타협은 그리 어렵지 않을 것으로 봅니다.

4. 문화재 반환 문제

이것은 청구권 문제 중 현물 반환 요구에 속하는 것인데, 문화재 반환 문제에 관해서는 1957년 12월 31일 자로 이루어진 당시의 한국 주일 대사와 일본 외무대신 사이의 Oral Statement로써 합의된 바에 따라 일본 정부 및 공공 단체가 현재 점유하고 있는 한국이 중요문화재와 일부 일본인 개인 소유 한국 중요문화재만을 한국 측으로 인도함으로써 문제는 비교적 용이하게 해결될 것이며 일본 측으로서도 원칙적으로는 동일한 사고를 하고 있는 것으로 믿습니다.

5. 선박 반환 문제

이 문제 또한 청구권 문제 중 현물 반환 요구에 속하는 것인바, 군정 법령 33호를 위시한 기타 SCAP 지령 등 법적 근거에 입각하여 증거가 명확한 선박과 조리에 의하여 추정되는 선박의 총톤수를 기초로 하되, 그동안 장구한 연한의 경과로 인하여 해당 선박의 상호 확인이 곤란하고 또한 그 대부분이 노후화로 인하여 폐선된 사실 등에 감하여 형평과 조리에 의한 응분의 톤수의 신조선을 한국에 반환하면 되는 것으로 일본 측의 성의 여하에 따라 청구권 문제의 해결과 밀접한 관련하에 원만한 해결을 볼 수 있는 것으로 봅니다.

6. 기본관계 문제

이상에 기술한 제 현안 문제를 원만히 해결함으로써 한일 양국 간의 불미스러운 과거 관계의 청산을 규정하고 상호 신의의 토대 위에 한국 정부가 한반도 내에서 유일한 합법 정부라는 전제 위에 건전하고 선린적 관계를 설정하고자 하는 것입니다.

이상 두 가지 본질적인 내용을 확실히 규정하기 위하여서는 이를 기본조약의 형식으로 체결하는 것이 가장 적절한 방식이며 일본 측도 종래 교섭에 있어서 '우호조약' 형식을 취하여 온 것입니다. 그런데 금차 교섭에 임하여 일본 측은 돌연 소위 오히라(大平) 구상이라고 전하는 공동선언 방식으로서 이 기본관계를 해석할 것을 시사하고 있는데 아직 구체적인 제안을 하고 있는 것이 아니므로 논평할 단계가 아니나 위에서 언급한 두 가지 본질적 요건이 그 내용으로서 구비된다면 기본관계 규정의 형식에 있어서는 융통성을 가지고 임하고자 합니다.

82. 일본사회당의 한일회담 재개에 대한 동향 보고 전문

번호: JW-09131

일시: 121410[1961. 9. 12]

수신인: 외무부 장관 귀하

일본사회당의 한일회담 재개에 대한 동향의 건

금일 12일 자 당지 각 신문 조간 보도에 의하면, 작 11일 일본 정부 및 자민당은 오는 9월 25일에 임시 국회를 소집할 것을 결정하였다는바, 사회당은 이번 국회 논쟁에서 외교, 경제 문제를 중심으로 의제를 상정할 것이라 하며, 외교 면에서는 '이케다' 수상으로부터 지난번의 '케네디-이케다' 회담에 관한 보고를 요구함과 동시에 '베를린' 문제를 중심으로 하는 국제 긴장의 격화, 중공의 국민대표권 문제, 한일회담 등 당면한 외교 정책에 관하여 정부와 여당을 맹렬히 추궁할 방침이라 하는바, 그중 특히 한일회담에 관해서는 동 회담의 목적이 극동에 있어서의 반공 군사 태세의 강화에 있는 것으로 보고 회담 재개를 강력히 반대할 방침이라 하옵기에 이를 보고함.

주일 공사

84. 한일회담에 관한 생각이 기재된 문서[6]

한일회담에 관한 건

1. 이 정권 시대에 과거 4차에 걸쳐 진행되었던 한일회담의 경위를 통하여 한일회담의 조속한 타결을 보지 못하였던 원인을 살펴보면 지시에서 언급한바 이유로 우리 정부가 고의적으로 지연시켰기 때문이라고 보는 것보다는 (가) 일본 측으로서는 극동 정세의 변동이 없는 한 회담이 지연되면 될수록 자국의 교섭 입장이 나아질 것으로 예상하여 회담 진행에 소극적인 태도를 가졌으며 (나) 우리 측 또한 미국의 대한 경제 원조가 상당한 정도로 진행되고 있었고 우리나라 방위 태세에 큰 변동이 없는 이상 구태여 웬만한 대가를 치르어서라도 한일회담을 종결시킴으로써 일본과 긴밀한 제휴를 하여야 할 절실한 필요가 없다고 생각한 데다가 이승만 전 대통령 개인의 대일 감정이 커다란 영향을 끼쳤기 때문에 그러한 결과가 된 것이라고 생각하는 것이 타당할 것으로 생각됨.

2. 미국이 극동에 있어서 일본에 주도권을 넘겨주고 자신은 물러갈 것이라고 하는 점에 관하여, 근래 미국이 자유 진영 약소국가에 대한 원조 등 부담을 점차로 다른 자유 진영의 강대국가와 분담하려는 정책을 취하고 따라서 극동 지역에 있어서는 일본과 그러한 부담을 같이 나누려는 경향이 있음은 분명하나, 미국의 의도는 일본에 대하여 극동에 있어서의 책임을 분담시킴으로써 일본을 자유 진영 내에 굳게 잡아두고 지역적으로 중간 책임자적인 지위는 맡기더라도 종합적인 '컨트롤'은 자신이 하려는 것으로 추측됨. 이러한 경향이 진작부터 현저하고 미국이 결정적으로 극동 지역의 책임을 일본에 넘겨준다고 하면 일본은 일찍부터 한국과의 문제 해결을 서둘렀을 것으로 생각될 수도 있음.

---

6 작성자, 작성 일자, 용도 등 불명.

3. 한일회담이 타결됨으로써 한일 양국 간 국교 정상화가 실현되면 경제적인 교류가 빈번하여지고 따라서 통상의 증진, 경제 협조 등으로 양국 간의 경제적인 유대가 강화될 것으로 짐작되는바, 그러한 경제 협조가 효과적으로 진행된다면 우리의 입장으로 보면 지금까지의 대미 일변도의 의존 관계에서 벗어나 독자적인 새로운 입장에서 미국의 원조를 받을 수 있게 될 수도 있음.

4. 전술한 바와 같이 대약소국가 원조의 분담 정책에 따라 미국의 대한 원조 액수의 감소가 필연적이라면 소극적으로 한일회담의 타결을 지연시킴으로써 미국을 붙드는 것보다는 적극적으로 회담을 타결함으로써 일본의 원조도 받아들이도록 하는 것이 효과적일 것임.

5. 그러나 앞으로 전적으로 일본의 원조에 의존하여 나갈 수는 없고 오히려 미국의 원조가 앞으로도 계속하여 우리나라의 경제 발전에 지대한 영향을 가질 것이고 더구나 군사적인 면에 있어서의 미국의 지원은 절대적으로 필요한 것임에 비추어 한일회담이 결말을 보아 일본의 경제 협조를 얻게 되더라도 미국은 계속하여 일정한 '페이스'로 대한 경제 원조를 할 것은 물론, 군사적인 면에 있어서도 한국 방위 부담을 전적으로 계속 맡도록 미국과 합의하여 두는 것은 좋다고 생각함.

6. 결론적으로 한일회담 종결 후의 일본의 대한 경제 협조와 미국의 대한 원조는 우리의 입장에서 볼 때 동시에 필요한 것이고 또한 병존할 수도 있으므로 우리는 (가) 한일회담을 추진하여 현안 문제를 해결함으로써 일본의 경제 협조를 받아들이는 한편 (나) 미국도 계속하여 일정한 경제 원조를 제공하는 한편, 군사 원조는 종전과 같이 전적으로 담임하도록 합의하여 두는 것이 좋다고 생각됨.

85. 한일회담 관련 일본 언론 보도 보고 전문

번호: JW-09149

일시: 141345[1961. 9. 14]

수신인: 외무부 장관 귀하

금일 14일 당지 각 신문 조간이 보도한 바에 의하면, 국가 재건최고회의 '유양수' 외교, 국방위원장은 작 13일 하오 기자회견에서 한일 문제에 언급하여 "일본이 재산 청구권 문제에서 양보하면 한국도 다른 면에서 양보한다"는 뜻을 표명하였다는바, 이에 참고로 '산케이' 신문과 '재팬 타임스' 지의 기사를 다음과 같이 번역 보고하오니, 이에 대한 사실 여부를 회보하여 주시기 바람.

기

1. (서울 13일 밤 시바라 특파원) '한국 최고회의' '유양수' 외교, 국방위원장은 13일 하오의 기자회견에서 일한 문제에 관하여 '일본이 재산 청구권 문제에서 양보한다면 한국도 다른 면에서 양보하겠다'는 뜻을 명백히 하였다.

또한 '유' 위원장은 군 정권의 국련 정책에 관하여 지금까지의 소극적인 태도를 버리고 적극적으로 주도권을 장악하고, 최악의 경우, 북한 괴뢰와 동석하게 되어도 퇴장하지 않고 끝까지 싸우겠다고 말하여, 지금까지의 한국 정부의 정통적인 '북한 괴뢰와는 동석지 않겠다'는 정책을 버리겠다는 주목할 만한 방침을 명백히 하였다. 유 위원장의 회견 요지는 다음과 같다.

(1) 김유택 경제기획원장의 방일 결과에 대하여는 만족의 뜻을 표한다. 김 원장의 귀국 후, 일본 정부가 한국 측의 요구에 크게 관심과 열의를 가지고 있다는 것을 알았다.

(2) 일한회담에서는 처음부터 사무적인 문제와 정치적인 문제의 해결을 동시에 추

진하고, 조속한 시일 내에 한일회담을 종결시켜 국교를 정상화한다.

(3) 일본은 한국에 무상 원조를 제공하겠다고 말하였으나, 이 문제와 재산 청구권 문제를 혼동해서는 안 된다.

(4) 일한회담은 양국만으로 상호 해결할 문제이다. 미국의 중개 역할은 기대치 않는다.

(5) 회담에 대한 기본적인 계획과 방침은 서있으므로 일본 측이 크게 재산 청구권 문제에서 양보한다면 모든 것이 해결될 것이며, 우리들은 다른 면에서 양보할 용의가 있다. 한국 정부는 재산 청구권 문제로 무모한 일은 하지 않으며 실질적이며 타당한 요구를 하고 있다.

(6) 일본 측에서 거물급의 대표를 내세우면 아국 측도 거물급을 임명한다. 일본은 김유택 원장을 수석대표로 희망하고 있으나, 상금 결정되어 있지 않다.

(7) 아국은 금번의 국련 총회에서 지금까지의 소극적 태도를 버리고 적극적으로 주도권을 장악하고, 군사 정권의 입장을 명백히 함으로써 전폭적인 지지를 받는 데에 노력한다. 국련 총회에서 최악의 경우, 예를 들면 북한 괴뢰 대표와 동석하에 되어도 퇴장치 않고 끝까지 싸우겠다.

(8) 박 의장의 방미는 한미 간의 문제뿐만이 아니라 국제 정치 면에 있어서도 양국에 이익이 될 것이다. 일한 문제도 박 의장과 케네디 대통령의 회담의 의제가 될 가능성도 있다. 그러나 박 의장은 방미 도중 일본에는 들르지 않을 것이다.

2. (『재팬 타임스』 서울발 UPI)

COMPROMISE, BUT NOT ON CLAIMS: ROK

SEOUL(UPI) — SOUTH KOREA'S MILITARY JUNTA INDICATED WEDNESDAY IT WAS WILLING TO COMPROMISE ON "SOME ISSUES" IF JAPAN WOULD YIELD ON THE ROK'S PROPERTY CLAIMS DEMAND.

CHAIRMAN YOO YANG SOO, OF THE ROK FOREIGN AND DEFENSE AFFAIRS COMMITTEE, SAID AT A NEWS CONFERENCE THE ROK HAD DECIDED TO RENEW DIPLOMATIC TALKS WITH THE JAPANESE GOVERNMENT.

YOO, A MAJOR GENERAL, SAID THAT ALTHOUGH NO DATE HAD BEEN SET FOR THE REOPENING OF THE OFT-DISRUPTED TALKS, IT WOULD BE BEFORE THE END OF THIS MONTH.

"THERE IS A POSSIBILITY THAT JAPAN WILL COMPROMISE ON THE PROPERTY CLAIMS ISSUE. WE CAN COMPROMISE ON OTHERS." HE SAID.

JAPANESE OFFICIALS DO NOT DENY THE ROK PROPERTY CLAIMS, HE SAID, BUT THEY WANT TO PAY A MUCH LESS AMOUNT THAN THE ROK GOVERNMENT HAS ASKED. HE SAID JAPAN ALSO WANTS TO PAY OFF THE PROPERTY CLAIMS IN THE FORM OF FREE ECONOMIC ASSISTANCE.

"KOREA CANNOT ACCEPT JAPAN'S ECONOMIC ASSISTANCE IN THE PLACE OF COMPENSATION FOR PROPERTY CLAIMS IN VIEW OF THE FEELING OF THE KOREAN PEOPLE TOWARD JAPAN", YOO SAID.

"KOREA WILL NOT CLAIM UNREASONABLE AMOUNTS," HE SAID, "AND JAPAN MUST CONSIDER IT FROM ALL VIEWPOINTS."

THE QUESTION OF THE ROK'S PROPERTY CLAIMS STEMS FROM 37 YEARS OF JAPANESE OCCUPATION OF THE KOREAN PENINSULA, WHICH ENDED WITH WORLD WAR II.

IT HAS BEEN ONE OF THE THORNIEST ISSUES IN THE PATY LEADING TO NORMALIZED RELATIONS BETWEEN THE TWO COUNTRIES.

ROK-JAPAN RELATIONS "WILL UNDOUBTEDLY" BE ONE OF THE SUBJECTS DISCUSSED WHEN JUNTA CHAIRMAN LT. GEN. PARK CHUNG HEE VISITS PRESIDENT KENNEDY IN NOVEMBER, YOO SAID. BUT HE SAID HE DIDNT KNOW HOW MUCH INFLUENCE THE KENNEDY-PARK MEETINGS WOULD HAVE ON THE ROK-JAPAN SITUATION.

YOO WAS QUICK TO POINT OUT, HOWEVER, THAT "WE HAVE NO INTENTION OF GETTING U.S.HELP TO SETTLE THE PROBLEMS WITH JAPAN."

YOO SAID THE RECENT TRIP TO JAPAN OF KIM YU TAIK, WHO IS

DIRECTOR OF THE ROK'S ECONOMIC PLANNING AGENCY, "PRODUCED GREAT RESULTS." HE SAID, "WE HAVE BEEN ABLE TO LEARN THAT JAPAN'S LEADERS ARE ALSO SINCERELY INTERESTED IN REOPENING THE TALKS AND SETTLING THE PENDING ISSUES IN THE SHORTEST POSSIBLE TIME."

YOO SAID PRELIMINARY TALKS ON AN ADMINISTRATIVE LEVEL SHOULD BE HELD PRIOR TO FULL TALKS TO NARROW DOWN THE DIFFERENCES ON SUCH ISSUES AS PROPERTY CLAIMS.

HE SAID POLITICAL SETTLEMENT WILL BE TRIED AT THE FULL TALKS FOR A "QUICK CONCLUSION" TO THE PROBLEMS.

"I RECEIVED INFORMATION ONLY A FEW DAYS AGO", HE SAID, "THAT THE JAPANESE LEADERS DESIRE TO SETTLE THE PROBLEMS BEFORE THE END OF THIS YEAR."

3. 한편 본건에 관한 '마이니치' 신문 기사 중에는 다음과 같은 기사가 있음.

(1) 한국은 지난번 일한회담의 사전 절충을 위하여 김유택 경제기획원장이 방일하였을 시, 일본에 대하여 재산 청구로서 어느 정도의 금액을 요구하였으나 일본 측은 동 금액이 지나치게 많다고 회답하였다.

(2) 특히 일한 쌍방은 금액의 차를 축소하기 위하여 협의 중에 있다(유 위원장은 한국이 요구한 금액을 명백히 하지는 않았으나, 일한 쌍방이 받아들이기 쉬운 금액은 약 3억 불(일화 1,080억 원)로 보고 있다).

주일 공사

86. 대일 재산 청구권 금액에 관한 일본 언론 보도 보고 전문

번호: JW-09162

일시: 151415[1961. 9. 15]

수신인: 외무부 장관 귀하

금일 15일 자 당지 마이니치신문 조간에 의하면,

지난번 방일한 바 있는 김유택 경제기획원장은 일본 정부 수뇌부에 대하여 대일 재산권 청구액으로서 8억 불 안을 제시한 바 있다고 다음과 같이 보도하였삽기에 참고로 이를 보고함.

기

지난달 말부터 약 10일간 방일한 바 있는 한국의 김유택 경제기획원장은 정부 수뇌부에 대하여 비공식으로 대일 재산 청구권에 관한 의향을 타진한 바 있었는데 그때 김 원장은 요구액으로서 8억 불(일화 2천 8백 80억 원)의 안을 제시하였다는 사실이 14일 정부 유력 소식통으로부터 밝혀졌다.

이 의향 타진에 대하여 일본 측은 일단 들어주는 것으로 끝이고, 재산 청구권 해결의 전제에는 상당한 사무적 절충이 필요함을 강조하고 회답을 주지 않은 것 같다.

한편 '이승만' 정권 시대에는 약 20억 불의 대일 요구액을 고려하였다 하며, 장면 정권 당시에는 12억 불을 고려 중에 있었다고 전해지고 있다.

주일 공사

87. 한일회담 재개 시기 관련 일본 언론 보도 보고 전문

번호: JW-09163

일시: 151415 [1961. 9. 15]

수신인: 외무부 장관 귀하

　금일 15일 자 당지 2, 3종의 신문 조간에 의하면, 일정 외무성은 오는 9월 20일이 지나서 재개될 예정으로 있었던 한일회담은 9월 중에 재개되기는 매우 어려울 것으로 보고 있어 10월에나 재개될 가능성이 강해지고 있다고 다음과 같이 보도하였기에 참고로 이를 번역 보고함.

기

　(도쿄 신문) 일한회담은 20일이 지나서 재개될 예정이었으나, 외무성 측의 견해에 의하면, 9월 중의 재개는 매우 곤란하며, 10월에 재개될 가능성이 강해지고 있다. 외무성 측은 한국 정부가 김 경제기획원장의 귀국 보고에 의하여 양국의 기본적 문제에 있어서 일본 측과 상당한 의견의 차이를 가지고 있음을 재인식한 것 같다. 이로 인해서 회담 재개의 일자를 결정치 못하고 있는 것 같으며, 또한 사무적으로 보아서도 회담 준비에 약 2주일은 필요하다 하므로 가령 근 수일 내에 일자를 결정하더라도 9월 중의 회담 재개는 사실상 불가능에 가까울 것으로 보고 있다.

주일 공사

88. 제6차 한일회담 진행 방법에 관한 내부 재가 문서

국가 재건 최고회의 의장(박정희)[서명]   외교 국방위원장(유양수)[서명]
내각 수반(송요찬)[서명]   장관   차관[인장]   특별보좌관[서명]
정무국장[인장]   아주과장[인장]

단기 4294년 9월 16일 기안
9월 19일 주일 공사에 직접 지시문 수교
외정(아) 제274호

건명: 제6차 한일회담 진행 방법

머리의 건에 관하여 별첨 행정 연구서의 건의와 같이 시행할 것을 건의함.

비고:
본건 한일회담 재개 등에 관하여는 9월 15일 오후 5:30분부터 최고회의 의장실에서 박 의장 각하 주재하에 논의된 바 있으며 동 회의에는 다음 인원이 참석하였음.
참석자: 이 주일 최고회의 부의장, 송 내각 수반 겸 외무장관, 유 외교국방위원장, 박 외무차관, 이 주일 공사

별첨

88-1. 제6차 한일회담의 진행 방법에 관한 행정 연구서

행정 연구서

1. 제목: 제6차 한일회담의 진행 방법

2. 문제: 앞으로 한일회담을 진행시킴에 있어서 가장 효과적인 방법을 결정함에 있음.

3. 가정:
(1) 한일회담 해결의 지연은 아 측의 교섭 입장에 있어 유리한 여건을 점차로 감소시키는 결과가 될 것이다.
(2) 일본 측도 동 문제의 조속 해결을 위한 적극적인 태도를 표명하고 있으며, 아 측으로서는 국내적인 제반 여건이 동 문제 해결에 유리한 단계에 있다.
(3) 미국을 위시한 자유 우방 제 국가들도 현하 국제 사정에 비추어 한일 양국의 국교가 가능한 한 조속한 시일 내에 정상화됨을 희망하고 있다.
(4) 최근의 북한 괴뢰 정권과 소련 및 중공 간의 군사 동맹 체결로 인하여 아국으로서는 더욱더 반공 체제의 강화가 필요한바, 한일 양국 간의 전반적인 제휴는 한국의 반공 입장 안정에 도움이 될 것이다.
(5) 한일 관계 정상화는 현안 문제 중 특히 재산 청구권의 해결을 전제로 하는바, 이 경우 상당액의 변제금의 반환이 예측되는데, 동 금액은 한국의 국가 경제 재건에 도움이 될 것이다.
(6) 국교 정상화 후는 경제 협조 문제도 추진될 것이므로 국가 경제 재건에 필요한 외자 도입의 길을 열어줄 수 있을 것이다.

4. 문제와 관련된 사실:
(1) 9월 20일 이후에 한일회담을 개최할 것에 관하여 양측 간에 양해가 성립되

어 있음.

(2) 8월 31일 정부는 한일 간의 정치적인 타결을 모색하기 위하여 김유택 경제기획원장을 일본에 파견한 바 있음.

　　(가) 동 교섭에 있어 아 측은 청구액으로서 8억 불을 제시하고 일본이 이 문제에 관하여 표시하는 성의 여하에 따라 평화선 문제 해결을 신축성 있게 할 것을 암시하였음.

　　(나) 이에 대하여 일 측은 청구권에 관하여는 5천만 불을 지불할 것을 암시하고 잔여분은 소위 경제 협조(무상 원조)의 형식으로서 일정액(구체적인 숫자 표시 없음)을 제공할 의사를 표시하였음.

　　(다) 청구액에 관하여는 일본 측 주장에 의하면 "극히 소액"에 불과하며 그 근거는 일 측이 개인 채권에 관하여만 지불할 의사를 가지고, 기타 부분은 법적 해석 및 U.S. MEMORANDUM을 근거로 전부 상쇄할 의사를 가지고 있음.

(3) 시기적으로 보아 앞으로 1, 2개월간 한일 양국에 다음과 같은 중요한 움직임이 있을 것으로 예정되고 있음.

　　(가) 9월 25일 일본의 임시 국회가 개회됨.

　　(나) 11월 6일 일본에서 '미일 경제위원회'가 개최되며, 이때 '러스크' 미 국무장관 외 중요 각료 6명이 방일할 예정으로 있음.

　　(다) 11월 중순경 박정희 국가 재건최고회의 의장이 방미하게 되어있음.

　　(라) 11월 중순부터 하순에 걸쳐 일본 "이케다" 수상이 동남아 제국을 역방하게 되어 있음.

　　(마) 12월 말에 일본의 정기 국회가 개최될 것임.

5. 토의

(1) 재개될 회담의 방법에 관하여

제1방법: 실무자 회의를 거친 다음 그 결과에 따라 본회담을 개최하는 방법

　　현안 문제 중 특히 청구권 문제에 관하여는 아직까지 사무적인 검토가 완전히 되어있지 않으므로 상호 상대방의 입장을 신중히 검토할 수 있는 장점도 있지마는, 실무자 회의에서는 법 이론의 전개라든가 아 측의 구체적인 입장을 표시하게

될 중요한 문제가 나올 것인바, 이러한 문제를 처리하기에는 실무자 레벨로써는 부적당할 뿐만 아니라 앞으로 정치적인 교섭을 하는 데 있어서도 불리한 결과를 나타낼 가능성이 있는 것이 단점임.

제2방법: 본 회담으로 직접 들어가는 방법

과거 5차에 걸친 회담 경과를 볼 때 한일 간의 현안 문제 해결은 순전히 사무적인 교섭으로서는 타결이 불가능하다는 점을 양측이 인식하게 되었다. 따라서 앞으로는 정치적인 타결 방법이 병행되어야 할 필요성이 생기는데 본회담을 개최하면 사무적인 검토를 하는 일방, 필요에 따라 정치적인 교섭도 할 수 있다.

따라서 차기 회담은 제6차 한일회담으로 정하고 위원회 구성은 전번 회의에 따라 5개 위원회(재일한인 법적지위위원회, 일반청구권소위원회, 선박소위원회, 문화재소위원회, 평화선 및 어업위원회)를 구성하고 문제의 개별적인 토의를 진행한다면 전항 (1)에 표시한 단점은 없다. 단 본회담으로 직행하면 일본 측이 청구권에 대한 한국 측의 태도가 그다지 강경치 않다는 인상을 가질 수 있는 단점이 있다.

(2) 회담 개최의 시기에 관하여

제1방법: 9월 20일경에 개최하는 방법

본 방법에 관하여는 거반 주일 공사와 일본 외무성 측과 원칙적인 양해가 성립된 바 있으나, 기간적으로 너무나 촉박하므로 실현성이 희박하다.

제2방법: 10월 중순경에 개최하는 방법

앞으로 오는 11월 중에는 전술한 바와 같이 박 의장의 방미, 미일 경제위원회의 개최, 이케다 수상의 동남아 국가 방문 등 여러 가지 움직임이 있어서 그때 전후가 한일 문제에 관한 정치적인 결정을 내릴 기회가 될 것으로 짐작되는바, 약 2개월 전인 10월 중순에 회담을 개최하여 1개월 내에 위와 같은 정치적인 해결의 토대가 되는 사무적인 검토를 행함이 좋을 것이다. 그러나 10월 중순은 9월 25일부터 개회되는 일본 임시 국회의 회기 중이 될 것임에 비추어 일본 야당 측의 공격이 있을 것이므로 이를 피하기 위하여 회담 개최에 관한 공동 발표는 임시 국회 개회 이전에 향하도록 한다.

6. 결론:

전기 제5항의 '토의' 중 회담 재개의 방식에 관하여 제2방법(본회담으로 직접 들어가는 방법), 재개 시기에 관하여 제2방법(10월 중순경에 개최하는 방법)을 택한다.

7. 건의:

(1) 전기 결론을 승인할 것.

(2) 별첨과 같은 주일 공사에 대한 훈령안을 승인할 것.

(3) 별지 표시 대표단 명단을 승인할 것.

90. 기시 전 총리의 워싱턴 방문에 따른 관련 정보 수집 지시 전문

번호: WD-0958

일시: 181140[1961. 9. 18]

수신인: 주미 대사

일본의 전 수상 '기시 노부스케' 씨가 9월 25일경 귀지에 도착 예정이라는바 워싱턴에서는 미 국무성 요로와 접촉이 있을 것으로 예상되며 그렇다면 한일 문제도 논의될 가능성이 있으니 참고될 만한 정보를 수집하여 보고하시기 바람.

추기: 한일회담은 10월 중순 이전에 재개할 방향으로 고려하고 있으니 참고하시압.

(정아)

장관

91. 한일회담 관련 일본 언론 보도 보고 전문

번호: JW-09166

일시: 181400[1961. 9. 18]

수신인: 외무부 장관 귀하

금일 18일 자, 당지 '니혼게이자이' 및 '산케이' 신문 조간은 앞으로의 한일회담 재개에 관하여 각각 다음과 같은 기사를 게재하였삽기에 참고로 이를 번역 보고함.

기

1. '니혼게이자이'

일한회담은 양국 정부가 모두 10월에는 재개할 것을 말하고 있으나, 벌써 일본 측에는 전도 다난을 예상하는 소리가 강해지고 있다. 회담의 전도를 비관하는 이유는, 회담의 초점으로 되어있는 청구권 문제에 있어서 일한 쌍방의 주장이 대폭 차이가 있다는 데에도 있을 것이나, 무엇보다도 내정 문제의 성격이 강하기 때문인 것이며, 외무성 측에서는 임시 국회에서의 논전의 모양을 보아가면서 심중히 교섭을 진행할 방침인 것이다.

일한교섭을 재개하자는 공기는 지난 7월 하순, 미국의 '러스크' 국무장관이 '박 정권 지지'의 태도를 명백히 한 이후 급속히 성하여졌다.

'이케다' 수상은 이것보다 먼저 6월 하순의 일미회담에서 한국을 자유 진영의 방파제로서 재건할 필요성을 강조하였으나, 미국 정부의 공연한 지지 성명, 8월 12일의 '박' 의장의 2년 후 민정 이관의 성명, 또한 같은 때 '마에다' 외무성 북동아과장이 "조기에 회담을 재개하여야 할 필요성"을 보고한 것은 일한 쌍방의 기백을 일치케 하여 연내 타결의 관측이 나올 정도였다.

한국 측도 이와 같은 공기를 주지하고 8월 말에는 '김' 경제기획원장 '부총리 격'을 파견, 청구권 문제에 관하여 일거 정치 절충을 하려는 의욕을 보였으나 높아진 조기 타결의 공기도 이때부터 식기 시작하여, 회담 재개의 정확한 일자도 상금 결정되어 있지 않은 것이 현재까지의 경과이다.

조기 타결의 기대가 후퇴한 것은, 제1로 '김' 씨가 비공식으로 제시한 청구권의 금액이 일본 측의 예상과는 너무나 차이가 있다는 것이다.

일본에서는 10여억 불을 요구하였다는 말도 있으나, 최근 외무성 측이 밝힌 바에 의하면, 7~8억 불을 제시하였다는 것이다. 한국이 제시하고 있는 일반청구권 8항목에 관해서 외무성이 사정한 것으로는 쇼와 32년 12월 31일 자 미 측 해석을 적용한다면 많아서 5천만 불이라는 것이다.

그러나 일본 측에서 신중론이 높아진 것은 청구권을 위요한 의견의 차이에도 있겠으나, 무엇보다도 교섭 단계에 이르게 되자 국내 태세에 자신을 갖지 못하는 약점이 있는 것 같다. 사회당은 회담 재개에 대하여 벌써 남북통일이 선결되어야 한다는 이유로 절대 반대의 방침을 결정하였으며, 임시 국회에서는 맹렬히 정부를 추궁할 태세를 갖추고 있다. 정부가 한국 측의 거물 대표설에 호응해서 국회의원 중에서 소위 거물을 임명하는 경우에 국회는 승인 반대의 태도로 나올 것이 명백하다. 이와 같은 정세를 고려해서 '고사카' 외상은 '거물 대표에 관해서는 어느 편이 좋을지 잘 모르겠다'고 뒤로 빼는 형편이다.

즉 회담이 시작도 되기 전부터 트집을 잡는다면 여간해서 교섭을 할 수 없다는 것이 정부의 기분인 것 같다. 또한 일시 걱정되었던 여당 내의 반대도 내각 개조에 의하여 '고노 이치로', '미키 다케오', '후지야마 아이이치로' 등의 인물이 입각하였으므로 표면적으로는 이렇다 할 무엇은 없을 것이다. 이들 당내 신중론자들도 '한국은 우선 미국의 미끼'라고 하는 생각을 버린 것은 아니다.

'수상이 하겠다면 반대는 하지 않으나, 흥미는 없다'고 하는 것이 이들 거물 각료의 실정이며, 사회당의 반대를 물리치고라도 수상의 뒤를 밀어줄 것인가에 관해서는 보증할 수 없는 정세인 것이다.

물론 각내에는 '기시' 전 수상, '사토' 통산상을 위시하여 일한간담회의 멤버들의 대한 적극론의 소리가 없는 것은 아니다. 그러나 당내 밸런스 위에 있는 '이케다' 수상이 한쪽과만 손을 잡고 당내를 통일할 수 있을 것인가에 관해서는 의문이며, 결국 외무성으로서는 수상의 강력한 '백 업'이 없으면 당분간 별도리가 없다는 입장에 있다. 그러나 한국 측이 청구권에서 양보치 않고, 일본 측도 또한 국내 태세에 자신을 갖지 못한다면 재개되는 회담의 전도는 매우 어둡다고 할 것이다.

2. '산케이'

한국의 '이동환' 주일 공사는 금주 중에는 도쿄에 귀임하고 제6차 일한회담의 재개의 시기, 방법에 관하여 한국 정부의 의향을 일본 측에 전할 것으로 보인다. 일한회담 재개의 시기에 관해서는 거반 방일한 '김유택' 한국 경제기획원장과 '고사카' 외상 간의 9월 20일 이항으로 할 것에 의견의 일치를 보았으나 예정보다 늦어 빨라서 10월 초가 될 것으로 보고 있다.

'이' 공사는 지난 15일 갑자기 본국으로부터의 훈령으로 귀국하였다. 외무성 측은 그 이유로서 '김' 원장 방일을 위요한 일본 측 반향의 보고와 제6차 일한회담 재개의 구체책을 협의하기 위한 것으로 보고 있다.

지난번 방일한 '김' 원장은 일한의 제 현안을 정치 절충으로 일거에 해결하고자 일본 정계 및 재개의 수뇌를 역방하였으나, "8억 불이라는 재산 청구권 요구는 힘들여 이루어 놓은 일한 정상화 분위기에 냉수를 뿌린 것이다"라는 말까지 나오고 있다. 한국 정부의 이와 같은 강력한 태도의 배경에 관해서 외무성 측은 다음과 같이 보고 있다.

1) 한국은 일본 경제가 무역 자유화, 섬유협정 등으로 그 시장을 한국에서 구하려는 필요성에 놓여있는 것으로 계산하였다.

2) 거반의 '케네디', '이케다' 회담에서 한국의 복구를 미국으로부터 위탁된 일본의 입장으로서는 정부, 여당 내에 친한 열이 급격히 높아진 것으로 판단하였다.

3) 국제 긴장의 정세로부터 한국의 방공적 지위를 역설하면 일본도 어느 정도 금액적으로 나오게 될 것으로 보았다.

그러나 이러한 판단이 섰던 '김' 씨가 구체적 성과도 없이 귀국하는 결과가 되었기 때문에 '이 공사'는 한국 정부 수뇌와 이러한 정세를 재검토 후 제6차 회담에 관한 구체안을 가지고 일본에 돌아온 것으로 보여진다.

한편 한국 측도 군사 쿠데타로서 두절된 일한교섭의 사무적 준비의 정리도 있고 해서 9월 중으로는 어려울 것이며, 빨라서 10월 초가 될 것으로 보고 있다.

주일 공사

92. 한일회담 재개 관련 훈령 공문

2196　주일 공사에 대한 훈령안(전문)

〔1961. 9. 18〕

외정(아) 274

외무부 장관

주일 공사 귀하

한일회담 재개에 관한 건

위의 건에 관하여 다음과 같이 시행하고 그 결과를 즉시로 보고할 것을 훈령함.

1. 회담 재개 시기와 명칭에 관하여

앞으로 개최될 한일회담은 제6차 한일회담으로 하고, 도쿄에서 개최하되 그 시기에 관하여는 10월 9일경을 택하기로 하고, 구체적인 일자는 일본 외무성과 교섭하여 결정하도록 함. 단 회담 개최 시일은 일본의 임시 국회가 개최되기 전인 9월 하순경에 발표하기로 함.

2. 회담의 구성 및 의제

제6차 한일회담은 제5차 한일회담 예비회담의 예에 따라 다음의 제 위원회로써 구성한다.

(가) 재일한인 법적지위위원회
(나) 한국청구권위원회
　ㄱ. 일반청구권소위원회

ㄴ. 선박소위원회

ㄷ. 문화재소위원회

(다) 평화선 및 어업위원회

단, 기본관계위원회는 회담 진전 상태에 따라 쌍방이 합의하는 시기에 설치하기로 한다.

각 위원회의 의제도 제5차 한일회담 예비회담 시의 것을 그대로 택하도록 한다.

95. 이세키 아시아국장과의 비공식 회합 결과 보고 전문

번호: JW-09225

일시: 211905[1961. 9. 21]

수신인: 외무부 장관 귀하

건명: 한일회담 재개 교섭에 관한 건

금일 9월 21일 하오 4시부터 약 1시간 본인은 '이세키' 아세아국장과 '가여회관[가유회관의 오기]' 비공식 회합을 가졌는바 그 내용은 아래와 같이 보고하오니 지시하실 것이 있으면 곧 지시하시기 바람.

1. "김유택 원장이 당지를 떠난 후 신문 보도 등을 보면 일본 측의 태도가 소극적으로 된 듯한 인상을 받는데 사실은 어떠한가?"라고 물은바 '이세키'는 그러한 인상을 주는 보도를 한 것은 사실이나 일본 측의 태도에는 아무 변함이 없으며 한일 문제 해결에 대한 적극적인 태도를 견지하고 있다고 말하였음.

2. 김 원장의 방일에 관하여 '이세키'는 아무 성과가 없었던 것같이 생각하는 경향이 있는 듯하나 큰 성과가 하나 있었다고 말하며 그것은 일본의 일부 정치인들이 현안 문제 해결을 뒤로 미루고 국교 정상화를 먼저 하자고 주장하고 있었으나 김 원장의 방일에 의하여 그러한 주장이 완전히 없어지게 된 것이라고 말하였음.

3. 회담이 재개된 후에 특히 일반청구권 문제에 관하여 어떠한 방법으로 토의를 진행시키는 것이 좋을 것인가에 관하여 일본 측의 의향을 타진하였던바 '이세키'는 이론적인 토의에 관하여서는 과거에 상당히 진행된 바 있으므로 중복을 피하는 것이 좋을

것이나 과거에 한국 측이 숫자를 구체적으로 제시한 일은 없으므로 그러한 자료는 회담 재개 전이라도 제공하여 주면 좋겠고 양측의 합의되는 항목에 관하여서는 상세한 토의가 있어야 하겠다고 말하였음.

2203

4. 어업 문제에 관하여서 '이세키'는 제5차 회담 예비회담 시에 진행한 바 있는 자원론을 계속하는 것으로부터 시작하는 것이 좋겠다고 말함.

5. '이세키'는 사무적인 토의는 회담 재개 후 약 1개월이면 대체로 끝낼 수 있을 것이라는 의견을 말하였음. 따라서 본격적인 정치적 교섭의 제1차적 시기는 11월 중순, 즉 박 의장께서 도미하시는 시기까지에는 성숙될 것이라는 의견을 피력하였음.

6. 회담 재개 일자로 본인이 오는 10월 10일경이 어떠하냐고 말하였던바 '이세키'는 좋다고 생각한다고 말하였음.

7. 수석대표 문제에 관하여 본인이 한국 측으로서는 정치력이 있는 거물급 인사를 피차 임명하는 것이 좋지 않을까 생각한다고 말하였던바 '이세키'는 일본 측 사정으로는 정치인 중에서 거물급 인사를 임명하기는 곤란하나 외교계 혹은 재계에서 거물급 인사를 임명하는 것은 가능할지도 모르겠다고 말함(정치인 중에서 임명하기 곤란한 이유로는 국회의원을 임명하기 위하여서는 국회의 동의가 필요한데 그렇지 않아도 사회당에서 대대적인 반대 공작을 전개할 기세를 보이고 있는 이 때에 그러한 동의안을 국회에 제출하면 국회 내의 혼란을 자초하는 결과가 된다고 말함). '이세키'는 수석대표의 임명이 지연되는 경우에는 우선 수석대표대리를 임명하여 회담을 재개하는 것도 한 방법이라고 말함.

8. 최근의 당지 신문에 의하면 '고사카' 외상이 다음의 통상국회(금년 말부터 시작) 시에 한일회담의 결과를 제출할 수 없다고 말한 것같이 보도하고 있는데 이 점 어떠냐고 물었던바 '이세키'는 일본 측으로서는 다음 통상국 회의 시에 다른 여러 난문제와 같이 한국 문제도 제출하여 일거에 통과시키는 것이 방법으로도 좋은 방법이라고 생각한다고 말함.

9. 금일 회합에 있어서 다음 월요일(25일) 오전 11시에 본인과 '이세키' 국장이 외무성에서 정식 회합을 갖고 회담 재개 일자를 확정하고 발표하기로 합의를 보았음.

다음 월요일 회합하는 기회에 '이세키'는 일본 측 수석대표에 관하여 정치계에서 선택할 수 있을 것인지 좀 더 구체적인 이야기를 할 수 있을 것이라고 말함.

추기: 금일 회합에 관하여서는 일절 발표하지 않기로 하였음.

주일 공사

98. 한일회담 재개 교섭 관련 보고 전문

번호: JW-09241

일시: 221815 [1961. 9. 22]

수신인: 외무부 장관 귀하

한일회담 재개 교섭에 관한 건

연: JW-08225호

1. 연호 제7항에서 보고한 바와 같이 본인과 이세키 국장은 9월 25일(월요일) 외무성에서 정식 회담하여 회담 재개 일자를 확정하고 이를 공식 발표하기로 되었는바 본인 재개 일자로 10월 10일을 제의 결정할 위계임(9일은 한글날로 인한 공휴일임).

2. 회담 재개에 앞서 양측이 합의하여야 할 사항에 관하여는 외정아 제274호(9월 18일 자) 지시에 의거할 것인바 동 지시에 구성되어 있지 않은 사항에 관하여는 원칙적으로 회담 재개 후 결정하기로 하되 일본 측에서 제의하여 오는 경우에는 JW-08226호(8월 19일 자)로 건의한 방침에 의거할 위계임.

추기: 외정아 제274호 제2항 위원회 구성에 있어서 어업 및 평화선위원회가 기재되지 않았는바 이는 사무 착오로 인하여 누락된 것이라고 간주하겠음.

주일 공사

99. 한일회담 재개 교섭 결과 보고 전문

번호: JW-09251

일시: 251240[1961. 9. 25]

수신인: 외무부 장관 귀하

한일회담 재개 교섭에 관한 건

연: JW-08226호

금일 26일 오전 11시 예정대로 본인 문 참사관을 대동하고 이세키 아세아국장을 방문하고 약 20분간 면담하였는바 그 내용을 아래와 같이 보고함.

1. 회담 재개 일자는 10월 10일(화요일)로 합의 결정함.

2. 회담은 제6차 회담으로 하고, 장소는 도쿄로 하기로 합의함.

3. 분과위원회의 구성, 의제 및 토의 진행 방법 등은 제5차 회담 예비회담을 따르기로 합의함. 각 분과위원회의 회담은 과거 회담 시에는 대체로 1주일에 1회 정도의 회합밖에는 못 가졌던 바, 이세키는 공식 혹은 비공식의 형식적 문제는 도외시하고, 1회 혹은 2회 정도의 회합은 가능할 것이라고 말함.

4. 수석대표 문제에 관하여 이세키는 일본 측이 정치인 중에서 임명할 수 있을 것인지 여부는 고사카 외상의 귀국 후(오는 26일 귀국할 예정이라고 함) 고사카의 의견도 들은 후 결정하고자 한다고 말하며, 수석대표 문제가 회담 재개 일자까지 해결이 되지

않는 경우는 우선 양측에 수석대표대리를 임명하여 회담을 진행시키는 것이 어떤가고 한국 측의 의향을 다시 물으므로 한국 정부와도 상의한 후 회답할 것을 말함(이것에 대한 우리 측의 입장을 지금 회시하시기 바람). 수석대표 문제에 관하여서는 발표할 때는 '양측이 회담 재개 일자 전에 수석대표를 임명하도록 노력하기로 하였다'는 정도로 말하기로 합의함.

5. 회담 재개에는 사무적 토의와 정치적 교섭을 병행하는 것으로 발표하기로 합의함.

추기: 금일의 회합 결과에 관하여는 이를 대체로 발표하기로 합의하였음.
단 상기 내용은, 5항의 발표 요령은 상기한 바와 같음.

주일 공사

101. 일본 경제 관계 관리 방한 요청을 보고하는 전문

번호: JW-09264

일시: 261100[1961. 9. 26]

수신인: 외무부 장관 귀하

일본 경제 관계 관리 방한의 건

1. 금일 9월 26일 외무성 당국은 금월 말 또는 내월 초에 경제 관계 관리 4, 5명을 방한시키고 싶다는 의향을 전하고 아 측의 승낙이 있기 바란다고 요청하여 왔음.

2. 방한 예정자는 외무성 참사관 '우라베 도시오' 인솔자는 외무성 경제국, 농림성 및 통산성의 과장급 또는 과장 보조급 관리 각 1명씩인바 대장성 측에서도 가게 될는지도 모르므로 총인원은 4, 5명이 될 것이라 함.

3. 이들은 약 10일간 체한하면서 주로 경제 관계 당국자와 의견 교환을 하고자 한다고 함.

4. 우라베 참사관은 한일회담 대표이며 또 회담이 10월 10일에 재개되는 만큼 가능한 한 9월 말에, 늦어도 10월 초에 출발할 수 있게 되기를 바란다고 함.

5. 이번 방한은 마에다 북동아과장의 방한이 있은 직후에 일본 측이 구상한 바 있었던 경제 관계 관리의 방한 계획과 동일한 것이라고 함.

6. 당부 견해로서는 우라베 참사관이 한일회담에 깊은 관계를 가지고 있는 만큼 이

번 방한은 경제 목적을 위한 것일 뿐만 아니라 회담에 관한 아 측 입장을 타진하려는 의도도 있을 것이라고 생각됨.

7. 본건에 관한 허가 여부를 지급 지시하여 주시기 바라며 허가가 있을 시에는 비자 신청 제출되는 대로 입국 허가를 발급할 위계임을 첨언함.

(정아)

주일 공사

102. 한일회담 일본 측 수석대표 관련 일본 입장 보고 전문

번호: JW-09314

일시: 291420[1961. 9. 29]

수신인: 외무부 장관 귀하

대: WJ-08256

작 28일 하오에 당부 문 참사관이 외무성에서 우야마 참사관과 면담하였을 시에 대호 전문 지시에 대한 일본 측의 입장을 타진하여 본바 우야마는 "현재 정부로서는 정치계, 외교계 혹은 재계에서 상당한 인물을 수석대표로 임명할 것을 고려하고 있으나 아직 결론은 보지 못하였지만 특히 재계에서 적당한 인물을 선정할 것을 신중히 고려하고 있는 중이며 만일 재계에서 선임이 되는 경우에는 아직 어떤 인물이 될 것인지 예기하기도 곤란하지만 재계의 제1급 인물이 될 것은 틀림없다"라고 말하였사옵기에 우선 보고함.

주일 공사

103. 한일회담 수석대표 문제 관련 이세키 아시아국장과의 협의 내용 보고 전문

번호: JW-09331

일시: 301235 [1961. 9. 30]

수신인: 외무부 장관 귀하

한일회담 재개에 관한 건

금일 30일 토요일 오전 10시에 본인은 한일회담 수석대표 문제 등에 관하여 이세키 아세아국장과 약 15분간 면담하였는바 그 내용을 아래와 같이 보고함.

1. 이세키는 수석대표 문제에 관하여 일본 측은 외교계, 재계 혹은 정치계 중에서 상당한 인물을 선정할 것을 고려하여 왔고 최근에는 특히 재계에서 제1급 인물을 선정할 것을 신중히 고려한 바 있는데 자민당 계통에서 정치인 중에서 상당한 인물을 선정하여야 한다는 강한 의견이 새로이 나왔으므로 아직 방침을 결정하지 못하고 있다고 말하므로 본인은 한국 측으로서는 가능한 한 정치인 중에서 거물급 인물이 임명되기를 희망한다고 말하였음.

2. 10월 10일에 있을 제1회 전체회의는 일본 측 사정에 의하여 동일 하오에 개최하고 싶다고 말하며 한국 측 대표단이 언제 도착하게 될 것인가고 문의하였음.

(정아)

주일 공사

104. 한일회담 대표단 명단 통보 요청 전문

번호: JW-1018

일시: 031345 [1961. 10. 3]

수신인: 외무부 장관 귀하

대: WJ-1010호

1. 금일 3일 오후 4시 '이세키' 아세아국장을 방문하고 대호 1항에 관하여 교섭할 위계임.

2. 각 위원회에 있어서는 전원이 위원 자격으로 참가하는 것이므로 각 위원회별 명단에 있어서는 전례에 따라 수석만을 '수석위원'이라고 표시하고 기타의 사람을 '위원'이라고만 표시할 위계임.

3. 전례에 따라 양측은 위원회별 구분이 없는 전체 대표단원의 총괄적인 명단도 교환할 것인바, 이에는 대호 명단에 표시된 자격을 기입할 위계임.

4. 총괄적인 명단에는 대표단에서의 자격뿐만 아니라 현 직책도 기입하는 것이 전례인바, 외무부 직원을 제외한 단원의 현 직책을 알려주시기 바라며, 각 단원의 서열도 알려주시기 바람.

5. 일본 입국 허가 신청에 필요한 DATA를 지금 통지 바람.

6. 박동섭, 고범준, 윤기선, 김명년의 한자 성명을 통지 바람.

(정아)

주일 공사

105. 한일회담 일본 측 수석대표 관련 교섭 내용 보고 전문

번호: JW-1019

일시: 031850[1961. 10. 3]

수신인: 외무부 장관 귀하

대: WJ-1010호

금일 3일 오후 4시에 문 참사관을 대동하고 '이세키' 아세아국장을 방문하고 대호 전문 건에 관하여 교섭하였는바, 그 내용을 다음과 같이 보고함.

1. 대호 전문 제1항의 지시에 따라 본인은 일본 측이 10월 5일 이전에 수석대표를 임명할 것을 촉구하였던바, '이세키'는 다음과 같이 말하였음.

(가) 일본 측은 전번 회합 시(JW-08331) 말한 바와 같이, 최근에는 정치인 중에서 거물급을 임명할 것을 고려하는 방향으로 기울어지고 있으며, 오는 4일 해외로부터 귀국하는 '기시 노부스케'를 유력한 후보자로 생각하여, 그의 귀국을 기다리고 있는 중이다.

(나) 재계인 중에서 선임할 것을 고려한 바도 있지만, 쾌히 승낙할 인사가 있을 것 같지 않다는 관측이 정부 부내에서 유력하다.

(다) 외교계에서 임명을 한다면 가장 용이하게 단시일 내에 임명을 할 수는 있다.

(라) 일본 정부는 이상과 같은 점을 고려하여, 수석대표의 임명을 서두르고는 있지만 아직 최종적으로 그 방침을 결정하지는 못하였으며 한국 측의 입장이 수석대표의 임명 없이는 회담을 개시할 수 없다고 하니 곧 방침을 결정토록 최선을 다하겠으나 오는 5일까지 인선을 완료하기는 어려울 것 같다. 그러나 빠르면 내일 중이라도 최종 방침을 결정토록 하겠다.

2219   2. 이상과 같은 '이세키'의 발언에 대하여 본인은 오는 5일까지는 일본 측 수석대표를 결정할 것을 거듭 촉구하였음.

(정아)

주일 공사

106. 일본 측에 대한 한일회담 연기 통보 지시 전문

번호: WJ-1036

일시: 051830 [1961. 10. 5]

수신인: 주일 공사 귀하

한일회담 개최 연기 통지

귀 전문 JW-1031호를 접수하고 전문 JW-1019호(특히 제1항 (가))를 참조하여 일본 측의 태도를 검토한 결과 일본이 수석대표에 '기시 노부스케'와 같은 정계의 거물을 기용하지 않고 유명무실한 자를 임시방편으로 기용한 소위는 한국의 입장을 경시하는 표적이 될 뿐더러 회담 개최 일자도 이미 변경이 필요한 사실에 비추어 한국으로서는 강경히 나갈 필요가 있다는 결론에 도착하고 전략상 회담 개최를 당분간 연기하는 것이 좋다고 결정하였으니 이러한 사정을 참작하시고 일본 측에는 '한일회담은 당분간 연기하기로 했다'고만 통지하시고 일본 측의 반향에 관하여 추후 계속 보고하시압.

추신: 1. '기시' 씨는 귀국 후 수석대표 취임의 교섭이나 [제안을] 받은 사실이 있는지 또는 '스기' 씨에 먼저 교섭함으로써 '기시' 씨의 출현을 미연에 방지한 것인지 그 여부도 참고로 조사 보고해 주십시오.
2. 외무부에서는 '정부는 10월 10일 도쿄에서 개최 예정인 제6차 한일회담은 사정에 의하여 당분간 연기하기로 결정하였다'고만 외부에 발표할 것이며 그 내용에는 언급 않기로 하였음.

장관

107. 스기 일본 측 수석대표 내정자의 기자회견 내용 언론 보도 보고 전문

번호: JW-1049

일시: 051215[1961. 10. 5]

수신인: 외무부 장관 귀하

한일회담 수석대표로 내정된 '스기' 씨는 금일(5일) 기자회견을 하였으며 그 내용이 금일 당지의 각 석간에 보도되었으므로 참고로 10월 5일 자 '요미우리' 신문 석간에 보도된 기사를 다음과 같이 번역하여 보고함.

기

"일한회담 뒷맛 좋은 결론을" 수석대표로 내정된 '스기' 씨 말함

'오사카발' 10일부터 도쿄에서 시작되는 제6차 일한회담의 일본 측 수석대표로 내정된 '스기 미치스케' 일본무역진흥회(JETRO) 이사장은 5일 아침 '오사카'에 있는 자택에서 다음과 같이 말하였다.

"4일 늦게 외무성 측에서 수석대표에 취임하여 달라는 연락이 있었으므로 각의에서 정식으로 결정이 되면 수락하겠다고 대답을 하여두었다."

'하토야마' 내각 시대의 일소 교섭의 대표나 '오사카' 지사 후보에 추기된 것과는 사정이 달라서 일한회담을 옥신각신하게 할 수 없는 것이므로 깨끗하게 승낙한 것이다.

만약 정식으로 결정이 되면 정부하고도 잘 상의해서 성심성의 회담에 임하여 뒷맛이 쓰지 않은 결론을 내고 싶다. 특히 관서의 업계는 회담을 기다리는 형편으로 무역의 활발을 희망하고 있으므로 많이 노력하고자 한다. 현재까지의 경위는 자세히는 모르나 퍽 복잡하고 어렵다는 점도 각오하고 있다."

주일 공사

108. 일본 측 수석대표 선정에 대한 한국 반응을 보도하는 기사 보고 전문

2222   번호: JW-1050

일시: 052015[1961. 10. 5]

수신인: 외무부 장관 귀하

건명: 일 측 수석대표 선정에 대한 아국 반응을 보도하는 기사 송부의 건

금일 5일 자 당지 신문 석간은 일 측이 '스기 미치스케'를 수석대표로 내정한 데에 대한 아국 반응을 보도하는 'AP', 'UPI', '공동통신' 또는 특파원 기사를 게재하고 있사온바 아래에 '요미우리신문' 특파원 기사를 송부함.

"한국 스기 씨에 불만을 표시"

(서울, 사마모토 특파원 5일발)

일한회담은 오는 10일부터 도쿄에서 재개되는바, 일본 측 수석대표로 일본무역진흥회 이사장 '스기 미치스케' 씨가 임명될 것이라는 보도에 대하여 한국 측은 의외라는 표정을 보이고 있다. 한국으로서는 '수석대표'에 정치적 의의를 두고, 회담을 조기에 일괄 해결한다는 방침이었던 만큼, 일본 측의 결정으로 회담은 수석대표를 둘러싸고 아직 곡절이 있게 될 것이라고 보인다.

한국 측은 과거 10년간 계속된 일한회담을 일거에 해결하기 위하여서는 상당한 정치적 타협이 필요하다고 보고 있었다. 그러므로 한국 국민의 대일 감정 및 국민에 대한 영향력 등으로 판단하여, 수석대표로는 총리급의 거물을 기용하고, 회담은 역사적으로 필연한 것이라고 세론을 납득시킬 심산이었다. 이 방침에 따라 김유택 원장이 방일하였을 때에, 일본 측에 그 의도를 정식으로 전달하는 한편, 이승만 정권 실각 직후의 과도 정부 총리인 '허정' 씨에게 수석대표를 교섭하고 있었던 것이다.

2223 따라서 '스기' 씨 기용 보도에 대하여 한국 외무 당국은 5일 아침, 정식 보고가 없다고 말하면서도 "일본 측의 수석대표로는 기시 노부스케 씨 또는 이시이 미쓰지로 씨가 임명될 것으로 기대하고 있었는데"라고 불만의 표정을 보이고, 일본 측이 그러한 태도라면 한국으로서도 재고하지 않으면 안 되겠다는 태도를 은근히 보였다. 물론 한국 측도 일본의 국회 대책이라든가 국내 정세 등으로 이 결정이 어느 정도 부득불하였다고 인정을 하고 있지만, 일본 정부에 논란을 배제하겠다는 강력한 결의가 없었다는 것, 즉 한국 측의 일한회담에 대한 인식에 비하여 일본 측이 그다지 성의를 보이고 있지 않다는 점에 불만을 가지고 있는 것이다. 그러므로 한국 측의 불만은 '스기' 씨 개인에 관한 것이 아니고, 일본 측의 애매한 태도에 대한 불만이며, 수석대표 문제를 위요하고 일한회담에 대한 일본 측의 기본적인 생각이 폭로되었다고 극언하는 자도 있다. 일한회담의 전망은 낙관할 수 없을 것 같다.

주일 공사

109. 한일회담 연기 통보에 대한 일본 측 반응 보고 전문

번호: JW-1052

일시: 061045[1961. 10. 6]

수신인: 외무부 장관 귀하

대: WJ-1036

대호 건, 회담 연기에 관하여는 금일 6일 오전 9시 이세키 아세아국장에게 전화로 정식 통고하였는바 이세키는 연기 이유가 무엇인가를 본국 정부에 문의하여 달라고 요청하였사온바 대호 지시대로 이유를 계속 일절 밝히지 않을 것인지, 또는 밝힌다면 어떠한 내용으로 밝힐 것인지에 관하여 지금 지시 바람.

추이: 대호 전문 수신 완료 시간이 늦었으므로 정식 통고를 금일 아침에 하게 된 것이옵기에 첨언함.

주일 공사

110. 일본 측의 한일회담 수석대표 각의 결정 사실 보고 전문

번호: JW-1056

일시: 061135 [1961. 10. 6]

수신인: 외무부 장관 귀하

회담 일 측 수석대표에 관한 건

외무성 당국으로부터 확인한 바에 의하면 금일 6일 오전 9시에 열린 각의에서 일정은 기정방침대로 '스기'를 수석대표로 정식 결정하였으며 발령은 아 측으로부터 회담 재개의 요청이 있을 때에 내기로 하였다고 하옵기에 보고함.

주일 공사

111. 한일회담 연기 관련 한국 외무부 대변인 발표에 관한 일본 언론 보도 보고 전문

번호: JW 1059

일시: 061150 [1961. 10. 6]

수신인: 외무부 장관 귀하

 금일 6일 자 당지 각 신문 조간은 작 5일 밤 한국 정부 외무부 대변인이 오는 10일부터 열릴 예정의 제6차 한일회담을 사정에 의하여 당분간 연기한다고 발표하였다고 이를 크게 보도하였는바, 그중 '마이니치'신문의 보도 내용은 다음과 같사옵기에 참고로 이를 번역 보고함.

기

 (1) 외무성은 한국 정부가 10일부터 제6차 일한회담이 시작되는 목전에서 돌연히 개최 연기를 발표한 데 대하여 상당한 충격을 받고 있는 반면, 진의를 파악할 수 없어 태도 강화의 징조를 보이고 있다. 외무성으로서는 금번의 조치가 만일 일본 측의 수석대표의 인사를 이유로 한 것이라면, 이는 명백한 내정 간섭이므로, 일본 측으로서도 회담 재개에 응한다는 기정방침을 변경치 않을 수 없다는 입장을 비공식으로 표명하였다. 외무성은 재일 한국대표부로부터 외무부의 발표에 관하여 공식적인 연락을 받지 않은 채 5일 밤, 아세아국을 중심으로 사태를 검토하였다. 한국의 방침 전환이 무엇에 기인하였는가에 대하여는 아직 결론은 내리지 않고 있으나, 동일 아침, '스기' 수석대표가 표면화된 것으로 보아 이 인사 문제에 대한 불만이 배경으로 되어 있다는 서울발 보도와 같은 견해가 지배적으로 되어 있다. 만일 이러한 관측을 전제로 한다면, 한국 정부가 취한 '돌발적인 행동'은 전연 용인될 수 없다고 다음과 같은 점을 들고 있다.

2227	1. 한국 측이 정치 절충을 중시하고 정계의 거물을 기용할 방침은 주지하고 있었으나, 일본 측은 정계 방면에서의 인선을 피하고 싶다는 의향을 한국 측에 전한 바 있어, 이 사정을 이해하고 있을 것이다.

2. 내정된 '스기' 씨는 굴지의 재계인이며 일한 관계의 장래를 중시하고 있기 때문에 그의 취임을 간청한 것이며, 한국 측이 기용하는 인재와의 '격의 상하'가 문제가 되리라고는 생각지 않는다.

3. 인선이 마음에 맞지 않는다고 상대국의 동의를 필요로 하지 않는 인사에까지 간섭하여, 그것을 이유로 합의사항을 일방적으로 변경한다는 것은 내정 간섭에 해당하는 행위이다.

이러한 돌발적 사고는 지금까지 한국과의 교섭에서 가끔 경험한 바도 있어, 반드시 이러한 일로써 회담 타결의 전도가 암담하게 되었다고 보는 것은 시기상조일 것이나, 대한 신중론이 재연할 가능성도 있는 것이다.

한국 측으로부터 공식 연락은 6일 아침에 있을 예정이나, 외무성은 그때 상대방의 진의를 따질 예정이다. 연기 요청의 이유가 준비 관계라든가 한국 측 수석 인사의 지연 등, '스기' 씨와 관계가 없는 사정이라는 것이 밝혀진다면, 이해를 하여도 좋다는 생각을 가지고 있다.

(2) 한국 외무부가 제6차 일한회담의 재개를 당분간 연기한다는 보도에 대하여 '고사카' 외상은 5일 밤 다음과 같이 말하였다.

한국 측으로부터 공식 통고를 받고 있지 않아 무어라 말할 수 없으나 정부로서는 수석대표로 내정하고 있는 '스기 미치스케' 씨를 6일의 각의에서 정식 결정할 방침에는 변함이 없다.

2228	(3) (서울 5일 '마쓰모토' 특파원): 한국 정부 외무부 대변인은 5일 밤 "10일부터 도쿄에서 열릴 예정의 제6차 일한회담은 사정에 의하여 당분간 연기한다. 이에 관해서는 주일 대표부를 통하여 즉시 일본 정부에 통고될 것이다"라고 발표하였다.

일한회담의 재개를 돌연 연기한 이 발표에 관해서 한국 외무부는 그 이유를 밝히지 않고 있다. 그러나 일본 측이 한국 정부의 기대에 반하여 '스기 미치스케' 씨를 수석대표로 인선한 것에 관련되고 있음은 명백하다. 한국 정부로서는 5일 중에도 '허정' 전 대통령대리를 수석대표로 하는 대표단의 명단을 발표할 준비를 하고 있었으나, 일본 측이 '스기' 씨를 내정하였다는 보도에 접하자 전기 '허정' 씨가 수석대표 취임을 거부하여 정부 내에서는 '허정' 씨에 대신하는 수석대표를 조급히 인선하여야 한다는 의향이 높아지고 있어 부득이 회담의 재개를 연기할 것을 일본 측에 요청한 것으로 보고 있다.

따라서 금번의 회담 연기의 발표는 일본 측의 수석대표 인사에 응하고자 한국 측이 체제를 정리하기 위한 것으로, 연기 기간도 1주일 내지 10일간으로 보고 있으며, 이에 의하여 회담 재개 그 자체를 무기한 연기하는 성격의 조치가 아닌 것으로 보인다. 그러나 일한 쌍방이 소위 거물급을 수석대표로 기용하여, 고도의 정치 절충에 의하여 회담의 조기 타결을 목적한 한국 측의 기대가 '스기' 씨의 임명 내정에 의하여 배반되었다는 인상은 부인하기 어려운 사실이며, 제6차 일한회담은 재개를 앞에 두고 벌써 난항을 예상케 하고 있다.

(4) (서울 5일 UPI): 믿을 만한 외교 소식통에 의하면, 일본 측은 '스기' 씨의 개인적 이유로 회담 일자를 11일로 연기하였으면 하는 의사 표시를 하였다고 전하여진다.

동 소식통에 의하면, 한국 정부는 일본 측의 제안에 접한 후 회담을 '앞으로 당분간' 연기할 것을 결정하였다. 서울 관측통은 일한회담이 가까운 장래에 열릴 가능성은 매우 적어졌다고 보고 있으며, 적어도 '박' 최고회의 의장이 11월에 있을 예정인 방미에서 귀국할 때까지는 개회될 희망이 거의 없을 것이다.

주일 공사

113. 한일회담 연기 관련 이세키 국장과의 면담 결과 보고 전문

번호: JW-1085

일시: 071745[1961. 10. 7]

수신인: 외무부 장관 귀하

대: WJ-1052호

본인은 금일 7일 하오 4시부터 약 20분간 이세키 아세아국장과 외무성에서 면담하고 대호 전문에 따라 회담 연기 이유를 회답하여 주었는바 이세키는 특별한 반응은 보이지 않았고 다만 아 측이 "'문제를 재검토'하는 데 시일이 얼마나 걸리겠는가?"는 점을 질문하였으며 본인은 차차 본부로부터 통지가 있게 될 것이라고 대답하였기에 보고함.

금후에 관한 아 측 방침에 관하여 당부에 내시 있기 바람.

주일 공사

117. 기시 전 총리 면담 결과 보고 전문

번호: JW-1092

일시: 101135 [1961. 10. 10]

수신인: 외무부 장관 귀하

작 9일 하오 2시부터 약 45분간 본인은 뉴재팬 호텔에서 기시 노부스케와 면담하였는바 그 내용을 아래와 같이 보고함.

1. 한일회담 수석대표로 재계인이 결정된 데에 관하여 기시는 "이케다 수상은 국회에 대하여서는 당초부터 저자세로 일관할 방침을 세우고 있으므로 정치인을 수석대표로 임명하는 것을 피하고 재계인 중에서 임명할 것을 고려하였을 것이다"라고 말하였음.

2. '스기 미치스케'에 관하여 '기시'는 "재계인 중에서 수석대표를 임명을 한다면 '아다치', '이시자카'와 '스기'의 3인을 가장 적당한 후보자로 생각할 수 있는데 스기는 상기 3인 중에서도 가장 적임자라고 볼 수 있으며, 스기는 야마구치현 출신이므로 한국에 대한 관심이 가장 크다"라고 말하였음.

3. 기시는 귀국 후 이케다 수상에게 귀국 보고를 하였다는바, 이케다는 한일 문제에 관하여 적극적인 태도를 보였다고 함.

4. 기시는 귀국 후에 아다치와 이시이 미쓰지로와 한자리에서 만날 기회가 있었다고 하는바 그 자리에서 재계와 정계가 다 같이 스기를 적극적으로 지원하여 한일회담을 성공시키도록 하자고 의논이 되었다고 말함.

5. 본인은 "일본 외무성 측은 사무적 토의에 중점을 두고 있는 것 같은데 그러한 방식으로는 성공을 기대하기 어려울 것"이라고 말하였던바, 기시는 "사무진 사이의 회의에서 어떠한 결론이 나올 것을 기대할 수는 없으며 결국은 정치적 교섭에 의하여 해결하는 수밖에 없다고 생각하는 바이나, 사무적 토의를 전연 하지 않을 수는 없는 것이다"라고 말하였음.

6. 기시는 미국에서 러스크 국무장관과 면담하였다고 하는바 그 자리에서 양인은 한일 문제에 깊은 관심을 가지고 조속히 해결토록 하여야 한다는 이야기를 교환하였다고 함.

주일 공사

118. 라이샤워 주일 미국 대사와의 환담 내용 보고 전문

번호: JW-1093

일시: 101155 [1961. 10. 10]

수신인: 외무부 장관 귀하

주일 미국 대사의 회담에 관한 견해 보고의 건

본인은 방일 중인 말레이시아 부수상이 작 9일 저녁에 베푼 칵테일 파티에서 '라이샤워' 미국 대사와 이야기할 기회를 가졌는바 동 대사는 한일회담에 관하여 아래와 같이 말하였기에 참고로 보고함.

1. 회담이 지연된다 하더라도 1주일 또는 10일 후에는 개최할 수 있게 되기를 희망하며, 회담 결과를 이번 통상국회(12월 하순 소집 후 즉시 휴회로 들어갔다가 내년 1월 하순에 재개)에 제출하여 일거에 해결토록 하는 것이 좋다고 생각한다.

2. 일 측 수석대표로 저명 정치인 특히 기시 노부스케 같은 인물이 나오게 되면 반발이 일어나게 되어 오히려 회담에 지장을 가져오게 될 것이라고 생각한다.

(정아)

주일 공사

120. 한일회담 재개 관련 이세키 국장과의 회합 결과 보고 전문

번호: JW-10138

일시: 121735[1961. 10. 12]

수신인: 외무부 장관 귀하

대: WJ 1080 및 10100, 연: JW-10128

금일 12일 하오 3시 20분경에 본인은 가유회관에서 이세키 아세아국장과 비공식 회합을 하고 대호 전문 건에 관하여 협의하였는바 그 결과를 아래와 같이 보고함.

1. 회담을 오는 10월 20일에 재개하는 것에 대하여 이세키는 "외무성으로서는 이의가 없으나, 일본 측 수석대표로 결정된 스기 미치스케(현재 오사카에 체류 중이라고 함)의 사정이 어떤지 일단 스기와 연락을 취할 필요가 있으므로 곧 연락을 취하여보도록 하겠으며 늦어도 내일(13일) 하오에는 한국 측에 대하여 확답을 할 수 있을 것이다"라고 말하였음.

2. 따라서 한국 측이 제의한 대로 오는 10월 20일 재개하기로 일본 측이 동의하는 경우에는 오는 14일(토요일) 오전 11시에 정식 회합을 갖고 그 자리에서 정식 합의한 형식을 취하고 동일 정오(12시)에 양측이 동시 발표를 하자고 이세키는 제의하였음.

3. 금일 정오경부터 서울발 AFP, UPI 등은 오는 20일경에 회담이 재개될 것이며 한국 측 수석대표로는 배의환이 내정되었다는 사실을 보도하였으므로, 본인이 이세키와 금일 만나기 전에 이세키는 이미 상기 보도 내용을 지실하고 있었으며 본인에 대하여 배의환의 내정 사실 여부를 문의하였는바 그 자리에서는 본인은 아직 공식으로는

통지를 받은 바 없다고 말하였음. 그 후 본인이 가유회관에서 돌아온 후 하오 4시경에 대호 전문(WJ-10100)을 접수하였으므로 전화로 배의환의 내정 사실을 이세키에게 통보하여 주었음(금일의 서울발 AFP, UPI 보도로 당지 석간에 게재된 기사 내용은 별로 전문으로 타전함).

추기: 1. 상기 제2항의 일 측 제의에 대하여 지금 지시 바람.
2. 배의환의 상세한 이력을 송부하시기 바람.

주일 공사

121. 한일회담 재개 관련 일본 측 통지 내용 보고 및 건의 전문

번호: GW-10142

일시: 130925 [1961. 10. 13]

수신인: 외무부 장관 귀하

연: JW-10138호

연호 전보 제1항에 보고한 건에 관하여 금일 13일 9시경에 이세키 국장으로부터 일본 측은 오는 10월 20일 재개하는 것에 이의가 없으며 양측의 동시 발표는 작일 일 측이 제안한 대로(연호 전문 제2항 참조) 명일 14일 정오 12시에 하되 명 14일 오전 11시 반(작일은 11시 정각에 만날 것을 제의하여 왔음)에 본인과 회담하여 정식 합의한 형식을 취하자고 연락하여 왔음. 본부에서 이의가 없다면 이상의 일 측 제안대로 시행코자 하오니 지금 지시 있으시기 바람.

추기: 동시 발표에 있어서는 재개 일자와 양측 수석대표도 발표하는 것이 좋을 것 같음.

주일 공사

122. 한일회담 재개 발표 관련 지시 전문

2251 번호: WJ-10126

일시: 131845[1961. 10. 13]

수신인: 주일 공사

대: JW-10157호

상기 귀 전문에 대하여 아래와 같이 회시함.

1. 회담 재개 일자에 대하여 당지에서 적의 발표문을 작성하여 14일 12시에 발표하겠음.

2. 수석대표에 대하여서도 배의환 씨로 결정되었으므로 명일 12시에 같이 발표하도록 할 것.

장관

123. 한일회담 수석대표 발표 관련 최고회의 외교국방위원장의 재가를 위한 전화 통화 기록

전화전

발·수화 일시: 4294년 10월 13일 오후 4시 50분

발화자: 외교국방위 유양수
수화자: 정무국장 전상진

통화 건명: 한일회담 수석대표 발표

내용:

명일 14일 12시에 한일회담 재개 일자를 발표함에 있어서 양측의 수석대표(한국 측 수석대표 배의환 씨)를 동시에 발표하여도 가함.

이상

124. 한일회담 재개 발표 관련 이세키 국장과의 협의 결과 보고 전문

번호: JW-10157

일시: 131525 [1961. 10. 13]

수신인: 외무부 장관 귀하

대: WJ-10113, 연: JW-10142

대호 전문 건에 관하여 아래와 같이 보고함.

1. 연호 전문으로 보고한 바와 같이 일본 측은 10월 20일에 회담을 재개하는 것에 이의가 없다고 하므로 내일 14일 오전 11시 30분에 본인과 이세키 국장이 정식 회합을 가진 후 14일 정오 12시에 양측이 합의 내용을 동시 발표하도록 하겠음(이상 절차에 대하여서는 일 측과 완전 합의함). 따라서 서울에서도 오는 14일 정오에 발표하여 주시기 바람.

2. 대호 전문 제1항에 언급하신 동시 발표 내용은 구태여 동일한 내용으로 발표할 필요는 없다고 생각되며 일본 측도 그러한 의견이오니 발표 내용은 적의 작성 발표하시기 바람.

3. 오는 14일 오전 11시 30분에 본인과 이세키와 정식 회합을 한다는 사실만은 금일 중 발표 위계임.

주일 공사

125. 한일회담 재개 최종 합의 보고 전문

번호: JW-10176

일시: 141220 [1961. 10. 14]

수신인: 외무부 장관 귀하

금일 14일 오전 11시 30분 본인은 예정대로 외무성에 '이세키' 아세아국장을 방문하고 약 20분간 면담하고, 다음과 같이 정식 합의를 보았음.
 1. 제6차 한일회담을 오는 10월 20일부터 개시한다.
 2. 회담 진행에 있어서는 정치적 교섭과 사무적 토의를 병행시킨다.
 3. 양측의 수석대표 결정 사실을 발표한다.
 4. 금일 정오 12시를 기하여 양측이 금일의 합의 내용을 동시 발표한다.

추기: 회담 개시를 위한 순 사무적 준비 관계는 따로 협의 결정하기로 함.

주일 공사

126. 한일회담 재개 발표 내용 통보 전문

2254 번호: WJ-10140

일시: 141445 [1961. 10. 14]

수신인: 주일 공사

한일회담 재개 문제에 관하여 금일 14일 12시에 다음과 같이 발표하였기에 통지함.

외무부 발표

10월 10일 개최할 예정이던 제6차 한일회담은 그간 당분간 연기한 바 있었는데, 금일 14일 오전 이동한 주일 공사와 '이세키' 일본 외무성 아세아국장과의 회담에서 한일 양측은 동 회담을 10월 20일에 도쿄에서 재개하기로 정식 합의하였다.

제6차 한일회담에 참석할 한국대표단의 수석에는 전 한국은행 총재 '배의환' 씨가 결정되었다.

차관

127. 제6차 한일회담 수석대표의 일본 측 수석대표 및 고사카 외상 예방 결과 보고 전문

번호: JW-10234

일시: 191520 [1961. 10. 19]

수신인: 외무부 장관 귀하

10월 19일 이동환 주일 공사 및 엄영달 아주과장(통역)을 대동하여 오전 10시 스기 일본 측 수석대표를 예방하였으며 그의 안내로 일본 고사카 외상을 방문하고 다음과 같은 내용의 간담을 하였사옵기에 이를 보고함.

1. 본인은 한일 양국의 공동 이익을 위하여, 또한 후세대를 위하여서도 하루속히 양국 간의 제 현안 문제가 원만하게 해결되고 이 새로운 기초 위에서 국교가 수립되기를 바란다고 말하였음.

2. 이에 대하여 고사카 외상은 자기도 한일 문제가 하루속히 해결되기를 희망하고 있으며 양측은 앞으로의 회담에 있어서 상호 간 의견의 상치 점만을 발견하는 데 그치지 않고 서로가 타협할 수 있는 점을 찾아내는 데 힘쓰지 않으면 안 된다고 말하였음.

3. 또한 스기 일 측 수석대표는 앞으로 회담 진전에 따라 상호 간 의견의 대립이 있을 경우에는 양측의 문제점을 서로 연구하고 타협점을 발견하도록 노력할 것이 희망된다고 말하고 또한 그 타개책을 성의껏 모색하도록 힘쓰자고 말하였음.

4. 이에 대하여 본인은 동감이라고 말하였음.

수석대표

대표단 임면 관계, 1961~1964

분류번호 : 723.1 JA 대 1961-64
등록번호 : 722
생산과 : 아주과
생산연도 : 1964
필름번호 : C1-0010
파일번호 : 05
프레임번호 : 0001~0211

제6차 한일회담 한국 및 일본 측 대표단 명단, 스기 미치스케 일본 수석대표 인적사항, 대표단원 교체와 관련한 문서 등이 수록되어 있으며, 문서 마지막 부분에는 한일회담 법적지위위원회에 재일 민단 대표를 참여시키는 문제에 관하여 외무부 본부와 주일 대표부 간 교신 전문 등도 수록되어 있다.

6. 제6차 한일회담 대표단 관련 주일 대표부 건의 전문

0026 번호: JW-09260

일시: 251830[1961. 9. 25]

수신인: 외무부 장관 귀하

한일회담에 관한 건

2주일 후에 회담이 재개되는 만큼 아 측 대표 명단과 일본 입국 허가 신청에 필요한 서류를 가능한 한 속히 보내주시기 바라오며 당부는 동 명단에 의거, 호텔 예약 등의 조치를 취할 위계임.

(정아)

추이: 수석대표 개회 연설문은 초안이 확정되는 대로 ADVANCE COPY를 송부하여 주시기를 유념(留念) 첨언함.

주일 공사

7. 제6차 한일회담 대표단 구성 관련 본부 전문

번호: WJ-09257

일시: 261730 [1961. 9. 26]

수신인: 주일 공사

대: JW-09262

1. 한일회담 대표단은 약 35명으로 구성될 것인바 그중 7명은 귀 대표부 직원이고 나머지는 본국에서 파견될 것인데 제1차로 회담 개시와 동시에 파견될 인원은 약 15명이며 시바파크 정도의 호텔 15방을 미리 예약할 것.

2. 대표단 명단은 작성되는 대로 곧 통지하겠음.

3. 수석대표의 개회사 원문도 작성되는 대로 송부하겠음.

11. 제6차 한일회담 대표단 명단 통보 전문

번호: WJ-1010

일시: 021830 [1961. 10. 2]

수신인: 주일 공사

1. 수석대표의 임명 없이는 한일회담을 개시할 수 없으므로 수석대표를 포함한 양측 대표단원 명단을 10월 5일까지 교환하고 10월 7일 전에 발표할 수 있도록 하기 위하여 일본 측은 10월 5일 전에 수석대표를 결정하도록 교섭할 것.

2. 한국대표단원의 일본 입국 허가 신청은 명단이 교환되는 대로 일본 정부에 제출할 것.

3. 한국대표단원의 명단은 다음과 같은바 그중 제1진 14명은 10월 7일에 출발하고 제2진은 회담 진행에 따라 출발할 것이며 현 계획은 10월 12일 예정이니 호텔 예약을 할 것. 제3진의 출발 일자는 미정임.

제6차 한일회담 한국 측 대표단 명단

수석대표	허정	(제1진)
차석대표	이동환	
고문	이한기	(제1진)

(재일한인 법적지위위원회)

대표(수석)	이천상	(제1진)
〃	민병기	(제3진)
〃	최영택	
대표	문철순	

대표   문인구   (제1진)
전문위원   오원용
보좌   전성우

(일반청구권위원회)
대표(수석) 김윤근   (제1진)
대표   이규성   (제3진)
 〃   박동섭   (제3진)
 〃   고범준   (제1진)
 〃   홍승희   (제1진)
 〃   홍윤섭   (제2진)
 〃   이상덕   (제2진)   (신문 발표 보류)
전문위원   김낙천   (제2진)
보좌 김태지 (제1진)

(선박위원회)
대표(수석) (이천상) (법적지위위원회 수석 겸임)
대표 윤기선 (제3진)
전문위원   신소원   (제2진)
 〃   김정태
보좌   이창수   (제1진)
 〃   송승현

(문화재위원회)
대표(수석) (이동환) (회담 차석대표 겸임)
대표   김재원   (제3진)
 〃   황수영   (제1진)
 〃   이홍직   (제2진)

(어업 및 평화선위원회)

대표(수석)	(김윤근)	(청구권 수석 겸임)
대표	김명년	(제3진)
〃	지철근	(제1진)
전문위원	남상규	(제1진)
〃	신광윤	(제2진)
보좌	김정훈	(제3진)

(전체위원회)

대표	정일영	(제1진)
대표	전상진	(제3진)
전문위원	엄영달	(제1진)
〃	박상두	(제3진)

제1진	14명
제2진	6명
제3진	9명
현지	7명
합계	36명

추기: 1. 대표단 명단을 상호 교환할 때까지는 비밀히 취급할 것.
      2. 단원의 위원회 배치는 약간의 변경이 있을 것임.

장관

12. 제6차 한일회담 대표단 관련 주일 대표부 전문

번호: JW-1018

일시: 031345 [1961. 10. 3]

수신인: 외무부 장관 귀하

대: WJ-1010호

1. 금일 3일 오후 4시 '이세키' 아세아국장을 방문하고 대호 1항에 관하여 교섭할 위계임.

2. 각 위원회에 있어서는 전원이 위원 자격으로 참가하는 것이므로 각 위원회별 명단에 있어서는 전례에 따라 수석만을 '수석위원'이라고 표시하고 기타의 사람을 '위원'이라고만 표시할 위계임.

3. 전례에 따라 양측은 위원회별 구분이 없는 전체 대표단원의 총괄적인 명단도 교환할 것인바, 이에는 대표 명단에 표시된 자격을 기입할 위계임.

4. 총괄적인 명단에는 대표단에서의 자격뿐만 아니라 현 직책도 기입하는 것이 전례인바, 외무부 직원을 제외한 단원의 현 직책을 알려주시기 바라며, 각 단원의 서열도 알려주시기 바람.

5. 일본 입국 허가 신청에 필요한 DATA를 지급 통지 바람.

6. 박동섭, 고병준, 윤기선, 김명년의 한자 성명을 통지 바람.

(정아)

주일 공사

13. 제6차 한일회담 대표단 데이터 통보

0047　번호: WJ-1026

일시: 041850[1961. 10. 4]

수신인: 주일 공사 귀하

JW-1018호에 대하여 다음과 같이 회보함.

1. 대표단 총명단

성명	현직명	생년월일	여권 번호
			00636
이한기	최고회의장	4250. 9. 5	00635
김윤근	고문 변호사	4242. 1. 26	00524
이천상	〃	4244. 12. 6	00549
김재원	국립박물관장	4242. 2. 22	7065
고범준	한은 부총재		00628
지철근	수산중앙회 고문	4246. 4. 1	00629
황수영	동대 교수	4251. 6. 10	00210
이홍직	고대 교수	4242. 8. 25	00598
민병기	외무부 장관 자문위원	4259. 1. 4	00554
정일영	〃	4259. 9. 4	00523
최영택	참사관	(체일 중)	
이상덕	한은 참사	4249. 12. 22	00577
홍승희	산은 이사	4253. 8. 14	00600
홍윤섭	경제기획원 비서관	4255. 6. 6	593

0048 문인구 / 서울지검 검사 / 4257. 11. 1 / 00630
　　　 윤기선 / 교통부 해운국장 / 4251. 6. 26 / 00631
　　　 김명년 / 농림부 수산국장 / 4257. 6. 20 / 00632
　　　 박동섭 / 재무부 이재국장 / 4257. 4. 29 / 00633
　　　 전상진 / 외무부 정무국장 / 4262. 3. 15 / 481
　　　 이규성 /   〃   통상국장 / 4255. 5. 24 / 2133
　　　 문철순 /   〃   참사관 / (체일 중)
　　　 남상규 / 수산중앙회 자문위원 / 4252. 12. 20 / 522
　　　 김낙천 / 체신부 완금저금과장 / 4254. 3. 10 / 00592
　　　 신소원 / 교통부 해사과장 / 4258. 1. 23 / 00634
　　　 신광윤 / 중앙수산시험장 / 4258. 8. 3 / 00595
　　　　　　 해양조사과장
　　　 엄영달 / 외무부 아주과장 / 4261. 1. 23 / 00525
　　　 김정태 / 주일 대표부 2등서기관/ (체일 중)
　　　 오원용 /   〃   영사 / (〃)
　　　 박상두 / 외무부 2등서기관 / 4259. 12. 29 / 567
　　　 이창수 /   〃   3등 〃 / 4264. 12. 20 / 624
　　　 김태지 /   〃   사무관 / 4268. 2. 20 / 00561
　　　 김정훈 /   〃   〃   / 4262. 9. 17 / 00540

추기: 박동섭: 동녘 동, 빛날 섭
　　　고범준: 모범 범, 준걸 준
　　　윤기선: 터 기, 착할 선
　　　김명년: 목숨 명, 해년

1. 이 명단은 서열 순위가 아닌바 순위는 명일 통지하겠음.
2. 명단이 추가될 예정임.
3. 우선 입국 허가를 신청할 것.

　　　　　　　　　　　　　　　　　　　　　　　　　　장관

16. 제6차 한일회담 한국 측 수석대표 교체 관련 언론 보도 보고 전문

번호: JW-10128

일시: 121240[1961. 10. 12]

수신인: 외무부 장관 귀하

대: WJ-1090

금일 12일 정오경의 서울발 'AFP'는 한일회담 수석대표로 배의환 씨를 내정하였다는 사실을 보도하였다고 하는바, 금일 하오 3시 30분 본인이 대호 전문 건에 관하여 '이세키' 국장과 비공식 회합을 가지기로 되어있사오니 배의환 씨의 내정 사실을 일본 측에 알려도 무방한지 금일 하오 2시 30분까지 지급 회전 바람.

주일 공사

17. 제6차 한일회담 재개 합의 발표 관련 지시 전문

번호: WJ-10113

일지: 131100 [1961. 10. 13]

수신인: 주일 공사

대: JW-10128

1. 일본 측이 14일의 회합에서 10월 20일에 회담을 재개하는 것에 정식으로 합의할 경우 그 사실을 동 14일 12시에 양측이 동시 발표하는 데 이의가 없는바, 만약 양측이 동일한 내용으로 발표할 것이라면 발표 내용에 관하여 사전에 일 측과 합의 결정하시고 이를 지급 보고할 것.

2. 양측의 대표단 명단 교환 일자 및 아 측 대표단원의 순위에 대하여는 추후 지시하겠음.

3. 배의환 씨의 이력은 다음과 같음.
본　　적: 경남 김해군 김해읍 동황동
생년월일: 4237년 6월 30일(당 58세)
이　　력: 4268년 미국 보스턴 동북대학 상과 졸업
　　　　　4270년 뉴욕대학 상과대학원 졸업
　　　　　4282년 미군정청 재무부장보
　　　　　4293년 한국은행 총재

장관

21. 제6차 한일회담 대표단 구성 관련 내부 재가 문서

0066   다음과 같은 공문을 발송, 시행함이 어떠하오리까

최고회의 의장[서명]   외교국방위원장[서명]   내각수반[서명]   장관 [차관이 대리 서명]
차관[서명]   정무국장[서명]   아주과장 [대리 서명]   기안자[서명]

외정(아) 제   호
단기 4294년 10월 15일

외무부

건명: 제6차 한일회담 대표단 구성

지난 9월 18일 자로 승인하신 바 있는 제6차 한일회담에 참석할 대표단의 구성에 관하여 다음 사항을 추가 승인하실 것을 건의함.

기

1. 수석대표에 허정(許政) 씨 대신에 배의환(裵義煥) 씨를 임명한다.
   이유: 일본 측 수석과 대등한 인사를 임명함에 있음.
2. 대표 중 민병기(閔丙岐) 씨는 대표단에서 제외하고, 새로이 정태섭(鄭泰燮) 씨를 대표로 추가한다.
   이유: 민병기 씨는 제16차 유엔 총회에 참석하고 있는 관계로 한일회담 사무를 겸무할 수 없으며, 정태섭 씨는 저명한 법률학자임.
3. 주일 대표부 공보관 이규현(李揆現)을 대표단 공보관에 임명한다.

0067   4. 대표단의 명단은 오는 17일 일본 측과 상호 교환하도록 한다.

5. 대표단 명단을 오는 17일 12시에 발표하도록 한다. 단, 발표에 있어서는 대표의 명단만 발표하도록 하고(전문위원 및 보좌는 발표하지 않음) 제1진의 출발 예정일과 인원수를 발표하도록 한다.

6. 제1진 14명은 오는 18일, 제2진 7명은 25일에 각각 출발토록 한다.

7. 대표단의 총구성원은 다음과 같음.

수석대표	배의환(裵義煥)	제1진
차석대표	이동환(李東煥)	대표부 근무
고문	이한기(李漢基)	제1진
대표	김윤근(金潤根)	〃
〃	이천상(李天祥)	〃
〃	김재원(金載元)	제3진
〃	고범준(高範俊)	제1진
〃	이홍직(李弘稙)	제2진
〃	황수영(黃壽永)	제1진
〃	지철근(池鐵根)	〃
〃	홍승희(洪昇喜)	〃
〃	이상덕(李相德)	제2진
〃	정태섭(鄭泰燮)	제3진
〃	정일영(鄭一永)	제1진
〃	최영택(崔英澤)	대표부 근무
〃	전상진(全祥振)	제3진
〃	이규성(李圭星)	〃
〃	박동섭(朴東燮)	〃
〃	김명년(金命年)	〃
〃	윤기선(尹基善)	〃
〃	문철순(文哲淳)	대표부 근무
〃	문인구(文仁龜)	제1진
전문위원	홍윤섭(洪允燮)	제2진

전문위원	남상규(南相圭)	제1진
〃	엄영달(嚴永達)	〃
〃	김락천(金洛天)	제2진
〃	신소원(申小元)	〃
〃	김정태(金正泰)	대표부 근무
〃	오원용(吳元龍)	〃 근무
〃	박상두(朴相斗)	제3진
〃	신광윤(辛廣允)	제2진
보좌	이창수(李昌洙)	제1진
〃	김태지(金太智)	〃
〃	김정훈(金正勳)	제3진
〃	전성우(全星雨)	대표부 근무
〃	송승현(宋昇鉉)	〃 근무
공보관	이규현(李揆現)	〃

참고 1) 수석대표 1명
 차석대표 1명
 고문 1명
 대표 19명
 전문위원 9명
 보좌 5명
 공보관 1명   합계 37명

참고 2) 제1진 14명 10월 18일 출발
 제2진 6명 10월 25일 출발
 제3진 9명 미정
 대표부 근무 8명   합계 37명

22. 제6차 한일회담 한국대표단 명단 통보 전문

0070   번호: WJ-10149

일시: 161510 [1961. 10. 16]

수신인: 주일 공사

대: JW-10160

1. 대표단은 이미 통지한 바와 같이 3진으로 나누어 제1진 14명은 10월 18일 NWA 편으로, 제2진 6명은 25일 NWA 편으로 출발 예정임.

2. 대표단 명단은 10월 17일 우선 총괄적으로 교환하고, 위원회별 명단은 회담 개최일에 교환하도록 조처할 것.

아 측 대표단 명단은 다음 순위로 작성할 것.

수석대표	배의환
차석대표	이동환
고문	이한기
대표	김윤근
〃	이천상
〃	김재원
〃	고범준
〃	이홍직
〃	황수영

	대표	지철근
0071	〃	홍승희
	〃	이상덕
	〃	정태섭
	〃	정인영
	〃	최영택
	〃	전상진
	〃	이규성
	〃	박동섭
	〃	김명년
	〃	윤기선
	〃	문철순
	〃	문인구
	전문위원	홍윤섭
	〃	남상규
	〃	엄영달
	〃	김학천
	〃	신소원
	〃	김정태
0072	전문위원	오원용
	〃	박상두
	〃	신광윤
	보좌	이창수
	〃	김태지
	〃	전성우
	〃	송승현
	〃	김정훈
	공보관	이규현

추기: 1. WJ-1026호로 통보한 명단 중 허정, 민병기 양인은 제외되고 배의환, 정태섭, 이규현 3명이 추가됨.
2. 정태섭은 추후 출발 예정이며 비자 신청 data는 추후 통보하겠음.
3. 서울에서 17일 대표단 명단을 발표할 예정임(전문위원 및 보좌는 발표하지 않음).
4. 수석대표의 숙소는 대표단과 동일 호텔에 투숙할 수 있도록 시바파크 호텔 Suite를 예약할 것(대 JW-10183호).
5. 홍윤섭은 전문위원임.

외무부 장관

23. 제6차 한일회담 한국대표단 명단 언론 발표문

0073   (10월 17일 12시 전에는 발표하지 말 것)

외무부 발표

1. 10월 20일부터 도쿄에서 개최될 제6차 한일회담에 참석할 한국대표단의 명단은 다음과 같다.

수석대표	배의환(裵義煥)	전 한국은행 총재
차석대표	이동환(李東煥)	주일 공사
고문	이한기(李漢基)	최고회의 의장 고문, 서울법대 교수
대표	김윤근(金潤根)	변호사
〃	이천상(李天祥)	〃
〃	김재원(金載元)	국립박물관장
〃	고범준(高範俊)	한국은행 부총재
〃	이홍직(李弘稙)	고려대학 교수
〃	황수영(黃壽永)	동국대학 교수
〃	지철근(池鐵根)	한국수산 중앙회 고문
〃	홍승희(洪昇喜)	산업은행 이사
〃	이상덕(李相德)	한국은행 참사
〃	정태섭(鄭泰燮)	변호사
〃	정일영(鄭一永)	외무장관 자문위원
〃	최영택(崔英澤)	주일 대표부 참사관
〃	전상진(全祥振)	외무부 정무국장
0074 〃	이규성(李圭星)	외무부 통상국장

대표	박동섭(朴東燮)	재무부 이재국장
〃	김명년(金命年)	농림부 수산국장
〃	윤기선(尹基善)	교통부 해운국장
〃	문철순(文哲淳)	주일 대표부 참사관
〃	문인구(文仁龜)	서울지검 부장검사

2. 대표단 중 제1진 10명은 명일 18일 서북항공[NWA] 편으로 출발할 예정임.

24. 제6차 한일회담 양측 대표단 명단 교환 보고 전문

0075   번호: JW-10206

일시: 171230[1961. 10. 17]

수신인: 외무부 장관 귀하

대: WJ-10149

1. 대호 2항에 따라 대표단 명부를 금일 17일 오전 11시에 교환하였음.
2. 일 측 명단은 별도 전문으로 송부함.

(정아)

주일 공사

26. 제6차 한일회담 일본 측 대표단 명단 보고 전문

0101　　번호: JW-10209

일시: 17□□□□ [1961. 10. 17]

수신인: 외무부 장관 귀하

일본대표단 명단 송부의 건

금일 17일 외무성으로부터 받은 일본 측 대표단 명단은 아래와 같사옵기에 보고함.

기

1. 대표 명단

수석대표: 스기 미치스케

대표: 법무성 민사국장, 히라가 겐타

〃 : 법무성 입국관리국장, 다카세 지로

〃 : 외무성 아세아국장, 이세키 유지로

〃 : 외무성 조약국장, 나카가와 도루

〃 : 외무심의관, 우야마 아쓰시

〃 : 외무참사관, 우라베 도시오

〃 : 대장성 이재국장, 미야카와 신이치로

〃 : 농림성 수산차장, 무라타 도요조

〃 : 운수성 해운국장, 쓰지 아키오

2. 분과위원회 위원 명단

(1) 기본관계위원회

주사: 외무성 아시아국장, 이세키 유지로

부주사: 외무참사관, 우라베 도시오

보좌: 외무성 조약국 조약과장, 가네마쓰 다케시

〃 : 외무성 아세아국 북동아과장, 마에다 도시카즈

〃 : 외무성 아세아국 사무관, 야나기야 겐스케

〃 : 외무성 조약국 조약과 사무관, 오모리 세이치

〃 : 외무성 조약국 조약과 사무관, 이구치 다케오

〃 : 외무성 아세아국 북동아과 사무관, 와타나베 고지

〃 : 외무성 아세아국 북동아과 사무관, 하마모토 야스야

0102 (2) 한국청구권위원회

(가) 일반청구권

주사: 대장성 이재국장, 미야카와 신이치로

부주사: 대장성 이재국 차장, 요시오카 에이치

〃 : 외무참사관, 우라베 도시오

보좌: 대장성 이재국 외채과장, 사쿠라이 요시오

〃 : 대장성 이재국 외채과 사무관, 가네코 지타로

〃 : 대장성 이재국 외채과 사무관, 혼다 유키야

〃 : 대장성 이재국 외채과 사무관, 스기타 마사히사

〃 : 대장성 이재국 외채과 사무관, 이와세 다키조

〃 : 외무성 조약국 조약과장, 가네마쓰 다케시

〃 : 외무성 조약국 법규과장, 오기소 모토오

〃 : 외무성 아세아국 북동아과장, 마에다 도시카즈

〃 : 외무성 아세아국 북동아과 사무관, 야나기야 겐스케

〃 : 외무성 조약국 조약과 사무관, 오모리 세이치

〃 : 외무성 조약국 조약과 사무관, 이구치 다케오

보좌: 외무성 조약국 법규과 사무관, 오와다 히사시
　〃 : 외무성 아세아국 북동아과 사무관, 스기야마 지마키
　〃 : 외무성 아세아국 북동아과 사무관, 와타나베 고지
전문위원: 총리부 은급국 경리과장, 기쿠지 지로
　〃 : 총리부 은급국 심의과장, 나카지마 주지
　〃 : 후생성 원호국 서무과장, 후쿠다 요시스케
　〃 : 후생성 원호국 원호과장, 이시다 마사오
　〃 : 후생성 원호국 복원과장, 이타가키 도루
　〃 : 후생성 원호국 업무제2과장, 무라오카 다쓰시
　〃 : 운수성 선원국 후생과장, 가타세 마사미
　〃 : 우정성 저금국 제2업무과장, 도모타 사키토시
　〃 : 노동성 노동기준국 감독과장, 우에하라 세노스케
　〃 : 노동성 노동기준국 임금과장, 도무라 긴노스케
　〃 : 노동성 직업안정국 고용안정과장, 기무라 시로

0103　(나) 선박

주사: 운수성 해운국장, 쓰지 아키오
부주사: 운수성 해국차장, 가메야마 노부오
부주사: 외무참사관. 우라베 도시오
보좌: 대장성 이재국 외채과장, 사쿠라이 요시오
　〃 : 대장성 이재국 외채과 사무관, 가네코 지타로
　〃 : 대장성 관재국 국유재산제3과장, 시모조 신이치로
　〃 : 대장성 관재국 국유재산제3과 사무관, 야마다 아키라
　〃 : 대장성 관재국 국유재산제3과 사무관, 니자키 야스마사
　〃 : 운수성 해운국 총무과장, 에노모토 요시오미
　〃 : 운수성 해운국 총무과 사무관, 가토 마사요시
　〃 : 농림성 수산청 생산부 어선과장, 고지마 세타로
　〃 : 농림성 수산청 생산부 어선과 기관, 야마모토 다카시
　〃 : 농림성 수산청 생산부 해양제2과 기관, 사루타 다쓰오

보좌: 외무성 조약국 조약과장, 가네마쓰 다케시
　　　　〃 : 외무성 아세아국 북동아과장, 마에다 도시카즈
　　　　〃 : 외무성 아세아국 북동아과 사무관, 야나기야 겐스케
　　　　〃 : 외무성 조약국 조약과 사무관, 이구치 다케오
　　　　〃 : 외무성 아세아국 북동아과 사무관, 스기야마 지마키
　　　　〃 : 외무성 아세아국 북동아과 사무관, 와타나베 고지

(다) 문화재

　　　주사: 외무성 아세아국장, 이세키 유지로
　　　부주사: 외무참사관, 우라베 도시오
　　　보좌: 대장성 이재국 외채과장, 사쿠라이 요시오
　　　　〃 : 외무성 조약국 조약과장, 가네마쓰 다케시
　　　　〃 : 외무성 아세아국 북동아과장, 마에다 도시카즈
　　　　〃 : 외무성 아세아국 북동아과 사무관, 야나기야 겐스케
　　　　〃 : 외무성 조약국 조약과 사무관, 이구치 다케오
　　　　〃 : 외무성 아세아국 북동아과 사무관, 스기야마 지마키

0104　(3) 어업 및 평화선위원회

　　　주사: 농림성 수산청 차장, 무라타 도요조
　　　주사: 외무심의관, 우야마 아쓰시
　　　보좌: 농림성 수산청 어정부 어업조정과장, 기도 요쓰오
　　　　〃 : 농림성 수산청 어정부 어업조정과 사무관, 야나이 쇼지
　　　　〃 : 농림성 수산청 생산부 해양제2과장, 나카무라 마사미치
　　　　〃 : 농림성 수산청 생산부 해양제2과 기관, 사루타 다쓰오
　　　　〃 : 농림성 수찬청 연구부 연구1과 기관, 오쓰루 노리오
　　　　〃 : 외무성 조약국 조약과장, 가네마쓰 다케시
　　　　〃 : 외무성 조약국 법규과장, 오기소 모토오
　　　　〃 : 외무성 아세아국 북동아과장, 마에다 도시카즈
　　　　〃 : 외무성 아세아국 북동아과 사무관, 야나기야 겐스케

보좌: 외무성 조약국 법규과 사무관, 오와다 히사시
〃 : 외무성 조약국 법규과 사무관, 이소가이 도시오
〃 : 외무성 아세아국 북동아과 사무관, 하마모토 야스야

(4) 법적지위위원회

주사: 법무성 입국관리국장, 다카세 지로
주사: 법무성 민사국장, 히라가 겐타
부주사: 법무성 입국관리국 차장, 우스다 히코타로
보좌: 법무성 민사국 제5과장, 호시 도모타카
〃 : 법무성 입국관리국 총무과장, 야노 야스오
〃 : 법무성 입국관리국 입국심사과장, 히토미 데쓰사부로
〃 : 법무성 입국관리국 자격심사과장, 가타야마 준노스케
〃 : 법무성 입국관리국 심판과장, 간자키 료헤
〃 : 법무성 입국관리국 경비과장, 히라즈카 네노이치
〃 : 법무성 입국관리국 등록과장, 오가사와라 마사카쓰
보좌: 법무성 입국관리국 검사, 이케가미 지카라
〃 : 대장성 위체국 관리과장, 야마가타 에지
〃 : 대장성 위체국 기획과 사무관, 미야사키 도모
〃 : 대장성 주세국 세관부 업무과장, 마에카와 겐이치
〃 : 대장성 주세국 세관부 업무사무관, 스즈키 다다시
〃 : 외무성 아세아국 북동아과장, 마에다 도시카즈
〃 : 외무성 아세아국 북동아과 사무관, 야나기야 겐스케
〃 : 외무성 조약국 조약과 사무관, 이구치 다케오
〃 : 외무성 조약국 법규과 사무관, 도노와키 미쓰오
〃 : 외무성 아세아국 북동아과 사무관, 쓰루타 쓰요시

추이: 일 측으로부터는 위원회별 명단도 받았으나 아 측은 총괄적인 명단만을 주었기에 첨언함.

주일 공사

27. 제6차 한일회담 일본 측 대표 명단 송부 공문

한일대(정) 제483호

단기 4294년 10월 19일

주일 공사

외부부장관 귀하

건명: 한일회담 일본 측 대표 명단 송부의 건

연: JW-10209호, 94. 10. 17

머리의 건 연호 전문으로 보고한 바 있는 일본 측 대표 명단을 별첨 송부하나이다.

이상

별첨

27-1. 제6차 한일회담 일본 측 대표 명단[7]

0107　第6次日韓全面会談代表団名簿

　　　（日本側）

　　　　　　　　　　　　　　　　　　　　　　　　　昭 36. 10. 16
　　　　　　　　　　　　　　　　　　　　　　　　　外務省アジア局

首席代表		杉道助
代表	法務省 民事局長	平賀健太
〃	〃　入国管理局長	八木正男
〃	外務省 アジア局長	後宮虎郎
〃	〃　条約局長	中川融
〃	外務審議官	宇山厚
〃	外務参事官	ト部敏男
〃	大蔵省 理財局長	宮川新一郎
〃	農林省 水産庁次長	村田豊三
〃	運輸省 海運局長	辻章男

0108　日韓会談分料委員会日本側委員名簿

　　　　　　　　　　　　　　　　　　　　　　　　　昭 36. 10. 16
　　　　　　　　　　　　　　　　　　　　　　　　　外務省アジア局

1. 基本関係委員会

主査	外務省 アジア局長	伊関佑二郎
副主査	外務参事官	ト部敏男

7　일본대표단의 한국어본은 26번 문서를 참고.

補佐	外務省 条約局 条約課長	兼松武
〃	〃　アジア局 北東アジア 課長	前田利一
〃	〃　〃　〃　事務官	柳谷謙介
〃	〃　条約局 条約課 事務官	大森誠一
〃	〃　〃　〃　〃	井口武夫
〃	〃　アジア局 北東アジア課 事務官	渡辺幸治
〃	〃　〃　〃　〃	浜本康也

0109　2. 韓国請求権委員会

(1) 一般請求権

主査	大蔵省 理財局長	宮川新一郎
副主査	大蔵省 理財局 次長	吉岡英一
〃	外務参事官	卜部敏男
補佐	大蔵省 理財局 外債課長	桜井芳雄
〃	〃　〃　事務官	金子知太郎
〃	〃　〃　〃	本多行也
〃	〃　〃　〃	杉田昌久
〃	〃　〃　〃	岩瀬多喜造
〃	外務省 条約局 条約課長	兼松 武
〃	〃　〃　法規課長	小木曾本雄
〃	〃　アジア局 北東アジア課 課長	前田利一
〃	〃　〃　〃　事務官	柳谷謙介
〃	〃　条約局 条約課 事務官	大森誠一
〃	〃　〃　〃　〃	井口武夫
〃	〃　〃　法規課 事務官	小和田恒
〃	〃　アジア局 北東アジア課 事務官	杉山千万樹
〃	〃　〃　〃　〃	渡辺幸治

0110 専門委員　総理府 恩給局 経理課長　　　　　　菊地二郎
　　　　〃　　　　〃　　〃　審議課長　　　　　　中嶋忠次
　　　　〃　　厚生省 援護局 庶務課長　　　　　　福田芳助
　　　　〃　　　　〃　　〃　援護課長　　　　　　石田政夫
　　　　〃　　　　〃　　〃　復員課長　　　　　　板垣 徹
　　　　〃　　　　〃　　〃　業務第二課長　　　　村岡達志
　　　　〃　　運輸省 船員局 厚生課長　　　　　　鎌瀬正巳
　　　　〃　　郵政省 貯金局 第二業務課長　　　　鞆田幸俊
　　　　〃　　労働省 労働基準局 監督課長　　　　上原誠之輔
　　　　〃　　　　〃　　〃　　　賃金課長　　　　東村金之助
　　　　〃　　　　〃　職業安定局 雇用安定課長　　木村四郎

(2) 船舶
　　主査　　運輸省 海運局長　　　　　　　　　　辻章男
　　副主査　　〃　 海運局 次長　　　　　　　　 亀山信郎
　　　〃　　　〃　 外務参事官　　　　　　　　　 卜部敏男
　　補佐　　大蔵省 理財局 外債課長　　　　　　 桜井芳雄
　　　〃　　　〃　　〃　　〃　事務官　　　　　 金子知太郎
　　　〃　　大蔵省 管財局 国有財産第三課長　　 下条進一郎
　　　〃　　　〃　　〃　　〃　　事務官　　　　 山田明
　　　〃　　　〃　　〃　　〃　　〃　　　　　　 新崎康昌
　　　〃　　運輸省 海運局 総務課長　　　　　　 榎本喜臣
　　　〃　　　〃　　〃　　〃　事務官　　　　　 加藤政芳
0111　〃　　農林省 水産庁 生産部　　　　　　　 小島誠太郎
　　　〃　　　〃　　〃　漁船課長 技官　　　　　 山本堯
　　　〃　　　〃　　〃　海洋第二課 技官　　　　 猿田達雄
　　　〃　　外務省 条約局 条約課長　　　　　　 兼松 武

補佐	〃	アジア局 北東アジア課長	前田利一
〃	〃	〃 　〃 　事務官	柳谷謙介
〃	〃	条約局 条約課 事務官	井口武夫
〃	〃	アジア局 東アジア課 事務官	杉山千万樹
〃	〃	〃 　〃 　〃	渡辺幸治

(3) 文化財

主査	外務省 アジア局長	伊関佑二郎
副主査	外務参事官	卜部敏男
補佐	大蔵省 理財局 外債課長	桜井芳雄
〃	外務省 条約局 条約課長	兼松武
〃	〃 　アジア局 北東アジア課長	前田利一
〃	〃 　〃 　〃 　事務官	柳谷謙介
〃	〃 　〃 　条約課 事務官	井口武夫
〃	〃 　アジア局 北東アジア課 事務官	杉山千万樹

0112　3. 漁業および「平和ライン」委員会

主査	農林省 水産庁 次長	村田豊三
〃	外務審議官	宇山厚
補佐	農林省 水産庁漁政部 漁業調整課長	木戸四夫
〃	〃 　〃 　〃 　〃 　事務官	柳井昭司
〃	〃 　生産部 海洋第二課長	中村正路
〃	〃 　〃 　〃 　技官	猿田達雄
〃	〃 　研究部 研究一課 技官	大鶴典生
〃	外務省 条約局 条約課長	兼松武
〃	〃 　〃 　法規課長	小木曾本雄
〃	〃 　アジア局 北東アジア課長	前田利一

補佐	〃 〃 〃	事務官		柳谷謙介
〃	〃 条約局 法規課	事務官		小和田恒
〃	〃 〃 〃 〃			磯貝肥男
〃	〃 アジア局 北東アジア課	事務官		浜本康也

0113　4. 在日韓国人の法的地位に関する委員会

主査	法務省 入国管理局長		高瀬侍郎
〃	〃 民事局長		平賀健太
副主査	〃 入国管理局 次長		臼田彦太郎
補佐	法務省 民事局 第五課長		星智孝
〃	〃 入国管理局 総務課長		矢野泰男
〃	〃 〃 入国審査課長		人見鉄三郎
〃	〃 〃 資格審査課長		片山醇之助
〃	〃 〃 審判課長		神崎量平
〃	〃 〃 警備課長		平塚子之一
〃	〃 〃 登録課長		小笠原正勝
〃	〃 〃 検事		池上努
〃	大蔵省 為替局 管理課長		山形栄治
〃	〃 〃 企画課 事務官		宮崎智雄
〃	外務省 条約局 条約課長		兼松武
〃	〃 アジア局 北東アジア課長		前田利一
〃	〃 〃 〃 事務官		柳谷謙介

0114
補佐	外務省 条約局 条約課 事務官		井口武夫
〃	〃 〃 法規課 事務官		堂ノ脇光朗
〃	〃 アジア局 北東アジア課 事務官		鶴田剛

33. 제6차 한일회담 어업 및 평화선위원회 수석위원 임명 건의 공문

0141   회담 제6-16호
단기 4294년 11월 18일

제6차 한일회담 수석대표[관인]

외무부 장관 귀하

제목: 어업 및 평화선위원회 수석위원 임명 문제

현재 '김윤근' 대표가 일반청구권소위원회와 어업 및 평화선위원회의 양 위원회 수석위원을 겸임 담당하고 있사온바, 한일회담에서도 가장 중요한 전기 2개 위원회의 수석위원을 동일인이 담당하고 있다는 것은 실제로 사무량이 방대하고 폭주하여 효과적인 업무 수행을 기하기가 어려우므로 '김윤근' 대표의 어업 및 평화선위원회 수석위원직을 면하고 동 위원회 소속 '지철근' 대표를 수석위원으로 임명할 것을 건의함.

추이: 청구권소위원회와 어업 및 평화선위원회의 수석위원의 동일인에 대하여 일본 측에서는 한국 측이 혹종의 이유로써 고의적으로 임명한 것이 아닌가 의심을 품는 것 같음.

35. 제6차 한일회담 어업 및 평화선위원회
수석위원 임명 통보 전문

번호: WJ-11319

일시: 220930 [1961. 11. 22]

수신인: 한일회담 수석대표

한일회담 어업 및 평화선위원회 수석위원 임명 문제

대: 회담 제6-16호

한일회담 어업 및 평화선위원회 수석위원 임명에 대하여서는 '김윤근' 대표를 단기 4294년 12월 20일 자로 청구권위원회 수석위원으로 전임 담당토록 하시고 동 일자로 '지철근' 대표를 수석위원으로 임명하오니 일본 측 대표단 및 관계 당국에 대한 통고를 귀 대표단에서 처리하여 주시기 바람. (정아)

장관

36. 제6차 한일회담 한국대표단 명단[8]

0149 1. 임 한일회담 대표 / 면 한일회담 대표

진필식(陳弼植) 외무부 정무국장 / 정일영(鄭一永) 전 외무부 장관 자문위원
최운상(崔雲祥)   〃   방교국장 / 전상진(全祥振) 전 외무부 방교국장
심명원(沈明原)   〃   통상국장 / 이규성(李圭星) 전   〃   통상국장
정규섭(鄭奎燮)   〃   정보국장 / 박동섭(朴東燮) 전 재무부 이재국장
노신영(盧信永)   〃   문서국장 / 문철순(文哲淳) 전 외무부 정무국장
이문택(李文澤) 경제기획원 협력국장 / 유기선(尹基善) 전 교통부 해운국장
민영훈(閔泳薰) 재무부 이재국장
이경호(李坰浩) 법무부 법무국장
신오식(申五植) 상공부 상역국장
김진선(金鎭善) 교통부 해운국장
이춘화(李春華) 체신부 전무국장
이태호(李泰浩) 한국은행 외국부 차장
황호을(黃鎬乙) 외무부 1등서기관
박근(朴槿)   외무부 1등서기관
남상규(南相圭) 한국원양어업조합 고문

2. 임 전문위원 / 면 전문위원

이재설(李載卨) 재무부 외환과장   / 홍윤섭(洪允燮) 전 경제기획원 비서관
박봉진(朴鳳珍) 재무부 관세과장   / 엄영달(嚴永達) 전 외무부 아주과장
최순덕(崔淳德) 상공부 수입관리과장 / 김락천(金洛天) 전 서울저금국 저금관리과장
이문용(李玟容) 주일 대표부 2등서기관

---

8 작성 일자 불명.

이활웅(李活雄) 외무부 2등서기관
최광수(崔侊洙) 주일 대표부 2등서기관
신정섭(申貞燮) 외무부 2등서기관
이경훈(李敬壎) 외무부 2등서기관

3. 임 보좌 / 면 보좌

신동원(申東元) 외무부 3등서기관　　/　이창수(李昌洙) 외무부 2등서기관
김혁(金赫)　　　　〃　　　　　　/　김태지(金太智)　　〃
우문기(禹文旗)　　〃　　　　　　/　김정훈(金正勳)　　〃
박남균(朴南均) 주일 대표부 3등서기관　/　송승현(宋升鉉)　　〃
오채기(吳彩基) 외무부 주사보

37. 제6차 한일회담 대표단원 일부 직위 변경 건의 공문

0150   다음과 같은 공문을 발송, 시행함이 어떠하오리까

장관   차관[서명]   특별보좌관[서명]   정무국장[인장]   아주과장[인장]   기안자[인장]

서기 1962년 1월 8일

외무부

건명: 제6차 한일회담 대표단원 일부 직위 변경

오는 1월 16일부터 도쿄에서 재개되는 제6차 한일회담에 참석할 한국 측 대표단원 일부의 직위를 아래와 같이 변경 임면할 것을 건의하나이다.

아래
1. 이한기 고문을 제6차 한일회담 교체 수석대표로 임명함.
2. 이동환 전 공사를 동 회담 차석대표직으로부터 면함.
3. 이홍직 대표를 동 회담 문화재소위원회 수석위원으로 임명함.

끝

40. 제6차 한일회담 한국대표단 명단(1962. 12. 10 현재)

0153   한일회담 대표단 명단

1962. 12. 10

수석대표	배의환(裵義煥)	주일 대사
교체수석대표	이한기(李漢基)	최고회의 의장 고문
대표	김윤근(金潤根)	변호사
〃	이천상(李天祥)	〃
〃	최세황	(변호사)
〃	김재원(金載元)	국립박물관장
〃	고범준(高範俊)	한국은행 이사
〃	이홍직(李弘稙)	고려대학 교수
〃	황수영(黃壽永)	동국대학 교수
〃	지철근(池鐵根)	한국수산중앙회 고문
〃	홍승희(洪昇喜)	산업은행 부총재
〃	이상덕(李相德)	한국은행 이사
〃	정태섭(鄭泰燮)	변호사
〃	최영택(崔英澤)	주일 대표부 참사관
〃	진필식(陳弼植)	외무부 정무국장
〃	최운상(崔雲祥)	〃 방교국장
〃	심명원(沈明原)	〃 통상국장
〃	정규섭(鄭奎燮)	〃 정보국장
〃	노신영(盧信永)	〃 문서국장
〃	김명년(金命年)	농림부 수산국장
〃	이문택(李文澤)	경제기획원 협력국장

대표	민영훈(閔泳薰)	재무부 이재국장
〃	이경호(李坰浩)	법무부 법무국장
〃	신오식(申五植)	상공부 상역국장
〃	김진선(金鎭善)	교통부 해운국장
〃	이춘화(李春華)	체신부 전무국장
〃	이태호(李泰浩)	한국은행 외국부 차장
〃	황호을(黃鎬乙)	외무부 1등 서기관
〃	박근(朴槿)	외무부 1등 서기관
〃	남상규(南相圭)	한국원양어업조합 고문
전문위원	신소원(申小元)	교통부 해사과장
〃	김정태(金正泰)	주일 대표부 2등서기관
〃	박상두(朴相斗)	주일 대표부 2등서기관
〃	신광윤(辛廣允)	중앙수산시험장 해양조사과장
〃	이재설(李載卨)	재무부 외환과장
〃	박봉진(朴鳳珍)	재무부 관세과장
〃	최순덕(崔淳德)	상공부 수입관리과장
〃	박승순	한일은행 외국부장
〃	김학소	경제기획원 기획과장
〃	양윤세	〃 종합과장
〃	이문용(李玟容)	주일 대표부 2등서기관
〃	이활웅(李活雄)	외무부 2등서기관
〃	최광수(崔侊洙)	주일 대표부 2등서기관
〃	신정섭(申貞爕)	외무부 2등서기관
〃	이경훈(李敬壎)	〃 〃
보좌	신동원(申東元)	〃 3등서기관
〃	김혁(金赫)	〃 〃

0154

보좌	전성우(全星雨)	〃	〃
〃	우문기(禹文旗)	〃	〃
〃	박남균(朴南均) 주일 대표부 3등서기관		
〃	오채기(吳彩基) 외무부 주사보		

43. 제1~6차 한일회담 대표 명단

0158　**한일회담 대표 명단**

제1차 한일회담
수석대표　　　양유찬(梁裕燦)
교체수석대표　김용식(金溶植)
대표　　　　　신성모(申性模)
〃　　　　　　갈홍기(葛弘基)
〃　　　　　　임철호(任哲鎬)
〃　　　　　　유진오(兪鎭午)
〃　　　　　　임송본(林松本)
〃　　　　　　홍진기(洪璡基)

제2차 한일회담
수석대표　　　김용식(金溶植)
대표　　　　　유태하(柳泰夏)
〃　　　　　　임송본(林松本)
〃　　　　　　장기영(張基榮)
〃　　　　　　홍진기(洪璡基)
〃　　　　　　지철근(池鐵根)
〃　　　　　　최규하(崔圭夏)

0159　제3차 한일회담
수석대표　　　양유찬(梁裕燦)
교체수석대표　김용식(金溶植)

대표	유태하(柳泰夏)
〃	장경근(張暻根)
〃	홍진기(洪璡基)
〃	최규하(崔圭夏)
〃	이상덕(李相德)

제4차 한일회담

수석대표	임병직(林炳稷) (전반)
수석대표	허정(許政) (후반)
교체수석대표	유태하(柳泰夏)
대표	이호(李皓)
〃	장경근(張暻根)
〃	최규하(崔圭夏)

제5차 한일회담

수석대표	유진오(兪鎭午)
차석대표	엄요섭(嚴堯燮)
대표	유창순(劉彰順)
대표	김윤근(金潤根)
〃	이천상(李天祥)
〃	윤석헌(尹錫憲)
〃	진필식(陣弼植)
〃	문철순(文哲淳)
〃	이상덕(李相德)
〃	길항진(吉恒鎭)

제6차 한일회담

수석대표	배의환(裵義煥)
차석대표	이동환(李東煥)
고문	이한기(李漢基)
대표	김윤근(金潤根)
〃	이천상(李天祥)
〃	김재원(金載元)
〃	고범준(高範俊)
〃	이홍직(李弘稙)
〃	황수영(黃壽永)
〃	지철근(池鐵根)
〃	홍승희(洪昇喜)
〃	이상덕(李相德)
〃	정태섭(鄭泰燮)

0161
대표	정일영(鄭一永)
〃	최영택(崔英澤)
〃	박동섭(朴東燮)
〃	김명년(金命年)
〃	윤기선(尹基善)
〃	문인구(文仁龜)
	이형호(李坰浩)
	남상규(南相圭)

58. 제6차 한일회담 한국대표단 명단(1963. 3. 22 현재)

0178   **한일회담 대표단 명단**

1963. 3. 22 현재

수석대표	배의환(裵義煥)	주일 대사
교체수석대표	이한기(李漢基)	최고회의 의장고문
대표	김윤근(金潤根)	변호사
〃	이천상(李天祥)	〃
〃	최세황(崔世璜)	〃
〃	김재원(金載元)	국립박물관장
〃	고범준(高範俊)	한국은행 이사
〃	이홍직(李弘稙)	고려대학 교수
〃	황수영(黃壽永)	동국대학 교수
〃	지철근(池鐵根)	한국수산중앙회 고문
〃	홍승희(洪昇喜)	산업은행 부총재
〃	이상덕(李相德)	한국은행 이사
〃	정태섭(鄭泰燮)	변호사
〃	진필식(陳弼植)	외무부 기획조정관
〃	최영택(崔英澤)	주일 대표부 참사관
〃	황호을(黃鎬乙)	외무부 정무국장
〃	송광정(宋光禎)	외무부 방교국장
〃	심명원(沈明原)	외무부 통상국장
〃	노신영(盧信永)	외무부 문서국장
〃	김명년(金命年)	농림부 수산기감
〃	이문택(李文澤)	경제기획원 협력국장

	대표	민영훈(閔泳薰) 재무부 이재국장
	〃	이경호(李坰浩) 법무부 법무국장
	〃	신오식(申五植) 상공부 상역국장
	〃	김진선(金鎭善) 교통부 해운국장
	〃	이춘화(李春華) 체신부 전무국장
	〃	이태호(李泰浩) 한국은행 외국부장
	〃	남상규(南相圭) 한국원양어업조합 고문
0179	전문위원	김정태(金正泰) 외무부 동북아과장
	〃	신정섭(申貞燮) 외무부 조약과장
	〃	박승순(朴勝珣) 한일은행 외국부장
	〃	김학소(金學韶) 경제기획원 종합과장
	〃	양윤세(梁潤古) 경제기획원 기획과장
	〃	신소원(申小元) 교통부 표식과장
	〃	이재설(李載卨) 재무부 외환과장
	〃	박봉진(朴鳳珍) 재무부 관세과장
	〃	최순덕(崔淳德) 상공부 수입관리과장
	〃	진홍섭(秦弘燮) 문교부 문화재관리국 문화과장
	〃	이문용(李玟容) 주일 대표부 2등서기관
	〃	우윤희(禹潤熙) 주일 대표부 외자도입관
	〃	변훈(邊焄) 주일 대표부 영사
	〃	문희철(文熙哲) 주일 대표부 2등서기관
	〃	박상두(朴相斗) 주일 대표부 2등서기관
	〃	최광수(崔侊洙) 주일 대표부 2등서기관
	〃	이활웅(李活雄) 외무부 2등서기관
	〃	이경훈(李敬壎) 외무부 2등서기관
	〃	신광윤(辛廣允) 중앙수산시험장 해양조사과장

전문위원	신동원(申東元)	외무부 사무관
〃	김혁(金赫)	외무부 사무관
〃	권태웅(權泰雄)	외무부 사무관
〃	전성우(全星雨)	외무부 사무관
〃	우문기(禹文旗)	외무부 3등서기관
〃	박남균(朴南均)	주일 대표부 3등서기관
〃	오채기(吳彩基)	외무부 주사

62. 제6차 한일회담 일본대표단 명단(1963.4.30 현재)

0183   第六次韓日會談日本代表名單

(一九六三. 四. 三十)

首席代表   杉道助
代表   法務省 民事局長   平賀健太
 〃   〃   入国管理局長 小川清四郎
 〃   外務省 亞細亞局長   後宮虎郎
 〃   〃   条約局長   中川融
 〃   〃   官房審議官   卜部敏男
 〃   〃   参事官   針谷正之
 〃   大蔵省 理財局長   佐竹浩
 〃   農林省 水産庁次長   橘武夫
 〃   運輸省 海運局長   辻章男

번역 제6차 한일회담 일본 대표 명부

1963. 4. 30

수석대표   스기 미치스케
대표   법무성 민사국장   히라가 겐타
 〃   〃   입국관리국장 오가와 세시로
 〃   외무성 아시아국장   우시로쿠 도라오

대표단 임면 관계, 1961~1964   339

대표	〃	조약국장	나카가와 도루
〃	〃	관방심의관	우라베 도시오
〃	〃	참사관	하리가이 마사유키
〃	대장성	이재국장	사다케 히로시
〃	농림성	수산청 차장	다치바나 다케오
〃	운수성	해운국장	쓰지 아키오

70. 제7차 한일회담 일본대표단 명단(1964. 12. 1 현재)

0192　　第7次日韓全面会談両国代表名簿

　　　　　　　　　　　　　　　　　　　　　　　　　　39. 12. 1

（日本側）

首席代表		高杉晋一
次席代表	外務省 外務審議官	牛場信彦
代表	法務省 民事局長	平賀健太
〃	〃　　入国管理局長	八木正男
〃	外務省 アジア局長	後宮虎郎
〃	〃　　経済協力局長	西山 昭
〃	〃　　条約局長	藤崎万里
〃	〃　　情報文化局 文化事業部長	針谷正之
〃	〃　　アジア局 参事官	広瀬達夫
〃	大蔵省 理財局長	吉岡英一
〃	文部省 文化財保護委員會 事務局長	宮地 茂
〃	農林省 水産庁 次長	和田正明

번역　제7차 일한 전면회담 양국 대표 명부

　　　　　　　　　　　　　　　　　　　　　　　　　　1964. 12. 1

(일본 측)

수석대표		다카스기 신이치
차석대표	외무성 외무심의관	우시바 노부히코

대표	법무성 민사국장	히라가 겐타
〃	〃 입국관리국장	야기 마사오
〃	외무성 아시아국장	우시로쿠 도라오
〃	〃 경제 협력국장	니시야마 아키라
〃	〃 조약국장	후지사키 마사토
〃	〃 정보문화국 문화사업부장	하리가이 마사유키
〃	〃 아시아국 참사관	히로세 다쓰오
〃	대장성 이재국장	요시오카 에이치
〃	문부성 문화재보호위원회 사무국장	미야치 시게루
〃	농림성 수산청차장	와다 마사아키

91. 제6차 한일회담 대표단 개편 내부 재가 문서

0215   기안처 동북아과 권태웅

과장[서명]   국장[서명]   차관[서명]   장관[서명]   국무총리[서명]   대통령[서명]

기안 연월일 64. 4. 29

품의

제목: 한일회담 대표단 개편

제6차 한일회담 대표단을 개편 보강하기 위하여 아래와 같이 발령하고자 품의하오니 결재하여 주시기 바랍니다.

국무위원
김용식
한일회담 수석대표(특명전권위원)를 명함.

주일 대사
배의환
한일회담 수석대표를 면함. 한일회담 교체 수석대표를 명함.

대사
최규하
한일회담 교체 수석대표를 명함.

주미 공사

윤석헌

0216 한일회담 대표를 명함.

1964년 5월 2일

대통령

92. 제6차 한일회담 본회담에 임하는 한국 정부의 입장 발표문

1964. 4. 30

1. 정부는 김용식 국무위원을 특명전권위원으로서 한일회담 수석대표에 임명하는 한편 교체 수석대표에 최규하 대사 및 배의환 주일 대사를, 대표에 윤석헌 주미 공사를 새로이 임명하여 대표단의 진용을 강화하였다.

2. 최근 국내에서 표시된 한일회담에 대한 각계각층의 찬부 의견을 정부는 신중히 검토하였다.

한일회담은 한국이 일본의 식민지적 지배로부터 이탈하고 독립과 국권을 회복함으로 인하여 발생하게 된 제 현안 문제를 해결하기 위한 것이며, 이러한 현안 문제는 이미 오래전에 해결되었어야 할 문제이었다. 그럼에도 불구하고 이 문제를 해결하기 위한 1951년의 최초의 교섭 이래 10여 년이 경과한 오늘날에 이르기까지 아직 미해결로 남아있다. 정부는 한일 간의 현안 문제가 최대의 국가 이익을 보장하는 내용으로 해결될 수 있는 한에 있어서는 이를 언제까지나 미해결로 남겨둘 필요는 없다고 생각한다. 따라서 한일회담을 국민이 납득할 수 있는 내용으로 조속히 타결하여 한일 간의 불행하였던 과거 관계를 청산하고 대등한 주권 국가로서 호혜 평등의 원칙에 입각한 새로운 선린 관계를 수립하여야 한다는 정부의 기본적 방침에는 하등의 변함이 없는 것이다.

3. 대일 교섭에 임함에 있어서 정부는 민족적 정기와 긍지를 충분히 고려하고 최대한의 국가 이익을 보장하는 방향으로 현안 문제를 해결하도록 최선의 노력을 계속할 것임을 이 기회에 다시 다짐하는 바이다.

114. 제6차 한일회담 법적지위위원회 교포 대표 참가 문제 관련 대표부 견해를 묻는 전문

번호: WJA-01237

일시: 281140[1964. 1. 28]

수신인: 주일 대사

금번 재일 거류민단 총본부로부터, 현재 진행 중인 한일회담 법적지위위원회에 교포 대표 1명을 위원의 자격으로 참석시켜 줄 것을 요청하여 왔는바, 이에 대한 귀부의 견해를 보고하기 바람. (외아북)

장관

115. 제6차 한일회담 법적지위위원회 교포 대표 참여 문제에 관한 대표부 답신 전문

번호: JAW-01364

일시: 291413[1964. 1. 29]

수신인: 장관
발신인: 주일 대사

대: WJA-01237호

1. 대호로 지시하신 교포 대표의 한일회담 법적 지위 관계 회의에의 참석 요청 건에 관하여는 거류민단 중앙총본부로부터 1964. 1. 9일 자로 당 대표부에 한일회담 법적 지위 관계 회의에 교포 대표 1명을 참석시켜 줄 것을 요청하는 공한을 송부하여 온 바 있음.

2. 당 대표부는 이에 대하여 다음과 같은 회신을 1964. 1. 20일 자로 송부하였음.
(1) 1964년 1월 9일 자로 송부해 주신 한거중총발 제600호에 대한 회신입니다.
(2) 한일회담 법적 지위 관계 회합에 교포 대표를 위원으로 참가시키고자 하는 귀 단의 심중을 이해할 수 있으나 한일회담은 정부 대 정부 간의 교섭이므로 재일교포를 법적 지위 관계 회합에 참석시킬 수는 없습니다.
(3) 그러나 당 대표부는 귀 거류민단의 의견을 충분히 참작하여 한일회담 법적 지위 관계 회합에 반영시키도록 할 의도이오니 귀 민단의 명의로써 법적 지위 관계 회합에 제의하고자 하는 의견서를 당 대표부에 제출하여 주시기 바랍니다.
(4) 당 대표부는 또한 귀 민단과 격의 없는 의견을 교환하여 재일교포들에 대한 요망사항을 십분 청취코자 한일회담 대표단과 귀 민단 대표 간의 회합을 자주 가지기를

희망합니다.

   3. 당 대표부는 JAW-01241호로 보고한 바와 같이 이미 1월 20일에 법적 지위 관계 회합 대표와 민단 법적지위대책위원들과의 간담회를 개최한 바 있으며 또한 JAW-01291호로 건의한 바 있는 법적 지위 관계 회합 이경호 대표 및 안세훈 보좌(권태웅 보좌와 대치하였음)를 오사카와 후쿠오카에 파견하여 재일교포와의 협의회를 갖게 하였사옵기에 이를 첨언합니다.

   (주일정)

116. 제6차 한일회담 법적지위위원회 교포 대표 참가 관련 본부 전문

0259   번호: WJA-04092

일시: 101430[1964. 4. 10]

수신인: 주일 대사

1. 64. 4. 3에 외무부 차관과 민단의 교포 법적 지위 요구 관철 진정단 일행과의 면담 결과 '민단에서 선출하는 대표 1명을 대표단의 일원으로 참가시켜 법적 지위 문제의 토의에 있어 고문 역할을 하되' 일 측과의 교섭에는 참여하지 아니하는 것으로 양해되었음을 참고로 통보함.

2. 고문으로서의 임명 절차 문제 및 수당 그리고 동 고문의 역할의 한계 등에 관하여 연구 보고 바람. 임명 절차에 관하여는 귀하 명의로 함이 좋을 것으로 사료되며 연이나 동 고문의 임명을 일본 측에 통보할 필요가 없을 것임.

(외아북)

장관

117. 제6차 한일회담 법적지위위원회 교포 대표 참가 관련 대표부 회신 전문

번호: JAW-05084

일시: 071157[1964. 5. 7]

수신인: 장관
발신인: 주일 대사

대: WJA-04092

대호로 지시하신 법적 지위 관계 민단 고문 임명 문제에 관하여 당지의 의견을 아래와 같이 구신하오니 참조하시와 지시하여 주시기 바람.

1. 임명 절차에 있어서는 본직(수석대표)의 명으로 거류민단 중총단장을 '한일회담 재일한인 법적지위위원회 고문'으로 위촉함. 단, 중총단장은 당연직으로 위촉하는 것이므로 단장 경질 시는 고문직도 당연히 경질됨.

2. 동 고문은 고문직을 수행케 함에 있어 주로 아래와 같은 임무를 담당함. (1) 법적 지위 문제에 관한 재일한인의 희망사항의 전달 및 건의 (2) 재일한인에 대한 피. 알 전개 (3) 대표단과의 의견 교환을 위한 회합에의 참석.

3. 단, 동 고문은 아래와 같은 조건을 준수하도록 함. (1) 비밀문서(정부 훈령, 보고서 등)의 열람은 금함 (2) 한일회담 관계 위원회에는 참석지 않음. (3) 대표부에 상근 사무실은 설치치 않음.

4. 수당에 관하여서는 실질적으로 고문직을 수행하는 경우 적의한 일당(거마비 포함)을 지불하여야 할 것인바 본부에서 동 경비 조치를 취하여 주시기 바람.

(주일정)

118. 제6차 한일회담 법적지위위원회 교포 대표 참가 관련 본부 전문

번호: WJA-05149

일시: 131050[1964. 5. 13]

수신인: 주일 대사

대: JAW-05004

대호 법적 지위 민단 고문 임명에 관하여 아래와 같이 회시함.
1. 임명 절차, 담당 임무 및 준수 조건에 관하여 본부로서는 이의 없음.
2. 임명 대상자 선정에 있어서는 귀부가 가장 적당하다고 인정하는 인사가 선정되도록 할 것인바, 이에 관하여는 민단 측과 충분한 사전 협조가 필요함을 유념(留念) 첨언함.
3. 경비 관계는 거마비 정도로 하는바, 월 지출액에 관하여 귀부의 의견을 보고 바람.

(외아북)

장관

119. 제6차 한일회담 법적지위위원회 교포 대표 참가 관련 대표부 회신 공문

0262   주일정 722-212

1964. 5. 25

수신: 외무부 장관

제목: 법석시위위원회 고문 경비

대: WJA-05149

1. 대호 전문 3항에서 지시하신 법적지위위원회 고문 경비는 월당 300$을 지불토록 하여주시압.

2. 본건에 관하여는 주일총 152호의 8항에서 추가 경정 예산에 반영될 수 있도록 월당 $300, 7개월분 $2,100을 계상토록 건의한 바 있사오니 참고하시압.

끝

주일 대사 배의환

본회의 회의록 및 종합 보고, 1961~1962. 2

분류번호 : 723.1 JA 본 1961-62.2
등록번호 : 726
생산과 : 아주과
생산연도 : 1962
필름번호 : C1-0005
파일번호 : 09
프레임번호 : 0001~0436

제6차 한일회담 제1~4차 본회의 관련 기록, 제6차 회담의 진행 방법 등과 관련한 훈령, 김종필 중앙정보부장의 방일 관련 일본 언론 보도 및 박정희-이케다 회담 이후 한일회담에 임하는 한국대표단의 입장 변화 등에 관한 기록들이 수록되어 있다. 한국 측은 박-이케다 회담 전까지는 정치 협상에 무게 중심을 두고 각 위원회의 실무 협의에 다소 소극적인 태도를 취했으나 박-이케다 회담 이후 협상의 속도를 높이기 위하여 일본 측이 요구하는 실무 협의에도 적극 임한다는 입장으로 바뀌었다. 이와 함께 대표단이 1961년 10월 18일부터 1962년 3월 3일까지 총 11차례에 걸쳐 제6차 한일회담과 관련하여 진행된 제반 사항을 정리하여 본부에 송부한 회담 관련 종합 보고서도 수록되어 있다.

1. 제6차 한일회담 우리 측 수석대표 개회 인사말 재가 문서

0268   다음과 같은 공문을 발송, 시행함이 어떠하오리까

장관[서명]   차관[서명]   정무국장[서명]   아주과장[대리 서명]   기안자[인장]

단기 4294년 10월 18일 기안

외무부

건명: 제6차 한일회담에서 행할 우리 측 수석대표의 개최 인사말

제6차 한일회담 제1차 본회의에서 행할 우리 측 수석대표의 인사말을 별첨과 같이 결정할 것을 건의함.

이상

별첨

1-1. 제6차 한일회담 우리 측 수석대표 개회 인사말

0269 **제6차 한일회담 제1차 회의에서 행할 수석대표의 개회 인사말(안)**

0270 스기(杉) 수석대표, 그리고 대표 여러분! 오늘 제6차 한일회담을 개최함에 제하여 여러분과 만나게 된 것을 기쁘게 생각합니다. 여러분도 잘 아시다시피 한일 양국은 양국 간에 개재한 제 미결 문제를 해결하고자 이미 10여 년 전에 제1차 회담을 개최한 바 있습니다. 그러나 그러한 제 문제들이 회담 개최 후 응당 조속한 기일 내에 해결되어야 하였음에도 불구하고 유감스럽게도 그 후 10여 년간에 걸쳐 다섯 차례의 회담을

0271 개최하였으면서도 완전한 해결을 보지 못하였으며 이제 우리는 여섯 번째의 회담을 새로이 열게 된 것입니다.

오늘날 한일 양국은 격동하는 국제 정세하 극동의 두 자유 진영 국가로서 점증하는 공산주의의 위협에 대처하여 상호 긴밀한 유대 관계를 가져야 할 필요가 그 어느 때보다도 더욱 절실한 상태에 있습니다. 특히 지리적 및 역사적으로 특수한 관계를 가지

0272 고 있는 양국은 긴밀한 제휴를 이루어야 할 처지에 있는 것입니다.

한일 양국 정부와 국민은 이러한 긴밀한 제휴의 필요성을 충분히 인식하고 있습니다마는 특히 일본의 지도자들이 최근 이 점을 강조하고 있는 것은 한일 양국의 장래를 위하여 기꺼운 일이라고 생각하지 않을 수 없습니다.

0273 그중에서도 이케다(池田) 일본 수상이 지난 9월 29일 행한 발언은 이 문제에 관하여 각별히 고무적인 것으로 생각하여 한국 정부와 국민은 만족스럽게 여기고 있습니다.

그러나 양국의 앞으로의 제휴는 어디까지나 서로의 입장을 존중하는 신뢰의 기초 위에 이루어져야만 할 것입니다. 정치, 경제, 문화 등 모든 분야에서의 앞으로의 제휴

0274 가 신뢰의 기초 위에서 이루어져야만 영속할 수 있을 것입니다. 한국 정부와 국민이 특히 이 신뢰를 강조하는 이유는 우리들 두 국가에 과거의 언짢은 관계가 있었기 때문입니다. 따라서 우리가 바로 이 회담에서 행하는 일은 양국의 장래를 위하여 무엇보다도 중요한 의의를 갖는 것으로 생각합니다.

0275 그것은 우리가 다루고 있는 일이 그 언짢은 과거의 기간으로 말미암아 발생한 제 문

0276 제를 깨끗이 해결하는 일이기 때문입니다. 한일회담에서 제 현안 문제를 해결함으로써 양국 간에 개재된 모든 과거의 불신적인 요소를 불식하고 양국 간의 관계를 새로운 기초 위에서 닦을 수 있게 될 것입니다. 이와 같이 양국의 장래를 위하여 중대한 일을 행하는 우리들에게 양국 국민은 커다란 기대를 걸고 있습니다. 뿐만 아니라 우리 양국의 관계를 주시하고 있는 자유 우방 국가들의 관심 또한 지대한 바 있습니다.

0277 우리는 지금까지 매차 회담이 개최될 때마다 서두에 회담의 성공을 맹서하여 왔습니다. 그러나 이번에야말로 우리의 맹세가 헛된 것이 되지 않도록 노력하여야 하겠습니다. 현안의 제 문제가 협조의 정신 아래 조속한 시일 내에 원만히 해결됨으로써 양국의 새로운 관계가 전개될 것을 기대하며 인사의 말을 그칩니다.

2. 제6차 한일회담 한국 측 수석대표의 하네다공항 도착 성명문

번호: JW-10229

일시: 190905 [1961. 10. 19]

수신인: 외무부 장관 귀하

10월 18일, 도쿄 '하네다' 공항에서 낭독한 도착 성명문을 다음과 같이 보고합니다.

AIRPORT SPEECH IN JAPAN

IT IS A PLEASURE TO BE HERE TO PARTICIPATE IN THE NEGOTIATIONS BETWEEN YOUR COUNTRY AND MINE. WE ARE HERE FOR THE PURPOSE OF PROMOTING BETTER RELATIONS.

I HAVE ALWAYS ADMIRED THE MANY FINE QUALITIES OF THE JAPANESE PEOPLE—YOUR WARMTH AND HOSPITALITY TO STRANGERS; YOUR INDUSTRIAL SKILLS AND YOUR REALISTIC OUTLOOK AS A NATION AND A PEOPLE. I HAVE HAD MANY ADMIRABLE JAPANESE FRIENDS; AMONG THEM A VERY RESPECTED TEACHER.

KOREA, AS YOU KNOW, HAS HAD SIGNIFICANT CHANGES IN HER GOVERNMENT IN RECENT YEARS. THE MOST IMPORTANT ONE HAS BEEN THE REVOLUTION OF MAY 16 THIS YEAR. LED BY A TRULY GREAT MAN, GENERAL PARK CHUNG-HEE, KOREA HAS FINALLY REALIZED HER LONG DREAM OF REAL LEADERSHIP. IN EVERY RESPECT, GENERAL PARK AND THE BRAVE MEN AROUND HIM REPRESENT THE WILL OF THE KOREAN PEOPLE. WITHOUT IMPAIRING OUR NATIONS MILITARY POSTURE,

0279　THEY HAVE DENIED THEMSELVES EVERYTHING AND THEY WILL SPARE NOTHING FOR THE INTEREST OF THE KOREAN PEOPLE AND THE FREE WORLD. WITH HIM AND THE SUPREME NATIONAL COUNCIL AS WELL AS WITH PREMIER SONG YO-CHAN, THE KOREAN PEOPLE ARE FIRMLY UNITED AND ARE MOVING FORWARD.

WE HAVE IN OUR HANDS THE FIRST FIVE-YEAR PLAN. IT HAS ALREADY BEEN PUT INTO AN IMPRESSIVE ACTION. ONE OF OUR POLICIES IS THE ESTABLISHMENT OF NORMAL RELATIONS BETWEEN YOUR COUNTRY AND MINE, AN ACT WHICH DIRECTLY INVOLVES OUR MUTUAL INTERESTS AS WELL AS PEACE AND SECURITY OF THE FAR EAST AND THE UNITY OF THE FREE WORLD.

FOR THAT PURPOSE WE ARE HERE TODAY, WE INTEND TO WORK AND SEE IT THROUGH.

IF WE PROCEED WITH SINCERITY AND GOOD WILL, I KNOW WE WILL SUCCEED.

수석대표

번역　일본 공항 연설

　　일본과 한국의 협상에 참여하기 위해 이곳에 오게 된 것을 기쁘게 생각합니다. 우리는 더 나은 관계를 증진하기 위해 이곳에 왔습니다.

　　저는 항상 일본 국민들의 많은 훌륭한 자질들, 즉 낯선 이방인에 대한 따뜻함과 환대, 산업 기술, 국가와 국민으로서의 현실적(인) 관점에 대해 감탄해 왔습니다. 저는 훌륭한 일본인 친구들이 많았습니다. 그중에는 매우 존경하는 선생님도 있었습니다.

　　아시다시피 한국은 최근 몇 년 동안 정부에 큰 변화가 있었습니다. 가장 중요한 것은 올해 5월 16일의 혁명이었습니다. 진정 위대한 인물인 박정희 장군이 이끄는 대한민국은 마침내 진정한 리더십에 대한 오랜 꿈을 실현했습니다. 박정희 장군과 그 주변의 용감한 사람들은 모든 면에서 대한민국 국민의 뜻을 대변하고 있습니다. 그들은 우리 국가의 군사 태세를 흐트러뜨리지 않으면서 이전의 모든 것을 부정했으며, 대한민국 국민과 자유세계의 이익을 위해 모든 것을 아끼지 않을 것입니다. 박정희 장군과 최고회의, 그리고 송요찬 내각 수반과 함께 대한민국 국민은 굳건히 단결하여 전진하고 있습니다.

첫 번째 5개년 계획이 우리 손에 있습니다. 이미 인상적인 행동에 들어갔습니다. 우리의 정책 중 하나는 일본과 한국의 정상적인 관계 수립이며, 이는 우리의 상호 이익뿐만 아니라 극동의 평화와 안보, 자유세계의 통일과도 직접적으로 관련되어 있습니다.

그 목적을 위해 우리는 오늘 이 자리에 모였습니다. 우리는 일하고 끝까지 지켜보려 합니다.

우리가 성실과 선의로 나아간다면 성공하리라 믿습니다.

3. 제6차 한일회담 일본 측 수석대표의 개회 인사 보고 전문

번호: JW-10246

일시: 201155 [1961. 10. 20]

수신인: 외무부 장관 귀하

금일 20일 제1차 본회의에서 일본 측 수석대표가 행할 개회 인사의 ADVANCE COPY를 일본 측으로부터 받았사온바, 그 내용은 아래와 같사옵기에 보고함.

기

제1회 본회의에서의 '스기' 대표의 인사

오늘 이 자리에 배의환 수석대표 각하를 비롯하여 한국 측 대표단의 여러분을 맞이하고 제6차 일한전면회담 본회의를 열게 된 것은 저를 비롯하여 일본 측 대표단 전원이 충심으로 기쁘게 생각하는 바입니다.

금년 5월 이후의 한국에서의 사태의 진전을 깊은 관심으로 보아온 일본 정부와 국민은 한국의 신정권이 일한 국교의 조속한 정상화를 일찍이 그의 중요 시책의 하나로 내세운 것을 전면적으로 환영하였던 것인바, 쌍방에 있어서 만반의 준비가 끝나 이제 오늘부터 일신한 기분으로 회담을 열게 되었음은 대단히 반가운 일입니다.

일한 간의 제 현안은 어느 하나를 보아도 복잡 미묘한 내용을 가지고 있다는 점은 새삼스럽게 길게 말할 필요가 없습니다. 그러나 저는 일한 쌍방에 충분한 성의와 열의만 있으면 원만하고도 신속한 해결이 반드시 가능할 것임을 회담 재개의 첫날을 당하여 특히 강조하고 싶습니다.

요컨대, 우리가 가지는 열의와 노력하에 달려있는 것이라고 확신하고 있는 바입니다. 돌이켜 보건대, 일한회담은 지난 1952년 2월 25일 제1차 회담을 개최한 후 약 10년의 세월이 경과하였고 그간 몇 번이나 중단과 재개를 되풀이하여 왔는바, 이번 회담에 임함에 있어서, 저는 이것을 마지막 회담으로 알고 일체 현안의 원만한 해결을 위하여 힘쓰고자 결의하고 있는 것입니다. 다행히 이번 회담에 귀국 측으로부터 배의환 각하를 수석대표로 맞이하게 된 것은 이러한 저의 희망을 달성하는 데 커다란 의의를 가지는 것이라고 확신하는 바입니다.

지리적으로는 일한 양 국민은 이웃의 관계에 놓여져 있는데, 저는 이러한 양 국민에게 튼튼한 우의로 맺어지는 친구의 관계를 가져오게 하는 새로운 역사를 만드는 것이 이번 제6차 회담의 최대의 목적이라고 확신하고 있습니다. 저는 배 각하도 저와 같은 생각이실 것으로 굳게 믿는 바입니다.

끝으로 저는 이렇게 훌륭한 대표단을 파견한 대한민국 정부에 대하여 심심한 경의를 표하고 아울러 각하 및 여러분에 대하여 다시 환영의 뜻을 표하는 동시에 회담의 조속한 타결을 충심으로 바라는 바입니다.

4. 제6차 한일회담 한국 수석대표의 이케다 총리 예방 결과 보고 전문

번호: JW-10256

일시: 201730[1961. 10. 20]

수신인: 외무부 장관 귀하

10월 20일 상오 10시 본인은 이동환 주일 공사 및 정일영 대표를 대동하고 일본 이케다 수상을 예방하여 약 15분간 다음과 같은 내용의 간담을 하였삽기에 이를 보고함.

기

1. 본인은 이케다 수상이 한일회담의 타결을 위하여 적극적인 노력을 하고 있다는 사실을 한국 정부가 잘 알고 있다고 말하였던바, 이에 대하여 이케다 수상은 '자기가 워싱턴에 갔을 적에 케네디 미국 대통령에게 한일회담을 조속히 성립시킬 결심이라고 말을 하니 케네디 대통령도 동감이라고 말하였다'고 대답하였음.

2. 본인이 상호 협력하여 성의를 가지고 회담을 진행하면 좋겠다고 말하고 자유 진영의 반공 태세 강화를 위해서도 한일 양국 간의 조속한 타결이 필요할 것이라고 말하였던바, 이에 대하여 이케다 수상은 한일회담을 연내로 타결할 결심이라고 대답하였음.

3. 본인은 과거에 한일 양국 간에 여러 가지 재미롭지 못한 점이 있었는데 이는 연로층에게 그 책임이 있는 것이므로 앞으로의 새로운 세대를 위하여 양국 국민 간의 협조를 위한 기반을 마련할 의무가 있다고 생각한다고 말을 하였던바, 이에 대하여 이케다 수상은 동감이라고 대답하였음.

4. 본인은 회담이 난관에 봉착하였을 경우에는 이를 타개하기 위하여 어디까지나 양국 정부 간에서 노력하여야 할 것이며, 이를 언론 기관을 이용하여 선전 공세를 취하는 일이 앞으로는 없도록 하면 좋겠다고 말하고, 은연지중에 일본 측이 이제까지 행한 신문을 통한 선전 공세에 대하여 경고하였던바, 이에 대하여 이케다 수상은 동감이라고 말하고 일본 외무성 당국에 지시하겠다고 말하였음.

5. 이어서 이케다 수상은 스기 일본 측 수석대표는 "극일류의 인물이며 수석대표로서는 둘도 없는 가장 훌륭한 인물입니다"라고 극구 찬양하기에, 본인은 본인도 그렇게 생각한다고 말하고 더욱이 스기 대표는 거물 실업가이니만큼 넓은 도량을 가지고 있으리라고 기대하며, 따라서 회담도 성취할 것으로 확신한다고 말하였음.

추이:

1. 일본 측이 한일회담을 연내로 타결한 결심이라고 우리 측에게 공식적으로 말한 바는 이것이 처음임.
2. 이제까지의 회담의 분위기는 양호한 편이었으며, 일본의 조야 간에 회담 성취에 대한 희망이 있는 것으로 관측됨.

수석대표

5. 제6차 한일회담 스기 일본 측 수석대표의
한국대표단 예방 관련 전문 보고

0284   번호: JW-10257

일시: 201730[1961. 10. 20]

수신인: 외무부 장관 귀하

10월 20일 상오 10시 30분 한일회담 일본 측 수석대표 스기 씨는 외무성 북동아세아과 마에다 과장을 대동하고 주일 대표부로 본 대표단을 예방하였었는바, 본인은 스기 수석대표에 대하여 본인이 이케다 수상에게 말한 내용을 전부 되풀이하였으며, 이에 대한 스기 씨의 대답은 대체로 이케다 수상의 대답과 같은 것이었음(JW-10856호).

수석대표

6. 제6차 한일회담 제1차 전체회의(본회의) 개최 결과 보고 전문

번호: JW-10258

일시: 201730 [1961. 10. 20]

수신인: 외무부 장관 귀하

제6차 한일회담 제1차 전체회의 개최에 관한 건

머리의 건, 금일 10월 20일 오후 3시부터 동 3시 30분까지 일본 외무성에서 개최된 제1차 전체회의에 관하여 아래와 같이 보고함.

아래

1. 양측 대표 상호 소개
2. 양측 수석대표 인사(인사 내용은 이미 보고)
3. 앞으로의 회의 운영 방법에 관하여는 양측 수석대표가 협의 결정하기로 함과 동시에 그 결과는 오는 26일에 개최되는 제2차 전체회의에서 확인하기로 합의함.
4. 본회담은 정치적 교섭과 사무적 호의를 병행할 것을 일 측이 제의하였으므로 아 측은 이에 동의함.
5. 일본 측 수석대표는 일 측 공보 관계 담당관으로 '우야마' 대표를 지명하였으며 아 측은 '이규현' 공보관을 지명함.
6. 신문 발표 내용에 관하여서는 양측 공보관이 협의하여 결정하였는 바 그 내용은 별첨과 같음.

THE OPENING SESSION OF THE SIXTH KOREA-JAPAN OVERALL TALKS

WAS HELD AT THE MINISTRY OF FOREIGN AFFAIRS AT THREE CLN ZERO ZERO P.M. ON OCTOBER 20, 1961.

THE KOREAN DELEGATION WAS HEADED BY MR. PAI EI WHAN AND THE JAPANESE DELEGATION WAS HEADED BY MR. MICHISUKE SUGI.

AT THIS MEETING THE CHIEF DELEGATES OF THE TWO GOVERNMENTS DELIVERED ADDRESSES AFTER HAVING INTRODUCED THE MEMBERS OF THEIR RESPECTIVE DELEGATIONS.

IT WAS AGREED THAT THE SECOND PLENARY SESSION WOULD BE HELD IN THE MORNING OF OCTOBER 26. WITH REGARD TO THE MATTER OF HOW TO PROCEED WITH TALKS, IT WAS AGREED THAT BOTH TECHNICAL AND POLITICAL NEGOTIATIONS WOULD CONDUCTED SIMULTANEOUSLY, AS HAD ALREADY BEEN AGREED, AND THAT THE COMPOSITION OF COMMITTEES AND SUB-COMMITTEES AS WELL AS THE RULES OF PROCEDURE WOULD BE DECIDED AT THE SECOND PLENARY SESSION.

이상

수석대표

7. 제6차 한일회담 전체회의(본회의) 개최 전 비공식 회합 결과 보고 전문

번호: JW-10259

일시: 201730[1961. 10. 20]

수신인: 외무부 장관 귀하

제1차 전체회의 개최 전에 아 측 이동환 차석대표와 이세키 일본 측 대표와의 회합을 가졌는바 이에 관하여 아래와 같이 보고함.

1. 당초 일 측의 태도로서는 본회담에 있어서 사무적인 절충이 끝난 뒤에 정치적인 교섭에 들어가자는 태도였으나

2. 아 측은 사무적인 절충과 정치적인 교섭을 병행토록 하고 이를 신문 발표하자고 제의하였던바

3. 일 측은 이에 동의하는 동시에 연이나 이에 관한 제의는 일 측에서 행하는 형식으로 해달라고 하였으므로 아 측은 이에 동의했음.

4. 그리고 사무적 절충과 정치적 교섭을 병행한다는 점에 대하여서는 과거에 이미 쌍방 간에 합의된 것을 재확인하는 형식을 취하였음.

5. 이세키 씨는 제1차 전체회의에 있어서 대표 간 상호 인사 교환뿐만 아니라 회의 운영 방법도 결정하고 위원회를 구성하여 명단을 교환하고 조속히 실제적인 토의에 들어가자고 제안하였으나 아 측은 과거 회담 시에는 전체회의에서는 인사만을 교환하

고 양측 수석대표 간의 동의를 거쳐 본회담을 다시 열어 이를 확인하는 형식을 취하였던 만큼 이번에도 과거의 예에 따라 하자고 하는 동시에 아 측으로서는 대표단 제2진이 미도착이라는 점도 아울러 설명하였으므로 양측은 제2차 회의를 오는 26일에 개최하기로 된 것임.

6. 한편 일 측 수석대표가 오사카로 간다고 하므로 상기한 수석대표 간의 비공식 회합에 관하여서는 수석대표가 나올 필요는 없고 명칭만 양측 수석대표 회합이라고 해 두고 쌍방 실무자 간에 타협을 짓기로 하여 아 측에서는 정일영 대표, 일본 측에서는 우야마 대표가 참석하기로 하였음(일 측 수석대표의 오사카로부터의 귀임 일자는 26일이라고 함).

수석대표

8. 제6차 한일회담 제1차 전체회의(본회의) 회의록(영문)

Summary Record
of the First Plenary Session
of the Sixth Korea-Japan Overall Talks

1. Date, time and place:

   October 20(Friday), 1961, 3:00-3:30 p.m.

   At Reception Room, Ministry of Foreign Affairs, Japanese Government

2. Conferees:

Korean side:		
	Mr. Ei Hwan PAI	Chief Delegate
	Mr. Dong Hwan LEE	Deputy Chief Delegate
	Mr. Han Key LEE	Advisor
	Mr. Yun Kun KIM	Delegate
	Mr. Chun Sang LEE	〃
	Mr. Pum Joon KOH	〃
	Mr. Su Young WHANG	〃
	Mr. Choul Keun CHEE	〃
	Mr. Seung Hi HONG	〃
	Mr. Yong Taik CHOI	〃
	Mr. Il Yung CHUNG	〃
	Mr. Chul Soon MOON	〃
	Mr. In Koo MOON	〃
	Mr. Kyoo Hyun LEE	〃

Japanese side: Mr. Michisuke SUGI   Chief Delegate
　　　　　　　　Mr. Kenta HIRAGA   Delegate
　　　　　　　　Mr. Jiro TAKASE   〃
　　　　　　　　Mr. Yujiro ISEKI   〃
　　　　　　　　Mr. Atsushi UYAMA   〃
　　　　　　　　Mr. Toshio URABE   〃
　　　　　　　　Mr. Shinichiro MIYAKAWA 〃
　　　　　　　　Mr. Toyozo MURATA   〃
　　　　　　　　Mr. Akio TSUJI   〃

3. Proceedings:

(1) The chief delegates of both sides respectively introduced the members of their delegations and delivered opening addresses, of which the texts are attached hereto.

(2) Chief Delegate Sugi proposed and Chief Delegate Pai agreed that the composition of committee and subcommittees as well as the rules of procedure be decided at the second plenary session which was to be held on October 26.

(3) It was confirmed by both Chief Delegates that both technical and political negotiations be conducted simultaneously as had already been agreed.

(4) Mr. Kyoo Hyun Lee and Mr. Atsushi Uyama were nominated press officers for their respective delegations.

(5) The press release, the text of which is attached hereto, was decided by the press officers of both sides.

정일영[이니셜] 우야마[이니셜]

번역 **제6차 한일회담 제1차 전체회의(본회의) 기록**

1. 날짜, 시간 및 장소
   1961년 10월 20일(금) 오후 3:00~3:30
   일본 정부 외무성 접견실

2. 회담자
   한국 측: 배의환 수석대표
            이동환 차석대표
            이한기 고문
            김윤근 대표
            이천상 대표
            고범준 대표
            황수영 대표
            최철근 대표
            홍승희 대표
            최용택 대표
            정일영 대표
            문철순 대표
            문인구 대표
            이규현 대표
   일본 측: 스기 미치스케 수석대표
            히라가 겐타 대표
            다카세 지로 대표
            이세키 유지로 대표
            우야마 아쓰시 대표
            우라베 도시오 대표
            미야카와 신이치로 대표

무라타 도요조 대표

쓰지 아키오 대표

3. 회의 진행

(1) 양측 수석대표가 각각 대표단 구성원을 소개하고 개회사를 하였으며, 그 전문은 여기에 첨부되어 있다.

(2) 스기 수석대표는 위원회 및 분과위원회 구성과 절차 규칙을 10월 26일에 개최될 제2차 전체회의에서 결정할 것을 제안했고, 배 수석대표는 이에 동의했다.

(3) 양측 수석대표는 이미 합의한 대로 기술적 협상과 정치적 협상을 동시에 진행하기로 확인하였다.

(4) 이규현 씨와 우야마 아쓰시 씨기 각 대표단의 언론 담당관으로 지명되었다.

(5) 여기에 첨부된 보도 자료의 내용은 양측 언론 담당자들이 결정하였다.

별첨

8-1. 제6차 한일회담 제1차 전체회의(본회의) 보도 자료

Press Release

October 20, 1961

The Opening Session of the Sixth Korea-Japan Overall Talks

The opening session of the Sixth Korea-Japan Overall Talks was held at the Ministry of Foreign Affairs at 3:00 p.m. on October 20, 1961. The Korean Delegation was headed by Mr. Pai Ei Hwan and the Japanese Delegation was headed by Mr. Michisuke Sugi.

At this meeting the Chief Delegates of the Two Governments delivered addresses after having introduced the members of their respective delegations.

It was agreed that the second plenary session would be held in the morning of October 26. With regard to the matter of how to proceed with the talks, it was agreed that both technical and political negotiations would be conducted simultaneously, as had already been agreed, and that the composition of committees and sub-committees as well as the rules of procedure would be decided at the second plenary session.

번역 보도 자료

1961년 10월 20일

제6차 한일회담 개회

1961년 10월 20일 오후 3시 외무성에서 제6차 한일전면회담 개회식이 열렸다. 한국대표단 단장은 배의환, 일본대표단 단장은 스기 미치스케가 맡았다.

이 회의에서 양국 정부 수석대표는 각국 대표단 구성원을 소개한 후 연설을 했다.

제2차 본회의는 10월 26일 오전에 개최하기로 합의하였다. 회담 진행 방식과 관련해서는 이미 합의한 대로 기술직 협상과 정치적 협상을 동시에 진행하기로 하였으며, 위원회 및 분과위원회 구성과 절차 규칙은 제2차 전체회의에서 결정하기로 합의하였다.

8-2. 제6차 한일회담 제1차 전체회의(본회의) 한국 측 수석대표 인사말

0292   제6차 한일회담 1차 본회의에서의 배의환 한국 측 수석대표 인사[9]

---

9 앞의 1-1번 문서에 수록되어 있으므로 여기서는 생략.

8-3. 제6차 한일회담 제1차 전체회의(본회의) 일본 측 수석대표 인사말

昭和三十六年十月二十日の第六次日韓全面会談
第一回本会議における杉首席代表の挨拶

　本日ここに裴義煥首席代表閣下をはじめ，韓国側代表団各位を迎え，第六次日韓全面会談本会議を開くに至りましたことは，私をはじめ日本側代表団全員の衷心から喜びとするところであります．

　本年五月以降の韓国における事態の進展を深い関心をもって見守ってきた日本政府及び国民は，韓国の新政権が，日韓国交の早期正常化を，いち早くその重要施策の一に揚げられたことを全面的に歓迎したのでありますが，双方における万端の準備が整って，いよいよ本日から，一新した気分の下に，会談を開くことになりましたことは誠に慶賀の至りであります．

　日韓間の緒懸案は，どの一つをとりましても，複雑微妙な内容をもっていることは敢えて多言を要しないところであります．しかしながら，私は，日韓双方に十分の誠意と熱意さえあれば，その円満な，しかも速やかな解決が必ずや可能であることを会談再開の第一日にあたり，特に強調致したいのであります．要は，われわれの持ち合せる誠意と努力の如何にかかっているものと確信する次第であります．

　顧みすれば，日韓会談は去る一九五二年二月十五日第一次会談を開いてから略々十年の歳月が経過し，その間いくたびか中断と再開をくり返して参りましたが，今回の会談に臨むに際しまして，私は，これを最終の会談として，一切の懸案の円満な解決に努めたいと決意しているものであります．幸いにこの会談に貴国側から裴義煥閣下を首席代表として迎えましたことは，この私の念願を達成する上において大きな意義をもつものと確信する次第であります．

　地理は日韓両国民を隣人の関係においておりますが，私は，この両国民を強い友誼で結ばれた友人の関係となすべき新しい歴史を作ることをこの第六次会談の最大の目的と確信しております．私は，裴ぺィ閣下も私と同じお考えであると固く信ずるものであります．

終りに臨み, 私はこのように立派な代表団を派遣されました大韓民国政府に対し深甚なる敬意を表し, あわせて, 閣下並びに各位に対し重ねて歓迎の意を表するとともに, 会談の早期妥結を心から念願するものであります. [10]

---

10 번역문은 앞의 3번 문서를 참조.

9. 제6차 한일회담 한국 수석대표의 라이샤워 주일 미국 대사 면담 결과 보고 전문

0302   번호: JW-10293

일시: 251625 [1961. 10. 25]

수신인: 외무부 장관 귀하

10월 24일 하오 3시 정일영 대표를 대동하고 미국 주일 대사관으로 라이샤워 대사를 방문하고 한일 문제에 관하여 약 65분간 다음과 같은 내용의 간담을 하였사옵기에 이를 보고함. 동 회담에서는 미국 대사관 한일 문제 담당관인 GREYSTEEN 2등서기관이 동석하였었음.

기

라이샤워: 금차 회담은 한일 문제 해결을 위하여서는 가장 좋은 유일한 기회이고 또한 자기[내] 생각으로서는 한일 양국 간의 협조는 극동에 있어서의 어떠한 문제보다도 중요하며, 라오스 문제, 베트남 문제 또는 중공의 승인 문제보다도 더욱 중요한 문제라고 본다. 그렇다고 해서 미국이 한일회담에 직접 개입하기는 어렵다.

배 수석: 그 점은 잘 알고 있다. 한국 측으로서는 한일회담 성취를 위하여 모든 노력을 다할 것이다. 우리의 정부는 현재 완전히 안정되었으며, 경제 재건도 자유당이나 민주당 당시와 같이 구호에만 그치지 않고 모든 계획은 현실적으로 수립하여 이를 과감히 실천하고 있다. 또한 우리의 지도자들도 이에 대한 충분한 실천력을 가지고 있다. 그런데 일본 측은 우리 대표단이 도쿄에 도착하자마자 회담에 대한 선전 공세로 나와 한일회담이 한국의 5개년 경제 계획을 지배하는 것과 같은 인상을 강요하려 하였으며 또한 본인이 일본 사람들이 STRANGER에 대해서 친절하다고 한 말을 한국인에게 친절하다고 한 것과 같이 사실을 왜곡 보도함으로써 우리의 입장을 어렵게 만들

고 있으므로 이러한 점을 이케다 수상 및 고사카 외상에게 경고한 바 있다.

0303 라이샤워: 그러나 신문이 하는 일이 어떻게 실수 없지 않겠는가? 자기[나]로서는 일본 정부에 대하여 이 점을 유의는 시키겠지만 앞으로는 어떻든 회담은 조용히 진행되어야 한다고 생각한다.

배 수석: 본인은 일본의 오늘날의 발전은 미국에 의존한 바 크므로 당연히 미국은 일본에 대하여 큰 영향력을 가지고 있다고 본다.

라이샤워: 사실 일본은 한국이 상당한 군사력을 가지고 있음으로써 큰 혜택을 받고 있으며 특히 일본은 많은 국방비를 절약하고 있는 것으로 본다.

배 수석: 그러니 일본은 어느 모로 보나 우리의 청구권을 받아들일 의무가 있지 않는가?

라이샤워: 일본 측의 회담 수석대표 선정 문제에 있어서는 일본의 정계가 하도 복잡하여 정계에서 수석을 선출한다는 것은 사실상 곤란하였던 것으로 안다. 일본은 2년 전의 소위 안보조약 소동이 되풀이되는 것을 극히 두려워하고 있다. 이런 점으로 보아 일본 측의 스기 수석대표는 적절한 인물이라고 볼 수 있다. 실제 문제에 들어가서 한국이 일본으로부터 받을 금액이 구태 일소냐 또는 AID냐 하는 문제에 관하여는 자기[나]의 의견으로서는 일본 정부가 청구에 대한 지불을 할 경우에는 국회에 대하여 명확한 지불 근거를 제시하여야 될 것인데, 원조로 할 것 같으면 일본의 야당인 사회당도 일본이 대국이 되어서 어려운 사정에 있는 인접 국가에게 원조하겠다는 일본 정부의 결정을 반대하기가 어렵지 않을까 생각한다(은연지중에 일본의 경제 원조를 받아들일 것을 권고하는 눈치였음).

배 수석: 일본 외무상, 특히 이세키의 의도로 미루어서 사무적인 절충을 중요시하는 것 같은데 만일 이렇게 한다면 이케다 수상이 회담을 연내에 성취하도록 하자고 하였으나 상당한 장시일이 소요될 것으로 생각한다.

라이샤워: 하여튼 자기[나]로서는 회담을 신속하게 진행시키기를 희망하며, 앞으로 양국 간의 의견 진술이 어느 정도 끝나서 쌍방 간의 주장의 차이가 명백해지면 그것을

0304 기준으로 하여 정치적으로 절충하면 되지 않겠는가?(일본 외무성 이세키 아세아국장의 태도는 라이샤워 대사의 생각과는 차이가 있는 것으로서 실무회의에서 우리의 청구액을 일본 측 주장대로 최저한도로 삭감시켜 놓고 동 저감된 금액을 토대로 하여 최종적인 절충을 획책

하고 있는 것으로 사료됨.) 그러나 한편 사무적인 절충이라고 하는 것은 어디까지나 형식에 불과한 것일 것이며, 과거 가리오아, 에로아 변제에 관한 미일 간의 교섭의 경우에 있어서도 사실상 사무적인 검토 또는 법률적인 근거와는 하등의 관계없이 순전히 정치적인 고려하에서 변제 금액이 결정되었던 것이다(라이샤워 대사는 이 말을 누차 반복하였었음. 따라서 한일교섭에서도 결국에 가서는 정치적인 결정이 행하여져야 할 것으로 판단하며, 한 걸음 나가서 문제의 핵심은 한국이 얼마만 한 금액을 필요로 하며 한편 일본이 어느 정도의 액수를 내놓을 능력이 있는지에 달려있다는 중요한 발언을 하였음).

　　라이샤워 대사는 금차 회담만은 조용한 분위기에서 행하여질 것을 거듭 강조하면서 어떠한 난관에 봉착하더라도 절대로 회담을 결렬시키지 말고 언제든지 자기를 찾아와 달라고 말하였음. 라이샤워 대사는 시종일관 매우 소탈한 태도로 본인을 대하였었고 우리 정부에 대하여 이해하여 주려고 하는 인상이었음.

수석대표

10. 제6차 한일회담 제2차 본회의 결과 보고 전문

0306   번호: JW-10304

일시: 261410[1961. 10. 26]

수신인: 외무부 장관 귀하

금일 26일 오전 10시부터 약 15분간에 걸쳐 일본 외무성 회의실에서 한일회담 제2차 본회의를 개최하였는바 그 결과를 다음과 같이 보고함.

1. 회의 용어, 합의의사록 작성 방법, 신문 발표 문제에 관하여 제5차 회담의 예, 즉 다음과 같이 하기로 결정함.

가. 회의의 용어: 한국어, 일본어, 영어의 3개 국어

나. 합의의사록 작성 방법: 양국이 기초 담당관을 지명하여 이들이 작성한 내용을 다음 본회의에서 양측 수석대표가 확인한다(담당관 한국 측: 정일영 대표. 일본 측: 우야마 대표).

다. 신문 발표 문제: 양측 담당관(한국 측: 이규현 공보관. 일본 측: 우야마 대표)이 합의하여 결정한다.

2. 본회담의 위원회 및 소위원회의 구성을 종전과 같이 하기로 한다. 그중 기본관계 위원회 회의는 회담의 진행에 따라 양측이 합의하여 추후 개최하기로 결정함.

3. 양측의 대표단 명단을 교환하고 위원회 개최 일자에 관하여 다음같이 제1차 회의를 각각 개최할 것을 결정함.

평화선위원회: 10월 26일 오후 3시 30분

청구권소위원회: 10월 27일 오전 10시

법적지위위원회: 10월 27일 오전 11시

선박소위원회: 10월 30일 시간 미정

문화재소위원회: 10월 31일 시간 미상

4. 신문 발표는 별도 전보(JW-10306)와 같이 하기로 합의함.

5. 회의록은 추후 송부 위계임.

수석대표

11. 제6차 한일회담 제2차 본회의 회의록(영문)

0308

Summary Record
of the Second Plenary Session
of the Sixth Korea-Japan Overall Talks

1. Date, time and place:

   October 26, 1961 10:00 - 10:15 a.m.

   At Reception Room, Ministry of Foreign Affairs, Japanese Government

2. Conferees:

   Korean Side: Mr. Ei Whan PAI, Chief Delegate

                      Mr. Dong Whan LEE, Deputy-Chief Delegate

                      Mr. Han Key LEE, Advisor

                      Mr. Yun Kun KIM, Delegate

                      Mr. Chun Sang LEE, 〃

                      Mr. Choul Keun CHEE, 〃

                      Mr. Pum Joon KOH, 〃

                      Mr. Hong Jik LEE, 〃

                      Mr. Su Young WHANG, 〃

                      Mr. Seung Hi HONG, 〃

                      Mr. Sang Duk LEE, 〃

                      Mr. Yong Taik CHOI, 〃

                      Mr. Il Yung CHUNG, 〃

                      Mr. Chul Soon MOON, 〃

                      Mr. In Koo MOON, 〃

Mr. Kyoo Hyun LEE, Press Officer

Japanese Side: Mr. Michisuke SUGI, Chief Delegate

Mr. Jiro TAKASE, Delegate

Mr. Yujiro ISEKI, 〃

Mr. Atsushi UYAMA 〃

Mr. Toshio URABE 〃

Mr. Shinichiro MIYAKAWA 〃

Mr. Toyozo MURATA 〃

Mr. Akio TSUJI 〃

3. Proceedings:

(1) As regards the rules of procedure, such as official languages, interpretation, official summary records and press release, it was agreed that the practices established during the preceding Overall Talks should be followed.

Mr. Il Yung Chung was designated as the officer responsible for drafting official summary records for the Korean side, and Mr. Atsushi Uyama was designated to perform the same function for the Japanese side.

(2) In order to facilitate proceedings of the Overall Talks, it was agreed to establish the following committees and Sub-committees:

　a) Committee on Basic Relations

　b) Committee on Korean Claims

　　i) Sub-committee on General Claims

　　ii) Sub-committee on Vessels

　　iii) Sub-committee on Art Objects

　c) Committee on Fisheries and "Peace Line"

　d) Committee on Legal Status of Korean Residents in Japan

(3) The lists of members of various committees and Sub-committees, which

are attached hereto, were exchanged between the Chief Delegates of both sides.

(4) It was further agreed that, while meetings of the Committee on Basic Relations were to be held later in accordance with future developments of the Overall Talks, other committees and Sub-committees would hold their first meetings as follows: Committee on Fisheries and "Peace Line" on October 26; Sub-committee on General Claims on October 27; Committee on Legal Status of Korean Residents in Japan on October 27; Sub-committee on Vessels on October 30; and Sub-committee on Art Objects on October 31.

(5) The press release on the present session, the text of which is attached hereto, was decided by the press officers of both sides.

정일영[이니셜] / 우야마[이니셜]

번역 제6차 한일회담 2차 본회의 기록

1. 날짜, 시간 및 장소
   1961년 10월 26일 오전 10:00~10:15 일본 외무성 접견실

2. 참석자
   한국 측: 배의환 수석대표
           이동환 차석대표
           이한기 고문
           김윤근 대표
           이천상   〃
           최철근   〃
           고범준   〃

　　　　　이홍직　〃
　　　　　황수영　〃
　　　　　홍승희　〃
　　　　　이상덕　〃
　　　　　최용택　〃
　　　　　정일영　〃
　　　　　문철순　〃
　　　　　문인구　〃
　　　　　이규현　홍보담당관

　　일본 측: 스기 미치스케　　수석대표
　　　　　다카세 지로　　대표
　　　　　이세키 유지로　　〃
　　　　　우야마 아쓰시　　〃
　　　　　우라베 도시오　　〃
　　　　　미야카와 신이치로　〃
　　　　　무라타 도요조　　〃
　　　　　쓰지 아키오　　〃

3. 내용
　(1) 공식 언어, 통역, 공식 요약 기록, 보도 자료 등 절차 규칙에 관해서는 이전 전체 회담에서 확립된 관례를 따르기로 합의하였다.
　　한국 측에서는 정일영 씨가 공식 요약 기록 작성 책임자로 지정되었고, 일본 측에서는 우야마 아쓰시 씨가 동일한 기능을 수행하도록 지정되었다.
　(2) 전체회담의 원활한 진행을 위하여 다음과 같은 위원회 및 분과위원회를 설치하기로 합의하였다:
　　　가) 기본관계에 관한 위원회
　　　나) 한국 측 청구권위원회

ⅰ) 일반청구권소위원회

ⅱ) 선박소위원회

ⅲ) 문화재소위원회

다) 어업 및 '평화선'위원회

라) 재일한인 법적지위위원회

(3) 양측 수석대표들은 여기에 첨부된 각종 위원회 및 분과위원회 위원 명단을 교환하였다.

(4) 기본관계위원회 회의는 향후 전체회담의 진전 상황에 따라 추후 개최하기로 하고, 다른 위원회 및 분과위원회들은 다음과 같이 첫 회의를 개최하기로 합의하였다.

10월 26일 어업 및 '평화선'위원회, 10월 27일 일반청구권위원회, 10월 27일 재일한인 법적지위위원회, 10월 30일 선박분과위원회, 10월 31일 문화재위원회

(5) 본회의에 관한 보도 자료(원문은 첨부)는 양측 보도 담당관이 결정하였다.

별첨

11-1. 제6차 한일회담 제2차 본회의 보도 자료

Press Release
The Second Plenary Session
of the Sixth Korea-Japan Overall Talks

The Second Plenary Session of the Sixth Korea-Japan Overall Talks was held at the Ministry of Foreign Affairs at 10:00 a.m. on October 26, 1961.

It was agreed that the relevant procedural matters for the Talks would be the same as in the previous talks.

It was further agreed that the following committees and sub-committees would be established:

1. Committee on Basic Relations
2. Committee on Korean Claims
    a. Sub-committee on General Claims
    b. Sub-committee on Vessels
    c. Sub-committee on Art Objects
3. Committee on Fisheries and "Peace Line"
4. Committee on Legal Status of Korean Residents in Japan;

and that, while meetings of the Committee on Basic Relations were to be held later in accordance with future developments of the talks, the first meetings of other committees and sub-committees would be held as follows:

Committee on Fisheries and "Peace Line" today;

Committee on Legal Status of Korean Residents in Japan and Sub-committee on Claims tomorrow;

Sub-committee on Vessels on October 30; and

Sub-committee on Art Objects on October 31.

번역 제6차 한일회담 제2차 본회의 보도 자료

1961년 10월 26일 오전 10시 외무성에서 제6차 한일회담 제2차 본회의가 개최되었다.

회담의 관련 절차적 사항은 전 회담과 동일하게 하기로 합의하였다.

또한 다음과 같은 위원회와 분과위원회를 설치하기로 합의했다.

1. 기본관계위원회
2. 한국청구권위원회
   a. 일반청구권소위원회
   b. 선박소위원회
   c. 문화재소위원회
3. 어업 및 '평화선'위원회
4. 재일한인의 법적 지위에 관한 위원회;

그리고 기본관계위원회 회의는 향후 회담의 진전 상황에 따라 추후 개최하기로 하고, 다른 위원회 및 분과위원회의 첫 회의는 다음과 같이 개최하기로 하였다.

금일 어업 및 '평화선'위원회

내일 재일한인 법적지위위원회 및 청구권소위원회

10월 30일 선박소위원회

10월 31일 문화재소위원회

11-2. 제6차 한일회담 양측 대표단 명단

0312   제6차 한일회담 한국 측 대표 명단

수석대표	배의환	
차석대표	이동환	주일 공사
고문	이한기	국가재건최고회의 의장고문
대표	김윤근	변호사
〃	이천상	〃
〃	김재원	국립박물관장
〃	고범준	한국은행 부총재
〃	이홍직	문교부 문화재보존위원회 위원
〃	황수영	〃
〃	지철근	대한수산중앙회 고문
〃	홍승희	산업은행 이사
〃	이상덕	한국은행 참사
〃	정태섭	변호사
〃	최영택	주일 대표부 참사관
〃	정일영	외무부 장관 자문위원
〃	전상진	외무부 정무국장

0313
대표	이규성	외무부 통상국장
〃	박동섭	재무부 이재국장
〃	김명년	농림부 수산국장
〃	윤기선	교통부 해운국장
〃	문철순	주일 대표부 참사관
〃	문인구	서울지방검찰청 부장검사

0314   제6차 한일회담 각 위원회
　　　　한국 측 위원 명단

　　　　1. 재일한인 법적지위위원회
　　　　수석위원　　이천상　　　변호사
　　　　위원　　　　최영택　　　주일 대표부 참사관
　　　　〃　　　　　정일영　　　외무부 장관 자문위원
　　　　〃　　　　　전상진　　　외무부 정무국장
　　　　〃　　　　　문철순　　　주일 대표부 참사관
　　　　〃　　　　　문인구　　　서울지방검찰청 부장검사
　　　　〃　　　　　이규현　　　주일 대표부 촉탁
　　　　〃　　　　　엄영달　　　외무부 정무국 아주과장
　　　　〃　　　　　오원용　　　주일 대표부 영사
　　　　〃　　　　　박상두　　　외무부 아주과 2등서기관
　　　　〃　　　　　전성우　　　주일 대표부 3등서기관

　　　　2. 한국청구권위원회
　　　　(1) 일반청구권소위원회
　　　　수석위원　　김윤근　　　변호사
　　　　위원　　　　고범준　　　한국은행 부총재
0315　　〃　　　　　홍승희　　　산업은행 이사
　　　　〃　　　　　이상덕　　　한국은행 참사
　　　　〃　　　　　정태섭　　　변호사
　　　　〃　　　　　최영택　　　주일 대표부 참사관
　　　　〃　　　　　정일영　　　외무부 장관 자문위원
　　　　〃　　　　　전상진　　　외무부 정무국장
　　　　〃　　　　　문철순　　　주일 대표부 참사관

위원	이규성	외무부 통상국장
〃	박동섭	재무부 이재국장
〃	이규현	주일 대표부 촉탁
〃	홍윤섭	경제기획원장 비서관
〃	엄영달	외무부 정무국 아주과장
〃	김락천	통신부 우정국 우편저금과장
〃	박상두	외무부 정무국 아주과 2등서기관
〃	이창수	〃 〃 〃 3등서기관
〃	김태지	〃 〃 〃 사무관

0316 (2) 선박소위원회

수석위원	이천상	변호사
위원	최영택	주일 대표부 참사관
〃	정일영	외무부 장관 자문위원
〃	전상진	외무부 정무국장
〃	문철순	주일 대표부 참사관
〃	윤기선	교통부 해운국장
〃	이규현	주일 대표부 촉탁
〃	엄영달	외무부 정무국 아주과장
〃	신소원	교통부 해운국 해사과장
〃	김정태	주일 대표부 2등서기관
〃	박상두	외무부 정무국 아주과 2등서기관
〃	이창수	〃 〃 〃 3등서기관
〃	송승현	주일 대표부 3등서기관

(3) 문화재소위원회

수석위원	이동환	주일 공사

	위원	김재원	국립박물관장
	〃	이홍직	문교부 문화재보존위원회 위원
0317	〃	황수영	문교부 문화재보존위원회 위원
	〃	최영택	주일 대표부 참사관
	〃	정일영	외무부 장관 자문위원
	〃	전상진	외무부 정무국장
	〃	문철순	주일 대표부 참사관
	〃	이규현	〃 촉탁
	〃	엄영달	외무부 정무국 아주과 과장
	〃	박상두	〃 〃 〃 2등서기관
	〃	김태지	〃 〃 〃 사무관
	〃	전성우	주일 대표부 3등서기관

3. 어업 및 평화선위원회

	수석위원	김윤근	변호사
	위원	지철근	대한중앙수산회 고문
	〃	정태섭	변호사
	〃	최영택	주일 대표부 참사관
	〃	정일영	외무부 장관 자문위원
	〃	전상진	외무부 정무국장
0318	위원	문철순	주일 대표부 참사관
	〃	김명년	농림부 수산국장
	〃	이규현	주일 대표부 촉탁
	〃	남상규	한국원양어업수산조합 고문
	〃	엄영달	외무부 정무국 아주과장
	〃	김정태	주일 대표부 2등서기관
	〃	박상두	외무부 정무국 아주과 2등서기관

위원	신광윤	중앙수산시험장 해양조사과장
〃	이창수	외무부 정무국 아주과 3등서기관
〃	김정훈	〃　〃　〃　사무관

0319　第6次日韓全面會談日本側代表團名簿

　　首席代表　　　　　　　　　　　　　　杉道助
　　代表　　法務省 民事局長　　　　　　平賀健太
　　〃　　　〃　　入国管理局長　　　　高瀬侍郎
　　〃　　外務省 アジア局長　　　　　　伊関佑二郎
　　〃　　　〃　　条約局長　　　　　　中川 融
　　〃　　外務大臣 官房審議官　　　　　宇山厚
　　〃　　外務参事官　　　　　　　　　卜部敏男
　　〃　　大蔵省 理財局長　　　　　　宮川新一郎
　　〃　　農林省 水産庁次長　　　　　村田豊三
　　〃　　運輸省 海運局長　　　　　　辻章男

0320　各委員会日本側委員名簿

　　1. 基本関係委員会
　　主査　　外務省 アジア局長　　　　　伊関佑二郎
　　副主査　外務参事官　　　　　　　　卜部敏男
　　補佐　　外務省 条約局 条約課長　　　兼松 武
　　〃　　　〃　アジア局 北東アジア課長　前田利一
　　〃　　　〃　　〃　北東アジア課 事務官　柳谷謙介
　　〃　　　〃 条約局 条約課 事務官　　大森誠一
　　〃　　　〃　　〃　　〃　　　　　　井口武夫
　　〃　　　〃　アジア局 北東アジア課 事務官　渡辺幸治
　　〃　　　〃　　〃　　〃　　〃　　　浜本康也

0321   2. 韓国請求権委員会

(1) 一般請求権小委員会

主査	大蔵省 理財局長	宮川新一郎
副主査	〃 理財局 次長	吉岡英一
〃	外務参事官	卜部敏男
補佐	大蔵省 理財局 総務課長	亀徳正之
〃	〃 〃 外債課長	桜井芳雄
〃	〃 管財局 管理課長	本間英郎
〃	〃 理財局 外債課 事務官	金子知太郎
〃	〃 〃 〃 〃	本多行也
〃	〃 〃 〃 〃	杉田昌久
〃	〃 〃 〃 〃	岩瀬多喜造
〃	外務省 条約局 条約課長	兼松武
〃	〃 〃 法規課長	小木曾本雄
〃	〃 アジア局 北東アジア課長	前田利一
〃	〃 〃 〃 事務官	柳谷謙介
〃	〃 条約局 条約課 事務官	大森誠一
〃	〃 〃 〃 〃	井口武夫
〃	〃 〃 法規課 事務官	小和田恒

0322
補佐	外務省 アジア局 北東アジア課 事務官	杉山千万樹
〃	〃 〃 〃 〃	渡辺幸治
専門委員	総理府 恩給局 経理課長	菊地二郎
〃	〃 〃 審議課長	中嶋忠次
〃	厚生省 援護局 庶務課長	福田芳助
〃	〃 〃 援護課長	石田政夫
〃	〃 〃 復員課長	坂垣徹
〃	〃 〃 業務第二課長	村岡達志

専門委員	運輸省 船員局 厚生課長	鎌瀬正巳
〃	郵政省 貯金局 第二業務課長	鞆田幸俊
〃	〃 簡易保険局 業務課長	野田誠一郎
〃	労働省 労働基準局 監督課長	上原誠之輔
〃	〃 〃 賃金課長	東村金之助
〃	〃 職業安定局 雇用安定課長	木村四郎
〃	外務省 アジア局 北東アジア課 外地整理室長	澄川弘友

0323　(2) 船舶小委員会

主査	運輸省 海運局長	辻章男
副主査	〃 海運局 次長	亀山信郎
〃	外務参事官	卜部敏男
補佐	大蔵省 理財局 外債課長	桜井芳雄
〃	〃 〃 外債課 事務官	金子知太郎
〃	〃 管財局 国有財産第三課長	下条進一郎
〃	〃 〃 国有財産第三課 事務官	山田明
〃	〃 〃 〃 〃	新崎康昌
〃	運輸省 海運局 総務課長	榎本善臣
〃	〃 〃 総務課 事務官	加藤政芳
〃	農林省 水産庁 生産部 漁船課長	小島誠太郎
〃	〃 〃 〃 技官	山本堯
〃	〃 〃 海洋第二課 技官	猿田達雄
〃	外務省 条約局 条約課長	兼松 武
〃	〃 アジア局 北東アジア課長	前田利一
〃	〃 〃 〃 事務官	柳谷謙介
0324 〃	外務省 条約局 条約課 事務官	井口武夫
〃	〃 アジア局 北東アジア課 事務官	杉山千万樹
〃	〃 〃 〃 〃	渡辺幸治

0325　　　(3) 文化財小委員会

　　　　主査　　　外務省 アジア局長　　　　　　　　　　伊関佑二郎
　　　　副主査　　外務参事官　　　　　　　　　　　　　卜部敏男
　　　　補佐　　　大蔵省 理財局 外債課長　　　　　　　桜井芳雄
　　　　〃　　　　外務省 条約局 条約課長　　　　　　　兼松武
　　　　〃　　　　　〃　　アジア局 北東アジア課長　　　前田利一
　　　　〃　　　　　〃　　　　〃　　　　〃　　事務官　　柳谷謙介
　　　　〃　　　　　〃　　条約局 条約課 事務官　　　　井口武夫
　　　　〃　　　　　〃　　アジア局 北東アジア課 事務官　杉山千万樹

0326　　3. 漁業および「平和ライン」委員会

　　　　主査　　　農林省 水産庁 次長　　　　　　　　　村田豊三
　　　　〃　　　　外務大臣 官房審議官　　　　　　　　　宇山厚
　　　　補佐　　　農林省 水産庁 漁政部 漁業調整課長　　木戸四夫
　　　　〃　　　　　〃　　〃　　　〃　　　〃　事務官　　柳井昭司
　　　　〃　　　　　〃　　生産部 海洋第二課長　　　　　中村正路
　　　　〃　　　　　〃　　　〃　　　〃　　課 技官　　　猿田達雄
　　　　〃　　　　　〃　　研究部 研究一課 技官　　　　大鶴典生
　　　　〃　　　　外務省 条約局 条約課長　　　　　　　兼松武
　　　　〃　　　　　〃　　　〃　　法規課長　　　　　　小木曾本雄
　　　　〃　　　　　〃　　アジア局 北東アジア課長　　　前田利一
　　　　〃　　　　　〃　　　〃　　北東アジア課 事務官　柳谷謙介
　　　　〃　　　　　〃　　条約局 法規課 事務官　　　　小和田恒
　　　　〃　　　　　〃　　　〃　　　〃　　　〃　　　　磯貝肥男
　　　　〃　　　　　〃　　アジア局 北東アジア課 事務官　浜本康也

4. 在日韓国人の法的地位に関する委員会

主査	法務省 入国管理局長	高瀬侍郎
〃	〃 民事局長	平賀建太
副主査	〃 入国管理局 次長	臼田彦太郎
補佐	〃 民事局 第五課長	星智孝
〃	〃 入国管理局 総務課長	矢野泰男
〃	〃 〃 入国審査課長	人見鉄三郎
〃	〃 〃 資格審査課長	片山醇之助
〃	〃 〃 審判課長	神崎量平
〃	〃 〃 警備課長	平塚子之一
〃	〃 〃 登録課長	小笠原正勝
〃	〃 〃 検事	池上努
〃	大蔵省 為替局 管理課長	山形栄治
〃	〃 〃 企画課 事務官	宮崎智雄
〃	〃 主税局 税関部 業務課長	前川憲一
〃	〃 〃 〃 事務官	鈴木正
〃	文部大臣 官房 総務課長	木田 宏
〃	文部省 初等中等教育局 財務課長	岩間英太郎
〃	厚生省 社会局 保護課長	三浦直男
補佐	通商産業省 通商局 輸出課長	吉田 剛
〃	〃 〃 市場第三課長	林佑一
〃	外務省 条約局 条約課長	兼松 武
〃	〃 アジア局 北東アジア課長	前田利一
〃	〃 〃 〃 事務官	柳谷謙介
〃	外務省 条約局 条約課 事務官	井口武夫
〃	〃 〃 法規課 事務官	堂ノ脇光朗
〃	〃 アジア局 北東アジア課 事務官	鶴田剛

번역 제6차 일한전면회담 일본 측 대표단 명부

수석대표		스기 미치스케
대표	법무성 민사국장	히라가 겐타
〃	〃 입국관리국장	다카세 지로
〃	외무성 아시아국장	이세키 유지로
〃	〃 조약국장	나카가와 도루
〃	외무대신 관방심의관	우야마 아쓰시
〃	외무참사관	우라베 도시오
〃	대장성 이재국장	미야카와 신이치로
〃	농림성 수산청 차장	무라타 도요조
〃	운수성 해운국장	쓰지 아키오

각 위원회 일본 측 위원 명부

1. 기본관계위원회

주사	외무성 아시아국장	이세키 유지로
부주사	외무참사관	우라베 도시오
보좌	외무성 조약국 조약과장	가네마쓰 다케시
〃	〃 아시아국 북동아시아과장	마에다 도시카즈
〃	〃 〃 북동아시아과 사무관	야나기야 겐스케
〃	〃 조약국 조약과 사무관	오모리 세이치
〃	〃 〃 〃 〃	이구치 다케오
〃	〃 아시아국 북동아시아과 사무관	와타나베 고지
〃	〃 〃 〃 〃	하마모토 야스야

2. 한국청구권위원회

(1) 일반청구권소위원회

주사	대장성 이재국장	미야카와 신이치로

부주사	〃 이재국 차장	요시오카 에이치
〃	외무참사관	우라베 도시오
보좌	대장성 이재국 총무과장	기토쿠 마사유키
〃	〃 〃 외채과장	사쿠라이 요시오
〃	〃 관재국 관리과장	혼마 히데로
〃	〃 이재국 외채과 사무관	가네코 지타로
〃	〃 〃 〃 〃	혼다 유키야
〃	〃 〃 〃 〃	스기타 마사히사
〃	〃 〃 〃 〃	이와세 다키조
〃	외무성 조약국 조약과장	가네마쓰 다케시
〃	〃 〃 법규과장	오기소 모토오
〃	〃 아시아국 북동아시아과장	마에다 도시카즈
〃	〃 〃 〃 사무관	야나기야 겐스케
〃	조약국 조약과 〃 사무관	오모리 세이치
〃	〃 〃 〃 〃	이구치 다케오
〃	〃 〃 법규과 사무관	오와다 히사시
〃	외무성 아시아국 북동아시아과 사무관	스기야마 치바키
보좌	외무성 아시아국 북동아시아과 사무관	와타나베 고지
전문위원	총리부 은급국 경리과장	기쿠지 지로
〃	〃 〃 심의과장	나카지마 주지
〃	후생성 원호국 서무과장	후쿠다 요시스케
〃	〃 〃 원호과장	이시다 마사오
〃	〃 〃 복원과장	이카가키 도루
〃	〃 업무제2과장	무라오카 다쓰시
〃	운수성 선원국 후생과장	가타세 마사미
〃	우정성 저금국 제2업무과장	도모타 유키토시
〃	우정성 간이보험국 업무과장	노다 세이치로
〃	노동성 노동기준국 감독과장	우에하라 세노스케

전문위원	노동성 노동기준국 임금과장	도무라 긴노스케
〃	〃 　 직업안정국 고용안정과장	기무라 시로
〃	외무성 아시아국 북동아시아과 외지정리실장	스미카와 히로토모

(2) 선박소위원회

주사	운수성 해운국장	쓰지 아키오
부주사	〃 　 해운국 차장	가메야마 노부오
〃	외무참사관	우라베 도시오
보좌	대장성 이재국 외채과장	사쿠라이 요시오
〃	〃 　 〃 　 외채과 사무관	가네코 지타로
〃	〃 　 관재국 국유재산제3과장	시모조 신이치로
〃	〃 　 〃 　 국유재산제3과 사무관	아먀타 아키라
〃	〃 　 〃 　 〃 　 〃	니자키 야스마사
〃	운수성 해운국 총무과장	에노모토 요시오미
〃	〃 　 〃 　 총무과 사무관	가토 마사요시
〃	농림성 수산청 생산부 어선과장	고지마 세타로
〃	〃 　 〃 　 〃 　 기관	야마모토 다카시
〃	〃 　 〃 　 해양제2과 기관	사루타 다쓰오
〃	외무성 조약국 조약과장	가네마쓰 다케시
〃	〃 　 아시아국 북동아시아과장	마에다 도시카즈
〃	〃 　 〃 　 북동아시아과 사무관	야나기야 겐스케
〃	외무성 조약국 조약과 사무관	이구치 다케오
〃	〃 　 아시아국 북동아시아과 사무관	스기야마 치바키
〃	〃 　 〃 　 〃 　 〃	와타나베 고지

(3) 문화재소위원회

주사	외무성 아시아국장	이세키 유지로
부주사	외무참사관	우라베 도시오

보좌	대장성 이재국 외채과장	사쿠라이 요시오
〃	외무성 조약국 조약과장	가네마쓰 다케시
〃	〃 아시아국 북동아시아과장	마에다 도시카즈
〃	〃 〃 사무관	야나기야 겐스케
〃	〃 조약국 조약과 사무관	이구치 다케오
〃	〃 아시아국 북동아시아과 사무관	스기야마 치바키

3. 어업 및 '평화선'위원회

주사	농림성 수산청 차장	무라타 도요조
〃	외무대신 관방심의관	우야마 아쓰시
보좌	농림성 수산청 어정부 어업조정과장	기도 요쓰오
〃	〃 〃 〃 사무관	야나이 쇼지
〃	〃 생산부 해양제2과장	나카무라 마사미치
〃	〃 〃 〃 과 기관	사루타 다쓰오
〃	〃 연구부 연구1과 기관	오쓰루 노리오
〃	외무성 조약국 조약과장	가네마쓰 다케시
〃	〃 〃 법규과장	오기소 모토오
〃	〃 아시아국 북동아시아과장	마에다 도시카즈
〃	〃 〃 북동아시아과 사무관	야나기야 겐스케
〃	〃 조약국 법규과 사무관	오와다 히사시
〃	〃 〃 〃 〃	이소가이 도시오
〃	〃 아시아국 북동아시아과 사무관	하마모토 야스야

4. 재일한인의 법적 지위에 관한 위원회

주사	법무성 입국관리국장	다카세 지로
〃	〃 민사국장	히라가 겐타
부주사	〃 입국관리국 차장	우스타 히코타로

보좌	〃	민사국 제5과장	호시 도모타카
〃	〃	입국관리국 총무과장	야노 야스오
〃	〃	〃 입국심사과장	히토미 데쓰사부로
〃	〃	〃 자격심사과장	가타야마 준노스케
〃	〃	〃 심판과장	간자키 료헤
〃	〃	〃 경비과장	히라즈카 네노이치
〃	〃	〃 등록과장	오가사와라 마사카쓰
〃	〃	〃 검사	이케가미 지카라
〃	대장성 위체국 관리과장		야마가타 에지
〃	〃 〃 기획과 사무관		미야자키 도모오
〃	〃 주세국 세관부 업무과장		마에카와 겐이치
〃	〃 〃 〃 사무관		스즈키 다다시
〃	문부대신 관방 총무과장		기타 히로시
〃	문부성 초등중등교육국 재무과장		이와마 에타로
〃	후생성 사회국 보호과장		미우라 나오오
〃	통상산업성 통상국 수출과장		요시다 쓰요시
〃	〃 〃 시장제3과장		하야시 우이치
〃	외무성 조약국 조약과장		가네마쓰 다케시
〃	〃 아시아국 북동아시아과장		마에다 도시카즈
〃	〃 〃 북동 〃 과 사무관		야나기야 겐스케
〃	외무성 조약국 조약과 사무관		이구치 다케오
〃	〃 〃 법규과 사무관		도노와키 미쓰오
〃	〃 아시아국 북동아시아과 사무관		쓰루타 쓰요시

12. 제6차 한일회담 제3차 본회의 일본 측 스기 수석대표 스피치 보고 전문

번호: JW-12334

일시: 221010[1961. 12. 22]

수신인: 외무부 장관 귀하

금일 22일에 개최되는 제3차 전체회의 석상에서 일본 측 수석대표 '스기' 씨가 행할 '스피치'의 사본이 도착되었기에 이를 다음과 같이 번역 보고함.

기

연말연시가 가까워졌으므로 금년 회의는 오늘로 끝을 맺으려고 하는데, 이 기회에 본인은 두 달 동안 금차 회담을 회고하여 한마디 말씀을 드리고자 합니다.

이번 회담은 종전의 어느 회담보다도 더욱 우호적이며 건설적인 분위기 속에서 진행되어 왔습니다. 그래서 방금 행한 보고에서도 말하고 있는 바와 같이 각 위원회마다 문제의 원만하고도 조속한 해결을 위하여 일한 쌍방이 성심성의 노력한 결과 전체적으로 상당한 실질적인 진전을 보게 된 것은 실로 동경하여 마지않는 바입니다. 그리고 지난 11월 중순에는 박정희 국가재건최고회의 의장이 '이케다' 총리대신의 빈객으로 일본을 방문하시게 되어 양국 최고 수뇌 간에 일한회담의 진행 방식과 앞으로 긴 세월에 걸친 일한 관계의 지침에 관하여 격의 없는 논의가 행하여졌는데 이것은 일한 간의 역사에 있어서 획기적인 일이며 그 의의는 극히 큰 것이었다고 생각합니다.

본인은 지난 제1회 본회의 석상에서 이번 회담을 최종의 회담으로 하고 싶다는 강한 희망을 말씀드렸는데 연말연시 휴회에 들어가는 이때에 본인은 이 휴가 중에 일한 쌍방이 미해결의 문제점에 관하여 계속 예의 검토를 가한 다음 명년 재개 후의 회담에 임하면 가까운 장래에 양국 간의 다년의 현안이 모두 원만히 해결될 것이라고 믿어 의

0333 심치 않는 바입니다. 그리고 이 점에 관하여는 배 수석대표를 위시하여 한국 측 각 대표 여러분도 완전히 같은 생각이실 것이라고 확신하는 바입니다.

명년에는 1월 16일 오전 11시부터 제4회 본회의를 개최하고, 이어서 각 위원회의 회합을 하는 것이 어떨까 생각하는데 한국 측의 의견을 듣고자 합니다.

수석대표

13. 제6차 한일회담 제3차 본회의 회의록 보고 전문

0334　번호: JW-12339

일시: 221600 [1961. 12. 22]

수신인: 외무부 장관 귀하

12월 22일 상오 11시부터 11시 30분까지 30분간 제3차 전체회의가 일본 외무성 접견실에서 개최되었는바 동 회의록은 다음과 같으므로 이에 보고함.

기

스기: 그러면 금일의 회의를 시작하도록 하겠습니다.

제6차 한일회담 전면회담은 지난 10월 20일의 제1회 본회의 회합, 동 26일의 제2회 본회의 회합 후, 기본관계위원회를 제외한 5개의 위원회 내지 소위원회의 공식, 비공식 회합 및 전문가 회합을 거의 매일처럼 개최하고 쌍방이 위원 간에 활발한 토의가 진행되어 온 것으로 알고 있습니다. 본문 수정이 각 위원회 내지 소위원회의 일본 측 주사로부터 각 위원회, 소위원회의 의사에 관하여 보고가 제출되어 있으므로 배 수석대표의 양해를 얻어서 이를 차례로 읽어나가고자 합니다.

　　　　제6차 일한전면회담에 있어서 각 위원회, 소위원회의 의사에 관한 보고

1. 기본관계위원회: 결.
2. 한국청구권위원회
　　가. 일반청구권소위원회
　　나. 선박소위원회
　　다. 문화재소위원회
3. 어업 및 평화선위원회
4. 재일한인 법적 지위에 관한 위원회

2. 한국청구권위원회

　가. 일반청구권소위원회

　　일반청구권소위원회는 지금까지 8회의 회합을 갖고 한국 측은 그 대일 청구권 8항목 중 제6항까지 각항에 대한 청구의 근거, 내용 등을 설명하였고 일본 측은 이에 대한 질의를 행함과 동시에 대체적인 견해를 표명하였다. 또한 요망, 제2항, 체신국 관계 청구에 관한 사실관계의 검토를 위하여 임시 소위원회(애드 혹 커미티)를 설치하며, 4회에 한하여 회합하고 쌍방의 자료에 관하여 검토를 하였다.

　나. 선박소위원회

　선박소위원회에 있어서는 위원회 회합을 6회, 실무자 회의를 1회 행하여 제5차 회담에 계속하여서 의제 A의 한국 치적선 문제에 관한 의견의 교환을 행하였다. 그간 한국 측에서는 이 의제에 관한 최종적인 추가 리스트의 제출이 있었고 일본 측에서는 종래의 회담에서 한국 측이 제출한 리스트와 전기 최종적 추가 리스트에 대한 사실관계의 조사를 진행하고 결과가 판명될 것에 관하여서는 수차 위원회에서 보고를 행하였다.

　다. 문화재소위원회

　문화재소위원회에 있어서는 5회의 위원회 회합이 열리어 한국 측에서는 문화재에 관한 요구 항목의 설명을 행하고 일본 측에서는 이 문제에 관한 일본 측의 의견을 진술하였다. 또한 이 위원회와는 따로 문화재의 전문가들에 의한 회합을 6회 행하여 문화재의 현상 등에 관한 논의를 하였다.

3. 어업 및 평화선위원회

　어업 및 평화선위원회는 8회의 회합을 행하였다. 제5차 회담의 본 위원회 비공식 회합에 있어서는 한국 측이 자원론을 논하는 데 있어서의 일반 원칙을 정하기 위함이라 하여 제안한 7항목에 관하여 토의가 행하여졌었는데 금차 회담의 본 위원회에 있어서는 이 7항목의 토의를 계속해서 행하여 이를 종료하고 7항목에 관하여 일한 쌍방이 표명한 견해의 요점을 정리한 견해 요록을 기록을 위하여 상호 교환하였다.

4. 재일한인의 법적 지위에 관한 위원회

　재일한국인의 법적 지위에 관한 위원회는 3회의 위원회 회합, 5회의 비공식 회담 및 2회의 전문가 회의를 개최하고 제5차 회담에 계속하여 영주권 부여의 범위 문제를 위시하여 각 문제점에 관하여 의견의 교환을 행하였다. 이 결과 일한 쌍방 공히 상대방의 견해를 이해하게 되었으며 또한 문제점에 따라서는 쌍방의 입장이 상당히 접근하였음을 보였으므로 쌍방이 다 같이 휴회 중 계속 검토를 행하여 명년 1월 재개 후 조속히 전반적인 의견의 일치에 도달할 수 있도록 더욱 노력하기로 되었다.

이러한 것이었는데….

배 수석: 우리 측의 보고도 대체로 그러한 것이었습니다.

스기: (폐회 인사. 이미 보고한 바와 같음.)

배 수석: 좋습니다. 본인도 한마디 인사 말씀을 드릴까 합니다(폐회 인사. 이미 보고한 바와 같음).

스기: 오늘로써 금년 회의를 마치고 명년 1월 16일에 제4 본회의를 열기로 합시다.

배 수석: 좋습니다.

스기: 회의 제1회 및 제2회 회합의 개요 의사록을 확인하고자 합니다.

배 수석: 좋습니다. (개요 합의의사록 교환)

스기: 오늘의 본회의에 관한 신문 발표의 내용은 어떻게 하였으면 좋겠습니까?

배 수석: 쌍방의 보도 관계 담당관에게 일임하도록 합시다.

스기: 좋습니다.

이상

수석대표

신문 발표

THE THIRD PLENARY SESSION OF THE SIXTH JAPAN-KOREAN OVERALL TALKS.

THE THIRD PLENARY SESSION. THE SIXTH JAPAN-KOREA OVERALL TALKS WAS HELD TODAY AT THE MINISTRY OF FOREIGN AFFAIRS AT 11:00 AM. AT THIS MEETING, JAPANESE CHIEF DELEGATE MR. SUGI READ ADD

KOREAN CHIEF DELEGATE MR. PAI ENDORSED REPORTS CONCERNING THE PROGRESS OF THE TALKS IN VARIOUS COMMITTEES AND SUB-COMMITTEES. IN CLOSING FORMAL DISCUSSIONS OF THE TALKS FOR THIS YEAR, CHIEF DELEGATE SUGI AND CHIEF DELEGATE PAI RESPECTIVELY DELIVERED ADDRESSES.

IT WAS AGREED TO ADJOURN THE PLENARY SESSION AS WELL AS MEETINGS. OF VARIOUS COMMITTEES AND SUB-COMMITTEES AND TO HOLD THE NEXT 4 PLENARY SESSION ON JANUARY 16 NEXT YEAR.

번역 신문 발표

제6차 한일회담 3차 본회의

제6차 한일회담 3차 본회의가 오늘 오전 11시 외무성에서 개최되었다. 이번 회의에서 스기 일본 측 수석대표와 배의환 한국 수석대표는 여러 위원회와 소위원회의 회담 진행 상황에 관한 보고를 승인했다. 올해 회담의 공식 논의를 마무리하면서 스기 수석대표와 배 수석대표가 각각 연설을 했다.

본회의와 회의는 휴회하기로 합의했다. 각종 위원회 및 소위원회 활동을 종료하고 내년 1월 16일에 제4차 본회의를 개최하기로 했다.

14. 제6차 한일회담 제4차 본회의 한국 수석대표 인사말 송부 공문

0339

기안처: 아주과 김태지

전화번호: 1952

과장[서명]　국장[서명]　국장 전결

문서번호: 1962. 1. 12

시행 연월일: 1962. 1. 12

분류기호: 외정(아) 제 276호

경유·수신·참조: 수신: 한일회담 수석대표

　　　　　　　발신: 장관

제목: 제6차 한일회담 재개 시 행할 한국 측 수석대표의 인사말

오는 1월 16일 제6차 한일회담 재개 시 행할 우리 측 수석대표의 인사말을 별첨과 같이 송부함.

별첨: 수석대표의 인사말 1부

　이상

별첨

14-2. 제6차 한일회담 제4차 본회의 한국 수석대표 인사말 재가 공문

0341   다음과 같은 공문을 발송, 시행함이 어떠하오리까

장관[서명]   차관[서명]   정무국장[서명]   아주과장[서명]   기안자[서명]

1962년 1월 10일 기안

외무부

건명: 한일회담 재개에 제한 배 수석대표의 인사말

오는 1월 16일 한일회담이 재개될 시 행할 배 수석대표의 인사말을 별첨과 같이 정할 것을 건의함.

이상

14-3. 제6차 한일회담 제4차 본회의 한국 수석대표 인사말

0342 **회담 재개에 제한 배 수석대표의 인사말**

스기(杉) 수석대표 및 대표 여러분,

먼저 약 20일간의 휴회를 마치고 새해를 맞이하여 다시금 여러분을 대하게 된 것을 기쁘게 생각합니다.

거년 10월 금차 회담이 개시되어 12월에 휴회로 들어갈 때까지 약 2개월간 양측 대표단은 과거 5차에 걸친 회담에서 해결하지 못한 양국 간 제 현안 문제를 그 어느 때보다도 열의를 가지고 토의하였었습니다.

0343 우리 한국 측은 이번이 마지막 회담이 되어야 할 것이라는 의식을 가지고 제 현안 문제에 관한 우리의 구체적인 입장을 거의 다 개진하였다고 생각하며, 특히 한국청구권 문제 등에 관하여서는 아 측의 상세한 내용이 설명되었으며 이제 대국적인 견지에서 쌍방이 정치적인 해결책을 강구할 소지가 마련되었다고 생각합니다.

회담이 재개됨에 제하여 한국 측은 그러한 견지에 입각한 일본 측의 태도 표시가 있을 것을 기대하며, 그러한 태도 표시가 있음으로써 현안 문제의 해결에 조속한 진전이 있을 것입니다.

지금까지의 회담의 경험을 통하여 우리는 우리가 해결하여야 할 제 문제가 심히 복잡하고 어려운 것이라는 것을 충분히 알고 있습니다. 그러나 서로가 인내와 성의를 가지고 여러 가지로 해결 방법을 연구하여 노력을 게을리하지 않는다면 능히 원만한 최종적인 해결 방법이 발견될 수 있으리라고 확신합니다.

0344 현재 양국 국민은 물론, 전 세계 자유 우방 국가들도 한일 간 교섭에 지대한 관심을 가지고 주시하고 있습니다. 회담 전후를 통하여 고조된 호분위기를 살려 우리는 우리에게 부하(負荷)된 임무 수행에 최선을 다함으로써 회담을 성공으로 이끌어야 하겠습니다.

1962년의 새해가 회담 타결에 의한 양국 간 국교 정상화 실현의 뜻깊은 해가 되기를 기원하면서, 인사의 말을 그칩니다.

15. 제6차 한일회담 제4차 본회의
일본 측 스기 수석대표 인사말 보고 전문

번호: JW-01131

일시: 121730 [1962. 1. 12]

수신인: 외무부 장관 귀하

건명: 제6차 한일전면회담 제4회 본회의 회합(1962년 1월 16일)에 있어서의 스기 수석대표의 인사문 번역 송부

JW-01126호 전문 제3에서 언급한 스기 수석대표의 인사문 전문은 다음과 같음.

오늘 이 자리에서 배의환 각하를 위시한 한국대표단 여러분과 다시 만나 회담을 계속하게 된 것을 마음으로부터 기쁘게 생각하는 바입니다.

누구나 새해는 새로운 희망을 가지고 맞이하는 것이 상례입니다마는, 특히 본인은 금년만큼은 일한 간의 다년간의 현안이 해결되어 양국의 관계가 새로운 새해로 일보를 내디디는 해가 되기를 염원하면서, 또한 그를 위하여 부족하나마 될 수 있는 한의 노력을 하고자 하는 결의를 가지고 새해를 맞이한 것입니다.

다행히 작년 중의 회담은 다년간의 현안을 하루속히 해결하고자 하는 양국 대표단의 공통된 열의와 우호적 분위기 속에서 진행되어 왔습니다.

그 결과 개개의 문제에 관하여 쌍방의 이해가 현저히 깊어졌음은 본인이 깊이 만족으로 생각하는 바입니다.

그러나 더욱 토의를 진행시켜 해명을 요하는 문제가 남겨져 있다는 것도 사실인바, 이들 남겨진 문제를 조급히 해결하기 위하여 계속해서 일층의 성의와 노력을 경주하는 것이 지금부터 우리에게 과하여진 임무라고 생각하는 바입니다.

생각건대, 일한회담은 장래 장구한 시일에 걸친 양국 간의 선린 우호 관계를 위하여 견고한 기초를 이룩하는 것으로서, 이에 당하는 우리들의 책무의 중대함을 다시금 통감하지 않을 수 없는 바입니다.

격언에 "최후의 5분간"이라는 말이 있습니다마는, 지금 이 회담도 최종 단계에 가까워지고 있는 만큼 우리들은 새로이 이 책무를 재인식하고, 차제에 청신한 기분과 호양의 정신을 가지고 금후의 회담에 임하여 유종의 미를 장식하지 않으면 안 된다고 결심하고 있는 바입니다.

이것이야말로 일한 관계의 조속한 정상화를 염원하고 있는 양 국민의 기대와 희망에 응하는 길임을 확신하여 마지않는 바입니다.

주일 대사대리

17. 제6차 한일회담 제4차 본회의 순서와 관련한 협의 결과 보고 전문

0349　　번호: JW-01125

일시: 121505[1962. 1. 12]

수신인: 외무부 장관 귀하

한일회담 제4차 본회의 순서에 관한 건

1. 금일 12일 오전 11시 30분 최 참사관은 김정태 서기관과 '우야마' 심의관의 초치로 외무성에서 16일에 개최될 제4차 본회의 순서에 관하여 협의하였음.

2. 일 측은 본회의 순서를 아래와 같이 하자고 제의하였사오니, 이에 대한 본부 견해를 지급 회시 바람.
　(1) 보도 관계자 입장
　(2) 양국 대표 및 수원 입장
　(3) 보도 관계자의 사진 촬영
　(4) 스기 수석대표 인사
　(5) 배 수석대표 인사
　(6) 금후 회의 진행 방법에 관한 협의
　(7) 전번 제3회 본회의의 회의록은 제4차 회의와 같이 다음 제5차 회의에서 확인할 것을 상호 간에 양승
　(8) 신문 발표 내용의 결정(쌍방 보도 책임자에게 일임)
　(9) 일동 퇴장

3. 위 순서 제(4)항 스기 수석대표의 인사에 관하여는 금일 중에 ADVANCE COPY를 받기로 하였으므로 추후 보고 위계이온바, 배 수석대표의 인사에 관하여는 본부에서 작성하실 것인지 또는 당지에서 작성할 것인지에 관하여 지시 바람.

(본부에서 작성할 경우에는 명일 13일 오전 11시까지 당부에 송부하여 주시기 바람. 외무성은 15일이 공휴일이므로 동일 오전 중에 ADVANCE COPY를 송부하여 달라고 요청하였음.)

4. 순서 제(6)항 금후 회의 진행 방법에 관하여는 구체적인 면을 배 대사가 착임하신 후에 협의하기로 하였음.

주일 대사대리

18. 제6차 한일회담 제4차 본회의에 앞선 양측 협의 내용 보고 전문

0351   번호: JW-01127

일시: 121620[1962. 1. 12]

수신인: 외무부 장관 귀하

연: JW-01125

금일 12일 오전 11시 30분부터 약 1시간 동안 최영택 참사관은 김정택 서기관과 같이 외무성 우야마 참사관의 초치로 외무성에서 16일에 개최될 제4차 본회의 순서에 관하여 협의하였는바 동 석상에서 아래와 같은 내용을 면담하였삽기에 보고함.

1. 우야마는 정치회담을 가짐이 없이 회담을 16일부터 재개하게 되었는데 정치회담이 없었다고 하여 금후 회담이 순조로이 진행되지 않으면 그러한 사정이 외부에 유포케 되어 모처럼 고조된 분위기가 식어질 뿐만 아니라 또다시 과거의 회담과 같이 침체 상태에 들어갔다는 인상을 주게 되어 좋지 않은 영향이 일어나게 될 것이니 우호적인 분위기에서 회담이 원할하게 진행되고 있다는 것을 보이기 위하여서라도 각 위원회 회의를 계속 개최함이 좋을 것이며 위원회 참석 인원수가 적어서 정식 회의를 개최하지 못할 경우에는 비공식 회의 내지는 특별위원회 회의라도 개최하는 것이 좋겠다고 말하였음.

이에 대하여 최 참사관은 정치회담이 조만간에 있을 것이므로 우리 측으로서도 이에 악영향을 미치지 않도록 하겠지만 그렇다고 그러한 것을 무한정 할 수 있는 것은 아니니 정치회담에 대한 일 측의 태도가 조속히 결정되기를 바란다고 말함.

2. 최 참사관이 "최근에 일부에서 정치회담은 참의원 선거 후에 하여야 한다고 말하고 있는데 외무성으로서는 그 시기를 언제로 보는가?"라고 질문한즉 우야마는 "이케다 수상으로서는 참의원 선거 후라고 말한 바 없으며 되도록이면 속히 하자는 의견을 가지고 있다고 말한 후 외무성으로서는 금월 말 또는 2월 초에라도 실현시킬 것을 지금도 강력히 주장하고 있는데 일본 중의원에서의 예산 심의가 2월 말에 끝나게 되므로 정치 협상은 그때에 있게 되지 않을까?"라고 말하였음.

3. 최 참사관이 "이케다 수상은 기시를 방한시키지 않기로 결정한 것이 아닌가?"라고 타진하였던바 우야마는 이케다 수상이 그러한 결정을 내린 바 있다고는 듣고 있지 않으며 외무성으로서는 (그리고 이케다 수상도) 기시 한국 파견을 제1안으로 추진하고 있다고 말하는 동시에 최근에 배 대사가 기시 이외의 인물이라도 좋다고 말한 것은 일본 측이 이를 추진시키는 데에 많은 도움이 된다고 말하였음.

4. 최 참사관이 "정치 협상을 할 때에는 일 측은 사무 책임자도 보낼 것인가?"라고 질문하였던바 우야마는 물론 그렇다고 말하고 이세키 국장이 동행하게 될 것이라고 말하였음.

주일 대사

19. 제6차 한일회담 본부 지시 전문

번호: WJ-01100

일시: 130915[1962. 1. 13]

수신인: 주일 대사(한일회담 수석대표)

한일회담 제4차 본회의 순서에 관한 건

대: TW-01126호 전문

대호 전문으로 청훈하신 사항 다음과 같이 회시함.

1. 일본 측에서 제의하여 온 제4차 본회의의 회의 순서에 대하여 이의 없음.
2. (3)항목의 금주의 회의 진행 방법에 관하여는 귀 대표단에서 협의하여 결정하시고 추후 보고하시압.
3. (5)항목의 우리 측 수석대표가 행할 인사문에 관하여는 본부에서 작성 준비한 것으로 행하시압(금일 부임 시 귀하가 가지고 가신 분). 단, 동 인사문의 발표 시간에 관하여 일본 측과 합의가 되면 즉시 본부에 보고하시압.
4. 회의 개최 시간은 결정되는 대로 본부에 보고하시압.

외무부 장관

20. 제6차 한일회담 제4차 본회의 관련 훈령 전문

번호: WJ-01128

일시: 160800 [1962. 1. 16]

수신인: 한일회담 수석대표

연: WJ-01100호

명일 16일에 개최되는 한일회담 제4차 본회의와 관련하여 다음 사항을 훈령함.

기

1. 제4차 본회의에서 행할 양측 수석대표의 인사문 발표에 관하여, 본회의가 끝난 후에 발표하게 되면 본국 내 신문이 동일 석간에 게재하는데 시간적으로 곤란할 것임에 비추어, 16일 상오 11시 30분에 발표할 것이니 여사 양지하시압.

2. 우리 측 대표단원 중 일부 변경사항이 있는바, 동 변경된 사실을 본회의에서 일본 측에 통고하도록 할 것.

3. 양측이 발표할 JOINT PRESS RELEASE에 관하여는 내용이 결정되는 대로 즉시 전문을 무전으로 본부에 보고하시압.

외무부 장관

21. 제6차 한일회담 제4차 본회의 결과 보고 전문

번호: JW-01174

일시: 161315 [1962. 1. 16]

수신인: 외무부 장관

건명: 제6차 한일회담 제4차 본회의 결과 보고

금일 16일 오전 11시부터 동 15시까지 외무성 회의실에서 이미 예정된 순서에 의하여 개최된 제6차 한일회담 제4차 본회의 결과를 아래와 같이 보고함.

1. '스기' 일본 측 수석대표는 JW-01131로 보고드린 바와 같은 내용의 인사말을 하였음.

2. '스기' 일본 측 수석대표의 인사에 이어 배의환 수석대표는 우리 측 대표단에 이동이 있음을 알린 후 인사의 말을 하였음.

3. 금후의 회의 진행에 관하여는 양측 수석대표가 추후 만나 협의하기로 쌍방이 합의하였음(명일 17일 주식 시에 만나 협의할 예정임).

4. 전번 제3회 본회의 회의록은 제4회 본회의 회의록과 같이 다음 제5회 본회의에서 확인할 것을 상호 양승하였음.

5. 신문 발표문은 별도 전문으로 송부하는 바와 같이 하기로 합의하였음.

끝

수석대표

23. 제6차 한일회담 제4차 본회의 회의록

0357   제6차 한일회담
4차 본회의 회의록

1. 일시: 1962년 1월 16일 오전 11시부터 11시 15분까지

2. 장소: 외무성 회의실

3. 참석자

    한국 측: 배의환   수석대표
                이동환   전 차석대표
                이한기   차석대표
                김윤근   대표
                이천상   〃
                지철근   〃
                이홍직   〃
                최영택   〃
                정일영   〃 외 위원
    일본 측: 스기   수석대표
                히라가   대표
                다카세   〃
                이세키   〃
                나카가와   〃
                우야마   〃
                우라베   〃

미야카와　　〃
무라타　　　〃
쓰지　　　　〃　외 보좌

0358　4. 토의 내용

'스기' 수석대표: 지금으로부터 제6차 한일회담 제4차 본회의를 시작하겠습니다. 먼저 본인의 인사의 말씀을 드립니다.

(인사말 전문 별첨 제1)

'배의환' 수석대표: 인사 말씀을 드리기 전에 그간 한국 측 대표에 변동이 있었음을 알려드리고자 합니다.

이동환 공사는 지금까지 차석대표와 문화재위원회 한국 측 수석위원이었는데, 이번에 전임하시게 되어 대표단을 떠나게 되었습니다. 재임 중에 일본 대표 각위가 베푸신 협조에 감사한다는 이 공사의 뜻을 전합니다.

지금까지 한국대표단의 고문이었던 이한기 교수는 이 공사의 후임으로 차석대표에 임명되었으며, 이홍직 교수는 문화재위원회 한국 측 수석위원으로 임명되었습니다.

그러면 인사 말씀을 드리겠습니다(인사 전문 별첨 제2).

'스기' 수석대표: 금후의 회의 진행 방법은 어떻게 하였으면 좋겠는가?

'배의환' 수석대표: 그 점에 관해서는 양측 수석대표가 추후에 만나 협의하였으면 좋겠다.

0359　'스기' 수석대표: 좋다. 전번 제3회 본회의 회의록은 제4회 회의록과 함께 다음 제5회 본회의에서 확인함이 어떠한가?

'배의환' 수석대표: 좋다.

'스기' 수석대표: 오늘 회의의 신문 발표 내용은?

'배의환' 수석대표: 전례에 따라 쌍방의 보도 담당관에게 일임함이 좋겠다(신문 발표 내용 전문 별첨 제3).

'스기' 수석대표: 좋다.

끝

별첨

23-1. 제6차 한일회담 제4차 본회의 일본 측 스기 수석대표 인사말

(별첨 제1)

<u>1962년 1월 16일 제6차 한일전면회담</u>
<u>4차 본회의에서의 '스기' 대표 인사</u>

오늘 이 자리에서 배의환 각하를 위시한 한국대표단 여러분과 다시 만나 회담을 계속하게 된 것을 마음으로부터 기쁘게 생각하는 바입니다.

누구나 새해는 새로운 희망을 가지고 맞이하는 것이 상례입니다마는, 특히 본인은 금년만큼은 일한 간의 다년간의 현안이 해결되어 양국 관계가 새로운 시대로 일보를 내디디는 해가 되기를 염원하면서, 또 그것을 위하여 부족하나마 될 수 있는 한의 노력을 하고자 하는 결의를 가지고 새해를 맞이한 것입니다.

다행히 작년 중의 회담은 다년간의 현안을 하루속히 해결하고자 하는 양국 대표단의 공통된 열의와 우호적인 분위기 속에서 진행되어 왔습니다. 그 결과 개개의 문제에 관하여 쌍방의 이해가 현저히 깊어졌음은 본인이 깊이 만족하게 생각하는 바입니다. 그러나 더욱 토의를 진행시켜 해명하여야 할 문제가 남겨져 있다는 것도 사실인바, 이러한 남겨진 문제를 조속히 해결하기 위하여 계속해서 일층의 성의와 노력을 경주하는 것이 지금부터 우리에게 과하여진 임무라고 생각하는 바입니다.

생각건대, 일한회담은 장래 장구한 시일에 걸치는 양국 간의 선린 우호 관계를 위하여 견고한 기초를 이룩하는 것으로서, 이에 당하는 우리들의 책무의 중대함을 다시금 통감하지 않을 수 없는 바입니다.

격언에 "최후의 5분간"이라는 말이 있습니다마는, 지금 이 회담도 최종 단계에 가까워지고 있는 만큼 우리들은 새로이 이 책무를 재인식하고, 차제에 청신한 기분과 호양의 정신을 가지고 금후의 회담에 임하여 유종의 미를 장식하지 않으면 안 된다고 결심하고 있는 바입니다. 이것이야말로 일한 관계의 조속한 정상화를 염원하고 있는 양 국민의 기대와 희망에 응하는 길임을 확신하여 마지않는 바입니다.

23-2. 제6차 한일회담 제4차 본회의 한국 측 배의환 수석대표 인사말

(별첨 제2)

1962년 1월 16일 제6차 한일전면회담 4차 본회의에서의 '배의환' 대표의 인사

'스기' 수석대표 및 대표 여러분,

먼저 약 20일간의 휴회를 마시고 새해를 맞이하여 다시금 여러분을 대하게 된 것을 기쁘게 생각합니다.

거년 10월 금차 회담이 개시되어 12월에 휴회로 들어갈 때까지 약 2개월간 양측 대표단은 과거 5차에 걸친 회담에서 해결하지 못한 양국 간 제 현안 문제를 그 어느 때보다도 열의를 가지고 토의하였었습니다.

우리 한국 측은 이번이 마지막 회담이 되어야 할 것이라는 의식을 가지고 제 현안 문제에 관한 우리의 구체적인 입장을 거의 다 개진하였다고 생각하며, 특히 한국청구권 문제 등에 관하여는 아 측의 상세한 내용이 설명되었으며, 이제 대국적인 견지에서 쌍방이 정치적인 해결책을 강구할 소지가 마련되었다고 생각합니다.

회담이 재개됨에 제하여 한국 측은 그러한 견지에 입각한 일본 측의 태도 표시가 있을 것을 기대하며, 그러한 태도 표시가 있음으로써 현안 문제의 해결에 조속한 진전이 있을 것입니다.

지금까지의 회담의 경험을 통하여 우리는 우리가 해결하여야 할 제 문제가 심히 복잡하고 어려운 것이라는 것을 충분히 알고 있습니다. 그러나 서로가 인내와 성의를 가지고 여러 가지 해결 방법을 연구하여 노력을 게을리하지 않는다면 능히 원만한 최종적인 해결 방법이 발견될 수 있으리라고 확신합니다.

현재 양국 국민은 물론, 전 세계 자유 우방 국가들도 한일 간 교섭에 지대한 관심을 가지고 주시하고 있습니다. 회담 전후를 통하여 고조된 호분위기를 살려 우리는 우리에게 부가된 임무 수행에 최선을 다함으로써 회담을 성공으로 이끌어야 하겠습니다.

1962년의 새해가 회담 타결에 의한 양국 간 국교 정상화 실현의 뜻깊은 해가 되기를 기원하면서, 인사의 말을 그칩니다.

23-3. 제6차 한일회담 제4차 본회의 보도 자료

(별첨 제3)

JOINT PRESS RELEASE

January 16, 1962

The fourth plenary session of the Sixth Korea-Japan Overall Talks was held today at the Ministry of Foreign Affairs at 11:00 a.m.

At this meeting, Korean Chief Delegate Mr. Pai and Japanese Chief Delegate Mr. Sugi respectively delivered addresses for the reopening of the Talks.

Mr. Pai announced that Mr. Dong Whan Lee, who has been transferred to another post, had been replaced by Mr. Han Key Lee as Alternate Chief Delegate of the Korean Delegation and by Mr. Hong Jik Lee as the Chief Korean representative at the Sub-committee on Art Objects.

It was agreed that the Chief Delegates would consult with each other and arrange how to proceed with the Talks.

번역 (별첨 제3)

공동 보도 자료

1962년 1월 16일

제6차 한일전면회담 제4차 본회의가 오늘 오전 11시 외무성에서 개최되었다.

이 회의에서 한국 측 배 수석대표와 일본 측 스기 수석대표가 각각 회담 재개에 제한 인사를 전달하였다.

배 수석대표는 이동환 차석대표가 다른 보직으로 전보됨에 따라 이한기 고문이 한국대표단의 차석대표로, 이홍직 수석대표가 문화재소위원회 한국 측 수석위원으로 교체되었음을 발표했다.

수석대표들이 서로 협의하여 회담 진행 방법을 정하기로 합의했다.

24. 제6차 한일회담 진행 방법에 관한 내부 재가 문서

0368   최고회의 의장[서명]   내각 수반[서명]   외교국방위원장[서명]   장관[서명]
　　　차관[서명]   정무국장[서명]   아주과장[서명]   기안자[서명]

외정(아) 제412호
단기 4294년 10월 16일

　　　　　　　　　　　　　　　　　　　　　　　　　　　　　　　　외무부

건명: 제6차 한일회담 진행 방법

　오는 10월 20일부터 일본 도쿄에서 개최되는 제6차 한일회담의 진행 방법 및 정부 기본 방침에 관하여 제6차 한일회담 수석대표에게 다음과 같이 훈령할 것을 건의함.

훈령안

외정(아) 제118호
단기 4294년 10월 17일

　　　　　　　　　　　　　　　　　　　　　　　　　　　　　　　외무부 장관

제6차 한일회담 수석대표 귀하

제목: 제6차 한일회담 진행 방법(제6차 한일회담 정부 훈령 제1호)

0369   오는 10월 20일부터 일본 도쿄에서 개최되는 제6차 한일회담의 진행 방법 및 정부

기본 방침에 관하여 다음과 같이 훈령함.

기

1. 일반 훈령

가. 회의 용어

한국어, 일본어 및 영어를 회의 용어로 하고, 통역관을 둔다.

나. 보고서의 제출

  1) 전문 보고

    본회의, 각 분과위원회 회의, 전문가 회의 및 기타 비공식 회의의 개최 상황, 토의 내용 및 그 결과 등에 관하여 즉시 전문으로 본부에 보고한다.

  2) 회의록의 작성 보고

    상기 각 회의의 회의록을 작성하여 본부에 보고한다.

  3) 정기 보고

    매 2주 1회 청훈 또는 건의사항을 포함한 정기 종합 보고서를 본부에 제출한다.

다. 회의 개최 수

  1) 본회의는 필요에 따라 수시 개최하도록 한다.

  2) 각 위원회 회의는 매주 1회 이상 개최하도록 한다.

라. 본부에 대한 청훈

본 훈령의 범위 외의 사항을 논의 또는 언급할 경우에는 필히 본부의 사전 허가를 얻어야 한다.

마. 공보 활동

한일회담과 관련된 제반 사항의 발표 및 대외 선전 등 공보 활동은 수석대표의 지휘 감독하에 주일 대표부 공보관(이규현)이 행한다.

바. 신문 발표

  1) 본회의, 각 위원회 회의, 전문가 회의 및 기타 회담과 관련된 비공식 회의의 개최 상황, 토의 내용 및 결과 등에 관한 신문 발표는 각 회의에서 양측이 발표하기로 합의된 사항에 한한다.

  2) 기타 사항의 발표는 본부의 사전 허가를 얻어야 한다.

사. 대표단의 서무
 1) 대표단원 중 1명을 지명하여 대표단의 행정 및 재정 사무를 담당하게 한다.
 2) 대표단의 경비는 주일 대표부의 경비와 분리하여 별도로 집행한다.

2. 재일한인 법적지위위원회
가. 회의 진행 방법
 1) 법적 지위 문제에 관한 일반적인 토의는 제5차 한일회담 예비회담 시에 일단 종결된 것으로 하고, 금차 회담에서는 전차 회담에서 합의된 사항을 제외한 부분에 한하여 토의를 진행하도록 한다. 단, 제5차 회담에서 합의된 사항에 대하여서는 타 문제(미합의)의 토의를 개시하기 전에 재확인하도록 한다.
 2) 토의 진행 방법으로서는 우선 각 문제점에 관하여 원칙적인 점을 토의하고, 양측의 합의가 성립된 연후에 구체적인 합의의사록을 작성하기로 한다.
나. 문제점에 대한 우리의 입장
 1) 영주권의 부여 범위
  제2차대전 종결 이전에 도일하여 본 협정 발효 당시까지 계속하여 일본에 거주하는 자의 자손으로서 본 협정 발효 당시까지 출생한 자에 대하여는 당연히 영주권을 부여하기로 하고, 그 이후에 출생하는 자에 대하여는 본 협정 발효 20년 후 양 체약국 중 일방의 요청이 있을 때 재검토하기로 한다.
  영주권을 부여받은 자와 그 자손은 본인들의 희망에 따라 수시로 특별한 조건 없이 일본인으로 귀화할 수 있도록 한다.
 2) 영주권 부여 방법
  영주권 해당자(배우자 포함)는 신청서의 제출로써 일본국으로부터 영주권을 부여받기로 하되, 신청서에는 본 협정의 관계 조항에 의하여 영주권을 신청한다는 뜻을 명시하기로 한다.
 3) 퇴거 강제
  일본국 헌법 또는 정부를 혁명 또는 폭력에 의하여 파괴 내지 전복하려는 죄로써 유죄 판결을 받은 재일한인에 한하여 퇴거 강제의 대상이 되도록 한다.
 4) 영주권 신청 기간

영주권의 신청 기간은 본 협정 발효 후 5년간으로 한다.

5) 재산권 및 직업권

재일한인은 그들이 제2차대전 종결 당시에 일반적으로 향유하고 있던 일체의 권리를 계속 인정받도록 한다.

6) 생활 보호

영주권이 허가된 자로서 생활보장법에 해당하는 빈곤한 자에 대하여는 계속 일본인과 동등한 보호를 주도록 한다.

7) 재산 반출 및 송금

재산 반출 품목에서 제외될 범위는 마약 등과 같은 금지품 및 객관적으로 상품으로 인정되는 품목으로 국한하되, 산업용 기계 등은 한국 정부의 확인을 조건으로 제한하지 않도록 한다.

또한 영주 목적으로 귀국하는 자에 대한 일시 송금은 매 세대당 10,000불까지로 하고, 잔여금은 과중한 조건 없이 송금할 수 있는 특별 계정에 예치하도록 한다.

8) 극빈자에 대한 귀국 보조금

일본의 생활보호법의 적용을 받는 극빈한 한인으로서 귀국을 희망하는 자에 대하여는 일본 정부가 매 세대당 2,000불을 지급하도록 한다.

9) 국적 확인 문제

본 문제는 일단 조정하여 보기로 하되, 회담 진행에 따라 대표단이 적당하다고 사료되는 바에 따라 처리한다.

3. 일반청구권위원회

가. 회의 진행 방법

1) 일본국으로서는 제6차 한일회담 예비회담에서 토의 미진된 부분인 대일청구요강 제5항의 잔여 부분의 토의를 주장할 가능성이 있으나, 우리 측으로서는 일반적인 토의는 제6차 회담에서 일단 끝난 것으로 하고, 본회담에서는 제1항목부터 시작하여 토의를 계속하기로 한다.

2) 청구 토의에 수반되는 증거의 세부적 대사 사무는 회담의 조속한 진행을 위하여 가급적이면 피하도록 한다.

3) 실무 회의에 있어서는 법적 이론에 관한 최종적인 결론 또는 증거 대사에 관한 결정적인 언질을 주는 일이 없도록 하여야 한다.

4) 대표단이 제출한 청구액은 회담 진행 도중 변경할 필요가 있을 시에는 본부의 사전 허가를 받은 후 행하여야 한다.

4. 평화선 및 어업위원회
가. 회의 진행 방법
1) 대표단은 회의 개시와 동시에 당분간 어업 자원론을 계속하고, 앞으로 아 측이 어업 자원 보존 수역으로 새로이 획정한 선을 확보하는 방향으로 이론을 전개한다.

2) 평화선은 국방상의 목적으로 계속 유지하도록 하고, 한일 간의 어업 문제는 협정 체결로써 해결한다.

3) 대한민국의 법률에 의하여 설정된 일체의 어업 금지 구역은 협정상에서도 인정되어야 한다.

4) 협정 체결 대상 수역으로서는 2개의 규제 구역으로 구분한다.

ㄱ) 한국 연안으로부터 40마일 이내의 수역은 단독 규제 구역으로 하고, 동 구역 내에서는 대한민국이 단독적으로 관할권(재판 관할권 포함)을 행사한다.

ㄴ) 한국 연안으로부터 40마일 이외의 수역은 한일 간의 공동 규제의 대상 수역으로 한다.

5) 전기의 40마일 측정의 기산점은 직선 기선 방식에 의하기로 한다.

6) 어업 자원론이 일단락되면, 아 측은 '한일 간의 어업협정 체결을 위한 기본 요강'을 제출하기로 한다.

ㄱ) 기본 요강 중에는 협정 대상 수역을 표시하며, 직선 기선 방식을 기산점으로 한 40마일 수역을 경도 및 위도로써 표시한다.

ㄴ) 어업 규제 방법, 공동위원회의 설치, 협정의 성격(잠정적인 것인가의 여부) 등 제반 기술적인 문제는 대표단이 적당하다고 사료되는 방법을 본부에 건의하여 그의 승인을 얻은 다음 기본 요강 중에 포함시키기로 한다.

7) 본 위원회의 회의 진행은 일반청구권소위원회와 성과를 감안하여 조정한다.

5. 선박위원회

가. 회의 진행 방법

1) 본 위원회의 토의에 있어서는, 법 이론 문제에 관한 토의는 회담의 조속한 진행을 위하여 가급적이면 피하도록 하고, 각개 선박에 대한 대사 사무에 치중하도록 한다.

2) 각 의제에 대한 토의의 순서는 과거 회담에서의 예에 따라 의제 A, B, C, D의 순위로 행하도록 한다.

3) 과거 회담에서 우리 측이 제출한 의제 A 해당 선박 310척 및 이 중 일본 측이 한국 치적선으로 확인한 바 있는 선박 26척은 금차 회담에 있어서도 그대로 유효한 것이라는 것을 회의 시초 재확인하도록 한다.

4) 의제 A(1945년 8월 9일 현재 한국 치적선의 반환에 관한 건)에 관한 토의

ㄱ) 제5차 한일회담 예비회담에서 우리 측이 추가로 제출한 202척의 선박 중 일본 측이 조사 결과를 우리 측에 통보하지 않은 124척의 선박에 대한 그 후 조사 결과를 일본 측으로부터 통보받도록 한다.

ㄴ) 전기 124척의 미조사분에 대한 토의가 어느 정도 진행되면 대표단에서 작성한 402척(총 37,406.83톤)의 추가 선박 명단을 한국 측의 최종적인 것으로서 일본 측에 제출한다. 단, 동 추가 명단의 제출 시기는 회의 진행에 따라 대표단이 결정한다.

ㄷ) 과거 회담에서 제출한 310척 및 금차 회담에서 제출한 402척 도합 712척에 대한 사실 조사가 일단락되면, 이미 일본 측이 전차 회담에서 조사 완료한 선박 중 치적 사실이 확인되지 않은 분에 대한 우리 측의 그 후 조사사항을 제시하도록 하고 이에 대한 일본 측의 반증이 재차 있을 때에는 그 문제는 미해결 상태로 남겨두기로 한다.

5) 의제 B(1945년 8월 9일 또는 그후 한국 수역에 소재한 선박의 반환에 관한 건)의 토의에 있어서는 법 이론은 보류하고 사실 대사에 그치도록 하며, 만일 일본 측이 의제 B에 관한 토의에 응하지 않을 경우에는 우리 측은 의제 C 또는 의제 D의 토의에 응하지 않는다.

6) 의제 C(한국에 대여한 선박 5척의 반환의 건)에 관하여는 우리 측은 동 선박이 의제 A에 해당하는 한국 치적선으로서 이미 반환된 것으로 간주한다는 것을 주장하

고, 일본 측이 다만 동 선박에 관한 현상 또는 기타 필요한 사항에 관하여 조회하여 왔을 경우에는 이에 응하도록 한다.

 7) 의제 D(한국에 나포된 일본 어선에 관한 건)에 해당되는 161척의 문제는 실무자 회의에서는 토의하지 않기로 하고 양측의 고위 측 간에서 해결하도록 하자는 전차 회의의 예에 따르기로 한다.

6. 문화재위원회
가. 회의 진행 방법

 1) 일본이 1905년 이래 한국으로부터 불법 또는 부당한 방법으로 반출하여 간 한국 문화재로서 다음 7개 항목을 토의의 대상으로 하여 회의를 진행하도록 한다.

  ㄱ) 일본 정부에서 중요문화재 또는 중요미술품으로 지정한 문화재

  ㄴ) 소위 조선총독부 또는 조선고적연구소에 의하여 반출된 문화재

  ㄷ) 소위 총독 또는 통감에 의하여 반출된 문화재

  ㄹ) 경상남·북도 소재 분묘 및 기타 유적에서 출토된 문화재

  ㅁ) 고려시대 분묘, 기타 유적에서 출토된 문화재

  ㅂ) 서화, 전적 및 지도 원판

  ㅅ) 일본 개인이 소장하고 있는 각종 문화재

 2) 본 위원회에 일본 문부성 관계관을 정식 대표로서 참석시킬 것을 일본 측에 요구하고, 만일 일본 측이 이에 응하지 않을 경우에는 제5차 한일회담 예비회담에서와 같은 전문가 회의를 개최하도록 하되, 동 전문가 회의를 위원회에서 공식 회의로 확인하도록 한다.

 단, 일본 측이 위의 두 가지 경우에 대하여도 응하지 않을 시에는 전차 회담에서와 같은 성격의 전문가 회의를 개최하여 이를 앞으로 계속해 나감으로써 기정사실화 하도록 한다.

 3) 전문가 회의에 있어서는 전차 회담에서 토의하여 오던 재일 한국 문화재의 상태에 관한 실태 조사를 계속하도록 한다.

 4) 문화재의 반환 범위, 반환 방법 등에 관하여는 앞으로 정치회담에서 토의하기로 미루고 실무 회의에서는 오로지 일본 측 전문가로 하여금 우리의 반환 요청이 정

당하다는 것을 납득하도록 하는 방향으로 회의를 진행한다.

추기: 본 훈령사항 시행에 있어서는 대표단은 최선의 방법이라고 생각하는 바에 따라 수석대표의 승인을 얻어 신축성 있는 교섭을 추진하는 것으로 한다.

25. 제6차 한일회담 한국 측 내부 회의 요록

0377   회의 요록

1. 개최 일시: 단기 4294년 10월 17일 오후 3:30~5:30

2. 개최 장소: 국가재건최고회의 회의실

3. 참석자: 박 의장, 송 내각 수반, 유 외교국방위원장, 김홍일 의장고문, 이용희 교수
   (대표단 관계) 배의환 수석대표, 이한기 고문, 김윤근 대표, 이천상 대표,
   지철근 대표
   (외무부 관계) 최 장관, 이 차관, 전 정무국장, 엄 아주과장

4. 회의 내용
   가. 전 정무국장이 한일회담 대표단에 대한 훈령 제1호에 관한 '브리핑'을 행하였음.
   나. 이용희 교수가 거반 일본 정계 지도자들과 접촉한 결과에 관한 보고를 행하였음.
   다. 훈령안 내용에 관한 토의에 들어가

   ㄱ. 이용희 교수는 특히 청구권에 관련하여 일본의 정치계 지도자들과 외무성의 태도가 반드시 부합되지 않은바, 정계 지도자들이 정치적인 해결을 중요시하고 변제 액수도 많이 고려하고 있는 데 반하여 외무성은 실무적인 토의를 구체적으로 행함으

0378   로써 청구권 액수를 대폭적으로 감소시키려는 실무자 회의 중심의 토의 진행을 희망하고 있다고 관측됨에 비추어, 우리 측이 실무자 회의에서 구체적인 토의를 행하여 나간다면 자칫 일본 측의 '페이스'에 휩쓸릴 가능성이 있으므로 실무자 회의에서는 적당히 우리 측의 성의만을 표시하고 회의를 천연시키는 방향으로 나감이 좋을 것이라고 말하였음.

   ㄴ. 김홍일 고문은 지금은 이 종합 청구에서 삭제되어 있는데 조금 억지가 된다

하더라도 그것도 포함시켜 주장하여 봄이 가할 것이라고 말하였음. 이에 대하여 정무국장은 안에서 삭제된 항목도 일본 측에 대하여 제시될 때에는 '보류'로서 제시되는 것이며 완전한 '포기'가 아니라고 해명하였음.

라. 위의 토의 결과 원안 중에서 '3. 일반청구권위원회 가.'의 (2) 및 (4)항을 삭제하기로 합의하였음.

26. 제6차 한일회담 진행 방법 수정 내용

0379   4294년 10월 17일

(내용)

본 발췌는 당초 품의문 중에는 포함되어 있었으나, 10월 17일 하오 3시부터 열렸던 한일회담 관계자 회의(박 의장, 내각 수반, 유 위원장, 한일회담 대표 등 참석) 결과 수정할 것으로 합의되었으며, 따라서 재품의케 된 것임

0380   〔발췌 부분〕

또한 영주 목적으로 귀국하는 자에 대한 일시 송금은 매 세대당 10,000불까지로 하고, 잔여금은 과중한 조건 없이 송금할 수 있는 특별 계정에 예치하도록 한다.

8) 극빈자에 대한 귀국 보조금

일본의 생활보호법의 적용을 받는 극빈한 한인으로서 귀국을 희망하는 자에 대하여는 일본 정부가 매 세대당 2,000불을 지급하도록 한다.

9) 국적 확인 문제

본 문제는 일단 주장하여 보기로 하되, 회담 진행에 따라 대표단이 적당하다고 사료되는 바에 따라 처리한다.

3. 일반청구권위원회

가. 회의 진행 방법

1) 일본 측으로서는 제5차 한일회담 예비회담에서 토의 미진된 부분인 대일청구요강 제5항의 잔여 부분의 토의를 주장할 가능성이 있으나, 우리 측으로서는 일반적인 토의는 제5차 회담에서 일단 끝난 것으로 하고, 본회담에서는 제1항목부터 시작하여 토의를 계속하기로 한다.

2) 회담 진행에 따라서 우리 측은 청구권에 관한 종합 청구를 아래와 같이 행하

고, 동 청구에 대한 명세는 각 항목별 토의의 진전에 따라 제시하도록 한다. 단 청구의 명세 및 자료의 제시는 회의 진행 상황에 따라 대표단이 적당하다고 사료되는 시기에 수석대표의 재량하에 행하도록 한다.

항목	청구 내용	지출 금액 및 적요
제1항	지금과 지은	정치적 고려로 보류
제2항	체신부 관계	1,808백만 엔
제3항	재산 반출	
	ㄱ. 조선은행	4,565백만 엔
	ㄴ. 개인 송금	정치적 고려로 보류
제4항	재일본 지점 재산	일본 측에 자료 제출을 종용
	ㄱ.	
	ㄴ. 스카핀(SCAPIN) 1965에 기한 것	
제5항	이체 일본 국채(등록)	4,721백만 엔
	ㄱ. 한국 내 유가증권(현물 및 등록)	2,611 〃
	일본 지점 소유분(등록 국채)	1,404 〃
	소계	8,736 〃
	ㄴ. 일본은행권	1,525 〃
	ㄷ. 징용자 미수금	237 〃
	ㄹ. 징용자 보상금(한국 내에서 동원된 자 제외)	
	생존자(93만) × $200	$186백만
	사망, 부상, 행방불명(10만) × $2,000	$205 〃
	소계	$391 〃
	ㅁ. 연금 기타	882백만 엔
	요조정액	4,565 〃
총계	13,246백만 엔+391백만 불	1,274백만 불

제6항	한국 법인 또는 한국 자연인 소유의 일본 법인의 주 또는 기타 증권을 법적으로 인정할 것을 청구함.	
제7항	전기 제 재산 또는 청구권에서 생긴 제 과실의 반환을 청구함.	정치적 고려로 보류
제8항	전기 반환 및 결제는 협정 성립 후 즉시 개시하여 늦어도 6개월 이내에 종료할 것.	별도 협의함

주: 전기 일화 및 불화의 환산율은 15:1로 계산한 것임.

3) 그 종합 청구액에 필요한 증거의 대사 사무는 회담의 조속한 진행을 위하여 가급적이면 피하도록 한다.

4) 청구권에 관한 실무 회의는 가급적이면 11월 중순까지 종료하도록 하고, 이 목적을 위하여 필요하다면 매주 1회 이상 회의를 개최하도록 한다.

5) 실무 회의에 있어서는 법적 이론에 관한 최종적인 결론 또는 증거 대사에 관한 결정적인 언질을 주는 일이 없도록 하여야 한다.

6) 대표단이 제출한 청구액을 회담 진행 도중 변경할 필요가 있을 시에는 본부의 사전 허가를 받은 후 행하여야 한다.

4. 평화선 및 어업위원회
가. 회의 진행 방법
1) 대표단은 회의 개시와 동시에 당분간 어업 자원론을 계속하고, 앞으로 아 측이 어업 자원 보존 수역으로 새로이 확정할 선을 확보하는 방향으로 이론을 전개한다.

27. 제6차 한일회담 타개에 대비한 계획안 건의 공문

회담 제 6-23호

단기 4294년 11월 16일

제6차 한일회담 수석대표[관인]

외무부 장관 귀하

제목: 한일회담 타개에 대비한 계획안 건의

한일교섭이 정상적인 궤도에 오르고 급속도로 타개될 것이 관측됨에 비추어 본 대표단으로서는 제반 현안 문제에 대한 구체적인 협정안을 사무적 절충과 정치적인 협상이 끝나는 대로 아 측이 주동이 되어 제출해야 할 것으로 사료하와 이에 대한 준비를 다음과 같이 구상하고 있사오니 제반 사정을 배려하시고 이를 승인하여 주시기 바랍니다.

추기: 대표단으로서는 어디까지나 현재 진행되고 있는 회담에 주력하고 하기한 계획은 부차적인 것임을 알리나이다.

연이나 동 계획은 대외적으로 극비로 하는 것이 좋으리라 생각합니다.

기

1. '한국의 대일 재산청구권 해결에 관한 한일 간 협정'(가칭) 연구 소위원회 설치

    1) 목표: 자료 수집 및 협정안 연구(연말까지 제1 초안 구상)

    2) 소위원회 구성

    책임위원   이한기 고문

    위원   고범준 대표

               이상덕 대표

               홍승희 대표

　　　　　정태섭 대표

　　　　　정일영 대표

　　　　　김정태 전문위원

　　　　　김태지 보좌관

　　3) 매주 1회 회합 토의

2. '한일어업협정'(가칭) 초안 연구

　　1) 목표: 연내로 제1 협정안 구상 완료

　　2) 연구 위원 구성

　　책임위원　지철근 대표

　　위원　　　남상규 전문위원

　　　　　　　신광윤　　 〃

　　　　　　　정태섭 대표

　　　　　　　이한기 고문

　　　　　　　정일영 대표

　　　　　　　김정태 전문위원

　　　　　　　박상두　　 〃

3. '재일한인의 법적 지위 및 처우에 관한 한일협정' 초안 심의

　　1) 목표: 12월 10일까지 제1 초안 작성 완료

　　2) 심의 위원 구성

　　책임위원　이천상 대표

　　위원　　　문인구 대표

　　　　　　　오원용 전문위원

　　　　　　　정태섭 대표

　　　　　　　이한기 고문

　　　　　　　정일영 대표

　　　　　　　김정태 전문위원

　　　　　　　이창수 보좌관

28. 제6차 한일회담 타개에 대비한 계획안 건의에 대한 본부 회신 전문

0386   번호: WJ-11294

일시: 201745[1961. 11. 20]

수신인: 한일회담 수석대표

한일회담 타개에 대비한 계획안 건의

회담 제 6-23호

1. 귀하가 건의하신 협정안 연구를 위한 소위원회 구성은 한일교섭이 정상적인 궤도에 오르고 회담이 순조로이 진행되고 있음에 비추어 협정안 연구를 위한 소위원회를 구성하여 연구 검토하겠다 함은 원칙적으로 좋은 일이라고 사료되오나, 만약 동 소위원회 구성 사실이 누설되는 경우에는 불필요한 오해를 초래할 우려가 있으므로 특별히 소위원회를 구성할 필요 없이 각 위원회별로 적의 협정안 작성에 관한 연구를 하시고 그 결과를 수시로 본부에 연락하여 주시기 바람.

2. 박 의장-이케다 정상회담을 계기로 하여 새로운 한일교섭에 관하여 귀 대표단에서 기이 이를 구상하여 실시하고 있을 것으로 생각되오나 이에 관한 구체적인 방안을 건의하여 주시기 바람.

(정아)

장관

29. 제6차 한일회담 수석대표의 버거 주한 미 대사 면담 결과 보고 전문

번호: JW-11337

일시: 20. 11. 45 [1961. 11. 20]

수신인: 외무부 장관

본인은 금일 20일 아침 미국으로부터 서울로 돌아가는 버거 대사를 하네다공항에서 만났는데 버거 씨는 2일간에 걸친 박 의장-케네디 대통령 회담이 지극히 만족스러운 것이었다고 말하였으며 한일회담 문제에 관하여는 현재 분위기가 극히 좋으니 이 기회를 놓치지 말고 회담 타결에 힘써달라고 격려하였으며 비행장에는 주일 미국 대사관 한일 관계 담당관 글라이스틴 2등서기관도 나와있었는데 동씨는 청구권에 관하여 한국 측으로부터 자세한 설명을 듣고 싶다고 하고 라이샤워 대사도 본인을 다시 만나고 싶다 하기에 2, 3일 내로 라이샤워 대사를 방문 위계임.

끝

수석대표

30. 박 의장-이케다 총리 회담 중 관련 내용에 관한 해명 건의 전문

번호: JW-11435

일시: 241840[1961. 11. 24]

수신인: 외무부 장관

한일회담 진행을 위하여 긴요할 것으로 사료되오니 박 의장 각하께서 귀국하신 직후 기자회견을 가질 시에 특히 아래에 대한 해명을 하여주시도록 하여주시기 바랍니다.

1. 청구권 문제: 과반 이케다 수상과의 회담은 극히 우호적인 분위기 속에서 상호 간에 건설적인 의견을 교환함으로써 목하 진행 중인 한일회담의 원만한 해결을 위하여 많은 도움이 된 것은 사실이다. 동 회담에서 재산청구권 문제를 개인 청구권에 국한하기로 합의 본 사실은 전연 없다. 그럼에도 불구하고 이와 같은 합의가 있었던 것같이 세간에 유포하고 있음은 한일회담의 원만한 해결을 위하여 대단히 유감된 일이라고 하지 않을 수 없다.

2. 평화선 문제: 일본에서의 기자회견에서 본인이 신축성 있는 협정을 체결하겠다고 한 것은 일본은 샌프란시스코 평화조약에 의하여 우리나라와 어업협정을 체결할 의무가 있으므로 어업협정을 하게 될 때에는 어업 자원 보존을 위주로 한, 국제 관계에 의거한 협정이 필요하다는 의미에서 한 것이다.

3. 경제 협력 문제: 세간에 경제 협력으로서 장기 저이자 차관을 하리라는 보도가 있으나 이것은 청구권 문제와는 별문제이다. 장기 저이자 차관 문제는 청구권과 경제 협력 문제가 양국 간에 합의된 후에 필요에 따라 논의될 것이다.

수석대표

31. 제6차 한일회담 수석대표의 일본 자민당 중의원 만찬 간담 결과 보고 전문

0389   번호: JW-11210

일시: 011545[1961. 12. 1]

수신인: 외무부 장관 귀하

11월 28일 하오 6시부터 8시 30분까지 약 2시간 30분간 자민당 중의원 4명을 '가와사키'라는 요정에 초청하여 만찬을 같이 하면서 한일 문제에 관하여 간담하였는바 참석자 및 간담 내용의 요지는 다음과 같음을 보고함.

1. 참석자
한국 측: 수석대표, 이동환 주일 공사, 최영택 참사관
일본 측: 후나다 주(자민당 중의원), 마쓰모토 슌이치(자민당 중의원 자민당 외교부장, 전 한일회담 일본 수석대표), 기타자와 나오키치(자민당 중의원 외무위원회 의원, 한일문제간담회 회원, 이케다 수상 직계)

2. 간담 내용
본인: 한일회담의 분위기는 박 의장, 이케다 회담 이후에 매우 좋아졌으니 이것을 계기로 하여 회담 문제를 구체적으로 결속시키도록 하자. 우리 측으로서도 막연은 하나 당신네들도 노력하여 회담을 촉진시켜서 결속시키도록 힘써주기 바란다.
자민당 내에서는 한일 문제 해결에 대한 의견이 통일되어 있는지?
후나다: 한일회담을 조속히 타결시키자는 데 대하여는 다들 동의하고 있다. 그러나 구체적인 방안에 관하여 토의되기를 바라고 있다.
기타자와: 한국의 신문들은 박 의장, 이케다 회담에 대하여 회의적인 견해를 보도

하고 있는데, 이러한 한국 국민들의 감정은 한일회담 타결에 방해될 우려가 있지 않은가?

본인: 그 점은 나 개인으로서도 걱정하고 있다. 그러나 그 원인은 일본 신문들이 박 의장, 이케다 회담의 내용을 개인 베이스만의 청구권이니, 경제 원조, 저이자 장기 차관이니, 평화선의 완전 철폐니 하고 사실을 왜곡 보도하여 한국 신문이 이러한 기사를 전제하게 되어서 한국 국민이 회의심을 갖게 된 것이다. 도쿄에도 한국 신문 특파원들이 많이 있는데 여사한 일본 신문들의 보도 사실에 대한 해명을 요구하여 왔었으나 회담의 분위기를 위하여 침묵을 지켜왔었던 것이다.

기타자와: 그러한 후에 보도가 있었다는 것은 유감스러운 일입니다.

본인: 한일회담의 청구권 문제와 경제 무상 원조들은 일본 예산 편성에 계상하여야 되며 또한 국회를 통과하여야 되는 것인바, 만일 통과시킨다면 시기적으로 언제가 가장 좋겠다고 생각하는가?

기타자와: 청구권이나 무상 원조 등은 국회를 통과하여야 한다. 본예산 또는 보정예산의 편성 시 첨가하여 국회를 통과시키면 되는데 명년도 본예산에 포함시키는 것은 곤란하고 보정예산 또는 예비비의 방법으로 하더라도 되기는 될 수 있는 것이지만 힘들 것이다.

본인: 내년의 국회의 일정은 어떤가?

기타자와: 12월 초에 통상국회가 소집되어 예산의 통과, 참의원의 선거, 자민당 총재의 재선 문제 등이 있으므로 내년 7, 8, 9월까지 한일회담 문제가 끌어나갈 염려가 있다. 그러나 정부에서 한일회담 문제를 국회에 제출하는 방식 여하에 따라서 다르기는 하다. 한일회담 문제를 꼭 해결시키려고 하면 두 가지 난문제를 동시에 국회에 제출하여 야당의 공격을 다른 문제에다 집중시킴으로써 한일 문제를 용이하게 통과시키도록 한다는 기술적인 점도 있는 것이다.

이 공사: 일본에서 한일 문제를 금차 통상국회에 상정될 가망성에 대한 전망은 여하?

후나다, 기타자와:. 금번 국회에는 가리오아, 에로아 문제, 태국 특별 원[원조] 문제, 버마[미얀마] 배상 문제 등 복잡한 문제들이 많이 들어있어서 한일 문제까지 집어넣기는 힘들 것이다. 결국 임시 국회에서 토의되어야 할 것이 아닌가 본다.

이 공사: 임시 국회가 열리는 것은 언제쯤 될 것인가?

먼저 마에오 간사장이 언명한 것을 보면 내년 참의원 선거가 끝난다면 총재 선거가 있을 것이고 다음은 내각 및 당 간부의 개편이 있을 것이라고 하였으므로 8, 9쯤에는 국회가 열리게 될 것이 아니겠는가.

후나다, 기타자와: 그렇다.

본인: 회담의 종결 시기에 관하여는 어떻게 생각하는가? 회담에 대한 양국 간의 분위기가 현재 고조에 달하고 있는 것으로 생각되는데 명년 7, 8월까지 끌어나가게 된다면 분위기가 식어서 다시 굳어버릴 염려가 있다. 그러니 명년 7, 8월까지 끌어나가는 것이 좋지 않을 것으로 생각한다.

기타자와: 우리도 여사한 염려를 하고 있다. 그러나 일본국에서는 성심성의껏 잘할 줄 생각한다. 이케다 수상만 결심을 하게 되면 내년 2, 3월경에라도 어려운 청구권과 기타 문제를 해결할 수 있다. 우리도 그러한 노선으로 이케다 수상이 노력하기를 힘쓰겠다.

마쓰모토: 일본 측에서는 어업 문제가 매우 중요한데 청구권도 중요하나 어업 문제를 일본 국민이 만족할 수 있도록 해결하여야 한다. 일본의 '세토나이카이'에는 고기가 없어서 일본 어민들은 고기를 찾기 위하여 헤매고 있는 형편이다.

본인: 어업 문제는 일본 어민들뿐만 아니라 한국 어민들도 중요시하고 있다. 일본 어민들은 최신 장비를 가진 어선과 레이더를 가지고 있으므로 한국 어민들은 도저히 경쟁할 수 없는 위치에 있으며 신형 어선을 구득고자 하나 일본 정부에서는 이를 거부하고 있는 것이 사실이다. 만일 한국 연안에 일본 어민들이 와서 무제한한 어업을 하게 되면 한국 연안도 세토나이카이와 같이 어족이 고갈되어 버릴 우려가 있다.

따라서 한일 양국의 어민들의 복리를 위해서는 어업 자원론에 입각한 어업협정을 맺는 것이 좋으리라 생각한다.

후나다: 이 점에 관하여는 과거 일소어업교섭 시에 소련 측에서 어족 자원 문제를 주장하였었는데 고노 농림대신도 이를 양해하고 그와 같은 의도로 해나가는 것을 동의하는 것같이 말하였다.

마쓰모토: 회담을 촉진시켜야 될 것인데, 일본 측으로서는 국회에 설명할 자료가 필요한 것이니 실무적 회담을 조속히 끝내도록 하는 것이 좋으리라 생각한다.

본인: 이 점에 관하여 우리 측으로서는 만반의 준비와 태세를 갖추고 있으며 청구권

에 있어서 청구하는 각 항목마다 법적 이론을 확립하여 청구하고 있다. 그러나 2, 3일 전부터 일본 측에서는 예산 편성 관계로 매우 다망하여 우리가 요구하는 바와 같이 회담을 촉진시키기가 어렵다고 말하였다. 나의 견해로서는 물론 실무적 타협을 필요로는 하나 청구권 문제를 결말짓는 데에는 정치적인 협상이 필요할 줄 믿는다. 그 점에 관하여 스기 수석대표와 본인 간에서도 할 수 있고, 외무장관급에서도 할 수 있는 것이며 필요하다면 박 의장, 이케다 간에서도 할 수 있는 것이 아니냐? 라이샤워 미국 대사가 말하기를 가리오아, 에로아에 대한 미국의 요구는 19억 불이었는데 4.9억 불로 결정되었다. 그 기준은 법적 근거에 의한 것도 아니고 미국으로서는 그 이상 받고자 하였으나 결국 4.9억 불로 결정되었었다. 한일 문제도 반드시 이 법적 이유로써 조정이 되는 것은 아닐 줄 생각한다. 법적인 견해는 양측이 서로 다를 수도 있지 않느냐고 말하였다.

최 참사관: 박 의장께서 도쿄를 통과하실 적에 한일회담에 관한 일본 신문들의 기사에 관하여 다소 섭섭한 생각을 가지고 있었으니 금후부터는 그러한 일방적이고 부정확한 누설로써 한일회담에 악영향을 끼치는 일이 없도록 하였으면 좋겠다고 말하였다.

3. 참고 상황

가. 일본 통상국회 소집일: 12월 9일

나. 일본의 신년도 예산의 국회 통과 기한: 내년 3월 31일

다. 참의원 선거: 내년 5월 말 또는 6월 초순경

라. 이번 국회 회기의 종료일: 명년 5월 초순

마. 자민당 총재의 개선: 내년 7월 중

수석대표

32. 제6차 한일회담 한국 수석대표의 고사카 외상 방문 결과 보고 전문

번호: JW-1251

일시: 051045[1961. 12. 5]

수신인: 외무부 장관 귀하

작 4일 이 공사는 이케다 수상에 대한 박 의장 각하의 친서를 전달하기 위하여 고사카 외상을 방문하였을 시에 회담 문제를 언급하고,

(1) 어업위원회에서는 일본 측이 전에 토의된 부분을 다시 토의하자고 하여 회의 진행이 지연되고 있으며,

(2) 청구권위원회에서는 청구 항목 제4항에 관한 토의에 대하여 일본 측이 회피적인 태도를 취하고 있어 역시 회의 진행이 지연되고 있다고 말하고 일본 측 태도를 타진하였는데 고사카 외상과 동 석상에 동석하였던 이세키 국장은

① 어업 문제에 있어서는 지금부터 자원론 본론에 들어가게 되면 너무 오랜 시일이 소요되므로 어업협정안 토의에 직접 들어가기 위하여 자원론 본론에 들어가지 않고 있다고 말하여 일본 측의 어업 문제에 대한 기본 태도를 엿보였으며,

② 청구권 문제에 있어서는 너무 오랜 시일이 경과된 일이므로 일본 측 조사가 진척하지 않아서 그런 것이라고 말하여 모호한 대답을 하였기에 보고함.

수석대표

33. 제6차 한일회담 한국 수석대표의 이시이 의원 만찬 간담 결과 보고 전문

0395   번호: JW1254

일시: 051340[1961. 12. 5]

수신인: 외무부 장관 귀하

12월 4일 하오 6시부터 8시 30분까지 2시간 30분간 한일문제간담회 이시이 씨를 가즈오라는 요정에 초청하여 만찬을 같이 하면서 한일 문제에 관하여 간담하였는데 동 간담 내용 요지는 다음과 같음.

한국 측: 박 의장의 방일 후 한일회담에 대한 한일 간의 분위기가 상당히 호전되었는데 이러한 분위기가 냉각되기 전에 가급적 연내에 구체적인 안을 협의케 하였으면 하는데 귀견 여하? 일본 측: 우리도 동감이다. 이케다 수상은 동남아에서 귀국한 후 현재 참의원 선거 찬조 연설차 출타하여 명일(5일) 돌아올 것이므로 그때 상의할 작정이다. 가급적 연내에 구체적으로 검토한 후 내년 2, 3월경 종결토록 노력하겠다. 기시 전 수상과도 상의했지만 일본으로서는 청구권 또는 경제 원조로서 금액을 지불할 시 그 지불된 금액이 실로 한국 국민의 복리를 위해 사용되고 또한 한국 국민의 생활수준을 향상하기 위한 것이 되므로 한일 간 국민의 친선에 기념이 될 수 있도록 한국 정부에서 사용하였으면 좋겠다. 과거 일본이 지불한 버마[미얀마] 및 필리핀의 배상액과 물자 사용에 있어서 이러한 국가에서는 국민 복리를 위하여 사용하지 않은 실례가 있다. 이러한 점을 고려하여서 구체적인 안을 제시하여 주면 어떨까 한다. 일본이 그러한 안에 적합성과 필요성을 인식할 시는 일본이 현재 고려하고 있는 금액보다도 더 많이 지불할 가능성도 있는 것이다. 한국이 물론 일본에 대하여 그러한 안을 제시할 것인가 여부에 관한 권리를 가지고 있는 것은 나 자신도 인정한다.

한국 측: 현재 혁명 정부는 진정한 민주주의의 토대를 확립기 위해 국민의 경제적 수준 향상에 전력을 기울이고 있는데 모든 재원으로부터 나오는 돈은 국가 재건을 위하여 사용되고 있다. 고로 일본으로부터 받을 청구권이나 경제 원조의 돈도 한 푼도 허비함이 없이 사용될 것이다. 물론 일본 측으로서는 위와 같은 관심을 가질 수도 있으며 한국 측으로서도 그러한 안을 필요하다면 제시할 수도 있는 것이지만 그것은 후에 연구해 봐야 할 것으로 생각한다. 청구권과 무상 원조에 관하여 금년 내로 어떠한 숫자에 협의가 성립되면 시간적으로 내년 2월경에 이를 조약화할 수 있을 것으로 생각하는가? 또한 내년 예산에 이를 삽입해야 할 것이 아닌가?

일본 측: 이에 관하여는 정부와 자민당 간에 한일 문제에 관한 어떠한 구체적인 숫자가 협의되면 국회의 통과 문제를 사후에 처리할 수도 있는 것이다. 예를 들면 미일 간 GARIO-EROA 문제도 여사한 방식으로 해결이 성립되었다. 귀국의 박 의장의 방일로써 일본 국민은 박 의장이 애국 애족적인 고상한 인격을 가진 분임을 인식게 되었다. 박 의장은 일본의 메이지유신 시 선견지명을 가졌던 일본 정치인과 비겨서 평가할 수 있으며 한국 국민의 참다운 지도자라고 생각한다. 그러나 군사 정권은 2년 후에는 민간에 이양한다고 하니 불과 1년 반이면 또 과거와 같은 불순한 정치인들이 집권할 우려가 있고, 또한 국민들도 불원간 바뀔 군사 정권에 충분히 협력지 않을 가능성도 있지 않겠는가? 군사 정권 후의 신정권에도 여하를 우려하여 일본으로서는 박 의장의 정권이 계속되기를 바라는데 어떠한가?

한국 측: 박 의장뿐만 아니라 최고회의와 국민들도 이 점에 관하여는 많은 관심을 가지고 있다. 그러나 귀하에게 확인시키고 싶은 것은 혁명 정부를 이양하게 될 시 정부는 결코 과거와 같은 불순한 정치인이 아닐 것이다. 박 의장을 위시한 최고회의에서 신임할 수 있을, 국민의 복리를 위주로 하는 신정부일 것임을 알아주기 바란다. 혁명에 참가했던 사람의 제1 목적은 국민의 복리를 위한 정부 수립에 있었던 것이므로 어찌 혁명 정신에 위반한 정치인에게 국민의 운명이 맡겨질 것인가? 그런데 귀하는 한일 문제를 위하여 금년 중으로 한국에 갈 생각은 없는가? 한일회담에서 제일 문제점으로 되어있는 청구권에 관하여 일본 정부가 구체적인 숫자를 제시함으로써 회담을 조속히 종결시킬 수 있을 것인데 여하히 생각하는가?

일본 측: 나도 한번 한국을 방문하고 싶으며 기시 씨도 동감일 것이다(어떠한 성과가

기대될 경우에는 방한하겠다는 태도였음). 일본경제신문에 배 수석대표와 스기 수석대표가 불원간 만난다고 하였는데 사무적 타협은 잘 되어가는가?

한국 측: 한국 측으로서는 조속히 사무적인 의견 교환을 끝마치고 상호 타협점을 모색하기 위하여 노력하고 있으나 일본 측에서 청구권 문제에 관하여 비협력적이며 한국 측의 주장을 들으려고도 아니하는 태도를 취하고 있는 것 같다.

일본 측: 내가 추측건대 대장성 관리들이 그러한 태도인 것 같은데 사실을 이케다 수상에게 보고하겠다.

수석대표

34. 제6차 한일회담 진행 방침에 관한 지시 공문

외정(아) 제461호
4294. 12. 6

수신: 한일회담 수석대표
　　　(사본: 주일 공사)

제목: 한일회담 진행 방침에 관한 지시

대 JW-11458호 전문

1. 대호 전문으로 건의하신 사항에 대하여 아래와 같이 지시합니다.

가. 회담의 조속한 타결을 위하여 실무자 회의 진행을 더욱 추진함에는 이의가 없으나, 너무 조속한 실무자 토의로 말미암아 우리 측에 불리한 결과를 초래함이 없도록 유의하시기 바라며, 이에 관련하여 재산청구권위원회에서 우리 대표단이 채택하고 있는 제2항 토의를 위한 Ad Hoc Committee와 같은 것은 앞으로는 가능한 한 새로 설치하지 않도록 하되, 회담의 원만한 촉진을 위하여 비공식 회담은 수시로 갖도록 하심이 가하며, 재산청구권의 각 항목에 관한 토의에 있어 합의에 도달치 못한 것이 있으면 추후 조종을 위하여 다음 항으로 토의를 옮기시기 바람.

나. 한일 양국 간의 국교 정상화 시기에 관하여는 귀 대표단의 건의대로 재산청구권 및 제반 문제에 관한 제 협정이 발효한 후로 한다는 방침을 세우기로 하되 외부에 대하여는 이를 적극적으로 발표할 필요까지는 없음.

다. 어업 문제에 있어서 종전과 같이 어족 자원론을 강력히 전개함으로써 훈령 제1호에서 결정된 내용을 충분히 관철시킬 수 있다면 몰라도 그렇지 않는 한 어족 자원론이 어업협정 체결의 중요한 기초이기는 하나 동 문제 해결에 있어 정치적인 고려를 전혀 배제할 수는 없는 것이며 다만 현 단계에 있어서는 계속하여 자원론의 토의를 강력히 추진하시압.

라. '어업협정 체결 전에는 평화선이 존속한다는 것을 명백히 하고 그 수호에 만전을 기한다'는 점에 대하여는, 이러한 방침이 너무도 당연한 것임에 비추어 현 시기에 이 점을 너무 강조함으로써 마치 어업협정 체결을 위하여 평화선의 철폐가 전제조건이 되어있는 것과 같은 인상을 내외에 주지 않도록 하시기 바람.

마. 경제 협조 문제에 관하여는 청구권에 관한 협정이 가조인된 후라면 이에 관한 교섭에 공개적으로 응할 수 있는 것이나, 가조인 전이라도 청구권 및 무상 원조의 두 문제를 상호 관련시켜 해결하려는 것이 정부 방침이오니, 내부적으로는 일본 측의 의향을 타진함도 가하나 외교 교섭상의 필요에 의하여 이를 외부에 공공연하게 발표하지 않으시기를 바라며, 우선은 청구권이 해결된 후에 경제 협력 문제가 논의될 수 있다는 점을 대외적으로 명백히 하여 두시기 바람.

2. 일본인들은 박 의장-이케다 수상 간의 회담에서 재산청구권 문제에 관하여 확실한 법적 근거를 가진 개인 청구권에 국한하기로 합의된 바 있는 듯이 왜곡 선전하고 있으며 일본 측 대표들도 이러한 태도로 회담에 임하고 있는 실정이므로 우리 대표단으로서는 개인적인 청구권 항목뿐만 아니라 공적인 청구권 항목에 있어서도 우리의 정당한 주장을 강력히 관철하여 전술한 바와 같은 일본 측의 고의적인 선전이 전혀 사실무근임을 회담을 통하여 내외에 입증하도록 노력하여 주시기 바람.

3. 한일회담 문제에 관한 PR에 있어서는 그 내용이 본부 정책과 상치되는 점이 없게 하기 위하여 특히 중요 정책 면에 관련된 부분은 반드시 본부에 사전 연락하여 주시기 바라며, PR을 한 후에는 그 내용, 결과 등을 본부에 보고하시기 바람.

끝

외무부 장관 최덕신

35. 이세키 국장과의 한일회담 문제 등 협의 결과 보고 전문

0401   번호: JW-12184

일시: 061710[1961. 12. 6]

수신인: 외무부 장관 귀하

이 공사는 지난 2일간에 걸쳐 이세키 아세아 국장과 만난 기회에 4일 친서 전달 시 5일 문화재 회의 종료 후 5일 저녁 태국 왕 탄신일 파티 및 본인과의 석식회에서(회담 문제, 쌀 수출 문제) 이씨이[이세키의 오기] 국장의 동남아 여행 등에 관하여 의견을 타진하였는바 그 요지를 아래와 같이 보고함.

1. 회담 문제
(1) 한국청구권은 개인 청구에만 한한다 운운에 관하여 [문의한바] 이세키는 자민당 한일문제간담회 석상에서 한일 청구권은 이론적인 근거가 확실한 것에만 한하기로 되었는데 이것을 궁극적인 견지에서 보면 개인 청구권이 주가 될 것인바 그렇다고 반드시 이에만 한정되는 것이 아니라고 보고한 것이 동 회의에 참석하였던 기타자와 나오키치 의원에 의하여 그렇게 누설된 것으로 자기는 듣고 있다고 말하였음.

(2) "현재 진행되고 있는 사무적 절충을 연내에 타결시킬 가능성이 있는가? 청구권 문제에 관하여 일본 측이 구체적 안을 내놓을 단계가 왔다고 생각 않는가? 그리고 기시 및 이시이의 방한 이야기가 있었는데 어떻게 되었는가?"라고 문의한바 이세키는 사무적 절충은 연내에 끝마치고 싶으며 내년 초부터는 청구권 문제뿐만 아니라 기타 문제(평화선 문제 등)에 관하여도 구체적인 근본 방안을 세워놓고 이에 따라서 사무 정리를 하는 단계에 들어갔으면 좋겠다고 말하였으며 기시 및 이시이 씨의 방한에 관하여는 이케다 수상에게 REMIND시키겠다고 하였음.

0402   (3) "회담 결과를 금차 통상국회에 제출할 수 없는지, 만일 내년도 예산안 편성의

시기를 맞출 수가 없어서 불가능하다면 본예산 외에 보조예산을 제출하면 되지 않겠는가?"라고 타진하였던바 금차 통상국회에 예산안 제출은 불가능하며 또 보조예산의 제출도 현재의 정세로는 불가능하다고 하였음.

(4) 이세키는 대장성 이재국장 미야카와(청구권위원회 주사)는 일본의 배상협정 교섭을 위하여 버마[미얀마]에 같이 갔었는데 그 기회는 현지 실정을 이해하게 되며 앞으로의 버마 배상협정 교섭은 많은 도움이 될 것이라고 말하고 한일회담 일본 측 대표 중요 대표를 내년 1월 중순경 방한케 하면 현지 사정을 이해하게 될 것이 좋은 영향이 있는 것이라는 견해를 말하였음.

2. 쌀 수출 문제

이세키 국장은 지금 고노 농림대신이 여러 가지 면에서 난처한 입장에 있는데 한국 측에서 고노에게 공로가 돌아갈 수 있는 일을 하여주면(아이코 마루 선원의 석방 또는 어선 나포 완화에 관한 이야기로 간주됨) 쌀 수출 교섭은 좀 더 원활하게 될 것이라고 하였음.

3. 동남아 여행하였음.

버마와의 배상교섭은 중단된 것같이 보도되고 있으나 실은 일본 현지 대사와 버마 정부 간에 교섭이 진행 중에 있으며 명년 봄에 타결될 것으로 기대된다고 말하였으며 태국과의 특별 원조 문제는 금년 중에 타결될 것이라고 말하였음.

수석대표

36. 이세키 국장과의 협의 결과에 대한 본부 지시 전문

번호: WJ-1268

일시: 071900[1961. 12 .7]

수신인: 한일회담 수석대표

대: JW-1294호

대호 전문으로 보고하신 이 공사-이세키 국장 간의 의견 교환 내용은 많이 참고가 되었는바 이에 관하여 아래와 같이 지시하오니 시행 후 결과를 회보하여 주시기 바랍니다.

1. 이세키 국장이 사무적 절충을 연내에 끝마치고 싶다고 말한 점에 대하여 우리 측으로서도 이에 관하여 이의가 없사오니 앞으로 계속하여 회의를 촉진토록 하여주시기 바람.

2. 내년 초부터는 청구권 문제뿐만 아니라 기타 문제에 관하여도 구체적인 근본 방안을 세워놓고 이에 따라서 사무 정리를 하는 단계에 들어갔으면 좋겠다고 이세키가 말하였다는 데 관하여는 그가 말하는 구체적인 근본 방안의 내용이 어떠한 것인지, 또한 어떠한 방법으로 그러한 방안을 세워놓자는 것인지 좀 더 상세히 보고하시기 바람.

3. 대호 전문 내용에 의하면, 기시 및 이시이 양 씨의 방한 문제에 있어 마치 우리 측이 그 필요성을 느끼고 이를 추진하고 있는 듯한 인상을 받게 되는데, 상기 양인의 방한 문제에 대하여는 박 의장-이케다 수상 회담 시에 이케다 수상이 장차 정치적 교섭을 위하여 한국 정부에서 초청해 주기를 요청하였으며, 박 의장께서 이에 대하여 앞

으로 필요할 경우에 그렇게 하여도 좋다고 긍정적인 대답을 하신 것뿐임을 유의하시고 전기 인사의 방한 문제는 회담의 진도 등을 감안하여 시기가 성숙되었다고 인정될 때에 고려할 수 있는 문제임을 양지하시기 바람.

장관

37. 이세키 국장과의 협의 결과 보고 전문

0404 번호: JW-12124

일시: 081435[1961. 12. 8]

수신인: 외무부 장관 귀하

이 공사는 박 의장 각하에 대한 이케다 수상의 친서를 받기 위하여 금일 8일 오전 9시부터 9시 40분까지 이세키 국장을 방문하였는바 이세키 국장이 동 석상에서 회담 문제에 관하여 언급한 내용을 아래와 같이 보고함.

1. 작 7일에 외무부 발표에 관하여 이세키 국장은 그것이 회담 진행에 영향을 줌이 없이 조기 타결에 도움이 되기를 바란다고 말하였음(본인은 이에 대하여, 양국 수뇌자 간에 이야기된 것을 함부로 누설하고 더욱이 거기에다 일방적인 해석을 붙여서 말함으로써 유리한 입장을 확보하려는 태도는 심히 유감된 일이라고 강조하였음).

2. 지난 4일에 있었던 중의원 외무위원회에서 행한 청구권에 관한 설명에 관하여 이세키는

(1) 박 의장-이케다 회담에서 청구권은 이론적인 근거가 있는 것에 한한다는 점에 일치되었으며, 일본 측으로서는 그러한 것으로 주로 개인 청구권이 될 것이라고 생각한다고 말하였는데 한국 측에 와전된 것 같으며 이 점에 관하여 한국 측도 한국 측의 견해를 가질 수 있는 것이 아니냐고 말하였으며,

(2) 한국 측 청구권에는 북한에 관한 부분이 포함되지 않는다고 말하는 것은 평화 조약 제4조 B항에 논거를 둔 것이며 또 사회당 측의 추궁에 대하여는 그러한 식으로 넘어가지 않을 수 없다고 말하였음(본인은 이에 대하여 수뇌자 간의 이야기가 함부로 누

0405 설되었다는 점과 일방적인 해석을 취하는 태도는 유감이라는 것을 다시 지적하고 한국은 유

엔 결의로 한국에서의 유일한 합법 정부인데 북한이 포함되지 않는다 운운은 이해할 수 없다고 하였음).

(3) 무상 원조를 일본이 제공하는 문제에 관하여 이케다 수상은 한국이 이를 받아들이지 않는다고 이해하고 있다고 생각하는데 한국 정부 당국의 태도에는 그렇지 않은 점도 있으니 이 점에 관하여 쌍방 간에 확실한 조절을 할 필요가 있다고 말함(이에 대하여는 박 의장께서 무상 원조 대신에 장기 저리 차관을 희망하신 일이 없다는 점을 지적하여 두었음).

(4) 이세키는 쌀 수출을 언급하고 외무성에서도 사무 추진을 하고 싶은데 농림성이 순순히 말을 들을 것 같지 않으니 농림성의 입장을 좋게 하는 모종 조치를 한국 측이 취하여 주면 좋겠다고 말하고 어선 나포의 강화(평화선을 침범하는 일이 있더라도 쫓아버리는 정도로 할 것)와 어업협정을 조속히 체결할 것 등을 시사하였음(이에 대하여는 자원론을 토의함이 없이는 어업협정을 체결하는 근거가 없을 것이라고 말하였음. 어선 나포에 관하여는 하등의 언질도 주지 않았음).

수석대표

38. 제6차 한일회담 양국 수석대표 간 회동 결과 보고 전문

번호: JW-12125

일시: 081510[1961. 12. 8]

수신인: 외무부 장관 귀하

12월 7일 11시 30분에 일본 측 수석대표 스기 씨를 요정 가즈오로 오찬에 초청하고 한일 문제에 관하여 약 2시간 간담하였는바 그 내용을 보고함.

1. 한국 민간 사절단이 일본에 와있는데 귀하를 한번 만나고자 하고 있으며 귀하의 협력도 가능하면 얻고자 하는데 한번 만나 보는 것이 어떠하냐고 말하였더니 스기 씨는 이를 승낙하여 8일 하오 2시에 만나기로 하였음.

2. 한일 간 현안 문제에 대한 한국 측의 주장과 견해를 개인적으로 스기 씨에게 설명하면서 회의 진행을 촉진할 수 있도록 노력하여 줄 것을 당부하였으며, 어업 문제는 어족 자원을 보호하는 견지에서 협정을 체결함으로써 문제를 해결하도록 노력하여야 할 것이며 청구권 문제에 관하여는 특히 지급 문제를 제시하면서 전 한국 국민이 특별한 관점을 집중시키고 있는 문제이므로 일본 측이 중요시하여 해결되어야 한다는 점을 강조했으며 재일한인 법적 지위 문제에 관하여는 재일한인이 과거에도 일하게 된 역사적인 경위에 비추어서 일본 측은 특별한 고려를 하여야 하며 특히 영주권의 부여 범위는 재일한인의 배우자 및 자손 문제를 충분히 고려하여야 한다고 하였던바, 스기 씨도 이를 이해하였음.

3. 한일회담에 관하여 자민당에서는 의견이 통일된 것으로 보는가 [문의한바] 스기 씨는 "자민당 내에서는 거의 한일 관계 정상화에 관하여 찬성하고 있는 것으로 알고 있

으며 따라서 현재 민사당의 사람들과 접촉하고 있는 중이고 자민당과 민사당은 협상이 될 것으로 본다"라고 말하였음.

4. 내년 참의원 선거 후의 자민당 총재의 선거 문제에 관하여 이케다 수상의 재선 여부를 문의한바 스기 씨는 이케다 수상이 재선될 것이라고 하고 경쟁자는 사토 에사쿠와 고노 이치로의 양인이나 역시 이케다가 승리할 것이라고 하였음.

5. 내년 6월 초순에 있을 일본 참의원의 선거 및 내년도 예산이 한일회담과 각각 어떠한 관계를 갖게 될 것인가 하고 문의한바 스기 씨는 한일회담과 내년도 예산은 하등의 관계가 없을 것이며 국회에서는 사후 인준을 하는 형식이 될 것이고 내년의 참의원 선거의 결과 이케다파의 세력이 약화되면 회담에 영향이 있을 줄도 모르나 염려할 바 못 된다고 하였음.

6. 한일회담을 방해할 만한 요소가 자민당 내에 있는지 문의한바 스기 씨는 만일 안보조약의 체결 후 기시 씨가 수상직을 물러나게 된 것과 같이 한일 문제로 이케다 수상이 역시 그러한 견지에 놓이게 될지도 모른다는 우려가 회담 시초는 있었으나 이제는 그러한 우려는 없어졌고 이케다 자신도 그러한 점만은 안심하고 있다고 말하였음.

7. 한일회담의 결말 시기에 관하여 연내로 청구권과 무상 원조를 합한 총액수 등 기타 중요한 대체적인 협의를 보고 내년 2, 3월경에는 한일 간 국교가 정상화되기를 희망한다고 하였던바 스기 씨는 실재에 있어서 한일 문제를 지금부터 내년도 예산에까지 관련시키게 되면 회담 도중에 야당의 심한 공격을 받게 되며 시끄러워질 우려가 있을 것으로 생각하며 자기는 민사당이 동조하도록 노력하고 있다고 말하였음.

8. 스기 씨는 기시 전 수상의 방한 문제에 관하여 언급하므로 본인은 한일 양국의 지도자들이 서로 방문만 하고 하등의 좋은 결과가 없을 것 같으면 오히려 국민들의 기대만 어그러지게 할 우려도 있으며 기시 또는 기타 지도자가 방한을 하였을 경우에는 구체적인 점에 협의가 이루어지기를 바란다고 강조하였던바 스기 씨도 동감인 것이라

고 말하였음.

9. 금일 회담 내용에 관하여 내외적으로는 사무적 타협을 한 것으로 발표키로 협의하였음.

수석대표

39. 제6차 한일회담 진행과 관련한 보고 전문

0409   번호: JW-12140

일시: 091300[1961. 12. 9]

수신인: 외무부 장관 귀하

대: WJ-1268호

대호 전문 2항 지시에 관하여 아래와 같이 보고함.

1. 청구권에 관하여 일본 측은 금년 중에 6항목까지의 토의를 끝마치고 내년에는 기타의 세세한 부분에 관하여 토의하기를 희망하고 있으며 6항목까지의 토의가 끝난 후에는 어떤 정치적인 움직임을 취함으로써 근본 방안을 세울 의도라고 간주됨.

2. 어업 문제에 관하여는 어업위원회 6차 회의 전문 보고 추기란(JW-12127호)에 보고한 바와 같이 일본 측은 자원론을 계속하려는 태도를 나타냈으므로 자원론을 어업 협정안과 같이 병행 토의하려는 의도를 반드시 가지고 있다고 간주되지 않는바 전체 회의의 진전 상황을 감안하여 자원론 토의를 조속히 끝마치고 협정안 토의로 들어가든가 그렇지 않으면 자원론 토의를 도중에서 중단 내지는 후일로 연기하고 어업협정안 토의로 들어가려는 방안을 가지고 있지 않은가 생각됨.

수석대표

40. 최영택 참사관의 기시 전 수상 방문 결과 보고 전문

0410 번호: JW-12178

일시: 121830[1961. 12. 12]

수신인: 외무부 장관 귀하

금일 12일 오전 최영택 참사관은 박 의장 각하의 서한 전달을 위하여 '기시 노부스케'를 방문하였는바 동 석상에서 회담 문제에 관하여 언급된 내용은 아래와 같사옵기에 보고함.

1. '기시' 씨는 "현재 진행되고 있는 사무적인 절충을 타결하여야 할 단계가 왔다고 생각되는데 회의 진전 상황이 여하한가?"라고 최 참사관에게 질문하였음.

2. 최 참사관은 일 측에 사정이 있어서 그런지는 몰라도 사무 토의에 대한 일본 측 태도는 적극적인 것 같지 않아서 토의를 연내에 대체로 끝마칠 수 있을지도 의문시된다고 말하였음.

3. 이에 대하여 '기시' 씨는 일본 측 태도를 자기가 가능한 한 내부에서 조정해 보겠다고 말하였음.

수석대표

45. 이세키 국장과의 면담 결과 보고 전문

0415   번호: JW-12250

일시: 161825[1961. 12. 16]

수신인: 외무부 장관 귀하

이 공사는 금일 16일 14:30분부터 약 30분간 '가유회관'에서 '이세키' 국장과 면담하고 '이케다' 수상의 친서에 대한 박 의장 각하의 사의를 전달하였는바, 동 석상에서 이 공사가 회담 문제를 언급하여, "수일 전 신문 보도에 의하면 '고사카' 외상이 한국을 방문하게 될 것이라고 하였는데 사실인가?"라고 물은즉, '이세키'는 근거가 없는 기사라고 이를 부인하는 동시에

(1) 자기가 알기로는 지난 13일에 '고사카' 외상은 '기시 노부스케'를 만나고 '기시'의 방한 문제에 관하여 논의한 사실이 있으며,

(2) 이번 22일까지 사무 절충에 일단락을 짓게 되니 일 측으로서는 '기시'를 방한시킬 태세가 되었으며

(3) 방한의 시기는 결국 1월 중순이 될 것이라고 생각한다고 말하였삽기에 보고함.

추기: 이 전문은 차관 또는 정무국장에게 직접 전달하시기 바람.

수석대표

46. 제6차 한일회담 진행과 관련한 보고 전문

0416　　번호: JW-12258

일시: 181450 [1961. 12. 18]

수신인: 외무부 장관 귀하

　회담의 연말연시 휴회에 관하여는 이미 보고드린 바와 같이 오는 22일 전체회의를 폐회한 후 휴회에 들어가서 내년 1월 16일 재개하기로 비공식으로 양해가 되었고 이를 양측 수석대표 간에서 확인할 예정이었으나 일본 수석대표가 개인 사정으로 오사카에 가서 돌아오지 않았으므로 양측 수석대표의 승낙하에 이동환 공사와 이세키 국장 간에서 전기 양해 사항을 공식적으로 확인함. 따라서 본 대표단원 전원은 오는 23일(토요일) CAT 편으로 귀국할 예정임을 보고함.

수석대표

47. 기시 전 수상 방한과 관련한 지시 공문

0417 다음과 같은 공문을 발송, 시행함이 어떠하오리까

   장관(부재) 차관[서명] 정무국장[서명] 아주과장[서명] 기안자

   단기 4294년 12월 18일 기안
   단기 4294년 12월 18일 발송, 시행
   외정(아) 제 483호

                         외무부 장관

한일회담 수석대표 귀하

건명:

 귀하는 이케다 수상을 방문하여 다음과 같이 시행하시고 그 결과를 즉시 보고하여 주시기 바랍니다.

 1. 그간 회담을 통하여 성취한 결과에 의하여 한일 간의 중요한 현안 문제를 타결하기 위하여 '기시 노부스케'를 명년 초에 일 측이 편리한 시기에 한국에 파견시킬 수 없겠는지 '이케다' 수상에게 직접 그 의향을 타진할 것.

 2. '기시'의 방한 목적은 현안 문제의 해결에 대한 실질적인 효과를 가지고 올 수 있는 것이 되어야 할 것이므로 구체적인 합의에 도달할 수 있는 안을 가지고 와야 할 것임.

추기: 본건은 극비에 부치시기 바라며 미국 측에서도 눈치를 채지 못하도록 하시기 바람.

끝

48. 기시 전 일본 수상 방한 문제 검토 의견서

'기시' 전 일본 수상의 방한 문제
(소위 한일 간 정치 협상에 관하여)

1. 우리 측의 기본 태도

가. 제6차 한일회담이 개시된 이래 2개월간의 토의에서 특히 한국청구권 문제 등은 쌍방 간의 실무적인 토의가 한고비 지난 단계에 있으므로 그러한 실무적 토의의 결과를 기초로 하여 이제는 양측 고위층 간의 정치적 협상이 행하여짐으로써 그러한 정치적 협상에서 정하여질 해결 방식에 관한 적어도 원칙적인 합의에 따라 양측의 교섭이 진행되어야 한다.

나. 따라서 위의 정치적 협상은 어디까지나 구체적이어야 하고 근본적으로 회담 진전에 기여가 되는 것이라야 한다.

다. 또한 위의 정치적 협상이 효과적이기 위하여서는 한국에 대하여 호의적 태도를 가지고 있으며 일본 정계에서 정치적 영향력이 있는 인물(구체적으로 '기시' 전 수상과 같은 인물)이 협상의 전권을 위임 맡아 방한함으로써 협상을 행함이 필요하다.

2. 일본 측의 최근 태도

가. '기시' 전 수상 자신은 방한할 것을 희망하고 있으나, 그의 방한 교섭이 한국 측의 의도에도 부응될 수 있고 회담 진전에도 실질적인 기여가 될 수 있는 것이어야 한다고 생각하고 있음. 그리고 위와 같은 방향으로 '이케다' 수상에게 건의하고 있음.

나. 그러나 정부 또는 여당 내의 일부 인사들은 그러한 정치적 협상에 소극적 내지 반대적 입장을 취하고 있음.

다. 이 문제에 결정권을 가진 '이케다' 수상은 당내의 의견이 분기되어 있으므로 국내 또는 당내 사정(사회당 등의 반대, 예산 통과, 참의원 선거, 자민당 총재 선거 등) 때문에 명확한 태도를 정하지 못하고 정치 협상에 대한 적극론과 소극론을 되도록 절충하려고 하고 있음.

라. '이케다' 수상의 결단에 중대한 영향력을 가진 인물은 '사토' 통산상인바, 그는 (ㄱ) 한국 측이 희망하는 방향으로 정치 협상을 행하도록 '이케다' 수상에게 건의할 것이나 (ㄴ) 위와 같은 건의가 채택되지 않을 때에는 표면상 '기시' 전 수상의 방한을 정치 협상과 결부시키지 말고 경제 시찰 등의 명목으로 방한케 함으로써 은밀히 상호 간 의견을 교환하는 방법이 좋을 것이라고 말하고 있음.

마. 이 문제에 관하여 일본 외무성 당국은 '고사카' 외상을 통하여 상부에 한국 측이 희망하는 방향의 정치 협상이 필요함을 건의하고 있으나 협상 시기에 관하여는 2월 말경을 시사하고 있음.

바. 이상의 사정으로 미루어 보아 일본 측이 이 문제에 관하여 한국 측에 제의할 안은 '기시 전 수상의 방한을 실현시키되, 그의 방한 시 구체적인 정치적 협상을 하지 않고 단순한 예방 또는 간단한 의견 교환만을 한다'는 것으로 나올 공산이 있음.

3. 일본 측이 제출할 것으로 보이는 안에 대한 검토

(장점)

가. 무슨 명목으로든지 '기시' 전 수상 같은 일본의 중요 인물의 방한이 회담 속개 직후 실현된다는 것은 지금까지의 호분위기의 지속에 도움이 될 것이며 기분상 '슬럼프' 상태에 빠짐을 방지하는 역할을 할 가능성은 있음.

나. 지금까지 '기시' 전 수상의 방한에 관하여 여러 가지로 보도되었고 또한 그의 방한은 한국 측이 강력히 희망하는 것으로 알려져 왔음에 비추어 그의 방한이 비록 실질적으로 회담에는 도움이 안 된다고 하더라도 우선은 우리 측의 체면을 살릴 수 있을 것임. 특히 박 의장 각하의 방일에 대한 답례하는 의미에서 뜻있는 일이 될 것임.

(단점)

가. 이것은 근본적으로 회담을 조속히 해결하려는 우리 측의 전시 기본 태도에 어긋나는 것으로 여사한 방한은 하등 회담에 실질적 진전을 가져오지 않을 것임.

나. 우리 측이 구체적인 정치적 협상을 희망하고 있음은 널리 알려져 있음에 비추어 만일 '기시' 전 수상의 방한이 단순한 의견 교환 정도를 위한 것이라면 방한 자체 때문에 다소 우리 측의 체면은 구제되는 인상을 받게 된다 하더라도 결국 우리 측의 양보

를 의미하게 되어 일본 측의 '페이스'에 따라가는 인상을 주게 될 것임.

다. 우리가 희망하는 양측의 대립 상태를 해소하는 길을 터주는 협상이 실현되지 않고 상기한 바와 같은 '기시'의 방한이 실현된다면 오히려 우리가 희망하는 정치회담의 실현이 지연되고, 일본 측이 희망하는 방향으로 실무자 회의를 계속하지 않으면 안 되는 결과가 될 가능성이 있음.

4. 건의

가. 이상의 검토로 미루어 현 단계에 있어서 일본 측의 그러한 제안은 수락하는 것이 불가하리라고 생각되며, 우선은 종래의 우리 측 태도대로 주장하며 나가는 것이 좋으리라고 생각됨.

나. 배 주일 대사가 오는 1월 12일에 임지로 부임하는바, 동 대사로 하여금 먼저 우리 측의 강경한 태도를 일본 측에 표시케 하고, 동 대사의 일본 고위층 접촉 결과에 대한 보고를 기초로 그 후의 태도는 나중에 결정하는 것이 좋을 것임.

이상

49. 오노 반보쿠 등 일본 국회의원 초청 만찬 간담 결과 보고 전문

번호: JW-12304

일시: 201230[1961. 12. 20]

수신인: 외무부 장관 귀하

  한일회담의 조속 해결을 위하여 일본 자민당 내의 실력자의 한 사람인 '오노 반보쿠' 씨의 적극적 지지를 요망한다는 의미에서 본인은 이 공사를 대동하고 12월 19일 18시 '오노 반보쿠'(자민당 부총재), '간다 히로시'(자민당 총무) '무라카미 이사무'(자민당 소속 중의원, 전 건설철 장관) 및 '후나다 주'의 4명을 '가와사키'라는 요정에 초청하여 만찬을 같이 하였음.

  '오노' 씨는 한일 관계에 관하여 한일 양국은 지리적으로도 '일의대수'에 있음에 비추어 국교 정상화를 시급히 하여야 된다고 말하고 '후나다 주'(자민당 오노파) 씨도 한일 문제에 대한 전문가이며 자기 자신이 절대로 신임하는 바이니 자기의 협력 문제에 관하여는 걱정하지 말라고 하였음.

  '오노' 씨는 한일 문제에 관하여 세세히 논의하고자 하나 일본의 신년도 예산 심의 관계로 시간적 여유가 없다고 하면서 내년 1월 중순경에 다시 본인이 일본으로 돌아갈 적에 초청할 것이니 그때에 철저히 제반 문제를 연구해 보자고 하였음.

끝

수석대표

50. 제6차 한일회담 한국 수석대표의 이케다 수상 방문 결과 보고 공문

0422

회담 제6호 54호

4294. 12. 21

수신: 외무부 장관

제목: 한일회담 관계 지시

대: 외정아 제483호

연: 12310호

대호 공문 지시에 따라, 본인은 12월 20일 오후 3시 10분 '이케다' 수상을 방문하고 훈령사항을 시행하였사온바, 그 결과를 아래와 같이 보고합니다.

1. 본인은 훈령에 따라 '이케다' 수상에게 "그간 회담을 통하여 성취한 결과에 의하여 한일 간의 중요한 현안 문제를 타결하기 위하여 '기시 노부스케'를 명년 초에 일 측이 편리한 시기에 한국에 파견시킬 수 없는가?"라고 의향을 타진하는 동시에 "'기시'가 방한할 때에는 문제의 해결을 위한 일본 측의 구체적인 안을 가지고 가야 되지 않겠는가?"라고 말하였습니다.

2. 이에 대하여 '이케다' 수상은 내년 1월 20일경부터 국회가 재개되므로, '기시'가 그때를 전후하여 방한하게 되면, 국회에서 말썽스러운 논의가 벌어지게 될 것이며, 또 '기시'를 방한시킨다 하더라도 그 시기에 관하여는 자기가 확정하기 어렵다고 말한 후, 회담에서의 사무적 절충이 일단락되었는가를 물으면서 "'기시'의 한국 파견은

사무적인 절충이 일단락된 후에나 할 수 있지 않겠는가?"라고 말하였습니다. 이어서 '이케다' 수상은 본인에게 "'기시'를 만날 의사가 있는가?"라고 물은 후 자기는 동남아를 역방한 후, '기시'와 만나서 방한 문제를 논의한 바 있는데, '기시'는 그때에 방한하겠다는 의사를 표명한 바 있다고 말하는 동시에, '스기' 수석대표를 언급하고 '스기'는 '기시'를 정치적으로 육성해 준 사람이고 일본 측 수석대표인데, 결국 이 문제는 '스기'와 본인 간에 협의되어야 할 문제가 아니냐고 말하였습니다.

3. 본인은 회담의 사무적인 진전 상황에 관하여는 '이케다' 수상이 외무성에 물어보면 잘 알 수 있는 일이지만, 한국 측은 청구권 문제 등 중요 문제에 관한 설명을 명일이면 전부 끝낼 것이며, 일 측은 이에 대한 질문 내지는 견해 표명을 끝마쳤으므로 구체적인 합의는 없었지만 사무적인 절충은 일단락된 상태라고 말한 후, 이 점에 관하여는 외무성에 알아보기를 바랐으며, '이케다'가 말한 바에 관하여는 본국 정부에 즉시 보고하겠다고 말하였습니다.

4. '이케다' 수상은 본인에게 귀국 일자를 물은 후, 귀국하게 되면 박 의장 각하와 김 중앙정보부장에게 안부를 전하여 달라고 부탁하였으며, 이로써 회담을 끝마치게 되었습니다.

5. 그후 오후 5시경에 '이세키' 아세아국장은 이 공사에게 전화를 걸고, '이케다' 수상으로부터 전화로 본인과의 회담에 관하여 통지를 받았다고 말하고, '이케다' 수상이 본인에게 말한 내용을 본국 정부에 보고하는 것을 일단 보류해 달라고 요청하는 동시에 '이케다' 수상이 본인에게 한 말은 외무성으로부터 회담에 관한 실무 보고를 자세히 받지 못하여 상세한 내용을 파악하고 있지 않았기 때문이며, 지금 '이케다' 수상과 '고사카' 외상 간에 '기시' 방한 문제에 관한 협의가 진행 중이라고 설명하였습니다(금일 21일 자 당지 신문 조간에 의하면, 작일 본인의 방문이 있은 후, '이케다' 수상은 '고사카' 외상, '사토' 통산상 및 '스기' 수석대표와 협의한 바가 있다고 합니다).

6. 금일 21일 오후 2시, '이세키' 아세아 국장은 이 공사에게 '고사카' 외상의 지시

로 전화를 건다고 말하고, '이케다' 수상, '고사카' 외상 및 '기시 노부스케'의 3인은 작 20일 오후 9시 30분부터 '기시' 방한 문제에 관하여 합의하였는바, '기시'는 그 자리에서 방한 임무를 수락한다 하더라도 지금까지의 회담 결과 등에 관하여 외무성 측의 '브리핑'을 들은 후에 태도를 정하기로 하였다고 통지하여 오는 동시에, '기시'에 대한 '브리핑'은 자기(이세키)가 다음 토요일(23일) 아침에 하게 될 것이며, 외부의 주목을 끌지 않기 위하여 '기시'의 자택에서 '브리핑'하게 될 것이라고 말하였습니다.

7. 이상과 같은 경과(특히 '스기'를 포함한 4자 회담과, '기시'를 포함한 3자 회담)를 볼 때에, 일본 정부로서는 '기시'의 한국 파견 방침을 결정한 것으로 생각되며 '기시'가 가지고 갈 안의 내용 및 방한 시기 등은 외무성 '브리핑'이 있은 후에 결정되는 것으로 추측되는바, 금후의 사태 발전에 관하여는 수시로 보고 위계입니다.

제6차 한일회담 수석대표[관인]

52. 제6차 한일회담 한국 수석대표의 요시다 전 수상 면담 결과 보고 전문

번호: JW-12333

일시: 211850[1961. 12. 21]

수신인: 외무부 장관 귀하

　본인은 이 공사를 대등하고 금일 21일 10시 요시다 시게루 전 일본 수상을 예방하고 약 1시간 한일회담 문제 및 양국의 정치, 경제, 외교 문제 등에 관하여 간담하였는바, 특히 한일 문제 조속 해결을 위하여 노력하여 줄 것을 요망하였음.

　요시다 씨는 한일회담의 조속 해결을 위해 적극적으로 후원하겠다고 말하기에 본인은 한일회담에 있어서 사무적 토의는 거의 끝났는바 금후는 정치적 교섭을 하여 사무적으로 토의된 사항에 대한 결론을 맺도록 해야 하며 양국 간에 국교가 정상화되면 공동의 이익이 될 것이라 말하였음. 본인은 또한 앞으로 있을 정치회담에 관하여 한국에서 환영하고 있는 '기시 노부스케' 전 수상이 방한하여 한국 최고회의 지도자들과 타합도록 하면 좋겠다고 하면서 기시 씨의 방한을 역설한바, 요시다 씨는 기시 씨에게 말하겠다고 하면서 그때에 '이시이 미쓰지로' 씨도 동행하는 것이 좋지 않은가 하기에 본인은 그때에 이시이 씨는 타이베이(중국)에 간다는 말을 들었다고 말하였음. 동석하였던 '기타자와' 중의원은 금일(21일) 자민당에서 한국 문제에 관하여 토의가 있는데 자기가 한일 문제의 조속 해결을 위해 노력하겠다고 하였음.

수석대표

53. 기시 전 수상 방한 관련 이세키 국장과의 오찬 협의 결과 보고 공문

0427
한일대(정) 제564호
4294. 12. 26

수신: 외무부 장관

제목: 한일회담 관계 지시

대: 외정아 제483호
연: 회담 제6-54호

　본인은 지난 12월 23일 '이세키' 아세아국장과 점심을 같이 하는 기회에, '기시 노부스케' 씨의 방한 문제에 관하여 연호 공문 이후의 사태 발전 상황을 문의하였는바, '이세키' 국장이 대답한 내용은 아래와 같사옵기에 보고합니다.

　1. '이세키' 국장은 예정대로 12월 23일 오전 8시 30분부터 약 1시간 동안 '우라베' 참사관과 같이 '기시' 씨의 자택에서 '브리핑'을 하였는바, 지금까지의 회담 경과와 특히 '김유택' 경제기획원장, '김종필' 중앙정보부장 및 '박' 의장 각하의 방일을 중심으로 설명하였으며, 회담의 사무적 절충은 구체적인 합의가 없었지만 근본적인 토의는 끝났다고 설명하였다고 합니다.

　2. '이세키' 국장은 '기시' 씨가 한일 문제에 관하여 자세히 알고 있으며, 열성적인 태도를 가지고 있다고 평하는 동시에, '기시' 씨가 '지금은 한일관계에 있어서 구체적인 결실을 맺어야 할 시기이며, 개인적인 정치 생명에 '마이너스'가 되는 점이 있더라

0428

도 누군가가 한일관계를 타결시키는 일을 하여야 할 것이다'라고 말하였다고 합니다.

3. '이세키' 국장은 특히 위와 같은 '기시' 씨의 말로 보아, 안보조약 개정 당시에 있었던 말썽 때문에 '기시' 씨의 방한을 견제하는 측근자도 있지만, '기시' 씨가 방한 의사를 확고하게 결정한다면, 그러한 견제는 물리칠 수 있을 것이라고 생각한다고 말하였으며, '기시' 씨에 대하여는 한국민이 '기시' 방한을 원하고 있으니 방한하는 것이 좋겠다고 건의하였다고 합니다.

4. '이세키' 국장은, '기시' 씨가 외무성 측의 '브리핑'을 받았으니, 이를 정리하여 자기 자신의 '아이디어'를 가지고 '이케다' 수상과 다시 회담하여 태도를 결정하게 될 것이라고 말하였습니다.

주일 공사

54. 한일회담 휴회 후의 일본 정세와 기시 방한에 관한 주일 대표부 보고 공문

0429

한일대(정) 제 577호

4294. 12. 29

수신: 외무부 장관

제목: 한일회담 휴회 후의 일본 정세와 '기시' 방한에 관한 보고

한일회담이 지난 12월 23일부터 연말연시 휴회로 들어간 후 지금까지 1주일 경과되었는 바, 그동안의 일본 정국의 추이와 앞으로의 전망, 그리고 이에 관련하여 '기시 노부스케'의 방한 문제 등에 관하여 아래와 같이 보고합니다.

1. 일본 정부는 12월 29일 새벽에 개최된 각의에서 내년도 예산안을 통과시킴으로써, 연내에 예산 편성 작업을 끝마칠 수 있었는 바, 이렇게 예산 편성 작업을 연내에 끝마치기 위하여 일본 정부는 특히 지난 수일간에 있어서는 모든 노력을 이에 집중하였던 것이며, 한일 문제 등 다른 문제를 위요하는 정국의 움직임은 이를 찾아볼 수가 없었습니다.

2. 일본 정부는 12월 29일부터 연말연시 휴가로 들어갔으며, 이 휴가는 내년 1월 3일(내주 목요일)까지 계속될 것인바, 휴가 중에는 정부 요인은 물론 정계 요인들도 출신 구에 가거나 또는 휴양지로 가므로 접촉이 없게 되어, 특별한 정국의 움직임은 없을 것이며, 정국이 다시 움직이게 되는 시기는 신년 제2주(1월 8일)부터라고 관측됩니다.

3. 이러한 일반적인 정세를 고려에 넣어서 생각하면, 연말연시 기간 중에는 한일 문제에 관한 일본 정국의 움직임은 그다지 없을 것으로 생각되며, 아국이 많은 관심을 가지고 있는 '기시 노부스케'의 방한 문제가 그동안에 결정되리라고는 기대되지 않습니다.

4. '기시 노부스케' 한국 파견에 관한 일본 정부 및 정계의 태도에 관하여는

(1) 12월 1일 자민당의 중진인 '사토' 통산상이 최영택 참사관에게 자기 형(기시)을 한국 파견할 결심을 하였다고 말한 사실이 있으며,

(2) 12월 12일에는 '기시 노부스케'가 최영택 참사관에게 자기는 '이케다' 수상이 선거 찬조 연설차 '니가타'에 갔다 온 후에 동인과 단독 회견을 하고 방한 문제를 논의하였는바, '이케다' 수상은 자기의 방한에 대하여 100%의 찬동을 하였으며, 자기는 방한하는 경우에는 "전권을 위임하든지 한국과 교섭을 진행시키는 데 필요한 최소한도의 위임 범위라도 맡겨주어야 할 것이며, 이 문제에 관하여는 무엇보다도 이케다 자신이 배짱이 서야 한다"라고 말하였다고 말한 사실이 있으며,

(3) 12월 14일 외무성 아세아국장 '이세키'는 최영택 참사관에게 일 측은 회담이 연말연시 휴회로 들어가게 되면 사무적인 토의가 대체로 끝났으며 앞으로는 정치적인 절충이 필요한 단계라고 PR하여 적절한 분위기를 조성하겠다고 말한 사실이 있으며,

(4) 12월 20일 배의환 수석대표가 정부 훈령에 의거하여 '이케다' 수상을 방문하고 '기시' 한국 파견에 관하여 의향을 타진한 날 저녁 9시 30분부터 '이케다' 수상, '고사카' 외상, '기시 노부스케'의 3인이 '기시' 한국 파견 문제를 협의한 바 있다고 '이세키' 국장이 이동환 공사에게 말한 사실이 있으며,

(5) '이세키' 국장은 전기 3자 회담에 따라 12월 23일 외무성 '우라베' 참사관과 같이 한일회담에 관한 '브리핑'을 '기시'에게 한 바 있으며, '기시'는 한국 문제에 관하여 자세히 알고 있는 동시에 열성적인 태도를 가지고 있더라고 이 공사에게 말한 사실 등이 있음에 비추어,

일본 정부 및 정계가 '기시' 방한에 대하여 원칙적으로는 이의가 없음을 알 수 있습니다.

5. 그러나 전에도 보고한 바와 같이, '기시'는 외무성 측의 '브리핑'을 들은 후에 자기 자신의 '아이디어'를 구상하여 다시 '이케다' 수상과 회담하여 최종적인 결정을 내리기로 되었다고 하며, 이러한 회담이 연말연시 휴가 중에 있으리라고는 생각되지 않으니, 일본 정부는 '기시' 한국 파견을 생각하고는 있으나 그 시기에 관하여는 결정을 내리지 못하고 있다는 것이 현재의 실정이라고 관측됩니다.

6. 일본 정부는 '기시' 한국 파견을 위하여 적절한 PR을 할 것으로 기대되며, 또 위에서 말한 바와 같이 '이세키' 국장도 그러한 계획을 최영택 참사관에게 말하였는바, 12월 29일 자 '니혼게이자이신문'(일본경제신문) 석간은 별첨과 같은 기사를 게재하여 주목을 끌게 합니다. 이 기사는 배의환 수석대표가 12월 20일에 '이케다' 수상을 방문하고 '기시' 방한에 관한 타진을 한 것까지 보도하고 있는 것으로 보아 외무성 측의 생각을 상당히 반영하고 있다고 생각되며 외무성이 말하는 PR의 일환이 아닌가로 생각됩니다.

7. 그런데 '기시' 방한 문제에 관련하여 아 측이 염두에 두어야 할 점이 있다고 생각되는바, 첫째는 지난번에 정치회담 운운의 이야기가 일본 신문에 게재되었을 때에 '고사카' 외상의 방한설이 보도되었는데, 이것은 '기시' 한국 파견이 여론의 반발을 받아 불가능하게 되고 또 다른 저명 정객의 한국 파견도 불가능하게 되었을 때를 위한 포석인 동시에 어떠한 시기까지는 정부의 의도를 모호하게 해두려는 것이 아닌가 하고 생각되는 점인 것입니다.

둘째는 일 측이 청구권에 관한 구체적인 안을 정치 협상에서 내놓을 때에는 어업 문제에 관한 아국의 근본 태도를 확인하려고 할 것이라는 점입니다. '기시 노부스케'의 방한이 회담 재개 후로 되는 경우에는 일 측은 그러한 시도를 회담 재개 직후에 어업위원회에서 해볼 가능성이 있는 것입니다.

셋째는 '기시 노부스케'의 측근자 특히 '다나카 다쓰오' 등이 '기시'를 아끼는 마음에서 '기시' 방한을 견제하고 있다는 점입니다. 물론 이 점은 '기시'가 한일 문제에 관하여 열의를 가지고 있는 현재에 있어서는 과히 문제가 되지 않겠지만, 우리가 염두에는 두고 있어야 할 점이라고는 생각됩니다.

8. 이상을 다시 종합하여 보면, '기시' 방한의 실현은 확실한 것이지만, 그 시기는 아직 결정되지 않았다는 것이 현재의 실정입니다. 당지에서의 관찰에 의하면 '기시' 방한의 시기는 1월 20일경이 될 것으로 생각되는바, 연말연시 휴가가 끝나는 1월 4, 5일부터는 다시 이 문제에 관하여 각 방면으로 접촉할 위계입니다.

주일 공사

57. 제6차 한일회담 후반기 회담 개최에 관한 훈령 내부 재가 문서

기안처 아주과 김정훈

과장[서명]　국장[서명]　특별보좌관[서명]　차관[서명]　장관[서명]

문서번호 1962. 1. 8
시행 연월일 1. 15
분류기호 외정(아) 24호

경유·수신·참조: 한일회담 수석대표

발신: 장관

제목: 제6차 한일회담 후반기 회담 개최에 관한 훈령

　오는 1월 16일부터 일본 도쿄에서 개최되는 제6차 한일회담 후반기 회담에 대한 정부 기본 방침에 관하여 제6차 한일회담 수석대표에게 다음과 같이 훈령할 것을 건의함.

훈령안

외정(아) 제   호 1962. 1

수신: 제6차 한일회담 수석대표

제목: 제6차 한일회담 후반기 회담 개최에 관한 훈령

오는 1월 16일부터 개최키로 쌍방 간에 합의한 제6차 한일회담 후반기 회담에 관한 정부 기본 방침을 다음과 같이 훈령함.

외무부 장관 최덕신

57-1. 제6차 한일회담 후반기 회담 개최에 관한 훈령 시행 공문

외정(아) 제   호

1962년 1월 15일

수신: 제6차 한일회담 수석대표

제목: 제6차 한일회담 후반기 회담 개최에 관한 훈령

오는 1월 16일부터 개최키로 쌍방 간에 합의한 제6차 한일회담 후반기 회담에 관한 정부 기본 방침을 다음과 같이 훈령함.

외무부 장관 최덕신

1. 회담 개최 일자

전반기 회담에서 쌍방 간에 합의한 바 있는 1월 16일에 후반기 회담을 개최한다.

2. 대표단 변경

수석대표의 주일 대사 겸직과 문화재 수석위원인 이동환(李凍煥) 공사의 주일 공사 해임에 따라 다음과 같이 대표단의 직책을 새로 임명함.

ㄱ. 이한기(李漢基) 고문을 교체 수석대표로 임명한다.

ㄴ. 이동환(李東煥) 공사의 차석대표 및 문화재 수석위원직을 해임하고 이홍직(李弘稙) 대표를 문화재 수석위원으로 임명한다.

3. 회담 진행 요령

아 측 견해로서는 실무 토의가 일단락되었으므로 회담에서 토의된 제 문제는 정치 회담에서 조정 해결키로 한다. 따라서 귀 대표단으로서는 정치 타협 상황을 참작하여 가면서 회담의 진행 방침을 외무부에 건의하되 정치회담이 있을 때까지는 실무적인 토의를 일본 측에 대하여 아 측이 적극적으로 제안하지 않도록 하며 가급적이면 일본 측 입장을 청취하는 방향으로 회담을 진행시킨다. 그러나 다음에 열거하는 제 문제에 관하여는 귀 대표단이 적당하다고 생각되는 방법에 따라 아 측의 견해를 표명하시기 바라며 이와 동시에 이에 관한 일본 측의 입장을 파악하시고 그 결과를 보고하여 주시기 바람.

1) 일반청구권위원회

(1) 토의 진행 방침

ㄱ. 원칙적으로 일본 측 의견을 청취하는 방향으로 회담을 진행시키되, 주로 전반기 회담에서 토의 미진된 부분에 관하여 토의를 진행시키도록 한다.

ㄴ. 전반기 회담 토의에서 우리 측이 청구권 요강 8개 항목 전반에 걸쳐 구체적인 견해를 표명한 바 있고, 우리 측의 견해 표명 후에는 일본 측에서 자국 측 견해를 표명하여야 하므로 이번에는 일 측의 견해 표명을 청취토록 한다.

(2) 항목별 토의 진행 방침

ㄱ. 지금 및 지은 관계

반환 근거에 관한 양측의 견해가 대립된 상태로 토의가 중단되어 있는바, 종래의 우리 측 견해에 제3항의 이체 국채에 관한 이론을 관련시켜 토의를 진행시킨다.

ㄴ. 폐쇄 기관 및 SCAPIN 1965호에 의한 재외 회사 관계

(가) 휴회 기간 중 가급적 우리 측에 전달키로 약속된 한국인 지분 관계 자료가 아직 미도착 상태에 있으므로 우선 이에 관한 구체적인 자료의 제시를 요구한다.

(나) 청구 대상에 관하여는 제1단계에 있어서는 종래대로 재외 회사의 재일 재산 전체에 대하여 요구할 것이나 (가)의 자료를 받은 후 본부의 지시에 따라 청구 대상을 한국인의 지분권분이라도 반환받도록 한다.

ㄷ. 피징용자 보상금 관계

일 측의 이에 대한 견해 표명을 보아서 청구 근거가 박약한 생존자에 대한 부분을 청구에서 삭제하도록 한다.

ㄹ. 은급 관계

(가) 은급 미수금에 관하여는 일본 측의 비공식 계산이라는 (출처 미확인) 3억

5천 만 원의 계산 근거가 무엇인지 추궁한다.

(나) 전후분 청구에 대하여는 은급 수치 대상자가 자신의 의사에 의하지 않고 국적 변경이 되었으므로 그들의 기득권은 당연히 인정되어야 한다고 주장할 것.

ㅁ. 생명보험 관계

제1단계에서는 계속 종래의 입장대로 독립 청구할 것이나, 일본 측의 대법인 청구하는 이유로 계속하여 지불 의무를 부정할 경우에는 제2단계에 있어서 본 청구를 제6항 청구에 포함시켜 관계 개인이 직접 해결하는 방법을 취하도록 요구한다.

단 이 경우에 있어서는 일본 측은 관계 한인의 명단을 제출하여야 한다.

ㅂ. 제6항 관계

본 항에 대한 일본 측의 견해가 어떠하든, 우리 측은 본 항이 개인의 권익 보호를 위하여 막중한 것이라는 점을 강조하여 끝까지 관철토록 한다.

2) 법적지위위원회

비공식 회의라도 무방하니 다음 사항을 교섭한다.

ㄱ. 영주권 부여 범위

종전의 주장을 계속한다.

ㄴ. 영주권 부여 방법

한국 정부의 증명서를 첨부하는 일본 측 주장을 수락도록 한다. 단 영주권 신청은 5년 내에 완료토록 하되 동 기간 중에는 전 교포는 영주권을 향유하는 것으로 간주하고 일본국 입국 관리령 규정이 적용되지 않도록 한다.

ㄷ. 퇴거 강제 문제

훈령 제1호에 명시된 조건이 여의치 않을 때에는 10년 이상의 유죄 판결을 받은 자를 대상으로 하여도 좋다.

ㄹ. 처우 문제

종전의 입장을 계속 주장토록 한다. 단 예전의 "내국민 대우"라는 용어 문제들에 대하여는 양보할 수도 있다.

ㅁ. 교육 문제

종전의 입장을 계속 주장할 것이나 여의치 않을 경우에는 철회할 수도 있다.

ㅂ. 생활 보호 문제

영구히 계속함은 불가능할 것이므로 '당분간'이라는 기간을 최장의 것이 되도록 노력한다. 단 그 기간에 관한 최종 결정은 본부의 훈령을 받은 후에 한다.

ㅅ. 재산 반출 문제

재산 반출은 이를 2개로 구분하여 토의를 진행시킨다.

(가) 영주 귀국 한인의 재산 반출

이에 대하여는 일본의 무역 및 외환 관리에 관한 제 법령에 규정된 범위 내에서는(이삿짐, 휴대품, 직업 용품) 원칙적인 합의를 보고 있으나, 그 범위를 초과한 부분에 속하는 것에는 아직 구체적인 토의가 없으므로 이를 토의토록 한다.

(나) 비영주 귀국 한인의 재산 반출

본 항의 중요성에 감하여 대표단은 주일 대표부와 협력하여 이를 적극 추진토록 한다.

일본 측으로서는 Case by Case로 반출을 허가할 용의가 있다고 하므로 주일 대표부로 하여금 구체적인 Case를 만들도록 하며 대표단은 이를 위하여 측면적인 협조를 행하도록 한다.

ㅇ. 영주 귀국자의 송금

계속하여 10,000불을 주장한다.

ㅈ. 국적 확인 문제

일본 측은 아 측의 국적 확인 조항의 삽입을 극력 반대하고 있으므로 최종 단계에서는 이를 양보할 수 있다. 단 그 대신 가능하면 비영주 귀국 한인의 재산 반출에 관하여 아 측에게 유리한 조건을 얻을 수 있도록 이를 이용한다.

ㅊ. 극빈자 귀국 보조

이를 포기할 수 있다. 단 다른 점을 흥정하는 데 이용한다.

ㅋ. 귀화 문제

종전 주장을 계속한다.

3) 어업 및 평화선위원회

자원론 계속 토의를 원칙으로 하며 정치회담이 개최되면 정치회담 진행에 따라 토의를 진행시킨다.

4) 선박위원회

ㄱ. 의제 B(한국 수역 소재선)는 일본 측이 이의 토의에 응하지 않고 있으며, 의제 D(나포 일어선)는 아 측이 도저히 토의에 응할 수 없는 문제이므로 양측의 양보로써 이를 토의 의제에서 삭제키로 한다.

ㄴ. 의제 A(한국 치적선)에서는 5만 톤의 신조선 및 사용 가용선을 득하도록 정치적 해결을 시도하되 고위층 정치회담에서 토의 안 될 시에는 실무자 회의에서 이를 Take up 하기로 한다.

5) 문화재위원회

종전 방법대로 토의를 진행시킨다.

6) 기타

본 훈령에 명시되지 않은 기타 사항에 관하여서는 훈령 제1호에 따라 토의를 진행시킨다.

이상

59. 제6차 한일회담 진행에 관한 훈령 공문

외정(아) 제   호

1962. 1. 20

수신: 한일회담 수석대표

제목: 한일회담 진행에 대한 훈령

앞으로의 한일회담의 진행 방침에 관하여 아래와 같이 훈령함.

1. 내주 초(1월 22일경)에, 늦어도 3월 초에는 고위 정치회담을 개최한다는 일본 수상 '이케다'의 확인을 받도록 최선을 다하고 그 결과를 보고할 것.

2. 상기 1항의 '이케다' 수상의 확인이 있은 후 내주 중(1월 22일~1월 28일)에 각 분과위원회의 양측 수석위원이 각각 비공식 회의를 갖고 앞으로의 각 분과위원회 진행에 관하여 논의할 것.

3. 상기 2항의 수석위원과의 논의에 의하여 분과위원회를 진행시키며 원칙적으로 각 분과위원회의 사정에 따라 공식 혹은 비공식 회의를 개최할 것이며 회담이 정상적으로 진행되고 있다는 인상을 대외적으로 줄 수 있도록 할 것. 이상의 수석위원 간의 논의 결과에 따라 각 분과위원회 위원의 보강이 필요한 위원회에 관하여서는 필요한 위원의 보강을 건의할 것.

4. 아 측의 기대대로 내주 초에 '이케다' 수상의 확인이 있으면 일본 측 일반청구권 위원회의 수석위원인 '미야카와' 이재국장을 고위 정치회담이 개최되기 전에 방한토

록 권유할 것.

'미야카와'의 방한이 예산 심의 관계 등으로 불가능할 경우에는 이재국 부국장 혹은 대장성 간부로서 청구권 문제에 관하여 중요한 역할을 하는 인사를 방한토록 권유할 것이며 동 방한에 있어서는 외무성의 중요한 관계관을 동반토록 할 것.

5. 각 분과위원회의 토의에 있어서는 기이 발송한 종합 훈령(외정아 제24호)에 따라서 토의할 것.

끝

외무부 장관 최덕신

60. 제6차 한일회담 각 분과위원회 운영 방안에 관한 건의 공문

0451 회담 제 6-66호
서기 1962년 1월 25일

수신: 외무부 장관

제목: 회담 운영 방안 건의

각 분과위원회의 회담 운영 방안을 아래와 같이 건의함.

기

일반청구권소위원회

1. 1월 29일경 쌍방 수석위원 간에 제1차 비공식 접촉을 갖고 금후의 위원회 운영 방법을 절충할 위계임.

2. 차후의 회합은 일본 측의 요청에 따라서 이를 개최할 것이며 주 1회, 비공식 회합을 원칙으로 하여도 무방할 것임.

3. 회담에 임하는 아 측의 태도 및 토의 내용은 본부 훈령 외정(아) 제24호를 따를 것임.

어업 및 평화선위원회

1. 일본 측은 자원론을 생략하고 어업협정 체결을 제의하여 정치적 절충을 행할 것을 주장할 것이지만, 아 측으로서는 필요한 한도 내에서 자원론을 기초로 하여 협정을 체결할 것을 주장하고 쌍방에서 초안을 제출하여 절충하는 방안을 택할 것임.

2. 아 측으로서는 어업 자원론을 3월 중순까지 토의 완료할 방침을 세우되 회담 전체의 진행에 따라 신축성이 있도록 진도를 조정할 것임.

3. 아 측으로서는 3월 중순경까지 아 측의 협정 초안을 준비할 계획이며 쌍방 간의 협정안 토의는 4월 중순경까지 대체로 완료토록 할 것임.

4. 1월 30일경에 일본 측 수석위원과 비공식 회합을 갖고 운영 방법을 논의할 것인 바, 회담 진행은 공식, 비공식 어느 것이든 일본 측의 희망에 응할 것이며 2월 5일경부터 위원회를 정식으로 개최할 것임.

5. 따라서 남상규, 신광윤 양 위원이 늦어도 2월 3일까지는 도착하여야 할 것임. 또한 어업 자원의 감소 경향을 일본 측에 인식게 하는 것이 금후 어업협정안 토의에 유리할 것으로 사료하며 필요에 따라서는 전기 양 위원 이외에도 위원을 보강하여야 할 것임.

법적지위위원회

1. 비공식 또는 공식 회의를 매주 1회씩 개최할 것이며 정부 훈령대로 이를 추진하되 4월 중으로 쌍방 간에 협정안이 합의되도록 회담을 촉진할 것임. 아 측으로서는 3월 중순경까지 아 측의 초안을 작성할 위계임.

2. 재산 반출과 송금에 관한 절차 문제는 전문가가 필요하므로 적당한 시기에 청훈하여 도쿄에 파견토록 건의할 위계임.

3. 문인구 대표를 조속히 도착게 하도록 건의함.

선박위원회

1. 비공식 또는 공식 회담을 매주 1회씩 개최하되 3월 중으로 의제 A 치적 선박의 확인을 완료토록 일본 측에 요청할 것임.

2. 신소원 위원을 조속히 도착도록 건의함.

문화재위원회

1. 1월 31일경 상대방 수석위원과 비공식 회합을 할 것인바 이 기회에

 1) 제5차 회의에서 행한 일본 측의 견해에 대하여 보류한 바 있는 아 측의 주장을 설명하며 청구 요강을 개진할 것임.

 2) 쌍방 간에 상반된 주장이 평행선을 지닐 수밖에 없겠지마는 상호 성의와 체면을 지킴으로써 실질적인 토의에 있어서 타협선을 발견토록 노력할 것을 제의하겠음.

3) 이를 위하여 2월 초부터 품목 선정을 위한 특별위원회를 구성하여 매주 1회 내지 2회씩 회담할 것

　　4) 이 특별위원회에는 종래 비공식 전문가 회담에 출석한 전문가 2인 이외에 인원을 증가함과 더불어 책임 있는 권한이 부여되어야 할 것이며 또한 이러한 회담에는 일본 측에서 외무성의 대표도 옵서버로서 참석토록 할 것을 제의하겠음.

　　5) 이와 같은 제의가 일본 측에 용납되지 않을 경우에는 종래의 비공식 전문가 회의를 계속하여 개최할 것을 요구할 것이며 여기에서 더욱 사실 확인을 행하여 아 측의 청구 방향으로 유도할 것임.

　　6) 아 측은 7개 항목에 따라서 품목 선정안을 작성하여 일본 측에 제시하고 축항 선정을 하여 3월 중순까지 이를 논의하고 4월 중순까지에 품목 선정을 완료함으로써 협정 초안을 마련토록 할 위계임.

2. 특별위원회가 성립되는 대로 황수영 대표가 도착하여야 할 것임.

이상

　　　　　　　　　　　　　　　　　　　　　　　　발신: 수석대표 배의환

61. 제6차 한일회담 후반기 회담 운영 방안 내부 재가 문서

0454   기안처 아주과 김정훈

과장[서명]   국장[서명]   특별보좌관[서명]   차관[서명]   장관[서명]

문서번호: 62. 1. 30
시행 연월일: 2. 2
분류기호: 외정(아) 778호
경유·수신·참조: 제6차 한일회담 수석대표
발신: 장관

제목: 제6차 한일회담 후반기 회담 운영 방안

제6차 한일 후반기 회담 운영 방안에 관하여 다음과 같이 훈령할 것을 건의함.

별안: 별첨

별첨

61-1. 제6차 한일회담 후반기 회담 운영 방안에 관한 공문

별안

외정(아) 제778호

1962년 1월 30일

수신: 제6차 한일회담 수석대표

제목: 제6차 한일회담 후반기 회담 운영 방안

대: 회담제 6-66호, 1월 25일 자

제6차 한일회담 후반기 회담 운영에 관하여 다음과 같이 훈령함.

기

1. 회담 운영 방안

  회담 운영에 관하여 회담 제6-66호(1962년 1월 25일 자)에 의하여 건의하신 내용을 그대로 채택하시되 위원회별 각 항목에 관한 토의는 정부 훈령 제1호 및 외정(아) 제24호로써 훈령한 바에 따라 토의를 진행시키기 바람.

2. 대표단 보강

  대표단 보강을 위하여 다음과 같이 대표 1명, 전문위원 2명을 보내오니 양지하시기 바라며, 어업 및 평화선 관계 전문위원 신광윤의 파견은 당분간 보류 위계임.

    대표   문인구(법적지위위원회)

    전문위원   남상규(어업 및 평화선위원회)

      〃   신소원(선박위원회)

끝

62. 제6차 한일회담 진행을 위한 행정 지원 관련 지시 전문

번호: WJ-0242

일시: 031420[1962. 2. 3]

수신인: 한일회담 수석대표 귀하

한일회담 진행을 위한 행정 지원

1. 긴박한 국제 정세하에 한일회담의 성공을 위한 귀하의 노력을 치하하며 특히 현재까지 쌓아올린 정치회담 성숙을 위한 공을 인정하는 바입니다.

2. 앞으로 한일회담은 가일층 복잡성과 긴급을 요하는 여러 가지 문제에 당면할 것이므로 가일층 한일회담 진행을 위한 행정 지원 체제를 강화하여야 하겠습니다.

3. 수석대표는 겸하여 주일 대사의 자격을 가지고 있으므로 한일회담을 위하여는 주일 대표부의 전 역량을 집중하여 회담 성공과 준비 및 진행에 지원하기 바라며, 기간 중 유휴 역량은 물론, 전 직원을 활용하여 기민하고 적기적인 지원을 제공토록 하여야 할 것입니다.

4. 대표부 직원으로 한일회담 요원으로 지명된 자는 물론, 기타 한일회담 대표가 필요로 하는 직원은 누구를 막론하고 동원하여 효과적이고 능률적인 지원을 하여야 하겠습니다.

5. 한일회담의 성공이 당면의 최대 목표이며, 이를 위한 만반의 지원 태세를 갖추기 위하여 주일 대사의 기능을 겸하고 있음을 명심하시고, 앞으로 회담을 진행시키기 바랍니다.

외무부 장관

63. 제6차 한일회담 진행 방안에 관한 중앙정보부 건의서 송부 공문

0459 중정연 530

62. 2. 6

수신: 외무부 장관

제목: 한일회담 진행에 관한 방안에 대한 건의서

수제 건에 대한 당부의 의견을 별첨과 같이 건의하오니 참고로 하시기 바랍니다.

유첨: 건의서 1부

끝

중앙정보부장 김종필[관인]

별첨

63-1. 제6차 한일회담 진행 방안에 관한 건의서

0460   금후(1962년 1월 16일 이후) 한일회담 진행에 관한 방안에 대한 건의서

0461   **금후(1962년 1월 16일 이후)**
한일회담 진행에 관한 방안에 대한 건의서

1. 본 문제에 관련된 사항
가. 한국을 위요한 국제 정치 정세

1950년 북한 공산도당의 불법 남침으로 말미암은 한국전쟁이 1953년에 휴전되었으나, 동서 양 진영의 냉전은 여전히 열렬하며 군축 문제, 핵 실험 중지 문제 등은 누차 국제회의가 있었으나 지지부진 상태에 임하고 있다. 한국은 여전히 양단되어 북한 괴뢰와 중공의 위협하에 놓여있으며, 더욱이 소련-북괴와 중공-북괴 간에 각기 군사 동맹이 체결되었다.

북한 괴뢰는 중립 국가들의 환심을 사기 위한 침투 공작을 집요하게 계속하며 대한민국에 대한 중상모략을 일삼고 나아가서는 한국에 대한 간접 침략과 한국의 고립화를 꿈꾸고 있다.

0462   과거 40년간 한국을 침략 지배하던 일본은 패전 후, 자유 민주주의하에 경제를 부흥하고 일대 수출국으로 전향하였다. 연이나 일본 국내의 좌익 세력 역시 무시 못 할 존재이며 항시 극동의 자유 진영 단결을 저해하고 있는 형편이다.

한국의 방위는 한국민 자체의 노력과 결의 이외에 한·미상호방위조약 및 한국동란 참전 16개국의 공동성명문이 한국의 집단안전보장 체제의 중추가 되어있으나 인방 일본과는 현안 문제가 미해결 중이어서 양국 간의 관계는 원활하지 못한 형편이다. 그러나 미·일 상호 협력 및 안전조약으로 일본의 방위는 강화되어 있고 또한 본 조약에 관련된 외교 각서에 의하여 재일 미군 또는 재일 미군 기지는 한국에 침략이 있을 경우, 그 사용이 일본과의 '사전 협의'라는 조건하에 가능하도록 되어 있다.

나. 미국의 극동 정책

1960년 말까지는 미국은 극동의 자유 진영에 속하는 각국과 개별적으로 상호방위조약을 체결하여 이들 극동 제국을 소련, 중공, 북괴 등의 위협으로부터 방위하려는 체제를 갖추고 있었다. 즉 이것이 한미, 미중, 미·필리핀 및 미일 등 상호안전조약의 체결로 나타났었다. 따라서 극동 각국은 미국에 대하여 각기 별도로 상호안전조약을 맺고 있는 것이며 이들 각국 상호 간에는 방위 또는 안전조약은 존재하지 아니하였다.

그러나 이것은 1961년 1월 19일에 과거의 미일상호안전조약이 '미일 상호 방위 안전에 관한 조약'으로 대체되었을 시부터 일본은 본 조약 규정에 의하여 극동 문제에 있어서 각별한 '발언권'을 가지게 되었다. 즉 극동 자유 국가의 방위에는 일본은 최소한 형식상으로라도 미국과 대등한 입장으로 '발언권'을 가지도록 되었으며 이는 일본의 국제 지위를 일층 고양시키는 결과가 되어 있다.

1960년 1월 19일에 조인된 '미일 상호 협력 및 안전에 관한 조약'은 한미·미비·미중 등의 상호방위조약과 같이 조약 당사국들만의 안전에 관한 조항뿐만이 아니고 미국과 일본 자체의 안전에 관한 조처 이외에 '극동'에 있어서 국제 평화가 위협을 받았을 시에 대한 조처도 포함되어 있는 것이다. 즉 동 조약 제4조의 규정에 의하면 "극동에 있어서의 국제 평화와 안전이 위협을 받을 시는 하시라도 조약 당사국(미국과 일본) 중의 어느 일방국의 요청에 의하여 상호 협의를 한다"라고 되어있으므로 극동의 안전이 위협되었을 때에는 항시 그 대처할 조처에 관하여 일본이 미국으로부터 '협의'를 받을 권리를 보유하게 되어 있다.

그 반면 일본은 동 조약 제6조 규정에 의하여 "극동에 있어서의 국제 평화와 안전을 유지하기 위하여" 미국은 재일 미국 지상군, 공군, 해군 또는 군사 기지와 시설을 미국이 사용할 수 있는 권한을 부여하는 동시에 미일 간 교환 각서에 의하여 재일 미국 주류군의 배치 또는 장비의 중요한 변경이 있는 경우에 일본은 미국의 '사전 협의'를 받을 권리를 가지게 되어 있다.

또 동 4조의 미일 간의 '협의'를 실시하기 위하여 '안전협의위원회'라는 미일 공동위원회를 설치하기로 '교환 각서'에 의하여 미일 간에 합의되어 있다. 이 공동위원회는 일본 측 위원으로 일본 외상과 방위청 장관이, 미국 측 위원으로 주일 미국 대사와 미국 태평양지구 군사령관이 각각 지명되어 있다.

이상에서 판단할 수 있는 것은 미국의 극동 정책은 '일본 중심'으로 되었다는 것과 일본은 극동 방위 문제에 있어서 미국과의 '협의'에 의하여 '발언권'을 가지게 되었다는 것이다. 따라서 한국에 대한 무력 침략이 있다고 가정한다면 미일 조약에 의하여 한국 방위 문제가 미일 간의 협의 대상이 된다는 것을 의미하며 이에 의하여 일본은 한국 방위 문제에 관하여 '발언권'을 가지게 되며 또한 재일 미국 주류군과 재일 미국 기지도 사용된다는 것이다.

일본은 조약상의 권리와 의무에 의하여 '한국 방위' 문제에 대한 발언권을 가지게 되었으니만큼 이것이 또한 미국으로서 한일 관계 조정을 방위적 견지에서도 서두르고 있는 소이이다.

한일 간의 국교 조정을 조속히 이룩한다는 것과 일본을 그 주요한 '동료국'으로서 극동 방위의 중심으로 한다는 것은 현 시기에 있어서의 미국의 극동 정책의 요점인 것이다.

한국은 서상(敍上)의 미 극동 정책에 협력하는 견지에서 일본과 국교 조정을 함에는 여기에 또한 상당한 소망이 있을 수 있는 일이며 미국과 일본 역시 여사한 한국 측의 소망을 무시할 수 없을 것이다. 이와 같은 조건과 요망사항을 한국으로서는 한일 간 청구권 문제에 반영시킬 수 있을 것이다.

다. 한일 문제(특히 청구권 문제)에 관한 미국의 견해

1952년 2월 21일에 아국 측에서 8개 항목에 긍한 청구권을 제시함에 대응할 목적으로 일본은 동년 3월 6일에 그들의 소위 대한 청구권이라는 것을 제시하였다. 이에 대하여 한국 정부는 미국에 대하여 일본의 '대한청구권' 주장에 관한 부당성을 지적하고 미국 측의 견해를 질의하는 각서를 수교한 데 대하여 미국 측은 1952년 4월 29일자로 다음과 같은 회신 각서를 보내 왔다.

'미국'은 대일평화조약 제4조 '나' 항 또는 재한 미군정청의 관계 지령 및 행위에 의거하여 대한민국 관할 내에 있는 일본국 또는 일본 국민의 재산에 대한 모든 권한, 권리 및 이익은 귀속되었다. 따라서 미국 측 견해에 의하면 일본은 여사한 재산 또는 그로부터의 이익에 대한 유효한 청구권을 주장할 수 없다.

그러나 미국 측 견해에 의하면 동 조약 제4조 '나' 항에서 일본이 유효하다고 인정한 그와 같은 재산의 처분은 동 조약 제4조 '가' 항에 의하여 구상되는 협약을 고려함

에 있어서 관련이 있다. 이 각서에 대한 상세한 해석을 한 미국 측의 각서가 1957년 12월 31일 제4차 한일회담을 열기 위한 예비회담 타결 시에 한일 양국 정부에 전달되었다. 이것은 일본이 동 일자로 1952년 3월 6일 자의 일본의 '대한 청구권'을 철회함과 동시에 전달되었다.

1957년 12월 31일 자 미국 측 각서에 의하면 한국 정부가 재한 일본 재산을 접수함으로써 한국의 대일 청구권은 '어느 정도' 만족되었다는 것이다. 일본은 이것을 제5차 회담 시부터 주장하고 있다. 한국은 이에 대하여 1952년 2월 21일 자 8개 항목의 대일 청구권은 이미 이 사실을 고려에 넣고 제시하였다고 주장하고 있다.

그러나 일본은 현재 한국의 대일 청구권에 대하여 5천만 불이나 또는 7, 8천만 불 운운하는가 하면 '개인 청구권'에만 국한하여 지불한다 등등으로 언(言)을 좌우하고 있다. 이것은 일본이 상기 미국 측 각서의 내용을 염두에 넣고 취하고 있는 태도라고 볼 수 있다.

서상의 경위는 '한국청구권' 문제에 미국이 깊은 관련을 가지고 있다는 것을 말하고 있으며 따라서 청구권 문제 해결에는 아 측의 강력한 대미 외교가 요청된다고 볼 수 있다.

라. 일본의 국내 정치 정세 및 대한 태도

일본은 패전 이후 자유 민주주의 정치 체제를 채택하는 동시에 정부의 구조는 의원내각제를 채택하고 있다. 행정부의 각료들은 대다수가 국회의원을 겸하고 있으며 총리대신은 여당의 당수를 겸하고 있다. 따라서 모든 국가 중요 정책 결정에 있어 여당 국회의원들의 의견 역시 존중되고 있다.

한일 문제에 관하여는 일본의 여당인 자유민주당 출신 국회의원 간에 조기 타결 찬성파와 신중파로 나누어져 있는 것이 현실이다. 조기 타결 찬성파로서는 극동의 자유 국가들이 단결하여 공산 국가의 침략에 대처하는 기틀을 마련하여야 한다는 관점과 또한 한국 정부가 국련에 승인된 한반도의 유일한 합법적 정부라는 점을 들어 한국과 현안 문제의 조기 타결을 하여야 한다는 주장을 하고 있다.

일편 여당 내의 신중파들은 한국에 대하여 양보를 하여가면서까지 조기 타결을 서두를 필요가 없다고 주장한다. 재산청구권 문제도 소액 지불로써 낙착을 지으면 모르되 다액을 지불하면서까지 문제 해결을 서두를 필요는 없다고 주장하고 있다. 더욱이 한국과 조기 타결을 서두르면 중공이나 소련의 반대에 부딪히게 되며 이것이 또한 일본 국내의 좌익 세력의 반대를 필요 이상으로 유발시키게 되고 나아가서는 일본의 대공산국 또는 대중립주의 국가 외교가 곤란하게 될 것이라고 주장한다. 여사한 신중론자들은 한국 측이 더 급할 것인 만큼 결국 한국이 대폭 양보를 하게 될 것을 기대하고 있는 것이다. 신중론자의 거두로는 현 농림대신 고노 이치로(河野一郎), 경제심의청 장관 후지야마 아이이치로(藤山愛一郎) 등의 인사들이다.

한일회담을 절대 반대하는 정치 세력으로는 사회당, 공산당의 세력을 중심으로 한 좌익 정치 세력이다. 사회당도 일본 국회에 3분지 1 이상의 의석을 차지하고 있는 상당히 강한 정당이다. 이 한일회담 반대 세력에 가세 또는 편승하는 사회단체로서는 일본의 노동조합 총연합 평의회의 산하 노동조합이 있다. 여기에 재일교포의 좌익 단체, 즉 '재일조선인 총연합회'가 선두에 나서서 한국에 대한 중상모략, 한일회담 절대 반대, 재일한인의 선동 등을 일삼고 있다. 이들 좌익계 한인들은 일본의 좌익 정당들과 한일회담 반대를 위한 공동 투쟁을 전개하고 있다.

다음, 일본 정부의 관료, 특히 외무성, 대장성, 법무성의 관료들은 모든 한일 문제를 변증법적 사고방식으로 분석하고 평가하고 있으며 순수한 법 이론과 철저한 계산으로 모든 것을 분석하고 있다. 또한 이들 관료 조직은 강대하며 일본인의 정치인들도 관료들의 전문가적 견해와 풍부한 자료에 기한 정책 건의를 무시하지 못하는 현상이다. 여사한 일본 관료들은 자연적으로 한국 문제 취급에 있어서도 신중론에 기울어지는 경향이 농후하며 과거 일본의 대한 범과(對韓犯過)를 합리화하려 하며 나아가서는 가급적 한국에 대한 양보를 주저하는 세력을 구성하고 있다.

일본 국민들의 대한 감정은 제2차대전 후 한국이 독립한 사실은 인정하나 과거 일본의 한국 지배가 일본이 과거 한국에 대한 범과라고 하는 생각은 대부분 가지고 있지 않으며 일본이 패전함으로써 부득이 한국이 분리되게 되었다는 사고방식이 보편적이다. 따라서 대부분의 일본인들은 아직도 대한 우월 감정을 불식하지 못하고 있으며 한국인, 특히 재일한인들을 내심 멸시하는 태도를 버리지 않고 있다. 여사한 일본인들의 대한 감정은 또한 일본의 대한 양보를 곤란하게 만들고 있다. 일본 외무성 관료들이 한일 문제 해결에는 "일본의 국민감정이 납득하는 범위 내에서 운운"이라고 말하는 데는 상기와 여한 일본인들의 보편적인 대한 감정이 내포되고 있는 것이다.

마. 일본의 금년도의 정국

일본은 현재 예산국회가 개회 중에 있으며 이 국회는 금년 3월 31일까지 1962~63 회계연도의 세입 세출 예산을 통과시켜야 하며 따라서 정부 여당으로서는 예산 통과에 전력을 기울이고 있는 형편이다. 이러한 시기에 있어서는 일본의 정부 여당은 난문제의 처리는 가급적 피하든지 연기하든지 하는 것이 통례이다.

여사한 관점에서 볼 때에 3월 말까지는 일본 정부가 한일 문제와 같은 야당의 대정부 여당의 공격 대상이 될 문제에 대하여 '대담한' 안을 한국 측에 제시할 것인지는 의문시된다.

예산국회가 끝나더라도 계속하여 참의원 의원 선거가 있고 또한 자민당 총재의 선거 등의 중요 정치 문제가 가로놓여 있다. 따라서 일본 정부는 여사한 국내 중요 정치 문제를 해결하기에 분망할 것인 만큼 과연 한일 문제에 대한 고무적인 제안이 있을지 또한 의문시된다.

이상과 여히 일본의 금년도 정국을 분석할진대 만일 일본이 대한 문제를 해결할 결의가 있다면 참의원 의원 선거와 자민당 총재 선거를 금년 5월경까지 실시하고 6, 7, 8월 3개월간에 한일 문제를 해결 짓는 계획을 수립할 수 있을 것이다.

바. 한일 간의 역사적 배경과 과거 한일회담의 경위

한국은 고래로부터 일본의 침략으로 피해를 입어왔으며 그중 가장 심한 민족적 환란은 임진왜란과 1910년부터 1945년에 이르기까지의 일본의 한국 점령이다. 이것이 한일 관계에 있어서 한국은 피해자의 입장에 있고 일본은 항시 가해자의 입장에 있다는 것을 의미한다.

이상과 여한 역사적 사실은 한국민이 일본을 불신하게 만드는 중요한 원인이 되고 있다. 더욱이 한일회담은 과거 40년간에 긍한 일본의 대한 식민지적 지배의 결과를 청산하자는 회담인 이상 자연히 한국민의 민족 감정을 전연 무시하고 타결될 수 없는 것이다.

과거 5차에 걸쳐 개최된 바 있는 한일회담이 성공을 못 한 이유는 허다하다. 한일회담 도중에 있어서의 일본 측의 누차에 긍한 배신 행위도 그 이유의 하나이다. 그러나 제일 중요한 이유는 일본이 과거의 제국주의 일본의 대한 범과를 합리화하는 동시에 한국의 장래에 관하여 실질적 발언권을 가지려 한다는 의심을 살 수 있는 주장을 한

데 있는 것이다. 이것이 일본의 의도와 진의에 대하여 상금도 한국이 당연하게 생각할 수 없는 이유의 하나인 것이다.

0474
2. 토의

한일 문제를 해결하는 방법으로서는 제1절에서 이미 개설한 바와 여히 선국교 후해결의 방식과 선해결 후국교의 2개의 방식과 본 2개 방식의 절충 방식으로 일부 해결 – 국교 정상화 – 잔여 문제 해결의 방식도 있다.

선국교 후해결의 방식은 제2차세계대전 후 아세아 각국의 취한 방식도 아니며 아국의 국민감정상으로나 또한 대의명분상으로도 채택하기 곤란한 방식일 것이다.

다음 선해결 후국교의 방식은 아국이 일본과 국교를 정상화함에 있어서 최소한도 전제조건을 만족시킬 수 있고 나아가서는 대의명분에도 부합되며 또한 제2차대전 후 신생 독립 국가들과 일본과의 국교 수립 문제 해결 시에도 널리 채택된 방식이다. 혁명 정부로서도 한일회담의 의제로 되어있는 현안 문제를 해결한 연후에 국교를 정상화한다는 방침을 수립한 이상 이 방식을 전제로 하여 토론하기로 한다.

가. 재일한인 법적 지위에 관한 문제는 과거에도 어느 정도 진척을 본 것이고 또한

0475
한일 양국에서 해결하기를 원하는 문제인 이상 여타 문제 토의의 진도와는 별도로 조속히 해결을 짓도록 하여야 할 것이다.

인간을 상대로 하는 문제이니만큼 조속히 해결하고 경우에 따라서는 이에 관한 협정문에 가조인까지라도 하여놓는 것이 필요하다고 사료된다.

나. 한국청구권 문제 해결에 있어서는 과거 한일회담의 경위에서나 또는 1961년 12월 22일 현재 제6차 한일회담의 진척 상황에 비추어 볼 때에 한국청구권 문제의 해결은 평화선 문제의 해결과 병행되고 있는 것으로 사료된다. 일본 측이 평화선 문제를 해결하지 않고서는 한국청구권 문제를 해결하려 하지 않을 태도를 취할 것이다.

이 평화선 문제에 관하여는 최고회의 박 의장께서 방미 도상 도쿄에서 있은 내외 기자회견에서 "만일 일본 측이 청구권 문제에 있어서 성의를 보인다면 한국 측도 평화선 문제에 있어서 신축성 있게 다룰 것"이라는 취지의 말씀을 하셨다는 신문 보도가 사실

0476
이라면 한국청구권 문제와 평화선 문제의 해결의 기본적 태도는 한일 양국 공히 대차 없는 것으로 사료된다. 따라서 평화선 문제 역시 여하한 형태로든지 해결된다는 것을

또한 전제로 한다. 그러면 청구권 문제의 해결은 여러 가지 방법이 있을 것이나 우선 생각할 수 있는 것은 한국청구권 문제 중 문화재 문제와 선박 문제는 일반청구권 문제와 별도 해결 짓도록 하는 것도 한 가지 방법일 것이다.

문제를 여사히 검토하면 결국 일반청구권 문제의 해결 방법 여하라는 문제가 나오게 된다. 본 문제의 해결은 대략 3개의 방법이 있다고 볼 수 있다. 즉 청구권 자체만을 해결하는 방법, 한국의 청구권과 일본의 '증여'를 합하여 해결하는 방식, 한국의 일반청구권, 일본의 '증여' 및 일본의 경제 협력(유상 원조)을 합하여 해결하는 방식 등의 세 가지가 있을 것으로 사료된다.

다음에 상기 3개 방식을 검토코자 한다.

제1안 한국의 일반청구권만을 해결하는 방식:

이것은 이미 '1. 다.'에서 개설한 바와 여히 미국 측의 견해에서나 또한 일본 측의 태도에 비추어 이것만으로써 다액을 기대할 수 없을 것이고 비상한 노력을 한다 하더라도 아 측의 희망과는 거리가 먼 액수에 지나지 못하게 될 것이다. 현재 일본은 5천만 불이니 7천만 불이니 하다가 최근에는 심지어 2천만 불까지도 운위하고 있음에 비추어 능히 일본의 태도는 추측할 수 있다. 과거 제3차 한일회담 종료 시 이내 일본은 1억 불 정도로 해결하자는 비공식 제의를 한 바 있으나 아 측이 수락하지 않았다.

본 방식으로 청구권을 해결함에 있어서 곤란한 점이 있을 것이며 양측의 견해는 평행선을 긋는 형편이 되고 한일회담은 또다시 암초에 부딪히게 될 것이다.

제2안 한국의 일반청구권(채권적)과 일본의 '증여'를 합하여 해결하는 방식:

본 방식을 채택한다면 금액은 상당히 증가될 수 있고 금액 면으로 본 아 측의 체면도 어느 정도 수습할 수 있을 것으로 사료한다. '증여'라는 방식으로는 일본 측이 항상 우려하고 있는 국회의 비준 동의도 비교적 용이하게 얻을 수 있을 것이므로 일본 측도 이 안에는 관심을 가질 것이다.

아 측의 입장으로 본다면 무상으로 타국으로부터의 '증여'만 받는 것이 체면상 곤란하다는 것과 여기에는 반드시 '스트링', 즉 조건이 붙을 우려가 있는 것이므로 석연치 못하다는 이론이 성립될 수 있다. 그러나 이것은 아 측으로서는 일본이 아국에 대하여 '증여'를 할 필요가 없는 것임에도 '증여'를 한다는 것은 과거에 아 측에 대하여 유감된 일이 있든지 또는 장래 아국에 대하여 시혜자의 입장에 서겠다는 두 가지 이유가 있을 것으로 해석할 수 있을 것이다. 따라서 아 측으로서는 과거에 일본이 한국에 대하여 '못된 일'이 있었던 고로 '증여한다'고 해석을 할 수 있을 것이다. 따라서 이것은 한국, 일본 쌍방이 상이한 개념으로 지불과 수령을 하며 또 문서상의 표현을 '채무 변제'와 '증여'의 중간적인 중성적 외교 용어를 발견, 사용하도록 하면 가능할 것으로 사료된다.

예: (일본국 정부는 그 국고 계정으로부터 ○○ 금액을 한국 정부의 국고 계정으로 이체한다 운운)

다만 문제는 일본 측의 소위 '증여'에 의한 금액의 사용에 있어서 부차(付次) 일본 측이 '시혜자'의 입장에서 간섭을 하는 등의 '스트링'이 붙는 것을 여하히 방지 또는 최소한으로 저지하느냐 하는 데 있을 것이다. 이 경우 일본은 '증여식'으로 제공된 자금으로 외국 물자를 수입할 경우에 생(生)하는 환화(貨)를(즉 대충자금(對充資金)) 한국은행 특별 계정에 예치하고 그 환화를 사용할 시에는 일본 관헌의 동의를 얻을 것을 제의할 것이 예상되며 경우에 따라서는 이것이 내정 간섭의 시초가 될 우려가 농후할 것이다. 따라서 여사한 있을 수 있는 제의는 미국의 전례도 있고 하여 거절하기 지난한 것이지만 절대 반대하여야 할 것이다.

이것은 아국 국민의 국민감정이 용허하지 않을 것으로 사료한다. 여사한 일본 측의 있을 수 있는 제의를 수락하느냐의 여부 문제만이 최종 문제로 남았을 시의 최종 타협선은 일본의 소위 '증여' 자금을 어떤 비율로 분할하여 소액의 등분에 속하는 금액으로 일본이 한국 정부가 지정하는 공장 등의 건설을 책임지고 완수하도록 하여 어느 정도 일본의 체면을 유지케 하고 잔여의 대부분 금액은 아국 정부의 의도대로 하등 일본 측의 간섭 없이 사용한다는 절충식 타협안일 것이다.

이상의 난제만 해결(해결될 수 있으리라고 추측됨)되면 제2안은 고려할 수 있는 방법이라고 사료됨.

제3안 한국의 일반청구권(채권적), 일본의 '증여' 및 일본의 경제 협력(유상 원조)을 합하여 해결하는 방식: 여사한 방식은 제2차대전후 일본이 새로이 독립한 아세아 국가와 배상협정을 체결하였을 때에 많이 채택된 방식이다. 그러나 아국의 경우와는 사정이 다르므로 반드시 이상적인 방법으로 볼 수 없고 또한 일본의 소위 경제 협력이라는 이름의 유상 원조를 받아들이는 것, 즉 일본에 채무를 진다는 것이 타당하느냐 하는 문제도 더욱 연구 검토하여야 할 것이다.

더욱이 여사한 방식은 일본 국내 일부에서 주장하는 방식이나 일편 아 측으로서도 누차 정부 성명의 형식으로 경제적 협력 문제는 현안 문제를 해결하고 국교 정상화 후에 비로소 연구할 문제라고 발표한 바 있으므로 이 방식을 새삼스러이 채택한다는 것은 국가 체면상으로도 곤란한 것으로 사료한다.

3. 결론

현안 문제를 해결하는 원칙으로 아국이 고수하여야 할 입장은 한일 문제의 해결은 현실적인 요청과 민족주의 또는 국민감정과의 조화 점에서 이루어져야 한다는 것이다. 그리고 외교 교섭은 상대방의 주장과 사정이 있는 만큼 일방적 주장만으로는 타결될 수 없다는 것도 또한 원칙이다.

이상과 여한 원칙에 가장 부합될 수 있는 안을 채택함이 가할 듯하다.

4. 건의

가) 제2안, 즉 한국의 일반청구권(채권적)과 일본의 소위 '증여'를 합하여 청구권 문제를 해결하는 방식을 채택할 것.

단 이 경우 일본 측의 '스트링'이 붙는 것은 방지 또는 최소한도로 저지되어야 한다.

나) 재일한인 법적 지위 문제는 가급적 속히 해결하도록 할 것이고 협정의 공동 초안까지 작성할 것.

다) 어업 및 평화선 문제는 청구권 문제 해결과 감안하여 처리하도록 할 것.

라) 기본관계 문제도 조속히 위원회를 구성하여 토의를 진행시키도록 할 것. 여기서 유의할 것은 1910년 이전의 한일 간의 소위 조약, 협정, 협약, 의정서 등의 무효화 문제와 주권의 상호 존중 및 불가침 조항을 반드시 성문화하여야 한다는 것이다.

5. 금후(1962년 1월 6일 이후) 한일회담 진행에 관한 정략(주로 외교 기술 면에서)

가) 현황

1961년 12월 22일 현재 제6차 한일회담의 진척도를 검토한 결과 실질적인 진척을 보았다는 것이란 '재일한인의 법적 지위 문제'만을 제외하고는 많지 않은 상태이다.

즉 수석대표 간에 해결시킬 수 있는 문제도 있으며 실무자 간에 해결될 수 있는 문제 또한 허다하다고 본다.

나) 토의

1) 실무자 회담을 촉진시키도록 노력하여야 할 것임.

이 문제에 관하여는 이미 '1. 본 문제에 관련된 사항 마. 일본의 금년도의 정국'에서 설명한 바와 같이 일본 측이 당장에 정치회담을 가질 수 없는 상태인 것은 용이하게 판단할 수 있는 것이다.

따라서 아 측에서 정치회담의 개최를 서둘러 본들 큰 효과를 기대하기 곤란할 것이고 아 측의 체면만 손상될 우려가 불무하다. 여사한 상태하에서는 우선 실무자 회담을 급속도로 촉진시키도록 쌍방이 노력할 필요가 있다고 보며 합의된 부분은 문서화하여 각기 문제별로 협정 초안까지 작성시키도록 되어야 할 것임.

2) 수석대표 간의 회담 또는 대사급 인사의 회담을 활용하도록 하여야 할 것임.

양국 수뇌자급 정치회담의 개최를 위하여는 그 준비가 필요한 것이며 또한 문제점이 극소수로 압축되도록 하여야 하는 것이다. 불연이면 정치가 회담이란 원칙만 되풀이하게 되는 경우가 많으며 양측 수뇌자 간의 감정의 대립을 자아낼 우려마저 있는 것이고 나아가서는 지도자들의 체면만 손상시킬 경우가 불소하다.

따라서 대사급 또는 수석대표 회담을 활용하여 정치가 회담의 의제의 수를 압축 조정시키는 데 노력할 필요가 있다.

수석대표란 현지의 회담 진척사항의 보고뿐만 아니라 회담 진행의 참모적 역할을 정부에 대하여 수행하여야 할 것이다.

수석대표는 무수한 문제점들의 해결 방안을 적시 정부에 건의하도록 하여야 할 것이다. 상대방의 진의와 정확한 정세를 파악할 수 있는 입장에 있는 자가 수석대표인 것이다.

3) 한일 문제에 관한 대미 외교를 활발히 하여야 할 것임.

이미 '본 문제에 관련된 사항 나. 미국의 극동 정책 및 다. 한일 문제에 관한 미국의 입장[견해]'에서 설명한 바와 여히 미국은 한일 문제 해결에 중대 관심이 있을 뿐만 아니라 나아가서는 한일 현안 문제 중 특히 재산청구권 문제는 실질적으로 관련이 되어 있는 것이다.

0485   일본 측이 미국 측과 전연 상이한 방향으로 또는 그 의사에 반하여 한국 측 청구권 문제를 해결하리라고는 현 국제 정국 특히 극동의 정치 정세하에서는 상상할 수 없을 것이다. 따라서 아 측에서도 이 무시할 수 없는 현실을 이용하는 고등 정책이 필요할 것으로 본다.

미국은 1960년 1월 19일에 조인된 '미일 상호 협조 및 안전에 관한 조약'에 나타난 바와 같은 "극동의 평화와 안전"을 유지하기 위하여서도 한일 간에 국교 정상화를 희구하고 있는 것이다.

아국이 극동의 평화를 유지함에 공헌하는 견지에서 아 측도 미국의 극동 정책에 협력함이 필요할 것이나 일면 미국도 극동의 자유 국가 간의 분규가 조정되도록 노력함이 또한 필요할 것이다.

즉 한일 간의 분규의 주요 원인의 하나인 청구권 문제 해결에 있어 미국은 한국의 최소한도의 요구마저 무시하고 한일 간에 협조만 하라는 것은 이(理)에 당치 아니

0486   하다. 따라서 아 측은 미국에 대하여 청구권 문제에 관한 아 측의 요구 금액의 한계를 제시하고 미국 측으로 하여금 일본을 설득시키는 방책을 채택하도록 함이 가할 것으로 사료한다.

여사한 경우 필요에 따라서는 조속한 기간 내에 (실무자 회담의 진척도를 감안하여) 미국에 소인수의 대사급 사절을 비밀리에 파견하도록 하는 것도 1방안이다. 이것이 여의치 못할 만일의 경우도 예측하여 다음 취할 정략도 연구할 필요가 있을 것이다.

4) 한일 간 정치가 회담은 언제 가질 것인가?

의례적이 아니고 문제의 해결을 위한 정치가 회담이란 원칙적으로 실무자급 회담 또는 수석대표 또는 대사급 회담에서 문제가 대부분 해결되고 심지어 조약, 협정 또는 각종 양해사항의 초안까지 작성되고 문제점이 극소수의 중요 점으로 압축된 후에 당사국의 수뇌자급의 인사가 가지는 회담인 것이다. 한일실무자회담의 현황으로 보나 일본의 정치 정세로 보나 정치가 회담을 갖기 전에 미국과 회담을 하는 것이 필요할 것이다.

0487   여사한 준비가 순조로이 진행된다 하여도 상당한 시간이 소요될 것이다.

이미 '1. 본 문제에 관련된 사항 마. 일본의 금년도의 정국'에 개설한 바와 여히 한일 간의 정치가 회담을 가지는 시기는 늦어도 금하(今夏)까지 기회가 도래할 수 있다

고 판단할 수 있다.

또한 이 기회를 놓치면 문제 해결은 더욱 지연될 것이 예상된다. 물론 그 전이라도 대사급 또는 수석대표급 회담은 상호 합의하에 누차 가질 수는 있을 것이다.

그러나 여사한 대사급 또는 수석대표급 회의에서도 해결 볼 수 없는 문제점을 해결하기 위하여 한일 간의 정치가 회담이 절실히 요청되는 바이다. 이와 같은 정치가 회담은 소수의 한일 문제 전문가로 구성된 수원으로써 도쿄나 서울을 피하고 제3지역에서 개최하는 것도 일 방안일 것이다.

다. 건의

1) 금후의 한일회담은 (가) 실무자 회담을 촉진시키도록 노력하고 (나) 수석대표 또는 대사급 인사 회담을 활용하여 문제점의 수를 최소한도로 압축시킴에 노력하며 (다) 한일 문제에 관한 대미 교섭을 적극화하여 정치회담을 개최할 준비가 되었을 때에 (라) 한일 양국의 정치회담을 개최하도록 함으로써 문제의 완전 해결을 기할 것을 건의한다.

2) 국내적 공보 활동 면에 있어서 한일 문제의 해결은 용이한 것이 아니나 끈기 있게 계속 노력하고 있다는 것을 점진적으로 국민의 이해를 얻는 방향으로 한일 문제에 관한 공보 활동을 개시할 것을 건의한다.

64. 제6차 한일회담 회담 진행에 관한 현황 보고 공문

회담 제6-68호
1962. 2. 7

수신: 외무부 장관

제목: 회담 진행에 관한 현황 보고

회담 재개 이후 현재까지의 회담 진행 현황, 대표단의 의도 및 요망사항 등에 관하여 아래와 같이 각 분과위원회별로(법적지위위원회 제외) 보고하나이다.

1. 청구권위원회
 1) 지난 1월 15일 도착 이래, 일 측과 수삼 차의 공식 또는 비공식 회합을 가졌으나, 이는 우리 측이 소극적으로 회담에 임한 결과 모두 앞으로의 회의 진행 방법에 관한 것을 가지고 토의한 데 불과하였던바, 작 2월 6일 비공식 회합에서,
　(1) 2월 말까지에 사무적 토의를 끝마칠 것을 원칙으로 하며,
　(2) 공식 및 전문가 위원회를 매주 각 1회씩 가지기로 합의하였는바,
 2) 금후의 전망은 일 측이 자기 측 견해 및 자료를 제출하여, 쌍방이 충분한 토의를 한 후 자기 측의 general response까지를 정치회담 전에 행할 예정이라고 주장하고 있고, 우리 측은 이를 거부할 이유가 없음에 비추어 금후는 우리 측도 태도를 변경하여 적극적으로 공세 및 방어를 취할 필요가 있다고 생각됨. 따라서 앞으로는 필요에 따라 수시로 인원의 보충이 절대 요청된다고 보여짐.
　추기: 2월 7일 전문으로 요청한 바 있는 홍윤섭 위원은 2월 13일 회의에 참석 가능토록 2월 10일까지 파견하여 주시기를 절망(切望)함.

2. 선박위원회

1) 일본 측은 선박 반환 요구에 대한 법 이론과 의제 C, D에 대한 토의를 주장할 것 같음.

2) 이에 대하여 우리 측으로서는 법 이론이 확실한 의제 A에 대한 사실 확인을 완료한 후에 타 의제를 토의하자고 주장할 위계임.

3. 문화재위원회

1) 2월 1일에 양측 수석위원 회담에서 쌍방이 기탄없는 의견을 교환하여 많은 협조적인 양승이 성립되어 실질적으로 품목을 선정하는 특별 전문가 회의를 가지기로 합의를 보았음.

2) 이리하여 2월 9일에 있을 공식 회담에서는 아 측에서 요구 품목을 제출하기로 합의가 되어있는바, 요구 품목은 기왕에 선출한 품목 약 1,000점이 있는데, 황수영 대표와 재차 검토하여 목록 작성을 하여 일 측에 제출할 예정이었으나 황 대표의 도착이 지연되므로 내주(2월 12일 이후) 일본에 제출하여 이것을 중심으로 양측으로 구성한 문화재선정위원회에서 3월 말을 한도로 선출을 완료코자 함.

4. 어업 및 평화선위원회

1) 일 측은 재개 회담에 있어서 어업 문제에 가장 큰 중점을 두고 있음.

2) 전번 회의 결과 자원론 본론을 2월 말까지 하기로 되었는바, 아 측은 일본의 남획상을 논증하고 어업협정 체결에 있어서 보존 조치가 필요하다는 점을 인식시킬 위계임. 이러한 의도에서 어업위원회는 앞으로 가능한 한 활발한 회의를 가질 위계임.

3) 자원론 토의에 있어서는 광범한 자료의 검토와 통계의 분석이 상호 간에 있을 것인바, 아 측 자료를 취급하여 오면 신광윤 위원의 참석이 절실히 필요함. 신광윤 위원을 지급 파견하여 주시기 바람.

한일회담 수석대표 배의환[관인]

65. 김종필 중앙정보부장 방일 관련 일본 언론 보도 보고 전문(박정희 의장 방일 관계 사전 조정)

번호: JW-10299

일시: 251900[1961. 10. 25]

수신인: 외무부 장관 귀하

중요 신문 기사 보고의 건

금일 25일 자 당지 각 신문 석간은 금일 오전 11시경 방일 중인 '김종필' 중앙정보부장이 원내로 이케다 수상을 방문하고 약 20분간에 걸쳐 한일 관계에 관해 이야기하였다고 보도하였는바 그중 산케이신문의 보도 내용은 다음과 같사옵기에 이를 보고함.

기

지난 24일 방일한 한국의 김종필 중앙정보부장은 수원 '석정선' 씨와 함께 25일 오전 11시경 원내로 이케다 수상을 방문하고 오히라 관방장관, 이세키 아세아국장 등과 약 20분간에 걸쳐 한일 관계에 관해서 이야기하였다.

김 씨는 이 회담에서 한국의 혁명 정부는 목하 내정, 외정에 비상한 노력을 계속하고 있으며 또한 일한 관계의 정상화를 강력히 희망하고 있다고 인사를 하고 일한 간의 현안에 관해서도 솔직한 이야기가 있었던 것 같다.

김 씨는 육사 8기생의 육군 대좌이며 현재의 송 정권의 중요한 인물이라고 한다. 김 씨는 타이완을 방문한 후 우리나라에 들른 것이나 체일 중 이케다 수상에 이어 고사카 외상, 기시 전 수상, 이시이 미쓰지로 등의 제씨와도 일한 관계에 관해서 타합할 예정으로 있다. 따라서 이번 회담을 통해서 일한 간의 현안에 관해서 상당히 솔직한 이야기가 있게 될 것으로 보인다.

주일 공사

66. 김종필 중앙정보부장 방일 관련 일본 언론 보도 보고 전문

번호: JW-10301

일시: 261130[1961. 10. 26]

수신인: 외무부 장관 귀하

금일 26일 자 당지 각 신문 조간은, 방일 중의 '김종필' 정보부장의 동정에 관해서 보도하였는바, 그중 '마이니치' 신문은 '김' 정보부장의 방일을 계기로 한일회담이 급속히 진전될 것이라고 다음과 같이 보도하였삽기에 참조로 이를 번역 보고함.

기

수상과 중요 회담
일한회담, 급속 진전
'김' 정보부장, 정치 절충에 선수

20일 재개된 제6차 일한전면회담은 26일 오전 10시부터 외무성에서 제2회 본회의를 열고, 의사 운영과 위원회의 설치를 결정한 후, 동일 하오 3시부터 즉시 어업 및 평화선위원회를 개최하고, 다년간의 현안 타개를 위하여 실질적인 심의를 개시하기로 되었다.

이보다 먼저 한국 측은 중앙정보부장 '김종필' 대좌를 일본에 파견, 동 씨는 25일 '이케다' 수상 및 '고사카' 외상과 중요 협의를 행하고 '일한 관계를 타개하기 위하여는 금번의 일한회담을 반드시 성공시키고 싶다'고 한국 혁명 정부의 솔직한 기분을 전하였다.

'김' 정보부장은 '박' 국가재건최고회의 의장에 다음가는 실력자로서, 회담에 들어가기 전에 직접 일본 정부의 최고 책임자의 의향을 타진하기 위한 것으로 보인다. 제

6차 회담에 임하여 한국 측은 현안의 정치적 해결을 주장하여 왔으나, 지난 20일의 제1회 본회의에서 일보 양보해서 정치 절충과 사무 절충을 병행할 것에 의견이 일치한 바 있어, 25일의 '이케다·김' 회담은 양국 대표단에 의한 정규 외교 '루트'보다 먼저 한국 측이 정치 절충의 선수를 쳐 온 것으로 보인다. 동석한 '이세키' 외무성 아세아국장은 "'이케다·김' 회담은 매우 우호적인 분위기 속에서 행하여졌으며, 일한회담은 이미 타합한 바와 같이 순조로이 진행될 것이다"라고 말하였다. 동일의 양 회담은 일한 관계 타개의 열쇠가 되는 중요 문제에 관해서 구체적으로 이야기한 것으로 보이며, 이에 따라 제6차 일한회담은 급속히 진전할 것이 예상된다.

'김' 정보부장은 28일까지 체일하며, 자민당의 '기시', '이시이' 씨 등과도 회담하고 자민당 수뇌부의 진의를 타진할 예정이다.

주일 공사

67. 김종필 중앙정보부장 방일 관련 일본 언론 보도 보고 전문

0498   번호: JW-10314

일시: 271010[1961. 10. 27]

수신인: 외무부 장관 귀하

금일 27일 오전 8시, 당지 'NHK'방송은 방일 중의 '김종필' 중앙정보부장이 작일 자민당의 '이시이 미쓰지로' 씨와 만나 한일 문제에 관해서 회담한 바 있다고 다음과 같이 보도하였삽기에 참고로 이를 보고함.

기

일본을 방문 중에 있는 한국의 '김종필' 중앙정보부장은 작일 자민당의 '이시이 미쓰지로' 씨와 만나 일한 문제에 관해서 회담하였다. 석상에서 김 정보부장은 '일한 관계 타결을 위하여 금번의 일한 교섭은 반드시 성공하기를 바란다'고 강조한 다음, 한국은 '이 라인'을 고집하지 않을 것이며, 일본에 대한 재산청구권에 대하여 탄력적인 태도로 임할 용의가 있음을 전하였다고 한다. 또한 '이시이' 씨가 한국의 박 의장이 방문하기 전에 '이케다' 수상과 비공식으로나마 회담할 것을 제의한 데 대하여, 김 정보부장은 이 뜻을 진언하겠다고 말하였다고 한다. '이시이' 씨는 그 후 한국 측은 적극적이며, 상당히 폭이 넓다는 것을 느끼었다고 말하였다.

주일 공사

69. 박 의장-이케다 회담 회의록

0502   박 의장 – '이케다' 회담 회의록

1. 회담 개최 일시: 4294년 11월 12일 오전 10~12시

2. 회담 개최 장소: '이케다' 수상 관저

3. 참석자
   한국 측: 박정희 의장
   일본 측: '이케다' 수상
   (통역은 참석하지 않았으나 발표에 있어서는 한국 측은 최영택 참사관, 일본 측은 '마에다' 북동아과장이 담당한 것으로 하기로 합의함.)

4. 회담 내용
   (1) '이케다' 수상은 한일 양국은 세계 정세, 특히 극동 정세에 비추어 서로 도와야 할 입장에 있다고 말하고 일본은 한국의 5개년 계획, 농촌 문제 등을 포함한 경제 재건에 큰 관심을 가지고 있으며, 앞으로는 양국 간의 현안 문제(주로 과거에 대한 청산 문제)뿐만 아니라 이러한 경제 재건 문제 등 장래에 속하는 모든 문제에 관하여 기회 있는 대로 상호 의견을 교환하였으면 좋겠다고 하였으며, 이에 대하여 박 의장은 동의하였다.
   (2) '이케다' 수상은 일본의 국내 사정, 특히 자민당 내의 사정을 설명하며 일본의 곤란한 사정을 이야기하였다. '이케다' 수상은 자민당 내의 약 3분지 1의 세력은 한일 회담을 지지하며, 또한 3분지 1은 신중한 태도를 보이고, 나머지 3분지 1은 이를 반대하고 있다고 말하였다.
0503   (3) '이케다' 수상은 한일회담의 실무자 회의가 아직 별 진전이 없으므로 구체적인

문제를 지금 논의할 수 없으니 원칙 문제에 관하여 이야기하자고 말하고 실무자 간의 토의를 가능한 한 촉진시키자고 말하였으며, 박 의장은 이에 대하여 원칙적으로 동의하였다.

(4) 재산청구권 문제에 관하여, 박 의장은 일본 국민은 한국청구권의 내용이 전쟁배상의 성질의 것이며 법적 근거가 박약한 것이라는 오해를 하고 있는 듯하나, 한국 측이 청구하고 있는 것은 배상적 성질의 것이 아니고 충분한 법적 근거가 있는 청구권이라고 설명하고, 지금·지은, 우편저금, 보험금, 징용자에 대한 미수금, 전사자에 대한 보상금, 연금 등 상당한 액수의 청구권을 한국은 가지고 있는데 일본 측은 5,000만 불 운운하고 있으니 부당하다고 말하였던바, '이케다' 수상은 '고사카' 외상이 그렇게 말한 모양이나 그것은 자기 자신의 의도는 아니라는 듯한 취지를 이야기하였다.

지금 문제에 대하여 '이케다' 수상은 자기가 보고 듣기로는 대가를 지불하고 사 온 것으로 되어 있다고 말하므로, 박 의장은 장부상으로 지불한 형식이 되어있는 모양이나 사실상으로는 무가로 가지고 간 것으로 보고를 받았다고 말하였다.

양자는 한국청구권의 내용을 실무자로 하여금 검토하게 하기로 이야기되었다.

(5) '이케다' 수상은 '기시' 혹은 '이시이'를 내월 중이라도 한국 측이 초청할 것을 희망하였으며, 이에 대하여 박 의장은 긍정적인 태도를 취하였다.

(6) '이케다' 수상은 일본 입장으로는 청구권만으로 과대한 금액을 지불하기는 곤란하니 법적 근거가 확실한 항목에 대하여서만 청구권으로 지불하고 그 외의 항목을 다른 명목으로 지불하는 것이 좋겠다고 말하고, 다른 명목으로 지불함에 있어서는 무상원조로 하면 한국의 국민감정상 곤 것도 [그것도 곤란한] 방법일 것이라고 이야기하였다.

(7) 박 의장이 재일교포의 은행 설치를 허가할 것을 요청하였던바, '이케다' 수상은 충분히 고려를 하겠지만 예컨대 중국인 등 제3국인 관계로 곤란한 점이 있을지도 모른다고 말하였다.

(8) '이케다' 수상은 99.9%까지 양자가 이번 회담에서 합의를 본 것으로 발표하자고 제의하였는바, 박 의장은 대체로 합의한 것으로 발표하자고 말하였으며, 이에 대하여 '이케다' 수상이 동의하였다.

70. 제6차 한일회담 진행 방법에 대한 건의

0505   회담 제 6-18호
단기 4294년 11월 13일

제6차 한일회담 수석대표[관인]

외무부 장관 귀하

건명: 금후 한일회담의 진행 방법에 대한 건의

지난 11월 12일에 개최된 박 의장-'이케다' 수상 회담의 결과에 따라, 앞으로 한일회담을 별첨 행정 연구서의 건의와 같은 방법으로 진행시키는 방침을 승인하실 것을 건의합니다.

별첨

70-1. 제6차 한일회담 진행 방법에 관한 행정 건의서

0506　　행정 연구서

제목: 금후 한일회담의 진행 방법에 대한 건의

1. 문제: 지난 11월 12일 개최된 박 의장-이케다 수상 회담의 결과에 가하여 차후 한일회담을 아국에 유리한 방향으로 진행시키기 위함.

2. 문제와 관련된 사실
(1) 차후 한일회담 진행 방법에 대한 정부의 구두 지시

박 의장-이케다 회의가 끝난 후 11월 11일 오후　시 '게이힌칸'에서 차후의 한일회담 진행 방법에 대하여 박 의장 각하는 배 수석대표에게 다음과 같은 구두 지시를 하였다.

　　ㄱ) 종래에는 사무적인 절충은 지연시키고 정치적인 해결을 기도하는 방향으로 회담을 진행시켜 왔으나, 차후에는 회담을 촉진하여 정상적인 사무적 토의를 한다.
　　ㄴ) 사무적 절충에서 쌍방의 의견이 상치되는 문제에 대하여는 결론을 내지 말고 그 해결은 정치회담에 미룬다.
　　ㄷ) 사무적인 토의와 아울러 정치적인 막후 교섭을 병행하는 다원적인 교섭을 기도한다.

(2) 회담을 촉진하는 경우 청구권의 개괄적 토의에 쓰이는 시간

0507　　실무자의 견해에 의하면 청구권의 각 항목에 대한 개괄적 토의를 하는 데에는 약 1개월 내지 3개월의 시일을 요한다. 그러나 이것은 일본 측의 태도에 따라 달라질 수 있다.

(이세키 일본 외무성 아세아국장은 청구권에 대한 개괄적 토의를 하는 데 1개월을 요한다고 상부에 보고한 바 있음.)

(3) 차후의 정치회담에 대비한 사무적 절충

차후에 정치회담이 개최될 경우, 그때에 다시 일본 측이 사무적인 준비가 안 되어

구체적인 결론을 낼 수 없다는 구실을 주지 않도록 연내에 청구권에 대한 대충의 토의를 마치는 것이 좋다.

(4) 박 의장-이케다 수상 회담에 대한 일본 측 반향

11월 13일 조간에서 일본의 각 신문은 일본 정부 및 자민당의 의견이라는 전제하에 한일 간 수뇌회담의 성과를 다음과 같이 보도하였다.

"박 의장-이케다 수상 회담은 성공적이었으며, 앞으로 회담이 순조롭게 진행되면 명년 2, 3월에는 국교 정상화가 실현될 것으로 예측된다. 금번 수뇌회담의 성과를 요약하면 다음과 같은 점들이다.

ㄱ) 청구권은 개인적인 청구뿐이며 그 액수는 법적 근거와 자료에 의거한 사무적 절충에 의하여 결정되어야 한다는 일본 측 주장을 한국 측이 인정하였다(한국의 청구권은 충분한 법적 근거가 있으며, 그것에는 배상의 성질의 것은 포함되어 있지 않다는 설명을 아전인수한 것임).

ㄴ) 청구권은 사무적으로 엄밀히 따지는 대신 한국의 경제 재건을 위한 경제 원조는 한국에 유리한 조건으로 제공할 것을 일본 측은 약속하였으며, 이에 대하여 한국 측은 경제 협력 문제는 국교 정상화 후에 고려하겠다는 종래의 주장을 버리고 이 문제도 청구권에 대한 사무적 절충과 병행하여 검토하자는 데에 동의하였다(청구권과 경제 협조는 분리해서 취급한다는 종래의 입장에 변함이 없다고 의장께서 말씀하였음).

ㄷ) 한국 측은 청구권 문제가 해결되면 평화선 문제도 해결할 의사가 있음을 천명하였다."

3. 토의

회담을 촉진하는 경우의 장단점을 검토하면 다음과 같다.

(1) 장점

ㄱ) 박 의장-이케다 수상 회담 후에 한국 측의 태도가 적극화했음을 일본 측에 표시하고 일본 측의 적극적인 성의를 요구할 수 있다.

ㄴ) 청구권에 대한 법적 근거와 아 측 주장의 정당성을 일본 측에 이해시키도록 노력할 수 있다.

ㄷ) 차후에 정치회담이 개최될 시 일본 측이 또다시 사무적인 토의가 안 되어 정치적 절충을 할 수 없다는 구실을 하는 것은 막을 수 있다.

ㄹ) 일본 측도 회담의 촉진을 주장하고 있는 터이므로 회담을 순조롭게 진행시킬 수 있으며, 따라서 조기 타결이라는 정부의 기본 방침을 실현하기 용이하다.

(2) 단점

ㄱ) 종래의 우리 측 주장을 변동하게 되면 아 측의 태도가 유난하여 회담 진행을 서두르고 있다는 인상을 줌으로써 필요에 따라서는 일본 측이 고압적으로 나올 우려가 있음.

ㄴ) 특히 청구권 문제에 있어서 법적 근거와 자료가 미비한 항목을 구체적으로 토의하게 되면 정치적 타결에 있어서 우리 측 입장을 약화시킬 우려가 있다.

4. 결론

전기한 바와 같이 회담을 촉진시키는 경우의 장단점을 비교 검토하여 보건대, 회담을 아 측에 유리한 방향으로 인도하기 위하여는 종래의 지연 방침을 지양하고 회담을 촉진시키는 것이 좋다고 생각됨.

5. 건의

상기 결론에 감하여 앞으로 회담을 다음과 같은 방법으로 진행시키는 방침을 승인할 것을 건의함.

(1) 청구권위원회

ㄱ) 사무적인 절충을 촉진하여 우리의 입장을 일본 측에 충분히 인식시키도록 노력한다.

ㄴ) 이러한 총괄적인 사무적 절충은 가급적 연내에 완결하도록 한다.

(2) 어업 및 평화선위원회

ㄱ) 청구권위원회와 보조를 같이하여 회담을 진행시킨다.

ㄴ) 가능한 방법으로 아 측의 적극성을 표시한다.

(3) 재일한인 법적지위위원회

이 위원회에서는 종전과 동일한 방법으로 회의를 진행시킨다.

71. 제6차 한일회담 한국 수석대표의
주일 미국 대사관 직원과의 면담 결과 보고 전문

0511   번호: JW-11362

일시: 211620[1961. 11. 21]

수신인: 외무부 장관

　본인은 금일 21일 정일영 대표를 대동하고 주일 미국 대사관 정치 담당 1등서기관 James S. Sutterlin과 한일 문제 담당관 2등서기관 William H. Gleysteen과 오찬을 같이 하고 약 2시간 환담하였는데 그 내용은 다음과 같음을 보고함.

　양인은 박 의장-이케다 회담이 기대 이상으로 성공적이었다고 말하고 특히 박 의장의 태도나 인품에 대하여 일본 신문들이 극구 찬양하고 있다고 말하기에 본인은 그렇지만 박 의장-이케다 회담이 있은 후 일본 측에서 지나친 신문 공세를 전개하고 있어서 회담의 분위기를 해칠 우려가 있다고 말하였음.
　그러자 실은 자기들도 심히 우려하고 있다고 하고 일본 측이 극비로 해야 할 한일수뇌회의의 내용을 누설하고 또한 사실을 왜곡 보도하고 있는 데 대하여 대단한 불만을 느낀다고 부연하였음.
　본인은 일본 측의 심한 신문 공세에 대하여 일체 침묵을 지켜왔었지만 현지에 와있는 우리나라 신문 기자들이 일본의 신문 공세에 대한 해명을 요구하고 또한 우리 국내에서는 신문들이 일본 보도에 의한 한일수뇌회담에 대하여 상당한 의아심을 표현하고 있어 입장이 매우 곤란하다고 말하고 특히 오늘 25일 미국으로부터 당지에 도착할 박 의장께서 허위에 찬 일본의 신문 공세를 알게 되면 일본 정부를 불신하고 그 결과 한일 협상 기운이 파괴될지도 모른다고 심한 '우려'를 표시하였음.
　이에 대하여 양인은 "일본 외무성이 직접 신문 공세를 하는 것이 아니고 자민당 사람들이 박 의장-이케다 회의의 내용을 누설하고 사실을 '와전'한 것인지도 모른다. (또는 일본 외무성 관리들이 고의로 그런 짓을 하고 일본의 여론을 자기들에게 유리하게 인도하려고 하는 것인지도 모르지만) 어쨌든 일본 외무성의 하는 짓이 불쾌하더라도 그들을 무마하고 이용하도록 해봐 달라. 자기들이 보건대 일본 외무성은 어떻게 해서든지 회담을 조속히 성립시키려고 애쓰고 있는 것만은 사실이다"라고 설명하면서 "박 의장께서 일본의 신문 공세에 대한 해명을 하더라도 일본 정부를 너무 공격하는 것보다는 '회담의 내용에 대하여 MISLEADING한 점이 있는 것 같다'는 정도로 해주면 어떻냐?"는 희망을 말하였음.

(SUTTERLIN 씨는 "박 의장께서 이케다 수상에게 사신을 내는 것이 어떻냐?"라고 말하였는데 GLEYSTEEN씨는 "그렇게 하면 누설되고 문제가 더 복잡화할 우려가 있다"라고 이를 제지하였음.)

이와 같이 종전에 우리에 대하여 비판적이며 친일적이라고 생각되는 GLEYSTEEN 씨는 한일수뇌회의에 있어서 한국에서 취한 태도를 극구 찬양하고 우리 입장에 퍽 동정적이며 교감을 표시하였음. 일본의 신문 공세에 대한 이 얘기가 오래 계속된 후에 본인이 "미국 대사관에서 보기에는 일본 정부가 어느 정도의 금액을 생각하고 있는 것으로 보이는가?"라고 물었더니 '일본 신문 지상에서 느낀 인상이라는 전제하에 3 내지 4억 불 같다'고 대답하고 본인에게 반문하기를 'CLAIM'이냐 'GRANT'냐 하는 문제에 대하여 한국 정부의 태도는 어떤가 하기에 '문제는 전체의 '금액'을 정하는 것이 중요하다'고 답변하였음 본인은 또한 '어떠한 경우에도 '총액' 중에서 2억 불은 '현금'으로 받았으면 한다'고 부언한바 이에 대해서 대단히 흥미를 가진 것으로 보였음.

양인은 "명년 5월에 일본에 총선거가 있을지 모르는데 그 전에, 즉 명년 4월경까지 한일회담 결과에 대한 일본 국회의 승인을 얻을 거면 늦어도 2월 내로 회담이 타결되어야 할 것이다"라고 말하였음.

양인의 희망으로 본인은 오는 22일 하오 3시 '라이샤워' 대사를 방문할 예정임.

끝

수석대표

72. 제6차 한일회담 양국 수석대표 오찬 회동 결과 보고 전문

번호 ; JW-11393

일시: 211650[1961. 11. 21]

수신인: 외무부 장관 귀하

본인은 금일 22일 '스기' 일본 수석대표의 초청으로 가유회관에서 단둘이 오찬을 같이 하고 1시간 30분간 환담하였는데 그 내용을 다음과 같이 보고함.

1. 먼저 스기 씨는 "회담을 스피드 업 하자고 하고 청구권위원회에서 한국 측의 증빙 서류 같은 것을 빨리 제출하여 주었으면 좋겠다"라고 하기에 본인은 오늘 아침에 있었던 청구권위원회에서 우리 측이 한 주에 2번 정도라도 회담을 가지면 어떠냐고 하였는데 오히려 일본 측에서 "예산 편성 관계로 바빠서 그렇게 할 수 없다"라고 말하였음.

스기 씨는 명년 5월에 참의원 선거가 있고 또 4월경에 일본의 연도 예산이 편성되는 고로 그 전에 회담을 완료토록 힘써 보자고 말하였음.

2. 스기 씨는 또한 말하기를 요즘 일본 경제계에서 한국에 시찰단을 보내도록 하자는 안이 많이 도는데 그들의 말은 한국에 투자 목적이라고 하지만 스기 씨 자신의 생각에 의하면 이들은 모두 자기 돈벌이하러 가려는 것 같다고 하였음. 그래서 본인은 경제 시찰단 같은 것은 일본 측뿐만 아니라 한국 측으로부터도 서로 파견하여야 할 것이며 어떻든 이러한 문제는 국교 정상화 후에 행하여야 할 것으로 생각한다고 답변하였음.

3. 본인은 일본 정부가 박 의장-이케다 수상의 회담 내용을 누설하고 또한 왜곡 보도하여 신문 공세를 취하고 있는 데 대하여 유감을 표시함과 동시에 "이것이 양국 수

뇌회담으로 고조된 협상 기운을 해칠 우려가 많다. 우리 대표단이나 정부는 이 점 침묵을 지키고 있는 것이다"라고 말하니 스기 씨는 자기도 이러한 장난을 유감으로 생각하여 입장이 매우 곤란하다고 말하면서도 일본 외무성에 대하여 어떠한 대책을 하겠다는 언질은 하지 않았음.

그러나 스기 씨는 일본의 신문 공세에 대하여 박 의장께서 너무 감정을 상하지 않게끔 잘 설명을 해달라고 청하였음.

4. 금일의 회담은 스기 씨는 가끔 만나서 이야기하고 싶어서 한 것이라고 말하였지만 추측건대 작 21일에 본인이 미국 대사관의 관계자를 만나 일본의 신문 공세를 비난한 것이 일본 측에 전하여져서 스기 씨가 갑자기 만나자고 한 것이 아닌가 사료됨.

끝

수석대표

73. 제6차 한일회담 한국 수석대표의 주일 미국 대사 면담 결과 보고 전문

번호: JW-11402

일시: 211830 [1961. 11. 21]

수신인: 외무부 장관 귀하

금일 22일 하오 3시 수석대표는 정일영 대표를 대동하고 주일 미국 대사관으로 라이샤워 대사를 방문하고 한일 문제에 관하여 약 1시간 간담한바 동 간담 내용의 요지는 다음과 같음.

(동 석상에서는 한일 문제 담당관 '글라이스틴' 2등서기관도 동석함.)

1. 수석대표가 "회담을 순조롭게 진행 중이다"라고 인사말을 하자 대사는 전번 박 의장-이케다 회담이 극히 성공적이었다고 말하고 "특히 박 의장이 일본 국민에게 좋은 인상을 남겼으며 또한 이케다 수상이 비행장까지 마중 나가고 경찰관이 13,000명이 동원되는 대환영을 박 의장에 대하여 일본 정부가 베푼 것을 일본 신문들이 당연한 일인 것처럼 취급하고 국민들 간에도 이렇다 할 반대가 없었던 것은 몇 달 전까지만 하더라도 한국 정부에 대하여 비판적이었던 것을 상기할 때 놀라운 일이었다고 생각한다. 명년 봄 일본 국회가 폐회하기 전에 회담을 결실하도록 노력해 주었으면 좋겠다. 더욱이 일본 정부의 태도를 보건대 되도록 국회의 인준을 받는 트러블을 적게 하려고 애쓰고 있는 모양인데 그래서 국회에 인준을 받을 필요가 없는 차관이 야기, 대두되어 있는 것 같다"라고 말하였음. 이에 대하여 수석대표는 기실 오늘 아침 열린 청구권 회의에서 매주 2회 정도 바로 회의를 열고 '스피드 업' 하자고 하였더니 일본 측은 예산 편성 관계로 바빠서 그렇게 못 하겠다고 하였다고 말하고(이에 대하여 라이샤워 씨는 유감스럽다는 표정을 함) 또한 차관 문제에 관하여는 우리가 받을 것이 있으

니 그것을 받고 거기에다 정치적인 이유로서 무상 원조 형식으로 더 지불을 하겠다면 그것을 받고도 더 필요한 경우에 차관을 요청할 성질의 것이라고 우리 측의 입장을 밝혔음.

0517　2. 박 의장-이케다 회담에 관한 일본 측의 신문 공세를 비난하고 극비로 하여야 할 한일수뇌회담의 내용을 누설하고 또한 왜곡된 허위 선전으로 우리 입장이 곤란할 뿐 아니라 회담의 분위기를 파괴할 우려가 많다고 말한즉 대사도 이 사실을 인정하고 일본 정부의 행동을 비난하면서도 그러한 신문 공세는 일본 관료들이 행하는 의례고 자기가 믿건대 이케다 수상이 결코 여기에 관련되어 있지 않다고 생각한다, 그러니 박 의장에게도 잘 설명해 드리고 나쁜 결과가 되지 않도록 바란다고 말하였음.

3. '이시이' 또는 '기시' 씨가 12월 중순경 서울을 방문한다는 말이 있는데 어떻게 생각하느냐고 물었더니 대사는 자기도 그런 소문을 들었다고 하고 그 기회에 어떤 구체적인 제안을 가지고 간다 하니 회담은 조속히 타개 점으로 향하고 있다고 본다고 말하였음. 이에 대하여 수석대표는 양측 수석대표 간에도 협상이 이루어질 것이라고 부연하니 대사도 물론 그렇게 되었으면 좋겠다고 하였음.

4. 교포 법적 지위 문제 가운데 우리로서는 극히 중요한 일로서 모든 재일한인에 대하여 우리 국적을 인정해 줄 것을 바라고 있으나 일본 측이 이에 응하지 않으며 영주권 신청 방법에 있어서도 절차를 간단하게 해놓으면 교포 가운데 많은 부동 세력이, 그리고 조련 관계자들까지도 영주권을 신청하고 우리 국적을 득하게 될 터인데 일본 측은 이와 같은 기술적인 문제까지도 우리 요구에 순응하지 않는다고 말한즉 대사는 우리에게 동정적인 표정을 하면서도 "공산주의자들을 구태여 용납할 필요가 없지 않은가?"라고 잘라서 말하였음.

5. 대사는 자기 측에서 '지금·지은' 문제는 어떻게 되었느냐 하기에 '지금·지은'에 관한 우리의 주장과 논점을 설명하고 '지금·지은' 문제만은 여하한 경우에도 우리 주장을 포기하지 않겠다고 강조하여 말을 하였던바, 대사는 "3억 불이나 되는 이 돈을

일본이 갚겠는가?"라고 반문하면서 어떻게든지 정치적으로 해결이 되리라고 믿는다고 말하였음.

(지금·지은 문제로 과거 일본이 한국 개발에 얼마만 한 돈을 썼으며 얼마만 한 재산을 한국에 남기고 갔다느니 하여 대사와 수석대표 사이에 약간의 논의가 있었으며 수석대표는 일본이 한국으로부터 가지고 간 재산이 몇 배나 더 됨을 강조하였음.)

6. 대사는 회담의 진행에 대단한 관심을 표시하면서 자기로서 일본 정부에 대하여 할 바를 다하겠다고 약속하였음.

끝

수석대표

74. 박정희 의장에 대한 브리핑 관련 유의사항 통보 전문

번호: WJ-11349

일시: 231900 [1961. 11. 23]

수신인: 한일회담 수석대표 귀하

오는 5일 오전 7시 하네다비행장에서 박 의장 각하에게 행할 귀하의 '브리핑'에 있어 다음 사항을 유의하고 건의하시기 바랍니다.

1. 박-이케다 정상회담 직후 한일회담 대표단원 및 주일 공사와 외무부 장관, 특별보좌관, 정무국장 등이 참석한 자리에서 종전까지의 회담 진행에 관한 지연 작전을 지양하고 12월 중순경까지에 실무자 회의를 촉진시키고 양쪽의 의견을 조정시킴으로써 일본 측이 재산청구권에 관한 구체적인 태도를 취할 수 있는 기회를 주도록 하자는 결론을 낸 바 있사온데

2. 그 후 일본 측은 한국의 청구권은 개인의 것에 한하기로 박 의장께서 동의하였다는 듯이 박-이케다 회담 내용을 왜곡 선전하고 있으며 또한 아 측이 청구권에 관해서 마치 초조한 입장을 취하고 있는 것 같이 오해하여 이를 실무자 회의 토의에서 유리하게 이용하려는 것으로 생각되오니

3. 실무자 회담의 회의 진행 속도를 일본 지도자의 방한 문제에 결부시키지 말고 귀하가 현지에서 최선의 방법이라고 판단되는 회의 진행 방식을 택하여 건의하시기 바랍니다.

장관

75. 박정희 의장에 대한 박-이케다 회담 반향 및 건의사항 보고 결과 보고 전문

0521   번호: JW-11458

일시: 251155 [1961. 11. 25]

수신인: 외무부 장관 귀하

본 대표단에서는 다음과 같이 박 의장-이케다 수상 회담에 관한 반향 및 그에 대처한 건의사항을 작성하여 금일 25일 아침 의장 각하께 상정하였음을 보고함.

수석대표

보고 내용
1. 전반적 문제
2. 재산 청구 문제
3. 평화선 및 어업 문제
4. 기타 문제
5. 건의사항

11월 12일 개최된 한일수뇌회담에 관하여는 본 대표단에서 11월 13일 자로 '행정연구서'를 작성하여 상신한 바 있는데 그 후의 사태 발전을 종합 관찰하여 이 보고서를 작성함.

1. 전반적 문제
가) 박 의장-이케다 수상 회담에 관한 전반적인 논평으로서 한일 양국부터 제3국

들이 모두 현재 진행 중인 한일회담에 일대 계기를 이루었고 회담이 급진전되리라고 관측하고 있음. 연이나 일본 측은 한일수뇌회담에서 종전부터 일본 측이 주장하여 오던 것이 전적으로 관철되었다고 보도하고 있으며 미국을 위시한 제 외국에서도 한국 측이 보여준 타협적인 태도로 한일 양국 간의 조속한 국교 정상화가 실현되리라고 보고 있는 반면에 한일수뇌회담에 관한 일본 측의 일방적인 '선전 공세'에 영향을 입은 아국 여론은 회의적인 태도로 박 의장-이케다 수상 회담의 결과와 앞으로의 한일 협상을 관망하고 있는 것 같이 당지에서는 관측됨.

나) 일본 신문들은 박 의장-이케다 회담에서 '합의'된 사항으로서 다음과 같이 보도하고 있음.

1) 한일회담을 조기 타결할 것.

2) 청구권에 관하여는 법적 근거가 확실한 개인 청구권만 청구하는 것에 양 정부 수뇌 간에 양해가 성립되었다.

3) 경제 협력 문제도 청구권 문제와 관련시켜 국교 정상화 전에 논의한다.

4) 청구권 문제가 해결되면 평화선 문제도 자동적으로 해결된다(평화선은 현 단계에 있어서는 '철폐'된 것이나 마찬가지다).

5) 박 의장 요청으로 무상 원조 대신 차관을 제공으로 합의하였다. 박 의장께서 떠나신 후 위와 같이 선전하다가 3, 4일 전부터 침묵을 지키더니 박 의장께서 귀환하시는 것을 계기로 작 24일 다시 선전 공세를 개시하여 상기한 소위 '합의사항'이 기정사실인 것처럼 보도하고 "비록 한국 국내의 박 의장-이케다 회담 결과에 대한 불만과 반대가 있기는 하나 박 의장이 그러한 반대를 억제할 수 있을 것이다"라고 보도하고 있음.

다) 위와 같은 신문 공세의 반면에 박 의장의 방일 성과로서 일본 신문의 논조에서 다음과 같은 점을 관측할 수 있음.

1) 박 의장 각하의 타협적이고 솔직한 태도가 일본 국민에게 친근감을 주어 한일 양국 간의 협조와 제휴가 강조되고 있음(예-한국의 국방력은 일본 자체의 안전에 직결된다. 한국에 대한 경제 원조는 당연한 일이다).

2) 일본 정부와 자민당 내의 친한자의 입장이 강화되었음.

3) 경제계에서는 한일 경제 협조 등이 활발하게 되었음.

0523   라) 수뇌회담이 실무자 교섭에 미친 영향으로서

　　　1) 일본 측 태도에서는 회담 석상 눈에 뜨일 만한 변동이 없으며,

　　　2) 아 측에서는 종래의 지연 작전을 지양하고 실무자 토의를 촉진하여 왔음(기실, 회의는 종전보다 빈번히 그리고 각 위원회마다 장시간 행하여지고 있음).

　　마) 앞으로 회담 진행의 전망은 아래와 같음.

　　　1) 회담 타결의 시기에 관하여 내년 2월이니, 4월이니 하는 억측이 일본 신문에 보도되었는데 이시이 씨는 명년 5월에 끝날 일본 국회의 회기 중에 한일 협상에 관한 국회 비준을 기대하기 어려울 것이라고 관망하였으며 일본 외무성 당국도 같은 견해를 표명하였고 한편 마에오 자민당 간사장은 "내년 5월에 있을 참의원 선거 후 소집될 임시 국회에서 한일 문제가 논의될 것이다"라고 했는데 스기 일본 수석대표는 현 국회 폐회 전에 국회 비준 절차를 완료하자고 (본인에게) 제의하고 있으며 라이샤워 미국 대사도 동일한 의견을 가지고 있음.

　　　2) 여하간 일본 정부 측의 구상은 명년 3, 4월경까지 현안 문제의 협의가 되고 협정에 조인한 후 국교를 정상화하고 그 후 소집될 임시 국회나 연도 말 정기 국회에서 협정을 비준하며 이에 따르는 예산 편성을 부의할 것같이 보임.

　　　3) 아 측에서 어떻든 간에 회담을 조속히 타결 짓는데 노력할 것이나 회담 결과의 제 협정은 가조인 정도로 마련하여 놓고 일본 국회에 의하여 비준 발효되기 전에는 일본 측에서 국교 정상화나 경제 협력의 제의가 있더라도 수락을 보류할 방침을 세워서 할 것임.

　　　4) 이시이 씨나 기시 씨의 방한 계획에 관하여는 박 의장 각하의 오찬 후에 양 씨로부터 방한을 초청받았다는 언명이 일본 신문에 간략하게 보도된 외로는 전혀 보도가 없음(아 측의 동아일보, 한국일보는 이를 중요시하고 특기하였음).

0524　2. 재산청구권 문제

　　가) 박 의장-이케다 수상 회담에서 개인 관계의 청구권만 지불키로 합의되었다는 선전 보도는 이세키 아세아국장이 자민당의 '한일문제간담회'에서 발설한 것인데 이곳에는 이케다 수상 자신이 관련되어 있지 않을까 의심되며 이와 같은 낭설은 여러 차례 반복된 선전의 결과 고정 사실화된 인상을 주고 있음.

본 대표단에서는 상부 지시에 의하여 이와 같은 선전 공세에 대하여 침묵을 지켜왔으며 다만 스기 수석대표에 대하여 항의한 바 있고 스기 씨는 "유감스러운 일이다"라고 답변함. 라이샤워 미국 대사와도 상의한 바 있는데 동 대사는 퍽 염려하고 있었음.

나) 일본 측이 지불할 총금액이나 청구권조 지불액에 관하여 한일수뇌회담 후로 별 달리 보도된 바 없으나 개인 관계 청구권만 지불하기로 되었다고 설명을 한 이세키 씨는 종전 주장과 마찬가지로 "5,000만 불 이상, 1억 불 이하"라고 주장을 되풀이하고 있음.

다) 일본 측으로는 아국이 무상원조를 원치 않는 까닭에 차관을 공여토록 되었다라는 것이 결정적인 사실인 것처럼 보도하고 있음.

라) 지금·지은의 반환에 관한 토의는 의견이 상호 대립된 채 끝났는데 일본 측에서 이 문제는 장차 조정키로 하자고 제의를 하였음(본 대표단으로서는 미국 대사관 측과 외신기자에게 대하여 "지금" 문제만은 결단코 양보하지 않겠다고 강조하고 있음).

마) 청구권위원회 토의 진행 방안으로서는 이시이 씨나 기시 씨가 연내로 방한하고 정치적 협상을 행할 것이라는 전제하에 일본 측이 재산청구권에 관하여 구체적인 태도를 취할 수 있도록 연내에 실무자 토의를 일단락 지을 방침이었으나 일본 측의 허위 선전 공세에 직면하여 우리의 정당한 논거를 어디까지나 관철시킬 결심으로 청구권위원회의 토의를 정상적 방법으로 추진시키고 있음.

3. 일본 신문들은 박 의장-이케다 수상 회담에서 평화선에 관한 구체적인 합의가 있었다고 보도하고 있음

가) 의장 각하께서 평화선은 "신축성을 가지고 고려하겠다"라고 말씀하신 것은

1) 본 대표단으로서 평화선 대신에 국제관례에 따라 어족 자원의 보존을 위하여 협정을 체결할 생각이라는 것으로 해석하며(그러한 협정을 '샌프란시스코' 평화조약 제9조 및 21조에 의하여 일본이 한국을 상대로 체결할 의무가 있는 것이며 일본이 그와 같은 조약 체결 의무를 당초부터 이행하지 않았기 때문에 아국은 평화선을 확정하고 어족 보전을 단독으로 시행하여 온 것임)

2) 일본 측에서는 정부 태도로서는 우리 생각과 원칙적으로는 동일한 어업협정을 예상하고 있으나 국민들 간에는 평화선이 완전히 철폐되고 평화선 내에서 마음대로

어로에 종사할 수 있는 것처럼 생각하고 있음.

　　3) 우리 국내, 특히 어업계에서는 일본의 선전 영향을 입어 평화선과 청구권이 흥정이나 되는 것처럼 심각한 표정으로 우려하고 있음.

　나) 일본에서는 청구권 문제의 해결과 동시에 소위 '잠정 어업협정'의 체결을 구상하고 있으며

　　1) 이 잠정 협정이라 함은 과학적인 어족 자원 조사에 의하지 않고 정치적 절충에 의하여 협정을 체결하는 것으로서

　　2) 기실 그러한 잠정 협정은 다른 국제관례에서 보면 항구적인 협정이 되고 말 것이며 이 점을 유의하여 아 측에서도 되도록 유리한 협정을 맺도록 노력할 것인바

　　3) 현재의 상태로서는 종전부터 토의하여 온 양국 수역에 있어서의 어족 자원론을 내년 2월 말까지 끝내고 그 후 약 1개월이면 잠정 협정 절충이 행하여질 것으로 전망함.

　다) 한일수뇌회담 후로 '평화선 및 어업위원회'에서 일본 측의 태도에는 별다른 변동이 없으나 최근에 이르러 토의의 대상인 '어족 자원론'에 일본 측에서 고의적인 지연 작전을 취하고 있는바 이것은 어족 자원을 조사하게 되면 남획 사실이 탄로되고 어족 감소가 증명되는 불리한 결과가 초래될 것을 예측하여 자원론에 기한 어업협정을 맺지 않고 청구권 문제와 결부시켜 어업협정을 정치적으로 흥정할 의도인 것이 명백함. 따라서 본 대표단에서는 실질적 어족 자원 보존을 위한 협정을 '잠정적 협정'이나마 마련하고자 노력할 것임.

　4. 기타 문제

　재일한인 법적 지위, 선박, 문화재 반환 등의 문제는 한일수뇌회담의 별다른 영향 없이 진행되고 있으며 더욱이 회담의 전반적인 분위기가 호전됨으로써 상기 등의 위원회의 토의가 종전보다 활발화되고 있음.

　5. 건의사항

　가) 이상 보고한 바에 의하여 금후 회담 추진 방침을 조정하여야 할 것인바 아래와 같이 건의함.

1) 회담의 조속한 타결을 목표로 실무적 토의를 촉진한다.

2) 이를 위하여 이시이 씨 또는 기시 씨의 방한에 의한 정치적 협상을 촉구하고 청구권에 관한 일본 측의 구체적인 안 제시를 요구한다(박 의장-이케다 수상 회담이 있기 전에 일본 외무성 당국자는 동 회담에서 구체적인 금액 제시를 할 것이 아니라고 주장하고 이는 한국 측으로부터 아직껏 청구권에 관한 충분한 설명이 없었던 까닭이라고 하고 1개월쯤 더 기다리면 좋을 것이라고 하고 이케다 수상과 자민당에게 주장하였던 것임).

3) 위에서 지적한 바와 같이 한일 간 제 협정이 발효되기 전에는 국교 정상화를 보류한다는 명백한 방침을 고수한다.

4) 청구권위원회에서는 토의에 촉진을 기하되 우리의 정당한 주장을 어디까지나 관철한다.

5) 개개의 청구권 항목에 관하여 쌍방 간에 대립된 부분은 뒤에 미루지 않고 수시로 수석대표 간에 절충을 한다.

6) 청구권 중 어느 정도 정치적인 성격을 띤 것은 정치적 절충에서 주력한다.

7) 어업 문제에 있어서 '잠정 협정'의 대비는 하되 정치적인 고려에 의한 협정보다는 여태까지나 '자원론', 즉 어족 보존을 위한 실제적인 기반 위에서 체결토록 노력한다. 따라서 현재 토의 중인 어족 자원론을 강력하게 추진한다.

8) 어업 문제는 필경 청구권 문제보다 합의가 지연될 것이나 어업협정 체결 전에는 평화선이 존속한다는 것을 명백히 하고 그 수호에 만전을 기한다.

9) 법적 지위, 선박, 문화재 등 문제도 청구권 문제와 동시에 해결토록 촉진한다.

나) 상기한바 한일수뇌회담에 관한 일본 측의 일방적인 왜곡 보도를 시정할 뿐더러 수뇌회담의 내용이나 한일회담의 전반적인 방침에 관하여 적기에 대외적으로 천명한다.

끝

76. 제6차 한일회담에 관한 종합 보고서(제1호)

0529

회담 제6-1호

단기 4294년 10월 23일

제6차 한일회담 수석대표[관인]

외무부 장관 귀하

건명: 제6차 한일회담에 관한 종합 보고(제1호)

머리의 건 제6차 한일회담에 관한 종합 보고를 다음과 같이 제출하나이다.

기

1. 활동 보고

1) 10월 18일 하오 6시 30분 하네다국제공항에서 도착 성명 발표(JW-10229호 전문 참조).

2) 10월 19일 상오 10시 일본 외상 고사카 씨를 예방하였으며, 그의 소개로 일본 측 수석대표 '스기' 씨를 만나 약 15분간 한일회담에 관하여 간담하였음(JW-10234호 전문 참조).

3) 10월 20일 상오 10시 '이케다' 일본 수상을 예방하고 약 15분간 한일 문제에 관하여 간담하였는바, 이케다 수상은 한일회담을 금년 내로 종결시킬 결심이라고 언명하였음(JW-10256호 전문 참조).

0530

4) 10월 20일 상오 10시 30분 한일회담 '스기' 일본 측 수석대표는 주일 대표부로 본 대표단을 예방하였음(JW-10257호 전문 참조).

5) 10월 20일 하오 1시 30분 이동환 차석대표와 정일영 대표는 일본 외무성 '이세키' 아세아국장 및 '마에다' 북동아세아과 과장과 회합하고 한일회담 제1차 본회의 개

최에 관하여 협의하였음(JW-10259호 전문 참조).

6) 10월 20일 하오 3시 한일회담 제1차 전체회의 개최함(JW-10258호 전문 참조).

2. 일반 보고

1) 한일 문제 해결에 관하여 일본 정부 요인으로부터 받은 인상

'이케다' 수상 및 '고사카' 외상을 비롯하여 일본 정부 요인들은 일반적으로 한일 간의 현안 문제를 조속히 해결하려는 의도를 가지고 있는 것으로 보이며, 이제까지의 회담의 분위기는 대체로 양호한 편이었고, 전기한 바와 같이 일본 측이 한일회담을 연내로 타결할 결심이라고 우리 측에 공식적으로 언명한 바에 비추어서 일본인의 조야 간에 회담 성취에 대한 희망이 있는 것으로 관측됨.

2) 회의 개최 및 진행 방법

일본 측에서는 각 위원회의 회의를 빈번히 개최하여 토의를 촉진시킬 것을 희망하고 이를 제의하여 왔었으며, 우리 측도 10월 20일 하오 1시 30분 외무성에서 개최된 제1차 전체회의를 위한 준비 회합에서 이동환 주일 공사가 일본 '이세키' 아세아 국장에게 우리 측이 회담을 지연시키고 있다는 인상을 일본 측에 대하여 주지 않도록 하기 위하여 회의를 촉진시키는 방향으로 나가자고 언급한 바 있으나, 정부의 방침에 따라서 회담을 12월 말까지 이끌어 나갈 수 있도록 다음 방책을 강구하고 있음.

가) 각 위원회의 회의

각 위원회 및 소위원회의 회의는 원칙적으로 매주 1회씩 개최하기로 하고, 만일 일본 측으로부터 매주 1회 이상의 회의를 개최하자는 제의가 있을 경우에는 본국 정부에 대한 청훈과 보고 관계가 있으므로 시간적으로 곤란한 것이라고 이를 회피할 방침임.

나) 비공식 회의

수석대표 간의 비공식 회의는 필요에 따라서 수시 개최하기로 하고, 각 위원회의 비공식 회의는 가급적 피하는 방향으로 토의를 진행하도록 함. 단 선박 및 문화재소위원회와 재일한인 법적지위위원회는 여하한 형식이든 간에 회의를 빈번히 개최하도록 할 방침임.

다) 전문가 회의

만일 일본 측으로부터 전문가 회의를 개최하자는 제의가 있을 시에는 전 나) 항의 예에 따르기로 함.

3) 위원회 회의의 개최 순서

과거 회담에 있어서의 예에 따라서 재일한인 법적지위위원회의 회의를 제일 먼저 개최하도록 하고 일반청구권소위원회와 평화선 및 어업위원회의 회의 개최 순서는 일본 측의 희망에 응하기로 함. 선박 및 문화재소위원회의 회의 개최 순서는 경우에 따라서 적의 순위를 결정하도록 함.

4) 일본 국내 신문들은 JW-10231호 전문으로 이미 보고드린 바와 같이 사실을 왜곡 보도함으로써 한일회담에 대한 선전 공세를 취하고 있는바, 이러한 일본 측의 신문 공세에 대비하여 우리의 언론 기관으로 하여금 한일회담의 문제에 관하여서는 앞으로 외국 통신이나 일본 신문의 기사는 가급적 무시하고 어디까지나 우리 특파원의 기사를 주로 취급 보도하도록 조치를 취하실 것을 건의함.

이와 관련하여 우리 대표단에서는 별첨 (1)과 같은 공보 활동을 계속할 위계임을 보고함.

또한 일본 국내의 일부 신문은 오는 10월 26일 오전에 제2차 전체회의를 개최하고 동일 오후에 일반청구권소위원회와 평화선 및 어업위원회의 회의를 개최하기로 결정하였다고 하는 기사를 보도하고 있으며, 『재팬 타임스』는 금차 회담에서는 제5차 회담의 나머지를 계속하기로 되었다는 기사를 보도하고 있으나 본 대표단으로서는 전혀 알지 못하는 사실무근한 기사임을 보고함.

5) 제2차 전체회의

제2차 전체회의는 오는 10월 26일 오전 중으로 개최하기로 되어있는 바, 개최 시간은 그 전에 있을 양측 수석대표 간의 비공식 회의에서 결정하기로 되어있음. 제2차 전체회의의 개최를 10월 26일까지 연기하게 된 이유는 실무 회의를 오늘 12월 말까지 지연시키기로 한 정부 방침의 일환책으로서 취한 조치인 것이며, 이는 또한 22일이 일요일이고, 24일이 유엔데이로서 공휴일이므로 26일로 결정하게 된 것임.

별첨: 1. 공보 활동 보고서 1부
2. 공보 활동 계획서 1부
3. 제1차 전체회의에서 행한 일본 측 '스기' 수석대표의 인사 일문본 1부
4. 제2차 전체회의에서 일본 측에 수교할 우리 측 각 위원회별 대표단의 명단

이상

별첨

76-1. 제6차 한일회담 대표단의 공보 활동 상황 보고서

0535   공보 활동 상황 보고(10월 18일~10월 22일)

10. 18

대표단 도착 시 18시 30분 '하네다' 공항 NWA 귀빈실에서 수석대표가 일본인 및 한국인 기자들과 회견.

10. 20

제1차 전체회의 후 16시 20분, 수석대표가 수석대표실에서 한국인 기자들과 회견. 그와 동시에 VUNC의 홍양보 아나운서와 회견(KBS 홍).

17시 수석대표가 수석대표실에서 '문화방송국'의 '사토' 기자와 단독 회견.

18시 수석대표가 수석대표실에서 외무성 주재 민간 방송 기자 클럽을 대표하는 '도쿄방송'의 '미요시' 기자와 회견.

0536   10. 21 13시

'게스트 하우스'에서 수석대표가 한국 기자들을 오찬에 초대. 이 공사, 이한기 대표, 정일영 대표, 공보관이 배석, 기자 6명이 참석.

이상

76-2. 제6차 한일회담 대표단의 공보 활동 계획서

0537   **공보 활동 계획**

　1. 정례 기자회견을 아래와 같이 개최하여 그때의 중요한 문제에 따라 해당 분과 위원회의 어느 대표, 또는 정일영 대표, 또는 공보관이 이를 담당함. 형식은 대표부에서 브리핑과 질의응답을 하는 것을 원칙으로 하되, 경우에 따라서 오찬 혹은 만찬을 제공함.
　　ㄱ. 한국 기자단
　　　주 1회
　　ㄴ. 일본 기자단
　　　3주간에 1회, 제1회는 10월 23일에 시작되는 주의 말경.
　　ㄷ. 제3국 기자단
　　　3주간에 1회. 제1회는 10월 23일에 시작되는 주의 어느 날.

　2. 상기 정례 회견 이외에 필요에 따라서 수시 집단 혹은 단독적으로 기자들과 면담함.

0538　3. 정례 혹은 임시 회견에 수석대표 혹은 기타 대표들도 회견함.

　　이상

77. 제6차 한일회담에 관한 종합 보고서(제2호)

회담 제6-6호

단기 4294년 10월 30일

제6차 한일회담 수석대표[관인]

외무부 장관 귀하

건명: 제6차 한일회담에 관한 종합 보고(제2호)

지난 10월 23일부터 동월 28일까지의 회담 관계 종합 보고를 아래와 같이 제출함.

아래

일반 활동

1. 10월 26일 오전 10시에 제2차 본회의를 개최하였음.
(별도 보고 참조.)
2. 10월 26일 오후 6시부터 개최된 일본 측 회담 수석대표 '스기' 씨 초대 '칵테일 뷔페 파티'에 대표단 전원이 참석하였음.
3. 공보 관계 활동 내용은 별첨하였음.

각 위원회별 활동

1. 재일한인 법적지위위원회
가. 10월 27일 오전 11시 '가유가이칸'에서 제1차 회의 등 가졌음.
(별도 보고 참조.)
나. 본 위원회 관계 중요 문제의 하나인 '영주를 목적으로 하는 귀국자의 재산 반출

및 송금에 관한 문제'에 관하여 우리 측에 더욱 유리하고 실정에도 부합되는 방안을 모색하기 위하여 10월 27일 오후 2시 대표부 도서실에 한국은행 강영남(姜英男) 도쿄 지점장대리를 조치하여 일반적으로 일본에서 행하여지고 있는 외국인의 재산 반출 및 송금 제도에 관한 해설을 위원회 관계자 전원이 청취하였음.

　다. 법적 지위 문제에 관한 일본 국내 여론

　일본 국내 신문은 한일회담 전반에 관한 문제라든가 청구권 또는 평화선 문제에 대하여는 여러 모로 보도하고 있으나 재일한인의 법적 지위 문제에 대하여는 특이한 보도를 하고 있지 않음.

　라. 영주권 부여 범위 문제에 관하여 훈령의 범위 내에서 적절하다고 생각되는 방안을 추후 보고할 예정임.

2. 한국청구권위원회 일반청구권소위원회

가. 10월 26일 오전 10시 '가유가이칸'에서 제1차 회의를 가졌음.
(별도 보고 참조.)

나. 청구권 문제에 대한 일본 측 태도의 관찰

　ㄱ. 제1차 위원회 회의에서 일본 측 주사는 "본 위원회의 임무는 한국청구권의 법률관계 및 사실관계를 명확히 하는 데 있다"라고 발언하였는바, 이로 보아 일본 측은 본 위원회를 각 항목별 소분과위원회로 세분하여 토의를 진행시키려는 것으로 관측됨.

또한 동 회의에서의 일본 측 태도를 종합 관찰하여 보면 일본 측은 본 위원회의 업무를 조속히 종결시키려는 태도를 가진 것으로 생각됨.

　ㄴ. 청구권 문제에 관한 10월 28일 자 대표단 청훈에 대한 회훈이 11월 1일까지 도착되지 않을 경우에는 제2차 회의에서 실질적인 토의를 행할 수 없을 것임.

3. 선박소위원회

가. 공식 회의의 개최는 아직 없었음.

나. 제1차 회의에서 토의할 사항은 의제의 확인, 거반 제시한 선박에 대한 대사 및 제3차 회담 시 추가 제시한 치적선 202척 중 미조사분 124척에 대한 일본 측의 조사

결과를 확인할 예정임.

다. 추가 청구 예정인 치적선 358척에 대한 관계 자료의 수집과 검토를 진행하였음.

4. 문화재소위원회

가. 공식 회의의 개최는 없었음.

나. 제1차 한일회담 이래의 경위와 자료를 검토하였음.

다. 일본 측은 위원회 설치 제안에서 선박과 문화재 양 소위원회를 포함시키지 않았으나 아 측의 주장에 따라 설치키로 결정되었음. 이와 같은 일본 측 태도로 미루어 일본 측은 이 소위원회에서의 실질적 토의를 다시금 회피하려는 것이 명백하며 이것은 일본 측 대표단 명단 중에 문화재 관계 전문위원이 빠져있는 것과도 부합되는 것임.

라. 일본 측이 수교한 우리 측 명단에는 이용직, 황수영 양 대표의 직명을 '문교부 문화재보존위원회 위원'으로 하였음.

5. 어업 및 평화선위원회

가. 10월 26일 오후 3시 30분 일본 외무성 회의실에서 제1차 회의를 가졌음.

나. 일본 측의 평화선 문제에 관한 태도의 관찰

일본 측이 제5차 회담에서 중단되었던 자원론을 계속하여 토의하자는 것을 제의하여 왔고 또한 어업협정을 위하여서는 상호 간 오해가 없기 위하여서라도 이것을 계속 토의하는 것이 좋겠다는 발언을 한 것으로 보아 전반 회담 때의 기본태도는 변경되지 않았으며 기초 자원론의 토의가 끝나면 본론을 들어가자는 데도 합의가 되었으므로 당분간 이 방향으로 회의가 계속될 것으로 보는 바임. 종전에는 일본 측이 평화선 문제를 가장 크게 여론화시켜 왔고 어업 및 평화선위원회 회의에서는 항상 어업협정 체결을 촉구하여 왔었는데 금번에는 이에 대한 구체적인 태도 표명이 없을 뿐만 아니라 작 10월 27일 중의원 본회의에서 사회당 의원이 "평화선을 전면적으로 철회한다는 전제 없이 한일회담을 재개할 수 있느냐?" 하는 질문을 던진 데 대하여 일본 수상은 답변을 회피하였다는 점을 미루어 보아 현재로서는 이 문제의 국내 선전을 피하려는 저의인 것같이도 관찰됨에 당분간 관망하고자 함.

종합적인 관찰

1. 전항에서 보고드린 바와 같이 일반청구권소위원회를 비롯하여 어업 및 평화선위원회와 재일한인 법적지위위원회에서도 대체로 우리 측의 주장을 관철시켰으며, 시초 일본 측에서는 선박소위원회 및 문화재소위원회의 개최를 희망하지 않는 것 같은 인상이었으나 우리 측이 동 양 소위원회의 개최를 제의하여 우리 측의 희망한 대로 공식 회의를 개최하게 된 것 등으로 미루어 보아 현재까지 회담은 비교적 순조롭게 진행되고 있는 것으로 생각됨.

그러나 회담 전반에 긍한 일본 측의 기본 태도는 상금 표시된 바 없으며 이 점에 관하여는 금주에 개최될 예정인 각 위원회의 제2차 회의가 주목되고 있는바, 특히 일반청구권 문제에 있어서 우리 측은 제5차 회담 시의 입장과 실질적으로 큰 변화가 없는 입장을 표시한 것인 데 대하여 일본 측이 어떠한 태도로 나올 것인지 극히 신중한 태도로 관망하고 있음. 또한 평화선 문제 역시 제5차 회담에서와 같이 자원론을 계속하기로 일본 측과 합의는 되었으나 금후의 일본 측의 태도는 상금 정확한 판단을 내리기가 곤란함.

2. 종합 보고 제1호에서 보고드린 바와 같이 전주에도 그러하였거니와 금주에도 계속하여 한일회담의 내외 선전을 위한 공보 활동에 상당한 노력을 기울이고 있으며 특히 청구권 및 평화선 문제에 관하여 외국 기자들에게 구체적으로 우리의 주장을 주입시키고 있는바, 우리의 노력은 상당한 효과를 거두고 있음.

또한 일본 신문들이 모든 사실을 왜곡, 아전인수격인 보도를 하고 있는 데 대하여 일본 정부 당국에 경고하고 외국 기자들에 대하여는 주의를 환기시키는 한편, 그러한 점을 유의하여 일본 측으로부터 나오는 정보는 여하한 것을 막론하고 이에 대한 우리 측의 반향과 논평을 듣고서 보도하도록 교섭을 전개하고 있음. 일본 국민에 대하여도 직접 공보 활동을 전개함으로써 일본 정부 당국에 대한 압력이 조성되도록 배후 공작에도 노력하고 있음.

3. 우리의 대일 청구에 관하여 일본 신문들은 일본이 지불할 전액은 약 3, 4억 불 정도 될 것이나 청구권에 대한 변제로서는 약 8천 내지 1억 불 정도에 지나지 않을 것이

라고 보도하고 있으나 우리 대표단으로서는 이러한 일본 측의 추측에 구애됨이 없이 우리의 청구권의 정당성을 대외적으로 활발히 설명하고 있으며 과거에 8억 불이라는 설이 돌고 있었으나 사실은 그보다 훨씬 더 많은 액수를 일본에 요구할 것이라고 하고 있음. 일본의 대한 경제 원조 운운 문제에 대하여는 우리의 청구권 문제가 완전히 해결된 다음 논의할 문제라는 정부의 기본 방침을 견지하고 있음.

4. 김종필 중앙정보부장의 일본 정부 당국자들과의 협상에 관하여는 일본 신문들이 대단히 중요시하여 보도하였는데, 보도된 기사의 일반적인 논조는 우리나라가 경제 문제를 위요한 급한 사정 때문에 일본과의 협상을 서두르고 있다는 인상이라는 것임. 그러한 일본 신문의 논조에 불구하고 대표단은 정부 훈령의 방침을 수행하여 나가는 데 만전의 노력을 하고 있음.

김 중앙정보부장의 방일 기간 중 일어났던 박 의장-이케다 수상 회담 실현 문제에 관해서는 앞으로 일본 측이 회담에 대한 성의를 실제 행동으로써 표시하고 따라서 그러한 한일 간 정상회담이 회담 타결에 유익할 것이라는 인식이 주어진 때에 비로소 실현되어야 할 것이라고 대외적으로 알리고 있음.

한일 간 정상회담에 관하여 주일 '라이샤워' 미국 대사가 본인에게 상의한 내용에 관하여는 이미 김 중앙정보부장에게 전달하였음.

5. 끝으로 오는 11월 1일 '나고야'에서 개최되는 '러스크' 미 국무장관, '이케다' 일본 수상 간의 회담은 대표단이 신중히 주목하고 있는바, 현재까지의 상황으로 보아 다음과 같은 것이 추측됨.

미국은 일본이 한국에 대한 경제 원조에 참가하고 경제 원조에 있어서 극동의 어느 국가보다도 한국에 원조를 치중할 것을 희망할 것으로 보이며, 현재 진행 중인 한일회담에 관하여는 한일 양국이 현안 문제를 해결할 뿐만 아니라 양국이 극동에서 '연대 관계'를 맺을 것을 주장할 것으로 관측됨. 미국은 한일회담에 대하여 직접적인 간섭은 하지 않을 것이 명백하지만, 일본 신문들은 '러스크-이케다' 회담에서의 토의가 앞으로의 한일회담에 대하여 커다란 영향을 끼칠 것이라고 보도하고 있음.

별첨

77-1. 제6차 한일회담 대표단의 공보 활동 보고서

0553 공보 활동 보고

(10월 23일~10월 29일)

10월 23일

13시 '아자부 프린스 호텔' 식당에서 수석대표가 AP 통신의 ALAN D. CLINE 기자와 점심을 같이 하면서 한일 문제를 설명. 이한기 고문과 정일영 대표가 배석.

10월 24일

14시 정일영 대표가 한일회담 전반의 분위기에 관하여 KBS를 대표하는 홍양보 아나운서와 단독 회견.

10월 25일

13시 '긴자 스에히로'에서 수석대표가 UPI통신의 CHARLES SMITH 기자와 점심을 같이 하면서 한일 문제를 설명. 이규연 공보관이 배석.

13시 '아사히 비루' 8층에서, 정일영 대표가 AFP 통신의 MAURICE CHANTELOUP 기자와 점심을 같이 하면서 한일 문제를 설명.

0554 10월 26일

저녁 김윤근, 지철근, 정일영 대표가 어업 및 평화선 문제에 관하여 KBS를 대표하는 홍양보 아나운서와 단독 회견.

10월 27일

저녁 이천상 대표가 재일 한인 법적 지위 문제에 관하여 KBS를 대표하는 홍양보 아나운서와 단독 회견.

10월 28일

13시　'게스트 하우스'에서 수석대표가 당지 주재 제3국 신문 통신 기자들을 점심에 초대하여 한일 문제를 중심으로 우리 국내 정세 설명, 정일영 대표와 이규현 공보관이 배석.

　　　출석자: ROSENTHAL, N.Y. TIMES: CLINE, AP: SMITH, UPI: NEILAN, COPLEY NEWS SERVICE & CHRISTIAN SCIENCE MONITOR.

11시　수석대표와 이 고문이 한일회담의 그동안의 경과에 관하여 KBS를 대표하는 홍양보 아나운서와 단독 회견.

추기

금주에는 일본인 기자들과 식사하면서 회견할 예정이었으나, 일본인 및 제3국인 기자 공히 '매펜 베이커', '캐나다' 수상의 방일과 미일경제회담 관계로 분망하여 실행하지 못하였음.

일본인 '가스미 클럽' 기자들은 전원 '하코네'에 가서 11월 4일까지 체재할 예정임.

78. 제6차 한일회담에 관한 종합 보고서(제3호)

0600

회담 제6-11호

단기 4294년 11월 6일

제6차 한일회담 수석대표 대리[관인]

외무부 장관 귀하

건명: 제6차 한일회담에 관한 종합 보고(제3호)

지난 10월 29일부터 11월 4일까지의 회담 관계 종합 보고를 아래와 같이 제출함.

아래

일반 관계

1. 수석대표가 본부의 지시에 의하여 정일영 대표를 수반하고 2일 일시 귀국하였음.
2. 일본 측 '스기' 수석대표가 2일 한국을 방문하여 4일 귀국하였음.
3. 한일회담이 개시된 이래 조총련계 교포로부터 약 240통에 달하는 회담 반대 엽서를 접수하였음.

각 위원회별 활동

1. 재일한인 법적지위위원회

(가) 지난 11월 2일 일본 외무성 회의실에서 본 위원회 제2차 회의가 개최되었는바, 우리 측으로서는 배 수석대표의 귀국, '스기' 일본 수석대표의 방한, 기타 한일회담에 관한 신문 논조 등을 종합하면 장차 구체적인 정치 협상이 개최될 때에 유리한 입장을 확보하기 위하여 정치 정세의 진전을 관망할 필요를 느꼈으므로 위선 배 수석대표

의 귀임 시까지 새로운 제안(훈령 내용보다 유리한 내용으로서 배 수석대표에 구두 보고된 분)을 보류하는 것이 타당하다고 인정하여 동 회의에서는 '사무적인 준비가 완료되지 못하였다'는 이유로 다음 회의 시(11월 7일)까지 연기하였음.

(나) 재일 거류민단에서는 본위원회의 진전 상황에 관하여 비상한 관심을 가지고 있는바, 민단에서 11월 3일 오후 4시 동 위원회 대표 전원을 초청하여 간담회의 개최를 요망하였으므로 동 위원회 소속 이천상 대표, 문인구 대표, 오원용 위원 등 3인이 참석하였으며, 동 간담회에서는 이 대표로부터 개괄적인 상황 설명이 있은 다음 각 지구 민단 대표들로부터 희망사항과 교포의 실정 보고가 있었음.

2. 일반청구권 소위원회

(가) 11월 2일(목) 오후 2시 일본 외무성 회의실에서 제2차 회의를 개최하였음.

(나) 본 위원회 관계 특기사항은 다음과 같음.

ㄱ. 우리 측이 제1항목인 지금·은 반환 청구에 관하여 설명한즉 일본 측은 과거 주장과 다름없는 주장이라고 하여 즉각적인 반응 없이 다음 제2항목 토의로 넘어가려고 하였음.

ㄴ. 우리 측이 제의한 항목별 토의 방법에 관하여 일본 측은 일단 그 설명만 듣고 일본 측이 관심을 가진 문제만 자세히 질문하려는 방식을 취하려는 듯 하였으므로 우리 측은 일본 측의 의사 진행 방법에 반대하여 item by item으로 일본 측의 의견 표명을 요구하였음.

ㄷ. 인하여 제1항목의 취급 방법 여하가 향후의 의사 진행 방식에 중대한 영향을 미칠 것으로 관측되는바, 이와 관련하여 관심을 끄는 것은 일본 측에서 외무성은 회의의 조속한 진행을 희망하는 듯하나 대장성은 지연 작전을 쓰는듯한 인상을 각각 보여주고 있다는 것임.

ㄹ. 차회 회의에서는 제2차 회의에서 우리 측이 행한 제1항목에 관한 주장에 대하여 일본 측의 의견 제시와 질문을 행하도록 되어있으므로 일응 제1항에 관한 토의가 종료될 것으로 관측되며 의사 진행 방식에 관하여는 일본 측이 여하한 태도로 나오든 우리 측은 일관하여 항목별로 상호 의견을 교환한다는 진행 방식으로 유도하며 그러한 방식이 회담의 효과적인 진행에 기여할 것임을 일본 측에 납득시키는

것이 좋을 것으로 생각됨.

ㅁ. 차회 회의에서는 전술한 바와 같이 제1항목에 관한 토의가 일응 종료되고 제2항목에 관한 토의가 개시될 것으로 짐작되는바, 지난번 청훈에 대한 훈령이 동 회합 개최 전까지 도착되지 않을 때에는 제2항목에 관한 토의를 개시할 수 없는 만큼 만일 이와 같이 된다면 아 측이 고의로 지연시킨다는 인상을 일본 측에 주는 결과가 될 것으로 관측됨.

3. 선박소위원회

(가) 지난 10월 30일(월) 오전 11시 '가유가이칸'에서 제1차 회의를 가졌음.

(나) 제2차 회의에서는 거번의 회의 결과에 비추어 한국 측의 확실한 증거 미비를 예상하고 일본 측은 대부분 증거 부인을 할 것으로 생각되므로 이에 대한 대비책을 강구 중에 있음.

(다) 일본 측 신문 보도에 의하면 의제 D에 대하여 일본 측에서는 평화선 침범으로 나포된 어선의 반환 요구를 강력히 주장할 기세임을 보고함.

4. 문화재위원회

(가) 지난 10월 31일(화) 제1차 회의를 가졌음.

(나) 수석대표의 지시로써 재일 문화재의 평가를 추산토록 하였음.

(다) 일제 시의 고적 보존 회의록이 이곳에서 입수되어 지정 물건 등의 지정과 해제 및 수리 경위를 조사 검토하였음.

(라) 일본 측에 제시한 항목별 청구 항목의 내용을 각 목록에 의하여 검토를 계속하고 있으며 앞으로 신자료의 색출과 현품 확인을 위하여 도서관, 미술관, 박물관 등의 이용을 기하려 하고 있음.

(마) 매주 1회의 위원회 개최와 실질적 토의에 상호 합의된 것은 과거 회담 시의 일본 측의 회피적인 발언이나 태도와는 좀 다른 점이 주목되었음.

(바) 앞으로의 회의 진행에 관하여 일본 측이 전문가를 위원회에 정식 지명하여 출석하게 할 때까지 이 소위원회에서 우리 측 청구 항목에 관한 설명과 문의를 속행함으로써 우리 측의 주장을 개진함이 가할 것으로 생각됨.

5. 어입 및 평화선위원회

(가) 11월 1일 제2차 회의를 가졌음.

(나) 제2차 회의에서 우리 측은 토의 항목 3, 4에 대한 분리 토의를 주장한 데 대하여 일본 측은 아직 반응을 표시하지 않았으나, 제5차 회담의 제14차 회의 시 일괄 토의를 하자는 주장을 한 일이 있음에 비추어 계속하여 일괄 토의를 주장함으로써 어종별로 자원의 남획상의 노정을 은폐하려고 할 것으로 추측됨. 우리 측은 특히 토의 항목 4에 부대하여 고려하여야 할 5개 조건(어구의 구성, 규모, 재질, 부어구 및 조업 조건)을 제시하였는 바, 일본 측은 계속하여 반대할 것으로 생각됨.

(다) 토의 항목 4의 주요 어구의 어획 강도를 좌우하는 일 측 제안 이외 우리 측이 제안한 5개 조건(전술한 바와 같음)에 관한 자료를 준비 중임.

공보 활동 관계

제1 및 제2 종합 보고에서 이미 보고한 바와 같이 당 대표단에서는 공보 활동의 중요성을 인식하고 이러한 활동을 계속 진행하고 있는바, 공보 활동의 방법에 관하여 지난 11월 1일 본부로부터의 지시를 받고 다음과 같이 재검토하였음.

공보 활동에 있어서는 시행한 활동에 대한 성과와 반응을 즉시 분석, 평가하고 그 결과에 따라 다음 단계의 활동 방침을 정하여야 한다는 것이 극히 중요한 일인바, 지상에 나타나는 관계로 당지에서 이를 즉각적으로 평가할 수 없는 난점이 있음.

대표단은 전기 본부의 지시에 의하여 금주에 대표단은 다음 사항을 유의하여 활동하였으며 앞으로도 이 점에 대하여 세심하고 신중한 주의를 기울일 방침임.

(가) 대표단이 일본 언론 기관과 직접 응수하고 있다는 인상을 주지 않도록 한다.

(나) 종전과 같이 한국 언론 기관의 특파원에 대하여 '프레스 캠페인'의 내용을 '브리핑'은 하나, 특파원은 그 내용을 대표단의 견해라고 밝히지 않고 특파원 자신의 관찰 기사로서 보도하도록 한다.

(다) 본부에서는 적절한 '프레스 캠페인'을 할 수 있도록 수시로 이에 필요한 자료를 본부에 송부한다.

금주의 구체적인 공보 활동에 관하여는 별첨하였음.

별첨

78-1. 제6차 한일회담 대표단의 공보 활동 보고서

0605　공보 활동 보고

(10월 30일~11월 5일)

10. 30　13:00시　'제국호텔'에서 정일영 대표가 서독 라디오, 텔레비전 기자 DR. HANS VAHLEFELD와 오찬을 같이 하며, 한일 문제를 설명.

　　　　12:00시　대표단실에서 이천상 대표가 선박 문제에 관하여 KBS의 홍양보 아나운서와 단독 회견.

10. 31　15:30시　대표부 기자실에서 정일영 대표가 한일회담 문제 전반에 관하여 한국 기자들과 회견.

주: 금주는 '캐나다' 수상의 방일과 미일 '하코네' 회담이 있어서 일본 및 제3국 기자들과 활발하게 접촉할 수 없었음.

79. 제6차 한일회담에 관한 종합 보고서(제4호)

0606   회담 제6-17호
단기 4294년 11월 11일

제6차 한일회담 수석대표

외무부 장관 귀하

건명: 제6차 한일회담 종합 보고(제4호)

지난 11월 5일부터 동월 11일까지의 대표단 종합 보고를 아래와 같이 제출함.

아래

일반 관계
1. 임시 귀국하였던 본인은 6일, 정일영 대표는 8일 각각 귀임하였음.
2. 지난 6일 하오 6시~8시까지 일본 측 대표단이 행한 답례로서 당 대표단의 주최 하에 '게이힌 칸'에서 '칵테일 뷔페 파티'를 개최하였음. 일본 측 대표단원, 양측 기자단 기자, 기타 일본 정부 관계 직원 등 약 150명이 참석하였음.
3. 박 의장 각하 일행이 금일 11일 일본 수상의 초청으로 방일하여 명일 12일 미국으로 향발할 예정임.

각 위원회별 관계
1. 재일한인 법적지위위원회
11월 7일 오전 10시 '가유회관'에서 비공식 회의를 개최한 외 특기사항 없음(동 비공식 회의 내용은 이미 보고하였음).

2. 일반청구권소위원회

(가) 이미 보고한 바와 같이 일본 측에서는 지난 6일 박 의장 방일 준비 관계로 금주의 공식 회의는 개최하지 말자고 제의하였으므로 우리 측도 이에 동의하여 금주에는 공식 회의가 없었음.

(나) 10일 저녁 일본 측 대표들이 석찬에 초대하였으므로 우리 측 김윤근 수석위원과 이상덕 대표가 참석하여 간담하였음(장소 '가즈오', 일본 측 참석자: '미야카와' 이재국장, '우라베' 참사관, '요시오카' 이재국 차장, '사쿠라이' 외채과장).

(다) 금월 16일을 기하여 일본 '이케다' 수상 및 '고사카' 외상이 동남아 지역을 방문함에 따라 회담 일본 측 주요 위원인 '이세키' 아세아국장, '미야카와' 이재국장, '우야마' 심의관 등이 이에 수행하게 되는 관계상 금주의 회담 진행은 그리 활발하지 못하지나 않을까 관측됨.

3. 선박소위원회

(가) 11월 6일 오후 3시 본 위원회 제2차 공식 회의를 개최한 바 있음. 회의 결과는 이미 보고한 바와 같음.

(나) 오는 13일 제3차 회의가 개최될 예정인바, 동 회의에서는 제2차 회의 시 일본 측이 제시한 조사 결과에 대한 우리 측의 의견을 개진함과 동시에 신규로 358척의 추가 명부를 제출할 예정임.

4. 문화재소위원회

(가) 11월 7일 오후 3시 제2차 공식 회의를 개최한 바 있음. 회의 내용은 이미 보고한 바와 같이 우리 측에서 7개 청구 항목 중 제3항목까지 내용 설명을 행하였으며 동시에 공식 회의와 병행하여 전문가의 비공식 회의를 개최하기로 양측이 합의하였음.

(나) 제2차 회의에서의 일본 측의 발언을 보면 일본 측의 기본 태도에는 변동이 없음이 분명하나 실질적인 토의의 진행에 상당히 탄력적인 태도를 가지고 있음은 엿볼 수 있음. 특히 비공식 회의의 진행이 앞으로 원활히 된다면 상당한 효과를 거둘 수 있을 것 같음.

5. 어업 및 평화선위원회

(가) 11월 10일에 개최 예정이던 제3차 공식 회의는 양측이 박 의장 방일 관계로 개최하지 않기로 합의하였음.

(나) 작주까지 평화선 문제에 관하여는 일본 각 신문 지상에 별다른 기사가 보이지 않았으나 금주에 들어서 박 의장의 방일을 계기로 "재산청구권 문제와 관련하여 자연히 해결될 것"이라는 논조가 보임. 그런데 특이한 기사를 예시하면 금일 11일 자 '아사히'신문은 사설에서 "박 의장과 '이케다' 수상과의 회담에서 평화선 문제도 당연히 논의될 것이나 이 문제는 대일 청구권의 금액에 따라서 한국 측이 해결을 좌우할 것이 아니고 전연 별개로 해결하여야 된다는 것을 수차 주장하여 왔다 운운"하는 내용의 기사를 게재하였으며, 한편 11월 8일 자 일본수산신문에는 "이 라인의 실태 조사, 나가사키현 의회가 계획"이라는 제목 아래 11월 10일 이후 3일간의 예정으로 현 수산시험장 조사선으로 평화선 주변의 순시선의 활동 상황과 어선의 조업 실태를 파악한 후 (1) 업자에 자숙 조업을 호소하고 (2) 외무성과 수산청에 조급히 평화선 문제의 해결을 요청할 것 등의 현 측의 취할 방침을 검토할 것이라고 보도하였음.

(다) 작주 회의에서 일본 측은 우리 측이 설명한 3, 4항목에 대한 견해에 대하여 질문사항을 외무성을 통하여 송부할 것이라고 하였으나 현금까지 아무런 연락도 없음.

(라) 금주는 작주에 이어 3, 4항목에 관한 자료를 계속 검토하였음.

종합적 관찰

박 의장 방일 직전의 일본 측 태도는 다음과 같음(본 관측은 박 의장 방일 시 직접 구두로 보고한 바 있음).

1. 청구권 문제

(가) 한일회담을 조속히 해결하여 보려는 일본 측 성의에는 의심이 없다.

(나) 소위 '신중론'(즉 조속히 해결을 서두를 것 없이 실무자 간의 토의를 보고 정치적으로 기도할 것)은 10일까지는 강하였으나, 금일 11일부터는 신중론으로 일관하여 회담을 형식적인 것으로 하는 경우 한국 측의 불만으로 말미암아 현재까지 조성된 양측 관계의 좋은 분위기가 도리어 역효과를 나타내고 파탄을 결과할지도 모른다는 우려가 대두하여 이 회담에서 무엇이고 구체적인 결과가 나타나야 될 것이라고 보고 회담이

순 형식적인 것이 아니고 그렇다고 해서 금액 제시나 결정은 할 수 없고 하여서 양극단 간에 어떠한 절충책을 모색하고 있는 것 같다.

(다) 따라서 이번 회담에서는 금액은 제시하지 않기로 신중론을 택했다고 하면서도 "청구권이라는 명목으로는 액수를 가급적 줄이고 경제 원조라는 명목으로 다소 한국을 만족시키는 것이 어떠냐?" 하는 따위의 말이 10, 11일에 걸쳐 나왔었음.

(라) 우리 측에서 먼저 액수를 제시하는 것이 기정사실인 것처럼 보도하고 있음.

2. 어업 문제

청구권 문제에 합의를 보면 막연하나마 평화선에 대한 해결책에 대하여 한국 측이 응하리라고 생각하고 있다.

3. 국교 정상화 문제

(가) 청구권 문제의 해결 없이는 한국이 국교 정상화에 응하지 않을 것이라는 것을 일본 측도 잘 이해하고 있다.

(나) 평화선 문제는 국교 정상화 후에 해결하자고 아 측이 주장하면 일본 측은 이에 응할 가능성이 없는 바 아니나 대체적으로 보아 어업 문제도 국교 정상화 전에 같이 해결할 것을 요구할 것으로 보인다.

4. 실무자 및 자민당의 수상에 대한 영향력

이케다 수상은 실무자(외무성)나 자민당의 영향력을 견제하고 스스로가 결심을 할지도 모르나 현재의 관측으로써는 수상의 결심에 외무성이나 자민당 주장이 주는 영향은 큰 것으로 보인다.

건의

1. 청구권

(가) 어디까지나 일본 측이 먼저 금액을 제시토록 유도할 것.

(나) 원칙 문제(액수와 방법)에 합의를 시도할 것.

2. 평화선

국제관례에 따라 어업 보존을 위한 어업협정을 체결한다는 원칙에 합의를 볼 것.

3. 국교 정상화

청구권 문제만 해결되면 국교를 정상화한다고 주장할 것(어업 문제 해결 전이라도). 그러나 일본 측이 평화선 문제도 국교 정상화 전에 해결하자고 나오면 전항의 요령으로 원칙 합의를 볼 것.

4. 회담의 기록 및 공동성명 발표

박 의장-이케다 수상 회담 결과의 기록이나 공동성명 발표 여부나 방법은 회담의 결과를 보고 결정할 것.

80. 제6차 한일회담에 관한 종합 보고서(제5호)

0630

회담 제6-28호

단기 4294년 11월 20일

제6차 한일회담 수석대표[관인]

외무부 장관 귀하

건명: 제6차 한일회담 종합 보고(제5호)

지난 11월 12일부터 동월 18일까지의 대표단 종합 보고를 아래와 같이 제출합니다.

아래

1. 일반 관계

 1) 박정희 국가재건최고회의 의장 일행(문철순 정무국장 및 엄영달 아주과장 수행)은 11월 11일 및 12일 양일에 걸쳐 일본 정부 이케다 수상과 회담하고 미국으로 향함.

 2) 박 의장-이케다 수상 회담이 있은 후 한일교섭은 정상적으로 운영되고 있음.

 3) 본인은 이한기 고문, 이천상 대표를 대동하고 11월 17일부터 3일간 일본 관서 지방으로 출장하여 교포 실태를 관찰하였음.

2. 한일 간 수뇌회담

 1) 박 의장-이케다 수상 회담을 위하여 마련된 본 대표단의 종합 의견서(11월 11일자)는 전주 종합 보고서(제4호)를 참조.

0631

 2) 회담 시일, 장소 및 참석자

 11월 12일 오전 10시부터 12시까지 이케다 수상 관저에서 개최되었으며, 한국 측에서는 박 의장 이하 유양수 외무국방 위원장, 최덕신 외무부 장관, 배의환 수석대표, 원충연 최고회의 공보실장, 정일영 대표, 최영택 주일 대표부 참사관 및 엄영달 아주과장이 참석하였으며, 일본 측에서는 이케다 수상 이하 고사카 외무대신, 스기 수석대표, 이세키 아세아국장 및 마에다 동북아세아과 과장이 참석하였음.

3) 회담 경과

10시 정각에 개회하여 인사 교환이 있은 후 일본 측(고사카 외무대신)의 제의로 10시 7분 배석자 전원이 옆방으로 퇴장하고 박 의장-이케다 수상 간에 11시 38분까지 단독 회담이 개최되었음. 배석자 전원이 다시 회담실로 들어오자 먼저 이케다 수상으로부터 회담의 경위에 관하여 발언이 있었고 다음 박 의장께서 이에 관한 말씀이 있었는데 이케다 수상이 "회담에 99.9퍼센트 합의를 이루었다"라고 말한 것을 박 의장께서 "거의 대부분의 문제에 합의를 보았다"라고 수정할 것을 제의하여 합의를 보았으며, 한편 이 단독 회담에는 쌍방의 통역관 한 명씩이 참석한 것으로 하고(아 측: 최영택, 일 측: 마에다) 아래와 같은 발표를 쌍방이 각각 단독적으로 행하기로 하였음.

가) 1시간 20분에 긍하여 한일 문제와 아세아 정세 및 세계 정세에 관하여 의견을 교환하였는바 그 대부분의 문제에 관하여 합의를 보았다.

나) 장래에 있어서 현재 진행 중에 있는 한일회담을 지속시키고 쌍방이 최대의 성의를 가지고 이를 추진토록 노력한다.

다) 제 현안 문제 이외의 한일 간의 어려운 문제에 관하여도 장래 기회 있는 대로 격의 없는 의견의 교환을 할 것에 합의하였다.

11시 53분 배석자들은 다시 옆방으로 퇴장하고 박 의장, 이케다 수상 간에 재차 단독 회담으로 들어가서 12시 정각까지 계속되고 이로써 회담 절차는 모두 끝나고 전원 퇴장하였음.

4) 회담록

영빈관 숙사에서 동일 하오 3시 박 의장께서 회담 참석자들에게 설명하신 것을 기초로 하여 본 대표단에서 작성한 한일 간 수뇌회담 요록(회담 제6-20호) 참조.

동 사본을 외무부 장관 한기 비서관 편으로 11월 14일 뉴욕으로 송부하여 박 의장에게 상송하고 동 내용을 수정 보충하여 주시기를 앙청하였음.

5) 한일 간 수뇌회담에 관련된 모든 대외 발표문과 기자회견 내용에 관하여는 별도

주일 대표부의 보고서를 참고하시압.

6) 당 대표단에서는 한일 간 수뇌회담이 있은 후, 박 의장께서 구두로 지시하신 바를 기초로 하여 금후 한일회담 진행 방침에 관한 '행정 연구서'(11월 13일 자)를 작성하여 이미 상송하였음. 동 사본은 한기 비서관 편으로 뉴욕 경유 박 의장에게 상달하도록 조치하였음.

3. 각 위원회별 활동
1) 재일한인 법적지위위원회
  가) 회의 진행 상황
  지난 11월 14일 오전 10시부터 동 11시까지 1시간 가유회관에서 비공식 회의를 개최하였는바, 동 토의 내용은 이미 보고한 바와 같음.
  나) 국적 확인 문제
  재일한인에 대한 국적 확인 문제는 주로 재일 조총련계를 대상으로 하는 정치적인 고려에서 종전부터 아 측은 협정문에 동 국적 확인 조항을 삽입할 것을 제안하여 온 것이나, 일본 측은 그와 같은 조항을 인정할 경우 야기될 수 있는 일본 국내 사정, 즉 일본사회당, 공산당 및 조총련계의 공세로 인하여 협정의 국회 통과를 위태롭게 할 염려가 있다는 이유로 이를 반대하고 있는 형편인바 이 조항은 재일교포의 동향과 금후의 지도에 결정적인 영향을 미치는 중대한 조항이니만큼 재일 거류민단에서도 비상한 관심을 표명하고 있을 뿐만 아니라 우리 정부의 위신과 유일무이한 합법성을 표명하는 의미에서도 동 조항이 어떠한 형태로서든지 구현되도록 그 필요성을 강조할 필요가 있다고 사료하여 회담 때마다 이 점을 주장하고 있으며, 이 문제는 영주권 부여 방법과 밀접한 관련을 가진 것으로 사료함.
  다) 재산 반출 및 송금 문제에 관한 연구
  11월 16일 하오 2시부터 3시 30분까지 1시간 30분간 대표단실에서 제2차로 한국은행 도쿄지점장대리 '강명남'과 같이 재산 반출 및 송금 문제에 관하여 연구하였음.
  라) 일본 신문의 논조
  일본 신문의 최근의 보도를 종합하여 보면 본 위원회는 다른 위원회와 달리 연말까지 타결될 듯이 관찰하고 있는 듯함.

2) 일반청구권소위원회

    가) 11월 16일 제3차 회의를 개최하였으며, 이미 별도로 보고드린 바와 같이 의사 진행 방식에 관하여 합의를 보고 제1항목에 관한 토의를 일단락 지었음.

    나) 일본 신문들은 박 의장-이케다 수상 회담에서 한국의 청구권은 개인 베이스에만 한하기로 합의되었다고 선전하고 있는바, 이러한 일본 측의 태도가 내주부터의 청구권위원회 회의부터는 점차로 반영될 것으로 관측됨.

3) 선박소위원회

    가) 11월 13일 하오 3시부터 약 1시간 10분간 제3차 회의를 개최하였는바, 동 토의 내용은 별도 보고서 참조하시압.

    나) 전기 제3차 회의에서 우리 측이 제출한 의제 A 해당 358척의 최종 명단의 선박에 대하여 각 선박의 등록 번호 및 선박 용도(선종)를 시급히 조사하시와 회시하여 주시기 바람.

4) 문화재소위원회

    가) 회의 개최

      ㄱ. 11월 15일 제3차 문화재소위원회 회의를 개최하고 우리의 반환 청구 항목 중 제4 및 5의 2개 항목을 구체적으로 설명함.

      ㄴ. 11월 17일 제1차 전문가 회의를 개최하고 앞으로의 운영 방법 및 토의 내용에 대한 쌍방의 의견을 말하고 또한 우리의 반환 청구 항목을 열거함.

    나) 조사 자료

      ㄱ. 재일 한국 문화재의 현 시가를 도쿄 내의 미술품 상점들에서 조사키로 함.

      ㄴ. 일본 교토대학 명예교수 '우메하라' 씨와 2회 회합하여 한국에서의 고적 조사의 경위와 재일본 문화재의 현상에 관하여 논의함. 동 교수는 일제 시 수십 년간 우리나라 고적 조사를 담당한 바 있었음.

    다) 특기사항

      ㄱ. 공식 회의와 전문가 회의를 긴밀히 연락시킴으로써 토의를 촉진시키려고 함.

      ㄴ. 앞으로 우리나라 문화재를 조사한 바 있는 또는 전문적으로 연구하고 있는 일본 학자와의 의견 교환을 기하려 함.

5) 어업 및 평화선위원회

가) 11월 14일 하오 4시부터 제3차 회의 개최하였음.

나) 금주 회의에서 일본 측은 우리 측이 제안한 자원론의 7개 토의 항목 중 제3, 4항목에 관한 일측의 견해를 재차 표시하였었는데 그 저의를 분석하여 보건대 한국 측에서 주장하는 어종별 자원론이 일본 측으로서는 불리할 것을 예상하고 이를 피하여 잠정 어업협정을 전제로 한 어업 종류별 토의로 이끌기 위하여 제2차 회의 시의 우리 측 설명에 대하여 일본 측은 공해에 있어서의 어업 자원 보존 조치를 위하여서는 충분한 과학적 근거 자료가 준비되어야 하며 또한 현재로서는 그러한 자료 입수가 곤란하니 총어획량과 어획 노력량만으로써는 자원량을 추찰하기 어렵다는 이유를 들어 자원론 토의가 현 단계로서는 무의미하다는 것을 암시하는 것으로, 일본 측으로서는 자원론 토의에 흥미를 가지고 있지 않은 것 같은 느낌을 주는바, 우리 측으로서는 여기서 재차 일본 측 견해에 대하여 반론을 전개하는 것보다 오히려 양국의 주장을 확인만 하고 다음 본론 토의 시에 우리 측 견해에 입각한 자원론을 전개하는 것이 더욱 유리하다는 견지에서 일단 일본 측의 견해를 들어둔 것으로 한 것임.

다) 내주 회의에서 우리 측이 제안 취지를 설명하게 되어있는 제5, 6, 7항목에 대한 설명안을 작성함.

라) 제5, 6항목의 어업별 어장, 중요 어족의 산란장, 월동 수역 회유 경로 등에 관한 우리 측 자료를 정비 검토하였음.

4. 관서 지방 시찰

상기한 바 3일간의 관서 지방 시찰 여행에서 1) 오사카의 동천각이라는 음식점에서 거류민단 근기 지방 간부 약 150명과 환담하고 본국 정세, 한일회담 진행 상황과 재일 한인의 법적 지위 문제에 관하여 설명하였으며, 2) '서갑호' 씨 댁에서 교포 경제계 지도자 15, 6명과 회합하였고, 3) 오사카의 교포 집단 부락 하나를 시찰하였으며, 4) 오사카에 있는 교포 학교인 '금강학원'을 방문하여 학생들에게 연설을 하였음.

교포들은 말하기를 현재의 정부 같은 강력한 정부가 10년쯤 시정을 해야만 된다, 본국에는 실업자가 많다고 하지만 교포들의 생각으로서는 가장 중요한 자원이며 따라서 산아 제한 같은 것은 그릇된 정책으로 생각한다, 대표부에 경제 전문가를 파견하여 한일 경제 협조 문제를 연구케 하여야 한다, 한일회담의 조속한 타결을 위하여 교포들도 힘껏 측면으로부터 힘쓰겠다는 등의 의사 표시가 있었음.

5. 종합적인 관찰

박 의장-이케다 수상 회담이 있은 후 한일교섭은 종전보다 현저하게 원활히 진행되고 있으며 각 위원회마다 과거에 비해서 장시간의 토의를 진행시키고 있음. 청구권 문제에 관하여는 상기한 바 '행정 연구서'에서 지적한 바와 같이 연내로 토의를 완료할 작정인바, 토의 진행 방식에 있어서는 종전에 일본 측으로서는 전 항목에 대한 우리 측의 설명을 들은 후 개괄적으로 일본 측 의견을 표시하겠다고 하던 것을 우리 측의 제의로 각 항목마다 '디스커스'하기로 합의를 본 것이며, 이리하여 각 항목마다 쌍방 간 의견이 대립되면 수석대표 간에나 자민당 정계를 통하여 조절할 위계임.

일본의 여론은 박 의장-이케다 수상 회담을 평하여 예상 외로 박 의장의 태도가 부드러운 데 놀랐고 그만큼 일본 정부 당국자는 한일수뇌회담이 성공적이었다고 말하고 따라서 한일회담은 '급전개'될 것이다고 논하는 한편, 이제까지 현 정부에 대하여 비판적이었던 일본 신문들은 "군사 정부는 현재의 한국으로서는 불가피한 것이다", "현재의 한국 정부가 실패하는 경우 남한은 공산화되고 말 것인즉 그렇게 되는 경우 일본의 국방은 심히 위태롭게 될 것이다", "박 의장 이하 한국의 혁명 정부 지도자들의 국가 재건을 위한 열의는 대단하며 최근에 발표된 소위 혁명 과업 2개월간의 업적에서 보다시피 그간 군사 정부가 거둔 업적은 괄목할 만한 것이 있다", 따라서 "인접 국가로서 한국의 경제 재건을 원조하는 것은 당연한 일이다"라고 논조를 바꾸고 있는 것이 주목된다.

그러나 청구권 문제에 있어서 이세키 아세아국장을 위주로 하여 일본 정부 관료들은 박 의장-이케다 회담의 결과를 왜곡 보도하여, 제5차 회담 이래로 우리 측이 누누이 설명한 바이며 박 의장께서 기자회견 석상 "한국의 대일 청구는 전쟁 배상의 성격을 띤 것이 아니고 확실한 법적 근거를 가진 채권, 소위 재산청구권이다"라고 한 말을, "박 의장-이케다 수상 회담에서 한국은 배상을 포기하고 재산청구권만 받기로 합의를 보았다"-심지어는 "개인 베이스 청구권만 지불하기로 양 수뇌 간에 합의를 보왔다"—라고 보도하고 (이세키 국장이 기자들에게 한 말로서), 본 대표단이 생각하기에는 광범위한 문제에 관하여 의견 교환이 있었고 대원칙에 관한 대체적인 합의가 있었던 것으로 생각하고 있는 데 대하여 일본 측은 마치 박 의장-이케다 수상 회담에서 개개 문제에 대한 합의까지 행하여진 것처럼 선전하고 있는 것임. 이 문제에 관하여 주일 공사는 이세키 씨와 논의한 일이 있는데 이세키 씨는 양 수뇌회담에 관하여 '자기 정부에서도 의견이 구구하다'고 말하고 상술한 바와 같은 선전 공세에 대한 설명 요구에 대하여 회피적인 태도를 취하였음.

이러한 일본의 선전 공세에 대하여 현지에 와있는 아국 신문 기자들은 의아심을 품고 본 대표단에 대하여 박 의장-이케다 수상 회담에 대한 해명을 요구하고 있으나 본인은 상부의 지시에 따라 침묵을 지키고 일본의 선전 공세 사실을 상부에 보고만 행하여 온 것임. 연이나 지난 2, 3일간 일본 신문 등은 한일회담 문제에 관하여 보도를 중단하고 있음. 청구권 문제 가운데 명백히 '개인 베이스'가 아닌 지금, 지은 문제와 더불어 다음 회합에서 논의될 제2항목 '조선총독부에 대한 채무' 토의에서 일본 측의 태도가 주목됨.

이미 보고드린 바와 같이 본 대표단에서는 가까운 장래에 사무적 절충과 정치적 협상 등 개괄적인 토의가 끝날 것을 대비하여 '청구권 문제에 관한 한일협정'(일본으로부터 지불될 금액의 수입 태세를 포함한)안을 위시하여 어업 문제, 교포 법적 지위에 관한 협정안을 준비코자 연구 계획을 수립 중에 있음. 특히 청구권 문제에 관하여는 본부나 재무부 당국의 협조를 청할 위계임.

오는 25일 아침 박 의장께서 미국으로부터 귀환하시는 도중 당지에 몇 시간 머무르실 예정이라 하여 본 대표단으로서는 의장 각하에게 그간의 교섭 경로를 보고할 예정임.

81. 제6차 한일회담에 관한 종합 보고서(제6호)

0654

회담 제6-31호

단기 4294년 11월 27일

제6차 한일회담 수석대표[관인]

외무부 장관 귀하

제6차 한일회담 종합 보고(제6호)

지난 11월 19일부터 동월 25일까지의 종합 보고를 아래와 같이 제출함.

아래

일반 관계

1. 11월 20일 본인은 박 의장 미국 방문 관계로 '워싱턴'에 출장하였다가, 서울로 귀임하는 '버거' 주한 미국 대사를 비행장에서 만나 간담하였음(JW-11337호).

2. 11월 21일 본인은 주일 미국 대사관 직원 2명('샤트린' 1등서기관, '글라이스틴' 2등서기관)과 만나 회담 관계를 간담하였음(JW-   호 참조).

3. 11월 22일 본인은 '스기' 일본 측 수석대표와 간담함(JW-11393호 참조).

4. 동일 본인은 '라이샤워' 주일 미국 대사와 간담함(JW-11402호 참조).

5. 11월 24일 본인은 재일 거류민단 창립 제15주년 기념식에 참석함.

0655   11월 25일 박 의장 각하께서 방미 후 귀국 중 일본을 들르시는 기회에 본인은 간단히 회담의 진행 상황에 관한 보고를 행함(JW-11456호 참조).

7. 각 위원회의 업무는 정상적으로 운영되고 있음.

각 위원회별 활동

1. 재일한인 법적지위위원회

(가) 11월 22일 제3차 비공식 회의를 가졌었음. 회의 내용에 관하여는 별도 보고하였음.

(나) 11월 23일 개최되었던 재일 거류민단 중앙의사회에 대표단 이천상 대표와 문인구 대표가 참석하였으며 동 석상에서 이 대표는 재일한인 법적 지위 문제에 관한 회담의 진전 상태에 대하여 개괄적인 설명을 행하였음.

(다) 11월 24일 문인구 대표가 도쿄 한국학원을 시찰하였음.

2. 일반청구권소위원회

(가) 11월 22일 제4차 공식 회의에서 청구권 8항목 중 제2항 체신부 관계 토의를 일단 마쳤으며, 숫자 대사를 위하여 ad hoc committee를 설치하기로 합의한 데 따라 ad hoc committee는 24일에 개최되었는데 이 제1차 회합에서는 장차의 숫자 대조 작업의 순서와 방법들을 협의하였음(이상 별도 보고 참조).

(나) 전기 제4차 공식 회의는 박 의장-이케다 수상 회담 이후 최초로 가졌던 접촉이었는바, 우리 측이 기정방침대로 한국인의 우편저금, 간이생명보험 등을 청구한 데 대하여 일본의 각 신문지는 박 의장-이케다 회담에서 합의된 소위 '개인 베이스'에 국한하는 증조라고 회의 내용을 일본 측에만 유리하게 왜곡 선전하고 있어 이에 대한 우리 측의 counter P.R이 필요할 것으로 생각됨.

(다) 홍승희 대표가 본국의 지시에 의하여 10일간 예정으로 지난 10월 23일 귀국하였음.

(라) 제5차 회의는 11월 30일에 있을 예정인바, 동 위원회에서는 제3항, 제4항이 토의될 것이며, 이와 병행하여 제2항목 관계 계수 대사를 위한 ad hoc committee가 속개될 것임.

3. 선박소위원회

(가) 이번 주에는 공식, 비공식 간 회의가 개최가 없었음.

(나) 11월 27일에 개최될 예정인 제4차 회의에서는 우리 측에서 조사된 번호부 1부

를 제출할 예정임.

　(다) 지금까지의 회의 경과로 보아 일본 측은 우리 측에서 제출한 선박에 대한 조사가 되지 않았다는 이유로 회의 진행에 적극성을 표시하고 있지 않음.

　(라) 최근 11월 21일 자 일본경제신문은 한국의 대일 청구권에 관한 기사를 게재하였는바, 그중 선박 관계만을 발췌 보고하면 다음과 같음. "한국은 쇼와 20년 8월 9일 현재 한국 치적선과 8월 9일 현재 또는 그 이후 한국의 영해 내에 정박하고 있었던 일본 어선의 반환을 요구하고 있다. 일본으로서는 청구권의 해석상 법률적으로는 반환의 의무는 없으나 일한 우호를 위하여 종전 당시의 한국 치적선 일부를 반환한다는 입장을 취하고 있다."

4. 문화재소위원회

　(가) 11월 21일 제2차 전문가 회의가 개최되었음(별도 전문 보고 참조).

　(나) 전기 제2차 회의에서는 우리 측이 구체적인 사실관계에 관한 토의를 행하도록 강력히 추진하였으나 일본 측은 종시 일관하여 회피적인 태도를 취하였음에 비추어 다음 공식 회의에서 이 점, 일본 측의 주의를 환기시킴이 필요한 것으로 생각됨.

　(다) 이홍직, 황수영 양 대표가 문화재 실태 조사를 위하여 '교토', '나라' 등지에 출장 중임.

5. 평화선 및 어업위원회

　(가) 11월 22일 제4차 공식 회의가 개최되었음(별도 보고 참조).

　(나) 상기 회의로써 자원론 토의 항목에 관한 토의가 일응 끝나고 차회부터는 현재까지의 토의 과정에서 합의되지 않은 사항에 관한 재토의가 1, 2회가량 있을 예정임. 이미 보고한 바와 같이 일본 측은 상기 회의에서 지연적인 태도를 취하는 듯이 보였음.

　(다) 금주 본 위원회에서는 재토의하기로 된 자원론의 7개 항목 중 양국 간 미합의 부분에 관한 재검토를 하였음.

　(라) 최근의 일본수산신문 보도에 의하면 11월 16일 오사카에서 제14차 전국 '가마보코' 업자 대회가 개최되었는바, 여기서는 '이 라인'의 철폐와 공정한 일한어업협

정의 체결 및 공해에 있어서의 일본 어선의 안전 조업의 확보가 제1 결의로서 통과되었다고 함. 이러한 경향은 일본 어업 관계자는 물론 가공업자까지도 평화선 철폐를 주장하고 또한 그렇게 될 것으로 믿고 있는 듯한 감을 주고 있음.

종합적인 관찰

0658   11월 25일 자로 '박 의장-이케다 수상 회담에 관한 반향 및 그에 대처한 건의사항'을 작성하여 동일 박 의장 각하에게 상달하였으며, 동시에 동 보고 전문을 전문(JW-11458호)으로 본부로 보고한 바 있는데, 이는 금주 말까지의 회담의 전모를 분석하고 앞으로의 대표단의 교섭 방안을 건의한 것임.

이상

82. 제6차 한일회담에 관한 종합 보고서(제7호)

회담 제6-43호

단기 4294년 12월 4일

제6차 한일회담 수석대표

외무부 장관 귀하

제6차 한일회담 종합 보고(제7호)

지난 11월 26일부터 12월 2일까지의 종합 보고를 아래와 같이 제출함.

아래

일반 관계

1. 11월 28일 본인은 이 주일 공사 및 최 참사관과 같이 일본 중의원 의원들인 '후나다 주'(船田中), '기타자와 나오키치'(北澤直吉), '마쓰모토 슌이치'(松本俊一), '모리시타 구니오'(森下國雄) 등과 석찬을 같이 하며 간담함(JW-1210호 참조).

2. 11월 28일 이한기 고문, 정일영 대표, 이규현 공보관은 '도쿄'신문 정치부장 등과 회담 관계 회견을 가짐(JW-11486호 참조).

3. 11월 29일 본부의 지시에 의하여 이 고문, 정태섭 대표, 홍윤섭 및 박상두 전문위원이 귀국함.

4. 11월 29일 홍승희 대표가 귀임함.

5. 12월 1일 김윤근 대표 임시 귀국함.

6. 12월 1일 본부 지시에 의하여 대표단 전원이 숙소를 '시바파크'호텔로부터 '데이고쿠호텔'로 옮김.

각 위원회별 활동

1. 재일한인 법적지위위원회

1) 11월 27일 제4차 비공식 회의가 있었음. 회의 내용은 이미 보고한 바 있음.

2) 11월 29일 퇴거 강제 문제에 관한 전문위원회가 개최되었음. 회의 내용은 이미 보고하였음.

3) 11월 30일부터 4일간 예정으로 문인구 대표가 오사카 지구 교포 실태 조사차 출장하였는바 12월 3일 도쿄에 귀환할 예정임.

2. 일반청구권소위원회

1) 11월 30일 체신부 관계 전문위원회 제2차 회의와 청구권소위원회 제5차 회의가 개최되었는바, 회의 내용은 각각 이미 보고한 바 있음.

2) 전기 체신부 관계 전문위원회 회의에서 일본 측이 제시한 자료에 의하면, 일본 측은 종전 이후 인양(引揚) 일본인에 대하여 지불한 우편저금액을 일화 9억여 엔으로 계상하고 있는바, 이것은 우리 측의 예상을 훨씬 초과하는 숫자로서 앞으로 이 숫자를 중심으로 상호 간 격론이 벌어질 것으로 생각됨.

3) 전기 청구권소위원회 공식 회의에서는 제4항목(한국 법인의 재일 지점 재산)에 관한 논의가 있었는바, 일본 측은 우리 측 청구의 법적 근거가 없다고 하고 사실관계 토의를 거부하는 태도로 나왔음에 비추어 앞으로의 회의 진행이 난항이 될 것으로 예상됨.

4) 본 소위원회 소속 수석위원 김윤근, 대표 정태섭 및 전문위원 홍윤섭이 현재 본부의 지시에 의하여 귀국 중에 있는바, 다음 회의 개최 시까지 귀임할 수 있도록 조치하여 주시기 희망함.

3. 선박소위원회

1) 11월 27일 제4차 회의가 개최되었는바, 동 회의 내용은 이미 보고한 바 있음.

2) 전기 제4차 회의에서 과거 202척 선박 중 일본 측이 조사 결과를 설명한 것과 우리 측의 기록에 있는 것과는 상당한 차질이 있으므로 이를 명확히 하기 위하여 내주 중으로 실무자 회의를 갖기로 우리 측이 제의하였음. 이에 대하여 일본 측은 추후 연

락하겠다고 하였음.

4. 문화재소위원회

1) 11월 28일 전문가 회의(제3차)가 개최되었는바, 회의 내용은 이미 보고하였음.

2) 12월 1일 개최 예정이던 공식 회의는 일본 측의 사정(이세키 주사의 미도착)으로 내주로 연기하기로 하였음.

3) 일본 측은 계속하여 문화재는 '권리 의무 관계'로서가 아니라 "원위치에 돌아가야 한다"라는 입장에서 나가야 한다고 주장하고 그러한 방향으로 나감을 기정방침화 하려는 태도임.

5. 평화선 및 어업위원회

1) 12월 1일 제5차 회의가 개최되었는 바, 회의 내용은 이미 보고하였음.

2) 앞으로의 회의에서 재검토하기로 된 7항목의 자원론 토의 항목 중 양측 주장의 미합의점에 관한 검토를 행하였음.

3) 자원론 본론 토의에 대비하여 어족별 통계 자료와 생물학적 자료를 정비 중에 있음.

4) 금주의 회의로 보아서도 일본 측은 회의를 조속히 진전시키려는 태도를 보이는 것 같지 않음.

종합적인 관찰 및 건의

1. 박 의장-이케다 수상 회담의 내용을 누설하고 합의사항을 허위 선전한 일본 정부의 처사에 대하여 외무 본부로부터 해명이 있었고, 본 대표단으로서 일본 정계나 언론계에 대하여 여사한 일본 측의 처사를 반박함으로써, "개인 청구권에만 한한다"라든가 "청구권 문제가 해결되면 평화선은 철폐될 것이다"라는 따위의 선전은 일본 신문에서 자취를 감추고 말았으며, 이세키 아세아국장도 '개인 청구권 운운'이 한일수뇌회담에서 합의되었다는 말을 부인하여 "법적 근거가 있는 것만을 청구하겠다고 한국 측이 말하였는데 일본 측의 생각으로서는 그러한 법적 근거가 있는 것은 즉 개인 관계에 한한다고 생각한다"라고 언명하였으며, 연이나 "한국의 청구권은 남한분에 한한다"는 새로운 고집을 다시 꺼내고 있음(11월 22일 제4차 청구권소위원회 회의 석상에서 우편저

금 문제로 일본 측에서 북한 관계분에 대한 질의가 있었는데 우리 측에서 강경한 반박을 행하고 "그와 같은 문제를 운운한다면 회담은 도저히 성립될 수 없을 것이다"라고 하였는바, 일본 측은 태도를 완화하며 '단지 한국 측의 생각을 물어보았는 데 불과하다'고 답변하였던 것임).

2. 어업 문제를 비롯하여 법적 지위, 문화재, 선박 문제 등은 회합 수가 잦아지고 종전보다 장시간의 토의가 행해지고 있으나 실질적인 진전은 거의 없고 제5차 회담에 비하여 일본 측으로부터 이렇다 할 성의나 실질적인 양보의 표시가 없음. 일본 측에서는 청구권 문제만 해결되면 기타 문제는 해결이 간단하다는 인상을 조성하고 있지만 실제로는 청구권 이외 문제도 현 상태하에서는 장시일이 요할 것으로 우려되며 이들 문제의 해결도 결코 용이하거나 낙관적인 것이 못 됨.

3. 이케다 수상 이하 고사카 외상과 더불어 일본 외무성 실무자들이 동남아에 여행 중이라 회담 진행이 전반적으로 소강상태에 있는 것이 사실이며 이들이 돌아오면 약간의 활기가 돌 것으로 보임.

4. 본인은 상기한 바와 같이 '후나다 주' 씨 외 일본 자민당계 요인들과 만난 바 있으나, 앞으로도 계속 그와 같은 접촉을 행할 예정임.

이상

83. 제6차 한일회담에 관한 종합 보고서(제8호)

회담 제6-50호

단기 4249년 12월 11일

제6차 한일회담 수석대표[관인]

외무부 장관 귀하

제6차 한일회담 종합 보고(제8호)

지난 12월 3일부터 동월 9일까지의 종합 보고를 아래와 같이 제출함.

아래

일반 관계

1. 12월 4일 본인은 일본 자민당 일한문제간담회 좌장 '이시이 미쓰지로' 씨와 면담하여 한일회담 전반에 걸쳐 의견을 교환함(JW-1254호 참조).

2. 이창희 특별보좌관이 미국으로 가는 도중 방일하여 이 보좌관이 휴대한 본부 훈령을 기초로 대표단 연석회의를 개최함(12월 6일).

3. 이한기 고문, 김윤근 대표가 귀임함(12월 6일).

4. 12월 7일 본인은 '스기' 일본 측 수석대표와 회담 전반에 관하여 면담함(JW-12125호 참조).

5. 12월 8일 이 공사는 '이세키' 아세아국장과 면담하여 한일 간 제 현안 문제에 걸쳐 의견을 교환함(JW-12124호 참조).

각 위원회별 활동

1. 재일한인 법적지위위원회

(가) 제4차 비공식 회의에서 금주에 제5차 비공식 회담을 개최하기로 합의한 바 있으나 일본 측은 일본 측 위원의 대부분이 출장 중임을 이유로 회의 개최의 연기를 요청하여 왔으므로 우리 측에서는 이를 양승하고 내주에 개최하기로 하였음.

(나) '아사히'신문 12월 4일 자 조간은 "밑바닥에 다다른? 북조선 귀환자"라는 제목으로 해설 기사를 게재한 바 있는데 그에 의하면 금차(83차) 선에는 32인만이 출발하였다는 것으로서 이와 같은 귀환자의 감소 원인은 "(1) 일본의 호황으로 취직난이 해결되어 귀환할 필요가 없게 되었다. 재일한인의 3분지 2는 남한 출신으로서 북한의 생활이 생각한 바와는 다르다. (2) 한일회담이 호전하는 결과 불원 재일한인에게 일본인과 흡사한 대우가 주어질 것이다"라는 기대가 있다는 것을 들고 있음.

(다) 앞으로 당 위원회는 오는 12일(화)에 퇴거 강제 사유에 관한 전문위원회, 14일 경(미확정)에 제5차 비공식 회의, 20일경(미확정)에 제2차 공식 회의를 개최할 것을 예정하고 있는바, 당 위원회로서는

(1) 영주권의 부여 범위에 관하여는 동 문제가 당 위원회의 가장 중요한 문제임에 비추어 우리 측은 종전의 제안을 관찰하도록 계속 노력할 것이며,

(2) 퇴거 강제 사유는 일본 측과 약간의 거리가 있으나 가급적 훈령의 범위와 부합되도록 노력할 것이고,

(3) 기타 문제는 영주권의 부여 방법을 제외하고는 대개 원칙적으로는 합의를 보고 있으나 세부 문제에 관하여는 시간적으로 연내에 해결되기는 곤란할 것으로 생각되며 영주권의 부여 범위와 밀접한 관련이 있으므로 내년 연초에 재개될 회담에서 논의될 수밖에 없지 않을까 여겨짐.

2. 일반청구권소위원회

(가) 12월 7일 오전 10시에 체신부 관계 제3차 전문위원회 회의를 개최하였으며, 동일 오후 2시에 청구권소위원회 공식 회의를 가졌음. 회의 내용에 관하여는 별도 보고하였음.

(나) 일시 귀국 중이던 김윤근 수석위원과 동남아에 출장 중이던 일본 측 '미야카

와' 수석위원이 귀임하여 금차 공식 회의에 출석함.

(다) 제4항목(한국 법인의 재일 지점 재산 청구) 토의에 있어서 일본 측은 전주 회의에 있어서는 한국 측이 청구하는 법적 근거가 없으니 사실관계를 설명할 필요조차 없다는 태도였는데 금주의 회합에 있어서는 서면으로 자기 측 견해를 표명하여 다소의 진전을 보였음.

(라) 내주의 회의에 있어서는 전기 일본 측 견해에 대한 한국 측의 반론을 전개한 후 제3항목과 제5항목의 전반을 통합하여 토의할 예정임.

(마) 일본 측은 금년 연말 전 실무자 회합에 있어서 8개 항목 전부, 만일 전부의 토의가 불가능할 경우에는 제6항목까지라도 대체적인 토의를 종료할 것을 강력히 희망하고 있는 것 같음.

3. 선박소위원회

(가) 12월 4일 제5차 회의를 개최하였음(회의 내용은 별도 보고하였음).

(나) 차주의 회의 개최에 관하여 일본 측은 회의 준비가 안 되었다는 이유로 휴회하자고 하였으나 우리 측이 과거 회담 시 일본 측 조사 결과 설명에 불분명한 점이 있으므로 실무자 또는 전문가 회의라도 개최하여 이를 재확인하자고 하여 결국 12월 11일에 실무자 회의를 개최하기로 하였음. 동 실무자 회의에서는 일본 측의 조사 지연에 대하여 조속한 조사를 행하여 줄 것을 강력히 촉구할 예정임. 제6차 공식 회의는 12월 18일 개최할 예정임.

4. 문화재소위원회

(가) 12월 5일 제4차 공식 회의를 개최하고, 동월 6일에는 제4차 전문가 회의를 개최하였음. 회의 내용은 이미 보고하였음.

(나) 우리나라 문화재 사정에 정통한 '아자카와 하코' 씨를 방문하여 일제 초기의 중요문화재 반출 경위에 관하여 문의하였음.

(다) 새로 개관된 국회도서관에 이홍직, 황수영 양 대표가 가서 주로 한말의 기록을 조사하였음.

5. 평화선 및 어업위원회

(가) 12월 8일 제6차 공식 회의를 개최하였음. 회의 내용은 이미 보고하였음.

(나) 금주 회의에서는 연말까지의 회의에서 지금까지 토의하여 온 자원론의 7개 항목에 대한 쌍방의 주장을 확인하고 자원론의 본론에 들어가기 위하여 각 항목에 대한 양국 주장을 적기하여 상호 대조 후 문서로서 교환하기로 하였음.

(다) 금차 회의에서 일본 측은 자원론 본론을 어느 정도의 범위로 할 것인가에 관하여 우리 측에 문의하여 왔는바, 우리 측은 어업협정에 필요한 정도를 고려하고 있다고만 대답하고 기한에 대하여는 밝히지 않았음. 그런데 전번 제4차 회의에서 우리 측이 자원론 본론에 조속히 들어가기 위하여 기초 자원론에서 토의한 상호의 주장을 확인하여 두고 본론으로 들어갈 것을 제안한 데 대하여 일본 측은 이를 거부하고 재차 미합의점을 토의할 것을 제의하였으며, 또 '이세키' 국장이 이 공사에게 자원론을 하지 말고 어업협정에 관한 토의를 진행하자고 제의하는 등 일본 측의 동향은 자원론을 회피하려는 것으로 관측되었는바, 금차 회의의 태도를 보면 자원론 본론을 종결한 후 어업협정에 관한 토의를 시작하려는 것으로 보임.

0685 종합적인 관찰

1. 박 의장-이케다 수상 회담의 내용에 관한 일본 측의 일방적인 허위 선전에 대한 의장 각하의 기자회견은 적기의 것이었으며 이세키 국장은 '개인 청구권 운운'이란 말을 한 적이 없다고 이 공사에게 해명하였고 더욱이 그러한 '오해'가 회담의 조속한 타결에 악영향을 미치지 않았으면 좋겠다고 말한 바 있었음. 한편 일본 신문들은 위와 같은 '이세키' 씨의 해명에도 불구하고 박 의장의 기자회견이 "한국 국내의 불만을 무마하기 위해서 행한 것이다"라는 따위의 말을 일본 외무성 측 견해라고 보도하고 회담에 대한 한국 측 태도에 변경이 있었다느니 없다느니 하여 아전인수격인 구구한 억측을 하고 있음. 어떻든 '이세키' 국장이 스스로가 행한 허위 선전을 부인함으로써 사태는 오히려 아 측에 유리하게 전개된 것으로 관측됨.

2. 전자 본 대표단에서 작성한 박 의장 각하에 대한 보고 및 건의사항에 대한 본부의 훈령(외정(아) 제461호)을 접수하여 이창희 특별보좌관 참석하에 금후의 교섭 방침

을 재검토한 결과 다음과 같은 결론에 도달하였음. 1) 정치적 교섭에 구애되지 말고 실제 교섭에 최선을 다할 것, 2) 시간적인 구속에서 떠날 것, 3) 본 대표단으로서는 현지에서의 피아르[PR]를 소극적으로 행하고 본부에 일임할 것.

3. 청구권과 경제 원조의 결부 문제에 관하여, 본부로부터 훈령을 받은 바 있으나 두 문제를 현 단계에 있어서 완전히 분리시키는 것은 곤란한 현실임에 이 문제에 대하여는 본부에서 적절히 취급할 것을 건의함.

4. 본인은 전주에 계속하여 자민당 요인들과의 일련의 접촉을 행하고 있으며 연말 휴회까지 계속할 예정으로, 아 측에 유리하도록 회담 분위기를 조성하는 데 노력 중임. 이들과의 접촉을 통하여 회담의 타결 시일과 일본 국회에 의한 대한 지불 금액의 통과에 관한 전망을 타진 중이나 혹자는 금년도 회기 중에 보정예산을 제출할 수 있다느니 없다느니, 5월에 있을 참의원 선거 후에 임시 국회를 소집하여 처리될 것이라는 등 의견이 구구하여 현 단계에 있어서는 판단하기 어려우며 회담 자체의 타결 시일에 관하여도 일본 측에서 4월설이 나오고 있으나 그러한 판단은 시기상조로 사료됨.

수석대표

84. 제6차 한일회담에 관한 종합 보고서(제9호)

한일회담 대표단

회담 제6-77호
1962. 2. 17

수신: 외무부 장관

제목: 종합 보고(제9호) 송부

금번 2월 12일부터 17일까지의 대표단 종합 보고를 아래와 같이 제출합니다.

아래

일반 관계

1. 2월 13일 본인은 김윤근 대표 및 최영택 대표와 같이 일 측 '스기' 수석대표 및 '이세키' 아세아국장을 점심에 초대하고 회담 문제를 포함하는 제반 문제에 관하여 면담하였음(JW-02122호 참조).

2. 2월 14일 저녁 아 측 대표단원은 일 측 '스기' 수석대표가 초대한 Cocktail and Buffet에 참석하였음.

각 위원회의 활동

1. 재일한인 법적지위위원회

가. 지난 16일에 개최 예정이던 회의를 일본 측의 사정으로 연기하였음은 이미 보고한 바와 같음.

2. 일반청구권소위원회

가. 거 1월 15일 방일한 이래 이미 보고한 바와 같이 공식 및 비공식 회합을 수차 가졌는바 금일까지의 본 위원회 진행 상황을 말하면 목하 공식 소위원회를 하는 한편, 징용자, 은급, 귀환 동포 기탁금, 생명보험들 관계의 자료 검토를 위한 Ad Hoc Committee를 창설하고 금주 화요일(13일) 제1회 Ad Hoc Committee를 열어 징용자 관계 숫자를 대사하였으나 앞으로 더 검토해야 할 것으로 보임.

나. 동 Ad Hoc Committee의 사무량에 비하여 인원이 부족하므로 이를 보강하여 줄 것을 이미 본부에 요청하였음.

3. 선박소위원회

가. 지난 2월 14일에 제7차 회의를 가졌으며 다음 회의는 2월 21일에 있을 예정임.

4. 문화재소위원회

가. 2월 16일 제6차 문화재위원회 회의를 개최하였음.

나. 우리 측은 반환 청구 목록의 제출과 동시에 일본 측에서도 전문위원을 지명할 것을 요청하였던바 일본 측은 우리 목록을 검토한 후에 지명 여부를 결정하겠다고 하므로 이 문제를 중심으로 논의를 거듭하였으나 합의에 이르지 못하였음. 일본 측은 문부성의 태도를 이유로 삼았으나 이것은 2월 1일에 있었던 양측 대표위원(이 대표와 이세키) 사이의 합의 내용과 다른 것임. 앞으로 다시 양측 대표위원 사이에 비공식 회합을 열고 이 문제를 해결하려 함.

다. 우리 측 목록은 항목별로 작성되어 있는바 앞으로 일본 측의 전문위원회 설치에 대한 동향을 살펴서 제출코자 함.

5. 어업 및 평화선위원회

가. 2월 15일 제10차 회의가 일본 외무성 235호 회의실에서 개최되었으며 이 회의에서 아 측은 저어 자원 중 도미류(참돔, 황돔, 옥돔)의 자원에 관하여 1926년부터 1960년에 이르는 어획 통계를 기준으로 한국 수역에 있어서 동 어족의 자원이 황폐해 가는 경향에 있다는 것과 또 이것은 주로 일본 어선에 의한 남획에 기인하였다는 것을

설명한바 일 측은 이에 대한 의견을 다음 회의 시에 개진하겠다고 하였음.

　나. 동 회의에서 아 측은 회의 진행을 서둘기 위하여 다음 주부터는 매주 2회씩 회의를 개최할 것을 제안하여 일 측도 이에 동의하고 내주부터는 화요일과 금요일 2회 회의를 갖기로 하였음.

　다. 다음 화요일에는 아 측에서 조기 자원에 관하여 설명하고자 자료를 정비 중에 있음.

　라. 금번 회의에서 도미 자원의 감소가 일본 어선에 의한 남획이 주원인이 되었다는 아 측의 설명에 대하여 일 측은 다음 회의에서 반론을 전개할 것으로 예상됨.

종합적인 관찰

　1. 보고 기간 중 일본 국회에서의 아국에 관한 토의는 2월 14일 참의원 예산위원 회의에서 독도에 관한 간단한 것이 있었을 뿐임.

　2. 2월 17일 당지 각 신문은 김종필 중앙정보부장이 동남아 방문을 마치고 귀로 당지에 들르게 되는 데에 관한 기사를 게재하고 많은 관심을 표시하고 있는바, 김-이케다 회담에서는 정치회담의 확인과 청구권 문제를 포함하는 제 현안 문제 해결을 위한 예비 절충이 있을 것이라고 관측하고 있음. 한편 '이케다' 수상은 김종필 부장의 방일에 대비하기 위하여 2월 15일 외무성으로부터 사무차관, 아세아국장, 조약국장, 경제협력부장, 우라베 참사관을, 대장성으로부터 사무차관, 이재국장을 불러 '브리핑' 회를 가진 바 있다고 함.

　3. 최근 일본 각 신문은 아국 경제 개발 계획에 관한 기사(예: 울산 공업 지대 설치, 가공 무역, 이탈리아와의 어선 건조에 관한 차관 등)를 비교적 빈번히 게재하고 있어, 일 측의 관심이 불소함을 추측할 수 있음.

　끝

한일회담 수석대표 배의환[관인]

85. 제6차 한일회담에 관한 종합 보고서(제10호)

한일회담 대표단

회담제6-85호
1962. 2. 26

수신: 외무부 장관

제목: 종합 보고(제10호) 송부

금번 2월 19일부터 24일까지의 대표단 종합 보고를 아래와 같이 제출합니다.

아래

일반 관계

 1. 본인은 2월 17일부터 19일까지의 사이에 이천상 대표 및 지철근 대표와 함께 '시모노세키' 및 '후쿠오카' 지방에 출장하여 그 지방 교포 및 일본 신문 기자들에게 재일교포의 법적 지위와 평화선 문제에 관하여 아 측의 입장을 설명하였음.
 2. 2월 21일 김종필 중앙정보부장이 정치회담 개최에 관하여 '이케다' 수상과 면담할 때 본인과 최영택 대표가 참석하였음.
 3. 2월 22일 중앙정보부장이 정치회담 개최에 관하여 고사카 외상과 면담할 때 본인과 최영택 대표가 참석하였음.
 4. 동일 '고사카' 외상이 중앙정보부장을 일본 요정에 초청하는 연회에 본인과 최영택 대표가 참석하였음.

각 위원회의 활동

1. 재일한인의 법적지위위원회

가. 지난 2월 20일 '가유'회관에서 비공식 회담을 개최하였음은 이미 보고한 바와 같음.

나. 오는 3월 10일경 정치회담이 개최될 것이 예상되므로 그 전에 실질적으로 실무회담을 정리, 종결하기 위하여 다음과 같이 위원회를 개최하려고 함.

2월 27일(화) 퇴거 강제에 관한 전문가 회의(확정)

3월 2일(금) 비공식 회의(예정)

3월 5일(월) 퇴거 강제에 관한 전문가 회의(예정)

3월 6일(화) 공식 회의(예정)

2. 일반청구권소위원회

가. 피징용자, 연금 등에 관한 전문위원회의 지금까지의 회의 결과는 기이 보고한 바와 같으며,

나. 일반청구권위원회는 오는 3월 5일경까지 종료되도록 노력할 예정임.

다. 2월 23일(금요일) 정태섭 대표가 도착하였음.

3. 선박소위원회

가. 2월 21일에 개최 예정이던 선박소위원회는 일본 측 사정으로 2월 28일로 연기 개최키로 하였음.

나. 2월 28일 회의 시에는 의제 A 해당 선박에 대한 상당수의 조사 결과가 일본 측으로부터 있을 것이 기대되며, 그때에 조사 미료 선박이 있을 경우에는 3월 초까지 완료시키도록 할 방침이며 그 후 의제 B 이하에 대한 토의에 들어갈 예정임.

4. 문화재소위원회

가. 2월 16일의 소위에서 쌍방의 의견이 대립되었고, 위원회 개최에 대하여서도 합의를 보지 못하였음.

나. 2월 22, 23일에 수석대표가 일본 측 '이세키' 대표에게 문화재 소위를 속개할 것

과 아 측은 목록 제출의 용의가 있음을 전하였고 이에 대하여 일본 측도 동의하였으나 아직 일본 측의 연락이 없음.

다. 우리 측의 목록 제출을 계기로 전문위원회를 설치함에 일본 측이 동의하여 올는지는 아직 판정하기 곤란함. 따라서 앞으로의 진행 방법에 대하여 재검토의 필요가 있음에 비추어 이에 대한 우리 측의 방안을 강구 중에 있음.

라. 우리 측의 목록은 이미 일본 측에 제출한 바 있는 반환 청구 항목에 따라 작성 중에 있음.

5. 어업 및 평화선위원회

가. 2월 20일에 제11차 회의를, 2월 23일 제12차 회의를 개최하였음.

나. 금주 2회의 회의에서는 아 측이 참조기, 보구치 및 민어 자원에 관하여 어획 통계를 기준으로 총어획량의 경년 변화, 해구별 어획량, 어구별 어획량, 대상 어업의 어기와 어장, 어구별 어획량의 경년 변화 1인망당 내지 척당 어획량의 경년 변화를 설명하고 동시에 일본 통계에 나타난 결과로서 일본 측의 대형 트롤과 기선 저인망 어업 등의 노력당 어획량이 감소된 것을 지적하여, 이러한 저어 자원의 감소 주원인이 일본의 대형 어업의 남획에 있다는 것을 설명하였음.

다. 내주 회의에서 일본 측이 견해를 말하기로 하였음.

라. 제12차 회의에서 일 측은 앞으로의 회의 진행에 관하여 자원론이 종료될 시일을 경정할 것을 요망하였으나 아 측으로서는 최소한도로 단축하더라도 앞으로 남은 저어 자원과 부어 자원에 각 1회씩 계 2회가 소요될 것이며, 일 측으로서도 최소한 2회를 소요할 것이므로 도합 4회는 있어야 하지 않겠는가 하는 전망을 말하고 결정은 다음 회의 시에 하기로 하였는바, 24일(토요일)에 일본 측의 우야마 주사로부터 전화로 이에 관하여 재차 문의가 있었음. 그 내용은 일 측으로서는 2월 27일에 일 측이 설명을 하고, 3월 5일까지 자원론에 관한 회의를 끝마치기 위하여 내주 3월 2일과 3일에 회의를 가져 아 측 설명 끝마친 후 3월 5일에 일 측에서 최후의 설명을 하는 것이 어떻겠느냐는 것이었음. 이에 대하여 아 측으로서도 정치회담에 영향을 주지 않기 위하여서는 자원론을 조속히 끝마치는 것이 좋을 듯하여 동의한다는 뜻을 전하였음.

종합적인 관찰

1. 아 측은 3월 10일경에 정치회담이 개최되리라는 예정 밑에 정치회담의 기초가 될 사무적 절충을 완료시켜 보려고 노력하고 있음.

2. 일본 측은 김 중앙정보부장이 '이케다' 수상과 면담하였을 시 정치회담을 3월 중에 개최할 것을 재확인하였음.

3. 일 측은 2월 25일 및 26일에 도쿄에서 발간되는 각 신문에 정치회담에 관하여 대량 동일한 기사 내용을 일제히 실었는데 이것은 일본 외무성에서 P.R을 위하여 암암리에 제공한 것으로 관측되며 그 기사에 의하면 일본은 이번 정치회담에서 결말을 짓기에는 곤란하다는 것이나 김 중앙정보부장-'이케다' 회담 내용과 스기 대표가 서명한 문서 내용대로 실시될 것을 의심치 않음.

4. 금번 정치회담 대표자 선정에 관하여 일 측은 거물급을 피하고 외상급으로 하려는 태도임.

회담 장소에 관하여는 일 측은 현재 국회가 개회 중에 있어 일본 외상을 한국에 파견하기 곤란한 사정에 있고 사무적 절충을 병행하여야 할 실정이므로 회담 장소를 도쿄로 하였으면 하는 태도이나 아 측이 서울로 정하자는 태도를 강경히 할 때에는 이에 응할 가망성도 있음.

5. 대표단의 건의

적어도 제1차 회담에 있어서는 국내외에 주는 영향을 고려하여 서울로 정함이 가한 것으로 건의함.

끝

한일회담 수석대표 배의환[관인]

86. 제6차 한일회담에 관한 종합 보고서(제11호)

한일회담 대표단

회담 제6-92호
1962. 3. 5

수신: 외무부 장관

제목: 종합 보고(제11호)

지난 2월 25일부터 3월 3일까지의 대표단 종합 보고를 아래와 같이 제출합니다.

아래

일반 관계

1. 3월 1일 12시 아 측 청구권위원회 수석위원 김윤근 대표와 이상덕 대표는 일 측 '우라베' 참사관과 회합하여 정치회담을 앞두고 청구권에 관한 전문위원회의 종결 및 앞으로의 본회의 운영에 관하여 의견을 교환하였음.

2. 3월 2일 12시 본인과 최영택 대표는 일본 측 '이세키' 아세아국장 및 '우라베' 참사관과 회합하여 1차 정치회담의 장소를 서울로 할 것, 그리고 특히 일본 측은 청구권에 관하여 액수를 제시하여야 하며, 구체안을 제시할 것에 관하여 교섭을 하였음 (JW-03034호 참조).

3. 3월 2일 하오 6시 아 측 선박소위원회 수석위원 이천상 대표는 일본 측 선박위원회 '쓰지' 주사와 만찬을 같이 하고 의제 A의 정리에 관하여 상호의 의견을 비공식으로 교환하였음.

각 위원회의 활동

1. 재일한인의 법적지위위원회

가. 지난 3월 2일 오전 11부터 12시까지 제8차 비공식 회의를 개최하였음.

나. 본 위원회는 내주 5일(월요일)에 퇴거 강제 사유에 관한 전문위원 회의와 7일(수요일)에 공식 회의를 개최하기로 합의하였는바 이번 공식 회의에서는 본 위원회의 의제 중 가장 중요한 영주권의 범위에 관하여 합의에 도달하기는 기대하기 어려운 형편에 있으므로 본 위원회로서는 3월 7일의 공식 회의로 사무적 토의는 일단 종결하고 정치회담의 성과에 따라 다시 재개하는 것이 타당한 것으로 사료함.

2. 일반청구권소위원회

가. 2월 27일 전문위원 회의를 개최하였음.

나. 3월 1일 김윤근 수석위원과 이상덕 위원은 일 측 '우라베' 참사관과 회합하여 다음 사항에 대하여 합의함.

(1) 전문위원회는 일단락을 짓기로 함.

(2) 청구권 본회의는 3월 6일에 개최하기로 하며 다음 회합은 정치회담 진전에 따라 필요에 의하여 개최키로 하고 사실상 휴회키로 함.

3. 선박소위원회

가. 2월 28일에 제8차 회의를 개최하였음.

나. 3월 5일부터 7일까지 3일간 지금까지 토의된 내용을 상호 대조, 정리하기 위하여 외무성 회의실에서 전문가 회의를 가질 예정임.

다. 일 측은 의제 A 해당 선박 중 미조사분에 대하여는 더 이상 조사 판명이 불가능하다는 태도이므로 우리 측으로서는 이에 대한 책임이 일본 측에 있음을 재강조하였음.

4. 문화재소위원회

가. 2월 28일 제7차 소위원회를 개최하여 반환 청구 목록을 수교하면서 그 내용을 설명하였음. 이에 대하여 일본 측은 문부성 전문가의 출석을 얻어 이 목록을 중심으로

토의하도록 하겠다는 '이세키' 주사의 발언이 있었으나 그 후의 일본 측 반응으로 보아 그 실현은 당분간 곤란할 것으로 보임.

　나. 특히 3월 7, 8일경에 일본 측 위원과 만찬을 같이 하자는 우리 측의 초대를 문부성 측이 거절한 점으로 보아서도 실무위원 간의 토의는 기대하기 곤란함.

　다. 상기한 정세는 이미 전문으로도 보고하였는바, 정치회담의 한 의제로서 앞으로의 타개책이 논의되어야 하겠다고 사료함.

　5. 어업 및 평화선위원회

　가. 금번 보고 기간 중 2월 27일, 3월 2일, 3월 3일에 제13, 14, 15차 회의를 개최하였음. 13차 회의에서는 일본 측이 저어 자원에 관하여 설명하였으며, 14차 회의에서는 아 측에서 저어 자원 중 성대, 달강어, 상어, 넙치, 새우 자원에 관하여 설명을 한 후 이제까지 아 측에서 설명한 저어 자원 전반에 관하여 종합적인 결론을 말하였음. 15차 회의에서는 아 측에서 부어 자원 중, 고등어, 전갱이 및 정어리 자원에 관하여 설명하였음.

　나. 금주로써 자원론에 관한 아 측으로서의 설명은 일단 끝났으며, 차주 월요일(3월 5일)에 일 측에서 최종 설명을 하기로 되어있는바, 그 이후의 회의 진행에 관하여는 청훈한 바 있으므로 그 회시에 따라 진행코자 함.

　다. 회의 기일 관계상 각 어족별 자원에 관하여는 어업협정에 필요하다고 생각되는 최소한의 범위 내에서 극히 개괄적으로 설명하였기 때문에 앞으로 협정에 관하여 토의할 때 필요하면 수시로 논의될 것이라고 사료됨.

종합적인 관찰

　가. 아 측의 각 위원회는 앞으로 있을 정치회담에 대비코자 현재까지의 회담 결과를 총정리하여 일단락을 짓는 방향으로 회담을 추진하여 왔음.

　나. 일 측은 정치회담의 장소를 '서울'로 정하고자 하는 아 측의 태도를 충분히 이해하고 있으나, 일본의 국내 사정이 신년도 예산안은 3월 3일 중의원을 통과하였어도 이어서 대미 채무 변제 협정 및 태국 특별 원[원조] 처리 협정을 인준하는 중요 안건이 중의원에서 통과되어야 하는 실정에 있으므로 외상이 '서울'에 장기간 체재할 수 없고

2, 3일밖에는 체류할 수 없는 형편인데, 그와 같은 단기간의 회담에서는 일 측이 청구권에 관한 액수를 제시할 수 없는 점도 있으니 회담 장소를 '도쿄'로 하기를 희망하는 한편, 청구권 액수를 제시하지 않는 조건하에서는 정치회담 장소를 '서울'로 정하여도 무방하다는 태도이고, 만약 도쿄에서 정치회담을 하게 되면 회담 기간은 약 10일간 정도 계속될 것이며 일 측은 청구권 액수를 제시하게 될 것이라는 태도임.

   다. 그리고 정치회담의 전반적 타결은 'GARIOA, EROA' 자금 변제 협정 및 태국 특별 원[원조] 처리 협정에 대한 일본 국회의 인준이 4월 10일경 가결될 예정이므로 그 4월 10일이 조금 지난 후에 타결을 짓겠다는 태도를 보이고 있음.

끝

한일회담 수석대표 배의환[관인]

스기 미치스케 일본 특사 방한,
1961. 11. 2~4

분류번호 : 723.42 JA 1961
등록번호 : 855
생산과 : 아주과
생산연도 : 1961
필름번호 : C1-0009
파일번호 : 30
프레임번호 : 0001~0037

제6차 한일회담 스기 미치스케 일본 측 수석대표의 방한과 관련한 문서들이 수록되어 있다. 방한 경위, 목적, 한국 외무장관의 환영 만찬사, 일본 언론 보도, 이케다 수상의 박정희 의장 방일 초청을 수락하는, 최덕신 외무장관의 특별성명문 발표 관련 내용의 문서 등이 있다. 특기할 만한 것은 일본 측이 스기 수석대표의 방한 계획을 주일 한국대표부에 알리자 한국대표단은 동 방한이 대표단의 입지를 약화시키는 처사라며 이를 수용하지 말 것을 본부에 건의하는 전문이 포함되어 있다는 것이다. 이 건의 전문에 대한 본부의 회신은 수록되어 있지 않으며, 스기 대표는 예정대로 한국을 방문하였다.

1. 이세키 아시아국장과의 면담 결과 보고 전문

번호: JW-1102

일시: 011045 [1961. 11. 1]

수신인: 외무부 장관 귀하

금일 1일 오전 10시에 본인은 이세키 국장의 초치로 외무성을 방문하고 약 15분간 면담하였는바 그 내용을 아래와 같이 보고하오니 지급 지시 있으시기 바람.

1. 박 의장의 방일 건에 관하여 일 측은 '이시이 미쓰지로'를 한국에 파견할 것을 고려한 바 있으나 이시이의 사정에 의하여 이시이 대신 한일회담 수석대표 '스기'를 한국 파견할 것을 결정하였다고 함. 이 결정에 있어서는 이시이의 의견이 참작되었다고 함.

2. '스기'는 '마에다' 북동아과장 및 '와타나베' 북동아과 사무관을 대동하고 오는 2일 출발하여 오는 4일 귀국게 하겠다고 하며 파견 목적은 단순히 '이케다' 수상의 친서를 휴대하고 정중하게 박 의장을 초청하는 것이라고 함. 표면상의 이유로서는 스기가 수석대표로 임명되었으므로 인사차 한국을 방문하는 것으로 하겠다고 함.

추기: 외신과장은 이 전문 해독 후 지급 장관 또는 차관에게 전달 바람.

주일 공사

2. 스기 일본 측 수석대표 방한 관련 한국대표단 건의 전문

번호: JW-1110

일시: 011335[1961. 11. 1]

수신인: 외무부 장관 귀하

금일 1일 아침 일본 측 이세키 대표는 주일 공사를 초청하여 스기 일본 측 수석대표가 명일 2일 서울로 출발하겠다는 말을 하였다는 바 이에 관하여는 주일 공사의 전문 JW-1102를 참조하시기 바라오며 이에 관한 경위를 전연 알지 못하였던 대표단으로서는 일본 측 수석대표의 방한 기획에 관하여 다음과 같이 건의함.

대표단으로서는 일본 측 수석대표가 현 단계에서 방한하는 것을 찬성치 않는 바이며 더욱이 그가 본인과 직접 사전 연락이나 인사도 없이 서울로 떠난다는 데 대하여는 일본 측의 의도에 대하여 커다란 의혹을 가지지 않을 수 없음. 생각하건대 일본 측 수석대표가 이와 같은 식으로 서울을 방문하게 되면 우리 대표단과 본인의 금후의 입장이 대단히 곤란하게 되고 대표단이 맡은 바 정부 훈령대로 교섭을 수행하기가 도저히 불가능하게 될 것으로 우려하는 바임. 이러한 문제에 관하여는 전자 민주당 정부 당시에 개최되었던 제5차 회담에서도 선례가 있었던 것인바 그 당시에도 일본 측의 실질적인 수석대표인 이세키 씨가 일본 국회의원 수 명을 거느리고 한국대표단에 대한 아무런 사전 연락도 없이 서울을 방문케 되고 민주당 중요 정객들과 또 하나의 한일회담을 가짐으로써 도쿄에 파견되었던 대표단의 기승을 유명무실하게 하고 완전히 마비시켰던 것이었음.

그 결과의 하나로서 오늘날에 이르러 일본 측은 우리 정부가 이세키 씨에게 5억 불밖에 청구하지 않았는데 왜 8억 불을 청구하느냐는 따위의 말을 공공연하게 말하게 된 것임. 여하튼 하필 스기 씨를 방한케 하는 데는 위와 같은 일본 측의 저의가 내포되어 있는 것으로 사료하오며 따라서 우리 대표단 단원들 간에는 스기 씨가 대표단을 뛰어넘고 우리 정부와 직접 교섭하는 경우 일본 측은 우리 대표단을 금후 상대를 하지 않을 것이므로 차라리 대표단을 서울로 철수시키는 것이 좋을 것이라는 의견까지 나와 스기 씨의 방한에 대하여 본국 정부의 신중한 고려를 바라는 바임.

수석대표

3. 방한한 스기 수석대표와의 회담 요록

1769   스기 수석대표와의 회담 요록

1. 장소와 시일
   1961년 11월 2일 17시 외무부 장관실

2. 회담 요록
   장관과 스기 수석대표 인사 교환
   장관: 고명하신 스기 선생의 내한은 한일회담의 조속한 타결에 큰 도움이 될 것이라고 믿는다.
   한일 양국은 지리적으로 인접한 국가이며, 극동 및 동남아의 평화, 나아가서는 세계 평화를 위하여도 양국은 국교를 정상화하고 상호 협동의 정신으로써 그 관계를 유지해 나가야 할 것이다.
   스기 대표: 본인 자신도 그렇게 되기를 희망하고 있으며, 전력을 다하여 노력할 것이다.
   한일 양국은 지리적으로 가장 가까운 위치를 차지하고 있으며, 자기[나]로서는 야마구치현(山口縣)의 출신으로서 다른 사람보다 더욱 친근감과 인접감을 느끼고 있다.
   장관: 한일회담은 과거 수년간을 두고 교섭되어 왔으나, 오늘날까지 타결되지 못하고 또 그것이 한국 측의 고집이나 감정으로 인한 것이 아닌가 하는 오해를 세상 사람들이 가질 염려가 있어 한마디 하기로 한다.

1770   우리 국민은 우리 자신을 위하여, 또 다음 세대의 국민들을 위하여 과거에 집착하지 않고 새로운 건설, 새로운 우호 관계와 협조를 위하여 과거를 거울삼되, 과거에 얽매이지 말고 이해와 성의로써 임하려고 한다.
   스기 대표: 완전히 동감이다.
   앞으로 양국이 회담을 진행해 나가는 데 있어 의견의 상치도 생기겠으나, 그것은 상

호가 담판한다는 생각에서가 아니라 동일한 목표를 위한 상의를 한다는 정신하에 나가야 할 것이며, 회담이 어떤 벽에 부닥칠 경우에는 여하히 하면 그것을 뚫고 나갈 수 있는가를 서로 의논하는 입장을 견지하여야 할 것이라고 생각한다.

장관: 한국은 1950년 공산 침략을 받았으나 이것을 용감하게 물리쳤으며, 그로 인하여 막대한 인적 내지 물적인 손해를 받았다. 그러나 우리는 우리의 국토를 방위하였을 뿐만 아니라 귀국을 포함한 태평양의 제국, 동남아의 제국을 공산 침략으로부터 방어하였을 뿐만 아니라 아세아의 평화, 나가서는 세계 평화를 위하여 커다란 공헌을 하였다는 자부심을 가지고 있다.

스기 대표: 동감이다.

우리 양국의 긴밀한 관계 유지는 극동의 평화를 확보하는 관건이라고 생각한다.

장관: 이번 귀하의 방한 기간 중에 아 측의 정부 요인들과 면담하게 될 것인바, 한일회담 타결을 위한 어떤 구체적인 제안이 있으면 이 자리에서 말해주면 좋겠다.

스기 대표: 본인의 금번의 방한은 일본 측 수석대표로 임명되었으므로 우선 귀국에 인사를 드리기 위한 것이요, 또 귀국의 여러 정부 요인이 아국을 방문하여 주신 데 대한 답례의 뜻도 있다.

그리고 이번에 이케다 수상이 박 의장께 보내는 친서를 가지고 온 바 있으며, 앞으로 어떤 구체적인 이야기가 나올 경우에는 상의하기로 하겠다.

4. 스기 수석대표를 위한 만찬회에서의 장관 인사말

0432   **만찬회에서의 인사**

일시: 1961년 11월 2일 19시
장소: 반도호텔

외무부 장관
1. 일의대수(一衣帶水)의 근거리에 있을 뿐만 아니라 극동에 있어서의 민주 진영의 중요한 일원들인 양국의 국교를 정상화하기 위하여 끊임없는 노력을 계속하여 왔다.
2. 6차 회담이 대국적인 견지에서 성의 있는 출발을 하였다는 사실은 회담 장래를 위하여 반가운 일이다.
3. 아국 정부는 회담의 성공을 위하여 최대한의 노력을 하고 있으며
4. 일본 측도 같은 성의와 노력으로써 임하고 있을 뿐만 아니라 고명하신 스기(杉) 각하가 수석대표로 되었으니 미구에 좋은 결론이 나올 것이라고 확신한다.
5. 상호 이해의 정신을 가지면 만족할 만한 해결점이 발견될 것임.
6. 우리 국민은 우호와 상호 협조라는 대국적 견지하에 인내와 성의로써 성공을 위하여 노력해야 한다고 인식하고 있으며
7. 일본 국민도 한국이 60만 대군을 거느리고 있다는 사실이 한국의 국토 방위뿐만
0434   아니라 일본을 포함한 극동 및 동남아 제 자유 국가를 공산 침략으로부터 방위하는 큰 역할을 하고 있다는 점을 인식하고
8. 협조의 정신을 가지고 금차 회담에 임하고 있다고 확신하고 또한 희망한다.

스기 대표의 인사

1. 세계 인류의 행복에는 국민 생활의 안정과 향상이 절대 필요한 것이지만, 그것에 가하여 자유가 있어야 한다.

2. 그러한 지도 이념을 가진 나라는 아세아에 있어서는 귀국과 일본, 그리고 중국 3개국뿐이다.

3. 이 3개국의 강화된 유대는 아세아의 평화를 약속하는 것이 된다.

4. 본인은 금번 다행히 일본 측의 수석대표로 임명되었는데 자기[내]가 한일 간의 관계 개선에 공헌할 수 있는 좋은 기회라고 생각하고 힘껏 노력하겠다.

5. 끝으로, 본인의 돌연한 귀국 방문에도 불구하고 크게 환대하여 준 것을 심심하게 감사하는 바이다.

6. 스기 수석대표 환영 만찬 석상 외무부 장관 환영사

한일회담 일본 측 수석대표 환영 만찬 석상 외무부 장관 환영사

제6차 한일회담 일본 측 수석대표이신 스기(杉) 각하의 내한을 중심으로 환영하는 바입니다.

우리 두 나라가 가까운 거리에 있을 뿐만 아니라 극동에 있어서의 민주 진영의 중요한 일원들인 한일 양국 간에 개재하고 있는 제 현안 문제를 해결하고 건전하고 명랑한 기초 위에서 국교를 정상화하기 위하여 꾸준한 노력을 계속하여 왔던 것입니다. 지난 10월 20일에 개최된 제6차 한일회담은 양국이 대국적인 견지에서 성의 있는 출발이 되었다는 사실은 회담의 장래를 위하여 반가운 일이라고 생각합니다.

더욱이 우리 정부는 금차의 회담을 성공시키기 위하여 최대한의 성의로써 모든 노력을 경주하고 있으며 일본 측도 우리와 똑같은 성의와 노력으로써 호응하고 있을 뿐 아니라 고명하신 스기 각하가 일본 측을 대표하시었으니만큼 멀지 않은 장래에 좋은 결론이 나올 수 있을 것이라고 확신하는 바입니다. 그리고 상호 이해의 정신으로 임한다면 만족할 만한 해결 점이 발견될 것이라고 생각합니다.

우리 국민은 우호와 상호 협조라는 대국적인 견지에서 인내와 성의로써 금차 회담을 타협시키기에 노력하여야 한다는 것을 잘 인식하고 있으며 일본 국민들도 대한민국이 풍부치 못한 재정에도 불구하고 60만이라는 대군을 거느리고 있다는 사실은 비단 한국의 국토 방위뿐만 아니라 귀국을 포함하는 극동 및 동남아 지역의 여러 민주 국가들을 공산 침략으로부터 방위하는 데 커다란 공헌을 하고 있다는 점을 충분히 인식하시고 협조의 정신으로써 금차 회담에 임하고 있을 것이라고 믿으며 또한 바라는 바입니다.

끝으로 우리 양국 간의 국교 정상화를 이룩하고 나아가서는 상호 협조의 터전이 될 금차 회담이 성공리에 그칠 것을 바라면서 이만 인사의 말씀을 그치겠습니다.

감사합니다.

이케다 수상이 박정희 의장에게 보내는 방일 초청 서한

拜啓

御壯健にて國務に於精勵の趣を伺い忠心より敬意を表する次第であります.

私は閣下がかねてより日韓兩國の友好關係を速やかに確立することに特別の熱意を有しておられることを知って甚だ心强く感じていたのであります. 閣下は去る九月上旬金裕澤經濟企劃院院長, 十月下旬金種泌中央情報部長を相次いで私が國に派遣せられ, 私自身も兩氏と懇談の機會をもつことができました. また十月二十日からは裵義煥首席代表以下の韓國側代表團を東京に迎えて日韓會談を開催いたしておりまあすがこれらはいずれも閣下の日韓關係早期正常化への並並ならぬ熱意の現れとして, 私の心から喜びとするといろであります.

私はこの度日韓會談の日本側首席代表である杉道助氏を貴國に派遣することといたしました. 同氏訪韓の目的は一衣帶水の日韓兩國が一日も早く暖く手を握り合うべきであるという日本政府および國民の信念は貴國のそれに劣るものではないというを親く閣下にお傳えするためであります. 同氏滯韓の期間は極めて限られておりますがどうか, 御引見下するようお願いいたします.

なお承るところによれば閣下は十一月中旬米國政府の招きにより訪米されるとのことでありますが, 私はこの機會に閣下にお目にかかり當面の日韓會談および今後久しきにわたり兩國親善關係の確立に關し胸襟を開いて話し合いいたしたいと思うものであります. つきましてはもし閣下の御都合が許すならば訪米の途次私が國に立ち寄りいただきたく, 御滯在中は私の賓客として出來る限りのおもてなしをいたしたいと考えている次第であります.

閣下の御壯健, 御繁榮を祈るとともに, 近く拜眉の機會を得ることを期待する次第であります.

敬具

昭和 三十六年 十一月 一日 東京にて

內閣總理大臣

池田勇人

朴正熙 議長 閣下

번역

배계[11]

건강하게 국정에 정진하신다는 소식을 듣고 충심으로 경의를 표하는 바입니다.

저는 각하께서 오래전부터 한일 양국의 우호 관계를 조속히 수립하는 데 각별한 열의를 가지고 계시는 것을 알고 매우 가슴이 벅차고 든든하게 느끼고 있었습니다. 각하께서는 지난 9월 상순에 김유택 경제기획원장, 10월 하순에 김종필 중앙정보부장을 차례로 일본에 파견하셨고, 저 자신도 두 분과 간담회를 가질 기회를 가질 수 있었습니다. 또한 10월 20일부터는 배의환 수석대표 이하 한국 측 대표단을 도쿄에 맞이하여 한일회담을 개최하게 되었는데, 이는 모두 각하께서 한일 관계의 조기 정상화에 대한 남다른 열의를 보여주신 것으로서 진심으로 기쁘게 생각합니다.

저는 이번에 한일회담의 일본 측 수석대표인 스기 미치스케(杉道助) 씨를 귀국에 파견하게 되었습니다. 그의 방한 목적은 한일 양국이 하루라도 빨리 따뜻하게 손을 맞잡아야 한다는 일본 정부 및 국민들의 신념은 귀국의 그것과 다르지 않다는 것을 각하께 친히 말씀드리기 위함입니다. 동씨의 체한 기간은 극히 제한적이지만, 부디 만나주시기 바랍니다.

또한 제가 알기로는 각하께서 11월 중순에 미국 정부의 초청으로 미국을 방문하신다고 하는데, 저는 이 기회에 각하를 뵙고 당면한 한일회담 및 향후 오랜 기간 동안 양국의 우호 관계 수립에 관해 허심탄회하게 논의하고 싶습니다. 따라서 만약 각하의 형편이 허락하신다면 미국을 방문하시는 길에 들러주셨으면 좋겠고, 머무시는 동안은 제 손님으로서 최대한의 대접을 해드리고 싶습니다.

각하의 건승과 번영을 기원하며, 가까운 시일 내에 배례의 기회를 갖기를 기대합니다.

경구

쇼와 36년(1961년) 11월 1일 도쿄에서

내각 총리대신

이케다 하야토

박정희 의장 각하

---

11 본 서한은 파일 번호 786(박정희 국가재건최고회의 의장 일본 방문) 1781~1783쪽에 수록되어 있다.

이케다 수상이 박정희 의장에게 보내는 방일 초청 서한(영문)[12]

786의 1778   Translation

Tokyo, November 1, 1961.

Your Excellency:

I have been greatly heartened in the knowledge of Your Excellency's solicitudes for a speedy establishment of friendly relations between Japan and the Republic of Korea. You sent to our country Mr. Kim Yu Taik, Chairman of the Economic Planning Board early in September last, and Mr. Kim Jong Pil, Director of the Central Intelligence Agency in the latter part of October, with both of whom I had the opportunity to confer personally. Meanwhile, on the 20th of October, we welcomed the Korean Delegation headed by Mr. Pai Ei Hwan, and the Japan-Korea Overall Talks are now in progress. I am deeply gratified with these manifestations of Your Excellency's earnest desire for an early normalization of Japan-Korean relations.

I am now sending to your country Mr. Michisuke Sugi, Chief of the Japanese Delegation to the Talks. The purpose of Mr. Sugi's visit is to make known directly to Your Excellency the fact that the Government and the people of Japan stand no less firm in the conviction that our nations, close neighbors across a narrow strip of water, should join hands in friendship as speedily as possible. Mr. Sugi's sojourn in your country is very limited, but I beg Your Excellency to be good enough to give him an occasion of talking with you.

Now I am informed that Your Excellency is going to pay a visit to the United States in mid-November at the invitation of the United States Government. I

---

12 본 서한은 파일 번호 786(박정희 국가재건최고회의 의장 일본 방문) 1778~1780쪽에 수록되어 있다.

am very anxious to have an opportunity for informal and intimate conversation with Your Excellency concerning the current Japan-Korean negotiation and the establishment of a lasting friendship between our two countries. I should be very happy if Your Excellency could arrange for a stay in Japan on your way to the United States. Nothing would delight me more than to welcome you to Tokyo and entertain you as my guest.

With With best wishes for Your Excellency's health and prosperity and looking forward to the pleasure of seeing you very soon, I beg to remain,

Yours sincerely,

(signed)
Hayato Ikeda
Prime Minister of Japan

이케다 수상의 방일 초청 서한에 대한 박정희 의장의 수락 답서 재가 공문[13]

786의 1784   다음과 같은 공문을 발송, 시행함이 어떠하오리까

장관[서명]   차관[서명]   정무국장[서명]   아주과장[서명]   기안자[서명]

단기 4294 년 11월 5일 기안

외무부

건명: '이케다' 일본 수상의 친서에 대한 답서

지난 11월 2일 내한한 '스기' 한일회담 일본 측 수석대표를 통하여 박 최고회의 의장에게 전달된 일본 '이케다' 수상의 친서에 대한 답서를 별안과 같이 채택하실 것을 건의함.

---

13 본 공문은 파일 번호 786(박정희 국가재건최고회의 의장 일본 방문) 1784쪽에 수록되어 있다.

별첨

이케다 수상의 방일 초청 서한에 대한 박정희 의장의 수락 답신[14]

국가재건최고회의 의장

단기 4294년 11월 6일

각하,

지난 11월 3일, 제6차 한일회담의 귀국 측 수석대표인 스기 미치스께(杉道助) 씨를 통하여 보내주신 각하의 친서는 감사히 받아 보았사오며, 아울러 본인의 답서를 아국 측 수석대표 배의환 씨를 통하여 즐거운 마음으로 각하에게 보내드림을 영광으로 생각하는 바입니다. 또한 각하께서 한일회담의 조속한 타결을 위하여 스기 씨를 특사로서 우리나라에 보내주신 것을 감사히 생각하오며 그동안 본인을 비롯한 우리나라 정부의 여러 요인들이 동씨와 여러 가지로 정중하고도 솔직한 의견을 교환한 바 있사온데 이는 우리 두 나라 사이의 우호적인 분위기의 조성과 이해를 증진시키는 데 대단히 유익하였다고 생각하는 바입니다.

특히 각하께서는 친서를 통하여 지리적으로 가장 가까운 거리에 있는 우리 두 나라가 하루속히 선린 우호의 관계를 이룩하여야 한다는 일본 정부와 국민의 굳은 신념을 강조하신 데 대하여 깊은 감명을 받았습니다.

우리나라의 국민과 정부는 다 같이 극동의 평화, 한 걸음 더 나아가서는 자유세계의 평화와 안전을 위하여 두 나라가 긴밀한 제휴를 하여야 한다는 높은 이념과 커다란 견지에서 양국의 관계를 하루속히 정상한 것으로 만들고 호혜적인 토대 위에서 두 나라의 명랑하고 굳건한 관계를 세우기 위하여 모든 성의와 열의로써 한일회담에 임하고 있음은 여기에서 본인이 새삼스러이 밝힐 필요가 없으리라고 생각하는 바입니다.

각하께서 본인이 11월 중순경 미국 대통령 케네디 씨의 초청을 받고 미국을 방문하는 도중이라도 일본에 들러 우리 두 나라의 친선 관계를 확립하는 데 관하여 흉금을

---

14 본 서한은 파일 번호 786(박정희 국가재건최고회의 의장 일본 방문) 1772~1774쪽에 수록되어 있다.

터놓고 간담할 기회를 갖도록 본인을 초청하여 주신 것을 기쁜 마음으로 받아들이기로 하였습니다.

이에 본인은 11월 11일 귀국을 방문할 예정이오며 기타 필요한 사항에 관하여서는 귀국에 주재하고 있는 우리 외교 경로를 통하여 연락해 드리기로 하겠습니다.

끝으로 각하의 건장하심과 귀국의 번영을 비오며, 가까운 장래에 만나 뵈올 수 있는 기회를 기대하면서 이만 줄이기로 하겠습니다.

대한민국 국가재건최고회의 의장 박정희

일본국 총리대신 이케다 하야도 각하

이케다 수상의 방일 초청 서한에 대한 박정희 의장의 수락 답신(영문)[15]

국가재건최고회의 의장

TRANSLATION

November 6, 1961

Excellency,

It is a great pleasure for me to acknowledge receipt of your Excellency's personal letter brought to me on November 3 by Mr. Michizuke Sugi, Chief Delegate of Japan to the 6th Korea-Japan Talks. It is an honour to send my reply to Your Excellency through our Chief Delegate Mr. Ei Whan Pai.

I am grateful to You Excellency for sending your personal envoy to Korea for the furtherance of earlier settlement of the current Korea-Japan Talks.

During his stay in Korea, Mr. Sugi had cordial but frank talks with myself and other leading officials of our Government, which, I believe, had very conducive effect on the creation of friendly atmosphere and promotion of mutual understanding between the peoples of our two countries.

I am particularly impressed by Your Excellency's emphasis in the said letter on the firm belief of the Japanese Government and people that our two countries, being geographically so close with each other, should establish friendly relations at the earliest possible date.

It is needless to reiterate here that the people and Government of Korea are making every effort with all the sincerity and enthusiasm to normalize the relations between our two countries, with the sublime ideal and the broader point of view that our two countries should keep a close cooperation for the

---

15　본 서한은 파일 번호 786(박정희 국가재건최고회의 의장 일본 방문) 1775~1777쪽에 수록되어 있다.

peace and security in the Far East as well as the Free World. This effort is to bring about a happy relationship based on the principle of mutual benefits.

I am pleased to accept Your Excellency's special invitation to visit Japan, on my way to the United States of America in the middle of November at the invitation of Mr. Kennedy, President of the the United States of America, to have an opportunity of exchanging frank and honest views on the establishment of friendly relations between our two countries.

I am intending to visit your country on the eleventh day of November, and will inform Your Excellency of other necessary matters through our diplomatic channel in you country.

Looking forward to having the opportunity to meet Your Excellency in the near future, I wish Your Excellency's good health and the prosperity of your country.

Chung Hee Park

Chairman

Supreme Council for

National Reconstruction

Republic of Korea

His Excellency Hayato Ikeda

Prime Minister

Japan

7. 스기 수석대표 방한에 관한 일본 언론 보도 보고 전문

[번호 없음]   번호: JW-1143

일시: 031915[1961. 11. 3]

수신인: 외무부 장관 귀하

　금일 3일 자 '아사히신문' 석간은 방한 중인 '스기' 일본 수석대표에 관한 특파원 기사를 게재하고 있사옵기에 이를 아래에 송부 보고함(기타 신문에도 동일한 내용의 기사가 게재되었음). (정아)

기

　일한회담 수석대표 '스기' 씨는 3일 아침 한국 최고회의 유양수 외무국방위원장 및 송요찬 수상과 회담하였다. 송 수상과의 회담에서 스기 씨는 정식으로 일한 양국의 고위 정치회담의 개최를 제의한 것으로 보인다. '스기' 씨는 동일 오후 박 의장, 김 중앙정보부장과 회담할 예정인바, 박 의장에 대하여는 방일을 요청하는 일본 측의 의향을 전할 것으로 보인다. 송 수상은 '스기' 씨와의 회견 후, 기자들에게 다음과 같이 말하였다. "스기 씨로부터 고위 회담 개최의 제의가 있었으나, 구체안은 제시되지 않았다. 정치 교섭을 어떤 선에서부터 출발시킬 것인가가 확실치 않으면, 지금 단계로서는 정치회담을 개최할 필요가 없는 것으로 나는 생각한다. 그러나 한국 측으로서는 정치회담에 임하기 위한 모든 준비가 갖추어져 있다. 또한 스기 씨에 대하여는 일본은 한국의 국민감정을 충분히 참작하고 36년간의 압제에 대한 물질적 정신적 보상을 하지 않으면 안 된다고 주장하였다."

　이에 대하여 스기 씨는 "현재의 일본의 지도자들은 한국 국민의 감정을 충분히 이해하고 있으며, 성의 표시가 있게 될 것이다. 일본의 사회당을 위시한 기타의 반대를 물리치고 한국을 방문한 것은 회담을 성공시키기 위한 것이다"라고 답변하였다.

주일 공사

8. 스기 수석대표 방한에 관한 일본 언론 보도 보고 전문

번호: JW-1146

일시: 041055 [1961. 11. 4]

수신인: 외무부 장관 귀하

중요 신문 기사 보고의 건

금일 4일 자 당지 각 신문 조간은 방한 중의 한일회담 일본 측 수석대표 '스기' 씨가 작 3일 한국 측 수뇌부와 회담한 후 '이케다' 수상의 친서를 박 의장에게 수교하였으며 이에 따라 박 의장의 미국 방문 전의 방일은 결정적이라고 보도하였는바, '산케이' 신문의 보도 내용은 다음과 같사옵기에 이를 번역 보고함.

1. (서울 3일 도미나가 특파원): 한국 방문 중의 제6차 한일회담의 '스기' 수석대표는 3일, 한국 측의 수뇌부와 회담한 후 "'이케다' 수상의 친서를 박 의장에게 수교하였다. 친서의 내용은 박 의장이 방미 도중 일본에 들러 이케다 수상과 회담할 것을 요청한 것이다"라고 언명하였다. '스기' 대표는 이에 대한 회답은 받고 있지 않으나, 한국 정부 당국은 4일 오전, 박 의장의 방일에 관하여 발표가 있을 것이라고 말하고 있으며, 박 의장이 이케다 수상의 초청을 수락하고 방미 전에 일본을 방문할 것이 결정적으로 되었다.

이에 따라 일한회담은 지난 10월 22일 재개된 이래 형식적으로는 급속한 진전을 보여 연내 해결의 가능성이 더욱 강하게 되었다.

스기 대표는 이날, 유 외교국방위원장, 송 수상, 박 의장, 김 정보부장의 순으로 각각 회담하였다. 특히 오후의 박 의장과의 회담에는 배 한국 측 수석대표, 김 정보부장, 정 외무부 장관 고문이 동석, 박 의장이 "국제 정세 및 일한 양국의 견제에서 양국의 현안을 원만히 해결하고 싶다"라고 말한데 대하여, '스기' 대표도 "일본 정부의 생각도 같다. 금번 회담을 타결하기 위한 일본 정부의 결의는 굳다"라고 말하였다.

스기 씨는 이외에 최고회의 주최의 주식회에 출석하였는바, 그 석상에서 "재산청구권의 구체적인 이야기는 전연 없었다"라고 말하였으나, 소식통에 의하면, 중앙정보부에서 그날 오후 김 부장과 회담 시 재산청구권의 금액에 관해서 모종의 이야기가 있었다고 전하여진다.

2. (서울 3일 UPI): 일한회담의 '스기 미치스케' 수석대표는 3일, 박 한국 국가재건최고회의 의장과 회견하고, '이케다' 수상으로부터의 친서를 수교하였는바, 회담 후 '스기' 씨는 기자들에게 "박 의장이 이케다 수상 초청을 수락할 것을 희망하고 있으며, 또한 기대하고 있다"라고 말하였다. 한편 '스기' 대표는 서울 주재 일본인 기자와의 회견에서 "박 의장과 회담한 분위기로 보아 박 의장은 이케다 수상의 초청을 수락할 것이라는 인상을 받았다"라고 말하였다.

주일 공사

9. 이케다 수상의 박정희 의장 초청에 대한 박 의장의 초청 수락 성명서[16]

0445   이케다(池田) 일본 수상은 한일 문제의 조속한 타개를 위하여 특사로서 11월 2일에 내한한 한일회담 일본 측 수석대표 스기 미치스케(衫道助) 씨를 통하여 박 의장에게 친서를 전달하고 당면한 한일회담 및 양국 친선계의 확립에 관하여 기탄없는 의견을
0446   교환하기 위하여 미국 정부의 초청으로 방미하는 도중 일본을 방문하도록 초청하였다.

11월 4일 정부는 특별 성명서를 통하여 박정희 최고회의 의장이 이케다 일본 수상의 빈객으로 11월 11일 하오 특별기 편으로 일본을 방문할 것인바, 대한민국 정부는 이케다 일본 수상의 성의 있는 초청을 호의로써 수락하기로 결정하였다고 표명하였으
0447   며, 11월 6일 이케다 일본 수상의 초청을 수락하는 박 의장의 답서를 배의환 수석대표를 통하여 발송하였다.

이로써 한일 간의 고위 정치회담이 실현케 되었는바, 동 회담이 박 의장과 '케네디' 대통령 간의 회담 직전에 개최된다는 것은 '워싱턴' 회담에서 미국 측이 논의할 것을 희망할 것으로 예측되는 한일 문제에 관한 미국 측의 '환영할 수 없는 관여'를 배제하
0448   고 자주성 있는 대일 외교의 면목을 과시할 수 있다는 것과 박-이케다 회담이 당면 한일회담을 일 단계 전진케 할 수 있다는 의의를 가질 것으로 보였다.

이케다 수상의 특사로서 내한한 스기 미치스케 씨는 수차에 걸쳐 한일 양국의 긴밀한 관계 유지는 극동의 평화를 확보하는 관건이라고 강조하였으며, 이케다 수상도 그
0449   의 친서에서 양국 친선 관계 확립의 중요성을 강조하였는바, 이러한 움직임은 한일 문제 타개에 희망적인 분위기를 조성하게 되고 또한 고위 정치회담을 실현화하게 된 것이다.

---

16 1961년 11월 4일 작성.

0450   1. 서

　　11월 4일 최덕신 외무장관은 특별 성명을 통해 박정희 최고회의 의장이 이케다 일본 수상의 빈객으로서 오는 11일 하오 특별기편으로 방일할 것이라고 발표하였다. 동 성명서에서 이케다 수상은 스기 미치스케 일본 수석대표를 통해 '극동의 안전을 위하여 양국의 제휴가 극히 요망되며 한일 문제의 조속한 타결을 위하여 방미 도중 방일해

0452 달라'는 내용의 친서를 전달하여 왔사옵기로 이에 대한민국 정부는 이케다 일본 수상의 성의 있는 초청을 호의로써 수락하기로 결정하였다고 언명하였다.

　　이와 같은 최 외무장관의 특별 성명은 바야흐로 박 의장의 방미에 앞서 한일 양국 간의 정상회담설을 현실로 화(化)하였다

0453 　　1951년 10월 이래 한일 간의 정상 관계를 추진하기 위하여 개최해 오던 양국 간의 회담은 일본 측의 성의 없는 발판이 원인이 되어 5차 회담에 이르기까지 어떠한 진전을 보지 못한 채 5.16 혁명으로 말미암아 일단 중지되었다가 지난 10월 20일 혁명 정부는 국제 정세의 긴박과 국가 경제 재건의 지표 아래 한일 양국 간의 정상 관계를 하루속히 이루어지도록 하여 양국의 제휴로써 극동의 안전을 견고히 확보하자는 대국적

0454 인 견지에서 한일 간 제6차 회담을 재개토록 한 것이었다. 이에 일본 정부에서도 일본의 안전을 보장하는 데 있어서는 [이하 내용 없음]

박정희 국가재건최고회의 의장 일본 방문, 1961. 11. 11~12

분류번호 : 724.1 JA 1961
등록번호 : 786
생산과 : 아주과
생산연도 : 1961
필름번호 : C1-0006
파일번호 : 04
프레임번호 : 0001~0339

박정희 국가재건최고회의 의장의 방일과 관련하여 사전 준비를 위한 외무부 본부와 주일 대표부 간 교신 기록, 준비 계획서, 각종 연설문, 박정희 의장-이케다 수상 회담록, 감사 친서 등이 수록되어 있다. 박정희 의장은 한일 양국 간에 국교가 없음에도 불구하고 일본 측으로부터 의전, 경호 등의 면에서 국빈 방문 수준(영빈관 체류 등)의 환대를 받았음이 기록에 잘 나타나 있다.

2. 박정희 의장 약력서 송부 요청 전문

번호: JW-09287

일시: 271615[1961. 9. 27]

수신인: 외무부 장관 귀하

박정희 의장의 약력서 송부 의뢰의 건

본건, 당지의 신문, 통신사에서 박 의장의 약력(BIOGRAPHICAL SKETCH)에 관하여 자주 문의하여 오는바 이를 본 대표부에서 보유할 수 있도록 문서로써 알려주시기 바랍니다.

주일 공사

4. 박정희 의장 약력서 송부 공문

1638 다음과 같은 공문을 발송, 시행함이 어떠하오리까

정무국장[서명] 아주과장[서명] 기안자[인장]

단기 4294년 10월 21일 12시 발송, 시행
외정 (아) 제6609호
단기 4294년 10월 21일

외무부 장관

주일 공사 귀하

건명: 박 의장의 약력서 송부

대: JW-09287호 94. 9. 27일 자

대호로 요청한 국가재건최고회의 박정희 의장 각하의 약력서를 별첨 송부하오니 사수하시기 바라나이다.

별첨: 약력서 1부

별첨

4-2. 박정희 국가재건최고회의 의장 약력서

약력

본적	경북 선산
생년월일	4250년 9월 30일생(당 45세)
4270. 3	대구사범학교 졸업
4275. 4	만군군관학교 예과 졸업
4277. 4.	일본 육군사관학교 본과 졸업
4278. 8	만군 중위로 제대
4279. 12	육군사관학교 졸업
4287. 6	미 포병학교 유학
4290. 3	육군대학 졸업
4283. 7 ~ 83. 9	육군정보국 1과장
4283. 10 ~ 84. 5	보병 제9사단 참모장
4284. 5 ~ 85. 10	육군 G-2, G-3, G-4 근무
4286. 2 ~ 86. 5	제2군단 포병단장
4286. 5 ~ 86. 12	제3군단 포병단장
4287. 6 ~ 87. 10	제2군단 포병사령관
4287. 10 ~ 88. 6	육군포병학교장 겸 육군 포병감
4288. 7 ~ 89. 7	보병 제5사단장
4290. 3 ~ 90. 9	제6군단 부군단장
4290. 9 ~ 91. 6	보병 제7사단장
4291. 6 ~ 94. 7	1군 참모장
4292. 2 ~ 92. 11	제6군관구 사령관
4293. 1 ~ 93. 7	군수 기지 사령관

4293. 7 ~ 93. 9	제1군관구 사령관
4293. 9 ~ 93. 12	육군 작전참모부장
4293. 12 ~ 94. 5	2군 부소령관
4294. 5 ~ 94. 6	계엄 부사령관
4294. 5 ~ 94. 7	국가재건최고회의 부의장
4294. 7 ~	국가재건최고회의 의장

6. 박정희 의장 방일 관련 일본 측 수석대표와의 협의 결과 보고 전문

1791   번호: JW-11100

일시: 062315[1961. 11. 6]

수신인: 외무부 장관 귀하

1. 금일 6일 본인은 일본 측 대표단을 위해 초연한 자리에서 스기 일본 수석대표와 조용히 만나 박 의장과 이케다 수상 회담 문제에 관하여 의견 교환을 하였는바 그 요지 및 본인의 의견을 다음과 같이 보고함.

본인: 예정된 박 의장과 이케다 수상 간의 회담에 관하여 본인과 귀하 사이에 오늘이나 내일이라도 만나서 그 회담의 범위 또는 윤곽의 대체에 관하여 의견을 교환하는 것이 좋을 줄 생각하는데 귀하의 의견 여하?

스기: 본인은 아직 그러한 생각은 하고 있지 않았다. 신문 및 일반인들이 예정된 박 의장-이케다 수상 간의 회담에 관하여 대단한 관심을 가지고 있는 때이니만치 두 분이 흉금을 털어놓고 의견을 교환하는 원만한 회담을 가지도록 하기 위하여 미리 무슨 내용이 누설될까 두려워하는 까닭입니다. 그러나 귀하의 의견도 중요 의견이므로 외무성 당국과 협의한 후 다시 연락하겠다.

본인: 앞으로 오사카 또는 도쿄 외에 여행하여야 할 예정은 없는지?

스기: 본인은 한국으로부터 돌아와서 이케다 수상에게 보고한 후 자민당 및 사회당 간부들, 그리고 재계의 요인들로부터 앞으로 한일회담의 성공을 위한 열성 있는 지원을 받을 수 있도록 개개인에 대하여 접촉을 시작하였으며 앞으로 계속하여 도쿄에 머물며 이 일을 추진할 계획이다.

본인: 대단히 좋은 일로 생각한다.

2. 본인이 스기 씨에게 전항에서 언급한 의견을 제시하였을 때에 스기 씨는 당황한 것 같은 반응을 보였고 박 의장-이케다 수상 간의 회담에 앞서 그 윤곽을 정하는 것에 관하여는 회피적인 태도를 취하고 있는 것으로 본인은 관찰하였음.

수석대표

9. 박정희 의장 일본 방문 관련 대외 발표 시기 등에 관한 대표부 전문

번호: JW-11134

일시: 072030[1961. 11. 7]

수신인: 외무부 장관 귀하

대: WJ-1188호

1. 대호로 통지하신 명단에 관하여 외무성 당국은 한국 측이 서울에서 이를 발표하는 시간에 일본 측도 동시 발표하기를 희망하고 있사오니 발표 시일에 관하여 지시 바람. 일 측으로서는 속한 시일 내에(명일 8일 중에라도) 발표하기를 희망하고 있음.

2. 아래의 사항에 관하여 회시 바람.
   가) 8. 보좌관 김명원 이하 인원의 한자 성명,
   나) 명단 전원의 영어 스펠,
   다) 13. 기자 심명섭 및 14. 사진사 이정섭은 정부 관리의 자격을 가지는지 또는 어떤 신문사 등의 직원 자격을 가지는지의 여부

주일 공사

10. 박정희 의장 일본 방문 시 일본에서의 출발 성명서

출발 성명서

본인은 귀국 정부의 따뜻한 영접에 대하여 감사하면서 귀국을 떠나는 바입니다.

본인의 일본 체류가 극히 제한된 짧은 시간이었으나 귀국의 위대하신 지도자 이케다(池田) 수상 각하를 비롯하여 정부 및 정계의 여러 지도자들과 정중하고도 기탄없는 의견의 교환을 통하여 우리 한일 양국 간의 이해를 더 일층 증진시키고 양국의 친선 관계를 긴밀히 하는 데 이바지하는 커다란 효과가 있었다고 생각하며 만족히 여기는 바입니다. 더욱이 한일 간의 우호 친선 관계 수립을 위한 분위기와 제 현안 문제 해결을 조속히 타결시키겠다는 일본 정부와 국민 여러분들의 열의가 그 어느 때보다도 강하여진 것을 발견하고 대단히 기쁘게 생각합니다. 끝으로 본인이 여러분에게 우리들도 일본 측에 못지않게 노력과 성의를 가지고 문제 해결에 노력하고 있다는 것을 말씀드리는 바입니다.

11. 이케다 수상 주최 만찬 시 박정희 의장 연설문

1744   만찬 연설문

단기 4294년 11월 8일

'이케다' 수상 각하 및 각계 신사 여러분!

오늘 이러한 성찬 석상에서 여러분의 따듯한 환영을 받게 된 것을 감사하는 바이며 금번 '이케다' 수상 각하의 성의 있는 초청에 응하여 귀국을 방문하게 된 것을 뜻깊게 생각하는 바입니다.

1745   한일 양국은 다 같이 자유를 애호하고 평화를 희구하는 공통된 이념과 목표를 내세운 국가임으로서 비단 지리적으로 일의대수(一衣帶水)인 가장 가까운 거리에 놓여있을 뿐만 아니라 극동에 있어 자유 진영 중 가장 중요한 역할을 담당하고 있으며 우리

1746   들은 이 사실을 자랑스럽게 생각하고 있는 것입니다.

이와 같은 입장에 놓인 우리 양국은 하루속히 상호 간에 개재되고 있는 제 현안 문

1747   제를 해결하고 국교를 정상화하여 명랑하고도 굳건한 토대 위에서 긴밀한 제휴를 하여나갈 수 있는 터전을 닦는 것이 우리 양국에게 주어진 크나큰 과제라고 생각하는 바입니다.

그러므로 이러한 공통된 목적 아래 현재 진행하고 있는 한일회담은 결코 사소한 문

1748   제에 논란을 되풀이하여서는 안 될 것이며 어디까지나 대국적인 견지에서 서로 성의 있는 해결책을 찾도록 노력하여야 한다고 생각되며 또한 믿는 바입니다.

우리 정부와 국민은 인내와 성의로써 금차 회담의 성공을 기하도록 가진 노력을 다

1749   하여야 한다는 것을 이 자리에서 여러분께 다시 한 번 강조하는 한편 귀국 정부와 국민 여러분도 우리에 못지않은 성의를 가지고 양국의 친선 관계 수립에 노력하고 있다는 사실을 발견하고 즐겁게 여기고 있는 바입니다.

1750   본인이 이번 미국을 방문 도중 수상 각하께서 성의 있고 뜻깊은 이 기회를 마련하여

주신 데 대하여 다시 한 번 감사의 뜻을 표명하는 바이며 이번 본인의 방문이 양국의 금차 회담을 만족하게 타결하고 앞으로 양국의 국교를 수립하는 데 있어 찬란한 첫걸음이 되기를 바라면서 끝으로 각하의 건투와 국운의 번영을 축복함으로써 본인의 말씀을 이만 그치겠습니다.

감사합니다.

12. 박정희 의장의 재일교포들에 대한 메시지

재일교포들에게 보내는 박 의장「메시지」

친애하는 재일교포 여러분!

본인의 일본 방문이 극히 제한된 단시일의 것이어서 여러분들을 직접 만나 볼 수 있는 시간적 여유가 없음을 유감스럽게 생각합니다마는 이 기회를 이용하여 우리 신정부가 교포 여러분들이 일본에서 안정된 생활을 영위할 수 있도록 온갖 노력을 다하고 있다는 점을 말씀드림으로써 다소 마음의 위안을 받고 있습니다. 앞으로도 정부는 배전의 노력을 경주하여 여러분들에 대한 지도 보호를 위하여, 또한 여러분들의 일본에서의 특별한 처우 문제 및 기타 경제적 이익 문제의 근본적인 해결을 위하여 일본 정부와 적극 교섭할 것이니 정부의 시책을 믿고 끊임없는 협조와 지지를 하여주시기를 바랍니다. 친애하는 60만 교포 여러분! 여러분들이 다 아시다시피 이제 우리의 혁명은 구악 일소의 제1차적 혁명 단계를 지나서 경제적 재건 부흥의 제2단계에 들어가 정부와 국민이 일심동체가 되어 국가 재건에 매진하고 있습니다. 우리의 금번 혁명은 어느 특정한 개인들을 위한 혁명도 아니요, 어느 집단을 위한 혁명도 아니며 오직 우리 국민 모두가 잘 살 수 있기 위한 진정한 국민 혁명이었다는 것을 여러분들에게 확언하고자 합니다. 따라서 우리의 혁명 과업은 온 국민의 하나와 같은 단결과 노력에 의하여서만 이룩될 수 있는 것이므로 재일교포 여러분의 절대적인 협조가 무엇보다도 시급히 요망되는 것입니다. 끝으로 여러분들이 국내 동포와 일치단결 합심하여 국가 재건을 위하여 우리의 새 나라를 세계만방에 빛내기 위하여, 또한 자손만대에 걸친 행복을 이룩하기 위하여 여러분들의 건투와 계속적인 노력을 비는 바입니다.

13. 박정희 의장 일본 도착 성명서

日本到着聲明書

　本日私が池田首相閣下のご招待に應じて貴國を訪問することの出來たことを喜んでいる次第であります. 今日の自由世界は日に日に增して行く共産主義諸國の橫暴と脅威に依って不安なる生活の中に苦しんであります. この時にあたりまして一時も早く要請されるのは自由陣營諸國間の友好と團結の强化であります. 思いまするに私共兩國は地理的にも一衣帶水の最も近い距離に位置して文化及び社會の數多い分野に於て多くの共通する点を持っているのであります. その上激動する現國際情勢下に於ては極東に位置してある自由陣營國家の間でも韓日兩國は最も 重要な役割を担当しているのであります. 從って私共は何個なる問題を持ってお互いに對立し又は意志を張ることなく相互理解と忍耐を以って如何にすれば固い提携を效果的に追求し得るかと言う事を眞面目に考えねばならないと思うのであります. これがためには何よりもまずお互いが誠意を持って問題解決にのぞまなけばならないと共に此の 際にして成就されなければならない兩國の提携は世界の平和と繁榮にも大いに貢獻するのであると確信するものであります. 現在, こちら東京にて進行されている第六次韓日會談は過去の何時よりも溫和な雰圍氣の中で行われていると言うことは前に述べた如き目的に一致することであると思い嬉しくと 存じています. 私の日本滯在は極めて制限された短い時間ではありますが, 私をここにご招待して下さった池田首相閣下をはじめ其他の指導者の皆様にお会い率直, ご誠意に滿ちた意見の交換を通じて兩國間の理解增進と韓日會談の速やかな妥結を成就することの出來る有益な機會になることを期待して止みません.

ARRIVAL STATEMENT

I am happy to visit your beautiful country at the special invitation of His Excellency Prime Minister Ikeda.

The Free World today finds itself in the state of insecurity because of increasing Communist truculency and menace day after day.

Under this situation, it is needless to reiterate that the strengthening of friendship and cooperation among the nations of the Free World is urgently asked for than anything else.

Our two countries are not only closely located geographically, but have many things in common in social and cultural fields. Especially, under the turbulent international situations of the present day, Korea and Japan are playing the most important role among the Free Nations in the Far East to safeguard the Free World.

In the light of the above circumstances, it is imperative for our two countries to seriously consider how we can effectively work together for a common cause under the spirit of mutual understanding, without bickering with each other over trivial matters.

To meet this end, we should exert out utmost efforts above anything else, to solve pending problems with sincerity. I firmly believe that a closer cooperation between our two countries, thus achieved, will greatly contribute to maintenance of the peace and prosperity of the World.

I am very glad to observe that the current Sixth Korea-Japan Talks is now underway on in Tokyo in the warmer atmosphere than any time in the past. And this is a good proof that we share the same cause I mentioned in the above.

Though my visit in your country will be a short one, I am looking forward to having a good chance to promote mutual understanding between our two countries and to pave the way for an earlier and successful settlement of the Korea-Japan Talks through frank and sincere exchange of views with His Excellency the Prime Minister, who invited me here, and other leaders of this country. Thank you.[17]

---

[17] 본 일본 도착 성명서의 번역문은 17번 문서를 참조.

14. 박정희 의장 일본 출발 성명서

DEPARTURE STATEMENT

I am happy to express my profound gratitude on this occasion for the warm welcome extended to me by your Government.

Though my stay in Japan has been a very short one, I had an ample opportunity to exchange cordial but frank views on matters of mutual interests with His Excellency, Prime Minister Ikeda as well as the leaders of your Government and other civic leaders.

This visit, I believe, has served for a better understanding and promotion of friendly ties between our two countries. For this, I am truly satisfied.

Furthermore, I feel very happy, indeed, to discover that the desire of Japanese Government and people for the establishment of friendly relations and for an earlier settlement of outstanding issues between our two countries has become stronger than ever.

Finally, I would like to state that we, Koreans, being no less desirous than you are for the solution of our mutual problems, are making every effort with utmost sincerity to achieve this object.[18]

---

18 본 일본 출발 성명서의 번역문은 17번 문서를 참조.

15. 박정희 의장 방일 관련 대표부 보고(일정) 전문

번호: JW-11176

일시: 091720[1961. 11. 9]

수신인: 외무부 장관 귀하

박 의장 방일의 건

1. 금일 9일 최 참사관은 외무성 당국자와 머리의 건에 관하여 협의하였는바, 그 내용을 아래와 같이 보고함.
   (1) 박 의장-이케다 회담 시의 배석자에 관하여 일 측은 아직 구체적으로 결정한 바는 없지만,
      (가) 배석자를 소수인에 한정하여 '오히라' 관방장관 및 고사카 외상을 배석시키는 안과,
      (나) 배석자와 통역이 전혀 없는 박 의장과 이케다 수상 간의 단독 회담을 생각하고 있는바 이케다 측근자는 이케다가 특히 (나) 항의 안으로 회담함으로써 좀 더 많은, 그리고 깊은 이야기를 하고 싶다는 의향을 가지고 있다고 전하여 왔다고 말하였음.

   이에 대하여 아 측은 원칙적으로 (가)의 안을 원칙으로 결정해 놓자고 하였음. 그리고 이 경우에는 일본 측이 오히라 관방장관과 고사카 외상이 배석하게 된다면 아 측에서 유 위원장 및 최 장관이 배석하게 될 것이라고 말하는 동시에 통역은 아 측이 담당하는데 박 의장의 비서관 1명이 포함될 것이라고 하였음(이것은 일본 측에는 이세키 국장 배석을 견제하고 아 측은 훈령의 안대로 추진하기 위한 방법이었음). (나)의 안은 우선 (가)의 안대로 진행하다가 회담의 진전 상황에 따라 필요하게 되면 결정되어야 할 문제라고 하였음(통역 문제에 관하여 일 측은 한국 측에서 통역을 담당하더라도 일 측 통역으

로서 배석시키게 될 것이라고 말함).

(2) 아 측은 12일 오후에 있는 OPEN TIME에 박 의장과 기시 및 이시이 간의 회담을 희망한다고 말하였는바, 일 측은 기시 및 이시이는 "12일 주식을 공동주최할 계획을 가지고 있으며 그러한 경우에는 다시 회담할 필요가 없지 않는가?"라는 의향을 양인이 가지고 있다고 말한 후, 주식회는 참석 인원을 소수에 한정하여 일 측에서 기시, 이시이 양인과 2, 3명 정도의 자민당 의원이 참석하고 아 측에서는 이에 대응하는 인원이 참석하는 것이 좋겠다고 말하였으며, 참석 인원에 관하여는 주최자 측과 다시 연락하여 통지하겠다고 말하였음.

(3) 기시, 이시이 오찬회에 관하여 아 측은 기시 및 이시이가 한일 문제에 있어서 적극적이었고 또 이 두 사람과 친한파 자민당 국회의원으로부터는 앞으로도 많은 협력을 받아야 할 것이라고 생각되어 오찬회를 수락한다고 말하였으며(이 점에 관하여는 이창희 보좌관 및 정일영 대표와도 사전 상의하였음) 참석 인원에 관하여는 주최자 측에 맡긴다고 말하였음. 기시 및 이시이와 다시 회담하는 문제에 관하여는 확정하지 않았음.

(4) 체일 일정에 관하여 별도 전문으로 송부하는 바와 같은 일정을 잠정적으로 결정하였음(일정 중 기자회견을 30분간으로 정하였는바 이는 회견에서 한·일·영 3개 국어가 사용될 것임을 고려하였기 때문임).

2. 박 의장이 행하실 각종 STATEMENT에 관하여, ARRIVAL STATEMENT 이외에 11일 및 12일의 DINNER STATEMENT에 관하여도 고려 있으시기 바람.

수석대표

16. 박정희 의장 방일 관련 주일 대표부 보고(경호/의전) 전문

번호: JW-11180

일시: 091815[1961. 11. 9]

수신인: 외무부 장관 귀하

건명: 박 의장 방일의 건

1. 박 의장 체일 중, 일 측은 신변 호위(BODY GUARD)를 배치할 것인바 아 측에서는 일행 중 누가 이 일을 담당하는지 통지 바라며, 아 측 신변 호위가 피스톨 등의 무기를 소지하는지도 아울러 통지 바람(수속상의 관계가 있기 때문임).

2. 이케다 수상 만찬회 및 박 의장 만찬회의 복장은 DARK LOUNGE SUIT이옵기에 복장 준비에 있어 고려하시기 바람.

3. 도착 직후에 사용할 물품, 특히 이케다 수상 만찬회에 참석할 때에 착용할 복장은 조그만 SUIT CASE에 넣어 특별한 표식을 붙이기 바람. 일 측은 이러한 짐만은 소형 트럭으로 일행과 같이 영빈관에 운반하고 그 외의 짐은 나중에 대형 트럭으로 운반할 것이며, 이렇게 하면 수상 만찬회에 나가기 전에 복장을 다릴 수 있을 것임.

4. 화물의 개수 및 총량을 통지하여 주시기 바람(트럭 준비 관계가 있음).

5. 박 의장 일행과는 관계가 없지만 일행과 같이 방일하는 자의 유무를 통지 바람.

주일 공사

17. 박정희 의장 방일 시 도착 및 출발 성명서 송부 전문

번호: WJ-11145

일시: 101310 [1961. 11. 10]

수신인: 한일회담 수석대표, 주일 공사

박 의장 방일의 건

박정희 의장 각하의 방일시 행할 도착 및 출발 성명서(국문, 영문)를 아래와 같이 송부합니다.

추기: 배부용으로 사용할 국문 성명서는 당부에서 준비하여 가지고 갈 것이오니 영문 성명서를 귀 대표부에서 100여 부 준비하시기 바람. (정아) 또한 출발 성명서는 필요할 경우에 대비한 것이며 그 내용도 변경될 수 있는 것이니 이 점 유의하시압.

일본 도착 성명서

오늘 본인이 이케다 수상 각하의 특별 초청을 받고 아름다운 귀국을 방문하게 되었음을 기쁘게 생각합니다. 금일의 자유세계는 날로 증가되어 가는 공산주의 제국의 횡포와 위협으로 인하여 불안된 생활 속에 시달리고 있습니다. 이때를 당하여 시급히 요망되는 것은 자유 진영 제국 간의 우호와 단결의 강화라 함은 재언을 요하지 않는다고 생각합니다. 생각건대 우리 양국은 지리적으로도 일의대수의 가장 가까운 거리에 있을 뿐만 아니라 문화, 사회 등 여러 가지 면에서 극히 상통된 점을 가지고 있는 것입니다. 더욱이 격동하는 현 국제 정세하에서는 극동에 위치한 자유 진영 국가 중에서도 한일 양국은 가장 중요한 역할을 담당하고 있는 것입니다. 이와 같은 견지에서 볼 때 우리들은 사소한 문제를 가지고 서로 대립하고 고집하지 말고 상호 이해의 정신으로써 여하히 하면 굳은 제휴를 효과적으로 추구할 수 있는가를 진지하게 고려하여야 한다는 것은 당연한 일이라고 생각합니다. 이를 위하여는 무엇보다도 서로가 성의로써 문제 해결에 임하여야 할 것이라고 생각하고 있으며 이와 같이 하여 이룩해져야 할 우리 양국의 유대는 세계의 평화와 번영에도 크게 이바지하게 될 것임을 확신하고 있습니다. 이곳 도쿄에서 진행되고 있는 제6차 한일회담은 그 어느 때보다도 따뜻한 분위기 속에서 진행되고 있다는 것은 앞서 말한 바와 같은 목적에 일치되는 일이라고 생각하여 반가이 여기고 있습니다.

본인의 일본 체류는 극히 제한된 짧은 시간의 것이나마 본인을 이곳에 초청하여 주신 이케다 수상 각하를 비롯하여 기타 여러 지도자들과 만나 솔직하고 성의 있는 의견의 교환을 통하여 양국 간의 이해 증진과 한일회담의 조속한 타결을 성취할 수 있는 유익한 기회가 될 것을 기대하는 바입니다.

출발 성명서

본인은 귀국 정부의 따뜻한 영접에 대하여 감사하면서 귀국을 떠나는 바입니다.

본인의 일본 체류가 극히 제한된 짧은 시간이었으나 이케다 수상 각하를 비롯하여 정부 및 정계의 여러 지도자들과 정중하고도 기탄없는 의견의 교환을 통하여 우리 한일 양국 간의 이해를 더 일층 증진시키고 양국의 친선 관계를 긴밀히 하는 데 이바지하는 커다란 효과가 있었다고 생각하며 만족히 여기는 바입니다. 더욱이 한일 간의 우호 친선 관계 수립을 위한 분위기와 제 현안 문제 해결을 조속히 타결시키겠다는 일본 정부와 국민 여러분들의 열의가 그 어느 때보다도 강하여진 것을 발견하고 대단히 기쁘게 생각합니다. 끝으로 본인이 여러분에게 우리들도 일본 측에 못지않게 노력과 성의를 가지고 문제 해결에 노력하고 있다는 것을 말씀드리는 바입니다.

ARRIVAL STATEMENT

I thank you, Mr. Prime Minister, for your kind invitation and for this opportunity of visiting your beautiful country.

In the midst of increasing Communist treachery and menace to which we of the Free World are equally exposed, never has the firm unity and cooperation among the nations of the Free World been more in demand.

I need not reiterate the geographical proximity and the social and cultural affinity between our two nations.

Especially in these recent decades of continued international tension it has the duty imposed upon our two countries to jointly safeguard the peace of the world.

Under these circumstances it is highly desirable that our two governments give this matter a serious thought and work together for the common cause in a spirit of mutual respect and understanding rather than arguing over trivial technicalities.

I am confident that there is no problem too difficult to settle, so long as we sit together and endeavor, with sincerity, for the settlement of the problems pending in realization of our respective duties, as members of the Free World. Through this, we can better contribute to the maintenance of the peace and prosperity of the world.

I am gratified that the current session of the Korea-Japan talks are underway in this spirit and more cordial atmosphere prevails at the conference table than any time in the past.

I regret that my stay in Japan cannot be longer, however, I hope through mutual cooperation our meeting can produce fruitful result which would be beneficial to both.

DEPARTURE STATEMENT

I am deeply grateful to you, Mr. Prime Minister, for the warm reception and hospitality extended to me by you, and members of your Government which made my brief stay very pleasant and memorable.

Although my stay in Japan was a very short one, I take great satisfaction at having been able to have frank exchange of views on matters in which our two nations are deeply interested. I have been impressed with the zeal and enthusiasm with which your Government look upon the settlement of the pending problems and the necessity for the early normalization of the relations between our two countries.

Despite its brevity my stay was devoted to sincere discussion of important matters lying between our two countries and I consider this visit highly rewarding and mutually beneficial.

Upon leaving this country, I assure you, Mr. Prime Minister, that we in Korea are no less determined to bring about an early conclusion of the current Korea-Japan talks so that we can work together more effectively for the preservation of the world peace and the dignity of mankind.

Once again, I thank you, Mr. Prime Minister, and through you, the good people of Japan for this warm reception.

장관

21. 박정희 의장 체일 중 면담 대상 일본 인사 약력 기재 문서

1686　박 의장 체일 중에 면접할 일본 요인 요약

이케다 하야토 (池田勇人)	(당 60세) 수상	중의원 의원, 자민당 이케다파 소속, 수상 (1960~), 당 총재, 장상(臟相)(1949~1952, 1957. 2~7), 자유당 정조회장, 간사장 (1954~1956), 교토대 법 졸, 당선 6회
기시 노부스케 (岸信介)	(당 64세) 전 수상	중의원 의원, 자민당 기시파 소속, 당 고문, 상상(商相)(1941), 당 간사장(1954~1956), 외상(1956), 당 총재, 수상(1957~1960)
이시이 고지로 (石井光次郎)	(당 69세)	중의원 의원, 자민당 이시이파 소속, 통상상(1946), 상상, 운수상, 당 총무회장, 부총리 (1957. 7) 도쿄고상 졸, 당선 7회

1687

고사카 젠타로 (小坂善太郎)	외상	도쿄상대 졸, 대장 정무차관, 요시다(吉田) 내각 노상(勞相), 국가공안위원장 중원 예산위원장
미즈타 미키오 (水田三喜男)	대장상	교토대 졸, 요시다 내각 경제심의청 장관, 이시바시(石橋), 기시 내각 통산상, 자민당 정무조사 회장
고노 이치로 (河野一郎)	농림상	와세다대 졸, 자민당 간사장, 하토야마(鳩山) 내각 농상, 기시 내각 경제기획청 장관, 자민당 총무회장

사토 에사쿠 (佐藤榮作)	통산상	도쿄대 졸, 요시다 내각 관방장관, 우정, 건설상, 자유당 간사장, 자민당 총무회장, 기시 내각 장상
가와시마 세지로 (川島正次郞)	행정관리청 장관	센슈대(專修大) 졸, 도쿄시 상공과장, 하토야마 내각 자치청 장관, 행정관리청 장관, 자민당 간사장
후지에다 센스케 (藤枝泉介)	방위청 장관	도쿄대 졸, 군마현 부지사, 대장 정무차관, 자민당 부간사장 이케다 내각 총리부 총무장관
후지야마 아이이치로 (藤山愛一郞)	경제기획청 장관	게이오대 졸, 대일본제당 사장, 일본상공회소 회두, 기시 내각 외상, 자민당 총무
미키 다케오 (三木武夫)	과학기술청 장관	메이지대 졸, 가타야마(片山) 내각 체상, 하토야마 내각 운수상, 자민당 간사장, 정조회장, 기시 내각 경제기획청 장관
오히라 마사요시 (大平正芳)	관방장관	히토츠바시(一橋)대 졸, 대장성 과장, 이케다 장상 비서관, 중원 문교위원장, 자민당 정조 부회장
오노 반보쿠 (大野伴睦)	자민당 부총재	메이지대 중퇴, 가츠라(桂) 내각 도각의 사건 당시 반년간 입옥, 정우회원외단이 되어 도쿄시의를 거처 쇼와 5년 초 당선 이래 12회 당선, 쇼와 21년 자유당 간사장, 27년 중의원 의장, 28년 국무대신 (홋카이도개발청 장관), 29년 자유당 총무회장, 하토야마 내각에서 일시 총재대행위원을 역임, 32년 기시 내각에서 자민당 부총재, 35년 총재 공선에 입후보했다가 도중 사퇴하고 부총재를 사임, 소방협회장, 기후(岐阜) 1구 선출, 70세

이름	직책	약력
마에오 시게사부로 (前尾繁三郎)	자민당 간사장	쇼와 4년 도쿄대 졸 후 대장성 주세국장, 조폐국장을 최후로 퇴관, 중의원 출마 연속 당선 6회, 중원 지방 행정, 외무 각 위원장, 제1차 기시 내각 통산상, 자민당 경리국장 역임, 교토 2구 선출, 55세
아카기 무네노리 (赤城宗德)	자민당 총무회장	미즈호고, 도쿄대 법 졸 후 고향인 마카베(眞壁)군 구우에노(上野)촌 촌장이 됨. 현의를 거쳐 쇼와 12년 중원 초 당선, 전후 추방당했다가 다시 27년부터 당선 합계 7회, 농상, 관방장관, 방위청 장관을 역임, 최근에는 자민당 미가문제간담회장을 역임, 아카기(茨城) 3구 선출
다나카 가쿠에 (田中角榮)	자민당 정조회장	도쿄중앙공고 졸, 니가타(新潟)현 출신 일본전건사장, 장강철도, 이연화공각사 회장, 22년 이래 연속 당선, 민주당(시데하라(幣原)파) 동지클럽, 자유당을 거쳐 자민당 법노 정무차관, 자유당 총무, 자민당 정조심의회위 후 제2차 기시 내각 우정상, 니가타(新潟) 3구 선출
아다치 다다시 (足立 正)	일한경제협회 고문	도쿄고상 졸, 일본 라디오 도쿄회사 사장, 일본상업방송협회 회장, 일본상공회의 회두, 미일안보조약 체결에 참가
우에무라 고고로 (植村甲午郎)	일한경제협회장	도쿄대 졸, 농상성, 상공성 관리, 기획청 부청장, 일본경제단체연합회 부회장
이시자카 다이조 (石坂泰三)	경단련 회장	도쿄대 졸, 도쿄지포전기 Co 사장, 일본전기공업협회 회장, 현 게이세이전철 Co, 일본 특수강 파이프 제조 Co, 일본빅타회사 및 도쿄제강회사 중역, 후생성 고문

1689

	쇼리키 마쓰타로 (正力松太郞)	정치평론가	도쿄대 졸, 경시청 비서장 및 고등계장, 요미우리(讀賣)신문 사장, 일본TV 방송국 설립, 중의원 의원 당선, 원자력원장, 무임소 장관
1690	미타라이 다쓰오 (御手洗辰雄)	정치평론가	게이오대 졸, 국제관광협회 회장, 호치(報知)신문 지방부장, DAN 통신사 중역, 경성일보 사장, 도쿄신문 편집부장
	나카야스 요사쿠 (中保與作)	정치평론가	경성일보 부사장(한국 독본 저작)
	다케우치 류지 (武內竜次)	외무사무차관	
	이세키 유지로 (伊關佑二郎)	외무성 아시아국장	
	권일(權逸)	재일본 대한민국 거류민단 단장	

24. 박정희 의장 일본 방문 일행 명단

1691　박 의장 일본 방문 일행 명단

(1) Party Members
　　1. 박정희 대장　국가재건최고회의 의장
　　2. 유양수 소장　국가재건최고회의 외무국방위원장
　　3. 최덕신　　　외무부 장관
　　4. 천병규　　　재무부 장관
　　5. 박병권　　　국방부 장관
　　6. 송정범　　　경제기획원 부원장
　　7. 원충연　　　최고회의 공보실장
　　8. 정희승　　　보좌관
　　9. 문철순　　　외무부 정무국장
　　10. 엄영달　　　〃　아주과장
　　11. 박종규　　　의장 전속부관
　　12. 한상국　　　〃
　　13. 조상호　　　〃
　　14. 지홍창　　　시의(侍醫)
　　15. 심연섭　　　기자
　　16. 이창섭　　　사진사

25. 박정희 의장 일본 방문 잠정 일정

1692   잠정 일정

11월 11일

16:00시: 하네다 도착 (계속하여) 출영 행사(인사, 도착 성명)

16:05시: 하네다 출발

16:45시: 영빈관 도착

18:30시: 박 의장 외 수명 영빈관 출발

18:45시: 수상 관저 도착(박 의장, 이케다 총리에 표경)

19:00시: 이케다 수상 만찬회(수상 관저)

21:00시: 수상 관저 출발

21:15시: 영빈관 도착

1693   11월 12일

09:45시: 박 의장 외 수명 영빈관 출발

10:00시: 수상 관저 도착

11:30시: [11시 30분]까지 박 의장 수상과 회담

12:00경: 기시, 이시이 공동 주최 오찬회 참석(이케다 수상과의 회담이 끝나는 대로)

13:50: 오찬회장 출발

14:00: 대표부 도착(대표부 직원 및 회담 대표단원 면접)

14:20: 대표부 출발

14:30: 영빈관 도착

15:30: 내외 기자와의 회견(30분간)

1694   19:30시: 박 의장 주최 만찬회(2시간 예정. 따라서 20:30 종료)

20:40: 재일교포 대표자 면접(10분간)

21:10: 영빈관 출발

21:35: 하네다 도착(15분간 환송 행사)

21:45: 비행기 탑승

주일 공사

27. 박정희 의장 만찬 연설문

1697　만찬 연설문

'이케다(池田)' 수상 각하 및 각계 신사 여러분! 오늘 이러한 성찬 석상에서 여러분의 따뜻한 환영을 받게 된 것을 감사하는 바이며 금번 '이케다' 수상 각하의 성의 있는 초청에 응하여 귀국을 방문하게 된 것을 뜻깊게 생각하는 바입니다.

한일 양국은 다 같이 자유를 애호하고, 평화를 희구하는 공통된 이념과 목표를 내세운 국가임으로서 비단 지리적으로 일의대수인 가장 가까운 거리에 놓여있을 뿐만 아니라 극동에 있어 자유 진영 중 가장 중요한 역할을 담당하고 있으며 우리들은 이 사실을 자랑스럽게 생각하고 있는 것입니다.

1698

이와 같은 입장에 놓인 우리 양국은 하루속히 상호 간에 개재되고 있는 제 현안 문제를 해결하고 국교를 정상화하여 명랑하고도 굳건한 토대 위에서 긴급한 제휴를 하여나갈 수 있는 터전을 닦는 것이 우리 양국 국민에게 주어진 크나큰 과제라고 생각하는 바입니다.

1699　그러므로 이러한 공통된 목적 아래 현재 진행하고 있는 한일회담을 결코 사소한 문제에 논란을 되풀이하여서는 안 될 것이며 어디까지나 대국적인 견지에서 서로 성의 있는 해결안을 찾도록 노력하여야 한다고 생각되며 또한 믿는 바입니다.

우리 정부와 국민은 인내와 성의로써 금차 회담의 성공을 기하도록 가진 노력을 다하여야 한다는 것을 이 자리에서 여러분께 다시 한 번 강조하는 한편 귀국 정부와 국민 여러분도 우리에 못지않은 성의를 가지고 양국의 친선 관계 수립에 노력하고 있다는 사실을 발견하고 즐겁게 여기고 있는 바입니다.

1700

본인이 이번 미국을 방문 도중 수상 각하께서 성의 있고 뜻깊은 이 기회를 마련하여 주신 데 대하여 다시 한 번 감사의 뜻을 표명하는 바이며 이번 본인의 방문이 양국의 국교를 수립하는 데 있어 찬란한 첫걸음이 되기를 바라면서 끝으로 각하의 건투와 국운의 번영을 축복함으로써 본인의 말씀을 이만 그치겠습니다.

감사합니다.

1701 Return Dinner Speech

이케다(池田) 수상 각하, 그리고 각계 신사 여러분!

오늘 이 만찬 석상에서 몇 마디 인사의 말씀을 올리게 됨을 영광으로 생각합니다.

본인은 먼저 오늘 이 만찬회에 참석하신 이케다 수상 각하를 비롯하여 이 자리에 참석하여 주신 정부와 정계의 제 인사들에게 감사의 뜻을 표합니다.

본인의 일본 체류는 극히 제한된 시간입니다. 그러나 본인이 지니고 온 목적은 우리 한국민과 일본 국민에게 극히 중대한 일임을 잘 알고 있습니다.

1702 여러분이 아시다시피 한국과 일본과의 관계는 비단 지리적으로나 역사적으로뿐만 아니라 세계의 평화와 안전에도 중대한 관계가 있는 것입니다.

본인으로서는 이번 방문으로 하여 여러 일본의 지도자들과 직접 만나서 상호 성의를 다하여 한일 간의 제 현안 문제를 진지하게 논의하기를 원하였습니다.

그러나 제한된 시간 관계로 충분한 토의가 이루어질 수 있을까 염려하였던 것입니다. 그러나 본인의 이러한 위구(危懼)에도 불구하고 이 자리에 모이신 여러 지도자

1703 들의 적극적인 협조와 성의로 인하여 전술한 제 문제들을 충분히 고려하고 논의할 수 있었음은 본인뿐만이 아니라 한국 양 국민이 모두 기뻐할 일이라고 생각하는 동시에 이는 오로지 여러 지도자들의 성의의 발로라고 확신하는 바입니다.

한일 양국의 유대가 곧 자유세계의 보다 강한 단결과 결속임을 인식할 때 금번의 본인의 방일이 하나의 계기가 되어 한일 양국의 굳은 제휴가 길이 이루어지기를 바라는 바입니다.

감사합니다.

28. 제6차 한일회담 경과 보고[19]

1704   제6차 한일회담 경과 보고

(11월 8일 현재)

1. 회담과 관련된 대표단 활동
   (1) 배 수석 이케다(池田) 수상 회담
      ㄱ. 일시: 10월 20일
      ㄴ. 내용: 이케다 수상 '한일회담 연내 타결 결심'을 표명
   (2) 배 수석 스기(杉) 일 수석과 면담
      ㄱ. 일시: 10월 20일
      ㄴ. 내용: 스기 수석, 이케다 수상과 동일한 의사 표명

1705 (3) 이 공사-이세키(伊關) 국장 회담
      ㄱ. 일시: 10월 20일
      ㄴ. 내용: 정치적 협상과 실무적 토의 병행에 합의
   (4) 배 수석: '라이샤워' 대사와의 회담
      ㄱ. 일시: 10월 24일
      ㄴ. 내용
      ○ 미국이 한일회담에 직접 개입하기는 곤란
      ○ 한일 국교 조정은 극동에 있어서 가장 시급한 문제
1706 ○ 한국의 심대한 군사력은 일본의 국방비 절약
      ○ 일본의 국내 사정으로 보아 일본이 한국의 청구권을 원조 형식으로 지원하는 것이 용이

---

19 박 의장 방일 관련 자료.

　　　　○ 정치적 타협의 필요성 강조

2. 각 분과위원회별 토의 경과
　(1) 본회의
　　ㄱ. 개최 횟수: 2회
　　ㄴ. 토의 내용
　　○ 일본 측: 정치적 교섭과 사무적 토의 병행을 제의(한국 측 동의)
　　○ 소위원회 구성은 종전과 동일히 하기로 합의
　(2) 법적지위위원회
　　ㄱ. 개최 횟수: 2회
　　ㄴ. 내용
　　○ 제5차 회담의 토의 내용을 기초로 하여 토의 진행
　(3) 어업 및 평화선위원회
　　ㄱ. 개최 횟수: 2회
　　ㄴ. 내용
　　○ 자원론 토의 지속에 합의
　　○ 일본 측: 피억류 어부 60명의 석방과 나포 일 어선 168척의 반환 희망
　　○ 어업 보호에 관한 의제 제3항과 제4차 토의
　(4) 일반청구권소위원회
　　ㄱ. 개최 횟수: 2회
　　ㄴ. 내용
　　○ 8개 항목의 제1차부터 토의해 나갈 것에 합의
　　○ 한국 측: 249톤의 지금 및 67톤의 지은 반환 요구
　　　일본 측: 전기 제1차 항목에 관한 주장은 5차 회의의 답습이라고 반박
　(5) 선박소위원회
　　ㄱ. 개최 횟수: 2회
　　ㄴ. 내용
　　○ 4개 의제(A, B, C, D)로 할 것에 합의

○ 의제 A 해당 선박이 310척이었음을 확인

○ 추가 제출 선박 202척 중 26척에 대한 일본 측 사실 조사 보고

(6) 문화재위원회

ㄱ. 개최 횟수

ㄴ. 내용

○ 전문가 회담 개최에 합의

29. 스기 일본 수석대표의 방한 및 그 이후의
일본 정계 동향 보고서 [20]

스기(杉) 일 수석대표의 방한 및 그 이후의 일 정계 동향

1. 스기 수석대표는 한국을 방문하여 한국 지도자들과 일련의 회담을 가진 바 있으나 한일 제 현안 문제에 관한 본질적인 토의는 하지 않았으며 다만 박 의장을 초청하는 이케다(池田) 수상의 친서를 전달하는 정도로 끝났음.

2. 스기 일 수석대표의 귀일 후 일시 일 정계에서는 '박 의장-이케다 회담'에 대하여 큰 성과를 기대하지 않는다는 뜻을 표명하고 박 의장-이케다 회담에서는 다만 한일 현안 문제 전반에 관한 일반적인 논의만이 있을 것이라고 전망하여 한일정상회담에 대해 다소 소극적인 태도를 보였음.

3. 배 수석대표는 7일 이케다 수상의 방일 초청을 수락하는 박 의장의 친서를 이케다 수상에게 전달하고 한일회담의 성공적 조기 타결을 바란다는 의사를 표명.

4. 일본 정부와 자민당은 박 의장의 방일을 앞두고, 한일회담에 관한 정부와 자민당 간의 최종적인 의견 조정에 분망한바

(1) 자민당의 요시다(吉田) 씨, 기시(岸) 씨 및 이시이(石井) 씨 등 대한 적극파들은 고노(河野), 후지야마(藤山), 미키(三木) 씨 등 소극론자의 동조를 구하고 있으며

(2) 이케다 수상, 고사카(小坂) 외상, 다케우치(竹內) 외무차관, 이세키(伊關) 아세아국장, 대장성 이재국장 등은 8일 회동하여 한일회담에 관한 정부 대책을 논의하였으며

(3) 9일에는 고노 자민당 부총재를 비롯하여 이시이 씨 등 자민당 간부들이 한일회

20　박 의장 방일 자료.

담에 대한 당 의견을 조정할 예정이며

(4) 10일에는 정부와 자민당 간부 간의 연석회의를 열고 한일회담에 대한 최종적인 대책을 세울 예정이다.

30. 청구권에 관한 일본 측 태도가 기재된 문서[21]

청구권에 관한 일본 측 태도

1. 지불 액수
 ㄱ. 신문 보도　　3~4억 불(경제 협조 포함)
 ㄴ. 군부(軍府) 보도 3~6억 불(경제 협조 포함 여부 불언급)
 ㄷ. 일본 외무성　　5천만 불~1억 불(단, 청구권)
　　　　　　　　경제 협조는 경제 5개년 계획에 필요한 액수에 따라서 결정

2. 지불 방법
 ㄱ. 종합적 관찰
　　청구권에 대하여는 일본 국고, 경제 협조에 대하여는 일본 국고 및 GARIOA 및 EROA 자금 전용

3. 아 측 입장
A. 재산청구권
 ㄱ. 청구권과 경제 협조 별도로 취급
 ㄴ. GARIOA 및 EROA 자금은 미일 양국의 관련된 문제이며 아국과는 무관
 ㄷ. 단, 경제 협조로 수락 시는
　(i) 금액에 관한 부대조건 불수락
　(ii) 청구권과 경제 협조의 상호 비율은 회담을 통하여 결정
 ㄹ. 청구 금액 중 약 1억 불 정도는 현금 지불
　(i) 미화 또는

---

21 박 의장 방일 자료.

(ii) 일화(이 경우는 일본 엔이 무역 결제의 수단)
ㅁ. 지불 기간 5년 내
　　시설재 위주로 함
ㅂ. 한국의 대일 청구 중 중요 항목 내역
　　(별표)
　　[별표는 첨부되어 있지 않음]

31. 한일 고위 회담 개최 관련 행정 연구서 상달 공문

1586   4294. 10. 25
외기(연) 제1호

외무부 장관 최덕신

박정희 최고회의 의장 각하

한일 고위 회담 개최안에 관하여 본관이 4294년 10월 22일 각하에게 건의한 내용을 보충 설명 올리는 뜻에서 별첨과 같은 행정 연구서를 상달하오니 사수 조람하시기 바라나이다.

끝

별첨

31-1. 한일 고위 회담 개최 관련 행정 연구서

4294년 10월 23일

행정 연구서

1. 문제

한일회담 진행의 기본 방향을 결정할 목적으로 박정희 최고회의 의장이 11월 방미에 앞서서 이케다 일본 수상과 회담함이 어떠할까 하는 문제

2. 가정

가. 11월 14일부터 있을 워싱턴 회담에 있어서 미국 측은 한일회담에 관한 문제를 논제로서 요구할 것이다.

나. 워싱턴 회담의 내용은 실지로 어떠하든 간에 일반 관측자들은 한일 문제에 관하여 한국 측은 미국 측으로부터 압력을 받았으리라고 추단할 것이다.

3. 문제와 관련된 사실

가. 제6차 한일회담이 10월 20일부터 도쿄에서 진행 중에 있으며 이 회담은 사무적 절충과 정치적 교섭에 의하여 진행된다.

나. 지난 6월 이케다 일본 수상과 '케네디' 대통령의 회담에 있어서는 한일 문제가 논의되었다.

다. 11월 초순(5일까지) 일본 '하코네'에서 개최되는 미일 간 고위 경제회담에서는 극동 경제에 있어서 미일 간의 협력 문제가 결정적으로 논의된다. 이 회의가 끝난 다음 '러스크' 미 국무장관은 방한한다.

라. '이케다' 일본 수상은 11월 중순부터 동남아 각국 역방 여행을 떠난다.

마. 현재 심의되고 있는 경제 개발 5개년 계획은 대일 관계의 호전과 관련이 깊다.

바. 정부는 한일회담의 연내 타결을 목표로 한다 함을 밝힌 바 있다.

4. 토의

가. 현재 한일회담에 있어서 미국은 '관심 깊은 제3국'이지 법적으로 '거중 조정자'는 아니다. 그럼에도 불구하고 미국은 과거 4년 내지는 5년간 사실상 활발한 조정자의 역할을 해왔지만 그의 조언이 언제나 일본 측 안과 흡사하기 때문에 우리가 수락하기 힘들었고 앞으로도 그러한 조언에 많은 기대를 걸 수 없다(물론 이러한 판단은 우리가 수시로 미국 측을 이용하여야 한다는 필요성과 가능성을 배제하는 것은 아니다).

나. 그러므로 11월 박 의장과 '케네디' 대통령 회담에 있어서도 우리가 자발적으로 한일 문제를 논의하기를 요구할 필요가 없음에도 불구하고 (1) 일본 측은 박 의장 방미가 끝날 때까지는 '두고 보자'라는 미온적 태도로 시간을 허비(적어도 11월 말까지는) 할 가능성이 많고, (2) 설사 그 후에 일본 측과의 직접 교섭에 의하여 타결이 성립할 경우에 있어서도 관측자들은 이것을 미국의 대한 압력에 의하여 이루어진 것이라고 볼 공산이 크다. 그런 경우에는 우리의 자발적 노력에 불구하고 '자주성 없는 외교'라는 세평을 초래할는지 모른다.

다. 이와 같은 이유 때문에 박 의장 방미 전 한일회담의 진전을 위한 하나의 계기를 주고 또 그러한 일 단계 전진을 세상에 알리는 것이 요청되는 바이고 그러기 위해서는 방미 전 박 의장과 '이케다' 일본 수상의 회담이 있을 필요가 있다.

라. '박 의장 방미 전 '이케다' 수상과의 회담'안의 장점을 요약하면 다음과 같다. 즉

(1) 미국 측의 '환영할 수 없는 간여'를 배제하고 자주성 있는 대일 외교의 면목을 세상에 과시할 수 있다는 것

(2) 워싱톤 회담에 있어서 10중 8, 9 논제가 되어서 우리가 어색한 입장에 빠질지 모르는 궁지를 미리 면할 수 있다는 것

(3) 한일회담의 성패의 예정을 더 용의하게 예측할 수 있고 실패할 경우 전환하여야 할 정책과 태세를 미리 준비해 둘 수 있다는 것(예컨대 5개년 계획의 성안, 대일 강경책의 준비 등)

(4) 어차피 한 번은 있어야 할 정치회담이면 '타이밍'을, 앞서 말한 이유로 방미 전에 두는 것이 현명할 뿐 아니라 현재 한일회담 대표단으로서는 정치회담의 진행은 무리라는 것

(5) 박 의장과 '이케다' 회담을 11월 5일 이후에 실현할 경우 미일 고위 경제회담

을 거친 일본의 대한 태세를 판단할 수 있다는 것

마. 이 회담안이 단점이 없는 것은 아니다. 즉

　(1) 우리 측의 초조감을 보여주는 듯한 인상을 준다.

　(2) 만일 일본 측이 이 회담을 거부할 경우 우리의 체면이 손상된다.

　(3) 미국 측에게 충격을 준다.

5. 결론

가. 장점 및 단점의 비교 분석

　(1) 우리의 '초조감'은 선전 여하에 따라서는 우리의 '성의'로 들릴 수가 있다.

　(2) 일본 측의 회담 거부는 우리의 체면 손상의 일면도 있으나 다른 면에 있어서 일본 측을 수세로 몰아넣을 수 있다.

　(3) 미국 측이 받는 충격은 한미 협조의 기본 선을 파괴하는 경로는 아닐 뿐 아니라 그 정도의 충격은 주어야 자주 외교의 면목이 선다.

나. 취할 방책

　(1) 11월 5일과 11월 10일 사이에 박 의장과 '이케다' 수상의 고위 회담을 실현한다.

　(2) '이케다' 수상의 방한이 더욱 좋으나 그것이 불가능하면 박 의장이 방일한다.

6. 건의

가. 제5항 (나)의 결론을 채택한다.

나. 이 회담 실현을 교섭하기 위하여 즉시로 비밀 사자를 일본으로 파견하고, 고위 회담에 관한 최종적 결정은 비밀 사자의 귀국 보고를 들은 후 결정한다.

다. 이 건의가 채택되면 회담의 진행 방법에 대하여서는 외무부가 세부안을 작성, 상신한다.

라. 이 안 전부는 엄비로 부치되, '러스크' 국무장관의 한국 방문 직전에 발표한다.

외무부 장관 최덕신

32. 박 의장 방일에 관한 주일 대표부 보고 요약 및 이에 관한 외무부 의견

1592   박 의장 방일에 관한 주일 대표부 보고 요약 및 이에 관한 외무부 의견

1961. 11[22]

외무부

1593   I. 박 의장 방일에 관한 주일 대표부 보고 요약

1. 국교 관계로 정식 국빈은 아니나 내용적으로 국빈 대우

2. 숙소: 박 의장 외 6, 7명 영빈관, 그 외 분 HOTEL

3. 사용 차량: 일본 측에서 준비

4. 잠정적 일정: 일 측 제의

  11일 하오 4:00   HANEDA 도착
            4:40   영빈관 도착
            6:00   이케다(池田) 수상의 DINNER
  12일 상오 10:00~12:00 이케다 수상과의 회담
       하오 2:00~3:00   기시 노부스케(岸信介) 및 이시이 미쓰지로(石井光次郎)
                        의 예방 및 환영
            3:30~3:50   내외 신문 기자 인터뷰
            4:00~4:30   주일 대표부 및 한일회담 대표단과의 면담
            5:00~5:30   재일교포 대표와의 면담
            6:00~   박 의장의 Return Dinner

---

[22] 구체적인 작성 일자 불명.

9:00~   영빈관 출발 공항행

1594   II. 일정에 관한 외무부 의견(안)

　1. 기시 노부스케 및 이시이 미쓰지로의 예방에 관해서는 이를 공식 일정에서 빼고 적당한 시간에 사적으로 예방을 받으시는 형식을 취함이 가.

　2. 박 의장, 이케다 수상 간의 회의 시간에 관해서는 필요에 따라 다소 시간 연장이 가능하도록 배려가 있을 것이 가.

1595   III. 박 의장 일본 방문 일행 명단(안)

　(1) Party Members

　　1. 박정희 대장　　국가재건최고회의 의장
　　2. 유양수 소장　　국가재건최고회의 외무국방위원장
　　3. 최덕신　　외무부 장관
　　4. 천병규　　재무부 장관
　　5. 박병권　　국방부 장관
　　6. 배의환　　한일회담 수석대표
　　7. 송정범　　경제기획원 부원장
　　8. 이동환　　주일 공사
　　9. 원충연　　최고회의 공보실장
　　10. 최영택　　주일 대표부 참사관
　　11. 박종규　　의장 전속부관
　　12. 한상국　　　〃
　　13. 조상호　　　〃

1596

　(2) 박 의장 – 이케다 수상 회담 참석 범위(안)

　　1. 박 의장
　　2. 외무부 장관
　　3. 배 수석

4. 통역

5. 기록사

(3) 방일과 관계없이 방미 관계로 동일 비행기로 도일한 수원

김영원　보좌관

지홍창　시의

심연섭　기자

이순섭　사진사

(Maj. Kanegai 및 Mr. Briggs는 가급적 Commercial Plane으로 별도 도일토록 한다.)

Ⅳ. 한일정상회담 취재차의 기자 도일

신청이 있는 대로 여권 수속을 취해준다.

주: 방일용의 특별 비행기는 KNA의 Charter Plane(Constellation)으로 한다.

59. 박정희 의장 방일 시 일본 측 환대에 대한 감사 인사 전달 결과 보고 전문

번호: JW-11266

일시: 141410[1961. 11. 14]

수신인: 외무부 장관 귀하

본직은 금일 14일 유 국방외교위원장의 전문 지시에 따라 이세키 아세아국장을 방문하고 체일 중의 일본 측 환대에 대한 박 의장의 인사장을 이케다 수상에게 전달하여 주도록 요청하였으며 아울러 박 의장 및 동 일행 체일 중에 일본 측이 베푼 후의에 감사의 뜻을 표명하였음.

주일 공사

60. 박정희 의장의 이케다 수상 앞 친서 전달에 관한 내부 결재 문서

1795   다음과 같은 공문을 발송, 시행함이 어떠하오리까

정무국장[서명]   아주과장[서명]   기안자[서명]

단기 4294 년 11월 30일 기안

단기 4294 년 11월 30일 발송, 시행

외정(아) 제 7541호

외무부 장관

주일 공사 귀하

건명: 박 의장 각하의 친서 전달 의뢰

이케다 수상에게 보내는 박 의장 각하의 친서를 별첨 송부하오니 이를 전달하여 주시고 그 결과를 회보하여 주시기 바랍니다.

별첨: 동 친서
      동 친서 사본 1부

별첨

60-1. 박정희 의장의 이케다 수상 앞 감사 친서

국가재건최고회의 의장

1961년 11월 12일

친애하는 이케다 수상 각하,

본인은 각하와 귀국 정부 및 국민이 본인과 본인의 일행에게 베풀어 준 예의와 우대에 깊은 사의를 표하는 바입니다.

우리가 귀국 정부 요원들과 가졌던 솔직한 의견 교환은 크게 보람이 있었으며, 상호 유익한 것이었습니다.

우리 양 국민의 이러한 의견 교환은 우리 양국의 이해를 더욱 증진하는 데 크게 공헌하리라고 믿는 바입니다.

본인은 개인적인 경의와 심심한 사의를 표하는 바입니다.

의장 육군대장 박정희

일본 내각 총리대신 이케다 하야토 귀하

60-2. 박정희 의장의 이케다 수상 앞 친서(영문)

SUPREME COUNCIL FOR NATIONAL RECONSTRUCTION

Office of the Chairman
Seoul, Korea

(TRANSLATION)

November 12, 1961

Dear Mr. Prime Minister

I wish to express my deepest appreciation for the courtesy and the hospitality accorded me and my party by Your Excellency, the people and government of your country.

The frank exchange of views which we had with members of your government was highly rewarding and mutually beneficial.

I am hopeful this exchange of ideas between our two peoples would contribute greatly to further understanding between our two countries.

May I assure you of my personal esteem and my most profound gratitude.

Sincerely yours,

Park Chung Hee
General, ROKA
Chairman

His Excellency Hayato Ikeda
The Prime Minister
Japan

61. 박정희 의장 친서 전달에 대한 일본 측 반응 보고 전문

번호: JW-1246

일시: 041810[1961. 12. 4]

수신인: 외무부 장관 귀하

박 의장 각하 친서 전달에 관한 건

대: 외정아 제7541호

대호 공한으로 지시하신 박 의장 각하 친서 전달에 관하여는, 이케다 수상이 지금 니가타에 출장 중이므로 금일 4일 오후 5시 고사카 외상을 방문하고 전달을 의뢰하였삽기에 보고하옵는바, 고사카 외상은 정중한 인사 편지를 보내주어 감사하다고 말하는 동시에 이케다 수상으로부터 회답 서한이 있게 될 것이라고 말하였기에 아울러 보고함. (정아)

주일 공사

62. 박정희 의장의 방일 중 면담 인사에 대한 감사의 뜻 전달 지시 전문

번호: WJ-1237

일시: 051640 [1961. 12. 5]

수신인: 주일 공사 귀하

박 최고회의 의장 명에 의거하여 아래 사항을 지시하오니 시행하시고 결과를 보고하여 주시기 바랍니다.

1. 박 의장께서 방일 중에 면접하신 일본 정부, 정계 및 재계의 요인들과 재일교포 대표들에게 주일 공사 명의로 서면 또는 구두로써 감사의 뜻을 전달하여 주시기 바람.

2. 전달 방법에 있어 서면, 구두 중 어느 방법을 택하는가는 귀하의 재량으로 결정하시압.

끝

장관

63. 박정희 의장 방일 시 면담 인사들에 대한 감사 인사 전달 결과 보고 공문

한일대(총) 제422호

단기 4294년 12월 11일

주일 공사[관인]

외무부 장관 귀하

최고회의 의장 방일 인사장

대: 12월 5일 자 WJ-1237

대호 전문 지시에 따라 별첨과 여한 인사장을 별첨 명부에 기재된 인사들에게 송부하였으며 그중 수 명에게는 겸하여 구두로써도 사의를 표하였사옵기로 이에 보고함.

별첨

63-1. 박정희 의장 방일 시 면담 인사에 대한 이동환 공사 명의 감사 서한

KOREAN MISSION IN JAPAN

December 5, 1961

My dear Ambassador:

Dear Sir;

On behalf of General Park Chung Hee, Chairman of the Supreme Council for National Reconstruction, and his party, I wish to express my deepest appreciation for your hospitality and courtesy accorded them during their stay in Japan.

Their visit to Japan, though brief, has been both pleasant and rewarding thanks to your friendly and warm welcome.

May I assure you of my personal esteem and my most profound gratitude.

Sincerely yours,

Lee Dong Whan
Minister

KOREAN MISSION IN JAPAN

근경

본인은 국가재건최고회의 박정희 의장과 동 일행을 대리하여 귀하가 그분들이 일본 체재 중에 베풀어 준 후의와 예의에 깊은 사의를 표하는 바입니다.

그분들의 일본 방문은 단시간이었습니다만 귀하의 따뜻한 환영으로 매우 유쾌하고 유익하였습니다.

본인은 귀하에게 존경과 심심한 사의를 표명하는 바입니다.

단기 4294년 12월 5일

주일 공사 이동환

63-2. 박정희 의장 방일 시 면담 인사에 대한 이동환 공사의 사의 표명 대상자 명단

Eisaku Sato
   International Trade and Industry Minister
Shojiro Kawashima
   State Minister(Directer, Defense Agency)
Takeo Miki
   State Minister(Directer, Science and Technology Agency and Chairman, Atomic Energy Commission)
Masayoshi Ohira
   Chief Cabinet Secretary
Shigesaburo Maeo
   Secretary General(Liberal-Democratic Party)
Munenori Akaki
   Chairman, Executive Board(Liberal-Democratic Party)
Kakuei Tanaka
   Chairman, Policy Board(Liberal-Democratic Party)
Morinosuke Kashima
   Chairman of Foreign Relation Committee of Representative(Liberal-Democratic Party)
Michisuke Sugi
   Chief of the Japanese Delegation to the Korea-Japan Talks
Shinichiro Nakumo
Kodahira, Hisao
   Director, Administrative Affairs, Prime Minister's Office
Iseki, Yujiro(Director, Asian Affairs Bureau Ministry of Foreign Affairs)
Uyama, Atsushi(Counsellor, Ministry of Foreign Affairs)

　　　　　Maeda, Toshikazu(Chief, Northeast Asian Section Ministry of Foreign Affairs)

1805　　　Hitomi, Hiroshi(Prime Minister's Office)

　　　　　Suyama, Tatsuo(Chief of Protocol, Ministry of Foreign Affairs)

　　　　　Ambassador Décio de Moura(Brazil Embassy)

　　　　　　　〃　　Torben Busck-Nielsen(Royal Danish Embassy)

　　　　　　　〃　　Eigil Nygaard(Royal Norwegian Embassy)

　　　　　Mr. William Gleysteen(second secretary)
　　　　　　Embassy of the United State of America

　　　　　Mr. Kogoro Uemura
　　　　　　Chairman, Japan-Korea Economic Society

　　　　　Mr. Tadashi Adachi
　　　　　　Chairman of Chamber of Commerce and Industry

1806　　　권일　민단 거류민단 단장

　　　　　김광남　　〃　　　의장

　　　　　김금석　　〃　　　감찰위원장

　　　　　김인수　　〃　　　동본단장

　　　　　오기문 중앙부인회장

　　　　　김신삼 동본부인회장

　　　　　차충흥 민단 오사카단장

　　　　　서갑호 오사카한국인상공회

　　　　　신학빈 재일한국인경제연합회

　　　　　이강우 도쿄한국인상공회

64. 박정희 의장의 서한에 대한 이케다 수상의 답신 친서 수령 보고 전문

번호: JW-12122

일시: 081430[1961. 12. 8]

수신인: 외무부 장관 귀하

본인은 금일 8일 오전 9시 외무성에서 이세키 아세아국장을 통하여 박 의장 각하에 대한 아래와 같은 내용의 이케다 수상의 친서(의장 친서에 대한 답서)를 전달받았사옵기에 보고하오며 동 친서의 원본은 본인이 11일에 귀국할 시에 휴대할 위계이옵기에 첨언함.

추이: 일 측은 본건 친서 전달 사실에 관하여는 발표하지 않겠다고 하옵기에 첨언함.

기

TRANSLATION

TOKYO, DECEMBER 7, 1961

YOUR EXCELLENCY,

I HAVE READ WITH DEEP APPRECIATION YOUR EXCELLENCYS COURTEOUS LETTER OF NOVEMBER 12 ADDRESSED TO ME.

IT IS MOST GRATIFYING FOR ME THAT OUR RECENT CONVERSATION AFFORDED US AN OPPORTUNITY FOR A FRANK EXCHANGE OF VIEWS.

I HEAR THAT YOUR EXCELLENCY HAS SUCCESSFULLY ACCOMPLISHED THE MISSION OF YOUR VISIT TO THE UNITED STATES. PLEASE, ACCEPT MY

HEARTFELT FELICITATIONS.

NOW, WITH RESPECT TO THE CURRENT JAPAN-KOREA TALKS AND OTHER MATTER RELATED TO OUR TWO COUNTRIES, IF THERE IS ANY PARTICULAR POINT YOU WISH TO BRING TO MY ATTENTION, OR ANYTHING YOU DESIRE OF ME, I HOPE YOU WILL COMMUNICATE DIRECTLY WITH ME WITHOUT HESITATION, JUST AS I TOLD YOU AT THE TIME OF OUR CONVERSATION. LET ME ASSURE YOU ONCE AGAIN THAT IN SUCH EVENT I SHALL BE ALWAYS PREPARED TO DO ALL IN MY POWER SO AS TO MEET YOUR WISHES.

I PRAY FOR YOUR EXCELLENCY CONTINUED HEALTH AND SUCCESS.

YOURS SINCERELY,

(SIGNED)

HAYATO IKEDA

PRIME MINISTER OF JAPAN

HIS EXCELLENCY
CHAIRMAN PARK CHUNG HEE,
SUPREME COUNCIL FOR NATIONAL RECONSTRUCTION,
REPUBLIC OF KOREA.

주일 공사

64-1. 박정희 의장의 서한에 대한 이케다 수상의 답신 친서(일어본)

拝啓

閣下より私にあてられた十一月十二日付の御丁重なる書簡を有難く拝見いたしました.

私は先般の閣下との会談においてお互いに腹蔵のない意見の交換を行なうことあできましたことを心から喜びとしている次第であります.

承るところによれば, 閣下は米国訪問の使令を成功裡に果されたとのことでありますが, 私はこれに対して心からお祝いの言葉を申上げたいと存じます.

なお, 閣下との会談の際にも申上げましたとおり, 閣下が現在の, 日韓会談をはじめ両国間の問題に関しお気付きの点や御要望の事柄があればいつなりとも御遠慮なく私あて直接にお申し越し下されたく, その際には私としてもできるだけ貴意にそうよう努力する用意のありますことを, ここに重ねて申し述べたいと存するものであります.

閣下が今後益々御壮健にて国務に御精励あらんことを祈ります.

敬具

昭和三十六年十二月七日 東京にて

内閣総理大臣 池田勇人 [서명]

朴正熙 議長 閣下

번역

배계

각하께서 11월 12일 자로 보내주신 정중한 서신을 잘 보았습니다.

저는 지난번 각하와의 회담에서 서로 허심탄회하게 의견을 교환할 수 있었던 것을 진심으로 기쁘게 생각합니다.

각하께서 미국 방문의 사명을 성공적으로 완수하신 것으로 알고 있는데, 이에 대해 진심으로 축하의 말씀을 드립니다.

또한 각하와의 회담 때에도 말씀드린 바와 같이, 각하께서 현재의 일한회담을 비롯한 양국 간 문제에 관하여 느끼신 점이나 요청사항이 있으시면 언제라도 주저하지 마시고 저에게 직접 말씀해 주시기 바라며, 그때에는 저로서도 최대한 노력해 나갈 준비가 되어있음을 다시 한 번 말씀드립니다.

각하께서 앞으로 더욱 건강하셔서 국정에 정진하시기를 기원합니다.

경구

쇼와 36년 12월 7일 도쿄에서
내각 총리대신 이케다 하야토[서명]

박정희 의장 각하

66. 박정희 의장-이케다 수상 회담 요록 송부 공문

회담 제6-20호

단기 4294년 11월 14일

한일회담 수석대표[관인]

외무부 장관 좌하

건명: 박 의장-'이케다' 수상 회담 회의 요록 송부

지난 11월 12일에 개최된 박 의장-'이케다' 수상 회담의 내용을 별첨과 같이 요약 보고합니다.

추기: 별첨 요약은 박 의장-'이케다' 회담 후 '게이힌칸'에서 박 의장께서 말씀하신 내용을 기초로 하여 작성한 것임.

별첨

66-1. 박정희 의장 – 이케다 회담 회의록 [23]

1817 박 의장 – '이케다' 회담

회의록

1. 회담 개최 일시: 4294년 11월 12일 오전 10~12시

2. 회담 개최 장소: '이케다' 수상 관저

3. 참석자: 한국 측: 박정희 의장
   일본 측: '이케다' 수상
   (통역은 참석하지 않았으나 발표에 있어서는 한국 측은 최영택 참사관,
   일본 측은 '마에다' 북동아과장이 담당한 것으로 하기로 합의함.)

4. 회담 내용

(1) '이케다' 수상은 한일 양국은 세계 정세, 특히 극동 정세에 비추어 서로 도와야 할 입장에 있다고 말하고, 일본은 한국의 5개년 계획, 농촌 문제 등을 포함한 경제 재건에 큰 관심을 가지고 있으며, 앞으로는 양국 간의 현안 문제(주로 과거에 대한 청산 문제)뿐만 아니라 이러한 경제 재건 문제 등 장래에 속하는 모든 문제에 관하여 기회 있는 대로 상호 의견을 교환하였으면 좋겠다고 하였으며, 이에 대하여 박 의장은 동의하였다.

(2) '이케다' 수상은 일본의 국내 사정, 특히 자민당 내의 사정을 설명하며 일본의 곤란한 사정을 이야기하였다. '이케다' 수상은 자민당 내의 약 3분지 1의 세력은 한일 회담을 지지하며, 또한 3분지 1은 심중한 태도를 보이고, 나머지 3분지 1은 이를 반대하고 있다고 말하였다.

---

23 파일 번호 726(본회의 회의록 및 종합 보고, 1961-62. 2)에 동일한 문서가 수록되어 있다.

(3) '이케다' 수상은 한일회담의 실무자 회의가 아직 별 진전이 없으므로 구체적인 문제를 지금 논의할 수 없으니 원칙 문제에 관하여 이야기하자고 말하고 실무자 간의 토의를 가능한 한 촉진시키자고 말하였으며, 박 의장은 이에 대하여 원칙적으로 동의하였다.

(4) 재산청구권 문제에 관하여 박 의장은, 일본 국민은 한국청구권의 내용이 전쟁 배상의 성질의 것이며 법적 근거가 박약한 것이라는 오해를 하고 있는 듯하나, 한국 측이 청구하고 있는 것은 배상적 성질의 것이 아니고 충분한 법적 근거가 있는 청구권이라고 설명하고, 지금·지은, 우편저금, 보험금, 징용자에 대한 미수금, 전사자에 대한 보상금, 연금 등 상당한 액수의 청구권을 한국은 가지고 있는데 일본 측은 5,000만 불 운운하고 있으니 부당하다고 말하였던바, '이케다' 수상은 '고사카' 외상이 그렇게 말한 모양이나 그것은 자기 자신의 의도는 아니라는 듯한 취지를 이야기하였다.

지금 문제에 대하여 '이케다' 수상은 자기가 보고 듣기로는 대가를 지불하고 사 온 것으로 되어 있다고 말하므로, 박 의장은 장부상으로 지불한 형식이 되어있는 모양이나 사실상으로는 무가로 가지고 간 것으로 보고를 받았다고 말하였다.

양자는 한국청구권의 내용을 실무자로 하여금 검토하게 하기로 이야기되었다.

(5) 이케다 수상은 '기시' 혹은 '이시이'를 내월 중이라도 한국 측이 초청할 것을 희망하였으며, 이에 대하여 박 의장은 긍정적인 태도를 취하였다.

(6) '이케다' 수상은 일본 입장으로는 청구권만으로 과대한 금액을 지불하기는 곤란하니 법적 근거가 확실한 항목에 대하여서만 청구권으로 지불하고 그 외의 항목을 다른 명목으로 지불하는 것이 좋겠다고 말하고, 다른 명목으로 지불함에 있어서는 무상 원조로 하면 한국의 국민감정상 곤란할 것 같으면 경제 협조 등의 명목으로 장기 저이자 차관을 제공하는 것도 방법일 것이라고 이야기하였다.

(7) 박 의장이 재일교포의 은행 설치를 허가할 것을 요청하였던바, '이케다' 수상은 충분히 고려를 하겠지만 예컨대 중국인 등 제3국인 관계로 곤란한 점이 있을지도 모른다고 말하였다.

(8) '이케다' 수상은 99.9%까지 양자가 이번 회담에서 합의를 본 것으로 발표하자고 제의하였는바, 박 의장은 대체로 합의한 것으로 발표하자고 말하였으며, 이에 대하여 '이케다' 수상이 동의하였다.

66-2. 박정희 의장과 이케다 수상의 회담

1820
박 의장과 이케다 수상의 회담

장소: 이케다 일본 수상 관저
시일: 11월 12일 10시부터 11시 50분까지
참석자 　한국 측:　박 의장, 유 외무국방위원장, 최 외무부 장관, 배 수석대표,
　　　　　　　　　원 공보실장, 정일영 대표, 최 참사관, 엄 아주과장
　　　　　일본 측:　이케다 수상, 고사카 외상, 스기 수석대표, 이세키 아세아국장,
　　　　　　　　　마에다 동북아과장

(비고)
공식 회담: 20분간 한일회담 경과 및 경제 일반에 관한 의견 교환
비공식 회담: 일본 외상 고사카 씨의 제의에 의하여 1시간 20분간 박 의장 및 이케다 수상의 단독 회담이 있었음.

회담 내용: 회담 결과에 관한 신문 발표에 있어서는 통역으로 우리 측은 최영택 참사관, 일 측은 마에다 북동아과장이 참석하였다고 하였으나, 사실은 통역이 참석지 않았음.

공식 회담: (생략)

비공식 회담
1. (이케다): 한일회담의 실무적 토의가 현재까지 하등의 진전이 없으니까 오늘 이 회담에서는 이 문제에 관한 결론을 내릴 단계가 아니다.
2. (합의): 그러니까 회담을 급속히 진전시켜서 조속히 실무적 토의를 끝내는 것이 좋겠다.

1821
3. (박 의장): 자기[나]도 자세한 것은 잘 모르지만, 우편저금, 연금, 징용자 보상금

등 한국으로서는 상당히 법적 근거가 있는 청구를 내놓고 있는데, 일본 측에서는 5천만 불을 내놓겠다니 그것은 말이 안 된다.

(이케다): 그런 사실은 자기[나]로서는 잘 모르겠다. 누가 그렇게 말을 했는가?

(박 의장): 고사카 외상이 말했다고 한다.

(이케다): 고사카가 그런 말을 했다고? 그러나 너무 그 말에 관심을 가질 필요는 없다.

4. (이케다): 적당한 시기에 (금년 내) 기시 노부스케(   )나 이시이 미쓰지로(   )를 한국에 초청하여, 정치회담을 서울에서 개최하는 것이 좋겠다(우리 측 양승).

주: 실무적 토의에서의 의견 차이를 기초로 하여 동 정치회담에서 정치적인 절충으로서 해결하여 보려는 것임.

5. (박 의장): 이 회담이 무의미한 것은 아니다. 이것으로써 한일회담이 원활하게 진행되는 계기가 될 수 있다.

이케다 수상이 한일 문제 해결에 상당한 열의가 있음을 확인하였다.

67. 박정희 의장 방일 활동 관련 보고 전문

번호: JW-11233

일시: 121815[1961. 11. 12]

수신인: 외무부 장관 귀하

박 의장 방일의 건

연: JW-11225호

연호 전문 이후의 사태 발전에 관하여 아래와 같이 보고함.

1. 의장은 예정대로 12일 오전 10시부터 이케다 수상과 (총리 관저에서) 회담하였음. 최초 30분간은 아 측에서 유 소장, 최 장관, 배 수석, 원 공보실장, 최영택 참사관, 정일영 대표 및 엄 아주과장(통역)이 배석하고 일 측에서는 '고사카' 외상, 스기 수석대표, 이세키 아세아국장 및 마에다 북동아과장(통역)이 참석하는 회담이 진행되었는바, 그 후 1시간 20분간은 통역만을 배석시킨 단독 회담이 진행되었음. 단독 회담에서의 통역은 아 측에서 최영택 참사관, 일 측에서 마에다 북동아과장이었음.

회담 후 코뮈니케 등은 발표되지 않았으며, 회담 내용에 관하여는 아래와 같이 발표하기로 합의하였음.

(1) 1시간 20분에 긍하여 한일 문제와 아세아 정세 및 세계 정세에 관하여 의견을 교환하였는바 그 대부분의 문제에 관하여 합의를 보았다.

(2) 장래에 있어서 현재 진행 중에 있는 한일회담을 지속시키고 쌍방이 최대의 성의를 가지고 이를 추진토록 노력한다.

(3) 제 현안 문제 이외의 한일 간의 여러 문제에 관하여도 장래 기회 있는 대로 격

의 없는 의견의 교환을 할 것에 합의하였다.

2. 의장, 유 소장 및 최 장관은 정오부터 오후 1시 35분까지 기시, 이시이 씨 공동 주최 주식회에 참석하였음. 일 측에서는 주최자 외에 고사카 외상이 참석하였음.

3. 의장은 오후 1시 40분 대표부에 도착하여 대표부 직원, 대표단원 및 학생 대표를 접견하였음(시간 30분간).

4. 의장은 오후 3시 40분부터 30분간 내외 기자와 신문 기자 회견을 가졌음. 회견 내용에 관하여는 별도 전문으로 보고함.

5. 기자회견이 있은 후 의장은 전 만주군 군관학교 교장 '나구모 신이치로'를 접견하였으며 그 후 '이왕 비'를 접견하였음(이 사실은 신문에 발표하였음).

6. 앞으로 오후 6시 30분부터 의장 주최 만찬회, 오후 8시 40분부터 재일교포 대표의 접견이 있은 후 의장 일행은 정해진 시간에 미국으로 향발할 예정임.

주일 공사

69. 최고회의 의장 방일에 관한 종합 보고 송부 공문

한일대(정) 제519호
단기 4294년 11월 14일

주일 공사[관인]

외무부 장관 귀하

건명: 최고회의 의장 방일에 관한 종합 보고

머리의 건, 일본 수상 '이케다 하야토'의 초청으로 단기 4294년 11월 11일부터 동 12일까지 최고회의 의장께서 일본을 방문하신 데에 관하여 별첨과 같이 종합 보고를 제출하나이다.

별첨: 최고회의 의장 방일 종합 보고

이상

69-1. 최고회의 의장 방일에 관한 종합 보고서

목차

1. 대표부의 준비
2. 일본 측의 준비
3. 의장 도착 시부터 출발 시까지의 행사(일정)

별첨

1. 일본 도착 성명
2. 11월 11일 '이케다' 수상 주최 만찬회에서 '이케다' 수상이 행한 인사
3. 11월 11일 '이케다' 수상 주최 만찬회에서 '이케다' 수상이 행한 인사에 대한 최고회의 의장의 답사
4. 11월 오후 3시 40분부터 30분간에 걸친 박 의장 내외 신문 기자 회견 내용
5. 11월 12일 박 의장 주최 만찬회 석상에서 박 의장 각하가 행하신 인사
6. 11월 12일 박 의장 각하 초대 만찬회 석상에서의 박 의장 각하의 인사에 대한 '이케다' 수상의 답사
7. 재일교포에 대한 의장 인사문
8. 사진 설명 및 사진 34매
9. 의장의 도착 및 출발 시일을 알리는 note verbale
10. 특별기 일본 입국 허가를 신청하는 구상서
11. 최고회의 의장 각하 방일 준비 계획서

1. 대표부의 준비:

11월 4일 서울에서 최고회의 의장의 방일이 결정되자 대표부는 즉시 이에 대한 준비에 착수하였는바, 중요 준비 내용은 아래와 같음.

(1) 11월 4일(토요일) 대표부는 일본 경찰과 접촉하여 의장 일행의 경비 문제를 토의하였으며, 그 후 의장 일행이 일본에 도착하셨다가 미국으로 출발하실 때까지 접촉을 계속 유지함으로써, 경비 정보의 수집, 아 측 요망사항의 실현에 노력하였음.

(2) 11월 5일(일요일) 오전 및 오후 2회에 걸쳐, 당부 관계관은 외무성 당국자와 회합하고 의장 방일 준비에 관한 협의를 개시하였음.

(3) 최고회의 의장의 일본 도착 및 출발 시에 외교단으로부터의 출영 및 환송을 종용하기 위한 목적으로 별첨 9와 같이 도착 및 출발 일시를 통지하는 circular note를 도쿄 주재 외교 공관(공산 국가 제외)에 발송하였음.

(4) 의장 일행이 탑승하는 특별기의 일본 입국 허가를 위하여 별첨 10과 같은 구술서를 외무성에 송부하였음(민간 항공기이므로 국제민간항공협약에 의거하는 항공사의 조치로써 충분하였지만, 국빈인 경우에는 특별기의 입국에 관하여 따로 외교 계통을 통하여 입국 허가를 요청하는 것이 관례라는 외무성 당국의 견해에 따른 것임).

(5) 의장 일행이 '하네다' 공항에 도착하실 때에 교포가 많이 출영하도록 민단 측과 협의하여 조치하였음.

(6) 본국 정부의 훈령 및 외무성 당국과의 협의를 통하여 결정된 바에 따라, 별첨 11과 같은 계획서를 작성하고 영접 사무를 준비하였음.

2. 일본 측의 준비:

(1) 일본 측의 준비는 경비를 제외한 모든 부분에 있어서 외무성 아세아국 북동아과가 주동이 되었고, 외무성 의전과 및 보도과가 이를 지원하였다.

(2) 숙소: 일본 측은 의장 일행의 숙소로서 국빈 숙소로만 사용되는 '영빈관'을 준비하였으며, 일행 전원이 이에 유숙하였다.

(3) 차량: 일 측은 의장 일행을 위하여 12대의 고급 승용차를 준비하였다.

(4) 경비: 의장 일행의 경비를 위하여 일본 경찰은 전번에 있었던 소련 부수상 '미코얀(Mikoyan)'의 방일 시보다도 큰 규모의 동원을 하였다고 하는바, 동원의 내용은 아래와 같다.

동원된 총연인원: 17,000명
영빈관 주변 경비를 위하여: 주간: 정복 150명, 사복 80명
　　　　　　　　　　　　　　야간: 80명
대표부 부근 경비를 위하여: 160명
경찰 헬리콥터: 10대

3. 의장 도착 시부터 출발 시까지의 행사(일정):

최고회의 의장의 일본 도착 시부터 미국 향발 시까지의 모든 행사는 미리 정해진 일정표에 의하여 진행되었는바, 각 행사에 관한 상세는 아래와 같다.

(1) 도착: 의장 일행의 특별기는 11일 오후 3시 25분경에 '하네다' 부근 상공에 도달하였으며, 비행장 정지 위치에 정류한 시간은 오후 4시 정각이었음. 의장 및 중요 수행원은 외무성 의전장 및 주일 공사의 안내로 비행기에서 내리신 후 출영자와 인사를 교환하였으며, 이어서 별첨 1과 같은 도착 성명이 있었음. 도착 성명이 끝나자 의장은 비행장 영송대에 나온 교포의 환성에 손을 흔들어 보인 후 수행원과 같이 숙소 영빈관으로 행하였음.

비행장에 출영한 중요 인사는 아래와 같음.

1) 일본 측: 이케다 수상, 고사카 외상, 스기 수석대표, 이세키 아세아국장,
    이시이 미쓰지로, 기타자와 나오키치

2) 외교관: 브라질 대사, 덴마크 대사, 노르웨이 대사, 글라이스틴 미국 대사관
    2등서기관

3) 한국 측: 배 수석대표, 이한기 고문, 이동환 공사, 정일영 대표, 권일 단장,
    최영택 참사관, 이 보좌관

민단계 교포: 5,000명

일본 우익 단체원: 1,000명

비고: 1. 미국 대사는 자기가 출영하게 되면 혹시 자극을 주게 될지도 모르니, 출영하지 않겠다고 사전에 통고하여 왔음.

2. 조총련계 교포는 약 2,000명가량 동원되었는바, 비행장 내에는 들어오지 못하고 숙소에 이르는 연도에서 데모를 하였을 뿐임.

(2) 의장의 이케다 수상에 대한 표경:

의장은 11일 오후 6시 45분 영빈관으로부터 수상 관저에 도착하여 주일 공사의 안내로 이케다 수상에게 경의를 표하였음. 이때에 배석한 인원은 아래와 같음.

한국 측: (최고회의 의장)
    유양수 소장, 외무국방위원장
    최덕신 외무부 장관

　　　　　배의환 한일회담 수석대표
　　　　　이동환 주일 공사
　　일본 측: (이케다 수상)
　　　　　고사카 외상

(3) 이케다 수상 만찬회:

박 의장의 이케다 수상에 대한 표경이 있은 직후인 오후 7시부터 이케다 수상 주최 만찬회가 있었는바, 이 자리에서 이케다 수상은 별첨 2와 같은 인사를 하였고, 박 의장은 별첨 3과 같은 답사를 행하였다. 만찬회는 오후 9시에 종료되었는바, 이의 참석자는 아래와 같다.

　　한국 측: 최고회의 의장, 유양수 위원장, 최덕신 장관, 천병규 장관, 박병권 장관, 배의환 수석대표, 송정범 부원장, 이동환 공사, 이한기 고문, 원충연 실장, 이창희 특별보좌관, 정일영 대표, 최영택 참사관

　　일본 측: 이케다 수상, 고사카 외상, 미즈타 대장상, 고노 농상, 사토 통산상, 후지야마 경제기획청 장관, 미키 과학기술청 장관, 가와시마 행정관리청 장관, 오히라 관방장관, 기시 노부스케, 이시이 미쓰지로, 오노 반보쿠, 아카기 무네노리(자민당 총무회장), 마에오 시게사부로(자민당 간사장), 다나카 가쿠에이(자민당 정무조사회장), 가시마 모리노스케(자민당 외교조사회장), 스기 미치스케(일본 수석대표), 다케우치 외무사무차관, 이세키 아세아국장, 우에무라 고고로(일한경제협회 회장), 아다치 다다시(일본상공회의소 회두)

(4) 박 의장과 이케다 수상과의 회담:

12일 오전 10시부터 11시 50분까지 수상 관저에서 개최되었는바, 최초 30분은 수행원이 배석하였고, 나머지 1시간 20분간은 양측 통역만이 배석한 단독 회담이 진행되었음. 회담 내용에 관하여는 별도 보고에 취급될 것인바, 회담에 참석한 양측 배석자의 면담과 회담이 끝난 후 양측이 합의한 신문 발표 내용은 아래와 같다.

　　참석자: 한국 측: 박 의장, 유양수 위원장, 최덕신 외무부 장관, 배의환 수석대표, 원충연 공보실장, 정일영 대표, 엄영달 아주과장
　　　　　일본 측: 이케다 수상, 고사카 외상, 이세키 아세아국장, 마에다 북동아과장

신문 발표문

1. 1시간 20분에 긍하여 한일 문제와 아세아 정세 및 세계 정세에 관하여 의견을 교환하였는바 그 대부분의 문제에 관하여 합의를 보았다.

2. 장래에 있어서 현재 진행 중에 있는 한일회담을 지속시키고 쌍방이 최대의 성의를 가지고 이를 추진토록 노력한다.

3. 제 현안 문제 이외의 한일 간의 여러 문제에 관하여도 장래 기회 있는 대로 격의 없는 의견의 교환을 할 것에 합의하였다.

(5) 기시, 이시이 씨 공동 주최 주식회:

이케다 수상과의 회담이 끝난 후, '가즈오'(일본 요리점)에서 기시, 이시이 씨 공동 주최의 주식회가 있었는바, 아 측에서 박 의장, 유양수 위원장, 최덕신 장관이 참석하고, 일본 측에서 주최자 외에 '아카기 무네노리' 자민당 총무회장, 고사카 외상(지참)이 참석하였음.

(6) 대표부 직원 및 대표단원 면접:

의장은 유양수 소장, 최덕신 장관 등을 대동하고 오후 1시 40분 대표부를 방문하여 공사실에서 잠시 머무르신 후, 대표부 직원 및 대표단원, 그리고 방일 중인 학생 사절 단원이 모인 자리에서 훈시하셨음. 의장은 오후 2시 30분에 대표부를 출발하여 영빈관으로 돌아가셨는바, 출발에 앞서 전원과 악수를 교환하셨음.

(7) 내외 기자회견:

대표부로부터 영빈관에 돌아오신 의장은, 오후 3시 40분부터 30분간 내외 기자회견을 가지셨음. 기자회견은 한·일·영 3개 국어가 사용되었고, 엄영달 아주과장이 일어 통역을, 한상국 중령이 영어 통역을 담당하였는바, 원충연 공보실장이 회견을 주재하였음. 회견 내용에 관하여는 별첨 4를 참조.

(8) 이왕 비 및 '나구모' 만주군 군관학교장 면담:

의장은 오후 4시 30분부터 15분간 '나구모 신이치로' 전 만주군 군관학교장을, 그리고 4시 45분부터 15분간은 이왕 비를 접견하셨음.

(9) 의장 주최 만찬회:

의장은 이케다 수상 주최 만찬회 및 이시이, 기시 공동 주최 주식회에 대한 답례로서 오후 6시 30분부터 8시 30분까지 만찬회를 주최하셨는바, 이 자리에서 의장은 별첨 5와 같은 인사를 행하셨으며, 이케다 수상은 별첨 6과 같은 답사를 행하였음. 양측 출석자의 명단은 아래와 같음.

> 한국 측: 의장 유양수 위원장, 최덕신 장관, 천병규 장관, 박병권 장관, 배의환 수석 대표, 이동환 공사, 정소영 특별보좌관, 정일영 대표, 송정범 부원장, 최영택 참사관, 이창희 특별보좌관, 문철순 정무국장, 이한기 고문, 이규현 공보관 (무순)

> 일본 측: 이케다 수상, 고사카 외상, 가와무라 외무정무차관, 이세키 아세아국장, 마에다 북동아과장, 스기 수석대표, 기시 노부스케, 이시이 미쓰지로, 마에오 자민당 간사장, 다나카 가쿠에이 자민당 정무조사회장, 가시마 자민당 외교조사회장, 사토 통산대신, 고다이라 총무장관, 히토미 수상 비서관, 우에무라 일한경제협회장, 아다치 일본상공회의소 회두, 나구모 전 만주군 군관학교장

(10) 교포 대표의 접견:

의장은 출발 직전인 오후 8시 45분부터 교포 대표 72명을 영빈관에서 접견하고 훈시하셨는바, 이에 참석한 교포 대표는 권일 단장, 민단 3기관장, 도쿄 근방 각 현 지부장, 도쿄 도내 조직 유지, 오사카한인상공회의소 회두 서갑호, 도쿄한인상공회의소 회두 이강우 등이었음.

(11) 출발:

의장 일행은 예정대로 오후 10시에 미국을 향하여 일본을 출발하셨는바, 출발에 앞서 별첨 7과 같은 출발 성명을 공항에서 하시는 동시에 교포에 대한 메시지를 남기고 떠나셨음(교포에 대한 메시지는 대표부가 민단 선전국에 160부를 제공하여 일본 전국 민단 조직에 배포하고, 재일교포가 발행하는 각 신문, 통신에 게재되도록 조치하는 동시에, 일본에 체류 중인 본국 신문 및 통신의 특파원에 대하여도 배포하였음).

이상

별첨 1

69-1-1. 일본 도착 성명서

1856   **일본 도착 성명서**

　　오늘 본인이 이케다(池田) 수상 각하의 특별 초청을 받고 귀국을 방문하게 되었음을 기쁘게 생각합니다.

　　금일의 자유세계는 날로 증가되어 가는 공산주의 제국의 횡포와 위협으로 인하여 불안한 생활 속에 시달리고 있습니다.

　　이때를 당하여 시급히 요청되는 것은 자유 진영 제국 간의 우호와 단결의 강화입니다. 생각건대 우리 양국은 지리적으로도 일의대수의 가장 가까운 거리에 있을 뿐 아니라 문화, 사회 등 여러 가지 면에서 특히 상통된 점을 많이 가지고 있는 것입니다. 더욱이 격동하는 현 국제 정세하에서는 극동에 위치한 자유 진영 국가 중에서는 한일 양국은 가장 중요한 역할을 담당하고 있는 것입니다. 따라서 우리들은 사소한 문제를 가지고 서로 대립하고 고집하지 말고 상호 이해와 인내로써 어떻게 하면 굳은 제휴를 효과적으로 추구할 수 있는가를 진지하게 고려해야 한다고 생각합니다.

　　이를 위하여서는 무엇보다도 서로가 성의로써 문제 해결에 임하여야 할 것이며 이와 같이 하여 이룩하여야 할 우리 양국의 무대는 세계의 평화와 번영에도 크게 이바지하게 될 것입니다.

　　현재 이곳 도쿄에서 진행되고 있는 제6차 한일회담은 그 어느 때보다도 따뜻한 분위기 속에서 진행되고 있다는 것은 앞서 말한 바와 같은 목적에 일치되는 일이라고 생각하는 바이며 동경하여 마지않습니다.

　　본인의 일본 체류는 극히 제한된 짧은 시간의 것이나마 본인을 이곳에 초청하여 주신 이케다 수상 각하를 비롯하여 기타 여러 지도자들과 만나 솔직하고 성의 있는 의견의 교환을 통하여 양국 간의 이해 증진과 한일회담의 조속한 타결을 성취할 수 있는 유익한 기회가 될 것을 기대하는 바입니다.

ARRIVAL STATEMENT

I thank you, Mr. Prime Minister, for your kind invitation and for this opportunity of visiting your beautiful country.

In the midst of increasing Communist treachery and menace to which we of the Free World are equally exposed, never has the firm unity and cooperation among the nations of the Free World been more in demand.

I need not reiterate the geographical proximity and the social and cultural affinity between our two nations. Especially in these recent decades of continued international tension it has the duty imposed upon our two countries to jointly safeguard the peace of the world.

Under these circumstances it is highly desirable that our two governments give this matter a serious thought and work together for the common cause in a spirit of mutual respect and understanding rather than arguing over trivial technicalities.

I am confident that there is no problem too difficult to settle, so long as we sit together and endeavor, with sincerity, for the settlement of the problems pending in realization of our respective duties, as members of the Free World. Through this, we can better contribute to the maintenance of the peace and prosperity of the world.

I am gratified that the current session of the Korea-Japan talks are underway in this spirit and more cordial atmosphere prevails at the conference table than any time in the past.

I regret that my stay in Japan cannot be longer, however, I hope through mutual cooperation our meeting can produce fruitful result which would be beneficial to both.

별첨 2

69-1-2. 11월 11일 '이케다' 수상 주최 만찬회에서 '이케다' 수상이 행한 인사

11월 11일 '이케다' 수상 주최 만찬회에서
'이케다' 수상이 행한 인사

1858　오늘 이 자리에 박정희 의장 각하를 비롯한 한국 정부의 지도자 여러분을 맞이하여 만찬을 같이 할 기회를 가지게 된 것을 본인의 큰 영광으로 생각하는 바입니다.

본인은 금년 5월 이래의 귀국에 있어서의 사태의 진전을 깊은 관심을 가지고 주시하여 왔으며, 각하가 이 국가 간난의 때에 처하여 경제 건설과 민생 안정에 강한 정열과 불굴의 노력을 경주함으로써 자유 민주주의 체제의 기반 확립에 대진(大進)하고 계시다는 데에 대하여 깊은 경의를 표하는 바입니다.

회고하건대, 일한 양국 간에 교섭이 시작된 이래 이미 10년이라는 세월이 흘렀습니다마는 지금까지 양국 정부의 수뇌부가 친히 무릎을 맞대고 간담할 수 있었던 기회는 결국 한 번도 없었던 것입니다. 이런 의미에서 박 의장 각하의 이번 내방은 양국 간의 역사에 있어서 극히 중요한 일 시기를 마련하는 것으로 생각합니다.

맹자의 말씀에 "천시는 불여지리요, 지리는 불여인화"라는 말이 있습니다마는 본인은 항상 일한 양국의 영속적인 선린 우호 관계의 기반은 여기에서 말한 '인화', 즉 양국 국민 간의 상호 이해가 아니면 안 된다고 생각하는 바입니다. 다행히도 금년에는 양 국민 간에 나날이 의사의 소통이 깊어져서 지난번부터는 지금까지 볼 수 없었던 좋은 분위기 가운데 제6차 일한회담이 개최되어 있어 본인은 이 사실을 충심으로부터 기쁘게 생각하고 있습니다.

1859　본인은 지금이야말로 일한 양국 간에 명랑하고, 긴밀하고 또한 견고한 우호 관계가 힘차게 수립될 기운이 충분히 성숙된 것으로 생각하는 바입니다.

본인의 의사를 끝마침에 있어 술잔을 들고 각하의 건강과 귀국의 번영을 충심으로부터 기원하고자 합니다.

별첨 3

69-1-3. 11월 11일 '이케다' 수상의 만찬 인사에 대한 박 의장 답사

11월 11일 '이케다' 수상 주최 만찬회에서
'이케다' 수상이 행한 인사에 대한 최고회의 의장의 답사

(요지)

먼저 오늘 저녁 이러한 성찬을 베풀어 주신 데 대하여 심심한 감사를 드리는 바입니다.

한일 양국은 지리적으로 부산에서 쓰시마가 보일 정도로 가장 가까운 거리에 있으며 역사적으로도 가장 밀접한 관계를 가지고 왔었습니다. 또한 한일 양국의 문화는 연원을 같이하고 있습니다.

이와 같이 밀접한 관계를 가지고 있는 양국이 밀접한 제휴와 유대를 가져야 한다는 것은 보편적인 상식인 것입니다. 한일 양국은 과거에 명예롭지 못한 역사를 가지고 있습니다. 그러나 그러한 명예롭지 못한 과거를 들추어낸다는 것은 현명한 일이 아닙니다. 차라리 새로운 역사적 시점에서 공동 이념과 공동 목표를 위하여 친선 관계를 가져야 할 것입니다. 그와 같이 함이 양국의 공동 이익이 되는 것이며 나아가서 세계 평화를 위한 자유세계 단결의 길이 되는 것입니다.

이러한 목표를 향하여 한국 정부는 최선의 노력과 성의를 다 기울이고 있습니다. 그런데 일본의 지도자들과 국민 역시 그러한 기운을 띄워가고 있음은 동경하여 마지않는 바입니다.

여기에는 쌍방의 노력과 인내와 이해가 필요할 줄 압니다. 본인은 이 기회에 당하여 흉금을 털고 기탄없이 의견을 교환함으로써 타협점을 모색하도록 노력할 것입니다.

별첨 4

69-1-4. 11월 12일 내외신 기자회견 내용

11월 12일 오후 3시 30분부터 30분간에 걸친 박 의장 내외 신문 기자회견 내용

질문: 이케다 수상과의 회담 내용은 무엇인가? 한일 문제도 토의되었다고 하는데 그 내용은 어떠한가? (합동통신 이상권)

답: 회담은 10시부터 1시간 50분에 긍하였다. 최초 30분은 수행원이 참석하여 한일회담의 경과와 전후 일본 경제 발전에 관한 설명이 있었다. 다음 1시간 20분은 양측이 통역을 대동하고 단독으로 의견 교환을 하였는바, 그 내용은 다음과 같다.

첫째, 한일 문제, 아세아 및 세계 정세에 관하여 의견을 교환하였는데 그 대부분의 문제에 관하여 합의를 보았다.

다음에는 현재 진행 중인 한일회담을 쌍방이 최대의 성의를 가지고 계속 추진하기로 합의하였다.

셋째로, 한일 간의 현안 문제 이외의 한일 간의 여러 문제에 관하여 장래 기회 있는 대로 격의 없는 의견의 교환을 할 것에 합의하였다.

질문: 다음 네 가지를 알고 싶다(니시니혼 신문 무카이 기자).

1. 의장은 이케다 수상과의 회담에 만족하는가? 만족하면, 어떤 점에서 만족하는가?

2. 오늘 있었던 정상회담에서 얻은 결론을 가지고 앞으로 어떻게 구체적으로 한일 관계를 타개해 나가겠는가?

3. 한일 관계가 연내에 타개될 가능성이 있는가? 국교 타개 문제에 관하여, 청구권 문제에 관하여는 어떻게 생각하는가?

4. 일본 국민은 평화선 해결에 깊은 관심을 가지고 있는데 이에 대한 견해는?

답: 질문 1에 대하여: 대단히 만족한다. 그 이유는 본인이 느끼기로는 이케다 수상이 진심으로 성의를 가지고 대하여 주었으며, 또 그가 한일 문제를 타결하자는 열의를 가지고 있음을 발견하였기 때문이다.

질문 2에 대하여: 장래 계속하여 노력과 인내, 그리고 상호 이해의 태도로 임하겠다.

질문 3에 대하여: 연내 타결의 가능성은 회담의 진전을 보고 말해야 한다. 청구권 문제에 관하여는 일본 국민에게 오해가 있을는지 모르지만, 이것은 전쟁 배상이 아님을 확언한다. 한국은 확실한 법적 근거가 있어서 청구하는 것이다. 따라서 한일 문제 타결에 있어 이 문제에 대한 일본 측으로부터의 성의 표시가 있을 것인가 또는 없을 것인가는 조기 타결의 중요 요인이 될 것이다.

질문 4에 대하여: 일본이 청구권에 있어서 한국민이 납득할 수 있는 성의 표시를 한다면, 한국 측은 신축성 있게 해결해 나가고자 한다.

질문: 다음 세 가지를 질문하고 싶다(동아일보 이만섭).
1. 청구권에 관하여 이케다 수상과의 회담에서 구체적인 숫자의 제시가 있었는가? 만일 없었다면 이케다 수상이 의장을 초청해 놓고 제시하지 않은 이유가 무엇인가?
2. 지금까지 한국 정부는 청구권 문제와 경제 협력 문제를 분리해 왔는데, 그러한 정책에 변동이 있는가?
3. 금번과 같은 회담이 장래에 도쿄 또는 서울에서 다시 있을 것인가?

답: 질문 1에 대하여: 구체적인 토의는 없었다. 이유는 아직 실무자 회의에서 진전이 없었는바, 실무자 회의에서의 진전을 보지 않고서는 정상회담에서 구체적인 숫자를 제시하지 않는 것이 좋다고 서로 느꼈기 때문이다.

질문 2에 대하여: 변경 없다.

질문 3에 대하여: 현 단계에서는 말할 수 없다.

질문: 케네디 대통령과 회담할 때에 의장은 경제 원조의 계속과 확대를 요청할 것이라고 하는데 그러한 요청의 근거는 무엇인가? (엔.비.시 브라운 기자)

답: 세 가지의 근거가 있다. 첫째는 한국 정부는 장기 경제 계획을 수립한 바 있다. 둘째는 외국 원조 또는 차관을 유효하게 이용할 수 있는 체제가 갖추어져 있다. 셋째는 국내 자원을 최대한으로 이용할 계획을 가지고 있으며, 이의 실시를 이미 시작한 바 있다.

질문: 국내 정세가 안정되었는데 계엄령을 언제 해제할 것인가? (유.피.아이 찰스 스미스 기자)

답: 국내 기자회견에서 이미 답변한 바 있는데, 한국 경찰이 군대의 힘을 빌리지 않고 국내 치안을 확보할 능력을 가지게 되었다고 판단할 때에 해제한다.

(예정된 30분이 경과되었을 때에 원충연 공보실장이 기자회견의 종료를 선언함.)

별첨 5

69-1-5. 11월 12일 박 의장 주최 만찬회 석상에서 박 의장 각하가 행하신 인사

1864   **11월 12일 박 의장 주최 만찬회 석상에서 박 의장 각하가 행하신 인사**

이케다 수상 각하, 그리고 일본의 각계 지도자 여러분!

여러분과 한자리에 모여서 만찬을 서로 나눌 수 있게 된 것을 영광으로 생각합니다.

어제부터 오늘까지에 걸쳐 짧은 시간이었습니다만, 일본 정부의 요인이고 지도자이신 여러분들과 같이 한일 문제와 국제 정세에 관하여 격의 없는 의견의 교환을 할 수 있었다는 것을 기쁘게 생각하고 있습니다. 특히 이케다 수상 각하와의 회견을 통하여 금후의 한일 문제 해결을 위하여 격의 없이 의견을 교환할 수 있는 길을 열었다는 것은 유익한 일이었다고 생각합니다. 그리고 세부 문제의 해결은 실무자에 남겨놓고 떠나갑니다. 또한 일본의 지도자이신 여러분들이 한일 문제 해결에 있어서 열의와 성의를 보여주신 데 대하여 감사합니다.

10여 년간 논의하여 온 문제이기 때문에 이 문제를 일조일석에 해결하려 함은 지나친 욕심일지도 모르겠습니다마는 그러나 문제 해결을 위하여 좋은 분위기를 조성함으로써 원활하게 해결시킬 수 있는 희망을 가지게 되었습니다.

모든 정치라든가 외교는 이것이 전부 인간이 행하는 일이라면 인간 대 인간이 무릎을 맞대고 서로 이야기할 필요가 있다는 것을 나는 이번에 절실히 느꼈습니다.

이케다 수상 각하의 건강과 귀국의 번영을 빌며 출례(出禮)를 올립니다.

별첨 6

65-1-6. 11월 18일 박 의장 각하 초대 만찬회 석상에서의 박 의장 각하의 인사에 대한 '이케다' 수상의 답사

1865   11월 18일 박 의장 각하 초대 만찬회 석상에서의 박 의장 각하의 인사에 대한 '이케다' 수상의 답사

(요지)

각하께서 하신 말씀에 본인은 전적으로 찬동하는 바입니다.

오늘 아침 본인은 본인의 외상에 대하여 각하와 본인의 회담에서 99%의 합의를 이루었다는 말을 하였습니다마는, 각하께서 이제 하신 말씀에 대하여는 100% 동의하는 바입니다. 특히 각하께서 정치인이나 외교관을 막론하고 인간 대 인간으로서 서로 흉금을 털어놓고 기탄없이 성의를 가지고 이야기한다면 이해되지 못할 일이 없다고 하신 것은 간밤에 본인이 말한 바 "천시는 불여지리요, 지리는 불여인화"라고 말씀드린 것과 같은 이야기라고 생각하는 바입니다.

이 자리에서 한 말씀 더 드려야 할 것이 있다면, 그것은 본인이 바로 이 자리에서 아세아에 있어서의 위대한 군인이요, 또한 탁월한 정치가를 박 의장 각하에게서 발견하였다는 사실입니다.

또한 말씀 더 드린다 할 것 같으면, 동양의 예의 사상으로서 은사를 섬기고 선배를 존중하는 훌륭한 모범을 박 의장 각하께서 옛 스승을 이 자리에 모심으로써 보여주셨다는 사실입니다.

대한민국의 번영과 탁월하신 정치가로서의 의장 각하의 건강을 기원하여 축배를 듭시다.

별첨 7

69-1-7. 출발 성명(영문)

DEPARTURE STATEMENT

I am deeply grateful to you, Mr. Prime Minister, for the warm reception and hospitality extended to me by you and members of your Government which made my brief stay very pleasant and memorable.

Although my stay in Japan was a very short one, I take great satisfaction at having been able to have frank exchange of views on matters in which our two nations are deeply interested. I have been impressed with the zeal and enthusiasm with which your Government look upon the settlement of the pending problems and the necessity for the early normalization of the relations between our two countries.

Despite its brevity my stay was devoted to sincere discussion of important matters lying between our two countries and I consider this visit highly rewarding and mutually beneficial.

Upon leaving this country, I assure you, Mr. Prime Minister, that we in Korea are no less determined to bring about an early conclusion of the current Korea-Japan talks so that we can work together more effectively for the preservation of the world peace and the dignity of mankind.

Once again, I thank you, Mr. Prime Minister, and through you, the good people of Japan for this warm reception.[24]

---

[24] 본 출발 성명문의 번역문은 17번 문서를 참조.

별첨 8

69-1-8. 재일교포에 대한 의장 인사문

1868 재일교포에 대한 의장 인사문

오늘 재일교포 여러분들을 만나게 된 기쁨이란 이루 형언할 수 없는 것이었습니다. 구악을 일소하고 민족정기를 바로잡아 복지 국가를 건설하기 위하여 혁명 정부가 수립된 후 본인은 60만 재일교포들의 안위와 미래의 안정된 생활에 대하여 생각하지 않은 날은 하루도 없었던 것입니다.

오늘 케네디 미국 대통령의 초대를 받고 미국으로 가는 도중 이곳에 들러 여러분을 대하게 된 본인의 가슴속은 감격과 기쁨으로 벅찬 것이 있습니다.

조국이 해방된 지 어언 16년, 대한민국이 건국되어 13년이 되었어도 한일 양국의 정상된 국교가 이루어지지 않아 그러한 틈바구니에서 물심양면으로 신음하고 고통을 받고 있는 재일교포 여러분들이 있는 것을 혁명 정부는 뼈저리게 알고 있는 것입니다.

혁명 정부는 이러한 면에 있어서도 방금 진행되고 있는 한일회담에서 진실과 열의로써 현안 해결에 임하고 있으며 일본 정부도 성의를 다하고는 있는 터이므로 불원 60만 재일교포 여러분들의 법적 지위도 보장될 것이며 경제적으로 안정된 생활을 누릴 수 있을 것을 믿는 바입니다. 나라 없는 민족의 설움, 나라가 있어도 믿을 수 없었던 과거의 부패와 구악은 사라지고 혁명 정부는 지금 제2단계의 과업을 착착 성공리에 진행시키고 있는 것입니다.

그러나 국내에서는 이러한 과업 수행에 있어서도 재일 60만 교포들의 지지와 성원에 기대되는 바 크다는 것을 잊지 말아주시기 바라는 바입니다.

멀지 않아 여러분들이 조국에 돌아왔을 때 조국 대한민국이 공고한 터전 위에 괄목할 발전을 거듭하고 있는 모습을 발견할 수 있을 것입니다. 대한민국의 국민으로서의 긍지와 자랑을 잊지 마시고 불타는 조국애의 배전의 발휘를 바라는 바입니다.

별첨 9

69-1-9. 박정희 의장 방일을 통보하는 주일 대표부의 여타 주일 공관 앞 구상서

The Korean Mission in Japan presents its compliments to the diplomatic missions in Tokyo and has the honour to inform them that General Chung Hee Park, Chairman of the Supreme Council for National Reconstruction, and his party are scheduled to arrive at Tokyo International Airport on November 11 at 4:00 p.m., by a Korean National Airlines plane for a two day visit to Japan and to leave from Tokyo International Airport on November 12, at 10:00 p.m. for the United States of America.

The Korean Mission avails itself of this opportunity to renew to the diplomatic missions the assurances of its highest consideration.

November 9, 1961
Tokyo

번역

주일 한국대표부는 도쿄 주재 외교 공관들에게 경의를 표하며, 국가재건최고회의 의장 박정희 장군 일행이 이틀간의 일본 방문을 위해 11월 11일 오후 4시 대한 국적기 편으로 도쿄국제공항에 도착하여 11월 12일 오후 10시 도쿄국제공항에서 미국으로 출국할 예정임을 도쿄 주재 외교 공관들에 알려드리게 된 것을 영광으로 생각합니다.

한국대표부는 이 기회를 빌려 외교 공관들에 대해 최고의 배려를 보장함을 다시 한 번 확인합니다.

1961년 11월 9일
도쿄

별첨 10

69-1-10. 박정희 의장의 방일 항공기 하네다 도착 관련 협조 요청 구상서

No. PKM-72

NOTE VERBALE

The Korean Mission in Japan presents its compliments to the Ministry of Foreign Affairs, and with reference to the entry into the Haneda Air Port of the special chartered plane (Korean National Airline, Constellation No.748; Radio call-sign: KNA-CONNIE HL-102) to be used on the occasion of the visit to Japan of the Chairman of the Supreme Council for National Reconstruction, has the honour to request the Ministry to be good enough to make arrangements with the authorities concerned for the entry of the said plane.

Tokyo, November 10, 1961

번호: PKM-72

구상서

주일 한국대표는 외무성에 경의를 표하며, 국가재건최고회의 의장 방일 계기에 사용될 특별 전세기(한국 국적기, 별자리 748호, 무선 호출 번호 KNA-CONNIE HL-102)의 하네다공항 입항과 관련하여 외무성에 동 비행기의 입항을 위한 관계 당국과의 협의에 만전을 기하여 줄 것을 요청하는 바입니다.

1961년 11월 10일, 도쿄

별첨 11

69-1-11. 최고회의 의장 각하 방일 준비 계획서

1871   최고회의 의장 각하 방일 준비 계획서

4294. 11. 11

1872 목차
1. 일행 명단
2. 일행 체일 일정
3. 비행장에서의 영접 절차
4. 공항-영빈관 간 자동차 승차 구분
5. 연회(장소, 시간 및 참석자)
6. 업무 담당표
7. 관계 담당관을 위한 유의사항
8. 일행을 위한 메모

1873 **박 의장 일행 명단**

박정희(PARK, Chung Hee)	대장, 최고회의 의장
유양수(YOO, Yang Soo)	소장, 최고회의 외무국방위원장
최덕신(CHOI, Duk Shin)	외무부 장관
천병규(CHUN, Byung Kyu)	재무부 장관
박병권(BAK, Byeng Kown)	국방부 장관
송정범(SONG, Chung Pum)	경제기획원 부원장
원충연(WON, Choong Yun)	대령, 최고회의 공보실장
정소영(CHUNG, So Yong)	의장 특별보좌관
문철순(MOON, Chul Soon)	정무국장
한상국(HAN, Sang Kook)	중령, 전속부관

조상호(CHO, Sang Ho)	중령, 전속부관	
박종규(PARK, Chong Kyu)	중령, 전속부관	
엄영달(OHM, Young Dal)	아주과장	
지홍창(CHI, Hong Chang)	의사	
심연섭(SHIM, Yon Sup)	동양통신, 조사부장	
이정섭(LEE, Jung Sup)	사진사	
최성균(CHOI, Sung Kyun)	사진사	

*문철순 정무국장
*엄영달 아주과장   (한일회담 외무부 실무자)

1874 박 의장 일행 체일 일정

11월 11일(토)

오후 4:00	일행이 탑승한 특별기 '하네다' 공항 도착
(계속하여)	출영 행사(인사 및 도착 성명)
오후 4:15	일행 '하네다' 출발
〃 4:40	영빈관 도착
〃 6:30	박 의장 및 '이케다' 만찬회 참석자 영빈관 출발
〃 6:45	총리 관저 도착
	(박 의장, 이케다 수상에게 표경)
〃 7:00	이케다 수상 주최 만찬회
	만찬회에 출석하지 않는 수행원은 별도 석식회에 참석
〃 9:00	수상 관저 출발
〃 9:15	영빈관 도착

1875 11월 12일(일)

오전 9:45	박 의장 및 회담 참석자 영빈관 출발
〃 10:00	수상 관저 도착

〃	11:30까지	박 의장, 이케다 수상과 회담
〃	12:00경	(이케다 수상과의 회담이 끝나는 대로) 기시, 이시이 씨 공동 주최 주식회(아카사카 '가즈오'에서) '가즈오' 전화번호 (581-1800)
오후 1:50		'가즈오' 출발
〃	2:00	대표부 도착(대표부 직원 및 대표단원 접견) (기시, 이시이 주식회에 참석하지 않는 수행원 중 필요한 수행원은 '영빈관'에서 미리 대표부에 도착)
〃	2:20	대표부 출발
〃	2:30	영빈관 도착
〃	3:30	내외 신문 기자회견(30분간)(영빈관)
〃	6:30	박 의장 주최 만찬회(8:30 종료 예정)
〃	8:40	재일교포 간부 접견(10분 예정)
〃	9:10	일행 영빈관 출발
〃	9:35	'하네다' 도착 계속하여 환송 행사
〃	9:45	비행기 탑승
〃	10:00	비행기 이륙

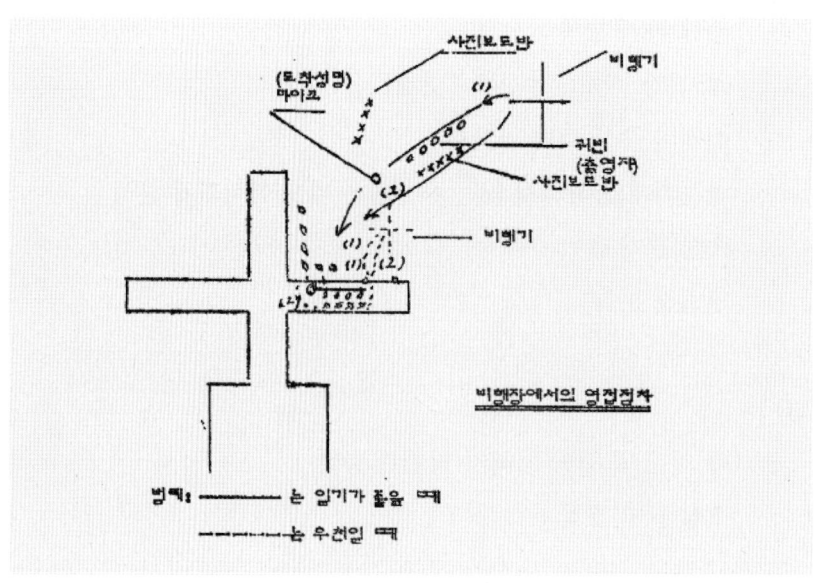

영접 절차:

1. 비행기가 도착하면 외무성 직원(성명: 쓰루타)이 비행기에 올라가서 여권 등의 서류를 받아 가지고 내려옴.
2. 주일 공사 및 의전장이 비행기에 올라가며, 주일 공사는 박 의장에게 의전장을 소개함.
3. 의전장의 안내로 박 의장 및 중요 수행원이 비행기에서 내림.
4. 기타의 수행원은 그대로 기내에 남아있다가 안내가 있을 때에 비행기에서 내리고 (2)로 표식된 경로를 따라 자동차 대기 위치에 이름.
5. 박 의장은 의전장의 소개로 출영 인사와 인사를 교환함. 이 경우에 주일 공사는 박 의장의 뒤를 따름.
6. 인사가 끝나면 준비된 마이크 앞에서 도착 성명을 낭독함.
7. 도착 성명이 끝나면 박 의장 및 중요 수행원은 (1)로 표식된 경로를 따라 자동차 대기 위치에 이름.
8. 비행장 영접 라인에 서는 한국 측 인사는:
   배 수석대표, 이동환 공사, 이한기 고문, 최영택 참사관, 권일 민단 단장, 이창희 특별보좌관, 정일영 대표

비고: 일행이 영빈관에 도착하면, 박 의장 및 수행원은 아 측 안내인과 수고하였다는 의미로 환담함(마실 것이 준비됨).

공항–영빈관 간 자동차 승차 구분

1호차		6호차	
박종규 중령	박 의장	조상호 중령	송정범 부원장
일 측 호위	소야마 의전장		권일 단장

2호차		7호차	
최영택 참사관	유양수 위원장	이규현 공보관	이창희 보좌관
	배의환 수석		심연섭
			지창환

3호차		8호차	
한상국 중령	최덕신 장관	엄영달 과장	문철순 국장
	이세키 국장		정일영 대표
			마에다 과장

4호차		9호차	
원충연 대령	천병규 장관	김정태	이정섭 사진사
	이동환 공사	오원용	최성균 사진사

5호차		10호차
정소영 경제위원	박병권 장관	외무성 직원
	이한기 고문	

11호차
(트럭)
신현식

1880   파티 관계

1. 이케다 일본 수상 초청 만찬회

가. 시일: 11월 11일 오후 7시

나. 장소: 수상 관저

참석자

　한국 측: 박정희 의장, 유양수 위원장, 최덕신 장관, 천병규 장관, 박병권 장관,
　　　　　배의환 수석대표, 송정범 부원장, 이동환 공사, 이한기 고문, 원충연 실장,

　　　　　　　이창희 특별보좌관, 정일영 대표, 최영택 참사관
　　일본 측: 이케다 수상, 고사카 외상, 미즈타 대장상, 고노 농상, 사토 통산상,
　　　　　　　후지야마 경제기획청 장관, 미키 과학기술청 장관, 가와시마 행정관리청 장관,
　　　　　　　오히라 관방장관, 기시 노부스케(전 수상), 이시이 미쓰지로(일한문제간담회
　　　　　　　좌장), 오노 반보쿠(자민당 부총재), 아카기 무네노리(자민당 총무회장),
　　　　　　　마에오 시게사부로(자민당 간사장), 다나카 가쿠에이(자민당 정무조사회장),
　　　　　　　가시마 모리노스케(자민당 외교조사회장), 스기 미치스케(일본 수석대표),
　　　　　　　다케우치 외무사무차관, 이세키 아세아국장, 우에무라 고고로(일한경제협회
　　　　　　　회장), 아다치 다다시(일본상공회의소 회두)

2. 박 의장 만찬회
 1) 시일: 12일 오후 6:30
 2) 장소: 영빈관
 3) 참석자
　　한국 측: 이케다 수상 초청 만찬회에 초청된 참석자(권일 단장 포함)
　　일본 측: 이케다 수상 초청 만찬회 참석자(가와시마 장관과 아카기 총무회장은
　　　　　　　불참할 것이라 함)

3. 기시, 이시이 공동 주최 오찬회
 1) 일시: 11월 12일 12시경
 2) 장소: '가즈오'
 3) 참석자
　　한국 측: 박정희 의장, 유양수 위원장, 최덕신 장관
　　일본 측: 기시 노부스케, 이시이 미쓰지로, 고사카

1883　업무 분담표

　　　　　　　　　　　　　　　　　　　총책임자: 최영택 참사관

1. 공항 관계:

	한국 측	일본 측
책임자:	진필식 참사관	야나기야 사무관
	보좌 정운철, 김정태	보좌 하마모토, 이노우에, 후지타
접객:	김권식, 김동순	아사야마, 에모리
배차:	오원용, 전성우	스기야마, 이누이, 히사이치
여권 수속:	조광재	쓰루타
화물(통관):	신현식, 이영구	오사다, 쓰루타, 마치다
보도:	이규현, 김태지	센고쿠, 고미
비행기 내 안내:	---	쓰루타
환영 행사:	---	나쓰메, 기시
통역:	엄영달, (송승현)	---

2. 영빈관 관계: 책임자: 최영택 참사관
　　　　　　　보좌: 진필식 참사관, 박노수, 박봉민

3. 대표부 관계: 책임자: 정운철
　　　　　　　11일: (당직) 김영곤, (숙직) 김창환, 김동순
　　　　　　　12일: (당직) 서경석, (숙직) 박도학

비고: 11일 대표부 교환대는 오후 11시까지 근무함.

1884　관계 담당관을 위한 유의사항

1. 공항 도착 시

　(가) 접객 담당자는 비행기 도착 및 출발 1시간 전에 VIP Room 'A'(도착 시) 및 'F'(출발 시)에 도착하여 일 측 담당관과 연락한다.

　(나) 보도 담당자는 한국 측 기자의 취재 활동뿐만 아니라 수행 기자 입국 및 세

관 수속에 관하여도 편의를 제공한다.

(다) 화물 담당자는 본국에서 오는 조상호 중령과 접촉하여 담당 업무를 수행하되 특히 긴급을 요하는 화물에 관하여는 신속한 처리를 한다.

2. '이케다' 수상 주최 만찬회 시
   (가) 만찬회 복장은 진한 색 평상복 또는 군복임.
   (나) 식사가 시작되기 전에 이케다 수상이 환영 인사를 한 후 축배를 청함.
   (다) 이케다 수상 축배가 끝나면 박 의장이 대답 인사를 행하고 답례의 축배를 청함.

3. 박 의장 대표부 도착 시
   (가) 앞뜰에서 수석대표, 공사, 수석위원, 특별보좌관 및 대표부 참사관이 영접하고 기념 촬영을 한 후 공사실로 안내함.
   (나) 대표단원 및 대표부 직원(단, 영빈관 담당관 제외)은 대표단실에 집합 대기함 (총무과장 지휘).

4. 박 의장 주최 만찬회 시
   (가) 만찬회 복장은 진한 색 평상복 또는 군복임.
   (나) 담당 직원은 오후 6시부터 만찬이 시작될 때까지 준비 및 안내 역할을 함.
   (다) 만찬은 양식이므로 축배 교환 절차 등은 양식에 따름.

5. 미국 출발을 위하여 '하네다' 공항 향발 시
   (가) 화물 담당자는 오후 5시 30분에 영빈관에 도착하여 cabin baggage를 제외한 일행의 모든 짐을 오후 7시에 '하네다' 공항으로 반출할 수 있도록 준비함.
   (나) 여권 수속 담당자는 오후 7시에 영빈관을 출발하는 짐과 같이 여권, 검역증, 출국 카드, 비행기표 등을 가지고 출발하여 수속할 수 있도록 준비함.
   (다) 일행의 자동차 승차 구분은 도착 시와 같음.

<u>전화번호부</u>　주일 대표부: 대표전화 451-8206

대표단 숙소: (시바파크호텔) 431-4131

영빈관: 441-6201-3

외무성: (북동아과) 581-2914, 581-0127-8

1886   일행을 위한 메모

1. 영빈관 내에 대표부 및 외무성으로부터 파견되어 상시 주재하는 연락관은 아래와 같음.

　　　대표부: 최영택 참사관
　　　　　　박태수 서기관
　　　　　　박봉민 현지 채용 직원
　　　외무성: 하마모토 사무관
　　　　　　호미 사무관
　　　　　　이노우에 사무관

2. 미국으로 출발하는 날 저녁, cabin baggage를 제외한 일행의 짐은 오후 7:00시에 영빈관을 출발하게 되므로 오후 6:30시까지 준비되어야 함.

3. 위 2항에 언급된 짐이 영빈관을 출발할 때에 출국 수속을 위한 직원도 같이 출발하므로 여권, 검역증, 출국 카드, 비행기표를 한 사람이 모아두어야 함.

4. 미국으로 출발하는 인원은 전부 영빈관에서 동시에 출발함.

5. 전화번호

　　대표부: 451-8206(대표번호)

　　대표단 숙소: 431-4131(시바파크호텔)

　　영빈관: 441-6201-3

청구권위원회 회의록 1~11차,
1961. 10. 27 ~ 1962. 3. 6

분류번호 : 723.1JA 청 1961-62.3
등록번호 : 750
생산과 : 아주과
생산연도 : 1962
필름번호 : C1-0008
파일번호 : 07
프레임번호 : 0001~0324

제1차에서 11차에 걸친 제6차 한일회담 일반청구권소위원회 회의 기록, 각 4차례의 체신부 관계 전문가위원회 회의와 피징용 관계 전문가위원회 회의 기록이 수록되어 있다. 한국 측은 위원회 회의를 통해 대일 청구 요강 1항부터 6항에 걸친 상세한 설명을 하였으며, 이에 대해 일본 측이 질의하고 관련 자료를 요청하는 내용으로 회의가 전개되었다. 일반청구권소위원회에서는 대일 청구권과 관련하여 아무런 결론도 내지 못하였으며 문제 해결을 정치회담으로 미루게 되었다. 일본 측은 청구권의 남북한 지분 문제, 청구액의 환율 문제, 대일평화조약 제4조의 relevant clause(재한 일본 재산의 미 군정청 귀속과 이의 한국 정부 양도에 따라 한국의 대일 청구권 문제를 협의함에 있어서 이 부분이 고려되어야 한다는 내용)를 주요 문제점으로 상정하고 한국 측에 지속적인 문제 제기를 하였다.

3. 제6차 한일회담 일반청구권소위원회 제1차 회의록

0179   일반청구권소위원회 제1차 회의
         회의록

   1. 회의 개최 일시: 단기 4294년 10월 26일 오전 10시부터 약 30분간

   2. 회의 개최 장소: '가유'회관

   3. 참석자: 한국 측 김윤근 수석위원
                    이한기 고문
                    고범준 대표
                    홍승희   〃
                    이상덕   〃
                    정일영   〃
                    문철순   〃
                    이규현 공보관
                    홍윤섭 전문위원
                    엄영달   〃
                    김낙천   〃
                    김태지 보좌

0180   일본 측 미야카와(宮川) 주사
                   우라베(卜部) 부주사
                   요시오카(吉岡) 〃
                   가메노리(亀德) 보좌
                   사쿠라이(櫻井) 〃

혼마(本間)　　　보좌
오기소(小木曾)　 〃
마에다(前田)　　 〃
고와다[오와다의 오기](小和田)　 〃
가네코(金子)　　 〃
와타나베(渡辺)　 〃
스기야마(杉山)　 〃
히사이치(久一)　 〃

4. 토의 내용

'미야카와': 일반청구권소위원회 개회에 앞서 간단히 인사 말씀을 드리겠다. 일반청구권소위원회의 임무는 한국 측 청구에 대한 사실관계 및 법률관계를 명확히 하려는 데 있으며 따라서 매우 기술적인 문제를 취급하게 될 것인바, 이 점 김 대표 이하 여러분의 이해와 협력을 바란다.

김 대표: 오늘 '미야카와' 대표 이하 일본 측 대표와 같이 이 회의를 가지게 된 것을 대단히 기쁘게 생각한다. 재산청구권 문제는 한일회담의 가장 중요한 의제로 되어 있다. 따라서 본인은 이 회담이 조속히 타결됨으로써 양국 간의 우호 관계의 기초가 되기를 바란다.

'미야카와': 일본 측 위원을 소개하겠다(일본 측 위원의 소개가 있었음).

김 대표: 한국 측 위원을 소개하겠다(한국 측 위원의 소개가 있었음).

이 고문은 앞으로 때때로 이 회의에 참석하겠는데 양해하여 주기 바란다.

'미야카와': 다음 의사 진행에 대하여 묻겠는데 의사 진행 방법으로서 용어는 일본 측은 일본어, 한국 측은 한국어로 하고 종래와 같이 통역을 대기로 하고, 의사록은 필요한 때에 쌍방 합의하에 작성하고 신문 보도는 양측에서 대표를 내어 담당하도록 함이 어떠한가?

김 대표: 좋다.

'미야카와': 그러면 신문 보도 담당관으로서 일본 측은 '마에다' 과장을 지명한다.

김 대표: 한국 측은 이규현 위원을 지명한다.

'미야카와': 본 회의의 중요성에 감하여 본인은 가능한 한 출석하겠으나 광범한 사무 관계로 때로는 결석할지도 모르겠다. 그 경우에는 '우라베' 참사관 또는 '요시오카' 이재국 차장이 부주사로서 본인 대신 회의를 진행시키도록 하겠다.

김 대표: 잘 알겠다.

'미야카와': 회의 진행 방법으로서 제5차 한일회담에서는 한국의 8개 항목 청구권 중 제5항의 4까지 토의가 끝났으므로 이번 회의에서는 제5항의 5, 즉 한국인의 대일본국 청구 중 은급, 기타로부터 시작하는 것이 좋으리라고 생각되는데 어떠한가?

김 대표: 그 점에 관하여 한국 측은 다음과 같이 생각한다. 과거 제5차 한일회담에서는 청구권의 대강의 줄거리만이 설명된 것에 지나지 못하였는데 이 회담에서 결실을 맺는다고 할 것 같으면 좀 더 자세히 설명하는 것이 일본 측의 이해를 용이하게 할 것이므로 제1항목부터 시작하는 것이 좋을 것 같다.

'미야카와': 멤버도 바뀌고 김 대표도 제안하므로 제1항목부터 시작하는 데 찬성한다. 회의는 원칙적으로 주 1회 정도로 함이 어떠한가?

김 대표: 주 1회 개최하는 데 찬성한다. 오늘은 법적지위위원회가 이 장소에서 곧 개최하게 되므로 오늘 회의는 이 정도로 하고 산회하는 것이 어떠한가?

'미야카와': 좋다. 그러면 다음 회의는 11월 2일(목요일) 오전 10시에 개최하도록 하는 것이 어떤가?

김 대표: 본국과의 연락 관계도 있으므로 원칙적으로 하오 2시로 하는 것이 좋겠다.

'미야카와': 좋다. 오늘 회의의 신문 발표는 앞으로의 진행 방법을 합의하였다는 것과 청구권의 제1항목부터 자세히 재토의하기로 되었다는 정도로 함이 어떠한가?

김 대표: 좋겠다.

이상

4. 제6차 한일회담 일반청구권 청구 금액 제시 관련 본부 견해 요청 전문

번호: JW-10331

일시: 281015 [1961. 10. 28]

수신인: 외무부 장관 귀하

일반청구권 청구 금액 제시에 관한 건

1. 일반청구권소위원회 토의에 있어서 일본 측에 대하여 8개 항목 전체에 걸친 청구 금액 일람표 및 명세서 제출 여부에 관하여는 당 대표단이 출발 시 이해하고 있던 내용과 외정(아) 제118호 3. 가. 4)에서 지시된 것과 상치되는 점이 있는바, 이 점에 대한 본부의 명확한 해석을 회시하여 주시기 바람. 이에 관하여 당 대표부로서는 전체 항목에 걸친 청구 일람표 및 명세서를 일시에 제출하지 않는다 하더라도 각 항목 토의에 들어갈 경우 관계 항목에 해당하는 청구권 내역 및 금액을 제시하지 않고서는 일본 측 태도로 보아 앞으로 회의 진행이 불가능할 것으로 사료됨을 첨언함.

2. 청구 요강 제2항 중 체신부 관계 청구에 있어서 일본인 저금 관계 부분은 군정 법령 제33호의 해석상 곤란한 점이 있으므로 이를 삭제하기로 당초부터 본부에서 결정된 것으로 당 대표단은 이해하고 있으나 훈령 중에 청구 일람표가 누락되어 있어 명확지 않으므로 이에 관하여도 아울러 회시하여 주시기 바랍니다.

수석대표

5. 제6차 한일회담 청구권 청구 금액 관련 본부 입장 회신 공문

0187 다음과 같은 공문을 발송, 시행함이 어떠하오리까

장관[서명]   차관[서명]   국장[서명]   과장[대리 서명]   기안자

외무부 장관

한일회담 수석대표 귀하

건명: 제6차 한일회담 진행 방법

대 JW-10331

단기 4294년 10월 17일 외정아 제118호로 지시한 제6차 한일회담 정부 훈령 제1호 중 일반청구권위원회에 대한 훈령에 다음 사항을 추가함.

1. 훈령 3. 가. 4)항에 다음 사항을 추가한다.
 4) 청구권의 종합적인 일람표는 제출하지 않는다. 단 항목별 토의의 진전에 따라 청구 항목의 내용과 금액을 제시할 필요가 있다고 인정될 경우에는 수석대표의 재량하에 개별적인 내용을 제시할 수도 있으되 그 시기는 가급적 천연시키기 바람.
 청구권의 종합 청구액은 아래와 같다.

항목	청구 내용	지출 금액 및 적요
제1항	지금과 지은	정치적 고려로 보류
제2항	체신부 관계	1,808백만 엔
제3항	재산 반출 ㄱ. 조선은행 ㄴ. 개인 송금	4,565백만 엔 정치적 고려로 보류
제4항	재일본 지점 재산 ㄱ. ㄴ. 스카핀(GHQ/SCAPIN) 1965에 기한 것	일본 측에 자료 제출을 종용
제5항	이체 일본 국채(등록) ㄱ. 한국 내 유가증권(현물 및 등록) 　　일본지점 소유분(등록 국채) 　　　　　　　　　　　　소계 ㄴ. 일본은행권 ㄷ. 징용자 미수금 ㄹ. 징용자 보상금(한국 내에서 동원된 자 제외) 　　생존자(93만)×$200 　　사망, 부상, 행방불명(10만)×$2,000 　　　　　　　　　　　　소계 ㅁ. 연금 기타 　　요조정액	4,721백만 엔 2,611 〃 1,404 〃 8,736백만 엔 1,525 〃 237 〃 $186백만 $205 〃 $391 〃 882백만 엔 4,565 〃
총계	13,246백만 엔 + 391백만 불	1,274백만 불
제6항	한국 법인 또는 한국 자연인 소유의 일본 법인의 주 또는 기타 증권을 법적으로 인정할 것을 청구함	
제7항	전기 제 재산 또는 청구권에서 생긴 제 과실의 반환을 청구함	정치적 고려로 보류
제8항	전기 반환 및 결제는 협정 성립 후 즉시 개시하여 늦어도 6개월 이내에 종료할 것	별도 협의함

2. 제4)항을 제5)항으로 하고 '전항에 의하여'라는 말을 추가한다. 즉

5) 전항에 의하여 대표단이 제출한 청구액을 회담 진행 도중 변경할 필요가 있을 시에는 본부의 사전 허가를 받은 후 행하여야 한다.

8. 제6차 한일회담 일반청구권소위원회 제2차 회의록

0194   일반청구권소위원회 제2차 회의
　　　　회의록

1. 개최 일시: 단기 4294년 11월 2일 오후 2시~3시 10분

2. 개최 장소: 외무성 회의실

3. 회의 참석자: 한국 측　김윤근　수석위원
　　　　　　　　　　　　고범준　위원
　　　　　　　　　　　　홍승희　 〃
　　　　　　　　　　　　이상덕　 〃
　　　　　　　　　　　　문철순　 〃
　　　　　　　　　　　　이규현　 〃
　　　　　　　　　　　　홍윤섭　 〃
　　　　　　　　　　　　김낙천　 〃
　　　　　　　　　　　　박상두　 〃
　　　　　　　　　　　　김태지　 〃
　　　　　　　일본 측　미야카와(宮川)　주사
　　　　　　　　　　　　우라베(卜部)　부주사
　　　　　　　　　　　　요시오카(吉岡)　보좌
　　　　　　　　　　　　사쿠라이(櫻井)　 〃
　　　　　　　　　　　　혼마(本間)　 〃
0195　　　　　　　　　　오기소(小木曾)　 〃
　　　　　　　　　　　　가네코(金子)　 〃

가네마쓰(兼松) 보좌
고와다[오와다의 오기](小和田) 〃
야나기야(柳谷) 〃
스기야마(杉山) 〃
히사이치(久一) 〃

4. 토의 내용

한국 측: 회의 개최에 앞서 우리 측의 전문위원 박상두를 소개한다.

제1항목은 제5차 회담 시 일본 측에 자료를 제시한 바와 같이 일본이 한국 통치 기간 중, 즉 1909년부터 1945년까지 36년간에 한국으로부터 일본으로 반출하여 간 지금·은의 반환을 청구하는 것이다. 1909년부터 1945년까지 사이에 일본으로 반출된 지금·은의 양은 지금이 249여 톤이고 지은이 67여 톤이다. 이것은 그 양에 있어서 볼 때 동 기간 중 한국에서 산출된 금 총량의 대부분을 점하는 것이다. 금으로 말하면 그 자체 상품인 동시에 화폐로서, 환언하면 대외 지불 수단으로 특수한 직능을 가지고 있다는 것은 우리가 다 아는 바이다. 한국의 산금량(産金量)의 대부분을 일본으로 반출하여 간 것은 결국은 한국 경제를 일본에 예속시키기 위하여 취하여진 것이라고밖에 볼 수 없다. 금은 또한 가치 저장 수단으로서의 기능을 가지고 있다는 것도 우리가 다 아는 바인데 한국 내에 조선은행이라는 중앙은행을 두면서 한국의 신금을 한국에 두지 않고 그 대부분을 일본으로 반출하였다는 사실은 일본의 이익만을 중심으로 행하여졌다고 아니 할 수 없다. 지금 말한 바와 같이 지금·은의 반출은 그 반출의 목적 자체가 부당하다고 하지 않을 수 없다. 따라서 이와 같은 부당한 목적을 달성하기 위하여 여러 가지 법을 제정하여 금을 일본으로 반출한 이상 그 반출 행위가 매매라는 합법적인 형식을 취하였다 하더라도 그 매매는 합법을 가장한 것이므로 그 매매 행위는 무효라고 하지 않을 수 없다. 특히 전쟁 초부터 헌납이라든가 공출이라든가 그러한 목적하에 금이 반출된 사실을 상기한다면 이것은 누구나 정당한 매매였다고는 인정할 수 없다. 한국은 이상의 이유로써 지금·은의 반환을 청구하는 것이다. 이에 대하여 일본의 의견을 듣고 싶고 또 여기에 대하여 질문이 있으면 질문하여 주기 바란다.

일본 측: 지금 한국 측의 설명을 들었는데 대체로 제5차 회의 때의 설명과 대차 없

는 것으로 생각한다. 한 항목마다 우리 측의 의견을 말하기 전에 한국 측의 설명을 모두 듣고 싶다. 물론 그동안 항목별로 질문이 있으면 질문하겠지만 우리 측의 의견은 나중에 이야기하겠다.

0197   한국 측: 지금 '미야카와' 대표의 말은 8개 항목 전반에 걸친 한국 측의 설명을 듣고 그 후에 일본 측의 의견을 말하겠다는 의미인가?

일본 측: 그렇다. 요전 회의 때 김 수석위원께서 제1항목부터 새로이 보충 설명하겠다고 하였으므로 우리 측으로서는 우선 한국 측의 새로운 설명을 듣고 그 후에 우리 측 의견을 말하도록 하겠다.

한국 측: 제1항목부터 다시 토의를 시작하자고 한 것은 그러한 의미가 아니다. 내가 말한 취지는 우리 측이 제시한 8개 항목은 법적 근거라든지 그 내용에 있어서 각각 독립적인 성질을 가진 것이므로 우리 측의 설명만이 아니라 항목마다 일본 측의 의견을 듣고자 한 것이다.

일본 측: 그저 한국 측의 설명만을 듣고자 하는 것은 아니다. 질문이 있으면 질문하고 8개 항목의 설명을 다 들은 후에 우리 측의 의견을 말하겠다.

한국 측: 개개 항목에 관하여 상호 의견을 교환한다고 하여서 결론을 내자는 것은 아니지만 각 항목은 독립적인 것이므로 각 항목마다 토의를 하는 것이 어떠한가?

일본 측: 우리는 오해하고 있었다. 전번 회의 때 우리 측은 제5항목의 4 은급, 기타부터 시작하자고 하였으나 한국 측이 좀 더 구체적으로 설명한다고 하기에 종래와 다른 새로운 한국 측 주장을 듣고자 한 것인데 종래와 같은 이야기라면 되풀이하는 것이 되어 시간만 걸리니 차라리 5차 회담에서 남은 것을 먼저 하고 또다시 처음부터 시작하는 것이 어떤가?

0198   한국 측: 전번 회의에서 우리 측이 제1항목부터 시작하자고 한 것은 우리 측만이 설명한다는 것이 아니고 쌍방의 의견을 교환하자는 취지였으며 결론은 내지 않더라도 항목별 의견 교환은 필요하다고 생각한다. 일본 측의 의견 표시 없이 우리 측 설명만 들은 다음 다시 쌍방의 의견 교환을 하기로 하면 회의 진행상 오히려 장구한 시일이 걸릴 것이므로 각 항목마다 그때그때 양측이 서로 의견을 교환하도록 함이 좋지 않겠는가?

일본 측: 우리 측으로서는 오늘은 각 항목에 걸쳐서 한국 측의 설명만을 들어도 상당한 시간이 걸릴 것이므로 별로 질문을 준비하지 않았다. 지금 산발적인 질문을 한다

하더라도 별 성과가 없을 것이므로 우리 측끼리 상의한 후 다음 회의에서 질문하도록 하겠다.

한국 측: 문제는 결론은 내지 않는다 하더라도 항목별로 차례 차례 일본 측의 의견도 같이 들을 수 있다면 회담의 유효적인 진행을 위하여 의의가 있다고 생각한다.

일본 측: 그 취지는 알겠으며 가급적 회담을 우호적으로 진행하고자 하나 각 항목이 복잡하며 사무적으로는 한국 측의 주장에 응하기 어려운 점도 많다. 따라서 질문이 많아질 것이고 또 일본 측의 의견을 이야기하여 일본 측의 입장을 명백히 할 경우도 있을 것이나, 그것이 최종적인 의견이 아니라는 것을 미리 양해하여 주기 바란다(우라베의 발언). 진행 방법에 관하여서는 제5차 회담 시에 여러 가지로 논의되었으므로 잘 알 것으로 보는데 제5차 회담 시에는 제1항목부터 제5항목까지를 한국 측에서 법률관계, 사실관계를 설명하고 그때그때 우리 측에서 질문이라든가 의견을 개진하였다. 우리 측에서는 5개 항목 전반에 관한 법률적, 사실적 근거를 확인한 후에 general response를 할 예정이었으나 제5차 회담이 중단되었기 때문에 제6차 회담에서는 제5차 회담 시 미진한 부분을 종전과 같이 진행하는 것으로 알았는데 한국 측이 전번 회의에서 제1항목부터 다시 설명한다기에 우리 측에서 좀 더 구체적으로 알고 싶은 점이 있어서 제1항목부터 다시 시작하기로 한 것이다. 그런데 오늘 회의에서 한국 측 설명을 들을 것 같으면 요전번 회의에서 설명한 것과 별 차이가 없는데 한국 측에서 새로운 의견이 나오지 않는 한 우리 측의 질문도 요전 것이 되풀이되고 그렇게 되면 재차 같은 회의를 반복하는 결과가 된다. 같은 말을 되풀이한다는 것은 유쾌한 것이 아니며 또 시간의 낭비이다. 요전번 회의의 결과도 있으므로 반복하지 않도록 하는 것이 어떤가?

한국 측(이상덕): 일본 측에서는 전번 회의와의 관계를 이야기하지만 제5차 회담 시에는 우리 측에서 item by item으로 discussion을 하자고 제의한 데 대하여 일본 측에서 fact-finding을 먼저 해야 한다고 하기에 결국 두 가지를 병행하기로 된 것으로 알고 있다. 이번에는 과거 우리 측 설명이 불충분하였던 점과 귀측의 인식이 잘못된 점을 시정하기 위하여서는 다소 내용이 같다 하더라도 제1항목부터 다시 시작한다는 것이 결코 시간의 낭비라고는 보지 않는다.

일본 측(우라베): 시간의 낭비라고 한 것은 좀 지나친 말인지 모르나 전번 회의에서 우리 측은 제1항목 청구에 대하여 부정적인 의견을 말하였다. 부정적인 것을 다시 질문한다는 것도 어떨까 생각한다. 의논을 격화시켜서 언짢은 인상을 남기는 것은 될 수 있는 대로 피하고 싶다. 나의 의견으로서는 요전번 설명과는 다른 것을 기대하고 있었는데 요전번 설명과 같은 것이라면 별로 질문할 것도 없다.

한국 측(이상덕): 부정적이라 하지만 어떤 점으로 보아서 부정적인지 우리로서는 명확히 알아야 하겠다.

일본 측: '우라베' 참사관의 설명은 어떤 방식으로 회의를 진행하였으면 좋은가에 대하여 의견을 말한 데 불과하다. 우리 측에서는 한국 측 청구권에 대하여 좀 더 구체적인 근거를 기대하고 있었다. 한국 측에서는 회의를 성공적으로 진행시키고자 하는 열의도 보이고 또 전번 회의에서 설명이 불충분하였다고 하므로 한국 측 설명을 다시 한 번 듣도록 하겠다.

한국 측: 우리 측도 어떻게 하면 이 회의를 효과적으로 끝을 내는가가 문제인데 이 것은 제1항목에만 그치는 것이 아니라 앞으로 전 항목 토의를 위한 원칙 문제라고 본다. 우리 측 의견을 말하기 전에 먼저 일본 측의 의견을 묻겠는데 일본 측은 한국 측의 설명만을 순차적으로 8개 항목 전반에 긍하여 들은 다음 어떤 방식으로 회의를 진행할 생각인가?

일본 측: 결국 회의는 결론을 내는 것이 목적이다. 결론을 내는 경우 여러 가지 방법이 있는데 한국 측에서 8개 항목에 대한 설명이 끝나면 일본 측이 이에 대하여 general response를 하고 일본 측의 general response에 대하여 한국 측이 반론을 하면 다시 일본 측이 general response를 되풀이하면 결국 상호 간의 의견이 접근되지 않겠는가? 우리 측에서는 general response 하기 전에 아직 법률관계, 사실관계에 있어서 미심한 점이 있으므로 계속하여 설명을 듣고 싶다.

한국 측: 항목에 따라서는 법적 근거도 필요하지만 매 항목마다 토의하자는 것은 쌍방이 가지고 있는 자료를 서로 대조하면서 회의를 진행하는 것이 효과적이라고 생각하였기 때문이다. 일본 측 주장대로 의견 교환도 없이 회의를 진행한다면 시간을 더 끌면 끌었지 효과적인 진행 방법은 아니라고 생각한다. 일본 측은 우리 측 제안대로 하면 제5차 회담의 되풀이가 되어서 오히려 회의 진행이 지연되는 결과밖에 안 된다고 하지만 각 항목마다 결론은 내지 않는다 하더라도 쌍방의 입장을 명확히 하기 위하

여서는 설명과 의견 교환을 병행하는 것이 좋으리라고 생각한다. 일본 측에서는 다음 회의에서 제1항목에 대하여 질문을 하겠다고 하니 질문을 들어보고 제2항목 이하의 진행 방법에 대하여 우리 측의 의견을 말하겠다.

일본 측(우라베): 우리 측으로서는 만약 제5차 회담에서 토의 미진한 분을 먼저 토의하면 앞으로 한 번만 더 토의하면 족할 것으로 생각하였으며 그 후는 때에 따라서 전문위원회를 구성하여 사무 당국에서 정할 것도 있고 사무 당국에서 정하지 못하는 것은 본회의에 상정하여 결론을 내리도록 하는 것이 현명한 진행 방법으로 생각하였다.

한국 측: 잘 알겠다. 우리 측의 주장을 알기 쉽게 예를 들어 말하면 체신부 관계 문제 같은 것은 제5차 회담 시에는 수액에 관한 자료의 대조가 없었으므로 우리 측은 이번 회의에서 그러한 수액(數額)도 말하면서 제1항목부터 토의하자고 제의한 것이다. 경우에 따라서는 제5차 회담 때와 별다른 것이 없을지 모르나 원칙적으로 이렇게 함으로써 귀측의 이해에 편이한, 그리고 자료에 근거한 내용 설명도 나가리라고 본다. 따라서 제5차 회담 시와 별차 없는 것은 간단히 넘어가지 않겠는가?

일본 측: 취지는 잘 알겠다. 제5차 회담 시와 중복되더라도 다시 한 번 설명을 듣겠다. 제1항목에 대한 것은 다음 회의 때 질문하겠다. 앞으로 8개 항목 설명에 있어서 전번 회의 때와 중복되는 것은 간단히 하고 그렇지 않은 것은 좀 더 자세히 설명을 하여달라. 다만 GENERAL RESPONSE는 8개 항목 전반에 대한 한국 측 설명을 들은 다음에 하겠다.

한국 측: 일본 측 의향은 잘 알겠다. 다음 회의에서 제1항목에 대한 일본 측 질문을 듣고 회의 진행 방법에 대한 우리 측 의견을 이야기하고 싶다.

일본 측: 다음 회의는 언제 하는 것이 좋은가?

한국 측: 원칙적으로 주 1회 하기로 한 것이니 다음 주 11월 9일 목요일 하오 2시로 하자.

일본 측: 좋다. 신문 발표는 제1항목에 대하여서 한국 측으로부터 상세한 설명을 들었다는 정도로 하자.

한국 측: 좋다.

이상

9. 제6차 한일회담 일반청구권위원회에 대한 훈령 공문[25]

외정(아) 제405호
94. 11. 8

수신인: 한일회담 수석대표

일반청구권위원회에 대한 훈령

대: JW-10331 및 1112호

1. 지금·지은 관계
이에 관하여는, 제2차 회의에서 행한 청구의 방침대로 앞으로 계속 추진하시되 그 주장의 이론 근거는 제5차 예비회담에서 행한 것과 대체적으로 같은 것을 제1단계에서 주장하시고 적당한 시기에 제2항으로 넘어가도록 하시기 바랍니다.

2. 체신부 관계
일본인의 저금분은 동 청구 내역에서 삭제하여도 무방하다고 생각합니다.

3. 전기 지금·지은의 청구에 관한 토의는 제2항 및 3항의 국채 관계와 해방 후 소각된 일본은행권에 관한 토의를 일단락 지은 다음 회담 진행 상황 여하에 따라 재차 제출할 수 있도록 그 이론 및 근거 등을 연구하여 두시기 바라며, 우리 정부의 이에 대한 구체적인 근거 내용은 추후에 훈령하기로 하겠습니다.

장관

---

25 전문 양식에 기재되어 있으나 공문으로 발송한 것으로 보인다.

12. 제6차 한일회담 일반청구권소위원회 제3차 회의록

0212   일반청구권소위원회 제3차 회의
        회의록

1. 개최 일시: 단기 4294년 11월 16일 오전 10시부터 약 2시간

2. 개최 장소: 일본 외무성 회의실 제234호

3. 회의 참석자: 한국 측 김윤근 수석위원
                고범준 위원
                이상덕 〃
                홍승희 〃
                정태섭 〃
                홍윤섭 〃
                이규현 〃
                김낙천 〃
                박상두 〃
                김태지 〃
          일본 측 미야카와(宮川) 주사
                우라베(卜部)   부주사
                사쿠라이(櫻井) 보좌
                가네마쓰(兼松) 〃
                마에다(前田)   〃
                혼마(本間)   〃
                오기소(小木曾) 〃

가네코(金子)   보좌
                고와다[오와다의 오기](小和田) 〃
                야나기야(柳谷)   〃
                스기야마(杉山)   〃
                히사이치(久一)   〃

4. 토의 내용

　미야카와: 전번 회의에서 한국 측이 제1항목의 지금·은에 관하여 설명을 행하였는데 그 설명이 제5차 회담 시의 설명과 다소 다른 점이 있으므로 그 점에 대하여 질문을 하려고 한다.

　김 대표: 우리 측 생각으로는 전번 회의에서 아직 앞으로의 회의 진행 방법에 대하여 합의를 보지 못하였으므로 우선 회의 진행 방법을 결정하고 다음에 제1항목을 토의하였으면 하는데 어떠한가?

　미야카와: 찬성한다. 회의 진행 방법에 관하여 의견이 있으면 말하여 주기 바란다.

　김 대표: 요전번 회의 때에도 말하였던 바와 같이 이번 회의를 빨리, 그리고 원만하게 해결하기 위하여서는 청구권의 각 항목마다 쌍방의 의견을 교환하는 것이 회의를 조속히 진행하는 데 도움이 되리라고 생각한다. 더욱이 금번 정상회담 후에 있어서는 이러한 점을 절실히 느끼게 된다.

　미야카와: 요전번 회의에서도 말한 바와 같이 우리 측은 8개 항목 청구에 대한 한국 측의 설명을 모두 들은 다음에 GENERAL RESPONSE를 할 생각이다. 소위원회에서의 발언은 중요하며 또한 최종적인 의견은 '스기' 수석이나 정부 수뇌의 의견을 듣지 않고서는 말할 수 없으므로 전반적인 회답은 귀측의 설명을 전부 들은 다음에 하겠다. 그러나 한국 측의 설명만 듣고 일본 측이 이에 대한 의견을 이야기하지 않는다면 한국 측에서 불만으로 여길 것이므로 회의 도중에 주사로서의 의견은 될 수 있는 대로 이야기하도록 하겠다.

　김 대표: 여기에서 한 가지 말할 것은 1957년 12월 31일 자 한일 간의 AGREED MINUTES에는 일본 측이 한국의 청구권에 대하여 각 항목마다 성의를 가지고 토의하기로 되어있으므로 그것에 의하여 회의를 진행함이 어떤가?

미야카와: 좋다.

김 대표: 그러면 제1항목에 대하여 질문하여 달라.

미야카와: 먼저 지금·은에 관하여 제5차 회담 시에는 조선은행을 통하여 반출한 지금·은으로 되어있으나 이번 회담에서는 한국으로부터 반출된 지금·은으로 되어있어서 그 표현에 있어 다르나 무슨 다른 의미가 있는가?

김 대표: 별로 다른 뜻이 없다. 금은 결국 조선은행을 통하여 매매 형식을 취하여 가져갔다는 것인데 여기에서는 그 경로를 부연하여 설명한 데 불과하다.

미야카와: 다음은 수량에 들어가 지금이 249톤 여, 지은이 67여 톤여로 되어있으나 이 숫자의 근거를 설명하여 달라.

김 대표: 그것은 조선은행에 비치된 장부에 의하여 산출된 것이다.

미야카와: 제5차 회담 시에 제시받은 수량이 있는데 그 수량이 정확하다고 보아도 좋은가?

김 대표: 좋다.

미야카와: 제5차 회담 시에는 조선은행의 은행권 발행 준비로서 가지고 있어야 할 것을 반출한 것으로 설명되어 있으나 이번에는 발행 준비라는 말이 없는데 청구의 근거가 달라진 것인가?

김 대표: 조선은행을 통하여 금을 반출하였다는 것은 일본이 금을 한국으로부터 반출한 경로의 일부를 설명한 것에 불과하며, 금 반환 청구의 근거의 전부는 아니다. 금 반환을 주장하는 근거는 가격이 불균등하였다는 것과 금을 매매치 않을 수 없게 한 당시의 부자유스러운 분위기에 비추어서 그 매매가 무효라는 데 있다.

미야카와: 제5차 회담 시에는 조선은행권의 발행 준비에 충당하여야 할 것을 충당치 않고 반출하여 갔다고만 설명하였는데 이번에는 그러한 설명이 없으니 그러면 발행 준비라는 것은 생각하지 않아도 좋은가?

김 대표: 은행권 발행 준비로서 충당하여야 할 것을 가지고 갔다는 점도 있지만 금은 금 본위 제도가 없다 하더라도 당연히 은행권의 뒷받침이 되어야 할 것을 일본은 이러한 뒷받침을 하지 않고 대부분의 금을 한국으로부터 반출함으로써 조선은행권의 남발을 초래하고 한국 경제에 좋지 않은 영향을 주었다. 이것은 일본의 이익만을 위주로 한 행위였다고 아니 할 수 없다. 그러나 이것은 금 반출의 목적 또는 그 결과를 설

명한 것이고 우리가 금 반환을 주장하는 법적 근거는 그 가격이 불균등하였다는 것과 자유스러운 분위기 속에서 가지고 간 것이 아니었기 때문에 설사 일본이 금을 한국으로부터 반출하는 데 있어서 매매 형식을 취하였다 하더라도 불균등한 가격으로, 그리고 자유의사에 의하지 않고 매매되었으므로 그 무효를 주장하는 것이다.

미야카와: 우리가 알기에는 당시 조선은행은 관리통화제이고 조선은행법 제22조에 의하면 조선은행권의 발행 준비로서는 지금·은이 아니라도 일본은행권을 가지고 있으면 되는 것으로 알고 있다. 일본이 금을 반출하는 데 있어서는 적정한 가격으로 매입하였고 또 조선은행은 조선은행법에 의한 업무의 하나로써 정당히 거래한 것이므로 그 매매는 합법적으로 이루어진 것이라고 인정하여야 할 것이 아닌가?

김 대표: 일본 측은 부당한 가격이 아니었다는 것을 주장하는 것인가?

미야카와: 그렇다.

김 대표: 그러면 일본 측은 그 당시 금 대가로 일본은행권을 한국에 지불하였기 때문에 부당한 것이 아니라는 말인가?

우라베: 모두 합법적이냐 아니냐 하는 것은 금 가격이 통제되어서 일반적으로 세계 시장 가격보다도 쌀 때가 있었으므로 문제가 된다면 그 시대가 문제되지만 그 당시 딴 상품 가격도 통제되어서 쌌었다. 금 매각자에게는 일본은행권을 주었는데 금 매각자는 금 매각 대가로서 싼 다른 물건을 살 수 있었으므로 가격의 불균등은 없었다고 본다.

김 대표: 지금 우라베 부주사의 이야기는 어떤 시기에 있어서는 가격의 불균등이 있었다고 하는데 어떤 시기에 가격이 불균등하였는가? 우리는 전 기간을 통하여 불균등하였다고 생각한다.

우라베: 내가 아는 한에 있어서는 금 해금 시대가 있었고 금의 자유 매매 시대도 있었는데 그러한 시대는 전연 문제되지 않는다. 문제가 되는 것은 합방 시대의 말기, 즉 1930년대의 후기부터 금 가격이 통제되었기 때문에 그러한 문제가 일어난다고 본다. 그러나 1930년대에 들어서는 금뿐만 아니라 다른 모든 물자, 즉 자본재나 소비재도 가격 통제가 강화되었다. 이러한 가격 통제는 귀국뿐만 아니라 타이완이나 일본 본토에도 동일하게 적용되었으며, 조선이라고 해서 더 싸게 통제한 적은 없었다.

김 대표: 우리가 이야기하는 것은 가격 통제에 있어서 일본 정부가 일본보다도 한

국에 있어서 차별 대우하였다는 것을 의미하는 것은 아니다. 우라베 부주사는 1930년대 이후에 있어서 금 가격은 불균등하였지만 그 대가로 통제된 다른 물건을 살 수 있었다고 하는데 살 수 있는 물건은 그 수량이 제한되어 있었다. 만일 살 수 있는 것이 있었다면 이는 오로지 적자 국채뿐이었으므로 일본 측에서도 금 매매 가격이 불균등하였다는 것은 인정하지 않을 수 없다고 본다.

우라베: 본 소위원회에서는 법률적으로 규명하여야 하는데 한국 측에서는 당시의 금 매매가 부당하다 하므로 우리 측은 그렇게 부당한 것이 아니었다는 것을 설명한 것이며 한국 측 주장은 법적 근거에 의한 것이 아니라고 생각한다.

김 대표: 가격이 불균등하였으므로 법률적 문제가 된다.

우라베: 제2차 회담에서 각 항목별로 설명을 들은 적이 있는데 그때 한국 측 주사가 누구인지는 명확하지 않으나 제1항목의 청구는 권리로서 주장하는 것이 아니고 장차 양국의 친선을 위한 정치적인 고려하에 청구하는 것이라고 하였고 또 제5차 회담 시 유창순 주사는 발행 준비로서 가지고 있어야 할 금을 반출한 것을 청구하는 것이라고 설명하였는데 일본 측은 이에 대하여 법적 근거가 없다고 이야기하였다. 또 제6차 회담에서 김 주사께서 좀 더 상세한 설명이 있었으나 합법적인가 아닌가를 생각할 때에는 아무리 생각하여도 한국 측 주장은 법률 이전의 이야기인 것 같다.

김 대표: 2차 회담에서 정치적인 고려하에 청구한다고 설명한 일은 없다. 설사 있었다 하더라도 그보다도 앞서 일본 측이 알아야 할 것은 우리 측이 전 회담을 통하여 일관하여 주장한 바가 있다. 그것은 누차 말한 사실이 있는 바와 같이 우리가 청구하는 8개 항목은 모두 법적 근거가 있는 것만을 청구하는 것이며 정치적 근거 또는 배상적 성질의 것으로서 청구하는 것은 없다는 것이다. 설사 설명에 있어서 그러한 언사가 있었다 하더라도 그것은 어디까지나 일시적 사정론으로 해석하여야 하며 금에 관하여 정치적인 고려하에 주장한다고 생각하면 곤란하다. 8개 항목 청구권 중에서 가장 중요한 것이 지금·은이며 이것을 제1항목으로 내세운 까닭도 여기에 있다.

우라베: 우리 측은 한국청구권의 법적 근거가 무엇인가를 찾는 데 노력하고 있는데 이 문제는 제2차, 제5차, 제6차 회담에서 한국 측 설명이 약간씩 다르므로 그 점을 지적한 데 불과하다.

김 대표: 사정은 잘 알겠으나 우리 측은 법적 근거가 있어서 주장하는 것이며 만약

우리 측 설명이 불충분하다면 그 점을 지적하면 언제라도 보충, 설명하겠다. 다시 말하거니와 일본 측은 '금과 일본은행권이 교환되었다, 즉 합법적으로 매매된 것이다' 이렇게 주장하나 일본은행권의 가치는 시시각각으로 변동하여 우라베 부주사도 언급한 바 있거니와 1930년대 이후는 그 가치가 저락 일로에 있어 전쟁 말기에는 사실상 종잇조각이나 다름없을 정도로 되었는데 금은 국제 상품인 동시에 그 자체 가치의 변동이 없는 것이다. 우리가 주장하는 것은 이러한 가치의 변동이 없는 것과 종잇조각과 교환한 것이므로 불균등하였다는 것이고 일본이 말하는 '유상이었으니까 정당하였다'는 것은 아무리 생각하여도 이해가 가지 않는다. 한 가지 더 덧붙여 말하면 일본은 한국의 금이 일본으로 집중되게끔 분위기를 만들었는데 그러한 부자유스러운 분위기 속에서 매매된 것이기 때문에 그 매매는 합법적이 아니라는 것이다.

일본 측(미야카와): 결론을 너무 서둘러서는 안 된다. 이 소위원회의 임무는 법률관계와 사실관계를 명확히 하는 데 있으며 지금 우라베 부주사가 한국 측의 주장은 법률에 근거한 것이라고 보기보다는 다분히 정치적인 감이 있다고 말하였는데 본인도 그렇게 느껴진다. 가격의 불균등 문제에 관하여 사쿠라이 과장으로부터 보충 설명이 있겠다.

사쿠라이: 조금 전에 우라베 부주사가 1930년대에 가격이 불균등한 때가 있었다고 말한 데 대하여 한국 측의 오해가 있는 것 같아서 그 진의를 보충 설명하겠다. 통제 시대에는 금 가격뿐만 아니라 다른 상품 가격도 통제하였고 그 통제 가격은 조선에서뿐만 아니라 일본이나 타이완에서도 동일하였기 때문에 한국에서만 부당한 가격을 설정한 것이 아니었으므로 가격이 불균등하다는 것은 사실 문제와 다르다는 것이다.

김 대표: 조금 전에도 이야기하였지만 내가 말하는 불균등이란 일본 정부가 시행한 정책이 일본과 한국에서 차별이 있었다든가 불균등하였다는 것이 아니고 금의 가치와 일본은행권의 가치가 불균등하였다는 것이다. 따라서 일본에서 매상한 가격과 한국에서 매상한 가격 사이에 차이가 없었다는 점을 강조하는 것은 본인의 생각을 오해한 데 기인하는 것으로 본다. 일본은 액면에 있어서 같은 단위로 거래되었기 때문에 불균등이 없었다고 하지만 금이 관리통화인 일본은행권보다 그 가치나 효용에 있어서 유리하다는 것은 일본 측도 부인할 수 없는 사실이 아닌가?

이 대표: 유상 합법의 문제인데 일본 측은 일본은행권을 지불하였기 때문에 유상

이다, 또 금은 조선은행법에 의하여 거래되었기 때문에 합법적이었다고 주장하나 가치의 변동이 없는 금과 가치의 변동이 있는 일본은행권과 교환한 것이 과연 타당한 것이었는가, 또 한국에서 산출된 금은 전부 일본으로 가지고 갈 수 있도록 법이 제정되었는데 지금 그 법을 기본으로 하여 합법 여부를 토의한다는 것이 과연 타당한 것인가가 문제이다.

0221   미야카와: 조선에서 산출된 금을 조선이 가지고 있었으면 상당한 가치가 되었으리라는 것은 알겠으나 그 당시 조선은행법에 의하여 조선은행은 그 업무의 하나로서 정당한 거래를 한 것을 합법적이 아니라는 것은 이해할 수 없다.

김 대표: 지금 이상덕 대표의 설명은 하나의 사정론이고 법률적으로는 정당한 가격을 지불한 것이 아니라는 데 있다. 따라서 가격의 불균등 문제를 여기에서 토의하여 만약에 가격이 불균등하지 않았다면 모르되 가격이 불균등하였다면 법적 근거가 있는 것으로 안다.

이 대표: 일본은 그 당시 명목상이지만 조선은행이라는 중앙은행을 설립하고 있으면서 금을 전부 가지고 갔다는 것은 심하지 않은가?

미야카와: 그 기분은 알겠으나 당시는 동일 경제 단위였고 동일 경제 단위라는 전제 밑에서 여러 가지 매매 행위가 같은 조건하에 행하여진 것은 사실인데 이 사실을 사실로서 인정하지 않으면 안 되지 않은가? 금 문제는 적정한 가격을 지불하지 않았다면 문제가 되지만 우리로서는 부당한 가격을 지불하였다고는 생각하지 않는다.

김 대표: 이 대표는 금 매매가 부자유스러운 분위기 속에서 행하여졌다는 것을 설명하는 것이고 내가 이야기하는 것은 금이 정당한 가격으로 가지고 갔으면 문제가 되지 않지만 금은 결코 정당한 가격으로 가지고 간 것이 아니라는 것을 설명한 것이다.

사쿠라이: 일본은행권도 그 당시 조선에서는 구매력이 있었고 결국 종잇조각은 아니었다. 그 당시 정당한 가격으로 지불하였으면 되지 않는가?

0222   고 대표: 내가 보충 설명하겠다. 일본 측은 서로 동등한 가치를 가진 것과 교환되었다고 주장하는데 우리는 그 구매력이 동등하지 않았다는 것을 주장하는 것이다. 다만 일본에서나 한국 내에서나 명목상의 가격은 동일하게 나타나고 있었지만 그 경제적인 실제 가치는 동등하지 않았다는 것을 주장하여 온 것이다. 물론 이 금은 생산과 매매에 있어서 자유 분위기 안에서 이루어졌다면 이러한 문제는 일어나지 않았을 것

이다. 이것은 다 아는 바와 같이 금의 생산과 매매에 있어서 한때는 자유 분위기 속에서 행하여졌지만 대부분의 기간은 일본 본토의 경제를 위주로 하여 생산을 감행하고 또 생산한 금은 자유 매매를 금지하는 동시에 중앙은행인 조선은행에 집중시켜 다시 일본에 집중하게 하여 금은 한국 내에는 하나도 남기지 않고 한국에는 불환 지폐만 남기고 일본에는 국제적인 상품인 금만 남기기 때문에 금과 은행권을 교환하는 순간에 있어서 그 교환은 동등하지 않았음을 의미한다. 이것을 단적으로 표현하면 금 매매 자체가 법률적으로 완전한 것이라고 볼 수 없기 때문에 금의 반환을 주장하는 것이다.

우라베: 매매가 불법적인 것이었다면 그 당시 재판소에 소송하면 시정되었을 것이다. 한국 측 주장은 법률 이전의 이야기이며 법적 근거가 있는 것으로는 생각되지 않는다. 다만 사실관계는 알겠으나 법률 면으로 본다면 납득이 가지 않는다.

김 대표: 우라베 부주사는 법적으로 보아서 불법이었다면 그 당시 재판소도 있어서 시정되었을 것이라고 말하였는데 소송하느냐 안 하느냐는 문제와 그 매매가 무효라는 문제와는 구별하여야 한다고 본다.

우라베: 나의 설명에 오해를 산 것 같은데 만약 그 당시 금 매입이 불법이라고 하면 공정 가격보다도 싸게 매입하였다는 것일 것이고 그렇게 되면 법적으로 시정되었을 것이라는 것이다.

김 대표: 우리 측 설명이 불충분하여 오해가 있을지 모르나 이 문제는 결국 그 가격이 동등하였느냐가 문제이다. 따라서 이 문제는 법률이 어떠하였는가 하는 문제가 아니라 서로 교환된 양 개의 물체의 경제적 가치 비교의 문제이며 금이 조선은행을 통하여 일본으로 집중된 것은 별문제로 하더라도 그 가격은 불균등하였다. 우라베 부주사는 1930년 후기에 있어서 가격이 불균등하였다고 보고 있으나 우리는 전 기간에 걸쳐 불균등하였다고 본다.

우라베: 내가 말한 1930년대 이후 불균등한 가격 운운한 것은 1930년대 이후 금 가격이 통제되었다는 뜻이고 아까 사쿠라이 과장이 보충 설명한 것과 같이 당시에는 금 이외의 다른 상품도 통제되어 금 매각 대가로 통제된 싼 상품을 살 수 있었고 또 일본 은행권은 당시 구매력을 가지고 있었으므로 가격이 불균등하였다고는 보지 않는다.

미야카와: 회의 진행 방법인데 청구권에 대하여는 상호 입장이라든가 견해 차이가 있는 법이고 의견이 대립되면 그 이상 회의가 진행이 안 되는데 어느 정도 토의가 되

면 다음 항목으로 넘어가는 것이 어떤가?

김 대표: 쌍방의 의견 교환은 회담 진행을 위하여 대단히 유익하다. 쌍방 간에 이 정도의 의견 교환이 없다면 무의미하다고 본다. 의견 대립을 피하기 위하여 그저 앞으로만 진행한다는 것은 결코 회의 진행상 좋은 방법은 아니라고 본다.

미야카와: 이 정도면 대체로 우리 측이 생각하는 방향은 알았으리라고 본다. 귀측은 불만이 있겠지만 이 문제에 대한 의견 대립은 나중에 조정하기로 하고 이 정도로 그치면 어떠한가?

김 대표: 제1항목은 이 정도로 하자는 것인가?

미야카와: 아니다. 우리 측의 의견 종합도 필요하니 이 문제는 8개 항목의 토의가 끝난 후에 다시 의견을 교환하도록 하자.

김 대표: 그러면 이 문제는 일단 이 정도로 하고 다음 항목에 들어가는 데 찬성한다.

미야카와: 다음 목요일은 공휴일이므로 다음 회의를 언제 개최하였으면 좋은가?

김 대표: 11월 22일(수) 오전 10시로 하자.

미야카와: 좋다. 신문 발표는 전번 회의에서 한국 측이 제1항목 지금·은에 관한 설명에 대하여 일본 측이 질문하고 서로 의견을 교환하였으나 견해 차이로 결론을 얻지 못하고 금후 다시 의견을 조정하기로 되었다는 정도로 하자.

김 대표: 좋다.

이상

15. 제6차 한일회담 일반청구권소위원회 제4차 회의록

0229   일반청구권소위원회 제4차 회의
　　　　회의록

1. 개최 일시: 단기 4294년 11월 22일 오전 10시부터 약 1시간 50분

2. 개최 장소: 일본 외무성 회의실 제234호

3. 참석자:　한국 측　김윤근 수석위원
　　　　　　　　　　고범준 위원
　　　　　　　　　　이상덕　〃
　　　　　　　　　　홍승희　〃
　　　　　　　　　　정태섭　〃
　　　　　　　　　　이규현　〃
　　　　　　　　　　홍윤섭　〃
　　　　　　　　　　김낙천　〃
　　　　　　　　　　박상두　〃
　　　　　　　　　　김태지　〃
　　　　　　일본 측　요시오카(吉岡) 주사대리
　　　　　　　　　　우라베(卜部)　부주사
　　　　　　　　　　사쿠라이(櫻井) 보좌
　　　　　　　　　　마에다(前田)　　〃
　　　　　　　　　　혼마(本間)　　　〃
　　　　　　　　　　가네코(金子)　　〃
　　　　　　　　　　스기타(杉田)　　〃

오와다(大和田)[小和田의 오기]　보좌
오기소(小木曾)　〃
이구치(井口)　〃
야나기야(柳谷)　〃
스기야마(杉山)　〃
와타나베(渡辺)　〃
히사이치(久一)　〃

4. 토의 내용

요시오카: 회의 개최에 앞서 한 가지 한국 측의 양해를 얻고 싶다. 미야카와 주사가 외국에 여행 중이므로 미야카와 주사가 부재중에는 본인이 미야카와 주사를 대신하여 회의를 진행하겠다.

김 대표: 잘 알겠다. 오늘은 우리 측이 제시한 8개 항목 청구 중 제2항목 청구에 대하여 설명하겠다. 제2항목은 1, 2, 3, 4, 5의 소항목으로 세분되어 있는데 그중 2, 3, 4, 5의 네 항목은 이 회담에서는 일단 토의하는 것을 보류하고 체신부 관계만을 토의하도록 하겠다. 그리고 체신부 관계도 여섯 가지 조목으로 나누어져 제1이 우편저금, 진체저금, 우편위체로 되어있는데 이것을 먼저 설명하겠다. 이 관계에 있어서 우리 측 주장은 다음과 같다. 1945년 9월 15일 현재 이 세 가지 조목, 즉 우편저금, 진체저금, 우편위체가 한국인, 일본인분을 합쳐서 총액이 약 14억 원이 되는데 그중 한국인분을 청구하는 것이다. 그런데 총액 14억 원 중 한국인분을 계산하는 데 있어서는 당시의 인구 비례, 구좌 수 또는 과거의 실적 등을 고려하여 결정하는 것이 합리적으로 생각하며 우리 측은 이와 같은 원칙하에서 자료 대조와 숫자를 산출하기 위하여 Ad Hoc Committee를 만들어 쌍방이 서로 대사하도록 하는 것이 좋으리라고 생각한다.

요시오카: 질문에 앞서 한 가지 양해를 구하고 싶다. 상부 측에서도 속히 사무적으로 추진하라는 말이 있고 전번 수뇌회담에서도 이번 회담이 최종적인 것이 되도록 하라는 말이 있어서 우리 측은 사실관계를 확실히 하기 위하여 사무적으로 상당히 규명할 것이고 따라서 언짢은 질문이 있을지도 모르니 그 점 미리 양해하여 주시기 바란다. 그리고 종래 우편저금 관계 설명에 있어서는 일본 대장성 예금부에 예입한 과초

금이라고만 설명되었었는데 이번에는 다르니 어떤 의미인지 설명하여 달라.

김 대표: 한국인이 일본 정부를 상대로 우편저금, 진체저금, 우편위체를 예입 또는 의뢰한 것을 말한다.

요시오카: 우편저금 관계는 전문가가 아니기 때문에 혹 잘못 알았는지는 모르나 당시 우편저금 관계에 있어서는 특별회계가 있어서 한국인이 한국에 있는 우편국에 예입하면 그 돈은 일본 체신성을 통하여 대장성 예금부에 예입되었는데 여기서 말하는 것은 한국인 개인이 우편국에 예입한 것을 말하는 것인가, 또는 다음 단계를 말하는 것인가? 그 어느 쪽인가를 설명하여 달라.

김 대표: 앞서도 말한 것과 같이 한국인이 일본 정부를 상대로 예입한 것을 말하며 진체저금, 우편위체도 또한 같다.

요시오카: 한국인 개인이 일본 정부에 예입한 것이라고 해석하여도 좋은가?

김 대표: 그렇다. 우리가 대장성 예금부를 이야기한 것은 그 액수를 설명하기 위한 것이고 한국인이 일본 정부를 상대로 예금한 것을 말한다.

요시오카: 잘 알았다. 1945년 9월 15일 현재의 14억 원이라는 숫자는 어떤 근거에 의하여 산출되었는가? 원부나 통장에 의하여 집계한 것인가?

김 대표: 이것은 통장에 의하여 집계한 것이 아니고 원부에 의하여 집계한 것이다.

요시오카: 원부는 남, 북한에 있는데 어느 정도로 집계된 것인가?

김 대표: 서울에 있는 종합 결산표에 의하여 집계하였다.

요시오카: 당시의 인구 비례, 구좌 수, 과거의 실적 등이라고 말하였는데 이 셋은 각각 숫자가 다를 것이며 이 셋을 적당히 종합한다는 의미인가?

김 대표: 셋을 종합하여 일정한 비율을 산출하였다.

요시오카: 비율이란 일본인과 한국인의 비율을 의미하는 것인가?

김 대표: 그렇다.

요시오카: 남북한의 비율은 어떻게 되어있는가?

김 대표: 그것은 고려하지 않았다.

요시오카: 한국 측은 별도 전문가위원회를 구성하여 숫자를 상호 대사하자고 하였는데 전문가위원회 구성에 대하여는 별 이의가 없다. 그리고 우편저금의 잔고라든가, 우편저금의 일, 한인 간 비율에 관하여는 검토하여 다음 회의에서 우리 측 의견을 말

하겠으나 또 한 가지 물어볼 것은 종래의 회담에서는 체신부의 과초금이라든가 조선 총독부의 채무로서 설명되어 왔으나 오늘 설명으로는 한국인 개인의 채무로서 해석되는데 청구 내용이 달라진 것으로 해석하여도 좋은가?

김 대표: 좋다.

0233   우라베: 과거의 실적이라든가 구좌 수, 잔고 등을 확실히 하기 위하여 먼저 전문가위원회를 구성하는 것은 좋다고 생각한다.

김 대표: 전문가위원회를 구성할 경우, 이 전문가위원회에서는 인구 비례, 구좌 수, 과거의 실적과 잔고, 이 네 가지 사항을 다루게 하는 것이 좋겠다.

우라베: 인구 비례는 우편 관계자도 전문 외의 일이므로 과거의 실적이라든가 구좌 수, 잔고 등 우편저금이나 진체저금, 우편위체 등에 관하여 알 수 있는 범위 내에서 먼저 결정하여 가면 되리라고 보는데 어떤 것을 다루느냐 하는 것도 전문가위원회에 위임하면 될 것이다. 여하튼 이 전문가위원회에서는 사실관계를 확인하는 작업을 진행하여 가면 되리라고 본다.

김 대표: 전문가위원회가 어느 범위 내에서 대사할 것인가는 먼저 정하여야 할 것으로 생각한다.

우라베: 인구 문제는 별도로 하고 그 외의 사실관계를 확인시키도록 하는 것이 어떤가?

요시오카: 남, 북한 관계는 어떻게 할 것인가?

김 대표: 인구 문제는 체신부 관계 사람이 아니라도 간단히 알 수 있는 것이므로 이것을 일단 넣고 그 외에 필요한 사항을 조사한다는 것으로 하는 것이 어떤가? 그리고 일본 측은 남, 북한 관계를 이 전문가위원회에서 조사시키는 것같이 말하였는데 우리 측 입장으로서는 아무리 사실관계를 조사하는 전문가위원회라 하더라도 남, 북한을 구별하여 취급한다는 것은 받아들일 수 없다는 것을 명백히 말하여 둔다.

0234   요시오카: 대단히 어려운 문제인데 일본 측으로서는 입장이 다르므로 그 점 신중히 생각하여야 한다고 본다.

김 대표: 일본 측이 신중히 생각하여야 하겠다고 말하였는데 한국 측은 일본 측보다 몇 배나 더 신중히 생각한 후에 청구하는 것이므로 남, 북한 문제를 구별한다면 이 회의는 이 이상 더 진행할 수 없다고 본다.

우라베: 남, 북한 문제는 장차 나오게 될지도 모르겠으나, 현 단계로서는 전문가위

원회에서 조사하지 않아도 좋다.

김 대표: 내가 말하는 것은 이 회담에서뿐만 아니라 다른 어떤 회합에서도 이것을 구별할 수 없다는 것이다. 남, 북한을 구별하여 조사하지 않는 것으로 전문가위원회를 구성하도록 하자.

요시오카: 한국 측에서는 남, 북한 문제를 신중히 고려한 후라고 말하였는데 전체의 사실관계를 명확히 하는 취지에서도 남, 북한 문제는 일본 측에서도 신중히 다루지 않으면 안 된다고 생각한다. 그리고 종래 우편 관계는 조선총독부의 채무라든가 체신부 채무로서 설명되어 왔지만 이번에는 한국인 개인의 채권으로 된 결과 일본 정부가 한국인 개인에 대하여 지불하게 되는 인상을 받게 되는데 그 관계는 어떻게 되는가?

김 대표: 개인 관계는 한국 정부에 맡기고 그것을 이 회담에서 결정하여 한국 정부에 지불하여 달라는 것이다.

요시오카: 개인 관계가 되면 대국회 설명을 위하여서도 자료라든가 증거를 엄밀히 하지 않으면 안 되기 때문에 말하였다. 그러면 전문가위원회의 개최 일시를 먼저 정하고 다음으로 진행하는 것이 좋으리라고 생각하는데 어떤가?

김 대표: 체신부 관계는 이것 하나에 국한되지 않고 딴것도 있으므로 체신부 관계를 전부 설명한 다음 전문가위원회를 구성하도록 함이 어떤가?

요시오카: 그렇게 하는 것이 좋겠다.

김 대표: 다음은 국채 및 채권으로 되어있는데 이것은 제5항에 넘겨서 제5항 토의 시 같이 토의하도록 하겠다.

요시오카: 좋겠다.

김 대표: 셋째 번은 간이생명보험 및 우편연금으로 되어있는데 이것도 1945년 9월 15일 현재 한국인이 불입한 보험료 및 연금을 청구하는 것이며 그 금액은 한국인, 일본인을 합하여 322백여 만 원이다.

요시오카: 제5차 회담에서는 우편저금의 경우와 같이 대장성 예금부에 예입된 것으로 되어있고 이번 설명에서는 일본 정부에 대한 개인의 채권으로서 설명하고 있는데 설명 내용이 달라진 것이라고 양해하여도 좋은가?

김 대표: 좋다.

요시오카: 1945년 9월 15일 현재의 생명보험료, 연금이라고 말하였는데 어느 시점

까지의 누적이라는 의미인가?

김 대표: 그때까지 누적된 숫자이다.

요시오카: 322백만 원의 숫자는 어떤 자료에 근거한 것인가?

김 대표: 보험 및 연금 관계 장부에 의한 것이다.

요시오카: 우편저금의 경우는 일본과 한국이 일체가 되어 한 개의 특별회계로 되어 있었으나 간이생명보험은 한국에서 독립한 특별회계로 되어있어서 우편저금과는 다르다고 보는데 그 관계는 어떻게 되어있는가?

김 대표: 우리는 별 차이가 없다고 보는데 차이가 있다면 어떤 점에 차이가 있는 것인지 설명하여 달라.

요시오카: 나는 전문가가 아니기 때문에 혹 잘못된 점이 있으면 정정하기로 하고 결론적인 이야기는 아니나 내가 이해하기에는 우편저금 특별회계는 일본과 한국이 일체가 되어 한 개의 특별회계로서 그 특별회계는 일본에 있었고 간이생명보험 특별회계는 독립한 특별회계로서 한국에 있었으므로 일본 측에 있었던 특별회계와는 법률관계에 있어서 다소 다르다고 본다.

고 대표: 나도 전문가가 아니기 때문에 혹 잘못 안 점이 있을지 모르나 잘못 안 점은 나중에 정정한다는 전제하에 말하겠다. 일본 측에서 우편저금은 한국하고 일본이 "일체"이었다고 이야기하는 것은 그 자금이 일본 대장성 예금부 특별회계에 예입되었기 때문에 "일체"라는 의미로 해석하는 것이라면 이 조선 간이생명보험도 그 당시 일본이 제정한 예금부 관계 법규에 의하여 그 자금이 사실상 일본 대장성 예금부 특별회계에 직결되었던 경위로 보아 그 성질이 동일한 것이며 개인 관계로 볼 때에는 우편저금이나 간이생명보험이나 구태여 이것을 구별할 필요를 느끼지 않는다고 본다.

김 대표: 일본 측이 간이생명보험은 우편저금과 다른 점이 있다고 지적하는 것은 간이생명보험 가입자의 채무자가 일본 정부가 아니고 조선총독부라는 말인가?

요시오카: 지금 고 대표는 사실상 그 자금이 예금부 예금에 예입되었다고 말하였으나 사실상 문제는 어떻든 간에 법률적인 면으로 본다면 우편저금 특별회계는 일본에 있었기 때문에 한국의 우편국은 일본의 지점 격으로 볼 수 있으나 간이생명보험 특별회계는 한국에 있었기 때문에 그 점 다르지 않느냐고 생각한다.

김 대표: 일본 측 취지는 알겠다. 그 점 검토하여 다시 우리 측 의견을 이야기하

겠다. 그러면 다음으로 들어가 넷째 번은 해외위체 및 채권으로 되어있는데 그중 채권 문제는 제5항에서 토의하고자 한다.

요시오카: 좋겠다.

김 대표: 해외위체란 일본 정부가 관할하고 있던 지역 내에 거주하던 한국인이 그 거주지에서 종전 전 행한 우편저금, 우편위체, 전체저금, 간이생명보험, 우편연금을 말하며 그 금액은 약 7천만 원이다.

요시오카: 일본 정부의 관할 지역이란 한국을 제외한 관할 지역이라는 뜻인가?

김 대표: 그렇다.

요시오카: 그 금액은 어떤 자료에 의하여 산출된 것인가?

김 대표: 제5차 회담 때에도 그 근거를 말하였지만 종전 후 한국에 귀환한 한국인으로부터 2차에 걸쳐 신고받은 숫자이다.

우라베: 제5차 회담 시 일본 본토, 남양군도 등 야전 우편국이 있었던 곳이라고 설명하였는데 신고뿐인가, 또는 통장도 있었는가?

김 대표: 신고 시 통장으로 확인한 것이다.

요시오카: 그러면 그것도 전문가위원회에서 대사시키도록 하자.

김 대표: 좋다. 그 외에 질문이 있는가?

요시오카: 없다.

김 대표: 다섯째는 한국을 제외한 일본 관할 지역에서 한국인과 일본인이 행한 우편저금, 진체저금, 우편위체 등을 1945년 9월 16일 이후에 우리가 입체 지불한 것과 종전 전부터 한, 일 양국인이 일본 정부로부터 지급받고 있던 은급을 역시 1945년 9월 16일 이후에 입체 지불한 것이다.

우라베: 이것은 포고령 제3항에 의하여 동결된 한국 수취금 계정이라는 항목을 설명하는 것인가?

이 대표: 그렇다. 9월 15일 이후는 포고령에 의하여 대외 거래가 없었으나 실제 우체국에서는 9월 16일 이후 귀환 동포라든가 일본인에게 우편저금 등을 지불하였는데 그 지불 자금을 받지 못하였다.

요시오카: 은급을 지불하였다고 하는데 어떤 것을 지불하였는가?

김 대표: 지불 통지가 있는 것을 지불하였다.

요시오카: 먼젓번 것은 한국인 개인의 채권이지만 이것은 우편국의 채권이라는 의미인가?

김 대표: 이것은 당시 미군정청이 입체 지불한 것이다.

요시오카: 그 금액은 얼마나 되는가?

김 대표: 45,516,884원이다.

요시오카: 우편저금과 은급을 나눌 수 있는가?

김 대표: 나눌 수 있다.

요시오카: 이것도 전문가위원회에서 대사하도록 하자.

김 대표: 좋겠다.

요시오카: 9월 15일이라는 일자를 말하였는데 그것은 그때까지 자료가 완비되었다는 말인가, 또는 다른 의미가 있는 것인가?

김 대표: 자료에 근거 둔 것이 아니고 일본 정부와 실제로 법률관계가 계속된 것이 9월 15일까지라는 말이다.

요시오카: 그것은 미국의 군정이 시작된 것의 9월 15일이라는 말인가?

이 대표: 일본 정부와의 우편 대차 관계가 9월 15일까지 계속되었다는 뜻이다. 미군의 한국 진주는 9월 7일이고 미군 진주 후에도 일본과의 대차 관계는 계속되었다.

요시오카: 입체 지불은 형식적으로는 우편국 관계이지만 실질적으로는 개인 관계라는 뜻인가?

김 대표: 그렇다.

우라베: 제2항의 제1호 체신부 관계는 끝이 난 것으로 보는데 아까 한국 측에서 말한 바와 같이 나머지 2, 3, 4호는 후에 토의하게 될지도 모른다고 하였는데 그러면 제2항은 일단 끝난 것으로 보아도 좋은가?

김 대표: 좋다.

요시오카: 그러면 전문가위원회의 위원과 위원회의 개최 일시를 정하도록 하는 것이 좋겠다.

김 대표: 우리 측은 이 회의를 속히 진행하는 의미에서 전문가위원회는 명일부터라도 일을 시작하게 하고 본 소위원회는 소위원회대로 계속하는 것이 좋으리라고 생각한다.

요시오카: 이 회의 석상에서 결정하기도 곤란하므로 후에 결정하여 통지하겠다. 한국 측에서는 위원회 위원이 결정되어 있는가?

김 대표: 그러면 쌍방 위원을 결정하여 오늘 오후에 통지하기로 하자.

우라베: 전문가위원회는 금요일에 서로 대면하게 하고 내주부터 일을 시작하게 하는 것이 어떤가?

김 대표: 좋다. 그리고 일본 측에 요청할 것은 일본 측이 가지고 있는 자료도 이 전문가위원회에 가지고 나와서 서로 대조하도록 하였으면 좋겠다.

우라베: 그것은 전문가위원회에 위임하자.

김 대표: 오늘은 이 정도로 하고 이 회의를 '스피드 업' 하는 의미에서 내주 월요일에 제3항을 토의하도록 하는 것이 어떤가? 내주는 두 번 회의를 가졌으면 좋겠다.

요시오카: 우리 측에서도 속히 회의를 진행시키고 싶으나 이 회의는 중요한데 우리 측 사정도 있고 또 미야카와 주사가 28일에 귀국하므로 다음 회의는 수요일 이후에 개최하도록 하여주었으면 좋겠다.

김 대표: 주 1회 정도의 회의로써는 연내에 끝이 안 나지 않겠는가?

요시오카: 우리 측도 회의를 속히 진행시키고 싶으나 예산 작업 관계도 있고 해서 시기가 좋지 않다. 대장성 입장으로는 이 회의를 주 2회 연다는 것은 어렵다고 본다. 회의 수보다도 토의 내용을 능률적으로 하는 것이 어떤가?

김 대표: 그러면 회의는 원칙적으로 주 1회로 하되 사정에 따라서는 주 2회 하도록 하고 다음 회의는 11월 30일(목요일) 오후 2시에 하자.

요시오카: 좋다. 신문 발표는 '한국 측이 제시한 제2항목 청구에 대하여 일본 측이 질의하고 이에 대하여 전문가위원회를 구성하여 검토하기로 하였다'는 정도로 하자.

김 대표: 좋다.

이상

18. 제6차 한일회담 일반청구권소위원회 체신부 관계 전문가위원회 제1차 회의록

0244 　일반청구권소위원회 체신부 관계 전문위원회
　　　제1차 회의 회의록

1. 개최 일시: 단기 4294년 11월 24일 오후 3시부터 약 1시간 20분간

2. 개최 장소: 일본 외무성 회의실

3. 참석자: 한국 측　이상덕　위원(주석)
　　　　　　　　홍윤섭　〃
　　　　　　　　김낙천　〃
　　　　　일본 측　도모타(鞆田)　위원(주석)
　　　　　　　　이시나베(石鍋)　〃
　　　　　　　　스케가와(助川)　〃
　　　　　　　　스즈키(鈴木)　〃
　　　　　　　　오노(大野)　〃
　　　　　　　　노다(野田)　〃
　　　　　　　　호시나(保科)　〃
　　　　　　　　야소지마(八十島)　〃
　　　　　　　　가네코(金子)　〃
　　　　　　　　스기타(杉田)　〃
　　　　　　　　이와세(岩瀨)　〃
　　　　　　　　오모리(大森)　〃
　　　　　　　　와타나베(渡辺)　〃

히사이치(久一) 위원

4. 토의 내용

토의에 앞서 양측 위원의 상호 인사 소개가 있었음.

이 대표: 11월 22일 일반청구권소위원회 본회의에서 본 전문위원회에 위임한 일을 어떠한 순서와 방법으로 하여나가는 것이 능률적일 것인지 우선 생각하도록 하자.

도모타: 전번 일반청구권소위원회 본회의에서 귀측으로부터 일단 숫자의 제시를 받은 바 있는바, 우리 측에 있어서도 종전 후에도 대장성 예금부에 예탁하였던 관계로 이에 대한 숫자는 어느 정도 가지고 있으나 양측 숫자에 상당한 숫자의 차이가 있으니 한국 측이 어떠한 방식으로 숫자를 산출하였는지 알고자 한다.

김 위원: 종전 당시 한국에 있던 저금관리국에서의 결산이 지연되어 일본에 결산표를 보낸 것이 1943년 11월분까지이고 또 각종 일계표는 1945년 10월 중순경까지 보낸 것으로 알고 있는데 도착되었는지 알고 싶다.

도모타: 도착되었다.

이 대표: 조금 전에 귀측에 도착된 일계표에 의하여 집계한 숫자와 우리 측의 숫자와 차이가 많다고 하였는데 그 차가 몇 억 정도 되는가?

도모타: 그렇다.

이 대표: 차이가 있는 것은 상호 결산표에 의하여 검토하여 나감으로써 축소하여 갈 수 있다고 본다.

도모타: 한국 측 숫자는 1945년 9월 15일까지 구절하여 계산한 것인가? 결산표라면 8월 말이라든가 9월 말이라든가 월말이어야 하는데 어떻게 산출한 것인가?

이 대표: 실무적으로 보면 월말 계산으로 하여야 하나 8월 말 잔고와 9월 잔고를 합하여 추산한 것이다. 그러나 실질적으로 큰 차이가 없다.

도모타: 1945년 9월 15일 자 일계표에 의하여 구절(究切)하는 것이 어떤가?

이 대표: 그것도 좋은 방법의 하나이다. 그러나 이와 같이 숫자만을 이야기하여도 한이 없으니, 숫자 대사에 앞서 우선 우리가 위임받은 일을 능률적으로 진행하기 위한 순서와 방법을 정하는 것이 좋겠다. 우선 1945년 9월 15일을 기준하여 결산표를 작성하여 다음 회의에서 교환하는 것이 좋을 것이며, 그중 우편위체, 우편저금, 진체저금

등이 문제될 것이다. 이에 대한 차이가 있으면 상호 검토하여 잔고가 어느 정도 일치점에 도달하는 작업을 하도록 하자. 또 한, 일인 간의 비율 관계에 관하여도 우리로서는 종전 전에 일본 정부의 강압에 의하여 소위 창씨 개명을 한 관계로 보관된 원부에 의하여도 구별할 수 없으니 본회의에서도 토의된 바와 같이 과거 실적, 구좌 수, 인구 비례 등을 상호 가지고 있는 자료에 의하여 시산을 내보도록 하자.

도모타: 그러한 방식이 좋을 것이다. 참고로 묻고 싶은 것은 개인의 예금을 지불한다 하면 증거 자료에 문제가 있는데 북한에 있는 원부는 없으리라고 보는데…. 한국 측의 의견은 어떤가?

이 대표: 원부를 가지고 와서 토의하자는 것인가? 남, 북한 문제는 재산청구권 본회의에서도 토의된 것으로 안다. 토의 결과, 결산표에 의한 자료를 대사하기로 된 것이며 그 작업을 이 ad hoc committee에서 위임받은 것이므로 그 문제를 다시 토의하는 것은 우리들 임무 범위 외의 일이라고 본다.

가네코: 알겠다. 남, 북한 문제는 이 전문위원회에서 취급하지 않기로 하였지만 본회의에서도 증거 문제는 확실한 말이 된 것 같지 않은데 이것도 범위 외라고 보는가? 우리 측은 다만 참고적으로 물어본 것이다.

이 대표: 내가 알기에는 본위원회에서 여러 가지 법률 문제가 토의되었으나, 그 결과 1945년 9월 15일 현재 결산표에 의하여 숫자를 대사하자는 것과 한, 일인 간 분류는 인구 비례, 구좌수, 과거 실적 등을 감안하여 산출하기로 하고 그 작업을 이 전문가 위원회에 위임한 것으로 알고 있다. 그러므로 우리들은 다른 문제를 너무 관련시켜 생각할 필요가 없다고 본다.

가네코: 세 번째인 간이생명보험 문제인데 이것은 조선총독부가 관장한 사업이라고 보는데 한국 측에서는 간이생명보험에 관한 내용의 숫자를 가지고 있는가? 또 일본 정부는 종전 후 쇼와[昭和] 29년경 입법 조치를 하여 해외에서 인양한 자에게 해외 거주지에서 저금한 것을 지불하여 주었다. 따라서 한국에서 저금한 것도 지불하였다. 그러나 간이생명보험은 지불하지 않았다. 그런 점이 의문 되어서 전번 재산청구권 본회의에서 '요시오카' 부주사가 말한 것이며, 한국 측에서도 다시 이야기하겠다고 하였는데 이것도 숫자를 대사하느냐?

이 대표: 그 문제는 법률관계를 재산청구권 본회의에서 다시 논의할 것으로 한 것이

고 숫자만은 대사하기로 된 것이 아닌가?

가네코: 그렇다. 그리고 전번 재산청구권 본회의에서 보험료를 청구한다고 하였는데 보험료를 산출하자면 대단히 어려운 일이며 거기에는 사무비도 있고, 지불 준비금도 있고, 책임적립금도 있고 해서 한국 측은 어떠한 방법으로 산출하였는지 알고 싶다.

이 대표: 그러한 문제점이 있다는 것은 우리도 알고 있다. 청구 근거는 불입한 보험료를 청구하는 것이지만 금액은 적립액 및 운용액을 역산 산출하는 방식에 의하고자 한다. 그리고 본 보험도 우편저금의 경우와 같은 방법으로 산출하여 대사하도록 하자.

도모타: 좋다.

이 대표: 그러면 다시 요약하자면 본위원회에서 이야기된 바와 같이 1945년 9월 15일 결산표를 대조하고 또 한, 일인 분류는 인구 비례, 구좌 수, 과거 실적을 감안하여 산출하는데 그저 산만하게 대조 작업을 하여도 진척이 되지 않으니, 진행 방법으로 각기 자기 측 자료를 기초로 상기 시산을 해보도록 하자. 그리고 그 시산 숫자를 다음 회합에서 교환하도록 하자. 그 다음에는 교환한 숫자를 서로 검토하여 숫자의 차이를 좁혀 들어가는 작업을 하자. 이러한 순서로 하여 나가자는 것을 우리 측은 제안하는 것이다.

도모타: 좋다.

이 대표: 일본 측 시산은 언제 나올 수 있는가?

도모타: 우리 측 준비 관계가 있으니 다음 주 목요일 상오 10시에 다음 회합을 갖도록 하자.

이 대표: 좋다.

0249   일반청구권소위원회 청구 항목 제2항 체신부 관계 전문가회의 한국 측 명부

책임위원   한국은행 감사   이상덕(李相德)
위원   경제기획원 비서관 홍윤섭(洪允燮)
위원   체신부 저금과장   김낙천(金洛天)
위원   외무부 아주과 사무관 김태지(金太智)

0250   一般請求權小委員會 要綱 第2項 遞信局 關係 實務者會議 日本 側 名簿

郵政省   貯金局 第二業務課   鞆田 課長
                              石鍋 補佐
                              助川 事務官
                              鈴木 事務官
                              大野 事務官
          簡易保險局 業務課   野田 課長
                              保科 補佐
                              八十島 補佐
大藏省   理財局 外債課   金子 課長 補佐
                              杉田 事務官
                              岩瀨 事務官
外務省   條約局 條約課   大森 事務官
          アジア局 北東アジア課 渡辺 事務官
                              久一 事務官

21. 제6차 한일회담 일반청구권소위원회 체신부 관계 전문가위원회 제2차 회의록

0254 일반청구권소위원회 체신부 관계 전문위원회
제2차 회의 회의록

1. 개최 일시: 단기 4294년 11월 30일 오전 10시부터 약 1시간 20분간

2. 개최 장소: 일본 외무성 회의실 826호실

3. 참석자: 한국 측   이상덕 책임위원
               김낙천 위원
               김태지   〃
       일본 측   도모타(鞆田)   위원(주임)
               이시나베(石鍋)   〃
               스케가와(助川)   〃
               스즈키(鈴木)   〃
               오노(大野)   〃
               노다(野田)   〃
               호시나(保科)   〃
               야소지마(八十島) 〃
               가네코(金子)   〃
               스기타(杉田)   〃
               이와세(岩瀬)   〃
               오모리(大森)   〃
               와타나베(渡辺)   〃

　　　　스기야마(杉山)　　　위원
　　　　히사이치(久一)　　　 〃

4. 토의 내용

0255　이 대표: 전번 회합에서 상호 가지고 있는 자료에 의하여 시산 금액을 교환하기로 되어있는데 일본 측은 다 되었는가?

　도모타: 우리 측은 이 문제에 대하여 이렇게 빨리 숫자를 산출하여 교환하게 될 줄은 생각하지 않은 일이라 전부 못 하였다. 또 인구 비례, 구좌 수, 과거 실적 등을 감안한 한, 일인 간의 비율에 의하여 산출한다는 것은 어떨까 하여 아직 산출하지 못하고 다만 총체 숫자만은 산출하였다. 물론 우편저금, 진체저금, 우편위체별로는 되어 있다.

　그리고 한국으로부터 인양한 일본인에게 한국에서 예입한 우편저금을 지불한 것도 집계되었다. 이것은 우리 측으로서는 과거 실적으로서 가장 중요한 자료라고 생각하고 있다.

　이 대표: 합계 숫자는 언제 날짜를 현재로 산출하였는가?

　도모타: 1945년 9월 15일 현재이다. 종전 전후는 한국으로부터 보내오는 각종 일계표가 원칙으로, 매일매일 보내와야 하나 며칠씩 모아서 오기 때문에 일자별로 나눈다는 것이 어려운 일이라 전부 합하여 9월 15일은 2분지 1로 추정 산출하였다.

　이 대표: 그렇다면 우리 측과 같은 산출 방법이다.

　도모타: 전번 회합에서는 상당한 차가 있다고 하였는데 다시 산출하여 보니 합계 숫자는 한국 측 숫자와 대차 없다.

　이 대표: 알겠으나 한, 일인 비율에 의한 산출은 내지 않겠다는 말인가? 혹은 다음 회합에서라도 내겠다는 말인가?

　도모타: 우리 측도 일단 산출할 예정이다. 아니, 다음 회합까지는 꼭 내겠다.

　이 대표: 그렇다면 시산은 대체로 어느 정도의 일수가 필요한가?

0256　도모타: 정식 문서라면 주저하지만 정식은 아니니 그렇게 어렵게 생각은 하지 않지만 그러나 상사의 의견도 물어보아야 하니 앞으로 1주일은 걸릴 것 같다.

　이 대표: 좋다. 다음, 귀환한 일본인이 우편저금을 지금도 찾아가는가?

　도모타: 거의 없다. 대개 잔고가 소액이라 오지 않으나 약간은 있을 것이다(여기에

서 준비된 자료 중 한, 일인 비율표와 간이생명보험을 제외한 하기 자료를 상호 교환함)(상호 교환한 자료는 별첨하였음).

이 대표: 일본 측이 제출한 자료 중 제2항 일본인에 대한 지불고는 어떠한 자료에 의하여 집계된 것인가?

도모타: 통장에 의하여 기록된 것을 집계한 것이다.

김(낙) 위원: '구수 110만 구'라는 것은 지불 횟수인가, 혹은 구좌 수인가?

도모타: 전불한 것이 67만 구이고 나머지는 지불 횟수이다.

이 대표: 일본 측 자료 중 제3항 해외위체저금이라는 것은 무엇인가?

도모타: 이것은 주로 탄광 노무자 등이 사업장에 두고 간 저금을 말하는 것이다.

이 대표: 그러면 직장예금 같은 것으로 생각되는데, 이것은 우리 측에서 제출한 체신부 관계 제3 소목의 청구와 별개의 것이며 그것에 추가되어야 할 성질의 것으로 생각된다.

도모타: 그런 예금이며, 그러한 성질의 것으로 생각한다.

이 대표: 일본 측 자료 중 제4항과 제5항의 숫자는 우리가 행하고 있는 작업에 직접적인 관계가 없는 것으로 보는데 무슨 의미가 있는가?

도모타: 직접적인 관계는 없는 숫자이지만 참고로 계상한 것이다.

이 대표: 다시 말하겠는데 금일 교환된 잔고표에 의하여 상호 연구하여 내주에 다시 토의하기로 하고 또 간이생명보험도 같이 숫자를 교환하기로 하자.

가네코: 전번 청구권소위원회에서 한국 측 김윤근 주사가 다음 회의에서 간이생명보험에 관한 의견을 말하시겠다고 하였는데 다음 회의인 오늘 오후의 회합 시에 행하시는 설명을 들은 후 산출, 제출토록 하겠다.

이 대표: 알겠다.

도모타: 참고로 묻겠는데 한국에서는 종전 후 우편저금이라든지 간이생명보험을 계속 지불하였는가?

이 대표: 계속 지불하였다. 다음 회합은 12월 7일 오전 10시에 하자.

도모타: 좋다.

이상

24. 제6차 한일회담 일반청구권소위원회 제5차 회의록

0270　　일반청구권소위원회 제5차 회의
　　　　회의록

1. 개최 일시: 단기 4294년 11월 30일 오후 3시부터 약 1시간 20분간

2. 개최 장소: 일본 외무성 회의실 826호실

3. 참석자: 한국 측　김윤근　수석위원
　　　　　　　　　고범준　위원
　　　　　　　　　이상덕　〃
　　　　　　　　　홍승희　〃
　　　　　　　　　김낙천　〃
　　　　　　　　　이창수　〃
　　　　　　　　　김태지　〃
　　　　　일본 측　요시오카(吉岡)　주사대리
　　　　　　　　　우라베(卜部)　부주사
　　　　　　　　　사쿠라이(櫻井)　보좌
　　　　　　　　　마에다(前田)　〃
　　　　　　　　　가네코(金子)　〃
　　　　　　　　　혼마(本間)　〃
　　　　　　　　　스기타(杉田)　〃
　　　　　　　　　오와다(小和田)　〃
　　　　　　　　　오기소(小木曾)　〃
　　　　　　　　　이구치(井口)　〃

　　　　도모타(鞆田)　　보좌
　　　　야나기야(柳谷)　　〃
　　　　와타나베(渡辺)　　〃
　　　　스기야마(杉山)　　〃
　　　　히사이치(久一)　　〃

0271　4. 토의 내용

　요시오카: '미야카와' 주사의 귀국이 늦어 오늘도 본인이 대리하겠다. 그리고 또 하나 양해를 구할 것은 우리 측 사정이 오늘 '이케다' 수상이 귀국하기 때문에 오늘 회의는 될 수 있는 대로 3시 30분경에 끝날 수 있도록 하여주기 바란다.

　김 대표: 잘 알았다. 그러면 전번 회의에서 다시 설명하기로 한 청구권 제2항목 간이생명보험 문제에 대하여 부연 설명하겠다. 즉 제2항에서 보험 관계로 우리가 청구하는 것은 한국인 보험 가입자가 불입한 보험료를 대장성 예금부에 예금한 적립금과 여유금 중에서 한국인분에 해당하는 것을 청구하는 것이다. 그것은 결국 보험 가입자의 이익을 위하여 대장성 예금부에 예치하여 두고 있는 것이기 때문에 그 반환을 청구하는 것이다. 이것은 일본의 입장을 보더라도 그것을 반환치 않고 이득을 볼 성질의 것은 아니라고 본다. 따라서 그와 같은 취지에서 전문위원회에서 상호 간 숫자의 대사를 하자고 한 것이며 그렇게 하는 것이 좋다고 본다.

　요시오카: 전번 회의에서는 한국인이 불입한 보험료와 연금의 불입금(가케킨)의 누적액을 청구한다고 설명하였는데 이번에는 대장성 예금부에 예금한 적립금과 여유금 가운데서 한국인 관계를 청구한다고 말하는데 나는 전문가가 아니라 잘 모르겠으나 여유금이란 대체 무엇인가?

　이 대표: 내가 알기에는 보험 관계로 적립금과 여유금의 명목으로 두 가지 구좌로 대장성 예금부에 예입되어 있다고 알고 있다.

　요시오카: 조선총독부 특별회계에서 적립금과 여유금의 두 가지 명목으로 된 구좌로 대장성 예금부에 예금되어 있었다는 것인가?

0272　김 대표: 그렇다.

　요시오카: 그러면 전번 회의 때와 숫자의 차이가 있을 것인가?

김 대표: 다소 있다고 본다.

요시오카: 그러면 한국에 있는 간이생명보험 특별회계가 일본 대장성 특별회계에 예입된 것을 청구하는 것인가?

김 대표: 우리 측 생각으로는 결국 그것은 개인의 채권의 청구의 성질을 가진 것이라고 본다.

요시오카: 귀측에서 말하는 것은 실질적인 의미에서는 그럴지도 모르겠으나 적어도 법률적으로는 개인 관계는 일단 끊어졌다고 본다.

김 대표: 법률적 근거에 대한 이론 구성에 있어서는 상호 다른 방식이 있을지도 모르겠으나 우리가 청구하는 것은 조선총독부가 개인에 대신하여 대장성에 예입한 것 또는 바꾸어 말하여 총독부가 개인의 이익을 위하여서 대장성에 예입한 것을 대상으로 하고 있는 것이며 그와 같이 언젠가는 개인에게 반환하여야 할 금전으로써 예수하고 있는 금전을 이득한다는 것은 일본 정부로서도 가입자의 돈을 이유 없이 부당 이득을 보게 되는 것이 아닌가? 또 금액으로 보아도 사무비를 제외하고 남은 금액을 청구하는 것이니 그러한 점으로 보아도 일본 측에서 부당 이득을 볼 필요가 없다고 본다.

요시오카: 이것도 역시 1945년 9월 15일 현재로 산출될 것인가?

김 대표: 그렇다.

요시오카: 취지는 잘 알겠다. 우리 측에서는 질문할 준비도 되어있지 않고 또 '미야카와' 주사도 아직 귀국 전이고 하니 이 문제는 다음 기회에 다시 토의하기로 하고 오늘은 다음 항목에 대한 설명을 하여주기 바란다.

김 대표: 실은 오늘 회합에서는 제3항목을 설명할 예정이었으나 그동안 우리 측 홍 대표가 일시 귀국하였던 관계로 제4항목 토의를 먼저 하자는 것은 사전에 귀국 측에도 양해가 되었다고 아는데 연락이 되었는가?

우라베: 알고 있다. 제4항목에 들어가기 전에 한 가지 확인하여 보고자 한다. 내가 듣기에는 체신부 관계 전문위원회에서 증빙 대사는 전문위원회의 임무가 아니라고 한국 측에서 증빙 대사에 응하지 않는 것같이 들리는데 사실인가?

이 대표: 그것은 어떠한 착오인지는 모르나 전번 전문위원회에서 우편저금의 원부 보관 문제에 관하여 귀측에서 남한에 있는 것은 보관되어 있으리라고 보나 북한에 있는 것은 보관되어 있지 않으리라고 보는데 숫자 산출은 어떻게 하였는가의 질문이 있

어서 우리 측에서는 종합 결산에 의한 총숫자를 맞추자고 한 것이지 원부를 가지고 와서 대조하여야 되느냐고 대답한 것이다.

도모타: 전번 본 회의에서 구좌 수, 인구 비례, 과거 실적 등을 감안하여 상호 시산을 내보자고 한 것이기 때문에 취급자로서의 나의 책임도 있고 또 이 문제는 일본 정부의 대예입자 채무 관계이므로 사실관계를 알기 위하여는 원부 보관 여부를 알아야 하겠기에 다만 참고적으로 물어본 것이다.

우라베: 없는 증빙을 내놓으라는 것은 아니지만 있는 것은 될 수 있으면 사실관계를 확인하기 위하여 내달라는 의미에서 말한 것이라고 본다.

이 대표: 우편저금의 통장을 우리가 가지고 있지 않다는 것은 이미 이야기한 바 있으며 기타 증빙 관계는 그 내용의 성질에 따라서 생각할 문제라고 본다.

우라베: 물론 그런 문제도 있을 것이다.

김 대표: 그러한 이야기는 과거 본회의에서도 이야기가 있었다고 본다.

우라베: 있는 자료는 될 수 있으면 내보여 주어야 할 것이다.

김 대표: 그러면 다음 항목으로 들어가서 제4항목을 설명하겠다.

이것은 1945년 8월 9일 현재 한국에 본사 또는 주 사무소가 있는 한국 법인의 재일 재산을 청구하는 것이다. 이것은 두 가지로 세분할 수 있는데 먼저 제1은 연합군 총사령부 명령인 폐쇄기관령에 의하여 폐쇄된 폐쇄 기관의 재일 재산이고 제2는 SCAPIN 1965호에 의하여 한국 내 본점 보유 법인의 재일 재산을 각각 청구하는 것이다. 그리고 이것은 일본에서 관계 법령에 의하여 진행된 것이니 일본 측은 이에 대한 진행 상황이라든가 관계 법령 제 몇 호에 의하여 정리 중이라든가 하는 것을 설명하여 주기 바란다. 그것은 일본 측의 설명 여하에 따라 우리 측의 청구도 신축성 있게 고려하겠다는 의미에서 말하는 것이다.

요시오카: 그보다도 한국 측의 청구 근거를 말하여 주기 바란다.

김 대표: 청구 근거는 한국 법인의 재산이라는 데 있다. 우리 측은 US Memorandum이나 SCAPIN 등 명령에 의하여 일본 측이 청산 중이라는 말을 들었는데 일본 측의 설명 내용에 따라 우리가 납득할 만한 것이 있으면 재검토하여 우리 측 청구 내용을 달리하겠다는 의미에서 일본 측에서 청산 근거를 설명하여 달라는 것이다.

요시오카: 전번 제5차 회담 시에는 이 문제는 군정 법령 제33호에 의하여 한국에 귀

속된 것을 청구한다고 되어있었는데 청구 근거가 군정 법령 33호임에는 변경이 없는가?

김 대표: 전번 회담 시에 군정 법령 제33호를 근거로 하여 청구한다는 말을 한 일이 없다고 보며 우리 측은 무용한 의논을 하고자 하는 것이 아니니 청산 사무는 이곳 일본에서 하고 있는 만큼 일본 측이 먼저 청산 근거를 설명하여 주어서 우리 측의 의문을 풀어주고 양측의 논의 점의 거리를 좁혀야 한다는 것이 우리의 제의 취지이다.

우라베: 우리 측에서 정리한 기록에 의하면 전번 제5차 회담에서는 군정 법령 33호에 의하여 일본인 주가 한국에 귀속되었으니 청구한다고 되어 있다.

김 대표: 그것은 청구 근거를 의미하는 것이 아니라고 본다. 법인의 성격 문제를 말한 것이며 일본 측이 현재 청산 중이라는 것은 사실인가? 우리가 알기에는 관계 법인을 조선은행 지점, 식산은행 지점, 조선신탁회사 지점, 조선금융조합연합회 등 4개 기관으로 알고 있는데 사실인가?

일본 측(요시오카): 그럴 것이라고 생각하는데 우리 측의 이해가 틀렸는지는 모르나 전번 제5차 회담에서는 군정 법령 제33호에 의하여 미군정청에 귀속되었고 또 그것을 한국이 인계받았기 때문에 청구한다는 것으로 이해하고 있었는데 오늘 회의에서는 한국의 법인 재산이 청구하는 것으로 설명하는 것인가?

김 대표: 우리의 주장은 청구 항목에 있는 바와 같이 한국에 본사를 둔 법인의 재일 재산이니 반환을 청구하는 것이다.

요시오카: 그러면 군정 법령과는 관계가 없다는 말인가?

김 대표: 군정 법령에 걸리고 안 걸리는 것은 주식 귀속의 경위이고 청구 근거는 한국의 법인 재산이라는 점이다.

요시오카: 그러한 법인에는 일본인의 주주가 많았는데 일본인 주주의 권리와 청구권 관계와의 조화는 어떻게 생각하는가? 역시 군정 법령 33호에 근거를 둔 것 아닌가?

김 대표: 군정 법령 33호로 주식은 귀속된 것이나 우리가 청구하는 것과 군정 법령 제33호와의 관계 유무와는 별개의 문제이다. 귀속된 주주의 권리와 사법상 본, 지점 관계에서 청구할 수 있을 것이므로 그런 의미에서는 우리 측에서는 일본 측의 청산 근거가 되는 법령의 내용이라든가 그 정리 상황 등의 설명을 듣고서 우리의 청구 내용을

재검토하고자 하는 것이다.

요시오카: 군정 법령 제33호에 의하여 회사 재산 전체가 귀속되었다는데 군정청은 SCAP 밑에 있었기 때문에 일본에 있는 재산에 대하여 한국에서 시행한 군정 법령의 효력은 미치지 못한다고 본다. 우리 측으로서는 일본에 있는 재산의 처리였으므로 여기서 청산 상황을 설명하여야 할 필요는 없다고 생각한다.

김 대표: 우리로서는 사실관계에 있어서 청산 상황이라든가 잔여 재산의 운명이라든가를 알고자 하는 것이며 귀측의 설명에 따라 우리 측 생각에 수정할 필요가 있으면 수정하려고 하는 것이다.

요시오카: 우리 측으로서는 군정 법령 효력 범위 외에 있는 것이니 정리 상태에 관한 설명은 오히려 무용한 일이라고 본다.

김 대표: 법률 해석이 서로 다르다고 하여서 그렇게 사실관계를 토의할 필요가 없다고 단정하여 버리면 회의 진행이 곤란하여진다.

우라베: 우리로서는 근거가 되는 군정 법령 제33호의 성격에 대하여 당초부터 지역주의를 견지하고 있고 이런 경우에 국제적 예를 보더라도 청구가 불가능하다는 입장은 종전의 우리 측 주장과 같다.

이 대표: 일본 측도 제5차 회담과 관련하여 이야기하지만 5차 회담에서는 군정 법령으로 귀속한 주식의 효력이 일본에까지 미치느냐 못 미치느냐 하는 법률론이 토의되는 한편 사실 확인의 이야기가 병행되었고 그 당시 일본 측에서는 CILC 기관 중 조선은행, 식산은행, 신탁회사는 알겠으나 금융조합연합회라는 연합회와 금융조합과의 관계 또는 금융조합의 출자 관계 등에 관하여 잘 모르겠으니 자료를 달라고 우리 측에 요청하였으며, 또 SCAPIN 1965호에 의한 정리 회사도 그 명칭, 재일 재산 상태, 출자 관계 등에 관하여 한국 측이 알고 있으면 자료를 서로 교환하자고 하였는데 이번 회의의 일본 측 태도는 사실관계 설명에 전연 응하지 않으니 일본 측 태도에 변경이 온 것이냐?

우라베: 우리 측 의견을 정리하여서 다음 기회에 이야기하기로 하겠으나, 결국은 군정 법령 제33호의 효력론이 될 것으로 믿고 있다. 법적으로 효력이 없다는 결론이 나오게 되면 사실관계를 조사하는 것은 불필요하게 되는 것이다.

김 대표: 우리 측도 이러한 문제에 대하여는 어느 정도 조사하였으나, 서로 무용의

의논을 되풀이하는 것을 생략하기 위하여서 아까부터 우리 측이 제의한 대로 다음 회의에서는 일본 측에서 1. SCAP Memorandum 등 재일 재산 청산의 근거, 2. 청산 대상 범위 내의 재산은 어느 정도이며, 3. 지금 어느 정도 정리가 진행되고 있는가, 4. 또 청산 결과 남은 잔여 재산은 어떻게 되는가, 이러한 네 가지 점을 설명하여 주기 바란다.

요시오카: 지금 우라베 대표가 설명한 것과 같이 다음 회의에 우리 측 법적 견해를 정리하여 설명하겠으나, 기타 재산 관리 상황의 설명은 필요하지 않다고 생각한다.

고 대표: 한 가지 질문하겠다. 우리 측이 청구하는 제4항에 해당하는 재일 재산을 일본 측이 현재 청산하고 있는 근거는 군정 법령에 근거한 것인지 혹은 기타 SCAP Memorandum에 근거하고 있는지 일본 측에서 법적 근거를 설명할 때에 그 점을 명백히 하여 주기 바란다.

우라베: 그 질문은 이미 대답이 되어 있다고 본다. 우리로서는 군정 법령 제33호가 있었다는 것은 전연 모르고 나중에야 알게 된 것이다.

고 대표: 그렇다면 우리 측에 근거가 있느니 없느니 하는 것보다 귀측이 무슨 근거로 청산하고 있는지 밝혀야 할 것이니 다음 회합에서는 일본 측 청산의 근거, 대상 재산 범위, 처리 진행 상황, 잔여 재산이 있을 때의 처리 문제 등을 우리 측에 대하여 설명하여 주어야 할 것이다.

우라베: 우리 측에서는 다음 회합에서 그중에 첫째의 점만을 설명하고자 한다.

김 대표: 우리 측으로서는 네 가지 사항 전부에 대한 설명이 있기를 희망한다. 우리 측도 일본 측이 우리 측 해석에만 추종하여 달라는 것이 아니고 일본 측 설명을 들은 뒤에 우리 측 자신의 생각에 틀리는 점이 있으면 시정할 예정이다.

우라베: '법적으로는 토의 범위 외에 속하게 된다'는 뜻으로 요시오카 주사대리가 말한 것 같다. 제5차 회담에서는 우리 측이 다소 애교를 부렸는지도 모르겠으나(일본 측에서 소성) false expectation을 드리게 되어서는 회담의 최종 단계에 들어가서 좋지 않을 것이기 때문에 다음 회합에서는 귀측에서 요구하는 대상 재산 범위, 처리 상황, 잔여 재산 문제 등은 미야카와 주사가 오면 상의하기로 하겠으나 될 수 있으면 우리 측의 법률 근거 설명으로 끝내주기 바란다.

고 대표: 아까 귀측에서 말하기를 군정 법령 제33호가 있은 줄도 모르고 그것과는 관계없이 청산한 것이라고 하였는데 우리 측도 청산에 관하여 SCAP 법령이 어떤 것

이 나왔는지 일부는 알고 있지만 전부는 모른다. 따라서 귀측에서 설명하여 줄 때에는 과거와 같이 군정 법령 제33호의 효력론의 반복이 아니라 SCAP 법령 또는 구체적으로 근거 법령의 종별과 내용을 자세히 설명하여 주어야만 우리 측에서 일본 측 청산의 경위를 이해할 수 있을 것으로 안다.

우라베: 그것에 관하여서는 관리법령집이 나와있을 것이다.

김 대표: 그러면 법적 근거는 다음 회의에 설명을 듣기로 하고 나머지 세 가지 문제는 미야카와 주사가 돌아온 후에 듣기로 하겠다. 아까 우리 측에서 말한 것은 제4항의 1호, 2호를 공통적인 것으로 해서 설명하였으니 그렇게 양해하여 주기 바란다.

요시오카: 우리 측도 그렇게 생각한다.

김 대표: 그러면 아까 귀측의 요청도 있었으므로 오늘 회의는 이 정도로 하고 다음 번 회의에서 일본 측의 설명을 듣기로 하자.

요시오카: 좋다. 다음 회의는 12월 7일(목) 하오 2시부터 하는 것이 어떤가?

김 대표: 좋다.

요시오카: 다음 회의에서는 시간이 있으면 제3항에 대한 설명도 하여주었으면 좋겠다. 그리고 오늘 회합에 대한 신문 발표는 어떤 정도로 하는 것이 좋겠는가?

김 대표: 제4항에 대하여 한국 측 설명을 듣고 상호 의견을 교환하였으며 다음 회의에서는 제4항에 대하여 일본 측 견해를 설명하기로 하였다는 정도로 하자.

요시오카: 좋다.

이상

25. 제6차 한일회담 일반청구권소위원회 체신부 관계 전문가위원회 제3차 회의 관련 보고 전문

번호: JW-1267

일시: 061120[1961. 12. 6]

수신인: 외무부 장관

　명일 12월 7일에 있을 체신부 관계 전문위원회 3차 회의에서 우리 측은 관계 숫자를 아래와 같이 제시할 예정임을 보고함.

　1. 우편저금, 진체저금, 우편위체는 인구 비례, 구좌 수, 과거 실적 등을 감안하여 한, 일인 비율을 한국인 88퍼센트, 일본인 12퍼센트로 하여 한국인 관계 청구 금액은 1,197,725,743원

　2. 조선 간이생명보험 및 우편연금은 과거 실적에 의하여 한, 일인 간 비율을 한국인 91퍼센트, 일본인 9퍼센트로 하여 한국인 관계 청구 금액은 135,444,445원

수석대표

28. 제6차 한일회담 일반청구권소위원회 체신부 관계 전문가위원회 제3차 회의록

0285 일반청구권소위원회 체신부 관계 전문위원회
 제3차 회의 회의록

1. 개최 일시: 단기 4294년 12월 7일 오전 10시부터 약 2시간

2. 개최 장소: 일본 외무성 회의실 제234호

3. 참석자: 한국 측 이상덕 책임위원
  김낙천 위원
  김태지 〃
 일본 측 도모타(鞘田) 위원(주임)
  스케가와(助川) 〃
  오노(大野) 〃
  스즈키(鈴木) 〃
  데라다(寺田) 〃
  가네코(金子) 〃
  호시나(保科) 〃
  사토(佐藤) 〃
  와타나베(渡辺) 〃
  히사이치(久一) 〃

4. 토의 내용
 이 대표: 전번 회의에서 미교환된 우편저금, 진체저금, 우편위체 등과 간이생명보험

에 대한 한, 일인 간의 비율에 의한 시산액을 금일 회의에서 교환키로 되었는데 일본 측은 다 되었는가?

도모타: 한, 일인 비율에 앞서 총체 숫자를 검토하면 산출 시점을 1945년 9월 15일로 하느냐, 9월 30일로 하느냐는 문제에 대하여 한국 측은 9월 15일로 하는 것을 원하나 그 시점을 어느 날짜로 하느냐 하는 것은 별 문제로 하더라도 상호 간 산출한 내용을 보면 9월 30일 현재 숫자를 산출하여 9월 15일은 9월분을 2분지 1로 반분하고 있으나, 될 수 있는 한 정확한 숫자를 내기 위하여는 9월 30일로 하는 것이 좋으리라고 생각되어 우리 측은 9월 30일로 다시 집계하였다. 그렇게 하여도 약간의 차가 있다. 물론 차이가 있으리라는 것은 예상하였던 것이다. 이러한 차이의 원인을 대체적으로 생각하여 보면 종전 직전 전국이 치열하여진 이후부터 각종 일계표와 내외지간의 관련된 숫자(관구 교섭금)가 미착되어 차이가 생긴 것으로 본다. 그리고 이러한 차이는 미착된 청산월표에 의하여 완전한 결산표를 작성한다면 어느 정도 정확한 계산이 나올 줄 안다.

김(낙) 위원: 관구 교섭금에 대한 것은 일본 측 숫자에 가산될 경우도 있고 감산될 경우도 있을 것이니 별로 큰 차이는 없으리라고 본다.

도모타: 내가 말한 것은 대략적인 원인을 예시적으로 말한 것이며 결국은 앞으로 상호 간의 차이를 조사하여야 하는 것이며 이것은 전문적인 일이므로 계수와 증거서를 대조하는 것이 되는데 그 증거서가 상호 간 어느 정도 가지고 있느냐가 앞으로의 진행하는 데 문제라고 본다.

이 대표: 귀측이 말하는 취지는 총체 숫자를 맞추는 순서로서 먼저 9월 30일로 하자는 것과 숫자의 차이는 주로 각종 일계표와 관구 교섭금의 미착한 까닭이라는 것과 그러한 차이를 조사하는 데 있어서는 증거서를 대조하자는 것 같은데 그러한 작업은 복잡하고 또한 장시일이 걸릴 것이다. 나의 생각으로는 우리 측은 종전 후도 체신 사업을 계속하여 정산월표를 만든 것이니 당연히 정확성이 있다고 본다.

김(낙) 위원: 우리 숫자가 정확하다는 점을 예시적으로 말하면 전번 회의에서 교환된 귀측 제1표의 우편위체의 현재고는 1,671천 원인데 제2표의 지불고는 12,672천 원으로 되어있어서 잔고를 초과한 지불이 있다는 모순성을 보여주고 있다. 이러한 것을 보더라도 우리 측 숫자가 귀측보다 정확성이 있다는 것을 증명한다.

도모타: 그러나 우리 측이 납득할 만한 자료를 제시해 주어야 우리가 납득할 수 있는 것이 아닌가?

이 대표: 말하는 취지는 잘 알았다. 그러나 우리 측 숫자가 어디서 기록된 것을 베껴 가지고 온 것도 아니요, 또한 무슨 신고받은 기록도 아니라 관청 장부에 의한 정산월표 금액이므로 신용하여도 좋으리라고 본다.

도모타: 다음은 한, 일인 간의 비율에 의한 시산 문제인데 우리 측도 하긴 하여야 하겠는데 우리 측 계산은 1945년 9월 30일 현재로 한, 일인 합한 총액이 1,202,180천 원이며, 1945년 10월 1일 이후 일본인에게 지불한 것이 937,171천 원이다. 이것은 우리 측으로서는 과거 실적으로서의 유일한 자료인 동시에 한, 일인 간의 비율 산출에 있어서의 고려하여야 할 숫자라고 생각한다.

이 대표: 일본에서 지불한 937,171 천원에 대하여 연도별 월별로 숫자를 내줄 수 없는가?

도모타: 월별로 하면 시일이 걸릴 것이며 연도별로는 단시일 내에 내줄 수 있다. 좌우간 빠른 시일 내에 주도록 하겠다.

김(낙) 위원: 전불 구수 67만이 정확한가? 그리고 나머지는 지불 구수인가?

도모타: 정확한 전불 구수는 668,661구이고 나머지는 한 통장으로 여러 번 지불하였다 하더라도 1구로 계상하였다.

김(낙) 위원: 그렇다면 1,100천 구 전부가 통장 수라는 말인가?

도모타: 결국 그렇다.

이 대표: 참고적으로 묻겠는데 귀측에서 종전 후 외지에서 가지고 온 우편저금을 지불한 경위를 구체적으로 설명하여 줄 수 없는가?

도모타: 최초에는 외국위체관리법에 의하여 전연 금지되었으나 1946년 초기에 대장성 고시로 군사우편은 매월 1가족당 1천 원, 한국 같은 외지의 것은 500원으로 제한되었다가 1949년 6월경에 군사우편저금은 1945년 8월 15일 이전에 예입한 것은 전액, 8월 16일 이후에 예입한 것은 일인당 월 1천 원, 외지의 것은 9월 30일 이전에 예입한 것은 전액 지불하였으며 그 후 1954년 5월경 군사우편저금 특별처리법에 의하여 1945년 8월 15일 이전에 예입한 것은 전액, 8월 16일 이후 예입한 것에 대하여는 예입한 지역과 금액에 따라 신원으로 환산을 한 액을 전액 지불하였다.

이 대표: 그러한 것에 대한 구체적인 관계 법령이라든가 숫자를 내줄 수 없는가?

도모타: 후일 주겠다.

이 대표: 한국에서 가지고 온 통장으로 예입도 할 수 있었는가?

도모타: 원칙적으로 금지하였다.

이 대표: 간이생명보험에 대한 숫자는 산출하였는가?

도모타: 이것은 원칙적으로 귀측이 대장을 가지고 있으니 귀측에서 먼저 숫자를 내줄 수 없는가?

가네코: 간이생명보험 특별회계법 및 동 규칙을 보니 적립금과 여유금이 있었다는 사실은 알았다. 그리고 가입자를 위한 책임준비금 등을 우리 측도 참고적으로 알고자 하니 그 액수도 산출하여 주었으면 좋겠다.

이 대표: 잘 알겠다. 오늘 우리 측에서 준비된 우편저금, 진체저금, 우편위체 등과 간이생명보험에 대한 한, 일인 간의 비율에 의하여 시산한 것을 주겠으니(우리 측에서 제시한 금액표 별첨함) 다음 회의 시에는 귀측 시산액도 내주도록 하였으면 좋겠다.

도모타: 상사의 의견도 물어보아야 하나, 될 수 있는 한 내도록 하겠다. 그리고 귀측에서 제시한 해외위체저금에 대하여 구수를 알려줄 수 없는가?

김(낙) 위원: 지금 가지고 있지 않으니 후일 알려주겠다. 그리고 이것은 1947년 3월 25일부터 5월 13일까지 50일간, 1948년 4월 26일부터 5월 25일까지 30일간의 2차에 걸쳐 신고받은 것이다.

이 대표: 귀측에서 지불한 937,171천 원에 대한 증거서를 가지고 있으면 우리 측 원부와 대조하여 볼 필요가 있으니 내줄 수 있는가?

도모타: 증거서는 보존 기간이 지났으므로 폐기 처분되어 없다.

김(낙) 의원: 참고로 하고자 하니 혹시 가지고 있으면 전불 통장을 단 1통만이라도 보여줄 수 없는가?

도모타: 그것도 없다.

이 대표: 잘 알았다. 그러면 다음 회의는 12월 13일(수) 오전 10시에 여는 것이 어떠한가?

도모타: 좋다.

이상

31. 제6차 한일회담 일반청구권소위원회 제6차 회의록

0339   일반청구권소위원회 제6차 회의

회의록

1. 개최 일시: 단기 4294년 12월 7일 오후 2시부터 약 1시간 30분

2. 개최 장소: 일본 외무성 회의실 234호

3. 참석자: 한국 측 김윤근 수석위원
                    고범준 위원
                    홍승희   〃
                    이상덕   〃
                    김낙천   〃
                    김태지   〃
         일본 측 미야카와(宮川) 주사
                    요시오카(吉岡) 부주사
                    우라베(卜部)   〃
                    가메노리(亀德) 보좌(도중 퇴석)
                    사쿠라이(櫻井) 보좌
                    혼마(本間)   〃
                    가네코(金子)   〃
                    스기타(杉田)   〃
                    오기소(小木曾)   〃
                    이와세(岩瀬)   〃
                    야나기야(柳谷)   〃

오와다(小和田) 보좌
스기야마(杉山)　 〃
와타나베(渡辺)　 〃
히사이치(久一)　 〃

4. 토의 내용

미야카와: 그동안 해외 출장 관계로 2차나 결석하여 대단히 미안하다. 귀국 후 '요시오카' 주사대리로부터 보고도 듣고 또 의사록을 보니 그동안 회의가 원활히 진행되었다고 본다. 전번 회의 시에 제4항 한국 법인의 재일 재산 반환 청구에 대하여 일본 측은 법적 근거가 없다고 주장하여 한국 측과 의견의 대립이 있었다고 보는데 오늘은 일본 측의 공식적인 견해를 명확히 말하고자 한다.

김 대표: 좋다.

미야카와: 그러면 우리 측 견해를 읽겠는데 좀 길어서 미안하게 생각하나 어차피 이것을 '메모'로 하여 귀측에 드리고자 한다.

(일본 측이 낭독한 발언 내용은 별첨하였음.)

김 대표: 대체로 일본 측이 말하는 취지의 윤곽은 알았으나, 이에 대한 우리 측 견해는 다음 기회에 말하기로 하고 다만 이 자리에서 원칙적인 우리 측 주장의 골자를 요약해서 말하고자 한다.

전번 회의에서 말한 것이 다소 되풀이되는데, 우리가 재일 한국 법인의 재산을 청구하는 이유는 군정 법령에 의하여 일본에 있는 지점의 재산이 한국에 이전되었다든가 법인의 국적이 한국 법인이 되었다든가 하는 것이 아니라 그것은 어디까지나 종전 전부터 한국 법인이요, 그 법인의 재산인 이상 일본에 있는 유체물이라 하더라도 그것은 한국 법인의 재산이기 때문에 청구하는 것이다. 따라서 군정 법령 제33호와는 직접적인 관련이 없다는 것은 전번 회의에서도 명백히 밝혀 둔 바 있다.

단지 군령 33호에 의하여 귀속된 것은 한국 법인 주식 중 일본인이 소유하였던 것이 귀속되었다는 것뿐이다. 그리고 주식의 소재는 역시 본점 소재지인 한국에 있다고 보아야 한다. 따라서 주식 귀속의 효과는 불가분적이지 그것이 가분적으로 된다는 근거는 군령 33호에도 나와있지 않다.

이상이 대체로 우리 측이 주장하는 요점이다.

아까 일본 측에서 SCAP 지령에 언급한 것이 있는데 우리가 알기에는 SCAP이 그 지령에 의하여 어떤 법인의 지점을 폐쇄시킨 것이 있다고 보는데 SCAP에서 그렇게 한 이유는 이 기관은 전쟁 목적을 수행하기 위한 목적으로 활동한 성격에 비추어 폐쇄하는 데 그치는 것이지 한 걸음 더 나가서 일본에 있는 한국 법인의 재산을 일본에 귀속시킨다는 취지는 포함되어 있지 않을 뿐더러 그와 같은 일본 귀속의 효과를 가졌다는 법적 근거는 SCAP 지령에서도 발견할 수 없다.

이상은 일본 측에서 낭독한 memo에 대한 나의 단편적인 견해이나 귀측에서 memo를 주면 그것을 보고 자세한 것은 다음 회의에서 말하기로 하겠다.

미야카와: 우리 측 '메모'를 나중에 드리겠다.

김 대표: 그러면 전번 회의에서도 말한 바와 같이 폐쇄 기관에 관한 것이라든가 기타 한국 법인의 지점 재산에 대한 처리 상황을 설명하여 주기 바란다.

미야카와: 전번 회의에서 '요시오카' 주사대리가 답변하였다고 보는데, 이 문제에 대하여는 한국 측 주장과 일본 측 주장에 상당한 간격이 있어서 상호 간 말이 많았는데 일본 측이 그 구체적 처리 내용에 대하여 대답한다는 것은 청구권 범위 외이라고 보나 양국 간의 우호 관계상 참고적으로 간단히 말하겠다.

한국에 본점을 둔 재일 지점 재산은 SCAPIN에 근거한 일본 관계 법령에 의하여 정리, 청산되었다.

김 대표: SCAP 지령에 의하여 행하여진 청산 대상 재산은 어떤 범위인가?

미야카와: 폐쇄 기관으로서 조선은행, 식산은행, 신탁회사는 청산이 결료되었고, 금융조합회는 자료 미비로 아직 청산 중이다. 그리고 기타의 재외 회사 관계로서는 재일 지점 184사를 청산 결료하였고 그 외에 금융조합(600여 개 조합을 한 단위로 함), 산업조합 등 4사는 청산이 아직 결료되지 않고 있다.

김 대표: 그러면 청산이 끝난 후 남은 재산은 어떻게 처리되었는가?

혼마 보좌: 채권 채무를 정리한 결과 자산이 남으면 분배하는 것이다.

김 대표: 그러면 아까 청산이 끝났다는 것은 잔여 재산의 분배도 끝났다는 말인가?

혼마: 그렇다.

요시오카: 아까 한국 측 김 주사 말에 대하여 한 가지 질문하겠다.

김 대표: 좋다.

요시오카: 법인의 국적이 군정 법령 33호에 의하여 비로소 움직여진 것이 아니라는 것은 알았다. 그러나 종전 전부터 한국에 있는 법인이라고 한다면 극단적인 예를 들어 그 법인의 주주가 전부 (1) 한국인인 경우 (2) 제3국인 경우(예를 들면 영국인) (3) 일본인 경우를 생각하여 (2)의 경우에는 여기 의제에 안 들어있다고 보며 (1)의 경우에는 우리 측에서도 문제 삼을 것이 없다고 보는데 다만 (3)의 일본인 경우가 문제 되어 그 주식이 귀속되었다는 것은 군정 법령 제33호에 관계가 있다고 생각하는데 그렇게 해석하여도 무방한가?

김 대표: 한국 법인의 기준이 어떤 데 있는가 하는 문제에 있어서 주주 구성 여하의 문제와 법인의 국적 문제와는 관계가 없는 것이다. 그 점도 다음 회의에서 우리 측 견해를 보충 설명하겠다.

요시오카: 나의 해석으로서는 (3)의 경우의 일본인의 주주권이 군정 법령에 의하여 접수되었다고 보는데 그 효력은 군정 관할 지역 내에 한하여 분할적인 것으로서 재일 재산에는 미치지 못한다는 것을 명백히 하여 둔다.

김 대표: 아까 말한 바와 같이 한국 법인의 국적은 그 구성 주주의 비율에 의하여 결정되는 것은 아니다. 예를 들어 말한다면 조선은행의 출자주에는 한국인과 일본인이 있었는데 일본인 출자주의 지위가 군령 33호에 의하여 귀속되었기 때문에 그 법인이 한국 법인이 되었다는 것이 아니다.

그러면 아까 의견 교환 중 중단되었던 문제로 돌아가겠는데 청산이 끝난 조선은행, 식산은행, 신탁회사 등의 재일 재산 청산 결과 잔여 재산은 어떻게 되었으며 또 그러한 법인에는 한국인 주주가 있는 것으로 아는데 그 점은 어떻게 고려되었는가?

미야카와: 그 전에 아까 '요시오카' 부주사의 질문에 대하여 귀측이 설명한 것을 memo로 하여주었으면 한다.

김 대표: 좋다. 그러나 그 점은 내가 질문한 것과 다른 점인데 한국인 주주 관계는 어떻게 되었는지 설명하여 주기 바란다.

미야카와: 지금 김 주사 말은 한국인 주주에 대한 잔여 재산 분배에 대한 질문인 것으로 생각되나 한국인분은 유보하고 있다.

우라베: 아까 김 주사가 군령 33호와는 관계없이 종전 전부터 한국에 있는 법인이

라는 것이 무슨 말인지 잘 모르겠으니 그 점에 대하여 다음 회의에서 memo로 줄 것을 부탁한다.

김 대표: 우리 생각으로는 청산을 하는 데 있어서 본점이 부담하고 있는 부채를 고려하여야 할 것이라고 보는데 그 점은 어떻게 처리되었는가?

혼마: 폐쇄 기관의 청산이란 일본 내에 있는 점포의 채권 채무만 청산하게 되어있으며 그것은 고려 대상이 되지 않는다.

김 대표: 한국 측은 아까도 말한 바와 같이 한국 법인의 재일 재산의 소유에 변동이 없을 것이기 때문에 반환을 청구하는 입장이다.

그리고 귀측에서 말한 SCAP 지시의 내용이 어떠한 것인지는 모르나 그것은 폐쇄 기관을 청산하여 일본인 주주에게 부당한 이득을 주려고 한 취지의 것이 아니라고 보기 때문에 본점 부채도 당연히 고려되어야 할 줄 안다. 그리고 한국인분에 대한 잔여 재산을 유보하였다고 하였는데 그 청산 상황과 청산 대상 재산 목록 등을 서면으로 줄 수 없는가?

미야카와: 아까도 말한 바 있지만 여기에 대하여서는 우리로서는 어디까지나 한국 측의 요청을 받아들일 수 없다. 우리로서는 이 점에 대하여 너무 깊이 설명할 필요는 없다고 보며 귀측이 요망하는 숫자가 방대하여 귀의에 응하기 곤란하다.

김 대표: 그것은 일본 측이 이 문제를 한일회담 토의 의제와는 별개의 것인 것처럼 보고 하는 말 같은데 우리는 재일 재산 전부를 청구하는 입장에 있는 만큼 그의 일부분인 지분권 문제 같은 것을 토의하는 것은 당연한 일이며 따라서 이와 같은 토의는 한일회담의 토의사항에 포함되는 것으로 본다.

미야카와: 여러 가지 자료 중에는 당장 조제('죠오세이')할 수 있는 것과 조제치 못하는 것이 있으므로 관계 소관 국과 상의하여서 제시 가능 여부를 다시 말하겠는데 귀측에서도 이에 관련하여 한미협정에서 한국에 이양된 재산 목록이 있으면 내주었으면 좋겠다.

이 대표: 그것은 제4항과 무슨 관계가 있는가? 별개의 신입인가?

미야카와: 별개의 신입이나 우리 측도 청구권을 정확하게 알기 위하여 참고적으로 알고자 한다.

우라베: 그것은 전체적인 문제와 항상 관계가 있다고 본다.

김 대표: 그 점은 다음 기회에 말하겠다. 그리고 아까 '혼마' 과장이 청산하는 데 있어서 지점을 중심으로 하였다고 하는데 지점 명의의 채권 채무만을 청산하였다는 취지로 이해하여도 좋은가?

혼마: 꼭 그렇다고는 할 수 없다. 다만 located in Japan이란 생각하에서 한 것이다.

이 대표: 자료를 주는 것을 주저하고 있으니 무엇을 그렇게 어렵게 생각하는가? 될 수 있는 대로 충분히 설명하여서 우리가 납득하도록 하여주었으면 좋겠다.

미야카와: 담당 소관 국장이 그런 자료를 내놓는 것을 꺼려하고 있기 때문이다. 좌우간 상의하여 보겠다.

우라베: 우리 측으로서는 자세한 설명을 하였다고 보는데 후에 우리 측 memo를 주겠으니 잘 연구하여 주기 바라며 귀측 설명 중에는 우리가 이해할 수 있는 것도 있고 이해할 수 없는 것도 있으니 귀측도 memo를 주기 바란다.

김 대표: 알겠다. 그러면 우리 측도 서면으로 주겠다. 그리고 우리 측이 재일 지점 재산 전부를 청구하는 중에는 주주의 지분 관계도 포함된 것이기 때문에 잔여 재산에 대한 것은 물론, 전체에 대한 내용을 설명하여 주지 않으면 그대로 넘어갈 수는 없을 것이다.

미야카와: 전체를 운운한다는 것은 논외로 하더라도 그중에서 한국인 주주에 대한 청산 재산 분배 상황을 밝혀달라는 것인가?

김 대표: 전부에 대한 청구이니 그것도 당연히 이 청구에 포함되어야 한다고 보는 것이다.

우라베: 그러면 다음에 서면을 보고 의견을 조정하기로 끝내고 다음으로 진행하는 것이 어떤가?

김 대표: 아까 말하기에는 본점의 채무는 고려치 않았다고 하였는데 사실인가?

미야카와: 따로 남아있는지… 경우에 따라 질문 요지를 서면으로 주어도 좋다.

김 대표: 그러면 우리 측은 청산 관계도 역시 이 회담 의제 내에 들었다고 보기 때문에 이상의 우리 측 질문에 대하여 다음 회의에서 귀측에서 설명하는 것을 듣기로 하고 다음 회합에서는 본 항을 계속하는 것으로 하면서 다음 항목 토의에 들어가는 것으로 하겠다.

미야카와: 그것에는 이의가 없으나 이 소위원회에서 최종적인 결론을 조정한다는

것은 무리한 일이므로 어느 정도 상호 주장하는 차이를 재고하여 다음 회의에서 의견을 교환하도록 하고 제3항 토의로 들어가는 것이 어떤가?

김 대표: 다음 회의에서 토의할 항목에 대하여서는 우리 측에서도 미리 요다음 회의에는 제4항을 마저 토의하고 제3항을 제5항에 포함하여 같이 설명하려고 하고 있다.

우라베: "좋습니다"(한국어로 발언, 일동 소성).

이 회담을 10년이나 하였는데 아직 5, 6, 7, 8항목에 대한 것은 전연 설명도 못 들었다. 그래서 연내에 될 수 있으면 대체적인 설명을 듣고 다음 단계로 들어가는 것이 좋으리라고 본다.

김 대표: 연내에 될지 안 될지는 모르나 우리 측도 마지막 항목까지 가급적 빨리 하고자 한다. 그렇다고 하여서 의견 교환도 없이 넘어갈 수는 없는 것이니 될 수 있는 한 연내에 끝낼 수 있도록 상호 노력하자.

미야카와: 연내라 하지만 어느 날까지 하기로 하였으면 좋겠는가?

김 대표: 크리스마스 직전까지는 하여야 할 것이 아닌가?

우라베: 연내에 토의를 끝낸다는 것이 불가능하더라도 일단 설명만은 끝내주었으면 한다. 그리고 다음 회의는 12월 14일(목) 하오 2시로 하자.

김 대표: 가급적 그렇게 되도록 하자. 다음 회의의 일자와 시간은 그대로 좋다.

미야카와: 신문 발표는 '제4항에 대하여 전번 회의에 이어 한국 측 설명이 있었고 이에 대하여 일본 측의 견해 설명이 있은 후 상호 의견이 있었다. 다음 회의에서는 계속하여 제4항의 토의를 행하고 다음 항목으로 넘어가기로 하였다'는 정도가 어떤가?

김 대표: 좋다.

이상

31-1. 제6차 한일회담 일반청구권소위원회 제6차 회의 시 일본 측 발언 요지[26]

韓国側請求要綱4に關する日本側見解

(36. 1. 27 宮川主査発言要旨)

　前回の小委員会会合において, 韓国側は要綱4に関する請求にあたり, その請求の法的根拠を, これら要綱4の対象となる法人はすべて"韓国法人"であるからその在日財産を請求するものであると説明されたのであります.

　韓国側がこれら在韓法人を"韓国法人"をされる理由については, 未だ明らかに示されてはいませんが, 韓国側の論拠が具体的にいかなるものであるにしても, 在日財産に対する主張は成立し得ないものと考えます. すなわち,

　(1) そもそも, 私有財産尊重の原則は国際法上確立した原則であります. すなわち, 領域の分離割譲の場合においても, その分離割譲された地域に存在する私有財産はなんら影響をうけるものではなく, 新領有国は従来どおりこれを尊重する義務があります. したがって, 韓国の領域が日本の統治下から分離したことを理由に在韓法人の財産の所有権が韓国側に移転したとの主張をされるのであれば, それは成立する余地がないと考えます. また, これを法人の国籍の問題としてみても, その国籍がいずれの国にあるにしましても, 法人の財産は, 直接的には法人自体, 究極的にはその構成員である株主(etc)に帰属するものと考えざるを得ません. すなわち, 法人の国籍が仮りに韓国に移ったとしても, これを理由にその法人の財産の帰属が変わったとすることはできないと考えます.

　以上のように, 韓国側がいずれの論拠によられるにしても, 在韓法人の所在地の独立ないし在韓法人の国籍の移動を理由に, これら法人の在日財産に対して韓国政府として請求権を主張される理由はなんら存在しないと考えるものであります.

26　편집자가 문서의 편철 순서를 바꾸었다.

(2) つぎに、韓国側の主張が、軍令第33号によって、韓国政府がこれら法人の株式を取得されたとして、このような株主権に基づいてその在日財産に対する請求を行なわれるということであるならば、軍令第33号による当該法人の株式取得ということの内容が問題となるわけであります.

そもそも、軍令第33号による米軍政府の在韓日本財産処理は、正当な補償を伴わない外国人私有財産の収用であって、国際法上没収(confiscation)に相当する措置であります.

すなわち、

(イ) 一般国際法上、このような没収法令の効果は、一国の管轄権の及ぶ範囲にある財産に限られるものであって、この範囲をこえる効果は、直接的にせよ間接的にせよ、これを主張しえないことは確立した原則であります(territorialityの原則).

(ロ) また軍令第33号について具体的に見ても、第5次会談でわれわれが申上げたように、在鮮米軍司令官の権能は、連合国最高司令官の下部機関として、その管轄区域が限定されていたことは明示されていたところでありまして(Office of the SCAP Directive No. 2, 第3項)、かかる地域的限定をうけた権能に基づいて発した軍令の対象が、当然管轄地域にある財産に限られることは、明らかであります. のみならず同軍令自体も明文でその対象を"本軍政庁管轄内に存在する財産"("property located within the jurisdiction of this command")と規定しています. したがって、同軍令の効果として、米軍政府が、明らかにその管轄範囲内に所在する財産に対して権利を取得したとすることは不可能といわざるをえないのであります.

(ハ) さらに、SCAPの指令に基づいて行なわれた在日財産の実際の処理もこのような国際法の基本原則に基づいて法律的立場を裏書きするものであります. すなわち、閉鎖機関及び在外会社に関して発せられた緒SCAPINは、これら法人従前からの株主関係を前提として、在日財産に関する清算措置を指令しているのであります. もしかりに韓国側の主張されるように、軍令第33号による株式接収の効果が在日財産に及んだとすれば、在日財産の整理は一切を韓国財産とする立場から行なわれたはずでありますが、実際は、このような処理がなされなかったという事実によって、これら法人の在日財産は在鮮米軍政府によってとられた措置と全く無関係であったことが

明らかであったと申さねばなりません.

 以上の原則及び基本的事実からみて, 韓国側が, 明らかに米軍政府の管轄範囲外に所在している本件在日財産に対して, 軍令の効果として, いかなる権利をも取得されたものでないことは, 明白であると考えます. (以上)

한국 측 청구 요강 4에 관한 일본 측 견해

(1961. 1. 27 미야카와 주사 발언 요지)

 지난 소위원회 회의에서 한국 측은 요강 4에 관한 청구에 있어서 그 청구의 법적 근거를 이 요강 4의 대상이 되는 법인은 모두 '한국 법인'이기 때문에 그 재일 재산을 청구하는 것이라고 설명한 바 있습니다.

 한국 측이 이들 재일 법인을 '한국 법인'으로 보는 이유에 대해서는 아직 명확하게 제시되지 않았으나, 한국 측의 논거가 구체적으로 어떤 것이든 재일 재산에 대한 청구는 성립할 수 없다고 생각합니다. 즉

 (1) 애초에 사유재산 존중의 원칙은 국제법적으로 확립된 원칙입니다. 즉 영역의 분리 양여의 경우에도 그 분리 양여된 지역에 존재하는 사유재산은 아무런 영향을 받지 않으며, 새로운 영유국은 종래와 같이 이를 존중할 의무가 있습니다. 따라서 한국의 영역이 일본의 통치하에서 분리된 것을 이유로 재한 법인의 재산의 소유권이 한국 측으로 이전되었다고 주장한다면 그것은 성립할 여지가 없다고 생각합니다. 또한 이를 법인의 국적의 문제로 보더라도 그 국적이 어느 나라에 있더라도 법인의 재산은 직접적으로는 법인 자체, 궁극적으로는 그 구성원인 주주 (등)에게 귀속되는 것으로 볼 수밖에 없습니다. 즉 법인의 국적이 가령 한국으로 옮겨졌다고 하더라도 이를 이유로 그 법인의 재산의 귀속이 달라졌다고 볼 수 없다고 생각합니다.

 이상과 같이 한국 측이 어떤 논거로 주장하든, 재한 법인의 소재지 독립 또는 재한 법인의 국적 이동을 이유로 이들 법인의 재일 재산에 대하여 한국 정부로서 청구권을 주장할 이유는 전혀 존재하지 않는다고 생각됩니다.

(2) 다음으로 한국 측의 주장이 군령 제33호에 의해 한국 정부가 이들 법인의 주식을 취득하였다고 하여 이러한 주주권에 근거하여 그 재일 재산에 대한 청구를 한다는 것이라면, 군령 제33호에 의한 해당 법인의 주식 취득이라는 내용이 문제가 되는 것입니다.

애초에 군령 제33호에 의한 미군정의 재한 일본 재산 처리는 정당한 보상을 수반하지 않는 외국인 사유재산의 수용이며, 국제법상 몰수(confiscation)에 해당되는 조치입니다. 즉

(가) 일반 국제법상 이러한 몰수 법령의 효력은 일국의 관할권이 미치는 범위에 있는 재산에 한정되는 것이며, 이 범위를 넘어서는 효력은 직접적이든 간접적이든 이를 주장할 수 없다는 것이 확립된 원칙입니다(territoriality의 원칙).

(나) 또한 군령 제33호에 대해 구체적으로 보더라도 제5차 회담에서 우리가 말씀드린 바와 같이, 주한 미군 사령관의 권한은 연합국 최고사령관의 하부 기관으로서 그 관할 구역이 한정되어 있었다는 것은 명시되어 있었으며(Office of the SCAP Directive No. 2 제3항), 그러한 지역적 제한을 받은 권한에 근거하여 내린 군령의 대상이 당연히 관할 지역에 있는 재산에 한정되는 것은 분명합니다. 뿐만 아니라 동 군령 자체도 명시적으로 그 대상을 "본 군정청 관할 내에 존재하는 재산(property located within the jurisdiction of this command)"으로 규정하고 있습니다. 따라서 동 군령의 효력으로서 미군 정부가 명백히 그 관할 범위 내에 소재하는 재산에 대하여 권리를 취득하였다고 하는 것은 불가능하다고 할 수밖에 없습니다.

(다) 또한 SCAP의 지시에 따라 이루어진 재일 재산의 실제 처리도 이러한 국제법의 기본 원칙에 근거한 법적 입장을 뒷받침하는 것입니다. 즉 폐쇄 기관 및 재외 회사와 관련하여 발령된 SCAPIN은 이들 법인 종전부터의 주주 관계를 전제로 재일 재산에 대한 청산 조치를 지시하고 있는 것입니다. 만약 한국 측의 주장대로 군령 제33호에 의한 주식 수용의 효력이 재일 재산에까지 미쳤다면 재일 재산의 정리는 일체의 재산을 한국 재산으로 하는 입장에서 이루어졌을 것이나, 실제로는 이러한 처리가 이루어지지 않았다는 사실에 의해 이들 법인의 재일 재산은 재일 미군 정부에 의해 취해진 조치와 전혀 무관한 것임이 분명하다고 하지 않을 수 없습니다.

이상의 원칙 및 기본적 사실에 비추어 볼 때, 한국 측이 명백히 미군 정부의 관할 범

위 밖에 소재하는 본건 재일 재산에 대하여 군령의 효력으로 어떠한 권리도 취득한 것이 아님이 명백하다고 판단됩니다. (이상)

32. 체신부 청구권 우편저금 문제 관련 보고 전문

번호: JW-12149

일시: 111330[1961. 12. 11]

수신인: 외무부 장관 귀하

체신부 청구 관계 우편저금 문제는 현재 전문위원회에서 액수를 대조 중임은 이미 보고한 바이오나 일본 측은 소위 일본인 배당분에 대하여 터무니없는 숫자를 제시하고 그에 대한 증거 제출을 거부하고 있는 현실이라 앞으로의 검증에서 큰 기대를 가질 수 없음에 비추어 차라리 일본 측에 전혀 근거가 없는 무리한 주장을 P.R.로써 비난을 행함이 유리하다고 사료하오니 선처하여 주시기 바라며 본 대표단에서 P.R.을 행한 것인가 여부에 관하여 알려주시기 바람. 이에 관련하여 일본 측의 주장은 아래와 같음.

총구좌수 15,418,000구 중 일본인 구수는 1,110,000(재한 일본인 수는 70만 명)구이고 총금액 1,158,000,000원 중 일본인 해당분(일본에서 일본인에 지급한 액수)은 337,000,000원이라고 하는데 이를 분석하여 보면 구좌당 일본인 금액은 평균 850원이고 반면 한국인분은 150원밖에 되지 않음. 그런데 1945년 당시의 일본 국내 구좌당 일본인 금액은 불과 233원임에 이것은 전기 850원과 현격한 차이가 있는 터무니없는 숫자로 짐작되며 일본 측에서 말하는 우리 청구액이 불과 5,000만 불 내지 1억 불밖에 되지 않는다는 주장의 근원은 이 면에 있는 것임.

수석대표

33. 체신부 청구권 우편저금 문제에 관한 PR 여부에 대한 훈령 전문

0349   번호: WJ-12117

일시: 131120[1961. 12. 13]

수신인: 한일회담 수석대표 귀하

대: JW-12149호

대호로 건의하신 청구권 중 우편저금 액수에 관한 PR 문제에 대하여서는, 앞서 본부 대변인이 발표한 박 의장-이케다 수상 회담 내용에 관한 발표문에 대하여 일본 측의 반응이 favourable하였던 점에 비추어 우편저금 액수 문제에 관한 PR은 앞으로의 형편을 더 정관하는 것이 좋으리라고 생각되오니 양지하시기 바람.

장관

36. 제6차 한일회담 청구권소위원회 체신부 관계 전문가위원회 제4차 회의록

0354   일반청구권소위원회 체신부 관계 전문위원회
         제4차 회의 회의록

   1. 개최 일시: 단기 4294년 12월 13일 오전 10시부터 약 12시까지,
                 약 한 시간 동안

   2. 개최 장소: 일본 외무성 회의실 제234호

   3. 참석자: 한국 측 이상덕 책임위원
              김낙천 위원
              박상두 위원
         일본 측 도모타(鞆田)   위원(주임)
              스케가와(助川)   〃
              오노(大野)   〃
              스즈키(鈴木)   〃
              데라다(寺田)   〃
              가네코(金子)   〃
              호시나(保科)   〃
              사토(佐藤)   〃
              와타나베(渡辺)   〃
              히사이치(久一)   〃
              노무라(野村)   〃
              데라다(寺田)   〃

우에하라(植原) 위원

4. 토의 내용

도모타: 회의를 시작하기 전에 우리 측에서 새로 나온 대장성 자금과의 '노무라' 위원을 소개한다.

이 대표: 우리 측도 새로 나온 박상두 위원을 소개하겠다.

도모타: 연말도 가까워져서 이 전문위원회가 위임받은 작업을 속히 하여야 한다는 것을 느끼고 있다. 우리 측은 위선 총액을 대사하는 데 있어 종전 직후 한국으로부터의 일계표가 미착되어 안 맞는다는 대체적인 원인을 알고 있으므로 원칙적으로 한국 측에서 산출 제시한 숫자가 정확하다고 보고 그간 미착분을 추정하여 얼마나 일본 측이 한국 측에 맞출 수 있다 하는 작업을 하였는데 어려워서 도중에 중지하였다. 그러나 쌍방의 계수 불부합 원인을 일계표 미착으로 보니 일본 측보다 한국 측 숫자가 더욱 정확하다는 것은 말할 수 있다. 그러나 한국 측이 정확하다고는 말할 수 있는 정도이지 전적으로 한국 측 숫자대로는 따를 수는 없다. 그것은 예를 들어 말하면, 9월 15일로 산출한 숫자 중 우편위체에 있어 한국 측은 76,000천 원인데 일본 측은 1,671천 원으로 되어있어 약 70,000천 원이라는 많은 숫자의 차이가 있다. 이것은 우리로서는 납득이 안 간다. 1945년 3월 말 잔고를 보면 8,990천 원밖에 되지 않는데 우편위체의 평균 잔고가 갑자기 오른다는 것은 이해할 수 없으며 또 전번 회의에서 귀측이 우리 측 숫자 중 우편위체의 현재고 1,671천 원보다 일본에 지불한 숫자가 많다고 지적하였는데 그것은 한국에서 송금한 숫자의 일계표의 미착이요, 또 한편 종전 전후를 통하여 일본에 송금이 많았다는 것을 추측할 수 있는 점이다. 우리 측 계산을 보면 9월 30일은 오히려 약 2,860천 원 적자이며 현재로서는 약 10,270천 원 적자이다. 따라서 적어도 한국에서 송금하여 일본에서 지불된 것은 공제하여야 된다고 본다.

김 위원: 그러나 매년 이용률이 늘어 그 평균 잔고가 상승한다는 것은 상식적으로 알 수 있는 일이며 일본 측 숫자 또한 현재고보다 지불고가 많다는 것은 있을 수 없는 것이다.

이 대표: 우편위체의 적자란 무슨 의미인가? 또 현재 약 10,270천 원 적자라는 것은 무슨 관계를 말하는 것인가? 일본에서 지불한 것이 12,672천 원이라서 적자라는 것인가?

도모타: 그렇다.

이 대표: 귀측에서 말하는 송금이 많았다든가 일본인 인양자가 가지고 왔다든가 하는 것은 짐작은 할 수 있으나 그것은 어디까지나 한, 일인 간의 비율을 산출하는 데 참고는 되겠지만 총액을 맞추는 데는 관계가 없다고 보며 총액에 있어서는 귀측에서 원칙적인 문제로 말한 바와 같이 우리 측 계산이 정확하다고 본다. 그리고 전체 숫자 중 특히 우편위체에 의문을 가지고 있는 것 같은데 어떻게 하면 귀측의 의문을 해명할 수 있는가 하는 점은 생각은 해보겠으나 우리 측은 해방 후 계속하여 사업을 하였고 또 정산한 숫자이니 신용하여도 좋으리라고 본다.

0356 도모타: 다음은 한, 일인 간의 비율에 의한 시산 문제인데 1) 우리 실무자는 일단 계산은 하였으나 상사의 의견을 타진 못 한 관계로 아직 내놓지 못하였으며 2) 시산을 내는 전제로 한 가지 말할 것은 산출 시점을 한국 측은 9월 15일로 말하고 있으나 그것은 계산하는 데 복잡하므로 청구권 본회의에서 상호 간 정하도록 하고 우리로서는 편의상 9월 30일로 산출하겠으니 양해를 해주기 바란다.

김 위원: 전번에 9월 30일로 하여 우편저금은 1,202,180천 원이라고 하였는데 기타 진체저금과 우편위체는 얼마인가?

도모타: 진체저금이 179,540천 원이고 우편위체가 2,860천 원 적자이다. 우편위체는 적자라 비율을 산출할 수 없다.

이 대표: 알았다. 그리고 몇 가지 확인하고자 한다. 1) 일본 측이 준 산출표 제2표 중 우편저금 지불 구수 1,100천 구는 취급 건수가 아니고 구좌 수라는 것이 틀림이 없으며 진체저금 359도 구좌 수가 틀림없는가? 또 우편위체의 지불 구수는 모르는가? 2) 제3표의 해외위체저금 4,824천 원은 귀측에서 말하기를 주로 한국인 탄광 노무자가 두고 간 통장에 의하여 집계하였다고 하였는데 이것은 우리 측이 제시한 숫자와는 별개라고 보는 동시 우리 측 숫자에 가산되어야 된다고 보는데 어떻게 생각하는가?

도모타: 1) 우편저금 1,100천 구는 취급 건수가 아니고 구좌 수가 틀림없고 진체저금은 일부 불출 증서에 의하여 지불한 것도 있으나 대부분 불입 환부금이니 가입 구좌 수로 보아 대차 없으며, 우편위체의 지불 구수는 모른다. 2) 해외위체저금도 일부 군인·군속에 대한 것은 이중으로 된 것이 있으나 대부분 귀측이 말한 대로이다.

이 대표: 다음은 귀측에서 한일 간의 비율 산출에 있어 일본인에게 지불하였다는

937,171천 원을 과거 실적으로 고려하여 달라는 문제인데 그 증거 서류로서 통장은 없다고 하더라도 혹시 수령증에 의하여 기번호라도 알 수 없는가?

도모타: 통장은 보존 기간만이 1년이고 불여[不要] 수령증은 3년이라 폐기 처분한 관계로 없다.

이 대표: 귀측에서 과거 실적으로 산출하는 937,171천 원에 대하여 만일 귀측 계산대로 하면 현재고 1,127,183천 원에서 지불하였다는 937,171천 원을 공제하면은 약 190,000천 원이 남는데 이것을 전부 한국인 것으로 보더라도 일본인은 1구좌당 평균 850원이고 한국인은 13원 정도밖에 안 된다는 도저히 납득할 수 없는 숫자가 되며, 더욱이 당시 일본 본토에서의 우편저금 1구좌당 평균액보다 수배나 많다는 결과가 되는데 이러한 것은 도저히 상식적으로 납득할 수 없는 숫자이다. 일본 측으로서는 재조사할 생각이 없는가?

도모타: 이것은 움직일 수 없는 실지 지불한 숫자이다.

이 대표: 그러나 당시 일본 본토와 같은 정도라면 몰라도 그보다 수배나 많다는 것은 의문이다.

도모타: 한국 측에서 제시한 해외위체금에 대한 구수를 알았으면 좋겠다.

김 위원: 지금 가지고 있지 않으니 후일 알려주겠다.

도모타: 다음에 한국에서 9월 16일 이후 입체 지불하였다는 45,516천 원의 일부는 한국 측에서 제시한 현재고 숫자에 계상하고 또 입체불 숫자에 계상한 것이 아닌가?

김 위원: 한국 외의 것을 입체불한 것이니 관계가 없다.

도모타: 알았다. 이것도 9월 15일 날짜 관계가 있으니 청구권 본회의에서 정하도록 하겠다.

가네코: 해외위체저금 항목 중 간이생명보험 및 우편연금에 관한 자료를 보관하고 있는가?

김 위원: 산발적으로 보관되고 있다.

가네코: 우리는 종전 후 일본 본토에서 보험에 가입한 한국인이 귀국할 때 해약을 하여주고 해약 환부금을 지불하였다. 따라서 해약을 하지 않고 그대로 가지고 가서 신고하였다면 공평한 취급을 하기 위하여서는 역시 해약 환부금을 지불하게 될 것이므로 금액은 얼마 안 되나 참고적으로 물어본 것이다. 그리고 한국 측에서 제시한 숫자

에 의하여 대장성 예금부 예금 관계를 자세히 조사하여 보았는데 그 결과는 직접 담당하고 있는 노무라 위원이 설명하겠다.

0358　노무라: 우리 측 정부는 간이생명보험 및 우편연금별로는 되어있지 않고 단지 적립금과 여유금만으로 되어있어 합한 숫자로만 대사한바 약 24,000천 원 차이가 있으며, 한국에 있던 일본은행 대리점으로부터 최종 숫자를 받은 날이 1945년 11월 12일이며 11월 12일로 마감한 것이다(금액표는 별첨함).

이 대표: 한, 일인 간의 비율에 의한 시산은 하였는가?

가네코: 이것은 우편저금과 성질이 다른 점이 있어 여러 가지 방법으로 생각은 해보았다. 한국 측에서 산출한 비율은 어떤 표준에 의하였는가?

김 위원: 1945년 8월분을 표준하였다.

가네코: 그것은 합리적인 것이 못 된다고 본다. 보험은 계약자의 연령, 계약 금액이 일정하지 않을 뿐더러 장기간에 걸쳐 불입한 것이므로 시작한 때부터 세밀히 계산하여야 하며, 또 보험특별회계법 제2조에는 세입을 가지고 세출에 충당하되 잉여금이 생기면 적립금으로 예금하라고 되어있으니 어느 정도의 잉여금을 예입하였는지는 모르겠으나 그러한 것도 있다고 보면 한국 측에서 1945년 8월분을 표준한 것은 합리적이 아니라고 본다. 따라서 전번 회의에서 책임준비금이 얼마인가를 알 수 있으면 알려달라고 한 것이다. 우리 측도 확실하다고는 할 수 없으나 위에서 말한 여러 가지를 기초로 하여 시산한 것이 한국인이 8, 일본인이 2로 추산하고 있다. 물론 때에 따라서는 한국인이 8할이 넘는 때도 있다. 그리고 우편연금은 1945년 3월 현재로 일본인이 7, 한국인이 3의 비율로 추산된다.

이 대표: 이러한 차이는 금액상으로 보아 큰 차가 안 된다고 보며, 또 비율 산출 방법에 있어서의 표준 문제는 더 연구하도록 하자. 그리고 본 전문위원회에서는 상호 간의 숫자의 차이를 좁혀가는 방법에 있어 간단히 될 것 같지 않고 또 일을 속히 진행하여야 되니 전번 회의에서 귀측에서 언급한 것같이 현재의 차이 그대로 각기 자기 측 수석을 통하여 일반청구권소위원회에 보고하도록 하고, 다음 지시를 받도록 하는 것이 어떠한가?

가네코: 보험 관계는 좋다.

도모타: 한국 측으로부터 한, 일인 간의 비율에 의한 산출액을 받았는데 우리 측도

주어야 하겠으니 한 번만 더 하였으면 좋겠다.

이 대표: 그러면 내주 월요일에 하는 것이 어떠한가?

도모타: 그렇게 빠른 시일 안에는 어렵다고 본다. 약 일주일은 걸린다고 본다.

이 대표: 그러면 다음 주 청구권소위원회의 보고와 동시 한, 일인 간의 비율에 의한 시산액을 우리 측에 주는 것이 어떤가?

도모타: 좋다.

이 대표: 그러면 아까 말한 바와 같이 각기 의견이 다르므로 공동 보고 형식은 어려울 것 같으니 상호 수석을 통하여 청구권소위원회에 보고하도록 하되 보고 내용은 대체로 총액, 비율, 상호 간의 문제점 등을 들어보고 하도록 하는 것이 어떤가?

도모타: 좋다.

별첨

36-1. 제6차 한일회담 청구권소위원회 체신부 관계 전문가위원회 제4차 회의 시 일본 측 제출 자료[27]

MINISTRY OF FINANCE

THE JAPANESE GOVERNMENT

朝鮮簡易生命保險及び郵便年金の預金部預金調

[조선 간이생명보험 및 우편연금의 예금부 저금조]

日銀本店計算による1945年11月30日現在

[일은 본점 계산에 의한 1945년 11월 30일 현재]

種別[종별]	金額[금액] 円[엔]	
積立金[적립금]	111,017,343	762
余裕金[여유금]	13,522,033	376
計[계]	124,539,377	132

郵便貯金払済高調書[우편저금 불제고조서]

年度別[연도별]	金額[금액] 円[엔]
昭和20年10月から同21年3月まで [쇼와 20년 10월부터 동 21년 3월까지]	223,291,857
昭和21年度 [쇼와 21년도]	385,372,405
22	141,856,903
23	101,830,831

---

27 일본어 아래 또는 옆에 한글로 번역한 내용을 기재했다.

24	44,856,870
25	20,485,946
26	4,847,714
27	17,828,416
28	6,518,768
29	10,324,002
30	3,352,810
31	5,544,505
32	2,918,670
33	909,794
34	1,437,942
35	2,924,107
計[계]	974,901,540

注: 本計数には, 総額37,130,875円の利子が含まれている.

[주: 본 계수에는 총액 37,130,875엔의 이자가 포함되어 있음.]

39. 제6차 한일회담 일반청구권소위원회 제7차 회의록

0367 일반청구권소위원회 제7차 회의
회의록

1. 개최 일시: 1961년 12월 15일 오후 2시부터 5시까지

2. 개최 장소: 가유회관

3. 참석자: 한국 측 김윤근 수석위원
고범준 위원
홍승희　〃
이상덕　〃
정태섭　〃
김낙천　〃
홍윤섭　〃
이창수　〃
이상훈　〃
일본 측 미야카와(宮川) 주사
요시오카(吉岡) 부주사
우라베(卜部)　〃
가메노리(亀德) 보좌
사쿠라이(櫻井) 보좌
혼마(本間)　〃
가네코(金子)　〃
스기타(杉田)　〃

　　　　　　오기소(小木曾) 보좌

　　　　　　마에다(前田)　　〃

　　　　　　야나기야(柳谷)　　〃

　　　　　　고와다[오와다의 오기](小和田)　　〃

　　　　　　도모타(鞆田)　　〃

　　　　　　스기야마(杉山)　　〃

　　　　　　와타나베(渡辺)　　〃

　　　　　　히사이치(久一)　　〃

4. 토의 내용

　일본 측: 오늘 회의는 어떤 방식으로 진행하겠는가?

　한국 측: 전번 회의에서 끝을 맺지 못한 제4항을 끝내고 가능하면 제3항과 제5항에 관하여 서로 의견을 교환했으면 좋겠다.

　일본 측: 제4항의 한국에 본점 또는 본사를 둔 재일 재산에 관하여는 전번 회의에서 우리 측의 법적 근거를 간략하게 설명하였으나 오늘 다시 법적 근거라든가 처리 상황 등에 관하여 좀 더 상세하게 설명하고자 하는데 전번 회의에서 한국 측 의견을 오늘 듣기로 되어있으므로 먼저 한국 측 의견을 말하여 주기 바란다.

　한국 측: 그렇지 않아도 오늘 설명할 예정으로 있었는데 이것을 전번 회의에서 구두로 설명한 것을 좀 더 부연하여 메모화한 것이다. 이 메모를 읽겠다(제4항에 관한 김 수석위원의 서면 발언 요지 별송문 참조). 이상이 우리 측 의견인데 이 메모는 명일까지 일본 측에 전달하겠다.

　일본 측: 지금 귀측 견해에 대한 일본 측의 이의는 후일에 이야기하겠다. 오늘은 법적 근거에 대하여는 이 이상의 토의를 피하고 폐쇄 기관이나 재외 회사가 어떤 방식으로 처리되었는가에 대하여 그 사실을 설명하겠다.

　(요시오카) 그전에 한 가지 질문하겠다. 지금 낭독한 한국 측 설명의 제1단은 군정 법령의 효력 여하가 아니고 한국의 법인이기 때문에 청구하는 것이라고 말하고 있는 것 같은데 주주가 일본인이 아니고 전부 제3국인인 경우도 한국 정부가 청구할 수 있다는 입장을 취하고 있는 것인가?

한국 측: 주주의 국적과 법인의 국적은 별개 문제이다. 그러므로 국제적으로 문제가 된다면 그것이 한국 법인인 이상 정부가 책임을 져야 하는 것이다.

일본 측: (요시오카) 그러면 제3국인의 주주에 대하여서도 한국 측에서 주장하겠다는 뜻인가?

한국 측: 주주는 제3국인이지만 법인은 한국 법인이라는 것을 시인하면서 하는 질문인가?

일본 측: (요시오카) 한국 법인에 의하여 설립된 한국 법인이지만 그 주주가 영국인만으로 되어있을 때에도 그 법인의 재일 재산을 주장할 수 있다 하는가의 의미로 질문하는 것이다.

한국 측: 한국 법인의 전 주주가 제3국인이란 실제로는 있을 수 없는 일이나 가정적으로 그러한 경우에도 그것이 한국 법인이라면 국제적 문제에 있어서는 역시 정부가 책임을 지고 대리하여야 하는 것이다.

일본 측: (요시오카) 한국 측 설명의 제2단은 무슨 뜻인가?

한국 측: 군정 법령 제33호에 의하여 일본인 소유 주식이 귀속된 것을 인정하는 이상 한국 법인의 재일 재산을 가분적인 것으로 보아서는 안 된다는 뜻이다.

일본 측: (요시오카) 제3단은 스카핀[SCAPIN]의 규정에 관한 문제이나 여하튼 후일 귀측의 메모를 보고서 다시 우리 측 의견을 이야기하도록 하겠다.

(미야카와) 그러면 한국에 본점 또는 본사를 둔 재일 지점 재산이 어떻게 처리되었는지 그 법적 근거라든가 대상 재산, 청산 수속, 청산 결과 등에 관하여 설명하겠다(별첨 설명서 낭독).

한국 측: 총액은 얼마나 되는가?

일본 측: 집계하기 전에는 알 수 없다.

한국 측: 청산 내용에 관하여 설명이 있었는데 시간 관계상 공탁금 내용을 서면으로써 받을 수 있다면 제4항은 이 정도로 끝냈으면 좋겠다.

일본 측: 금액이 복잡하고 소관 부도 다르나 가능한 한 서면으로 줄 수 있도록 노력하겠다.

한국 측: 청산에 있어서는 본점 부채가 고려되어 있는가?

일본 측: 본점뿐만 아니라 재외 점포 전부의 자산 부채를 종합하여 계산하였는데 자

산 초과의 경우에는 잔여 재산을 분배하고 부채 초과의 경우에는 부채 초과 부분만큼 유보하기로 되어 있다.

고 대표: 그 후자의 경우에 있어서의 유보 재산의 처분은 어떻게 하였는가?

일본 측: 그러한 경우도 있을 수 있다는 견지에서 만들어진 규정이었으나 그러한 부채 초과가 없기 때문에 실제로는 유보된 것이 없다.

한국 측: (이상덕) 그것은 어떠한 방식으로 계산하였는가?

일본 측: (미야카와) 나도 잘 모르지만 그 당시의 장부에 의하여 산출하였다고 본다.

우라베: 그 당시의 회사는 모두 건실한 경영을 한 모양으로 재외 재산 초과 상태가 되어 그러한 결과가 된 것 같은데 그 예로서 '요코하마'정금은행 같은 것은 상당한 재외 재산이 있었다고 한다.

한국 측: 한국인분으로서 할당된 내용이라든가 공탁된 금액 등에 관하여는 일본 측에서 예탁 중인 금액 등의 자료를 내주 중으로 주기 바라며 좀 더 설명을 듣고 싶으나 시간이 없기 때문에 내년 재개 시에 다시 질문하기로 하고 제4항은 이 정도로 하자.

일본 측: 좋다.

한국 측: 제3항은 요전에도 말한 것과 같이 제5항 설명과 함께 설명하기로 되어있는데 제3항의 2와 3은 이번 회의에서 토의하는 것을 보류하겠다.

일본 측: 제3항의 2, 3은 뭣인가?

이상덕: 제3항은 요전에도 말한 대로 제5항과 합해서 설명하기로 하겠다. 제3항의 2는 1945년 8월 9일 이후에 일본인이 한국 내 금융 기관을 통하여 송금한 것인데 금차 회담에서는 이것을 유보하고 여기서는 제3항의 1에 해당하는 조선은행을 통하여 이체한 것만을 문제로 삼는 것이다.

김 대표: 제5항은 한국 법인 또는 한국 자연인의 일본국 또는 일본 국민에 대한 일본 국채, 공채, 일본은행권, 피징용 한국인의 미수금, 보상금 기타 청구권의 반제를 청구하는 것인데 이것을 대별하면 (1) 일본 유가증권 (2) 일본계 통화 (3) 피징용인 미수금 (4) 전쟁으로 인한 피징용자의 피해에 대한 보상 (5) 한국인의 대일본 정부 청구(은급 관계 및 기타) (6) 한국인의 대일본인 또는 법인 청구이다.

그러면 먼저 제1의 일본 유가증권부터 설명하겠다. 이것은 1. 일본 국채 2. 조선 식량증권 및 식량증권 3. 일본 저축권 4. 일본 정부 보증 사채 5. 일본 지방채 6. 일본 사채 7. 저축 및 보국채권 8. 기타 증권 9. 일본 주식, 이상 9개 항목으로 되어있으며 이것을 당시의 일본 원으로 말하면….

홍 대표: 그 금액은 그 당시의 일본 원으로

1. 일본 국채 7,371,189,111원 69전,
2. 조선 식량증권 및 식량증권 152,006,330원 08전,
3. 일본 저축권 18,673,950원
4. 일본 정부 보증 사채 833,246,100원
5. 일본 지방채 1,327,500원
6. 일본 사채 261,941,514원
7. 저축 및 보국채권 4,380,027원 50전
8. 기타 증권 92,417,791원 29전
9. 일본 주식 29,848,250원

합계 8,765,030,574원 56전이다.

일본 측: 지금의 숫자는 서면으로 받을 수 있는가? 또 그것은 어떤 자료에 의하여 계산하였는가?

한국 측: 현물 또는 장부에 의하여 계산하였다.

일본 측: 소유자별로 알 수 있는가?

한국 측: 먼저 우리가 청구하는 이유를 간단히 설명하겠다. 일본 유가증권은 한국 법인 또는 자연인이 소유하기 때문에 청구할 뿐 아니라 이 중에 45억 원의 국채가 들어있는데 이것은 원래 조선은행 본점이 가지고 있던 것을 종전 후 혼란한 시기를 이용하여 1945년 8월 25일 자로 장부상 조선은행 도쿄지점으로 이체하였다. 그러나 이것은 연합군 총사령부 포고령 제3호 및 군정 법령 제2호에 위반된 것이므로 그러한 이체가 무효이나 설령 이체가 포고령 또는 군정 법령과 관계없이 유효하다고 가정적으로 생각한다 하더라도 본점과 지점 사이에는 채권 채무 관계가 발생한다는 것을 부가해서 주장하는 바이다. 이상 지금 가정적으로 설명한 것이 제3항에서 설명하려던 것이다.

일본 측: 그러면 군정 법령 33호에 의하여서가 아니라 포고령 제3호 및 군정 법령 제2호에 의하여 전후 혼란한 틈을 타서 일본으로 가지고 온 것을 이야기하는 것인가?

한국 측: 그렇다.

일본 측: 제5차 회담에서는 47억이라고 말하였는데 지금 이야기로서는 45억으로, 그 숫자가 다른 것인가?

한국 측: (이상덕) 47억은 액면이고 45억은 장부 가격이다.

김 대표: 한국 측은 군정 법령 33호와 관계없이 청구하는 것이지만 가령 33호에 관련시키더라도 그것은 전부 귀속된 것이다. 그리고 또 하나 생각하는 점을 말하면 지금 이야기한 것처럼 87억 원의 유가증권 중 약 60억 원에 가까운 국채가 조선은행의 소유인데 그 당시 조선은행의 발행고는 이 금액에 미달하였다. 그런데 지금 말하는 일본 측의 견해와 같이 귀속도 되지 않고 한국 법인의 소유도 아니라고 하면 조선은행권의 담보는 하나도 없는 결과가 된다. 뿐만 아니라 전쟁이 시작된 이후 제1항목의 금은 일본은행권, 그리고 국채로 변하였는데 이러한 과거의 경과를 기초로 하더라도 일본 측의 견해에 의하면 금은 무상으로 가지고 간 결과가 된다. 그러나 스카핀은 그러한 결과를 초래키 위한 것도 아니고 또 일본에 부당 이득을 주기 위한 것도 아니다. 따라서 일본에 부당 이득이 있다고 하면 일반 법 이론에 따라 불합리한 점은 정리하지 않으면 안 된다. 조리상으로 보더라도 조선은행권의 담보가 전부 일본의 소유로 된다는 것은 아무리 생각하여도 납득할 수가 없다. 가령 일본 측의 군정 법령 33호에 대한 견해가 정당한 것이라고 가정하더라도 그 법령의 취지는 일본 측에 부당 이득을 주기 위한 것이 아니었고 또 조리상으로 보더라도 불합리하므로 우리 측은 청구의 법적 근거가 있다고 주장하는 것이다. 즉 조리가 법원(法源)의 하나라는 것은 일본에 있어서도 이론이 없는 것이다.

일본 측: 이것은 대단히 중요한 단계이며 한국 측이 이야기하는 취지는 알겠다. 유가증권 중 한국인이 합법적으로 취득한 것은 고려하겠으나 조선은행의 취득분에 대하여는 이의가 있다. 여하튼 이 문제에 대하여는 다시 한 번 종합적으로 우리 측 의견을 이야기할 기회가 있으리라고 보는데 한국 측은 소유자 여하에 불구하고 청구하고 있으나 소유자별로는 알 수 없는가?

한국 측: 소유자별로는 모르나 우리는 그것을 구분할 필요가 없다고 생각한다.

일본 측: (우라베) 장부에 의하면 알 수 있는 일이 아닌가?

한국 측: 전연 모르는 것은 아니지만 현재로는 소유자별로 되어있지 않다.

0376   우라베: 법률 외에 조리가 있다는 것은 알겠으나 조리론은 딴 데서 취급할 문제이고 우리들은 법률관계, 사실관계를 명확히 하지 않으면 안 되기 때문에 모르는 것은 할 수 없지만 아는 분에 대하여서는 개인, 법인, 정부 등으로 구별하여 알려줄 수 없는가?

한국 측: 지금 당장 알 수 있는 것은 현물과 등록으로 구분한 액수 87억 원 중 현물이 약 6억 5천만 원이고 나머지는 대체로 등록된 것이다.

요시오카: 등록 전은 일본은행인가?

홍승희: 국채는 일본은행이고 사채 및 지방채는 여러 등록 기관에 등록되어 있다.

우라베: 지방채란 뭣인가?

홍승희: '요코하마'시의 것이다.

일본 측: 최종적인 교섭은 고위층에서 결정될 문제이고 또 그 사실을 모르고서는 general response를 할 수 없으므로 소유자별로 좀 더 상세히 알려줄 수 없는가?

한국 측: 내 견해로서는 소유자별은 별로 필요 없다고 생각한다.

우라베: 그저 막연히 87억 원만으로는 이야기가 안 되며 역시 사실관계로서 소유자별로 구별하지 않으면 안 된다고 생각한다. 지금 당장 곤란하다면 명년 재개 시에라도 좋다.

한국 측: (이상덕) 종류별, 등록 현물별로는 조사가 되어있으나 소유자별로는 되어 있지 않다.

0377   요시오카: 사채는 민간 회사와의 관계도 있고 등록 국채는 우리 측에서도 확인하지 않으면 안 되기 때문에 할 수 있는 대로 구별을 하여달라.

한국 측: 그러면 알 수 있는 데까지 알려주겠다.

요시오카: 제6항의 주식과 여기의 주식은 어떠한 관계가 있는가?

한국 측: 관계가 없다. 제6항은 일반적, 원칙적인 것이다.

일본 측: 그러면 일본계 통화에 들어가자.

한국 측: 일본계 통화는 금액으로 해서 1,525,493,702원 13전이다.

일본 측: 통화별 내용은 알 수 있는가?

한국 측: 대별하면 일본은행권이 1,491,616,748원과 6,442,831원이고 일본 정부지폐가 23,800,042원 90전과 1,781,538원 50전 일본 군표(軍票)가 216,183원 36전, 일

본은행 소액지폐가 218,301원 65전 중국 중앙준비은행권이 1,418,056원 72전, 이상과 같다.

일본 측: (우라베) 일본은행권은 금액을 둘로 나누고 있는데 나눈 이유는 뭣인가?

한국 측: 별로 나눌 필요는 없는 것이나 전자는 소각한 것이고 후자는 현물이 있는 것이다.

일본 측: 소각한 것은 일본은행권만인가?

한국 측: 그 외에도 있다. 소각한 내용은 일본은행권이 1,491,616,748원, 일본 정부지폐가 23,800,042원 90전, 일본 군표가 216,183원 36전, 중국 중앙준비은행권이 1,418,056원 72전이다.

일본 측: (우라베) 소각에 관한 자료를 받지 못하였는데 증거가 될 만한 것을 줄 수 없는가?

한국 측: 소각할 때 일본은행 직원이 입회한 기록이 있다.

일본 측: 동란 중 소실한 것도 이 안에 들어있는가?

한국 측: 그것은 안 들어있다.

우라베: 일본은행권의 6,442,831원은 현물을 가지고 있다는 뜻인가?

한국 측: 그렇다.

요시오카: 현물을 가지고 있는 것은 어느 어느 것인가?

이상덕: 현물을 가지고 있는 것은 일본은행권 6,442,831원만이고 나머지는 소각한 것인데 그중 약 2백만 원은 동란 중 일본 측의 입회 없이 소각하였다.

일본 측: 통화를 청구하는 근거는 무엇이며 또 그 소유자는 알 수 있는가?

한국 측: 그것은 전부 조선은행이 소유하고 있는 것이다.

우라베: 한국 국민이 상금 가지고 있는 것은 없는가?

한국 측: (이상덕) 지금은 없을 것으로 안다. 개인이 가지고 있던 것은 교환하여 모두 조선은행에 집중하였다.

요시오카: 미발행권은 없는가?

이상덕: 제5차 회담 때에도 이야기하였지만 그러한 것은 있을 리 없다.

우라베: 지불하느냐 안 하느냐 하는 것은 상부에서 결정할 문제지만 이 밖에도 후에 개인이 가지고 와서 지불하여 달라고 할 경우도 있을지 모르는데 그러한 때에 문제가

된다고 본다.

사쿠라이: 개인 소유분이 조선은행에 집중된 것은 조선은행이 폐쇄되기 전인가?

이상덕: 물론 폐쇄되기 전이다.

요시오카, 우라베: 국회에 대한 설명 자료도 되는데 소각 시의 증거 자료를 줄 수 없는가?

김 대표: 자료를 주도록 하겠다.

이상덕: 입회자가 사인한 기록이 있다.

우라베: 전번 회의에서도 이야기한 바가 있어서 의논을 반복하지는 않겠으나 일본 측의 입회 없이 소각한 이유는 뭣인가?

이상덕: 그 금액은 얼마 되지 않는데 그에 관한 장부 등이 있으므로 신용하면 어떤가?

우라베: 소각한 것은 의논이 있었으나 입회 없이 소각한 것은 문제가 된다고 본다.

사쿠라이: 소각은 언제 하였는가?

이상덕: 1946년과 1947년에 두 차례에 걸쳐 소각하였다.

사쿠라이: 전부를 소각한다고 하기에 입회하였던 것인데 남아있는 것은 무슨 이유인가?

이상덕: 어떤 형편에 의하여 조선은행에 남아있던 것이다. 그러나 그 금액은 얼마 되지 않는다.

요시오카: 소각한 취지를 명확히 하지 않으면 안 된다고 보는데 그 이유는 무엇인가?

고범준: 우리가 가지고 있는 영문 자료를 보면 그 안에 구체적인 이유가 기재되어 있다.

일본 측: 소각에 관한 자료는 나중에 받기로 하고 일본은행권과 일본 정부지폐는 모르나 군표와 중국 중앙준비은행권은 괴뢰 정권이 발행한 것이기는 하나 배상과의 관련도 있는 것이므로 문제가 된다고 보는데 여하튼 후일에 다시 우리 측 의견을 이야기하겠다.

요시오카: 각지 우편국에서 압류한 일본은행권이 약 3억 원 된다는 이야기가 있는데 여기에서 청구하는 것과 우편과는 그만큼 중복된 것 같은 감이 드는데 어떤가?

한국 측: 그럴 리는 없다. 압류되었다고 하는데 그것은 몰수를 의미하는 것인가?

일본 측: (요시오카) 한국인이 우편저금에 예입할 때 그 금액 중에 일본은행권이 섞

여 예입된 경우 등을 말한다.

한국 측: 일본은행권은 조선은행에 집중되었는데 불법으로 집중된 것이 있다면 몰라도 그 외에는 중복될 리 없다고 본다.

일본 측: (요시오카) 이것은 기술적인 문제인데 가령 우편저금에 예입한 현금 중에 일본은행권이 섞여 있어서 그 일본은행권을 청구한다면 일본은행권으로도 청구하고 우편저금으로도 청구하는 결과가 되어 중복될 것이 아니냐라는 뜻이다. 중복된 것 같은 감이 든다.

정태섭: 한국인 개인이 예입한 우편저금은 개인의 청구권을 기초로 하여서 청구하는 것이고 일본은행권은 조선은행이 가지고 있던 통화 관계를 기초로 하여 청구하는 것이므로 그 청구권자의 주체가 다른 것이어서 중복되었다고는 볼 수 없다.

고범준: 중복되었다는 것은 어느 특정일의 어느 순간을 상정한 이야기인 것 같은데 그와 같이 순간적으로 중복되는 경우도 이론상 있을 수 있을지 모르나 그렇게 짧은 시간에(예를 들면 영업 마감 시의 30분가량의 시간 내에) 계산 착오에서 중복되는 부분이 있었다 하더라도 기십만 원이면 몰라도 3억 원이나 중복된다는 것은 이해할 수 없는 말이다.

요시오카: 금액은 확실치 않으나 이 문제는 이 정도로 하자.

한국 측: 제5항의 3은 한국인 피징용자의 미수금 관계인데 여기에는 임금, 봉급, 수당 등이 포함되며 그 금액은 약 2억 5천만 원가량이다.

일본 측: 피징용자는 일본에서 징용된 자들인가?

한국 측: 그렇다.

일본 측: 그 숫자의 근거는 무엇인가?

이상덕: 종전 후 한국인 피징용자들은 봉급, 수당 등을 받지 않고 귀환한 것이 있다. 그러한 자료를 일본 측이 가지고 있다고 들었는데 1950년 스캅[SCAP] 당국으로부터 통고하여 온 것이다. 제5차 회담 때에도 그러한 자료가 일본 측에 있다는 말이 있었다.

우라베: 공탁한 것이 있으나 재일조선인의 강요로 회사 측에서 지불한 것도 있다고 듣고 있다. 2억 5천만 원은 어떠한 방식으로 조사하였는가?

한국 측: 아까 이 대표가 이야기한 것과 같이 스캅에서 온 서장이 있다.

일본 측: 그러면 그 서장의 사본을 줄 수 없는가?

한국 측: 주관자는 일본인데 일본 측에 자료가 있지 않은가?

우라베: 정부 관계는 조사해 보면 알 수 있으나 개인 회사 관계는 알 수 없다.

한국 측: 그것은 일본 정부를 통하여 행한 것이니 정부에서 알 수 있을 것이 아닌가?

혼마: 종전 후 혼란 때문에 확실한 자료가 없다. 조사는 해보겠으나 무엇이든 근거될 만한 것이 있으면 좋겠다.

이상덕: 사본을 주어도 좋으나 일본 측 숫자가 더 크지 않을까 생각한다.

일본 측: 가능한 한 조사해 보겠다.

한국 측: 주관자가 일본 정부인데 일본 정부에서는 알 수 있는 일이 아닌가? 우리로서는 지금 이것을 조사할 방법이 없다.

일본 측: 자료에는 공탁된 것도 있다고 쓰여져 있으나 일본 측 숫자는 1억 정도에 불과하다. 귀측의 자료에는 얼마로 되어있는가?

한국 측: 스캅으로부터 받은 서면의 금액을 보면 237,000,000원으로 되어 있다.

일본 측: 스캅은 무슨 근거가 있었을 것이므로 그 사본을 줄 수 없는가?

한국 측: 주겠다.

일본 측: 그러면 그 사본을 받기로 하고 다음으로 진행하자.

한국 측: 제5항의 4는 한국인 피징용자에 대한 보상금인데 이것은 과거 일본에 강제 징용된 한국인이 그 징용으로 말미암아 입은 피해에 대하여 보상을 청구하는 것이다. 태평양전쟁을 전후하여 다수의 한국인이 노무자로서 또는 군인·군속으로서 일본에 강제 징용되었다. 우리 측이 조사한 바에 의하면 태평양전쟁 전후를 통하여 일본에 강제 징용된 한국인 노무자가 667,684명, 군인·군속이 365,000명으로서 그 합계는 1,032,684명에 달하며 그중 노무자 19,603명과 군인·군속 83,000명, 합계 102,603명이 부상 또는 사망하였다. 우리 국민은 일본인과는 달리 단지 일본의 전쟁 수행을 위한 희생으로서 강제 징용되었던 점에 비추어 사상자에 대한 보상은 물론 생존자에 대하여도 그 피해에 대하여 보상을 청구하는 것이다. 금액은 이 대표가 설명하기로 하겠다.

이상덕: 전번 회담에도 이야기하였지만 이 피징용자에는 노무자 외 군인·군속을 포함한다. 보상금은 생존자에 대하여 1인당 200불, 사망자에 대하여 1인당 1,650불, 부

상자에 대하여 1인당 2,000불로 하여 그 금액은 각기 생존자가 186백만여 불, 사망자가 128백만여 불, 부상자가 5천만 불이다.

요시오카: 피징용자에는 군인·군속을 포함한다고 말하였는데 전 호[제5항 3호]의 피징용자에서도 그런가?

이상덕: 그렇다.

일본 측: (요시오카) 조선에서 징용된 자도 포함하는가?

이상덕: 포함되어 있지 않다.

요시오카: 군인·군속도 그런가?

이상덕: 그렇다.

우라베: 조선에서 징용된 자를 포함하지 않은 것은 무슨 이유인가?

이상덕: 한국 내에는 실제 그 수가 그리 많지 않았고 또 자료도 불충분하여 포함하지 않았다.

일본 측: 보상금의 기준은 무엇인가?

이상덕: 사망자와 부상자는 일본인에 대하여 보상하고 있는 것을 기준으로 하였다.

요시오카: 군인·군속, 징용자는 각기 기준이 다른데 그것을 어떻게 계산하였는가?

이상덕: 징용자도 군인을 기준으로 하였다.

요시오카: 그것은 평균적으로 계산한 것인가?

이상덕: 그렇다.

일본 측: 다음, 생존자의 기준은 무엇인가?

이상덕: 생존자는 육체적, 정신적으로 입은 피해와 고통을 고려한 것이다.

요시오카: 피징용자를 조선의 타 지역으로 구별할 수 없는가?

한국 측: 주로 일본 서적을 자료로 하여 거기에 나오는 숫자를 기준으로 하였는데 이러한 서적들은 대체로 일본에 온 자만을 다루고 있다.

우라베: 어떤 결론이 될지 그것은 별도로 하더라도 기본적으로는 인원수 등을 규명하여야 한다고 생각한다.

한국 측: 우리 측은 다음과 같은 문헌을 참조해서 인원수를 확정하고 있다. 노무자 관계는 일본 후생성 발표, 미합중국 전략폭격조사단의 Overall Economic Effect, 일본외교학계 편 "태평양전쟁 종결론", 박재일 저 "재일조선인의 종합 조사 연구", "쇼와

[昭和]사", "Far Eastern Economic Review" 등을 기준으로 하였다. 이 점도 일본 측에 더 상세한 숫자가 있을 것으로 본다. 군인·군속은 일본 외무성 조사월보, 일본 후생성의 "인양원호기록", 일본 경제안정본부의 "태평양전쟁으로 인한 아국의 피해 상황" 등을 기준으로 하였다.

일본 측: 우리 측에서도 조사해 보겠으나 지금 이야기한 저서의 명칭 등을 적어서 내일이라도 줄 수 없는가?

한국 측: 이런 것은 서로 충분히 토의하지 않으면 안 된다고 보는데 숫자 문제는 내년 재개 시에라도 좀 더 충분히 상호 대조하기로 하면 어떤가?

요시오카: 지금 알 수 있는 자료만이라도 줄 수 없는가? 우리 측에서도 후일에 비난을 받지 않기 위해서 숫자를 확인하여야 하므로 아는 자료는 속히 주었으면 좋겠다.

한국 측: 그 외 질문은 없는가?

우라베: 한국 측이 생각하는 것을 대강은 알았다. 엄밀히 한다면 부상자라 할지라도 부상 정도를 알아야 하고 사망자의 경우 언제 사망하였는가, 사망의 원인은 무엇인가, 당시 사망자에 대하여는 매장료를 지불하였는데 그것은 후에 달라졌지만 이러한 매장료의 지불은 어떻게 되어있는가 등등 확인하지 않으면 아니 되므로 상호 간의 숫자를 대조하는 작업은 아무래도 필요하다고 본다.

요시오카: 한국 측의 숫자는 실제 조사한 것이 아니고 자료에 의거한 것인가?

이상덕: 불확실하지만 일부는 조사한 것도 있다.

일본 측: 한국 측의 주장을 확실히 하기 위해서는 자료를 명백히 하지 않으면 안 된다고 생각하는데 한국 측의 생각은 대체로 알았으므로 오늘은 이 정도로 하면 어떤가?

우라베: 그러면 제4항에 관한 한국 측의 메모를 내일까지 주었으면 좋겠다.

한국 측: 내일까지 주겠다.

일본 측: (요시오카) 보상금은 이것만으로도 3억여 불이나 되는 금액인데 우리는 결론적인 숫자만을 들었을 뿐이므로 좀 더 상세한 설명을 들어야 하겠다.

한국 측: 그러나 회의는 앞으로 한 번밖에 남지 않았으므로 그것을 토의할 시간이 없지 않는가?

우라베: 재개 시는 전문가 회의라도 만들어서 이 문제를 좀 더 철저히 토의하자. 금액도 큰데 단 한 번만의 회의로서는 부족한 감이 없지 않다.

한국 측: 우리들도 그러한 감이 없지 않다. 다음 공식 회의에서 그것을 철저히 하도록 하자.

이상덕: 다음 회의까지 비공식 회담이라도 한 번만 더 가졌으면 좀 더 상세한 이야기를 할 수 있다고 생각하는데 일본 측 형편은 어떤가?

우라베: 예산 관계도 있고 또 이 문제는 후생성, 노동성, 운수성의 3성에 관계되는 것이기 때문에 대단히 어렵다고 본다.

미야카와: 단 한 번만의 회의로서는 결론은 도저히 나오지 않을 것이므로 이 문제는 전문가 회의에서 취급하는 것이 좋으리라고 생각한다. 내년 재개 시에 소위원회와 병행해서 하기로 하고 다음 회의(12월 21일 목요일)에서는 6, 7, 8항에 대한 한국 측의 대체적인 설명을 듣고 우리 측에서도 대체적인 의견을 이야기하도록 하는 것이 어떤가?

한국 측: 좋겠다.

고범준: 아까 말한 잔여 재산의 분배 상황에 관한 일본 측 서면은 다음 회의 전까지 우리 측에 줄 수 없겠는가?

일본 측: 소관 국장은 문외불출의 숫자라고 하나 독촉하여 얻도록 해보겠다. 우리 측에서 요구하는 한국 측 자료도 있는 것은 우리에게 주고 준비되어 있지 않은 것은 내년에라도 주었으면 좋겠다.

한국 측: 좋다. 그러면 오늘 회의는 이 정도로 하고 신문 발표는 제5항의 4까지 들어가 서로 의견을 교환하였다는 정도로 하자.

일본 측: 좋다.

끝

유첨: 김 수석위원 발언 요지

별첨

39-1. 제6차 한일회담 일반청구권소위원회 제7차 회의 시 김 수석위원 발언 요지문

0389   **김 수석위원 발언 요지**

　　전회의 소위원회 회합에서 한국 측 청구 제4항에 대하여 일본 측이 낭독하신 견해에 대하여서는 이미 동 회합에서 한국 측의 즉각적인 견해를 표명하여 둔 바 있으나 일본 측 요청에 의하여 한국 측 견해를 다음과 같이 재천명하고자 합니다.

0390   <u>한일회담에서의 한국 청구 제4항에 관한 한국 측의 주장</u>

　　제1. 한일회담에서의 한국 청구 제4항은 한국에 본점, 본사, 기타 주 사무소를 둔 법인의 재일 재산을 청구하는 것으로서 이를 한국 법인이라고 함은 동 법인의 구성원(주주 등)의 국적이 한국이라는 것이 아닙니다. 법인의 국적 문제는 그 구성원의 그것과는 전연 별개의 관념으로서 일본 본토와 한국(구 조선)은 종전 전에 있어서도 법역을 서로 달리하였는바, 전기 법인은 모두 한국(구 조선)에만 시행되는 법에 의하여 설립되었을 뿐 아니라 그 주 사무소가 한국(구 조선)에 설치되어 있던 법인입니다. 그뿐 아니라 특히 조선은행은 구 한국의 중앙은행이었던 구 한국은행을 계승한 법인으로서 이상 제 법인이 한국 법인임은 이론의 여지가 없다고 생각합니다. 그리고 이 결론은 미 군령 제33호의 적용의 결과가 아닙니다. 따라서 이상 법인의 재일 재산에 대한 소유권은 동 군령에 의하여 취득한 것이 아닌 동시에 동 군령에 의하여 좌우되는 것이 아닙니다. 즉 동 군령의 적용 대상은 그 법인 자체가 아니고 동 법인의 일본인 소유 주식에 불과하므로 동 법인의 재일 재산에 대한 소유권은 종전 전후를 통하여 조금도 변동이 없습니다. 법인의 재산이 주주의 유에 속한다는 것은 다만 경제적 관념으로만 이해된다고 봅니다.

　　제2. 그리고 군령 제33호에 의하여 일본인 소유 주식이 귀속(vested)되었다는 점은

0391   시인하면서 그 내용에 있어서 문제가 있다고 하시는 견해는 이해하기 어렵습니다. 왜

냐하면 일본 측의 견해대로 한다면 전기 각 법인의 재일 재산이 원래가 동 법인의 소유이었는데도 불구하고 군령 제33호가 나왔기 때문에 그 소유권을 상실하는 결과가 되는바, 이는 (1) 명문상 근거가 없고, (2) 동 군령의 목적이 일본으로 하여금 한국의 손실에 기한 이득을 취하게 하자는 데 있는 것이 아니라 모든 일본적 요소를 한국에서 불식한다는 데 그치는 그 입법 취지에 위반되며, (3) 한국 측의 주장이 국제법상 제 원칙에 비추어 보더라도 소호의 위반되는 바 없기 때문입니다.

제3. 일본 측은 전기 재일한인이 SCAPIN에 의하여 청산되었다는 사실을 일본 측 견해의 일 근거로 삼는 듯하나 SCAP가 특정 기관의 폐쇄 또는 청산을 명하였다는 것은 동 기관이 전쟁 수행에 협력하였다든가 하는 등의 이유에서 그와 같은 조치를 취한 데 불과하지 한국 측 재산에 의한 일본 측의 이득을 기도한 것이 아니므로 이 사실을 들어서 전기 재일 재산이 일본의 소유에 귀속하였다고는 할 수 없다고 봅니다.

별첨

39-2. 제6차 한일회담 일반청구권소위원회 제7차 회의 시 일본 측 수석위원[28]의 발언 요지문

いわゆる閉鎖機関及び在外会社が日本国内に有していた財産の処理について

(36. 12. 15 宮川主査. 発言要旨)

いわゆる閉鎖機関及び在外会社が日本国内に有していた財産を如何に処理したかについて, 御要望もあり次のとおり説明いたします.

1. 法的根拠について

(1) 閉鎖機関については, SCAPIN74号等一連の連合国最高司令官の命令及びこれを受けて制定された「閉鎖機関令」等一連の日本法令.

(2) 在外会社については, SCAPIN1965号等一連の連合国最高司令官の命令及びこれを受けて制定された「旧日本占領地域に本店を有する会社の本邦内にある財産の整理に関する政令」(以下在外会社令という)等一連の日本法令が根拠となっております.

2. 対象財産について

旧朝鮮地域に本店を有していた法人で, 閉鎖機関に指定されたものは4社(朝鮮銀行, 朝鮮殖産銀行, 朝鮮信託株式会社及び朝鮮金融組合連合会), 在外会社に指定されたものは朝鮮金融組合連合会の単位組合である金融組合及び産業組合のほか348社(北朝鮮に本店を有していた法人を含む. なお, このうち161社は日本国内に財産がないため指定を解除されている)であり, これら法人が日本国内に有するすべての財産であります.

(イ) 閉鎖機関について, SCAPIN74号は, これら機関の日本国内のすべての資産を差押えたものであり, SCAPIN163号及びSCAPIN1253号はその清算を命じておりま

---

28 편집자가 문서의 편철 순서를 바꾸었다.

す．すなわち「閉鎖機関の債務支払手続に関する閉鎖機関整理委員会及び日本銀行宛指令」

("Instructions to CILC and Bank of Japan of Procedure for Payment of claims of Closed Institutions" 11, July, 1947)は「国内財産は国内債務の支払に充てるものとする．この結果在外債務は清算手続に入らないことになる．」

("Domestic assets are to be used for payment of Domestic claims and corollary thereof is that foreign claims will not enter into this procedure.")

と明示しております．またこのほか占領軍の承認を得て制定された閉鎖機関令においても第一条に「その本邦内における業務を停止し，その本邦内に在る財産の清算をなすべきもの」と明白に規定しれいるのであります．

(ロ) 在外会社についても，SCAPIN1965号は，「旧日本占領地域に本店を有する会社の本邦内にある総ての財産の清算を実施すること」("effect the liquidation of all property in Japan of Companies with head offices in areas formerly occupied by Japan")

と規定し，またSCAPIN1965/1は，「旧日本占領地域に本店を有する会社の本邦内にある財産は，本邦内において在外本店が所有し，または請求権を有するすべての財産を含む．」

("property in Japan of companies with head offices in areas of former Japanese occupation will include all property located in Japan owned or claimed by the head office abroad")

と明記しており，占領軍の承認を得て制定された在外会社令第一条は「本邦内にある財産」を整理すると，明白に定めているのであります．

3. 清算手続

上記のごとく，国内財産と国外財産を分離し，国内財産を清算の対象として，これに対する債権者への弁済，株主に対する残余財産の分配を行うことを趣旨としているのであります．

そして，残余財産の分配は，日本国法に基づいて合法的に株式を取得した全株主

に対し行う建前となって居り，株主に対する残余財産の分配分で未だ分配を完了していない分は，現に保管又は供託中であります．

4. 清算の結果
（イ）閉鎖機関
朝鮮銀行は残余財産をもって新会社日本不動産銀行を設立し，清算を結了しました．朝鮮銀行の株主に対しては，現金による残余財産の分配に代えて新会社日本不動産銀行の株主を交付しており，未だ交付を完了していない新会社の株式については，新会社日本不動産銀行において，当該株券を保管中であります．

朝鮮殖産銀行は社債の一部の支払を行ったのみで，生産を結了しました．従って残余財産の分配は行われるに由なかったのであります．

朝鮮信託株式会社は残余財産を分配し，清算を結了しました．株主に対する分配金で未だ分配を完了していない分は保管中であります．

朝鮮金融組合連合会は資料の不足もあり，まだ清算は結了しておりません．

（ロ）在外会社
日本国内に財産を有していた184社の整理を結了し，現在整理中のものは朝鮮金融組合連合会の単位組合である金融組合及び産業組合（金融組合は614，産業組合は21あったと言われている）のほか3社であります．

在外会社についても，残余財産の処理にあたり，新会社を設立し，現金による分配に代えて，新会社の株式を分配したものがあり，かかる会社も然らざる会社も，未だ分配を完了していない分は供託中であります．

번역 이른바 폐쇄 기관 및 재외 회사가 일본 국내에 가지고 있던 재산의 처리에 대하여

(1961. 12. 15 미야카와 주사. 발언 요지)

이른바 폐쇄 기관 및 재외 회사가 일본 국내에 보유하고 있던 재산을 어떻게 처리했는지에 대해 요청이 있어 다음과 같이 설명합니다.

1. 법적 근거에 대하여
(1) 폐쇄 기관에 대해서는 SCAPIN 74호 등 일련의 연합국 최고사령관의 명령 및 이에 따라 제정된 「폐쇄기관령」 등 일련의 일본 법령.
(2) 재외 회사에 대해서는 SCAPIN 1965호 등 일련의 연합국 최고사령관의 명령 및 이에 따라 제정된 「구 일본 점령 지역에 본점을 둔 회사의 본국 내에 있는 재산의 정리에 관한 정령」(이하 재외회사령) 등 일련의 일본 법령이 근거가 되고 있습니다.

2. 대상 재산에 대하여
구 조선 지역에 본점을 가지고 있던 법인으로 폐쇄 기관으로 지정된 것은 4개 사(조선은행, 조선식산은행, 조선신탁주식회사 및 조선금융조합연합회), 재외 회사로 지정된 것은 조선금융조합연합회의 단위 조합인 금융조합 및 산업조합 외에 348개 사(북한에 본점을 가지고 있던 법인을 포함함. 이 중 161개 사는 일본 국내에 재산이 없어 지정이 해제됨)이며, 이들 법인이 일본 국내에 보유하고 있는 모든 재산입니다.
(가) 폐쇄 기관에 대해 SCAPIN 74호는 이들 기관의 일본 내 모든 자산을 압류한 것이고, SCAPIN 163호 및 SCAPIN 1253호는 그 청산을 명령한 것입니다. 즉 「폐쇄 기관의 채무 지급 절차에 관한 폐쇄기관정리위원회 및 일본은행에 대한 지침」("Instructions to CILC and Bank of Japan of procedure for Payment of claims of Closed Institutions" 11, July, 1947)은 "국내 재산은 국내 부채의 지불에 충당한다. 이 결과 재외 채무는 청산 절차에 들어가지 않게 된다(Domestic assets are to be used for payment of Domestic claims and corollary thereof is that foreign claims will not enter

into this procedure)"라고 명시하고 있습니다. 또한 이외에도 점령군의 승인을 얻어 제정된 폐쇄기관령에서도 제1조에 "그 본국 내에서의 업무를 정지하고 그 본국 내에 있는 재산을 청산할 것"이라고 명시적으로 규정되어 있습니다.

(나) 재외 회사에 대해서도 SCAPIN 1965호는 "구 일본 점령 지역에 본점을 둔 회사의 본국 내에 있는 모든 재산의 청산을 실시할 것(effect the liquidation of all property in Japan of Companies with head offices in areas formerly occupied by Japan)"이라고 규정하고 있고, SCAPIN 1965/1은 "구 일본 점령 지역에 본점을 둔 회사의 본국 내에 있는 재산은 본국 내에서 재외 본점이 소유하거나 청구권을 가진 모든 재산을 포함한다(property in Japan in property of companies with head offices in areas of former Japanese occupation will include all property located in Japan owned or claimed by the head office abroad)"라고 명시하고 있으며, 점령군의 승인을 얻어 제정된 재외회사령 제1조는 "본국 내에 있는 재산"을 정리하라고 명백히 규정하고 있는 것입니다.

3. 청산 절차

위와 같이 국내 재산과 국외 재산을 분리하고, 국내 재산을 청산의 대상으로 하여 이에 대한 채권자에 대한 변제, 주주에 대한 잔여 재산의 분배를 하는 것을 목적으로 하고 있습니다.

그리고 잔여 재산의 분배는 일본국 법에 따라 적법하게 주식을 취득한 모든 주주에게 행하는 것이 원칙이며, 주주에 대한 잔여 재산 분배분 중 아직 분배가 완료되지 않은 부분은 현재 보관 또는 공탁 중에 있습니다.

4. 청산 결과

(가) 폐쇄 기관

조선은행은 잔여 재산을 가지고 신회사 일본부동산은행을 설립하여 청산을 완료하였습니다. 조선은행 주주에게는 잔여 재산을 현금으로 분배하는 대신 신회사 일본부동산은행의 주식을 교부하였으며, 아직 교부를 완료하지 못한 신회사 주식에 대해서는 신회사 일본부동산은행에서 해당 주권을 보관 중에 있습니다.

조선식산은행은 사채의 일부만 지급하고 생산을 완료하였습니다. 따라서 잔여 재산의 분배는 이루어질 수밖에 없는 것이다.

조선신탁주식회사는 잔여 재산을 분배하고 청산을 마쳤습니다. 주주에 대한 분배금 중 아직 분배를 완료하지 않은 금액은 보관 중입니다.

조선금융조합연합회는 자료가 부족하여 아직 청산이 완료되지 않았습니다.

(나) 재외 회사

일본 국내에 재산을 보유하고 있던 184개 사의 청산을 완료하였으며, 현재 청산 중인 것은 조선금융조합연합회의 단위 조합인 금융조합 및 산업조합(금융조합은 614개, 산업조합은 21개였던 것으로 알려짐) 외에 3개 사입니다.

재외 회사에 대해서도 잔여재산 처리에 있어서 신회사를 설립하여 현금 배분 대신 신회사 주식을 분배한 것이 있으며, 해당 회사도 그렇고 그렇지 않은 회사도 아직 분배를 완료하지 못한 부분은 공탁 중입니다.

40. 대일 청구 요강 6항 변경에 대한 청훈 전문

번호: JW-12268

일시: 181700 [1961. 12. 18]

수신인: 외무부 장관 귀하

8개 항목 중 6항을 아래와 같이 변경함이 좋다고 생각되는바 이 건의에 대한 찬부를 지시하여 주시기 바라나이다. 또한 이 안이 허용된다면 요강 제5항 중에 포함된 주식에 관한 청구는 본 항에 포함되는 것으로 하고 이를 제5항에서 삭제함이 가하다고 사료됨.

의제: 본 한일회담 토의 요강 제7 내지 제5항의 청구권 범위에 속하지 않는 권리에 관한 원칙적 주장

청구의 취지: 요강 제1 내지 제5항에 청구권의 범주에 속하지 않는 권리로서 한국인(법인 및 자연인)이 일본 정부, 일본인(법인 및 자연인)에 대하여 가지고 있는 것에 관하여는 본 한일회담 성립 후일지라도 각 해당 한국인이 이를 행사할 수 있음을 인정하되 그 권리에 관한 시효는 한일 국교가 정상화될 때까지는 진행되지 않는 것으로 할 것.

수석대표

41. 대일 청구 요강 6항 변경에 관한 훈령 전문

번호: WJ-12175

일시: 191615 [1961. 12. 19]

수신인: 한일회담 수석대표

대: JW-12268호

일반청구권소위원회 관계로 다음 사항을 지시합니다.

1. 대호 전문으로 건의하신 우리 측 청구 제6항의 변경을 승인함.

2. 동 6항을 변경하는 이유에 관하여 일본 측이 구체적인 설명을 요청할 시에는 제5차 회담 시 외정(아) 제1422호(4293.12.3)로 송부한 바 있는 싱가포르고려인회 관계 소각 군표(남방개발금고에서 발행한 것), 베트남 거주 교포 '김태성'의 대일본 정부 청구 사항(귀 대표단 일반청구권소위원회에서 관계 서류를 1부 보관 중임) 및 화재보험 청구 관계 등을 예로 설명하는 것이 좋을 것으로 사료함.

(정아)

장관

44. 제6차 한일회담 일반청구권소위원회 제8차 회의록

0398 일반청구권소위원회 제8차 회의

　　　회의록

1. 개최 일시: 단기 4294년 12월 21일 오후 4시부터 2시간

2. 개최 장소: 일본 외무성 회의실

3. 참석자: 한국 측 김윤근 수석위원
　　　　　　고범준 위원
　　　　　　이상덕　〃
　　　　　　정태섭　〃
　　　　　　홍승희　〃
　　　　　　김낙천　〃
　　　　　　홍윤섭　〃
　　　　　　이창수　〃
　　　　일본 측 미야카와(宮川) 주사
　　　　　　요시오카(吉岡) 주사대리
　　　　　　우라베(卜部)　부주사
　　　　　　사쿠라이(櫻井) 보좌
　　　　　　혼마(本間)　　〃
　　　　　　가네코(金子)　〃
　　　　　　스기타(杉田)　〃
　　　　　　모리모토(森本)　〃
　　　　　　도모타(鞆田)　〃

스케가와(助川) 보좌
오기소(小木曾) 〃
오와다(小和田) 〃
야나기야(柳谷) 〃
스기야마(杉山) 〃
와타나베(渡辺) 〃
히사이치(久一) 〃
사사다(笹田) 〃

4. 토의 내용

미야카와: 오늘은 최후의 회의이고 시간도 없는데 어떤 방식으로 회의를 진행할 생각인가?

김 대표: 전번 회의에서 토의 미진한 것을 먼저 끝내고 그 뒤에 체신부 관계 전문위원회의 결과를 어떻게 처리할 것인가를 결정하고 그 결정에 따라 처리한 후에 요강의 제6항까지 끝내도록 해볼 생각이다.

미야카와: 요강 2, 4, 5에 대하여는 견해를 달리하는 점도 있으나 연내에는 시간이 없기 때문에 내년 재개 시 상세한 의견을 이야기하겠다.

김 대표: 좋다. 그저께 일본 측으로부터 폐쇄 기관과 재외 회사에 관한 일본 측 주장의 메모를 받았는데 의문 나는 점, 견해를 달리하는 점도 있으나 일본 측이 그렇다면 우리도 내년 재개 시 하겠으나 단지 잔여 재산 중 한국인 재산 처리에 관한 자료를 주면 다음으로 진행하여도 좋다고 본다.

미야카와: 폐쇄 기관과 재외 회사에 관한 '스카핀[SCAPIN]' 및 재외채권자 즉, 재외 주주를 위하여 유보한 재산의 처리에 관하여는 관계 당국에 요청하였으나 거절하는 것은 아니지만 예산 관계도 있고 그 자료가 방대하고 복잡하며 또 기구도 달라졌기 때문에 미처 준비하지 못하였다. 이 자료는 내가 성의를 가지고 내년 재개 시에 제출하도록 노력하겠으니 양해하여 주기 바란다.

김 대표: 그러면 그 자료는 휴회 중이라도 우리 대표부를 통하여 보내주었으면 좋겠다.

0401   미야카와: 될 수 있는 대로 노력하겠다. 아까 말한 바와 같이 요강 4에 대하여 일전에 받은 한국 측 주장에 대한 일본 측 의견은 다음에 하겠으나 우선 한마디 소견을 말하겠다. 요강 4에 대하여 한국 측은 종전 전부터 한국 법인이라는데 그 근거를 두고 있으나 이에 대하여는 근본적으로 소견을 달리하고 있다. 지역적으로 볼 때는 구 일본 영토이고 또 그 준거 법규는 한국 법이 아니고 일본 법이었기 때문에 한국 법인이라는 데는 동조하기 곤란하다.

김 대표: 지역적으로 볼 때에는 구 일본 통치하의 지역이었더라도 법역이 별개이었고 또 준거법도 한국에만 실시하기 위한 법률이었으므로 한국 법인이라고 하는 것인데 이러한 것을 오늘 이 자리에서 되풀이하고 싶지는 않으나 그 점을 밝혀두는 바이다. 그리고 전문가 회의는 어떻게 취급할 생각인가?

미야카와: 김 주사도 보고를 받았겠지만 나도 보고를 받았으나 쌍방에서 검토하지 않은 점도 있고 또 자료를 어떻게 취급할 것인가 하는 문제도 있다. 자료를 어떻게 취급할 것인가 하는 관계 점과도 의논하여 재개 시 검토하기로 하겠다.

김 대표: 그러면 전문가 회의는 일단 끝난 것으로 하고 각기 받은 보고를 어떻게 취급할 것인가는 내년 재개 시에 이 소위원회에서 결정하자는 뜻인가?

미야카와: 그렇다.

0402   김 대표: 그렇다면 그렇게 하기로 하자.

미야카와: 그리고 요강 2, 5에 관하여 자료를 주기로 되어있는데 준비되어 있는가?

김 대표: 준비하고 있다. 자료는 이 회의가 끝난 후에 주도록 하겠다.

우라베: 준비된 자료는 어떠한 것인가?

김 대표: 유가증권 명세표, 일본은행권 등 소각 증명서, '스카핀'에서 통고해 온 한국인 피징용자 미수금 관계 서장(스캅[SCAP]), 피징용자 인원수 조사표 및 인원 조사 문헌표 등이다.

요시오카: 그 외 보상금 금액 산출의 금액에 관한 자료는 준비되어 있는가?

이 대표: 그것은 준비되어 있지 않다.

요시오카: 그것도 내주기 바란다.

김 대표: 내보도록 하겠으나 일본인에게 주는 것과 같은 계산이므로 일본 측에서도 알 것으로 생각한다.

우라베: 그러면 제5항의 5에 들어가자.

김 대표: 그 전에 일전에 설명한 보상금 관계에 대하여 혹시 착오가 있으면 안 되므로 한마디 보충할 것이 있다.

(이상덕): 보상금 관계 설명에 있어서 한국 내에서 징용된 자를 포함하는가의 질문에 대하여 포함하지 않는다고 말하였는데 그것은 노무자만을 포함하지 않았다는 것이며 군인·군속은 임지를 모르는 것이기 때문에 포함된 것이다. 요전에도 그런 뜻으로 설명한 것이지만 그 점 오해 없기를 바란다.

미야카와: 잘 알았다.

김 대표: 제5항의 5는 한국인의 대일본 정부 청구이며 이것은 연금, 기타로 되어있으나 기타는 기탁금 관계이다. 연금은 과거의 소위 은급인데 이것은 또 연금과 일시금으로 구별되어 있다. 그 청구액 등에 대하여는 이 대표가 설명하기로 하겠다.

(이상덕): 금액은 연금은 35,120명에 289,645,000원이고 일시금을 20,268명에 16,549,970원으로 합계 55,388명에 306,184,970원이다.

요시오카: 은급은 문관 외 군인·군속을 포함하는가?

이 대표: 포함한다.

요시오카: 군인·군속과 민간의 구분은 아는가?

이 대표: 구분은 모른다.

요시오카: 문관 은급은 국고에서 지불되는 것도 있고 지방 정부나 조선의 지방 자치 단체에서 지불되는 것도 있어서 그 종류가 많아 복잡한데 문관 은급은 어느 범위 내의 것인가?

이 대표: 자원 출처 관계는 조사되어 있지 않으나 해당자 소속 관서별로는 알고 있다.

요시오카: 소속 관서별로도 대체로는 알 수 있을 것이다. 그러면 그 금액은 일 년분인가?

이 대표: 1년분을 산정해서 20년만 보았다.

요시오카: 언제부터 계산하여 20년인가?

이 대표: 종전 후부터이다.

요시오카: 조사 자료는 관서별인가?

0404   이 대표: 그렇다.

김 대표: 1945년 미군정청에서 각 우편국 또는 우편소를 통하여 조사한 것을 기초로 하였는데 어느 정도 정확한지는 모르겠으나 일본 측에서 말하고 있던 금액보다는 적은 것이다. 은급 관계는 오히려 일본 측에 정확한 자료가 있을 것이다. 은급 관계는 귀측에서 어떻게 처리하고 있는가?

요시오카: 우리도 잘 모르나 은급국에서 제정한 것 이외에는 모르는 것이 사실인 것 같다.

이 대표: 재정분은 어떻게 되어있는가?

우라베: 그것은 재정한 이상 기록이 있어서 명확하나 인원수에 관하여는 전에 이야기한 기억이 있으나 지금 자료를 가지고 있지 않기 때문에 확실치 않다.

요시오카: 미재정분도 들어있다고 하는데 그것은 어떠한 방식으로 계산하였는가?

이 대표: 신청 중에 있는 것을 자료로 하여 계산하였다.

우라베: 일시금이 있는데 그것이 미재정분을 의미하는 것인가?

이 대표: 그렇지 않다. 일시금에도 재정분, 미재정분이 있다.

요시오카: 미재정분은 얼마나 되는가?

이 대표: 지금 즉답하기 어려우나 일본 측 은급국에 있는 자료와 우리의 것을 서로 대사하도록 하자.

요시오카: 그렇게 할 수밖에 없는 것이다. 귀측 생각의 대강은 재정분과 신청 중의 분이라는 뜻인가?

김 대표: 그렇다.

요시오카: 전의 보상금과 이 은급과는 어떠한 관계가 있는가? 중복되지는 않는가?

김 대표: 중복된 것은 아니다.

요시오카: 상병 은급은 포함하지 않는가?

이 대표: 포함하지 않는다. 이것은 보통 은급뿐이다.

요시오카: 그러냐? 전의 사망자의 대한 보상금 1,650불의 산출 기초를 알면 그간의 사정은 잘 알 수 있는 것인데 생존자에 대한 보상금 200불은 별로 기초라는 것이 없을 것이지만 사망자에 대한 보상금은 어떻게 계산한 것인지 그것을 알고 싶다.

김 대표: 내가 아는 한에서는 평균하여 지금의 일본의 원호법의 중간을 취한 것으로

생각한다.

요시오카: 종전 후 시기에 따라 보상액이 다른데 어느 시기의 것을 택하였는가?

김 대표: 현재 시행 중인 것이다.

요시오카: 20년이라고 한 것은 어떤 생각에서인가?

김 대표: 평균 수명으로 보았다.

요시오카: 은급법에는 일본인에게 한하기로 되어 있으며 이것은 법적 지위와도 관계가 있는데 일본인이 아니라도 은급을 달라는 의미인가?

김 대표: 기금을 지출하였기 때문에 그 관계를 고려에 넣은 것이다.

요시오카: 그것은 보험과는 달리 명목적인 것에 불과하다. 여하튼 한국 측의 취지는 잘 알았는데 이것은 전문가로 하여금 대사시키도록 하여야 하겠다.

김 대표: 다음은 기탁금인데 이것은 종전 후 재일한국인이 귀국할 때 일본 정부에 예탁한 것을 청구하는 것이다.

우라베: 이것은 세관에서 보호 예수한 것인가? 그 금액은 얼마나 되는가?

이 대표: 셋으로 나눠지는데 일본 세관이 보관하고 있는 10,510,200원 58전, 이것도 세관에서 보관하고 있는 것으로 인정되는 것이나 일본 정부가 한국인 귀환자에 대하여 일본은행권을 조선은행권으로 교환해 준 것이 48,714,690원, 그리고 구 조련에 기탁하였으나 후에 일본 정부에 압수된 것이 54,500,000원이다.

요시오카: 둘째 번의 일본은행권과 조선은행권이 교환되었다는 것은 무슨 뜻인가?

이 대표: 귀환자를 위해서 일본은행권을 조선은행권과 교환받은 것이다.

우라베: 귀국에서 조선은행권을 가지고 왔다는 의미인가?

이 대표: 그렇다. 한국인 귀환자가 가지고 있는 일본은행권을 조선은행권과 교환하기 위하여 미군정부에서 제공한 것이다.

김 대표: 이 경우 일본은행권을 반환하라는 뜻은 아니고 그 대가를 반환하라는 것이다.

미야카와: 교환 대전을 못 받았다는 것인가?

김 대표: 그렇다.

우라베: 세관에 기록이 있을까?

요시오카: 첫째 것은 세관에 있다고 보나 둘째 것은 있을지 없을지 조사해 보지 않고서는 모르겠다.

이 대표: 우리에게는 결제된 흔적이 없고 그 당시 제공한 그대로 남아있다.

요시오카: 조련에 기탁이란 무엇인가?

이 대표: 귀환자의 소지금은 제한되었는데 그 제한 외의 금원은 조련 등에 예탁하였던 것이다. 그 후 조련은 불법 단체로서 해산되고 그 재산은 일본 정부에 압수된 것으로 알고 있는데 그 압수된 재산 속에 들어있던 것을 말한다.

우라베: 이것은 법무성 관계인데 사실관계를 조사해 보도록 하겠다.

요시오카: 첫째 것은 신고시킨 것인가?

김 대표: 1951년 9월 7일 일본 대장성에서 (구마시로 명의) '스캅'에 보낸 서장의 사본이 있다. 여기에는 조련 것을 제외하고는 모두 명세가 나와있다.

요시오카: 그러면 그 사본을 줄 수 없는가?

김 대표: 주겠다.

(미야카와 퇴석.)

김 대표: 다음은 제5항의 6인데 이것은 일본인 또는 일본 법인에 대한 청구로 되어 있다. 제목은 일반적인 것으로 되어있으나 여기서는 한국인의 일본 생명보험회사에 대한 청구권에 한정하겠다. 이것은 한국인 개인이 종전 당시까지 일본 생명보험회사에 가입 또는 불입한 것을 말하는 것인데 상세한 것은 이 대표가 설명하기로 하겠다.

이 대표: 이것은 생명보험의 책임준비금을 청구하는 것인데 그 금액은 438,000,000원이며 일본 측의 관계 회사는 19개 회사이다. 가입자의 명부는 없어졌으나 회사별로는 조사해 둔 것이 있다.

우라베: 회사별로는 아는가?

이 대표: 안다. 우리가 듣기에는 일본 측에서도 회사별로 분류하여 가지고 있는 것이 있다고 들었다.

요시오카: 회사별로 된 표를 얻을 수 있는가?

우라베: 생명보험 관계는 대단히 귀찮은 것으로 생각한다. 이것은 개인이 회사에 가서 청구할 성질의 것이 아닌가?

김 대표: 개인이 일일이 추심할 수도 없고 또 그 금액도 알고 있으므로 이 회담에서 토의하여 결정하자는 것이다. 보험 관계 외에도 개인 대 회사가 되면 실제 문제로서는 대단히 어렵게 된다고 본다.

우라베: 그러한 방법도 있으나 책임준비금이라면 회사별로 다르다고 보는데 그것을 어떻게 계산하였는가? 또 금액이 큰데.

김 대표: 전시 중 저축 아니면 보험 가입으로서 반강제적으로 한 것이기 때문에 그 금액이 큰 것이다.

우라베: 그러면 그것도 자료를 줄 수 없는가?

김 대표: 주겠다.

요시오카: 한국 측은 우편저금과 동일한 것으로 보고 청구하고 있으나 청구 측 입장으로 본다면 동일한 것이 되려는지는 모르겠으나 생명보험과 같이 사기업의 경우는 우편저금과는 달라 청구할 때 명부가 없으면 문제가 대단히 어렵게 된다고 본다.

김 대표: 그렇게도 말할 수 있으나 이것은 정부가 전연 관여 안 한 것도 아니므로 정부 대 정부로서 해결하자는 것이다.

우라베: 무리하게 정부를 개입시키는 것이 어떨까 생각한다.

김 대표: 다음은 제5항의 6 기타인데…….

우라베: 이것은 제5차 회담 때 청구할 것이 없다고 들었는데…….

이 대표: 예정하고 있지 않다고 말했을 뿐, 없다고 이야기한 적은 없다.

김 대표: 이 항목은 토의를 보류한다는 것이고 항목 자체를 삭제한다는 뜻은 아니다. 제6항은 제목이 "한국 법인 또는 한국 자연인 소유의 일본 법인의 주식 또는 기타 증권을 법적으로 인정할 것을 청구함"으로 되어있으나 내용은 같으나 그 제목을 "한국인(자연인, 법인을 포함함)의 일본인(자연인, 법인을 포함함) 또는 일본 정부에 대한 권리 행사에 관한 원칙"으로 변경하겠다. 우리 측이 주장하는 내용은 한국인(자연인, 법인)의 일본인(자연인, 법인) 또는 일본 정부에 대한 권리로서 요강 제1항 내지 제5항에 포함되지 않은 것은 한일회담 성립 후라 할지라도 이것을 개별적으로 행사할 수 있는 것으로 한다. 이 경우에 있어서는 양국 간의 국교가 정상화할 때까지는 시효는 진행하지 않는 것으로 한다. 이것을 넣은 취지는 회담 진행 도중에 여러 가지 종류의 청구를 주장해 오는 것이 있는데 이것을 검토할 시간도 없거니와 과연 그 주장이 근거가 있는 것인지 없는 것인지도 알 수 없기 때문에 이것은 별개 취급으로 하여 회담 성립 후라도 개인이 청구할 수 있는 길을 터놓기 위한 것이다.

요시오카: 제1항목 내지 제5항목에 들어있는 개인 청구권 관계는 어떻게 되는가?

김 대표: 그것은 이 회담에서 일괄하여 결정하게 되는 것이므로 개인으로서는 주장할 수 없고 그 외의 것은 실제 있는지 없는지는 모르겠으나 있을 경우에는 그 권리를 주장할 수 있게 하자는 것이다.

우라베: 요강 5의 주식은 어떻게 되는가?

김 대표: 제5항에서 제외되어 제6항에 넣었다.

우라베: 국채 등은 후에 개인이 가지고 올 경우에도 그 지불을 하지 않아도 좋다는 의미인가?

김 대표: 그렇다.

우라베: 그러나 그렇게 되면 군령 33호 관계로 회담이 시초로 돌아가게 되는 결과가 되지 않을까 우려된다. 모처럼 정부 간에 결정을 보더라도 이런 것이 있으면 큰 '루프 홀'이 남는 것이 아닌가?

김 대표: 그것은 다시 정부 간에 회담하는 것이 아니고 개인적으로 청구하게 되는 것이기 때문에 '루프 홀'이라고는 보지 않는다.

요시오카: 지금 미야카와 주사가 없기 때문에 무어라 말할 수 없으나 이 문제는 상당히 이론이 있을 것으로 생각한다.

김 대표: 그러한 개인의 청구권이 있다 하더라도 이 회담에서 다시 토의하자는 것이 아니고 이 회담은 이것으로 끝내고 그러한 청구권은 개별적으로 청구할 수 있는 길을 터놓자는 의미이다.

우라베: 군령 제33호와의 관계로서 한국인의 대일 부채는 없어지고 대일 채권은 회담 성립 후에도 남는다고 하면 큰 문제가 일어나지 않겠는가?

김 대표: 군령 33호와는 관계가 없다. 이것은 그러한 청구권이 성립하느냐 안 하느냐를 정하는 단계까지는 가지 않고 청구권이 있다고 주장할 경우 재판소에서 재판하는 여지는 아직 있게 하자는 것이다.

우라베: 군령 33호의 효력은 협정 시 소멸하는 것으로 대항 요건을 넣으면 몰라도 군령 33호를 인정하고 그 무효를 주장할 수 없는 한 재판소에 소송이 되더라도 역시 문제가 된다고 본다.

김 대표: 그것은 법률적으로 재판관이 지시하면 그 지시를 따라야 하나 예를 들어 종전 전부터 도쿄에 체납된 집세가 있는데 이것이 이 회담의 의제에 들어있지 않다는

데도 불구하고 이 회담이 성립되었다고 해서 이러한 개인 청구권이 없어지게 된다면 그것도 곤란한 문제가 아닌가? 따라서 이 경우에는 회담과는 관계없이 개인 간의 청구 또는 재판소에 소송을 제기할 수 있게 하자는 것이다.

요시오카: 거꾸로 양측에 집세 관계로 채권 채무가 있을 때는 곤란하지 않는가?

김 대표: 재판소에 소송한다면 하등 곤란할 것이 없지 않는가? 재판소의 명령이 있으면 그것은 별도로 당사자 간에 채권 채무를 정리할 수 있는 길을 남겨두게 하자는 것이다.

요시오카: 이 경우 상쇄하자고 주장할 경우에는 어떻게 되는가?

김 대표: 그것은 재판관에 일임할 문제이고 상쇄하기로 된 것이라면 물론 그것은 상쇄하여야 될 것이다.

요시오카: 취지는 알겠으나 여러 가지로 문제가 있다고 본다. 여하튼 후에 다시 우리 측 의견을 이야기하겠다.

우라베: 역시 곤란한 문제가 일어날 것으로 본다.

김 대표: 일어나지 않을 것이므로 안심해도 좋을 것이다. 이 조항은 오히려 설명적 조항이니까 일본 측에도 의견이 있을 줄 안다. 그리고 6항목에 대한 취지와 내용을 메모로 해서 주겠다(별첨 참조).

우라베: 일본 측의 입장도 있으므로 그 점은 심중히 생각해 주기 바란다. 우리로서는 역시 자연인이나 법인 관계의 청구권 일체가 이 회담에서 해결되었으면 하는 희망이다. 또 일본에서는 개인 관계의 사유재산권은 보호한다는 입장을 취하고 있으므로 이러한 항목을 넣지 않는다 하더라도 그 권리는 남게 될 것이다.

김 대표: 그러나 회담에서 지금까지의 항목에 나온 것이나 안 나온 것이나 모두 회담 성립이라는 이유로써 소멸된 것이라고 하면 소송이 있을 때 재판소에서 판단하는 데 오히려 곤란할 것이다.

우라베: 그러한 경우에는 회담에서 체결한 협정 해석에 관하여 행정권과 사법권이 대립하는 결과가 되지 않는가?

김 대표: 별로 지장이 없을 것으로 본다.

사쿠라이: 그렇게 된다면 군령 33호와의 관계로서 사적 청구권에 관하여는 근본적으로 재고하지 않으면 안 되리라고 본다.

0413　김 대표: 회담은 의제로 되어있는 것, 즉 8개 항목에 들어있는 것을 해결하자는 취지로 알고 있다. 따라서 8개 항목에 들어있지 않은 개인 청구는 주장할 수 있게 하고 재판소에서 주장할 수 없는 것이라고 하면 몰라도 주장조차 할 수 없게 한다면 그것도 곤란한 문제이다.

이 대표: 각 항목에는 기타가 있으나 여러 가지 잡다한 것이 있어서 그것을 전부 망라할 수는 없으므로 역시 개별적으로 해결하는 길밖에 방법이 없다고 본다.

우라베: 어떠한 예가 있는가?

이 대표: 남방에서 일본 내 요코하마정금은행으로 송금한 송금 수표를 가지고 온 경우 등이 그 예인데 개인이 정금은행에 가서 일본 법에 의하여 추심할 수 있다면 추심하게 할 수 있도록 하자는 것이다.

우라베: 그런 것은 비교적 간단한 예인데 찾으려면 찾을 수 있는 것이라고 본다. 내가 듣기에는 한국인 귀환자가 오사카에서 예금한 것이 있으나 아직 찾지 못한 것이 있다고 한다.

김 대표: 그러기 때문에 그와 같은 예금 채권 등을 이 회담이 성립한 후 청구할 수 없는 것이라고 하면 곤란하다고 하는 것이다.

우라베: 지금의 예와 같이 사유재산이 보호되고 있는, 즉 무해한 것 또는 형편이 나쁘지 않은 것은 별문제이겠지만 그 외의 경우는 간단한 것이 아니므로 역시 곤란한 문제가 있다고 본다.

김 대표: 그러나 개인 재산이 존중되는 경우라도 정부 간에 일단 협정이 되면 이 회담을 방패로 거부하게 되면 곤란하다.

0414　우라베: 한국 측의 취지는 알겠으나 이것은 역시 문제가 크다고 본다. 지금 당장 결론을 낼 필요도 없는 것이므로 일단 검토한 후에 다시 우리 측 의견을 이야기하도록 하겠다.

김 대표: 그 외에는 별로 질문이 없는가?

일본 측: 없다.

김 대표: 대체로 제1항목에서 제6항목까지의 설명이 끝났는데 지금까지의 우리 측 주장을 요약하면 다음과 같다. 우리는 청구 항목의 대부분을 편의상 일본 화폐인 원화로서 설명하였으나 그 지불은 1945년의 일본 원 대 미 불화의 환율로 환산한 금액을

청구하는 것이다. 환율은 이론적으로는 1945년 8월 9일 현재가 될 것이나 그 직후 개정된 15대 1로 청구하는 것이다. 그리고 지금까지 이 회합에서 토의를 보류한 사항이 있었는데 그 유보사항과 각 항목의 기타로 표시된 항목은 전연 권리를 포기하는 것이 아니고 토의를 보류해 둔다는 취지이고 또 지금까지 한국 측에서 제시한 숫자나 자료 또는 발언 요지 등에 착오가 있을 경우에는 언제든지 정정하는 것으로 양해해 주기 바란다. 그리고 원화를 미 불화로 환산하는 것은 일본 원으로 제시한 항목에 그치는 것이며 그렇지 않은 예를 들면 제1항목 같은 것은 일본 원이 아니므로 환산과는 관계가 없는 것이다.

사쿠라이: 이론적으로는 8월 9일 현재의 환율이지만 15대 1로 한다는 것은 그 환율이 불명이었기 때문이라는 것인가?

고 대표: 그런 뜻이라고 생각하지만 그 당시에는 환율이 1불당 4원 25전에 틀림없었을 것이라고 생각하는데 환율은 종전 후에 1불당 15원으로 변경된 것이 아닌가?

사쿠라이: 8월 9일 현재의 환율은 1불당 4원 23전이었던 것으로 안다.

요시오카: 취지는 잘 알았다. 지금 이야기한 세 가지 문제 중 일부 항목과 각 항목에 표시된 기타 항목에 대하여 토의를 보류한다는 것과 숫자 자료 발언 요지는 후에 결정할 수 있는 것이라는 데 대하여는 별 이의가 없으나 다만 첫째 번의 환산율 15대 1은 대단히 중요한 문제이고 또 전에도 없는 일이므로 여기서는 무어라 말할 수 없고 후에 우리 측 의견을 이야기하겠다.

우라베: 요다음 회의는 언제 할 것인가?

김 대표: 그것은 본회의에서 결정할 것이다.

야나기야: 제5항목의 6은 제목이나 내용을 모두 변경하는 것인가?

김 대표: 제목은 변경하는 것이 아니고 단지 그 내용에 있어서 생명보험에 한정하는 것이다. 그러면 오늘 회의는 이 정도로 할 것인가?

김 대표: 신문 발표는 6항목까지 한국 측에서 설명이 있어서 서로 의견을 교환하였다 정도로 하자.

요시오카: 그렇게 하자.

우라베: 6항목의 제목이 변경되었으니 6항목의 제목이 변경되었다는 것을 추가하자.

김 대표: 좋다.

우라베: 명일 본회의에서 그간 각 위원회에서 토의한 일을 확인하기로 되어있는데 다음과 같은 안으로 하면 어떤가? 이것은 전화로 연락한 것이지만 어업위원회 등과 내용을 같이한 것이며 공동 보고의 형식이 아니고 소위원회의 장이 각기 수석대표에게 보고하는 형식을 취한 것이다.

김 대표: 다만 본문 6행의 "구 조선총독부 체신부" 관계는 요강 제2항으로 변경하고 다음의 임시 소위원회는 우리 측에서 전문가위원회라 하고 있으므로 임시 소위원회라도 좋으나 다음에 괄호해서 Ad Hoc Committee의 영문을 삽입하자.

우라베: 좋다.

이상

별첨

44-1. 제6차 한일회담 일반청구권소위원회 제8차 회의 시 김 수석위원 발언 요지문

0417   김 수석위원 발언 요지

1961. 12. 21

청구권 요강 제6항을 아래와 같이 수정합니다.

제목: "한국인(자연인 및 법인)의 일본 정부 또는 일본인(자연인 및 법인)에 대한 권리 행사에 관한 원칙"

내용: 한국인(자연인 및 법인)의 일본 정부 또는 일본인(자연인 및 법인)에 대한 권리로서 이상 요강 제1항 내지 제5항에 포함되지 않은 것은 한일회담 성립 후일지라도 개별적으로 행사할 수 있음을 인정할 것. 이 경우에는 국교 정상화될 때까지 시효는 진행되지 않는 것으로 할 것.

45. 1962년 1월 15일 자 외정(아) 제24호 훈령에 대한 질의 전문

번호: JW-01379

일시: 271115[1962. 1. 27]

수신인: 외무부 장관 귀하

1962년 1월 15일 자 외정(아) 제24호 훈령 일반청구권위원회에 관한 부분 중 (2), 은급 관계 (나) 항에 의하면 "전후분 청구에 대하여는" 운운하고 있는바 원래 우리 청구는 전후분뿐이었음에 비추어 그 문구는 종전 전의 것도 청구하고 있다는 전제하에 표시된 것이 아니며 따라서 특별한 의의가 있는 것이 아니라고 해석되는바 귀측에는 어떠하신지 회신하여 주시기 바람.

끝

수석대표

46. 대표단 질의에 대한 답신 전문

0419   번호: WJ-01278

일자: 271625[1962. 1. 27]

수신인: 한일회담 수석대표

대: JW-01379호

대호로 문의하신 은급 관계 훈령 내용에 관하여는 훈령 문구가 "전후분 청구에 대하여는"이라고 되어 "는"이라는 문구 때문에 오해의 여지가 있으나 귀견과 같이 특별한 의미가 없는 것이니 그리 양지하시기 바람. (정아)

장관

47. 제6차 한일회담 일반청구권소위원회 위원 간 비공식 접촉 결과 보고 전문

번호: JW-01443

일시: 30□25[1962. 1. 30]

수신인: 외무부 장관 귀하

1. 1월 29일(월요일) 12시 30분부터 1시간 가유회관에서 아 측 김윤근 수석과 이상덕 위원은 청구권위원회 운용 방법에 관한 비공식 접촉을, 일본 측 '요시오카', '우라베' 양 부주사와 가졌는바 먼저 우리 측이 매주 1회를 원칙으로 하는 비공식 회담으로서 진행할 것을 제의하였던바 '요시오카' ~이에 대하여 전면 비공식으로서 하자는 반대 주장을 하여 쌍방의 의견이 일시 대립되자 일 측 '우라베'가 일본 국민에 대한 관계로 보아 비공식을 우물쭈물한다는 인상을 주지 않는다는 의미에서 제1회 회합만이라도 공식으로 회합을 가지고 그 후의 것은 자료를 검토할 필요가 남아있는 것도 적지 않으니 이런 것을 검토하기 위하여 (AD-HOC) 전문위원회 또는 비공식 회합 등을 가질 필요가 있는가 없는가를 제1회 공식 회합에서 결정하도록 함이 좋을 것이라는 제안을 하므로 우리 측은 이 점을 고려하여 다시 회합할 것을 약속하고 해산하였음. 그리고 이 회합에서 일 측이 발언한 중요한 사항은 아래와 같음.

 (1) 청구 요강 7, 8항을 토의하여야겠다는 것.
 (2) 징용자 관계와 은급 관계를 쌍방의 자료를 토대로 하여 검토할 필요가 있다는 것.
 (3) 제1회 회합은 2월 1일을 희망한 것.

2. 위의 회합 결과에 의하여 우리 측 태도를 아래와 같이 결정하였음.
 (1) 이상 회담의 경위로 보아 제1회 회합은 2월 1일에 가지되 동 회담은 공식 회담으로 할 것.

(2) 동 석상에서 앞으로의 회담은 비공식으로 할 것을 주장하되 일 측이 응치 않으면 전문위원회를 가지는 데 응할 것(그러나 이 경우에도 당분간 인원 보충을 하지 않고 수석위원 출석하여도 부득이하다고 봄). 이상 보고함.

수석대표

50. 제6차 한일회담 일반청구권소위원회 제9차 회의록

0425　　일반청구권소위원회 제9차 회의
　　　　회의록

1. 개최 일시: 1962년 2월 1일, 오후 3시~3시 45분

2. 개최 장소: '가유'회관

3. 참석자:　한국 측　김윤근 수석위원
　　　　　　　　　　이상덕 위원
　　　　　　　　　　정일영　〃
　　　　　　　　　　김정태　〃
　　　　　　　　　　박상두　〃
　　　　　일본 측　요시오카 에이이치 부주사
　　　　　　　　　　우라베 도시오　　　〃
　　　　　　　　　　가네코 지타로　　보좌
　　　　　　　　　　오기소 모토오　　　〃
　　　　　　　　　　야나기야 겐스케　　〃
　　　　　　　　　　와타나베 고지　　　〃
　　　　　　　　　　스기야마 지마키　　〃
　　　　　　　　　　이구치 다케오　　　〃

4. 토의 내용

　요시오카: 미야카와 주사가 나오지 못하여 제가 대리하겠다. 작년 연말에 중단되었다가 다시 재개되었는데, 일본 측으로서는 아직 미진한 점이 있어서 질문이 많겠는

데, 앞으로 어떻게 회의를 진행하였으면 좋겠는가?

0426 김 대표: 회의를 일 주 1회 갖되, 비공식으로 하는 것이 좋을 것이다.

요시오카: 일본 측으로서는 종전과 같이 주 1회의 공식 회의와 2, 3개 항목에 관한 전문위원회를 가져, 자료의 대조가 필요하다고 생각한다.

김 대표: 전문위원회가 필요하다는 2, 3개 항목이란 구체적으로 무엇이냐?

요시오카: 징용자 관계, 은급, 유가증권 관계 등은 필요하리라 생각한다. 그러나 두 개 정도로 줄여도 무방하다.

김 대표: 한국인 귀환 동포 기탁금 같은 것은 자료 대사가 필요하다고 생각하지 않는가?

이상덕 대표: 작년 회의 때, 일본 측에서 세관에 알아보아야 하겠다고 그랬는데, 알아보았는가?

요시오카: 아직 알아보지 못하였다.

우라베: 한국 측이 준 자료가 너무 간단한 것이라 그것만으로는 곤란하며, 더 자세한 자료를 내주기 바란다. 그러한 자료 대사도 필요하나, 독립된 전문위원회를 가질 것인지 또는 다른 전문위원회를 가질 것인지의 문제 등은 상의해서 정하면 좋을 것으로 생각한다.

이상덕 대표: 생명보험은 알아보았는가?

가네코: 알아보았는데, 한국 측 숫자와는 엄청나게 차가 나온다.

김 대표: 자료 대사는 우리들의 비공식 회합에서 해나갈 수 있으리라 생각한다.

우라베: 아니다. 간단한 것은 할 수 있는 것도 있을 것이나 징용자나 은급 같은 것은 전문가를 참석시켜야지, 어려울 줄 안다. 또 일본 측으로서는 국회나 여론이 사무적으로 따지지 않고 정치적으로 흥정한다는 비난이 많으므로 이것을 막기 위하여 사무적으로 일을 많이 하고 있다는 것을 표시하여야겠다.

0427 김 대표: 일본 측 사정은 그러하다 하더라도 우리 측으로서는 작년 12월에 사무적 토의가 일단락되었다고 우리 국민에게 PR 되어있으며, 또 그 당시 청구권위원회에서 본회의에 대한 보고도 그렇게 되어있지 않는가? 이런 점 우리 국민에 대하여 곤란하니 비공식으로 진행함이 좋을 것 같다.

우라베: 그러나 청구권위원회에서는 작년에 미진한 분은 재개 회담에서 하자고 되

어있으며, 일본 측 general response도 하여야겠으므로 비공식은 곤란하다.

김 대표: 비공식으로 하되, 필요할 때 수시 공식으로 하면 될 것 아니냐? 우리 측이 일본 측 질문이나 자료 대사를 하지 않는다는 뜻이 아니다. 비공식이든 공식이든 전문위원회든 결국 이야기는 다 나오게 되는 것이며 오히려 비공식이 이야기가 많이 진척될 것이며, 또 지금 나와 이 대표만이 와있는데, 이 회의 저 회의 그리 많이 만들 수 없는 형편이다.

우라베: 두 분의 사정은 잘 알겠으나, 한국 국민에 대하여 곤란하다는 것은 어떤 점이 곤란하다는 것이냐?

이상덕 대표: 솔직히 말하여 일본 측은 일하고 있다는 것을 PR 하기 위하여 공식으로 여러 위원회를 만드는 것이 좋겠다는 것이지만, 한국 국민은 속히 정치적 결단을 내려야 할 단계가 왔는데, 또 한없이 대론이 반복될 사무적 회의를 계속하는 것은 일본 측 지연책에 넘어가는 것이라는 여론의 비난을 받는다. 그러므로 실질적으로 일하는 것은 필요하며 또 일본 측이 미진한 부분이 있다 하면 이에 대하여 해명해야 할 것은 물론이지만 문제는 형태를 그러한 거창한 형태가 아니더라도 충분히 토의와 자료 대사가 가능하지 않느냐는 점이다.

우라베: 잘 알겠다. 앞으로 일본 측도 한국 측에 사정 이야기를 할 경우도 있을 것이니 내주 초 화요일(2월 6일)경에 우리끼리 다시 비공식 회의를 가지고, 거기서 전문위원회에 넘기지 않고 해나갈 수 있는 항목이 어떠한 것이며, 어떠한 항목에 관하여 어떤 전문가위원회가 필요한가를 우리들이 사전에 추려보기로 하자. 일단 그렇게 하는 것이 좋은 듯한데 어떠냐?

김 대표: 좋다.

우라베: 또 주 1회 회의를 공식 회담으로 할 것인지 비공식 회담으로 할 것인지, 비공식으로 하다가 필요에 따라 공식으로 할 것인지 하는 점도 지금 정하지 말고, 좀 더 생각해서 나중에 결정하기로 하고, 우선 내주일 목요일은 제4항 이하에 대한 일본 측 견해를 표명하고 싶으니 공식 회의를 개최하기로 하자.

김 대표: 그러면 내주 화요일에 비공식을 갖고 목요일에 공식을 갖자는 것인가?

우라베: 우선 내주일 스케줄을 그렇게 하도록 하자.

김 대표: 좋다. 그리고 전에 부탁한 CILC 및 재일 지점 잔여 재산 유보액 명세는 준

비되었는가?

요시오카: 가지고 왔으니 드립니다.

신문 발표는 어떻게 하면 좋겠는가? 회의 진행 방법을 토의하고, 내주 화요일에 비공식, 목요일에 공식 회의를 갖기로 했다는 정도가 어떤가?

김 대표: 좋다.

51. 필리핀인의 미국 은급(연금) 수령 관련 정보 조사 요청 전문

0429   번호: JW-0241

일시: 021620[1962. 2. 2]

수신인: 외무부 장관 귀하

건명: 청구권에 관한 조사 의뢰

아국 청구권 중 은급에 관하여 필리핀이 독립한 후에도 미국의 은급을 받고 있다는 예문 'INFORMATION'이 있으니 참고하기 위하여 그 사실 여부, 지급 방법 및 법적 근거 등을 시급히 조사하여(주필리핀 아국 대사관을 통함이 좋을 듯함) 회시하여 주시기 바랍니다.

끝

수석대표

52. 필리핀인의 미국 은급 수령 관련 사실 조사 지시 전문

번호: WD-0215, WP-0212

일시: 031340 [1962. 2. 3]

수신인: 주미 대사, 주필리핀 대사

　필리핀이 미국으로부터 독립한 후에도 필리핀 국민 중 미점령 시의 은급 해당자는 계속하여 미국의 은급을 받고 있다는 정보가 있는바, 그 사실 여부, 사실이라면 지급의 근거 및 방법 등 관계 자료를 조속히 조사하여 회보하시기 바람. 본건은 아국의 대일 은급 청구와 관련하여 참고하고자 하는 것임. (정아)

장관

56. 필리핀인의 미국 은급 수령 관련 관계 자료 송부 공문

0434   기안처: 아주과 김예지

과장[서명]   국장[서명]   장관[국장이 전결 서명]

기안 연월일: 1962. 2. 28
분류기호: 1893

경유·수신·참조: 한일회담 수석대표
발신: 장관

제목: 은급 관계 자료 송부

(때: JW-0241호, 연: WJ-0279호)

대일 은급 청구와 관련하여 주미 대사로부터 별첨과 같은 자료 송부가 있으므로 동 사본을 보내오니 참고하시기 바랍니다.

끝

유첨: 주미대 제62-214호 사본 1부

별첨

56-1. 필리핀인의 연금 수령 관련 주미 대사관의 보고 공문

주미대 제62-214호
1962. 2. 14

수신: 외무부 장관

제목: 필리핀인의 연금 수령 관계

대: WD-0224

1. 당지 필리핀 대사관 당국 및 미 하원 재향군인위원회에서 입수한 자료에 의하면 현재 필리핀 군인(제2차대전 중 필리핀인으로 조직된 미국 군대) 및 필리핀 스카우트 총수 357,000명 중 약 80,000명이 미국 재향 군인으로서의 연금을 지급받고 있으며 동 연금 총액은 약 1,500만 불에 달하고 있다 함.

2. 지불 근거는 한[미의 오기]·비[필리핀] 간 조약이나 협정에 의해서가 아니라 전기 필리핀인이 미국 군인이었다는 의미에서 퇴직연금 내지는 전사자의 부양가족에의 지급금으로서 지불되고 있다 함.

3. 본건 연금 지불 관계에 대하여 당시 국무성은 연금 지불 사실은 인정하나 관계 자료 제공을 주저하고 있는 것 같은 인상이 강함.

4. 미·비[필리핀] 간에 있어서도 본건 연금 지불 비율(1불 대 1페소로 지불받고 있기 때문에 가령 20불의 연금을 지급받는 자는 20페소를 받게 되므로 사실상 10불의 연금을 지급받고 있는 계산이 됨)을 위요하고 협의가 진행되고 있으나 지불 비율 자체가 입법사항이기 때문에 해결을 보지 못하고 있으며 필리핀 정부 측은 페소화와 연관을 시키지 말고

불화로서 지불될 것을 교섭 중에 있다 함.

0436   5. 매인당 지불받고 있는 금액은 완전 불구자, 전사자의 부인, 아기 등의 카테고리에 따라 차이가 있으며 완전 불구자는 225불, 전사자의 부인은 23불 등으로 보고되고 있음.

6. 상세한 내용은 유첨을 참조하시압.

유첨: 1. 필리핀인 퇴역 군인에의 지불 관계에 대한 미 하원 재향군인위원회 증언록 1부
    2. 필리핀인 퇴역 군인에의 지불 관계 제 법령 각 2부

끝

주미 대사 정일권[관인]

57. 필리핀 국민이 받는 미국의 은급에 관한 정보 보고 공문

0468   주비대 제62-77호
1962. 3. 3

수신: 외무부 장관 귀하

제목: 필리핀 국민이 받는 미국의 은급에 관한 정보

대: 암호 전문, WP-0212

머리의 건 대호 전문으로 지시하신 사항을 다음과 같이 보고하오니 참고하시기 바랍니다.

기

1. 필리핀 국민 중 미점령 시의 은급 해당자가 독립 후에도 계속 미국의 은급을 받고 있으며, 이 지급의 근거는 세계 제2차대전 시 전투에 참가한 필리핀 국민은 미국인과 동일한 목적하에 생명을 바치고 전투하였던 까닭에 미국인과 동일한 대우를 받을 권리를 인정하는 까닭이라 함.

2. 당지에 있는 US VETERANS ADMINISTRATION의 마닐라 지역 사무소에서 전기 은급액의 지급 사무를 취급하고 있으며 동 사무소에서 구득한 1946년 이후의 연도별 지급 상황 통계표 3부를 별첨하오니 참고하시압. 특히 동 통계표에 표시된 숫자 중 1960년도 액수에 비하여 1961년도 액수가 증가한 이유는 동 은급을 필리핀 화폐인 '페소'로 지급하는 고로 1960년도의 공정 환율이 미화 1불 대 필리핀화 2페소에 해당하였던 것이 1961년도에는 3대 1로 변경되었던 까닭이며 1962년도에는 3.5 대 1로

계산될 것이므로 동 금액이 더욱 증가될 것이 예상됨.

3. 참고 자료로서 1961년 1월 발행 VA FACT SHEET IS-1을 별첨함.

이상

주필리핀 대사 이형근[관인]

별첨

57-1. 필리핀인에 대한 미국 은급 지급 현황표

0469
U.S VETERANS ADMINISTRATION-MANILA REGIONAL OFFICE DISBURSEMENTS BY CALENDAR YEAR

Year	Compensation and Pension	Insurance Benefits	Educ. Assistance Payments	Other Miscell. Expenses	Totals
1946	P 503,738.00	P	P 618,229.46	P1,477,060.34	P 2,599,027.80
1947	11,270,685.44	11,157,191.98	4,980,320.04	2,417,569.36	29,825,766.82
1948	34,389,189.26	24,077,759.36	14,046,501.36	3,200,070.48	75,713,520.46
1949	51,626,342.32	40,175,202.10	21,909,445.82	3,572,802.04	117,283,792.28
1950	48,622,271.10	41,919,313.32	21,327,441.36	4,016,855.14	115,385,880.92
1951	73,489,237.34	33,778,479.36	17,524,630.22	6,496,422.26	131,200.709.4□
1952	113,033,747.54	40,556,130.38	10,171,585.50	8,404,345.54	172,105,306.9□
1953	139,513,658.88	22,000,000.00	5,549,910.26	9,201,324.42	176,205,093.□□
1954	106,946,103.18	21,618,224.68	2,204,48.08	1□,349,802.74	140,118,930.00
1955	100,877,984.72	21,993,840.96	1,234,971.98	34,101,307.44	150,208,105.10
1956	100,678,436.38	20,623,131.76	967,240.14	8,729,520.24	130,998,320.□2
1957	96,527,245.28	19,617,709.18	778,955.04	7,229,996.08	124,133,500.13
1958	91,440,580.46	18,865,891.22	751,057.20	6,023,962.016	117,081,490.94
1959	90,289,274.98	18,974,581.94	4,310,292.18	7,422,323.88	121,002,472.98
1960	92,655,058.14	19,807,853.08	6,930,195.70	7,332,009.16	120,725,716.08
1961	100,113,978.90	23,373,692.53	8,744,502.82	7,915,077.82	140,149,252.07
TOTAL	P1,251,979,531.92	P378,539,002.15	P122,050,027.16	P133,491,309.00	P1,886,005,930.03
Equiv	$606,294,307.55	$184,790,236.83	$59,383,565.61	$65,1□8,097.19	$915,656,207.18

* Includes 10 million dollars expended in constructing and equipping the 720-bed Veterans Memorial Hospital turned over to the Philippine Government in November 1955.

Footnote: At least 80% of our disbursements are paid to beneficiaires residing in provincial areas located outside the metropolitan Manila area. Monthly payments are made in all 50 provinces and checks are directed to at least 15,000 of the 25,800 barrios throughout the islands. The expenditures cited above are paid to approximately 16,000 live veterans, 65,000 widows, 35,000 parents and 14,000 children. It can be seen that these benefits are channeled into the economic lifeline of practically all communities.

58. 제6차 한일회담 청구권위원회 제2차 비공식 회의 결과 보고 전문

번호: JW-02114

일시: 071205 [1962. 2. 7]

수신인: 외무부 장관 귀하

건명: 제2차 청구권위원회 비공식 회의 보고

작 2월 6일 오후 3시부터 50분간 일본 외무성 회의실에서 개최된 제2차 비공식 회의 결과를 아래와 같이 보고함.

1. 일본 측으로부터 앞으로 전문위원회 같은 것을 만들어서 자료의 대사 등을 하여야 하겠는데 여하한 항목에 관하여 필요한지를 추려보자는 제의가 있은 다음, 일본 측이 좀 더 자세히 알아야 할 점은 예컨대 유가증권에 있어서는 등록 국채의 합계(70억)로 되어있으나 그 소유자별 명세를 알아야 하겠으며 또 식량증권은 현물로 청구하고 있으나 일본 측이 아는 범위로는 등록 증권 같으니 조사하여야 하겠으며, 징용자 미수금에 있어서는 '스캅[SCAP]' 서한을 근거로 하여 청구되어 있는데 당시 일본 정부에서 '스캅'에 제출한 보고 중 착오로 중복된 것이 있으므로 검토가 필요하며, 징용자 보상금에 있어서는 인원수의 파악과 일인당 청구 금액의 산출 기초 등을 좀 더 자세히 알아볼 필요가 있으며, 은급에 있어서는 비교적 일본 측의 자료가 정비되어 있는데 이를 한국 측과 검토하여야 할 필요가 있다고 말하였음.

이에 대하여 아 측은 그러한 항목 중에서 가장 많은 토의 시간을 소요로 하는 것이 무엇이겠느냐고 묻고, 각항에 관하여 서로 검토한 결과 징용자 보상금 관계가 가장 시간이 걸릴 것이며, 은급 관계도 약간의 시간이 걸릴 것이라고 타합되었음.

우리 측은 전문위원회에서의 작업을 2월 말까지는 완료하여야겠다고 주장하였는바 일본도 이에 관하여는 양승하였으며 회의 '스케줄'에 관하여는 공식 및 전문가 회의를 매주 각 1회씩 개최하고 전문가 회의는 징용자 보상금 및 은급을 위하여 별개의 위원회를 설치하지 않고 합쳐서 취급하기로 협의하였으며 만일 전문가 회의가 2월 말까지 토의를 끝내기 어려울 경우에는 공식 회담을 줄여 전문가 회의에 돌리기로 협의하였음.

　다음에, 일본 측이 전번 회의 시에 수교한 바 있는 제4항에 관한 자료(재일 지점 재산, 한국인 주주에 대한 잔여 재산의 분배 유보액 명세표)에 관하여 아 측에서 조선은행에 관한 두 개의 질문을 하고 일본 측 설명을 들었는바 이에 관하여는 별도 보고 위계임. 다음 전문가 회의는 2월 13일(화요일)에 개최키로 하는 동시에 매주 화요일로 회의일을 정하였으며 그 명칭은 '징용자 등에 관한 전문위원회'로 하기로 하였음.

　2. 작일 회의 결과는 이상과 여하온데 회담 재개 이후 일본 측과 공식, 비공식으로 접촉한 결과는 이미 보고드린 바와 같이 일본 측의 태도가 작년에 계속하는 회의 진행을 강경히 요구하여 오므로 이것을 너무 회피하는 것은 사무적 토의 미진의 구실을 잡혀 3월 초로 예정되어 있는 정치회담에 악영향을 끼칠 염려가 있다는 점, 또 일본 측이 질문과 자료 대사를 요구하는 데 대하여 청구하는 아 측 입장에서 이에 응하지 않을 수 없다는 점을 감안하여 오히려 사무적 토의를 2월 말까지 종료한다는 약속하에 일본 측 요망에 응하는 것이 현명하다고 판단되어 (현지 대표단 전체회의 결과) 이상과 같은 예정대로 나갈 것을 결정하였사오니 양승하시기 바라오며 항목별 토의 진행 방침을 1월 15일 자(외정아 제24호)에 의거 진행하겠사오니 이 점에 관하여도 양승하시기 바랍니다.

수석대표

60. 일반청구권에 관한 조회 전문

0474   번호: JW-02142

일시: 081645[1962. 2. 8]

수신인: 외무부 장관 귀하

건명: 일반청구권에 관한 조회의 건

작 2월 6일 일반청구권 비공식 회의에서 일본 측으로부터 아 측이 제시한 유가증권 조서에 식량증권(152,006,330.08)이 현물 보유로 되어있으나 일본 측의 조사에 의하면 등록 증권 같다는 발언이 있었사오니 재조사하여(홍승희 대표가 자세함) 곧 회시하시기 바람.

수석대표

61. 대표단 조회에 대한 회신 전문

0476 수신인: 한일회담 수석대표

대: JW-02142호

대호에 관하여 유가증권 관계 담당 홍승희 대표의 설명은 다음과 같음.

1. 식량증권에 관한 청구액 산출은 한국은행 보유 장부에 기초하였다. 동 장부에는 본점 명의로 되어있으나 '현물' 혹은 '등록'의 표시가 없다. 일반적으로 유가증권 관계에 있어서 '등록' 증권에 관하여는 도쿄 지점 관계로 표시되어 있는데 이것은 본점 장부에 있다는 점에서 '현물 소유'로 한 것이다.

2. 한국은행에 현물 보관 여부를 조사시켰으나 현물은 현재까지 나타나 있지 않다.

(정아)

장관

62. 청구권에 관한 일 측 자료 송부 공문

회담 제6-70호

1962. 2. 12

수신: 외무부 장관

제목: 청구권에 관한 일 측 자료 송부의 건

지난 2월 1일에 개최된 제9차 청구권위원회에 관한 보고에서 보고드린 바와 같이, 제4항 CILC 및 재일 지점 재산에 관한 잔여 재산 유보 금액 명세표를 일본 측으로부터 받았으며, 이에 관한 약간의 질문과 대답을 2월 6일 비공식 회의에서 행한 바 있으므로, 보충 설명을 붙여 명세표를 별첨 송부하오니 사수하시기 바라나이다.

1. 표 자체의 설명

주식 란은 현금에 의한 잔여 재산의 분배에 대신하여, 신회사의 주식을 교부받은 액을 의미하고, 현금과 주식 양편에 숫자가 나온 것은 신회사 주식의 교부를 받은 다음에 끝전이 남은 것을 유보한 금액이라 함.

2. 2월 6일 비공식 회의에서 행한 아 측 질문의 요지와 일 측 설명의 요지

조선은행의 경우, 신회사 설립은 일본부동산은행인 줄 아는데, 동 회사 설립 시의 자본금과 주식 수를 물은즉, 자본금은 일화 10억 원, 1주당 액면 500원, 총 주수 200만 주, 신주 교부는 조선은행 구주 100원 권에 대하여는 신주 4, 신주 25원에 대하여는 신주 1의 비율로 교부하였다는 것임. 이에 대하여 우리 측은 그러면 총 주수 200만 주에 대하여 한국인 주주 수가 대강 1% 정도밖에 없었다는 이야기가 되는데, 이러한 비율은 우리 측의 조사와 엄청나게 다르다는 점을 지적하여 한국인 주주 분류

방식에 대한 추궁을 하였음.

다음은 구 조선은행의 잔여 재산은 우리 측 추산으로는 매우 다액이 되는데, 이 표에 의하면, 결국 10억 원이 남아, 10억 원으로 신회사를 설립하였다는 설명이 되어, 납득되지 않는 숫자가 된다고 그 행방에 대하여 추궁하였으나, 명백한 설명을 받지 못하였음.

3. 조선은행 잔여 재산은 우리 측으로는 4, 50억으로 추산되며, 1956년 일본부동산은행을 설립하기 직전에 폐쇄기관령의 일부를 개정하여, 일본 국교에 기십 억을 회수한 사실이 있어, 이러한 관계에 기인하는 것으로 생각되는바, 차 점 현지에서도 좀 더 조사하겠으나 본부에서도 조사하여 회보하여 주시기 바라나이다.

끝

한일회담 수석대표 배의환[관인]

64. 대일 재산청구권에 관한 자료 조사 의뢰 공문

0482 기안처: 아주과

김태지 과장[서명]   국장[전결 서명]

1962. 2. 15
외정아 274호

수신: 한국은행 총재
발신: 장관

제목: 대일 재산청구권에 관한 자료 조사 의뢰

현재 진행 중인 한일회담에서 논의되고 있는 우리 정부의 대일 재산 청구에 관련하여 아래 사항에 관한 우리 측 논거 자료가 필요하오니 시급히 조사하시와 회보하여 주시기 바랍니다.

아래

1. 일본은행권에 대한 청구에 대하여 일본 측은 "일본은행에서 조선은행에 기탁한 일본은행권 미발행권을 제외하고 지불에 응할 의사가 있음"을 시사하고 있는바, 특히 일본 측이 언급하고 있는 "미발행권"에 관하여 종래 우리 측에서는 조선은행에서 일본은행으로부터 기탁받은 것은 유통 과정 중의 일본은행권 5,567,501원 외 미발행권 같은 것은 기탁받은 일이 없는 것으로 이해하고 있는 데 대하여 일본 측은 여러 차례에 걸쳐 '미발행권이 있다'는 발언을 행하고 있으므로 그러한 미발행권의 기탁 사실이 있는지 여부

2. 구 조선은행의 재일 재산에 관하여 우리 측은 동 잔여 재산 총액이 약 4, 50억 원이 될 것으로 추산하고 있는 데 대하여 일본 측은 약 10억 원 정도로밖에 보지 않고 있는바, 적어도 10억 원은 상회한다는 자료

끝

65. 일본은행권 및 구 조선은행 재일 재산 관계 자료 송부 공문

0484 기안처: 아주과

김태지 과장[서명]   국장[전결 서명]

기안연월일: 1962. 2. 28
분류기호: 외정아 1892호

경유·수신·참조: 한일회담 수석대표
발신: 장관

제목: 일본은행권 및 구 조선은행 재일 재산 관계 자료 송부

대: 회담 제6-70 및 71호

　일본은행권 및 구 조선은행 재일 재산에 관하여 조선은행 청산위원회로부터 별첨과 같은 자료 송부가 있으므로 동 사본을 보내오니 참조하시기 바랍니다.

　끝

유첨: 조청위 제460호(1962. 2. 22) 사본 1부

별첨

65-1. 조선은행 청산위원회의 일본은행권 및 구 조선은행 재일 재산 관계 자료

조청위 제460호

서기 1962년 2월 22일

조선은행 청산위원회[관인]

외무부 장관 귀하

대일 재산청구권에 관한 회보의 건

1962년 2월 15일 자 외정(아) 제274호 귀한으로 의뢰하신 두 문제의 건에 관하여 좌기와 여히 회보하오니 선처하여 주심을 앙망하나이다.

기

(1) 현재 대일 배상 청구권액 중 당행 소지 일본은행권 959,773,609엔은 8.15 해방 전 조선은행권 발행에 대한 정화 준비금으로 소유한 것이며 일본은행권의 계정 과목을 교환 기금으로 처리하였으나 일본 정부 또는 일본은행으로부터 기탁받은 사실은 전연 없고 전 정화 준비금(일은권)은 당행의 재산 계정임이 기정사실임.

그리고 상기 일본은행권 외에도 한국 내에서 유통되고 있는 일본은행권은 서기 1945년 8월 15일 해방과 동시 중지되었던바 서기 1945년 9월 7일부 태평양 미국 육군 총사령부 포고 제3호 「조선 시민에 포고함」 포고령에 의하여 유통이 정식으로 금지되었으며 유통 금지된 일본은행권에 대하여 서기 1946년 2월 21일부 군정 법령 제57호 「일본은행권 및 타이완은행권의 예입령」에 의하여 동년 3월 2일부터 3월 16일까지 예수한 민간 보유 일본은행권을 별도로 537,104.26엔을 예탁 보유하고 있음.

(2) 조선은행의 대일 재산은 별첨 명세와 여히 6,642,393,830엔 69전임.

0487 **폐쇄 기관 청산 보고**

1950년 9월 30일 현재

조선은행 재일본 지점(폐쇄 1945. 11. 30 □□폐지)

[문서 상태 불량으로 생략]

67. 일본은행권에 관한 조회 요청 공문

회담 제6-76호

1962. 2. 12

수신: 외무부 장관

제목: 일본은행권에 관한 조회의 건

지난 2월 8일에 개최된 제10차 청구권위원회 회의에서 일본 측은 아 측이 청구한 일본은행권 중, 당시 일본은행의 미발행권을 조선은행에 기탁한 것은 제외하고 지불에 응하겠다고 의사 표시를 하였는데(회의 보고 참조 요망), 아 측 조사로서는 대리 보관 조로 일본은행을 위하여 보관 중의 것이 5,567,501원 있을 따름이며, 일본 측이 말하는 것과 같은 미발행 은행권의 수탁 사실은 없고, 조선은행이 보유하게 된 일본은행권은 전부가 유통 과정 중의 것이었는데, 작년 5차 회담 제13차 청구권위원회에서도 일본 측은 동일한 의미의 질문과 발언을 한 바 있음에 감하여, 약간 미심스러운 점이 있사오니, 만일을 위하여 재조사하여 주시기 바라나이다.

끝

한일회담 수석대표 배의환[관인]

69. 제6차 한일회담 일반청구권소위원회 제10차 회의록

0495　　일반청구권소위원회 제10차 회의
　　　　회의록

1. 개최 일시: 1962년 2월 8일, 오후 3시~4시 10분

2. 개최 장소: 일본 외무성 제234호실

3. 참석자:　한국 측　김윤근 수석위원
　　　　　　　　　　이상덕 위원
　　　　　　　　　　이규현　 〃
　　　　　　　　　　김정태　 〃
　　　　　일본 측　미야카와 신이치로 주사
　　　　　　　　　　요시오카 에이이치 부주사
　　　　　　　　　　우라베 도시오　　　 〃
　　　　　　　　　　가네코 지타로　　보좌
　　　　　　　　　　오기소 모토오　　　〃
　　　　　　　　　　가네마쓰 다케시　　〃
　　　　　　　　　　야나기야 겐스케　　〃
　　　　　　　　　　와타나베 고지　　　〃
　　　　　　　　　　오와다 히사시　　　〃
　　　　　　　　　　스기야마 지마키　　〃
　　　　　　　　　　이구치 다케오　　　〃

4. 토의 내용

미야카와: 전번 비공식 회의에서 합의된 바 있는 '징용자 등에 관한 전문위원회'의 설치를 여기서 정식으로 확인하고 싶은데 한국 측 의견은 어떤가?

김 대표: 이의 없다.

미야카와: 다음은 일본 측으로부터, 한국 측 청구권 제5항에 대한 견해를 표명하고자 한다. 그런데 이것은 일본 정부의 최종적인 견해라고 생각하지 말기 바라며, 단지 소위원회 주사로서 한국 측의 설명만 듣고 일본 측의 반응을 표시하지 않는 것은 한국 측도 불만일 것이므로 일본 측의 사고방식(일어로 '간지')이라는 뜻으로 이야기하겠다.

김 대표: 나중에 문서로 '메모'를 받을 수 있느냐?

미야카와: 메모 교환은 그만두겠다. 지금 이야기같이 이것은 일본 측의 공식 견해가 아니며, 문서로 적으면 약간 모가 나기 쉬우니 메모는 생략하고 싶다.

유가증권에 관하여는 종류별로는 현물과 등록으로 구분할 수 있으며, 소유자별로는 (가) 폐쇄 기관 및 재외 회사의 분, (나) 체신부의 분, (다) 기타 법인과 개인 소유의 분, 3종으로 구분할 수 있는데, (가)의 폐쇄 기관 및 재외 회사가 소유하는 등록 국채는 그 회사가 일본 법 체계하의 일본 법인이었으며, 한국 측이 주장하듯이 한국 법인이라고 볼 수 없다. 또 등록 증권은 등록지가 일본 본토 내에 있으므로 일본에 소재하는 권리로 생각한다. 이것은 SCAPIN 1965-3과 동 6992-A에서 원리금 지불 장소를 일본으로 지정한 것으로 미루어 보아도 명료하다. 따라서 폐쇄 기관 및 재외 회사가 소유하는 등록 증권은 한국 측이 주장하듯이, 한국 법인의 재일 재산이 아니고 일본 법인의 재일 재산이므로 반환에 반대한다.

다음, 관점을 달리하여 군령 33호에 의거하더라도, 동 군령의 효력이 일본에 미치지 않는 고로 한국 측 청구에 응할 수 없다.

다음, 체신부 소유분은 한국 측 주장의 근거를 잘 모르는 점이 있는데, 총독부를 계승한다는 데에 청구 근거를 둔다면 국제관례상 납득할 수 없으며, 또 군령 33호에 의한다면 지금 이야기와 같은 취지로 납득할 수 없다.

(다) 기타 법인 및 개인 소유에 관하여는, 사실을 규명해서 한국인의 본래의 소유라면 지불하여도 좋다는 생각이다. 그리고 등록이 아니고 현물이 있을 때에는 현물의 제시를 조건으로 청구에 응할 수 있다고 생각한다.

이상덕 대표: 폐쇄 기관 및 재외 회사가 현물을 가지고 있을 경우는 어떻게 된다는 의미인가?

미야카와: 현물을 가지고 있을 경우는 폐쇄 기관 소유분도 지불에 응하겠다.

이상덕 대표: 개인이 등록 증권을 가지고 있을 경우는 어떻게 된다는 의미인가?

미야카와: 등록 증권이라고 하여 개인의 경우마저 지불하지 않는 것은 조리에 맞지 않을 것이므로 그것은 지불에 응하겠다.

미야카와: 다음 통화에 관하여는 일본은행원의 입회하에 소각한 일계 통화 중, 일본은행권은 유통 과정에 있었던 것에 한하여 지불하겠고, 군표 및 추비은행권(追肥銀行券)도 소각 중에 들어있으나, 이것은 발행 지역 당국과 이야기해서 해결할 문제이지, 한국 측과는 관계가 없다고 생각한다. 또 소각한 것 이외에 현물이 있다고 하는데, 이것은 현물의 제시를 조건으로 지불하겠으나, 일본은행원의 입회 없이 6.25동란 중에 소각했다는 분은 지불에 응할 수 없다고 생각한다.

이상덕 대표: 유통 과정에 있었던 일본은행권이라는 의미는 무엇인가?

요시오카: 일본은행권을 단지 물리적으로 기탁한 것만으로는 통화가 아니고, 미발행권이다. 이번의 기탁분은 공제되어야 한다는 것이다.

이상덕: 그러한 미발행 은행권은 없었는데.

요시오카: 한국 측이 제시해 준 소각에 관한 영문 자료 중에도 기탁분이 포함되어 있다.

이상덕 대표: 알고 있으나 그것은 대리 보관분이며, 미발행권으로서 기탁받은 것은 없다. 일본 측에 자료가 있는가?

요시오카: 일본은행에 뭐가 있다는 이야기를 듣고 있으나 자세히는 모르겠다. 다만, 유통 과정이라는 것은 그런 의미로 이해하여 주기 바란다.

이상덕 대표: 군표와 추비은행권의 경우 지역 당국과 해결이라는 의미는 무엇인가?

요시오카: 군표나 추비은행권 같은 것의 청구나 배상 문제는 그것을 발행한 지역의 당국자와의 사이에서 해결할 문제이며 한국과는 관계가 생기지 않는다는 의미다.

미야카와: 징용자 미수금에 관하여는, 금액에 납득할 수 있는 숫자를 밝혀 지불하겠다는 생각이다.

이상덕: 지난 회의에서 미수금에 중복이 있다는 말이 있었는데, 자료를 속히 주면

좋겠다.

미야카와: 징용자 보상금에 관하여는, 한국 측은 생존자에 대하여 정신적 고통에 대한 보상을 청구하고 있으나 그 당시의 한국인의 법적 지위가 일본인이었다는 점에 비추어 일본인에 지불된 바 없는 보상금은 지불할 수 없다고 생각한다. 그러나 사망 및 상병자에 대하여는 당시의 국내법에 의하여 급여금이 지불되었을 것이나 미지불된 것이 있으면 피징용자 미수금으로 정리될 것이니 그 항목에서 검토하는 것이 좋을 것으로 생각하며, 따라서 피징용자 보상금이라는 독립된 항목으로서는 응하기 어렵다.

은급에 관하여는 기재정분만은 지불하겠다는 좁은 태도는 아니지만, 인원은 맞춰 국고 지변분에 한할 것이라는 생각이며, 지방 지변분은 대상 외로 생각한다. 예를 들면, 문관, 관공립학교 교원은 국고 지변이고, 경무관 순사도 국고 지변이고, 도(道) 순사, 초등학교 교원도 국고 지변이다. 그러나 도 소방수, 도 지방관, 지방비 지변 문관, 도 이원(吏員), 부 이원 등은 지방비 지변인데 이것은 응할 수 없다.

이상덕 대표: 얼마나 되는가?

미야카와: 전문위원회에서 맞춰가도록 하겠다. 여기서 한 가지 특별히 이야기하여야 할 것은 군인·군속 관계인데, 일본인과 같이 취급해야 한다고 생각하나, 종전 후 군인 은급이 폐지되었다가 부활된 것이 한국의 독립 후며, 평화조약의 발효가 1952년이었다는 시기 관계로 감안하여 증가은급 이외에는 지급의 여지가 없으며 미복원자에 관하여는 미복원 급여법에 의거하는 것 이외에 생각할 수 없다는 생각이다.

우라베: 은급법은 입법의 근본이 일본인 국적을 가진 자라는 제한이 있고, 또 수취자에게 전해주는 것으로 되어있어서 이러한 점에 문제가 있다.

김 대표: 은급법의 국적 규정은 개인의 사정으로 일본 국적을 이탈한 경우에 생각할 수 있고, 이러한 경우를 상정한 것이 아니라고 생각한다.

우라베: 그렇다고 할 수도 있으나, 법에는 일본 국적자로 되어 있으니까….

미야카와: 다음 기탁금에 관하여는 일본 세관이 보관하고 있는 분은 숫자를 맞추어서 지불하겠으며, 세관에서 교환으로 보관하고 있는 분도 역시 숫자를 맞춰 지불하겠으나, 조총련에 대한 기탁은 사실관계가 명백하지 않는바, 설사 조련 재산 중에 혼재되어 있다 하더라도 이것은 SCAP 지시에 의하여 처분한 것이고 처분 대금은 일본 각의 양해사항으로 재일조선인의 생활 보호비로 썼으므로 새삼스럽게 한국 청구에 응하

여 반환할 수 있다고 생각하지 않는다.

이상덕 대표: 세관 관계 숫자는 얼마나 되는가?

요시오카: 한국 측 숫자와 얼마 다르지 않는다. 이것도 전문위원회에서 대사하자.

미야카와: 생명보험에 관하여는, 한국 측 청구 요강 제6항과도 관계가 있으므로 그 때에 이야기하겠다.

우라베: 보험회사에 청구하면 보험회사는 한국에 두고 온 재산이 있다 하여 간단히 말할 수 없는 문제가 나올 것이므로 이것을 어떻게 취급할 것이냐는 요강 제6항과 같이 매우 어려울 문제일 것이다.

요시오카: 일본 측으로서는 앞으로 남은 문제는 (가) 요강 제6항의 문제, (나) 요강 제7, 8항 문제, (다) 남북한 간의 문제, (라) relevant clause 문제 등이 될 것으로 생각한다. 전부 끝이 난 다음 general response를 하겠으나, 우선 제5항에 대한 일본 측 생각을 표시한 것이다.

김 대표: 요강 제1부터 제4까지는 언제 하겠는가?

요시오카: general response에 포함될 것이다.

김 대표: 일본 측 주장에 대하여는 다음 기회에 반론하겠다. 법 이론도 계속하고 사실관계는 사실관계대로 진행하자. 오늘은 이 정도로 하자. 내용이 매우 복잡한데 문서로 줄 수 없겠는가?

요시오카: 일본 측의 일단의 생각을 말한 것으로 공식 견해가 아니며, 메모까지 해서 한국에 줄 것인지 의문이니 양해하여 주기 바란다.

73. 제6차 한일회담 일반청구권소위원회 피징용자 등 관계 전문위원회 제1차 회의록

0507   일반청구권소위원회 피징용자 등 관계 제1차 전문위원회
       회의록

1. 개최 일시: 1962년 2월 13일, 하오 3시~4시 30분

2. 개최 장소: 일본 외무성 회의실

3. 참석자: 한국 측   김윤근 수석위원
                      이상덕 위원
                      홍윤섭   〃
                      김정태   〃
                      이기현   〃
                      오채기   〃
            일본 측   우라베(卜部)   참사관
                      사쿠라이(櫻井) 보좌
                      나카지마(中島)   〃
                      이타가키(板垣)   〃
                      무라오카(村岡)   〃
                      와타나베(渡辺)   〃
                      외 9명

4. 토의 내용

   일본 측: 피징용 노무자 관계는 아직 숫자 정리가 되어있지 않으므로 후에 미루고

오늘은 군인·군속 관계를 먼저 토의했으면 좋겠다.

한국 측: 좋다.

일본 측: 한국 관계 군인·군속의 일본 측 숫자는 표(별첨 조선 관계 군인 군속 수 참조)에서 보는 바와 같이 그 총수는 242,341명이고 그중 사망자가 22,182명, 복원자가 220,159명인데 복원자 중에는 부상자를 포함한다. 그리고 육해군별로는 육군 관계가 143,373명, 해군 관계가 98,968명이다. 이 숫자는 후생성에 있는 명부에 의하여 집계한 것이며 그 자료는 육군 관계는 종래 각 부대에서 가지고 있던 명부(종전 후 복원국에 제출되었다 함)와 쇼와[昭和] 20년 3월 육군성이 행한 '임시 군인계'에 의하여 각 가정으로 하여금 계출시킨 자료 및 종래 각 부대의 단편적인 자료를 종합하여 정리한 것이며, 해군 관계는 군인에 관해서는 종래 진해에 있던 병적 관계 기록을 종전 후 연합군 총사령부의 허가를 얻어서 일본으로 가지고 왔으므로 그 기록에 의하였고, 군속 관계는 일본 본토에 있어서는 '구야쿠쇼'(区役所)에 대장이 있었고 또 일본 본토 이외의 외지에서도 일본으로 통보되어 대장이 작성되었던 것이므로 그 기록에 의하여 정리된 것이다.

한국 측: 해군 관계는 우리가 추계한 숫자와 대차가 없으나 육군 관계, 특히 육군 군인은 우리 측이 18만 명으로 추계(비공식으로 입수한 일본 정부 측 자료 참조)되는데 반하여 일본 측 숫자는 9만 4천 명으로 큰 차이가 있다. 육군 군인의 지역별 내용은 알 수 있는가?

일본 측: 한국 내가 약 8만 명, 일본 본토가 약 1만 7,000명(군인 6,000명, 군속 11,000명), 해외가 약 5만 명이다.

한국 측: 일본 본토는 약 1만 7,000명이라고 말하였는데 일본 외무성 조사월보 Vol.I No 9에는 약 11만 명으로 되어있어 9만 명 정도 차이가 있고, 또 일본 후생성의 '인양원호기록'에 의하면 태평양 지구 등 일본 본토 이외의 외지에서 한국으로 귀환한 한국인 군인·군속이 10만 5,000명으로 되어있는데 일본 측은 5만 명으로, 해외 관계도 상당한 차이가 있다.

일본 측: 한국 관계 군인·군속은 양심적으로 조사한 것이기 때문에 실제 수와 대차 없는 것으로 보나 지금 한국 측이 지적한 점은 다시 조사해서 다음 회의 때 설명하도록 하겠다. 그리고 한국 내에도 군인·군속에 관한 자료가 있는가?

한국 측: 일부는 조사하고 일부는 일본 측 자료에 의하여 추정하였다. 그리고 전번 회의 때 군인·군속 관계에 있어서 증가은급 이외에는 고려할 수 없다고 말하였는데 그것은 무슨 뜻인가?

일본 측: 전사자의 유가족에 대한 은급은 종전 후 연합군 총사령부 지시에 의하여 그 지급이 정지되고 상병자에 대한 증가은급만은 금액에 제한은 있었으나 계속 지불해 왔으므로 상병자에 대한 증가은급은 고려할 수 있으나 전사자에 대한 은급은 일본 군인에게도 지불하지 않았으므로 한국 군인에 대하여 지불할 수 없다는 뜻이다. 그리고 평화조약이 발효된 것은 1952년이므로 일본 국적을 가지고 있었던 1952년까지는 지불해도 좋다는 뜻이다. 다음은 은급 관계인데 은급은 본인의 신청에 의하여 은급국장이 재정하였으며, 재정된 금액은 일본 측 숫자로는 8,036명에 406,579천 원(별표 조선 관계 은급 계수 참조)이다. 은급은 보통은급, 증가은급, 보통부조료, 공무부조료로 나누어지며 보통은급은 일반 문관에 있어서는 17년 이상 재직한 자, 경찰에 있어서는 13년 이상 재직한 자에게 지급되는 것이며 증가은급은 공무로 인하여 부상한 자, 보통부조료는 보통은급을 받던 자가 사망했을 경우, 공무부조료는 공무로 인하여 순직한 자에게 각각 지급되는 것이다. 그리고 문관 군인별로는 문관이 406,427천 원인데 반하여 군인은 152천 원으로, 군인 관계 은급이 적으나 군인 은급이 적은 것은 쇼와 21년 1월 1일 군인 은급이 폐지되었기 때문이다. 이 은급 계수는 후생성에서 발표하고 있는 관측 사망률을 그때그때의 은급 금액에 승하여 산출한 것이다. 종전 후 공무원은 '베이스 업' 되었는데 '베이스 업' 되었을 경우에는 '베이스 업' 된 금액에 전기 관측 사망률에 의하여 얻은 인원수를 승하여 계산하였다. 그리고 이 406백만 원에는 그간 이미 지불한 금액이 포함되어 있다.

한국 측: 지불한 금액은 얼마나 되는가?

일본 측: 2,945,298원이다.

한국 측: 인원수는 알 수 있는가?

일본 측: 모른다.

한국 측: 관측 사망률은 어떻게 되어있는가?

일본 측: 숫자는 잘 모르나 매년 후생성에서 발표하고 있다.

한국 측: 일본 측 계수는 지방 정부 지변분과 미재정분을 포함하지 않은 것인가?

일본 측: 그렇다.

한국 측: 은급에 관한 명부는 있는가?

일본 측: 지불 대장이 있으며 조선총독부분도 있다.

한국 측: 일본 측의 인원수는 우리 측 인원수와 상당한 차이가 있다. 일본 측 숫자는 검토해 보겠으나 문제는 미재정분에 있다고 보는데 미재정분은 일본 측에서 알 수 없는가?

일본 측: 은급은 본인의 신청이 없으면 계산할 수 없는 것이므로 미재정분은 알 수 없다. 한국 측은 일 년간 은급액에 평균 수명을 감안하여 20년분을 계산하였다고 하는데 연간 은급액은 어떤 근거에 의하여 산출하였는가?

한국 측: 관서별로 금액이 다른데 그 점은 조사해서 다음 기회에 설명하겠다.

일본 측: 피징용 노무자 관계는 다음 기회에 토의하기로 하였으나 한 가지 물어볼 것은 노무자 중 사망자 12,603명과 부상자 7,000명은 어떤 근거에 의하여 산출한 것인가?

한국 측: 사망자는 1946년에 미군정청이 신고를 받아 직접 조사한 것이고 부상자 역시 미군정청에서 추정한 숫자이다.

일본 측: 군인·군속의 사망자 65,000명도 직접 조사한 숫자인가?

한국 측: 군인·군속은 추정하였다.

일본 측: 사망자 12,603명의 명부는 있는가?

한국 측: 명부는 있었으나 6.25동란 중 소실되었다.

일본 측: 피징용자와 군속은 중복하고 있지 않은가? 피징용자와 군속은 어떤 방식에 의하여 구별하였는가?

한국 측: 우리 측 숫자는 피징용자와 군속의 신분 관계를 조사하여 산출한 것이 아니고 일본 측 자료에 의하여 산출한 것이기 때문에 중복은 없다.

일본 측: 그러면 다음은 폐쇄 기관과 재외 회사 관계를 설명하여야 하겠으나 담당자인 '혼마' 과장이 병으로 결근하였으므로 전번 회의 때 한국 측에서 요청한 폐쇄 기관 및 재외 회사의 정리 후 신설된 회사 명칭은 조사하였으나(별첨 참조) 그 설명은 다음 회의 때 '혼마' 과장이 설명하도록 하고 다음은 기탁금 관계를 설명하겠다. 기탁금 중 세관에 기탁한 금원은 한국 측 숫자와 대차 없으며 일본은행권은 오히려 일본 측 숫자

가 약간 많다(별첨 귀환 한국인으로부터의 보관 물건 집계표 참조). 그리고 기탁금 중 제2항의 조선은행권과 일본은행권의 교환으로 보관 중인 일본은행권은 한국 측이 제시한 숫자와 동액이므로 별도 조사표를 준비하지 않았다.

한국 측: 조선은행권의 교환 잔액이 아직 73백여만 원가량 남아있는 것으로 알고 있는데 그 금액은 그 후 어떻게 처리되었는가?

일본 측: 연합군 총사령부에 반환하여 폐기하였다. 그러면 이제 남은 것은 구 조련에 기탁한 재산 내용과 피징용 노무자, 재외 회사 관계 등인데 이것은 내주 화요일에 있을 전문위원회에서 토의하기로 하자. 그리고 금주 목요일에는 소위원회를 개최하기로 되어있으나 요강 6, 7, 8항목에 대한 일본 측 준비가 덜 되었으므로 휴회했으면 좋겠는데 한국 측 의견은 어떤가?

한국 측: 일본 측에서 준비가 되지 않았다면 할 수 없는 일이니 휴회하도록 하자.

끝

유첨: 1. 구 조선 지구에 본점이 있었던 폐쇄 기관 및 재외 회사의 신회사조(新会社調)
      2. 귀환 조선인으로부터의 보관 물건 집계표
      3. 조선 관계 은급 계수
      4. 조선 관계 군인·군속 수
     각 1통

별첨

73-1. 제6차 한일회담 일반청구권소위원회 피징용자 등 관계 전문위원회 제1차 회의 시 일 측 제출 자료[29]

0514

旧朝鮮地区に本店のあった閉鎖機関及び在外会社の新会社調

[구 조선 지구에 본점이 있었던 폐쇄 기관 및 재외 회사의 신회사 조]

0515

法人名[법인명]	新会社名[신회사명]
閉鎖機関 朝鮮銀行 [폐쇄 기관 조선은행]	株式会社日本不動産銀行 [주식회사 일본부동산은행]
在外会社小林鉱業株式会社 [재외 회사 소림광업주식회사]	ダイジェット工業株式会社 [다이젯트공업주식회사]
〃　　大日工業株式会社 [　〃　대일공업주식회사]	大日鉛工業株式会社 [대일연공업주식회사]
〃　　株式会社丁子屋商店 [　〃　주식회사 정자옥상점]	株式会社丁子屋商店 [주식회사 정자옥상점]
〃　　日室鉱業開発株式会社 [　〃　일보광업개발주식회사]	日屋室鉱業株式会社 [일옥광업주식회사]
〃　　日本高用波重工業株式会社 [　〃　일본고용파중공업주식회사]	日本高用波鉱業株式会社 [일본고용파광업주식회사]
〃　　京仁商船株式会社 [　〃　경인상선주식회사]	大仁商船株式会社 [대인상선주식회사]
〃　　日硬産業株式会社 [　〃　일경산업주식회사]	日硬陶器株式会社 [일경도기주식회사]
〃　　西日本汽船株式会社 [　〃　서일본기선주식회사]	新西日本汽船株式会社 [신서일본기선주식회사]
〃　　豊國製粉株式会社 [　〃　풍국제분주식회사]	豊國製粉株式会社 [풍국제분주식회사]

29　일본어 하단 또는 우측에 한글 번역문을 기재하였다.

[〃	〃 全十代倉庫株式会社 전십대창고주식회사]	豊國製粉株式会社 [풍국제분주식회사]
[〃	〃 黃海農業株式会社 황해농업주식회사]	※
[〃	〃 斉藤合名会社 제등합명회사]	※
[〃	〃 斉藤精米株式会社 제등정미주식회사]	※
[〃	〃 株式会社大橋農場 주식회사 대교농장]	大橋林業株式会社 [대교임업주식회사]
[〃	〃 朝鮮皮革株式会社 조선피혁주식회사]	同和皮革株式会社 [동화피혁주식회사]
[〃	〃 日本耐火材料株式会社 일본내화재료주식회사]	日耐株式会社 [일내주식회사]
[〃	〃 成歓鉱業株式会社 성환광업주식회사]	美幌鉱業株式会社 [미황광업주식회사]
[〃	〃 朝鮮石油株式会社 조선석유주식회사]	石油化学工業株式会社 [석유화학공업주식회사]
[〃	〃 半島農業土木株式会社 반도농업토목주식회사]	株式会社新開地映画館 [주식회사 신개지영화관]
		新開地土地株式会社 [신개지토지주식회사]
[〃	〃 朝鮮郵船株式会社 조선우선주식회사]	東京郵船株式会社 [동경우선주식회사]
[〃	〃 株式会社朝鮮貯蓄銀行 주식회사 조선저축은행]	貯銀興産株式会社 [저은흥산주식회사]
[〃	〃 株式会社朝興銀行 주식회사 조흥은행]	株式会社朝興社 [주식회사 조흥사]
[〃	〃 株式会社朝鮮商業銀行 주식회사 조선상업은행]	大昌商事株式会社 [대창상사주식회사]

0516   引揚朝鮮人からの保管物件集計表[귀환 조선인으로부터의 보관 물건 집계표]

日銀券[일은권]   10,048,746.63円
鮮銀券[조은권]   3,994,892.50円
台銀券[대은권]   640.00円
連銀券[연은권]   9,820.00円
□□券(CRB$)[□□권]:   460,000.00円
軍票(PRSO)[군표]:   796.00円
B号軍票[B호 군표]:   35.00円

(注) 南北鮮の区別をしていない. [남북한 구별은 하지 않음.]

0517   朝鮮関係恩給計数[조선 관계 은급 계수]

		普通恩給 [보통은급]		増加恩給 [증가은급]		普通扶助料 [보통부조료]		公務扶助料 [공무부조료]		合計 [합계]	
		人員 (人)	金額 (千円)	人員 (人)	金額 (千円)	人員 (人)	金額 (千円)	人員 (人)	金額 (千円)	人員 (人)	金額 (千円)
文官 [문관]	恩給局長裁定 [은급국장 재정]	1,754	118,562			427	21,224	47	5,173	2,228	144,959
	朝鮮總督道知事裁定 [조선총독 도지사 재정]	4,626	219,895			1,006	41,573			5,632	261,468
	計[계]	6,380	338,457			1,433	62,797	47	5,173	7,860	406,427
軍人 [군인]	恩給局長裁定 [은급국장 재정]	159	33	10	118	7	1			176	152
合計 [합계]	恩給局長裁定 [은급국장 재정]	1,913	118,595	10	118	434	21,225	47	5,173	2,404	145,111
	朝鮮總督道知事裁定 [조선총독 도지사 재정]	4,626	219,895			1,006	41,573			5,632	261,468
	計[계]	6,359	338,490	10	118	1,440	62,798	47	5,173	8,036	406,579

注. 1. 本計数は全朝鮮分であり、南北鮮の区別を行っていない.

　　　[본 계수는 전 조선분이며, 남북한 구별은 하지 않음.]

　2. 本計数には、日本在住の恩給権者を含む.

　　　[본 계수에는 일본 재주 은급권자를 포함함.]

0518　　　　　　　　朝鮮関係軍人軍属数[조선 관계 군인·군속 수]

身分[신분]		復員[복원]	死亡[사망]	計[계]
陸軍[육군]	軍人[군인]	89,108	5,870	94,978
	軍属[군속]	45,404	2,991	48,395
	計[계]	134,512	8,861	143,373
海軍[해군]	軍人[군인]	21,008	308	21,316
	軍属[군속]	64,639	13,013	77,652
	計[계]	85,547	13,321	98,968
合計[합계]	軍人[군인]	110,116	6,178	116,294
	軍属[군속]	110,043	16,004	126,047
	計[계]	220,159	22,182	242,341

注. 1. 本計数は全朝鮮分であり、南北鮮の区別を行っていない.

　　　[본 계수는 전 조선분이며 남북한 구별은 하지 않음.]

　2. 本計数は日本在住者を含む.

　　　[본 계수는 일본 재주자를 포함함.]

75. 청구권 제7항 및 8항에 대한 훈령 전문

번호: WJ-02219

일시: 200925 [1962. 2. 20]

수신인: 한일회담 수석대표 귀하

대: JW-02245

청구권 제7항 및 제8항 토의와 관련하여 다음과 여히 지시합니다.
 (1) 제7항목 토의는 앞으로 개최될 정치회담의 귀추를 보아서 아 측의 입장을 결정할 것이오니 그때까지 실무 회의에서의 토의를 보류하여 주시기 바라며,
 (2) 제8항목 토의는 정치회담에서 청구권에 관한 기본 원칙이 결정된 후 다시 실무 회담에서 동 기본 원칙에 따라 청구권의 변제 시기, 기간 및 방법과 아울러 경제 협력 문제도 토의될 것이므로 동 기본 원칙이 결정될 때까지 토의를 보류하여 주시기 바랍니다.

끝 (정아)

본건은 제7항 및 제8항의 토의가 종료된 후에는 일반 문서로 재분류하시기 바람.

장관

78. 제6차 한일회담 일반청구권소위원회 피징용자 등 관계 전문위원회 제2차 회의록

일반청구권소위원회 피징용자 관계 등 제2차 전문위원회의 회의록

1. 개최 일시: 1962. 2. 20, 하오 3시부터 5시까지

2. 개최 장소: 일본 외무성 회의실 235호

3. 참석자: 한국 측 김윤근 수석위원
　　　　　　이상덕 위원
　　　　　　홍윤섭 〃
　　　　　　오채기 〃
　　　　일본 측 우라베 참사관
　　　　　　혼마 보좌
　　　　　　사쿠라이 〃
　　　　　　나카지마 〃
　　　　　　이타가키 〃
　　　　　　무라오카 〃
　　　　　　와타나베 〃
　　　　　　외 12명

4. 토의 내용

　일본 측: 전번 회의에서 군인·군속에 관한 일본 측 숫자는 외무성 조사월보나 인양원호기록에 표시되어 있는 숫자와 상당한 차이가 있다는 한국 측 발언이 있어서 그동

0525 안 후생성에서 외무성 조사월보와 인양원호기록에 표시된 숫자의 근원을 조사해 보았는데 오늘은 먼저 그 결과를 말하겠다. 외무성 조사월보의 숫자는 그 표지에도 명시되어 있는 바와 같이 이것은 어디까지나 개인의 조사 자료이며 외무성의 의견을 표명하는 것은 아니라는 점을 양해하여 주기 바란다. 조사월보에는 확실히 종전 당시 한국인 군인·군속이 11만 명 있었던 것으로 되어 있다. 이 숫자는 입국관리청이 가지고 있던 자료를 근거로 한 것인데 동 자료는 후생성이 제공한 것이다. 당시의 후생성 기록에 의하면 이 11만 명의 내역은 해군이 5만 명, 육군이 6만 명으로 되어있는데 육군의 6만 명 중 4만 3천 명은 사무상의 숫자이며 6만 명에서 4만 3천 명을 감한 1만 7천 명만이 육군 관계이다. 사무상의 숫자 4만 3천 명이라는 것은 한국 군인의 중복 여부를 조사하기 위한 대상으로서의 숫자에 불과한데 이것을 입국관리청이 외무성에 잘못 제공한 데서 일어난 착오이다. 일본 본토의 한국인 육군 관계 1만 7천 명은 종전 후 각 부대의 명부, 기타 병적 관계 기록에 의하여 대조한 것이므로 이 숫자가 정확하다. 그리고 인양원호기록의 숫자는 미국 측으로부터 받은 통계인데 이 숫자는 모두가 군인·군속만이 아니고 그중에는 일반인도 포함된 것이다.

한국 측: 군인·군속만이 아니고 일반인도 포함되었다고 하는데 그 일반인이란 무엇을 말하는 것인가?

0526 일본 측: 과거부터 그 지방에 거주하고 있던 민간인을 말하며, 인양원호기록에 의하면 하와이로부터 한국인이 귀환한 것으로 되어있으나 하와이에는 군인·군속이 있었을 리 없을 것이므로 일반인이 아닌가 한다.

한국 측: 지금 예를 들은 하와이의 경우는, 종전 후 하와이에서 한국에 귀환한 일반 민간인은 한 사람도 없었으므로 그 숫자는 오히려 모두가 억류된 군인·군속이 아닌가 생각한다. 그리고 호주에서 귀환한 자도 있는데 호주에는 당시 거주자가 없었으므로 그것을 보아도 이 숫자는 모두가 군인·군속이 아닌가?

일본 측: 호주는 백호주의를 주창하는 나라이므로 호주에서 온 자는 민간인이 아니고 군인·군속이라고 생각하나 아까도 이야기한 것처럼 이 자료는 미국으로부터 제공받은 통계이며 이 통계는 그것이 군인·군속에 관한 것인지 민간인을 포함하는 것인지 명확하지 않다. 그러나 각 부대의 명부나 기타 병적 관계 기록에 의하여 조사한 숫자와는 차이가 있으므로 일반인도 포함되지 않았나 생각한다.

한국 측: 이 숫자에 관하여 지금 당장 결론을 낼 수 없을 것이고 다음 몇 가지 질문을 하겠는데, 전번 회의에서 복원자 중에는 부상자도 포함한다고 말하였는데 부상자 수는 알 수 있는가?

일본 측: 상병 관계 기록이 없으므로 그 수는 모른다.

한국 측: 행방불명자는 이 표에서 어떻게 처리되고 있는가?

일본 측: 행방불명자는 종전 후 조사되었으므로 사망자나 복원자 중 어느 쪽엔가 들어있다.

한국 측: 종전 후 한국인 군인·군속은 일본 정부의 알선에 의하여 귀환한 자도 있으나 자력에 의하여 귀환한 자도 있는데 이러한 자력 귀환자는 어떻게 처리되어 있는가?

일본 측: 일본 측 숫자는 부대 명부를 기초로 하였기 때문에 자력이든 정부 알선 귀환이든 복원자 계수에 들어있다.

한국 측: 일본 측은 한국인 군인·군속은 각 부대의 명부에 의하여 조사하였다고 하는데 당시 한국인의 성명은 일본인과 같았으므로 명부만으로는 구별하기가 곤란하였을 것으로 보는데 그것을 어떻게 구별하였는가?

일본 측: 명부에는 본적과 양친명이 기재되어 있으므로 구별할 수 있다.

한국 측: 그 조사로는 한국인 군인·군속의 전부가 '커버'되었을까?

일본 측: 부대 명부와 잔류 가족의 계출의 두 가지 자료에 의하여 조사하였으므로 전부 '커버'되어 있다고 생각한다.

한국 측: 잔류 가족의 계출은 쇼와[昭和] 20년 3월에 실시된 것이므로 그 이후 분이 누락되어 있지 않은가?

일본 측: 쇼와 20년 3월 이후에도 한국인이 징모되었지만 그것은 부대 명부에 의하여 조사하였다.

한국 측: 일본의 경우는 조사가 가능하였을지 모르나 한국의 경우는 실제 그러한 작업이 지난하여 그 전부를 '커버'할 수 없었을 것으로 본다. 부대별로 한국인이 어떻게 소속되었는지 그러한 자료는 있는가?

일본 측: 종래는 그러한 자료가 있었으나 그 자료를 흩어서 촌(무라)별로 분류하였기 때문에 지금 그것을 부대별로 재분류하기는 대단히 곤란하다.

한국 측: 그러면 그 촌별 분류표라도 좋으니 그것을 줄 수 없는가?

0528   일본 측: 육군의 경우는 가능하나 해군의 경우는 군속은 촌별로 분류가 되어있으나 군인은 일대 시기별 번호별로 분류가 되어있기 때문에 그것도 용이하지 않다. 한국 측의 365,000명은 신고시킨 것인가, 그렇지 않으면 외무성 조사월보 등에 의해서 추정한 것인가?

한국 측: 일본 외무성 조사월보는 일본 측 숫자가 적기 때문에 반대 자료로 말한 것에 불과하며 그것을 근거로 한 것은 아니다.

일본 측: 일본은 명부가 있기 때문에 한국 측이 말하는 365,000명에 대하여는 그 근거를 알지 않으면 안 된다.

한국 측: 부분적으로는 자료가 있으나 전반적으로는 추정한 것이다.

일본 측: 일본 측 숫자는 추정에 의한 것이 아니고 명부에 의한 것이기 때문에 군인·군속별로도 알 수 있다. 따라서 한국 측의 반대 자료가 없는 한 이 숫자는 간단히 움직일 수 없는 숫자라고 생각한다.

한국 측: 일본 측 숫자는 명부에 의한 것이라고 하나 의문점이 없지 않다. 부대별 명부가 있으면 대사하는 방법도 있는데 부대별 명부가 없으면 촌별, 도별 통계라도 좋으니 줄 수 없는가?

일본 측: 촌별, 도별 통계를 다시 만들 수는 있으나 지금 당장은 어렵다.

한국 측: 참고로 묻겠는데 한국 군인·군속의 유골은 어떻게 되어있는가?

일본 측: 반환 교섭이 좌절되었기 때문에 현재 후생성에서 보관하고 있다.

한국 측: 그 수는 얼마나 되는가?

일본 측: 지금 숫자를 가지고 있지 않으므로 후에 조사해서 통지하겠다. 그러면 군인·군속 관계는 이 정도로 하고 다음으로 진행하는 것이 어떤가?

한국 측: 좋다.

0529   일본 측: 일전 한국 측이 요청한 폐쇄 기관 및 재외 회사에 관한 자료 중 현재 정리 중의 재외 회사 일람표와 조선금융조합연합회의 재산 목록(별표 참조)은 가지고 왔으나 나머지 (1) 폐쇄 기관(4사) 및 재외 회사(184사)의 명세 및 각 청산 종료 일자 (2) 폐쇄 기관의 한국인 주주 명세 및 어느 시일의 주주 명부를 기준으로 하였는가 (3) 구 조선은행의 1955년 말의 재일 재산 상황 등 자료는 아직 덜 준비되었으므로 준비되는 대로 주겠다. 참고로 폐쇄 기관은 조선에 본점이 있는 것을 포함하여 그 총

수는 1,080사인데 그중 1,067사가 청산을 완료하였으며 청산된 회사의 청산 서류는 대장성이 인계하여 보관하고 있고 신회사 설립의 경우는 신회사가 인계하여 보관하고 있다. 따라서 한국 측이 요청하는 자료를 작성하기 위하여서는 대장성이나 신회사가 가지고 있는 자료에 의존하여야 하는데 현재 대장성이 가지고 있는 자료 관계만도 8천여 상자나 되므로 다소 시일이 걸리겠다. 그리고 (1)의 폐쇄 기관 및 재외 회사의 명세의 명세는 무엇을 의미하는 것인가?

한국 측: 그 명칭을 말하는 것이다.

일본 측: 명칭만이라면 곧 작성할 수 있다. 그 명칭은 한국 측에서도 알고 있지 않은가?

한국 측: 우리 측에는 200여 개사로 되어있으므로 대조해 보려고 한다.

일본 측: 한국 측에 그 리스트가 있으면 우리 측 리스트와 서로 교환하자.

한국 측: 좋다. 그리고 금년의 재산 목록을 보면 자산이 1,162백만 원, 부채가 약 2백만 원인데 차액이 자산 초과라는 뜻인가?

일본 측: 자산 중에는 환가할 수 없는 것도 있으나 장부 가격으로서는 차액이 자산 초과가 된다. 한국 측에서는 청산 회사의 잔여 재산 분배 시의 주주 명부를 요청하고 있으나 한국 측에서는 지금 이러한 회사의 주주 명부를 가지고 있는가?

한국 측: 도쿄에는 없으나 곧 부쳐올 수 있다.

일본 측: 일전 한국 측은 일본 측이 한국인 주주를 퍽 적게 보았다는 말이 있었으나 주주 명부는 일본 명으로 되어있고 그 명부에 의하여 한국인 주주를 추린 것이기 때문에 그 점에서는 약간 사실과 상치되는 점이 있을지 모르겠다.

한국 측: 그러면 다음은 기탁금 관계에 들어가자.

일본 측: 기탁금 관계에 있어서는 구 조련에 기탁한 재산이 그 후 어떻게 처리되었느냐 하는 한국 측의 질문인데 조련 재산은 법무성에 공탁 중인 것도 있고 각 현에서 보관 중인 것도 있으나 구체적인 내용은 현재 법무성에 조회 중에 있으므로 다음 기회에 설명하겠다. 그리고 '스캅[SCAP]' 공문의 237백만 원은 중복된 것인데 중복된 것은 알고 있으나 그것이 어느 정도인지는 현재 조사 중에 있다.

한국 측: 조련 자산은 '스캅' 지시에 의하여 처분하였다고 하였으므로 그 지시문 사본을 요청하였는데 준비되었는가?

일본 측: 다음 회의 때 제공하겠다. 그런데 한국 측은 한국인 귀환자가 조련에 기탁한 재산은 5천만 원이라고 하였는데 그 액수는 어떻게 알았는가?

한국 측: 조사해서 다음 회의 때 설명하겠다.

일본 측: 다음은 일본은행권과 교환하고 남은 조선은행권의 처리 상황인데 그 처리는 소각한 것이 12,□61,030원, 이 소각 처리 시에는 조선은행의 김진형 씨가 입회하였다(별첨 소각증명서 참조). 쇼와 23년 1월 23일 연합국 총사령부에 반환한 것이 1□1,000,000원, 동년 11월 22일 '펄프'화 한 것이 162,323,500원이며 후 양자는 총사령부 지령에 따라 폐기 처분한 것이다. 다음은 은급 관계를 토의하는 것이 좋을 것으로 보는데 은급 관계는 한국 측에서 자료를 제출하기로 되어 있다. 은급 관계 자료는 준비되었는가?

한국 측: 준비하였다(별첨 연금 청구 명세 수교).

일본 측: 기재정분은 누가 재정한 것인가?

한국 측: 기재정분은 재정자별로 구분되지 않았으나 미재정분은 국고 부담과 지방 부담별로 구분되어 있다.

일본 측: 미재정의 15,888인은 국고, 지방별로 구별되어 있다고 하는데 그것은 실제 조사한 것인가?

한국 측: 각 관서별로 국고, 지방분을 조사하였다.

일본 측: 기재정분은 신고시킨 것인가?

한국 측: 각지 우편국과 은급 금고에 있는 자료에 의하여 조사하였다.

일본 측: 금액은 1년분을 20배 한 것인가?

한국 측: 그렇다.

일본 측: 미재정분의 개념은 어떤 것인가?

한국 측: 재정을 위하여 수속 중에 있던 것과 아직 지불을 받지 못한 것을 말한다. 은급법에서 미재정분이란 어떤 것을 말하는 것인가?

일본 측: 은급법에 정해있는 일정 연한을 재직한 후 퇴직한 자를 말하며 재정 신청을 하지 않더라도 그것은 미재정의 범주에 속한다. 미재정분은 추계한 것인가?

한국 측: 각 관서별로 조사한 것이고 이북은 추정하였다.

일본 측: 기재정분도 이북분을 포함하고 있는가?

한국 측: 그렇다. 이북분은 기재정분이나 미재정분 모두 추정하였다.

일본 측: 국고 지변분은 지불 대장이 있으므로 그 수를 확실히 알 수 있는데 한국 측의 기재정분은 19천여 명으로 지방 지변분을 포함한 것으로 아나 그렇다 하더라도 지방 지변분이 너무 많은 것 같다. 은급은 은급법에 의거한 것과 지방자치단체 자제의 규칙에 의하여 지불하는 것이 있으며 지방 자치 단체 자체의 규칙에 의하여 지불하는 것은 국고와는 전연 관계없이 도나 읍이 계약에 따라 그 사용인에게 지불하는 것이 있는데 여기 기재정분에는 이러한 것을 포함한 것이 아닌가?

한국 측: 그 내용은 잘 알 수 없으나 그런 것이 있었는가?

일본 측: 국고와는 관계없이 도에서 지불한 것으로 도리원(道吏員), 부리원(府吏員)이 있었는데 그런 것을 포함한 것이 아닌가? 도리원, 부리원을 포함하지 않고서는 그렇게 많은 인원이 될 리는 없을 것으로 생각한다.

한국 측: 도리원, 부리원이란 어떤 것을 말하는가?

일본 측: 서기, 주사 등을 말한다.

한국 측: 그런 것은 포함되지 않았다.

일본 측: 미재정분은 국고 부담과 지방 부담별로 구별되어 있다고 하는데 국고 부담과 지방 부담은 어떻게 되어있는가?

한국 측: 우리 측 분류 방법은 약간 다르며, 내각·총독부 재정분과 도 재정분으로 구분하고 있다.

일본 측: 그러면 그 구분은 어떻게 되어있는가?

한국 측: 전체 인원에 대하여 내각·총독부 재정분이 1, 도 재정분이 6의 비율로 되어 있다.

일본 측: 기재정분은 도 재정분이라도 국고 부담분은 대상이 있어서 그 수를 정확히 알 수 있으나 미재정분은 일본 측에서도 사실상 잘 모른다. 미재정분은 당시 관내의 정원 등이 있어서 직원록을 보면 대체로 그 수를 조사할 수 있는 것이나 미재정분은 추정상의 착오나 지방 지변분의 혼입이 없는지 그런 점을 알고 싶다.

한국 측: 미재정분에 대해서는 일본 측에서 어떤 생각을 가지고 있는가?

일본 측: 전문위원회는 숫자나 금액을 확인하는 데 있으므로 그 문제는 공식 회담에서 논의하기로 하고 공식 회담에서 지불한다는 방침이 결정되면 그때 다시 숫자를 대

사하도록 하는 것이 좋겠다. 다음 피징용 노무자 관계를 계속할 것인가?

한국 측: 피징용 노무자 관계는 다음 목요일에 토의하도록 하자. 다음 목요일에는 공식 회담이 있으나 공식 회담을 휴회하고 이 피징용 노무자 관계를 토의하도록 하자.

일본 측: 좋다.

유첨: 1. 현재 정리 중의 재외 회사 일람표
2. 폐쇄 기관 조선금융조합연합회의 재산 목록
3. 조선은행권 소각증명서
4. 연금 청구 명세
각 1통

끝

별첨

78-1. 제6차 한일회담 일반청구권소위원회 피징용자 등 관계 전문위원회 제2차 회의 시 한국 측 제출 자료

연금 청구 명세

연금:	기재정	19,232인	115,469,500원
	미재정	15,888인	174,175,500원
	계	35,120인	289,645,000원
일시금:	기재정	159인	130,034원
	미재정	20,109인	16,419,936원
	계	20,268인	16,549,970원
	총계	55,388인	306,194,970원

81. 제6차 한일회담 일반청구권소위원회 전문위원회 제3차 회의록

0538　일반청구권소위원회 제3차 전문위원회의
　　　회의록

1. 개최 일시: 1962. 2. 22, 하오 3시부터 4시까지

2. 개최 장소: 일본 외무성 회의실 235호

3. 참석자: 한국 측 이상덕　위원
　　　　　　　　홍윤섭　　〃
　　　　　　　　오채기　보좌
　　　　　일본 측 우라베　참사관
　　　　　　　　시미즈　보좌(노동성)
　　　　　　　　나카다　　〃　　〃
　　　　　　　　사쿠라이　〃　(대장성)
　　　　　　　　스기타　　〃　　〃
　　　　　　　　이와세　　〃　　〃
　　　　　　　　사사다　　〃　　〃
　　　　　　　　모리타　　〃　(외무성)
　　　　　　　　스기야마　〃　　〃
　　　　　　　　와타나베　〃　　〃
　　　　　　　　후지타　　〃　　〃
　　　　　　　　호리　　　〃　　〃

0539　4. 토의 내용

일본 측: 오늘은 피징용 노무자 관계를 토의하도록 하는 것이 어떤가?

한국 측: 좋겠다.

일본 측: 그러면 우리 측에서 한국인 노무자에 관하여 표를 준비하였는데(별첨 집단 이입 조선인 노무자 수 참조) 한국 측에서는 피징용 노무자로 되어있으나 표제를 '집단 이입 조선인 노무자'로 한 것은 일본에 온 한국인 노무자는 국민징용령에 의하여 징용된 자 외에 자유 모집, 관 알선에 의하여 온 자들이 있기 때문이다. 집단적으로 이입된 한국인 노무자에 관하여는 당시 각 직장에서 그 명부를 작성하고 있었으며 그 명부에는 사망, 부상, 직장 이탈 등에 관한 기록이 기입되었었다.

그리고 그에 관한 자료는 각 부, 현을 통하여 중앙에서 집계되었으므로 종전 당시의 통계도 있다. 그러나 중앙에서는 각 부, 현에서 보내오는 통계를 집계한 데 불과하였으므로 개인별 명부는 없다. 개인별 명부는 후생성에서 쇼와[昭和] 21년 6월에 각 부, 현을 통하여 수집한 바 있는데 17현분이 수집이 되어 현재 노동성에서 보관하고 있고 17현 이외 분은 조회 중에 있다. 그리고 집단 이입 한국인 노무자에 관하여는 후생성 외에 내무성 경무국에서도 관계 통계를 집계하고 있었다. 1939년 9월 이후 종전까지 집단적으로 일본에 온 한국인 노무자 총수는 667,684명이며 이 숫자는 진실에 가까운 숫자이다. 그러나 이 수는 1939년 이후의 총 누계이며 그간 계약 기간의 만료로 귀환한 자, 직장 이탈자 등이 있어서 종전 당시의 취로(就勞)자 수는 후생성 통계에 의하면 표 2에 기재되어 있는 바와 같이 322,890명이다. 그리고 집단 이입의 종류는 자유 모집이 148,549명, 관 알선이 약 32만 명, 국민징용령에 의하여 징용된 자가 약 20만 명이다. 표의 4는 내무성 통계인데 후생성 통계로는 집단 이입자 중 종전 시의 수를 제외한 차 34만여 명의 내용이 명확지 않으나 내무성에서는 그것을 조사한 통계가 있으므로 그 통계를 참고로 게재하였다. 이에 의하면 그 수는 후생성 통계와 약간의 차는 있으나 계약 기한 만료 귀환자가 52천 명, 불량 송환자가 약 16천 명, 직장 이탈자가 226천 명으로 합계 328천 명이다. 그리고 표의 '복귀자'는 직장을 이탈하였다가 다시 직장으로 돌아온 자(이 수는 감모 수에 포함되지 않았음), '기타'는 사망하거나 병으로 한국에 귀환한 자들이다.

한국 측: 종전 시의 현재 수 322,890명은 어떤 방식으로 조사하였는가?

일본 측: 자료에 의거한 것이며 그것이 어떤 방식으로 조사되었는지는 명확지 않다.

한국 측: 징용은 1945년 4월경까지로 되어있으나 그 후는 어떻게 되었는가?

일본 측: 한국 내 훈련소에는 상당한 인원이 있었다고 듣고 있으나 그 당시는 일본 본토의 공습, 관부 연락선의 두절 등으로 1945년 4월경 이후는 일본 내항이 거의 없었다.

한국 측: 한국에 귀환한 자가 있다고 하는데 관부 연락선의 두절로 한국에는 귀환할 수 없었던 것이 아닌가?

일본 측: 관부 연락선은 1945년 3월경에 두절되었으며 여기의 귀환자 수는 1939년 이후의 누계이다.

한국 측: 직장 이탈자가 상당히 많으며 그중 소재 불명자가 대부분인데 소재 불명자란 무엇인가?

일본 측: 대부분이 도망자인데 소재 불명자로 표시하였다.

한국 측: 당시 관부 연락선에는 형사가 내왕하는 한국 사람을 일일이 조사하였으므로 한국에 돌아올 수 없었고 따라서 만약에 직장을 이탈한 자가 있었다면 일본에 있었다고 볼 수밖에 없는데 경찰의 조사가 심하고 식량도 배급하던 당시에 일본에 숨어 있을 수 있었을까?

일본 측: 총수로는 20여 만 명이나 되나 이들 노무자는 각 지방에 분산되어 있었으므로 지방별로 보면 그리 많은 수는 아니다.

한국 측: 직장별 한국인 노무자 수는 알 수 있는가?

일본 측: 17현분에 관해서는 알 수 있다. 한국 측은 노무자 중 사망자가 12천 명이나 된다고 하는데 그 근거는 무엇인가?

한국 측: 1946년에 조사한 숫자이다.

일본 측: 쇼와 17년 12월 말까지는 명부가 있어서 사망자 수를 정확히 알 수 있으나 12천 명까지는 되지 않으리라고 보며 지금 그 내용을 조사하고 있다. 한국 측에서는 사망자를 조사한 것이라고 말하였는데 어떤 방식으로 조사하였는가?

한국 측: 행정 관청을 통하여 조사하였다.

일본 측: 군인·군속과 중복되지 않았는가?

한국 측: 노무자만을 조사한 것이므로 군인·군속은 들어있지 않다. 사상자 관계는 일본 측에서 알 수 없는가?

일본 측: 명부가 각 직장에 있기 때문에 아직 잘 모른다.

한국 측: 일본 측 숫자는 좀 더 검토해 보겠지만 아까도 언급한 바와 같이 경찰의 조사라든가 식량 배급제 등 당시의 실정으로 보아 직장 이탈자 20여 만 명이란 숫자는

이해하기 곤란하다.

일본 측: 종전 당시 직장에 남아있던 한국인 노무자가 32만 명이라는 것은 우리들의 상식으로 되어 있다.

한국 측: 그리고 또 한 가지 지적하고 싶은 것은 일본 측은 전시 중 동원된 한국인 노무자를 관 알선, 징용 등으로 구분하고 있으나 관 알선이건 징용이건 당시 한국인 노무자를 일본으로 끌고 간 방법은 대단히 혹독하였었다는 것을 알아주기 바란다.

일본 측: 지나친 점이 있었을지 모르나 한국인 노무자라고 해서 그 당시 특별히 차별 대우하였다고는 생각하지 않는다. 그러면 피징용자 관계는 오늘 이 정도로 하는 것이 어떤가?

한국 측: 좋다.

일본 측: 그리고 은급 관계는 아직 잘 모르는 점이 있는데 은급은 어느 시점을 기준으로 계산한 것인지 또 미재정이나 일시금의 국고, 지방 부담별 내용은 어떻게 되어있는 것인지, 그러한 은급의 산출 기초를 좀 더 상세히 밝혀주었으면 좋겠다.

한국 측: 다음 회의 때까지 준비하겠다.

일본 측: 유가증권의 소유자별 내용도 가르쳐 주기로 되어있는데 어떻게 되었는가?

한국 측: 이것도 다음 회의 때까지 준비하겠다.

일본 측: 식량증권은 현물이 있는가?

한국 측: 지금 본국에 조회하고 있다.

일본 측: 조련에 대한 기탁 재산의 산출 근거는 알았는가?

한국 측: 구체적인 것은 잘 모르겠으나 기록이 있다. 피징용자 미수금의 중복 내용은 조사되었는가?

일본 측: 대체적인 윤곽은 알고 있으나 구체적인 것은 아직 조사 중에 있다. 그러면 오늘 회의는 이 정도로 하고 내주 화요일(2월 27일)에 다시 회의를 가지도록 하자.

한국 측: 좋다.

유첨: 집단 이입 조선인 노무자 수 1부

끝

별첨

81-1. 제6차 한일회담 일반청구권소위원회 전문위원회 제3차 회의 시 양측 제출 자료

0544   Particulars of the Bank of Chosen Notes incinerated(한국 측 제출)

Denomination	Amount
100 yen notes	¥3,661,700.00
10 yen notes	¥9,299,930.00
Total	¥12,961,630.00

The undersigned hereby certify that the above-mentioned Bank of Chosen Notes were destroyed in the incineration furnace in the Bank of Japan in their presence on August 23, 1950.

Witnesses

Bank of Korea

―――――――――――

C. H. Kim,
Deputy-Governor
Ministry of Finance

―――――――――――

H. Mitsugi,
Bank of Japan

―――――――――――

T. Sakura,
Chief, Cashier's Dep't.

번역 소각된 조선은행 지폐의 세부사항

액면	금액
100엔 지폐	3,661,700.00엔
10엔 지폐	9,299,930.00엔
합계	12,961,630.00엔

위 서명인들은 1950년 8월 23일에 위와 같은 조선은행 지폐가 일본은행 소각로에서 자신들의 입회하에 소각되었음을 증명합니다.

증인 한국은행

―――――――――――

C. H. Kim.
재무부 부총재

―――――――――――

H. Mitsugi.
일본은행

―――――――――――

T. Sakura.
출납부 책임자

0545　**集團移入朝鮮人勞務者數**[집단 이입 조선인 노무자 수]**(일본 측 제출)**

1. 總數[총수]　　　　　　　　667,684

2. 終戰時現在數[종전 시 현재 수]　　322,890

3. 集團移入の種類[집단 이입의 종류]

種類[종류]	期間[기간]	人員[인원]
總數[총수]	1939年 9月 – 1945年 4月 頃	667,684
自由募集[자유 모집]	1939年 9月 – 1942年 2月	148,549
官斡旋[관 알선]	1942年 2月 – 1944年 8月	約 3.2万
國民徵用[국민 징용]	1944年 9月 – 1945年 4月 頃	約 2.0万

4. 昭和20年3月末移入勞務者現在員數[1945년 3월 말 이입 노무자 현재원 수]

移入者數[이입자 수]		604,429
減耗數[감모 수]		328,567
內譯[내역]	歸還滿了歸鮮者[귀환 만료 귀선자]	52,108
	不良送還者[불량 송환자]	15,801
	職場離脫者[직장 이탈자]	226,497
	所在不明者[소재 불명자]	209,750
	發見送還者[발견 송환자]	4,121
	復歸者[복귀자]	(12,626)
	その他[기타]	46,306
現在員 數[현재원 수]		288,488

84. 제6차 한일회담 일반청구권위원회 전문위원회의 제4차 회의록

0549   일반청구권소위원회 제4차 전문위원회의
회의록

1. 개최 일시: 1962년 2월 27일, 하오 3시부터 4시 15분까지

2. 개최 장소: 일본 외무성 회의실 235호

3. 참석자: 한국 측 김윤근   수석위원
           이상덕   위원
           정태섭   〃
           홍윤섭   〃
           박상두   〃
       일본 측 혼마   보좌
           마에다   〃
           가네코   〃
           스기타   〃
           사사다   〃
           야마노   〃
           스기야마 〃
           와타나베 〃
           스미카와 〃
           히사이치 〃
           후지타   〃

　　　　모리타　보좌
　　　　무라오카　〃
　　　　미우라　〃
　　　　아베　　〃

4. 토의 내용

　일본 측: 오늘 우라베 참사관은 사정이 있어서 못 나오고 또 대장성의 미야카와 국장이나 요시오카 차장도 예산 관계로 국회에 불리어 갔기 때문에 부득이 본인(마에다 과장)이 대신 나왔는데 대단히 미안하게 되었으나 양해해 주기 바란다.

　오늘 회의에서는 (1) 일본 측에서 재외 회사 및 폐쇄 기관의 명부를 제출하여 한국 측 자료와 대조하고 (2) 한국 측에서 유가증권의 소유자별 명세표를 제출하고 (3) 군인·군속, 노무자, 은급 관계 등에 관하여 한국 측 자료에 대하여 일본 측이 질문하고 (4) 또 위에서 말한 일본 측 자료에 대하여 한국 측의 질문이 있으면 일본 측이 답변하기로 된 것으로 아는데 오늘 회의는 이런 방식으로 진행하겠는가?

　한국 측: 그렇게 하자.

　일본 측: 한국 측이 요구한 재외 회사의 명칭과 각 회사의 청산 종료 일자는 표를 준비하였다(별첨 청산 결료한 폐쇄기관 및 재외 회사 일람표 참조). 재외 회사 명부는 상호 교환하기로 되어있는데 한국 측에서는 준비하였는가?

　한국 측: 회사별 명세는 우리 측에서도 조사한 것이 있으며 그 수는 약 200 정도로 알고 있는데 지금 그 내용을 조사하고 있다. 일본 측에서 그 명부를 필요로 한다면 주겠다.

　일본 측: 한국 측에서도 잘 알고 있겠지만 한국 관계로 지정된 재외 회사는 300여 사이나 그중 일본에 재산이 없는 것도 있어서 정리 대상이 된 것은 188사이며 그중 184사가 정리되고 아직 4사가 정리 미료이다. 그리고 이 표에는 신회사를 설립한 것, 한국인 주주가 없는 것, 북한에 본점이 있는 것(30여 사)도 포함하고 있다.

　한국 측: 정리된 회사의 잔여 재산 분배에 관하여 전번 회의 때 표를 받았는데 그 표에 표시되지 않은 회사는 잔여 재산이 없다는 뜻인가?

　일본 측: 잔여 재산이 없든가 한국인 주주가 없었다는 것을 의미한다.

한국 측: 재외 회사에 관련하여 1955년 말 현재의 조선은행의 재산 상황과 조선은행을 포함한 폐쇄 기관 3사의 주주 명부를 받지 못했던데 아직 준비되지 않았는가?

일본 측: 요전에도 이야기한 바와 같이 자료가 방대하여 시간이 걸리며 또 주주 명부는 일본명으로 되어있는 한국인 주주도 있어서 한국 측에서 주주 명부를 주면 대조해 볼 생각이었다.

한국 측: 한국인 주주에 관하여는 이미 일본 측에서 인정한 것이 있으므로 그 인정한 것을 주면 우리 측 명부와 대조해서 정확 여부를 확인해 보겠다.

일본 측: 그러면 이 주주 관계는 상호 간 가지고 있는 자료를 이러한 회합에서 대조하도록 하는 것이 어떤가?

한국 측: 한국인 주주 명단은 일본 측이 먼저 제시할 성질의 것이라 생각한다. 그러나 같은 이야기를 서로 되풀이하는 것도 곤란하니 이 정도로 하고 다음으로 진행하자. 일본 측에서 요구한 유가증권 소유자별 표를 준비(별첨 한국 법인 소유 유가증권 조서 수교)하였는데 질문이 있으면 질문하라.

일본 측: 표에 표시된 것은 7개 법인만인데 7 법인 이외의 법인의 소유 유가증권은 없는가?

한국 측: 7 법인 이외의 법인이 가지고 있는 유가증권도 있으나 그 내용은 우리가 아직 파악하지 못하고 있다. 전에 일본 측에 설명한 바와 같이 우리가 제시한 표 중에 개인으로 되어있는 것은 순전한 개인 외에 여기 표시한 7개 법인 이외의 법인이 소유하는 유가증권도 포함하는 것이라고 이해하여 주기 바란다.

일본 측: 이 표는 가지고 가서 좀 더 연구해 보겠다. 그리고 식량증권은 현물이 있는지 조사가 되었는가?

한국 측: 아직 본국에 조회 중에 있다.

일본 측: 제5항목의 생명보험은 책임준비금이며 개인 개인의 명부는 상실하였으나 회사별 숫자는 알고 있다고 말하였는데 회사의 명칭과 금액을 가르쳐 줄 수 없는가?

한국 측: 생명보험 관계는 전번 본회의에서 제6항 토의 시 토의하기로 되었으므로 자료를 준비하지 않았다.

일본 측: 6항에서 토의해도 좋으나 우리 측 금액은 한국 측 금액과 단위가 하나 다르기 때문에 물어본 것이다.

한국 측: 일본 측 숫자는 얼마나 되어 있는가?

일본 측: 남한에 관한 분만인데 한국 측 숫자의 약 1할 정도이다.

한국 측: 북한 것은 조사하지 않았는가?

일본 측: 조사하지 않았다.

한국 측: 남북한 전체의 것이라면 회사 측에서는 알고 있는 것이 아닌가?

일본 측: 그 관계는 잘 모르겠으나 여하튼 회사 수는 한국 측의 19사에 대하여 우리 측은 18사이고 금액도 상당한 차이가 있다.

한국 측: 기탁금의 종목 내용은 조사되었는가?

일본 측: 법무성 관계로 약 6천만 원이 종속된 것은 알고 있으나 그 외에도 노동성 관계 금액은 1억 원으로 보고되어 있으나 실제 금액은 17백만 원 가량밖에 안 되는데 그것이 어떻게 1억 원으로 보고되었는지 아직 그 관계를 조사하고 있다. 그리고 군인·군속의 수에 관하여 질문하겠는데 군인·군속의 생존자, 사망자, 부상자의 육해군별, 군인·군속별 내용은 어떻게 되어있으며 또 그 수를 산출한 근거 자료는 무엇인가?

한국 측: 전번 회의에서도 설명한 것과 같이 군인·군속에 관한 자료는 종전 후 일본 측에서 소각하거나 또는 가지고 갔으므로 육해군별이라든가 군인·군속별 등 그 구체적인 내용은 모르나 총수는 여러 가지 자료에 의하여 추정하였다.

일본 측: 전번 회의에서 한국 측은 일본 측 숫자는 해군이 약 2만 명, 육군은 상당한 차이가 있다고 말하였는데 그 육해군은 어떻게 산출하였는가?

한국 측: 그것도 추정하였다.

일본 측: 부상자는 어떻게 산출하였는가?

한국 측: 일본 측의 피해율을 참고로 하여 산정하였다.

일본 측: 한국 측에서든 외무성 조사월보와 인양원호기록을 참고로 하였다는데 그것을 근거로 한 것이 아닌가?

한국 측: 그것도 참고로 하였다. 일본 측 숫자는 명부에 의하여 산출된 것이라고 하면서 부상자 수를 모른다는 것은 이상하지 않은가?

일본 측: 확실한 것은 모르나 추정은 할 수 있다.

한국 측: 그러면 그 추정으로써는 한국인 부상자 수는 어느 정도로 되어있는가?

일본 측: 전쟁 중 동원된 육군 총병력은 약 7백만인데 상병자로서 은급을 받고 있는

자는 약 16만 명이다.

한국 측: 그 16만 명이란 현재의 숫자인가?

일본 측: 그렇다.

한국 측: 그러면 종전 당시의 숫자는 얼마나 되는가?

일본 측: 그것은 잘 모른다.

한국 측: 해군 관계 숫자는 얼마나 되는가?

일본 측: 종전 후 가지고 온 명부에 의하면 한국인 관계 부상 또는 질병자는 227명으로 되어 있다. 해군에 관한 한 한국인 군인은 일선 지대에 나가지 않았기 때문에 부상자가 적은 것 같다.

한국 측: 피징용 노무자도 부상자가 있었다고 보는데 그 수를 알 수 없는가?

일본 측: 잘 모른다. 한국 측은 생존자에 대하여 200불, 사망자에 대하여 1,650불, 부상자에 대하여 2,000불의 보상금을 각기 청구하고 있으나 그 금액의 산출 근거는 무엇인가?

한국 측: 금액의 산출 방법은 다음과 같다. 생존자 200불은 징용으로 말미암아 입은 피해에 대한 최소한의 보상액이며 부상자 2,000불은 일본의 원호법을 참고로 하여 부상자의 부상 정도를 평균 5항 증으로 보고 연금을 받는 기간을 35년으로 보고 계산하였는데 5항 증의 연금액은 140불, 35년간의 연금 총액은 4,900불이 되나 이것을 일시금으로 환산하여 2,000불로 하였다. 그리고 전사자의 1,600불은 유가족을 배우자와 자녀 2인 합계 3인으로 보고 연금을 받는 기간을 15년으로 보면 연금액은 170불, 15년간의 연금 총액은 2,550불이 되나 이것을 일시금으로 환산하여 1,600불로 하였다.

일본 측: 연금을 받는 기간을 부상자는 35년으로 보고 사망자는 15년으로 본 근거는 무엇인가?

한국 측: 연금은 부상자의 경우 그 본인이 사망할 때까지 지급되지만 사망자의 경우는 그 유가족이 성년이 될 때까지만 보았기 때문이다.

일본 측: 보상 금액의 산출은 일본 법을 참고로 하였는가?

한국 측: 일본 법에도 여러 가지가 있으며 또 일본 법에 의하여 계산할 성질의 것도 아니라고 생각하므로 참고로 한 데 불과하다.

일본 측: 군인·군속의 사망자 수에는 공무 이외의 원인으로 사망한 자를 포함하지 않았는가?

한국 측: 공무 이외의 사망자란 어떤 것을 말하는가?

일본 측: 일본 본토에 있던 군인이 병으로 사망한 경우 등을 말한다.

한국 측: 사망자의 경우는 그렇게도 말할 수 있으나 부상자의 경우는 공무에 기인한 것이 아닌가?

일본 측: 부상자의 경우는 공무이겠지만 병자의 경우는 그렇지 않은 경우도 있다.

한국 측: 군인·군속의 사망자는 일본 측 자료에 의하더라도 22,000명으로 되어있는데 은급과의 관계에 있어서 이들에 대한 은급은 은급표의 어디에 들어있는가?

일본 측: 평화조약이 발효할 때까지 군인에 대한 은급은 정지되었으므로 은급표에는 군인에 대한 은급이 들어있지 않다.

한국 측: 사망자 은급은 없어졌으나 부상자에 대해서는 은급이 지급된 것으로 아는데 어떻게 되어있었는가?

일본 측: 부상자에 대해서는 은급을 지급하였으며 기재정분은 포함되어 있다.

한국 측: 그러면 은급표의 은급은 언제까지의 분을 계산한 것인가?

일본 측: 군인에 대한 보통은급은 쇼와[昭和] 21년 1월까지, 증가은급은 쇼와 27년 4월 평화조약이 발효할 때까지, 보통부조료는 쇼와 21년 1월까지의 분을 계산하였다.

한국 측: 일본의 군인·군속에 대하여는 현재 은급을 지급하고 있는가?

일본 측: 지급하고 있다. 사망자에 대하여는 쇼와 27년 4월 이후 지급하고 있다.

한국 측: 일본인에 대하여서는 현재 은급을 지급하고 있으나 그 당시는 지불하지 않았기 때문에 계산하지 않았다는 뜻인가?

일본 측: 그렇다. 그리고 한국 측은 은급 관계 숫자 중 기재정분은 우편국의 대장에 의하여 조사하였으나 지방 부담분은 알 수 없다고 말하였는데 그 대장에는 어떻게 기호 등이 기입되어 있는지 알 수 없는가?

한국 측: 자료가 남아있지 않기 때문에 잘 모르겠다. 전문위원회에서는 미수금 관계를 제외하고는 대체로 토의된 것으로 보며 미수금 관계는 일본 측이 조사될 때까지 기다릴 수도 없는 것이므로 전문위원회는 이 정도로 하고 금주 중에 본회의를 열도록 하는 것이 어떤가?

일본 측: 오늘은 우라베 참사관도, 대장성 관계 사람도 나오지 않았으므로 다음 회의의 진행 방식은 돌아가 의논한 후 다시 연락하겠다.

한국 측: 그러면 내일 연락해 주기를 바라며 오늘 회의는 이것으로 끝내자.

일본 측: 좋다.

87. 제6차 한일회담 일반청구권소위원회 제11차 회의록

0587 **일반청구권 위원회 제11차 회의**
      회의록

1. 개최 일시: 6. 2. 3. 6. 하오 3시~4시

2. 회의 장소: 외무성 회의실(77호)

3. 참석자: 한국 측 김윤근   수석위원
                    이상덕   위원
                    정태섭   위원
                    홍윤섭   〃
                    김정태   〃
                    오채기   〃
            일본 측 요시오카 주사대리
                    우라베   보좌
                    사쿠라이 〃
                    가네코   〃
                    오기소   〃
                    야나기야 〃
                    와타나베 〃

4. 토의 내용

　　요시오카: 오늘은 청구권 처리에 관한 약간의 원칙 문제에 관하여 우리 측 견해를
0588 말하겠다. 그 내용은 첫째는 남북한 문제이고 둘째는 미국 측 각서의 relevant clause

문제이며, 셋째는 1원 대 1불의 환산율 문제이다. 그 외에 요강 6의 문제도 있으나 이 항목은 한국 측의 새로운 제안이고 또 그 다음 대단히 복잡한 문제이기 때문에 좀 더 검토한 후에 의견을 말하겠다. 이상 세 가지 문제에 대하여는 이미 과거 회의에서 약간의 의견을 말한 바 있으나 이 기회에 다시 한 번 우리 측 견해를 말하겠다.

(여기서 요시오카는 "첫째는 남북한 문제인데"라고 전제한 다음 별첨 일본 측 발언 요지 그 제1항과 동일한 내용의 발언을 하다.)

김 대표: 지금 발언한 것을 문서로 써서 줄 수 없는가?

요시오카: 주겠다.

김대표: 지금 일본 측은 한국의 대일 청구권은 남한에 국한되는 것이라고 말하였으나 평화조약의 해석으로도 그런 결론은 나오지 않는다. 상세한 것은 문서를 본 후에 말하겠으나 한국의 주권은 남북한 전 영역에 미친다는 것을 주장해 둔다.

우라베: 법정 체결문에 남북한 문제를 모나게 집어넣자는 이야기는 아니지만 실질적으로는 평화조약의 규정으로 보아 그렇게 생각할 수밖에 없다.

요시오카: ("다음은 relevant clause 문제인데" 하면서 별첨 발언 요지 2항과 동일 내용의 발언을 하다.)

우라베: 전에도 한미재산양도협정에 의하여 미군으로부터 양도된 재산 목록을 받고 싶다고 요망하였으나 아직 받지 못하였는데 재산 목록은 국회 설명상 필요하므로 한국 측에서 제출해 줄 것을 거듭 요망한다.

김 대표: 이 문제에 대한 우리 측 견해는 종래와 변함이 없다. 배상의 성질을 가진 것은 지금까지 이 회의의 대상에서 제외하였으며 배상적인 것을 넣으면 대일 청구는 막대한 것이 되나 배상적인 것은 넣지 않았다는 것을 강조한다.

요시오카: 한국 측은 relevant clause를 이미 고려하였다고 하지만 그러면 요강에서 6항과는 어떠한 관계가 되는가?

김 대표: 6항은 새로운 제안이 아니고 당연한 것을 설명적 규정으로 넣을 것을 주장하는 데 불과하다.

요시오카: 6항은 새로운 제안으로 생각되는데 그렇게 되면 relevant clause는 어디 갔는가 하는 감이 든다.

김 대표: 종래부터 가지고 있던 한국인의 청구권이 한일회담이 성립하였다고 해서 소

멸된다면 불합리하므로 6항은 이러한 청구권을 설명적으로 넣어두고자 하는 것이다. 일본 측은 한국이 재한 일본인 재산을 취득하였으므로 대일 재산 청구에 있어서는 이 점을 고려하여야 한다고 하지만 재한 일본인 재산은 한국이 몰수하거나 귀속시킨 것이 아니며 미국이 몰수 또는 귀속시킨 것을 미국으로부터 양도받은 것이며 또 한국의 대일 재산 청구는 막대한 배상적인 성질의 청구를 제외한 것이다. 따라서 미국이 전쟁의 사후 처리로서 재한 일본인 재산을 귀속시켰다고 하여 종전 전부터 한국인이 가지고 있던 청구권이 이로 인하여 소멸되거나 상쇄, 또는 영향을 받을 수는 없는 것이다.

요시오카: 그 점은 양측이 모두 미국 측의 해석을 기초로 하고 있다.

김 대표: 그러나 상호 간 배상적인 것이 있으면 상쇄하든가 고려한다든가 하는 문제가 나올 수도 있겠지만 예금과 같은 개인의 재산은 relevant clause와는 아무런 관계도 없는 것이므로 동 relevant clause의 영향을 받는 것이 아니고 또 본질적으로 상쇄될 성질의 것도 아니다.

우라베: 일본 측으로 본다면 전쟁과는 아무런 관계도 없는 개인의 사유재산이 몰수되어 한국 측에 넘어갔는데 회담 성립 후에도 한국 측의 청구권만이 그대로 남는다고 하면 이것은 대단히 곤란한 문제라고 본다.

김 대표: 그러나 동 6항은 당연한 규정이다. 예를 들면 종전 전부터 한국인이 '미쓰비시'은행에 예금하고 있는 것을 한일회담이 성립되었다고 하여 줄 수 없다고 한다는 것은 일본 국민들도 상상하지 못할 것이다.

우라베: 회담 성립 후에도 청구권이 남는다면 일본 측으로서는 역시 곤란하다.

이상덕: 곤란하다고 하는데 어떤 점이 곤란한가?

우라베: 여러 가지 문제가 있다고 본다. 일한 관계는 법적으로 본다면 평화조약 제4조 밖에 없는데 제4조에는 Resident, 즉 주민으로 되어있고 National, 즉 국민으로는 되어있지 않다. Resident라는 용어로 보더라도 문제가 있다고 본다. 그리고 미군으로부터 양도된 재산 목록이 필요한데 줄 수 없는가?

김 대표: 재산 목록은 없다. 협정에는 인도되지 않는 재산, 즉 소극적으로 제외한 재산만이 기재되어 있었을 뿐이다.

우라베: 양도된 재산은 매도하거나 불하하였을 것이므로 그러한 기록은 있지 않은가?

김 대표: 현재 가지고 있는 것 또는 처분한 것은 기록이 있지만 인수한 기록은 없다.

우라베: 인계된 기록은 남아있는 것이 아닌가?

정태섭: 귀속된 일본인 재산은 재산 목록에 의하여 인계된 것이 아니고 각 지방의 군정 당국이 직접 지방 관서에 사무 인계식으로 인계한 것이기 때문에 그러한 기록은 없다.

우라베: 인계 방식은 실제 그랬을는지 모르나 시각적으로 본다면 그 내용은 알 수 있는 것이 아닌가? 인계된 것은 국유재산이 되었을 것이므로 대장이 있지 않은가.

정태섭: 국유재산과는 달리 귀속 재산으로 처리된 것인데 물론 그 기록은 있으나 중앙의 대장이나 목록으로 가지고 있지는 않다.

우라베: 일본 측으로 보면 그 당시 재한일본인 재산은 방대한 금액인데 이러한 방대한 재산을 포기하면서 그 목록도 받지 못하였다고 하면 국회 대책상 문제가 어려워지리라고 본다.

김 대표: 일본 측은 국회, 국회 하지만 대일 재산 청구에는 배상적인 것이 들어있지 않기 때문에 일본 국민은 납득할 것이 아닌가?

요시오카: 일본은 배상을 지불할 입장에 있는 것이 아니고 청구권이 문제가 된다.

이상덕: 여하튼 협정에는 재산 목록이 첨부되지 않았다.

우라베: 이것은 심각한 문제이므로 목록이 있으면 제출해 주었으면 좋겠다.

요시오카: ("다음은 그 원래 1원 대 1불의 환산율 문제인데" 하면서 별첨 발언 요지 3항과 동일 내용의 발언을 하다.)

김 대표: 이 문제에 대해서도 우리 측 견해는 종래와 같다. 그리고 오늘은 7항과 8항을 설명하기로 되어있으나 7, 8항을 설명하기 전에 과거 회의에서도 이야기하였지만 군정 법령 33호 해석에 관한 일본 측 견해에 대하여 우리 측 견해를 다시 한 번 말하겠다. 재일 한국 재산은 군정 법령 33호에 의하여 귀속되었기 때문에 청구하는 것이 아니고 본질적 이론, 즉 지점은 별개의 인격을 갖는 것이 아니라는 법 이론에 의하여 청구하는 것이다. 법령 33호에 의하여 포기하는 지점의 권리는 본점 소재지에 있다는 전제하에 귀속한 것이다. 이 점은 일본 측에서도 인정하는 바이나 그럼에도 불구하고 그 주권의 귀속이 가능적이라고 하고 있는데 이와 같은 결론은 명문상으로나 타 법이론에서도 나오지 않는다. 또 가령 그렇다 하더라도 권리의 소재가 어디 있었느냐가 문제인데 가령 등록 주체의 경우는 그것이 조선은행 도쿄지점의 명의로 등록되어 있었다 하더라도 지점은 본점과 동일 인격이므로 권리의 소재는 본점, 즉 권

리자 주소에 있다고 우리는 주장하는 바이다. 이것은 비단 등록 국채뿐만 아니라 재일 재산도 마찬가지다. 다음, 은급과 사망자 및 부상자에 대한 보상 관계인데 일본 측은 일본 국적을 보유하고 있던 시기를 연도로 하여 고려된다는 견해이나 그 권리가 이미 종전 전에 탄생한 것이라는 것은 일본 측도 인정하는 것이며 다만 일본 측은 일본 국적이 없어졌기 때문에 그 권리도 없어졌다고 생각하는 것 같으나 국적에 관한 규정은 기득권을 가진 개인이 그 권리의 상실을 감수하면서라도 국적을 버린다는 개인의 의사에 의하여 국적을 상실하는 경우를 말하는 법이니만큼 우리의 경우에는 적용될 수 없는 것이다. 그뿐 아니라 은급은 기금까지 거출된 사실을 알아야 할 것이다. 또 군인·군속의 사망자도 이미 사망과 동시에 권리가 발생한 것이므로 일본의 일방적인 입법 조치에 의하여 그들의 기득권이 영향을 받을 성질의 것이 아니며 또 사망해서도 일본인은 국가 보상을 받고 있다는 실정을 고려하여서 말한 것이다. 다음, 전문위원회의 정식 보고는 받지 못하였지만 피징용 노무자 중 소재 불명자가 22만 명이나 된다고 하는데 이것은 세 사람 중 한 사람이 소재 불명이라는 계산이 되어 당시의 일본 경찰이나 관청의 능력으로 보나 도저히 납득할 수 없는 숫자이다. 그 외에도 몇 가지 의견을 말하고 싶은 것이 있으나 다음 기회에 미루고 제7항과 8항은 근간 열릴 정치회담의 귀추를 봐서 토의하겠다.

요시오카: 군정 법령 33호, 은급 및 사망자 보상금 등에 대한 우리 측 의견은 이미 말한 바 있으므로 여기서 다시 되풀이할 필요는 없다고 본다. 다만 피징용자 중 직장 이탈자가 22만 명이나 된다는 것은 이해할 수 없는 숫자라고 하지만 일본 측에서 조작한 숫자도 아니다. 이 숫자는 내무성 경무국의 숫자이므로 진정한 숫자라고 본다.

김 대표: 한국 내라면 친척들도 있으나 일본에서 세 사람 중 한 사람의 비율로 소재 불명되었다는 것은 이해할 수 없다.

우라베: 오늘 회의는 대체로 끝난 것 같은데 다음 회의는 어떻게 할 것인가? 정치회담의 귀추를 보아서 토의토록 하는 것이 어떤가?

김 대표: 그렇게 하는 것이 좋겠다.

우라베: 그리고 신문 발표는 relevant clause에 관하여 서로 의견을 교환하였다는 정도로 하자.

김 대표: 좋다.

끝

별첨

87-1. 제6차 한일회담 일반청구권소위원회 제11차 회의 시 일본 측 발언 요지문

第11回請求権小委員会における日本側発言要旨

37. 3. 6

　請求権問題処理にかかる若干の原則問題に関するわが方の見解を申し述べることといたしたい. 内容は, (1)南北鮮問題, (2)「米国解釈」と韓国請求権との関係, (3)請求金額の米ドル換算の問題についての緒点である.

　1. 南北鮮問題
　韓国側は, これまで対日請求権の各項目についての説明に当って, 韓国請求権の範囲に北鮮地域に関するものが含まれているという考え方を採っておられるようであるが, 日本側としては以下述べるような理由によって, 韓国の対日請求権の対象となるのは南鮮地域に関するもののみであると考える. すなわち現在行なわれている日本と韓国との間の請求権交渉は, 平和条約第4条の規定にもとづくものであることはいうまでもないが, 同条a項の規定によれば, 日本と特別取極を行うのは「現に当該[第2条]地域の施政を行っている当局」であり, 特別取極の対象となるのは, 日本側については「日本国及びその国民の財産で当該地域にあるもの, ならびにこれらの地域の施政を行っている当局及びそこの住民に対する日本国及びその国民の請求権」であり, 他方相手当局側については「日本国におけるこれらの当局及び住民の財産, ならびに日本国及びその国民に対するこれらの当局及びそこの住民の請求権」である. 従って日韓両国の間に締結されるべき特別取極の対象は, 韓国が現に施政を行っている地域である南鮮部分の請求権の範囲に限られることは明らかである.

2.「米国解釈」と韓国請求権との関係

韓国側は,第5次会談において8項目の対日請求はすでに日本の在韓財産が所属を変更され韓国に移転されたことを十分に考慮した上での請求であるから米国解釈を理由に重ねて日本側から韓国側8項目の請求の消滅ないし減額を云々される筋合ではないと主張されたことがある. わが方からはその際にも当方の見解を明らかにしたのであるが,今一度この問題についてのわが方の見解をはっきり述べておきたい.

平和条約第4条の解釈に関しては,日・韓両国とも合意議事録(1957年12月31日)で1957年12月31日付米国務省覚書(いわゆる「米国解釈」)に示された見解と同意見であることを明確に表明している. しかして上記「米国解釈」には,「日本が平和条約第4条b項において効力を承認した在韓日本財産の処理は,第4条a項に定められている特別取極を考慮するに当って関連があるものであり」, しかも,「日・韓間の特別取極は, 韓国内の日本資産を韓国政府が引取ってことにより, 韓国の対日請求権がいかなる程度まで消滅され, 又は満たされたと認めるぁもついての決定を含むこととなる」旨が明記されているのである.

韓国は日本に対する交戦国ではなく, また平和条約第14条を援用する立場にないことは明らかであるから, もともと日本に対して賠償的請求を行なう権利がないことは, すでに第5次会談で日本側から明らかにしたところであり, したがって,「米国解釈」の内容とするところは, 日本がこの在韓日本財産処理の効力を承認したことによりどの程度まで韓国の日本に対して有する法律上の請求権が消滅し又は満されたかについては, 韓国側の一方的に決定すべきことではなく, 日韓間の交渉において決定されるべきであることは疑いを容れない.

すなわち韓国側の提示している8項目の請求のうち法的根拠ありと認められるものに対する支払金額の決定にあたっては, 当然この点を考慮し, その具体的適用について日・韓間で協議されるべきものと考える.

また, これに関連して, かねて日本側より韓国側に提示を求めておいた1948年の米韓の「財政及び財産に関する最初の取極」により韓国に移転された財産の目録を提示されるよう, 重ねて要請する.

0599　　3. 請求金額の米ドル換算の問題

　韓国側は, 対日請求各項目において提示した円貨表示の請求額について, 1945年当時の日本円対米ドルレートで換算した額を請求すると主張し, 具体的には15円＝1ドルによることを提案されている.

　しかし, 韓国側の日本に対する請求権として挙げられた円貨表示債権は, いずれも法的に円貨建金銭債権であり, いずれもドルあるいは金約款の付せられていたものではない.

　従ってその支払を行う場合には, 金銭債権に関する原則に照らしても, 当該債権の内容そのものによって確定すべき円貨表示金額自体を支払えば足りるのであって, これに対して更に韓国側のいわれるごとき換算を行うべき筋合とは考えられない. ちなみに, 現にわが国の各国に対する戦後の同権クレーム処理に当っても, 韓国の主張するような形で解決された例はない.

0600　　これを要するに韓国側の主張はわが方としては到底認めがたいものである.

번역　제11차 청구권소위원회에서 일본 측 발언 요지

1962. 3. 6

　청구권 문제 처리에 있어서 약간의 원칙 문제에 관한 우리 측의 견해를 말씀드리고자 한다. 내용은 (1) 남북한 문제, (2) '미국 해석'과 한국청구권과의 관계, (3) 청구 금액의 미화 환산 문제에 관한 제 점이다.

　1. 남북한 문제

　한국 측은 지금까지 대일 청구권의 각 항목에 대한 설명에 있어서 한국청구권의 범위에 북한 지역에 관한 것이 포함되어 있다는 생각을 가지고 있는 것 같으나, 일본 측에서는 다음과 같은 이유로 한국의 대일 청구권의 대상은 남한 지역에 관한 것뿐이라고 생각한다. 즉 현재 진행되고 있는 일본과 한국 간의 청구권 협상은 평화조약 제4조의 규정에 근거한 것임은 말할 필요도 없지만, 동 조 a항의 규정에 따르면 일본과 특별협정을 체결하는 것은 '현재 해당[제2조] 지역의 시정을 실시하고 있는 당국'이며, 특별협정의 대상이 되는 것은 일본 측에 대해서는 '일본국 및 그 국민의 재산으로 해당 지역에 있는 것, 그리고 이들 지역의 시정을 실시하고 있는 당국 및 그 주민에 대한 일본국 및 그 국민의 청구권'이며, 다른 한편 상대국 당국 측에 대해서는 '일본국의 이들 당국 및 주민의 재산, 그리고 일본국 및 그 국민에 대한 이들 당국 및 그 주민의 청구권'이다. 따라서 한일 양국 간에 체결되어야 할 특별협정의 대상은 한국이 현재 시정을 하고 있는 지역인 남한 부분의 청구권 범위에 한정되는 것이 분명하다.

2. '미국 해석'과 한국청구권과의 관계

한국 측은 제5차 회담에서 8항목의 대일 청구권은 이미 일본의 재한 재산이 소속이 변경되어 한국으로 이전된 것을 충분히 고려한 청구권이기 때문에 미국의 해석을 이유로 일본 측이 한국 측 8항목의 청구권 소멸이나 감액을 주장할 근거가 없다고 주장한 적이 있다. 우리 측에서는 그때에도 우리 측의 견해를 밝힌 바 있지만, 다시 한 번 이 문제에 대한 우리 측의 견해를 분명히 밝히고자 한다.

평화조약 제4조의 해석에 관해서는 한일 양국 모두 합의의사록(1957년 12월 31일)에서 1957년 12월 31일 자 미 국무부 각서(이른바 '미국 해석')에 제시된 견해와 일치한다는 것을 분명히 표명하고 있다. 그러나 위 '미국 해석'에는 '일본이 평화조약 제4조 b항에서 효력을 승인한 재한 일본 재산의 처리는 제4조 a항에 규정된 특별협정을 고려함에 있어 관련성이 있는 것'이며, 게다가 '한·일 간의 특별협정은 한국 내의 일본 재산을 한국 정부가 인수하는 것에 의해 한국의 대일 청구권이 어느 정도까지 소멸 또는 충족되었다고 인정하는 것에 관한 결정을 포함하게 된다'는 취지가 명시되어 있는 것이다.

한국은 일본에 대한 교전국이 아니며, 또한 평화조약 제14조를 원용하는 입장이 아님이 분명하므로, 원래 일본에 대해 배상 청구권을 행사할 권리가 없다는 것은 이미 제5차 회담에서 일본 측이 밝힌 바 있으며, 따라서 '미국 해석'의 내용인 일본이 이 재한 일본 재산 처리의 효력을 승인함으로써 한국의 일본에 대한 법적 청구권이 어느 정도까지 소멸 또는 충족되었는지에 대해서는 한국 측이 일방적으로 결정해야 할 것이 아니라, 한일 간 협상을 통해 결정되어야 한다는 것은 의심의 여지가 없다.

즉 한국 측이 제시하고 있는 8개 항목의 청구권 중 법적 근거가 있다고 인정되는 항목에 대한 지급액 결정에 있어서는 당연히 이 점을 고려하여 그 구체적 적용에 대해 한·일 간에 협의해야 할 것으로 생각한다.

또한 이와 관련하여, 그동안 일본 측이 한국 측에 제시를 요구해 온 1948년 한·미 「재정 및 재산에 관한 최초의 협정」에 의해 한국으로 이전된 재산의 목록을 제시할 것을 재차 요청한다.

3. 청구 금액의 미화 환산 문제

한국 측은 대일 청구권 각 항목에서 제시한 엔화 표시 청구 금액에 대해 1945년 당시 일본 엔 대 미 달러 환율로 환산한 금액을 청구한다고 주장하고 있으며, 구체적으로 15엔=1달러를 기준으로 할 것을 제안하고 있다.

그러나 한국 측이 일본에 대한 청구권으로 제시한 엔화 표시 청구권은 모두 법적으로 엔화 표시 금전채권이며, 모두 달러 또는 금 약관이 첨부된 것이 아니다.

따라서 그 지급을 하는 경우에는 금전채권에 관한 원칙에 비추어 보더라도 해당 청구권의 내용 자체에 따라 확정되어야 할 엔화 표시 금액 자체를 지급하면 충분하며, 이에 대해 한국 측이 말하는 바와 같이 환산을 해야 할 이유는 없다고 생각된다. 참고로, 실제로 우리나라의 각국에 대한 전후 동일한 청구권 처리에서도 한국이 주장하는 것과 같은 형태로 해결된 사례는 없다.

요컨대 한국 측의 주장은 우리 측으로서는 도저히 인정하기 어려운 것이다.

선박소위원회 회의록, 1961~1962

분류번호 : 723.1JA 선 1961-62. 3
등록번호 : 727
생산과 : 아주과
생산연도 : 1962
필름번호 : C1-000
6파일번호 : 01
프레임번호 : 0001~0008

제6차 한일회담 제7~9차 회의 결과에 관해 별도의 회의록 없이 간략한 전문 보고 기록이 수록되어 있다. 제1~6차 회의록은 누락되어 있다.

1. 제6차 한일회담 선박소위원회 수석위원 간 비공식 회의 결과 보고 전문

번호: JW-01467

일시: 311720[1962. 1. 31]

수신인: 외무부 장관 귀하

건명: 선박위원회 수석위원 간 비공식 회의

금일 1월 31일 오후 4시부터 약 30분간 '가유회관'에서 선박소위원회의 양측 수석위원 간 비공식 회의를 개최하였는바 그 토의 내용을 다음과 같이 보고함.

1. 먼저 아 측이 지난번의 수석대표 간 회의에서 양해된 바에 의하여 3월에는 고위 정치 절충이 시작될 것으로 생각하므로 그 전에 사무적인 토의를 끝낼 수 있도록 2월 말까지 의제 '에이'에 대한 조사를 끝내달라고 요구하였던바 이에 대하여 일본 측은 8월 말까지 조사를 끝낼 수 있을지는 모르나 그러한 방향으로 노력하겠다 함.

2. 다음 일본 측이 정치회담에 넘어가기 전에 법 이론의 토의도 좀 하는 것이 좋겠다고 말하고 특히 의제 '시' 및 '디'에 관하여서도 토의하였음을 기록에 남도록 하여야 하겠다고 말하기에 아 측은 이에 대하여 의제 '시'나 '디'에 들어가기 전에 먼저 '비'에 관한 토의를 해야될 것이라고 말하고 그런 의미에서도 의제 '에이'의 토의는 2월 말에 끝마쳐야 한다고 함.

3. 앞으로의 회의 개최 일자에 대하여는 매주 1회씩 회의를 가져도 좋으나 일본 측의 조사가 진척되지 않으면 회의를 열어도 무의미할 것이므로 일본 측의 조사 결과에

따라 회의를 열기로 하되 다음 회의는 2월 14일(수) 오후 3시에 갖기로 하고 동 회의를 공식으로 할지, 또는 비공식으로 할지는 아 측이 정하여 일본 측에 통지하기로 함.

수석대표

2. 제6차 한일회담 선박소위원회 제7차 회의 결과 보고 전문[30]

번호: JW-02242

일시: 141725 [1962. 2. 14]

수신인: 외무부 장관 귀하

선박소위원회 회의 보고

금일 14일 하오 3시부터 약 1시간 30분간 제7차 선박소위원회가 일본 외무성 회의실에서 개최되었는바 동 회의 내용은 아래와 같음.

1. 49척에 대하여 일본 측의 조사 설명이 있었음.

2. 다음 회의는 2월 21일(수)에 개최하기로 원칙적인 합의를 하고 일본 측의 조사가 지연될 시는 2월 28일(수)에 개최하기로 합의하였음.

수석대표

30　제1차~6차 회의의 회의 기록은 누락되어 있다.

3. 선박에 관한 사실 조회 건의 전문

번호: JW-02281

일시: 161500[1962. 2. 16]

수신인: 외무부 장관 귀하

선박에 관한 사실 조회

1. 지난 2월 14일에 개최된 제7차 선박소위원회 회의에서 일본 측이 조사 설명한 49척 중 조선수산개발주식회사 소속 어선 30척(추가 선박 358척 중)을 당시 동 회사의 일본인 대표였던 '아마노 군지'가 쇼와[昭和] 20년 12월 31일 서울에서 한국인 설경동에게 인도하였다고 하는바 본 선박들은 과거 우리 측의 귀환 선박 조사 기록에 있는 17척 이외의 선박들이므로 재확인코자 하오니 수산국을 통하여 본인(설경동)에게 사실 조회하여 주시기 바랍니다.

2. 우리 측에서는 일본 측이 인도했다고 하는 상기 선박에 대한 증거 서류 제시를 일본 측에 요구하였음.

수석대표

4. 제6차 한일회담 선박소위원회 제8차 회의 결과 보고 전문

번호: JW-02487

일시: 281755 [1962. 2. 28]

수신인: 외무부 장관 귀하

선박소위원회 제8차 회의 보고

금일 28일 하오 3시부터 약 1시간 선박소위원회 8차 회의를 일본 외무성 236호 회의실에서 개최하였는바 동 회의 내용은 아래와 같음.

1. 202척 선박 명단에 미조사 선박 중 14척에 대한 일본 측의 조사 결과 설명이 있었으며 아 측에서는 전번 회의 시 일본 측이 조사 설명한 바 있는 조선수산개발주식회사 선박 30척에 대한 아 측의 조사 결과를 설명하였음.

2. 선박소위원회에서 토의된 내용과 관계 자료의 대조를 위한 전문가 회의와 회의 진행사항에 대한 토의를 위한 수석위원 간의 비공식 면담을 제안하였는바 일본 측은 이에 동의하였으며 일시와 장소는 추후 결정하기로 합의함.

수석대표

5. 제6차 한일회담 선박소위원회 제9차 회의 결과 보고

번호: JW-03173

일시: 101110[1962. 3. 10]

수신자: 외무부 장관 귀하

선박소위원회 제9차 회의 결과 보고

금일 3월 9일 하오 2시 30분부터 3시 50분까지 선박소위원회 제9차 회의를 외무성 제234호 회의실에서 개최하였는바 그 내용은 아래와 같음.

1. 거반 전문가 회의에서 대조한 바 있는 지금까지 토의된 의제 'A' 해당 선박에 대한 양측의 조사 설명 결과를 상호 확인하였음.

2. 다음 회의는 'B, C, D'의 토의에 관하여는 차후에 토의키로 하였으며 회의 시기는 추후 연락하여 결정키로 하였음.

수석대표

반환 청구 선박 명부, 1962

분류번호 : 723.1JA 선 1962
등록번호 : 728
생산과 : 아주과
생산연도 : 1962
필름번호 : C1-0006
파일번호 : 02
프레임번호 : 0001~0044

제6차 한일회담 선박소위원회에서 한국 측이 일 측에 제출한 추가 선박 358척 명부가 하나의 문서에 하나의 표로 수록되어 있다.

3. 제6차 한일회담 시 일 측에 제시한 선박 명부

0018

재일 한적선 명록

(추가분)

(제6차 한일회담 시 제시분 358척)[31]

0019

번호	선명	번호	총톤수	소유자	선적항
1	미유기호	669	33.41	조선총독부	인천
2	제3 速吸호	678	169.16	내선(內鮮)석탄운수주식회사	〃
3	제59 朝運호	569	41.44	조선운송주식회사	〃
4	제56 〃	568	43.15	〃	〃
5	제53 〃	567	37.52	〃	〃
6	제55 〃	566	39.93	〃	〃
7	제58 〃	565	38.78	〃	〃
8	제57 〃	564	38.39	〃	〃
9	제51 〃	563	38.13	〃	〃
10	제50 〃	562	36.63	〃	〃
11	제2 浜田호	553	64.65	하마다 간스케(濱田勘助)	〃
12	제12 朝水호	548	50.05	아키타(秋田)수산공업주식회사	〃
13	제2 가모메호	545	26.11	조선수산개발주식회사	〃
14	제1 〃	544	26.11	〃	〃

---

31 표에 나오는 일본인 인명의 우리말 표기는 확인 절차 없이 통상적으로 많이 사용하는 이름으로 표기하였으므로 오류 가능성이 있다.

15	漢陽호	541	32.81	다쓰에(龍江)기선주식회사	〃
16	宝安호	540	22.98	삼척철도주식회사	〃
17	제2 朝水호	535	54.49	조선수산개발주식회사	〃
18	제1 〃	534	47.47	〃	〃
19	제11 開洋호	532	66.47	〃	〃
20	제12 〃	531	66.39	〃	〃
21	제9 朝水호	528	69.67	〃	〃
22	昭進호	526	55.53	조선해륙운수주식회사	〃
23	제8 鷄林호	525	50.16	조선수산개발주식회사	〃
24	제3 開洋호	523	73.37	〃	〃
25	제3 鷄林호	522	57.26	〃	〃
26	天幸호	679	69.93	오노다(小野田)기선주식회사	〃
27	제2 三国호	682	46.42	조선해상구원(救援)주식회사	〃
28	제6 三国호	683	121.29	삼국석탄주식회사	인천
29	제5 天閃호	685	80.42	게이타구미(慶田組)	〃
30	興北호	686	103.83	흥아해운주식회사	〃
31	興西호	688	109.82	〃	〃
32	제7 三國호	691	110.21	삼국석탄주식회사	〃
33	三幸호	692	64.71	오노다(小野田)기선주식회사	〃
34	長德호	694	306.18	조선석유주식회사	〃
35	八達호	695	114.04	조선중요물자영단(營團)	〃
36	大福호	671	239.10	내선(內鮮)석탄운수주식회사	〃
37	제11 京人호	674	186.89	경인상선주식회사	〃
38	제35 惠山호	779	143.85	조선선박운수주식회사	〃
39	제33 〃	780	148.85	〃	〃

40	제11 湖南호	782	62.32	조선해운운수주식회사	〃
41	제16 鮮海호	783	128.53	〃	〃
42	제17 〃	784	128.53	〃	〃
43	제26 〃	785	130.69	〃	〃
44	제25 〃	786	132.37	〃	〃
45	제11 〃	789	131.25	〃	〃
46	제54 〃	794	173.49	〃	〃
47	제2 〃	790	63.81	〃	〃
48	제2 朝海호	797	65.53	〃	〃
49	朝油호	800	140.43	조선유지(油脂)주식회사	〃
50	제31 鮮海호	801	130.09	조선근해운수주식회사	〃
51	제32 〃	802	134.04	〃	〃
52	漢陽호	803	44.10	조선유지(油脂)주식회사	〃
53	제1 福漁호	804	25.79	조선해운운수주식회사	〃
54	제2 〃	805	25.79	〃	〃
55	順天호	806	149.97	조선유조(油槽)주식회사	〃
56	豐漁호	807	50.83	조선유지(油脂)주식회사	인천
57	제27 鮮海호	811	130.07	조선해운운수주식회사	〃
58	제2 〃	813	130.07	〃	〃
59	제3 大洋호	814	56.22	대양산업주식회사	〃
60	제13 鮮海호	731	123.00	조선근해운수주식회사	〃
61	제12 〃	730	123.00	〃	〃
62	제6 〃	729	131.25	〃	〃
63	제7 〃	728	131.25	〃	〃
64	一호	724	56.21	경인상선주식회사	〃

65	海興호	720	32.58	미쓰타 료지(光田良治)	〃
66	제2 大和호	719	45.72	히로이케 다케시(廣池武士)	〃
67	제1 〃	718	51.69	〃	〃
68	扶綜호	716	1972.33	조선우선(郵船)주식회사	〃
69	제1 朝海호	715	120.34	조선근해운수주식회사	〃
70	正運호	713	30.88	곤도 노부후사(近藤信房)	〃
71	天栄호	711	45.87	마쓰모토 사토시(松本里市)	〃
72	松호	710	174.12	내선(內鮮)석탄운수주식회사	〃
73	光호	707	71.98	하마다 미쓰오(濱田光雄)	〃
74	제32 朝日호	706	50.54	아사히구미(朝日組)	〃
75	제33 〃	705	40.79	〃	〃
76	제27 〃	704	40.79	〃	〃
77	제25 〃	703	40.79	〃	〃
78	제26 〃	701	40.79	〃	〃
79	제22 〃	700	40.79	〃	〃
80	제15 鮮海호	744	132.82	조선근해운수주식회사	〃
81	제9 〃	743	131.25	〃	〃
82	제8 〃	742	131.25	〃	〃
83	다가시로호	737	63.22	조선수산개발주식회사	〃
84	新興호	736	28.65	조선무연탄주식회사	인천
85	제11 金昆羅호	734	51.93	조선수산개발주식회사	〃
86	東弘호	733	39.62	조선근해운수주식회사	〃
87	제14 鮮海호	732	132.82	〃	〃
88	제8 千代호	643	69.82	다나카 쓰구루(田中續)	〃
89	제3 米倉호	644	41.24	대동강수운주식회사	〃

90	제5 〃	645	48.47	〃	〃
91	제6 〃	646	51.1□	〃	〃
92	제2 東照호	647	95.70	조선동해온건착망(鰮巾着網)어업조합	〃
93	北星호	649	20.29	조선운송주식회사	〃
94	浜田호	663	62.14	하마다 간스케(濱田勘助)	〃
95	제8 川內호	664	56.85	게이타구미(慶田組)	〃
96	제5 宮吉호	665	42.73	하마다 시게요시(濱田重吉)	〃
97	제3 마루보시호	666	34.81	조선해륙수주식회사	〃
98	제18 朝日호	667	35.34	아사히구미(朝日組)	〃
99	제31 〃	670	28.85	경인상선주식회사	〃
100	大成호	662	20.78	조선해륙운수주식회사	〃
101	敬澄호	367	33.64	인천기선주식회사	〃
102	益久호	402	24.96	야기(八木十右卫問)	〃
103	제19 浜田호	411	29.16	하마다 간스케(濱田勘助)	〃
104	宮吉호	326	25.61	하마노 시게요시(浜野重吉)	〃
105	延安호	338	22.27	구로세 류타로(黑瀨柳太郎)	〃
106	하도호	344	89.36	조선기선주식회사	〃
107	하야후사호	345	90.02	〃	〃
108	住吉호	355	76.27	인천기선주식회사	〃
109	센리호	382	39.98	조선해륙운수주식회사	〃
110	제2 朝鮮호	574	89.64	조선수산개발주식회사	〃
111	제45 日出호	576	56.21	조선유지(油脂)주식회사	〃
112	제3 朝洋호	575	88.63	조선수산개발주식회사	인천
113	제3 慶溥호	578	36.09	조선수산화학주식회사	〃
114	제3 慶洋호	579	33.08	조선수산개발주식회사	〃

115	제2 慶洋호	580	33.08	조선수산개발주식회사	〃
116	제5 慶洋호	581	29.66	사토 기요시(佐藤淸志)	〃
117	大正호	585	28.65	가네우미 준오(金海順男)	〃
118	玉川호	586	29.47	마쓰다 유이치(松田佑市)	〃
119	天洋호	587	35.03	대동강수운주식회사	〃
120	昭和호	588	28.73	〃	〃
121	제5 朝洋호	590	88.62	조선수산개발주식회사	〃
122	제6 〃	591	88.62	〃	〃
123	제1 天幸호	593	46.14	시마이 데쓰(島居哲)	〃
124	제2 〃	594	46.14	후쿠시마 도시스케(福島利助)	〃
125	掘吉호	595	69.57	니시무라 이와이치(西村岩一)	〃
126	제10 日出호	596	68.72	조선유지(油脂)주식회사	〃
127	제12 〃	599	66.72	〃	〃
128	제15 〃	600	78.26	〃	〃
129	제7 慶洋호	603	46.75	조선수산개발주식회사	〃
130	제8 〃	604	46.75	〃	〃
131	제1 米倉호	608	28.42	대동강수운주식회사	〃
132	제2 〃	609	24.49	〃	〃
133	東光호	610	29.64	조선동해온건착망(鰮巾着網)어업조합	〃
134	제62 朝運호	611	41.43	조선운송주식회사	〃
135	제52 〃	612	40.07	〃	〃
136	長門호	613	60.43	조선관염(官塩)운송주식회사	〃
137	日노호	615	21.16	조선운송주식회사	〃
138	雄西호	617	49.19	조선유지(油脂)주식회사	〃
139	京安호	618	69.27	협화(協和)해운주식회사	〃

0024	140	제10 千代호	619	59.27	다나카 히데코(田中日出子)	인천
	141	제6 〃	620	63.21	〃	〃
	142	제9 朝洋호	621	97.28	조선수산개발주식회사	〃
	143	제1 開洋호	622	42.72	대동강수운주식회사	〃
	144	제2 〃	623	51.16	〃	〃
	145	제1 日鮮호	624	67.31	한염(韓塩)해운주식회사	〃
	146	제3 〃	629	63.46	〃	〃
	147	제7 千代호	533	62.17	다나카 히데코(田中日出子)	〃
	148	제2 水運호	535	40.51	아사히구미(朝日組)	〃
	149	初栄호	144	29.90	조선해륙운수주식회사	〃
	150	제5 開洋호	520	73.37	조선수산개발주식회사	〃
	151	제6 〃	518	81.86	〃	〃
	152	제7 〃	517	77.54	〃	〃
	153	제16 鷄林호	515	55.58	〃	〃
	154	제25 〃	510	47.85	〃	〃
	155	제6 〃	509	49.89	〃	〃
	156	제5 〃	508	52.77	〃	〃
	157	제12 〃	506	46.15	〃	〃
	158	제1 東照호	499	78.52	조선동해온건착망(鰮巾着網)어업수산조합	〃
	159	제13 朝日호	94	31.76	하마노 시게요시(浜野重吉)	〃
	160	제14 〃	95	26.22	가와히라 레키쓰(川平令吉)	〃
	161	제3 大神호	101	26.21	구라모토 하라스케(倉本源助)	〃
	162	제2 安東호	99	27.54	니시무라 이와요시(西村岩吉)	〃
	163	제3 仁川호	105	28.19	도미자키 센고로(富崎千五郎)	〃
	164	□島호	107	29.79	조선해륙운수주식회사	〃

165	仁川호	106	22.69	니시무라 이와요시(西村岩吉)	〃
166	月尾호	108	24.54	조선창염(倉塩)운송주식회사	〃
167	万吉호	113	28.54	조선해륙운수주식회사	〃
168	제10 福島호	116	22.77	조선관염(官塩)운송주식회사	인천
169	제18 〃	118	20.74	〃	〃
170	제19 〃	119	31.40	〃	〃
171	제1 江華호	120	27.48	이마무라 도시히코(今村俊彦)	〃
172	제6 共同호	131	27.83	조선관염(官塩)운송주식회사	〃
173	栄福호	136	26.28	조선해륙운수주식회사	〃
174	三關호	124	56.18	니시무라 이와요시(西村岩吉)	〃
175	三社호	138	26.40	가와모토 게타로(川本惠太郞)	〃
176	제7 共同호	139	35.64	조선창염(倉塩)운송주식회사	〃
177	제3 月尾호	229	30.24	조선총독부	〃
178	제4 〃	230	29.7□	〃	〃
179	快船호	235	23.10	히라이 구이치로(平井九一郞)	〃
180	제8 月尾호	24□	29.42	조선총독부	〃
181	信富호	241	36.41	조선관염(官塩)운송주식회사	〃
182	제10 月尾호	244	29.98	조선총독부	〃
183	제14 〃	251	29.29	〃	〃
184	제15 〃	252	31.15	〃	〃
185	제17 〃	254	30.88	〃	〃
186	제18 〃	255	31.04	〃	〃
187	제19 〃	256	30.76	〃	〃
188	제16 〃	253	31.33	〃	〃
189	제20 〃	257	31.48	〃	〃

190	三社호	270	21.20	조선해륙운수주식회사	〃
191	제4 大吉호	160	39.47	조선관염(官塩)운송주식회사	〃
192	제2 万力호	183	24.30	조선해륙운수주식회사	〃
193	釜山호	288	1682.84	조선우선주식회사	〃
194	제1 大正호	203	34.93	조선해륙운수주식회사	〃
195	龜山호	204	31.27	조선관염(官塩)운송주식회사	〃
196	제10 次朝還호	432	33.57	조선해운주식회사	인천
197	제9 〃	433	35.24	〃	〃
198	제2 泰然호	434	43.74	시모모리 기쿠조(下森菊莊)	〃
199	제1 〃	435	43.74	〃	〃
200	제1 호	439	25.50	구로세 류타로(黑瀨柳太郎)	〃
201	昭栄호	449	40.56	센다 에지로(千田栄次郎)	〃
202	제1 川內호	454	42.14	게이타구미(慶田組)	〃
203	不動호	455	69.64	조선해상구원주식회사	〃
204	利和호	457	32.72	호시노 아마하라(星野天原)	〃
205	제21 浜田호	458	47.29	하마다 헤키치(浜田兵吉)	〃
206	제22 〃	459	47.29	〃	〃
207	제7 鵲호	469	32.73	조선총독부	〃
208	제3 川內호	470	54.31	게이타구미(慶田組)	〃
209	제2 栄德호	473	38.29	사쿠라이 미노루(櫻井實)	〃
210	제2 新生호	477	48.92	사이타니 기치조(才谷吉藏)	〃
211	제3 〃	478	48.92	〃	〃
212	興東호	479	43,557.36	조선총독부	〃
213	제1 富士호	486	33.42	하마다 도에몬(浜田庄右衛門)	〃
214	제3 住宝호	489	85.65	쓰다 구니요시(津田國吉)	〃

215	住吉호	492	51.42	다카마쓰 젠이치(高松專一)	〃
216	明勝호	493	43.51	기이쿠니 도이치(紀伊國陶一)	〃
217	北漢山호	494	74.63	경기도	〃
218	靑海호	496	47.74	조선유지(油脂)주식회사	〃
219	忠南호	370	51.87	가와이 겐스케(河合庄輔)	〃
220	海雲호	377	135.52	조선총독부	〃
221	金龍호	378	26.11	구로세 류타로(黑瀨柳太郎)	〃
222	제7 東勢호	641	93.92	조선유조선주식회사	〃
223	제1 日出호	642	39.43	조선기계제작소	〃
224	제6 東勢호	637	91.05	조선유조선회사	인천
225	神昭호	636	86.96	조선수산개발회사	〃
226	제2 力호	66	23.94	조선해륙운수회사	〃
227	제2 天神호	74	21.92	마쓰모토 모모마쓰(松本百松)	〃
228	德栄호	75	28.55	나카가와 모모마쓰(中川百松)	〃
229	제11 朝日호	92	27.79	조선해륙운수회사	〃
230	제12 〃	93	21.68	〃	〃
231	제19 鮮海호	745	129.81	조선근해운수회사	〃
232	제20 〃	746	〃	〃	〃
233	제21 〃	747	〃	〃	〃
234	제24 〃	750	121.85	〃	〃
235	제5 平安호	751	81.64	조선중요물자영단	〃
236	제8 泰山호	752	166.76	〃	〃
237	제1 惠山호	753	157.14	〃	〃
238	제12 〃	754	154.48	〃	〃
239	제7 泰山호	755	166.76	〃	〃

240	제6 泰山호	756	166.76	〃	〃
241	제12 泰山호	759	166.76	조선선박운수통제회사	〃
242	제13 泰山호	760	166.76	〃	〃
243	제15 泰山호	761	162.46	〃	〃
244	제16 泰山호	762	162.46	〃	〃
245	제3 平安호	763	63.07	조선중요물자영단	〃
246	제5 惠山호	765	157.14	〃	〃
247	제23 惠山호	766	163.83	〃	〃
248	제62 惠山호	768	153.74	〃	〃
249	제6 惠山호	769	153.74	조선선박운수통제회사	〃
250	제65 惠山호	770	153.74	〃	〃
251	제25 惠山호	771	163.38	조선중요물자영단	〃
252	제2 平安호	772	68.07	조선중요물자영단	인천
253	제14 湖南호	774	60.10	조선근해운수회사	〃
254	제13 湖南호	775	60.10	〃	〃
255	栄宝호	776	30.64	〃	〃
256	제12 湖南호	777	61.50	〃	〃
257	제27 惠山호	778	156.56	조선중요물자영단	〃
258	海運호	218	56.95	조선총독부	부산
259	閑麗호	430	26.80	〃	〃
260	椿호	73	37.49	〃	〃
261	燕호	155	91.90	서일본기선주식회사	〃
262	KAMOME호	156	131.61	〃	〃
263	晃陽호	290	129.19	〃	〃
264	豊南호	538	30.54	〃	〃

265	建仁호	543	108.26	〃	〃
266	建永호	544	〃	〃	〃
267	永安호	496	195.26	〃	〃
268	平康호	548	108.06	〃	〃
269	咸陽호	552	105.15	〃	〃
270	永仁호	553	108.06	〃	〃
271	永長호	554	110.90	〃	〃
272	靑陽호	555	108.60	〃	〃
273	天明호	556	20.90	〃	〃
274	文永호	560	108.06	〃	〃
275	刘祿호	561	〃	〃	〃
276	天喜호	562	110.65	〃	〃
277	建長호	564	110.95	〃	〃
278	正和호	565	108.23	〃	〃
279	正平호	566	〃	〃	〃
280	天仁호	567	103.68	서일본기선주식회사	부산
281	제1通一호	469	185.84	오쿠보 겐조(小久保健臟)	〃
282	제1 日乃出호	481	60.39	요시모토 히노키(吉本檜)	〃
283	제5 神保호	464	147.67	오쿠보 야스지로(小久保康治郎)	〃
284	제1 豊國호	354	68.97	와카사재목점(若狹材木店)	〃
285	제28 日乃出호	356	57.05	미야모토 아키라(宮本 燴)	〃
286	慶漁호	371	48.60	도리이 가메이치(鳥居龜市)	〃
287	大麦호	377	23.88	후지타광유점(藤田礦油店)	〃
288	勢州호	383	31.30	마모고(守后)수산상사	〃
289	제7 盆剛호	402	34.26	하라다 구마요시(原田熊吉)	〃

290	大栄호	427	37.33	니시노 엔사쿠(西野緩作)	〃
291	龍神호	431	51.46	도비나가 고쓰오(飛永興津雄)	〃
292	龍山호	264	52.29	센춘(扇春)	〃
293	제3 天神호	308	67.54	이마바야시 다카시(今林孝)	〃
294	제6 漁成호	519	28.92	도리이 가메이치(鳥居龜市)	〃
295	제1 万成호	522	40.29	이와사 야사부로(岩佐彌三郎)	〃
296	제16 神力호	486	147.89	KUBOTA SHOMO	〃
297	藤田호		75.06	후지타 요사부로(藤田樣三郎)	〃
298	妙見호	490	85.84	아베 세지로(安部淸二郎)	〃
299	제31 大竹호	500	60.95	도리이 가메이치(鳥居龜市)	〃
300	東亞호	504	161.57	가토 시지(加東志治)	〃
301	鶚호		62.34	하마다 유엔(浜田惟怨)	〃
302	富山호	406	44.92	〃	〃
303	제3 三光호		80.51	미쓰모토 고니시로(光本小西郎)	〃
304	老晉屋호		377.58	사이조 도시하치(西條利八)	〃
305	제7 加德호		60.41	가유 겐타로(香惟源太郎)	〃
306	제28 加德호	477	54.63	〃	〃
307	제23 加德호	318	48.56	〃	〃
308	제15 金剛호	480	146.94	구쓰나(忽那) HIRAE	부산
309	제2 〃	322	88.36	〃	〃
310	天和호		103.12	〃	〃
311	陽德호	573	109.59	〃	〃
312	慶昌호		34.86	〃	〃
313	廣安호		199.26	〃	〃
314	제2 立山호	462	394.96	〃	〃

315	宝山호	387	43.93	조선해운주식회사	〃
316	제8 中吉호		95.49	〃	〃
317	朝洋호	418	46.58	〃	〃
318	제7 中吉호	514	55.85	〃	〃
319	天洋호	533	109.63	〃	〃
320	地洋호	534	112.49	〃	〃
321	雲洋호	535	110.07	〃	〃
322	安洋호	536	111.14	〃	〃
323	公洋호	539	110.65	〃	〃
324	大洋호	540	〃	〃	〃
325	旭洋호	541	〃	〃	〃
326	博洋호	542	107.58	〃	〃
327	陸栄호		52.74	가네타니 가즈지(金谷一二)	〃
328	三東호		542.44	사와야마(澤山)형제상회	〃
329	順天호	197	44.88	아베 이쿠지로(安部幾次郎)	〃
330	제7 勝渙호		42.19	〃	〃
331	駒形호		2,962.34	야마시타 구조로(山下龜三郎)	〃
332	제7 富久호		57.75	동화(同和)해운주식회사	군산
333	제30 〃		51.46	〃	〃
334	제13 三和호		118.10	〃	〃
335	제1 平福호		117.13	군산기선주식회사	〃
336	제13 三和호		118.10	동화(同和)해운주식회사	군산
337	제15 〃		117.13	〃	〃
338	제6 〃		117.13	〃	〃
339	제12 〃		118.10	〃	〃

340	제103 〃		118.10	〃	〃
341	제14 〃		118.10	〃	〃
342	제8 富久호		57.75	〃	〃
343	제5 〃		50.91	〃	〃
344	제6 〃		58.13	〃	〃
345	제20 平襑호		190.04	군산기선주식회사	〃
346	絹호		77.21	〃	〃
347	伊吹호	76	108.14	니시하라 게이키(西原敬喜)	목포
348	제5 良運호	92	66.79	가타이 요시타카(隔井義敬)	〃
349	제6 〃	97	87.99	〃	〃
350	제1 昭鑛山호	116	45.09	이토 에키(伊藤栄技)	〃
351	喜多호	119	165.23	마쓰나가 기요시(松永 淸)	〃
352	幸德호	121	91.49	마사다(正田) JUNI	〃
353	제16 盛運호	123	103.70	요시다 이코마(吉田生駒)	〃
354	제15 盛運호	124	103.70	〃	〃
355	제12 盛運호	125	103.66	〃	〃
356	제5 康津호	131	61.94	전남기선주식회사	〃
357	제1 康津호	132	58.62	〃	〃
358	제18 康津호	133	187.98	〃	〃
359	제2 康津호	134	55.73	〃	〃
360	제1 安康호	118	69.39	가와이 겐스케(河合庄輔)	〃

문화재소위원회, 1962~1964

분류번호 : 723.1 JA 문 1962-64
등록번호 : 723
생산과 : 아주과
생산연도 : 1964
필름번호 : C1-0005
파일번호 : 06
프레임번호 : 0001~0151

총 7차례의 제6차 한일회담 문화재소위원회 회의와 6차례의 양국 문화재 전문가 간 회의 기록, 문화재 문제에 관한 양측 입장 등이 담겨있다. 한국 측은 회의에서 7개 항목에 걸친 반환 요구 품목에 대하여 설명하였으며, 한국 측 설명을 들은 일본 측은 반환에 응할 법적인 책임이나 의무가 없으며, 국교 정상화가 이루어지면 문화 협조 차원에서 일부 품목을 한국 측에 기증하는 방안을 검토할 용의가 있다는 입장을 피력하였다. 이 문제에 관하여 일본 외무성 측은 한국 측의 설명에 귀를 기울이는 등 적극적인 태도를 보였으나, 문화재를 직접 담당하는 부서인 문부성과 문화재보호위원회 측은 소위원회 회의 참석조차 거부하는 등 매우 소극적인 입장을 견지함에 따라, 외무성 주선으로 양국 간에 전문가 회의가 개최된 것이다.

이 장의 제목은 '문화재소위원회, 1962~1964'로 되어 있으나 1962년 2월까지의 회의 기록만 수록되어 있다.

2. 제6차 한일회담 문화재소위원회 제1차 회의 의사록

48-051 　　문화재소위원회
　　　　　제1차 회의 의사록

일시: 단기 4294년 10월 31일 하오 2시 반부터 2시 50분까지

장소: 일본 외무성 회의실

참석자: 한국 측　이동환　수석위원
　　　　　　　　이홍직　위원
　　　　　　　　황수영　〃
　　　　　　　　정일영　〃
　　　　　　　　문철순　〃
　　　　　　　　김태지　보좌관
　　　　　　　　전성우　〃
　　　　일본 측 '이세키'　외무성 아세아국장
　　　　　　　　'우라베'　외무 참사관
　　　　　　　　'사쿠라이'　대장성 이재국 외채과장
　　　　　　　　'마에다'　외무성 북동아과장
　　　　　　　　'야나기야'　외무성 북동아과 사무관
　　　　　　　　'스기야마'　〃
　　　　　　　　'마치다'　〃

48-052 '이세키' 주사: 본 위원회의 과거의 경위가 반드시 순탄하였다고만은 볼 수 없으며, 또한 앞으로 문제를 논의하게 되면 여러 가지 곤란한 점에 부닥치게 되므로 이번에는 본회의 시에 합의한 바와 같이 문제를 어렵게 다루지 말고 상호 원만히 해결하여 나가기를 바란다.

'이 공사': 지금 '이세키' 주사가 말한 바와 같이 본인도 동감이다. 문화재 문제는 정치, 경제 문제와 관련 없이 독자적으로 문제를 적극 추진하여 해결하여야 할 것으로 생각한다.

'이세키' 주사: (일본 측 위원 소개)

'이 공사': (한국 측 위원 소개)

'이세키' 주사: 본 위원회의 운영 방법에 관하여 일본 측은 다른 위원회의 경우와 마찬가지로 종래의 방법에 따라 진행함이 좋을 것으로 생각하며, 따라서 용어는 일본 측은 일어, 한국 측은 한국어를 사용하되 한국 측에서 통역을 맡기로 하고, 의사록은 쌍방이 각각 작성하되 합의사항에 대하여는 쌍방이 합의의사록을 작성함이 좋을 것으로 생각하는데 이에 대한 한국 측의 의견은 어떠한가?

'이 공사': 이의 없다.

48-053 '이세키' 주사: 신문 발표도 종래의 방법에 따라 쌍방이 각각 지정한 담당관으로 하여금 매번 회의가 끝난 후 발표 내용을 작성케 하였으면 하는데, 이에 대하여 한국 측에 이의가 없으면 일본 측은 '마에다' 북동아과장을 지정하겠다.

'이 공사': 이의 없다. 한국 측은 '이규현' 공보관을 지정한다. 단 오늘은 '이규현' 공보관이 사정에 의하여 참석지 못하였으므로 '정일영' 위원으로 하여금 대신케 하겠다.

'이세키' 주사: 본 위원회도 다른 위원회와 마찬가지로 다음 제2차 회의부터 실질적인 검토를 시작함이 어떠한가?

'이 공사': 이의 없다. 한국 측은 앞으로의 회의 진행에 있어서 주 1회의 회의를 열기를 희망하며, 그 외에 일본 측이 동의한다면, 전문가 중심의 회합을 열고 적극적으로 추진할 용의가 있는데 이에 대한 일본 측의 의견은 어떠한가?

'이세키' 주사: 주 1회 회의 개최에 대하여는 이의 없다. 전 회의까지는 전문가들의 회합이 본 위원회와는 관련 없이 있었다. 일본 측의 전문가를 이곳에 나오도록 문부성 문화재보호위원회에 말하였으나, 나오지를 않는다. 한국 측이 제5차 회의 경우와 마찬가지로 본 위원회를 떠난 전문가 회합을 제안한다면 문부성 또는 외부 사람들이 나오도록 주선하여 보겠다.

48-054 '이 공사': 한국 측에는 전문가가 출석하고 있는데, 일본 측 명단에는 전문가가 포함되어 있지 않아 한국 측은 이를 유감스럽게 생각하고 있다. 앞으로는 전문가가 공식 대표로 지명되어, 공식, 비공식을 막론하고 회의에 참석하기를 바라며, 만일 이것이 불가능할 경우에는 외무성 직원을 지정하여 그로 하여금 전문가의 명단 또는 회합 장소 및 시일 등을 한국 측에 통고, 주선케 할 것을 희망한다.

'이세키' 주사: 이 점에 관해서는 문부성과 상의한 후 그 결과를 다음 회의에서 회답하겠다.

'이 공사': 다음 회의 일자는 언제로 함이 좋을 것인가?

'이세키' 주사: 내주일은 언제나 좋다.

'이 공사': 오는 11월 7일(내주 화요일)이 어떠한가?

'이세키' 주사: 이의 없다. 회의실 및 회의 시간은 추후 통지하겠다.

이상

3. 제6차 한일회담 문화재소위원회
제2차 회의록

48-056 문화재소위원회 제2차 회의

회의록

1. 개최 일시: 단기 4294년 11월 7일 오후 3시~4시 20분

2. 개최 장소: 일본 외무성 회의실

3. 회의 참석자: 한국 측 이동환 수석위원
　　　　　　　　　이홍직 위원
　　　　　　　　　황수영　〃
　　　　　　　　　이규현　〃
　　　　　　　　　박상무　〃
　　　　　　　　　김태지　〃
　　　　　일본 측 이세키(伊關)　주사
　　　　　　　　　우라베(卜部)　부주사
　　　　　　　　　가네마쓰(兼松) 보좌
　　　　　　　　　마에다(前田)　〃
　　　　　　　　　야나기야(柳谷)　〃
　　　　　　　　　스기야마(杉山)　〃
　　　　　　　　　이와세(岩瀬)　〃

4. 토의 내용

　　이세키: 지난번의 제1차 회의에서 전문가 회의를 이야기했는데 문부성에 연락을 하

여보았더니 나오겠다고 하였다.

이 수석: 전문가들이 정식 대표로서 나오는 것은 어려운가?

이세키: 회담과 직접적인 관련을 가지고 나올 의사는 없고 회담과는 별도로 전번과 같이 전문 지식의 교환을 행하는 것이라면 응하겠다는 것이다.

이 수석: 일본 측에서 이 회의에 전문가가 나오지 않으면 우리 측에서 이야기하는 것을 이해하기 어렵지 않겠는가?

이세키: 그 사람들이 도무지 여기에는 나오지 않겠다고 하니 곤란하다. 이번에도 기어코 안 나오겠다는 것이다.

이 수석: 그렇다면 지난번에 이야기한 바와 같이 외무성 직원이 연락을 담당하여 따로 전문가들을 만나게 하여달라.

이세키: 그 밖에 오늘 이야기할 것이 있는가?

이 수석: 지난번에 이야기하였던 바와 같이 오늘은 실질적인 토의에 들어갔으면 하는데 귀측에서는 어떻게 생각하는가?

이세키: 좋다고 생각한다.

이 수석: 제1차 내지 제4차 회담 사이에 일본 측은 1건에 관하여 현물을 반환하고 1건에 대하여는 목록을 제출하였는데 그 후에 이에 관한 조사에 진전이 있었는가?

이세키: 그 후에 진전이 없다.

이 수석: 그러면 우리 측 청구에 관한 실질적인 설명을 하도록 하겠다. 설명은 이홍직 대표가 대신 할 것이다.

이 대표: 오늘 실질적 토의를 시작함에 있어서 우선 기왕에 우리 측에서 귀측에 제출한 바 있는 7개 항목 청구에 대하여 축조로 문의와 토의를 하고자 한다. 그중 제1항은 "일본에서 국보 또는 중요미술품으로 지정한 문화재"인데, 이것들은 그것이 반출된 범위가 1905년 이후이며 그것이 원래 우리나라 아닌 일본에서 국보 또는 지정문화재로 된 것을 말한다. 전후에 귀국에서는 새로운 법령도 나왔고 거기에 의하여 새로이 정리한 바도 있어서 목록도 새로이 작성되었다고 듣고 있는데 그 목록(중요미술품 목록)을 1부 줄 것을 바라는 바이다.

이세키: 중요미술품 목록이라면 일본에 있는 중요문화재 전부의 목록을 요구하는 것인가, 그렇지 않으면 한국에서 가져온 것의 목록만을 요구하는 것인가?

이 대표: 여기서 토의하고 있는 것은 한국의 미술품이며 따라서 그 부분에 해당되는 목록만 주기 바란다.

이세키: 1905년 이후 가져온 것만을 요구하는 것인가?

이 대표: 그렇다. 1905년 이전에 반출된 것도 많으나 지정문화재로 된 것은 그 대부분이 1905년 이후에 반출된 것으로 알고 있다.

이세키: 목록을 줄 것인가 아닌가에 관하여는 검토 후 대답하겠다.

이 대표: 이 기회에 우리의 견해를 개진하겠다. 기왕의 목록에 의하여 우리가 검토하여 본 결과 그 대부분이 분묘, 기타 유적에서 발견된 것인데 이것들은 불법으로 발굴되어 입수된 것인바, 그들이 그와 같은 가치가 있는 문화재라면 한국에서도 법적 보호의 대상이 될 수 있었을 것이며 또 그들은 마땅히 그 성질상 국고에 귀속되어야 할 물건인데 이것이 귀국으로 반출되어 귀국 법에 의하여 지정된 것이다.

출토와 입수 반출된 경위가 이와 같이 불법적이고 또 그 물품이 우리나라의 역사와 문화에서 중요한 비중이 있는 데 관하여 우리는 그 현품을 반환하여 줄 것을 청구하는 바이다. 이와 같은 우리 측의 견해에 대한 귀측의 견해를 말하여 주기 바란다.

이세키: 이 기회에 일본 측의 견해를 말하겠다. 한국 측이 청구하는 문화재에 관하여 우리 측이 국제법상 반환하여야 할 의무는 없다고 생각한다. 국제적인 관례를 보더라도 인도네시아에 대하여 네덜란드가 문화재를 돌려준 예는 있으나 영국에서 독립한 인도, 버마[미얀마], 실론[스리랑카], 파키스탄의 경우는 돌려주지 않았다. 따라서 국제법상으로 볼 때에는 한국이 일본에 대하여 청구할 권리도 없으며, 일본이 한국에 반환하여야 할 의무도 없다는 것이 우리의 견해이다. 일본 측으로서는 이 문제를 권리 의무 관계로 보지 않고 오히려 한일 간 국교 정상화를 위하여 한국에 대하여 문화적인 협력을 한다는 의미에서 어느 정도 자발적으로 기증할 생각을 가지고 있다는 것이다.

이 대표: 귀측의 의견은 잘 알겠다. 그 문제에 관한 우리 측의 견해를 표명함이 없이 제1항목에 관한 우리 측의 설명을 계속하겠다. 제1항에 속하는 것에 관한 예를 들어 본다면 민간인의 소장품으로서 금관을 비롯한 중요한 문화재가 창녕에서 출토되었다고 하는데 이와 같은 물건 입수의 경위에 대하여 귀측에서 우리와 다른 견해를 가지고 있으면 들려주기 바란다.

이세키: 우리 측에 현재 전문가가 없어서 답변을 할 수 없는데 나중에 전문가끼리

회합할 때에 물어보아 주기 바란다. 그런데 한국 측에서 이제 질문한 것을 들으면 물건이 어떠한 경로로 들어왔는가 혹시 훔쳐간 것이 아니냐는 뜻 같기도 한데 그러한 반출의 경로를 따지게 된다면 이 문화재 문제는 일반청구권과 같은 것이 되지 않겠는가 하는 인상을 가지게 된다. 여하간 그 문제에 관하여는 우리 외무성 조약국에서 검토하여 볼 것이다.

황 대표: 문화재는 원래 제1차부터 제3차 회담 시까지 한국청구권에 포함되어 청구하여 왔는데 제4차 회담 시부터 문화재의 특수성에 비추어 따로 소위원회가 설치되어 토의되어 온 것이다. 일반청구권의 경우와 성질상의 차이가 없는 것으로 생각한다.

이세키: 한국 측에서는 문화재 반환의 의무성을 강조하지만 우리는 좀 견해가 다르다. 반출한 경로를 따지게 된다면 개인적인 채권 채무 관계와 비슷하게 되는 것으로, 좀 성질이 달라지지 않는가 여겨진다. 우리는 네덜란드가 인도네시아에 반환한 경우와 같은 의미로 문화재의 인도 문제를 다루어 나가는 것이 아닌가 생각한다.

이 수석: 우리 측의 의견은 문화재소위원회가 법적 이론보다도 대상 때문에 따로 설치되었다는 것이다.

이 대표: 법적 이론의 토의를 그 정도로 하고 제2항목의 내용을 설명하고자 한다. 우리가 제출한 제2항목은 소위 "총독부에 의하여 반출된 문화재"라고 되어있는데 귀측이 반환 또는 목록을 제시한 2건도 이 범위에 속하는 것이다. 이 2건 이외에도 경주 및 평양을 중심으로 하는 고대 유적에서 발굴되어 반출된 유물이 상당 건 있는 것으로 알고 있다. 예컨대 그중에서 경주 시내 고분에서 나온 순금 제품 또는 옥 제품 등이 포함되어 있다고 생각한다. 이와 같은 범주에 속하는 것의 목록을 우리에게 제출하여 줄 수는 없는가?

이세키: 현재로서는 없다.

이 대표: 제3항목으로서는 "소위 통감, 총독 등에 의하여 반출된 문화재"가 있는데 그들에 의한 반출은 그들이 행사할 수 있었던 권력을 배경 삼아서 비로소 달성할 수 있었다고 생각하므로 소위 총독부에 의하여 반출된 것에 준하여 반환을 청구하는 것이다. 예컨대 '이토 히로부미'에 의한 고려자기의 수집, '데라우치 마사다케'에 의한 전적, 기타 미술품이 있었던 것으로 알고 있는데 여기에 대한 귀측의 의견을 알려주기 바란다.

이세키: '이토'나 '데라우치' 같은 분은 훌륭한 사람들이었으므로 그냥 훔쳐 오거나 하지는 않았을 것으로 생각되며 혹시 그저 기증을 받거나 산 것이 아닌가 한다.

이 대표: 우리 측은 그간 전문적인 증거 조사를 한 것이 있다. 그것은 전문가 간의 회합 시 설명하고자 한다.

이 수석: 전문가 회합이라는 것이 공적인 효과를 낼 수 있는 회의인지 알고 싶다.

이세키: 회담과 무관계한 것이다. 그러나 실제 문제로서 전문적인 것에 관한 한 문부성 사람들의 의견이 일본 측의 의견이 될 것이다. 따라서 전문가끼리 의견이 일치된 것은 여기서도 일치된 것이라고 되지 않겠는가?

(이세키 임시 퇴장)

우라베: 결국 다음과 같이 되지 않을까 생각한다. 즉 전문가 회합에서 사실 확인에 관한 토의를 진행시키다가 어떠한 사실이 확인될 것 같으면 이 공식 회의에서 정식으로 그것을 확인함으로써 fact가 establish하는 것으로 하고 이 공식 회의에서 법 이론이라든가 의견이 대립되는 것은 본회의에 넘김으로써 양측 수석의 판단을 구하는 방식이 가하지 않을까 생각한다.

황 대표: 아까 일본 측에서 국제상의 관례를 들면서 반환의 의무가 없다고 하고 일부 기증으로 돌려주겠다는 것은 합법적인 경로를 통하여 가져왔다고 전제하여 이야기하는 것인가?

우라베: 인도네시아의 경우 어떠한 것인지 나는 잘 모르겠다. 가령 예를 들어 이야기한다면 미국에 있는 '보스턴'박물관 같은 데에는 일본의 문화재가 많이 있는데 그것들이 약탈 등 불법한 방법으로 가져간 것이 확인된 것이면 몰라도 매매 등 합법적인 형식으로 가져간 것이면 아무리 싼값으로 사 간 것이라 하더라도 반환하여 달라고 요구할 수 없을 것이다. 한국의 문화재의 경우 그 경위를 확인할 수 있으면 물론 좋겠으나 예전 일이기 때문에 확인이 잘 안 될 것으로 생각된다.

(이세키 다시 참석)

황 대표: 요전에도 반환하느냐 안 하느냐는 이야기를 떠나 사실 확인을 하였는데 회의의 진행이 잘 되지 않았다.

이세키: 이번에는 외무성 직원이 반드시 입회하도록 하겠다.

황 대표: 지난번 회담 시의 이야기를 하겠는데 도무지 회합의 개최가 잘 안 되어서

곤란을 받았다. 그때 고충을 말한 일도 있지만 장소의 선택이 잘 안 되고 일단 모이자고 하면 물론 바쁘겠지만 일이 바빠서 못 나오겠다고 하는 경우가 많고 모여도 우연히 만난 것처럼 해달라느니 어떻느니 말하였다. 따라서 이번에는 지난 제1차 회의에서도 이야기하였지만 누군가 지명되어 회의의 개최가 용이하도록 적극 주선하여 주기 바란다.

이세키: 잘 알겠다.

이 수석: 그러면 전문가 회의는 외무성 북동아과에서 책임져 주선하여 주고 전문가 회의에서 합의된 것은 공적으로 합의된 것으로 간주함이 어떠한가?

이세키: 그래도 여기서 한번 보아야 하지 않겠는가? 공식 회의에서 재확인하는 것으로 하자. 전문가 회의에서 합의된 것이면 여기서 재확인하는 데 그리 곤란한 일이 없을 것이다.

이 수석: 알겠다.

48-064 우라베: 아까 한국 측에서 제3항까지는 설명을 하였는데 그 이하의 항목에 관한 설명을 들었으면 한다.

이 수석: 오늘은 우리 측 준비 관계도 있고 해서 이 정도로 3항까지만 설명한 것으로 하고 차회 회의에서 나머지를 설명하겠다.

이세키: 알겠다. 그러면 다음 회의는 오늘 11월 15일(수) 오후 3시로 하자.

이 수석: 좋다.

이세키: 신문 발표에 관하여는 "1. 실질적인 토의에 들어가 한국 측에서 청구 내용을 설명한 것을 일본 측이 청취하였다. 2. 본 공식 회의와 병행하여 전문가 간의 비공식 회의를 개최하기로 하였다"라는 정도로 함이 어떠한가?

이 수석: 좋다.

이상

5. 제6차 한일회담 문화재소위원회 제3차 회의록

48-068   문화재소위원회 제3차 회의
　　　　　회의록

1. 회의 개최 일시: 단기 4294년 11월 15일, 오후 3시부터 약 1시간 30분간

2. 회의 개최 장소: 외무성 회의실 233호

3. 회의 참석자: 한국 측 이동환　수석위원
　　　　　　　　　　　이홍직　위원
　　　　　　　　　　　황수영　 〃
　　　　　　　　　　　박상두　 〃
　　　　　　　　　　　김태지　 〃
　　　　　　　일본 측 이세키　주사
　　　　　　　　　　　우라베　부주사
　　　　　　　　　　　마에다　보좌
　　　　　　　　　　　가네마쓰　 〃
　　　　　　　　　　　스기야마　 〃
　　　　　　　　　　　모리타　 〃

4. 토의 내용

　이 수석: 우선 우리 측이 전번 회의에서 요청한 바 있는 두 가지 문제, 즉 지정미술품의 목록 제출과 동 미술품의 반출 경위에 관한 일본 측의 의견 제시가 있었으면 좋겠다.

이세키: 목록 제출에 관하여 문부성에 알아보았더니 현 단계에 있어서— 원래 목록 제출 의무도 없는 것이므로— 목록을 제출할 생각은 없다는 것이다. 한국 측에서 요구하는 지정미술품에는 국유로 되어있는 것이 한두 점 있을 뿐 나머지는 사유로 되어있는 관계도 있고 해서 여하간 현 단계에 있어서는 안 내겠다는 것이다.

그것은 나중에 전문가 회의가 있을 때 조사, 토의하여 볼 수 있는 길이 있지 않겠는가? 그리고 반출 경위라고 하였는데 구체적으로 무엇을 의미하는 것인가?

이 수석: 우리 측은 그러한 문화재들이 부당한 방법으로 가져갔다고 생각하는데 일본 측의 생각은 어떠냐는 것이다.

이세키: 개인이 산 것이라든가 기증받은 것이라는 것이다. 또한 총독부에 의하여 반출된 문화재는 당시의 관계 법령에 의하여 합법적으로 발굴된 것이라는 것이다.

이 수석: 우리 측은 금주부터 전문가 회의를 주 1회 가지고 싶은데 어떤가?

이세키: 그 문제에 관하여는 우리 측의 '마에다' 과장과 귀측의 적당한 분이 나중에 연락하여 하도록 하자.

이 수석: 알겠다. 그러면 우리 측에서 전번 회의에 이어 제4항목부터 항목별 설명을 행할 것이다. 설명은 이홍직 대표가 행한다.

이 대표: 전회에 계속하여 제4 및 제5항목에 관하여 설명을 계속하겠는데 거기에 앞서서 잠깐 몇 마디 할 것이 있다. 과거 문화재 문제에 대하여 한국이 무리한 요구를 한 듯이 인상을 받은 모양인데 초기에 있어서는 그러한 인상을 받았을 만한 경우도 있었을지 모르나 전문가가 나선 이상에는 우리 측에서는 어디까지나 전문가적인 입장에서 이유가 닿는 이야기를 하여나가고자 노력하고 있다. 즉 우리는 시비를 엄연히 가려서 말하고자 하는 것이며 과거 일제 시에 일본인이 남겨 놓은 학술적 기록을 참조하고 또 15년 동안 우리가 실지로 현지와 현물을 조사하여 본 결과로써 우리의 주장을 세운 것이니 여기서는 어디까지나 냉철한 역사적 사실에 입각하여 말하는 것이다.

우선 제4항목에 관하여 동 항목은 "경상남·북도에 있는 분묘, 또는 기타 유적으로부터 출토한 것"으로 되어 있는데 이 지역에서 나온 물건은 대략 3국시대, 신라시대의 유품이며, 모두가 1905년 이후에 우리나라 지하에서 나와 그 이전에는 가치와 존재를 인정받은 일이 없는 물건이며 또한 모두가 한말의 혼란기에 도굴된 것이다. 과거 일본이 한국에서 한 40년간의 고적 조사 사업을 우리는 몇 단계로 나눌 수 있는데 최초 10년

(즉 1905년 내지 1915년)은 문화재 보호에 대한 특별 입법이 되어 있지 않고 1905년의 을사보호조약 이후 일본이 독점적으로 한국을 지배하게 된 이래로 거대한 관헌의 힘을 배경으로 하여 일본인이 우리나라의 고분의 도굴, 또는 사리 장치를 꺼내기 위하여 석탑의 파괴를 자행한 것이다.

경상남·북도 내 유적의 소재지는 경주를 비롯하여 창녕, 고령, 선산, 동래, 김해 등 여러 곳에 있는데 이러한 곳에서 나온 유물은 금, 금동관, 순금 장신구, 마구, 검, 옥제품 등 모두가 삼국시대에서 신라시대의 전형적인 성격을 지닌 것으로, 그 출토가 명기된 유물이 현재 도쿄박물관에 있음은 물론, 개인 소장으로 되어있는 것도 불소하다. 이것들은 대개가 정당하게 입수될 수 없는 것이며, 도굴이나 고매품으로 보는 것이다. 우리나라의 관습을 보면 고대로부터 분묘를 파괴하여 물건을 끄집어내는 일이 없다. 그런 일은 천벌을 받는다고 하여 절대로 행하는 일이 없는 것에 비추어 고분의 발굴은 일본인에 의하여 행하여졌음이 분명하다.

그러한 예를 들어본다면 우선 세계적으로 유명한 석굴암에 있어서 11면 관음 앞에는 지금 석단만이 남아있는데 그 위에 소다보탑이 있었으나 그것이 없어졌고 감실의 제1, 제10 두 군데에 있었던 불상이 또한 일본인에 의하여 반출되었다. 또한 불국사 내 다보탑에 놓여있었던 석사자 2개도 일본으로 반출되었는바, 이러한 반출 사실은 여러 가지 기록에 의하여 우리는 알고 있다.

이러한 문화재는 그것이 원위치에 돌려짐으로써 비로소 그 가치를 충분히 발휘할 수 있다는 점에 있어서도 하루빨리 원위치에 돌려지기를 바라는 것이다.

이세키: 알겠다. 그러한 이야기를 전문가 회합 시 이야기하여 주기 바란다.

황 대표: 사리탑에 관하여는 '기무라 시즈오'라는 일본인이 쓴 책에 "그것이 어떤 '도아(盜兒)'에 의하여 환급되어 일본으로 왔다는 기록"이 있다.

우라베: 그 도아가 누군지 아는가?

황 대표: 그 도아가 문제로 삼을 수 있을 것이다. 그런데 우리는 일본인으로 본다.

이 대표: 불국사 다보탑에 있던 석사자는 '방인 모(邦人 某)'에 의하여 반출되었다는 기록이 있으며, 또한 석굴암의 탑에 관하여는 '모 대관(某 大官)'에 의하여 반출되었다는 기록이 있는데 우리는 그것을 '소네(曾禰)' 통감으로 짐작하고 있다.

우라베: 그러한 것들의 일본 내 행방에 관하여는 아는 것이 있는가?

이 대표: 일본 측에서 한번 성의를 가지고 조사하여 주기 바란다.

이 수석: 이러한 이야기들을 전문가끼리의 회합에서 이야기하면 좋을 것이다.

이 대표: 또한 일본에 일단 반출되었다가 다시 반환된 예도 있는데 개성에 있던 다층석탑은 합방 전 일본의 궁내대신이었던 '다나카 고겐[미쓰아키](田中光顯)'이 가지고 갔었다가 그 후에 문제 되어 1,000여 개의 파편으로 되어 한국에 반환되었는데 해방 후 그 파편을 전부 시멘트로 땜질하여 다시 형체를 만들었다. 이러한 예도 있다.

이세키: 이제 한국 측에서 설명한 것을 들으면 제2항목과 제4항목은 중복되는 느낌도 있는데 그런가?

이 대표: 우리 측에서 항목을 구분한 것은 일본 측의 이해와 편의를 위하여 구분한 것이므로 시대 또는 문화재 종류 여하에 따라 항목이 관련을 가지고 있는 것도 있다.

다음 제5항 청구에 관하여 설명하겠다. 제5항은 "고려시대의 분묘 및 기타 유적에서 출토된 것"으로 되어 있는데 개성을 중심으로 청자 등을 목적으로 한 고려 분묘의 도굴, 특히 왕릉의 도굴에 의하여 가져간 것이다.

이러한 것들은 전세품(傳世品)이 없으며 따라서 전부 도굴에 의하여 출토된 것이라고 볼 수 있다.

이세키: 전세품이란 무엇인가?

황 대표: 전세품이란 대대로 자손이 선조의 유품을 전수하여 온 것을 가리킨다.

이세키: 한국에는 전세품이 없는가?

황 대표: 신라의 금관이라든가 고려의 자기 같은 것은 전세품이 없다.

이 대표: 고분에서 발굴된 것을 예 든다면 고려시대 최충헌의 묘지(墓誌)가 현재 도쿄박물관에 비치되어 있으며, 또한 고려자기에 관하여도 이토 히로부미(伊藤博文)가 수집하여 가져온 것 중에 우수한 것은 도쿄박물관에 있다. 그 외 일본 민간인이 반출한 고려자기는 수만 점에 달한다.

고려자기에 관하여 학자에 의한 발굴 보고서가 단 한 권도 없다는 사실은 그들이 전부 도굴되었다는 사실을 증명하고 있는 것이다. 또 하나 예를 든다면 석탑 같은 것을 '다이너마이트' 같은 것으로 폭파하여 내부의 사리 보물을 반출한 예도 많이 있다.

일본에서는 최근 문화재 반환 문제가 난 다음부터 관계자들이 상당히 경계하는 듯하다. 그러나 국유로 되어 있는 것은 목록이 잘 되어있으며 개인 소유의 것도 지정된 것은 물론이지만 그 외의 것도 상당한 정도 알고 있다.

48-074 이세키: 처음으로 듣는 이야기가 많아 흥미가 많다. 지금 한국 측에서 이야기한 것을 오늘은 들은 것으로 하고 이러한 이야기를 전문가 회합에서 일본 측 전문가들에게 말하여 주기 바란다.

이 수석: 불법으로 가져간 것인지 정당하게 가져간 것인지 전문가 회합에서 따져보도록 할 것이 아닌가?

이세키: 전문가 회합에서 사실을 확인하고 결과 처리는 본 공식 회의에서 행하도록 하자.

이 수석: 알겠다.

우라베: 아까 누가 '도아'인가 하는 문제도 있었지만 물건을 가지고 있는 자손 가운데는 입수된 경위가 어떠한지 정말 모르는 경우가 나올 것이다. 경위 조사에 있어서 전문가들도 곤란한 경우가 있을 것이다.

황 대표: 여하간 전문가끼리 모여서 토의하여 보겠다.

우라베: 우리는 오늘 새로 듣는 것이 많은데 일본 측 전문가들도 들어보면 새로운 것이 많을 것이다.

이 대표: 대강은 짐작할 것이다 '사이토 다다시(齊藤忠)'(일본 측 전문가)는 한국에 있었기 때문에 더욱 그러할 것이다.

근년에 인도의 산치탑에서 나온 고승의 사리가 영국에서 인도로 반환되어 매우 환영을 받았다는데 석굴암의 불상이 반환된다면 우리나라에서도 모두 기뻐할 것이다.

48-075 이세키: 나도 한국 태생이지만 합방 초기에는 나쁜 일도 있었다. 특히 처음에 한국에 갔던 자는 나쁜 자가 많았다. 그런데 문화재 문제에 관하여서는 국제법상 관례도 없고 해서 너무 권리를 따져서 주장하여 온다면 난처하게 된다. 따라서 문화 협력이라는 점에서, 즉 아까도 이야기가 있었지만 문화재가 제자리에 있음으로써 더욱 가치가 발휘된다는 취지에서 논의되는 것이 좋을 것이다. 너무 달라, 달라고 하면 사실 기분이 좀 안 난다.

이 대표: 여하간 이 회담이 문화재에 관해서도 결산이 되는 것이므로 말할 것은 말해 두어야겠다. 과거 일본에서는 106점의 토기 쪽까지 넣어서 문화 협력이라며 마치 중요한 문화재를 돌려준 것처럼 선전한 것은 성의 있는 태도가 아니었다고 본다.

이세키: 한국에서도 토기 같은 것은 그다지 필요하지 않을 것이다. 앞으로 더 드리겠다.

이 대표: 우리는 진실한 태도로 토의를 진행시켜 보겠다.

우라베: 오늘은 문화재에 관하여 인식을 새로이 한 점이 많았다.

이세키: 본인은 이번 해외 출장을 가므로 차주에는 공식 회의를 개최하지 말고 돌아와서 하는 것이 좋겠다. 그것은 내가 직접 나머지 항목에 대한 공식적인 견해를 듣고 싶기 때문이다. 다음 회의는 12월 1일(금)에 여는 것이 어떠한가?

이 수석: 좋다. 그런데 비공식 전문가 회의는 금주 내 조속히 개최하도록 하자.

이세키: 좋다. 신문 발표에 관하여는 "1. 한국 측에서 전번 회의에 이어 반환 청구 항목에 관한 설명을 행하였다. 2. 전문가 회합을 금주 내 가급적 조속히 개최하기로 하였다"라고 함이 어떠한가?

이 수석: 좋다.

이상

8. 제6차 한일회담 문화재소위원회 제4차 회의록

48-079 문화재소위원회 제4차 회의
회의록

1. 일시: 4294년 12월 5일 하오 3시부터 4시 5분까지

2. 장소: 외무성 회의실

3. 참석자: 한국 측   이동환   수석위원
             이홍직   위원
             황수영   위원
             이규현   위원
             김태지   위원
             전성우   위원
         일본 측   이세키   주사
             우라베   부주사
             마에다   보좌
             스기야마 보좌

48-080 4. 토의 내용

'이세키' 주사: 그간 출장이 길어져서 그동안 회의가 중단되었음에 대하여는 이를 미안하게 생각한다.

'이동환' 수석위원: 출장 중의 재미있는 이야기를 한번 기회 있거든 듣고 싶다.

'이세키' 주사: 우리 측에서 내주 중으로 여러분을 초대하고자 하는데 어느 날이 적

당하겠는가?

'이동환' 수석위원: 내주 화요일에 전문가 회의가 있고, 수요일에 본회의가 있으니, 수요일 본회의가 끝난 후가 좋겠다.

'이세키' 주사: 그러면 내주 수요일로 하고, 시간과 장소는 추후에 통지하겠다.

'이동환' 수석위원: 그러면 오늘은 전 회의에 계속해서 우리 측 '이홍직' 위원으로부터 문화재 7항목에 관해서 설명이 있겠다.

'이홍직' 위원: 지난번 회의에서는 제4차 회담 시 우리 측에서 제시한 바 있는 5항목을 설명하였는데, 오늘은 제5차 회담 시 추가로 제시한 제6, 7항목에 관해서 설명하겠다.

제6항목은 전적, 미술품(서화)으로 되어있는데, 전적, 미술품의 반환을 요구하는 이유는 [□…□] 이후 특수한 권력의 배경하에 일본으로 불법 반출되었다는 것에 근거를 둔다. 그중 몇 가지 예를 들면, 강원도 오대산 사고에 있던 '이조실록' 사고본이 일정 타이쇼[大正] 3년에 '주문진'으로부터 일본 도쿄대학으로 반출되었는데, 원래 '이조실록'은 4개 처 사고에 분산 보존되어 있었던 것으로, 국가의 중요한 자료에 속하는 것이다. 또한 일본 사학가인 '시라토리'(白鳥) 교수가 중심이 되어 만선[32] 서적을 수집하여 일본에 반출하여 '백산흑수'(白山黑水) 문고를 만든 일이 있는데, 이러한 모든 반출 실록들이 소위 관동대진재 시에 대부분이 소각되어 지금은 단편적으로 남아있다. 이 소실된 것에 대하여는 어느 정도 불가항력이라고도 할 수 있겠으나, 그 반출 경위가 불법적이었다는 점에 미루어 우리 측은 이에 대한 책임을 일본 측에 물어 이에 대한 보상을 청구하고자 하는 바이다.

그 외에 지난번에도 이야기가 있었으나, '데라우치'(寺內) 총독이 한국에 있던 건물을 일본에 이건하여 이를 '조선관'이라고 명명하고 그곳에 한국 관계 서적과 미술품을 소장하고 있었는데, 이것이 현재 어떠한 상태로 있든지 간에 우리 측이 반환을 요구하는 대상으로 되고 있는 것이다.

이에 관하여는 일정 쇼와[昭和] 15년에 발간된 문부성 도서 일람을 볼 것 같으면, '오호'(櫻圃) '데라우치' 도서관이라는 것이 있으며, 그 기록에 의하면, 동 도서관은 타이쇼[大正] 11년에 설립된 것으로 23,847권의 서적을 가지고 있는 것으로 되어 있다.

---

32 만주와 조선.

그 기록으로 볼 것 같으면, 그 당시에는 일종의 지방 공개 도서관의 성격을 가지고 있었던 것이 아닌가 생각된다. 그런데 여러 가지 이야기를 들어볼 것 같으면, 그중에는 '관부'(官府)도서가 있었다고 하며, 그 수집 경위를 따진다면 강제적인 수단으로 수집되어 일본으로 가지고 간 것이 틀림없는 것으로 추찰할 수가 있다.

우리로서는 이러한 도서가 현재 어떻게 되어있는지 사실관계를 추구하여 일본 측의 조사가 있기를 바라며, 앞으로 이들 서적이 반환되기를 바라는 것이다.

또한 이외에도 개인적으로 한적을 가지고 가서 개인 문고를 세운 것이 있는 것으로 알고 있는데, 그들 문고는 '도구토미 소호'(德富蘇峰)의 '성귀당문고'(成貴堂文庫), '가나사와'(金沢)의 '탁족문고'(濯足文庫), '도오문고'의 '마에마'(前間)의 수집품 및 '오사카'도서관의 수집품 등이 있었는데, '아사미'(淺見)라는 사람의 수집품은 나중에 '미쓰이'(三井)문고로 옮겨졌으며, 현재는 미국의 '버클리'대학에 가 있다.

이상의 문고 외에 '교토대학'에는 '가와이'문고(河合)가 있는데 이러한 것들은 모두 한말, 총독부 초기에 수집된 것인바, 그중에는 불법으로 반출된 것이 틀림없는 것이다. 이들 문고의 서적이 불법으로 반출된 경위에 관해서 '가와이'문고의 경우를 예로 들어보겠다.

현재 우리나라의 국사편찬위원회에 보관된 한말의 기록을 보면 융희(隆熙) 3년의 경기도 경찰 비밀 기록으로 '가와이'가 당시의 일본 헌병소장의 소개로 헌병을 대동하여 강화도 '전등사'(佺燈寺) 경내의 사고의 자물쇠를 도끼로 깨뜨리고 사고 책을 많이 끄집어내어 간 사건이 있는데, 경찰도 헌병대를 두려워해서 이 사건은 유야무야로 돌렸다는 것이다. 교토대학의 '가와이'문고의 목록을 보면 관부(官府)의 기록류가 많이 섞여있는 것도 이것을 증명할 것이다. 또한 한말에 관권의 힘으로 수집된 것으로 현재 궁내성 도서료 속에 '소네'(曾禰)본(本)과 통감부본(統監府本)이 있다고 한다.

이상에서 말한 이러한 모든 전적류는 1905년 이후에 반출된 것으로서 논의의 대상이 되어야 할 것이다.

다음 미술품에 관하여 해당되는 것을 예를 들어 말하면, 일정 메이지[明治] 44년 '세키노'(関野) 박사는 그가 쓴 글 '조선 예술의 연구' 가운데, 전라남도 영암군 '도갑사'(道岬寺)에 있는 금으로 쓴 사경(寫經)에 대하여 언급하여, 동 사경의 훌륭함을 말하고 도난의 우려가 있음을 지적하였는데, 결국 동 사경이 현재 일본에 있는 것으로 듣고 있으며, 이외에도 많은 불화(佛畫)와 사경 등이 역시 이 시기에 온 것을 지적할 수 있다.

이상이 대체로 제6항목의 중요한 내용이나, 이에 부가하여 지도 원판(5만분지 1)의 반환을 요구하는바, 이것은 해방 후 대부분이 반환되었고 일부가 일본에 남아있는 것인데, 이의 반환에는 그 원도도 포함한다.

이상으로 제6항목의 내용을 전부 설명한 것으로 한다.

다음 제7항목은 개인의 수집품으로 되어 있다. 개인의 수집품은 좀 어려운 문제로 생각되나, 그중 특히 중요한 것들이 정상적이 아닌 방법으로 일본에 반출된 것을 알고 있다. 그중 '오구라'(小倉) Collection은 현재 잘 보존이 되어있는 것으로 알고 있으나, 반면 '이치다' Collection과 같은 것은 동인의 사망으로 인해서 현재 뿔뿔이 산재되어 있어, 이를 파악하기는 매우 힘든 상태에 있는데, 이에 대하여는 일본 측이 성의껏 조사를 해서 이들의 소재를 발견하여 주기를 바란다.

'이치다' Collection은 일정 쇼와[昭和] 4년에 대구에서 있었던 전람회에 신라시대 및 삼국시대의 예술품을 많이 출품하였으며, 그중에는 신라시대의 순금 귀걸이 등의 고고 예술품도 포함되어 있었는데, 이와 같은 예술품은 대구를 중심으로 경상도 지방의 고분에서 발굴한 유품들인 것이다. 이외에 '가루베'(輕部)라는 사람은 공주를 중심으로 유품을 수집하였으며, 그는 종전 시 백제의 불상 같은 중요품을 일본으로 가져간 흔적이 있는 것이다.

이러한 것들은 지난번 전문가 회의에서 말한 바와 같이 '원자리에 있었던 것은 원자리에 돌려 보낸다'는 의미에서 한국으로 반환되기를 바라는바, 이에 관련해서 한마디 하고 싶은 것은 현재 한국에는 '스기야다' Collection을 중심으로 해서 경북대학 및 대구 시립의 명의로 '대구박물관'이 설립되었는데, 앞으로 일본에 반출된 유품들을 받아들여 동 박물관을 더욱 충실히 하고자 한다. 또한 '오구라' 사저의 정원에 있었던 한국의 여러 가지 석조 불상, 사리탑 등이 지금은 경북대학에 이전되어 박물관의 진열의 일부를 구성하고 있다.

제7항목의 개인 수집품은 제1항목의 지정문화재 80점과 관련되는 것이며, 개인적인 것을 일일이 열거하려면 한이 없으나, 우리는 개인의 것이라도 그 반출 경위가 불법적인 것은 전부 돌려주기를 바란다.

48-085   그 다음 제7항목에 있어서 우리가 청구하고 싶은 것은 체신 관계의 문화재이다. 1905년의 한일 체신 사무 합동으로 인하여 접수된 한국의 체신 관계품인바, 그 안에는 전보아문(電報衙門)의 표찰(標札), 체신부의 제복, 기타 용구, 소인(消印), 우표 등 과거 한국의 우체 사무를 엿볼 귀중한 참고 자료가 많이 포함되어 있다. 이것들은 현재 일본 체신박물관에 있는데, 이와 관련해서 말하고 싶은 것은 현재 우리나라에서는 서울 '안국동'에 있는 옛 우정국의 건물을 수리하여 체신박물관을 신설할 계획으로 있으니, 이들 일본으로 접수된 우리나라 체신 관계 유품을 돌려보내 줄 것을 바란다.

'우라베': '오구라' 및 '이치다' Collection의 소재는 어디인지 아는가?

'이홍직' 위원: 현재 '오구라'는 '지바'에 있으며, '이치다'는 여기저기 산재되어 있다.

'황수영' 위원: '이치다'는 교토에 있다. 그런데 '오구라'라는 사람은 과거 대구의 왕이라는 별명을 가졌던 사람으로, 유품 수집광으로도 알려져 있던 사람인데, 현재 그의 수집품의 가격이 시가로 12, 3억 원 정도라고 듣고 있다. '이치다'의 수집품도 불법으로 이루어진 것이 많은데 그중 한 예를 들면, 그가 가진 백제 불상은 농부가 밭을 갈다가 불상 둘이 나와서 이것이 경찰에 알려져서 압수당한 것이 결국 그의 손에 들어가 이것은 비밀리에 일본에 가져온 것이 있는데 지금 그것을 미국에 고액으로 매각하려

48-086   고 한다 하나 워낙 값이 엄청나서 매매가 안 된다는 이야기를 최근에 일본 전문가에서 들은 일이 있다.

'이세키' 주사: 오늘은 이상의 한국 측의 의견을 듣는 것으로 그쳤으면 한다. 다음 회의는?

'이동환' 수석위원: 다음 주일 화요일에 전문가 회의가 있고, 수요일에 본회의가 있다.

'이세키' 주사: 알겠다. 한국 측은 전체적으로 언제쯤 연말 휴가차 귀국하는가?

'이동환' 수석위원: 그에 관해서는 상금 본국으로부터 지시가 없다.

일본 측의 연말 관계는 어떻게 되는가?

'이세키' 주사: 대체로 12월 26일, 27일까지는 좋다.

'이동환' 수석위원: 오늘의 신문 발표는?

'이세키' 주사: 한국 측의 설명이 일단 끝났다고 하면 어떻겠는가?

'이동환' 수석위원: 좋다.

이상

12. 제6차 한일회담 문화재소위원회 제5차 회의록

48-090　문화재소위원회 제5차 회의
　　　　회의록

1. 일시: 4294년 12월 18일 오전 11시부터 12시 20분까지

2. 장소: 외무성 회의실

3. 참석자: 한국 측　이동환　수석위원
　　　　　　　　　이홍직　위원
　　　　　　　　　황수영　위원
　　　　　　　　　이규현　〃
　　　　　　　　　박상두　〃
　　　　　　　　　이상훈　〃
　　　　　일본 측　이세키　주사
　　　　　　　　　우라베　부주사
　　　　　　　　　마에다　보좌
　　　　　　　　　모리타　〃
　　　　　　　　　스기야마　〃
　　　　　　　　　고기소　〃

48-091　4. 토의 내용

이세키: 오늘 특별히 설명할 것이 있는가?

이 대표: 우리로서는 설명할 것이 없고 일본 측의 설명을 듣겠다.

이세키: 그러면 제2회부터 4회까지의 회의 중 한국 측이 제출한 1항부터 7항까지에 대한 설명을 하겠다. 한국 측이 일본 측에 제출한 것은 일본이 부당하게 지출한 문화재를 출토국에 귀속한다는 원칙 아래 이들 반환을 요구한 데 대하여 일본 측은 앞으로의 회담의 순조로운 진행을 위하여 이에 대한 일본 측의 견해를 설명하고자 한다(별첨 견해서 낭독).

법률적인 것에 대한 견해는 이상과 같으나 양국의 문화에 공헌하고자 국교 정상화를 한 후에 어느 정도 기증하겠다는 것은 전번에도 몇 번 이야기한 바 있는데 이 점에 대하여는 문부성에서나 기타 기관에서는 다른 의견도 있으나 노력을 하여 보겠다.

이 대표: 일본 측의 입장은 잘 알았다. 전번에 일본 측에게 자료를 요구한 바 있는데 어찌 되었는가?

이세키: 전문가 회의에서 같은 요구를 하였는데 이에 대하여는 대체로 구두로써 설명한 바 있고 리스트의 제출 여하에 대하여는 문화재위원회에서 관계자들과 상담하여 결정될 것이다.

황 위원: 증거가 불확실하다고 아까 말한 바 있는데 구체적인 예를 들어서 말해 줄 수 없는가?

이세키: 지금 이야기되고 있는 것은 일반론에 불과한 것이며 법률적으로 볼 때 누가 언제 가지고 왔나, 즉 일자, 성명, 무엇을, 어떻게 하는 등 여러 가지를 고려할 때 민사 청구권 같은 것이 성립될 수 없다고 본다.

황 위원: 우리는 '그럴 것이다'라는 어림된 추측이 아니고 여러 가지 자료를 가지고 단언할 수 있다고 생각해서 주장한 것이다. 앞서 우리가 제시한 제1항에서 제5항목에 포함된 문화재는 그것이 전세품이 아니고 지하에서 나온 출토품이며 이것은 한정된 기간에 다량으로 발굴해서 일본에 가지고 왔다는 현저한 사실은 누구나 부인할 수 없을 것이다. 그리고 고려청자 같은 것은 수만 점이 일본에 있고 아국에는 만 점이 못 될 것이다. 이러한 것이 정당한 방법으로 입수되었다고는 볼 수 없다. 하나하나의 물건 모두가 언제 발굴되었다는가 하는 증거 및 자료가 확실하지 않다는 이유로 법률상 논의의 대상이 안 된다고는 보지 않는다.

우라베: 이는 법률론은 못 된다. 재판은 한다 하더라도 재판이 안 될 것이며 국제법으로도 국가가 개인의 일에 책임을 못 진다는 것은 명백한 일이다. 내가 말하는 것이

48-093 틀릴지는 모르나 한 사건에 대하여 어디에 써있다고 하여도 정말 확실한 증거에 의하여 쓴 것인가 혹은 풍문에 의한 것인가 하는 의점이 있으며 또 그 당사자들은 이미 사망하였을 것이므로 형사상으로 보나 민사상으로 보나 무의미한 것이라고 본다. 재판소에 가도 누구한테 주었다는 것은 증거가 될 수 없으며 자기가 관계하고 자기가 보았다고 하기 전에 안 되는 것이다. 이것을 민사상 청구권으로 그대로 인정한다 하더라도 국제법 원칙상 국가가 책임을 지라고 운운하여도 어쩔 수 없는 일이다.

황 대표: 오구라 씨의 수집품의 경우는 좀 다르다고 생각한다. 이것은 본인이 아직 생존하고 있으며 그의 수집품이 불법으로 입수된 것이 많다. 데라우치 문고의 일부도 그 내력이 분명하니 이러한 것은 문제로 삼을 수 있을 것이다. 국가가 책임을 지지는 못한다고 말하였는데 총독부가 가져온 것은 성질이 달라진다고 본다.

우라베: 법적으로 가져온 것은 반환할 의무가 없다고 본다. 이것은 정치적 문제는 될지 모르나 민사상이나 형사상 문제는 될 수 없는 것이다. 즉 법률 이전의 문제는 될 수 있으나 법률상 문제는 될 수 없다. 법적으로 반출한 것은 일본에 소속하는 것이요, 국제법상 그러한 것을 반환할 의무나 관례는 없는 것이다.

48-094 이 대표: 법률 이전의 문제란 무슨 뜻인가?

우라베: 다시 말하자면 증거도 없고 시일도 많이 경과하여서 법적 문제가 안 된다는 것이며, 법률의 대상이 안 된다는 의미다. 법률 이전의 문제에 대하여는 국가가 책임을 질 수 없으며 증거 있다 하더라도 역시 매한가지이다.

이 대표: 일본 측은 국제법상으로 보아서 일본 정부가 문화재의 반환에 대한 책임이나 의무를 질 법적 근거가 없다고 말하였는데 국제관례상 문화재를 돌려준 예도 있고 안 돌려준 예도 있으며 또한 고적에서 발굴된 문화재는 원칙으로 국가에 귀속되게 되어있는 고로 일본에 반출해 온 것들도 이 원칙에서 벗어날 수 없으며 따라서 일본 정부도 이러한 물건의 반환을 할 의무와 책임이 있는 것이다.

황 위원: 이러한 일본 측 주장은 전문가 회의에서 우리 측에서 중점적으로 이야기한 내용과 다른 것 같다. '오구라' 컬렉션 같은 것은 문부성에 목록이 있으며 그 외에도 중요한 문화재를 아직까지 가지고 있는 사람들이 생존하고 있는 예도 있다. 1900년 전후 몇만이라는 문화재가 분묘에서 발굴되었으며 일본의 연호로 말할 것 같으면 메이지, 타이쇼, 쇼와를 통하여 막대한 출토 문화재가 불법 입수, 매매되었으므로 금일

에 와서는 일본 전국에 퍼져있다. 그러므로 이들은 개인도 가지고 있고 긴자[銀座]의 골동상에도 있고 제국호텔의 아케이드에서도 볼 수 있다.

일본 측: 현재 그 주인이 생존하고 있다 해도 국가로서 어떻게 하라고 해도 어찌할 수 없는 일이다. 이것들을 법률상으로 반환하라는 법은 없다. 민간이 가지고 있는 것을 반환해라 해도 안 할 것이며 국가가 소유하고 있는 것만은 기증할 수 있다고 생각한다.

이 대표: 국가가 소유하는 것은 돌려준다는 말인가?

이세키: 이 점은 비공식 회담에서 나온 것이라 기록으로 남기지 않은 것으로 생각한다.

황 대표: 분묘 같은 지하에서 발굴되는 물건은 그 주인이 나타나지 않을 때에는 원칙적으로 모두 국가에 귀속되는 것으로서 이들 문화재는 의당히 반환되어야 한다.

우라베: 자기 집에 있는 것으로서도 증거가 있으면 자기의 것이고 그 외의 것은 어떻게 되는 것인가?

황 위원: 주인이 없을 경우에는 국유가 되는데 이러한 국유재산을 개인들이 불법 입수하여 일본에 가져온다는 것은 부당한 것이며 국가가 가져와도 이는 원출토국에 반환되어야 하는 고로 일 측의 주장은 부당한 주장이다.

이 대표: 이 회담은 사소한 법률로써 따질 것이 아니라 대국적인 입장에서 고려하여 일본은 과거의 이러한 동기에 대한 반성을 하여 신세대의 정신으로 크게 생각할 필요가 있다고 본다. 아까 문부성에서는 다른 의견이 있다는 것은 반대한다는 뜻으로 생각되는데 (이세키, 그렇다고만 하였다) 나는 그동안 일본의 학자도 여러 사람을 만나서 의견을 교환한 중 불법하게 반출한 것을 인정하고 심지어는 임진란 때 가져온 것도 돌려야 한다는 논을 가진 사람도 여러 사람 있었다. 또 법적으로 맞지 않는다고 하였으나 법적 근거야말로 이러한 역사 사실이 근본이 되어야 할 것이니 기교를 피우는 법론은 하지 말고 전체적인 입장에서 진행하는 것이 특히 좋은 효과를 가져오리라고 믿는다.

이세키: 우리로서는 개인이 그런 생각을 가지고 자발적으로 반환한다면 좋다. 그러나 이것을 청구권으로서 요구하는 것이라면 이는 전술한 바와 마찬가지이다. 정치적으로 하자면 우리도 협력할 수는 있으되 어떠한 의가 우리에게 있다고 하면 이는 문제가 다르다.

이 주사: 법적 문제에 대하여 좀 더 검토하여 보기로 하겠다. 일본 측에서 국제법에 그러한 예가 전무라고 하였지마는 반드시 그렇지는 않다고 본다. 하여간에 우리 측의 견해는 다음 회의 시 이야기하겠다.

한국 측: 전문가 회의에서는 문화재의 반환에 응한 것으로 알고 있다.

일본 측: 자진하여서 돌려준다 할 때에 그것은 법적으로 내 것이라고 하고 나오면, 좋은 결과가 될 수 없으며, 이야기는 어려워진다. 국교 정상화가 이루어짐과 동시에 기증될 수 있는 것은 기증할 것이며 장래에도 계속하여 이에 노력하는 것이 오히려 좋을 것이라고 생각한다. 민간인들에게도 기증을 촉구하고 자발적으로도 기증할 것이며 협정 시기까지는 못 된다 하더라도 장래에 계속할 수 있는 일이며, 이러한 일은 장래에 남겨두어 하는 것이 오히려 유리하다고 생각한다.

황 위원: 그동안 전문가 회의의 진행 상황에 대해서 보고하여 두겠다. 그동안 전후 5회 개최하였는데 여기서는 반환이니 하는 이야기는 빼놓고 소위원회에서 나온 이야기를 중심으로 더 구체적으로 사실 확인을 하여 갔고 조사 의뢰도 하였는데, 일본 측에서 우리가 만족할 만한 회담이나 조사가 반드시 되었다고 볼 수 없는 유감도 불소이었으나, 하여간 계속해서 사실 확인을 하여 왔다. 예를 들면 데라우치 문고의 일부 서화의 확인, 소창박물관이 문화보위하에 감독을 받고 있다는 것, 그리고 이 소장품을 우리도 한번 볼 수 있도록 주선할 것, 또 원자리에 돌릴 것은 돌려야 한다는 좋은 의견도 개진되었다. 장차도 더 계속해서 이러한 전문가 회의에서 사실 확인이 될 것을 기대한다.

이 대표: 종래 문화재 문제는 한국 측에서 무리한 요구를 하는 듯이 일본 측에서 말하고 있다. 그러나 우리로서는 이유가 없는 것을 달라는 것은 아니다. 그 이유는 어디까지나 학구적인 근거에서 말하고 있는 것이다. 문화 협정 같은 문제는 회담이 타결된 연후에 생각할 일이며, 역시 회담으로서는 어떠한 매듭을 맺어야 하겠다.

이세키: 회담 타결 시에 어떠한 처리는 물론 할 것이다. 그리고 그 뒤라도 계속해서 할 수 있다는 것이다.

우라베: 일본의 언론계에서도 이에 대한 이해가 부족하다. 다른 청구권에 대하여는 점차로 양측 주장에 대한 이해가 가고 있는 것으로 본다. 이런 것에 대하여 정부가 무엇을 시도하려면 이는 대단히 어려운 일이다. 양국의 문화와 장래 자손들을 위해서다.

이러한 문화 협조는 계속 유지하는 것이 좋다고 생각한다. 권리, 의무 문제는 철벽이며 반면 이와 같이 조화한 점도 있다는 것이다. 22일 본회에서 본 위원회의 성과를 간단히 보고하도록 함이 어떠한가?

한국 측: 그 건은 우리 측에서 이야기해 보겠다.

일본 측: 상호 주사끼리 보고 내용을 일치시키어 각 위원회에서 본회의에 보고하도록 하자.

일본 측: 신문에는 순조로이 진행되었다는 정도로 해두자.

한국 측: 그렇게 하자, 그리고 본회의에 대한 보고 문제는 나중에 연락하겠다.

13. 제6차 한일회담 문화재소위원회 양측 수석위원 간 비공식 접촉 결과 보고 전문

48-099   번호: JW-0216

일시: 011800[1962. 2. 1]

수신인: 외무부 장관 귀하

문화재소위원회 이홍직 수석위원은 정일영 대표와 함께 '가유회관'에서 금일 2월 1일 12시부터 약 1시간 동안 '이세키' 일본 측 수석위원(마에다 과장 동석)과 회동하고 그 후의 회담 진행 방법을 논의하였는바 그 결과를 아래와 같이 보고함.

기

1. 일본 측은 '반환'이냐 '기증'이냐 하는 것이 선결 문제로서 이러한 문제에 대하여 어떤 '정치적인 양해'가 있어야만 할 것이라고 말하고 일본으로서는 '문화적 협력'이라는 형식으로 하려는 문제 해결이 용이하게 될 것이라고 하였음. 이에 대하여 아 측은 과거에 이미 이러한 문제는 쌍방 간에 논의가 된 것이며 (RETURN) (DONATION) 또는 (TURN OVER)라는 말이 나왔던 것으로서 실상 이와 같은 문제는 "그렇게 문제가 되지 않을 줄로 믿는다"라고 답변하고 실은 그러한 문제보다도 이날 회합에 있어서는 다른 위원회와 보조를 맞추어 '문화재 문제도 앞으로 타결에 대하여 어떤 구체적인 전망을 세워야 할 것으로 믿는다'고 주장하였음.

2. 그러자 일본 측은 다시금 상기한 '정치적인 양해'가 선결 문제라고 몇 번이나 되풀이한 후 아 측의 주장대로 문제 타결에 대한 전망을 세워보자고 하기에 아 측은 "요구 품목이 준비되어 있으니 이를 일본 측에 수교하여 실무자끼리 검토를 시작할 것이며 그러한 검토의 기한도 정함이 어떠할까?"라고 제의하였음 '이세키' 씨도 이 제의를

응하여 다음 회합에서 논의하자고 하고 오는 9일(금요일)에 공식 회합을 갖기로 합의하였음.

3. 다음 회의는 문부성으로부터 실무자도 참석하여 품목 대조를 위한 특별위원회를 구성키로 하였으며 이 특별위원회에는 종전의 전문가 회의와는 달리 일본 측에서는 일본대표단 측의 정식 대표 내지 위원까지 참석게 하겠다고 일본 측에서 자진해서 말하였음.

아 측은 품목 완료 기한을 '3월 말이나 4월 말'이든 적당하게 정하면 되지 않느냐고 말하였던바 일본 측은 "좋다"라고 답변하였음.

4. 이날의 회합에 있어서 '이세키' 씨는 퍽 협조적이었으며 문부성 측에 자기가 설득을 하겠다고 말하였음. 연이나 '이세키' 씨의 말로서는 위선 박물관 소장품을 일차적으로 반환할 것이며 민간 소장품 같은 것은 국교 정상화 후에 '문화 협력'의 원칙하에 점차로 돌려줄 수 있을 것이라고 하였음.

5. 본 대표단에서는 이미 청구 품목을 대강 작성한 바 있으나 최종적으로 이를 재검토하려고 함. 다음 회합까지(2월 9일) 품목을 일본 측에 제출할 것이라고 말하여 두었는바 황수영 대표를 지체 없이 하루빨리 파견할 것을 요청하는 바입니다.

수석대표

16. 제6차 한일회담 문화재소위원회 회의 관련 서류 송부 요청 전문

48-103   번호: JW-02229

일시: 141200[1962. 2. 14]

수신인: 외무부 장관 귀하

본부에서 보내주기로 되어있는 다음 회담 관계 서류를, 다음 파우치 편으로 조속히 송부하여 주시기 바람.

기

1. 제5차 문화재소위원회 회의록
2. 제5차 문화재소위원회 회의 시 일본 측이 수고한 문화재에 관한 일본 측 견해서
3. 문화재소위원회 제4, 5, 6차 전문가 회의 회의록

수석대표

17. 제6차 한일회담 문화재소위원회 관련 서류 송부 재가 문서

48-104 기안처: 아주과 민영수

장관   국장[국장 전결사항]   과장

문서번호: 1962. 2. 15
분류기호: 외정아 275호

경유·수신·참조: 한·일회담 수석대표
발신: 장관

제목: 한일회담 자료 송부

대: JW-0229

대호 전문 2.항에 관한 일본 측의 견해서를 별첨과 같이 송부하오니 참고하시기를 바람.

끝

유첨: 12월 18일 문화재소위원회 제5회 회합 이세키(伊關) 주사 발언 요지 사본 1부

18. 제6차 한일회담 문화재소위원회 관련 서류 송부 통보 전문

번호: WJ-021□

일지: 15133[1962. 2. 15]

수신인: 한일회담 수석대표

대: JW-02228

대호 전문으로 요청한 문화재소위원회에 관한 본회의 및 전문가 회의록은 이미 1962. 1. 13 자 외정아 제320호로 송부한 바 있으므로 이를 사수하시고, 단 제6차 회의 시의 일본 측의 견해서만 별도 파우치 편으로 송부함. (정. 아)

장관

별첨

18-1. 제6차 한일회담 문화재소위원회 제5차 회의 시 일본 측 수석위원 발언 요지문[33]

48-106   12月18日の文化財小委員会第5回会合における伊関主査発言要旨

本小委員会の第2回会合から第4回会合までに, 韓国側は, 韓国側請求の「7項目」につき順次説明を行なわれ, 日本に撤出された韓国文化財の大部分は, 不当, 不法な手段によって入手されたものであるという点と, 文化財はそのものの性質上当然出土国に帰属するものであるという論拠に立って, これらの返還を主張されたものと了解しておりますが, 「7項目」の御説明が一応終ったこの際, 韓国側の主張に対する日本側の基本的見解を明らかにすることが, 本委員会の今後の進行上有意義と認められますので, 本日はまずこれを申上げたいと思います.

第1に, 不当, 不法な手段によって入手されたか否かの点について, 韓国側は, いくつかの例をあげて説明されましたが, 韓国側の説明を伺ったところ, それらを確実な

48-107   証拠に基づくものであると認めることは困難であります. また, 数十年を経過した今となっては, そられのはっきりした事実をつかむことはほとんど不可能に近いころではなかろうかと考えます. その上, 日本側としては, 韓国側の言われるように, 当時において日本人個人による不当な行為があったとしても, それに対し国家が責任を負わなければならぬという国際上の問題はないものと考えるのであります. これがわが方の考え方の第一点であります.

次に, 文化財は当然出土国に帰属するものであるかどうかの点については, 前にも屢々申上げたことがありますように, 文化財は出土国に返還されなければならないという国際法の原則や慣例は見出し得ないのであります.

以上のような理由によって, 日本側としては, この問題は, 日本側に返還する義務があるとか, 韓国側に要求する権利があるとかいう問題ではないと考える次第であります.

---

33   15번 문서의 첨부물.

48-108　しかしながら，日本側としては，歴史的に極めて長い期間わたり，かつ深い関係にある韓国の文化振興にできる限りの寄与貢献をしたいと考えておりますので，将来両国の国交正常化が実現した場合，日本側の自発的意思によってある程度のものを贈与するということを考慮しておりますことは，従来も屢々申上げたとおりであります．この点については，日本側内部においても，文部省当局その他はわれわれと異なった考え方をとっておりますが，私としては，今申上げたような考え方に基づいて，その方向に進むように今後とも努力を続けて行く考えであります．

번역　본 소위원회의 제2차 회의부터 제4차 회의까지 한국 측은 한국 측 청구의 '7항목'에 대해 순차적으로 설명을 하였으며, 일본에 반출된 한국 문화재의 대부분은 부당하고 불법적인 수단에 의해 입수된 것이라는 점과 문화재는 그 성질상 당연히 출토국에 귀속되는 것이라는 논거에 입각하여 이러한 반환을 주장하신 것으로 알고 있습니다만, '7개 항목'에 대한 설명이 일단 끝난 이 시점에서 한국 측의 주장에 대한 일본 측의 기본적 견해를 밝히는 것이 본 위원회의 향후 진행에 있어 의미가 있다고 판단되어, 오늘은 먼저 이 점을 말씀드리고자 합니다.

　첫째, 부당하고 불법적인 수단에 의해 입수되었는지 여부에 대해 한국 측은 몇 가지 예를 들어 설명하였으나, 한국 측의 설명을 들어본 결과, 그것들을 확실한 증거에 근거한 것으로 인정하기는 어렵습니다. 또한 수십 년이 지난 지금에 와서는 명확한 사실관계를 파악하는 것은 거의 불가능에 가까운 것이 아닌가 생각됩니다. 게다가 일본 측으로서는 한국 측이 말하는 것처럼 당시 일본인 개인에 의한 부당한 행위가 있었다고 하더라도 이에 대해 국가가 책임을 져야 한다는 국제법상의 문제는 없다고 생각합니다. 이것이 우리 측의 생각의 첫 번째 요점입니다.

　다음으로, 문화재는 당연히 출토국에 귀속되는 것이냐는 점에 대해서는 이전에도 여러 번 말씀드린 적이 있듯이 문화재는 출토국에 반환되어야 한다는 국제법의 원칙이나 관례는 찾아볼 수 없습니다.

　위와 같은 이유로 일본 측으로서는 이 문제는 일본 측에 반환할 의무가 있다거나 한국 측에 요구할 권리가 있다거나 하는 문제는 아니라고 생각하고 있습니다.

다만, 일본 측으로서는 역사적으로 매우 오랜 기간 동안, 그리고 깊은 관계에 있는 한국의 문화 진흥에 최대한의 기여를 하고 싶다고 생각하고 있기 때문에, 향후 양국의 국교 정상화가 실현될 경우 일본 측의 자발적인 의사에 따라 어느 정도의 것을 증정하는 것을 고려하고 있다는 것은 기존에도 여러 차례 말씀드린 바 있습니다. 이 점에 대해서는 일본 측 내부에서도 문부과학성 당국자 등은 우리와 다른 생각을 가지고 있습니다만, 저로서는 지금 말씀드린 것과 같은 생각에 입각하여 그 방향으로 나아갈 수 있도록 앞으로도 계속 노력해 나갈 생각입니다.

21. 제6차 한일회담 문화재소위원회
제6차 공식 회의록

48-111 문화재소위원회
        <u>제6차 공식 회의 회의록</u>

        1. 일시: 1962년 2월 16일 오전 11시부터 12시 20분까지

        2. 장소: 외무성 회의실 제235호실

        3. 참석자: 한국 측 이홍직   수석위원
                        황수영   위원
                        이규현   〃
                        송승현   〃
                        전성우   〃
                  일본 측 '이세키'   주사
                        '우라베'   보좌
                        '야나기야'   〃
                        '스기야마'   〃
                        '호리'   〃

48-112 4. 토의 내용
        '이홍직' 수석위원: 지난번 비공식 회의에서 말한 바 있는 특별위원회 구성은 어떻게 되었는가?
        '이세키' 주사: 그 문제에 관해서 그간 문부성 문화재보호위원회 '시미즈' 사무국장과 이야기를 했는데, 앞으로 원만하게 진행될 것으로 생각된다. 그런데 한국 측에서

수교하겠다는 목록에 관해서도 이야기를 했더니 문부성 측은 동 목록을 미리 한번 보겠다고 먼저 수교하여 주기를 희망하고 있으니, 문부성 측에서 사전에 참고로 검토할 수 있도록 먼저 내주었으면 좋겠다.

'이홍직' 수석위원: 우리 측은 언제라도 목록을 내놓을 수 있도록 준비되고 있다. 동 목록 내용의 항목과 중요 품목은 이미 과거 공식 또는 비공식 회의를 통해서 일본 측에 제시된 것들이며, 불합리한 것은 아니다. 그러니 귀측에서도 정식으로 임명된 전문가들이 나와서 종전과 같은 회답과 별도라는 방식은 피하고 구체적으로 문제를 논의할 수 있도록 먼저 특별위원회를 구성해야 할 것으로 생각한다.

48-113 '이세키' 주사: 그 뜻은 잘 알겠다. 그러나 솔직히 말해서, 문부성 측은 아직도 의혹적인 견해를 가지고 있는 것이 사실이며, 싫다는 것을 억지로 끌다시피 하여 오늘날에 이르고 있는 것이니, 우선 문부성으로 하여금 목록을 검토케 하면 오히려 앞으로 진전을 볼 수 있을는지도 알 수 없지 않은가?

'이홍직' 수석위원: 지금 이세키 주사가 이야기한 것은 기대에 어긋난 발언이다. 목록에 어떠한 것이 끼어있는가 하는 것은 전문가 간에 논의되어야 할 것으로 생각하며, 또한 이미 말한 바와 같이 목록의 윤곽은 이미 일본 측에 명시된 것이므로, 구체적인 것은 앞으로 전문가 사이에 논의되어야 할 성질의 것인데, 특별위원회도 구성하지 않고 먼저 목록을 보이라는 것은 이해하기 곤란하다. 우리 측으로서는 위원회 구성에 앞서 목록을 내놓을 생각은 하지 않고 있었다.

'이세키' 주사: 특별위원회를 구성할 생각은 가지고 있으나, 문부성 측에서 움직여 주지를 않고 있어 입장이 난처하다. 특별위원회 구성과 목록의 수교는 어느 편을 먼저 해도 상관이 없지 않는가? 그러니 문부성 측에서 사전에 참고로 검토할 수 있도록 목록을 내놓았으면 좋겠다.

48-114 '이홍직' 수석위원: 우리 측에서 목록을 사전에 미리 수교한 후, 귀측에서 일방적으로 동 목록에 대하여 이유를 붙이게 되면 문제가 끝이 없게 되어, 앞으로 진전을 볼 수 없을 것이므로, 이는 권한이 있는 전문가끼리 문제 되는 점을 검토하여 결론을 낼 수 있도록 하는 것이 당연한 일이며, 또한 검토를 하면 무엇이고 건설적인 것이 나올 수도 있는 것인데도 불구하고, 지금에 와서 그 목록 내용이 어떠한 것인지 알 수 없다 하여 미리 보여달라는 것은 의외의 일이며, 그간의 오랜 노력이 수포로 돌아가는 결과가

될지도 모르는 일이다.

'이세키' 주사: 참고로 미리 검토하겠다는데 귀측에서 이에 응할 수 없다고 하면 앞으로 문제가 더욱 복잡하게 될 뿐만 아니라 시간만 끌게 될 것이므로 한국 측도 곤란하게 될 것이다.

'이홍직' 수석위원: 문화재위원회는 다른 위원회와 달리 원만하게 진행될 수 있는 회의이다. 즉 전문가위원회를 구성하고 그곳에서 문제를 논의하면 주로 쌍방의 법률적인 주장만을 논의하던 본회의보다 훨씬 용이한 분위기를 이룰 수도 있을 것으로 생각되니, 귀측도 전문가들에게 권한을 부여하여 정식으로 회의에 참석도록 하여야 할 것이다.

48-115 '이세키' 주사: 본인이 생각하기에는 우리 측 전문가들은 아직 그러한 기분이 아니다. 전문가들을 그렇게 하게 하려면, 순서가 있는데, 우리로서는 전문가들을 오늘날 이 방향까지 끌고 오는 데 상당한 노력을 하였다. 그런데 지금 와서 한국 측이 이렇게 나온다면 문부성 측은 이에 대하여 다시 후퇴하게 될지도 모르겠다.

'우라베': 문부성 측은 아직도 외무성 측을 의심하고 있는 것이 사실이다. 모처럼 그동안 노력해서 오늘날 좋은 방향으로까지 이르렀으니, 이 점 잘 고려해서 목록을 내주었으면 어떻겠는가?

'황수영' 위원: 어디까지나 문화재 문제는 이 위원회에서 논의하는 만큼 문부성이 이렇다 저렇다 하는 것은 귀측의 내부 사정에 불과한 것이다. 지금 '이세키' 주사가 말한 것은 오히려 의외의 일이다. 귀측도 알다시피 우리 측은 인적 구성도 일본 측과 다르며 모든 진행의 준비도 다 되고 있는 데 반해서 일본 측은 아직도 그렇지 않다. 1949년[1957년의 오기] 12월 31일 자 교환 문서에 의하여 이미 논의의 원칙이 서있어서

48-116 문화재도 돌려줄 것은 돌려주고 나머지 문제는 쌍방이 협의 결정하자는 것이니, 일본 측은 하루라도 빨리 문제 해결의 결론을 낼 수 있는 모임을 마련하여야 할 것이 아닌가?

'이세키' 주사: 목록을 먼저 내준다면 10중 8, 9는 전문가의 출석이나 모임의 일이 잘될 것으로 생각하니 먼저 내주기 바란다. 만일 일이 잘 안 되는 경우에는 그 목록을 다시 돌려보내 주면 되지 않는가?

'이홍직' 수석위원: 그러면 우리 측에서 먼저 목록을 수교하면 다음 회의부터는 귀

측의 전문가가 회의에 출석할 수 있는가?

'이세키' 주사: 될 수 있는 한 출석하도록 노력은 하겠으나, 보장은 할 수 없다.

'이홍직' 수석위원: 목록은 언제라도 곧 낼 수 있으니, 귀측의 전문가가 출석하도록 하여주기 바란다.

48-117 '이세키' 주사: 전문가가 나와야만 그 자리에서 주겠다는 것인가?

'이홍직' 수석위원: 그렇다.

'이세키' 주사: 나오도록 노력은 할 것이나 그렇게 되면 전문가가 출석할 때까지는 본 위원회를 못 열게 될 것인데, 그렇게 알고 있어도 좋은가?

'이홍직' 수석위원: 나오도록 계속 노력하여 주기 바란다.

'이세키' 주사: 그렇게 하겠다.

'이홍직' 수석위원: 내주에 다시 회의를 갖는 것이 어떻겠는가?

'이세키' 주사: 문부성과 의견을 교환하려면 시간이 걸릴 것이므로 다음 회의는 추후에 협의하는 것이 좋겠다.

48-119 '이홍직' 수석위원: 본회의는 정기적으로 여는 것이 좋지 않겠는가?

'이세키' 주사: 문부성과 타협해 보아야 알겠는데, 만일 문부성에서 듣지 않으면 앞으로 회의 진전은 없지 않겠는가?

'이홍직' 수석위원: 우리는 문부성과 직접 관계가 없는 일이니 회의는 정기적으로 열어서 계속 문제 해결을 위하여 힘써야 될 것으로 알고 있다.

'이세키' 주사: 내주에 열어도 별일이 없겠으니, 좀 있다가 열었으면 좋겠다. 진전이 있으면 연락하겠다. 그렇다고 1, 2주일이 넘지는 않을 것이다.

25. 제6차 한일회담 문화재소위원회 제7차 공식 회의록[34]

48-123   문화재소위원회
           제7차 공식 회의 회의록

1. 일시: 1962년 2월 28일 하오 3시부터 동 50분까지

2. 장소: '가유'회관 회의실

3. 참석자: 한국 측   이홍직   수석위원
                    황수영   위원
                    이규현   〃
                    전성우   〃
          일본 측   이세키   주사
                    야나기야 보좌
                    모리타   〃

48-124 4. 토의 내용

'이세키' 주사: 지난번 회의에서 귀측이 말한 의견을 근간 문부성 측에 전하였으나 아직 이렇다 할 만한 회답이 없다.

'이홍직' 수석위원: 오늘 회의에서는 지난번에 말한 문화재 목록을 귀측에 수교하고 이에 대한 설명을 하겠다(일 측에 목록 수교).

본 목록은 대체로 7항목의 선에 따라 세분화한 것임을 미리 말하여 두겠다.

34　편집자가 문서의 편철 순서를 바꾸었다.

제1항에 포함된 7건 중 6건은 현재 도쿄박물관에 보관되어 있어서 동 박물관 목록에 명시되어 있는 것이며, 제7건 '왕우' 묘 출토품은 현재 도쿄대학에 보관되어 있으며, '낙랑'(樂浪)이라는 상세한 보고서가 간행되어 이것 역시 품목이 알려진 것이다. 이상 7건은 모두 국유물에 속한 고고 자료품이다.

제2항 중 '이토 히로부미'(伊藤博文)의 고려자기는 도쿄박물관 소장으로 103점이 목록으로 명시되어 있으며, '소네 아라스케'(曾祢荒助)의 한국 전적과 통감부본은 궁내청 도서료에 있는 것이 호(號) 전문가 회의에서 확인된 바 있으나, 그 수량은 조사되지 못하고 있다. 다음 '데라우치'(寺內)의 한국 전적 서화는 원래 그의 고향 '하기'(荻)에 약 20,000점이나 있었다는 것인데 지금 산일되고 그의 일부가 '야마구치'(山口)현의 현립 여자단기대학에 보관되고 있는 것이 또한 전문가 회합에서 확인되고, 불상 8체는 '조선고적도보'에 나오고 있다. '가와이 고민' 장서는 교토대학에 있는 것인데 그중에 특히 민간에서 살 수 없는 관부(官府) 기록 163부는 강화도 사고(史庫)에서 불법 반출된 증거가 있는 것으로 보는 것이다.

제3항에 속하는 2건은 경상남·북도의 삼국시대와 신라시대의 지하 매장물과 고려 분묘, 기타 유적에서 나온 유물로서 이것은 도쿄박물관 및 기타 예술대학 등에 보관되어 있는 국유물인바 이것은 상당수에 달하는데 여기에 대하여서는 우리도 선택의 복안을 가지고 있으나 구체적인 선정은 장차의 회담에서 서로 토의할 용의가 있는 것이다. 체신문화재는 1905년에 일본으로 가져온 것이며 현재 일본 도쿄 체신박물관에 보관되어 있는 것이다.

제4항의 지정문화재는 대부분이 개인 소유의 것이지마는 여사한 중요품은 총독부 시대의 보존령에 의하여 한국에서 지정될 수 있었으며 일본에 올 수 없는 물건이었기 때문에 반환을 요구한다.

제5항의 개인 소장품은 특히 불법으로 수집 반출된 많은 한국 문화재 중에서도 대표적인 것으로 반환을 요구하는 바이다. 석조 미술도 허다히 있으나 그중에 대표적으로 약간의 것만을 뽑아서 요구한 것이다.

이상이 7항목을 기초로 한 구체적인 내용인데, 이것으로서 전체의 범위와 점수는 대체로 명시된 것이다. 이외에도 많은 것이 있으나 대략 이 정도의 것에 대하여 반환을 청구하는 바이다.

'이세키' 주사: 본 목록은 참고 자료로 받아서 문부성으로 하여금 검토케 하겠으며 다음 회의에 전문가가 출석하도록 노력하여 보겠다. 다음 회의부터는 본 목록을 중심으로 회의를 진행하게 될 것이나, 그를 위해서는 시간이 필요하니 다음 회의의 일시와 장소는 추후 우리 측에서 연락함이 어떠한가?

'이홍직' 수석위원: 좋다.

'이세키' 주사: 신문 발표는?

'이홍직' 수석위원: '한국 측으로부터 7항목을 포함한 구체적인 대일 청구 문화재 목록을 제시하고 이에 대한 설명이 있었음'으로 함이 어떠한가?

'이세키' 주사: 좋다.

'이홍직' 수석위원: 그간 우리 측은 귀측으로부터 초대를 받아 신세를 진 바 있어 이에 대한 답례로서 우리 측은 내주 중으로 귀측을 초대코자 하는데 어떻겠는가?

'이세키' 주사: 좋다. 3월 7, 8일(내주 수, 목요일)경이 좋을 것으로 생각하는데 문부성 문화재보호위원회에도 연락하여서 날짜가 결정되는 대로 통지하겠다.

끝

27. 제6차 한일회담 문화재소위원회 대일 반환 청구 문화재 목록 송부 공문[35]

48-129 회담 제6-86호
1962. 2. 28

수신: 외무부 장관

제목: 대일 반환 청구 문화재 목록 송부

연: JW-02486호

금일 2월 28일 개최된 제7차 문화재소위원회에서 일 측 '이세키' 대표에게 수교한 목록을 송부하나이다.

기

1. 이 목록은 제4, 5차 회담에서 일본 측에 제출한 반환 청구 7항목에 의거하여 작성된 것임.

2. 이 목록에 포함된 내용은 정부 작성의 재일 문화재 목록 중에 거의 기재되어 있사온바, 그 항목별 점수와 소재 장소 등은 적자로 기입하였음. 단 제2항 중의 (2), (3)의 1부 (4)는 현존함이 확인되었을 뿐 그 내용은 아직 조사하지 못하고 있음.

3. 일본 측에 대하여서는 이 목록 이외에 3항의 (1), (2)에 관한 것은 따로 제시하여

---

[35] 편집자가 문서의 편철 순서를 바꾸었다.

야 할 것이나 그 외의 각 항 내용은 국유, 사유의 면과 현재 보관 장소와 소재 목록을 설명함으로써 충분하다고 사료함. 이 목록은 5개의 대항목으로 구분하여 합계 20에 달하는 건명으로써 작성되어 있사온바, 이것은 일본 측이 점수를 계산 단위로 삼으려는 종전의 계략을 따르지 않고자 하기 때문임.

끝

한일회담 수석대표 배의환[관인]

별첨

27-1. 제6차 한일회담 문화재소위원회 반환 청구 한국 문화재 목록[36]

48-130

반환 청구 한국 문화재 목록

(1) 조선총독부에 의하여 반출된 것(일본 측에 전달한 목록에는 품목별 개수가 없음)

	현재 보관 장소	점수(点數)
1. 경남 양산부부총 출토품(국유)	도쿄박물관	419
2. 경주 노정리 215번지 고분(古墳) 출토품(국유)	〃	□□
3. 경주 황오리 제16호 분(墳) 출토품(국유)	〃	□□
4. 평남 대동군 대동강면 진백리 127, 227호 분(墳) 출토품(국유)	〃	30
5. 평남 대동군 대동강면 석암리 201호 분(墳) 출토품(국유)	〃	16
6. 평남 대동군 대동강면 남정리 116호 분(墳) 출토품(국유)	〃	□□
7. 평남 대동군 대동강면 왕간리 출토품(국유)	도쿄대학	118

(단, 1은 4차 회담 때 일본 측으로부터 목록이 제출된 것임.)

(2) 통감 및 총독 등에 의하여 반출된 것

1. 이토 히로부미(伊藤博文) 고려자기(국유)	도쿄박물관	
2. 소네 아라스케(曾弥荒助) 한국 전적(국유)	궁내청 도서료	
3. 데라우치 마사타케(寺内正毅) 전적, 서화, 불상	야마구치현	서화 205 불상 8
4. 통감부 장서(국유)	궁내청 도서료	
5. 가와이 히로타미(河合弘民) 장서(관부 기록)(국유)	교토대학	163

---

36 편집자가 문서의 편철 순서를 바꾸었다.

(3) 일본 국유의 다음 항목에 속하는 것

   1. 경상남·북도 소재 분묘, 기타 유적에서 출토된 것   도쿄박물관 외국 □□

   2. 고려시대 분묘, 기타 유적에서 출토된 것   〃

   3. 체신 관계 문화재   체신박물관

                              (1점 국유)   80

(4) 지정문화재(오구라 다케노스케(小倉武之助) 소장품 및 기타)

(5)

   1. 다니 세이치(谷井濟一) 소장품   와카야마현   315

   2. 오구라 다케노스케 소장품   지바   956

   3. 이치다 쓰구로(市田次郎) 소장품   교토   296

   4. 석조 미술품(국유 5, 기타 9)   도쿄박물관과 도쿄 도내   12

석조 미술품

	현재 보관 장소	점수(点數)
석조다라보살좌상(石造多羅菩薩坐像)(국유)	도쿄박물관	1
사자(獅子)(국유)	〃	2
경주 석굴암 석불좌상	〃	2
경주 석굴암 석탑	〃	1
경주 불국사 다보탑 사자(獅子)	〃	3
평남 대동군 율리 팔각오층석탑	도쿄대학미술관	1
팔각일명부층(八角逸名浮層)	도쿄 □□미술관	1
오층 석탑	도쿄 오구라전시관	1
합계		12

48-133　　　　　　　　체신문화재 목록(국유 도쿄 체신박물관)

	전보아문표찰(電報衙門標札)	1
	호남전보분국표찰(湖南電報分局標札)	1
	전보사표찰(電報司標札)	1
	의주우체사표찰(義州郵遞司標札)	1
	영등포전화지소표찰(永登浦電話支所標札)	1
	홍주우체사표찰(洪州郵遞司標札)	1
	수원전보사표찰(水原電報司標札)	1
	우체함(郵遞函)	1
	체전부모전장액(遞傳夫帽前章額)	1
	전신송부(電信送符)〈한국전보사창설시대언문용(韓國電報司創設時代諺文用)〉	1
	우전선로도본(郵電線路圖本)	1
	편액(扁額)	1
	우편집배인제모(郵便集配人制帽)	1
	우편행랑용정(郵便行廊用錠)	2
	영등포우편전보전화지사궤판(永登浦郵便電報電話支司罫版)	4
	초혜(草鞋)〔짚신〕	3
	전보사요금수납괘판(電報司料金收納掛版)	1
	전함(錢函)	1
	호현외국제수부칭량(互懸外國製受付稱量)〈분동칠개칠(分銅七個漆)〉	1
	조선목성수부칭량(朝鮮目盛受付秤量)〔저울〕	1
	우체사우체집배체송인인명게시찰(郵遞司郵遞集配遞送人人名揭示札)	1
	영등포우체사용제인(永登浦郵遞司用諸印)	8
	잡인(雜印)	24
48-134	안동 우체사사용우편일부인 (安東郵遞司使用郵便日附印)	1
	전주　　　〃　　　　　(全州郵遞司使用郵便日附印)	1
	진주　　　〃　　　　　(晉州郵遞司使用郵便日附印)	1

남원	〃	(南原郵遞司使用郵便日附印)	1
홍주	〃	(洪州郵遞司使用郵便日附印)	1
사진	〃	(思津郵遞司使用郵便日附印)	1
벽동	〃	(碧潼郵遞司使用郵便日附印)	1
한국시대우편기(韓國時代郵便旗)			2
의주우체사소표찰(義州郵遞司小標札)			1
구한국우표(舊韓國郵票)			186
구한국엽서(舊韓國葉書)			23
계 34건			278점

22. 제6차 한일회담 문화재소위원회 교섭 현황 및 전망 보고 전문

번호: JW-03044

일시: 031125[1962. 3. 3]

수신인: 외무부 장관

문화재 반환에 관한 교섭 현황 및 전망을 아래와 같이 보고함.

이미 보고한 바와 같이 지난 2월 1일에 문화재위원회 수석위원 간 비공식 회의에서 일본 측은 일본 문부성 전문가가 정식 위원으로서 참석한 특별위원회를 구성하는 데 합의한 바 있으며((JW-0216호) 전문 보고 참조) 그 후에 제6차 및 제7차 문화재 공식 회의에서 일본 측은 조속한 시일 내에 이를 실현토록 노력하겠다고 발언한 바 있으나 근간 일본 측의 태도는 관측하건대 일본 측은 여사한 특별위원회를 구성할 의사가 없는 것이 분명함. 더욱이 지난 5차 공식 회의에서 아 측은 문화재 목록을 수교한 후 일본 측을 만찬에 초청한 바 있는데 일본 측은 작일(3월 2일) 문부성 관계자들이 우리 목록을 본 후 만찬에 참석할 의사가 없다고 거절하여 왔는바 이것을 보더라도 앞으로 일본 전문가와의 상기와 같은 위원회 구성은 어려울 것으로 보임. 문화재에 관하여 앞으로 수석위원 간의 접촉은 계속하겠으나 현재의 정세로는 실무적 토의에서는 그 이상의 진전을 기대하기는 어려운 형편임. 따라서 문화재의 반환 범위 및 방법에 대하여서는 정부 훈령 제1호(1961. 10. 23일 자) 6. 가. (4)항에 지시된 대로 정치회담에 미룰 수밖에 없다고 생각되는바 이에 대하여는 내주 초 일본과 비공식 회의를 가지고 일본 태도를 한 번 더 타진한 후 건의하겠음.

수석대표

23. 제6차 한일회담 문화재소위원회 일본 측 수석위원 접촉 시도 관련 보고 전문

48-121   번호: JW-04027

일시: 031200 [1962. 4. 3]

수신인: 외무부 장관 귀하

대: WJ-03373호

대호 전문 지시에 대하여 아래와 같이 보고함.

1. 문화재 문제에 관하여 지시한 대로 일본 측의 견해를 타진코자 '이세키' 일본 수석위원과 비공식 접촉을 도모하였으나 이세키 국장은 다른 위원회에서는 전혀 접촉을 하지 않고 있는 현 단계로서는 비록 비공식적이라고 해도 문화재 문제만 논의를 하는 것은 시기가 아니라는 이유에서 접촉을 회피하고 회담 자체에 대하여 전반적인 진행 노선이 결정된 후에 만나는 것이 좋겠다고 하여 만나지 못하였음.

일본 측이 전문가를 지명하였다는 통지는 앞서 받은 바 있으나 정식으로 소개받지 못하였으므로 대표단으로서는 우선 '이세키' 수석위원과 접촉한 후 그의 주선으로 전문가와 직접 만나려고 한 것인데 이세키 국장이 위와 같은 이유로 면담을 회피하였음. 그래서 일본 측 전문가 중 '사이토' 및 '마쓰시타' 양 씨는 종전에 비공식 전문가 회합에서 만나서 알고 있는 터이므로 이세키 국장을 통하지 않고 개인적이라도 일차 그들과 접촉하고자 이홍직 대표는 금일 3일 동 양인과 만찬을 같이 하기로 하였음.

그 결과에 대하여는 다시 보고할 생각임.

2. 일반청구권 문제에 대하여는 작 2일 이상덕 대표가 일본 '우라베' 대표와 오찬을

같이 하면서 일본 측이 제시한 청구 액수의 산출 기초 등에 관하여 타진하였는바 우라베에 의하면 화폐 가치의 저락에 대한 액수는 계산하지 않고 군인·군속의 사상자에 대한 은급을 일본의 현행 '베이스'에 의하여 계산하였다고 함.

동 면담의 상세한 내용은 4월 5일 파우치 편으로 송부하겠음.

수석대표

29. 제6차 한일회담 문화재소위원회
제1회 전문가 회의 회의록

48-138 문화재소위원회 제1회 전문가 회의
회의록

1. 회의 개최 일시: 4294년 11월 17일 오후 3:00~5:00시

2. 회의 개최 장소: '가유'회관

3. 참석자: 한국 측 이홍직 대표
           황수영 대표
           박상두 위원
       일본 측 '마쓰시타' (문부성 문화재보호위원회 공예과장)
              '사이토'   (동 위원회 조사관)
              '마에다'   (외무성 북동아과장)

4. 토의 내용
 (1) 전문가 회의의 성격

 일본 측은 본 전문가 회의에서는 한국 문화재의 반환 여부 등 법 이론은 전혀 토의하지 않고 오로지 전문적인 부분만 검토할 것이며 또 전문가 회의는 공식적으로는 문화재소위원회와 관련이 없으며, 따라서 전문가 회의에서 행한 일본 측 전문가의 발언은 구속력이 없고 문화재소위원회에서 이것이 재확인됨으로써 비로소 일본 측 견해로서 구속력을 가지게 되는 것이라고 말함.

 이에 대하여 한국 측은 (가) 전문가 회의에서는 법 이론에 관하여는 토의를 하지 말고 한국 문화재의 반출 경위와 현 소재에 대한 전문적인 검토만 하자는 데에는 이의가

48-139 없으나 (나) 본 전문가 회의가 비록 공식적으로는 문화재소위원회와 별개의 회의라 할지라도, 전문가 회의의 결과는 문화재소위원회에서 재확인된다는 의미에서 전문가 회의는 사실상 문화재소위원회와 관련을 갖는 것이라고 말하고, 제2차 및 제3차 문화재소위원회의 회의에서 한국 측이 반환 청구 한국 문화재의 반출 경위를 설명하고 그에 대한 일본 측의 의견을 문의하였을 때 일본 측은 전문가 회의에서 일본 측 전문가에게 문의하라는 발언을 한 사실에 주의를 환기시키면서 전문가 회의와 문화재소위원회와의 관련성을 강조하였음.

이에 대하여 일본 측은 원칙적으로 양승하였으나 토의 내용의 성질에 따라서는 일본 측에서 외무성과 문부성 문화재보호위원회와의 합의를 얻어 공식 회의에서 발언할 것도 있을 것이라고 말함.

(2) 반환 청구 7개 항목 문화재의 내용 설명

한국 측은 7개 항목의 반환 요구 문화재 중 5개 항목을 다음과 같이 설명함.

 (가) 일본 정부에서 중요미술품 또는 중요문화재로 지정한 문화재

 (나) 소위 조선총독부 또는 그 대행 기관에 의하여 반출된 문화재

 (다) 소위 총독 또는 통감 등에 의하여 반출된 문화재

 (라) 경상남·북도 고분 또는 기타 유적에서 출토된 문화재

 (마) 고려시대의 고분 또는 기타 유적에서 출토된 문화재

(3) 반환 요구 문화재의 토굴 경위 설명

한국 측은 전항에서 설명한 문화재의 중요 부분은 1905년 이래 일본인에 의하여 도굴된 것이 확실하다고 설명함. 그 이유로서

 ㄱ. 종래 한국에서 전세 문화재가 거의 없으므로 현존 문화재는 그 대부분이 발굴품인데

 ㄴ. 이것들은 특히 1905년부터 약 10년간 문화재 보호를 위한 법적 조치가 취하여지지 않았던 기간 중 일본인에 의하여 도굴된 것이 확실하다

48-140 ㄷ. 이 기간에 있어서는(1905년~1915년) 발굴에 대한 학술 보고서가 1건도 발간되어 있지 않은 것만 보더라도 그것이 학술 발굴이 아니었음을 알 수 있으며

 ㄹ. 도굴 사실을 기록한 당시의 각종 문헌에 의하여서도 이를 확인할 수 있고

 ㅁ. 동시에 당시의 도굴 광경을 목격한 증인들도 그러한 사실을 증언하고 있다

ㅂ. 그런데 고대로 한국인은 선조의 분묘를 존숭하고 이의 발굴을 죄악시하는 풍
　　　습이 있었으며 또 당시의 주민들은 이 같은 지하 매장물에 대하여 가치를 잘
　　　인식하고 있지 않았으므로 한국인이 도굴을 하였을 리는 없다

는 등을 예거하였음.

이에 대하여 일본 측은

　　ㄱ. 한국에 이러한 종류의 전세품이 없었다는 사실은 지금까지는 잘 몰랐다
　　ㄴ. 한국 측이 반환 요구 한계를 1905년으로 한 것은 그 근거를 잘 이해할 수 없다
　　ㄷ. 당시 도굴이 많았음은 인정할 수 있으나 그것이 반드시 일본인에 의한 것만이
　　　었다고는 단정하기 어렵다

는 의견을 표명하였음.

(4) 다음 전문가 회의는 내주 화요일 또는 수요일에 열기로 합의함.

이상

32. 제6차 한일회담 문화재소위원회
전문가 회의 제2차 회의 요록

48-143 문화재소위원회 전문가 회의 제2차 회의
회의 요록

1. 개최 일시: 단기 4294년 11월 21일 오후 3시부터 약 2시간

2. 개최 장소: 일본 외무성 '가유가이칸'

3. 참석자: 한국 측 이홍직 대표
            　　　　황수영   〃
            　　　　김태지 보좌
          일본 측 사이토(斎藤) 문화재보존위원회 조사관
            　　　　스기야마(杉山) 외무성 북동아과 사무관
            　　　　모리타(森田)   〃

4. 토의 내용 요록
　(1) 우리 측은 회의 시초 경상북도 지역과 개성 지방의 고분, 기타 유적에서 출토한 삼국시대 및 신라시대의 고고 자료품과 고려자기 등이 모두 전세품이 아니고 1905년 이후 일본 지배하에 자행된 도굴품임을 강조하고 일본 측으로 하여금 그러한 사실을 인정토록 이끌었는바, '사이토'는 거기에 대한 직접적인 회답을 회피하고 석굴암 및 불국사에서 유실된 유물에 대한 이야기로 화제로 돌렸음.
　(2) 따라서 우리 측은 석굴암 및 불국사에서 일본으로 반출된 유물에 관한 사실을 각종 기록을 들어 아래와 같이 설명하고 일본 측의 견해를 구하였음.
　　가. 석굴암의 감불(龕佛) 2구와 불국사 다보탑의 석사자 2구 관계

ㄱ. '모로가' 저 "경주에 있어서 신라시대의 유적에 관하여" 중에는 "애석하게도 10개 중 입구 상부 좌우의 2개가 언젠가 없어져 이제는 8개만이 남아있다"라는 기록이 있고

ㄴ. '기무라 시즈오'(대한제국에 의하여 초빙되어 경주에 부임한 최초의 일본인 관리) 저 "조선에서 늙어서"라는 데에는 "바라건대, 신라 문화의 보존에 다행이 있기를 비는 바이다. 내가 부임하기 전후하여 도아(盜兒) 등에 의하여 환금되어 내지에 반출된 석굴암 불상 2구와 다보탑 사자 1대(對)와 기타 등롱 등 귀중물이 반환됨으로써 보존상의 완전을 기함은 내가 종생의 소망으로 하는 바이다"라는 구절이 있다.

나. 석굴암 내 소석탑 관계

ㄱ. 전기 '모로가' 저서에 "… 그 외에 9면(원은 11면) 관음 앞에 현존하는 기석 위에는 불사리가 들어있었다고 전하여 온 소형의 아름다운 대리석제의 탑이 있었으나 지난 메이지 41년 봄 대단히 높은 모 대관의 순시 후 어디론가 자취를 감추어 버렸다는 것은 지금 생각해도 애석한 일이라고 아니할 수 없다"라는 구절이 있고

ㄴ. 그 외 '야나기' 저 "조선의 예술" 및 '오쿠다' 저 "신라 구도 경주지"에도 비슷한 기록이 있다.

우리 측이 이상과 같은 기록을 들어 이들 유물이 한말 혼란기에 일본인들에 의하여 반출된 것이 분명하다고 설명한 데 대하여 '사이토'는 이상의 기록은 민간인의 기록이므로 확실성이 없다는 듯이 시사하고 "자기로서는 시인도 부인도 못한다"라는 내용의 발언을 행하였음.

이에 대하여 우리 측은 이것은 경주를 자기 고향과 같이 사랑한 일본인 자신에 의하여 기록된 것으로, 속임 없는 술회담일 것이며 또한 역사를 연구함에 있어서도 정사 자료가 없는 때에는 민간의 제2, 제3 자료로 사용되지 않을 수 없는 것임은 당연한 일이라고 응수하였음.

(3) 우리 측은 또한 '오구라' 소장품 중 금관에 관하여 일본 측에서 아는 바가 있으면 들려달라고 요한 데 대하여 일본 측은 초문이고 자세한 답을 지금 할 수 없다고 하여 기피적인 태도를 취하였음.

(4) 우리 측은 위와 같이 일본 측의 성의 없는 태도에 강력히 불만을 표시하고 전문가 회의의 효과적인 운용을 위하여 일본 측이 좀 더 사실관계 토의에 열의와 준비를

표시할 것을 요망하였음.

(5) 다음 전문가 회의는 내주 화요일(11월 28일)에 개최하도록 일단 합의하였음.

이상

35. 제6차 한일회담 문화재소위원회 전문가 회의 제3차 회의록

48-148   문화재소위원회 전문가 회의 제3차
         회의 회의록

1. 개최 일시: 단기 4294년 11월 28일 오후 3시부터 약 2시간

2. 개최 장소: 일본 외무성 '가유가이칸'

3. 참석자: 한국 측 이홍직 대표
          황수영   〃
          김태지   보좌
        일본 측 마쓰시타(松下) 문부성 문화재보존위원회 공예과장
          사이토(斎藤)   〃   조사관
          마에다(前田) 외무성 북동아과장
          스기야마(杉山) 외무성 북동아과 사무관

4. 토의 내용
  이 대표: 전회에는 우리 측에서 석굴암, 불국사의 석물 유실에 관한 기록을 설명하고 기타 창녕에서 나왔다는 '오구라' 컬렉션 등에 관한 이야기도 하였는데 일본 측에는 '사이토' 씨가 중요미술품 담당인 '마쓰시타' 과장에게서 더 이야기가 나올 것이라고 하였다. 여하간 일본으로 반출된 우리나라 문화재에 대하여 총체적으로 일본 측에서 어떻게 생각하는지 한번 말해 주었으면 한다.
  마쓰시타: 지정문화재는 전쟁 중 혼란기에 이동이 많아서 소재가 불명한 것도 불소하여 일본 정부에서는 지정문화재 전체에 대한 문의서를 발행하였었는데 그중 약 반수

가량만 현재까지 회답하였으며 그중 3분 1가량만 현재 소유하고 있다고 하고 있다. 이와 같이 아직 전반적인 실태가 완전히 파악되어 있지 않다(우리 측에서 지정 중요미술품에 관한 추궁을 하므로 그것이 어렵다는 것을 암묵적으로 표시하는 것이 아닌가 생각됨).

황 대표: 1933년(쇼와 8년)에 조선총독부에서 보물 지정을 새로이 하였을 때 그것을 지정한 사정과 경우에 대하여서는 기록된 바가 없는데 아는 바 없는가?

사이토: 경위를 써놓은 것이 없다. 역시 잘 모르겠다.

황 대표: 재작년에 나온 '오구라' 소장품 목록에는 비고란에 출토지와 경위 같은 것이 좀 자세히 적혀있지 않은가?

마쓰시타: 창녕의 유적에서 나온 것이라고는 되어있지만 발굴 일자는 안 나와있는 것으로 알고 있다. 이 관계를 담당하는 이는 지금 '호사카'(保坂) 기관, 그 이전에는 '다사와'(田澤) 기관이었는데, 이들도 역시 잘 모른다고 한다.

황 대표: '가야모토'(榧本) 씨가 '오구라' 컬렉션의 관리 위원이라는데….

사이토: 자기[나]도 그렇게 듣고 있다.

황 대표: '오구라' 씨가 가지고 있는 작은 순금관은 근자에 도난당하였다가 다시 회수되어 수선을 하였다는데….

마쓰시타: 그런 일이 있었다(사이토는 잘 몰랐다고 하였음). 일본에서의 문화재 지정에 관하여 이야기를 좀 하겠는데, 일본에서 법령으로 문화재를 지정하는 것은 해외에 유출함을 방지하기 위한 것뿐이고 그 외에 정부로서는 개인 소장품에 대한 강력한 지시나 감독을 하지 못하고 있다. 여하간 나로서 좀 더 '오구라' 물건을 알아보겠다.

황 대표: '오구라'의 금동관은 언제 나왔는지 모르겠다. 1931년쯤 창녕 지방 고분이 대규모로 도굴되었다는데 그때인가?

그것이 한국 내에 있었다면 당연히 거기서 지정되었을 것인데 그 이전에 반출된 모양이다.

사이토: 그럴 것이다. 학자는 아무도 몰랐다. 박물관에서 사진을 찍은 것이 있다. 그것은 '사와'(澤) 씨가 촬영하였을 것이니 그 건판을 조사하면 알 것이다.

황 대표: '스기하라'(杉原)와 '시라가'(白神) 소장품은 도록이 되어 학술적으로 이용이 되는데 '오구라' 것은 그렇게라도 되어있지 않다. 상기 도록이 된 것은 1940년 이후일 것이다. 일본에서 중요미술품으로 지정한 것은 어떻게 하였는가?

마쓰시타: 전쟁 전에는 '우메하라'(梅原), '다사와'(田澤), '시바타'(紫田), '구로이타'(黑板) 등 제 학자들에 의하여 하였다. 학문적인 조사가 없으면 안 되었는데 '오구라' 씨의 것은 그와 같은 설명이 없다.

황 대표: '이치다'(市田) 씨의 불상이 있을 것인데 이것도 지정이 안 된 채 일본에 왔다. 같은 '케이스'로 '니와세'(庭瀨) 씨의 불상은 지정이 되었고 '이치다' 씨의 것도 지정될 뻔하다가 본인이 회피하고 곧 일본으로 옮겨 갔다.

마쓰시타: 지금의 일본 관계 법령을 볼 것 같으면 물론 국가에서 강제적으로 지정을 할 수 있도록 되어있으나 실제로는 사전에 소유자의 양승을 받아서 행하고 있다. 개인이 지정 신청을 하는 수도 있다. 그리고 외국의 작품을 지정하는 경우에는 법률에 '일본의 문화 형성에 의의가 있는 것'에 한하기로 되어있으므로 최근의 것은 거의 지정되는 일이 없다.

황 대표: '오구라'의 중요품이 어찌하여 한국에서 지정되지 않았을까? 지정은 1933년부터 시작되었는데….

이 대표: '오구라' 소장품 목록을 보면 금관총의 출토품도 들어있는데 여기에 대하여 모르는가?

사이토: 그것은 몰랐다. 그런 일이 있을 수 있을까? 넓은 유적도 아니고 한정된 좁은 고적인데….

이 대표: 금관총이 처음에 발견된 후 당국에 알려져서 중앙에서 내려와 본격적으로 학술적 조사에 착수할 때까지 시간적 간격이 있어서 그 사이에 다소 교란되지 않았나 생각된다.

마쓰시타: 일본에서도 '고레가와' 유적의 것이 민간에 흘러 나간 것이 있다. 그것은 유적이 넓었지만….

황 대표: 우리는 도대체 과거의 보물 지정의 기준을 잘 알 수 없는데…. 그것을 제정한 연혁이라든가 하는 것을 알았으면 한다. 거기에는 '사이토' 씨도 참여하지 않았는가?

사이토: 좀 거들었지만… '후지타'(藤田) 선생이 주로 하였다.

황 대표: 한국의 것은 전란 통에 회의 대장이 전부 소실되었다.

사이토: 그런 것은 당시의 일본인 위원들 손에 남은 것이 있으면 참고할 수도 있을

것인데….

마쓰시타: 일본에서도 패전 후 미국인에 의하여 교란될 것을 두려워하여 모두 회의 기록을 불태워 버린 일이 있다.

황 대표: 과거 지정하는 데 있어서 민간과 관의 구별은 없었는가? 낙랑 유품으로는 평양의 '시바타'(紫田) 것이 지정된 것을 알고 있는데….

마쓰시타: 민간의 것을 지정 못 한 예도 있다. 본인이 만약 완강히 거절하여서 못 한 예를 들면 '마스다'(益田) 씨의 소장품은 그의 생존 기간 중에는 1점도 지정이 안 되었었다.

일본에도 전후의 혼란기에 예를 들면 도검(刀劍)이 많이 미군인들에 의하여 유출되어서 후에 미국 일반에 호소하였더니 많이 돌려받게 된 일이 있다. 이와 같은 문화재는 반환의 권리, 의무를 따지지 말고 쌍방 간에 원위치에 돌리도록 노력하여야 할 성질의 것이다.

마에다: 요즘은 '매스컴'의 시대이니만큼 그 위력이 막대하다. 요전에 이 선생이 '아사히' 신문에 논고를 쓰신 일도 있지만 그러한 식으로 일본의 일반 민간인에 '어필'하여 여론을 환기시키는 것이 좋을 것으로 생각된다.

이 대표: 그것은 할 수도 있는 일이지만 지금 나의 입장으로는 시기가 반드시 적합하다고 볼 수 없다. 후에 내가 적당히 생각해서 할 일이라고 여기며 여기서는 우선 이러한 회합이 있으므로 우리가 할 수 있는 최대한의 노력을 기울여야 할 것이다.

그리고 전적에 관하여 이야기하겠는데, 한국의 오대산 사고에 있던 실록을 비롯한 많은 전적이 타이쇼 5년에 주문진에서 바로 배로 싣고 도쿄대학에 가져온 것은 관동대진재 때에 태워버려졌는바, 그 손실은 말할 수 없이 막대한 것이다. 그런데 내가 또 하나 문의하고 싶은 것은 '야마구치' 현에 있다는 '데라우치'(寺內) 문고의 전적의 행방이다. '데라우치' 총독은 경복궁의 1 건물을 여기에 이건하여 조선관이라고 하고 여기에 한적과 미술품을 많이 수장하였다고 듣고 있다. 여기에 대하여는 많은 풍문이 있는데, 쇠고리가 달린 큰 책도 있었다고 하며 또 경회루에서 많은 서적을 포쇄(曝曬)[37]하였는데 그 수효가 5만 권이나 되었다고 전하여져 있다.

---

37 바람을 쐬고 볕에 말리는 것.

이러한 전적은 결국 통감부 시대에서 총독부로 인수할 때에 입수한 것으로 본다. 내가 본 1940년 4월 1일 현재 도서관 일람에는 '오호'(櫻圃) '데라우치' 도서관에는 타이쇼 11년 설립, 장서 23,847권으로 되어있는데 이때에는 벌써 성질이 다른 지방의 공개 도서관 같은 것으로 되어버리지 않았나 한다. 지금 도서의 일부는 그 근처의 여자대학 도서관에도 약간 보관하고 있다고 하는데 여기에 대한 조사를 하여주기 바란다.

마쓰시타: '하기'(萩)시 시장과 잘 아는 사이이니 조사할 길이 있다.

(다시 석굴암 이야기를 시작하게 되었는데)

일본 측이 '모로가'(諸鹿) 씨 저서의 "양고토 나키"(ヤンゴトナキ)라는 표현은 그냥 고관 정도가 아니라 더 높은 사람을 가리키는 것이 아닌가 한다고 하며 그러한 민간인의 기록을 과히 중시할 수 없다는 듯이 이야기하였는데, 이에 대하여 우리 측은 '모로가'가 그 당시 경주 박물관장이었다는 사실을 지적하고 그러한 자료가 한인 아닌 일본인에 의한 것이니 소중한 자료가 된다고 강조하였음. 이 대표는 그 당시 일본의 황족이든가 그러한 귀인이 올 데는 못 되고 역시 절대한 관권을 가진 통감('소네'를 가리킨다) 같은 사람을 표현한 것이라고 하였음.

이상

29. 제6차 한일회담 문화재소위원회
제4차 전문가 회의 결과 보고 전문[38]

48-154   번호: JW-1206

일시: 061820[1961. 12. 6]

수신인: 외무부 장관 귀하

　금일 6일 15시부터 1시간 30분간 문화재 4차 회의가 있었는 바 그 결과를 다음과 같이 보고함.

　1. 일본 측은 전번 회의 시에 말한 바 있는 오호 데라우치 도서관 및 오구라 박물관 내에 금관 도난 문제 관하여는 현지 '하기' 시장에게 조사 의뢰하였다는데 회보를 접하지 못하고 있다고 하고,

　2. 이 문제에 관하여는 조사하여 본 결과 금관 2개가 도난당한 일 없이 그대로 있음이 확인되었다는 발언을 하였음. 한국 측이 오구라 컬렉션 성격에 관하여 질문한 데 대하여 일본 측은 추후 동 컬렉션과 문화재보호위원회 등 공공 기관에 관한 조사 결과를 회보하겠다고 하였음.

　3. 한국 측은 특히 일본 측이 조사하여 줄 것으로
　1) 소네 통감이 수집한 소네분과 통감부분(모두 전적)이 현재 궁내성에 있다고 하는데 그 내용
　2) 교토대학 내에 있는 가와이문고의 내용

38　제4차 전문가 회의는 회의록이 수록되어 있지 않다.

3) 지도 원판과 원도 관계

4) 체신부 문화재 관계

5) 도쿄박물관에 있는 한국 문화재 관계 등을 제시하였는바 일본 측은 1), 2), 5)는 주로 문부성 문화보호위원회에서, 3), 4)는 주로 외무성에서 조사하여 추후 알려주겠다고 하였음.

4. 다음 회의는 12일 15시에 개최키로 하였음

수석대표

38. 제6차 한일회담 문화재소위원회 제5회 전문가 회의 회의록

48-157   문화재소위원회 제5회 전문가 회의 회의록

1. 일시: 12. 12 15:00~16:30

2. 장소: 가유회관

3. 출석자: 한국 측 이홍직 대표
                    김태지 보좌관
           일본 측 사이토
                    마쓰시타
                    스기야마
                    모리타

4. 토의 내용

마쓰시타: 오구라 박물관은 문화재보호위원회 감독하에 있으며 1,002점의 소장품이 등록되어 있다. 이 담당은 아스사카(保坂枯) 과장이 지금 하고 있는 셈인데 자기[우리] 측으로서는 한 번 더 알아두어야 함이기 때문에 근근 일 차 조사하고자 한다.

이 대표: 전번에도 의뢰한 바가 있으나 우리도 한번 견학할 기회를 만들어 줄 것을 요청한다.

스기야마: 지도 원판, 원도는 제2차 회담 시에 이미 아 측에서 조사한 결과 공습으로 인한 손실 또는 미군 점령하에 압수되어 남은 것이 없다는 보고를 한 바 있으며 체

48-158   신문화재는 체신박물관에 보관되어 있다.

이 대표: 고무라 컬렉션 중에 출품한 사리 장치(舎利裝置)가 2건 있는데 하나는 전

라도 지방, 하나는 경주 지방에서 나왔다는 것이 적혀있을 뿐 자세한 학술적 지견이 없다. 일본에는 수많은 한국의 사리 장치가 와있는데 이들의 대부분은 일본 시대에 석탑을 파괴하고 빼낸 것이다. 일찍이 오사카에 있다가 한국박물관(구 조선총독부 박물관)에 들여온 법천사(法泉寺) 지광원사탑(智光圓寺塔)도 그 속에 있었던 사리 장치가 알 수 없게 되었고 고무라가 함부로 옮기고자 하다가 발각되어 원위치에 다시 돌린 관덕동사탑(觀德洞寺塔)도 반드시 그 사리 장치가 없어졌을 것이며 그 외에 우리가 우선 지적할 수 있는 것만 하여도 일본에서 다시 박물관으로 돌린 경천사탑(敬天寺塔)도 있고 고무라가 또 하나 옮기려다가 들킨 문경석탑(聞慶石塔), 또 내가 실사한 군위군(軍威郡)의 인제사(麟再寺)의 일연선사탑(一連禪寺塔) 등이 모두 사리 장치가 없어진 것이다.

장차 일본에 와있는 사리 장치의 □□은 학적으로도 중요한 과제로 된 것이다. 이것에 대한 조사를 요청한다. 그리고 교토대학의 가와이문고(河合文庫) 궁내청 도서료(宮內廳圖書寮)의 소네본, 통감부본에 대한 조사는 어떻게 되었는가?

48-159 스기야마: 아직 못 했으나 알아보겠다. 궁내청은 까다로워서 두 가지가 다 곧 되기가 어렵다.

이 대표: 이와테현(岩手縣) 미즈사와시(水澤市)에 있는 사이토 총독의 집에 상당한 전적, 문서가 있다는데 이것도 한번 조사하여 주기 바란다.

스기야마: 그러한 개인 집의 것은 좀 곤란하다.

마쓰시타: 그 내용은 어떤 것인가?

이 대표: 잘 모르겠으나 총독 통치 자료의 문서도 많을 것이며 지금 이러한 것도 연구할 수 있는 단계라고 본다.

스기야마: 하여간에 너무 세세한 조사까지 하기에는 힘들다.

이 대표: 그것은 곤란하다 하더라도 교토대학과 궁내청의 것은 조사하여 주시기 바란다.

끝

41. 제6차 한일회담 문화재소위원회
제6회 전문가 회의 회의록

48-162 문화재소위원회 제6회 전문가 회의

1. 개최 시일: 12. 21 11:00~13:00

2. 개최 장소: '가유'회관

3. 참석자: 한국 측 이홍직 위원
                  황수영   〃
                  박상두   〃
                  이상훈   〃
         일본 측 사이토
                  마쓰시타
                  스기야마
                  모리타

4. 토의 내용
  이 대표: 지난 5회의 회의를 돌이켜서 귀측의 회답이 없는 것을 다시 물어보겠다. 데라우치(寺内)의 서화와 궁내청 도서료의 통감부본 같은 것은 그 후 내용이 밝혀졌느냐?

  마쓰시타: 데라우치의 것은 그 일부가 보관되어 있다는 사실을 알 뿐 아직 내용을 알 수 없다.

  황 대표: 전적 이외의 서화들 모두 중요한 것이며 그 일부 목록도 우리 측에서 입수하고 있다. 전적은 분산되어 있다 하더라도 다시 모을 수 있을 것이다.

스기야마: 궁내청에 전화로 물었더니 통감부본이 있다고 할 뿐 그 목록까지는 아직 모르고 있다.

48-163 이 대표: 교토대학의 가와이(河合)문고에 대하여서는 회답이 있느냐?

스기야마: 외무성에서 공문을 발송하였는데 아직 회답이 없다.

황 대표: 여러 차례의 회의에서 우리 측은 항목을 따라 중요한 것을 들어 조사를 부탁하였는데 귀측에서도 실질적인 조사가 아니고 형식적인 것으로 그치고 있다. 앞으로 좀 더 성의를 가지고 본격적인 조사가 있기를 바라는 바이다.

마쓰시타: 그런 점에는 동의하는 바이다. 그 같은 조사가 반환 문제가 관련이 된 것이므로 그 조사도 아직까지는 그 정도에 그친 것일지도 모르겠다.

황 대표: 오구라 소장품은 약 1,000점으로 확정되고 그 목록도 나와 있는데?

마쓰시타: 그것은 우리 문부성 보호위원회 감독 밑에 있어 목록도 들어와 있다.

황 대표: 그 내용의 변동은 없을 것으로 생각하여도 좋은가?

마쓰시타: 변동은 허가를 요하기 때문에 함부로 변동할 수는 없다.

황 대표: 교토의 이치다(市田) 소장품은 백제의 불상을 포함하고 중요한 것이 있는데 조사한 일이 있는가?

마쓰시타: 잘 모르고 있다.

황 대표: 도쿄박물관 소장품 중에서 전회의 조사를 부탁한 것은 어떻게 되었는가?

48-164 마쓰시타: 그것은 이 대표가 직접 그곳 미술과장에 묻지 않았느냐?

이 대표: 오카다(岡田) 과장이, 학교 동창회에서 만났는데, 현품도 보여주겠다는 말이 있었다.

마쓰시타: 나도 박물관에 전화하여서 조사에 편의를 보도록 부탁한 바 있다.

황 대표: 문화재의 반환 문제와는 좀 성질이 다르지만 이 기회에 말하여 두겠다. 그것은 과거 수십 년에 걸쳐서 우리나라에서 고적 조사를 일본 학자들이 하였는데 그 결과에 대한 보고서가 아직 반도 나와있지 않아서 무엇보다 유감스러운 일인데 이에 대한 귀견을 듣고 싶다. 그중에서 벌써 담당자가 사망한 사람도 있으니 이 문제는 무슨 대책이 있어야 한다고 생각한다.

마쓰시타: 그것은 우리도 동감이다. 장차 문부성에서 비용을 내서 그 당시의 학자가 중심이 되어서 그 같은 보고서는 나오도록 되어야 할 것이다. 나도 일본에 일찍부터

와있는 불화(佛畵)는 장차 돌아볼 생각을 하고 있다.

이 대표: 앞으로는 좀 더 새로운 구상으로 이 회의를 운용하여야 될 것으로 아는데 귀견은 어떠한가?

마쓰시타: 한국 측에서 아직까지 설명한 것으로 거의 주요한 내용이 표명되었다고 생각되므로 앞으로는 매주 개최하는 것보다 조사가 될 때마다 연락하여 회의를 열어도 좋지 않을까 생각한다.

이 대표: 그러나 아직도 내용적으로 깊이 들어갔다고 볼 수는 없는 일이니 앞으로는 좀 더 성의를 가지고 본질적인 논의를 진행할 수 있기를 바란다.

끝

42. 문화재 문제에 관한 양측 입장

48-167   문화재 문제

1. 양측 입장 비교

　문제점: 반환의 법적 의무 유무

　한국 측

　1905년 이후 일본에 반출된 한국 문화재는 한국 측이 제출한 목록(별첨)에 의하여, 현품으로 한국에 반환하여야 한다. 그 이유는 아래와 같다.

　(1) 반환을 요구하는 문화재는 일본이 부당, 불법한 수단으로 도굴, 반출해 간 문화재이다. 종래 한국에는 전세 문화재가 없고 현존 문화재는 그 대부분이 발굴품인바, 일본에 반출된 문화재는 1905~1915년간에 문화재 보호를 위한 법적 조치가 취하여지기 전에 일인에 의하여 도굴되어 불법 반출된 것들이다. 그 기간 중 반출에 대한 학술 보고서가 1건도 발표되지 않은 것으로도 그것이 도굴되었음이 확실하며, 도굴 사실을 기록한 문헌에 의하여도 이를 증명할 수 있고, 또 당시의 도굴 광경을 목격한 증인들도 이러한 사실을 증언하고 있다.

　(2) 문화재의 대부분은 분묘, 기타 유적에서 발굴된 것인바, 그것들은 한국에서도 국가의 법적 보호를 받을 대상이며, 성질상 마땅히 국고에 귀속되어야 할 물건인데, 일본에 반출된 것이므로, 그 물품이 한국의 역사와 문화에 중요한 비중을 가지고 있음에 감하여, 그것들은 출토국에 반환되어야 한다.

　(3) 1957. 12. 31의 '오럴 스테이트먼트'로 일본은 돌려줄 수 있는 문화재는 돌려주겠다고 한 바 있으며, 이에 의하여 제4차 한일회담 시에 106(1개 고분, 1관 유품)을 이에 반환한 바 있다.

48-168   일본 측

　한국 측이 요구하는 문화재에 대한 일본의 반환 의무, 또는 한국의 요구 권리는 인정할 수 없다. 그러나 역사적으로 오랜 기간 깊은 관계가 있었던 한국의 문화 진흥에 가능한 한의 기여 공헌을 할 생각이므로, 장래 양국의 국교 정상화가 실현될 경우에 일본 측의 자발적 의사에 의하여 어느 정도 기증할 생각이다. 일본에 반환 의무가 없는 이유는 아래와 같다.

(1) 한국 측은 몇 개의 예를 들어 설명하고 있으나, 한국 측의 설명은 확실한 증거에 의거한 것이라고 인정하기 곤란하다. 즉 민사상 청구권 성립에 필요한 언제, 누가, 무엇을, 어떻게 했다는 증거가 없다. 또한 수십 년이 경과된 지금 확실한 사실을 파악하기는 거의 불가능하다. 그리고 비록 한국 측이 말하는 것처럼 당시 일본인 개인에 의한 부당한 행위가 있었다 하더라도, 이에 대하여 국가가 책임을 져야 한다는 국제법상의 문제는 없다. 총독부가 가지고 온 문화재는 당시에 관계 법령에 의하여 합법적으로 입수한 것이므로, 정치적 문제는 될망정 민사, 형사상 반환의 의무는 없다.

(2) 문화재는 출토국에 반환해야 한다는 국제법상의 원칙이나 관례는 찾을 수 없다.

문제점: 반환의 대상

한국 측

1905년 이후 부당, 불법한 수단으로 일본에 반출된 한국 문화재 중 한국 측이 제출한 목록의 문화재를 반환한다(현재 일본의 국유, 공유, 사유를 막론하고).

일본 측

(1) 일본에 소장된 국유 한국 문화재 중 약간을 기증한다.
(2) 민간인에게도 자발적인 기증을 촉구할 생각이나 강요할 수는 없다.

문제점: 반환의 방법

한국 측

인도(turn over)라는 명목으로 반환한다.

일본 측

기증한다.

문제점: 문화 협력 교류

한국 측

문화 협력 촉진 정신에는 원칙적으로 찬성이나 이는 한일 간 현안 문제의 하나로서의 문화재 문제를 해결하는 데 있어서 결부시킬 성질의 것이 아니므로 이는 국교 정상화 후 그때의 한일 간 제반 실정을 참작하여 고려되어야 한다.

일본 측

문화 협정 체결 교섭을 개시

일본 측으로서는 문화재 '반환'의 국제법상의 의무는 없으나, 양국 간의 문화 교류의 일환으로 어느 정도의 국유 문화재의 기증을 고려하고 있으며, 그 구체적인 형식으로서 전부터 부내에서 연구하여 온 다음과 같은 '일한 간의 문화상의 협정에 관한 의정서 요강(안)'을 제출한다.

일본 정부와 대한민국 정부 간의 문화상의
협력에 관한 의정서 요강(안)

(전문)

일본국 정부 및 대한민국 정부는 일한 간의 문화에 관한 전통적인 깊은 관계를 고려하여 상호 간의 문화 교류 및 우호 관계를 금후 일층 발전시킬 것을 희망하고 다음과 같이 협정함.

(제1)

일본국 정부 및 대한민국 정부는 양 국민 간의 문화 교류를 긴밀히 하기 위한 협정을 체결할 목적으로 조속히 교섭을 개시할 것에 동의함.

(제2)

일본국 정부는 대한민국에 있어서의 학술 및 문화 발전 및 연구에 기여하기 위하여, 대한민국이 그 역사적 문화재에 대하여 가지는 깊은 관심을 고려하여 본 의정서의 효력 발생 후 가능한 한 조속히 부속서에 명시되는, 일본국 정부가 소유하는 문화재를 대한민국 정부에 대하여 기증하는 것으로 한다.

(제3)

일본국 정부 및 대한민국 정부는 각기 자국의 미술관, 박물관, 도서관 및 기타 자료 편집 시설이 보유하는 문화재를 타방국의 국민으로 하여금 연구케 하는 기회를 주기 위하여 가능한 한의 편의를 제공하는 것으로 한다.

2. 문화재 문제 아 측 입장

1) 반환 방식(명목)

명목은 1957년 12월 31일 자 양국 간 Oral Statement의 선례에 따라 '인도'(turn over)의 명목으로 반환받도록 할 것.

2) 반환 대상 품목

가. 국유물

(1) 고고, 미술품

(가) 도쿄, 교토 양 대학분

도쿄대학 및 교토대학 고고학 교실에 있는 약간의 고고, 미술품에 대하여 일본 측은 대학의 것은 관할도 다르고 반환 공작이 곤란하다는 입장을 취하고 있음에 감하여, 아 측에서도 대학 연구 기관을 존중한다는 명분하에 본 항 대상 품목에 대한 반환 요구를 최종 단계에서는 철회할 것.

(나) 도쿄박물관 소장품

전항의 품목을 제외한 대부분은 도쿄박물관 소장품인바, 그 내용은 아 측 요구 목록 1항 489점, 2항 중 (1) 103점, 3항 (1), (2) 480점, 계 969점임. 이에 대하여 일본 측(특히 도쿄박물관 측)은 이것이 동 박물관에 소장되고 있는 한국품의 전부이니만큼 다 반환하게 되면 곤란하다는 말을 빈번히 하고 있으므로, 본 항 대상 품목 중 얼마큼을 반환받을 것인가는 미지이나, 아 측으로서는 최후까지 전 품목 반환을 강력히 요구하는 태도를 견지할 것.

(2) 전적

본 항의 주요 해당 품목은 궁내청 도서료 보관의 한적, 기록류가 주인 바, 이에 대하여는 아 측에 목록상의 준비가 없고, 다만 교토대학 '가와이문고'. 관부 기록 157건의 목록만을 준비하고 있음. 아 측에서는 관동대진재 시에 도쿄대학 소장품 중 소대산 사고 실록을 비롯하여 다수의 한적이 소실된 것을 지적하여 제1차적으로는 실물 전부 반환을 주장할 것이나, 이것이 여의치 않을 경우에는 대안으로 현재 일본 각 도서관, 문고 등에 보관하고 있는 임진란 시에 탈거한 귀중 도서의 복사를 해내라고 요구할 것 (현재 이들 전적의 마이크로필름이 동양문고에서 작성한 것이 있음).

　　(3) 체신문화재

　　끝까지 반환 요구할 것.

　나. 민간 소유 문화재

　민간 소유 문화재의 반환은 일 측으로서도 사실상 응하기에 곤란한 점이 많을 것이므로, 이 문제는 일본 민간인 유지들의 협력을 얻어 자진 기증의 방도로 부분적인 반환이 가능하도록 추진할 것이나, 일본 정부는 이러한 반환이 촉진되도록 가능한 조치를 취한다는 뜻을 합의의사록 등에 밝히기로 한다.

3. 문화 협력 문제

　원칙상 양국 간 문화 협력 정신에는 찬동이나 국교 정상화 전의 한일 간 미해결 현안의 일부인 문화재 반환 문제의 해결과 결부시킴이 없이 국교 정상화 후의 교섭 문제로 남기는 방침을 취할 것.

44. 한일 쌍방의 문화재 문제 관련 주장이 담긴 일본 측 문서

(別添 4)

日韓会談双方主張の概要

(文化財問題)

37. 8. 20
北東アジア課

1. 韓国側より第5次会談第1回会合(35年11月11日)の際7項目の文化財返還要求項目があり, 其后第5次及第6次会談の文化財小委員会会合に於いてこれら文化財の返還を要求する理由等を要旨次のように説明した.

(1) 日本にある文化財の大部分は古代の墳墓から不法な発掘によって入手されたものである. それらのものが日本で価値がありとすれば, 韓国でも国家の法的保護の対象となるべきものである. またこれらのものはそのものの性質上当然出土国に帰属するものである. 日本によるこれら文化財の出土, 入手, 撤出はいずれも不法であり, またこれらのものは韓国の歴史と文化に重要な意義をもっているのにもかんがみ, その返還を要求するものである(第2回会合).

(2) 1905年から1915年までは文化財に対する調査保護の特別の立法のないいわば無法時代で, この間日本側によって甚だしい盗掘が行なわれた. 元来韓国には伝世品というものは皆無であって, 盗掘による以外絶対入手し得るものではなかった. その当時の発掘について学術的に調査されたものは1冊も出されていない. また, 当時の日本人による盗掘の多くの実例は, 記録や古老の証言などによって調査ができている(第3回会合).

(3) 文化財に関しては1957.12.31.のoral statementに於いてすでに原則が決定されて

いるものであるから一日も早くよい結果が出る事を期待する(第5次会談第1回会合).

48-186　2. これに対し, 日本側は, 第6次会談第5回文化財小委員会(36年12月18日)において次のような趣旨の発言を行なった(日本側発言の趣旨は, 文書として12月19日韓国側に手交た).

　日本による文化財の出土, 入手, 撤出は不法であるとの韓国側主張は, 確実な証拠によるものとは認め難い. また, かりに, 当時日本人個人による不当な行為があったとしても, それに対し国家が責任を負わねばならぬ国際法上の問題はないと考える. さらに, 文化財は当然出土国に帰属するものであるとの韓国側主張に対しては, そのような国際法上の原則や慣例は見出しえない. 従って, 日本側としては, この問題は
48-187　権利義務の問題とは考えない. しかし, 日本側は, 韓国の文化振興にできるだけ寄与貢献したいとの見地から, 国交正常化が実現した場合, 日本側の自発的意思によってある程度のものを贈与することを考慮している.

48-188　3. 上記2の日本側発言を中心に討議が行なわれた際, 日本側は, 総督府や古蹟研究会の持ち出したものは, 当時の法律に基づいて適法に発掘し, 国家に帰属したもので, その地域が独立したからといってそれを帰す国際法上の慣例はないと述べ, また, 個人所有のものについては, 強制はできないが, その自発的意思によって寄贈させるよう, 将来とも努力を払うようにしたい旨を述べた.

　4. 文化財小委員会とは別に文化財の専門家同士による会合が36年11月17日から12月21日までの間6回にわたり開かれたが, その間日本側は韓国側の質問に答えて次のような説明を行なった.
48-189　(1) いわゆる曾弥本, 統監本については, これらのものが官内庁図書寮に保管されてはいるが, 目録その他内容については不明である.
　(2) 寺内文庫については, 現在山口県の山口女子短期大学に保管されているが, 内容については不明である.
　(3) 河合文庫については調査中である.

(4) 小倉コレクションについては，これを保管している小倉財団は，文化財保護委員会の監督下にあり，その所蔵品は千余点である．

(5) 市田コレクションについては不明である．

(6) 石造美術品については，石窟庵の石塔，仏国寺の多宝塔の獅子などその行方は不明であり，日本にあるという確実な証拠も見当らない．

(7) 地図原版については，過去の会談でも説明ずみであるが，戦災によって焼失し現存しない．

(8) 逓信文化財については，現在逓信博物館に保管されている．

5. 第6回文化財小委員会(37年2月16日)において，韓国側は，日本側から権限のある専門家が出席して公式の専門委員会を構成しその席で韓国側で提出する目録を検討させることにしたいと述べ，第7回小委員会(同2月28日)において「返還請求韓国文化財目録」を提出した．

これに対し，日本側は，目録については，参考書類として受領する旨を述べ，また，韓国側の要求する専門家の出席に対しては，できれば次回会合から，なるべく文部省の専門家が出席するようにしたいと述べた．

(* 公式 専門家委員會 構成에 對하여 日本이 原則的으로 同意하였다는 뜻이 나타나도록 表現을 再檢討하기로 함．)

6. 小坂外務大臣と崔外務長官との第1回正治折衝の5日目(37年3月17日)において，韓国側より，1956年のユネスコ・アジア地域会議における文化財問題に関する韓国側提案と同会議で採択された決議及びイタリア平和条約の例を引用しつつ，文化財の返還を要求した．これに対し，日本側は，国際法，国際慣習上，文化財の返還義務は確立されていないとの問題は権利，義務の関係をはなれて，文化的，学術的協力ということで解決したいと述べた．

번역 (별첨 4)

한일회담 양측 주장의 개요
(문화재 문제)

1962. 8. 20
북동아과

1. 한국 측으로부터 제5차 회담 제1차 회의(35년 11월 11일) 시 7항목의 문화재 반환 요구 항목이 있었고, 그 후 제5차 및 제6차 회담의 문화재소위원회 회의에서 이들 문화재 반환을 요구하는 이유 등을 다음과 같이 설명하였다.

(1) 일본에 있는 문화재의 대부분은 고대 고분에서 불법 발굴을 통해 입수한 것이다. 그것들이 일본에서 가치가 있다면 한국에서도 국가의 법적 보호의 대상이 되어야 한다. 또한 이러한 것들은 그 성질상 당연히 출토국에 귀속되는 것이다. 일본에 의한 이들 문화재의 출토, 입수, 반출은 모두 불법이며, 또한 이들 문화재가 한국의 역사와 문화에 중요한 의미를 가지고 있는 점을 감안하여 반환을 요구한다(제2회 회의).

(2) 1905년부터 1915년까지는 문화재에 대한 조사 보호와 관련한 특별한 입법이 없었던 무법시대였으며, 이 기간 동안 일본 측에 의한 도굴이 극심하게 이루어졌다. 원래 한국에는 전세품이라는 것이 전혀 없었고, 도굴을 통하지 않고서는 절대적으로 구할 수 있는 것이 아니었다. 당시 발굴에 대해 학술적으로 조사된 책은 한 권도 나오지 않았다. 또한 당시 일본인에 의한 도굴의 많은 실례는 기록이나 오래된 증언 등을 통해 조사할 수 있다(제3회 회의).

(3) 문화재에 관해서는 1957. 12. 31의 oral statement에서 이미 원칙이 결정된 것이므로 빠른 시일 내에 좋은 결과가 나오기를 기대한다(제5차 회담 제1차 회의).

2. 이에 대해 일본 측은 제6차 회담 제5차 문화재소위원회(36년 12월 18일)에서 다음과 같은 취지의 발언을 하였다(일본 측 발언의 취지는 12월 19일 문서로 한국 측에 전달).

일본에 의한 문화재 출토, 입수, 반출이 불법이라는 한국 측의 주장은 확실한 증거에 의한 것이라고 인정하기 어렵다. 또한 설령 당시 일본인 개인에 의한 부당한 행위가 있었다고 하더라도 이에 대해 국가가 책임을 져야 할 국제법상의 문제는 없다고 생각한다. 또한 문화재는 당연히 출토국에 귀속된다는 한국 측 주장에 대해서는 그러한 국제법상의 원칙이나 관례는 찾아볼 수 없다. 따라서 일본 측으로서는 이 문제는 권리, 의무의 문제라고 생각하지 않는다. 그러나 일본 측은 한국의 문화 진흥에 최대한 기여하고 싶다는 관점에서 국교 정상화가 실현될 경우 일본 측의 자발적인 의사에 따라 어느 정도 증여하는 것을 고려하고 있다.

3. 상기 2의 일본 측 발언을 중심으로 토론이 진행되었을 때, 일본 측은 총독부나 고적연구회가 반출한 것은 당시의 법률에 따라 적법하게 발굴하여 국가에 귀속된 것이며, 그 지역이 독립했다고 해서 그것을 귀속시키는 국제법상의 관례는 없다고 말했으며, 또한 개인 소유의 것에 대해서는 강제할 수는 없지만, 그 자발적인 의사에 따라 기증하도록 향후에도 노력을 기울이고 싶다는 뜻을 밝혔다.

4. 문화재소위원회와는 별도로 문화재 전문가들 간의 회의가 36년 11월 17일부터 12월 21일까지 6차례에 걸쳐 열렸는데, 이 기간 동안 일본 측은 한국 측의 질의에 대해 다음과 같은 설명을 하였다.
 (1) 이른바 소네본, 통감본에 대해서는 이것들이 궁내청 도서료에 보관되어 있기는 하지만 목록, 기타 내용에 대해서는 불분명하다.
 (2) 데라우치문고에 대해서는 현재 야마구치현 야마구치여자단기대학에 보관되어 있으나, 그 내용에 대해서는 불분명하다.
 (3) 가와이문고에 대해서는 조사 중이다.
 (4) 오구라 컬렉션에 대해서는 이를 보관하고 있는 오구라 재단은 문화재보호위원회의 감독을 받고 있으며, 소장품은 1,000여 점 정도이다.
 (5) 이치다 컬렉션에 대해서는 알 수 없다.
 (6) 석조 미술품은 석굴암의 석탑, 불국사 다보탑의 사자 등 그 행방이 불분명하며, 일본에 있다는 확실한 증거도 발견되지 않는다.
 (7) 지도 원판에 대해서는 과거 회담에서도 설명한 바 있지만, 전란으로 소실되어 현존하지 않는다.

(8) 체신문화재에 대해서는 현재 체신박물관에 보관되어 있다.

5. 제6차 문화재소위원회(37년 2월 16일)에서 한국 측은 일본 측에서 권위 있는 전문가가 참석하여 공식적인 전문위원회를 구성하여 그 자리에서 한국 측이 제출하는 목록을 검토하도록 하겠다고 하면서 제7차 소위원회(동년 2월 28일)에서 「반환 청구 한국 문화재 목록」을 제출하였다.

이에 대해, 일본 측은 목록은 참고 자료로 수령하겠다는 입장을 밝혔으며, 한국 측이 요구하는 전문가 참석에 대해서는 가급적 다음 회의부터 문부과학성 전문가가 참석할 수 있도록 하겠다고 밝혔다.

(* 공식 전문가위원회 구성에 대하여 일본이 원칙적으로 동의한다는 뜻이 나타나도록 표현을 재검토하기로 함.)

6. 고사카 외무대신과 최 외무장관과의 제1차 정치회담 5일째(37년 3월 17일)에 한국 측으로부터 1956년 유네스코 아시아지역회의에서의 문화재 문제에 관한 한국 측 제안과 동 회의에서 채택된 결의 및 이탈리아 평화조약의 예를 인용하면서 문화재 반환을 요구했다. 이에 대해 일본 측은 국제법, 국제 관습상 문화재 반환 의무는 확립되어 있지 않다며 문화재 반환 문제는 권리, 의무의 관계를 떠나 문화적, 학술적 협력으로 해결하고 싶다고 밝혔다.

재일한인의 법적 지위 관계 회의,
1961. 10~1964. 3

분류번호 : 723.1 JA 법 1961.10-64.3
등록번호 : 724
생산과 : 아주과
생산연도 : 1964
필름번호 : C1-0005
파일번호 : 07
프레임번호 : 0001~0428

1961년 10월부터 제1차 정치회담이 개최되기 전인 1962년 3월 7일까지 개최된 제6차 한일회담 재일한인 법적지위위원회의 공식 회의 4회, 비공식 회의 8회, 전문가 회의(퇴거 강제 관련) 4회에 관한 결과 보고 전문이 수록되어 있다(여타 회의 기록과는 달리 회의록은 수록되어 있지 않다). 이 제반 회의에서는 영주권 부여 범위, 영주권 신청 방법, 퇴거 강제 문제, 재일한인에 대한 교육, 생활 보호 문제 등이 토의되었다. 회의 기록으로 미루어 볼 때 일본 측은 이 위원회 회의에 상당한 적극성을 갖고 참여하였으며, 영주권 부여 범위와 퇴거 강제 대상에 관한 양측 간 입장이 계속 대립하는 양상을 보인다.

1. 제6차 한일회담 재일한인 법적지위위원회 제1차 회의 결과 보고 전문

번호: JW-10323
일시: 271515[1961. 10. 27]

수신인: 외무부 장관 귀하

금일 10월 27일 오전 11시부터 11시 30분까지 가유회관에서 제6차 한일회담 '재일한인의 법적 지위에 관한 위원회' 제1차 회의를 가졌는바 동 회의 내용의 대요를 아래와 같이 보고하오며 상세한 내용은 다음 파우치 편으로 보고 위계임.

1. 일본 측 '다카세' 수석위원은 금번 다시 한국 측 제 위원을 맞이하여 재일한인의 법적 지위에 관해서 논의하게 된 것을 기쁘게 생각하며 앞으로 본 위원회는 수천만의 양 국민의 기대에 어긋남이 없이 문제의 원만한 해결을 위하여 전력을 다하게 될 것을 바란다고 말한 후 일본 측 위원을 소개하였음.

2. 우리 측 이천상 수석위원은 일본 측 제 위원과 함께 본 위원회를 재개하게 되었음을 영광으로 생각하며 일본 측 다카세 수석위원이 말한 바와 같이 앞으로 본 위원회는 전력을 다하여 문제의 원만한 해결이 있기를 바란다는 데 대하여는 전적 동감이며 재일한인 법적 지위 문제의 내용과 성질은 쌍방의 넓은 아량과 상호 간의 이해에 의하면 원만히 해결될 것으로 믿는다고 말한 다음 우리 측의 위원을 소개하였음.

3. 본 위원회의 회의 진행 방법은 종전의 예에 의하되 전회까지 토의된 내용을 기초로 하여 진행키로 합의하였음. 또한 일본 측에서 내주 초라도 소위원회 또는 비공식회를 개최하여 문제의 소재와 진행 방법을 토의하여 그 결과를 본회의에 상정하는 제안

이 있었으나 우리 측에서는 이 점은 다음 본회의에서 결정할 것을 주장하여 일본 측은 이에 동의하였음.

4. 본 위원회 제2차 회의는 오는 11월 2일(목요일) 오전 10시부터 개최하기로 하고 회의 장소는 일본 측으로부터 추후 통지하여 주기로 합의하였음.

수석대표

2. 제6차 한일회담 재일한인 법적지위위원회 민단 대표 참가 문제 관련 보고 전문

번호: JW-10328

일시: 271715[1961. 10. 27]

수신인: 외무부 장관

    재일 거류민단으로부터 과거 회담에서 누차 주장한 바와 같이 재일한인 법적지위위원회 회의에 민단의 대표를 참석시켜 달라는 강력한 요청이 있었는바, 한일회담에 민단 관계자를 정식 대표로서 참석시킨다는 것은 도저히 불가능한 일이며, 연이나 이러한 민단 측 요청을 완전히 거부한다는 것은 거류민단의 사기와도 관계되는 것이므로 거류민단의 위치를 높이고 또한 사기를 조성시켜 준다는 의미에서 거류민단장을 법적지위 문제에 대한 자문위원으로 임명하는 것이 어떠할까 하는 생각을 하여보았음. 그러나 이러한 경우에도 앞으로 이와 관련하여 좋지 못한 사례가 수반될 우려도 내포하고 있음에 비추어 다만 재일한인 문제에 대한 민단의 입장을 참작한다는 견지에서 법적지위위원회 회의의 진전에 관하여 수시로 민단장의 자문을 듣기로 한다는 약속을 하기로 하였음을 이에 보고합니다.

수석대표

3. 제6차 한일회담 재일한인 법적지위위원회
제2차 회의 결과 보고 전문

번호: JW-1128

일시: 021210 [1961. 11. 2]

수신인: 외무부 장관 귀하

　금일 11월 2일 오전 10시부터 약 15분간에 걸쳐 외무성 회의실에서 재일한인의 법적 지위에 관한 위원회 제2차 회의를 가졌는바 동 회의 내용의 대요를 아래와 같이 보고하오며 상세한 내용은 다음 파우치 편으로 보고 위계임.

　1. 먼저 일본 측 다카세 주사로부터 오늘 회의에서는 한국 측에서 회의 내용에 관하여 발언이 있을 것으로 알고 있으나 한국 측에서 먼저 발언하여 주기 바란다고 말한 데 대하여 우리 측 이 수석위원은 오늘 회의에서는 우리 측이 회의 내용에 관하여 발언할 예정이었으나 준비 관계로 발언하지 못하게 된 것을 유감으로 생각한다고 말하고 공식이고 비공식이고 간에 다음 회의에서 우리 측의 의견을 말하겠다고 하자 다카세 주사는 이를 양해하였음.

　2. 다음 회의는 오는 11월 7일 화요일 오전 10시 가유회관에서 비공식 회의를 열기로 합의하였음.

수석대표

4. 제6차 한일회담 재일한인 법적지위위원회 제1차 비공식 회의 결과 보고 전문

번호: JW-11114

일시: 071610[1961. 11. 7]

수신인: 외무부 장관 귀하

재일한인 법적 지위 제1회 비공식 회의를 다음과 같이 개최하였기에 보고합니다.

1. 11월 7일 10시부터 1시간 30분 동안 가유회관에서 회의하였음. 동 회의에는 우리 측에서 이천상 수석위원 외 3명, 일본 측에서는 다카세 수석위원 외 5명이 참석함.

2. 영주권의 범위에 대하여 우리 측의 의견을 다음과 같이 말함. 즉 재일교포의 자손에 대하여 일정한 시기를 정하고 그 전에 출생한 자에 한하여서만 영주권을 주는 것은 인도적인 견지에서 안 될 뿐만 아니라 그들에게 불안감을 준다. 그러나 그 자손에게 영원히 영주권을 주는 것도 일본 측으로서는 어려울 것이니 협정 체결 후 상당한 기간까지 출생한 자손에게는 영주권을 주고 그 후에 출생한 자손에 대하여는 그 당시에 가서 영주권 부여 문제를 재검토하는 방식을 생각하고 있다.

3. 이에 대하여 일본 측은 한국 측의 제안이 건설적인 것이라고 생각한다고 말하고, 일본 측의 의견을 다음 비공식 회의 때에 진술하겠다고 하였음. 그리고 일본 측도 재일교포의 지리적, 정치적 특수성은 잘 이해하고 있으나 국내적으로 여러 가지 문제가 있으므로 이번 문제와 관련하여 재일한인 문제를 다루어야 하는 어려움이 있다고 함. 즉 재일타이완인의 대우 문제와의 관련 등을 고려에 넣어야 하며 또 영주권 해당자 중에는 한일협정에 의한 영주권자, 입국관리령에 의한 영주권자를 고려하여야 한다고

말하였음. 그리고 장래 한국인이 '소수 민족' 문제를 일으키지 않도록 이 기회에 이 문제를 깨끗이 처리하고 가고 싶다고 말하였음.

4. 다음 강제 퇴거 문제에 관하여 우리 측은 정치범으로서 실형을 받은 자에 한하여 강제 퇴거의 대상이 될 수 있으며 일반 사회 범죄로 처형된 자는 이에서 제외되어야 한다고 말하였음.

5. 이에 대하여 일본 측은 우리 측 주장의 원칙을 잘 이해한다고 말하고 일본 측으로서도 영주권자는 원칙적으로 강제 퇴거되지 아니하며 일한 양국의 우호 관계에 해를 끼치는 자는 강제 퇴거한다는 예외 규정을 만들자는 것이니 구체적인 기술적 문제는 양측 전문가가 회합하여 정하자고 하였음.

6. 영주권의 신청 방법에 대하여는 양측이 더 연구하여 보기로 함.

7. 생활보호 문제에 관하여 일본 측으로서는 앞으로 무한정으로 보호를 계속하기는 어렵다고 함.

8. 다음 비공식 회의는 15일(수요일) 오전 10시에 열기로 합의함.

9. 신문 발표에 대하여는 회담의 운영 방법에 관하여 비공식적으로 의견을 교환하였다고 하기로 함.

수석대표

5. 제6차 한일회담 재일한인 법적지위위원회
제2차 비공식 회의 결과 보고 전문

번호: JW-11295

일시: 15, 1925 [1961. 11. 15]

수신인: 외무부 장관

금일 15일 오전 10시부터 11시 20분까지 '가유'회관에서 개최된 재일한인 법적지위위원회 제2차 비공식 회의의 토의 내용을 다음과 같이 보고함.

1. 일본 측은 박 의장-이케다 수상 회의에서 양해된 선에 따라 가급적 회의를 촉진하여 연내에 전반적인 해결을 보도록 하고 협정문의 조인은 다른 위원회의 타결을 기다려 그때에 동시에 하자고 하므로 우리 측도 이 방침에 대하여 이의가 없다고 하였음.

2. 영주권의 범위: 우리 측은 금번 회의에서는 지난번 우리 측에서 제시한 안에 대하여 일본 측의 견해를 기대하였던바 일본 측은 다시 우리 측이 제시한 안에 대하여 설명하여 줄 것을 요구하였으므로 우리 측은 자손에 관하여 협정 체결은 상당한 기간까지 출생한 자에 대하여는 영주권을 부여하고 그 후에 출생한 자손에 대하여는 그때에 가서 다시 협의하도록 하자는 의견을 다시 설명하였으며 이에 대하여 일본 측은 그들의 의견을 다음 비공식 회의 시에 표명하겠다고 했음.

3. 영주권 부여 방법: 우리 측이 신청서만으로 영주권을 부여하도록 하자고 말한 데 대하여 일본 측은 신청인이 한국 국민임을 확인할 수 있도록 동 신청인은 한국 정부를 경유(증명을 요구함은 아니라 함)해야 될 것으로 사료한다고 하므로 우리 측은 다시 이

문제는 더 연구하여 보겠다고 했음.

4. 영주권자 귀화 문제: 일본 측은 앞으로 재일한인의 자손이 '소수 민족 문제'가 되지 않도록 해야 한다는 데 특히 유의하고 있다고 말하고 그들에 대한 귀화 문제를 검토하고 싶다고 말하므로 우리 측은 사적인 견해라고 전제하고 종래의 실정을 보건대 생활 능력이 있는 자는 귀화가 용이하게 허가되는데 능력이 약한 자는 어렵다고 말하고 먼 장래를 생각한다면 일본을 위해서 정말 귀화가 필요한 것은 이러한 빈곤한 한인일 것이라고 말하고 이에 대하여 일본 측의 연구를 요망하였음.

5. 퇴거 강제 문제: 앞으로 전문가 회의를 열고 퇴거 강제 문제의 조항에 대한 구체적인 의견 조절을 하기로 하였음.

6. 재산 반출: 일본 측은 자기의 지혜와 능력으로 모은 재산을 전부 가지고 간다는 것은 당연한 일이라고 말하고 다만 그 수속에 대하여 검토해야 할 것이라고 했으며 이 문제는 쌍방이 더 연구키로 함.

7. 종래 법적으로는 몰라도 사실상으로는 내국민 대우를 받아왔는데 이러한 내국민 대우를 영원히 계속할 수 있는지는 모르겠다고 일본 측은 말하고 이 문제는 후생, 문부 등 결정 당국과 협의하겠다고 하였음.

8. 국적 확인: 우리 측은 국적 확인의 중요성을 강조하였음.

9. 다음 비공식 회의를 11월 21일 오전 10시 30분에 개최키로 합의함.

끝

수석대표

6. 제6차 한일회담 재일한인 법적지위위원회 제3차 비공식 회의 결과 보고 전문

번호: JW-11365

일시: 211635 [1961. 11. 21]

수신인: 외무부 장관 귀하

금일 21일 오전 10시 30분부터 12시 20분까지 '가유' 회관에서 재일한인 법적지위위원회 제3차 비공식 회의를 개최하였는바, 그 토의 내용을 아래와 같이 보고함.

1. 자손에 대한 영주권의 범위: 협정 후 상당 기간까지 출생한 자손에 대하여는 영주권을 주고, 그 후에 출생한 자손에 대하여는 그때에 가서 재협의하자는 종전의 한국 측 제안에 대하여, 일본 측은 난색을 표명하면서 그 이유로서

  (1) 평화조약 발효 후에 출생한 자손, 특히 협정 후 상당 기간 장래에 출생하는 자손의 문제를 협정에서 규정한다는 것은 국가적으로(특히 국회의 비준) 어려운 일이다

  (2) 영주 허가 신청의 기간을 협정 후 5년으로 하자는 데 대하여는 의견의 합치를 본 바 있는데 한국 측의 "상당한 기간"이 5년 이상일 경우에는 신청 기간을 정한다는 것이 무의미하게 된다

  (3) 일본 측은 자손의 일본 내 거주를 사실상 보장할 것이므로 그것으로 족하다고 생각한다 등을 예거하였음. 이에 대하여 한국 측은 다시 다음과 같이 설명하였음.

  (1) 자손에게도 협정상의 영주권을 부여하는 것이 원칙이나, 그들에게 영구히 영주권을 준다는 것도 일본 측으로서는 곤란하다고 하므로 일본 측의 사정을 충분히 감안한 것이다.

  (2) 신청 기간을 5년으로 하자는 것은 협정 시의 해당자에 대하여 그렇게 하자는 것이고 신청 기간 후에 출생한 자손에 대하여는 출생 후 1개월 또는 3개월 등 적절하게

정할 수 있는 일이다.

2. 영주권 신청의 방법: 일본 측으로부터 한국 측 의견을 문의하기에, 간편한 방법으로 한다는 원칙 밑에 구체적인 방법을 연구 중이라고 회답함.

3. 퇴거 강제: 오늘 29일(수요일)에 전문가 회의를 개최하고 퇴거 강제에 적용될 수 있는 구체적 조항을 검토하기로 함.

4. 처우 문제: 일본 측의 요구에 의하여 다음 비공식 회의에서 금차 회담에 새로 위원으로 임명된 일본 측 관계 각 성 책임자들에게 한국 측의 입장을 다시 설명하기로 함.

5. 차기 회의
(1) 오는 27일(월요일) 오전 10시 30분에 비공식 회의를 개최하기로 함(한국 측으로서는 공식 회의를 개최하고 그간 비공식 회의에서 개진한 아 측 의견을 정식 제안으로서 제출할 것을 희망하였으나, 일 측은 '다카세' 주사가 불참한 점과 전항과 같은 점을 들어 한 번 더 비공식 회의를 가지기를 희망하였으므로 그렇게 하기로 함).
(2) 오는 29일(수요일) 오후 2시 30분에 퇴거 강제 문제에 대한 전문가 회의를 개최하기로 함.

수석대표

7. 제6차 한일회담 재일한인 법적지위위원회
제4차 비공식 회의 결과 보고 전문

번호: JW-1147

일시: 271600 [1961. 11. 27]

수신인: 외무부 장관

금일 27일 오전 10시 30분부터 11시 50분까지 개최된 제4차 재일한인 법적지위위원회 비공식 회의의 토의 내용을 아래와 같이 보고함.

1. 전번 회의에서 정한 대로 일본 측의 대장, 문부, 후생 및 통산성 담당관들이 참석하였으며 아 측은 처우 문제에 대한 아 측의 입장을 다음과 같이 그들에게 설명하였음.

가) 재산권 및 직업권: 사회적 경제적 활동에 있어서 참정권이나 국가의 공무 담임권을 제외하고는 내국민 대우를 할 것.

나) 교육: 의무 교육에 있어서 일본인과 동등하게 수업료 면제 및 교육 보조를 할 것이며 사립학교법에 의하여 설치된 한국 학교를 정규 학교로 인정하여 줄 것과 그리고 일본 상급 학교 진학에 있어서 균등한 기회를 줄 것.

다) 생활 보조: 현재 하고 있는 보조를 앞으로도 계속할 것.

2. 이상 설명에 대하여 일본 측은 요지 다음과 같이 그들의 견해를 조명하였음.

가) 교육 문제:

1) 의무 교육에 있어서 내국민 대우 종래 가능한 편의를 제공하여 왔으며 앞으로도 한국 측의 요청에 맞추도록 하겠으나 이 문제는 먼저 해당자의 범위가 결정되어야 구체적인 계획을 세울 수 있다.

2) 사립학교 문제, 한국 측의 요청에 응하기 어렵다.

3) 상급 학교 진학 문제, 외국인에 대하여 차별 대우를 하지 않는다.

나) 생활 보조 문제: 현재는 일본인과 동등하게 생활 보조를 하고 있으나 국고가 정상화되면 이 일을 한국 정부가 맡아주도록 요청할 생각이다. 그러나 당장 생활 보조를 중단하겠다는 것은 아니고 당분간은 이를 계속하겠다.

3. 다음 일본 측으로부터 귀환하는 재일한인이 반입하는 재산에 대한 한국 정부의 제한에 대하여 문의가 있었음.

4. 다음 회의는 내주 안에 비공식 회의와 퇴거 강제 사유 전문가 회의를 한 번 더 열고 그 다음에 공식 회의를 열기로 함.

끝

수석대표

8. 제6차 한일회담 재일한인 법적지위위원회 제1차 전문가 회의 결과 보고 전문

번호: JW-11501

일시: 291735 [1961. 11. 29]

수신: 외무부 장관

　금일 11월 29일 14시 30분부터 16시 30분까지 '가유'회관에서 일본 측 '히라소카' 입관 경비과장 외 3명과 우리 측 '문인구' 위원 외 1명이 참석한 가운데 재일한인의 법적 지위에 관한 위원회 제1차 전문가 회의를 가졌는바 동 회의에서는 영주권을 가진 재일한인의 법적 지위 중에서 퇴거 강제의 대상이 될 조목을 결정하기 위하여 출입국 관리령 제24조를 항목별로 검토하여 어떠한 점이 문제가 될 것인가를 심의하였으며 구체적인 것은 앞으로의 회의에서 토의키로 하였사옵기에 우선 이를 보고하오며 상세한 것은 다음 '파우치' 편으로 보고 위계임.

끝

수석대표

9. 제6차 한일회담 재일한인 법적지위위원회 제2차 전문가 회의 결과 보고 전문

번호: JW-12170

일시: 121620[1961. 12. 12]

수신인: 외무부 장관 귀하

금일 12월 12일 오전 10시 30분부터 11시 45분까지 '가유'회관에서 일본 측 '히라소카' 입관 경비과장 외 3명과 우리 측 '문인구' 위원 외 2명이 참석한 가운데 재일한인의 법적 지위에 관한 위원회 제2차 전문가 회의를 가졌는바 동 회의에서는 제1차 전문가 회의 시 문제점이 된 출입국관리령 제24호의 퇴거상 제 문제 조항 중 마약범, 일반 흉악범 및 일본 정부 파괴 기도자 등에 관하여 계속 심의하였삽기에 우선 이를 보고하오며 상세한 것은 다음 파우치 편으로 보고 위계임.

수석대표

10. 제6차 한일회담 재일한인 법적지위위원회 제5차 비공식 회의 결과 보고 전문

번호: JW-12215

일시: 141735[1961. 12. 14]

수신인: 외무부 장관 귀하

금일 14일 오전 10시 30분부터 11시 15분까지 재일한인의 법적 지위에 관한 위원회 제5차 비공식 회의를 개최한바 그 내용을 요약 보고하며 상세한 것은 다음 파우치로 보고함.

1. 우리 측은 영주권 문제에 있어서 협정상의 영주권자와 일본 관계 법령 제126호에 의한 특별 재류 허가자와는 차이가 있어야 협정 체결의 의의가 있음을 말한바 일본 측도 이를 수긍하는 동시 영주권 부여 범위에 있어서 협정이 성립된 후 상당 기간까지 출생한 자손에 대하여는 영주권을 부여하고 그 후에 출생한 자손에 대하여는 그 시기에 재검토하자는 한국 측 안을 매우 건설적인 안이라고 말하고 이에 관하여는 앞으로 성의를 가지고 검토하여 보겠다고 하였음.

2. 영주권자의 교육 문제에 관하여 우리 측은 학교 법인을 설정한 경우 이를 학교교육법 제1조에 의한 학교로 인정할 것을 계속 주장하고 오사카에 있는 '백두학원'은 이미 동법 제1조에 의하여 인정되어 있음을 예로 말하였음.

3. 영주권자의 귀화 문제에 관하여는 전과가 없는 자와 타인의 경제적 부담이 되지 않는 자에 대하여는 운영 면에 있어서 상당히 고려할 것이므로 그다지 염려할 것은 없다고 일본 측은 말하였음.

4. 퇴거 강제 문제에 관하여는 그간 전문가 회의에서 퇴거 강제의 범위에 관하여 심의하였으나 문제 되는 조항의 어구와 표현에 막연한 점이 많아 금후에도 전문가 회의에서 계속 토의키로 하였음.

끝

수석대표

11. 제6차 한일회담 재일한인 법적지위위원회 제3차 공식 회의 결과 보고 전문

번호: JW-12296

일시: 201030[1961. 12. 20]

수신인: 외무부 장관 귀하

작 19일 15시부터 16시까지 외무성 회의실에서 제6차 한일회담 재일한인 법적지위에 대한 위원회 제3차 비공식 회의['공식 회의'의 오기]를 개최한바 동 회의 내용을 요약 보고하오며 상세한 것은 파우치 편으로 보고함.

1. 먼저 한국 측은 그간 공식, 비공식 회의 및 전문가 회의에서 쌍방 간에 토의된 문제의 내용을 전반적으로 검토 설명하고, 이에 대한 일본 측의 확인을 구한바 일본 측은 한국 측의 설명 내용을 비공식 문서로 줄 것을 요구하고 동 문서를 검토한 후 이에 대한 확인 여부를 다음 회의에서 진술하겠다고 하므로 우리 측은 이에 동의하였음.

2. 다음 우리 측은 그간 비공식 회의에서 설명한 영주권 범위에 관한 우리 측의 입장을 정식으로 다음과 같이 제안하고 제의 이유를 설명함(본 설명도 문서로 주기로 하였음).
 (1) 종전 당시부터 계속하여 일본에 거주한 한인 및 본 협정 체결 당시까지 출생한 그 자손에게 영주권을 부여할 것.
 (2) 본 협정 체결 당시부터 상당한 기간 이내에 출생한 자손에게도 영주권을 부여할 것.
 (3) 본 협정 체결 당시부터 상당한 기간 이후에 출생한 자손에 대한 영주권 문제는 그때에 가서 협의할 것.

끝

수석대표

12. 제6차 한일회담 재일한인 법적지위위원회 양국 수석대표 간 회동 관련 보고 전문

번호: JW-01356

일시: 261345 [1962. 1. 26]

수신인: 외무부 장관 귀하

각 분과위원회 수석위원은 '회담의 운영 방법'을 비공식으로 타합한다는 수석대표 간의 합의에 따라(JW-01338호 참조) 이천상 대표는 금일 26일 오전 11시부터 '다카세' 및 '히라가' 일본 대표와 약 30분간 '가유'회관에서 비공식 회담을 갖고 법적지위위원회의 금후 운영 방법을 토의하였는바 그 내용을 아래와 같이 보고함.

1. '다카세' 대표는 "작일 양 수석 간 회의에서 정치 절충을 3월 초순부터 시작하기로 협의하여 앞으로 명랑한 전망이 보이게 되었는바 법적지위위원회의 운영을 어떻게 하였으면 좋겠는가?"라고 물었음.

2. 이 대표는 정치 절충에 이어 5월 중에 협정에 대한 조인까지 하기로 되었으니 3월 중에 각자가 협정 초안을 만들어 토의를 진행시키고 4월에는 법적지위위원회의 토의를 완성시켰으면 좋겠다고 말하였음.

3. 이에 대하여 '다카세'는 원칙적으로 동의하고 정치 절충에 따르는 전반적인 타결 시기에 법적지위위원회가 늦어지지 않도록 하자고 말하였음.

4. 이 대표는 영주권 문제가 가장 중요하기 때문에 조속히 협의에 도달토록 하자고 말하는 동시에 강제 퇴거 문제에 관하여는 문인구 대표가 귀임하는 대로 일본 측 전문

가와 토의를 시작하자고 말하였으며 재산 반출 문제와 송금 문제는 아 측 전문가가 오는 대로 토의를 시작할 것인바 전문가의 귀임이 늦더라도 3월 중에는 끝을 맺을 작정이라고 말하였음.

5. 일본은 국적 확인 문제에 관하여는 '히라가' 대표가 직접 참석하여 한국 측과 격의 없는 의견을 교환해 두는 것이 법적 지위 문제 전반을 해결하는 데 필요할 것이라고 말하였음. 이에 대하여 이 대표는 그러한 의견을 찬성하는 바이지만 귀화 문제에 관하여는 국적 확인 문제와 아울러 영주권 부여 범위 문제와의 관련하에서 논의하여야 될 것이라고 말하였는바 일 측은 이를 양승하였음.

6. 다음 회의는 2월 2일(금요일) 비공식 회의 형식으로 개최키로 잠정적으로 협의하였음.

추이: 1. 금일 도착하는 파우치 편으로 송부한 회담(제6-66호)를 참조하시기 바람.
2. 다른 위원회의 수석위원 간 회합 일정은 아직 절충 중에 있음.

수석대표

13. 제6차 한일회담 재일한인 법적지위위원회 제6차 비공식 회의 결과 보고 전문

번호: JW-0226

일시: 021350[1962. 2. 2]

수신인: 외무부 장관 귀하

금일 2월 2일 오전 11시부터 약 30분간 '가유회관'에서 재일한인 법적지위위원회 제6차 비공식 회의를 다음과 같이 개최하였기에 보고함.

1. 금일 회의에서는 아 측에서 이천상 수석위원 및 오원용, 박상두 위원이 참석하고 일본 측에서 '다카세' 수석위원, 하시, 히라쓰가, 이케가미, 쓰루타 보좌가 참석함.

2. 오늘 회의에서는 일본 측이 전반적인 문제에 대한 일본 측의 견해를 진술할 예정이었는데 아직 일본 측 내부의 의견 조절이 되지 아니하여 일본 측 의견 진술을 할 수 없게 되어 미안하다고 일본 측은 말하고 그러나 전번 회의에 이야기한 '스케줄'에 어긋나지 않도록 곧 내부의 의견 조절을 하겠다고 하였음.

3. 퇴거 강제 사항에 대하여는 문인구 대표가 내일 하는 대로 전문가 회의를 열어 토의를 계속하기로 함.

4. 일본 측의 형편에 의하여 다음 주에는 회의를 열지 않기로 하고 다음 회의는 2월 13일 또는 16일에 개최하고 그때는 일본 측에서 법무성 민사국장이 참석하여 국적 문제 및 귀화 문제를 토의하기로 함.

수석대표

14. 제6차 한일회담 재일한인 법적지위위원회
제7차 비공식 회의 결과 보고 전문

번호: JW-02351

일시: 210945 [1962. 2. 21]

수신인: 외무부 장관 귀하

법적지위위원회 제7차 비공식 회의 보고

금일 21일 오전 8시부터 10시 20분까지 '가유'회관에서 재일한인 법적지위위원회 제7차 비공식 회의를 개최하였는바 동 회의 내용을 아래와 같이 보고함.

1. 국적 문제: 아 측은 협정문의 "재일한인은 일본 국적을 이탈하여 대한민국의 국적을 취득한다"라는 국적 확인 조항을 삽입하는 필요성을 다각도로 설명하였는바 일본 측은 그러한 조항은 너무도 당연한 일이므로 무의미한 일이며 사회당에서도 동 문제를 '국적 강제'라 하여 회의 반대 구실의 하나로 삼고 있으므로 국내적으로 어려운 문제라 말하였음.

2. 귀화 문제: 아 측의 귀화 문제에 있어서 특히 문제가 되는 것은 일본 측의 국적법상 귀화 요건을 갖추지 않은 빈곤한 재일한인인데 이러한 빈곤한 재일한인이 용이하게 귀화하는 길이 마련되기를 희망한다고 말한 데 대하여 일본 측은 그러한 한인을 특수 취급한다면 지금까지 어려운 절차를 밟아 귀화한 다른 사람들에 비하여 불공평한 결과를 초래하니만큼 어려운 일이라고 말하였음.

3. 영주권 부여에 따르는 국적 증명 문제: 일본 측으로부터 영주권을 부여할 때에

한국 측의 국적 증명을 첨부하는 것이 타당하다는 말이 있었으므로 아 측으로서는 될 수 있는 대로 가능한 방법을 취하는 것이 목적이나 일본 측의 주장을 충분히 연구 중에 있다고 답변하였음.

4. 다음 회의와 퇴거 강제 전문위원회 일자는 추후 상호 연락하여 결정하기로 하였음.

수석대표

15. 제6차 한일회담 재일한인 법적지위위원회 제3차 전문가 회의 결과 보고 전문

번호: JW-02453

일시: 271700 [1962. 2. 27]

수신인: 외무부 장관 귀하

법적지위위원회 3차 전문가 회의 결과 보고

금일 2월 27일 오전 10시부터 11시 20분까지 가유회관에서 재일한인 법적지위위원회 3차 전문가 회의(퇴거 강제 문제)를 개최하였는바 그 토의 내용은 아래와 같음.

1. 마약범 관계

일본 측으로부터 재일한국인 마약 관계 범죄별, 과형별 구분표와 공소 심의 파기자, 재판에 의한 마약 관계 범죄 종국 구분표를 제시받았는바 아 측은 그동안에 공소 기각에 의해 확정된 자가 포함 안 되어있으니 조사해 줄 것을 요청하고 마약 관계 토의는 일본 측이 그러한 숫자를 조사한 후 다음 회의 때 하기로 하였음.

2. 출입국관령 24조 4항의 '오', '와', '가'에 관하여 아 측은 '와'는 사실상 적용의 여지가 없으므로 퇴거 강제 대상에서 제외하여 '오', '와', '가'로 축소하되 그 기준을 명백히 하기 위하여 3년 또는 5년 이상의 유죄 판결로 할 것을 주장하였음. 일본 측은 '오'도 대상으로 고려하여야 할 것이라고 말하였으므로 아 측은 '오'를 대상으로 한다면 지금까지 토의한 것이 사실상 전부 무효가 된다고 하여 이를 반대하였음.

3. 흉악 범죄자

    일본 측은 일반 범죄자 중 유죄 판결을 받은 흉악한 범죄자는 대상으로 해야 한다고 말하는 데 대하여 아 측은 고려할 것을 시사하였으나 형기를 명백히 결정하여야 한다고 말하였음.

    4. 다음 회의는 3월 2일(금)에 비공식 회의를 개최하여 전문가 회의에서 토의된 바를 재확인하고 3월 6일(화)에 공식 회의를 개최하기로 하였음.

수석대표

16. 제6차 한일회담 재일한인 법적지위위원회 제8차 비공식 회의 결과 보고 전문

JW-03019

021700[1962. 3. 2]

앞: 외무부 장관 귀하

법적지위위원회 8차 비공식 회의 결과 보고

금일 3월 2일 오전 11시부터 12시까지 재일한인 법적지위위원회 제8차 비공식 회의를 '가유' 회관에서 개최하였는 바 동 회의 내용은 아래와 같음.

1. 작년 말 우리 측이 종전의 회담 내용을 확인하고 영주권 범위에 관한 새로운 제안을 한 데에 대하여 일본 측으로부터 아래와 같이 견해를 표명하였음.

(가) 영주권 허가 범위:

재일한인은 다른 외국인에 비하여 역사적인 특수성은 있다 하더라도 외국인임에는 틀림없으므로 누구나 이해할 수 있도록 타당성이 있게 신중히 처리하여야 한다.

영주권 부여 범위와 퇴거 강제 사항 범위는 상호 밀접한 관련이 있다. 퇴거 강제 대상을 넓히면 영주권 부여 범위도 넓혀야 하고 퇴거 대상이 좁아지면 영주권 범위도 좁아져야 한다. 그러므로 이 점에 대한 한국 측의 신중한 검토를 요망한다.

(나) 영주권 신청 방법:

영주권 부여 신청에는 반드시 대한민국의 국적 증명이 필요하다.

(다) 재산권과 직업권:

일본 측은 참정권과 공무 담임권 등을 제외하고는 재일한인에게 '내국민 대우를 한다'는 표현을 한 적이 없으니 오해 없기 바란다. 일본 측의 입장은 개인의 국적에 따라 차별 대우를 하지 않는다는 것이다. 따라서 광업권, 조광권, 수선안내인들은 성질상 한국인에게 허가할 수 없다.

(라) 교육 문제:

소학교, 중학교의 의무 교육은 일본인과 동일하게 취급하는 방향으로 나가겠으나 한국인 사립학교를 학교교육법 제1조에 의한 정규 학교로 인정하는 것은 일본의 교육 체제로 보나 교육의 기본 방침에 비추어 불가능하다.

(마) 생활 보호 및 재산 반출 문제에 관하여는 원칙적으로 한국 측과 같은 견해이다.

(바) 국적 확인:

한국 측의 입장은 충분히 이해하나 정치적으로 곤란한 문제이며 필요 없다.

2. 이상 일본 측의 설명에 관하여 아 측은 종전의 주장을 다시 설명하고 다음 공식 회의에서 일본 측의 설명을 확인하고 가급적 영주권 범위에 관하여 구체적으로 언급하여 줄 것을 요망한 바 일본 측은 그렇게 고려하겠다고 약속함.

3. 다음 회의는 3월 5일(월)에 퇴거 강제 관계 전문위원회 회의와 3월 7일(수)에 공식 회의를 개최키로 하였음.

수석대표

17. 제6차 한일회담 재일한인 법적지위위원회 제4차 전문가 회의 결과 보고 전문

번호: JW-03083

일시: 061045 [1962. 3. 6]

앞: 외무부 장관 귀하

법적지위위원회 제4차 전문위원 회의 결과 보고

금일 3월 5일 하오 2시부터 3시 10분까지 가유회관에서 재일한인 법적지위위원회 제4차 전문위원 회의를 개최하였삽기에 그 결과를 아래와 같이 보고함.

1. 전번 비공식 회의에서 일본 측이 영주권의 범위와 퇴거 강제의 범위는 상호 불가분의 관계를 가졌다고 말한 데 대하여 아 측은 상호 밀접한 관계가 있다 할지라도 불가분은 아니며 각기 독자적으로 그 범위를 정하는 것이 타당하다고 일본 측의 설명을 반박하였음.

2. 마약범 관계는 일본 측이 공소 기각분에 대하여 통계 조사를 제시하지 않았을 뿐만 아니라 현재 다방면으로 연구 중에 있다고 설명하였음.

3. 흉악 범죄에 관하여 아 측은 퇴거 강제 대상으로 선고형이 10년을 초과하는 자 (10년은 포함되지 아니함)와 무기 징역을 받은 자로 제한할 것을 주장하였음.

4. 아 측은 대체로 '오', '와', '가' 항으로서 유죄 판결을 받은 자를 퇴거 강제 대상으로 함은 이의 없으나 부화뇌동한 정상이 결한 자는 제외하기 위하여 최소 1년이나

2년 이상의 징역형을 선고받은 자로 하여야 한다고 주장하였음.

5. 일본 측은 퇴거 강제 사유 중 '오' 항을 퇴거 대상으로 하여야 한다고 하므로 아측은 종전과 같이 이를 반대하였는바 일본 측은 국교에 관한 죄를 범한 자, 외환의 죄를 범한 자 등은 '오', '와', '가'에 포함되지 않으므로 '오' 항이 필요하다고 하므로 그 점은 다른 각도에서 토의되어야 한다고 반박하였음.

6. 아 측이 영주권 부여 범위에 관하여 구체적인 견해를 제시해 줄 것을 요망한바 일본 측은 현재 이것을 제외 검토 중이며 영주권 신청을 하지 않은 재일한인에 대하여 대책도 아울러 연구 중이라고 말하였음.

7. 명일 3월 7일(수) 공식 회의를 개최하기로 하였음.

수석대표

18. 제6차 한일회담 재일한인 법적지위위원회 제4차 공식 회의 결과 보고 전문

번호: JW-03775

일시: 071815[1962. 3. 7]

수신인: 외무부 장관

법적지위위원회 제4차 공식 회의 결과 보고

금일 3월 7일 하오 2시부터 30분 동안 일본 외무성 회의실에서 법적지위위원회 제4차 공식 회의를 개최하였사옵기에 그 내용을 아래와 같이 보고함.

1. 금일 회의에서는 일본 측이 지난 3월 2일에 제8차 비공식 회의(JW-03019호 회담 제6-90호 참조)에서 개진한 일본 측의 견해를 다시 설명, 확인하였으며 아 측에서도 이에 대하여 종전과 같이 의견을 말하였음.
2. 다음 회의는 일자를 정하지 않고 추후 연락하여 정하기로 하였음.

수석대표

예비회담 : 어업 및 평화선위원회 회의록 및 기본 정책, 1961. 10~1962. 3. 5

분류번호 : 723.1 JA 어 1961-62.3
등록번호 : 729
생산과 : 아주과
생산연도 : 1962
필름번호 : C1-0006
파일번호 : 03
프레임번호 : 0001~0265

제6차 한일회담 어업 및 평화선위원회 제1~16차 회의 기록이 수록되어 있다. 이 회의에서는 한국 측이 어업자원론에 입각하여 저어, 부어 등 한국 해역의 어족 자원이 일본의 남획으로 심각한 감소 현상을 보이고 있음을 설명하였고, 이에 대하여 일본 측의 반론이 이어졌다. 어업 문제는 일본 측의 관심 사안인 만큼 회의는 주 2회 개최되는 등 적극적으로 진행되었으며, 양측 모두 여타 위원회의 진전에 어업 문제 토의의 진척을 맞추려고 노력하는 모습을 보인다. 1962년 들어 한국 측은 일본과의 어업 협력에 관한 사항을 검토하기 시작하였다.

3. 제6차 한일회담 어업 및 평화선위원회 제1차 회의록

1258   어업 및 평화선위원회 제1차 회의
        회의록

1. 일시: 단기 4294년 10월 26일, 오후 3시 30분~4시 20분

2. 장소: 일본 외무성 제507호실

3. 참석자: 한국 측 수석위원 김윤근
              고문 이한기
              위원 지철근
                 〃   정일영
                 〃   이규현
                 〃   남상규
                 〃   엄영달
                 〃   김정태
                 〃   신광윤
                 〃   이창수
        일본 측 주사 무라타 도요조(村田 豊三)(수산청 차장)
               〃   우야마 아쓰시(宇山 厚)(외무성 심의관)
             보좌 야나이 쇼지(柳井 昭司)(수산청 어정부 어업조정과 사무관)
               〃   나카무라 마사미치(中村 正路)(수산청 생산부 해양제2과장)
               〃   오쓰루 노리오(大鶴 典生)(수산청 연구부 연구제1과 기관)
               〃   오기소 모토오(小木曾 本雄)(외무성 조약국 법규과장)

1259   〃   마에다 도시카즈(前田 利一)(외무성 아세아국 북동아과장)

보좌　　야나기야 겐스케(柳谷 謙介)(외무성 아세아국 북동아과 사무관)
　〃　　오와다 히사시(小和田 恒)(외무성 조약국 법규과 사무관)
　〃　　하마모토 야스야(浜本 康也)(외무성 아세아국 북동아과 사무관)
　〃　　엔도 신지(遠藤 信二)(수산청 기관)

4. 회담 내용

　우야마 주사: 어업 및 평화선위원회를 지금부터 개최하겠는바, 일 측 위원은 대체로 전번 회의 시와 같지만 새로운 위원도 몇 사람 있으니 소개하겠다(일 측 참석자를 소개함).

　김 수석: 한국 측에도 새로이 참석하게 되는 위원이 있으니 소개하겠다(한국 측 참석자를 소개한 후). 이한기 고문은 앞으로 본 위원회에 가끔 출석할 것이며, 오늘 참석한 위원 외에 3, 4명의 위원이 있는데 이들은 필요에 따라 참석하게 될 것이다.

　우야마 주사: 용어, 통역, 공보 등에 관한 회의 절차에 관하여 상의코자 한다. 일 측은 일본어를 사용할 것이며 필요에 따라 통역을 세우겠다. 위원회를 개최한 후에는 신문 발표를 하게 될텐데, 이에 관한 일 측 담당관으로는 '마에다' 북동아과장을 지명한다. 비공식 회의에 있어서는 신문 발표를 일일이 할 필요가 없을 것인바, 이에 관하여는 그때마다 상의 결정하자.

　김 수석: 용어에 관한 일 측 동의에 동의[제의의 오기]하는바, 한국 측은 한국어를 사용하겠으며 통역을 세우겠다. 공식 위원회 신문 발표에 관하여는 한국 측 담당관으로 '이규현' 공보관을 지명한다. 비공식 회의에 있어서는 일 측 제안대로 그때마다 결정하기로 하자.

　우야마 주사: 위원회 회의에 있어서 과거에는 합의의사록을 작성하지 않았는데, 이에 대한 의견은 어떤가?

　김 수석: 과거의 예에 따라 작성하지 않아도 좋다고 생각한다.

　우야마 주사: 회의 내용에 관하여서인데, 제5차 회담에서 자원론에 관한 토의를 한국 측이 제의한 7개 항목에 걸쳐 진행시켜 오다가 중단되었는데, 앞으로 3, 4개 항목을 토의하면 끝날 것이며, 이러한 자원론 토의는 문제의 실체를 파악하는 데 도움이 될 것이며, 또 상호 간 오해가 일어나지 않도록 하는 데 중요한 역할을 하므로, 일 측으로서는 자원론 토의를 계속하는 것이 좋다고 생각한다.

김 수석: 자원론을 계속하자는 제의에 대하여 이의가 없다. 그런데 전번 회의 시에 일 측으로부터 제3 및 4항에 대한 견해 표명이 있었던바, 한국 측은 동 견해를 검토할 필요가 있어 이에 대한 견해 보충을 하기로 되어있으니 거기서부터 논의를 시작하기로 하자. 그리고 한국 측이 제의한 7개 항목은 자원론을 토의하기 위한 기초적인 토의에 불과하니 그것이 끝난 후에는 본론인 자원론에 들어가자.

우야마 주사: 한국 측 설명을 듣는 데서부터 시작하는 데에 동의한다. 7개 항목에 대한 토의가 끝난 후에는 본론에 들어가자는 것이 전번 회의 시의 양해사항이기도 하니 한국 측 제의에 찬성한다. 오늘부터 토의를 시작할 것인지, 또 회의의 형식은 전원이 참석하는 공식 회의로 할 것인지 또는 출석 인원수를 줄여 비공식 회의로 하는 것이 좋은지 알고 싶다. 일 측으로서는 가능하면 필요한 인원만이 참석하는 것이 좋겠고, 또 가급적으로 의사를 속히 진행시키기 위하여서라도 비공식 회의로 하는 것이 좋다고 생각한다.

김 수석: 다음 회의 시부터 토의를 시작하기로 하자. 회의 형식에 관하여서는 진도의 차이가 별로 없을 것이니 전원이 참석하는 공식 회의로 하는 것이 좋겠다.

우야마 주사: 좋다. 그런데 이 기회에 부탁하고 싶은 일이 있는데, 이는 어업 및 평화선위원회와 직접적인 관련은 없지만 우리가 토의하는 문제와 밀접한 관계가 있으므로 말하고자 하는 것이다. 지금 제83 아이코 마루 선원 13명, 제3 다이오 마루 선원 33명, 제63 다이요 마루 선원 14명, 합계 60명이 한국에 억류되어 있고 168척의 어선이 미반환 중에 있는데, 이러한 어선의 관계자들이 많은 곤란을 당하고 있으니 대표단이 본국 정부에 일 측 희망을 전달하여 조속한 석방 또는 반환이 실현되도록 알선하여 주기 바란다.

김 수석: 그 점은 회담과 직접 관련이 없으므로 자세한 내용을 모르며, 그러한 사실이 있었다는 것도 신문을 통하여 알고 있을 뿐이다. 개인적인 견해로는 그러한 문제의 해결 방법은 이 회담을 조속히 이루어진 것만이 좋은 결과로 이끌어 가는 것이라고 생각된다. 일 측으로부터 이에 관한 희망이 있었다는 사실만은 본국에 전하겠다.

우야마 주사: 우리가 말하고 싶은 점은 이상인데, 한국 측에서 할 말이 있는가?

김 수석: 별로 없다.

우야마 주사: 다음 회의는 11월 1일 수요일 오전 10시부터 개최하는 것이 어떤가?

김 수석: 좋다.

우야마 주사: 금일 회의에 관한 신문 발표는 "쌍방 위원의 인사 소개가 있은 후, 용어, 통역 등에 관한 회의 운영에 관하여 결정하고, 전번 회의 시에 시작된 자원론을 계속하기로 합의하였는바, 일본 측은 위원회와 직접적인 관련은 없지만 미귀환 중인 어부 및 어선을 속히 돌려달라는 희망을 본국 정부에 전달하여 달라고 한국 측에 요청하였다"라고 함이 어떤가? 미귀환 어부 및 어선에 관한 부분은 일방적으로라도 발표하고 싶은 부분이다.

김 수석: 다른 점은 동의하나 미귀환 어부 및 어선 문제는 회담과 직접 관계가 없고, 또 한국 측은 회담의 원만한 진행을 위하여 일 측이 자중하여 주었으면 하는 희망을 가지고 있으므로 발표하지 않는 것이 좋겠다.

우야마 주사: 한국대표단의 입장도 있을 것이므로, 그럼 발표하지 않기로 하겠다.

이상

6. 제6차 한일회담 어업 및 평화선위원회 제2차 회의록

1267　어업 및 평화선위원회 제2차 회의
회의록

1. 일시: 단기 4294년 11월 1일, 오전 10시~11시 05분

2. 장소: 일본 외무성 제826호실

3. 참석자: 한국 측 수석위원 김윤근
　　　　　위원　지철근
　　　　　 〃 　정일영
　　　　　 〃 　문철순
　　　　　 〃 　이규현
　　　　　 〃 　남상규
　　　　　 〃 　김정태
　　　　　 〃 　신광윤
　　　　　 〃 　이창수
　　　일본 측 주사　무라타 도요조(수산청 차장)
　　　　　 〃 　우야마 아쓰시(외무성 심의관)
　　　　　보좌　야나이 쇼지(수산청 어정부 어업조정과 사무관)
　　　　　 〃 　나카무라 마사미치(수산청 생산부 해양2과장)
　　　　　 〃 　오쓰루 노리오(수산청 연구부 연구1과 기관)
　　　　　 〃 　기도 요쓰오(수산청 어정부 어업조정과장)
　　　　　 〃 　사루타 다쓰오(수산청 생산부 해양2과 기관)
　　　　　 〃 　엔도 신지(수산청 기관)

보좌　마에다 도시카즈(외무성 아세아국 북동아과장)

〃　가네마쓰 다케시(외무성 조약국 조약과장)

〃　하마모토 야스야(외무성 아세아국 북동아과 사무관)

〃　호리 다이조(　〃　　〃　　〃　　〃　)

4. 회담 내용

우야마 주사: 제2회 회의를 개최한다. 먼저 말하여 두고자 하는 점이 있는데, 나는 부득이한 사정으로 인사가 끝나는 대로 퇴장하겠다. 오늘은 주로 제3 및 4항에 대한 한국 측의 의견을 듣기로 되어있는데 무방한가?

김 수석: 우야마 주사의 사정은 잘 알겠다. 오늘 회의에서는 우리가 제3 및 4항에 대한 설명을 하기로 되어있는바, 지철근 대표가 설명할 것이다(우야마 주사 퇴장함).

지 위원: 일 측은 제5차 회담의 제14차 비공식 회의에서 자원론의 토의 항목 제3 및 4항, 즉 주요 어족의 자원량 표시 방법과 주요 어구의 어획 강도를 '어업별 총어획량과 어획 노력의 변화'라는 단일 항목으로서 토의하자고 하였는데, 이에 대하여 한국 측의 견해를 말하겠다.

한국 측이 3항과 4항을 분리하여 토의하자고 한 것은, 3항에 있어서는 어종별로 일정한 단위에 의하여 자원의 경년적 동태를 파악하자는 것이고, 4항에 있어서는 어업 자원에 가해진 어획 노력이 과거와 현재, 또 그 과정에 있어서 어떻게 변천되어 왔으며, 그 변동된 요소 중에서도 결정적인 조건이 무엇이었는가를 검토하여, 3항에서 토의한 어획 노력량의 내용을 보다 상세히 토의하자는 데 목적이 있었다. 한국 측으로서는 개별적인 현황도 중요하겠지만, 자원론의 토의를 보다 충실히 해나가는 데 있어서는 이를 구분하여 토의하는 것이 좋다고 생각한다.

일 측은 저어를 일괄하여 토의하자고 하였는데, 개별적 자원의 동태를 무시하고 저어의 총량만 가지고 토의한다는 것은 어족 자원의 지속적 생산성을 유지한다는 것을 목적으로 하는 자원론 토의에 있어서는 2차적인 문제이고, 과거, 현재를 막론하고 어업상 중요한 위치에 있었던 어종은 개별적으로 토의하여야 할 것으로 생각한다.

어획 노력량의 표시에 있어서 일 측은 어선의 척 수, 톤수, 마력 수, 인망 횟수 또는 항해 수 등을 열거하였는바, 이것은 현재 제시할 수 있는 통계상의 숫자를 고려하여 제안된 것으로 생각하는데, 이 이외에도 지금 곧 완전한 자료가 없더라도, 예컨대 어구의 구성, 규모, 재질, 부어구 및 조망 조건 등도 중요한 요소로 될 것이니 이를 고려에 넣어가면서 토의하는 것이 좋겠다.

따라서 3항과 4항을 분리 토의하기로 하고, 3항에 있어서, 저어에 관하여는 일 인망당 평균 어획량을 토의하고, 부어에 관하여는 선망, 일본조, 자망 등에 대하여 일 항해당 평균 어획량을 토의하는 것이 좋겠다. 4항에 있어서는, 일 측이 제안한 4개 항목 외에 어망의 구성, 규모, 재질, 부어구 및 조망 조건 등을 고려에 넣어가면서 토의하는 것이 좋다고 생각한다.

무라타 주사: 한국 측 의견은 잘 알겠는바, 검토 후 일 측 견해를 다음 회의 시에 설명하겠다.

지 위원: 오늘 회의에서 다른 항목을 또 토의할 것인지?

무라타 주사: 오늘 표시된 한국 측 견해에 대한 일 측 견해를 듣기 전에는 다른 항목을 토의할 수 없다고 생각하는지?

지 위원: 반드시 그렇지도 않다. 그러나 일 측이 한국 측 견해에 대한 대답을 한 후에 다른 항목을 토의하자고 하면, 다음 회의에서 일 측 대답을 들은 후로 하여도 좋다.

오오쓰루 보좌: 한국 측 설명에 대하여 질문이 있다. 어획 노력량의 표시에 있어서 '조망 조건'을 고려하자고 하였는데, 그것은 무엇을 의미하는가?

지 위원: 조망 조건이라 함은 어업 경영 면에서 볼 때에 동일 규모의 어업이라 하더라도 조망 횟수에 차이가 발생되는바, 그러한 점에 영향을 미치는 경영 면에 있어서의 객관적인 조건을 말한다. 예를 들어 말하면, 경영이 용이하면 조망 횟수를 많이 할 수 있으며 반대로 경영이 곤란하면 조망 횟수가 적게 되어 차이가 일어나게 되는데, 그러한 경영상의 조건을 말한다.

오오쓰루 보좌: 그러면 행정적인 조건도 들어가는가?

지 위원: 아니다. 각국에서의 경영 규모 차이 등으로 조망 횟수에 차이가 생기게 되는데, 그러한 차이를 발생시키는 조건을 말한다.

오오쓰루 보좌: 구체적으로 말하면 어떤 것인가?

지 위원: 노골적으로 말하면, 선망에 있어서 한일 양국 어업에는 조망 횟수에 차이가 있는데, 그러한 차이를 만드는 조건을 말하는 것이다.

오오쓰루 보좌: 그러한 점은 어업 규모, 어구의 구성 등에 포함되지 않는가?

지 위원: 어업 규모나 어구 구성은 별개의 문제이고 조업 횟수와는 관계가 없다.

오오쓰루 보좌: 예를 들어 말하면, 어떤 나라에서 경제 조건이 좋아 어획물의 소비가 많기 때문에 어획량이 많아지고 반대로 불경기로 인하여 소비가 적기 때문에 어획량이 적어지는데, 이러한 어업 생산 이외의 조건을 말하는가?

지 위원: 그런 의미는 아니다. 조망 횟수도 어획 강도와 관련된다는 의미에서 말하는 것이니 어렵게 생각하지 않는 것이 좋겠다.

오오쓰루 보좌: 조망 횟수의 다과는 제3항목에 포함될 것이 아닌가?

지 위원: 그러니까 아까 경제적인 조건이라고 말하지 않았는가? 여기에서 말하는 것은 경제적인 조건에 의하여 조망 횟수에 차이가 발생하게 되므로, 그것을 고려하자는 것이다.

엔도 보좌: 경제적이라는 점을 구체적으로 설명하여 달라.

지 위원: 어업 경영에 있어서 자본의 다과로 인하여 조망 횟수에 차이가 발생하게 되므로, 경영 조건도 실제 조망 횟수에 차이를 가져오게 한다. 따라서 그러한 경영 조건도 고려에 넣자는 것이다.

남 위원: 보충 설명하겠다. 한국 측에서 말하는 조망 조건이라 함은 어느 어업의 총 어획 강도는 동일한 성능의 어선(조망 시간 및 속도에 관한 성능도 포함)과 어구를 사용할 경우, 연간 총 인망 횟수에 의하여 좌우될 것이며, 또 그러한 연간 총 인망 횟수는 연간 총 항해 수와 매 항해 시의 인망 횟수에 의하여 좌우될 것이니(일본과 한국에는 차이가 있음), 이의 주요인이 되는 양국 어업의 경제적 조건을 검토하자는 것이다.

오오쓰루 보좌: 알겠다. 어획 노력량 변동에 있어서 결정적이라는 말을 썼는데 그것은 '결정적인 요소가 무엇인가?'라는 의미로서 설명한 것인가?

지 위원: 그렇다.

무라타 주사: 전문적인 사항이 많이 나왔는데, 일 측으로서는 한국 측 견해를 검토한 후 일 측 견해를 말하겠다. 전문적인 사항에 관하여 의문이 있으면 외무성을 통하여 질문하여도 좋은가?

지 위원: 서면으로 질문하겠는가?

무라타 주사: 되도록 서면으로 하겠다.

지 위원: 좋다.

무라타 주사: 다음 회의는 언제로 정하는 것이 좋은가?

김 수석: 일 측이 회담 준비를 하여야 하겠으니 일 측 형편에 따라 정하자.

무라타 주사: 11월 10일(금요일)로 하자.

김 수석: 좋다. 시간은 오후 3시로 하자.

무라타 주사: 좋다. 오늘 신문 발표는 어떻게 할 것인가?

김 수석: 실질적인 토의에 들어갔다고만 발표하자.

무라타 주사: 좋다.

8. 제6차 한일회담 어업 및 평화선위원회 제3차 회의록

1275 **어업 및 평화선위원회 제3차 회의**
　　　회의록

1. 일시: 단기 4294년 11월 14일, 오후 4:00~4:40

2. 장소: 외무성 제234호실

3. 참석자: 한국 측 위원　지철근
　　　　　　　〃　　　정태섭
　　　　　　　〃　　　남상규
　　　　　　　〃　　　신광윤
　　　　일본 측 주사　무라타 도요조
　　　　　　　〃　　　우야마 아쓰이
　　　　　　　보좌　　기도 요쓰오
　　　　　　　〃　　　나카무라 마사미치
　　　　　　　〃　　　사루타 다쓰오
　　　　　　　〃　　　오쓰루 노리오
　　　　　　　〃　　　마에다 도시카즈
　　　　　　　〃　　　하마모토 야스야
　　　　　　　〃　　　호리 다이조

4. 회담 내용

우야마 주사: 오늘은 전번 회의에서 합의된 바에 따라 제3 및 4항목의 한국 측 의견에 대하여 일본 측에서 검토한 의견을 말하기로 되어 있다.

지 위원: 그렇다. 오늘 회의에 들어가기 전에 미리 말해둘 것은 사정에 의하여 김 수석위원 외 몇 위원이 이 회의에 참석지 못하였다는 데 대하여 양해해 주기 바란다. 그리고 우리 측의 정태섭 대표를 소개한다.

그러면 일본 측의 의견을 말해주기 바란다.

무라타 주사: 일본 측은 나카무라 위원이 말하겠다.

지 위원: 좋다.

나카무라: 한국 측의 의견에 대하여 일본 측의 견해를 설명하겠다. 1955년 '로마'에서 45개국의 대표가 참석하여 개최되었던 회의의 해양 생물 자원 보존에 관한 기술 보고에서, 어업 자원 보존 조치에 대하여서는 다음의 과학적 자료가 필요하다고 하였다. 즉

1. 어업 자원이 독립 또는 반독립으로 분리되어 있는가?
2. 어업 자원 구성의 크기와 분포 상태
3. 어업 자원 구성의 생활사, 실태, 습성 등의 변동 사실이 어떻게 되어 있는가?
4. 어획 강도와 어업의 방법이 그 자원에 대하여 어떠한 영향을 미치고 있는가?
5. 그 어족의 Community에 속하는 다른 어족과의 관계

등이다.

따라서 이러한 각 항목에 관한 자료가 구비되어야만 자원에 관하여 정확한 판단을 내릴 수 있을 것이다. 그렇게 하려면 노력과 시간이 필요하므로, 일본 측으로서는 이를 단적으로 표시하기 위하여 어획량과 어업 노력량으로써 표시코자 하였다.

어획량을 토대로 하더라도 (가) 그 기초가 될 자료가 어느 정도 정확성을 기하고 있는가 하는 것이 문제가 되고, 그것은 구비된 통계 조직과 적절한 조사 계획에 의하여 집계되어야 할 것이며, (나) 또 어획량과 자원량과는 무관계한 것이며, 그 이유로서는 예컨대 환경 조건의 변화, 내유 어군의 이용도의 변동, 다시 말하면 어장 형성 상황의 변화와 어획 강도 등에 의하여 변화한다. 이러한 자연 변동에 관한 자료는 입수하기가 곤란하며, 어획 강도의 변동과 어획량의 변화는 이러한 자연 변동의 요소에 의하여 수정되지 않으면 안 된다. 따라서 현재로서는 어획량과 어획 노력량으로써 자원량을 추찰하려면, 이와 같은 자연 변동 조건을 일정하다고 가정하거나 또는 전연 무시할 수밖에는 없을 것이다. 이상을 요약하여 설명하면, 어획량과 어획 노력량으로써 자원량을 표시한다는 것은 불충분한 것이므로, 일본 측은 경년적으로 어업이 대략 어떻게 변화

되어 나갔는가를 보자는 것이다. 어획량의 변화에 관계되는 자연적 조건에 관한 자료를 가진 것이 없으므로 이 자연적 조건을 무시하고 자원량을 표시한다는 것은 위험한 일이다.

저어에 관하여 총어획량과 어종별 어획량의 변동을 본다는 것은 유의의한 일이나 자원을 이용한 해역에 대하여서만 논하고 자료가 없는 해역은 rough하게 전연 변화가 없었다고 하는 가정은 위험한 일이다. 정어리, 전갱이, 고등어 등의 부어에 있어서는 이들이 어장에 회유해 온 비율의 변화, 내유군에 대한 이용도의 변화가 어획량에 미치는 영향은 크며, 자연적 조건이 자원 자체의 변동보다 더 크다. 따라서 자연적 조건을 무시하고 rough하게 자원량을 논한다는 것은 불가능한 일이며, 생물학적 및 자연조건에 관한 지식을 포함하여 검토하여야 할 것이다. 요컨대 어획량과 어획 노력량으로써 자원을 논한다는 것은 이상 설명한 바와 같은 이유로서 기대하기 어려운 일이니 일본 측으로서는 어업이 어떻게 변화되어 나왔는가 하는 정도만 생각하기로 하고 그 이외의 자연적 조건에 관하여는 양국에서 공동 조사를 하여 규명하는 것이 좋겠다. 결론적으로 말하면 일본 측이 제5차 회담에서 3, 4항목에서 총어획량과 어획 노력량을 합쳐서 토의하자고 하였는데 그것이 곧 자원량을 표시한다는 의미로서는 적절하지 못한 일이므로 한국 측이 제안한 바와 같이 이를 분리하자는 데에는 찬성하는 바이나 3항의 제목을 예컨대 '주요 어업의 총어획량과 평균 어획량'으로 하는 것이 좋겠다.

지 위원: 일 측의 설명은 잘 들었다.

1955년의 로마 회의의 내용에 관해서는 본인이 직접 참석했기 때문에 그 내용은 잘 알고 있다.

이제 일본 측이 말한 중에 자원에 관하여 본론에서 이야기할 점 등도 포함되어 있다고 생각된다. 일 측의 견해에 대하여 한국 측에서는 이견이 있는데, 제5차 회담 때에는 본인이 참석하지 않았지만 기록을 보건대 지난 항목에 대해서 의견의 일치를 보지 못한 채 견해의 차이가 있다는 것만 확인하고 넘어온 것도 있는데, 이 3, 4항목에 관한 아 측의 의견을 재차 들을 것인가, 그렇지 않으면 쌍방의 견해가 상이하다는 점만을 확인하고 다음 항목으로 넘어갈 것인가에 대하여 일 측의 의견을 말해주면 좋겠다.

우야마 주사: 다음 항목으로 넘어가는 것이 좋겠다. 제5항의 어업 종류에 관해서는 5차 회담 때에 대개 이야기가 된 것으로 알고 있는데 한국 측의 견해는 어떤가?

지 위원: 5항은 이야기가 나왔는데 아직 끝나지 않았다. 그러나 6항으로 넘어가도 좋다.

우야마 주사: 좋다.

지 위원: 5항목의 어업 종류는 이야기되었지마는 어기별 어장에 대해서는 이야기가 나오지 않았는데 이것은 6항목을 토의할 때 같이 해도 좋다. 금일은 일본 측의 의견을 듣고 다음 6항목을 이야기하겠다.

우야마 주사: 제6항목의 산란장, 회유 경로, 시기, 월동 수역 등에 대한 제안 취지를 설명하도록 하면 어떻겠는가?

지 위원: 지금 이야기를 시작하면 시간 관계로 중단될 염려도 있는데 어떻게 하는 것이 좋겠는가?

우야마 주사: 다음 회의 때에 설명하도록 하는 것이 좋겠다.

지 위원: 그럼 다음 회의 때에 하기로 하겠다.

나카무라: 제7항목은 내용이 간단하다고 보는데 같이 합쳐서 설명해 줄 수 없겠는가?

지 위원: 5, 6, 7의 각 항목은 서로 연관성이 있는 것인데 합쳐서 해달라면 일괄해서 설명해도 좋다.

우야마 주사: 그렇게 해주면 좋겠다.

지 위원: 좋다.

우야마 주사: 이 다음 회의는 언제 하는 것이 좋겠는가?

지 위원: 일본 측의 사정을 알고 싶다.

우야마 주사: 21일 화요일이 어떻겠는가?

지 위원: 22일이나 24일은 어떤가?

우야마 주사: 22일 오후 2시 반이 좋겠다.

신문 발표는 어떻게 할 것인가? 실질적 토의를 계속했다고 하면 어떻겠는가?

지 위원: 좋다.

우야마 주사: 본인은 내주와 다다음 주는 동남아로 출장 가므로 회의에 참석지 못할 것이니 양해해 달라.

지 위원: 알겠다.

11. 제6차 한일회담 어업 및 평화선위원회 제4차 회의록

1285   어업 및 평화선위원회 제4차 회의
       회의록

1. 일시: 단기 4294년 11월 22일, 오후 2:30~3:30

2. 장소: 외무성 제234호실

3. 참석자: 한국 측 수석위원 지철근
                   〃   김윤근
               위원   정태섭
                   〃   이규현
                   〃   남상규
                   〃   김정태
                   〃   박상두
                   〃   신광윤
          일본 측 주사   무라타 도요조
               보좌   기도 요쓰오
                   〃   나카무라 마사미치
                   〃   사루타 다쓰오
                   〃   오쓰루 노리오
                   〃   엔도 신지
                   〃   마에다 도시카즈
                   〃   하마모토 야스야
                   〃   호리 다이조

4. 회담 내용

무라타 주사: 오늘은 한국 측이 6, 7항목에 대한 설명을 하게 되어 있는데?

김 수석: 회의에 들어가기 전에 이야기할 것이 있다. 지금까지 본인이 본 위원회의 수석으로 일해왔는데, 오늘부터 지 대표가 수석위원으로서 본 위원회를 맡게 되었다. 그동안 여러 가지로 감사하였다.

지 수석: 지금 김 위원께서 말씀한 바와 같이 오늘부터 본인이 본 위원회의 수석을 맡게 되었는데 잘 부탁한다. 오늘은 전번 회의 때에 상호 합의한 바에 따라 제6항목의 어기별 어장을 포함하여 6, 7항목에 대한 한국 측의 견해를 설명하게 되었는데, 6 및 7항목과 어기 및 어장이라는 것은 자원의 이야기로 들어가면 당연히 이야기될 것으로 생각되므로, 회의의 진행을 신속히 하기 위하여 여기서 새삼스럽게 이야기하는 것을 피하고 일괄하여 간단하게 제안 설명을 하겠다. 자원의 동태를 알기 위하여서는 그 어족 자원이 어디서 산란하는가? 어느 시기에 산란하는가? 그 자원을 대상으로 하는 어업의 시기는 언제이며, 어디가 어장인가? 또 그 어족은 어디로 회유하는가? 그 월동 수역은 대체로 어딘가? 또 이러한 어족 자원의 산란장과 주 어장에 있어서의 해항 등을 생각하는 것은 대단히 중요하다고 생각한다. 따라서 이러한 사항은 어족 자원을 논의하는 데 부가되어야 할 것이므로 오늘은 이러한 항목을 개별적으로 토의하는 것보다 앞으로 자원론을 진행하면서 필요할 때에 수시로 이를 논의해 나가는 것이 좋다고 생각한다. 이상으로써 1에서 7항목까지의 한국 측 제안에 대한 이야기는 일단 끝났다고 생각하는데, 앞으로의 회의 진행에 대하여 일본 측의 의견을 묻고자 한다.

무라타 주사: 지 대표의 설명에 대하여 의견을 말하기 전에 질문이 있다.

지 수석: 질문하라.

나카무라 위원: 방금 설명 중에 필요에 따라 수시로 말하는 것이 좋겠다고 하였는데 1에서 7항목까지 이야기하여 가는 가운데, 어종에 대한 생물학적인 것은 물론, 그 대상 어업, 수역, 어구 등을 말할 때 관계된 어족에 대하여 관계 사항을 수시로 이야기한다는 뜻인가?

지 수석: 대체로 그렇다. 어종별로 이야기할 때에 그렇게 하자는 것이다.

무라타 주사: 금후의 회의 진행 방안에 대하여 일본 측에서 말하기 전에 한국 측에서 생각하고 있는 안이 있으면 말하여 달라.

지 수석: 7항목까지의 이야기는 일단 끝났으니 상호 간에 합의되지 않은 점은 그 사실만 확인하고 제1항목의 대상 수역의 한계 문제를 논의하고 그 후 회의의 진행 방법에 두 가지가 있다고 생각한다. 그 하나는 1에서 7항목까지의 각 항목을 다시 논의하여 과거 논의하던 가운데, 상호 의견이 불합치한 점을 다시 합의되도록 하는 방법이 있을 것이고, 다른 하나는 1에서 7항목에 대해서 합의되지 않은 점은 그 사실만을 확인하고 자원론의 본론으로 들어가는 방법이 있는데, 일본 측이 생각해 보아서 어느 쪽이든지 편리한 방법을 택해주면 좋겠다.

무라타 주사: 일본 측도 지 대표가 말한 바와 같은 방법이 있다고 본다. 1 내지 7항목에 긍한 의논의 과정을 돌이켜보면 일한 상호 간에서 합의에 도달한 것도 있으나, 또 합의되지 않은 것도 상당히 있다고 본다. 따라서 일본 측도 1 내지 7항목의 전체적 토의가 일단 끝났다고 보나, 이러한 합의되지 못한 점에 대해서 최종적으로 합의에 도달하지 못할는지도 모르지만 한 번 더 재검토해 보는 것이 어떻겠는가? 그러므로 한국 측 제안의 제1항목에 대해서 합의점을 발견하도록 노력해 보는 것이 좋다고 생각한다.

지 수석: 이제 말한 것은 잘 알았다. 1 내지 7항목에 관해서는 작년 10월부터 금년 5월까지 상당한 기간 동안 토의해 온 것인데, 이것을 다시 토의한다는 것은 지금 우리들이 시간적으로 빨리 진행시켜야 할 입장에서 볼 때에 시간적으로 지연만 되고 합의될 점을 발견하기가 어렵다. 또 각자의 주장은 이제까지의 회의에서 토의되었으므로 본론에 들어가더라도 이러한 자기주장을 할 기회가 있을 것인데 이것을 되풀이한다는 것은 시간적으로 늦어질 우려가 있지 않는가?

무라타 주사: 일본 측도 지 대표 의견과 같다. 종래 토의해 온 것을 되풀이하는 데 있어서는 상당히 기술적이고 또 전문적으로 다년간의 통계와 조사 자료에 기초를 두고 과학적으로 이것을 쌓아 올리지 않으면 결론에 도달한다는 것은 불가능하다. 따라서 이것이 쉽사리 결론이 나오지 않는다는 것은 지 대표의 의견과 같다. 이 회의를 '스피드 업'해서 좋은 결과를 가져와야 하므로 순 전문적인 문제는 전문가에 일임하고 1항목에서 7항목에 걸친 자원론에서 전문가에게 위임하지 않더라도 대표자 간에서 합의에 도달될 수 있는 것은 노력하여 극력 합의하도록 의논을 하자. 꼭 합의가 되지 않으면, 제2의 방법으로 하지 않을 수도 있으나 1 내지 7항목 중 합의되지 않은 점을

쌍방의 노력에 의하여 합의되도록 해보고 그다음의 순서로 들어가는 것이 어떤가?

지 수석: 1 내지 7항목에 대한 불합의점을 합의되도록 노력해 나가자는 취지는 좋다고 생각한다. 그러나 나의 오랫동안의 국제회의의 경험에 의하면 무라타 대표의 말과 같이 다시 노력을 해보고 안 되면 그다음에 제2의 방법을 택하자고 하지만 이것이 과연 성과가 있을는지 염려가 되고 또 그러는 동안에 많은 시간이 소요된다고 생각되는데, 만약 일본 측이 성의를 가지고 토의할 용의가 있다면 무방하다고 생각한다.

무라타 주사: 지 대표가 말한 의미는 잘 알겠다. 문제는 대상이 과학적인 사항이 대단히 많으니 극히 과학적인 이론의 테마가 많다고 생각하고 따라서 종래에도 견해가 갈라져서 합의되지 않은 사항이 많았다고 생각한다. 그러니 노력에 의해서 어느 정도 견해가 일치될 것인가 알 수 없으나 그렇다고 현재의 상태로서는 본론으로 '스무드'하게 들어갈 수 없다고 생각한다. 따라서 제1안의 방법으로 토의를 하여 본론으로 들어갈 수 있을 것인가 어떤가 한번 진행해 보고 만약 합의가 되지 않는 사태가 나타나면 제2안의 방법으로 하는 것도 좋으나 일단 한번 해보는 것이 어떤가?

지 수석: 약 10분간 휴회한 후 재개하자.

(10분간 휴회)

지 수석: 이제도 말한 바와 같이 1 내지 7항목을 재토의한다는 것은 시간적으로 지연될 우려가 있다고 보는데 '스피드 업' 하는 데 있어서의 의사 진행상 일본 측의 묘안이 없는가?

무라타 주사: 그 점은 금후의 토의 내용에도 달렸겠지만, 극력 '스피드 업' 할 수밖에 없다고 본다.

지 수석: 대단히 막연한 이야기가 될는지 모르나 일본 측은 1 내지 7항목까지의 재검토하는 시간을 대체로 얼마나 걸릴 것으로 보는가?

무라타 주사: 어려운 질문이나 금후 한두 번 더 되풀이하여 합의점을 발견하도록 노력을 해보자.

지 수석: 대단히 반가운 일이다. 1, 2회 정도로 합의되도록 노력해 보고, 본론에 들어간다는 것은 좋다고 본다.

무라타 주사: 1, 2회 정도 해보자. 기분적으로 해결할 수도 없는 일이다. 기술적이고 과학적인 이야기이니까.

지 수석: 좋다.

무라타 주사: 차회는 언제 할 것인가?

지 수석: 일본 측의 의견을 알고 싶다.

무라타 주사: 12월 1일 금요일로 하고 시간은 대표부로 다시 연락하겠다.

지 수석: 좋다.

무라타 주사: 신문 발표는 어떻게 하면 좋겠는가?

지 수석: 일본 측에서 안을 내보라.

무라타 주사: 전번 회의에 계속하여 자원론의 6 및 7항목을 토의하고 다음 회의에서는 이제까지 합의되지 않은 점을 재토의하기로 했다고 하면 어떻겠는가?

지 수석: 좋다.

이상

14. 제6차 한일회담 어업 및 평화선위원회 제5차 회의록

1295 　　어업 및 평화선위원회 제5차 회의
　　　　회의록

1. 일시: 단기 4294년 12월 1일, 오후 3:00~4:35

2. 장소: 외무성 제707호실

3. 참석자: 한국 측 수석위원　지철근
　　　　　　　　위원　　이규현
　　　　　　　　 〃 　　남상규
　　　　　　　　 〃 　　김정태
　　　　　　　　 〃 　　신광윤
　　　　　일본 측 주사　무라타 도요조
　　　　　　　　보좌　　기도 요쓰오
　　　　　　　　 〃 　　나카무라 마사미치
　　　　　　　　 〃 　　사루타 다쓰오
　　　　　　　　 〃 　　오쓰루 노리오
　　　　　　　　 〃 　　엔도 신지
　　　　　　　　 〃 　　마에다 도시카즈
　　　　　　　　 〃 　　하마모토 야스야
　　　　　　　　 〃 　　호리 다이조

4. 회담 내용

무라타 주사: 전번 회의 시에 토의 항목 1 내지 7항목 중 합의를 보지 못한 부분이 있으므로, 자원론 본론에 들어가기 전에 합의에 도달토록 다시 노력해 보자고 합의하였으므로 오늘은 이에 대해서 토의하자.

지 수석: 좋다.

무라타 주사: 토의 항목 제1항 "대상 수역의 한계"에 관하여 의견 차이가 있었는데, 이것부터 토의하는 것이 어떤가?

지 수석: 좋다.

무라타 주사: 제5차 회담 시에 '우야마' 심의관이 최종적인 제안을 하였는데, 그 제안의 내용은 양국이 공동의 이해관계를 가지는 어족이 회유하는 수역, 예컨대 '동지나해, 황해, 일본해'를 대상 수역으로 하자는 것이었다. 이 제안에 대한 한국 측의 의견은 여하한가?

지 수석: 내가 이해하고 있는 바에 의하면, 한국 측은 북위 25도 이북의 동지나해, 황해, 동해 및 일본 태평양 측 수역을 대상 수역으로 하자고 제의하였으며, 일본 측은 이러한 수역을 대상으로 하는 데에는 반대가 없으나, 일본 태평양 측 수역이라는 표현이 부적당하므로 추후에 다시 토의하기로 한 것이다. 다시 말하면, 일본 태평양 측 수역을 토의 대상에 넣는 것은 좋으나, 그것을 어떻게 표현할 것인지에 관하여는 의견 차이가 있었던 것이다. 참고로 말하면 이러한 이야기는 3월 22일에 개최된 제7차 비공식 회의 시에 있었던 것으로 우리는 이해하고 있다.

무라타 주사: 일 측 기록에 의하면, 3월 22일에 한국 측으로부터 "북위 25도 이북의 동지나해, 황해, 동해 및 일본 태평양 측 수역"을 대상 수역으로 하자는 제안이 있었던 것은 사실이다. 그러나 일 측은 전체적인 이야기가 끝난 후에 표현 방식에 관하여 결정하기로 하고 보류하였던 것이다.

지 수석: 우리가 이해하기로는, 대상 수역을 북위 25도 이북의 동지나해, 황해, 동해 및 일본 태평양 측 수역으로 함에 있어서, 북위 25도 이북의 동지나해, 황해 및 동해는 무방하지만, 일본 태평양 측 수역이라는 표현은 좋지 않다고 일 측이 생각하고 있으므로 합의가 되지 않은 것으로 알고 있는데, 지금 말한 것은 전체 대상 수역이 합의되지 않았다는 것을 의미하는 것인지 또는 일본 태평양 측 수역을 넣는 것은 좋으나

그 표현이 적당하지 않다는 것을 의미하는 것인가?

무라타 주사: 어종에 따라서는 회유 범위가 큰 것이 있으므로, 그러한 어족에 관하여서는 태평양 수역도 문제가 될 수 있을 것이다. 그러나 대상 수역을 규정함에 있어서 구체적으로 태평양 수역이라고 말하게 되면 일본 '이와테 켄' 및 '미헤 켄' 등의 연안이 포함케 되므로, 그러한 지방의 어민은 관련이 없는 수역이 포함된다고 하여 이상하게 생각할 것이다. 대상 수역은 중요 어족의 회유로와 관련해서 문제가 되는 것이므로, '우야마' 심의관은 중요 어족이 회유하는 수역이라는 여유 있는 표현을 썼다고 생각한다.

지 수석: 쌍방 기록에 차이가 있는 듯하니 당시 회의에 참석한 남 위원과 나카무라 위원이 당시의 회의 경과를 off record로 이야기해 보면 좋겠다.

(약 10분간 남 위원과 나카무라 위원은 당시의 회의 내용에 관하여 이야기함.)

무라타 주사: 대상 수역의 한계가 pending으로 되어 있으니, 그 표현에 관하여는 추상적으로 하는 것이 좋겠다. 회의 진행을 '스피드 업' 할 것도 고려하여야 하는데 일측은 한국 측 제안에 약간의 이의도 있으니, 여기서는 대상 수역을 추상적으로 표현하여 "양국이 공동의 이해를 가지는 어족이 회유하는 수역"이라고 하고 자원론에 들어가는 것이 좋겠다고 생각한다.

지 수석: 거기에 차이가 있다. 그때는 비공식 회의였으므로 일본 측은 합의했던 것도 그런 의미가 아니라고 할 수도 있는 것이나, 지금 말한 것은 전체 수역에 대해서 표현을 다시 하자는 것인가, 또는 태평양 수역에 대하여서만 그렇게 표현하자는 것인가?

무라타 주사: 우리가 이해하고 있는 범위로서는 전체의 수역이 합의되지 않은 것은 아니며, 다만 일본 태평양 측 수역이라는 것은 그 연안 어민의 감정으로도 이상하게 느껴지며 자극을 주는 것으로 생각된다. 태평양 수역만이 미해결로 되어있는데, 회유성이 큰 어족에 관하여 논의할 때에, 개개의 논의에 따라 대상으로 하는 것은 무방하다고 생각하지만, 자원을 논하는 수역으로서는 '이것 이것이다'라고 하여 태평양 수역 전체가 들어가는 것은 형식상의 문제로서 이상하다. 따라서 형식상의 표현으로서는 대상 수역의 한계로서 태평양 수역은 피하여 주면 좋겠다. 그러므로 이를 구체적으로 표현하며, 제5차 회담 제6차 비공식 회의에서 '다카하시' 주사가 제안한 바와 같

이 북위 25도 이북의 동지나해, 황해, 일본해로 하고 기타의 수역에 대하여는 너무 형식론으로 말하는 것은 어색하다고 생각되므로 정의를 내릴 경우에는 '양국이 공통의 이해를 가지는 어족이 회유하는 수역, 예컨대 동지나해, 황해, 일본해'로 하는 것이 좋겠다.

지 수석: 그것은 너무 막연하다. 자원이 회유하는 범위가 들어간다는 것은 당연한 일인데, 이러한 대상 수역을 예를 들어 표현한다는 것은 우스운 일이며, 이것을 확실히 해두자는 것이다. 대상 수역의 한계를 이렇게 정해둔다고 해서 이것이 외부에 발표될 것도 아니요, 또 조약 표현에 들어가는 것도 아니니 어민이 이것을 알고 이렇다 저렇다 할 것이 아니므로, 대상 수역의 한계를 한국 측 표현 방식과 같이 확정하는 것이 좋다고 생각한다. 다시 말하겠는데, 일본 측은 일본 주변의 해역을 대상으로 하는 데에 합의하였고, 표현상의 문제만 합의되지 않았는데, 이것이 외부에 나갈 것도 아니니 그렇게 심각하게 생각하지 않아도 좋을 것이다.

무라타 주사: 한국 측이 일본 주변 해역을 포함시키자는 제의를 한 것은 사실이지만 합의된 것은 아니다. 거기에 견해 차이가 있는 것이다.

남상규 위원: 다시 한 번 5차 회담의 제6차 비공식 회의 시에 논의된 것을 상기하여 보면, 한국 측이 어류의 회유 경로상 한국 및 일본 주변 해역, 동해, 동지나해 및 황해를 결국에 있어서는 토의 대상으로 하여야 하니, 미리 구체적인 대상 수역을 광범위하게 정해두자고 한 데 대하여 일본 측은 반대가 없었고, 다만 그 표현 방식에 관하여서만 다음에 결정하기로 한 것으로 이해하고 있다.

지 수석: 요약하면 북위 25도 이북의 동지나해, 황해, 일본해까지의 표현은 일본도 반대가 없으나, 일본 태평양 측 수역에 관해서는 수역 자체에 관하여는 반대가 없지만 그 표현에 반대하였던 것이 아닌가?

무라타 주사: 그렇다.

지 수석: 그러면 수역 자체에는 반대가 없고 그 표현에만 이의가 있다면 대안을 내어보라.

무라타 주사: '우야마' 주사가 제안한 것을 간단히 하여 '양국이 공동의 이해를 가지는 어족이 회유하는 수역'이라고 하고, 나중에 자원을 토의하는 도중에 필요에 따라 기타의 수역도 논의하도록 하는 것이 좋겠다.

지 수석: 그것은 '북위 25도 이북의 동지나해, 황해, 동해 및 양국이 공동의 이해가 있는 어족이 회유하는 수역'이라고 하자는 것인가, 또는 전부의 수역을 포함하여 그렇게 하자는 것인가?

무라타 주사: 전부를 포함한 것이다.

지 수석: 그러한 표현은 전번보다 후퇴한 감이 있다. 그것보다는 전번 회의의 "북위 25도 이북의 동지나해, 동해, 황해 및 일본해"라는 표현이 더 구체적이다.

무라타 주사: 대상 수역을 구체적으로 고유 명사를 들어 한정하는 것보다는 추상적으로 그렇게 하는 것이 좋다고 생각한다.

지 수석: 여기에서 말하는 것은 제목의 설명이 아니다. 대상 수역의 한계를 어떻게 할 것인가 하는 것인데 지금 말한 일본 측의 표현은 전번보다 후퇴한 것이라고 생각한다.

무라타 주사: '우야마' 주사가 제안한 것은 수역이 국한되어 있으므로, 일본 태평양 측 수역도 들어갈 수 있도록 "예컨대"라는 부분을 삭제한 것이며, 논의를 진행시켜 나가는 도중에 필요에 따라 대상 수역을 확대할 수 있도록 한 것이 취지이다.

지 수석: 내가 이해하기로는, 전번 회담 시에 일본 측에서는 태평양 측 수역을 포함시키는 데에 합의하였고, 그 표현에 대해서만 합의를 보지 못한 것으로 생각하는데, 필요에 따라 이 수역을 논의한다는 것으로 하면 전번 회의 때보다 후퇴하는 것이 아니겠는가?

무라타 주사: 양국의 견해 차이인지 모르겠으나 대상 수역의 한계를 기계적으로 표현할 것은 아니라고 생각한다. 자원을 논하는 데 있어서 태평양 측 수역이 당연히 들어간다는 것은 아니고, 다만 특정 어족을 논할 때에 대상 수역으로 들어간다는 것은 이해할 수 있다. 따라서 대상 수역을 기계적으로 표현하지 않는 것이 좋을 것이다.

지 수석: 견해의 차이라고 생각한다. 자원이 회유하는 수역이라고 하면 대상 수역의 한계가 되지 않는다. 태평양 측 수역이라고 표현한 것은 일본 연안 측만 의미하는 것이며, 태평양의 전 수역을 포함하는 것은 아니다.

무라타 주사: 대상 수역이라고 할 때에 기계적으로 이것저것을 넣는 것은 적당하지 않으며, 자원을 논의해 가면서 관계 수역을 대상에 넣는 것이 좋다. 그런데 이것으로 시간을 끌게 되는데, 대상 수역이 자원론의 본질은 아니라고 생각한다. 다만 대상 수

역을 이것 이것이라고 규정하는 것은 부적당하다고 생각한다. 따라서 추상적으로 표현하자고 하였는데, 그것이 좋지 않으면 어떻게 할 것인가?

지 수석: 다음에 본질적인 주요 어족 문제도 있으니 그것이 끝난 후에 다시 논의하기로 하자. 이 대상 수역에 관하여서는 국제관례에 비추어 볼 때 심각한 문제가 없을 것으로 생각하니 그 당시 회의에 참석했던 '우야마' 주사가 다음 회의에 나오게 되면 다시 이야기할 수도 있으니 오늘의 토의는 5차 회담 당시에 논의된 원칙에 영향을 주지 않는 상태에 놔두고, 시간이 허락하면 다시 논의하는 것이 좋겠다.

무라타 주사: 신문 발표는 어떻게 하겠는가?

지 수석: 일 측이 안을 내보라.

무라타 주사: 자원론의 1 내지 7항목 중 제1항목의 대상 수역에 관하여 재차 상호 의견을 교환하였다고 하면 어떤가?

지 수석: 좋다. 다음 회의는 언제 할 것인가?

무라타 주사: 12월 8일(금요일) 오후 2시 30분에 하면 어떤가?

지 수석: 좋다.

목을 결정하고, 그 후에 내용 토의로 들어가야 한다고 제의하였다. 일 측은 항목 자체에 대하여는 반대가 없었으나, 각 항목이 가지는 의미에 대하여는 5차 회담 시부터 토의하여 왔고 아직 Pending이라고 이해하고 있는 것이다.

지 수석: 일 측이 말한 그대로이다. 그러니까 내가 말하는 것은 항목의 표제는 그대로 두고 토의 내용을 일 측이 말하는 주요 어족별 어업별 총어획량과 평균 어획량으로 하자는 것이다.

무라타 주사: 자원량의 표시 방법을 주요 어족별 어업별 총어획량과 평균 어획량으로 하자는 데 관하여 좋다고 말하였는데, 한국 측이 말하는 바를 보면 일 측이 이해하고 있는 바와 상이하는 점이 있으므로 다시 설명하겠다. 주요 어족의 자원량 표시 방법에 관하여는 그 내용에 들어가게 되면 이 위원회에서는 자료가 없어서 논의할 수 없으니, 과학적 Data에 의하여 그러한 목적에 적합한 전문가 회의에 의존하지 않으면 안 되므로, 여기서는 엄격한 의미의 자원량의 표시가 아니고 주요 어족별 어업별 총어획량과 평균 어획량이 어떻게 변화되어 나왔는가를 검토해 보자는 것이다. 따라서 표제를 그렇게 바꾸자고 한 것이다.

지 수석: 그러면 쌍방 생각에 차이가 있다. 과거에 제목에 관하여는 합의된 바 있는데 변경하자는 이야기인가?

우야마 주사: 제3항목에 관하여는 제5차 회담 당시 5월 16일에 예정되었던 회의에서 남 위원이 이야기하기로 되었었는데 하지 못하였다.

지 수석: 그것에 관하여는 금차 회담 제2회 회의에서 말하였다.

우야마 주사: 그렇다. 3, 4항목을 분리하는 데에 관하여 이야기하였고, 일 측 오쓰루 위원이 질문하였다.

지 수석: 그 다음 회의에서 일 측 의견이 나왔다.

우야마 주사: 그렇다. 일 측은 3 및 4항을 분리 토의하는 데에 동의하였지만 3항목은 주요 어업별 총어획량과 평균 어획량으로 하자고 한 것이다.

지 수석: '표제는 이미 합의되었으니 그 내용을 그렇게 하면 어떤가?'라고 해석하였다.

무라타 주사: 일 측이 제안한 바와 한국 측이 말하는 데에 차이가 있다.

지 수석: 그러면 그 점에 관하여 이야기하자.

무라타 주사: 자원량의 표시 방법이라는 자구 자체는 여러 가지 과학적 자료와 이론을 가지고 토의하지 않으면 오해가 일어날 우려가 있으니, 당초에 제안된 자원량의 표시 방법의 의미를 물은 후, 그 의미에 오해가 없도록 하기 위하여 주요 어업별 총어획량과 평균 어획량이라고 정정함이 어떠냐고 말하고 있는 것이다.

지 수석: 일 측은 너무 어렵게 생각하고 있는 것 같다. 자원에 관한 이야기를 하려면 자원량의 표시 방법이 당연히 나와야 하는데 오해가 있을 것을 염려한다면 예컨대 어떤 것인가?

무라타 주사: 지금까지의 회담에서 나 이외의 일본 측 위원이 말하였겠지만, 자원을 논할 때에 무엇으로 자원량을 표시할 것인가는 엄격하게 말하면 과학적인 Data에 기초하여 그 방면의 전문가가 토의하지 않으면 안 되는 것이며, 그러한 토의를 하려면 2, 3년은 걸리게 될 것이며 또 그 결과가 정확할 것인가도 알 수 없는 일이다. 이는 본 위원회의 목적과 멀어지며 또 그렇게 할 시간도 없는 것이니, 별도의 위원회에 맡겨야 할 것이다. 자원량을 숫자적으로 정돈된 것을 구한다는 것은 위원회 목적에 합치하지 않으므로, 일 측은 그 표제를 주요 어족별 어업별 총어획량과 평균 어획량으로 하자는 것이다.

논의를 하고 있으니 일 측에도 의문이 생겼는데, 질문하겠다. 전에도 지 대표가 설명하듯이 한국 측은 일 인망당 평균 어획량 또는 일 항해당 평균 어획량으로 하는 것이 어떠냐고 말하였는데, 한국 측은 그러한 것으로 중요 어족의 자원량을 표시하자는 생각인가?

지 수석: 그렇다.

무라타 주사: 그러한 점에 견해 차이가 있다. 일 측 견해로서는 일 인망당 평균 어획량 또는 일 항해당 평균 어획량으로써 자원량의 표시로 하려는 것은 너무나 비과학적이고 자연조건 및 생물학적 조건도 생각하지 않으면 안 되니 그러한 것만을 가지고 자원량을 표시한다는 것은 오해를 초래할 것이며 불완전한 것이라고 생각한다.

지 수석: 대답을 하기 전에 사고 방법을 정리하기 위하여 말하겠는데, 이러한 것은 제3항의 표제를 바꾸지 않고도 양국이 의견을 교환하면 되지 않는가? 표제를 반드시 바꾸어야 한다고 생각하는가?

무라타 주사: 지 대표가 말한 것은 잘 알겠는데 일본 측 주장을 되풀이하여 말하면,

자원을 논할 때에 일 인망당 어획량 또는 일 항해당 어획량을 가지고 자원량을 표시한다는 것 자체에 의문이 있는 것이다. 왜냐하면 일 인망당 어획량 또는 일 항해당 어획량만이 자원량을 표시하는 수단이 아니다. 따라서 오해가 생기면 안 되겠으므로 일 인망당 어획량 또는 일 항해당 어획량을 논의한다고 하더라도 그것은 자원량의 표시를 의미하는 것이 아니고, 다만 어획고의 변화를 의미하는 취지라면 좋다는 것이다. 한국 측으로부터 제안이 있었으므로 그러한 것을 논의하기 위하여서는 일 측이 제안한 바 있는 "주요 어족별 어업별 총어획량과 평균 어획량"으로 하면 과학적 또는 전문적인 오해가 일어나지 않게 될 것이다. 다시 말하겠는데 아마 지 대표 또는 남 위원도 일 인망당 어획량 또는 일 항해당 어획량으로써 자원량을 표시하는 데에 족하다고 생각하지 않을 것으로 생각한다.

지 대표: 그렇지 않다. 아 측 주장에는 변함이 없다. 회의를 '스피드 업' 하기 위하여 표제를 그대로 두고 토의 도중에 의견 차이가 나오면 그때에 논의하기로 하면 될 것이다. 자원량 표시 방법에 있어서 한일 간에 차이가 있다고 하여 제목을 바꿀 필요가 없다.

우야마 주사: 일 측도 회의 진행을 속히 하고 싶다. 그런 견지에서 지금까지의 논의를 들어보건대, 자원량의 표시 방법에 관하여 양측 생각에 차이가 있어서 합의를 보지 못하고 있는 것 같다. 이러한 것은 위원회에 합의의사록이 없기 때문에 발생하는 견해 차이에 기인하는 것이니, 지금까지 토의한 7개 항목에 관하여 양측의 주장한 바를 서면으로 만들면 어떤가? 국교가 정상화되더라도 어업 문제만은 남게 될 것이며 이 문제는 계속되어 나갈 것이다. 따라서 7개 항목에 관한 토의 경과를 기록에 남겨서 장래에 남게 하여야 할 것이다. 각 항목에 대하여 5, 6행 정도로 간단하게 기록해 두면 몇 년 후에 우리가 없더라도 참고가 될 것이다. 또 7개 항목을 시작하였을 때에 양해하기로는, 본 위원회에서 논의된 사항은 장차 양국의 수산 과학자가 토의하게 될 것이고, 그러한 토의에 병행하여 자원 조사도 하여야 할 것이라고 되어 있다. 합의의사록을 만들어 두면 그러한 때에 기준이 될 것이다.

지 수석: 7개 항목에 대한 토의 내용을 합의의사록으로 만들어 둔다는 것은 찬성이다. 내가 이해하기로는 7개 항목을 정하였을 때에는 항목의 순서로 토의를 하자고 합의한 것으로 알고 있다. 합의의사록을 만들지 않으면 양측 기록에 차이가 있을 수도

있으니 필요한 것이다. 그런데 지금 과학위원회 이야기가 나왔는데, 자원론 토의는 우리들 '레벨'에서 할 수 있는 범위 내에서 하기로 합의한 것이 아닌가?

우야마 주사: 이번 회담에서 하자는 말은 아니다. 국교가 정상화되더라도 어업 문제만은 계속될 것이며, 양국 과학자가 이를 담당하게 될 것이다. 이러한 계속 토의는 양국 어업에 서로 좋을 것이다. 지금 일소 간에 공동위원회가 있는데, 한일 간에 있어서는 그러한 공동위원회보다 더욱 밀접하게 하여야 할 것이다.

지 수석: 전에 나는 무라타 위원에게 7항목에 관한 양측 주장의 차이는 그대로 확인만 하여 두고, 회의를 '스피드 업' 하기 위하여, 본론에 담아 가자고 제안하였는바, 무라타 위원은 합의되지 않은 부분을 다시 토의하자고 말하여 회의가 지연되었다. 합의 의사록을 만든다는 것은 하나의 진전이니 그렇게 하기로 하자.

우야마 주사: 일 측 의견이 아직 종합되지 않았으니, 내가 제안한 대로 할 것인가에 관하여는 다시 상의한 후에 회답하겠다.

7항목에 관한 이야기는 전번 회의와 이번 회의로써 끝을 맺고 다음부터는 자원론으로 들어가고 싶다는 것이 지 대표의 희망이라고 하는데, 어떠한 범위로 자원론을 토의할 것인지에 관하여 생각을 듣고 싶다. 그런데 자원론을 하게 되면 많은 시일이 소요될 것인데, 양국의 교섭을 조기에 타결한다는 대국적인 견지에서 보면, 장시일을 소비한다는 것은 적합하지 않으므로, 가급적이면 자원론도 전체 회의에 지장을 초래하지 않도록 협력하여야 할 것이다. 그러한 의미에서 어느 정도의 자원론을 할 것인지 알고 싶다. 국교가 정상화된 후에도 어업 문제만은 계속되는 것이니 말썽이 없이 원활하게 하고 싶다.

전체적인 교섭을 언제 타결할 것인가에도 관련이 되므로 확정적인 이야기는 할 수 없겠지만, 1월에 재개할 때에 양국의 어업이 공동으로 발전하고 또 보존되기 위하여, 좀 더 실제적인 면에서 구체적으로 어떻게 하면 좋은가를 이야기하는 것이 좋겠다.

지 수석: 회담 전체에 관계되는 것이므로 나도 말할 수 없다. 원칙적으로 전체 회의에 보조를 맞출 수 있도록 노력하여야 한다. 그러나 자원을 보존하기 위하여 양국 어업에 관계되는 필요한 정도의 이야기를 한 후에 협정에 들어가는 것이 옳다고 생각되니 '스피드 업'에는 원칙적으로 이의가 없으나, 우야마 주사가 이야기한 바와 같이 양국의 견해를 정리하여 합의의사록의 형식으로 작성해 두는 것은 후일을 위하여서도

좋다고 생각한다.

1317   우야마 주사: 좋다.

지 수석: 그러면 양측에서 지금까지 주장한 바를 정리하여 서로 대조하고 기록에 남기기로 하자.

우야마 주사: 휴회까지는 2회의 위원회를 가질 수 있는데 무엇을 토의할 것인가?

지수석: 일 측에서 제안하여 주기 바란다.

우야마 주사: 다음 주에는 양측이 준비한 것에 대하여 서로 질문하고, 마지막 회의에서는 동일 문서상에 기록된 것을 만들기로 하자.

지 수석: 좋다.

우야마 주사: 내주 회의는 14일(목요일)에 하는 것이 어떤가?

지 수석: 좋다.

우야마 주사: 신문 발표는 자원론에 관하여 계속 토의하였다고 함이 어떤가?

지 수석: 좋다.

21. 제6차 한일회담 어업 및 평화선위원회 제7차 회의록

1324 **어업 및 평화선위원회 제7차 회의**
　　　회의록

1. 일시: 단기 4294년 12월 14일, 오후 3:00~3:45

2. 장소: 일본 외무성 제826호실

3. 참석자: 한국 측　수석위원　지철근
　　　　　　　위원　　　정태섭
　　　　　　　〃　　　　이규현
　　　　　　　〃　　　　남상규
　　　　　　　〃　　　　김정태
　　　　　　　〃　　　　신광윤
　　　　일본 측　주사　　우야마 아쓰시
　　　　　　　〃　　　　무라타 도요조
　　　　　　　보좌　　　나카무라 마사미치
　　　　　　　〃　　　　기도 요쓰오
　　　　　　　〃　　　　엔도 신지
　　　　　　　〃　　　　오쓰무 노리오
　　　　　　　〃　　　　사루타 다쓰오
　　　　　　　〃　　　　마에다 도시카즈
　　　　　　　〃　　　　하마모토 야스야
　　　　　　　〃　　　　호리 다이조

4. 회담 내용

우야마 주사: 금일 위원회 회의를 개최코자 한다. 전번 회의 시에 지난 2월부터 양국 대표단이 논의한 어업 문제, 특히 자원론에 관한 논의에 있어서 자기 측이 주장한 요점을 문서로 작성, 교환하여 기록에 남기자고 합의한 바에 따라 쌍방이 준비한 것을 내놓게 될 것인데, 금일은 이에 관하여 토의하기로 하자. 일 측 초안(별첨 2 참조)을 제시하였는데 이에 대하여 질문이 있으면 대답하겠으며, 일 측도 한국 측 초안(별첨 1 참조)에 대하여 약간의 질문을 하겠다.

지 수석: 회의 진행 방식에 대하여 동의한다. 한국 측 초안을 일본 측이 번역하였는데, 한국 측이 뜻하는 바가 그대로 반영되지 않은 점이 있으니 이를 수정한 후에 일 측 질문을 받기로 하겠다.

우야마 주사: 좋다.

지 수석: 전문 마지막 부분에 "한국 측의 주장에 영향을 주지 않는다"라고 되어있는데, 이는 "구속력을 가지는 것이 아니다"라는 뜻이며, 제7항 주요 어족별 해항 요인에 있어서 "…와 같이"라고 되어 있는데 이는 "…와 동양[同樣]히"라는 뜻이다.

무라타 주사: 한국 측 초안에 대하여 질문하겠다. 주요 대상 어족의 저어에 관한 것 중 "아마다이"라고 하였는데 이것은 '지다이'를 말하는 것인가? 전에 '아마다이'에 관하여 들은 바가 없으며, '지다이'에 관하여는 들은 일이 있다.

지 수석: 그것은 번역이므로 우리 측으로서는 확실한 이야기를 하지 못하겠다. 우리는 '옥돔'을 의미한 것인데, 조사해 보겠다. 우리말로는 '옥돔'인데, 이에 대응하는 일본어가 무엇인가가 문제이다.

무라타 주사: 제2항 주요 어족의 자원량 표시 방법에 있어서 "단위 어구에 의하여 일정한 시간에 어획한 평균 어획량으로 표시하는 방법을 채택하여"라고 하고 그 다음에 "저어는 일 인망당 평균 어획량, 부어는 일 항해당 평균 어획량을 어업별 및 어장별로 경년적으로 표시하고"라고 하였는데 전자와 후자와는 여하한 관련이 있는가?

지 수석: 단위 어구라고 말한 것은 Unit Effort를 말한 것인데, 어업별로 표시하려는 것이고, 전자는 후자의 표시 방법에 관하여 일반적인 개념을 설명한 것이다.

남 위원: 보충 설명하겠다. 제5차 회담 11차 비공식 회의에서 자원량 표시 방법에 대한 한국 측의 견해를 표시한 바 있는데, 한국 측은 표시 방법으로서 (1) 단위 어구에

의하여 일정한 시간에 어획한 평균 어획량의 크기로 표시하는 방법, (2) 어획 통계에 의한 자원량의 추산 방법, (3) 표시 방류 조사에 의한 자원량 추산 방법을 생각할 수 있으나 현 단계에 있어서는 (2) 및 (3)의 방법은 자료의 미비 및 실지 조사의 급속한 시행이 불가능하므로 (1)의 방법에 의하지 않으면 안 될 것이며, (1)의 방법에 의한다면 저어에 대하여는 대상 어족을, 경도 및 위도별로 어장을 각각 30분씩 구분하고 각 구획 내에서의 인망 횟수(트롤 및 기선 저인망 어업별)를 산출하여 일 망당 평균 어획량(톤수별, 시간별)의 경년 변화로 자원량을 표시하기로 하고 부어에 대하여는 어업별로 구분하여 선망 어업에 있어서는 일 투망당 평균 어획량을, 유망에 있어서는 단당 평균 어획량을, 일본조 어업에 있어서는 종어일당 평균 어획량을 자원량의 표시 방법으로 하자고 하였는데, 일 측은 관계 자료가 미비할 뿐 아니라 막대한 시간이 소요된다고 하여, 개괄적인 어업별 토의만을 하자고 제의하였던 것이다. 따라서 한국 측은 개괄적인 어업별 토의만으로써는 자원의 증감을 논의할 수 없다는 견지에서 (1)의 방법을 채택하되 자료 및 시간적인 견지에서 기본이라고 생각되는 방법으로써 여기에 표시된 후단 부분의 방법을 제시하기에 이르렀던 것이다.

지 수석: 다른 질문이 있는가?

우야마 주사: 없다. 일본 측에 대하여 한국 측의 질문이 없는가?

지 수석: 제2항에서 "이와시"라고 한 것은 '마이와시'를 말하는 것인가, 또는 '이와시' 전체를 말하는 것인가?

무라타 주사: 전체를 말하는 것이다.

남 위원: 제2항 주요 어족의 자원량 표시 방법에 있어서 "어획량과 어획 노력량에 관한 자료만으로써는 자원량을 명백히 할 수 없다"라고 하였는데, 그러한 사정이 적용될 수 있는 범위에 관하여 어떻게 생각하는가?

나카무라 위원: 후단에서 "생물학적 요인과 자연조건 등을 포함하여"라고 되어있는데, 그러한 조건을 고려에 넣고 전문가 레벨에서 검토하자는 이야기이다.

남 위원: 전체 어종이 전부 그렇다는 말인가, 또는 특종 어종만이 그렇다는 말인가?

나카무라 위원: 이론적으로는 실제 어업이 어떤 규모로 행하여지고 있는가의 사실과 관련 있는바, 어족에 따라서는 상당한 범위까지 이야기될 수 있으나, 다른 어족에 있어서는 그렇지도 않다. 추상적이지만 일반적으로는 그렇게밖에 표현하지 못한다.

남 위원: 문맥상으로 보면 전단에 "…할 수 없으며"라고 하고 후단에 "…과학자 레벨에서 검토한다…"라고 되어 있으니, 일반적으로 그렇다는 의미가 아닌가?

무라타 주사: 일반적으로 어획량과 어획 노력량만으로써 해결할 수 없다는 것을 의미한다.

남 위원: 그러나 대체적인 범위는 필요한 것이다. 예를 들면, 한국 측은 평균 어획량과 어획 노력량만으로써 자원을 명백히 하려는 것은 아니다. 저어를 경년적으로 가능한 자료를 가지고 고찰하면 하나의 '커브'가 얻어질 것이다. 그러한 경우에 그것이 생물학적 및 자연적 조건 등을 가미하여 고려하지 않았다고 하여, 일종의 경향조차 의미하지 않는다고 생각하는가? 우리는 이러한 경향을 포착하려는 것이다.

지 수석: 국제적인 관례가 있으므로, 합리적이고 국제관례에 기준하여 자원론을 논의할 때에 논의토록 하자.

우야마 주사: 후에 일 측 초안에 대한 질문이 있으면 연락하여 주기 바란다.

지 수석: 좋다. 그런데 문서를 어떠한 형식으로 작성할 것인가?

우야마 주사: 전에는 양측 주장을 한데 기록한 표를 만들었으면 하였으나, 지금 것으로도 좋다고 생각한다. 따라서 합의의사록의 형식으로 하지 말고 '토의의 기록'의 형식으로 하자.

지 수석: 그럼 쌍방이 준비하였다가 다음 회의 시에 교환하기로 하자.

우야마 주사: 다른 이야기가 있는가?

지 수석: 없다.

우야마 주사: 다음 회의는 언제가 좋은가?

지 수석: 일 측 형편에 따르겠다.

우야마 주사: 20일 오후 3시가 어떤가?

지 수석: 좋다.

우야마 주사: 내년 회의는 1월 16일에 재개될 예정이며, 휴회일이 3주간이나 있으니 그동안 무엇을 생각해 둘 것인가를 다음 회의에서 논의하기로 하자.

지 수석: 자원론 본론에 들어가게 될 것이 아닌가?

우야마 주사: 회담 전체에 관한 운영과 관련되는 이야기인데, 회담을 조속히 타결시키자는 방향이므로 양국 어업을 어떻게 규제하는가에 관한 문제점을 생각해 두는 것

이 좋지 않을까 생각한다.

지 수석: 우리로서는 자원론을 계속하는 것으로 양해하고 있다.

우야마 주사: 그러면 자원론을 계속하게 되겠지만, 자원론을 함에 있어서 본 위원회가 이야기를 어떻게 종결지을 것인가에 관하여 서로 생각해 두는 것이 유익할 것이므로 다음 회의에서 일 측 생각을 말하겠다.

지 수석: 우리는 전부터 자원론을 준비하고 있으며 별도의 훈령을 받지 않았으니 자원론을 계속할 수밖에 없다.

우야마 주사: 자원론을 하더라도 어떻게 하는가에 달려있는데, 이것에 관하여는 다음 회의에서 이야기하겠다.

지 수석: 신문 발표는 어떻게 할 것인가?

우야마 주사: 지금까지 토의한 것을 정리해 가면서 자원론을 계속하였다고 함이 어떤가?

지 수석: 좋다.

24. 제6차 한일회담 어업 및 평화선위원회 제8차 회의록

1333 **어업 및 평화선위원회 제8차 회의**
회의록

1. 일시: 단기 4294년 12월 20일 오후 3:05~3:40

2. 장소: 일본 외무성 제234호실

3. 참석자: 한국 측 수석위원 지철근
            위원   정태섭
            〃   이규현
            〃   박상규
            〃   김정태
            〃   신광윤
      일본 측 주사   우야마 아쓰시
            〃   무라타 도요조
            보좌   나카무라 마사미치
            〃   기도 요쓰오
            〃   사루타 다쓰오
            〃   오쓰루 노리오
            〃   엔도 신지
            〃   마에다 도시카즈
            〃   하마모토 히사야
            〃   호리 다이조

4. 회담 내용

우야마 주사: 오늘은 전번 회의에서 말한 바와 같이 7개 항목에 대한 토의 요점을 기록한 것을 준비하였으니 그것을 교환하도록 하자.

지 수석: 서로 약속한 바 있어 우리 측도 준비하였으니 교환하자.

우야마 주사: '이니셜'이 필요한가?

지 수석: 필요 없다고 생각한다.

(견해 요록 교환.)

우야마 주사: 다른 이야기가 있는가? 없으면 다음 본회의에 제출할 보고서에 관한 것인데, 각 위원회에서 토의한 결과를 요약해서 보고서를 본회의에 제출하고 또 신문에도 그 내용을 발표하기로 되어있다고 이해하고 있다. 그렇게 하는 것은 내년에 회담을 조속히 타결하려고 할 때 각 위원회의 성과를 외부에 발표하여야 하는데 그때에 갑자기 발표하게 되면 국민에게 이상한 감을 줄 염려도 있기 때문이다.

지 수석: 나도 이야기는 듣고 있는데 우야마 대표가 초안을 만들어 우리 측 정 대표와 상의하여 일괄 작성한다는 것으로 알고 있다.

우야마 주사: 그렇다. 내일 만나게 되는데, 전체적인 초안을 오늘 오후에 한국 측에 제시하겠지만 우선 본 위원회에 관한 것만 가지고 왔으니 검토해 주겠는가?

지 수석: 그럼 일괄 작성 중의 일부로 '어드밴스'하는 것으로 하고 이에 관한 '코멘트'는 돌아가서 검토하여 정 대표를 통해서 하도록 하겠다.

우야마 주사: 다른 의제가 있는가?

지 수석: 없다.

우야마 주사: 내년 1월 16일에 회담이 재개될 것인데, 그동안 3주일의 휴회 기간 중에 서로 생각해 둘 것이 있다고 보는데 한국 측에서도 생각해 두면 좋겠다. 국교가 정상화되려면 어업 문제뿐만 아니라, 회담 전반에 관한 이야기가 끝나야 될 것으로 아는데, 그렇게 될 때 어업 및 평화선에 관한 문제를 어떠한 원칙하에 결말을 지으면 좋을 것인가를 일 측은 생각하고 있는데 이 점에 대하여 한국 측에서도 생각해 두면 좋겠다. 여기서 말하는 것은 어업협정 조문의 '조문(아티클)'이나, '규정(프로비전)'에 관해서는 나중에 하더라도 '그 내용을 어떠한 것으로 할 것인가?'라는 것을 의미하는 것이다. 일 측으로서는 작년 12월 15일의 비공식 회의에서 '일한어업협정에 관한 일본

측의 생각'이라는 것을 제시하였는데, 거기에 일 측으로서는 문제가 될 점을 내어놓았다. 현재의 대표단에서도 그 당시의 생각을 그대로 가지고 있는 것은 아니지만, 어업위원회에서 문제점이 무엇인가를 이러한 것을 기준으로 생각해 보는 것이 어떻겠는가? 한국 측에서 이에 대한 의견을 말해주면 좋겠다. 예컨대, 그 가운데에도 불필요한 것, 수정해야 할 것, 또는 보충해야 할 것이 있을는지도 모른다. 대상 어업에 있어서도 일 측으로서는 4종의 어업만 들었는데, 7항목에 관하여 토의할 때 한국 측으로서는 더 많은 어업을 대상으로 하려는 것으로 의견이 합치되지 않은 점도 있었지만 이러한 각 사항에 대한 한국 측의 생각을 정리해 들어두면, 1월에 회의가 재개될 때 편이하지 않겠는가?

지 수석: 회담 전체의 진전에 관해서 우야마 대표는 전체회의에 관계하고 있으니 알겠지만, 나로서는 어업위원회에만 관계하고 있으니만치 현 단계에서 이야기할 수 있는 것은 자원론을 토의한다는 것이 전차 회담 때에 김 대표와 우야마 대표 간에 합의가 되어 지금 그 기초가 될 문제에 관해서만 토의가 끝나는 마당에서 바로 협정에 관한 이야기를 할 수가 없을 것이고 당연히 자원 본론으로 들어가야 할 것으로 안다. 결국에 가서는 어업협정에 들어가게 되겠지만, 내가 이해하고 있기에는 작년 12월 15일에 일 측이 제시한 '일한어업협정에 관한 일 측의 생각'을 제안하여 그 안에 대하여 논의하다가 결국 자원론을 하기 위한 그 기초에 관하여 지금까지 논의가 계속되었는데, 이것을 새삼스럽게 되풀이하자는 것인가?

우야마 주사: 그렇지 않다. 지 대표가 말하는 바와 같이 거년 이 서류를 낼 때에는 본 위원회에서는 무엇을 어떠한 방법으로 토의하는 것이 적합할 것인가를 몰라서 헤매고 있을 무렵에 김(윤근) 대표와 이야기한 결과, 그 당시 합의한 것이다. 일 측이 제출한 '일한어업협정에 관한 일 측의 생각'이라는 것에 의하지 않고 좀 더 빠른 것을 모색하는 가운데, 7항목에 관한 논의를 하자는 것이 실마리가 되었던 것으로 안다. 지금 말한 것은 1월에 곧 일 측이 그때 제시한 '일한어업협정에 관한 일 측의 생각'을 이야기하자든가 하는 뜻이 아니고, 또 각 위원회가 아직 그러한 단계에 도달된 것도 아니니 전체적인 이야기는 아직 될 수 없을 것이므로, 이와 같은 문제를 생각해 달라는 것이다.

지 수석: 요컨대 빨리 하자는 데는 동의하는데, 그렇기 때문에 약 1개월 전에 7항목

에 관한 이야기가 일단 끝났으니 재토의를 하지 말고 본론을 하자고 하였던 것이다. 다른 위원회와 보조를 같이하기 위해서 노력해야 한다는 기본 '아이디어'에는 변함이 없다.

우야마 주사: 전반적인 회의 운영에 관해서 이야기가 되지 않으면 곤란하겠지만 최종적인 협정 조문에 관한 이야기를 하기 전에 다른 것을 이야기해 나가야 할 것이라고 할 때 한국 측은 무엇을 이야기할 생각인가?

지 수석: 가상적으로 그러한 생각 아래 이야기해 달라는 것인가?

우야마 주사: 그렇다.

지 수석: 그런 것은 그때 당면하여 이야기하는 것이 좋겠다.

자원에 관한 기초적인 이야기가 끝났으니 시간이 어떻게 될지는 모르겠으나, 여러 기술자들 생각도 그러한 것으로 하는데, 어족 자원에 관한 이야기를 좀 더 하고 자원에 관한 기초를 닦아놓아야 협정에 관한 이야기가 될 것으로 안다. 아 측으로서는 처음부터 '스피드 업' 하려고 노력하였던 것이다.

우야마 주사: 잘 안다. 동남아 출장에서 귀국하여 그간의 회의 기록으로 잘 알고 있다.

지 수석: 서로 잘하도록 하자.

우야마 주사: 내가 이야기하려는 것도 그것이다.

더 이야기할 것이 없겠는가?

지 수석: 없다.

신문 발표는 어떻게 할 것인가?

우야마 주사: '자원론의 기초가 되는 항목을 계속 토의하였으며, 지금까지 토의한 양국의 견해 요점을 기록한 것을 쌍방 교환하였다'고 하는 것이 어떻겠는가?

지 수석: 좋다.

별첨

24-1. 제6차 한일회담 어업 및 평화선위원회 제8차 회의 시 일본 측 견해 요록

日韓会談漁業および「平和ライン」委員会における7項目に関する日本側見解要録

昭和36年12月20日

　昭和36年3月7日開催された第5次日韓全面会談予備会談漁業および「平和ライン」委員会の第5回非公式会合において, 韓国側は資源論を論ずる際の一般原則の定めるためとして, 7項目を提案し, 日本側も, これに関する討議を行なうことに同意した. この討議は, 同日の会合より, 5月9日の第14回非公式会合まで行なわれたが, さらに第6次日韓全面会談の漁業および「平和ライン」委員会に引きつがれ, 12月8日の第6回会合まで続けられた. 以下はこの討議を通じて, 日本側が, 7項目に関して示した見解の要点をまとめたものである.
　なお, この要録は, 前記のとおり行なわれてきた一連の討議の記録のために作成されたものであって, 日本側としては, ここに示された日本側見解により将来にわたって拘束されるものではないことを念のため付言する.

(1) 対象水域の限界
　「両国が共通の利害関係を有する魚族の回遊する水域」例えば東支那海, 黄海, 日本海とし資源に関する討議にあたり対象とする魚族の種類によってはその他の水域にも及ぶことがある.

(2) 主要対象魚族
　浮魚については, アジ, サバ及びイワシとし, 底魚については, トロール漁業及び機船底びき網漁業により漁獲される主要魚種とし, いずれも両国が合意したものとする.

(3) 主要対象魚族の資源量の表示方法

この項目の内容について, 韓国側の説明を伺ったが, 漁獲量と漁獲努力のみを手掛りとして, 手持ちの資料から資源量を明らかにすることはできず, 生物学的要因や自然条件等を含めて科学者のレベルにおいて検討することが必要であると考える. 従って, 「主要対象魚族の主要漁業別漁獲量と平均漁獲量の変化」という題目で話を進めて行くことが妥当である.

(4) 主要漁具別漁獲強度

漁獲努力については, 底魚関係については隻数, トン数, 馬力数及び曳網回数の経年変化とし, まき網, 一本釣, 刺網関係については, 隻数, トン数及び航海数とする.

(5) 主要漁具別漁獲強度

原則として, 底魚については機船底びき網漁業及びトロール漁業, 浮魚については, まき網漁業及びさば釣漁業とする.

(6) 主要対象魚族の産卵場及び時期, 越冬水域等

(7) 主要対象魚族別海況要因

(6), (7)の2項目については, 主要対象魚族の討議にあたり必要に応じて, その回遊状況, 海況等につき, 随時検討を行なうこととする.

번역 일한회담 어업 및 '평화선' 위원회에서의 7항목에 관한 일본 측 견해 요록

1961년 12월 20일

1961년 3월 7일 개최된 제5차 일한전면회담 예비회담 어업 및 '평화선' 위원회의 제5차 비공식 회의에서 한국 측은 자원론을 논의할 때 일반 원칙을 정하기 위해 7가지

항목을 제안했고, 일본 측도 이에 관한 논의를 하기로 합의했다. 이 논의는 같은 날 회의부터 5월 9일 제14차 비공식 회의까지 진행되었으며, 이후 제6차 일한전면회담의 어업 및 '평화선'위원회로 이어져 12월 8일 제6차 회의까지 이어졌다. 아래는 이 논의를 통해 일본 측이 7개 항목에 대해 제시한 견해의 요점을 정리한 것이다.

이 요록은 앞서 언급한 바와 같이 진행된 일련의 논의의 기록을 위해 작성된 것이며, 일본 측으로서는 여기에 제시된 일본 측 견해에 의해 향후 구속되는 것이 아님을 밝혀둔다.

(1) 대상 수역의 한계

'양국이 공통의 이해관계를 가지는 어류가 회유하는 수역', 예를 들어 동중국해, 황해, 일본해이며, 자원에 관한 논의에 있어 대상 어류의 종류에 따라서는 그 외의 수역에까지 확대될 수 있다.

(2) 주요 대상 어족

부어에 대해서는 전갱이, 고등어 및 정어리로 하고, 저어에 대해서는 트롤 어업 및 기선 저인망 어업에 의해 어획되는 주요 어종으로 하며, 모두 양국이 합의한 것으로 한다.

(3) 주요 대상 어종의 자원량 표시 방법

이 항목의 내용에 대해 한국 측의 설명을 들었으나, 어획량과 어획 노력만을 단서로 하여 보유한 자료로는 자원량을 밝힐 수 없으며, 생물학적 요인과 자연조건 등을 포함하여 과학자 수준에서 검토할 필요가 있다고 생각된다. 따라서 '주요 대상 어종의 주요 어종별 어획량과 평균 어획량 변화'라는 제목으로 이야기를 진행하는 것이 타당하다.

(4) 주요 어구별 어획 강도

어획 노력에 대해서는 저어 관계는 척 수, 톤수, 마력 수 및 예인망 횟수의 연도별 변화로, 그물망, 외줄낚시, 자망 관계는 척 수, 톤수 및 항해 횟수로 한다.

(5) 주요 어구별 어획 강도

원칙적으로 저어에 대해서는 기선 저인망 어업 및 트롤 어업, 부어에 대해서는 자망 어업 및 고등어잡이 어업으로 한다.

(6) 주요 대상 어종의 산란장 및 시기, 월동 수역 등

(7) 주요 대상 어종별 해황 요인

(6), (7)의 2항목에 대해서는 주요 대상 어종의 논의에 있어서 필요에 따라 그 회유 상황, 해황 등에 대해 수시로 검토를 실시한다.

24-2. 제6차 한일회담 어업 및 평화선위원회 제8차 회의 시 한국 측 견해 요록

한일회담 어업 및 평화선위원회에 있어서의 7항목에 관한 한국 측 견해 요록

단기 4294년 12월 20일

단기 4294년 3월 7일 개최된 제5차 한일회담 예비회담 어업 및 평화선위원회의 제5회 비공식 회담에서 한국 측은 자원을 논의하는 일반 원칙을 정하기 위하여 7항목을 제안하며, 일본 측도 이에 감안하여 토의를 해나갈 것에 동의하였다.

이 토의는 동일의 회담부터 5월 9일의 제14회 비공식 회담까지 진행되고, 다시 제6차 한일회담 어업 및 평화선위원회에 인계되어, 12월 8일의 제6회 회담까지 계속되었다.

이하는 이 토의를 통하여 한국 측이 7항목에 감하여 표시한 견해의 요점을 통합한 것이며, 이 요지는 상기와 여히 진행되어 온 일련의 토의 기록을 위하여 작성된 것이며, 한국 측은 이에 표시될 한국 측 견해가 장래의 한국 측 주장을 구속하지 않는다는 것을 부언한다.

기

1. 대상 수역의 한계
대상 수역은 '북위 25도 이북의 동지나해, 황해, 동해(일본해) 및 일본 태평양 측 수역'으로 한다.

2. 주요 대상 어족
부어와 저어로 구분하여, 각각의 대상 어족을 다음과 같이 한다.
부어: 고등어, 전갱이, 정어리, 방어, 청어
저어: 돔(참돔, 황돔, 옥돔), 보구치, 참조기, 연어, 넙치, 성게, 달강어, 새우, 상어, 대구, 명태

단, 양국으로부터 제안된 어족을 기준으로 하여 토의하되, 필요에 따라 추가 또는 생략기로 한다.

3. 주요 어족의 자원량 표시 방법

(1) 단위 어구에 의하여 일정한 시간에 어획한 평균 어획량으로써 표시하는 방법을 채택하며, 저어는 일 인망당 평균 어획량, 부어는 일 항해당 평균 어획량을 어업별 및 어장별로 경년적으로 표시하여, 어족별로 자원의 동태를 파악하기로 한다.

(2) 경년적으로 표시된 결과가 상기 이외의 요소에 의하여 재검토되어야 할 경우에는 쌍방이 상의하여 고려하기로 한다.

4. 주요 어구별 어획 강도

어선의 척 수, 톤수, 마력 수, 인망 횟수 또는 항해 수로써 어획 강도를 표시하기로 하되, 어구의 구성, 규모, 재질, 부어구 및 조망 조건 등도 고려에 넣어가면서 토의한다.

5. 주요 대상 어업의 종류와 어기별 어장

(1) 어업의 종류는 기선 저인망, 트롤, 선망(기선 굴착망), 일본조, 타뢰망, 유자망, 안강망 및 연승 어업으로 한다.

(2) 어기별 어장은 어족별 자원을 토의할 때, 필요하면 수시로 개괄적인 자료에 의하여 토의하도록 한다.

6. 주요 대상 어족의 산란장 및 시기, 월동 수역 등

7. 주요 대상 어족별 해당 요인

6 및 7항목은 5항목의 어기별 어장과 같이, 주요 어족의 자원을 논의할 때 필요에 따라 수시로 토의하도록 한다.

25. 제6차 한일회담 어업 및 평화선위원회 진행 방안 협의 결과 보고 전문

1347   번호: JW-01465

일시: 311640 [1961. 1. 31]

수신인: 외무부 장관 귀하

어업 및 평화선위원회의 금후의 진행 방법에 관하여 금일 31일 9시부터 2시간 30분에 걸쳐 '가유회관'에서 지철근 대표, 정일영 대표 및 김정태 전문위원과 함께 '우야마, 무라마' 양 대표와 '야나기야' 사무관과 회동하였는바 그 결과를 아래와 같이 보고함.

1. 일본 측은 먼저 제5차 회담 중에 아 측에 대하여 제시한 바 있는 소위 '어업 문제에 관한 고려사항(강가에 가타(かんがえかた))'에 대하여 한국 측이 어떻게 생각하느냐고 묻기에 아 측은 그러한 것이 토의의 대상이 되지 못한다는 것은 작년 연말에 이미 명백히 해둔 바라고 말하고 어디까지나 어업 자원론을 충분히 토의하고 어업협정을 논의할 것이라는 종래의 주장을 되풀이하였음. 그러자 일본 측은 어업 문제만이 가장 뒤떨어진 감이 있는데 어떻게 할 생각이냐고 물었음.

2. 이리하여 회담의 전체적 진행 상태에 따른 어업 문제 토의라는 전제하에 자원론과 어업협정을 어떤 단계로 구분하여 회담을 진행시킬 것인가 하는 것이 논의의 초점이 됐는바 일본 측은 2월 말까지에 어업협정에 필요한 자원론 토의와 아울러 어업협정에 관한 여러 원칙에 협의하여야만 5월 중에 이루어질 회담의 전면적 타결에 따라갈 수 있을 것이라고 주장하고 아 측에서는 자원론만이라도 2월 말까지라는 단시일에 토의를 완료한다는 것은 어려우며 한편 어업협정안이라는 것은 절충에 그렇게 장시일을 요하지 않을 것이라는, 이를테면 한 달이면 족할 것이라고 주장하였음.

3. 위와 같이 대립된 쌍방 주장이 오랫동안 계속되었으며 일본 측의 생각으로서는 3월에 있을 정치회담에 있어서 어업 문제도 어느 정도 고려되지 않겠느냐고 말하였으며 아 측에서는 앞으로 있을 정치회담에서 어업 문제까지 논의된다고는 이해하지 않고 있다고 말하고 "기실 청구권과 어업 문제의 토의 진행을 꼭 결부시킬 것은 아니며 어떻든 간에 5월 말이라는 목표하에 다른 문제와 더불어 각 위원회끼리 진행시키면 될 것으로 생각한다. 사실상 문제로서 2월 말까지에 자원론과 어업협정에 대한 원칙 문제에 합의를 기도한다는 것은 시간적으로 불가능할 것이다"라고 주장하여 빨라도 3월 중순경에라야만 쌍방에서 협정안을 제출하여 토의할 수 있을 것이라고 강경히 주장함으로써 결국 일본 측도 이에 동의하게 된 것임.

그러나 일본 측은 마지막에 가서 상부와 상의해 보겠다고 말하였음.

4. 이와 같은 협의가 이루어진 후 다음 회합으로서 내주 수요일(2월 7일)을 정하고 어업협정에 필요한 자원론의 범위를 토의하였음.

5. 한편 금일 회합의 벽두에 '평화선을 철폐하고 어업협정을 체결할 것을 희망한다'라는 요지의 문서를 아 측에 수교하고 "본국 정부의 의사를 타진해 달라"라는 요청을 하기에 아 측은 그러한 요청을 즉석에서 거부하고 그와 같은 요구를 이 자리에 와서 하는 것은 회담 전체를 파괴할 우려가 있다고 반박하자 어쨌든 TAKE-NOTE해 달라는 주장을 되풀이하므로 "참고 삼아 받아두겠다"라는 양해하에 이를 받았음.

(차 문서는 전성숙 사무관 편으로 송부 위계임.)

6. 남상규, 신광윤 양 전문위원을 2월 3일까지 파견할 것을 요청함.

수석대표

별첨

25-1. 평화선 철폐 및 어업협정 체결을 요구하는 일본 측 문서

漁業および「平和ライン」委員会

1962. 1. 31

1. 日韓両国間の漁業に関する懸案を解決し, 両国漁業が深い関心を有する海域において平和の中にともに操業することを期するためには, (イ)いわゆる「平和ライン」の徹廃と(ロ)漁業協定の締結が必要である. このことは, 同時に日韓全面会談の早期妥結のために不可欠なことである.

2. 日本側としては, 日韓両国代表間において, 上記1. (イ)および(ロ)の実現のための諸原則について, 出来るだけ早く満足すべき合意に達することを衷心より希望している.

よって, 日本側は, 漁業および「平和ライン」委員会において, 漁業協定締結のための諸原則を探求するための話合を開始し, それに必要な範囲において資源に関する審議をも併せて行なうことを提案する.

번역 어업 및 '평화선' 위원회

1962년 1월 31일

1. 일한 양국의 어업에 관한 현안을 해결하고, 양국 어업이 깊은 관심을 가지고 있는 해역에서 평화롭게 함께 조업할 수 있도록 하기 위해서는 (가) 이른바 '평화선'의 철폐와 (나) 어업협정의 체결이 필요하다. 이는 동시에 일한전면회담의 조속한 타결을 위해서도 필수적이다.

2. 일본 측으로서는 일한 양국 대표 간에 상기 1. (가) 및 (나)의 실현을 위한 제 원칙에 대해 가능한 한 빨리 만족할 만한 합의에 도달하기를 간절히 희망하고 있다.

따라서 일본 측은 어업 및 '평화선'위원회에서 어업협정 체결을 위한 제 원칙을 모색하기 위한 협의를 시작하고, 이에 필요한 범위에서 자원에 관한 심의를 함께 진행할 것을 제안한다.

28. 제6차 한일회담 어업 및 평화선위원회 제9차 회의록

1353 **어업 및 평화선위원회 제9차 회의**
　　　　회의록

1. 개최 일시: 1962. 2. 7 오후 3시부터 3시 35분까지

2. 회의 장소: 일본 외무성 제234호실

3. 참석자: 한국 측 지철근　수석위원
　　　　　　　　　이규현　위원
　　　　　　　　　남상규　　〃
　　　　　　　　　김정태　　〃
　　　　　일본 측 무라타 도요조　주사
　　　　　　　　　우야마 야쓰시　　〃
　　　　　　　　　기도 요쓰오　　보좌
　　　　　　　　　나카무라 마사미치　〃
　　　　　　　　　야나이 쇼지　　〃
　　　　　　　　　사루타 다쓰오　　〃
　　　　　　　　　오쓰루 노리오　　〃
　　　　　　　　　엔도 신지　　〃
　　　　　　　　　오와다 히사시　　〃
　　　　　　　　　하마모토 야스야　　〃
　　　　　　　　　호리 다이조　　〃

4. 토의 내용

우야마 주사: 2월 말까지 하게 될 자원론을 어떻게 진행시킬 것인가에 관하여 상의하고자 한다. 2월 말까지 3주일밖에 남지 않았으므로 주 1회 회의로써는 부족할 것이니 전문가 회의도 개최하는 것이 좋다고 생각한다. 자원론 토의 방법에 관하여 '무라타' 주사가 이야기하겠다.

무라타 주사: 단기간 내에 자원론을 끝마쳐야겠는데, 자원론을 진행시키기 위하여서는 토의할 어종, 어업 종류, 대상 수역을 정해야 될 것이다. 우선 부어에 관해서 토의하기로 하고 부어의 어종, 어업 종류, 대상 수역 등부터 토의해 나가는 것이 좋다고 생각한다.

지 대표: 어종, 어업 종류, 대상 수역 등은 7개 항목을 토의할 때에 이미 논의된 것으로 의견 일치를 볼 수 없었는데, 그것을 다시 토의한다 하더라도 진전을 볼 수는 없을 것이다. 따라서 양측이 자원에 관하여 자유로운 입장에서 생각하고 있는 바를 말해가는 식으로 토의를 진행시키는 것이 좋으며, 어떤 것부터 토의해 나갈 것인가 하는 점에 구애되지 않는 것이 좋겠다.

무라타 주사: 어종, 어업 종류, 대상 수역은 중요한 것인데, 하나하나에 관하여 의견을 교환하게 되면 시간이 너무 오래 걸린다. 어족의 자원 상태가 어떻게 되어있고, 어업을 어떻게 해야 할 것인가를 토의해야 하는바, 따라서 양국 어업의 현황을 알기 위하여 통계 등의 자료를 서로 내놓는 것이 어떤가?

지 대표: 자료를 제시한다 하더라도 그것을 어떤 원칙에 맞추어서 검토해야 한다면 시간이 많이 걸리게 된다. 원칙을 세워놓고 토의하는 방식을 취할 것이 아니라 자원에 관한 양측의 생각을 적당한 순서로 말해나가면 좋을 것으로 생각한다. 예를 들면, 부어 3종에 관한 일본 측의 견해는 이러이러하다고 말하고, 이에 대하여 한국 측은 필요한 다른 어종을 더 포함시켜 의견을 말하면 될 것이다. 원칙 하나하나에 관해서 말하면 끝이 없다.

무라타 주사: 그러면 한국 측이 말하고 싶은 것을 먼저 이야기하기 바란다. 그러면 일 측 전문가도 토의 진행 방법을 짐작할 수 있게 될 것이다.

남 위원: 회의를 한두 번 해보면 알게 될 것이다. 전에 토의한 7개 항 중 제2항은 어종에 관한 것인데, 각 어종에 관하여, 예를 들면 '도미'류에 관하여, 자원의 분포, 경년

적 변동 실태, 해구별 실태, 어획 강도 등을 과거의 어획량에 관한 통계와 연결시켜 검토하자는 것이다.

무라타 주사: 그러면 다음 회의에서는 한국 측이 이야기해 달라. 다음 회의에서는 무엇을 이야기하겠는가?

남 위원: '도미'류에 관하여 이야기하겠으며, 시간이 있으면 '조기'류에 관하여도 이야기하겠다. 일 측도 이에 관한 자료를 준비해 주기 바란다.

무라타 주사: 다음 회의는 언제 할 것인가?

지 대표: 일 측 형편대로 하자.

무라타 주사: 2월 7일로 하자.

지 대표: 좋다.

우야마 주사: 오늘 회의의 발표는 어떻게 할 것인가?

지 대표: '자원에 관한 의견의 교환을 시작하였다'고 하자.

끝

31. 제6차 한일회담 어업 및 평화선위원회 제10차 회의록

1359　**어업 및 평화선위원회 제10차 회의**
　　　회의록

1. 개최 일시: 1962. 2. 15 하오 3시부터 4시 15분까지

2. 개최 장소: 일본 외무성 회의실(235호실)

3. 참석자: 한국 측　지철근　　수석위원
　　　　　　　　　남상규　　　위원
　　　　　　　　　신광윤　　　〃
　　　　　　　　　이기현　　　〃
　　　　　　　　　김정태　　　〃
　　　　　일본 측　나카무라(中村)　주사대리
　　　　　　　　　사루타(猿田)　　보좌
　　　　　　　　　오쓰루(大鶴)　　〃
　　　　　　　　　마에다(前田)　　〃
　　　　　　　　　하마모토(浜本)　〃

4. 토의 내용

　마에다: 무라타 및 우야마 양 주사는 오늘 국회 예산 심의에 참석하였기 때문에 오늘 회의에 참석 못 하고 '나카무라' 위원이 주사를 대리하게 되었으니 양해하기 바란다.

　지 대표: 알겠다. 그러면 오늘은 예정대로 자원론의 본론에 들어가게 되는데 한국 측에서 도미 3종류(참돔, 황돔, 옥돔)에 대하여 설명하겠다.

남상규: 도미류(3종류)의 자원 동태를 논하기 위하여 먼저 1926년부터 1960년까지의 어획 통계를 편의상 5기로 구분하여 말하기로 하겠다. 제1기는 1926년부터 1940년까지, 제2기는 1941년부터 1945년까지의 제2차대전 중, 제3기는 제2차대전 이후의 1946년부터 한국동란이 발발하기 전의 1949년까지, 제4기는 한국동란 중의 1950년부터 1954년까지, 제5기는 한국동란 이후 1960년까지로 하였다.

1) 도미류 총어획량의 경년 변화: 이렇게 5기로 구분하여 도미류 어획량의 경년 변화를 보면 1926년에는 총어획량이 4,370톤이며 그중 참돔이 3,444톤, 황돔이 926톤, 1927년에는 이 기간 중의 최고치로 참돔이 7,164톤이고 황돔이 986톤으로 계 8,150톤이었고 이때의 총어획량을 현재의 어가로 환산을 해보면 25억 4천만 환이 되며 이것을 볼 때 이 도미류는 한국 어민의 생업상 중요한 위치에 있다는 것을 알 수 있다. 1928년 이후는 어획량이 감소되어 1928년에서 1933년까지는 도미류 총어획량이 4,000톤 내지 5,000톤이고 그중 참돔이 3,000톤 내지 4,000톤이며 1934년 참돔이 2,000톤, 황돔이 400톤, 옥돔이 179톤, 1940년에는 참돔이 1,508톤, 황돔이 38톤, 옥돔이 500톤으로, 이 당시의 어획량을 최고 어획량을 올린 1927년에 비하여 보면 도미류는 4분지 1, 황돔이 24분지 1, 옥돔이 2분지 1로 감소한 셈이다. 제2기에 속하는 1941년은 참돔이 1,239톤, 1945년의 참돔 어획량은 885톤, 황돔과 옥돔이 327톤, 제3기의 1946년에 도미류가 1,084톤, 그중 참돔이 1,066톤, 기타 돔이 18톤, 1949년은 도미류가 4,776톤, 그중 참돔이 4,733톤, 기타 돔이 43톤으로, 이 기간 중 기타 돔 어업은 극히 부진한 상태였다. 제4기의 한국동란이 발발한 1950년은 일시 어업의 비정상적 영향으로 어획이 부진하였으나 곧 정상적으로 회복되었음에도 불구하고 1951년의 도미류 어획량은 1,935톤대로 감소되어 그중 참돔이 1,916톤, 기타 돔이 19톤이었다. 제5기의 1960년에는 어업이 정상적으로 이루어졌던 기간이었는데 어획량은 1,620톤이었다. 이와 같이 어선의 척 수는 연년 증가해 감에도 불구하고 어획량은 감소되어 갔다는 것은 확실히 도미류 자원이 감소된 것이라고 할 수 있다. 이러한 자원 감소의 원인을 규명하기 위하여 이하 항목별로 설명에 들어가겠다.

2) 해구별 어획량: 현재의 한국 해역을 통계의 편의상 동, 남, 서로 3 해구로 구분하였다. 도미류 어획량의 남북한 비율은 평균적으로 보면 남한이 95.4%이고 북한

이 4.6%이다. 1958년의 각 해구별 도미류의 어획량 비율은 동해구가 0.6%, 남해구가 82%, 서해구가 17.4%, 그중 참돔은 동해구가 0.5%, 남해구가 81.3%, 서해구가 18.2%, 기타 돔은 동해구가 1.1%, 남해구가 98.9%, 서해구는 0으로 되어 있다. 이것으로 볼 때 도미류의 주요 대상 해구는 남해구라고 볼 수 있는 것이다. 이와 같이 도미류는 회유가 연안에서 한국 해협 일대와 제주도 서쪽에 긍하고 있으므로 일본 어선단의 조업 대상이 되어온 것이다.

3) 대상 어업: 도미류를 대상으로 하는 어업은 1945년 이전에는 한국민으로서는 주로 연승, 일본조, 타뢰망, 안강망 등의 연안 영세 어업에 의하였으나 제2차대전 이후는 이러한 영세 어업 외에 기선 저인망 어업으로써도 어획되었는데 이 기선 저인망에 의한 어획량과 전술한 바와 같은 연안 영세 어업에 의한 어획량의 비율을 1956년에서 1960년까지의 4개년 간을 평균하여 보면 전자가 약 21%, 후자가 79%를 점하고 있고 그중 연승과 일본조에서 53.5%를 점하고 있다. 또 연승 어업과 일본조 어업에 종사하는 어선은 20톤 내지 5톤의 동력선 또는 5톤 이하의 무동력선이 대부분이다. 따라서 도미류는 한국의 연안 어민에게 현재에 있어서도 중요한 자원의 하나이다.

4) 노력당 어획량의 변화: 1958년 이후의 기선 저인망 어업에 있어서의 1인망당 어획량의 변동을 보면 1958년이 2관, 1959년이 2.5관, 1960년이 1.7관, 1961년이 0.3관으로 급격한 감소를 보이고 있다.

5) 기타 어황에 나타난 현상: 제2차대전 이전의 1935년 전후에는 매년 5월경 전북, 충남의 양 도 연안에서 5백 내지 6백 척의 안강망 어선들이 소위 88야(夜) 전후 약 2주간은 도미류만을 목적으로 조업을 하여 성황을 이루었는데 현재는 이와 같은 조업 현상은 전연 볼 수가 없다.

6) 회유와 분포: 한국 연안에 내유하는 도미류의 회유와 분포 상황을 보면 제주도와 홍도 외해에서 주년 서식하는 어군과 황해 남부에서 월동하는 황해계 도미 어군이 각각 춘, 하, 추기에 산란 또는 색이(索餌)를 목적으로 연안으로 회유하는 것이며, 남해에 주년 서식하는 도미와 황해계 도미는 각각 별개의 어군이라고 추측되고 있다. 이러한 어군을 대상으로 하는 기선 저인망 어업은 주년 한국의 남해에서 이루어지고 있고 연안 영세 어업에 속하는 연승과 일본조 등은 경남과 전남, 즉 남해구에서는 주년, 전북과 충남 등의 서해구에서는 4월 내지 11월, 동해구에서는 5월 내지 11월에 조업되

고 있다.

7) 일본 통계에 나타난 결과: 이상으로 한국 연안의 도미류에 관하여 통계 면에서 본 어획량의 변동과 그 분포 상황을 설명하였는데 이를 일본의 어획 통계에 나타난 결과와 비교해 보겠다. 일본의 '트롤' 어업이 제주도, 쓰시마 및 고토(五島) 등을 중심으로 그 일원에서 조업을 하던 1922년경을 전후하여 1인망당 어획량의 변동을 보면 1908년부터 1912년까지는 130관 중에서 57%에 해당하는 73관이 참돔이고, 1923년부터 1925년까지는 73관 중에서 15%인 12관이 참돔이었고, 1929년부터 1932년까지는 59관 중 1.5%에 해당하는 1관이 참돔의 어획량이었다. 이와 같은 현저한 어획량의 감소상과 한국 연안에 있어서 참돔 어획량이 동일한 감소 경향을 보이고 있는 것은 근해에서 조업하는 소위 대형 '트롤' 및 기선 저인망에 의한 대량 어획이 치명적인 타격을 준 것이라고 결론지을 수 있다. 한편 트롤 어선의 연간 총 망 차수는 제2차대전 이전에는 30만 5천 회였던 것이 전후에는 45만 6천 회로, 약 1.5배로 증가하였다. 다시 말하면 어획 노력이 증가된 반면에 노력당 어획량이 급격히 감소된 셈이다. 즉 도미 자원의 감소와 어장 황폐의 주요 원인이 트롤 어선과 대형 기선 저인망 어선 등의 일본 어선단의 남획에 기인하였다고 할 수 있다

지 대표: 이상을 종합하여 말하자면 제1기에서는 정상적으로 어업이 행하여졌고 제2기는 제2차대전 중으로써 어업이 정상적으로 행하여지지 못한 탓으로 제3기에는 자원의 회복을 본 것이고 제4기는 한국동란 중으로 일시 조업이 정상적으로 이루어지지 못하였으나 그것은 극히 단기간이었고 이 기간 중에도 일본 어선의 조업은 정상적으로 행하여졌던 것이다. 그리하여 제5기에 들어가서는 한국에 있어서도 정상적으로 조업이 행하여졌음에도 불구하고 통계 면에 나타난 어획량을 볼 때에는 도미 자원이 감소된 것이다. 이러한 원인이 트롤 어업과 기선 저인망 어업과 같은 대형 어업이 어장에 과대한 압력을 준 것이라고 본다. 또 일정 시에도 황해의 저서 자원을 보호하기 위하여 당시 일본, 만주, 관둥저우 및 중국 등이 회합하여 척 수 제한 등 자원의 보존 조치를 행한 예가 있는데 그 당시는 한국민으로서는 이러한 대형 어업을 영위한 사람은 1, 2인에 불과하였고 따라서 그에 관한 통계는 충분하지 못하다.

나카무라 위원: 이제 설명한 것은 상당히 다년간의 통계를 인용하였고 또 도미의 회

유 경로에 관해서는 황해와 남해에 별 계통이 있는 것으로 설명하였는데 오늘의 한국 측 설명에 대한 일본 측의 의견은 다음 회의 때 설명하기로 하겠다. 그리고 종전의 어획 통계 기록은 일본 측으로서는 전재 등으로 소실된 것이 상당히 있다고 생각한다.

지 대표: 한국에서는 수산시험장 같은 데도 그러한 자료가 있는데 일본에도 연구소 등에는 있을 것으로 생각한다.

나카무라: 다음 회의에는 어떻게 할 것인가?

지 대표: 일본 측의 의견이 있으면 듣고 그 다음에 한국 측에서 조기류에 관한 설명을 하기로 하면 어떻겠는가?

나카무라: 좋다.

지 대표: 회의를 빨리 진행하기 위하여 내주부터는 매주 2회씩 회의를 갖도록 하는 것이 어떻겠는가?

나카무라: 좋다고 생각한다.

지 대표: 회의 일자는 매주 화요일과 금요일이면 편리하겠는데 일본 측의 사정은 어떤가?

나카무라: 좋다.

지 대표: 그럼 다음 회의는 20일 화요일에 개최하기로 하자.

나카무라: 좋다. 시간과 장소에 관해서는 다시 연락하겠다.

지 대표: 신문 발표는 어떻게 하겠는가?

마에다: 전번 회의에 이어 저어 자원 중 도미류에 관하여 토의하였다고 하면 어떻겠는가?

지 대표: 좋다.

끝

34. 제6차 한일회담 어업 및 평화선위원회 제11차 회의록

1370 어업 및 평화선위원회 제11차 회의
회의록

1. 개최 일시: 1962. 2. 20 하오 3시부터 4시 35분까지

2. 회의 장소: '가유'회관

3. 참석자: 한국 측 지철근 수석위원
                  남상규 위원
                  신광윤 〃
                  김정태 〃
         일본 측 무라타 주사
                  나카무라 보좌
                  사루타 〃
                  엔도   〃
                  아부라이 〃
                  야나기야 〃
                  하마모토 〃

4. 토의 내용

　나카무라: 무라타 주사는 국회에 출석하였기 때문에 오늘 여기 참석지 못하였으니 양해해 주기 바란다.

　지 수석: 상관없다.

　나카무라: 전번 회의에서 한국 측이 설명한 가운데 몇 가지 질문이 있다.

1371　　어획량을 동, 서, 남해구로 구분하여 설명하였는데 그것은 어떻게 구분된 것인가?

　　남 위원: 도 경계선으로 하였다. 즉 동해구와 남해구는 경북과 경남의 도 경계, 서해구와 남해구는 전북과 전남의 도 경계로 하였는데 경계선의 방위는 규정되어 있지만 지금 명백하지 않으니 다음에 알리겠다(한국 전도로써 설명함).

　　나카무라: 1945년 이전과 그 이후로 나누어서 대상 어업을 설명하였는데 그중에서 인망 어업이라는 것은 무엇을 가리키는가?

　　남 위원: 선인망(船引網)을 말한다.

　　나카무라: 1947년과 1953년간에 있어서 일본의 트롤에 관해서 1인망당 어획량을 말하였는데 그 단위는 무엇인가?

　　남 위원: 관이다.

　　나카무라: 그 자료의 출처는 어딘가?

　　남 위원: 연구소의 보고서인데 그 보고서명은 후에 말해주겠다.

　　야나기야: 일본 트롤 어업의 1인망당 어획량을 설명할 때 일본 트롤은 1922년에 시작하였다고 하고 1908년부터 1912년이 130관, 1923년부터 1925년까지가 79관이라고 했는데 이상하지 않은가?

　　남 위원: 그렇지 않다. 일본 트롤 어업은 그 이전에 이미 쓰시마, 제주도 및 일본의 고토 근해에서 조업하고 있었으나 1922년을 전후한 1인망당 어획량이 그렇다고 한 것이다.

　　나카무라: 그럼 다음 설명을 시작해 주기 바란다.

1372　　남 위원: 조기(참조기, 보구치, 민어) 자원에 관하여 한국 측의 견해를 설명하겠다. 조기류를 대상으로 하는 어업은 고래로 한국 연안에서 각종 특유한 어업이 발달되어 왔고 또 그 제품은 염건품(塩乾品)으로써 널리 한국의 농어촌의 동물 단백질 보급에 이바지하여 왔다. 조기류를 대상으로 하는 어업은 안강망, 중선, 닻배(碇船), 주목망(柱木網), 유자망, 저자망(底刺網) 등의 현재 남서 연해의 중추적 연안 어업으로서 안강망 어선 수만 해도 1960년 현재 1,100여 척에 달하고 있다. 1945년 이후에는 기선 저인망 어선에 의한 원양 어장에의 진출과 또 최근에는 합성 섬유 어망의 발달에 따른 유자망 어업 등의 신규 연안 어업이 장려되고 있으나 조기류의 전체 어획고는 의연 증가되지 않고 1945년 이전에 약 5만 5천 톤(1939년), 1949년에는 5만 9천 톤이었던 것

이 연간 어획고는 연년 감소 일로를 거듭하여 1960년 현재의 조기류 총 어획고는 2만 3천 톤(참조기 2만 1천 톤, 민어 1,500톤) 정도로서 한국의 어업 생산 면과 한국 어민의 생업상 중대한 위기에 처해있다. 이제부터 이러한 경과에 관해서 1930년 이후부터 1960년까지의 어획량의 경년 변화, 어선 수, 어장, 어기, 어법 등 한국 어업의 실태를 설명하고, 황해의 조기류의 분포, 회유, 산란장 등을 들고 한국 측에서 관심이 있는 한국 서남 해역에 회유하는 조기 어군의 동태를 설명하고자 한다.

   1) 총어획량의 경년 변화: 통계는 전회의 도미류와 같이 1926년부터 시작하여 동일한 구분에 따라 설명하겠다. 제1기(1926년~1940년)에서 총어획량은 최저 44,300톤, 최고 78,800톤인데 그중 이남 해역에서 최저 29,700톤, 최고 55,000톤으로, 평균 39,000톤으로서 이것을 1919년의 톤당 단가 123,000환으로 환산하면 67억 6천 5백만 환이 된다. 이 기간 중 연간 어획량의 변화 경향을 보면 1930년경의 3만 톤대에서 1933년의 4만 3천 톤까지 약 4년간은 누진적으로 증가 경향을 보이고 그 이후는 1936년까지의 3개년간이 3만 2천 톤대로, 점차 감소되어 갔다. 1937년 이후는 다시 증가되어 1937년의 약 4만 톤에서 1939년에는 이 기간 중 최고의 □만 □천 톤을 어획하였다. 즉 제1기에 있어서의 어획량은 3 내지 4년을 주기로 하는 풍흉이 일어났으며 1930년부터 1939년까지의 10개년간에는 2회의 풍어와 흉어가 있었다. 이러한 현상은 참조기 자원의 관리상 주목할 만한 일이다. 제2기(1941년~1945년)는 제2차대전 중으로서 비정상적 조업 기간이며 통계가 도별로 나와있지 않으므로 이남과 이북의 해역으로 구분할 수 없기 때문에 전국 어획량의 추이를 살펴보기만 하겠다. 즉 제1기의 1940년의 풍어년을 정점으로 하여 어획고는 점차 감소되어 1944년에는 16,585톤으로 급격한 감소를 보였다. 제2차대전이 종전되던 해는 30,800톤으로, 전쟁의 영향이 심하였지마는 상당한 어획을 올렸다. 제3기(1946년~1949년)에는 제1기에서 일어난 현상과 같이 누진적으로 어획고가 증가한 기간인데 1946년에는 24,867톤으로부터 한국 6.25동란 발발 전년인 1949년에는 59,054톤으로, 제2차대전 전후를 통하여 최고의 어획을 올렸다. 제4기에는 한국동란이 6.25일에 발발하여 전쟁의 영향이 조업에 작용되었지만 조기 안강망 어업의 성어기인 5월과 6월 상순을 지난 후였기 때문에 조기 어획고는 1950년이 44,300톤으로 큰 변동은 없었다. 익년의 1951년에는 감소되어

21,372톤이 되었다.

제5기의 1952년에서 1960년에 이르는 기간 중 1952년의 30,031톤과 1957년의 34,838톤이 풍어년이라고 볼 수 있고, 1955년의 16,541톤과 1960년의 21,687톤이 흉어년이었는데, 이 풍흉은 각 4년 만에 나타났으나 1949년의 59,000톤에 비하면 약 2분지 1, 1960년은 동년비 3분지 1에 해당한다.

전반적으로 보아 어획 노력과 어선 수가 증가되었음에도 불구하고 매년 총어획량이 감소되어 가고 있는 현상이다.

2) 해구별 어획고: 1952년에서 1954년까지의 3개년간의 해구별 어획고를 평균하여 보면 남해구가 37.8%, 서해구가 62.2%의 비율이었다.

3) 어구별 어획고: 1945년 이후에 있어서의 조기 어업의 주요 어구는 앞서 설명한 바와 같이 안강망이며 그 외에 중선, 땃배(碇船), 주목망(柱木網), 대부망(大敷網), 각망(角網), 일본조 등이었다. 그중 안강망 어업은 일본의 출어선을 합하여 남북한 합계 700여 척이었으나 1960년 현재는 남한만으로도 안강망 어선이 1,200여 척에 달하고 있다. 1956년부터 1960년까지의 최근 5개년간의 어구별 어획고를 평균하여 보면 기선 저인망이 약 20%, 안강망 어업이 17,000톤으로서 64.5%, 기타(타뢰망, 유망, 자망, 연승, 일본조 등)가 16.2%였다.

4) 어구별 어획량의 경년 변화: 조기 총어획량의 19.3%를 점하고 있는 기선 저인망 어업의 1인망당 어획량의 변동과 또 조기 어획량의 64.5%를 점하고 있는 안강망 어업의 척당 어획량의 변동을 총어획량의 감소 경향과 비교해 보고자 한다. 한국의 5, 6구 기선 저인망 어업의 1인망당 어획량의 경년 변화를 보면 1958년에 41.2킬로그램, 1959년이 16.2킬로그램, 1960년이 21.0킬로그램, 1961년이 7.5킬로그램으로, 1961년은 1958년에 비하여 약 6분지 1의 감소율을 보이고 있다. 이 수치는 4개년간의 단기간의 자료이지만 현재의 기선 저인망 어장, 즉 한국의 남해구와 서해구의 기선 저인망 어업 금지 구역선 외의 평화선 내 어장에 있어서 조기류의 어장 가치의 변동을 말하는 하나의 기준이 될 것이다. 또 안강망 어업의 척당 어획량을 보면 1956년에 20.5톤, 1957년에 16.9톤, 1958년에 11.9톤, 1959년에 12.4톤, 1960년에 9.9톤으로, 1960년에는 1956년에 비하여 약 2분지 1로 감소되었다. 이러한 한국 측의 참조기 연간 총어획량이 1949년 이후 감소되고 있는 것과 주요 어구별의 척당 어획량 또는 1인

망당 평균 어획량이 급격한 감소를 보이고 있는 것은 조기 어업에 있어서 현재와 미래에 우려하지 않을 수 없는 것이다.

5) 참조기의 분포, 어장, 어기 및 산란장: 한국 연안에 있어서 어업 대상이 되고 있는 참조기의 회유에 관해서는 다음과 같이 3기로 나누어서 생각되고 있다. 즉 3 내지 6월의 산란을 위한 북상 회유기, 7 내지 10월의 분산 성육기, 11 내지 2월의 월동기가 이것이다. 한국 연안에 내유하는 참조기는 예년 대개 3월에 이동을 개시하여 한국의 서해안을 근접하여 북상하고 4월경에는 북위 38도 이남의 황해 전역에 광범위하게 분포하며 5월에는 연평도와 위도 근해에 산란 주군(主群)이 출현하나 남부의 위도 근해보다 북부의 연평도 근해에 더욱 농밀한 산란군이 인정된다. 북부의 연평도 근해에서 산란을 마친 어군은 일부 연안에 잔류하고 일부는 북상을 계속하다가 7월경부터는 북부 어장은 연안으로부터 멀어지고 남부로 이동한다. 한편 남부 어장은 위도에서 흑산도를 연결하는 해역에 어장이 형성되고 이 해역에서는 남부에 어군의 밀도가 크다. 이 시기에 어군은 월동을 위하여 연안의 얕은 곳으로부터 점차로 남부의 깊은 곳으로 남하 이동하여 월동기에 들어간다고 생각된다. 11월에는 북위 36도 이북에서는 참조기의 어장이 형성되지 않으며 남부 해역으로 어장이 이동된다. 이 월동장으로 향하는 남하군은 2분된다고 생각되며 비교적 빨리 남하하는 어군은 흑산도와 제주도 간의 대륙 경사대를 따라 제주도 서남방의 저층으로 향하고 뒤따른 남하군은 100미터 이상의 수심을 가진 동지나해에서 쓰시마 수도에 이르는 좁은 대륙 경사대로 향하는 것이 있는 것으로 추측되며 이들은 모두 11월에서 2월경까지 이 해역의 저층에서 월동하는 것으로 생각된다. 어기별 어장을 말하면 기선 저인망과 트롤은 1 내지 3월에 소흑산도 서남방 10 내지 40마일을 반경으로 하는 해역 일대, 4 내지 5월과 10 내지 12월은 한국 서해안의 전반에 긍하고 있고 그 외의 어업은 4 내지 11월 또는 12월에 한국의 서남 연해 일대에서 행하여지고 있다.

또 중앙수산시험장 보고서에 의하면 참조기 주 어군의 연령 조성은 4 내지 6세 어이고 2세 어 이하는 극소수이며 서해의 남부 해역의 어군은 비교적 저연급군(低年級群)이고 북부는 고연급군이다. 연평도 근해의 산란기는 5월 중순부터 하순이라고 생각된다.

6) 참조기를 대상으로 하는 황해 연안국의 어획량 비교: 1937년의 황해 및 일본 동

해 어장에 있어서 조기 어획고는 총어획량 19만 톤 중 (한국, 일본, 타이완, 관둥저우, 칭다오, 만주, 중국 등) 연안 어업의 어획량이 117,281톤이고 외해의 대형 트롤 및 기선 저인망이 70,033톤이었고 그 비율은 연안이 64%, 외해의 대형 어업이 36%를 점하고 있었다. 또 이것을 나라별로 보면 한국은 이 전량의 29.5%인 56,000톤으로서 그중 연안 어업이 49,495톤, 기선 저인망이 6,500톤이었고, 일본은 21.6%인 40,711톤이 기선 저인망이며 연안 어업은 없다. 그 외의 타이완, 관둥저우, 칭다오, 만주, 중국의 합계가 전체의 49%였다. 그중 연안 어업에 의한 어획량은 중국 대륙이 한국보다 약간 많은 58,500톤으로 되어있었다. 이상의 자료는 일본의 '사토우치'(里內) 씨가 쓴 "동해 황해의 저어 자원"에서 발췌한 것이다. 다음에 일본의 트롤 어업에 의한 참조기의 1인 망당 어획량의 경년 변화를 보면 최고 1934년의 61관에서 최저 1942년의 32.7관으로 되어있고 1947년에는 27.1관, 1951년에는 64.1관, 그 후 1959년까지는 연년 감소되어 1959년이 17.5관으로 되어있으며 이를 1951년에 비하면 약 4분지 1로 감소된 것이다. 일본의 기선 저인망 어업에서는 1941년의 4.1관에서 1955년에는 38관으로 증가되어 왔으나 그 익년부터는 다시 감소되고 있다. 이를 한국의 통계와 비교하여 보면 한국 측의 기선 저인망의 최근 4개년간의 1인망당 어획량이 어장 가치상 문제가 되지 않을 정도로 저하되어 갔다는 것과 안강망 어선의 척당 어획고가 역시 약 2분지 1로 저하되었다는 것을 일본의 감소 경향과 비교하여 생각할 때 단지 일본의 기선 저인망에서의 참조기 어획량이 증가되고 있는 것은 각종의 요소가 있겠으나 이것은 어장의 이동 등과 관계가 있는 것으로 생각한다. 이러한 점에 관하여는 일본 측과도 의견의 교환이 있어야 하겠지마는 단위 어구별의 어획 강도의 강화 등이 가미되어 있지 않을까 생각된다. 이상을 근거로 하여 한국 측으로서는 참조기 자원에 관하여 우려하는 것은 총어획량이 감소되었고 따라서 이를 대상으로 하는 어업이 부진 상태에 빠지게 되었다는 것이다. 또 그 내유량의 감소와 어장의 황폐 원인을 크게 생각할 때 동기의 월동 수역에 어군이 밀집하여 기선 저인망 어업의 호어장이 되어있으므로 외해에 있어서의 기선 저인망과 트롤의 적정한 어획 또는 남획에 의하여 참조기 자원의 절대량이 감소된 것이 아닌가 생각되며 이 자원을 안정한 상태로 확보하기 위하여서는 인위적 노력이 가장 큰 기선 저인망과 트롤의 총어획량을 제한하고 또 산란장의 보호를 하여야만 될 것으로 생각한다.

무라타: 다음 회의는 어떻게 할 것인가?

지 수석: 보구치와 민어에 대하여 설명하기로 하겠는데 이 설명이 일단 끝나면 다음 회의 때는 일본 측에서 의견을 말해주면 좋겠다. 왜냐하면 자료를 상당히 광범위하게 이용을 하였고 기억이 멀어진 후에 의견을 듣는 것보다 기억이 새로울 동안에 듣는 것이 좋으리라고 생각하기 때문이다.

무라타: 좋다. 그럼 다음 한국 측에서 보구치와 민어를 설명한 뒤에 그 다음 회의에서 일본 측이 설명하기로 하겠다.

지 수석: 신문 발표는 어떻게 할 것인가?

무라타: '조기 자원에 관하여 토의하였다'고 하자.

지 수석: 좋다.

무라타: 다음 회의는 23일(금요일) 오후 3시가 되는데 외무성 235호 회의실로 하겠다.

끝

37. 제6차 한일회담 어업 및 평화선위원회 제12차 회의록

1383 **어업 및 평화선위원회 제12차 회의**
       회의록

   1. 개최 일시: 1962. 2. 23 하오 3시~4시 25분

   2. 회의 장소: 일본 외무성 회의실 235호

   3. 참석자: 한국 측 지철근   수석위원
                      남상규   위원
                      신광윤   〃
                      김정태   〃
              일본 측 무라타   주사
                      나카무라   보좌
                      기도   〃
                      사루타   〃
                      엔도   〃
                      오오쓰루   〃
                      아부라이   〃
                      야나기야   〃
                      하마모토   〃
                      외 2명

   4. 토의 내용

1384   남상규 위원: 예정에 따라 한국 측에서 보구치에 대한 설명을 하겠다. 보구치는 참

조기와 같이 한국 남서 연안에서 고래로부터 많이 어획되고 있었으며 제주도 일원의 해역에서는 기선 저예망 어업의 주요 대상 어종의 하나임과 동시에 일본조, 연승 등의 연안 어업에 의하여서도 이를 어획하고 있다. 그러나 1945년 이전에 있어서의 보구치 어획량 및 어업의 실태를 설명할 만한 통계 자료가 미비되어 있기 때문에 1947년 이후의 주로 한국 측의 기선 저예망 어업과 기타 연안 어업에 나타난 어획량 및 1예망당 어획량의 경년적 변화를 기준으로 하여 한국 연해의 각 어장에 나타난 보구치 자원의 격감된 양상과 어업의 현황에 관하여 설명코자 한다.

1) 1947년 내지 1960년에 긍한 한국 기선 저예망 어업에 의한 보구치의 총어획량과 1예망당 평균 어획량의 경년 변화: 1947년도의 총어획량은 약 6천 톤이었으며 그 후 1954년에 이르는 동안 어획량은 급격한 감소를 거듭하여 1954년에는 총어획량 570톤으로 감소되었고 그 후 1959년에는 이 기간 중 최저의 266톤으로 떨어졌고 그 후 다소의 고저는 있었으나 1961년 현재 어획고는 612톤이며 1954년부터 현재에 이르는 약 7년간은 500톤 내외의 근소한 어획량을 유지하고 있을 뿐이다. 이를 1947년과 1961년의 감소율로 보면 12분지 1에 해당한다. 다음은 기선 저예망 어업의 1예망당 평균 어획량의 경년 변화를 비교하여 보면 한국 남서해구의 어장에 있어서 1947년에는 25.4관이었으나 그 후 약 14년간에 누진적으로 감소를 거듭하여 1961년 현재 1.4관의 극히 적은 수치이며 1947년에 비하여 약 18분지 1로 격감되었다.

2) 어구별 어획고: 1958년 중앙수산시험장의 조사 자료에 의하면 총어획량 497톤 중 기선 예망 407톤(81.9%), 안강망 20톤(4.0%), 타뢰망 7톤(1.4%), 유자망 3톤(0.6%), 기타 연승 8톤(1.6%), 일본조 48톤(9.7%), 소형 정치망 7톤(1.4%), 즉 총어획량의 약 82%가 기선 저예망 어업에 의한 어획량이고 나머지 12%가 각종 연안 영세 어업에 의한 어획량으로 되어 있다. 이러한 숫자상의 어획량에 의하여 알 수 있는 바와 같이 보구치는 한국의 기선 저예망 어업과 연안 어업의 주요 어획 대상 어종이나 현재와 같은 보구치 자원의 격감된 어장 상태로써는 보구치를 대상으로 하는 어업은 거의 멸망 상태에 있는 현실이다. 이것을 뒷받침하기 위해서 최근 1958년에서 1961년에 긍한 4개년간의 기선 저예망 어획물 중의 보구치의 혼획률을 평균하면 약 1.2%밖에 안 된다.

3) 분포, 회유, 어장, 어기, 산란장, 산란기: 분포는 황해, 동해 및 한국의 서남 연안의 광범한 내역에 긍하고 있으며 춘기에 중국 대륙 연안 및 한국 서남 연안의 산란장으로 북상 회유를 하고 산란이 종료된 후는 동기의 월동장(제주도 서방 해역 및 황해 남부와 동해 남부)을 향하여 남하 회유를 하게 된다. 대체로 보구치 어군의 회유 계통은 제주도 서방 계통, 황해 남부 계통, 동해 계통의 3계통이 있다고 보는데 한국의 남서해안에 산란 회유하는 어군은 이상 3계통 중의 제주도 서방계가 주고, 황해 남부계의 1분파도 이에 포함되어 있다고 생각한다. 주 산란장은 인천 만, 압록강 구역, 여수 해만이나 서해안과 남해안의 얕은 곳 일대에서 소수나마 광범하게 산란을 하고 있다. 산란기는 5월 중순에서 하순에 이르는 기간이다. 기선 저예망 어업의 어장과 어기는 10월부터 익년 5월에 이르는 동안 제주도 서방 해역의 월동장과 남서해안 일대이다.

4) 일본 측의 트롤 및 기선 저예망 어업에 의한 어획 상황: 1932년부터 1938년에 긍한 6개년간의 한국 남해구(일본 농림어구 제1구)에 있어서의 일본 트롤 어업에 의한 어획량과 이 어장의 트롤 1예망당 평균 어획량은 41.0관이며 최고치인 1926년은 131관에 달하였다. 이러한 트롤의 어획 실적은 그 당시 남해구에 있어서의 보구치 어장의 우량성을 증명하는 것으로서 제2차대전 중 일본의 트롤 어업 휴어(休漁)로 인한 자원의 회복 후인 1947년 한국 기선 저예망 어업에 나타난 1예망당 평균 어획량은 25.4관이었다. 그러나 그 후 전술한 바와 같이 현재는 1예망당 평균 어획량은 1.5관 정도의 극히 적은 수치로 떨어졌으며 보구치 자원 보존상으로나 우리나라 어업의 장래를 위하여 우려하지 않을 수 없는 형상에 처해있는 것이다. 또한 일본 측의 트롤 어업에 의한 황해, 동해 전반에 걸친 총어획량의 경년 변화를 검토하여 보면 1929년의 7,805톤에서 점차 매년 감소를 거듭하여 1938년에는 1,180톤으로 감소되었으며 이것은 1929년의 6분지 1이다. 이것을 척당 어획 비율로 보면 1938년은 1929년의 7분지 1이며, 1예망당 평균 어획량은 6분지 1, 타 어종과의 척당 어획물 중의 혼획 비율이 4분지 1, 조기류와 보구치와의 혼획률이 4분지 1로 각각 격감하였다. 그 후 1947년은 1938년에 비하여(당시 일본은 '맥아더 라인'으로 조업 구역이 제한되어 있었음) 총어획량이 3배로 증가함과 동시에 1예망당 평균 어획량도 7배로 급상승하였다. 이러한 트롤 면에 나타난 수치는 제2차대전 중 휴어에 의하여 자원이 현저히 회복되었다는 것을 증명하는 것으로서 전술한 한국 측의 기선 저예망 어업에 나타난 1947년의 1예망

당 평균 어획량 35.4관의 증가 경향과 동일한 것이다. 그 후 1947년에서 1958년에 이르는 동안 일본의 트롤 어업 및 기선 저예망 어업에 나타난 총어획량 및 1예망당 평균 어획량의 경년적 변화는 트롤 어업에 있어서는 총어획량 93.4만 관에서 9분지 1인 11.5만 관으로 감소하였고, 1예망당 평균 어획량은 42.6관에서 그 28분지 1인 1.5관으로 감소하였으며, 기선 저예망 어업에 있어서는 1예망당 평균 어획량이 30.6관에서 그 3분지 1인 10.1관으로 떨어졌다.

5) 1959년 현재의 한국과 일본의 보구치 총어획량 비교: 한국의 1958년에서 1961년에 긍한 4개년간의 평균 어획량은 428톤이며 일본의 1959년 트롤 어업 및 기선 저예망 어업과 기타 어업의 어획량은 28,678톤이며 그중 저예망 어업에 의한 총어획고는 27,429톤이고 그중 트롤 어업 및 기선 저예망 어업에 의한 총어획고는 25,614톤으로서 일본 보구치 전 어획고의 89%를 점하고 있다. 한국과 일본의 보구치 총어획고는 29,106톤인바 이의 비율은 1.5대 98.5이고 또한 일본 측의 트롤 및 기선 저예망 어업에 의한 총어획량과 한국 및 일본의 총어획량을 합한 숫자의 비율을 보면 전자가 후자의 88%이다.

이상 말한 바와 같이 보구치 자원은 과거에 있어서 한국 남해구는 물론 황해과 동지나해에 있어서 중요한 어업 대상이었으나 일본 측의 과대한 트롤 어업 및 기선 저예망 어업의 어획 압력에 의하여 자원이 현저하게 감소되었다는 것을 지적하는 바이다.

지 수석: 민어에 관하여는 신 위원이 설명하겠다.

신광윤 위원: 한국 연안에 있어서 민어는 기선 저인망, 안강망, 연승 등에 의하여 남해안 및 서해안에서 주년 어획되고 있다. 제2차대전 이전에 있어서는 1928년에 남한 분만 해서 약 8천 톤의 어획을 올렸고 제2차대전 이후에는 1951년에 약 3천 톤의 어획을 올려 한국 총어획량의 1.2%를 차지하였는데 1959년에는 약 1,100톤으로, 총어획량의 0.3%로 감소되었다.

총어획량과 1인망당 어획량의 경년 변화: 어획 통계를 전번과 같이 5기로 구분하여 설명하겠다. 제1기에서는 1926년 내지 1928년이 7,400톤 내지 9,300톤으로 최고이며 그중 이남 해역이 6,600톤 내지 8,000톤이다. 1928년 내지 1938년의 10개년간은 5,300톤 내지 7,400톤으로, 그중 이남 해역이 4,000톤 내지 5,800톤이었다. 제

1기 말에 와서는 급격한 감소를 보이고 1939년이 3,600톤, 1940년이 1,500톤으로 감소되었다. 제2기의 제2차대전 중은 이남 해역에 관한 통계가 구분되어 있지 않고 전국 총어획량이 2,600톤 내지 4,500톤이었다. 제3기에서는 1,700톤 내지 3,700톤의 범위에 있었고 제4기는 1,600톤 내지 3,200톤, 제5기는 1,100톤 내지 2,000톤으로 되어 있다. 이상의 어획 통계 결과를 개관하여 보면 제1기에서는 제2차대전이 발발하던 1940년의 1,500톤을 제외하고는 3,600톤 내지 8,000톤의 어획량을 올렸는데 연년 감소되어 1959년에는 1,100톤이라는 전례 없는 최저의 어획량이었다. 이것을 제1기의 최고 어획량에 비하면 약 8분지 1, 최근의 제5기의 최고 어획량에 비하면 약 2분지 1에 해당한다. 즉 1929년 이후로 어획량은 그 전년의 약 2분지 1로 감소된 채 연년 감소 경향에 있었고, 한국동란 중에 약간의 회복이 인정되기는 하였지만 동란 후는 다시 감소되기 시작하여 1959년에는 최저치를 나타낸 것이다. 다음에 민어의 총어획량의 약 30%를 차지하고 있는 기선 저인망 어업에 대한 최근 3개년간의 1인망당 어획량의 변천을 보면 외두리에서는 2.0킬로그램 내지 1.5킬로그램, 쌍두리에서는 7.9 내지 6.4킬로그램으로 각각 감소 경향에 있다.

　해구별 어획량: 개괄적으로 말하면 한국의 동해구에서는 거의 어획이 없다. 주로 남해구와 서해구에서 어획되는데 제2차대전 이전에는 남해구에서는 서해구의 1.5배 내지 4배의 어획량을 올리고 있었는데 제2차 대전 이후, 특히 한국동란 중과 동란 후는 남해구에서의 어획량 비율은 적어지고 남, 서해구가 각각 50%씩을 올리고 있다. 이것은 남해구에 있어서 어획 대상이 될 민어 자원이 특히 현저한 감소를 보인 것이라고 생각할 수 있다.

　어업별 어획량의 변화: 1955년 이후의 어업별 어획량을 6개년간 평균하여 보면 기선 저인망이 33%, 안강망이 25.5%, 연승이 14%로서 이 3개 어업이 민어 어획량의 약 70%를 차지하고 있다. 기선 저인망 어업에서의 민어의 어획량 변천을 보면 1935년에 730톤이었던 것이 연년 감소되어 1959년에는 308톤, 안강망에서는 1935년에 607톤이었던 것이 1959년에는 420톤, 연승에서는 1935년이 410톤이었던 것이 1959년에는 210톤으로, 각각 3분지 2 내지 2분지 1로 감소되었다. 이러한 어업은 한국에 있어서 중요한 어업에 속하는 것이며 또 연안을 주 어장으로 하는 안강망과 연승에서나 비교적 원해를 주 어장으로 하는 기선 저인망에서도 연간 총어획량이 감소되고 있는 사실은 민어 자원이 감소되어 온 것을 의미하는 것이라고 생각한다.

분포와 회유: 동기에는 어군이 밀집하며 월동장은 제주도 서남방에서 '이어도(Socotra Rock)'를 중심으로 하는 일대의 수역이다. 예년 1월 내지 3월에 밀도가 높고 이 부근에서 호어를 본다. 하기에는 황해에서 상당한 어획을 보며 추기에서 동기에 걸쳐 보하이[渤海]와 황해의 어군이 남하하여 제주도 서방으로 이동하여 가는 것으로 생각된다. 한국 연안에 내유하는 시기는 월별 어획량의 변동에서 보건대 4월 내지 9월이 주요 어기라고 보아진다.

일본 통계에 나타난 현상: 한편 일본의 어획 통계에 의하면 황해와 일본의 동해에 있어서 일본의 트롤 어선에 의한 어획량은 1931년의 3,600톤으로부터 1960년의 330톤으로, 약 18분지 1로 감소되었고 제2차대전 이전의 비교적 흉어년이었던 1938년에 비하여 보더라도 약 6분지 1로 감소되었다. 또 일본 트롤 어업에 있어서 동 수역에 있어서의 1인망당 민어의 어획량 변동을 보면 전전에는 1922년 내지 1931년까지는 7관 내지 21.6관의 범위에 있었고 제2차대전 중의 비정상적인 조업기를 지난 수년간, 즉 1947년부터 1949년까지는 11.1 내지 16.2관의 범위로 다소 감소의 경향을 지속하여 오다가 1950년 이후는 더욱 현저한 감소상이 나타나고 1957년부터는 0.9관 내지 1.1관으로 제2차대전 직후의 약 10분지 1로 격감하였다. 한편 일본의 이서 기선 저인망 어업에 있어서는 제2차대전 이전의 상황에 관하여는 상세한 것을 알지 못하겠으나 1947년 이후의 통계를 볼 때 총어획량은 다소 증가된 셈이나, 1인망당 어획량에 있어서는 저하되고 있다. 이것은 물론 어장의 이동과 노력량의 증가에 기인된 것이라고도 생각되는데 단위 노력당 어획량이 감소되고 있다는 사실은 민어 자원이 어업 대상으로서 불안정한 상태에 있다는 것을 의미하는 것으로 생각한다.

한국과 일본의 어획량의 비교: 1953년 이후에 있어서 한국과 일본의 민어 어획량을 비교하여 보면, 1953년에는 한국이 2,900톤, 일본이 6,100톤으로, 그 비율은 32 대 68, 1957년에는 한국이 2,400톤, 일본이 9,600톤으로, 그 비율은 25 대 75, 1958년에는 한국이 1,180톤, 일본이 7,720톤으로, 그 비는 15 대 85이다. 즉 한국의 민어 어획량은 1953년 이후로 한일 양국 민어 총어획량에 대하여 32%에서 15%로 감소되었는데 반대로 일본은 68%에서 85%로 증가되었다. 이것은 다시 말하면 한일 양 수역에 있어서 민어 자원에 가해진 어획 압력이 일본 어선에 의하여 매년 증가되어 왔다는 것을 의미하는 것이다.

이상을 종합하여 보건대 총어획량은 제2차대전 이전에 비하여 급격히 감소되었고, 기선 저인망 어업과 트롤 등의 대형 어업의 노력당 어획량이 또한 감소되어 온 것을 볼 때 한국 연안 수역에 있어서의 민어 자원은 어업 대상으로서 점차로 그 가치가 저하되어 극히 불안정한 상태에 있다고 결론지을 수가 있다. 또 일본의 서해구 수산연구소 보고에 의하면 황해 중부 내지 북부 어장에서는 비교적 소형어, 남부 어장에서는 대형어가 주 어획 대상이 되어왔는데 근년에 대형어의 감소율이 현저하며 각 어장에서 이러한 현상이 나타났다고 보고되어 있다. 이와 같은 남부 어장의 주 대상어인 대형어가 현저한 감소를 보인 것은 대형 트롤 기선 저인망 어선에 의한 과대한 어획 압력에 기인한 것이 아닌가 생각된다.

끝

40. 제6차 한일회담 어업 및 평화선위원회 제13차 회의록

1396   어업 및 평화선위원회 제13차 회의 회의록

1. 개최 일시: 1962. 2. 27 하오 3시 10분부터 4시 50분까지

2. 회의 장소: '가유'회관

3. 참석자: 한국 측   지철근   수석위원
             남상규   위원
             신광윤   〃
             김정태   〃
         일본 측   우야마   주사
             나카무라 보좌
             기도   〃
             사루타   〃
             오쓰루   〃
             엔도   〃
             아부라이 〃
             하마모토 〃
             외 1명

4. 토의 내용

무라타: 오늘은 일 측에서 저어에 관하여 설명하기로 되어있는데 '나카무라' 위원이 설명하도록 하겠다.

나카무라: 오늘 일 측에서 설명할 참돔, 황돔, 민어류, 참조기, 보구치 등에 관하여

는 한국 측에서 설명한 것인데 일 측으로서는 그 외에 한국 근해에서 어획되는 갯장어(일본명: 하모), 갈치, 매퉁이(일본명: 에소), 기타의 중요한 어종에 대하여도 일괄하여 설명하겠다.

참돔은 일본 전국 총어획량의 1 내지 3할이 이서 저인망 또는 이서 트롤에서 어획되고 참조기는 5 내지 8할, 민어, 매퉁이, 갈치는 9 내지 10 할이 이서 저인망 또는 이서 트롤에서 어획된다. 그러므로 참돔에 관하여는 주로 위와 같은 어업에 의한 어획량을 중심으로 설명하겠는데 필요에 따라서는 다른 어업에 대해서도 설명하겠다.

여기서 설명하는 통계는 두 가지 종류가 있는데 그중 하나는 '이서 기선 저인망 어획 통계 요보'이고 다른 하나는 '어업 양식 어획 통계표'이다. 따라서 여기서는 편의상 전자를 '이서 통계'라고 부르고 후자를 '농림 통계'라고 부르기로 하겠다. 이서 통계는 어업 취체 규칙에 의하여 어업자로부터 보고받은 것으로 작성된 것이며 농림 통계는 통계법에 의하여 이서 트롤과 이서 저인망의 판매 전표(일본명: 仕切傳票)에 의하여 인정한 환산율을 곱한 것이다. 이 환산율은 이서 통계와 차이가 있어 양쪽이 일치하지 않는다는 것을 미리 말해두겠다. 경향적으로는 농림 통계가 약간 큰 수치로 나와있다. 농림 통계는 지방청에서 표식 조사를 해왔는데 1949년 이후는 이를 중지하고 어획 추정 조사를 하게 되었으며 어종의 분류도 정비하게 되었고 현재와 같은 형으로 정비된 것은 1954년부터이다. 따라서 여기서는 1954년 이후의 통계에 의하여 설명하겠다. 이서 통계도 1954년 이후 것에 관해서 필요에 따라 관련시켜서 설명하겠다. 그리고 전술한 바와 같이 대부분 이서 저인망과 이서 트롤로써 어획되고 있으므로 개개의 어종별 설명에 들어가기 전에 이서 저인망과 이서 트롤의 어선 수와 어획량의 경년 변화를 먼저 설명하겠다.

척 수: 이서 저인망과 이서 트롤은 공히 허가 제도로 되어있으며 어업법 중 지정 선택 어업으로 되어있어 허가가 없으면 조업을 못 하게 되어 있다.

허가 척 수, 어선 수 및 마력 수의 경년 변화는 다음과 같다.

이서 저인망	허가 척 수	평균 톤수	평균 마력 수
1954년	781척	75톤	189마력
1960년	764 〃	85 〃	261 〃

즉 척 수는 감소되고 톤수와 마력 수는 매년 약간 증가 경향에 있다.

이서 트롤	허가 척 수	평균 톤수	평균 마력 수
1954년	58척	346톤	590마력
1960년	45 〃	358톤	607마력

즉 척 수는 이서 저인망과 마찬가지로 감소되고 톤수와 마력 수는 저인망에 비하여 다소 증가되고 있다.

총어획량, 총 인망 횟수, 1일 평균 인망 횟수,
1인망당 평균 소요 시간, 1인망당 평균 어획량:

	연도	총어획량	총 인망 횟수	1인망당 평균 시간	1인 평균 인망 횟수	1인망당 평균 어획량
이서 저인망	1954	237,018톤	396,008회	1.9시간	5.1일	599킬로그램
	1960	334,803톤	595,259회	1.8시간	7.1일	563킬로그램
이서 트롤	1954	22,999톤	34,101회	3.4시간	5.0일	674킬로그램
	1960	19,285톤	50,281회	3.1시간	5.9일	439킬로그램

즉 이서 저인망에서는 총어획량이 매년 증가하여 1960년은 1954년에 비하여 41% 증가, 인망 시간은 약간 감소, 1인망당 평균 어획량은 해에 따라 증감이 있으나 거의 안정되어 있음. 이서 트롤에서는 총어획량이 매년 감소 경향에 있고 1인망당 평균 어획량은 1957년에 373킬로그램으로 감소되었다가 그 후는 414킬로그램, 420킬로그

램, 439킬로그램으로 매년 증가 경향에 있다.

어선의 장비, 어구 및 자재의 변천

1. 선질: 기선 저인망 어선은 처음 목조선이 많았는데 점차로 철선으로 대체되었다. 즉 1954년에는 강선(鋼船)이 절반보다 약간 많을 정도였는데 1959년에는 목조선이 20.9%, 강선이 69.2%이고 그 외에 목철선이 9.9%로 되어 있다(주: 목철선이라고 함은 선체는 거의 목조인데 외판의 frame이 철로 된 것).

2. 기간: Hot ball E.(燒玉機關)로부터 디젤 기관으로 변화되고 있는데 1959년에는 70% 정도가 디젤화되었다.

3. 어군 탐지기, 로란, 방향 탐지기의 보급 상태: 이서 저인망에서는 쌍두리(二艘引)를 일조로 계산하면 92%가 어군 탐지기를 장비하여 있고 '로란'은 80%가 장비되어 있다. 또 이서 트롤은 거의 전 어선이 어군 탐지기와 '로란'을 장비하고 있다.

4. 냉동기에 관해서는 생략한다.

5. 어망: 화학 섬유를 사용하게 된 것은 트롤에서는 1952년경부터이고 기선 저인망에서는 1953년경부터이다. 1956년경부터 급격히 사용량이 증가되고 현재는 트롤과 기선 저인망이 모두 화학 섬유를 사용하고 있다.

6. 부자(浮子): 합성 부자는 1958년경부터 보급되기 시작하여 현재 7할 이상이 이것을 사용하고 있다.

그럼 다음에 각 어종별 설명을 하겠다.

참돔: 일본의 전국 참돔 총어획량은 1954년 내지 1960년에는 2만 톤 내지 25,000톤을 상하하였고 해구별(7 해구로 구분) 어획량을 1954년 내지 1960년의 평균치로서 보면 동지나 해구는 38%, 일본해 서구는 21%, '세토나이카이'구는 18%, 일본해 북구는 16%, 태평양 중구는 8%, 기타(태평양 북구 및 홋카이도구)는 5%의 비율로 되어 있고 동지나 해구와 일본해 서구를 합한 것이 60%로서 참돔은 일본의 서쪽에서 어획량이 많다. 어법별로 보면 1954년부터 1960년까지의 평균치가 이서 저인망과 이서 트롤에서 21%, 연승에서 21%, 일본조에서 17%, 선인망에서 14%, 중형 저인망(이서 저인망 이외의 일본 주변에서 하는 저인망 어법)에서 7%, 소형 저인망에서 5%로 되어있다. 이서 저인망과 이서 트롤에서 어획되는 참돔 어획량의 경년 변

화를 보면 1954년의 6,784톤에서 매년 감소되어 1957년에는 2,526톤으로 되었으나 1959년에는 6,920톤으로서 1954년보다 약간 증가한 셈이다. 1960년에는 다시 감소되어 어획량이 해에 따라서 크게 변동되고 있다. 이서 저인망과 이서 트롤을 제외한 연안 어업(연승, 일본조, 중형 및 소형 저인망 등)에 의한 어획량은 1954년이 17,207톤인데 1960년에는 약간 증가하여 18,735톤으로 되었다. 예외로서 200톤 정도로 감소된 해도 있으나 그 외는 연안 어업에서는 평형 상태이거나 또는 약간의 상승을 보이고 있다. 이 연안 어업의 어획량은 1954년부터 1960년까지에 약 9% 증가되고 있다.

1401 **참돔의 회유, 산란, 기타**: 어기와 어장의 계절적 변화로서 보면 동해와 황해에 행동이 다른 두 개의 어군이 있다고 생각되며 그중 하나는 황해 남부에서 산둥반도에 걸쳐 분포하고 있는 어군이고 다른 하나는 동해의 대륙붕 주변부에 분포한 어군이다. 전자는 주로 5월에 대륙 연안에서 산란을 하고 산란 후는 조금 원해(冲合)로 이동하여 하기에서 동기에 걸쳐 북위 35도, 동경 121도 내지 123도 부근의 수역에서 어획되고 특히 10월에서 11월에는 산둥반도의 남안을 따라 어군이 상당히 밀집하는 것 같다. 후자는 전자보다 어획량이 훨씬 적고(이서 저인망과 이서 트롤에서) 회유 상황도 명백하지 않다. 이서 어업이 대상으로 하고 있는 것은 거의 전자에 속하는 어군이고 따라서 대륙 주변부의 어군에 대한 어획 압력은 적다고 생각한다.

해에 따라서 어획 노력의 배치에는 상당한 변화가 있는 것 같으며, 또 이상의 어업이 기업적인 것이므로 동해와 황해에 있어서의 조업 장소를 고려에 넣지 않고, 총 인망 횟수로써 총어획량을 나누어 보면 해에 따라서는 상당히 변동이 크게 나타난다. 1954년부터 1960년간에 있어 일 인망당 어획량은 17, 9, 7, 8, 11, 4킬로그램으로 되어 있다. 따라서 이 수년간의 수치를 보면 일정한 경향이 없고 어느 일정한 수준에서 안정되어 있다고 본다.

황돔: 황돔은 이서 트롤 어업으로서는 거의 중요성이 없다. 이서 저인망에서 약간 어획되는데 일본의 황돔 총어획량의 75%가 이것으로 어획되고 있다. 1954년부터 1960년까지에 있어서 총어획량의 경년 변화를 보면 1958년과 1959년에 1만 톤 이상

1402 의 어획량이 있었으나 그 외는 대개 8,000톤 내지 5,000톤의 수준에서 정지 상태에 있다.

황돔의 회유: 고토 열도에서 타이완을 연결하는 동지나해의 주변의 80미터보다 깊

은 곳에 많이 분포하고 있고 계절적으로 큰 이동을 한다는 징후는 전연 보이지 않는다. 어획 압력은 과거의 한 시기에 비하면 현재 상당히 가벼워진 것 같으며 어획량은 거의 일정한 수준에 있다.

1인망당 어획량은 15 내지 10킬로그램의 범위 내에 있고 연년 다소의 변동은 있으나 참돔과 같이 동해와 황해의 전 해역에 걸쳐 총어획량을 연간 총 인망 횟수로써 나누었기 때문에 어획 노력 배분의 변화로서 외견상의 변화가 크게 나타나고 있는 것이다. 어체 조성과 기타의 생물학적 지식을 종합하여 보면 이 황돔 자원도 참돔과 같이 어느 수준에서 안정되어 있다고 본다.

옥돔: 이는 농림 통계에 숫자가 없고 또 어획량도 극히 적으므로 생략한다.

민어: 일본의 민어 총어획량은 5,000톤 내지 8,000톤인데 그중 이서 저인망이 90% 이상을 차지하고 있다. 이서 저인망에 의한 어획량의 경년 변화를 보면 1954년이 5,369톤, 1955년이 6,735톤, 1958년이 3,901톤, 1959년이 5,089톤, 1960년이 5,674톤으로 되어있어 증가 경향에 있다. 이서 트롤에서는 이서 저인망보다 훨씬 어획량이 적고 거의 찾아볼 만한 정도가 되지 못한다.

회유는 어획량의 월별 변화로써 추정하건대 동해와 황해의 민어는 북위 38도를 경계로 남북에 두 개의 큰 어군이 있는 것 같다. 하나는 1월부터 3월에 걸쳐 황해의 남부 북위 35도 내지 37도 부근에서 어획되는 어군이고 다른 하나는 같은 시기에 북위 34도 이남의 상당히 넓은 수역에서 어획되는 어군이다. 이 두 어군이 1년 중 어느 시기에 혼합하는가는 명백하지 않으나 생물학적으로 보면 산란기와 성장형에 다소의 차이가 있는 것 같다. 황해에 분포하는 어군은 6월경에 산둥반도의 연안을 따라 북상하고 하기에 황해 북부 및 보하이에 나타나서 8, 9월에 산란을 하며 추기에서 동기에 걸쳐 산둥반도를 따라 다시 남하한다. 한편 동해에 분포하는 어군은 5, 6월경에 대륙 연안에 근접하여 7, 8월에는 동해 북서부 대륙 근해에 상당히 밀집하는 것 같다. 9월부터 10월까지에는 동해 중부의 다소 깊은 수역과 대륙 연안 남방의 난수역에 분산 이동한다고 생각된다. 민어는 해역에 따라서 어군의 차이가 있음과 동시에 대형어와 소형어의 서식 구분이 있다. 따라서 단순히 총어획량과 단위 노력당 어획량으로써 자원의 변동을 규정하다는 것은 위험한 일이라고 생각한다. 예컨대 극히 소수의 어선이지만 1 항해에 1,000상자 이상의 어획을 올린 경우도 있으므로 자원 평가상 주의를 요하는 어종이라고 생각된다. 일본 측의 연구 자료에 의하여 종합하여 보면 극단으로 어획의 영향을 주시할 단계는 아니라고 생각한다.

참조기: 1954년부터 1960년까지의 일본의 총어획량을 보면 1954년에 49,732톤이고 1960년에는 88,455톤으로서 점차 증가되어 있다. 이 숫자 중 99%가 이서 트롤과 저인망에서 어획되고 있다. 동해에 있어서 트롤과 저인망의 어획량을 보면 1954년이 47,615톤이고 1년마다 증감이 있으나 1959년에는 76,208톤으로, 1.6배의 증가를 보이고 있다. 1960년은 90,238톤으로, 1954년의 약 2배 이상이다. 1인망당 평균 어획량도 1954년의 105.3킬로그램이 최저이고 때에 따라서 다소의 증감은 있으나 1960년에는 148.5킬로그램으로서 점차 상향하는 경향에 있다.

참조기는 동해의 대륙붕 주변을 제외하면 동해, 황해, 보하이의 거의 전 구역에 분포하며 그 양은 다른 어종에 비하여 비약적으로 많다. 이 어종에는 3, 4개의 어군이 상정되며 이들이 서로 동립(同立)계군인가 아닌가는 증거가 없어 불명하다. 12월에서 2월에 걸쳐 황해 남부와 항저우만(杭州灣) 연해에서 상당히 어획되고 있다. 3, 4월에 일부는 보하이로 북상하고 다른 일부는 서남 대륙 연안에 접근하는 것으로 생각한다. 북상한 어군은 연안의 각처에서 5 내지 6월에 산란을 하고 9월경부터 다시 남하하기 시작한다. 그러나 2월 내지 3월에도 산둥반도 연해에 상당한 어군이 보이며 이 부근의 어군이 모두 제주도 남부까지 남하하지는 않는다고 생각한다. 동해의 어군은 동해 남부에서는 5월경 어군 밀도가 저하되고 양쯔강 남부 연해에서 5 내지 6월에 산란을 하고 9 내지 10월경 다시 남하한다. 이들 어군에 대한 동립성 여부에는 의문이 있으나 현재의 이서 어업은 이들 자원을 잘 '커버'하고 있으므로 어획량 또는 기타의 동향과 또 어군별에 대한 생물학적 지식을 종합한 결과로서는 어획 강도와 거의 병행하는 상태에 있다고 볼 수 있다.

보구치: 1954년 이후 일본의 총어획량을 보면 1955년의 15,821톤을 제외하고는 매년 2만 톤 이상이다. 1957년까지는 2만 톤 내지 2만 1천 톤 정도이나 그 이후는 증가하여 1960년에는 28,144톤으로 되었다. 그중 이서 어업에 의한 어획량이 약 80%로서 2만 톤 전후를 차지하고 있다. 이서 트롤에서는 300 내지 400톤이 어획되고 있었으나 이서 저인망에서는 근년에 24,000톤의 어획을 올렸다. 이것을 연도별로 보면 1954년이 19,081톤, 1956년이 18,555톤, 1958년이 22,288톤, 1960년이 24,579톤이다. 1인

망당 평균 어획량은 1954년이 48킬로그램, 1956년이 30킬로그램, 1958년이 43킬로그램, 1960년이 40킬로그램이다.

회유: 2월 내지 3월에 북위 34도 이남의 동해 일대에서 어획되고 4월 이후에는 북부의 대륙 연안으로 이동하며 5월 내지 6월에는 황해 북부 각처에서 산란한다고 생각된다. 11월 내지 12월에는 황해 중앙부와 서쪽 수역에 걸쳐 농밀한 어군이 출현하며 1 내지 2월에 차차 밀도가 저하된다. 한편 대륙 연안에 분포하는 어군은 4월경에 항저우만 연해에 접근하고 그 선단은 다시 남하하여 6 내지 7월에는 동해 남부에 밀집하여 산란한다고 생각되며 이 두 어군이 각각 동립계군인지 아닌지는 분명하지 않다. 따라서 어획량과 기타로써 어떠한 자원의 상태를 판단하는 단서로 하려면 이 두 어군에 대하여 주의를 하지 않으면 안 될 것이다. 일본에 있어서의 어획 상황을 보면 1958년과 1959년에는 소형어의 비율이 급격히 증가하고 있으므로 일본 측으로서도 어획의 영향을 중요시하는 의견도 있으나 이것은 소형어의 절대량이 돌연히 증가한 까닭으로 대형어의 상대적 비율이 저하된 것이라고 생각한다. 따라서 이와 같은 현상은 자원이 감소되어 가는 경향으로서의 어획량의 저하로서 어업이 소형어에 의존하는 것과는 별도의 현상이라고 생각한다. 오히려 그 원인은 예컨대 발생량의 변화, 서식 구역의 변화 또는 조업 위치의 변동 등에 의한 것이 아닌가 생각된다.

매퉁이: 일본 주변에서 어획되는 매퉁이에는 수종이 있다. 그러나 통계상 이들은 구분되어 있지 않고 하나로 표현되어 있다. 동해와 황해에 분포하는 종류는 툼빌매퉁이(일본명: 와니에소), 날매퉁이(일본명: 도카게에소 또는 미쓰에소), 매퉁이(호시에소)의 3종이 있는데 이들의 분류와 명명에 관해서는 다소 혼란이 있다. 그 가운데에서 어획량이 많은 것은 툼빌매퉁이이다. 1954년 이후의 총어획량은 2만 2천 톤 내지 2만 6천 톤의 범위 내에서 거의 일정한 상태이고 그중 이서 어업에서 62 내지 65%가 어획되고 있으며, 이서 저인망에서 그 대부분이 어획되고 있다. 이 이서 저인망의 어획량 변화를 보면 1954년이 15,176톤, 1958년이 16,867톤으로, 이 기간에는 거의 안정되어 있었고 1960년에는 13,753톤으로 약간 감소되었다.

회유: 이서 어장 내에서의 주요 분포 구역은 '고토' 근해에서 타이완을 연결하는 대륙붕의 주변이며, 특히 북위 30도 이남의 수심이 깊은 곳일수록 밀도가 크다. 연중 거의 같은 수역에서 어획되는 것으로 보아 이동성이 비교적 적다고 생각된다. 산란은 동

해 남부에 있어서는 3월 내지 5월, '고토' 근해에서는 8월 내지 9월이라고 보고되고 있으나 정확한 산란장과 그 시기는 명백하지 않다. 따라서 이 어종에 관하여는 첨가 기구(添加機構)의 해명을 포함하여 그 자원의 동향에 관하여 금후에 있어 연구되어야 할 것이라고 생각한다.

1407 　갈치: 1954년 이후의 일본 어획량은 1954년이 18,236톤, 1960년이 36,837톤으로 매년 증가되고 있다. 그중 이서 어장에서 약 85% 전후가 어획되고 있다. 이서 트롤에서는 1954년에 7,713톤, 1960년에 6,685톤이고 이서 저인망에서는 1954년이 7,785톤이며 그 후는 연년 증가하여 1960년이 24,862톤으로, 약 3배 이상으로 증가하였다. 이서 저인망에서는 총어획량이 증가되어 있고 1인망당 어획량도 증가되고 있다. 즉 1인망당 어획량의 경년 변화를 보면 1954년 이후 15.9, 18.4, 39.7, 32.3, 34.4, 39.4, 39.2킬로그램으로 증가되어 현재는 40킬로그램에 가까운 수준으로 되었다.

　갈치는 이서 어장의 거의 전역에서 분포하고 있고 어군 밀도가 농밀한 수역은 명백히 크게 변화하는 것으로 생각된다. 황해에서는 10월 내지 1월에 산둥반도 연안에서부터 황해 중앙부에 분포하고 그 후는 다시 남하하여 제주도 서쪽으로 이동한다. 산란기는 5 내지 6월이며 6월이 주 산란기이다. 산란 장소는 이서 어장의 거의 전역이다. 산란 시기에는 당연히 어군의 이동이 있겠지마는 이동 속도가 빨라서 이때는 어업 대상이 될 수가 없다. 동해에서는 1월 내지 3월에 대륙 주변의 깊은 곳에 밀도가 크며 4 내지 5월에는 대륙에 접근하여 5 내지 7월에 이 부근에서 산란을 한 후 10월까지는 저층에서 머물게 된다.

　어획 노력 외에 생물학적 지식을 종합하건대 현재의 어업이 갈치 자원에 나쁜 영향을 미치고 있다는 징후는 보이지 않는다.

　갯장어: 갈치와 같이 어획량은 연년 증가하고 있고 1954년의 일본 총어획량은 23,261톤, 1960년이 32,079톤으로, 약 1.4배로 증가되어 있다. 총어획량 중 이서 어

1408 장에서 약 90% 이상이 어획되고 있다. 어업별로 보면 이서 트롤에서 1954년에는 1,721톤, 1960년에는 2,851톤, 이서 저인망에서는 1954년에 16,931톤, 1960년에는 26,762톤으로, 양자 공히 연년 증가되고 있다. 1인망당 어획량에 있어서는 대체로 40킬로그램을 중심으로 해에 따라 증감이 있으나, 거의 일정한 수준에 있다고 보아진다.

분포와 회유: 동해와 황해에 몇 개의 독립된 집단이 있는가의 여부에 관해서는 2, 3의 추찰이 있기는 하나 충분한 증거는 없다. 어장의 월별 변동에서 보면 대개 1월에는 동해의 거의 전역에 광범위하게 분포하고 2월 내지 3월에는 농밀한 어군이 대륙 연안을 따라 남하하고 4월 내지 5월에는 동해 중앙부로 대륙 연안을 따라 접근하며 8월 내지 9월에 양쯔강 이북의 대륙 쪽 연안에 농밀한 구역이 형성되고 동해의 중앙부 수역으로 농밀도가 확대된다. 10월 내지 11월에는 황해의 산둥반도 남부 연안에 농밀군이 출현하고 11월에는 밀도가 저하되어 해주만 연해와 동해에 각각 그 밀도 분포가 명백하게 된다. 황해의 어군은 1월 이후 밀도가 적어지는데 어디로 이동하는가는 명백하지 않다. 아마 더 남하하여 동해 북부로 향하지 않는가 생각된다. 산란에 관하여는 거의 알려지지 않고 있으며 4월 내지 6월경에 산란한다는 정도밖에 모른다. 갯장어에 관하여는 현재 일본 어업이 이의 분포 구역을 충분히 '커버'하고 있지 않으므로 어획량 또는 1인망당 어획량으로써 자원을 평가하는 데는 많은 문제가 있는 것으로 생각하며 생물학적 지식과 병행하여 관찰해야 할 것이나 현재로서는 어획 압력이 영향을 미치고 있지 않은 것 같다.

이상 설명한 어종 외에 어획량이 많은 것으로는 오징어, 가자미 등이 있고, 금액상으로는 새우 등이 중요시되는데 오징어에 관해서는 통계가 없고 가자미는 종류가 많아 시간도 없으므로 생략하겠다. 새우에 관해서는 다음에 시간이 있으면 설명하겠다. 또 저인망 어업 전반에 관해서는 다음 회의에서 설명하기로 하겠다.

무라타 주사: 일 측의 설명은 이상이다.
지 대표: 이제 설명할 때 통계에 두 가지 종류가 있고 각각 다소의 차이가 있다고 하였는데 그것은 환산할 때 일어난 차이인가?
사루타: 그렇다.
지 수석: 1954년에 통계가 정비되었다고 하였는데 그 이전에는 농림 통계가 없는가?
나카무라: 농림 통계는 1954년부터 정비되었으며 일본의 총어획량을 알려면 이것은 농림 통계에 나타나나 세부에 관해서는 나오지 않는다.
지 수석: 이서 통계에서는 나오는가?

나카무라: 이서 저인망 등은 요보로써 발표된 것이 있다.

지 수석: 연구소 등에서 분석하고 있는 것은 이서 요보인가?

나카무라: 서해구 수산연구소에서는 주로 이서 요보에 의거하고 있다. '로란' 등의 어선 시설에 관한 것은 별도로 조사한 자료에 의한 것이다.

지 수석: 회유라든가 자원량 등에 관한 설명은 서해구 수산연구소의 연구 보고 중에서 발췌한 것인가?

나카무라: 그렇다.

지 수석: 동해에 있어서 대륙붕 주변이라고 한 것은 그 한계는 어디를 가리키는가?

나카무라: 대륙붕 주변이라고 한 것은 200미터 등심선 부근을 가리키는 것이다.

지 수석: 도미류에 두 개의 population이 있고 그중 하나는 대륙 주변을 회유하고 있다고 했는데 그것은 연변을 가리키는 것인가, 그렇지 않으면 그 전체를 말하는 것인가?

나카무라: 연변을 말한다.

남 위원: 황돔은 어업 대상이 되고 있지 않다고 했는데 어느 정도인가?

나카무라: 트롤로서는 큰 것이 아니다.

지 수석: 그럼 다음 회의는 예정대로 3월 2일(금요일) 오후 3시로 할 것인가?

무라타: 그렇다.

지 수석: 신문 발표는 어떻게 할 것인가?

무라타 주사: 저어 자원에 관하여 일본 측이 통계 자료에 의하여 설명하였다고 하자.

지 수석: 좋다.

끝

41. 제6차 한일회담 어업 및 평화선위원회 청훈 전문

번호: JW-02461

일시: 280955[1962. 2. 28]

수신인: 외무부 장관 귀하

어업 및 평화선위원회에 관한 청훈

어업 자원론은 3월 5일로서 일단 종료될 것이며 그 이후에는 1월 30일 회의에서 확인한 바 있는 어업협정에 관하여 기본 법안을 분과위원회 재개 시(당시 3월 15일경이라고 하였음)에 양측에서 제시하게 되어있는바 아래 사항에 대하여 청훈함.

1. 어업 및 평화선위원회 재개는 예정일인 3월 15일로 결정할 것인가?
2. 재개 시는 제안할 안건은 요강은 할 것인지, 또는 협정문 초안으로 할 것인지?
3. 전항에 대하여는 본부 및 농림부와 충분한 타합을 하기 위하여 지철근 수석위원의 일시 귀국이 필요하다고 사료됨.

수석대표

45. 제6차 한일회담 어업 및 평화선위원회 제14차 회의록

1416 **어업 및 평화선위원회 제14차 회의**

회의록

1. 개최 일시: 1962. 3. 2 하오 3시~3시 50분

2. 회의 장소: 일본 외무성 회의실(707호실)

3. 참석자: 한국 측 지철근   수석위원
　　　　　　　　정태섭   위원
　　　　　　　　남상규   〃
　　　　　　　　신광윤   〃
　　　　　　　　김정태   〃
　　　　일본 측 우야마   주사
　　　　　　　　나카무라 보좌
　　　　　　　　기도   〃
　　　　　　　　사루타   〃
　　　　　　　　오오쓰루 〃
　　　　　　　　아부라이 〃
　　　　　　　　엔도   〃
　　　　　　　　하마모토 〃
　　　　　　　　외 1명

4. 토의 내용

지 수석: 금일은 한국 측에서 저어 자원에 관하여 전번 회의에서 남은 부분에 대해서 설명하겠다.

남상규 위원: (저어 자원에 관하여 별첨과 같이 설명하였음.)

지 수석: 신문 발표는 어떻게 할 것인가?

우야마: 한국 측에서 저어 자원에 관하여 설명하였다고 하기로 하자.

지 수석: 좋다. 명일 회의에서는 한국 측에서 부어에 관하여 설명하겠다.

우야마: 그럼 명일 회의는 예정대로 오전 10시에 개최하기로 하자.

지 수석: 좋다.

끝

별첨

47. 제6차 한일회담 어업 및 평화선위원회 제14차 회의 시 한국 측 설명 자료[39]

저어(성대, 달강어, 넙치, 상어, 새우)

1. 서언

금일 3월 2일 제13차 회의에서 한국 측에서 설명한 도미류와 조기류에 연속하여 성대(Hibi), 달강어(Kanagashira), 넙치(Hirame), 새우(Ebi), 상어(Fuka, Same) 등에 대한 한국 측 저어 자원의 경년 변화, 기선 저인망 어업 및 기타 연안 어업에 의한 어획 비율, 어구, 어기, 연승 어업(기선 예인망 어업), 분포, 회유, 산란, 월동 등에 관한 설명을 하고, 이제까지 제11차 회의부터 금일의 제14차 회의에 걸쳐 설명한 한국 측 요지를 종합 진술코자 한다.

2. 한국 측에 있어서의 총어획량의 경년 변화

성대(Hibe)

제1기 중은 1939년부터 1940년에 1,400M/T임

제2기 통계 자료 불비

제3기 최고 1946년 1,372M/T

제 4, 5기 1954년 440M/T

　　　　　1960년 112M/T

즉 현재는 제1기, 제3기 최고치의 약 1/14 해당

달강어(Kanagashira)

전국 총어획량

제1기 1926년 8,297M/T를 최고로 이후 점감하여

---

[39] 편집자가 문서의 편철 순서를 바꾸었다.

　　　　　1940년 1,064M/T, 즉 약 1/8
　　　　　남한 725M/T　68.1%≒68%
　　　　　북한 349M/T　31.9%≒32%
　　제2기 자료 무
　　제3기 이후
　　　　　1946년 1,372M/T, 즉 제1기의 1940년 725M/T의 약 2배
　　　　　이후 1960년까지 점감. 1960년 205M/T
　　　　　1940년에 비하여 약 1/4
　　　　　1946년 약 1/7 감소

　　상어(Fuka, Same 포함)
　　제1기 1926년 6,600M/T부터
　　　　　1940년 사이는 약 1,000M/T 내외에서 증감은 있었으나
　　　　　대체로 6,600M/T~9,600M/T대로 유지
　　제2기는 자료 무
　　제3기 이후 1945년부터 1952년까지 5,000M/T~20,000M/T 간 상하하였으나
　　　　　1952년 이후 점감하여 1960년대는 4,000M/T대로 떨어졌다.
　　　　　즉 제3기 중 최고가 1946년의 20,000M/T에 비하여 약 1/5

　　넙치(Hirame)
　　제1기 1935~1937년의 3개년간 약 4,000M/T대
　　제2기 자료 무
　　제3기 이강(以降)
　　　　　1946년 3,000M/T에서 점차 증가하여
　　　　　1948년 6,500M/T로 최고
　　　　　이후 점차 감소하여 2,000~3,000M/T대
　　　　　1960년에는 약 3,000M/T로 1948년에 비하여 1/2로 감소

새우(Koraiebi)

제1기~제4기는 자료 미비

제5기 1957년 2,272M/T

1958년 1,219M/T

1959년 1,399M/T

1960년 876M/T

1957년:1960년 약 1/3

3. 기선 저인망 어업과 기타 연승 어업에 의한 어획 비율

어명 \ 도구별	기선 저인망(%)	기타 연승 어업(%)	비고
성대	55.8	44.2	1955~1956년간 평균
달강어	40.8	59.2	〃
상어	31.9	65.1	〃
넙치	50.0	50.0	
새우	48.8	51.2	1957~1960년간 평균
평균	46.0	54.0	

이상 5 종류의 1955~1960년의 5개년간에 있어서 기선 저인망 어업과 기타 연승 어업과의 혼획 비율은 46%와 54%임.

이러한 어획 실적은 한국 측에 있어서는 충분히 기선 저인망 어업이 중요한 대상 어임과 동시에 연승 어업에서 더욱 많은 비중을 차지하는 어족이라는 것을 말하는 것이다.

4. 분포, 회유, 산란, 월동

성대(Hibe)

한국 연안에서는 주로 남, 서해안에 분포하며, 산란장도 이 해역에 있으며 산란기는 4월 말에서 5월이다.

황해, 동지나해 및 한국 해협에는 3계통의 어군이 상당히 명료하게 분리되어 있다고 볼 수 있으며, 제1계군은 제주도 서측 해역에서 1~3월까지 월동하고 4월경 한국 서해 및 제주도, 보하이(渤海)에는 각각 4~5월에 출현, 산란을 한다. 9~11월경에는 다시 황해에 출현하여 전술한 제주도 서방의 월동장에 이른다.

1423 따라서 이 월동장은 12~3월에 트롤과 기선 저인망 어업의 호어장이 된다.

제2계군의 월동장은 항저우만충(杭州灣冲), 어기는 1~5월에 항저우만과 상하이충(上海冲)이다.

제3계군: 제1, 2계군과는 별개로 한국 동해 및 규슈 북안(九州北岸)의 군이라고 생각되는 별개의 군이 동기에는 제주도와 쓰시마·고토 간에서 1, 2, 3월에 월동하고, 4~6월에는 주로 한국 남, 동안(岸) 및 일본 규슈 북부의 연안에 근접해 가는 것으로 생각된다.

이상 설명한 바와 같이 한국으로서는 제1, 제3계군에 속하는 어군이 한국 연안 수역에서 산란하여 월동장도 제주도에 근접한 수역 일대와 제주도 동방의 한국 해협에 있으므로, 한국 연승 어업상은 물론, 한국 및 일본의 기선 저인망 어업과 트롤 어업의 중요 대상 어획물로서 중요한 위치에 있다. 이러한 견지에서 한국 측의 어획량의 감소 경향과 일본 동해구 수산연구소 보고에 나타나 있는 1947~1955년 간에 있어서의 트롤 및 이서 기선 저인망 어업의 1예망당 평균 어획량의 감소상(減少相), 즉 1947년 트롤 2.6t, 이서 저인망 1.4t에서 트롤은 매년 점감하여 1958년에는 트롤에서 0.3t, 이서 저인망에서 0.5t으로서 약 1/8~1/3로 격감되고 있는 것을 아울러 생각할 때, 성대 자원의 심한 감소상을 알 수 있으며, 극히 불안정한 상태에 있다고 본다.

달강어(Kanagashira)

1424 한국에 있어서는 한국 서해안에 주로 분포하며, 산란장은 황해 오부(奧部)[내륙 지역 혹은 깊은 곳]의 압록강구 대화도 부근과 한국 서안 일대이며 대군(大群)이 동유하여 산란한다. 그 기간은 1~2주이며, 5월 말 전후이다. 이때는 안강망에서 다량 어획된다.

황해계의 전반적 어군 및 산란, 회유는 황해의 35N을 중심으로 제주도 서방의 황해 남부 일대에서 1~4월에 월동한다. 이 월동장에서 동 기간 중 트롤 및 기선 저인망에 의하여 다량 어획되며 빠른 것은 3월부터 북상을 개시하여 한국 서안, 압록강구충(鴨

綠江口冲), 보하이, 해주 등으로 향하여 5~6월에는 산란을 종료한다. 한국 서안에 내유하는 계군은 이 황해계의 분파라고 생각된다.

이외에 제주도와 고토 간에도 소계군이 있으며(타이완 북동 수역분은 생략) 이러한 양 군의 월동장과 시기는 트롤 및 기선 저인망 어업의 좋은 어획 대상이며 또 한국 측으로서는 산란을 위하여 5월경 연안 변에 내유하며 이 시기를 전후하여 연승 어업의 중요한 대상이 된다.

또 한국 측의 총어획량의 격감, 즉 1926년의 8,000M/T대에서 현재 200M/T밖에 어획되지 않은 격감 상태와 일본 트롤 및 기선 저인망에 의한 1947~1958년간의 1인 망당 어획량의 변동상, 즉

	1948년	1958년
이서 트롤	25.4관(貫) 매년 격감	2.0관
이서 기저	17.6	4.7

으로 트롤에서 약 1/13, 이서 기선 저인에서 약 1/4의 감소 상태로서 이를 종합하여 생각할 때 심히 어획의 감소가 보이는 어종이라고 생각된다.

상어(Fuka, Same)

제1의 계군은…[40]

제2의 계군은 상하이충(上海冲), 항저우만충을 중심으로 한 해역에 □년 어획되는 어군이며 큰 변동은 없다.

제3의 계군은 타이완해협 북부에서 대륙 연안을 남북으로 이동하는 군,

제4의 계군은 제주도와 쓰시마, 고토 근해에 소군이 있어 동기에는 상당히 현저(顯著)한 계군을 형성한다.

한국에 가장 밀접한 관련이 있는 계군은 제1과 제4계군이다.

한국에 있어서 이들 상어의 어획량은 연 감소되어 있고, 한편 일본 측의 1947~1958년 간에 있어서의 이서 트롤과 이서 기선 저인망에 의한 일 인망당 어획량도 현저한 감소

---

40 1~7줄 판독 불가.

경향에 있다.

	1947년	1958년	비
이서 트롤	12.7관	0.8관	약 1/16
이서 저인망	12.9	2.2	약 1/6

이와 같은 감소 경향을 보아 상어 자원도 현저히 감소되었다고 본다.

1426   넙치(Hirame)

□이(李)는 한국 전 연안에 분포하고, 황해의 오부(奧部) 또는 한국 동안의 함경북도에서도 어획된다.

주 어장은 남해안과 서해안 일대이며, 산란장도 이 해역에 있고, 산란기는 4, 5월이다.

황해, 동해 및 한국 해협 전반에 관한 분포 등 기타 상황을 보면 대체로 3계군이 있다고 본다.

제1의 계군은 황해 중앙 북부에서 월동(12~3월)하고 춘기 한국 서안(압록강구충), 보하이, 해주만으로 북상, 산란, 회유를 시작하며, 5월을 전후하여 산란을 종료한 후, 11, 12월에 남해에 출현, 전기 월동장에 돌아온다.

제2의 계군은 상하이 및 항저우만충에서 월동하며, 해주만과 중국 대륙 연안을 회유하는 군이다.

제3의 계군은 12~5월에 한국 해협에 출현하는 한국 동해 및 일본 북규슈 계통이다.

제1과 제2계군에 속하는 어군이 한국의 어업과 가장 밀접한 관계가 있는 것이며 한국 측의 총어획량의 감소 등으로 보아 이 자원 역시 불안정 상태에 있다고 본다.

새우(Korai-ebi)

한국 연안에 있어서는 전 연안에 각종 새우류가 분포하고 있다.

황해 중앙부에서 12~3월경까지 월동하는 어군의 한국 측 산란장은 인천, 남군산군도 및 남안의 나비도 근해이며, 산란기는 5월 상순경이다.

보하이 및 랴오둥반도에서 산란한 군은 4월 하순 내지 5월 상순경이다.

1427   [이하 문서 판독 불가]

46. 제6차 한일회담 어업 및 평화선위원회 관련 지시 전문

번호: WJ-0340

일시: 051400[1962. 3. 5]

수신인: 한일회담 수석대표 귀하

때: JW-02461, JW-03011

3월 5일에 어업 및 평화선위원회에서의 자원론 토의를 종료한 다음에는 정치회담이 개최될 때까지 계속 귀지에서 대기하여 주시기 바라며 어업협정 원칙에 관하여서는 농림부 당국과 협의하여 원칙을 작성한 바 있으며 이 원칙에 따라 정치회담에 임할 예정입니다.

추기: 따라서 지철근 대표도 계속 귀지에 체류하여 주시기 바랍니다.

(정아)

장관

50. 제6차 한일회담 어업 및 평화선위원회 제15차 회의록

1431 **어업 및 평화선위원회 제15차 회의**
      회의록

1. 개최 일시: 1962. 3. 3 오전 10시~10시30분

2. 회의 장소: 외무성 회의실(234호)

3. 참석자:　한국 측　지철근　　수석위원
　　　　　　　　　　정태섭　　위원
　　　　　　　　　　남상규　　　〃
　　　　　　　　　　신광윤　　　〃
　　　　　　　　　　김정태　　　〃
　　　　　　일본 측　우야마　　주사
　　　　　　　　　　나카무라　　보좌
　　　　　　　　　　기도　　　　〃
　　　　　　　　　　사루타　　　〃
　　　　　　　　　　오오쓰루　　〃
　　　　　　　　　　아부라이　　〃
　　　　　　　　　　엔도　　　　〃
　　　　　　　　　　하마모토　　〃
　　　　　　　　　　외 1명

4. 토의 내용

지 수석: 예정대로 금일은 부어에 관하여 우리 측 신광윤 위원이 설명하기로 한다.

신광윤 위원: (부어에 관하여 별첨과 같이 설명하였음.)

지 수석: 이상 부어 자원 중에서 고등어와 전갱이 자원에 관하여 설명하였는데 이 어종에 관하여는 종전에도(제2차 및 3차 회담 시) 설명한 바 있으므로 금일은 극히 개괄적으로 설명한 것이다. 다음에 정어리에 관하여 간단하게 설명하겠다. 정어리는 일본 규슈 서쪽 연안에서 산란하며 그 회유 경로는 일본 태평양 연안을 따라 북상하는 군과 일본의 일본해 연안과 한국의 동해안을 따라 남북으로 회유하는 군이 있는데, 한국에 있어서는 과거 한국 총어획량의 거의 대부분을 이 정어리가 차지하였다. 그러던 것이 1940년경부터 어획량이 급격히 감소되어 근년에 와서는 동해안의 정치망과 유자망에서 극소량이 어획될 뿐 통계상에 숫자가 나타나있지 않을 정도로 이의 대상 어업은 쇠퇴되고 말았다. 이와 같은 어획량의 급격한 감소 원인은 여러 가지 설이 있으나 남획이 그 중요한 원인의 한 가지라고 생각하는 것이며 한국으로서는 이 자원의 회복에 기대하는 바가 크다.

이상으로서 한국 측의 설명은 일단 끝났는데 시간 관계도 있고 하여 어종이 생략된 것도 있고 또 극히 개괄적으로 설명을 하였으므로 앞으로 필요에 따라 더 상세히 설명하도록 하겠다.

우야마: 잘 알았다. 그럼 다음 회의는 예정대로 3월 5일 오후 3시에 개최키로 하자.

지 수석: 신문 발표는 어떻게 할 것인가?

우야마: '부어 자원에 관하여 한국 측에서 설명하였다'고 하자.

지 수석: 좋다.

끝

별첨

50-1. 제6차 한일회담 어업 및 평화선위원회 제15차 회의 시 한국 측 설명 자료

부어(浮魚)(고등어·전갱이)

1. 어명(설명 생략)

한국명	일명(日名)	영명(英名)	학명
고등어	Saba (Hirasaba, Masaba)	Mackerel	Scomber japonicus (HOUTTUYN)
전갱이	Ma-azi	Japanese or Horse Mackerel	Trechurus japonicus (TEMMINCK et SCHLEGEL)
정어리	Ma-iwashi	Pilchard[판독 불가] Sadine[판독 불가]	Sardinial melanosticta (〃)
방어	Buri	Yellow tail	Seriola quinqueradiata (〃)
청어	Nishin	Herring	Clupea pallasii (CUVIER et VALENCIENNES)

2. 서언(생략)

한국 측에서 토의 대상으로 준비하였던 부어의 종류는 고등어, 전갱이, 정어리, 방어, 청어의 6종류였는데 그중 고등어, 정어리, 전갱이에 관해서는 전회와 동일한 방식에 의해 설명을 하고 정어리와 청어에 관해서는 근년에는 어획 통계가 거의 나타나 있지 않으므로 주로 이들 어종이 한국 수역에서 자취를 감추게 된 경위를 생각해 보도록 하겠다.

3. 고등어·전갱이

고등어와 전갱이는 어장의 분포상 다소 차이가 있으나, 이를 대상으로 하는 어업과 어기가 거의 동일하므로 한 종목으로 설명하도록 하겠다.

(1) 개설

고등어와 전갱이는 한국 총어획량의 약 6할(58% 1956~1960년의 5개년간 평균치)을 차지하며 어류 총어획량의 13.5%에 해당한다. 또 고등어와 전갱이를 구분하여 보면 고등어는 어류 총 생산고의 3.1%, 전갱이는 10.4%를 차지하고 있다.

연도	총어획량 (M/T)	고등어 어획량(M/T)	전갱이 어획량(M/T)	고등어 전갱이 계(M/T)
1956	(190,424) 361,948	15,708	10,238	25,938
1957	(257,515) 413,038	12,787	14,153	26,940
1958	(291,192) 395,192	5,798	48,361	54,159
1959	(266,185) 383,416	1,633	32,893	34,526
1960	(236,00□?) 340,735	2,174	23,452	25,626
평균		7,618	25,819	33,438
T.C.에 대한 %	378,866	2.1	68	8.8
어류 어획량에 대한 %		3.1	10.4	13.5

( ) 내용 어류어획량, 1960년 총어류어획량은 추산치

이를 대상으로 하는 어업은 주로 기선 건착망, 유자망 및 정치망 등이며, 1955년 이후 6개년간 어종별 어획량의 평균을 보면, 고등어는 기선 건착망에서 77%, 유자망에서 8.8%, 정치망에서 5.8%가 어획되었다. 또 전갱이는 기선 건착망에서 90.7%, 유자망에서 3.7%, 정치망에서 0.5%가 어획되었다.

따라서 기선 건착망 어업은 고등어와 전갱이가 그 총어획량의 거의 100%(98% 이

상)를 차지하고 있으며, 기선 저인망 어업과 더불어 한국의 2대 어업의 하나다. 이 건착망 어업으로서는 극히 중요시되는 어족이다.

(2) 총어획량의 경년 변화(고등어에 관해서는 Ma-saba와 Goma-saba[망치고등어]가 통계상 구분이 되어있지 않으므로 여기서는 통계 수치를 그대로 인용하였다.)

고등어: 1926년 이후 1940년까지는 최저 45,800M/T, 최고 248,000M/T이며, 1930~1933년간은 163,600M/T~248,000M/T로, 이 기간 중 가장 어획이 많았던 해이다. 이 수치는 물론 남북한을 합한 수치인데, 그중 94%가 남한에서 어획된 것(1931~1933년 평균)이니 거의 대부분이 남한에서 차지하고 있다.

앞서 말한 바와 같이 이 기간 중의 최고의 어획을 누린 해는 1932년인데 그 이후는 연년 감소되어 1940년에는 45,800M/T로, 동년에 비하여 약 1/5로 감소되었다. 또 1941~1945년까지는 3,700~51,900M/T, 1946~1957년까지는 9,600M/T~12,700M/T이었고, 1958년은 5,700M/T, 1959년에 1,600M/T로 되어 있다.

이 1959년의 최저치는 제2차 세계대전 이후의 최고 어획년인 1954년(26,500M/T)에 비하여 보더라도 약 1/16이고 그 전년인 1958년에 비하면 약 1/4이란 현저한 감소를 보이고 있다.

이와 같이 고등어는 근년에 와서 현저한 감소를 보이고 있어, 한국 연해에 있어 어획량이 감소 경향에 있는 어족 중에서도 특히 그 감소의 양상이 현저한 종류의 하나이다.

전갱이: 1927~1935년간에 있어서는 1933년의 7,900M/T를 제외하고 11,000M/T~30,000M/T의 범위 내에 있고, 1941년 이후 1955년까지는 1,200M/T~9,200의 범위 내에 있었다. 이 기간 중 1,200M/T는 1945년의 제2차대전이 종전되던 해로서 어업이 극히 비정상적으로 행하여졌던 만큼 논의 대상이 되지 않을 것이다. 그후 1956년부터는 다소 증가되어 1956년이 10,200M/T이며 1958년에는 근년 최고의 48,300M/T이었는데 익년의 1959년에 32,800M/T, 1960년은 23,400M/T이며 전년에 비하여 약 10,000M/T가 감획된 셈이다.

(3) 어구별(漁具別) 어획량의 경년 변화(1955~1960년, 지방 해무청 월보의 집계치)

고등어: 앞서 설명한 바와 같이 고등어는 기선 건착망에서 77%, 유자망에서 8.8%,

정치망에서 5.8%, 기타(연승, 일본조 등: 8.3%)의 비율로 어획되고 있다.

따라서 총어획량의 경년 변화와 기선 건착망 어획량의 경년 변화와는 거의 같은 양상을 보이고 있고 기선 건착망에서 어획량 변동으로써도 고등어 어획량의 변동을 표시할 수 있다고 해도 과언이 아닐 것이다.

먼저 기선 건착망 어업에 의한 고등어 어획량의 변동을 보면 1955년 12,700M/T, 1956년 12,000M/T, 1957년 10,600M/T, 1958년 3,800M/T, 1959년 1,200M/T, 1960년 1,800M/T로, 1960년에 약간 증가하였으나, 1958년 이후로 현저히 감소되는 경향에 있다.

유자망 어업에서도 이와 거의 같은 현상으로 1955년에 1,450M/T이었던 것이 1959년에는 61M/T, 1960년에는 141M/T이며, 정치망에서는 1955년에는 유자망과 비등한 1,400M/T이었는데 1959년에는 280M/T, 1960년에는 180M/T로 연년 감소되고 있다.

전갱이: 기선 건착망이 차지하는 비율은 고등어에 비해서 더 크며 90% 이상이 이것으로 어획되고 나머지는 유자망, 정치망 및 기타 연승, 일본조 등에서 어획되고 있다.

1955년에서 1958년까지는 6,600M/T에서 46,000M/T로 급격한 증가를 보였는데, 1959년부터는 감소되기 시작하여 1960년에는 22,000M/T가 어획되었다.

유자망에서는 1955년에 800M/T이었던 것이 1957년에는 400M/T로 감소되고 1958년과 1959년은 증가하여 1,200M/T~1,300M/T로 되었는데, 1960년에는 500M/T로, 전갱이의 총어획량이 이 기간 중 가장 적었던 1955년보다 더 감소되었다.

4. 통당(統當) 어획량의 경년 변화(1955~1960년)

자료: 1. 어획량은 지방 해무청 월보의 집계치

　　　 2. 통수는 □ 건착망 조합 자료

고등어와 전갱이의 주요 대상 어업인 기선 건착망 어업의 통당(統當) 어획량의 경년 변화를 보면 고등어는 1955~1957년 3개년간은 390M/T~420M/T, 1958년에는 160M/T, 1959년 43M/T, 그리고 1960년에는 약간 증가하여 62M/T이었다. 즉 1958년 이후에는 대체로 감소 경향에 있다.

전갱이는 1955년부터 1957년간에는 200M/T~400M/T이었던 것이 1958년에는 2,000M/T

로 급격한 증가를 보이고, 1959년부터는 다시 감소하여 동년은 약 1/2로 감소된 1,000M/T이며 1960년은 더욱 감소되어 700M/T로 떨어졌다.

연도	기선 건착망 어선 통 수 (통)	고등어		전갱이		고등어, 전갱이 계	
		어획량 (M/T)	통당 어획량 (M/T)	어획량 (M/T)	통당 어획량 (M/T)	어획량 (M/T)	통당 어획량 (M/T)
1955	32	12,705	397	6,638	207	19,343	604
1956	28	12,005	429	8,466	302	20,471	731
1957	28	10,616	379	11,612	415	22,228	794
1958	23	3,827	166	46,027	2,001	49,854	2,168
1959	28	1,213	43	30,531	1,090	31,744	1,134
1960	29	1,812	62	22,229	767	23,041	829

5. 분포와 회유

고등어 중에서 Common mackerel(Hira saba)는 한국 연해에 광범위하게 분포하고, Southern mackerel or Spotted mackerel(Goma saba)는 남서 연해에 주로 분포한다.

고등어는 태평양과 일본해에 2계군이 있고 또 일본해 것은 동서 양 계군이 있는 것으로 알려져 있는데, 한국 연해에 내유하는 계통으로서는 동계(冬季), 한국 양안과 동지나해에서 월동하던 군이 수온의 상승에 따라 산란과 색이(索餌)를 목적으로 북상 이동을 하는 것으로 그 1군은 쓰시마 수도를 통하여 한국 동안을 북상 연해주 연안까지 이르고, 일부는 한국의 동해 중앙부까지 이르며, 또 다른 일 분파는 한국 서해안을 북상하여 하계에는 황해 북부 수역까지 나아가는 것이 있다.

일반적으로 회유성 어족에 있어서는 그 내유군의 다수에 따라서 어장의 분포 범위에 광협이 일어나겠지마는, 한국 연해에 있어서의 고등어는 근년에 어획량이 급격히 감소된 이후로 그 어장이 극히 좁은 범위로 국한되고 만 감이 있다.

그러므로 근년에 있어서의 어장 분포를 설명하기 전에 먼저 비교적 어획량이 많았던 1937년경의 분포 상황부터 살펴보기로 하겠다. 그 당시의 어별 어획량을 보면 강원도에서는 장간, 주문진, 죽변 등의 연해에서, 건착망, 유망, 연승, 일본조, 대부망 등에 의하여 전국 총어획량의 약 48%가 어획되었고, 동해 북부의 함경북도에서도 8%의 어획량을 보았다. 그리고 경북 연해에서 18%, 전남에서 13%, 경남에서 9%로, 대부분 동안 중부 해역에서 다획되고 있었다. 그런데 1955년 이후 어획량이 급감된 이후에는 주 어장은 남부 해역으로 이동되고 한국 동해안에서는 연안 정치망, 자망 등에서 다소 어획되는 추이가 되고 말았다.

다음에 근년에 있어서의 어기별 어장 분포로서 어군의 회유 상황을 생각해 보건대, 4월 초순에 제주도 근해에 출현한 어군은 5월 중순에는 거문도 근해로, 또 6월경에는 한국 남해안에서 호어장을 형성하고, 일부는 서해안의 어청도 부근에, 또 한국의 동해 측 어군은 더욱 북상을 계속하다가 9월경부터는 남하하기 시작하여 10월에는 욕지도, 거문도 근해에 이르고 11월, 12월에는 제주도 근해에 다시 출현하였다가 수온의 강하와 더불어 제주도 남부 해역에서 월동하는 것으로 생각된다.

또 약년어(若年魚)는 성어(成魚)의 회유와 약간 상이하는 것으로 생각되며, 산란장의 범위가 넓으므로 산란된 치어의 분포가 넓고 추계에 있어서의 당세어(當歲魚)의 분포도 광범위한 것으로 생각되고 있다. 또 이들 유어(幼魚)의 일부는 내해와 내륙 등에도 내유하며 동계에는 성어와 같은 월동장을 선택하지 않는가 생각된다.

전갱이는 동기에는 한국 서해 남부와 남해안의 제주도 이남의 해역에서 월동 서식하다가 춘계에 수온의 상승에 따라 색이, 5, 6월에는 남해안 일대로 이동하여 호어장을 형성하고 일부는 남해안을 따라 황해 중부 연안까지 북상한다. 7월부터는 점차 남하 회유를 개시하여 7~9월에는 흑산도 근해에서 농밀한 어군을 형성하며 최성기를 이루게 된다.

10월부터 수온의 강하에 따라 서해안의 어군은 희박해지고 재차 거문도 및 제주도 근해로 이동하나 일부는 황해 남부의 저어[군]으로 분산 회유하는 것으로 추측된다.

제주도 근해로 집약된 어군은 12월 초순경까지 이 부근의 해역에서 어획 대상이 되나 이 이후는 수온의 강하와 더불어 제주도 남부 해역의 저층으로 남하 회유하는 것으로 생각된다.

6. 결어

이상 설명한 바를 요약하여 보면 (1) 총어획량에 있어서 고등어는 1955년 이후 현저히 감소되었고, 전갱이는 1958년에 호어(好漁)를 보기는 했으나 그 익년부터는 역시 감소되고 있다. (2) 어구별 어획량에 있어서는 고등어는 총어획량의 약 80%를 차지하는 기선 건착망에서 1955년 이후 계속 감소 경향에 있어, 1959년에는 1955년의 약 1/10로 감소되었다. 또 전갱이는 역시 기선 건착망에서 1959년부터 감소되기 시작하여 1960년에는 1958년의 약 1/2로 감소되었다. (3) 기선 건착망의 통당 어획량 역시 연년 감소 경향에 있다.

이러한 한국에 있어서의 어획량의 변동 상황과 일본의 동지나 해구에 있어서의 부어(고등어, 전갱이)의 어획 상황을 비교하여 보면, 전갱이는 1959년과 1960년에 상당한 증가를 보았으나, 고등어는 1960년에 이르러서는 (선망과 일본조 공히) 감소되고 있다. 이것은 (어획물의 선택성과 어장 이동도 한 가지 이유가 되겠으나, 이상 설명에서는 생략) 어획 노력의 급격한 질적 향상이 큰 영향을 미친 것이 아닌가 생각된다. 이러한 어획 압력의 증대는 한국 수역에 내유할 어군을 내유 이전 또는 월동 남하 시에 제주도 남해역 또는 동지나해 일대에서 다량 어획하게 된 것이며, 이것이 한국 수역에 내유하는 어군량의 감소를 초래케 한 한 가지 주요한 원인이 되었다고 생각한다.

물론 이들 부어족은 저어에 비하여 자연환경 원인에 의하여 그 회유 경로 또는 내유량에 많은 영향을 받는다고 하더라도, 한국에 있어서도 근년에 이르러 기선 건착망 어선의 장비, 어구, 부어구(副漁具) 등이 현저히 향상되고, 기동력 또한 증대되었음에도 불구하고, 어획량은 반대로 감소되고 있다는 사실에 관하여는 전술한 바와 같은 이 어족의 월동장, 회유 경로 등과 또 동 수역에 있어서의 일본 어선의 조업 상황 등을 종합하여 생각할 때 이 자원의 보존을 위하여 우려하지 않을 수 없으며, 이는 저어 자원에 있어서도 마찬가지로 한국 어업의 장래에 암영(暗影)을 던지고 있는 것으로 생각하는 바이다.

51. 제6차 한일회담 어업 및 평화선위원회
제16차 회의 결과 보고 전문[41]

번호: JW-03079

일시: 051800[1961. 3. 5]

수신인: 외무부 장관 귀하

제16차 어업 및 평화선위원회 회의 결과 보고

금일 3월 5일 오후 3시부터 약 1시간 동안 어업 및 평화선위원회 16차 회의가 '가유' 회관에서 개최되었는바 그 결과를 아래와 같이 보고함.

1. 전번 회의에서 합의한 바에 따라 금일 회의에서는 일본 측에서 저어 자원 중 새우 자원에 관한 것과 부어 자원(정어리, 멸치, 고등어, 전갱이)에 관하여 설명하였음.

2. 일본 측은 전번 회의에서 설명하지 못하였던 새우 자원에 관하여는 근년에 와서 어획량이 증가하였고 또 1년생이므로 어업에 영향이 자원량의 변동에 미치는 정도는 적은 것이라고 설명하였음.

3. 저어 자원에 관하여 종합적인 견해로서 일본 측은 어획 노력의 강약이 그 자원의 장래에 어떠한 증감을 초래케 하는가는 정확히 예측할 수 없으며 양국 수역에 있어서의 저어 자원은 현 단계에서 대부분 안전 상태에 있다고 말하였음.

---

[41] 제16차 회의는 회의록이 수록되어 있지 않다.

4. 부어(정어리, 멸치, 고등어, 전갱이)에 관하여도 근년에 어획량이 증가되어 있고 1마리당 산란량이 크므로 자원 보충이 충분하여 어획의 영향은 거의 고려할 필요가 없다고 하고 결론적으로 부어 자원의 합리적 관리를 목적으로 충분한 연구와 조사를 계속하여야 할 것이라고 말하였음.

5. 이상과 같은 일본 측의 설명이 있은 후 아 측은 일본 측의 견해에 대하여 아 측으로서 반대의 의견이 있었으나 회의 진행 관계상 다음 적당 시기에 설명하도록 하겠다고 말하였음.

6. 다음 회의에 관하여는 오늘 저녁 일본 측이 초대하는 만찬회에서 논의하기로 하였음.

수석대표

52. 어업 관련 전문도

1442   전문도(專門圖)

    1. 한일 양국의 연안도   200만분지 1

                                    100만분지 1

                                    영해선(경도 위도 정확)

                                    평화선, 맥아더 라인, 클라크 라인(Clark line)

                                    한국 측의 보존 실적선

                                    어장

                                    일본 어선의 어구별 집중률(일본 어선의 중요 침범 수역)

    2. 한일 양국의 어황도   200만분지 1

                                    100만분지 1

                                    1. 어장, 어기, 어종, 어법

                                    2. 어류 각종 협정 수역선

    3. 어종별 어명   부어

                                    저어

                                    한국어, 일본어, 영어, 외원 용어(정확)

1445 평화선 및 어업 보호 수역

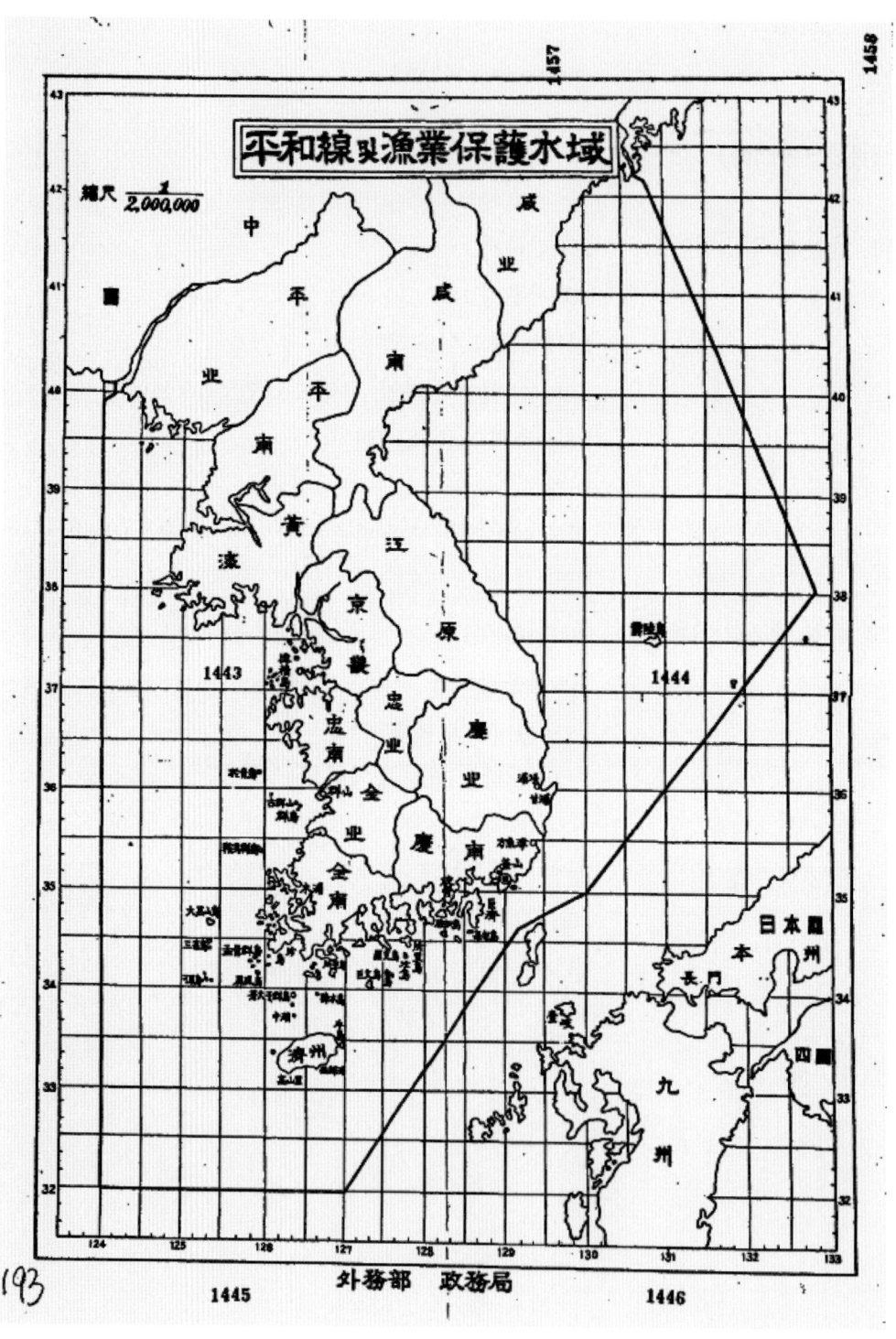

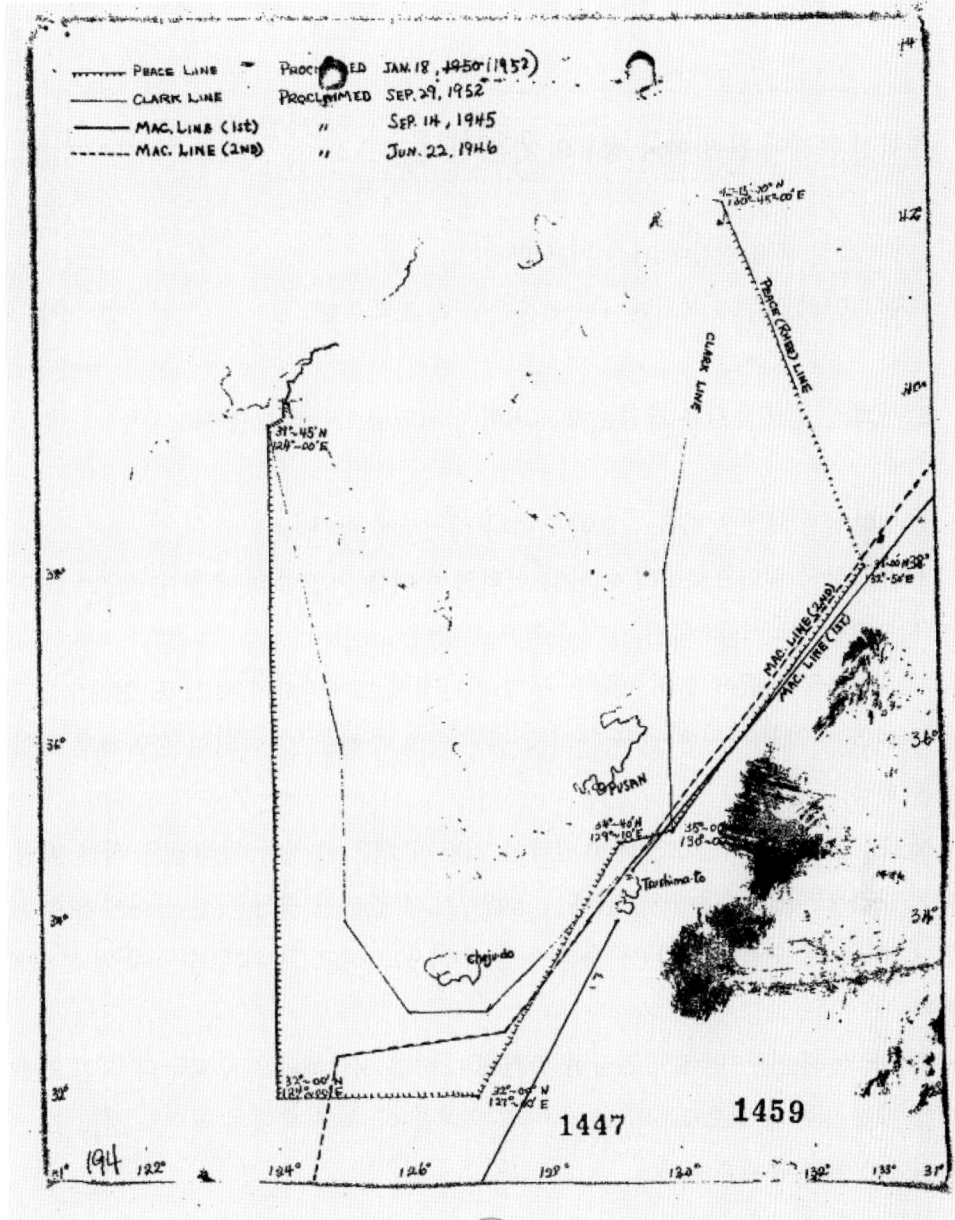

63. 평화선 문제에 관한 한국 정부의 기본 정책 관련 문서[42]

평화선 문제에 관한 아국 정부의 기본 정책

(1) 평화선 문제 해결에 관한 기본 방침

1. 본회담의 실무자 회의에서 자원론을 계속 토의한다.

2. 평화선 문제 해결은 자원론에 의거한 어업협정으로써 해결한다.

3. 어업협정 체결은 다음 5개 안에 따라 해결토록 한다.

제1안. 한국 연안으로부터 40마일 이외의 수역을 어업협정 대상 수역으로 하며 그 이내 수역은 한국 측의 독점 관할 수역으로 한다.

제2안. 한국 어민이 오랜 세월을 두고 집단적으로 개발하여 왔고 또 현재도 그러한 한국 연안 수역의 어장은 한국 측의 독점 수역으로 하고 그 이외의 수역에서 어업 규제를 한다.

제3안. 동해안에서는 2안에서 언급한 집단적 개발 수역과 서해안은 직선 기선 방식에 따라 12마일 이내 수역, 남해는 농림부에서 건의한 직선 기선 방식에 의한 12마일 선 범위 내 수역을 각각 아 측의 독점 수역으로 하고 그 외의 수역에 어업 규제를 한다.

제4안. 동해안은 3안에서 언급한 방식대로 하고 서남해안은 수로국식 직선 기선 방식에 따라 명시된 선으로부터 12리 이내 수역을 아 측의 독점 수역으로 하고 그 외의 수역에서 어업 규제를 한다.

제5안. 전 연안을 수로국식 직선 기선 방식에 의하되 그로부터 12리 이내의 수역을 아 측 독점 수역으로 하고 그 외의 수역에서 어업 규제를 한다.

---

42 작성 일자 1962년 2월 1일.

4. 어업협정안은 잠정적인 것으로 한다.

5. 어업협정 양식은 1957년에 폐기된 일중어업협정에 따른다.

6. 구체적 어업협정안은 농림부에서 초안을 작성하여 이를 외무부에서 검토키로 한다.

(2) 어업에 관한 한일 경제 협력
1. 선박의 반환
　ㄱ. 선박위원회에서 우리 측이 반환 요구하고 있는 선박을 정치적 타협을 통하여 3만 톤 이상을 받도록 한다.
　ㄴ. 반환받을 선박의 종류는 상선과 어선의 2종으로 하며,
　ㄷ. 우리나라에서 건조 불능인 기선 저인망과 같은 100톤 이상의 철선을 주로 하되 어선 반환에 주력을 두며,
　ㄹ. 이에 수반하여 경제 5개년 계획에 책정된 어선 및 상선 건조 등으로써 해운계 및 수산계 발전을 보충시키도록 한다.

2. 한일 합판회사 추진
　ㄱ. 한일 합판회사 및 보세 가공 무역 구상안을 추진시키며,
　ㄴ. 장려될 사업 부분은,
　　a. 선박 건조 관계
　　b. 석판 제조 관계(Tin Plate)
　　c. Metal Printing
　　d. 냉동 공업 시설 관계
　　e. Fish Sausage

3. 어업 기술자 훈련 센터 설치

　ㄱ. 일본과 세이론(Ceylon) 간에 행하여지고 있는 합판회사 형식에 의한 어업 기술자 훈련 센터를 설치하며,

　ㄴ. 특히 원양 어업 기술을 습득게 한다.

끝

64. 한일회담 평화선 및 어업 문제에 대한 의견 등이 담긴 문서[43]

1503 I. 한일회담 평화선 및 어업 문제에 대한 의견

1. 어업협정은 일한 쌍방의 이익과 자원의 보호를 고려하여 규제 조치를 취한다.

2. 어로협정(漁撈協定)은 국제 사회에 있어서의 일반 협정과 동일한 것으로 한다.

일본 측이 제안한 것으로 알려져 있는 상기 협정안은 일반적인 원칙이므로 타당한 것으로 사료되나 한일어업협정에 있어서는 국내 어업 인구의 과잉 상태, 어업 기술의 후진성, 어업 자본의 열세, 일본 근해 자원의 고갈 상태와 아국 근해에 출어가 예상되는 막대한 일 어선단 세력을 비교하여 볼 때 어업 자원 및 어민을 보호할 특별한 조치 없이는 지난한 점에 유의하여 특히 다음 제 점을 충분히 검토 고려하여야 함.

(1) 하기 협정 대상 어업과 대상 어종을 선정할 것.

대상 어업: 트롤 어업, 기선 저인망 어업, 기선 건착망 어업, 고등어 일본조(一本釣) 어업 이상 4종 어업

대상 어종: (특히 자원 보호를 할 필요성이 있는 어종)

저어: 참돔, 붉돔, 황돔, 민어, 참조기, 보구치, 성대, 눈볼대, 갈치, 매퉁이, 갯장어, 달강어 이상 12종

부어: 고등어, 전갱이, 정어리

1504 (2) 영해의 선포(직선 기준 방식을 채택함).

(3) 현행 국내법(수산업법 및 동 시행령)으로 규정되어 있는 기선 저인망 및 트롤 어업 금지선은 유효로 한다.

(4) 현행 어업 자원 보호 관할 수역의 일부를 개방하여 동 수역 내에 한일 공동 조

---

43 작성자, 작성 일자 불명.

업 구역을 설정, 또는 어업 자원 보호 관할 수역의 재설정 시(1958년 4월 29일 제네바에서 개최된 UN해양법회의에서 채택된 어업 및 공해의 생물 자원 보존에 관한 협약 제7조 참고)에는

  ㄱ. 어업별 조업 구역의 설정

  ㄴ. 어업별 입어 척 수의 제한

  ㄷ. 어업별 어획량의 제한

  ㄹ. 특종 어종의 보호(도미류 또는 고등어) 등이 필요하다.

 (5) 한일어업협정 참고사항

 국가 주권이 미치는 어업 자원 보호 관할 수역 설정을 기초로 한 협정 체결이 불가능하거나 또는 국가 전체의 이익을 고려하여 한일회담 체결이 불가피할 때에는 국내 기선 저인망, 기선 건착망 업자가 받는 타격과 국내 산업계의 육성을 위하여 다음과 같은 특별 조치가 정부 각 관련 부처 간의 협의로써 한일어업협정 체결 전에 마련되어야 하기에 참고로 통보함.

  1) 기선 저인망 및 건착망 어업에 종사하는 자에 대한 어업용류의 국가 보조 조치 (500HW/DM)

  2) 원양 어업 금융 제도의 확립(원양 어업 출어 장려 기금 제도 또는 원양 어업 금융 보증 제도)

  3) 어선 건조 및 시설 개량에 대한 특별 보조 조치

  4) 소득세의 면세 조치

 (6) 감시 제도의 협의

 (4)항의 협정을 할 때에는 공동 조업 구역 내의 어로 작업에 대한 감시 제도가 필요한 한편, 일본 측은 협정 수역 내의 어획량 및 입어 어선 척 수에 대하여는 어업 자원 공동조사위원회를 구성하여 그 조사 연구에 의거하여 유기적으로 규제 조치할 것이 예견되는바 (4)항의 협정에 전제되어야 할 것은 현재 수산국과 수산시험장에서 보유한 선박의 기능으로써는 본 협정 내용 이행의 감시와 공동 조사가 불가능하니 정부로서는 감시 및 공동 조사에 대비하여 필요한 시설과 장비를 갖춘 동제 조사선 300톤급 2척, 250톤급 5척의 신조 또는 도입이 지급한 문제라 하겠음.

 (7) 상세한 것은 별첨 한일회담 (어업 및 평화선에 관한) 자료를 회담 진전의 분위기

에 비추어 귀부 및 아국 한일회담 대표단에서 적절히 참작하여 아국 어업과 어민 보호에 유리하도록 하여주시압.

(8) 일본 측은 상기 협정 대상 어업에 대해서 저예망류 어업에 대해서는 조업 금지 또는 규제 구역을 설정, 건착 또는 고등어 일본조 어업에 대해서는 조업 제한 구역을 설정할 것을 제안하고 그 이외의 공해 어업은 국내로 할 것을 주장함이 예견되오나 아국 연안 어민의 권익 보호상 상기 4종 어업 이외는 아국 연안 수역에서의 조업을 인정할 수 없음.

II. 일본국의 대한 수산 기술 원조설에 대한 의견

아세아에 있어서의 한국의 수산업의 위치는 일본국에 비하여 후진성을 탈피치 못하고 있으나 기타국에 비하여는 어업 세력과 기술 수준이 그들보다는 우위를 점하고 있다.

일제의 침략으로 인한 어업 민족 자본 형성의 결핍과 해방 후 정치 경제의 혼란으로 인한 일반 산업 육성의 위축에서 오는 국제 수지의 불균형은 일반 산업으로서의 수산업에도 그 미치는 영향은 지대한 바 있어 어로 시설 및 기술 어업용 자료의 공급, 어획물 처리 가공 시설 등에 대한 투자 또는 도입이 원활치 못하였던 것이나 1956년 이래 정부에서는 외원(外援) 사업으로 어로 시설과 어선의 대형화 및 근대화, 어업 자료의 생산 및 도입, 어획물 처리 가공 시설의 근대적 확충 등은 물론, 어로 기술에 있어서도 점진적으로 발전의 단계에 들어서고 있는 실정을 감안하여 보도된 일본국의 대한 수산 원조안을 보건대 일본의 과잉 어로 세력을 후진국에 부식(扶植)하려는 침식적인 안에 대하여는 경계를 요하면서 각항에 대하여 아국 수산업 발전에 기여할 수 있는 의견을 다음과 같이 약술함.

1. 일본이 이미 '세이론'에 건설한 것과 동일한 어로 기술 '센터' 설치의 필요성

일본 어업의 현황과 기본 정책은 일본 연안 어업 자원의 감소와 제2차대전 전에 조업하고 있던 국제 어장에 있어서의 각종 규제와 마찰로 인한 위축에 비추어 과잉 어업 자본과 세력으로써 국제적 진출과 팽창을 목적으로 어장 개발 조사, 기술 지도, 자본

제휴 등의 형태로 비교적 저개발 상태에 있는 각국에 접근하여 실효적인 해외 어업 근거지의 확보와 조업 권익의 추구를 꾀하고 있다.

이러한 일본국의 기도는 어업 전진 기지를 확보하여 어장 왕복 항해 경비를 절감하는 동시에 참치 등과 같이 현지 수출의 유리한 전개 등 일석삼조의 효과를 노리고 있다.

이와 같은 해외 어업은 현재 주로 동남아세아, 중남미 제국에서 행하여져 있으며 그 형태는

(1) 합병(合竝) 사업

(2) 기술 제휴

(3) 자영

의 3가지로 들 수 있고 이 중 어로 센터 설치와 관련되는 기술 제휴의 내용은 다음과 같다.

소위 용선(傭船) 역무라는 형태로써 일정한 계약하에 어선을 상대측에 대여하고 기간 조업 요원을 파견하여 조업의 주축이 되는 것이다.

즉 어선과 노동을 제공하여 상대측과 제휴하여 일본 측은 어선의 용선료, 인건비 및 수양금(水揚金)을 수취하고 수양금의 몇 %를 리베이트로서 제휴 상대측에 지불함이 원칙으로 되어 있다.

우리나라로서는 이러한 형태의 기술 제휴는 필요성이 없다.

1958년도에 일본과 세이론 간의 어업 기술 지도사항을 보면 세이론의 어업 개발을 목적으로 당국(當國) 연안 수역의 수산 자원의 조사 연구, 어획 방법의 기계화, 어류 거래의 분배의 합리화 등에 관한 조성과 지도로 되어 있다.

우리나라 어업의 현황은 동남아세아 제국보다 어업이 발달되어 있고 기저, 건착망 어업 및 포경업 등 비교적 대규모 어업에 있어서는 이미 어업으로서 연중 조업하고 있으며 발전을 저해하는 요인은 기술의 부족도 한 요인이라고 하겠으나 더욱 큰 원인은 어업 자본의 빈약으로서 노후화한 조사선 및 어선의 대체, 우수한 시설과 장치를 구입할 수 있는 경제력이 없는 한편, 어장 조사의 불비로써 충분한 기능을 발휘 못 하고 있는 실정이므로 외국에서의 어로 방법에 대한 간접적 기술 원조보다 다음과 같은 사항에 대한 직접적 대책이 시급하다고 생각된다.

(1) 원양 어업의 장려를 위하여 어선의 대한 수출 제한의 철폐

(2) 노후화 어선의 보수 대치 및 시설 장비의 개량 확보

(3) 어선의 동력화와 신조

(4) 어장 조사망의 강화를 위한 우수한 조사선과 운영 예산의 확보

(5) 국내 수산 과학 기술자 양성을 위한 장학금 제도의 설치(장학생, 기술자, 학자 교환)

이상과 같은 근본적인 문제의 해결 없이는 아무리 우수한 어로 기술을 도입하여도 우리나라 어업 생산 발전에 큰 도움이 될 수 없을 뿐만 아니라 오히려 독립 국가로서 자주적인 과학 및 기술을 저해하는 효과를 초래할 우려가 있으므로 일본국으로부터 제의된 어로 기술 센터 설치 등의 기술 원조안은 오히려 전기한 제 점에 대한 무상 원조를 포함한 안이 보다 효과적이라 하겠다.

2. 특히 통조림 공장의 건설과 운영을 통한 한일 공동 사업에 대하여

우리나라 통조림 업계의 현황

우리나라 중요 어항에는 현재 42개소의 수산물 통조림 공장이 있고 그 시설은 식품 가공 공장으로서 손색이 없는 현대적인 기계 시설과 위생 및 기술 등으로 연간 약 6만 톤(400만 c/s 133,500천 관)의 생산 능력을 갖추고 있으나 현실적인 제 여건(자금, 자료, 원료)의 불비, 부족으로 연 생산 실적은 평균 1만 톤(50~70만 c/s) 정도로서 실지 생산 능력의 6분지 1에 불과하며 이도 98% 이상의 민수품이고 나머지가 수출품으로 되어 있다. 근년 국가 수출 진흥 시책에 순응하여 동 업계에서는 해외 시장 개척을 위하여 현실적인 제반 애로를 무릅쓰고 차차 수출품 생산에 주력하게 되었다.

한편 국내 현존 시설로서도 현재 생산의 6배 이상을 생산할 수 있는 능력을 가지고 있으나 원료 사정과 자금·자재난으로 이의 합리적인 기업 운영을 기하지 못하고 있어 금후 국내에 통조림 공장의 증설은 사실상 무의미, 불필요한 것으로, 증설보다는 현존 공장의 육성 활용이 더욱 긴요한 현실 문제인 것이다.

여사한 실정에 비추어 이의 원료 및 기자재를 제공받아 보세 가공 조건을 환영하는 바이다.

3. 어선 건조 화물차 수리 및 항만 시설의 보수에 대하여

(1) 어선 건조

우리나라 어선의 실태는 대부분 노후 어선으로서 이의 대체는 초미의 급무일 뿐만 아니라 원양 어선의 확보와 특수 시설을 요하는 각종 어선의 건조는 우리나라 수산업 발전의 기본을 형성하고 있으나 현재 국내의 조선 사정에 있어서 조선용 삼재(杉材) 및 철재의 국내 생산이 불가할 뿐만 아니라 디젤 기관도 국내 생산이 불가능하며 삼재, 철재, 기관, 의장품(艤裝品) 등을 수입하여 국내 건조코자 하여도 현 산림 정책상 육송(陸松) 공급의 제한을 받고 있어 국내 어선의 건조는 대단히 곤란한 실정에 놓여있으므로 원양 어선 및 특수 어선을 제외한 기타 어선은 국내 조선의 육성을 위하여 자재 도입으로 국내 건조를 하고 대형 원양 어선과 특수 어선에 한하여 일본에서 도입함이 적당할 것임.

(2) 어항 시설

어항 수축(修築)에 소요되는 주 자재인 '시멘트'는 전적으로 국산에 의존하고 또한 토목 기술자(청부업자가 보유하고 있는)도 충분히 확보되고 있으므로 외자 도입 또는 기술 도입은 국내 사계(斯界)의 위축을 초래하는 결과가 될 것인즉 외원(外援) 또는 외자에 의하여 본 어항 수축 사업을 할 수 없음.

4. 냉동 장치와 같은 어로 시설의 설비

현재 우리나라 어선의 어로 시설은 일본의 그것에 비하여 많은 후진성을 내포하고 있으므로 냉동 장치와 같은 협범위(狹範圍)한 어로 시설에만 치중할 것이 아니고 어로 작업의 능률화, 어획물의 상품성 증대, 선박 항해의 안전 등으로 어업 생산의 증강을 기하기 위하여 방향 탐지기 시설, 어군 탐지기 시설과 같은 근대적 어로 시설과 병행하여 선내 냉동 장치의 시설이 요청되나 이러한 시설은 일본만이 가능한 것이 아니고 재정만 허용하면 우리가 일본 이외의 타국에서 직접 도입하여 그 시설이 가능한 것이므로 협정이란 견지에서 협상의 대상은 될 수 없을 것임.

65. 평화선 문제 및 한일 간 경제 협력에 관한 실무자 연석회의 보고서

1513   평화선 문제 및 한일 간 경제 협력에 관한
        실무자 연석회의 보고서

1962년 2월 5일

제1차 회의
일시: 1962년 1월 23일
장소: 정무국장실

제2차 회의
일시: 1962년 1월 31일
장소: 정무국장실

토의 제목: 평화선 문제 해결에 관한 기본 방침 및 한일 간 경제 협력 문제[44]
(1) 평화선 문제 해결에 관한 기본 방침(합의사항)
1. 본회담의 실무자 회의에서 자원론을 계속 토의한다.
2. 평화선 문제 해결은 자원론에 의거한 어업협정으로써 해결한다.
3. 어업협정 체결은 다음 5개 안에 따라 해결토록 한다.
   제1안
   한국 연안으로부터 40마일 이외의 수역을 어업협정 대상 수역으로 하며 그 이내의 수역은 한국 측의 독점 관할 수역으로 한다.

---

[44] 이하 50번 문서와 내용 동일.

제2안

한국 어민이 오랜 세월을 두고 집단적으로 개발하여 왔고 또 현재도 그러한 한국 수역의 어장을 한국 측의 독점 수역으로 하고 그 이외의 수역에서 어업 규제를 한다.

제3안

동해안에서는 2안에서 언급한 집단적 개발 구역과 서해안은 직선 기선 방식에 따라 12마일 이내 수역, 남해는 농림부에서 건의한 직선 기선 방식에 의한 12마일 선 범위 내 수역을 각각 아 측의 독점 수역으로 하고 그 외의 수역에 어업 규제를 한다.

제4안

동해안은 3안에서 언급한 방식대로 하고 서남해안은 수로국식 직선 기선 방식에 따라 명시된 선으로부터 12마일 이내의 수역을 아 측의 독점 수역으로 하고 그 외의 수역에서 어업 규제를 한다.

제5안

전 연안을 수로국식 직선 기선 방식에 의하되 그로부터 12마일 이내의 수역을 아 측 독점 수역으로 하고 그 외의 수역에서 어업 규제를 한다.

4. 어업협정안은 잠정적인 것으로 한다.

5. 어업협정 양식은 1957년에 폐기된 일중어업협정에 따른다.

6. 구체적 어업협정안은 농림부에서 초안을 작성하여 이를 외무부에서 검토키로 한다.

(2) 어업에 관한 한일 경제 협력(교환된 의견 요약)

1. 선박의 반환

ㄱ. 선박위원회에서 우리 측이 반환 요구하고 있는 선박을 정치적 타협을 통하여 3만 톤 이상을 받도록 한다.

ㄴ. 반환받을 선박의 종류는 상선과 어선의 2종으로 하며,

ㄷ. 우리나라에서 건조 불가능인 기선 저인망과 같은 100톤 이상의 철선을 주로 하되 어선 반환에 주력을 두며,

ㄹ. 이에 수반하여 경제 5개년 계획에 책정된 어선 및 상선 건조 등으로써 해운계 및 수산계 발전을 보충시키도록 한다.

2. 한일 합판회사 추진

　　ㄱ. 한일 합판회사 및 보세 가공 무역 구상안을 추진시키며,

　　ㄴ. 장려될 사업 부문은

　　　　선박 건조 관계

　　　　석판 제조 관계

　　　　냉동 공업 시설 관계

3. 어업 기술자 훈련 센터 설치

　　ㄱ. 일본과 세이론 간에 행하여지고 있는 합판회사 형식에 의한 어업 기술자 훈련 센터를 설치하며,

　　ㄴ. 특히 원양 어업 기술을 습득게 한다.

끝

69. 한일회담 체결 시 수산국 해양 자원과 소관 원조 요청사항 문서[45]

1523   한일회담 체결 시 수산국 해양 자원과 소관 원조 요청사항

1. 기술 원조

5개년 계획으로 연간 30명씩 5개 연도 연 150명을 일본의 기술 원조를 얻어 일본에 파견 또는 교환하여 기술을 습득게 한다.

기술 원조 계획

기술 원조 분야	인원	원조액	내역
5년간	150명	360,000불	
	30명	72,000불	
1) 교수 교환			
수산대학	3명	7,200불	200불×3명×12월 = 7,200불
수산고등학교	2명	4,800불	200불×2명×12월 = 4,800불
2) 연구 조사 요원 훈련	6명	14,400불	200불×6명×12월 = 14,400불
3) 기술자의 훈련	15명	36,000불	200불×15명×12월 = 36,000불

(어업 종사자 중 모선, 트롤선, 어탐기, 통선 기관, 양식, 기타 가공업자)

---

45   작성일자 1962년 2월.

4) 행정 요원의 훈련　　　　　4명　　　9,600불　　200불×4명×12월=9,600불

　(1) 수산 단체의 조직과 운영 방법

　(2) 수산 금융 및 무역 정책

　(3) 수산물의 소비 계통 및 수출 시장 개척

　(4) 수산 통계

2. 조사선 및 조사 기기 원조

현재 보유 중인 조사선은 선령이 20~30년으로 노후화되어 있어 한일회담 체결 후의 어민의 효율적인 어업 방법 및 공동 조업 구역의 감시와 자원 조사 및 아국 근해의 어장 조사를 위하여 다음의 조사선 및 조사 기기의 원조를 요청함.

1) ㄱ. 소요 조사선〈동장(鋼裝)〉

300톤급	2척	수산국 1척	수식(水試) 1척
250톤급	4척	수산국 3척	수식 1척
150톤급	3척		수식 3척
합계	9척		

ㄴ. 소요 원조액

300톤×1,100불×2척 = 660,000불

250톤×1,100불×4척 = 1,100,000불

150톤×1,100불×3척 = 495,000불

계 2,255,000불

2) 소요 조사 기기

　Radar 외 17종　　524,700불

　합계　　　　　　2,779,700불

70. 한일회담이 성공될 경우
원양 어업과의 수원(受援) 태세 문서[46]

한일회담이 성공된다고 가정하여 원양 어업과로서의 수원 태세(受援態勢)

1. 초창기에 들어선 원양 참치 어업을 본격적으로 육성시키기 위하여 일반 참치 어선의 도입은 물론, 인도양, 대서양에서 조업할 수 있는 대형 독항선을 도입하여야 할 것이다.

2. 대부분이 노후선인 기선 저인망 어선을 대체하고 근대적 과학 기구를 장치한 어선을 대량 건조 도입하여야 할 것이다.

3. 점차적으로 대형화하여 가는 기선 건착망 어업을 좀 더 경영적으로 합리화시키기 위하여 대형 어선(일반선)을 도입하여 연중 조업도록 한다.

4. 제반 사항이 침체 상태에 있는 아국 포경 어업을 진흥시키기 위하여 포경용 기재의 도입과 근대적 근해용 포경 어선을 도입하여 아국 포경 어업을 국제적 수준으로 향상시킨다.

5. 상기 각항의 강력한 추진과 병행하여 기술 진용의 강화를 위하여 해당 어업에 종사하는 기술자와 실무자를 일본에 파견하여 훈련시키고 일본 기술자를 초빙하여 국내에서의 훈련을 실시한다.

---

46 작성 일자 불명.

71. 평화선 문제에 관한 한국 정부의 기본 정책 관련 문서

1528   **평화선 문제에 관한
　　　　아국 정부의 기본 정책**[47]

　　1962년 1월 23일 외무부 및 농림부 실무자 간에 합의된 평화선 문제에 관한 아국 정부 기본 방침에 관하여 그 일부 상항을 다음과 여히 변경함.
　　(1) 국내법에 의한 어업 금지 구역은 존중한다.
　　(2) 직선 기선 방식은 합리적인 견지에서 그린다.
　　(3) 농림부의 제1안을 폐안하고 제 2, 3, 4안을 각각 1, 2, 3안으로 한다.
　　(4) 농림부 직선 기선 방식에 의한 12마일 선과 합리적인 직선 기선 방식에 의한 12마일 선 간에 생기는 차질된 지점에서의 어업 규제 조치는 정치회담에서 아 측이 유리한 지위를 갖도록 주장한다.

　　끝

47　1962년 2월 28일 작성.

별첨

71-1. 평화선 문제에 관한 한국 정부의 기본 정책 관련 문서

1) 평화선 문제 해결의 기본 방침

1. 평화선 문제 해결은 자원론에 입각한 어업협정을 맺음으로써 해결하되 다음 5개 안을 순차적으로 제시토록 한다.

제1안. 한국 연안으로부터 40마일 이외의 수역을 어업협정 대상 수역으로 하며 그 이내의 수역은 한국 측의 독점 관할 수역으로 한다.

제2안. 한국 어민이 오랜 세월을 두고 집단적으로 개발하여 왔고 또 현재도 그러한 한국 연안 수역의 어장은 한국 측의 독점 수역으로 하고 그 이외의 수역에서 어업 규제를 한다.

제3안. 동해안에서는 제2안에서 언급한 집단적 개발 수역과 서해안은 직선 기선 방식에 따라 12마일 이내 수역, 남해는 농림부에서 건의한 직선 기선 방식에 의한 12마일 선 범위 내 수역을 각각 아 측의 독점 수역으로 하고 그 외의 수역에 어업 규제를 한다.

제4안. 동해안은 제3안에서 언급한 방식대로 하고 서남해안은 수로국식 직선 기선 방식에 따라 명시된 선으로부터 12마일 이내의 수역을 아 측의 독점 수역으로 하고 그 외의 수역에서 어업 규제를 한다.

제5안. 전 연안을 수로국식 직선 기선 방식에 의하되 그로부터 12마일 이내의 수역을 아 측의 독점 수역으로 하고 그 외의 수역에서 어업 규제를 한다.

2. 어업협정안은 잠정적인 것으로 한다.
3. 어업협정 양식은 1957년에 폐기된 일중어업협정에 따른다.

(2) 어업에 관한 한일 경제 협력

1. 선박의 반환

ㄱ. 선박위원회에서 우리 측이 반환 요구하고 있는 선박을 정치적 타협을 통하여 3만 톤 이상을 받도록 한다.

ㄴ. 반환받을 선박의 종류는 상선과 어선의 2종으로 하며,

ㄷ. 우리나라에서 건조 불능인 기선 저인망과 같은 100톤 이상의 철선을 주로 하되 어선 반환에 주력을 두며,

　　ㄹ. 이에 수반하여 경제 5개년 계획에 책정된 어선 및 상선 건조 등으로써 해운계 및 수산계 발전을 보충시키도록 한다.

  2. 한일 합판회사 추진

　　ㄱ. 한일 합판회사 및 보세 가공 무역 구상안을 추진시키며,

　　ㄴ. 장려될 사업 부문은

　　 a. 선박 건조 관계

　　 b. 석판 제조 관계(Tin Plate)

　　 c. Metal Printing

　　 d. 냉동 공업 시설 관계

　　 e. Fish Sausage

  3. 어업 기술자 훈련 센터 설치

　　ㄱ. 일본과 세이론 간에 행하여지고 있는 합판회사 형식에 의한 어업 기술자 훈련 센터를 설치하며,

　　ㄴ. 특히 원양 어업 기술을 습득게 한다.

  4. 어항 및 항만 시설 및 수축을 위한 기술 협조

　　ㄱ. 시설 및 수축을 위하여 기술적 협조를 한다.

　　ㄴ. 시설 및 수축을 위하여 자재 원조를 득한다.

한일회담 자료총서 7

한국외교문서
제6차 한일회담 I

초판 1쇄 인쇄 2023년 12월 15일
초판 1쇄 발행 2023년 12월 27일

엮은이 동북아역사재단
해제·번역·감수 조윤수, 유의상
펴낸이 이영호
펴낸곳 동북아역사재단

등록 제312-2004-050호(2004년 10월 18일)
주소 서울시 서대문구 통일로 81 NH농협생명빌딩
전화 02-2012-6065
팩스 02-2012-6189
홈페이지 www.nahf.or.kr
제작·인쇄 역사공간

ISBN 979-11-7161-041-9 94910
         978-89-6187-641-4 (세트)

- 이 책은 저작권법에 의해 보호를 받는 저작물이므로 어떤 형태나 어떤 방법으로도 무단전재와 무단복제를 금합니다.
- 책값은 뒤표지에 있습니다. 잘못된 책은 바꾸어 드립니다.